АНГЛО-РУССКИЙ
И РУССКО-
АНГЛИЙСКИЙ
ЛЕСОТЕХНИЧЕСКИЙ
СЛОВАРЬ

ENGLISH-RUSSIAN
AND RUSSIAN-ENGLISH
DICTIONARY
OF FORESTRY
AND FOREST INDUSTRIES

D. V. MOZHAEV
B. N. NOVIKOV
D. M. RYBAKOV

ENGLISH-RUSSIAN AND RUSSIAN-ENGLISH DICTIONARY OF FORESTRY AND FOREST INDUSTRIES

About 50 000 terms

2nd edition, revised and enlarged

«RUSSO»
MOSCOW
1998

Д. В. МОЖАЕВ
Б. Н. НОВИКОВ
Д. М. РЫБАКОВ

АНГЛО-РУССКИЙ И РУССКО-АНГЛИЙСКИЙ ЛЕСОТЕХНИЧЕСКИЙ СЛОВАРЬ

Около 50 000 терминов

2-ое издание, исправленное и дополненное

«РУССО»
МОСКВА
1998

УДК 631/638(038)-00-20-82-20
ББК 43
М74

Можаев Д. В., Новиков Б. Н., Рыбаков Д. М.
М74 Англо-русский и русско-английский лесотехнический словарь. Ок. 50 000 терминов/ Под ред. Д. В. Можаева. — 2-ое изд., испр. и доп. — М.: РУССО, 1998 — 864 с.

ISBN 5-88721-072-9

Словарь содержит около 30 тыс. английских и 20 тыс. русских терминов по лесному хозяйству, лесозаготовительному, деревообрабатывающему, мебельному и целлюлозно-бумажному производству. В конце словаря даны английские сокращения, переводные значения единиц измерения.
Словарь предназначен для широкого круга специалистов внутри страны и за рубежом — работников организаций и предприятий, коммерсантов и учёных, студентов и преподавателей ВУЗов, переводчиков.

ISBN 5-88721-072-9

УДК 631/638(038)-00-20-82-20
ББК 43+81.2 Англ.-4

© «РУССО», 1998

Репродуцирование (воспроизведение) данного издания любым способом без договора с издательством запрещается.

ПРЕДИСЛОВИЕ

Предлагаемый «Англо-русский и русско-английский лесотехнический словарь» содержит наиболее часто употребляемые термины по лесному хозяйству; заготовке, транспорту и первичной обработке древесины; лесопилению, производству плит и фанеры; мебельной и целлюлозно-бумажной промышленности.

Необходимость издания словаря обусловлена значительно активизировавшимися связями России с зарубежными странами в отраслях лесной промышленности. Запросы на словарь постоянно поступают в адрес авторов от отечественных и зарубежных организаций, отдельных специалистов.

Составители данного словаря не ставили задачу отразить всю терминологию, встречающуюся в печати по данной тематике. Упор делался на приведение эквивалентов специфических терминов, необходимых для общения специалистов разных стран, выполнения работы по переводу технической литературы.

В связи с этим, а также из-за ограниченности объёма издания в словаре не приводятся, например, термины, переводимые с английского языка дословно, или словосочетания, легко переводимые по смыслу.

Во многих случаях не включались термины, хотя и встречающиеся в литературе по специальности, но не имеющиеся в общих и политехнических словарях. С другой стороны, общеизвестные значения некоторых терминов оставлялись в гнезде вместе со специфическими отраслевыми значениями слова.

В сокращённом объёме отражена в словаре тематика по ботанике, дендрологии, лесной селекции, энтомологии — приводятся лишь часто употребляемые и обобщающие термины. Очевидно, что специфическая статья по дендрологии должна переводиться с использованием специального словаря.

При составлении словаря широко использовалась зарубежная и отечественная литература последних лет, изданная ранее словари, в том числе словарь, созданный с участием авторов данного словаря.

В приложении даны переводные значения единиц измерения.

Терминологические словари не являются чем-то застывшим, неизменяемым и должны постоянно совершенствоваться и дополняться. Несмотря на большой объём проделанной работы, этот словарь не свободен, вероятно, от недостатков и упущений.

Авторы с благодарностью примут все критические замечания и предложения, направленные на улучшение дальнейших изданий.

Все замечания и предложения по словарю просьба направлять по адресу:

117071 Москва, Ленинский проспект, 15, к. 325, издательство «РУССО». Тел/факс 237-25-02.

Авторы

PREFACE

The «English-Russian and Russian-English Dictionary of Forestry and Forest Industries» contains the terms which are widely and often used in forestry, harvesting, timber transportation and primary processing of wood, sawmilling, board and plywood production, furniture and pulp and paper industries.

The necessity of publication of the dictionary is stipulated by the development of relations between Russia and other countries which have become considerably more active in the fields of forest industries. The requests for the dictionary of such kind constantly come to the authors' address from domestic and foreign organizations, from numerous specialists. The compilers of this dictionary have not set the task of covering the whole of terminology met in publications on a given theme. The main attention has been focused on giving the equivalents of specific terms to help specialists of different countries to contact and translate special literature.

The dictionary does not include the terms that are translated from English literally or word combinations which are easily understood.

In many cases the terms are not included because though one meets them in special literature they may be found in general and polytechic dictionaries. On the other hand some well-known meanings of the terms are left in the family among the specific meanings of the word related to forestry. The terms on botany, dendrology, forest selection, forest entomology are reflected in the dictionary in reduced amount; only most common and generally used terms are present. It is obvious that specific article on dendrology should be translated while using a specialized dictionary.

While compiling the present edition the authors used widely the latest foreign and domestic literature and previously issued dictionaries including that one published with participation of the same authors.

In the supplement the conversion of measure units is given.

The terminology dictionaries are not fixed and invariable ones, they should constantly be revised and enlarged. In spite of a great volume of the work done this dictionary is probably not free from shortcomings and omissions.

The authors will accept with gratitude all the critical remarks and proposals aimed at the improving of further editions.

Please forward all your remarks to the following address:

«RUSSO» Publishing House, Leninski avenue, 15, office 325, Moscow 117071, Russia. Tel/fax 237 25 02.

The Authors

О ПОЛЬЗОВАНИИ СЛОВАРЕМ

Термины в словаре располагаются в алфавитном порядке, составные термины — по алфавитно-гнездовой системе. Поиск терминов, состоящих из ведущих слов и определений к ним, следует производить по ведущему слову. Например, значение термина **band saw** следует искать в гнезде **saw**, соответственно **ленточная пила** — в гнезде **пила**.

Ведущие слова в гнезде заменяются тильдой (~). Устойчивые терминологические сочетания подобраны к ведущему термину и отделяются знаком ромба (◊). Различные части речи с одинаковым семантическим содержанием разделены значком ‖.

Пояснения и добавления к терминам даются в круглых скобках.

Синонимичные варианты термина помещены в квадратные скобки. Слово или группа слов в квадратных скобках могут быть употреблены вместо слова или группы слов, стоящих непосредственно перед скобками.

Например, термин **chisel sharpener** заточный станок [заточное устройство] для... может быть переведён как заточный станок для... или заточное устройство для... Термин **logger [logging] road** следует читать **logger road** или **logging road**.

Наименования видов растений, грибов, возбудителей болезней, гнили даны с латинскими названиями. При разных значениях термина каждое значение обозначается цифрой; простые по строению переводы-синонимы разделяются запятой, более сложные — точкой с запятой.

В русско-английском варианте словаря при ведущих русских терминах авторы стремились привести несколько эквивалентов на английском языке. Это особенно важно для облегчения перевода материалов с русского языка.

HOW TO USE THE DICTIONARY

The terms in the dictionary are arranged in alphabetical order, compound terms — according to alphabetical-family system. The search of terms consisting of leading words and definitions should be made by leading word. For example, the meaning of the term **band saw** should be searched in the family **saw**, correspondingly **ленточная пила** — in the family **пила**.

Leading words in the family are substituted by tilde (~). Set terminological combinations are placed next to the leading term and are separated by the sign ◊. Different parts of speech having similar semantic contents are separated by the sign ‖.

The explanations and additions to the terms are given in round brackets.

Synonymic versions of the term are placed in square brackets. The word or the group of words in square brackets may be used instead of the word or the group of words standing directly before brackets.

For example, the term **chisel sharpener** заточный станок [заточное устройство] may be translated as заточный станок or заточное устройство. The term **logger [logging] road** must be read **logger road** or **logging road**.

The names of different kinds of plants, mushrooms, patogenic organisms, rot are given with their Latin names. If the term has several meanings, they are marked by different figures; simple translations are separated by comma, more complicated — by semicolon.

In Russian-English version of the dictionary the authors seeked to give several English equivalents to every leading Russian term which makes translation from Russian much easier.

СПИСОК ПОМЕТ

австрал. австралийский термин
амер. американский термин
англ. английский термин
биол. биология
бот. ботаника
в. век
ген. генетика
геод. геодезия
геом. геометрия
дер.-об. деревообработка
дор. дорожное строительство
ж.-д. железнодорожный транспорт
кан. канадский термин
кн. книжный
кон. конец
лат. латынь
лесопил. лесопиление
лесохим. лесохимия
маш. машиностроение
меб. мебельное производство
мор. морской
напр. например
нач. начало
новозел. новозеландский термин
пл. производство плит
почв. почвоведение
проф. профессиональный жаргон
разг. разговорное слово, выражение
сер. середина
спич. спичечное производство
спл. лесосплав
стат. статистика
стр. строительство
с.-х. сельское хозяйство
такс. таксация леса
тарн. производство тары
топ. топография
топл. топливный комплекс
усл. условное обозначение
уст. устаревший термин
фан. производство фанеры
фирм. фирменный термин
фр. французский термин
фтп. фитопатология
хим. химия
цел.-бум. целлюлозно-бумажное производство
шотл. шотландский термин
эл. электротехника
энт. энтомология
pl множественное число

LIST OF FIELD ABBREVIATIONS

австрал. Australian term
амер. American term
англ. English term
биол. biology
бот. botany
в. century
ген. genetics
геод. geodesy
геом. geometry
дер.-об. wood processing
дор. road building
ж.-д. railroad transport
кан. Canadian term
кн. bookish
кон. end
лат. Latin
лесопил. sawmilling
лесохим. forest chemistry
маш. mechanical engineering
меб. furniture production
мор. maritime term
напр. for example
нач. beginning
новозел. term of New Zealand
пл. plate production
почв. soil science
проф. professional slang
разг. colloquial expression
сер. middle
спич. match production
спл. floatage
стат. statistics
стр. building and construction
с.-х. agriculture
такс. taxation
тарн. packing material production
топ. topography
топл. fuel industry
усл. conditional designation
уст. obsolete
фан. plywood production
фирм. trade name
фр. French term
фтп. phytopathology
хим. chemistry
цел.-бум. pulp and paper production
шотл. term of Scotland
эл. electrical engineering
энт. entomology
pl plural

АНГЛО-РУССКИЙ ЛЕСОТЕХНИЧЕСКИЙ СЛОВАРЬ

Около 30 000 терминов

ENGLISH-RUSSIAN DICTIONARY OF FORESTRY AND FOREST INDUSTRIES

About 30 000 terms

АНГЛИЙСКИЙ АЛФАВИТ

Aa	Hh	Oo	Vv
Bb	Ii	Pp	Ww
Cc	Jj	Qq	Xx
Dd	Kk	Rr	Yy
Ee	Ll	Ss	Zz
Ff	Mm	Tt	
Gg	Nn	Uu	

A

abate 1. срубать; стёсывать 2. уменьшать, ослаблять
abatement 1. отходы (*при раскрое в нужный размер*); стружка; потери древесины при обработке; расчётный допуск на отходы 2. уменьшение, ослабление
   hazard ~ уменьшение пожарной опасности
abatis засека; завал (*из поваленных деревьев, вершины которых направлены наружу*)
ability способность ◇ ~ to take glue способность (*древесины*) подвергаться склеиванию
   competitive ~ способность к выживанию (*напр. отдельных пород*)
   germinating ~ of seeds всхожесть семян
   survival ~ приживаемость (*сеянцев*)
   yielding ~ урожайность
abiotic абиотический, неживой
ablactate прививать сближением
ablation абляция, смывание (*почвы*)
abnodate обрезать сучья
abnodation обрезка сучьев
abrasion 1. снашивание, истирание, шлифовка 2. абразия; разрушение (*водой*) 3. выравнивание (*поверхности*)
abrasiveness 1. абразивность, способность оказывать истирающее воздействие 2. свойство (*плит*), вызывающее повышенный износ режущего инструмента
   paper ~ абразивность бумаги
abscission осыпание, опадение; удаление (*листьев, цветов*)
absorber 1. абсорбер, поглотитель 2. амортизатор
absorption абсорбция, поглощение, впитывание, всасывание
   foliar ~ поглощение листьями; некорневое питание
abuse:
   environmental ~ нерациональное использование ресурсов окружающей среды
abut 1. торец ‖ соединять в торец 2. упор; пята 3. примыкать, граничить, прилегать
abutting смежный, примыкающий, соприкасающийся
acanthocladous имеющий ветви с шипами
acanthous колючий, покрытый колючками
acceptance 1. освидетельствование мест рубок 2. принятие, восприимчивость
accepts цел.-бум. отсортированная масса
accessibility усвояемость (*питательных веществ*)
accessories:
   skidding ~ трелёвочная оснастка
accolade *уст.* аккoлада, конёк (*декоративная деталь над дверным или оконным проёмом*)
accordion-fold сложенный гармошкой (*о бумаге*)
accrete 1. срастаться 2. обрастать
accretion 1. *амер.* прирост (*дерева*) 2. нанос (*земли*), отложение наносов 3. срастание 4. обрастание 5. цел.-бум. выпадение осадка ◇ ~ in height прирост по высоте
   nitrogen ~ накопление азота (*в почве*)
accrue разрастаться (*о лесе*)
accumulator 1. собирающее устройство; накопитель, коник 2. цел.-бум. регенерационная цистерна, резервуар
acerate, acero(u)s хвойный; игловидный, в форме иглы
acetate ацетат

acetate

cellulose ~ ацетат целлюлозы, ацетилцеллюлоза
isobornyl ~ изоборнилацетат
achene *бот.* семянка
acicular иглообразный, игольчатый, остроконечный
acid кислота : кислый
  branched-chain saturated fatty ~ насыщенная жирная кислота с разветвлённой цепью
  butyric ~ масляная кислота
  crude acetic ~ уксусная кислота-сырец
  crude wood dry distillation ~ чёрная кислота-сырец
  digester ~ *цел.-бум.* варочная кислота
  essential amino ~ незаменимая аминокислота
  fulvic ~s фульвокислоты
  humic ~s гуминовые кислоты
  monounsaturated fatty ~ мононенасыщенная жирная кислота
  nonessential amino ~ несущественная [заменимая] аминокислота
  odd-numbered ~ кислота с нечётным числом углеродных атомов
  oxalic ~ щавелевая кислота
  pelargonic ~ пеларгоновая кислота
  peracetic ~ надуксусная кислота
  pyroligneous ~ 1. *лесохим.* обессмоленная жижка 2. древесный уксус, подсмольная вода
  residual ~ остаточная кислота
  saturated fatty ~ насыщенная жирная кислота
  sulfurous ~ сернистая кислота
  synthetic acetic ~ синтетическая уксусная кислота
  tannic ~ дубильная кислота
  terpene ~ терпеновая кислота
  total resin ~s суммарные смоляные кислоты
  tower sulfite ~ *цел.-бум.* сырая сульфитная кислота
  volatile ~s летучие кислоты
  wood acetic ~ техническая лесохимическая кислота (*сырец*)
acidification подкисление (*почв*)
acidifier резервуар для разложения сульфатного мыла (*серной кислотой*)
acidimeter ацидометр, кислотомер
acidimetry ацидиметрия, ацидиметрическое титрование
acidity кислотность (*почвы*)
  active ~ активная [истинная] кислотность
  actual ~ активная кислотность
  equivalent ~ подкисляющий эквивалент (*удобрения*)
  titratable ~ титруемая кислотность
  total exchange ~ общая [суммарная] обменная кислотность
acidmaker *цел.-бум.* кислотчик
acid-tolerant кислотоустойчивый, кислотовыносливый (*о растении*)
acinaceous содержащий семена (*о плодах*)
acinacifolious саблевиднолистный
aciniform 1. гроздевидный 2. многосемянный
acormose бесствольный, бесстебельный
acorncup *бот.* плюска
acotyledon бессемядольное растение
acranthed верхушечноцветковый
acre 1. акр (*0,404 га*) 2. *pl* площадь, пашня, поле
acreage площадь в акрах, число акров
acrofyte акрофит (*высокогорное растение*)
across-the-grain поперёк волокон; поперечный (*о разрезе*)
act:
  forestry ~ закон о лесе
action:
  cutting ~ процесс резания
  environmental ~ деятельность по охране окружающей среды
  pendulum ~ маятниковое движение (*каната, подвешенного к аэростату и удерживающего грузовую обойму*)
  pivot ~ резание (*ножевой фанеры*)
  slicing ~ резание (*ножевой фанеры*)
activation активация
  charcoal ~ активация древесного угля
activities:
  man-made ~ последствия, вызванные деятельностью человека
activity активность; деятельность
  environmental ~ деятельность по охране окружающей среды
acylation ацилирование
adaptation адаптация, приспособление

background ~ приспособление к внешней среде
photoperiodic ~ световая адаптация
adapter 1. приспособление к пиле **2.** гусеница колёсно-гусеничной машины
addendum of tooth головка зуба, высота головки зуба
additive добавка
 fertilizer ~ наполнитель удобрений
 leachable ~ щелочная добавка
 wet-end ~ добавка в массу перед пуском на сетку
adduct аддукт, продукт присоединения
 trifunctional ~ трифункциональный аддукт
adherent 1. сросшийся; приросший, прикреплённый к субстрату **2.** вязкий, клейкий
adhesion 1. адгезия, слипание, прилипание **2.** сцепление (*напр. колёс с грунтом*)
 faulty ~ недостаточная адгезия, некачественное склеивание
 patchy ~ неполное склеивание, несплошное склеивание
 specific ~ удельная адгезия
adhesive связующее; клеящее вещество, клей ‖ связующий; клейкий, липкий
 bag bottom ~ клей для склеивания днища бумажных мешков
 bag seam ~ клей для продольного склеивания бумажных трубок
 blood ~ альбуминовый клей
 contact cement ~ контактный клей
 epoxy ~ эпоксидный клей
 foam-bonding ~ *меб.* клей для пенопластов
 gap-filling ~ наполненный клей
 high-frequency ~ клей для склеивания способом ТВЧ (*в поле токов высокой частоты*)
 hot-melt ~ клей-расплав
 hot-plate ~ клей для горячего прессования (*фанеры*)
 impact ~ контактный клей
 neoprene-based ~ неопреновый клей
 phenolic film ~ фенольный плёночный клей
 plastic-foam ~ 1. синтетический вспененный клей **2.** клей для склеивания деталей из пенопласта
 pressure-sensitive ~ клей, отверждающийся под давлением
 rubber latex ~ 1. латексный клей **2.** клей для склеивания деталей из синтетического латекса
 thermosetting ~ термореактивный клей
administration:
 forest ~ лесоуправление
admitting light осветление (*рубка ухода*)
adnate сросшийся; приросший
adventitious адвентивный; придаточный (*об органе растения*)
adz(e) 1. тесать, обтёсывать (*дерево*) **2.** струг, скобель; тесло **3.** дексель для затёски шпал
 cooper's ~ ручной инструмент для обрубки и вставки пробок (*в бочки*)
adzing затёска брёвен; затёска шпал
 stop ~ брусовка разных частей бревна в зависимости от диаметра
aeration выдувание, выветривание
 ~ of soil аэрация почвы
aerator:
 turf ~ луговая борона
aerenchyma аэренхима, рыхлая паренхимная ткань (*древесины*)
Aerodux *фирм.* аэродукс (*формальдегидно-резорциновый клей*)
Aerolite *фирм.* аэролит (*мочевиноформальдегидный клей*)
aerosphere:
 soil ~ почвенный воздух
aestidurilignosa сообщество жестколистных пород
aestifruticeta кустарниковые листопадные сообщества
aestilignosa летнезелёные леса и кустарники
aestisilvae летнезеленые леса
aestivation 1. почкосложение (*листьев или лепестков в цветочной почке*) **2.** состояние покоя (*растений*) в период засухи
 opposite leaf ~ супротивное листорасположение
 whorl leaf ~ мутовчатое листорасположение
affected поражённый (*болезнью*); повреждённый ◇ **~ by environmental conditions** находящийся под влияни-

afford

ем окружающих условий; ~ with erosion поражённый эрозией
afford приносить урожай; давать плоды ◇ to ~ sod образовывать дернину
afforest облесить, засадить лесом
afforestation облесение
~ **of arable land** облесение пахотных земель
~ **of swamps** облесение осушенных болот
agricultural ~ агролесомелиорация; полезащитное лесоразведение
conservation ~ противоэрозионное [почвозащитное] облесение
field ~ полезащитное лесоразведение
protective ~ защитное лесоразведение
reclamative ~ мелиоративное облесение, агролесомелиорация
afforested засаженный лесом
afield в поле, на поле; в полевых условиях
afteraction, aftereffect последействие (*напр. удобрений*)
afterglow возгорание (*спичек*)
afterinfluence последействие (*напр. удобрений*)
after-regeneration возобновление леса (*после вырубки*)
after-seasoning выдержка после сушки
age 1. возраст 2. срок службы (*машины, инструмента*) 3. стареть; созревать; подвергать старению, выдерживать; изнашиваться
~ **of decline** возраст спелости; возраст распада (*насаждений*)
~ **of seed production** возраст семяношения [плодоношения]
average ~ **of stand** средний возраст насаждений
critical ~ критический возраст, возраст распада (*насаждений*)
crop ~ возраст насаждения
cutting ~ возраст рубки (*леса*)
exploitability [exploitable] ~ возраст спелости; устанавливаемый возраст деревьев, пригодных к использованию (*может быть меньше возраста деревьев, устанавливаемого для заготовок с коммерческой целью*)
felling ~ возраст рубки (*леса*)
maturity ~ возраст спелости

planting-stock ~ возраст посадочного материала
prevailing ~ господствующий возраст (*категории деревьев, имеющих наибольшее хозяйственное значение*)
removal ~ *англ.* возраст рубки (*леса*)
rotation ~ возраст рубки (*леса*)
specific index ~ возраст насаждения при определении специфического показателя бонитета (*50 или 100 лет*)
ageing *см.* **aging**
agent 1. агент, фактор, вещество, среда 2. агент, представитель
alkaline ~ равновесное соотношение между $NaOH$ и Na_2S в сульфатном щёлоке
alkaline reducing ~ щелочной восстановитель
antifogging ~ противофлокуляционный агент
antiskinning ~ противоплёночный агент
bleaching ~ отбеливающий реагент, отбеливатель, белитель
blowing ~ газообразователь, вспениватель
boiling ~ варочный щёлок
built-in blowing ~ *меб.* заранее введённый газообразователь
bulking ~ наполнитель
cationic sizing ~ катионный проклеивающий агент
cleaning ~ расщепляющий агент
coagulating ~ коагулятор
curing ~ отвердитель
deafening ~ заглушающий элемент
deresination ~ обессмоливающее средство
emulsifying ~ эмульгатор, эмульгирующий агент
flattening ~ матирующий агент, матирующая добавка
flocculating ~ флокулирующий агент, вещество, вызывающее образование хлопьев
flow ~ агент, обеспечивающий текучесть
gelling ~ желатинирующий агент
graining ~ кристаллообразующий агент
internal sizing ~ клеящее вещество для проклейки в массе

level dyeing ~ выравнивающий краситель
leveling ~ уровнемер
loading ~ наполнитель
masking ~ дезодоратор
oxidizing ~ окислитель, окисляющее вещество, окисляющий агент
paper sizing ~ агент для проклейки бумаги
parting ~ разделяющий агент
penetrating ~ пропиточное вещество; смачивающее вещество
precipitating ~ осадитель; осаждающий агент; осаждающее вещество
reinforcing ~ армирующий агент
release ~ 1. антиадгезионный агент 2. разделительное покрытие (*пресса или пресс-формы при изготовлении мебели из пластмасс*)
saponifying ~ омыляющий агент
short-stopping ~ ингибитор
sizing ~ проклеивающее вещество
stopping ~ ингибитор
tanning ~ дубитель

agglutinant агглютинирующее вещество, склеивающее вещество ‖ агглютинирующий, склеивающий

aggregate 1. агрегат, единица (*совокупность двух или ряда машин*) 2. масса, скопление ‖ собирать, соединять ‖ совокупный, сорный, общий 3. агрегат (*почвенный комочек из минеральных зёрен*) 4. лесохим. наполнитель
water-stable ~ водопрочный [водоустойчивый] агрегат (*почвы*)

aggregation 1. оструктуривание (*почвы*) 2. гранулирование (*удобрений*)

aging 1. старение, созревание 2. предсозревание (*алкалицеллюлозы*) 3. понижение (*качества*); ухудшение (*свойств*); износ
catalyst ~ старение катализатора
pulpwood ~ выдерживание балансов

agitation:
external ~ перемешивание с расположением мешалки вне бассейна
internal ~ перемешивание с расположением мешалки внутри бассейна

agitator мешалка
axial-flow ~ аксиальная мешалка
balance ~ маятниковая мешалка
high-density stock ~ мешалка для массы высокой плотности
internal chest ~ мешалка, расположенная в бассейне
jet ~ струйная мешалка
paddle(-type) ~ лопастная мешалка
shear-type ~ мешалка с ножевым ротором (*типа ротора гидроразбивателя*)
tube-type paddle ~ лопастная мешалка с прямыми лопастями (*установленными по длине трубчатого вала*)
two-stage vertical ~ двухступенчатая вертикальная мешалка

aglet 1. серёжка (*тип соцветия*) 2. боярышник (*Crataegus*) 3. лещина (*Corylus*)

agrisilviculture выращивание леса с временным сельскохозяйственным пользованием

agroforestal агролесомелиоративный
agroforestry агролесомелиорация
agro-silvo-pastoral агролесопастбищный

aid 1. помощь 2. помощник 3. вспомогательное средство
filler retention ~ цел.-бум. вещество для повышения удерживаемости наполнителя
retention ~ удерживающая добавка

aim of tending цель рубок ухода

air:
soil ~ почвенный воздух; газообразная фаза почвы

air-drier воздушная сушилка; клеильно-сушильная машина
air-layering получение воздушных отводков от стебля
air-pit межклетники (*в древесине*)
air-seasoned воздушно-сухой

aisle 1. подштабельное место, прямой ряд уложенных брёвен; площадка для складирования лесоматериалов 2. проход
tending ~ лицевая сторона, рабочая сторона (*бумагоделательной машины*)

albedo:
forest ~ отражательная способность [альбедо] леса
soil ~ отражательная способность [альбедо] почвы

albedometer альбедометр

albur(num)

albur(num) заболонь, оболонь
alcohol спирт
  aldehyd ~ оксиальдегид
  benzil ~ бензиловый спирт
  cetyl ~ цетиловый спирт
  coniferyl ~ конифериловый спирт
  ethyl ~ этиловый спирт
  isopropil ~ изопропиловый спирт
  methyl ~ метиловый спирт
  polyvinyl ~ поливиниловый спирт
  propyl ~ пропиловый спирт
alcoholysis алкоголиз
Alcotex *фирм. меб.* алькотекс (*поливиниловый спирт*)
alder ольха (*Alnus*)
alidade:
  fire-finder ~ алидада для определения места пожара
align 1. выравнивать (*напр. торцы*) 2. производить разбивку, трассировать 3. выстраивать в линию, ставить в ряд ◊ to ~ the timber выравнивать лесоматериал(ы)
aligner:
  extension table ~ кронштейн для крепления раздвижной крышки стола
  load ~ выравниватель груза (*напр. торцов брёвен при погрузке*)
  table-leaf ~ кронштейн для установки откидной крышки стола в горизонтальное положение
alive действующий, работающий
alkali:
  available ~ доступные растениям калий и натрий
  stable ~ не поддающийся действию щёлочи
alkalinity щёлочность, щелочные свойства
  total titratable ~ общая титруемая щёлочность
Alkathene *фирм. меб.* алькатен (*реакционный состав*)
Alkon *фирм. меб.* алькон (*полиформальдегидная смола*)
all-aged разновозрастный (*о насаждении*)
alley 1. узкий проход; проезд 2. кладовая на лесозаготовительном пункте
all-heart ядровая (*о древесных породах*)
alligator 1. судно на лесосплаве, передвигающееся посредством лебёдки с тросом 2. трелёвочные подсанки без дышла 3. зубчатая металлическая шпонка (*для соединения деревянных элементов*) 4. *pl* дефект «крокодиловая кожа» (*трещины отделочного покрытия на больших расстояниях одна от другой*)
allocation размещение, распределение
  ~ of felling план рубки леса, лесохозяйственный оборот
  plot ~ расположение [размещение] делянок
allopatric аллопатрический, с разобщённым ареалом (*о виде*)
allotment участок, делянка
allowance допуск, припуск, поправка ◊ ~ for bark припуск на кору (*в процентах от объёма ствола в коре*); ~ for trim припуск на торцовку, качество торцовки
  break-off ~ недопил
  milling ~ допуск на обработку
  seam ~ припуск на швы
  trim(ming) ~ припуск на торцовку, качество торцовки
along-the-grain вдоль волокон; продольный (*о разрезе*)
alpha-pulp целлюлоза с высоким содержанием альфа-целлюлозы
alternation of tree species смена пород
altimeter высотомер
altitude высота; высота над уровнем моря; отметка горизонта *или* уровня (*при нивелировании*)
alum квасцы
  black ~ смесь сернокислого алюминия и активированного угля
  papermaker's ~ глинозём, сернокислый глинозём
amalgamator 1. отделочный материал на основе натуральной смолы (*применяемый для лакирования и полирования*) 2. средство для выравнивания или снятия трещин (*лакового покрытия*)
Amberol *фирм. меб.* амберол (*фенолформальдегидная и малеиновая смола*)
Ambla *фирм.* амбла (*вспененный поливинилхлорид для изготовления искусственных кож для мягкой мебели*)

angle

amelioration мелиорация
  afforestation ~ агролесомелиорация
  agricultural ~ агролесомелиорация
  forest ~ агролесомелиорация
  silvicultural ~ агролесомелиорация
amentiferous серёжкоцветный
amine:
  fatty ~ жирный амин
  rosin ~ амин канифоли
ammophos аммофос, моноаммонийфосфат (*удобрение*)
amnical известково-аммиачная селитра
amplifier усилитель
  vortex fluidic ~ вихревой струйный усилитель
anaerobe анаэроб, анаэробный микроорганизм
anaerobic 1. анаэробный 2. анаэробный клей (*отверждающийся при отсутствии воздуха, обычно на основе цианакрилатной смолы*)
analysis анализ
  elution ~ хроматографический анализ
  environmental ~ анализ воздействия (*проекта или мероприятия*) на окружающую среду
  foliar ~ листовой анализ (*потребности деревьев в питательных элементах*)
  fractionating screen ~ фракционное [ситовое] сортирование, ситовый анализ
  grade ~ гранулометрический [механический] анализ (*почвы*)
  leaf ~ листовая диагностика, листовой анализ (*питания растений*)
  measure ~ объёмный анализ
  mesh(-screen) ~ ситовый анализ
  quantitative ~ количественный анализ
  resource-and-transportation ~ анализ транспортного освоения лесных ресурсов (*с учётом многоцелевого использования леса*)
  stump ~ определение возраста дерева по пню
  tree-ring ~ дендрохронологический анализ (*анализ изменения климата по кольцам деревьев*)
  year-ring ~ дендрохронологический анализ (*анализ изменения климата по кольцам деревьев*)
analyzer:
  chip ~ анализатор щепы
  Shirby ~ *меб.* аппарат для измерения содержания отходов (*в текстильном сырье или различных набивочных материалах*)
ananthous бесцветковый, нецветущий
anastomosing сетчатонервный (*о листе*)
anastomosis анастомоз (*соединение трубчатых элементов ткани растений*)
anchor 1. анкер, якорь ‖ скреплять; ставить на якорь 2. *меб.* резьба, состоящая из рисунков якоря и стрел и перемежающаяся с орнаментом из овалов и язычков
  deadman ~ анкер, закапываемый в землю, «мертвяк»
  ground ~ анкер, закапываемый в землю, «мертвяк»
  guying ~ анкер для крепления растяжек
  shore ~ *спл.* береговая опора
  skyline ~ крепление (*конца*) несущего каната
  stump ~ анкерный пень
  tree ~ анкерное дерево
anchorage (жёсткое) крепление
  cable ~ закрепление каната
anchoring крепление, закрепление ‖ закреплённый
  rope ~ закрепление каната
ancium каньонный лес
ancones резной орнамент для украшения дверных и оконных коробок
angarub египетская кровать *или* кушетка с подушками и подставкой для головы
angel's-eye вероника дубравная, дубровка (*Veronica chamaedrys*)
angiocarpous гиокарпный, покрытоплодный
angiospermous покрытосемянный
angle 1. угол 2. угольник 3. наклонять (*под углом*), устанавливаться под углом 4. угловой, диагональный ◊ to ~ the blade устанавливать струг [нож]
  ~ of advance угол подачи
  ~ of back of tooth задний угол резца
  ~ of bank *топ.* угол наклона
  ~ of camber угол развала (*колёс*)
  ~ of contact угол охвата (*ремня, каната*); угол прилегания

17

angle

~ of curvature угол поворота (*дороги*)
~ of cutting edge угол резания, угол заточки резца
~ of depression угол склонения, отрицательный угол местности
~ of gradient угол уклона, угол подъёма
~ of harrow угол атаки дисковой бороны
~ of inclination 1. угол наклона 2. угол ветвления
~ of repose угол естественного откоса
~ of rest угол естественного откоса
~ of sight угол местности, угол визирования
~ of skew угол скоса
~ of slide угол скольжения, угол наклона плоскости
~ of slope угол откоса, угол крутизны ската *или* уклона
~ of taper угол наклона
~ of tooth point угол заострения, угол при вершине зуба (*между передней и задней гранями зуба пилы*)
~ of view угол визирования
advance ~ угол опережения
approach ~ угол атаки (*рабочего органа*)
awkward duct ~ неудобный [неправильный] угол наклона канала *или* прохода
back ~ задний угол; угол заднего зазора (*в режущих инструментах*)
back bevel ~ угол скоса [косой заточки] задней кромки (*зуба пилы*)
bevel ~ 1. угол скашивания, угол скоса 2. малка
branch ~ угол ветвления
clearance ~ угол зазора (*резца*)
cutting ~ угол резания; угол заточки зуба (*пилы*)
fibril(lar) ~ угол наклона микрофибрилл (*к продольной оси клетки в древесине*)
filing ~ угол заточки
fleet ~ угол между осями блока и огибающего каната
front bevel ~ угол скоса [косой заточки] передней кромки (*зуба пилы*)
grain ~ угол наклона волокон (*древесины*)

grinding ~ угол заточки
milling ~ угол фрезерования
mitered ~ прямой угол (*щита*), образованный соединением на ус
photographic ~ угол наклона при аэрофотосъёмке
sash ~ угольник (*для скрепления оконных переплётов*)
sharpness ~ угол заточки; угол заострения (*горизонтальной режущей кромки Г-образного звена пильной цепи*)
shearing ~ угол резания
side-edge ~ передний контурный угол (*Г-образного режущего звена пильной цепи*)
side-plate ~ передний контурный угол (*Г-образного режущего звена пильной цепи*)
skew ~ 1. косой угол 2. угол, образованный осью открытой дренажной трубы с осью дороги
slewing ~ угол поворота
tool ~ угол заострения резца
tooth top ~ угол при вершине зуба
top bevel ~ угол скоса режущей кромки (*зуба пилы*)
top-edge (filling) ~ угол скоса горизонтальной грани (*Г-образного режущего звена пильной цепи*)
top-face (cutting) ~ угол резания горизонтальной грани (*Г-образного режущего звена пильной цепи*)
top-plate (cutting) ~ угол резания горизонтальной грани (*Г-образного режущего звена пильной цепи*)
top-plate (filling) ~ угол скоса горизонтальной грани (*Г-образного режущего звена пильной цепи*)
wedge ~ угол заточки; угол заострения (*горизонтальной режущей кромки Г-образного звена пильной цепи*)
wide ~ боковой угол, угол поднутрения

angledozer бульдозер с поворотным в горизонтальной плоскости отвалом
angustifoliate узколистный
anisophylly анизофиллия, неравнолистность
annotinous 1. однолетний 2. годичный, годовой
announcements бумага для деловых

бланков, поздравительных открыток, свадебных приглашений *и т.п.*
annual 1. однолетник ‖ однолетний 2. годичный, годовой
annular-vessel кольцесосудистый (*о древесине*)
annulate 1. кольцевой 2. кольчатый
anodal ненормально вытянутый (*о вершине дерева без боковых ветвей, в основном хвойных пород*)
anoxybiotic анаэробный
ant муравей
　carpenter ~ муравей-древоточец (*Camponotus*)
　hill ~ муравей лесной рыжий (*Formica rufa*)
　white ~s термиты (*Isoptera*)
antacid pulp целлюлоза и продукты из неё, не содержащие кислот
antenna 1. антенна, усик (*насекомых*) 2. клювик (*плодов*)
antheriferous пыльниконосный
antherless беспыльниковый
anthill муравейник
antifoam пеногаситель
antifungal фунгицид ‖ фунгицидный, противогрибковый
antimycotic фунгицид ‖ фунгицидный, противогрибковый
antioxidant ингибитор, антиоксидант
antipinching предотвращение зажима пилы (*пильной шины, цепи*)
antique 1. античный стиль ‖ античный 2. старинная мебель 3. стильная мебель
anvil 1. опора [опорный рычаг] для удержания дерева (*при перерезании ножевым режущим устройством*) 2. нижний неподвижный элемент, нижняя балка, контрнож (*рубильной машины*)
　replaceable ~ съёмный нижний элемент, съёмный контрнож
aperture 1. проём, щель 2. апертура (*лакополивной машины*)
　pit ~ отверстие поры
apetalous безлепестковый
apex 1. вершина, верхняя часть (*дерева*) 2. кончик (*листа*)
　acute leaf ~ острый кончик листа
　obtuse leaf ~ тупоугольный кончик листа
　shoot ~ верхушка побега

apparatus

　truncate leaf ~ усечённый кончик листа
　vegetative shoot ~ верхушка порослевого побега
aphid тля, *pl* тли (*Aphididae*)
aphyllous безлистный
aphylly афиллия, отсутствие листьев
apiculate короткоостроконечный (*о форме листа*)
apiculiform остроконечный
apophysis апофиза (*видимая часть семенной чешуйки сомкнутой шишки*)
apparatus аппарат, устройство, механизм, приспособление ◇ ~ **for severing and grouping trees** устройство для срезания и накопления деревьев
　absorption ~ поглотитель, абсорбер
　bell-jar ~ термостат для проращивания семян
　closing-sealing ~ автомат для заклейки картонных ящиков
　cutting ~ режущий механизм
　dew-point ~ конденсационный гигрометр (*для измерения точки росы*)
　eccentric shake ~ 1. эксцентриковый механизм качания 2. *цел.-бум.* тряска с эксцентриковым механизмом
　feed ~ подающий механизм
　fumigating ~ аппарат для дезинфекции
　germinating ~ термостат для проращивания семян
　hauling ~ лесотранспортный механизм, лесотаска
　hoist(ing) ~ подъёмное устройство, подъёмный механизм
　impeller-type floatation ~ флотационная машина импеллерного типа
　range-finding ~ дальномер
　reclaiming ~ аппаратура для регенерации
　sharpening ~ 1. заточное устройство 2. ковочный аппарат (*для дефибрерных камней*)
　sheet-making ~ аппарат для отлива пробных листов, листоотливной аппарат
　stomatal closing ~ *бот.* замыкающий аппарат устьиц
　timber-hauling ~ лесотранспортный механизм; транспортёр для брёвен
　tree shear ~ ножевое устройство для срезания деревьев

apparatus

trussing ~ стяжной ворот (*для бочек*)
wood-splitting ~ устройство для раскалывания древесины

appearance визуальные характеристики бумаги (*цвет, глянцевитость и т.п.*)
  physical ~ физические свойства

apple яблоня (*Malus*)

application 1. применение, внесение (*удобрений, ядохимикатов*) 2. нанесение (*слоя*); ламинирование 3. аппликация (*напр. на переплёте*)
  ~ of adhesive нанесение клея
  bed ~ припосевное [припосадочное] внесение
  commercial ~ применение в промышленном масштабе
  double ~ двойное нанесение (*лака или клея, при котором смола и катализатор наносятся раздельно*)
  foliage [foliar] ~ некорневое [внекорневое] внесение
  general ~ внесение разбрасыванием
  heavy ~ внесение высоких доз
  hole ~ внесение в лунки
  hot-press ~ *цел.-бум.* горячее ламинирование
  lacquer ~ нанесение лака
  liberal ~ внесение повышенных доз
  lime ~ известкование (*почвы*)
  localized ~ локальное [местное] внесение
  marl ~ мергелевание, внесение мергеля
  overall ~ сплошное [равномерное] внесение
  rate ~ доза внесения
  root ~ прикорневое внесение
  row ~ рядковое внесение (*удобрений*)
  seedbed ~ внесение на семенное ложе
  spot ~ локальное [местное] внесение
  spray ~ 1. *меб.* нанесение распылением 2. некорневая подкормка; дождевание с внесением удобрений
  starter ~ припосевное [припосадочное] внесение
  supplemental ~ дополнительное внесение, подкормка

applicator 1. машина для внесения удобрений и ядохимикатов 2. сошник для внесения удобрений 3. красконаносное устройство; ламинатор

  dry ~ разбрасыватель удобрений
  dust ~ опыливатель
  felt blanket ~ бесконечное красконаносное сукно
  fertilizer ~ 1. туковая сеялка 2. сошник для внесения удобрений
  fog ~ аэрозольный генератор
  hot-melt ~ горячий ламинатор
  panel-edging ~ аппликатор для облицовывания кромок щитов

appliqué *фр.* аппликация (*отделка мебели*)

applyng:
  rag ~ нанесение (*отделочного материала*) с помощью матерчатого тампона *или* тряпки

appraisal:
  stumpage ~ материально-денежная оценка лесосек

appraiser оценщик, таксатор

apron 1. фартук (*бумагоделательной машины*) 2. ленточный конвейер 3. фартук (*на стволе для сбора живицы*); направляющий жёлоб 4. жёлоб (*для брёвен*) 5. боковая стенка (*ограждения круглой пилы*) 6. наличник (*окна*) 7. передний щит (*письменного стола*) 8. основная поворотная доска (*резцовой каретки строгального станка*) 9. резная или формованная деталь, расположенная ниже передней царги сиденья 10. царга 11. облицовка порога
  delivery ~ конечный ремень (*тряпкорубки*)
  discharge ~ разгрузочный лоток
  feed ~ подающий ремень (*тряпкорубки*)
  intake ~ подводящий лоток, разгрузочный жёлоб
  intermediate ~ промежуточный ремень
  traveling ~ сукно саморезки

aquapel *фирм.* гидрофобные ультрафильтры

araldite *фирм. меб.* аралдит (*эпоксидная смола*)

arbor 1. зажимный патрон (*токарного станка*); вал, ось 2. свод из деревьев 3. дерево
  saw ~ оправка шлицевой фрезы; ось круглой пилы

arboreal древесный
arborescent древовидный
arboretum дендрарий
arboricide арбоцид
arboriculture 1. лесоводство 2. разведение декоративных древесных пород
Arborite *фирм. меб.* арборит (*бумажнослоистый пластик с меламиновым покрытием*)
arborvitae туя (*Thuja*)
arbuscle древовидный кустарник; карликовое дерево
arbuscular древовидный
arch 1. арка 2. трелёвочная арка (*оборудование к трелёвочному трактору для подъёма передних концов трелюемых лесоматериалов*); прицепная трелёвочная арка на гусеничном ходу
chocker ~ арка трактора с тросочокерным оборудованием
fairlead (logging) ~ трелёвочная арка с направляющими роликами и блоками (*для канатов*)
integral ~ трелёвочная арка, монтируемая на тракторе
logging ~ трелёвочная арка; арочный трелёвочный прицеп
pivoting fairlead ~ поворотная качающаяся трелёвочная арка с направляющими роликами и блоками для канатов
wheeled ~ трелёвочная арка на колёсном ходу
arching зависание (*образование сводов щепы в бункерах*)
architecture:
 garden ~ ландшафтная садово-парковая архитектура
archive:
 mother tree ~ плантация элитных и плюсовых деревьев; лесосеменная плантация
arcton *фирм.* арктон (*фторуглерод для вспенивания полимеров*)
area 1. площадь, пространство, зона; участок 2. местность 3. ареал ◇ ~ served by crane рабочая площадь крана; ~ under (crown) cover покрытая лесом площадь; ~ under management площадь хозяйства по древесной породе

area

accounting ~ учётная [инвентарная] площадь
allowable burned ~ кан. допустимая площадь ежегодных палов
backcut ~ площадь пропила
barren ~ территория, лишённая растительного покрова
basal ~ 1. площадь поперечного сечения (*ствола на высоте груди*) 2. площадь поверхности почвы, занимаемой стволом (*дерева*)
basal ~ at breast height площадь поперечного сечения ствола на высоте груди
basal ~ at ... % of tree height площадь поперечного сечения ствола на высоте, составляющей ... % от высоты дерева
basal ~ per hectare сумма площадей поперечных сечений насаждения на гектаре
beating ~ *цел.-бум.* поверхность размола
bedding ~ площадка приземления (*напр. аэростата*)
blind ~ растительность за пределом видимости (*при аэрофотосъёмке*)
boggy ~s заболоченные участки
bole ~ площадь поперечного сечения ствола (*дерева*)
bole surface ~ площадь боковой поверхности ствола (*дерева*)
bonded ~ сомкнутая поверхность (*бумаги*)
burned-over ~ выжженная площадь; площадь пала
butt-end ~ торец, торцевая поверхность
cambia ~ зона камбия
catch(ment) ~ водосборная площадь; бассейн реки
clearcut [cleared] ~ площадь [лесосека] со сплошной рубкой
collecting ~ водосборная площадь, бассейн реки
commercial forest ~ площадь коммерческих [промышленных] лесов (*пригодная и доступная для непрерывного выращивания деревьев в качестве древесного сырья*)
concave ~ морозобойная площадь
confined ~ ограниченная площадь,

area

стеснённые условия (*напр. при работе на лесосеке*)
conservation ~ природная охраняемая территория, заповедник
contained ~ (of grapple) площадь раскрытия (захвата)
crop basal ~ общая сумма площадей поперечного сечения деревьев (*на высоте груди*) на единице площади
cross-sectional ~ площадь поперечного сечения; площадь охвата (*напр. лесоматериалов захватом*)
crown projection ~ площадь горизонтальной проекции крон (*деревьев*)
cutover ~ вырубленная лесосека, вырубка
cutting ~ лесосека; площадь вырубки
densely wooded ~ сильно залесённая местность
denuded ~ вырубленная лесосека, вырубка
discount ~ учётная [инвентарная] площадка
drainage ~ 1. водосборная площадь; бассейн реки 2. дренированная площадь 3. цел.-бум. поверхность обезвоживания, поверхность стекания
equalized ~ приведённая площадь (*по продуктивности на единице площади*)
failed ~ прогалина, необлесённый участок (*на лесных культурах*)
felled ~ вырубленная лесосека, вырубка
felling ~ лесосека, площадь вырубки
forest(ed) ~ лесная площадь, покрытая лесом площадь
gripping ~ площадь захвата (*в открытом положении*)
gross ~ общая площадь (*лесного фонда*)
grown ~ лесная площадь
harvest(ing) ~ лесосека; площадь вырубки; площадь лесосеки; место лесозаготовок
holding ~ склад, площадка под склад
interfluve ~ водораздел, междуречье; площадь между двумя рукавами реки
interstream ~ водораздел, междуречье; площадь между двумя рукавами реки
land ~ плоская поверхность зубцов (*дефибрерного камня*)

loading dump ~ погрузочная площадка
log-dump-and-segregation ~ верхний склад; погрузочно-сортировочная площадка
logged ~ вырубка, вырубленная лесосека
log storage-and-bundling ~ плотбище
low-yield ~ низкопродуктивная лесная площадь (*с небольшим запасом леса на 1 га*)
management plan ~ план лесонасаждений (*лесоустроительный*)
native growing ~ местный ареал (*растений*)
natural ~ *амер.* заповедник; участок леса научного значения
net ~ покрытая лесом площадь
nonforest(ed) ~ нелесная [не покрытая лесом] площадь
nonstocked ~ нелесная [не покрытая лесом] площадь
open ~ (of screen) цел.-бум. живое сечение (*сита*)
open wire ~ цел.-бум. живое сечение сетки
permanent study ~ постоянная пробная площадь
planting ~ лесокультурная площадь
primeval ~ первобытная [девственная] местность
primitive ~ первобытная [девственная] местность
pristine ~ район первобытной (*нетронутой, девственной*) природы
reduced ~ приведённая площадь (*по продуктивности на единице площади*)
regeneration ~ 1. лесокультурная площадь 2. временно заповедный участок
representative ~ контрольная площадка, показательный участок
research natural ~ *амер.* заповедник; участок леса научного значения
root ~ корнеобитаемый слой
rough ~ пересечённая местность
sale ~ площадь [территория] лесосеки или лесного массива
sampling ~ пробная площадь
scientific purpose ~ *амер.* заповедник; участок леса научного значения

seed-production ~ плюсовый лесосеменной участок
seen ~ просматриваемая площадь (*напр. пожарным наблюдателем*)
segregation ~ сортировочная площадка
selection-cut ~ лесосека с выборочной рубкой
selectively marked ~ площадь с выборочной рубкой
slash ~ *австрал.* неочищенная площадь
slightly visible ~ непросматриваемая площадь (*напр. пожарным наблюдателем*)
stand basal ~ общая сумма площадей поперечного сечения деревьев (*на высоте груди*) на единице площади
state forest ~ государственный лес; площадь государственных лесов
stippled ~ *меб.* шероховатая поверхность
storage ~ 1. подштабельные места; место штабелёвки [складирования] древесины; зона накопления деревьев 2. плотбище
stump ~ вырубленная лесосека, вырубка
timbered ~ лесная площадь
total basal ~ общая сумма площадей поперечного сечения деревьев (*на высоте груди*) на единице площади
trial ~ *австрал.* опытный участок
undercut ~ площадь подпила
virgin ~ девственная [первобытная] местность
water-collecting ~ водосборная площадь; бассейн реки
water-producing ~ водосборная площадь; бассейн реки
wilderness ~ девственная [первобытная] местность
wildlife ~ долгосрочный заказник дикой породы
wire ~ *цел.-бум.* поверхность сетки
wooden ~ площадь под лесом, лесная площадь
working plan ~ план лесонасаждений (*лесоустроительный*)
year felling ~ годичная лесосека, годичная площадь вырубки
argillaceous аргиллитовый, глинистый

argillite аргиллит, водонепроницаемая глинистая порода
aridity аридность, засушливость
arm 1. рукав (*реки*) 2. плечо (*рычага*) 3. стрела (*крана*) 4. ручка, рукоятка; рычаг 5. *меб.* подлокотник 6. гребок (*колчеданной печи*) 7. лопасть, било
bolster ~ круглый стёганый подлокотник; валик
caliper ~ ножка мерной вилки
cantilever ~ стрела, укосина
clam ~ зажимный рычаг (*коника*)
gib ~ стрела, укосина
hinged dog hook ~ рычаг (*лесотаски*) для удержания брёвен
holding ~ прижимный [удерживающий] рычаг
holding/limbing ~ удерживающий рычаг с сучкорезным ножом
inverted clam bunk hold ~s удерживающие рычаги наклоняющегося зажимного коника
kicker ~ сбрасывающий рычаг
knuckled ~ стрела-манипулятор
lever ~ плечо рычага
lifter ~ стойка копача
loader ~ рукоять (стрелового) погрузчика
pivoted ~ поворотный [качающийся] рычаг; качающаяся поперечина
rabble [rabbling] ~ мешальная лопасть
ragging ~ мешальная лопасть
scroll-over ~ подлокотник в форме спирали
sweep ~ *цел.-бум.* лопасть (*в котле для варки крахмала*)
swinging ~ качающийся [поворотный] кронштейн
armchair кресло
cane seat ~ кресло с плетёным сиденьем
armoire *фр. уст.* большой шкаф
armor:
GRP ~ *меб.* усиливающая добавка стеклопластика
armorbex *фирм. меб.* арморбекс (*армированный ацетат целлюлозы*)
armorply фанера, облицованная листовым металлом; армированная фанера
armpad подлокотник; обивка подлокотника кресла

arrangement

arrangement 1. приведение в порядок; расположение; классификация **2.** установка; приспособление, устройство
~ **of working plan** план лесоустроительного проекта
alternate leaf ~ очередное листорасположение
decussate leaf ~ супротивное листорасположение
feed ~ подающее приспособление
ink(ing) ~ красочный аппарат, красконаносный аппарат
pick-up ~ *цел.-бум.* пересасывающее устройство
screen ~ сортирующая установка, установка для сортирования (*напр. щепы*)
split-block ~ дробноблочное расположение (*делянок*)
trial ~ схема опыта
verticillate leaf ~ мутовчатое листорасположение
wire rope sling tightening ~ канатный зажим (*для удержания деревьев при бесчокерной трелёвке леса*)
arrester 1. ограничитель, останов, стопорное устройство **2.** *фирм. цел.-бум.* фильтр
arris острый угол соединения двух плоских поверхностей; ребро, острая кромка, гребень
~ **of sample** ребро образца древесины
eased ~ закруглённое ребро
sawn-timber ~ ребро пиломатериала
arrowwood калина (*Viburnum*)
arson поджог (*леса*)
art бумага для художественной печати
off-machine coated ~ бумага для художественной печати, мелованная отдельной операцией
arthropods членистоногие (*Arthropoda*)
articulated, articulating шарнирный; шарнирно-сочленённый (*напр. о раме трактора*); поворотный, шарнирно-звеньевой (*о цепи*)
articulation шарнирное сочленение (*напр. рамы трактора*)
ascent:
backfall ~ *цел.-бум.* подъём горки ролла
sap ~ сокодвижение
ascidiform *бот.* кувшинчатый
ascigerous сумчатый

ascomycetes аскомицеты, сумчатые грибы (*Ascomycetes*)
ascospore аскоспора, сумкоспора
asexual 1. бесполый **2.** вегетативный
ash 1. ясень (*Fraxinus*) **2.** зола, пепел ‖ озолять, сжигать ‖ зольный
soda ~ углекислый натрий, карбонат натрия (*безводный*), кальцинированная сода
ashing озоление, сжигание
ashore 1. на берегу **2.** к берегу
aspen осина (*Populus tremula*)
asphyxiation выпревание (*семян и растений*)
ass слезок (*упорная стойка черпального чана*)
assart участок леса, расчищенный под пашню ‖ расчищать (*участок леса*) под пашню
assemblage сборка, установка, монтаж
~ **of rootlets** корневая система
root ~ корневая система
assembler 1. *меб.* вайма (*пресс для сборки*) **2.** сборщик
assembling сборка; установка, монтаж
assembly 1. агрегат; комплект; детали в собранном виде; соединение, совокупность **2.** сборка; установка, монтаж **3.** склеивание (*фанеры*); сборка пакета (*шпона*) **4.** пакет (*фанеры*), запрессовка **5.** колония (*растений*) **6.** устройство
jigged ~ **1.** сборка с помощью зажимного приспособления; сборка в вайме **2.** узел, собранный в вайме
shear blade ~ ножевое срезающее устройство, срезающее устройство с ножевыми полотнами
split link ~ узел соединения канатов; соединение канатов (*напр. скобой*)
suction mold ~ отсасывающий цилиндр в сборе
tree-felling ~ устройство для валки деревьев
work-piece ~ **1.** пакет, подготовленный для прессования **2.** набор деталей, приготовленных для сборки
assessment:
environmental ~ **1.** экологическая оценка, оценка состояния среды **2.** оценка воздействия проекта на окружающую среду

forest ~ лесная таксация
assignment лесорубочный билет, ордер
assimilability усвояемость
assistance:
  forest management ~ консультация по ведению лесного хозяйства
assize таксация
association 1. объединение; соединение 2. ассоциация, сообщество (*растительности*) 3. *бот.* сопряжённость
  forest ~ тип леса, лесная ассоциация
  oak ~ дубрава
  plant ~ растительное сообщество, фитоценоз
assort сортировать, подбирать, классифицировать
assorted бессортный (*напр. о лесе, пиломатериале*)
assorting отбор, классификация, сортировка
assortment 1. сортимент 2. набор, ассортимент 3. классификация, сортировка
  merchantable ~ деловой сортимент
  roundwood ~ круглый сортимент
  split-up ~ разделённый сортимент; колотый сортимент
  timber ~s лесоматериалы разных сортов; сортименты
  wood ~ сортимент
asterite *фирм. меб.* астерит (*листовой акрил для вакуум-формования*)
astragal калёвка
attaching:
  choker ~ чокеровка
attachment 1. скрепление, закрепление, прикрепление; приспособление 2. рабочий орган; рабочее оборудование
  angle boring ~ головка для сверления отверстий под углом
  autofeed level planing ~ строгальный станок с автоматической подачей
  chokerless skidding ~ оборудование для бесчокерной трелёвки
  crawler ~ сменная гусеница
  cutting ~ режущий аппарат; пильный аппарат; пильная шина
  dog ~ захват транспортёра
  draft ~ сцепное устройство
  feeding ~ подающее приспособление
  feller-buncher ~ навеска (*на трактор*) для валки и пакетирования деревьев
  fluting ~ головка для рифления *или* выемки пазов
  lifting ~ 1. подъёмное устройство 2. копач
  planter ~ высевающий аппарат; посадочный аппарат
  right-angle grinding ~ заточное устройство с прямоугольной рукояткой
  roping ~ крепление каната
  shaping ~ фрезерная профилирующая головка
  side lift ~ боковой подъёмник
  Triplpro ~ *фирм. меб.* приспособление к скобозабивному пистолету (*для крепления борта к пружинному блоку одновременно с креплением мягких настилов*)
attack 1. разрушение, поражение ‖ разрушать, поражать 2. заселение ‖ заселять (*о насекомых*) ◇ **to** ~ **a fire** тушить пожар с помощью заградительных полос; **to** ~ **at the front** тушить пожар с фронта
  fungal ~ поражение грибами (*деревьев, древесины*)
  insect ~ разрушение насекомыми
  microbial ~ биохимическая активность микроорганизмов
attemperator устройство для понижения температуры пара *или* воды
attendant:
  waste ~ рабочий, удаляющий отходы, уборщик
attenuate удлинённый, сбежистый, заострённый
attrition истирание, изнашивание от трения
  ~ **of seedlings** отпад сеянцев
annual ~ годичный отпад (*всходов*); ежегодный отпад (*сеянцев*)
auger 1. валочная фреза 2. шнек ‖ транспортировать с помощью шнека 3. сверло; бур; пустотелое долото; пёрка
  planting ~ полуцилиндрическая лопата
  soil ~ почвенный бур
augmentation увеличение, прирост, приращение
auramine аурамин (*жёлтый основной дифенилметановый краситель*)

autochip автоматический станок для измельчения отходов
autocubicator автокубатурник (*автоматический счётчик объёма или кубатуры*)
autoecious однохозяйный (*о паразитах*)
autogamous автогамный, самоопыляющийся
autogamy автогамия, самооплодотворение
autogenesis автогенез, самозарождение
autogenic, autogenous аутогенный, эндогенный
autolopping самоочищение от сучьев
autolysis автолиз, саморазложение
autoparasite 1. гиперпаразит, паразит второго порядка 2. автопаразит (*паразит, которым хозяин заражается от самого себя*)
autophillous самоопыляющийся
autophyte автотроф, автотрофный организм
autoslice автоматический шабер; отсасывающий шабер; самосливная линейка
autothinning самоизреживание
auxanometer ростомер, измеритель прироста (*растений*)
auxiliaries вспомогательное оборудование
auxin ауксин (*растительный гормон*)
availability 1. пригодность; готовность (*техническая*) 2. возможность использования, доступность
~ **of element** доступность элемента (*питания*)
mechanical ~ техническая готовность
moisture ~ доступность влаги
operational ~ эксплуатационная готовность:
percent ~ коэффициент технической готовности
avalanche лавина; обвал; оползень
debris ~ 1. осыпь щебня 2. оползень из порубочных остатков со значительным содержанием земли и воды
averruncator секатор
avicennietum сообщество мангровых деревьев
awl-leaved шилолистный
ax(e) топор; колун
bench ~ плотничий топор

broad ~ топор с широким лезвием (*для затёски, подсочки*)
cleaving ~ колун
concave ~ топор с изогнутым по контуру дерева широким лезвием
cross ~ крестовый топор
cruising ~ лёгкий топор (*массой около 1 кг*)
cupping ~ топор с широкой режущей кромкой конической формы (*для подсочки*)
double-bitted ~ топор с двусторонним лезвием
double-bladed ~ топор с двусторонним лезвием
felling ~ топор лесоруба
lopping ~ топор для обрубки сучьев
marking ~ маркировочный топор
picaroon ~ топор с остроконечным или долотообразным лезвием; крестовый топор
pick ~ топор с остроконечным или долотообразным лезвием; крестовый топор
side ~ топор для затёски лесоматериалов
single-bitted ~ топор с односторонним лезвием
single-bladed ~ топор с односторонним лезвием
splitting ~ колун
wedge ~ колун
axenic 1. аксенический, не содержащий живых организмов (*о культуре*) 2. стерильный, безбактериальный
azigous непарный
azophoska азофоска (*азотнофосфорнокалийное удобрение, полное удобрение*)
azotobacterin азотобактерин
azured подцвеченный (*о бумаге*)
azuring:
paper ~ подцветка бумаги
azygomorphous азигоморфный, асимметричный

B

baccate ягодный
back 1. задняя [обратная, тыльная] сторона 2. задняя грань (*зуба, резца*)

3. обух (*топора*); тылок (*режущего инструмента*) 4. *меб.* спинка 5. *pl* стропильные связи 6. *pl* задние поверхности досок, обзолы 7. давать задний ход (*о транспортном средстве*) 8. поддерживать, подпирать 9. задний, обратный 10. назад
~ of tool задняя грань режущего инструмента
anthemion ~ овальная спинка с орнаментом «антемий» (*XVIII в.*)
ax ~ обух топора
balloon ~ спинка в виде кольца
carcass ~ задняя стенка корпусной мебели
colonnette ~ спинка из точёных колонок
corset ~ кресло с подлокотниками и высокой мягкой спинкой с талией (*США, сер. XIX в.*)
cusp ~ спинка в виде фестонов
fan ~ спинка в виде веера
fiber ~ 1. спинка из древесноволокнистой плиты 2. задняя стенка из древесноволокнистой плиты
handle ~ спинка с овальной прорезью в верхней части (*для облегчения переноски стула*)
haul ~ оттяжка, возвратный трос (*при механизированной трелёвке*)
honeysuckle ~ овальная спинка с орнаментом «антемий» (*XVIII в.*)
hoop ~ закруглённая спинка
interlaced chair ~ резная спинка в виде переплетения лент (*Англия, XVIII в.*)
lancet ~ спинка из трёхстрельчатых арок (*Англия, сер. XVIII в.*)
lattice ~ решётчатая спинка (*Англия, XVIII в.*)
loop ~ круглая спинка в виде обруча (*США*)
lunette ~ спинка из двух перекрещивающихся закруглённых элементов (*нач. XIX в.*)
matched ~ задняя стенка мебели из шпунтованных досок *или* реек
periwig ~ спинка, украшенная завитками в виде парика (*Англия, XVII в.*)
pillow ~ овальная спинка (*XVIII-XIX вв.*)

ribbon ~ резная спинка в виде переплетения лент (*Англия, XVIII в.*)
sack ~ круглая спинка
saddle ~ низкая закруглённая спинка (*виндзорского кресла*)
scroll ~ спинка, верхняя часть которого изогнута в виде завитка
spoon ~ кресло без подлокотников с гнутой закруглённой спинкой (*Англия, стиль эпохи королевы Анны*)
stick ~ спинка виндзорского кресла
wheats heap ~ спинка в форме пшеничного снопа (*Англия, сер. XVIII в.*)
yoke ~ спинка в виде коромысла (*Англия, нач. XIX в.*)
back-and-seat:
continuous ~ спинка, переходящая в сиденье; цельноформированные спинка и сиденье
backbone 1. горный хребет 2. донный брусок V-образного лотка 3. деревянные форштевень, киль и корма (*судна*)
back-breaking (*в ленточнопильном станке*) развал досок, роспуск пиломатериалов
back-coating 1. латексный *или* клеевой слой коврового покрытия (*для крепления ворса*) 2. покрытие обратной стороны (*шпона, фанеры, плиты*)
backcut пропил, задний рез (*со стороны дерева, противоположной направлению валки*); вырез (*в дереве*) со стороны, противоположной направлению валки (*напр. для установки валочного домкрата*)
backcutting срезание *или* спиливание (*дерева*) со стороны, противоположной направлению валки
backed, bellied and jointed пилёная, гнутая, строганая (*о клёпке, готовой к сборке в бочку*)
backer:
double ~ двойной покровный слой (*гофрированного картона*)
backfall 1. склон, спуск 2. горка (*ролла*)
backfire встречный огонь (*для тушения лесного пожара*)
back-folding *меб.* откидной
backhoe 1. обратная лопата 2. рыхлитель 3. экскаватор, канавокопатель

backing

backing 4. стрела экскаватора; стреловой манипулятор
backing 1. основа, подкладка 2. задний ход 3. *pl* горизонтальные пробки (*для крепления обшивки дверных коробок*) 4. ДВП для автомобилестроения (*как правило, покрытая ткаными материалами*)
   foam ~ 1. подкладка из пенопласта 2. дублирование пенопластом
   glazed ~ глазированная бумага (*для оклейки картона*)
   quilt ~ стёганая прокладка (*мягкой мебели*)
backing-off 1. скашивание, снятие кромки, снятие фаски (*на задней грани резца*) 2. затылование (*зубьев пилы, резцов*)
backloading погрузка в вагоны, отправляемые обратно
backmark след на бумаге ручного черпания (*после сушки*)
backoff затылование (*зубьев пилы, резцов*)
backslope откос кювета
backsloper откосник (*дорожного струга*)
back-stool:
   upholstered ~ мягкий стул
backtender сушильщик, оператор перемоточного станка
backwater 1. затон; заводь 2. цел.-бум. оборотная вода
backwoods лесная глушь
bacteriolysis бактериолиз (*разрушение или растворение микробов*)
bacterium бактерия
   cellulose-fermenting ~ целлюлозная бактерия, бактерия, разлагающая целлюлозу
   chemosynthetic ~ хемосинтезирующая бактерия
   denitrifying ~ денитрифицирующая бактерия
   nitrifying ~ нитрифицирующая бактерия
   nitrogen-fixing ~ азотфиксирующая бактерия
   nodule ~ клубеньковая бактерия
   putrefactive ~ гнилостная бактерия
   thermophilic cellulose fermentic ~ бактерия, вызывающая термофильное брожение целлюлозы

bad:
   dense ~ плотный слой (*катализатора*)
badger 1. рубанок для широких пазов 2. кисть из волос барсука; широкая кисть 3. остаток массы, не пригодный для переработки в бумагу
bady:
   ~ of paint консистентные краски
baffle 1. отражатель; перегородка, экран 2. перегородка (*в песочнице*) 3. подпорная перегородка (*в напорном ящике*) 4. направляющий лоток 5. выступ [порог], преграждающий путь потоку жидкости или газа 6. преграждать; отводить, отклонять, изменять направление
   walkway air ~ экран для распределения циркулирующего воздуха (*при сушке древесины*)
bag 1. *спл.* кошель, оплотник 2. мешок || складывать (*тряпьё*) в мешок 3. приёмник (*напр. живицы*) ◇ to hand ~ трелевать брёвна вручную на подсанках
   ~ of pasteboard картонная коробка
   black-bottom ~ бумажный кулёк с перекрещенным дном
   carrier ~ мешок для розничной торговли
   garment ~ (бумажный) мешок для хранения одежды
   gusset ~ складной бумажный кулёк
   infusion ~ (бумажный) мешок для хранения жидкостей
   kite ~ остроконечный бумажный кулёк
   pressure molding ~ пневматический мешок для получения гнутоклеёных заготовок
   tool ~ ящик для инструментов
   valve ~ мешок с клапаном
   veneer ~ пневматический мешок для получения профильных гнутоклеёных заготовок из шпона
bagginess дефект бумаги в виде мешковатости из-за разницы во влажности по площади листа
baghouse мешочный (*тканевый*) фильтр
bahut декоративный шкаф *или* комод; французский сундук
bail 1. лесной участок 2. вычерпывать,

черпать 3. перегородка между стойками

bait 1. густота годичных колец (*на обработанной древесине*) 2. инсектицид 3. приманка

baking высушивание, просушка, горячая сушка; обжиг ◇ ~ for cure горячая сушка для отверждения
~ of resin отверждение смолы
~ of varnish горячая сушка лака

balance:
ecological ~ экологический баланс
Pullman sash ~ *фирм.* пружинный противовес оконного переплёта

balcony 1. балкон; висячая платформа 2. подвесная галерея

bald лишённый растительности (*о почве*)

bale кипа, тюк ‖ увязывать в тюки, заделывать *или* прессовать в тюки
card ~s лопасти (*на оборотной стороне диска рубильной машины*)

baler 1. пачка (*древесины*) 2. пресс для упаковки в кипы; упаковочный пресс; упаковочная машина
residue ~ кипоформирующая машина (*для отходов*)
Roll-pak ~ *англ. фирм.* упаковочный пресс с прокатным валом
tract mobile ~ передвижная кипоформирующая машина (*для формирования в кипы отходов лесозаготовок непосредственно на лесосеке*)

baling пакетирование (*отходов*), формирование кип (*из отходов*)

balk балка, брус; тёсаное бревно; грубо отёсанный брус квадратного сечения
kapp ~ капбалка, пиловочное бревно

ball 1. ком (*почвы*) 2. клубок семян; семенная коробочка; шаровидный плод
glue ~ клеевой катышек

ball-and-socket шаровой, шарнирный (*напр. о креплении*)

balled заделанный [упакованный] в ком почвы (*о корнях сеянцев*)

ballhoot спускать брёвна со склона

ballhooter рабочий на спуске брёвен со склона

balling формирование кома земли вокруг корневой системы дерева (*при пересадке*)

balloon аэростат
butt rigging ~ аэростат с системой из вертлюгов и серёг для канатной оснастки
logging ~ трелёвочный аэростат
naturally shaped ~ аэростат естественной формы (*в форме луковицы*)
spherical ~ шарообразный аэростат
stationary ~ аэростат, закреплённый на одном месте, неподвижный аэростат
vee-configuration ~ V-образный аэростат

balm бальзам

balsam fir пихта бальзамическая

Baltime «Болтайм» (*1. условное название лесоторгующих стран Балтийского и Белого морей 2. условное название Беломорско-Балтийского тайм-чартера*)

baluster:
split ~ точёная *или* резная накладная деталь с продольным рисунком в виде полуколонки (*Англия, стиль эпохи короля Якова I*)

balustered с перилами

band 1. полоса, лента 2. связь; стяжной хомут; стяжное кольцо (*для ножей ролла*) 3. нож перемотно-резательного станка
cup ~ *спич.* чашечная цепь
dendrometer ~ дендрометрическая лента (*для измерения текущего прироста с точностью до 0,025 мм*)
plaited ~ *меб.* плетёная окантовка
reel ~ соломенный картон, макулатурный картон (*для изготовления гильз*)
saw ~ полотно пилы
uncut ~ недопил

B and Better хвойные лесоматериалы высших сортов

bandelet *меб.* узкая лента

bander:
double-side edge ~ двухсторонний станок для облицовывания кромок
edge ~ станок для облицовывания кромок
log ~ лесообвязочная машина; *спл.* машина для увязки брёвен в пучки

banding 1. облицовка (*материал*) 2. облицовывание; цветная отделка (*кромки крышки стола, сиденья стула, книжной полки и т.п.*) 3. pl

banding

кромочный материал, облицовочный материал (*шириной не более 25 мм*) **4.** *pl* рейки, планки, кромки (*как отдельные детали*) **5.** нанесение защитных веществ (*на стволы деревьев*)
feather ~ облицовывание (*шпоном*) под углом
straight ~ набор в рост (*шпона*)
bandlet *см.* bandelet
bandsawn распиленный на ленточнопильном станке
bandwheel шкив ленточной пилы
banjo вращающаяся потолочная электрооснастка с креплением для гибкого шланга скобкозагибного пистолета
bank 1. штабель **2.** площадка под склад **3.** складировать [штабелевать] брёвна на берегу (*реки, озера*) **4.** берег (*реки*); откос **5.** скамья, сиденье **6.** деревянный брусок сечением 32,2-64,5 кв.см **7.** *pl* тонкая плотная писчая бумага высшего качества ◇ to **hand** ~ трелевать брёвна вручную на подсанках; **to** ~ **up** штабелевать древесину на берегу
air-mail ~s тонкая непрозрачная почтовая бумага (*для авиапочты*)
tree gene ~ плантация элитных и плюсовых деревьев, лесосеменная плантация
banker 1. окучник **2.** *меб.* подушка для сиденья
hand ~ рабочий на трелёвке
banking укладка брёвен, штабелёвка ◇ ~ **up a river** запруживание реки
banking-up подпора
bankquette банкетка, мягкий табурет; кушетка
bar 1. балка, потолочная стропильная балка **2.** брусок, заготовка **3.** штанга, накладка **4.** грунтозацеп **5.** шина (*цепной пилы*) **6.** гряда, вал; отмель, бар
bark ~ *амер.* межкарровый ремень
barking ~ струг для сдирания коры
beater ~ нож ролла
beaver-tail cutter ~ овальная пильная шина
bedplate ~ нож планки ролла
belt ~ *спич.* наборная планка
brake ~ тормозная тяга
breaking ~ валочная лопатка

capstan ~s деревянные бруски лебёдки
chain ~ пильная шина, шина цепной пилы
check ~ контрольный образец
claw ~ лапчатый лом
core ~ нож ротора (*конической мельницы*)
cot ~ закруглённый брусок (*переплёта полукруглого окна*)
coupling ~ соединительная тяга, тяговая штанга
cradle ~ закруглённый брусок (*переплёта полукруглого стола*)
cutter ~ пильная шина, шина цепной пилы
drag ~ тяга, сцепное приспособление, сцепная тяга; цепная серьга (*трактора*); сцепной брусок
draw ~ тяга, сцепное приспособление, сцепная тяга; цепная серьга (*трактора*); сцепной брусок
equalizer [**equalizing**] ~ балансир, балансирный брус
finger ~ гребёнка (*дефибрера*)
fire-grate ~ колосник
fly ~ нож (*барабана ролла*)
glazing ~ горбылёк окна с фальцем для вставки стёкол, астрагал
guide ~ пильная шина, шина цепной пилы
guiding ~s направляющие балки
hake ~ *англ.* поперечная планка сцепного устройства
hitch ~ дышло [тяга] сцепного устройства
life ~ *амер.* межкарровый ремень
lighter ~ вылегчивающий рычаг (*ролла*)
locking ~ **1.** затвор, запорный брус, засов, щеколда **2.** дверная накладка, брус дверной панели (*для крепления замка*)
log-turner ~ лесопил. сбрасывающая линейка; сбрасывающий рычаг; кантователь брёвен (*в шпалопилении*), переворачиватель брёвен
match ~ *спич.* наборная планка
measuring ~ мерная рейка
planting ~ посадочный меч
port ~ бон, загораживающий вход в гавань

punch ~ рычаг опрокидывателя брёвен
replaceable sprocket-tip ~ (пильная) шина со сменной концевой звёздочкой
roller-nose ~ (пильная) шина с концевым роликом
shell ~ нож планки ролла
shod ~ аншпуг, вага, рычаг
sighting ~ таксационный прицел
sole ~ продольный брус
solid ~ цельная (пильная) шина
splint ~ *спич.* наборная планка
spreader ~ крановая балка крепления погрузочных строп *или* захватов
sprocket nose ~ (пильная) шина с концевой звёздочкой
stop ~ упор, упорная планка, упорный брусок
sway ~ крюк *или* брус, соединяющий сани с подсанками *или* две лесовозные тележки
tie ~ связь, соединительный стержень; струна для затяжки стропил
torsion ~ торсион
trailing ~ заделывающий орган, загортач
water ~ 1. мелкое дренажное углубление (*на поверхности дороги по диагонали*); дренажный вырез (*в обочине дороги*) 2. *стр.* отлив
weather ~ *стр.* отлив
barberchairing образование вертикального скола на дереве при валке (*вызванное недостаточным подпилом*); оставление отщепа на пне от поваленного дерева (*в результате неправильной валки*)
bare 1. безлесный 2. обнажённый, лишённый растительности (*о почве*) 3. точный (*о размере*)
barge баржа ‖ перевозить на барже
decked ~ баржа с грузовой палубой
dredger ~ баржа для вывоза вычерпанной земли
flat-decked ~ баржа с грузовой палубой
flat-top ~ баржа с грузовой палубой
open(-top) ~ баржа с открытым трюмом

pulpwood ~ баржа для перевозки балансов
self-dumping (log) ~ саморазгружающаяся баржа
barging:
log ~ перевозка брёвен в баржах
baring ◊ ~ soil минерализация поверхности почвы
barium oxalate щавелевокислый барий
bark 1. кора ‖ образовывать [наращивать] кору; покрываться корой (*о дереве*) 2. дубильная кора ◊ inside ~ без коры, под корой (*об измерении*); over ~ поверх коры (*об измерении*); to clean ~ окорять чисто [полностью]; to patch ~ окорять участками, делать пролыску; to rough ~ окорять грубо [не полностью]; to spot ~ окорять участками, делать пролыску; under ~ 1. измерение без учёта коры 2. под корой
brood ~ личинки короедов
coarse ~ грубая кора
composting ~ отходы коры, используемые для приготовления компоста
early ~ ранняя кора (*состоит в основном из ситовидных трубок и клеток*)
ground ~ измельчённая кора
ingrown ~ врастающая кора, карман с корой (*в древесине*)
inner ~ луб, лыко; мочало
late ~ поздняя кора (*состоит в основном из паренхимных клеток*)
outer ~ корка (*наружный слой коры*)
scaly ~ чешуйчатая кора
shell ~ шелушащаяся кора
silver ~ берёста
soft ~ мягкая кора, луб
tan [tanner's, tanning] ~ дубильное корьё
barked окорённый
thick ~ толстокорый
barker 1. окорочный станок, *цел.-бум.* окорочный барабан, окорочная установка 2. окорщик
abrasive ~ окорочный станок [окорочная установка] трения
bag ~ бункерная установка для групповой окорки (*трением*)

barker

block ~ окорочный барабан для коротья
chain flail ~ цепной окорочный станок (*ударного типа*)
disk ~ дисковый окорочный станок
drum ~ окорочный барабан
fine ~ станок для доокорки (*балансов*)
friction(al) ~ окорочный станок (*окорочная установка*) трения
hand ~ окорщик, работающий вручную
hydraulic-jet ~ струйно-гидравлический окорочный станок [окорочный барабан]
hydraulic log ~ гидравлический окорочный барабан для длинника
hydraulic slab ~ гидравлический окорочный барабан для горбыля
knife ~ ножевой окорочный барабан
pocket ~ бункерная установка для групповой окорки (*трением*)
ring ~ роторный окорочный станок
stream ~ струйно-гидравлический окорочный станок
two-section drum ~ двухсекционный окорочный барабан
whole log ~ окорочный станок для долготья; окорочный барабан для длинника
barkery дубильный завод
barking 1. окорка (*лесоматериала*) 2. дубление корой ◊ ~ by attrition окорка трением; ~ in full чистая окорка, окорка всей поверхности; ~ in patches пятнистая окорка; ~ in period of sap flow окорка в период сокодвижения; ~ in strips пролыска; ~ partially частичная окорка
chemical ~ химическая окорка
clean ~ чистая [полная] окорка
drum ~ барабанная окорка
dry ~ сухая окорка
hand ~ окорка вручную
hydraulic ~ гидравлическая окорка
knife ~ ножевая окорка
machine ~ машинная окорка
mechanical ~ механическая окорка
ring ~ кольцевая [роторная] окорка
rough ~ грубая [неполная] окорка
strip ~ пролыска
water-jet ~ струйная окорка
wet ~ мокрая окорка

barkless без коры
barky с корой
barling шест, жердь
barmy дрожжевой, пенистый
barograph барограф
barrage водоподъёмная плотина; запруда, дамба
barrel 1. барабан 2. цилиндр 3. вал; шкив лебёдки 4. бочка
double-headed ~ бочка с двойным дном
drum ~ шпиль для намотки каната
lined ~ бочка с вкладышем; бочка с внутренним покрытием; проклеенная бочка
seed ~ катушка высевающего аппарата
sized ~ проклеенная бочка
slack ~ сухотарная бочка
tight ~ заливная бочка
tumbling ~ 1. барабанная окорочная машина, окорочный барабан 2. бочка с внутренним покрытием из эмали
unlined ~ бочка без вкладыша; бочка без внутреннего покрытия; непроклеенная бочка
barrel-butted закомелистый (*о дереве*)
barrelwood лесоматериал для выработки бочарной клёпки
barren 1. пустырь, пустошь 2. песчаная равнина, покрытая кустарником 3. неплодородный, тощий (*о земле*) 4. бессемянный; не приносящий плодов
barrier барьер, перила, перегородка, ограждение, шлагбаум
snow ~ щит для задержания снега
barring 1. проворачивание маховика, пуск в ход машины 2. образование (*на полотне бумаги*) поперечных полос от каландровых валов 3. крепление кровли; крепь для поддержания кровли 4. шахтная крепь
barrois живица
barrow 1. тачка, тележка 2. гора, холм
box ~ тачка с высокими бортами
hand ~ ручная тележка; носилки
tip ~ тележка [вагонетка] с опрокидывающимся кузовом
barturner поворотное устройство (*транспортёра*)
base 1. база, основание, основа ‖ основывать; закладывать основание 2. точка опоры 3. дорожная одежда 4.

бумага-основа ⟡ at the ~ у комля; на уровне земли
~ of link основание звена; задняя опорная площадка (*режущего Г-образного звена пильной цепи*)
axle ~ база, расстояние между осями
carved ~ резная поверхность, на которую наносится краситель *или* позолота
cruciform ~ основание в виде крестовины
dyeline raw ~ основа для светочувствительных бумаг
heat-reacting ~ основа светочувствительной бумаги
kitchen ~ кухонный рабочий стол
leaf ~ пазуха [основание] листа
road ~ дорожная одежда
rocker(-chair) ~ основание кресла-качалки
sill-type ~ деревянное основание ящика *или* обрешётки (*под изделия сложного профиля*)
stem ~ комель (*дерева*)
stippled ~ неровная поверхность, имитирующая ковку *или* чеканку (*отделка древесины*)
swivel rocker ~ вращающееся основание кресла-качалки
tracing ~ основа для кальки
tubular swivel ~ трубчатое вращающееся основание кресла-качалки
wallpaper ~ бумага-основа для обоев
wheel ~ база, расстояние между осями; колёсная база
baseboard плинтус
basidiomycetes базидиомицеты, базидиальные грибы
basidiospore базидиоспора (*гриб*)
basidium базидия (*грибов*)
basil *см.* bezel
basin 1. отстойник (*напр. в конденсаторе жидких продуктов пиролиза*) 2. бассейн (*для хранения брёвен*); водоём, резервуар
backwater ~ бассейн *или* бак оборотной воды
catch(ment) ~ водосборный бассейн
debris ~ наносоаккумулирующий бассейн
edge-runner ~ ванна бегунов, чаша бегунов

sedimentation ~ отстойник, седиментатор
settling ~ отстойник, седиментатор
sorting ~ сортировочный рейд
storage ~ (искусственный) водоём для хранения брёвен (*на лесозаводе*)
towing ~ гидроканал
basis базис, основание, основа ⟡ on dry ~ в пересчёте на сухой вес
~ of tree комлевая часть ствола дерева
lumpsum ~ of sale система продажи леса на корню по определённой цене за весь участок
plant-food ~ питательное вещество для растения (*при расчёте удобрений по содержанию питательных веществ*)
primary nutrient ~ действующее начало (*удобрений*)
unit-of-volume ~ of sale система продажи леса на корню по цене за единицу объёма фактически заготовленной древесины
basket 1. кузов 2. ковш 3. сито (*сортировки*) 4. корзина
bushel ~ большая корзина объёмом в 1 бушель (*36,4 л*)
chip ~ 1. ковш для щепы 2. корзина, плетённая из шпона *или* стружки
diagonal ~ паркет в шашку по диагонали
screen ~ сито сортировки
square ~ паркет в шашку
basketry, basketwork 1. плетёные корзиночные изделия 2. плетение корзин 3. переплетение, сплетение (*веток дерева*)
basswood липа (*Tilia*)
bast луб; лыко
hard ~ твёрдый луб
soft ~ мягкий луб
bastard 1. поддельный (*о древесине, заменяющей более ценные породы*), низкосортный, низкокачественный 2. *бот.* отпрыск
bast-cell склеренхима
bat 1. войлок, фетр; сукно; хлопковый, шерстяной *или* синтетический материал 2. прокладка
paper-faced insulation ~ изоляционная ткань с бумажным покрытием
batch:

batch

test ~ опытная партия
batcher бункер, дозатор
bate инсектицид
batik батик (*способ получения рисунков на ткани с помощью воска*)
batten 1. доска из древесной хвойной породы толщиной 47,6-101,6 мм, шириной 101,6-203,2 мм **2.** рейка, планка; батан, деревянная пластина ‖ скреплять рейками; обшивать досками **3.** *pl* баттенсы, нащельники, пластины для полов
core ~ рейка для формирования серединки столярного щита
counter ~s **1.** продольные рейки, к которым прибивается обрешетина шиферной кровли **2.** шпонки дощатого пола **3.** балансировочные рейки, препятствующие короблению пиломатериала
head ~ накладная рейка донника (*бочки*)
shingling ~s рейки для обрешётки под черепицу
slating ~s рейки для обрешётки под черепицу
tiling ~s рейки для обрешётки под черепицу
batten-and-button *уст.* способ соединения досок, препятствующий короблению
battenboard блочно-реечный щит; столярная плита, столярный щит (*толщина реек которого 25,4-76 мм*)
battening 1. дощатая переборка **2.** обшивка тонкими досками (*для утолщения или образования воздушной прослойки*)
batter 1. уступ; уклон (*напр. земляной насыпи*), откос, скат **2.** скос (*каменной кладки*) **3.** величина уклона поверхности **4.** бить, колотить, долбить **5.** изнашиваться, портиться
battering размолачивание (*концов брёвен*)
batting вата; тряпьё
baulk *см.* balk
bavin *англ.* пучок прутьев, вязанка хвороста; фашина
bay 1. площадка для укладывания брёвен; подштабельное место **2.** пролёт; панель (*моста*) **3.** место стоянки (*обслуживания и ремонта, покраски, сборки и т.п.*) техники **4.** губа, бухта, залив, заводь **5.** рама, ниша, проём
~ of joists пролёт между балками
aft ~ **1.** нижний бьеф **2.** нижняя камера шлюза; камера шлюза, расположенная ниже по течению
scaling ~ площадка для обмера брёвен
sorting ~ площадка для определения сорта брёвен
tail ~ отводящий канал; нижний бьеф
bayonet-topped с вершиной, направленной под углом к стволу (*о дереве*)
beacon знак, веха, отметка ‖ метить, провешивать
beaconing провешивание (*установка вешек*)
bead 1. борт, откидной край **2.** кромка, реборда, буртик **3.** бортик, валик, полувалик; полукруглая калёвка, выкружка, прилив, наплыв **4.** закруглённый утолщённый край обруча (*бочки*)
bolection glazing ~ выступающий штапик окна с фальцем для вставки стекла
cock ~ карниз, выступающий под основной поверхностью, выпуклая калёвка
cut-and-mitered ~s скошенная калёвка для оконной *или* дверной рамы
glazing ~ валик *или* деревянная планка для остекления окон
guard ~s раскладка, окладная калёвка (*оконного переплёта*)
guide ~s раскладка, окладная калёвка (*оконного переплёта*)
inner ~s раскладка, окладная калёвка (*оконного переплёта*)
lay ~ горизонтальная калёвка
quirked ~ калёвка с галтелью
return ~ бортик с закруглением
saddle ~ валик *или* деревянная планка для остекления окон
staff ~ **1.** калёвка, которая в сечении имеет вид трёх четвертей окружности с двумя галтелями **2.** упор оконного переплёта **3.** мерная рейка
bead-and-butt с полукруглой четырехсторонней калёвкой филёнок (*о двери*)

bead-and-flush с полукруглой двусторонней калёвкой филёнок (*о двери*)
bead-and-reel орнамент из перемежающихся шариков и вытянутых роликов (*характерный для греческого стиля и стиля эпохи короля Якова I*)
beaded с полукруглой калёвкой; с валиком; подшитый досками со стыками, перекрытыми планками (*о потолке*)
beader прибор для отгибания кромок
beam 1. брус, балка, бревно 2. грядиль (*плуга*) 3. дышло
  camber ~ изогнутая балка; выгнутое бревно
  capping cross ~ продольный брус
  carriage ~ дышло
  cross ~ 1. поперечная балка 2. насадка; поручень перил
  double-box ~ двойная балка коробчатого сечения
  dragon ~ подбалочник
  draw ~ ворот; стрела для поднятия тяжестей
  equalizer [**equalizing**] ~ балансирный брус
  fender ~ оградительный [отбойный] брус
  footing ~ стропильная затяжка
  half ~ брус из половины бревна; половинник, плаха, горбыль
  hammer ~ 1. подбалочник 2. консольная балка (*1. готической крыши 2. несущая стропильную ногу*)
  head ~ продольный брус
  I-section ~ двутавровая балка (*пресса*)
  jesting ~ декоративная (*неработающая*) балка
  jockey roller ~ балансир натяжного катка (*гусеницы*)
  laminated ~ составная балка из досок, положенных на ребро и скреплённых сквозными болтами; балка, склеенная из досок с параллельным их расположением
  lifter ~ стойка копача
  needle ~ *спич.* распределительная балка
  peg ~ поперечный брус
  ridge ~ коньковый брус, конёк
  shallow ~ тонкая балка
  split ~ балка с пропилом; составная балка
  straining ~ ригель, затяжка
  summer ~ прогон; балка над оконной или дверной перемычкой
  tong ~ стержень, несущий клещевой захват
  trussed ~ шпренгельная балка; решётчатая балка
  walking ~ балансир; балка балансира
  whole ~ бревно толщиной не менее 177 мм
beard 1. отщеп (*на стволе или пне при валке дерева*) 2. зубец, зазубрина, бородка; острый край (*доски*) 3. *бот.* ость
bearded 1. *бот.* остистый; снабжённый колючками 2. *энт.* покрытый волосками
bearer 1. прогон, опора; подкладка; балка 2. *меб.* полкодержатель 3. сборочная вайма
  gutter ~ балка, поддерживающая жёлоб
  off ~ рабочий, стоящий на разгрузке (*напр. пильного станка, фанерного пресса*)
  seed ~ 1. семенное дерево 2. женское дерево
  shade ~ теневыносливая древесная порода
bearing-up натяжной (*о шкиве, ролике*)
beast:
  timber ~ лесозаготовитель
beat 1. обход (*лесника*) 2. декоративная структура древесины (*получаемая при тангентальном распиле*) 3. размалывать, разбивать, толочь
beater 1. механизм ударного действия; цеп; цепной механизм ударного действия (*для очистки деревьев от сучьев*) 2. ролл 3. било (*для очистки мокрых сукон*)
  aquabrusher ~ гидравлический аппарат для размола массы
  breaker ~ разбивной ролл; распускной ролл
  broke ~ ролл для размола сухого брака
  fire ~ подручные средства тушения пожара
  half-stuff ~ полумассный ролл

beater

multiple-bedplate ~ ролл с несколькими планками
multiroll ~ многобарабанный ролл
open-tub ~ массный ролл с открытой ванной, открытый ролл
roller ~ вальцовый ролл
slushing ~ растворительный ролл
tower ~ башенный ролл
Vargo-fiber-activator ~ аппарат Варго-активатора (*для расчёсывания волокон волокнистых суспензий без разрезания*)
vortex ~ дисковый ролл, планшайбный ролл
beater-colored окрашенный в ролле
beating размол, помол
   bar-to-bar ~ размол с минимальным рабочим зазором между ножами
   batch ~ периодический размол
   free ~ садкий помол
   half-stuff ~ размол полумассы
   hard ~ сильный [продолжительный] размол
   hydraulic stock ~ гидроразмол волокнистых полуфабрикатов
   slow ~ жирный помол
   stock ~ (массный) размол волокнистых полуфабрикатов
   wet ~ размол на жирную массу
beaumontage *фр.* шпаклёвка в твёрдой форме (*состоит из пчелиного воска, смолы и шеллака, плавится под действием тепла, применяется при отделке древесины*)
beautification озеленение
beautyboard декоративная фанера, облицованная бумажным пластиком или плёнкой
beaver-bait *спл.* затор из брёвен, отходов, кустарника *и т.п.*
beaverboard 1. *фирм.* биверборд (*древесноволокнистая плита*) 2. жёсткий строительный картон
Beckacite *фирм.* бекасит (*модифицированная фенолформальдегидная и малеиновая смола*)
becket 1. кольцо, крючок, строп; обойма 2. грузоподъёмное устройство для брёвен
bed 1. фундамент; основание 2. полотно (*дороги*) 3. слой, пласт 4. русло 5. горизонтальная нижняя плоскость подпила, основание подпила 6. подготавливать ровное место для спиливаемого дерева (*с целью предотвращения повреждения при падении*) 7. грядка, ложе (*для семян*) ‖ сажать, высаживать; заделывать (*растения, семена*) 8. кровать ◇ ~ in a cabinet кровать, убирающаяся в шкаф; to ~ a tree *см.* bed 6.
   ~ of plane стол строгального станка
   articulated ~ диван-кровать
   bunk ~ двухэтажная кровать
   camp ~ раскладушка; походная [складная] кровать
   couch ~ кушетка с балдахином (*Англия, сер. XIX в.*)
   dome ~ кровать с балдахином и занавесями
   double-bunk ~ двухэтажная кровать
   dual-purpose ~ диван-кровать
   fall-sown ~s осенние посевы
   flat ~ платформа, настил
   floating ~ плавающая станина (*шлифовального станка*)
   flood ~ пойма (*реки*)
   fluidized ~ цел.-бум. кипящий слой
   foldaway ~ убирающаяся кровать; раскладушка
   forcing ~ рассадочная гряда (*в теплице*)
   forest ~ древесный (*ископаемый*) слой
   four-poster ~ кровать с балдахином
   Hollywood ~ широкая кровать с одной спинкой
   jackknife sofa ~ диван-кровать с откидывающейся спинкой
   lathe ~ станина токарного станка
   low-post ~ *амер.* кровать, спинки которой крепятся на колонках
   matching single ~ две одинарные сдвоенные кровати
   platform plinth ~ кровать с основанием в виде цоколя *или* плинтуса
   posted ~ кровать с балдахином
   recess ~ (складная) кровать, убирающаяся в шкаф
   root ~ площадь питания корней
   seed ~ 1. посевное место 2. посевное отделение (*питомника*)
   sleigh ~ *амер.* кровать в виде саней
   sludge ~ отстойная шламовая площадка

belt

stacking ~ двухэтажная кровать
state ~ богато украшенная кровать
stool ~ маточная плантация
summer ~ двойная кровать с балдахином
sunk ~ грядка в углублении
transplant ~ школьное отделение (*питомника*)
traveling ~ гусеничное подающее устройство; продольный транспортёр (*прицепа*)
truckle ~ маленькая кровать, задвигаемая под большую
Bedacryl *фирм.* бедакрил (*акриловая смола*)
bedded 1. пригнанный 2. опирающийся
bedding ◊ ~ track балластировка пути
stone ~ каменная постель; щебёночный балласт
Bedesol *фирм.* бедезол (*синтетическая смола для отделочных покрытий, включающая модифицированные фенолформальдегидную, алкидную и нитроцеллюлозную смолы*)
bedknife неподвижный нож, упорный нож, контрнож
bedmatt циновка
bedplate станина; *цел.-бум.* планка (*ролла*)
elbow ~ коленчатая [гнутая] планка
tube ~ трубчатая планка
bedpost стойка кровати, стойка балдахина кровати
bedstead 1. кровать 2. рама кровати
stump ~ матрац на ножках
table ~ кровать, убирающаяся в шкаф
beech бук (*Fagus*)
beetle 1. деревянная колотушка 2. *фирм.* мочевиноформальдегидная, меламиноформальдегидная и алкидная смолы 3. *pl* жуки-вредители (*Coleoptera*)
ambrosia ~ 1. древесинник (*Xyloterus*) 2. короед (*Xyloterus*)
bark ~s короеды (*Ipidae*)
cambium ~s заболонники (*Scolytidae*)
capricorn ~s усачи, дровосеки (*Cerambycidae*)
click ~s жуки-щелкуны (*Elateridae*)
engraver ~s короеды (*Ipidae*)
leaf ~s листоеды (*Chrysomelidae*)

long-horned ~s усачи, дровосеки (*Cerambycidae*)
May ~ майский хрущ (*Melolontha и др. роды*); *pl* хрущи (*Melolonthidae*)
snapping ~s щелкуны (*Elateridae*)
snout ~s долгоносики, слоники (*Curculionidae*)
stag ~s рогачи (*Lucanidae*)
timber ~ 1. древесинник (*Xyloterus*) 2. короед (*Xyleborus*)
beheading обрезка [удаление] кроны (*дерева*)
Belco *фирм.* нитроцеллюлозный лак для древесины
bell пузырёк (*дефект бумаги*) ‖ образовывать пузырьки
trussing ~ стяжной колокол (*для клёпок*)
bell-and-baluster *меб.* в виде колокола и балясины (*о конфигурации резной ножки*)
belly 1. средняя часть недопила, образуемая при боковых резах (*при валке дерева*) 2. наружная выпуклая часть изделия мебели
belt 1. пояс, зона 2. лента; (*приводной*) ремень 3. узкий пролив 4. гусеничный ◊ ~ driving over приводной ремень с верхним натяжением; ~ driving under приводной ремень с нижним натяжением; ~ with half-twist полуперекрёстный ремень
~ of trees кулисы (*деревья, оставленные при сводке для лесовозобновления*)
endless steel ~ стальной ленточный транспортёр
forest shelter ~ полезащитная полоса
graphite-impregnated sanding ~ графитная шлифовальная лента
green ~ зелёная зона (*вокруг городов*)
knife ~ ножевой пояс; (*ножевой*) браслет (*для обрезки сучьев*)
loaded ~ засаленная шлифовальная лента
open ~ открытый транспортёр, открытый конвейер
pressure segment ~ шлифовальная лента с секционным прижимным устройством
protective ~ защитная лесная полоса

37

belt

safety ~ 1. полоса безопасности (*вырубка для предупреждения распространения лесного пожара*) 2. ремень безопасности
shelter ~ полезащитная лесная полоса
sorting ~ сортировочная лента
traveling ~ транспортёрная лента
troughed ~ лотковая лента (*транспортёра*)
tundra forest ~ лесотундровая зона
V-~ клиновидный приводной ремень
wind break ~ ветрозащитная (*полезащитная*) полоса
belted с ремённым приводом
belting ремённая передача; приводные ремни
Benalite *фирм.* беналит (*бумажнослоистый пластик для отделки мебели*)
bench 1. верстак, станина, козлы, станок 2. банкетка, скамья 3. терраса (*на склоне*) 4. репер; отметка репера 5. ширина основания (*дорожного полотна*), отводимая под покрытие 6. контейнер [стеллаж] для выращивания растений
automatic-feed circular saw ~ круглопильный станок с автоподачей
carpenter's ~ столярный верстак
clamp service ~ сборочная вайма
glue spreader service ~ клеенамазывающий станок
gossip ~ сиденье со столиком
joiner's crosscut saw ~ круглая столярная пила с подвижным столом
multirip ~ многопильный станок для распиловки брёвен на доски
panels' assembly ~ пресс для облицовывания щитов
sleeper saw ~ шпалорезный станок
tilting arbor saw ~ круглопильный станок с наклонной оправкой пилы
wood-chopping ~ окорочный станок
benchman 1. опытный столяр-краснодеревец 2. рабочий, выполняющий операции по машинной обработке деревянных изделий, деревообработчик
bend 1. изгиб (*дороги*) 2. отвод, колено 3. излучина реки 4. гнуть, сгибать, изгибать

continuous-type ~ заготовка, гнутая по замкнутому контуру
outlet ~ выдувное колено (*варочного котла*)
reentrant ~ гнутая заготовка двойной кривизны
scoring ~ испытание (*ящичного картона*) на изгиб после штамповки
top ~ верхняя часть гнутой спинки стула
bender 1. гнутарный станок 2. гибочный пресс 3. перегибостойкий картон
bending 1. изгиб; сгиб; прогиб; кривизна ‖ сгибающий; изгибающий 2. гнутьё ◇ ~ **by hand** гнутьё ручным способом [вручную]
local ~ гнутьё с местным нагревом отдельных участков
supported ~ горячее гнутьё с шиной
transverse ~ гнутьё, перпендикулярное направлению волокон древесины
two-plane ~ гнутьё в двух плоскостях
unsupported ~ горячее гнутьё без шины
benign 1. мягкий (*о климате*) 2. плодородный (*о почве*)
bentwood гнутая древесина
benzoin бензоин, бензоиновая смола (*из древесины видов Styrax*)
bergère берже́р (*кресло с высокой обитой спинкой, обитыми подлокотниками и с туго набитой подушкой сиденья, Франция, XVII в.; в современных конструкциях сиденье и спинка могут быть плетёными*)
berry 1. ягода 2. мясистый плод
oak ~ галл дубовой орехотворки, чернильный орешек (*возбудители Amphibolips concluentus, Andricus californicus*)
berth 1. причал, пристань; место стоянки судна; (*причальная*) набережная 2. койка, спальное место ◇ **on the** ~ у причала
besom вереск обыкновенный (*Calluna vulgaris*)
beta-pinene бета-пинен
bevel 1. скос, заострение, наклон ‖ скашивать; стёсывать острые края 2. малка; подвижный наугольник; фаска
double ~ двойной наклон, наклон в

двух плоскостях (*патрона рубильной машины*)
face ~ угол наклона зуба (*по отношению к полотну пилы*)
single ~ наклон в одной плоскости (*патрона рубильной машины*)
spider ~ многоугольник (*инструмент для каретных работ*)
bevel(l)ing скашивание, срезание; косая заточка
laminate ~ скос слоя, резание слоя под углом
bezel скос (*лезвия*), фаска
bicuspid двухвершинный
bicycle тележка, передвигающаяся по ездовому тросу (*при воздушной трелёвке*)
bid:
full mill ~ спецификация столярных конструкций, выпускаемых предприятием; номенклатура изделий, ассортимент продукции
biedermeier стиль бидермейер (*Германия, сер. XIX в.*)
biennial двулетник ‖ двулетний
bifid раздвоенный, двураздельный, двунадрезный
biflorate двухцветковый
bifoliate двулистный
bifurcate раздваиваться; ответвляться ‖ раздвоенный, вилообразный
bight 1. боковой провес (*каната*) 2. петля (*образованная на лесосеке двумя ветвями возвратного каната*) 3. излучина (*реки*)
bilberry черника (*Vaccinium myrtillus*)
bog ~ голубика, гонобобель (*Vaccinium uliginosum*)
bilge 1. средняя часть бочки; выпучина, выпуклость 2. стрела прогиба
bill секач, кривой нож для обрубки сучьев
block ~ 1. кривой нож односторонней заточки для обрубки сучьев 2. топор с широким лезвием, русский топор
billet 1. полено; короткий (*круглый*) лесоматериал; короткий кряж (*балансовый, клёпочный*); болванка, чурбак, заготовка 2. спичечный кряж 3. продолговатый орнамент в нормандском стиле
chopped ~ полено

round ~ круглый лесоматериал; кругляковое полено
split ~ крупные колотые дрова; колотый сортимент
spoke ~ заготовка для колёсной спицы
square ~ орнамент из рядов шашек
wainscot ~ дубовый кряж, из которого вырезается ванчёс
billhook клювовидный нож (*для обрезки ветвей*)
bin карман-накопитель; бункер, резервуар
ash ~ зольник
chip (storage) ~ бункер для щепы или стружки
chip weigh ~ дозирующий бункер для щепы
dosage ~ дозирующий бункер
feed ~ загрузочный бункер; расходный бункер; бункерный магазин
kick-out ~ карман сортировочной эстакады с опрокидывателем брёвен; опрокидывающийся бункер
metering ~ дозирующий бункер
pallet(ized) ~ ящик, устанавливаемый на специальный поддон для последующего перемещения погрузчиком
shaving ~ бункер для стружек
splint ~ спич. бункер для соломки
surge ~ 1. уравнительный бункер для щепы (*между рубильной машиной и сортировками*) 2. бассейн для накопления и выравнивания концентрации массы (*перед подачей в отливочную машину*); ёмкость для хранения рафинаторной (*машинной*) массы древесного волокна (*в производстве плит*)
tip ~ наклоняющаяся вспомогательная ёмкость для продуктов (*крепящаяся на петлях или шарнирах в кухонном шкафу*)
wet core ~ бункер для влажных волокон, идущих на изготовление серединок плит
wet outer layers ~ бункер для влажных волокон, идущих на изготовление наружного слоя плит
winged sorting ~ карман сортировочной эстакады с откидной стойкой
bind 1. хомут; стяжка, связывающее

bind

приспособление; распорка, поперечина, связь, соединительная балка 2. сжатие, защемление 3. обвязывать, связывать ◇ to ~ in застревать, заедать; to ~ up 1. связывать 2. закупоривать, засорять
  bottom ~ нижнее сжатие (*дерева, зависшего одним концом*)
  corner ~s цепи для привязки наружных брёвен нижнего ряда к коникам саней
  side ~ боковое сжатие (*дерева, подпираемого по краям и в середине*)
  top ~ верхнее сжатие (*дерева, лежащего концами на возвышениях*)
binder 1. обвязка; обвязочный канат; обвязочная цепь 2. стяжка, связывающее приспособление, распорка, поперечина, связь 3. устройство для удержания груза на транспортном средстве 4. связующее (средство)
  lath ~ зажимное приспособление для пилёной дранки
  load ~ 1. обвязочный канат; обвязочная цепь 2. рычажный механизм для натяжения обвязочной цепи
binding 1. обвязка, связь, обшивка ‖ связывающий 2. заклинивание, заедание, зажим (*пилы в пропиле*) 3. скрепление, сращивание 4. проклейка, нанесение клеевого раствора (*на ворсистую древесину перед шлифованием*) 5. окантовка (*матраца*); кромочная облицовка
  bundle ~ *спл.* пучковая обвязка
  lateral ~ *меб.* боковая обвязка
  paperback book ~ тонкий бумажный переплёт
  raft side ~ *спл.* бортовой комплект
  splint ~ вязка спичечной соломки
  top ~ *спл.* вершинная перевязка, верхняя связка
bing 1. штабель, куча, отвал 2. шпон желтоватого цвета (*напоминает клён «птичий глаз», но с более плотной текстурой*)
bioassay биопроба, биологический анализ
biocenosis биоценоз, сообщество организмов
biocoenose *см.* biocenosis
bioecology биоэкология

biofilter *цел.-бум.* орошаемый биофильтр
biogenous биогенный
biogeocenosis биогеоценоз
biolysis биолизис (*распад органического вещества под действием живых организмов*)
biomass биомасса, фитомасса
  community ~ биомасса всех видов сообщества (*на единице площади*)
biome биом, биоценоз
  deciduous forest ~ биоценоз лиственного леса
biophyte биофит (*паразитическое или хищное растение*)
biosect разрез корневой системы (*в почве*)
biosphere биосфера
biosynthesis биосинтез
biosystematics, biosystematy биосистематика, таксономия
biota биота
  soil ~ биота почвы
bioxalate кислая соль *или* эфир щавелевой кислоты
bipartite двураздельный
bipectinate двугребенчатый
bipetalous двулепестный
bipinnate двоякоперистый, двуперистый
biramous двуветвистый
birch берёза (*Betula*)
  European ~ берёза бородавчатая (*Betula verrucosa*)
  Karelian ~ *меб.* карельская берёза
  masur ~ древесина берёзы с красивым текстурным рисунком
  white ~ берёза пушистая (*Betula pubescens*)
birchbark береста
birdcage механизм наклона круглой крышки стола (имеющего опору в виде колонки с расходящимися от неё тремя ножками)
bird's-mouth 1. *англ.* подпил, подруб 2. входящий угол на конце деревянной детали
birdsmouthing соединение в треугольный шпунт
biscuit стыковая накладка из фанеры
bisectional двурассечённый
biselium римское почётное сиденье для двоих

blade

biseptate двураздельный
biserial бисериальный, двухрядный
biserrate 1. двоякопильчатый, двупильчатый 2. двузубчатый, с рассечёнными зубцами
bister буковая сажа
bit 1. кусочек, отрезок 2. режущий край (*инструмента*); съёмный зуб (*пилы*); лезвие 3. бур, сверло; долото (*бура*); бурав, дрель
 auger ~ винтовое [червячное] сверло
 bobbin ~ перка с одной профильной канавкой
 brad point ~ щёточный режущий инструмент
 carbide ~ карбидная насадка (*режущего инструмента*), твёрдосплавная насадка
 Clark's ~ *амер.* раздвижное сверло для ручной дрели
 clean-cut boring ~ сверло с выталкивателем для получения чистовых отверстий
 countersink ~ (раз)зенковка
 double-twist auger ~ двухходовое червячное сверло
 drill ~ пёрка
 duck's-bill ~ ложечная пёрка
 expansive ~ раздвижное сверло
 Forstner ~ пробочное сверло
 French ~ сверло для твёрдых пород древесины
 Gedge ~ *фирм.* спиральное сверло
 gimlet ~ червячный бурав
 Irwin ~ сверло Ирвина (*отличается гладким резом, хорошей и лёгкой заточкой*)
 Jennings-pattern twist ~ *амер.* спиральное сверло
 machine center ~ центровое сверло
 milled-to-pattern ~ режущая насадка, заточенная по специальному образцу
 Morse-pattern twist ~ спиральное сверло с направляющим центром и подрезателем
 multispur machine ~ сверло с зубчатым подрезателем
 nose ~ сверло для торцевого сверления
 plane ~ железко рубанка
 pod ~ ложечная пёрка
 rose ~ сверло для древесины и мягких металлов
 sash ~ проходник, длинная ложечная пёрка
 sprig ~ шило
 tool ~ вставной резец
 twist ~ спиральное сверло
bitch прямоугольная скоба, острия которой направлены во взаимно противоположные стороны
bite 1. губка тисков *или* зажима ‖ зажимать, захватывать, защемлять 2. линия соприкосновения (*двух прессов или каландровых валов*) 3. маркировка (*на поверхности бумаги*) 4. величина подачи зуба пилы; глубина зарезания зуба пилы
bituminous смолистый
biumbellate двузонтичный
black 1. сажа 2. чёрная краска 3. *pl* чёрное тряпьё 4. чёрная неактиничная бумага 5. чёрная игольная бумага
 bead ~ гранулированная сажа
 bone ~ костяная чернь
 carbon ~ газовая сажа
blackberry ежевика (*Rubus*)
blackening зачернение (*дефект бумаги*)
blackthorn терновник, тёрн (*Prunus spinosa*)
blacktop опадение побуревшей листвы (*при заболевании*)
bladder-fruited пузыреплодный
blade 1. лезвие; режущее [ножевое] полотно; пильная лента, пильное полотно; полотнище пилы 2. пильная шина 3. отвал бульдозера 4. перемещать *или* окучивать (*деревья, хлысты, брёвна*) с помощью бульдозерного полотна ◇ to ~ up *см.* blade 4.
 adz ~ полотно струга [скобеля]
 air ~ воздушный шабер
 angle(r) ~ устанавливаемый под углом отвал бульдозера
 applicator ~ подкормочный нож; сошник для внесения удобрений
 ax ~ лезвие топора
 bulldozer ~ отвал бульдозера
 chain ~ пильная шина
 circular saw ~ пильный диск, полотно дисковой пилы
 coping saw ~ полотно пилы для рез-

blade

ки толстого материала; подрезная пила
crosscut ~ полотно пилы для поперечного пиления
disk ~ дисковый нож
doctor ~ лезвие шабера
dozer ~ отвал бульдозера
dull saw ~ затупленное полотно пилы
evener ~ потокораспределитель
fan ~ щеповыбрасывающая лопасть (*стружечного станка*)
fine tooth ~ пильное полотно с мелкими зубьями
friction ~ полотно фрикционной пилы
grader ~ нож грейдера
hacksaw ~ ножовочное полотно
joiner ~ строгальный, фуговальный *или* рейсмусовый нож
kneader ~ лопасть [било] бракомолки
kraft ~ лобзик
land clearing ~ струг для расчистки местности от насаждений, кусторез
logging ~ бульдозерный отвал (*трелёвочного трактора*)
metal-cutting ~ металлорежущее полотно пилы
pond-type trailing ~ меловальная установка с гибким *или* скользящим шабером
rake ~ зубчатое бульдозерное полотно
rock ~ зубчатое бульдозерное полотно
saw ~ пильное полотно; пильная лента; полотно пилы; пильный диск
scraper ~ шаберный нож
shear ~ нож; ножевое полотно
shoulder ~ лопатка (*столярного инструмента*)
splitter ~ расклинивающий нож
straight ~ **1.** прямая пильная шина **2.** бульдозерное полотно, устанавливаемое прямо
stump ~ зубчатое бульдозерное полотно
tilt ~ бульдозерный отвал, устанавливаемый с возможностью наклона
trailing ~ скользящий шабер
undercutting ~ подрезающее (*ножевое*) полотно

blading обработка (*дороги*) грейдером *или* стругом; профилирование (*дороги*)
back ~ выравнивание дорожного полотна опущенным отвалом при заднем ходе бульдозера
blank 1. прогалина, необлесённый участок **2.** предварительное строгание до нужных размеров (*заготовки*) ∥ строгать до нужных размеров **3.** заготовка, болванка (*для выделки конечного продукта*); обработанная заготовка, предназначенная для гнутья **4.** заготовка картонной коробки *или* картонного ящика **5.** *pl* разнослойный высококачественный картон
bar ~ брусковая заготовка
curved seat-and-back ~ сплошная гнутоклеёная фанерная заготовка для сиденья и спинки стула
dimension ~ чистовая заготовка
mill ~**s** немелованный разнослойный картон, вырабатываемый на многоцилиндровой машине
blast:
wind ~ повреждения ветром (*напр. ветвей*)
blastema *бот.* росток, зародыш
blaze 1. затёска, зарубка (*на дереве, намеченном в рубку, или для обозначения границ лесосеки*) ∥ затёсывать; клеймить (*деревья*) **2.** карра **3.** отходы сверления древесины
ax ~ зарубка топором
bark ~ затёска на стволе дерева, намеченного в подсочку
blazing надруб, затёска (*на дереве*)
blea двойная заболонь
bleach 1. хлорная известь, белильная известь **2.** отбеливающее вещество ∥ белить, отбеливать **3.** отбелка
bleacher 1. отбельный ролл **2.** отбельщик
paddle drum ~ отбельный ролл с лопастным барабаном
bleachground отбелка (*результат процесса отбелки древесины*)
bleaching отбелка
acid ~ кислая отбелка
alkaline ~ щелочная отбелка
batch ~ периодическая отбелка
carbon ~ обесцвечивание углём

chlorine dioxide ~ отбелка двуокисью хлора
density ~ отбелка при высокой концентрации (*массы*)
displacement ~ отбелка методом вытеснения
groundwood (pulp) ~ отбелка древесной массы
hydrosulfite ~ гидросульфитная отбелка
hypochlorite ~ гипохлоритная отбелка
oxidative ~ отбелка окислителями
oxygen-alkali(ne) ~ кислородно-щелочная отбелка
peroxide ~ отбелка перекисью
reductive ~ отбелка восстановителями
rosin ~ осветление канифоли
semichemical ~ отбелка полуцеллюлозы
semicontinuous ~ полунепрерывная отбелка
sodium chlorate ~ 1. отбелка хлоратом 2. обезвоживание древесной массы
sodium chlorite ~ отбелка хлоритом
bleak 1. лишённый растительности 2. холодный, суровый (*о климате*) 3. резкий (*о ветре*) 4. выцветший, бледный
bleed 1. сопло, насадка 2. спускать; пускать (*воду, воздух*); отбирать (*пар*) 3. сочиться, просачиваться 4. терять окраску (*о бумаге*) 5. обрезать кромку (*бумаги*)
bleeding 1. просачивание, проникновение (*красителя, порозаполнителя или грунтовки в последующие отделочные слои*) 2. потеря окраски, линяние 3. выпотевание 4. спуск, опорожнение 5. плач (*растений*) 6. смолотечение 7. подсочка (*деревьев*) 8. выделение защитных веществ из обработанной древесины
waste-liquor ~ отбор щёлока
bleed-off выпуск (*массы*)
blemish 1. пятно; местное обесцвечивание древесины, не являющееся значительным пороком 2. портить, вредить
blender 1. мешалка, смеситель 2. волосяная кисть

blight 1. болезнь растений (*завядание и опадение листьев, цветов, побегов*) 2. поселения насекомых
camper's ~ нарушение лесной среды (*вмешательством человека*)
blind 1. штора, маркиза, жалюзи, ставень 2. глухой, потайной (*о шипе*)
blind-fronted с филёнчатыми дверками
blind-holed с глухими отверстиями
blister 1. пузырёк (*в коре или листьях*) 2. пузырчатое заболевание растений; пузырчатость (*листьев*) 3. пузырь, раковина (*в отделочном покрытии древесины*) 4. пузырёк (*напр. дефект бумаги*) 5. местное отставание верхнего слоя фанеры (*на фанерованных изделиях*) 6. местный пропуск клея (*при его нанесении*)
bark ~ солнечный ожог коры
leaf ~ пузырчатость листьев
pitch ~ смоляной кармашек, выходящий на пласть пиломатериала
blistered пузырчатый, раковистый, ноздреватый
blistering образование пузырьков *или* бугорков на отделанной поверхности древесины, пузырение
blob капля, маленький шарик (*клея, смолы*)
block 1. короткий толстый сортимент; бревно, кряж, баланс 2. блок, брусок, чурбак, болванка 3. блок (*канатный*) 4. участок, лесосека, делянка, насека 5. упор (*для гнутья древесины*) 6. паркетный щит 7. брикет 8. глыба, обломок 9. пень ◇ ~ for bobbin production катушечный кряж; ~ for boot tree production колодочный кряж; ~ for gun stock production ружейный кряж, ~ for tackles блок полиспаста; to side ~ подавать прицепные приспособления к грузу, находящемуся в стороне от несущего каната; подтаскивать груз со стороны к несущему канату
~ of beech wood буковый закреп
angle ~ уголок (*для усиления соединений деталей мебели*)
back ~ задний упор, неподвижный элемент (*в вайме*)
boom swing ~ отводной блок пово-

block

ротной (*вокруг мачты*) погрузочной стрелы
boom tree ~ блок каната поворота стрелы (*закрепляемый на мачте*)
bracket ~ поддерживающая чека для стропил, балок, перекладин
brake ~ тормозной башмак; тормозная колодка
bull ~ головной блок тягового каната; крупный блок с широким зевом (*для пропуска прицепного приспособления на трелёвочном канате*)
burning ~s участки для пуска пала с одинаковыми условиями
butcher's ~ кряж для рубки *или* колки лесоматериалов
carriage ~ блок каретки
carrier ~ подкладка из бревна для сбора и транспортировки лесоматериалов
chain ~ подъёмный цепной блок
chain pulley ~ цепная таль
cheese ~ небольшой деревянный клин
chock ~ 1. стойка [клин] для предупреждения раскатывания брёвен 2. треугольная металлическая накладка на конике (*для удержания первого ряда брёвен*) 3. стопорное стабилизирующее устройство
clean barked ~s балансы чистой окорки
cork ~ брусок из пробки, пробковая прокладка (*для шлифования покрытий*)
corner ~ 1. угловой блок, отводной блок (*устанавливаемый между головным и хвостовым блоками для отвода возвратного каната канатной трелёвочной установки в сторону от волока и тягового каната*) 2. уголок (*для усиления соединений деталей мебели*)
counterweight swing ~ блок контргруза поворотной погрузочной стрелы (*закрепляемый на растяжке мачты*)
culled ~ бракованный кряж
cutter ~ режущая головка
cylinder ~ блок цилиндров
cylindrical cutter ~ цилиндрическая режущая головка

doweled ~ паркет, крепящийся на шкантах
end ~ торцевой брусок
fall ~ грузовой блок (*удлинённый узкий блок со шкивом в верхней части, утяжелённой нижней частью, оттаскиваемый в лесосеку для прицепки к нему груза*); опускающийся грузоподъёмный блок (*канатной установки*); блок полиспаста
filing ~ подушка под опиливаемое бревно
filler ~ прокладка
fixed periodic ~ постоянный периодный блок (*подобранные участки леса, сохраняющиеся территориально при повторных лесоустройствах*)
floating periodic ~ одиночный периодный блок
forest ~ лесной участок
gin ~ грузоподъёмный блок
glasspaper ~ шлифовальная колодка, шлифовальный утюжок
glue ~ 1. клинообразный брусок для усиления конструкции 2. заклинка
guide ~ направляющий блок
guy sail ~ скользящий по растяжке блок (*поддерживающий погрузочный блок стрелы*)
hand ~ шлифовальная колодка, шлифовальный утюжок
haulback ~ блок возвратного каната
haulback corner ~ *см.* corner block 1.
haulback lead ~ блок возвратного каната на головной мачте
haulback tail ~ хвостовой блок возвратного каната
haul-line ~ блок возвратного каната
head ~ 1. опорное бревно, подкладка из бревна (*на которую опирается распиливаемое бревно*) 2. режущая головка 3. тормозная колодка 4. предохранительный брус 5. переводной брус (*для крепления стрелочных железнодорожных переводов*)
head tree haulback ~ блок возвратного каната на головной мачте
heel ~ блок полиспаста (*для натяжения несущего каната*)
high lead ~ блок тягового каната на головной мачте
hoist ~ подъёмник, подъёмный блок

block

holing ~ деревянный клин (обычно из древесины лиственных пород, используемый в угольных шахтах для забивки в рез)
jigging ~ прижимная колодка
jockey ~ профильная направляющая
knife ~ ножевая головка
knifing ~ складной нож
laminated sanding ~ наборная шлифовальная колодка (для профильных поверхностей)
lead ~ головной [ведущий] блок
loading ~ грузоподъёмный блок
lock ~ вертикальный брусок оконного переплёта (к которому крепится шпингалет)
logging ~ лесосека, делянка
long cutter ~ продольная режущая головка
loose ~ подвижный [плавающий] блок
main-line ~ блок тягового каната
main-line lead ~ головной блок тягового каната
marginal ~ крайний паркетный щит; крайний брусок
match ~ спичечный кряж
miter ~ 1. длинный треугольный ящик 2. соединение на ус
molding ~ модельная плита, шаблон
molding cutter ~ калёвочная головка
monocable ~ открытый с одной стороны блок (установки с замкнутым канатом)
nailing ~ деревянная пробка для забивки гвоздей (в каменную стену)
open-side ~ открытый с одной стороны блок
pass ~ блок подъёмного монтажного каната (устанавливаемый на вершине трелёвочной мачты)
peat compost ~ торфоперегнойный горшочек
peeler ~ чурак, фанерный кряж
periodic ~ периодный блок (участки леса, подобранные для возобновления или других целей на период лесоустройства)
pile ~ подбабок (подкладка для амортизации ударов при забивке свай)
pine ~ 1. pl сосновые балансы 2. сосновая заготовка

planting ~ посадочный брикет (для сеянцев)
pulley ~ полиспаст, таль, сложный блок
push ~ предохранительная колодка, направляющая линейка, толкатель
quoin ~s декоративное исполнение корпусной мебели, напоминающее каменную кладку (Англия, XVIII в.)
randomized ~ рандомизированный блок (делянок в опыте)
regeneration ~ возобновительный (периодный) блок
revocable periodic ~ переменный периодный блок (подобранные участки леса, не сохраняющиеся при повторных лесоустройствах)
rigger's ~ монтажный блок
saddle ~ опорный блок несущего каната
sander [sanding] ~ шлифовальная колодка, шлифовальный утюжок
saw ~ козлы (для пилки лесоматериалов)
scarf ~ кусок дерева, удаляемый из подпила
seasoned pine ~ сухая сосновая заготовка (для рубки спичечной соломки)
seed ~(s) куртины семенников
set ~ зажимная колодка
shuttle ~ деревянная заготовка для изготовления челноков
side ~ отводной блок (для подачи чокеров к месту прицепки груза)
skidding ~ блок тягового каната на головной мачте
skyline ~ опорный блок несущего каната
skyline ~ with a grooved ring опорный блок несущего каната со шкивом в виде кольца с большим жёлобом
sleeper ~s шпальные кряжи, шпальное долготьё (кратное длине шпал)
snatch ~ 1. направляющий блок; дополнительный (усилительный) блок 2. блок полиспаста 3. блок с прорезом; открывающийся блок (для вставки каната без продевания)
split ~s колотые балансы
squirrel ~ блок, подвешенный к каретке тягово-несущего каната (через

45

block

который пропускается тяговый канат, имеющий на конце чокеры)
stud ~ брусок, пиломатериал толщиной 51 мм, брусковый отход
supporting ~ стойка, подставка, подпорка
tail ~ хвостовой блок возвратного каната
tending ~ участок рубок ухода
tightening ~ натяжной блок
tongue-and-groove ~ паркет с пазом и гребнем
tool ~ резцедержатель
track ~ блок гусеничного трака
traveling ~ подвижный грузовой блок (*перемещающийся по возвратному канату установки с тяговонесущим канатом*)
twin ~ блок с двумя шкивами
upper cargo ~ верхний грузовой блок
veneer ~ фанерный кряж
wedge ~ клин
wood ~ 1. гравюра на дереве; деревянное клише 2. торец, полено
working ~ рабочий участок леса
wrest ~ буковая дощечка, радиально выпиленная из комлевого бревна (*для музыкальных инструментов*)
block-and-tackle полиспаст
blockboard столярный щит, столярная плита, реечный щит (*из реек толщиной 23-25 мм*)
hidden ~ столярная плита, окрашенная *или* облицованная пластиком (*употребляется для отделки помещений кухни, ванной или для облицовывания торгового оборудования*)
blockhouse сруб
blocking 1. установка блоков, оснащение блоками 2. pl заклинка (*в оконном переплёте*) 3. pl бобышки 4. pl балки для опоры крыши 5. деревянная колодка 6. слипание (*бумаги или картона со специальными покрытиями*) 7. подкладка (*под опору*)
side ~ установка блоков по границе лесосеки (*для пропуска возвратного каната при подтаскивании леса к несущему канату со стороны*)
timber ~ шпальная клетка, сруб
blockpile куча баланса
blocky глыбистый (*о структуре почвы*)

coarse ~ крупнокомковатый
fine ~ мелкокомковатый
medium ~ комковатый
subangular ~ остроугольно-глыбистый
very coarse ~ глыбистый
blood:
 dragon's ~ драконова [змеиная] кровь, красная смола драконова дерева (*для отделки древесины*)
bloom 1. цвет, цветение ‖ цвести 2. цветок
 early ~ расцветание, начало цветения
bloomer цветущее растение
blooming 1. помутнение плёнки лака, выцветание; голубоватый *или* белый налёт на лаковом покрытии (*дефект отделки*) 2. цветущий
blossom цвет, цветение ‖ цвести, распускаться
 full ~ 1. интенсивное цветение 2. полный цветок
blot 1. грунтовать, окрашивать 2. пятно, помарка
blotch 1. пятнистость (*листьев*) 2. нарост
blotting промокательная бумага
blotting-pad ~ блокнот промокательной бумаги
blow:
 ~ back очищать сита продувкой паром
blowback:
 automatic ~ автоматическая продувка (*сдувочной линии*)
blowdown 1. ветровал, деревья, поваленные ветром 2. ветровальный участок (*леса*) 3. цел.-бум. сдувка, выдувка (*варочного котла*)
 brown stock ~ выдувка массы
blower воздуходувка, вентилятор
 air ~ воздуходувка
 centrifugal ~ центробежный вентилятор
 chip ~ стружкоотсасыватель (*устройство для сдувания или всасывания стружки*)
blowhole раковина, газовый пузырь (*дефект, напр. фанерования*)
blowing 1. продувка 2. выдувание
 ~ of soil ветровая эрозия почвы
 cotton ~s отходы ваты; хлопковые очёсы

board

extrusion ~ экструзия с последующей раздувкой (*пластмассы в мебели*)
blowing-up of stumps корчевание пней взрывом
blown *бот.* ложная заболонь
blowout участок выдувания (*в почве*)
blowpit *цел.-бум.* сцежа
blowtank *цел.-бум.* сцежа
blowup *амер.* внезапное усиление интенсивности пожара
blue:
 log ~ синева древесины (*дефект*)
 blueberry черника, голубика (*Vaccinium*)
 evergreen ~ черника (*Vaccinium myrsinites*)
 blueing синева, засинение (*дефект древесины*)
 blueprint светокопировальная бумага; светокопия
 bluestain синева (*дефект древесины*)
blunt тупой, скруглённый; со срезанными краями (*о заделанной стойке*)
blushing побеление *или* помутнение лаковой плёнки (*дефект отделки древесины*)
board 1. доска (*прямоугольный пилёный лесоматериал любой длины, толщиной менее 50,8 мм и шириной более 101,6 мм*) 2. *pl* бордсы (*доски шириной более 200 мм, толщиной менее 50 мм*) 3. обшивать досками 4. плита 5. картон 6. *уст.* стол 7. правление, совет ◇ ~ for pressing [for presswork] штамповочный картон
 ~ of forest management лесоустроительная экспедиция
 acoustical ~ звукоизоляционный картон
 advanced apron ~ выдвижная грудная доска; выдвижная подсеточная доска
 advertisement ~ макулатурный картон для наклейки афиш
 ammunition ~ картон для пыжей
 angle ~ раскос из доски
 apron ~ грудная доска; подсеточная доска
 asphalt ~ рубероид, пергамин
 auto-panel ~ автомобильный (*обивочный*) картон
 back ~ 1. *pl* тонкие доски для задников картинных рам 2. доска для исправления дефектов спины *или* осанки
 backing ~ 1. оклеечный картон 2. подгорбыльная доска (*примыкает при распиловке к горбылю*)
 baffle ~ 1. отражатель (*у регистрового валика*) 2. щит, доска (*для предупреждения разбрызгивания массы*)
 barrier ~ упаковочный картон с делениями *или* ячейками
 Bartrev ~ *фирм.* плита «бартрев» (*древесностружечная плита, изготовляемая методом непрерывного прессования*)
 baryta ~ глянцевый баритованный картон
 beaver ~ жёсткий строительный картон
 beer-plaques ~ картон для подставок под пивные кружки
 Behr-type ~ *фирм.* древесностружечная плита (*обычно трёхслойная или с изменяющейся плотностью*)
 binder ~ переплётный картон
 bleached food ~ белёный картон для пищевых продуктов
 bleached lined ~ клееный картон из белёной массы
 book ~ переплётный картон
 bristol ~ цветной склеенный картон
 British ~ заменитель соломенного картона
 bromic silver ~ бромсеребряный картон
 bromide ~ бромсеребряный картон
 brown mechanical pulp ~ бурый древесный картон
 bucking ~ доска, на которой стоит рабочий при раскряжёвке крупномерного леса
 bulking ~ пухлый строительный картон
 button ~ пуговичный картон
 cake ~ прокладочный картон для упаковки пирожных
 calf ~ картон — имитация телячьей кожи
 can ~ водонепроницаемый картон для консервных банок; картон для круглой тары
 candle ~ 1. прокладочный картон для упаковки свечей 2. картон для упаковки взрывчатых веществ

47

board

cap ~ капсюльный картон, картон для пробок
cap-maker's ~ околышный картон
carrier ~ тарный картон
cartridge ~ патронный картон
cellular ~ гофрированный картон
center ~ центральная доска (*часть сердцевинной доски, в которую не входит сердцевина дерева*)
center-ply ~ фанерная *или* столярная плита с тремя внутренними слоями
chemical ~ целлюлозный картон
chip ~ макулатурный картон
chopping ~ *амер.* доска, на которой стоит лесоруб (*при валке или раскряжёвке крупных закомелистых деревьев*)
chromo ~ хромовый картон
cloth ~ 1. прочный макулатурно-тряпичный картон 2. тонкая рейка для намотки рулона ткани
cloth-lined ~ картон с наружным слоем из ткани
coated ~ мелованный [крашеный] картон
cold-corrugated ~ картон, гофрированный холодным способом
collotype ~ светочувствительный картон
common ~ макулатурный картон
composite ~ 1. композиционный древесный пластик 2. огнестойкая фанера (*с асбестовым покрытием*) 3. комбинированная плита (*состоящая из ДСП, склеенной с ДВП*) 4. разнослойный картон
composite particle ~ ламинированная древесностружечная плита
container ~ тарный картон
core ~ картон для изготовления патронов *или* гильз
corner-locked ~ доска с шипами на концах
corrugated ~ гофрированный картон
couched ~ картон с многоцилиндровой картоноделательной машины
counter ~ околышно-обувной картон
cover ~ 1. *pl* доски для крыш штабелей 2. колпак (*шкафа или буфета*) 3. обложечный картон
crackershell ~ грубый картон, картон с шероховатой поверхностью
cull ~ дефектная доска

cushion ~ гофрированный упаковочный картон
cutlery ~ антикоррозийный картон для упаковки металлической посуды
cylinder ~ картон с цилиндровой машины
cylinder chip ~ макулатурный картон ручного съёма
cylinder wood ~ древесномассный картон ручного съёма
dam ~ 1. порог (*дефибрера*) 2. перегородка
deckle ~ декельная линейка
die ~ штампованный картон
dish ~ тарелочный картон
display ~ 1. выставочный стенд *или* щит 2. афишный картон
double-double corrugated ~ пятислойный гофрированный картон
double-faced corrugated ~ трёхслойный гофрированный картон
drag ~ направляющая плита (*перемотного станка*)
draper's ~ упаковочный картон
drawing ~ чертёжная доска
dust ~ *меб.* герметичная крышка
eaves ~ доска под свес карниза
eaves soffit ~ плита для облицовывания карниза
embossed ~ тиснёный картон
emery ~ наждачный картон
end ~ торцевая опорная прокладка (*при укладке тары*)
Essex ~ *фирм.* плита «эссекс» (*древесноволокнистая*)
even-textured particle ~ древесностружечная плита из градуированной стружки
fancy ~ отделочный [декоративный] картон
fascia ~ 1. сточная доска; подпорная доска отлива 2. картонная табличка; декоративная полоса; лобовая доска (*выставочное оборудование*)
felt ~ кровельный картон
felt woolen ~ теплоизоляционный картон
fiber building ~ строительная древесноволокнистая плита
fiber insulating ~ изоляционный картон
filing ~ подушка под опиливаемое бревно

board

filled ~ картон с внутренними слоями из другого материала
filled news ~ многослойный газетно-макулатурный картон
filled pulp ~ многослойный картон с внутренними макулатурными слоями
filler ~ внутренний слой картона
fire-danger ~ шкала пожарной опасности
fitting ~ прокладочный картон
flake ~ древесностружечная плита, ДСП
flax-shives ~ плита из льняной костры
flint-glazed ~ картон кремневой отделки
flute ~ трёхслойный гофрированный картон
folding ~ картон для складных коробок, сгибаемый картон
folding box ~ картон для штампованных коробок
folio ~ обложечный картон, картон для папок
forming ~ грудная доска
fourdrinier ~ картон с длинносеточной машины
friction ~ толстый картон для изготовления фрикционных шкивов
froth ~ доска для предупреждения разбрызгивания воды *или* массы
frozen foodstuff ~ картон для упаковки мороженых продуктов
fuller ~ электропрессшпан
gang ~ сходни; площадка трапа
gasket ~ прокладочный картон
gauffered ~ волнистый картон
gelatine ~ картон с желатиновым покрытием; светочувствительный картон
glued ~ толстая фанера
graded density particle ~ многослойная древесностружечная плита с изменяемой плотностью (*плотность увеличивается от середины к поверхности*), трёхслойная ДСП
grained ~ картон с тиснением
gravel ~ нижняя поперечина изгороди
greaseproof-lined ~ картон, облицованный жиронепроницаемой бумагой
grey bulk ~ бурый гладкий картон

guard ~ шабер, скребок (*на гауч-прессе*)
gutter ~ сливная доска
halftone ~ картон для иллюстраций
hat-and-shoe ~ околышно-обувной картон
heel ~ 1. картон для задников (*обуви*) 2. нижняя царга; подставка для ног
hollow backed ~s половые доски с выемками на внутренней стороне (*для вентиляции, уменьшения веса или улучшения крепления*)
homogeneous particle ~ древесностружечная плита из однородной стружки
Ibus laminated ~ *фирм.* столярная плита с рейками среднего слоя, соединёнными на шипах
imitation chromo ~ заменитель хромового картона
imitation jute ~ заменитель джутового картона
innerside ~ стелечный картон (*для обуви*)
innersole ~ стелечный картон (*для обуви*)
insulation ~ 1. изоляционный картон 2. изоляционная плита
inverform ~ картон, изготовленный на машине «инверформ»
ivory ~ картон с отделкой под слоновую кость
jacquard ~ жаккардовый картон
joint ~ подмодельная доска
knife ~ доска для чистки ножей
Kreibaum ~ *фирм.* экструзионная древесностружечная плита
label ~ картон для ярлыков
lacquered ~ лакированный картон
landing ~ 1. выступающая платформа строительных лесов *или* подмостей 2. щит настила
lapping ~ тонкая рейка для намотки рулона ткани
lath ~ строительный картон (*под штукатурку*)
laundry ~ картон для бельевых корзин
lear ~ доска, поддерживающая водосточный жёлоб
ledger ~s поперечные доски, пальцы
lifts ~ околышно-обувной картон

49

board

liner ~ 1. облицовочный [обивочный] картон 2. щит прокладки
locking ~ дверная накладка, брус дверной панели (*для крепления замка*)
loom ~ жаккардовый картон
lumber-core ~ столярная плита (*с серединкой из реек шириной не более 76,2 мм*)
machine-coated ~ картон машинного мелования
mailing-tube ~ картон для втулок
manila lined ~ манильский листоклеёный картон; канатный картон
man-made ~ (древесная) плита фабричного изготовления
marble ~ мраморный картон
mat ~ матовый картон
match ~ шпунтовая доска, обшивочная доска
mechanical pulp ~ древесномассный картон
mill ~ картон машинной выработки
mill-lined ~ машиноклеёный картон
mist ~ картон с покровным слоем из белых и чёрных волокон
molded ~ 1. доска с калёвкой; фасонная доска, багет 2. штамповочный картон
molding ~ 1. доска с калёвкой 2. шаблон, модельная плита 3. картон для крупнорельефного тиснения
mold-resistant ~ неплесневеющий картон
mounting ~ основа под оклейку
multiply ~ 1. комбинированная плита, облицованная несколькими слоями различных материалов 2. многослойный картон
multistock paper ~ картон смешанной композиции
nonfolding ~ несгибаемый картон
nontest chip ~ макулатурный картон
outer ~ боковая доска
packing ~ 1. прокладка 2. прокладочный фланцевый картон
panel ~ обивочный картон
paper-overlaid particle ~ древесностружечная плита, облицованная бумажнослоистым пластиком
particle ~ древесностружечная плита, ДСП

partition ~s шпунтованные [строганые] доски
paste(d) ~ склеенный картон
pasteless ~ акварельный картон ручного отлива
patent-coated ~ многослойный картон с наружными слоями из белёной массы
patent-coated manila ~ многослойный картон с внутренним небелёным и наружными белёными слоями
pattern ~ 1. *меб.* копировальная доска (*для простёжки по рисунку*) 2. картон для выкроек
peat ~ торфяной картон
peg ~ перфорированная древесноволокнистая плита; акустическая плита
plain shell ~ тонкий бурый картон
plastic ~ картон, покрытый синтетической смолой
platen-pressed particle ~ древесностружечная плита плоского прессования
plater ~ гладкий картон
plugged ~ щит с заделанными сучками
plywood ~ фанерная плита
pot ~ нижняя полка шкафа *или* буфета
prefilled ~ зашпатлёванная плита
press ~ 1. основание пресса 2. апретированный картон
printed circuit ~ щит с печатным контуром
pulp ~ картон машинной выработки
rack ~ *спич.* стол для приёма и формирования стопы шпона (*соломкорубильного станка*)
railroad ~ билетный картон
rape ~ рапсовая плита
reconstituted particle ~ древесностружечная плита, ДСП
red flexible ~ красный гибкий картон (*под кожу*)
reinforced ~ армированный картон
rejected ~ бракованная доска
retaining ~ прокладка холодного пресса (*обычно из толстой фанеры*)
roll ~ рулонный картон
rolled ~ вальцованный картон
roofing ~ кровельный картон

board

roof-insulating ~ кровельный изоляционный картон
rope ~ канатный картон
rough-surfaced ~ щит с необработанной поверхностью; щит с текстурованной поверхностью (*получаемой в результате отверждения смеси смолы с наполнителем*)
sarking ~s тонкие доски для обшивки
scaffold ~s доски для строительных лесов
scale ~ (клеёная) фанера, переклейка
screed ~ разравниватель
screen back ~ древесноволокнистая плита с поверхностной текстурой типа сита
screening(s) ~ картон из отходов сортирования
screw-box ~ жёсткий картон для упаковки скобяных изделий
shank ~ обувной картон для коротких стелек *или* задников
sheathing ~ строительный изоляционный картон
sheet-dried ~ картон листовой сушки
sheet-lined ~ листоклеёный картон
shirt ~ бельевой картон
shoe-perforating ~ подкладочный картон для перфорирования кожи
shooting ~ направляющая линейка для прижима детали (*при фуговании кромки*)
shot-shell top ~ картон для пыжей
shuttering ~ плита для опалубки
side ~ 1. доска без сердцевины 2. боковая доска [вырезка], получаемая в шпалопилении 3. боковой вруб
single-ply ~ однослойный картон
skin ~ ламинированная плита (*ДСП или ДВП, облицованные декоративной бумагой, пропитанной меламиновой смолой*)
skirting ~ плинтус
solid-fiber ~ однородный волокнистый картон, сплошной картон
sound ~ 1. доска высокого качества, доска без дефектов 2. дека (*музыкального инструмента*)
spatter ~ доска для предупреждения разбрызгивания воды *или* массы
spring ~ *амер.* доска, на которой стоит лесоруб (*при валке или рас-*

кряжёвке крупных закомелистых деревьев)
square-edged ~ чистообрезная доска
stamping ~ подмодельная доска
stencil ~ картон для шаблонов
sticking ~ направляющая; шаблон; цулага
stiffener ~ околышно-обувной картон
stock ~s *амер.* доски чётной ширины
stringer ~ тетива лестницы
strip ~ столярный *или* реечный щит из отдельных внутренних реек
structural building ~ строительный картон
suitcase ~ чемоданный картон
swinging ~ шабер, скребок (*на гаучпрессе*)
tabulating (card) ~ картон для счётных машин
tag ~ толстая бумага *или* картон для ярлыков
tally ~ перечётная дощечка (*для записи количества учитываемых деревьев*)
tar ~ кровельный картон
target ~ картон для мишеней
tarnishproof ~ антикоррозийный картон
templet ~ картон для трафаретов
test jute ~ картон для гофрированного слоя
tinted ~ цветной [крашеный] картон
transformer ~ трансформаторный картон
treble-lined corrugated ~ пятислойный гофрированный картон
triple flute corrugated ~ семислойный гофрированный картон
tri-wall corrugated ~ семислойный гофрированный картон
trunk ~ чемоданный картон
tube ~ шпульный картон
tubular particle ~ древесностружечная пустотелая плита (*с трубчатыми отверстиями*)
two-ply ~ двойной картон
varnished ~ лакированный картон
vat-lined ~ картон машинной облицовки
Venesta ~ *уст. фирм.* венеста (*название фанеры*)
visor ~ околышный картон

board

walling ~ панель для облицовывания стен, стеновая плита
waney ~ доска с обзолом
water-vapor impermeable ~ паронепроницаемый картон
weather ~ выступающая прямоугольная часть нижнего бруска обвязки (*наружного переплёта окна или двери*) для защиты от попадания воды (*на подоконник или порог*)
Wegroc ~ *фирм.* древесностружечная плита (*обычно трёхслойная или с изменяющейся плотностью*)
wet-pressed ~ отжатый картон
window ~ внутренний подоконник
wood ~ 1. древесная плита 2. штамповочный картон
wood-containing ~ древесномассный картон
wood-filled ~ картон с макулатурными внутренними слоями
wood-particle ~ древесностружечная плита, ДСП
wood-pulp ~ древесномассный картон
wool felt ~ картон-основа с содержанием шерсти

boarded обшитый досками; забранный затяжками; дощатый

boarding обшивка досками; дощатая обшивка; настил из досок
clap ~ обшивка (*досками*) внакладку
grooved-and-tongued ~ обшивка в шпунт
lever ~ подъёмные жалюзи
match ~ обшивочные шпунтованные доски
slate ~ тонкие доски для обшивки
soffit ~ обшивка потолка в виде арки или свода
wash ~ облицовка стены около умывальника
weather ~ обшивка досками внакрой
wedge ~ обшивка досками внакрой

boat лодка, катер, судно
anchor-bearing ~ *спл.* якорница
chute ~ сани [волокуша] для перевозки трелёвочного такелажа
derrick ~ плавучий кран
dredge ~ землечерпалка
gun ~ небольшой плот, оборудованный лебёдкой
log ~ трелёвочные подсанки
mud ~ подсанки с широкими полозьями для трелёвки брёвен в полупогружённом положении
patrol ~ *спл.* патрульное судно
rigging-bearing ~ *спл.* такелажница
sinker ~ плот, оборудованный лебёдкой
stone ~ волокуша
tow ~ буксир, буксирное судно
tug ~ буксир, буксирное судно
wood ~ волокуша для трелёвки брёвен

bob подсанки для трелёвки брёвен (*в полупогруженном положении*) ‖ трелевать брёвна на передках *или* полозьях

bobber полностью *или* частично затонувшее бревно

bobbin 1. катушка, рол (*бумаги*) 2. шпуля 3. деревянная болванка (*для выправления помятых труб*)

bobsled, bobsleigh парные салазки под задние концы досок и брёвен

bobtailing трелёвка волоком (*при зацепке чокеров непосредственно за тяговый крюк трактора*)

body 1. корпус (*плуга*) 2. организм 3. ствол, стебель 4. кузов, остов 5. часть шурупа с резьбой 6. рабочая часть (*сверла*) 7. консистенция (*жидкости*) 8. кроющая способность (*краски*) 9. основа, бумага-основа ◊ ~ for pigment paper основа пигментной бумаги
~ of paint консистенция краски
~ of road дорожное полотно
agricultural plow ~ корпус сельскохозяйственного плуга
carbon ~ основа для карбонирования
dumping ~ опрокидывающийся кузов, кузов-самосвал
fluid ~ жидкая фаза (*почвы*)
fruit(ing) ~ плодовое тело (*грибов*)
fusiform ~ микрофибриллы, веретенообразное тело (*древесины*)
general(-purpose) ~ 1. *англ.* винтовой корпус плуга 2. *амер.* универсальный корпус плуга
latent color ~ инертное окрашивающее вещество
left-hand(ed) ~ левооборачивающийся корпус плуга
main ~ основная масса
odor ~ примесь, придающая запах

plank ~ дощатый кузов, кузов-платформа
planting ~ сошник сажалки
plow ~ корпус плуга
raising ~ корпус-копач
ridger ~ корпус-грядоделатель
right-hand(ed) ~ правооборачивающийся корпус плуга
self-discharging ~ саморазгружающийся кузов
semidigger ~ полувинтовой корпус плуга
side-dump ~ кузов, опрокидывающийся набок (*для разгрузки*)
solid ~ твёрдая фаза (*почвы*)
third effect ~ of evaporator третий корпус выпарного аппарата
bodying повышение вязкости, загущевание, сгущение ‖ сгущающий
bodying-in 1. *меб.* порозаполнение 2. сгущение, увеличение консистенции
bodywood стволовая древесина
bog 1. болото, трясина 2. болотистые почвы
back ~ низинное болото
bent ~ тростниковое болото
black ~ торфяное болото, торфяник
fen ~ низинное болото
flat ~ низинное болото; заторфованная равнина
high ~ верховое болото
hypnum moss ~ гипновое болото
low-level ~ низинное болото
moss ~ зеленомошное болото
quaking ~ трясина
raised ~ верховое болото с выпуклой поверхностью
transitional ~ переходное болото
trembling ~ трясина
valley ~ пойменное [долинное] болото
wooded ~ лесное болото
bogan подсанки для трелёвки брёвен (*в полупогруженном положении*)
bogginess заболоченность
bogging заболачивание
bogging-down зарывание в грунт; застревание в болотистом месте
boggy болотистый
bogie тележка, прицеп; прицеп на небольших колёсах с дышлом для перевозки лесоматериалов (*чаще в полупогруженном положении*)

carriage ~ (*двухосная*) тележка
four-wheel tandem ~ четырёхколёсный прицеп
trailer [trailing] ~ тележка прицепа, прицепная тележка
boil:
~ down упаривать
~ dry выпаривать досуха
boiler 1. паровой котёл; котёл 2. котёл для варки тряпья
globe ~ шаровой варочный котёл
glue ~ котёл для варки клея
hog fuel ~ котёл, у которого в качестве топлива используется дроблёнка из (*древесных*) отходов
package ~ малогабаритный котёл
power ~ энергетический котёл
rag ~ котёл для варки тряпья
refuse ~ утилизационный паровой котёл
revolving ~ вращающийся варочный котёл
size ~ котёл для варки клея, клееварка
vomiting ~ котёл с циркуляцией варочной жидкости (*для варки соломы или эсперто*)
wood-steaming ~ древопарочный котёл
boil-out щелочение котла
boil-proof устойчивый к кипячению, стойкий к действию кипятка
bois Durci 1. изготовление декоративных деталей методом формования опилок эбенового и красного дерева, смешанных с водой и альбумином (*Франция, XIX в.*) 2. материал, из которого изготовлялись декоративные детали
boiseries *фр.* внутренняя обшивка стен деревянными панелями
bole 1. толстый ствол, кряж (*диаметром не менее 203 мм*) 2. пень, колода
clear ~ ствол без сучьев
knobby ~ свилеватый ствол
bolection выступ, выпуклая деталь (*филёнчатого щита*)
bolster 1. (поперечный) брус, подкладка; накладка (*наверху сваи для образования несущей поверхности*) 2. коник; прицеп-роспуск 3. вторая тележка для перевозки длинномерных

53

bolt

лесоматериалов **4.** вага **5.** поддон (*при перевозке пиломатериалов*) **6.** цел.-бум. комок (*массы*) **7.** подушка сиденья **8.** мягкий настил на кресло **9.** *уст.* перовой *или* пуховый настил по ширине кровати в изголовье
bolt 1. болт ‖ скреплять болтами **2.** бревно короткомерного баланса, коротком ер; баланс(ы); сортимент; короткий кряж (*спичечный, клёпочный*) **3.** рулон обивочного *или* настилочного материала **4.** задвижка, засов
anchor ~ анкерный болт
beveled ~ защёлка замка, открывающегося от поворота рукоятки
carriage ~ болт с круглой головкой для соединения деревянных элементов
clamp ~ зажимный болт
cremorne ~ шпилька шпингалета; болт шпингалета
cross ~ поперечина рамы (*пильного станка*), горизонтальная поперечина
dead ~ защёлка врезного замка, болт врезного замка
dimension ~ бревно установленных размеров
drag ~ сцепной [соединительный] болт
handrail ~ **1.** болт для крепления перил к лестницам **2.** шпилька
hanger ~ болт с ушком и проушиной
jumbo ~ внутренний замок двери, открывающийся только изнутри помещения
king ~ ось, шкворень; соединительный палец (*в гусеничной ленте*); центральная цапфа
kneed ~ коленчатый засов, коленчатая задвижка
lag ~ **1.** большой шуруп с квадратной головкой (*для крепления железных плит к деревянным балкам*) **2.** *тарн.* натяг бочара; глухарь
lath ~ кряж, идущий на производство колотой драни
machine ~ болт с шестигранной головкой (*для крепления деревянных узлов и соединений*)
panic ~ *фирм.* дверной затвор, открывающий дверь при нажатии

pulp ~**s** балансы, балансовая древесина
ring ~ болт с кольцом
sash ~ оконная задвижка
shingle ~ короткое бревно, идущее на производство дранки
shock ~**s** чураки, балансы
stave ~ клёпочный кряж
stone ~ анкерный болт
swing ~ шарнирный [откидной] болт
tie ~ **1.** стяжной болт **2.** поперечный брус (*тележки*)
tower ~ шпингалет, задвижка
veneer ~ фанерный кряж
bolter круглопильный станок (*для разделки коротья*)
knee ~ круглопильный станок с подачей древесины на тележке (*для распиливания кряжа на заготовки для гонта*)
bolting-up высверливание паза под ящичный замок
bombé выпуклая поверхность корпусной мебели (*характерная для стиля эпохи Людовика XV*)
bond 1. связь, сцепление ‖ связывать, соединять **2.** *pl* документная бумага
adhesive ~ липкая лента
carbon-to-carbon ~ углерод-углеродистая связь
chip/bark ~ связь коры со щепой (*в неокорённой щепе*)
coating-to-fiber ~ связь между волокнами и покровным слоем
cockle finish ~**s** документная морщинистая бумага
map ~**s** картографическая бумага
permanent ~ постоянное сцепление
bonding соединение, склеивание, связывание; связь, крепление
bone-dry абсолютно сухой (*о древесине*)
bookcase книжный шкаф
open ~ этажерка
wing ~ большой книжный шкаф с центральной секцией увеличенной глубины
bookcase-sideboard книжный шкаф с нижним сервантом
book-matched в ёлочку (*о подборе шпона*)
bookshelf:
bedside ~ прикроватная тумбочка с

полкой для книг; ночной столик с полкой для книг
bookstand книжный шкаф, стеллаж
boom 1. стрела **2.** *спл.* бон, оплотник; наплавная часть запани; кошель; цепное *или* сетчатое заграждение **3.** *pl* плавающая балансовая древесина, окружённая брёвнами бона (*концы которых скреплены боковыми цепями*) **4.** багор ◇ **to ~ off** отводить стрелу (*крана*); **to ~ up** подхватывать снизу (*крепь*); подставлять подхват
anchor ~ закреплённый бон; закреплённая запань
bag ~ кошель
barge ~ запань, закреплённая за баржу
bracket ~ жёсткий трёх *или* четырёхбревенчатый бон
catch ~ поперечная запань
crane ~ стрела крана
cross ~ 1. поперечина, прокладываемая поверх верхнего ряда брёвен в плоту **2.** поперечная запань
felling ~ валочная стрела, стрела с валочной головкой
fence ~ многоопорный бон, оплотник
fender ~ направляющий бон
fin ~ реевый бон, бон для направления брёвен с одной стороны реки на другую
fixed ~ неповоротная (*в горизонтальной плоскости*) стрела (*трелёвочного трактора*)
glancing ~ направляющий бон
gooseneck ~ стрела с гуськом, изогнутая стрела (*погрузочного крана*)
heel(lng) ~ погрузочная стрела с упором (*в который упираются концы поднимаемого лесоматериала*); наклоняющаяся стрела
hing(e) ~ прямая стрела (*погрузочного крана*), подвешенная к вертикальной опоре, поворотная стрела
holding ~ кошель, запань
hydraulic ~ гидроуправляемая стрела-манипулятор
jib ~ стрела крана
"jillpoke sizzer" ~ стрела трелёвочно-погрузочной установки (*с упираемой в землю верхней секцией*)

knuckle ~ гидроуправляемая стрела-манипулятор
lattice ~ решётчатая стрела; стрела рамной конструкции
limber ~ длинный бон, секции которого соединены между собой цепями
limbing ~ стрела сучкорезной машины, сучкорезная стрела
loading ~ погрузочная стрела
longitudinal ~ продольная запань
main ~ 1. основная стрела (*стрелового манипулятора*) **2.** главная [коренная] запань
main backhoe ~ основная стрела стрелового манипулятора
McLean ~ погрузочная стрела Маклена (*поворотная погрузочная стрела из двух параллельных брёвен, закрепляемая на мачте и имеющая два клещевых захвата*)
one-piece ~ цельная [односекционная] стрела
pocket ~ сортировочный дворик
principal ~ главная [коренная] запань
receiving ~ запань
secondary (backhoe) ~ рукоять стрелового манипулятора
"snorkel" ~ стрела с телескопически выдвигаемой секцией
sorting ~ сортировочная запань
storage ~ запань
straight ~ стрела-балка
swinging ~ поворотная (*в горизонтальной плоскости*) стрела, качающаяся стрела (*трелёвочного трактора*)
telescopic limbing ~ телескопическая раздвижная стрела (*сучкорезной машины*)
towing ~ кошель
trap ~ поперечная запань
boomage пошлина за пользование запанью *или* боном
boomer затяжной рычаг (*для стягивания обвязки груза*)
boomout предельный вылет стрелы; радиус действия стрелы
boon 1. сердцевина дерева **2.** костра, кострика
booster рабочий внизу штабеля
boot 1. башмак **2.** сошник; корпус сошника ◇ **~s with deep-pattened soles**

boot

55

boot

ботинки с подошвами с глубоким рисунком протектора (*спецодежда*)
bush-walking ~s специальная обувь для работы в лесу
calk ~s смазанные сапоги *или* ботинки (*спецодежда*)
colter ~ сошник; корпус сошника
drill ~ сошник для рядового посева
log-walking ~s специальная обувь для работы на брёвнах
opener ~ сошник; корпус сошника
seed ~ сошник; корпус сошника
sowing ~ сошник; корпус сошника

booth будка; временный навес
display ~ выставочный стенд

border 1. граница, кромка, опушка ‖ граничить **2.** борт; бортовые камни **3.** ограждать
~ of forest опушка леса; граница леса
inlay ~ мозаичный орнамент
mitered ~ обкладка, поле (*напр. дверного щита*)
parquet ~ обвязка паркетного щита
pit ~ окаймление поры
quilted ~ стёганый борт (*матраца*)

bordex:
registered ~ *фирм.* огнеупорная *или* водозащитная стеновая плита

bore 1. отверстие (*расточное или рассверлённое*); расточка, калибр ‖ сверлить, высверливать, растачивать; бурить **2.** диаметр в свету **3.** объём цилиндра **4.** канал, скважина ◇ to ~ out рассверливать *или* растачивать отверстие
pinhole ~s небольшие отверстия (*диаметром до 1,1 мм*), проделываемые личинками древесинников

bore-dust труха, оставляемая насекомыми в червоточине, отходы насекомых в червоточине

borer 1. *энт.* сверлильщик, точильщик **2.** бур, ямокоп **3.** бурав, сверло **4.** расточный станок
accretion ~ приростной бурав
chair seat ~ станок для сверления отверстий в сиденьях стульев
multiflow ~ многошпиндельный сверлильный станок
planting ~ посадочный бур
power-earth ~ моторный ямокоп

Pressler's ~ приростной бурав Пресслера
secondary ~s вторичные стволовые вредители
shot-hole ~s короеды (*Ipidae*)
wood ~s дереворазрушающие насекомые, древоточцы

borer-cutter:
laser ~ лазерный станок для сверления и резания

boring 1. резание концом пильной шины; резание в торец **2.** бурение, сверление, расточка **3.** *pl* стружка от сверления
draw ~ подготовка гнезда для сверления путём забивки и вытаскивания костыля *или* клина

boscage лесистое место, кустарник
bosket роща, боскет (*аллея из формованных деревьев или кустарников*)
bosky кустистый
bosom 1. чаща леса **2.** недра (*земли*)
boss 1. ступица, втулка (*колеса*) **2.** бобышка, утолщение, выступ, прилив **3.** лапка **4.** наварка, рельеф **5.** упор, распорка **6.** хозяин, десятник, старший рабочий, мастер **7.** шишечка, розетка, рельефное украшение; орнамент, покрывающий места пересечения балок ‖ украшать выпуклым орнаментом
barn ~ лицо, ответственное за гужевое хозяйство (*на лесозаготовках*)
shanty ~ руководитель работ на лесозаготовках
side ~ руководитель работ в лесу
track ~ втулка гусеничного трака

bottle-butted закомелистый (*о дереве*)
bottom 1. дно; нижняя часть; основание, фундамент **2.** грунт **3.** нижний ряд брёвен в запани **4.** подстилающая порода **5.** пойма, низина **6.** корпус плуга **7.** *pl* остатки **8.** кубовой остаток
~ of (saw) kerf дно пропила
blackland ~ полувинтовой корпус плуга (*с плоским крылом*) для тяжёлых липких почв
block ~ *цел.-бум.* перекрещённое дно
clay sod ~ полувинтовой корпус плуга (*с удлинённым отвалом*) для глинистых почв
digester ~ днище варочного котла

box

double-moldboard ~ двухотвальный корпус плуга
first ~ 1. пойма 2. пойменная терраса
furrow ~ дно борозды
general(-purpose) ~ 1. *англ.* винтовой геликоидальный корпус плуга 2. *амер.* универсальный корпус плуга
hard clay ~ полувинтовой корпус плуга для плотных глинистых почв
left-hand(ed) ~ левооборачивающийся корпус плуга
left-turning ~ левооборачивающийся корпус плуга
lock ~ дно шлюза
long-turn ~ винтовой корпус плуга с удлинённым отвалом
pile ~ 1. основание штабеля; фундамент под штабелем лесоматериала 2. *спл.* склад; баржа
plow ~ корпус плуга
right-hand(ed) ~ правооборачивающийся корпус плуга
right-turning ~ правооборачивающийся корпус плуга
second ~ первая надпойменная терраса
spiral ~ полувинтовой корпус плуга
tray ~ выдвижное дно, дно в виде лотка
valley ~ пойма, низина
bottomland пойма; низина
Boucherie Бушери-процесс (*способ пропитки древесины под давлением раствором медного купороса*)
boucherize пропитывать древесину по способу Бушери
bouge 1. средняя часть бочки; выпучина, выпуклость 2. стрела прогиба
bough сук, ветвь
boughy сучковатый, ветвистый
boulo 1. *фр.* буль (*1. поделочная древесина высшего качества 2. дубовый кряж, распиленный на доски и обвязанный проволокой*) 2. *см.* boulle
boulle *фр.* буль (*мебель в стиле Буль с инкрустацией слоновой костью, перламутром, металлом*)
boundary граница, межа; линия раздела ◊ at the compartment ~ на границе лесосеки; на волоке
community ~ граница фитоценозов
compartment ~ граница лесосеки

forest ~ граница леса, контур леса
grassland-forest ~ граница между лесом и лугом
growth-ring ~ граница годичного кольца (*по внешнему периметру*)
logging ~ граница делянки
natural ~ естественная граница (*леса*)
protection ~ граница территории, охраняемой от пожаров
watershed ~ граница [линия] водораздела
bow 1. дуга, дужка, бугель 2. дугообразная пильная шина 3. продольная покоробленность
saw ~ лучок пилы, рама пилы
smoker's ~ деревянное кресло типа виндзорского (*Англия, XVIII в.*)
bowie бочка для пищевых продуктов (*вместимостью около 230 л*)
bowing продольное коробление
bowl:
paper (calender) ~ бумажный вал каландра
bowtell простая круглая калёвка
box 1. ящик, коробка 2. кассета (*на тракторе*) для перевозки балансов 3. *амер.* подпил, подруб 4. приёмное углубление при подсочке ∥ делать подсочку (*для сбора живицы*) 5. камера 6. резервуар, ёмкость 7. сундук 8. эвкалипт (*Eucalyptus*) 9. самшит (*Buxus*) ◊ to ~ the heart распиливать (*бревно*) с выделением сердцевинной доски *или* бруса
chain loop ~ коробка для упаковки пильных цепей
closed pressure head ~ напорный ящик закрытого типа
couch ~ бассейн-мешалка для мокрого брака (*под гаучем*)
deckle ~ *цл.* напускной ящик
distributing ~ распределительный бачок
ditty ~ коробка для мелких вещей (*напр. иголок и т.п.*)
dry (match) ~ высушенная спичечная коробка
felt suction ~ сосунный ящик [сосун] мокрого сукна
finger-joint wooden ~ деревянный ящик на клиновых шипах
flat (suction) ~ плоский сосун

57

box

flow ~ напорный ящик
head ~ напорный ящик
high head ~ напорный ящик закрытого типа
inverted ~ *спич.* перевернутая коробка
jet ~ камера соплового дутья (*сушилки для шпона*); воздуховод с соплами
joke match ~ спичечная коробка с «секретом» (*в виде разных предметов, фигурок людей, животных и т. п.*)
knife ~ ножевая рамка, ножевая коробка
lug ~ переносной ящик
makeup ~ смесительный ящик
meter ~ мерный ящик
miter ~ донце для усовой запиловки
mixing ~ мешальный бассейн
molded ~ штампованная коробка
overflow ~ переливной ящик
plant ~ поддон [контейнер] для выращивания саженцев
rotary suction ~ вращающийся сосунный ящик
safety-match ~ коробка для безопасных спичек
setup ~ сшивная коробка
slide ~ выдвижная коробка
sorting ~ сортировочный карман-накопитель
spring ~ *меб.* пружинный блок
stuff ~ массораспределительный ящик; напорный ящик
suction ~ сосунный ящик, сосун
tote ~ ящик для хранения и переноски мелких деталей (*в цехе*)
transfer suction ~ пересасывающее устройство
trick ~ спичечная коробка с «секретом» (*в виде разных предметов, фигурок людей, животных и т.п.*)
two-piece tuck flap ~ складная протяжная коробка
Uhle ~ сукномойка типа Уле
weir ~ переливной ящик
wet (match) ~ сырая спичечная коробка
wire stitched rigid ~ сшивная коробка
wire suction ~ подсеточный сосунный ящик
boxboard 1. *pl* тарные пиломатериалы 2. *pl* пиломатериалы длиной 1,22 — 5,5 м, шириной 0,1 м 3. *pl* пиломатериалы для вагоностроения 4. коробочный картон
folding ~ картон для складных коробок
setup ~ картонажно-коробочный картон; перфорированный коробочный картон
box-grooved рифлёный
boxing 1. подсочка (*леса*) 2. ящичный сруб; деревянный канал; жёлоб 3. упаковка
chemical resin ~ подсочка с химическим воздействием
resin ~ подсочка
welt ~ *меб.* формирование пружинного блока с рамкой
boxing-up вид мозаики с применением шпона вместо массивной древесины
brace 1. распорка, оттяжка; связь, подпора, подкос; упорка ‖ скреплять, стягивать, укреплять, обхватывать; придавать жёсткость 2. *pl* мостовые связи; подкладки под основание столба; добавочная опора ◇ ~ for drills коловорот, дрель
bit ~ коловорот
corner ~ угловая стяжка
counter ~ обратный поперечный раскос
flush cross ~ крестовая врубка вполдерева
K ~ распорка для установки тары, имеющая форму буквы «К»
knee ~ подкос
ratched bit ~ коловорот
step-up ~ распорка для установки неполных рядов тары в ступенчатом порядке (*чтобы нижний ряд упирался в верхний, закрепляя его*)
brace-and-bit пёрка
braced жёсткий; связанный, сцеплённый, скреплённый; усиленный (*рёбрами, распорками, связями*)
brachiate разветвлённый
brachyblast укороченный побег
brachysm карликовость (*растений*)
bracing 1. крепление, расшивка, связь, расчалка, стойка, обрешётка 2. деревянная схватка *или* распорка (*при укладке тары*)
brack 1. бракованные лесоматериалы;

проф. сортировка 2. пятнышко, дефект 3. пролом, сквозная трещина
bracked бессортный (*о лесоматериалах*)
bracket 1. держатель, кронштейн, подпорка, подвеска, скоба (*крепёжная*) 2. плодовое тело дереворазрушающего гриба-трутовика
    bearer supporting ~ опорная подушка рамы *или* бруса
    chair ~ декоративный кронштейн, расположенный в углу между передней ножкой и царгой стула
    coved ~ кронштейн для крепления сводчатого карниза
    cut ~ кронштейн с профильными кромками
    drop leaf ~ кронштейн крепления откидной крышки стола
    grapple-tong ~ рычаг грейферного захвата; крепёжный узел захвата грейфера
    log ~ зажим для брёвен; каретка бревнотаски
    moldboard ~ подпорка крыла отвала
    stair ~ декоративная деталь крепления проступи к открытой тетиве (*лестницы*)
    wire ~ проволочная полка
bracking сортировка
bract 1. прицветник 2. кроющий лист
bracteal прицветниковый
brad гвоздь без шляпки, штифт
    flat-headed wire ~ проволочный гвоздь с плоской шляпкой
bradawl ручной сверлильный инструмент (*для небольших отверстий*)
braid *меб.* шнурок, бордюр, галун ‖ сплетать, обматывать, шнуровать; обшивать шнурком
braider оплёточная машина, оплёточный станок
brail 1. диагональный брус, раскос 2. секция (*плота*) ‖ сплачивать брёвна *или* сплоточные единицы в секции
brake 1. тормоз ‖ тормозить, притормаживать 2. чаща, кустарник 3. тяжёлая борона ‖ бороновать 4. орляк обыкновенный (*Pteridium aquilinum*)
    carriage ~ тормоз трелёвочной каретки
    chain ~ тормоз пильной цепи

brashing

    wind ~ бурелом; дерево, сломанное ветром
branch 1. ответвление, отросток; отвод ‖ разветвляться ‖ ответвлённый 2. ветвь, сук ‖ очищать деревья от сучьев
    adherent ~ плотно сросшийся со стволом сучок
    apical ~ верхняя ветвь
    auxiliary ~ пазушный побег
    basal ~ нижняя ветвь
    dead fallen ~es опавшие сухие сучья, мелкий валежник, хворост
    epicormic ~ побег, развившийся из спящей почки, водяной побег
    forked ~ раздвоенная ветка
    innermost ~ внутренняя ветвь
    intermediate ~ срединная ветвь (*из средней части кроны*)
    lateral ~ боковая ветвь
    main ~ главная [скелетная] ветвь
    porrect ~ ветвь, отходящая от главной оси
    scaffold ~ маточная [скелетная] ветвь, сук
    strict ~ прямая ветвь, прижатая к основной оси
    tertiary ~ ветвь третьего порядка
branched ветвистый, сучковатый
brancher обрубщик сучьев
branch-free без ветвей, бессучковый
branchiness ветвистость, сучковатость
    tree ~ ветвистость, сучковатость
branching 1. разветвление, ответвление, отвод 2. наличие сучьев на стволе 3. *амер.* обрезка сучьев 4. образование ветви
branching-off ответвление
branchless без ветвей, бессучковый
branchlessness отсутствие сучьев
branchlet веточка, побег
branchwood ветви, сучья; древесина сучков
branchy ветвистый, сучковатый
brand 1. клеймо, марка ‖ клеймить, выжигать клеймо, маркировать 2. сорт, качество
branding клеймение, маркировка
brash 1. *англ.* порубочные остатки 2. хрупкий, ломкий (*о древесине*)
brashing обрезка живых и сухих ветвей (*до высоты 2-2,5 м*)

brashness

brashness хрупкость, ломкость (*древесины*)
brashy хрупкий, ломкий (*о древесине*)
break 1. поломка; разрушение; трещина ‖ ломать(ся); разрушать(ся) **2.** обрыв (*бумажного полотна*) **3.** превращать (*тряпьё*) в полумассу **4.** отсоединять, разъединять **5.** выступать из берегов **6.** дробить, измельчать **7.** взрыхлять, вспахивать **8.** делянка, небольшой участок **9.** раскрываться (*о бутоне*) ◇ to ~ a jam ломать затор; to ~ up разжижать, диспергировать, измельчать; ~ — even расходы равны доходам
  bucker's ~ отделение горбыльной части брёвен
  cross ~ поперечная трещина, поперечный разрыв, расщепление древесины поперёк волокон
  crown ~ повреждение кроны
  felling ~ повреждение (*дерева*) при валке
  fuel ~ противопожарный барьер
  wind ~ **1.** бурелом; дерево, поломанное ветром **2.** лесозащитная полоса
breakage 1. валежник **2.** авария, поломка, повреждение
  felling ~ повреждение (*дерева*) при валке
breakaway *амер.* прорывать (*противопожарную полосу или естественный барьер*)
breaker 1. дробилка **2.** бык; ледорез (*у моста*) **3.** корчеватель **4.** плуг для целины **5.** полумассный ролл (*для тряпья*) **6.** двухвальный каландр
  bale ~ кипоразбиватель
  brush ~ кустарниковый плуг; кусторез
  card ~s лопасти рубильной машины (*на обратной стороне ножевого диска*)
  cone ~ бракомолка, месильная машина
  duplex ~ дробилка с несколькими рабочими отделениями
  emulsion ~ деэмульгатор
  gang bush ~ секционный кусторез
  ice ~ ледорез
  lump ~ **1.** разбиватель комков **2.** очистной шабер
  rag ~ полумассный ролл

breaking 1. измельчение, раздробление **2.** разъединение (*напр. звеньев гусеницы*) **3.** распускание (*почек*)
  ~ **of buds** распускание почек
  ~ **of bulk** рассортировка груза
  ~ **of track** разъединение звеньев гусеницы
breaking-down 1. роспуск (*плота*); размолёвка **2.** измельчение, дробление ◇ ~ a **bank** сброска леса с берегового штабеля в воду
  ~ **of logs into lumber** распиловка брёвен на пиломатериалы
breakthrough просека
breast 1. сердцевинная поверхность доски, широкая поверхность доски **2.** отвал **3.** грудь отвала ◇ ~ **high** на высоте груди (*о диаметре дерева*)
breasting фуговка (*выравнивание зубьев пилы перед заточкой*)
breed 1. порода **2.** потомство, поколение **3.** сорт
  native ~ местный сорт
breeding селекция (*древесных пород*)
brevifoliate коротколистный
brick брикет, брус(ок)
  planting ~ посадочный брикет (*для саженцев*)
  sowing ~ брикет для посева семян
bridge 1. мост ‖ наводить мост **2.** перемычка **3.** недопил (*при валке дерева*)
bridging образование перемычки
  ~ **of chips** сводообразование щепы (*в бункерах*)
bridle 1. скоба, крючок, узда **2.** балка, перекладина **3.** тормозное приспособление (*короткая верёвка с крюками и зажимом для контроля скорости брёвен при трелёвке*)
  angle ~ соединение двух деревянных деталей под прямым углом, угловая вязка, угловая врубка
  tee ~ соединение в виде буквы «Т» с помощью шипа
brief:
  lined ~ линованная бумага
brigade бригада
  cross-cutting ~ бригада на раскряжёвке, раскряжёвочная бригада
  loading ~ бригада по погрузке, погрузочная бригада

bright-finished отполированный до блеска
bright-floated сплавляемый в чистой воде (*о лесе*); сплавляемый на плотах над водой (*во избежание посинения древесины*)
brine солевой раствор
briquette брикет ‖ брикетировать
Bristol:
  bogus ~ макулатурный картон с двухслойным покрытием
brittle ломкий, хрупкий
brittleheart хрупкая сердцевина (*дефект древесины, часто встречающийся у некоторых тропических пород*)
brittleness ломкость, хрупкость
broach 1. сверло, бородок, шило 2. протяжка ‖ протягивать 3. подсачивать (*дерево*)
broad 1. широкий, обширный 2. токарный резец для обработки хвойной древесины 3. *pl* кан. доски *или* рейки шириной 30,5 см
broadcaster разбрасыватель; разбросная сеялка
  fertilizer ~ тукоразбрасыватель; разбросная туковая сеялка
broadcasting разбросный сев; разбросное внесение удобрений
broadleaf, broadleaved лиственный; широколиственный (*о древесной породе*)
  soft-wooded ~ мягколиственный (*о древесной породе*)
broad-nosed с широкой режущей кромкой, с широким лезвием
broad-ringed широкослойный (*о древесине*)
brocatelle *фр. меб.* парча с набивным рисунком
broke 1. срыв, обрыв (*бумаги*) 2. оборотный бумажный брак 3. листовой брак 4. *pl* бегунная масса, размолотая на бегунах масса 5. участок (*леса*), намеченный для рубки
  doctor ~ шаберный брак
  dry (end) ~ сухой (*бумажный*) брак
  slushed ~ распушенный брак
broken 1. бумага, забракованная покупателем 2. брак 3. разрушенный; ломаный; рваный; шероховатый
brooming 1. размочаливание, расщепление (*торцов брёвен*) 2. расчёсывание волокон (*в ролле*)
brow 1. погрузочная площадка 2. кромка, край, выступ
brown 1. коричневый, бурый; небелёный 2. *pl* тёмная обёрточная бумага воздушной сушки
  dark ~s гудронированная бумага
  nature ~s обёрточная бумага из сучковой *или* бурой древесной массы
  rope ~s тёмная плотная обёрточная бумага
  tarred ~s гудронированная бумага
brownified бурозёмный (*о почве*)
browse отпрыск, молодой побег, отросток ‖ обрезать побеги
browser стойка, стеллаж (*для книг*)
browst *англ.* вершины и сучья, обрезанные с поваленного дерева
brush 1. кустарник ‖ обсаживать кустарником 2. подлесок; заросль 3. сучья, хворост, порубочные остатки 4. лесное насаждение, не производящее товарного леса 5. кисть; щётка ‖ очищать, подметать щёткой ◇ to ~ a road выстилать слабые участки дороги сучьями, хворостом; to ~ out корчевать; расчищать территорию от кустарника
  camel-hair ~ щётка из верблюжьего волоса
  rubbing ~ щётка для придания поверхности матовой отделки, матирующая щётка
  stippling ~ щётка для шерохования поверхности (*при отделке древесины*)
brusher 1. рабочий, занятый на расчистке территории *или* дорожных трасс 2. обрубщик сучьев 3. заготовщик хвороста
brushing 1. территория расчистки 2. очистка места валки от кустарника *или* подроста 3. вырубка конкурирующей кустарниковой растительности 4. нанесение (*на древесину*) защитного состава с помощью щётки 5. обрезка сучьев 6. расчёсывание; фибриллирование (*при размоле*) 7. обработка мелованной бумаги специальными щётками (*перед каландрированием*)
brushing-out 1. *англ.* обрезка живых и

brushing-through

сухих ветвей (*до высоты 2-2,5 м*) **2.** внешнее фибриллирование
brushing-through, brushing-up обрезка боковых ветвей и вершин деревьев
brushland территория, поросшая кустарником
brushwood 1. кустарник, заросль **2.** валежник, хворост, сучья **3.** заготовки для щёток
covering ~ покровный [защитный] хворост
stunted ~ низкорослый кустарник
brushy покрытый кустарником
bryophytes мхи
bubble 1. пузырь, пузырёк **2.** кипеть; пузыриться; барботировать
air ~ воздушный пузырёк
bubbler барботёр
buck 1. козлы (*для распиловки*) ǁ раскряжёвывать; распиливать **2.** внутренняя дверная стойка **3.** *тарн.* обрезать клёпку (*для придания ей нужной для бочки формы*) **4.** приёмник живицы (*при подсочке в третьем году*) ◇ **to** ~ **for weight** раскряжёвывать по весу (*отрезать брёвна с учётом грузоподъёмности, напр. вертолётов*); **to** ~ **up** раскряжёвывать деревья *или* хлысты на брёвна; **to** ~ **wheat** валить дерево с зависанием
saw ~ козлы для распиловки дров
water ~ *проф.* рабочий, обеспечивающий бригаду водой
bucker 1. раскряжёвщик **2.** клёпкообрезной станок
~ **buncher** раскряжёвочно-пакетирующая машина
bull ~ десятник лесозаготовительной бригады
chunk ~ рабочий на подготовке лесосеки
head ~ старший лесоруб
wood ~ рабочий, заготавливающий дрова (*для паровых механизмов*)
bucket 1. ковш; ведро, бадья; тушильник **2.** кассета для трелёвки балансов (*монтируемая на тракторе*)
clamp ~ грейферный ковш
ditch-digging ~ ковш канавокопателя
ditching ~ ковш канавокопателя
multipurpose ~ универсальный ковш (*землеройной машины*)

skeleton ~ каркасный ковш (*землеройной машины*)
slag ~ *дор.* ковш для шлака
trench(ing) ~ ковш канавокопателя
buckeye конский каштан (*Aesculus*)
bucking раскряжёвка, распиловка ◇ ~ **at the diameter break** раскряжёвка по предельному (*минимальному*) диаметру (*соответствующему наиболее ценному сортименту*); ~ **at the grade break** раскряжёвка по предельным качественным признакам (*соответствующим наиболее ценному сортименту*); ~ **for value** раскряжёвка с максимальным выходом древесины по стоимости; ~ **for volume** раскряжёвка с максимальным выходом древесины по объёму
~ **of log lengths** раскряжёвка долготья
bundle ~ групповая раскряжёвка; раскряжёвка лесоматериалов в пакетах [пачках]
diameter ~ раскряжёвка в зависимости от диаметра
in-woods ~ раскряжёвка на лесосеке (*на месте валки, у пня*)
length ~ раскряжёвка в зависимости от длины
timber ~ раскряжёвка хлыстов
buckle 1. хомутик, скоба; стяжка, стяжная муфта **2.** продольный изгиб, прогиб ǁ гнуть, выгибать, изгибаться **3.** коробление (*напр. шпона*) **4.** *pl* длинные деревянные гвозди (*забиваемые при сооружении крыш, крытых соломой или листьями*)
saw ~ подвеска для пил (*в лесопильной раме*)
strapping ~ скоба строп *или* предохранительного ремня
buckling 1. продольный изгиб, прогиб **2.** коробление, перекашивание, перекручивание
bucksaw раскряжёвочная пила
buckthorn 1. жостер (*Rhamnus*) **2.** крушина (*Frangula*)
buckwheater лесоруб-новичок
bud 1. почка ǁ давать почки **2.** бутон **3.** глазок ǁ прививать глазком
accesory ~ придаточная почка

adventitious ~ придаточная почка
auxiliary ~ пазушная почка
dormant ~ спящая почка
entire ~ полная почка
false terminal ~ ложная верхушечная почка
latent ~ спящая почка
lateral ~ боковая почка
minute ~ мелкая почка
multinodal ~ многоузловая почка
pseudoterminal ~ псевдоверхушечная почка
radical ~ корневая почка
reproductive ~ семенная почка
scale ~ чешуйчатая почка
secondary ~ запасная пазушная почка
subterminal ~ боковая верхушечная почка
supernumerary ~ запасная почка
superposed ~ вышележащая почка
suppressed ~ спящая почка
terminal ~ верхушечная [терминальная] почка
winter ~ зимующая почка
budding 1. окулировка 2. почкование 3. бутонизация
chip ~ окулировка прорастающим глазком
plate ~ окулировка щитком
spade ~ окулировка с древесиной
T-~ окулировка щитком с надрезом в виде буквы «Т»
budget баланс, план
cutting ~ план рубок; смета на рубку
bud-pruning удаление почек
budworm листовёртка-почкоед (*Choristoneura, Hedia* и др.)
buff 1. поглощать удар, смягчать толчок, принимать удар 2. непроницаемый, твёрдый 3. светло-коричневый цвет
railway ~s фрахтовая бумага
buffer 1. амортизатор, демпфер, буфер 2. сооружение из веток и вершин для смягчения удара (*деревьев при валке, брёвен при спуске по лоткам или канатными гравитационными установками*)
runaway carriage shock absorbing ~ амортизатор трелёвочной каретки (*у головной мачты*)

tray ~ *спич.* лоток (*коробконабивочного станка*)
buffing 1. полировка 2. шерохование
edge ~ смягчение граней (*заготовки*)
bug клоп; *pl* клопы (*Hemiptera*)
snapping ~s щелкуны (*Elateridae*)
buggy 1. лёгкая двухколёсная тележка (*для перевозки лесоматериалов*) 2. тележка, передвигающаяся по несущему канату (*при воздушной трелёвке*) 3. платформа [вагон] для рабочих (*в товарном или рабочем поезде*)
buhl *см.* boulle
builder:
road ~ дорожный комбайн; дорожная машина
building постройка, строение, здание, сооружение ‖ строительный
fascine ~ бревенчатая постройка
timber-framed ~ здание с деревянным каркасом; здание, конструкционные элементы которого выполнены из дерева
build-up 1. *амер.* кумулятивное влияние предыдущего засушливого периода на пожарную опасность (*в лесу*) 2. усиление борьбы с пожарами 3. усиление скорости пожара 4. строение [расположение] волокон (*в древесном слоистом пластике, фанере и т.п.*)
bulb:
base ~ утолщение спичечной головки
bulbous в форме луковицы (*о колонках, ножках с утолщениями, Англия, XVI в.*)
bulbous-butted закомелистый (*о дереве*)
bulge 1. спусковые сани 2. выпуклость, кривизна 3. деформироваться, вытягиваться; вспучиваться
bulk 1. объём, вместимость, масса 2. пухлость (*бумаги*) 3. толщина листа бумаги (*в тысячных дюйма*) 4. нагромождать, сваливать в кучу ◇ in ~ насыпью, навалом (*о грузе*)
bulkhead переборка, перемычка; подпорная стена; рамочная конструкция в товарном вагоне (*для закрепления неполного ряда тары*)
bulking 1. разбухание, набухание 2. пропитка сырой разбухшей древеси-

bulkload

ны составом, предотвращающим усадку
bulkload груз насыпью
bullbuck бригадир, помощник мастера (*лесосечной бригады*)
bulldog зубчатая металлическая шпонка с зубьями, обращёнными вверх и вниз (*для соединения деревянных элементов*)
bulldoze срывать грунт; расчищать дорогу; выполнять работу с помощью бульдозера
bulldozer 1. бульдозер; трактор с отвалом 2. отвал бульдозера
bulldozing работа, выполняемая с помощью бульдозера
bullgrader универсальный бульдозер; грейдозер
bullnose 1. рубанок с железком в носовой части 2. скруглённая кромка, закруглённая ступенька
bull-of-the-woods мастер, бригадир на лесозаготовках
bullscreen щепколовка, грубая сортировка
bully руководитель лесозаготовок
bulrush камыш озёрный (*Scirpus lacustris*)
bummer небольшой грузовик *или* тележка для перевозки брёвен (*с двумя низкими колёсами и коротким дышлом*)
bump 1. неровность, пузырь (*на поверхности фанеры*); горбина, выгиб, выпуклость 2. зачищать сучки
bumper 1. амортизатор, буфер 2. рабочий на доочистке деревьев от сучьев (*часто выполняющий и раскряжёвку*)
 furniture ~ прокладка для предохранения поверхности мебели при перевозке
bumping 1. выравнивание торцов 2. подпрыгивание
bunch 1. пакет, пачка (*деревьев, хлыстов*); связка, пучок ‖ пакетировать, окучивать (*лесоматериалы для последующей трелёвки*); укладывать балансы в небольшие штабеля 2. куст; плотная дернина 3. гнездо; группа (*при посеве или посадке гнёздами или биогруппами*)
 ~ of trees группа [купа] деревьев

bunched спакетированный, окученный, увязанный (*в пачки*)
buncher пакетирующая машина, машина для вязки пучков
 broad-cut (feller) ~ широкозахватная валочно-пакетирующая машина
 delimber ~ сучкорезно-пакетирующая машина
 feller ~ валочно-пакетирующая машина
bunching 1. пакетирование, окучивание 2. предварительная трелёвка леса с целью окучивания
 ~ of trees пакетирование [окучивание] деревьев
bunchy 1. растущий пучком 2. выпуклый
bund:
 trash ~ дамба (*противоэрозионная*) из отходов (*ветровальной древесины, кустарников*)
bundle 1. *спл.* пучок 2. пакет, пачка (*деревьев, хлыстов, брёвен*); вязанка, связка ‖ укладывать, упаковывать, связывать
 ~ of laths единица измерения пачки пилёной дранки, равная 152,3 м
 ~ of paper пачка бумаги
 ~ of veneers пачка шпона
 ~ of wood пачка лесоматериалов
 fiber ~ пучок волокон
 matching ~s пачки шпона, подобранные по текстуре и цвету (*часто из одной и той же части чурака*)
 raft ~ сплоточный пучок
 roped ~ пачка (*фанеры*), перевязанная верёвками
 shipping ~ пакет лесоматериалов для отгрузки
 sling-wrapped ~ обвязанная пачка лесоматериалов
 unit-load ~ 1. единый пакет 2. пачка (*лесоматериалов*), равная грузоподъёмности транспортного средства
 vascular ~ сосудисто-волокнистый пучок (*древесины*)
bundling увязка; увязывание в пачку; сплотка; формирование пучков (*брёвен*)
 bank timber ~ береговая сплотка
 spring ~ ранневесенняя сплотка
 timber ~ сплотка леса

bung 1. втулка, затычка, шпонка ‖ закупоривать **2.** шлюз
bunging-up нагнетание (эмали внутрь бочки)
bung-puller пробкооткрыватель (бочки)
bung-starter пробкооткрыватель (бочки)
bunk 1. коник; поперечина; поперечный брус коника; траверса цепного лесотранспортёра **2.** койка; деревянная скамья ◇ ~(s) with built-in wires коники с пропущенным через них тросом (для саморазгрузки с помощью лебёдки)
cable-type ~(s) коники с тросовым креплением стоек
clam ~ зажимный коник (трелёвочного трактора)
collector ~ (лесо)накопитель, коник
double-decked ~ двухъярусная койка
false ~(s) накопительное устройство (в виде рамы, с кониками для предварительного формирования груза лесовозного автопоезда)
front log ~ передний коник (автопоезда); коник на автомобиле
grapple ~ коник с зажимными рычагами
pivotable inverted clam ~ поворотный наклоняющийся зажимный коник
rear log ~ задний коник (автопоезда); коник на прицепе
split ~ коник, разделённый на части (для укладки подсортированных по породам или размерам лесоматериалов)
surge ~(s) накопительные коники
bunker бункер, накопитель ‖ загружать в бункер
storage ~ накопитель
bunkerage засыпка в бункер
bunkhouse временный передвижной домик (для лесозаготовительной бригады)
bunkload первый ряд погруженных на коник (автомобиля) брёвен
buoy буй, бакен ‖ поддерживать на поверхности; ставить бакены; ограждать буями
boom ~ буёк
buoyage ограждение бакенами
buoyed плавучий; поддерживаемый на поверхности

burden 1. засыпка, загрузка; тоннаж корабля; груз ‖ нагружать **2.** накладные расходы
bureau:
writing ~ изящный письменный столик; бюро
burial:
seed ~ запас семян в почве
burl 1. узел, завиток; рисунок в виде узелков или завитков **2.** кап, наплыв **3.** крупный корень
Karelian ~ меб. карельская берёза
burlap мешковина, холст, грубая ткань, брезент (для мягкой мебели)
burly с наплывами, с неравномерным расположением волокна
burn 1. клеймо **2.** ожог (напр. древесины) **3.** сжигать, выжигать, жечь, обжигать; гореть **4.** площадь, пройденная сплошным палом ◇ to ~ up выгорать
clean ~ **1.** сплошной пал **2.** отжиг, пуск встречного огня
clear ~ сплошной пал
machine ~ ожог (древесины) от перегрева инструмента (при обработке на станке)
burner 1. горелка **2.** печь (для сжигания отходов)
charcoal ~ углежог
flat ~ плоская серная печь
pyrite(s) ~ колчеданная печь
refuse ~ печь для сжигания отходов
rotary sulfur ~ вращающаяся серная печь
sawdust ~ топка для сжигания древесных отходов
wood ~ углежог
burning 1. горение; сжигание **2.** пал **3.** ожог **4.** подгар (целлюлозы при варке) **5.** повреждение (бумажных валов каландра) **6.** пересушка (бумаги)
~ of brushwood сжигание хвороста
black soda liquor ~ сжигание натронного чёрного щёлока
broadcast ~ сплошной пал
charcoal ~ углежжение
early ~ ранневесенний пуск пала
forced ~ сжигание порубочных остатков при очистке лесосек
fuel-reduction ~ сплошной пал слабой интенсивности
late ~ осенний пуск пала

burning

light ~ сплошной пал слабой интенсивности
live ~ сжигание порубочных остатков одновременно с заготовкой леса
mop-up ~ дожигание горючих материалов (*на месте пожарища*)
patch ~ 1. частичное сжигание порубочных остатков (*на части вырубки*) 2. *австрал.* контролируемое сжигание для создания буферной противопожарной зоны
progressive ~ сжигание порубочных остатков в кучах
slash ~ сжигание порубочных остатков
spot ~ сжигание порубочных остатков в местах скопления
strip ~ 1. пуск пала полосами 2. сжигание порубочных остатков на полосах (*по периметру вырубок, вдоль дорог и защитных полос*)
suppresion ~ противопожарный отжиг
swamper ~ сжигание порубочных остатков в кучах
burning-in плавление, расплавление; наплавление (*смолы или мастики*)
burning-off 1. пуск пала 2. сжигание пропущенных участков (*на месте пожарища*)
burning-out 1. пуск пала 2. контролируемое сжигание для создания противопожарной буферной зоны
burnish полировка, блеск ǁ полировать
burr 1. заусенец, зазубрина ǁ снимать заусенцы 2. нарост, наплыв, кап; искажение направления волокон (*характерный рисунок волокон*) 3. глазки (*порок строения древесины*) 4. шарошка (*для насекания дефибрерных камней*) 5. выпуклое долото; треугольное долото 6. порослевые отпрыски 7. шип, колючка (*растений*)
diamond-point ~ пирамидальная шарошка
hand-operated ~ шарошка для ручной насечки
right lead spiral ~ спиральная шарошка с правой резьбой
sap ~ заболонный кап
straight ~ прямая шарошка
thread ~ винтовая шарошка
twig ~ наплыв на ветви (*используется для получения декоративной древесины*)
bush 1. куст 2. кустарник, подлесок; лес (*неустроенный, напр. таёжный*) 3. обсаживать кустарником ◇ to ~ a road намечать направление дороги установкой ветвей
bushel 1. бушель (*по международной системе измерения равен 1000 досковых футов*) 2. заготавливать лес по сдельным расценкам
busheler рабочий, работающий по сдельным расценкам
busheling оплата по сдельным расценкам (*за лес*)
busher рабочий, подготавливающий волоки
bushiness кустистость; густота (*леса*)
bushveld кустарниковый вельд
bushwalker человек, вынужденный по характеру работы ходить по лесу
bushwood 1. низкоствольное хозяйство 2. лес с обилием кустарников
short rotation ~ низкоствольное хозяйство с коротким оборотом рубки
bushy покрытый кустарником, кустистый; густой
buster двухотвальный плуг
brush ~ кусторез
butt 1. комель (*дерева*); комлевой конец бревна; толстое короткое бревно ǁ откомлёвывать; стёсывать конец бревна 2. соединение встык ǁ соединять встык 3. бочка; большая бочка 4. пачки шпона из нижней части чурака ◇ ~s at one end комлями в одну сторону; to jump ~ *кан.* отрезать дефектную комлевую часть бревна; откомлёвывать; затёсывать конец бревна; to ~ off *амер.* отрезать дефектную комлевую часть бревна; откомлёвывать; затёсывать конец бревна
~ of pile комель сваи
bead ~ соединение встык с вертикальным приливом
extreme ~ толстый конец бревна
fiddle ~ комель, пригодный для производства музыкальных инструментов
flared ~ увеличенный комель дерева
long ~ длинная откомлёвка
loose flange ~ съёмная шарнирная дверная петля

staggered ~s гонт неодинаковой ширины
swollen ~ закомелистость (дерева)
butted приделанный встык, уложенный впритык
butterfly бабочка; pl чешуекрылые, бабочки (Lepidoptera)
butting укорачивание (длинных брёвен); откомлёвка; затёска конца бревна
jump ~ кан. обрезка повреждённой комлевой части дерева; откомлёвка
button 1. меб. пуговица (для простёжки) 2. задвижка, заглушка 3. лопух (Arctium)
self-covering upholstery ~ пуговица, крепящаяся без помощи ниток (имеющая проходящий сквозь обивку стержень, на конец которого навинчивается другая пуговица или головка)
tufted ~ обтянутая пуговица
upholstery ~s кнопки или пуговицы для простёжки мебели
buttoning простёжка (метод обивки мягкой мебели)
buttress 1. комель (дерева) 2. закомелистость 3. стенка или береговой устой, препятствующие обсыханию брёвен или образованию заторов 4. подпирать, поддерживать 5. корневая лапа
plank ~ досковая [плоская] корневая лапа
root ~ корневая закомелистость
buttressed закомелистый, извилистый
buttswell закомелистость
buzz скобель для зачистки (наружной поверхности бочек)
by-product побочный продукт

C

caaguazu каагуазу, сельва (периодически затопляемый тропический лес в бассейне Амазонки)
cab кабина
all-weather ~ закрытая кабина; всепогодная кабина, предназначенная для работы в любое время года
driver's ~ кабина водителя; площадка, будка или кабина машиниста; место для рулевого
cabin 1. кабина, будка 2. хижина, барак 3. каюта
log ~ бревенчатый барак
look-out ~ кан. домик пожарного наблюдателя
tower ~ кан. пожарный домик с наблюдательной вышкой
cabinet 1. отсек, отделение (напр. кузова) 2. шкаф с полками и ящиками; горка, застеклённый шкаф 3. меб. корпус; шкаф; корпусное изделие (мебели) || корпусной 4. футляр, упаковка, ящик ◊ ~ on stand шкафчик на высоких ножках
bedside ~ прикроватный столик; прикроватная тумбочка
bureau ~ меб. бюро
china ~ буфет
console ~ тумбочка под телевизор или радиоприёмник
germinating ~ растильня, камера для проращивания семян
recess ~ горка или шкафчик для посуды, установленный в нише
stationary ~ шкафчик для почтовых принадлежностей
cabinetry мебель, оборудование помещений
cable 1. кабель, канат, трос || прикреплять канатом 2. трелевать лес канатными установками; подтаскивать лесоматериалы с помощью каната ◊ ~ with circulating carriages канатная установка с кольцевым движением кареток
anchor ~ анкерный [крепёжный] канат
bearing ~ несущий канат
boom ~ короткий канат, соединяющий концы брёвен в боне
braided ~ оплётённый кабель
brake ~ тормозной канат
burden ~ несущий канат
carrier ~ австрал. несущий канат
carrying ~ несущий канат
chain ~ якорная цепь
elevator ~ канат подъёмника

cable

endless ~ замкнутый [бесконечный] канат
gravity ~ тросовый лесотранспортёр, гравитационная канатная установка
guy ~ растяжка; канат для растяжек
haulage [hauling] ~ тяговый [грузовой] канат
hoisting ~ подъёмный канат
longitudinal raft ~ лежень плота (канат, укладываемый вдоль плота)
main ~ тяговый [грузовой] канат; *редко* несущий канат
pulling ~ тяговый [грузовой] канат
single-strand ~ однопрядный канат
steel(-wire) ~ стальной канат, трос
stranded wire ~ канат из проволочных прядей
to-and-fro ~ канат, движущийся вперёд и назад
track ~ направляющий канат (проволочно-канатной воздушной дороги)
traction ~ тяговый [грузовой] канат
transverse rafting ~ *спл.* поперечный счал
trip ~ тяговый канат
trolley ~ канат для перемещения вагонеток воздушных дорог
winch ~ канат лебёдки
wire gravity ~ проволочный лесоспуск; проволочный канат для спуска лесоматериалов с гор

cableway 1. канатная транспортная система, канатная дорога 2. просека под несущий канат
aerial ~ воздушная канатная система

cabling расчистка площади от кустарника с помощью толстого троса (*прикреплённого к двум тракторам*)

cabriole *меб.* изогнутая ножка

caddy пачка спичек-книжечек (*содержащая 50 штук*)

cage кабина, клеть

cake 1. отжатый осадок (*на фильтре*) 2. слежавшийся осадок
easy-washable salt ~ легкоотмываемый сульфат натрия
niter ~ бисульфат натрия
salt ~ сульфат натрия, сернокислый натрий

caking:
pad ~ спекание лака на шлифовальном утюжке (*дефект при шлифовании лакированной поверхности мебели*)

calathid(ium) корзинка (*тип соцветия*)

calcicole кальцефильный, обитающий на известковых почвах

calcification кальцификация, накопление солей кальция, обызвествление

calcinator тигель

calciphyte кальцефит; *pl* меловая растительность

calcitic *амер.* карбонатный, известковый

calcs высокие ошипованные ботинки (*используемые на лесозаготовках для устойчивой работы на брёвнах*)

calc-sapropel известковый сапропель

calculation:
annual final yield ~ расчёт годичной лесосеки
yield ~ расчёт размера лесопользования

calender каландр
broad ~ лощильный пресс для картона; каландр для картона
coating ~ каландр с приспособлением для нанесения покрытий (*на бумагу*)
embossing ~ каландр для тиснения; гофрировальный станок; филигранный станок
fixed-queen roll ~ каландр со стационарным вторым снизу валом
glassine ~ каландр для пергамина
glazing ~ каландр для пергамина
intermediate ~ мокрый глезер
plate glazing ~ сатинёр
sheet ~ листовой каландр
single-nip (gloss) ~ двухвальный лощильный каландр

calendering каландрирование ◇ ~ on rolls вальцевание
paper ~ каландрирование бумаги
web ~ каландрирование бумажного полотна

calico миткаль, ситец (*для зачехления пружин*); коленкор

calking 1. строгание стамеской; долбление долотом 2. копировка на кальку

calks высокие ошипованные ботинки (*используемые на лесозаготовках для устойчивой работы на брёвнах*)

caller:
mark ~ сортировщик

calliper 1. лесная мерная вилка **2.** кронциркуль; калибр
fork ~ раздвоенная лесная мерная вилка
hole position ~ *меб.* кронциркуль для определения расположения отверстий
hull ~s мерная линейка для измерения объёмов брёвен
optical ~ оптическая лесная мерная вилка
tree ~ лесная мерная вилка
callose 1. каллоза **2.** имеющий каллюс *или* наплывы
callous имеющий каллюс *или* наплывы
callow низменность, затопляемый луг ‖ низменный
callus 1. каллюс, наплыв **2.** слой каллозы (*в ситовидных трубках*)
frost ~ морозный каллюс
calorimeter калориметр
calycle *бот.* подчашие, эпикаликс
calyx чашечка (*цветка*)
camber 1. стрела прогиба **2.** угол развала переднего колеса **3.** кривизна; выпуклость поперечного профиля (*дороги*) **4.** поперечный уклон (*дороги*) **5.** продольное коробление, коробление в продольном направлении **6.** изогнутость (*крыла*)
cambium камбий
cork ~ пробковый камбий, феллоген
storeyed [storied] ~ ярусный камбий
vascular ~ сосудистый камбий
cambleted испещрённый прожилками (*о корневой древесине, особ. ясеня*)
camelback опрокидывающее устройство, опрокидыватель
camp лесоучасток; лесной посёлок; вахтовый посёлок ◇ **~ for railroad operation** посёлок при лесовозной железной дороге; **~ for snow logging** посёлок при лесовозной санной дороге
base ~ 1. центральный (*лесной*) посёлок **2.** *амер.* базовый лагерь (*при тушении пожара*)
car ~ лесопункт [лесной посёлок] на колёсах
construction ~ временный рабочий посёлок
depot ~ лесопункт

fire ~ *амер.* базовый лагерь (*при тушении пожара*)
floating ~ плавучий (*лесной*) посёлок (*на плотах*)
headquarter ~ центральный (*лесной*) посёлок
line ~ линейный лагерь (*при тушении пожара*)
logging ~ 1. посёлок лесозаготовителей, лесной посёлок **2.** лесозаготовительное предприятие
lumber ~ 1. посёлок лесозаготовителей, лесной посёлок **2.** лесозаготовительное предприятие
panel ~ посёлок с щитовыми домиками
portable unit ~ посёлок с передвижными домиками
prefabricated ~ посёлок со сборными щитовыми домиками
side ~ 1. небольшой (*лесной*) посёлок **2.** *амер.* крайний боковой лагерь (*при тушении пожара*)
skid-mounted ~ посёлок с домиками на полозьях
wheel ~ лесопункт [лесной посёлок] на колёсах
wheeled-trailer ~ посёлок с домиками-прицепами
camper пожар, вызванный туристами
camphene камфен
camphor:
birch ~ бетулин
campos кампос, кампус (*местное название саванны в Бразилии*)
can:
buble ~ колпачок колонны
gas ~ ёмкость для топлива; переносной топливный бачок
oil ~ маслёнка
waste ~ ёмкость для отходов
canal канал; проход
intercellular ~ межклеточный канал; секреторный ход (*напр. смоляной канал*)
latex ~s система трубок, содержащих латекс; млечники, млечные сосуды
lock ~ шлюзовой канал
pit ~ *бот.* канал поры
rafting ~ плотоход
canary железный стержень для продевания троса *или* цепи под пачку брёвен (*для обвязки или чокеровки*)

cancerous раковый
candle свечеобразная окраска (*годичных побегов*)
cane 1. камыш (*Scirpus*) **2.** тростник (*Phragmites*)
canemaker изготовитель плетёной мебели
canework 1. *меб.* плетёная деталь *или* изделие **2.** плетение, работа по плетению
caney мягкий (*о годичном кольце*)
caning *меб.* плетёная деталь *или* изделие
canker 1. рак, некроз (*деревьев*) **2.** червоточина
 nectria ~ нектриевый рак (*лиственных пород*)
 perennial ~ многолетний рак (*деревьев*)
 wood ~ нектрия лиственных пород
cankerworm пяденица; *pl* пяденицы (*Geometridae*)
canopy 1. полог (*насаждения*) **2.** защитный козырёк (*над головой тракториста*); крыша кабины трактора **3.** навес ‖ покрывать навесом; закрывать, зашищать
 broken ~ разреженный полог
 close ~ сомкнутый [густой] полог
 complete forest ~ сомкнутый [густой] полог леса
 congested ~ сомкнутый [густой] полог
 continuous ~ сомкнутый [густой] полог
 dense leaf ~ сомкнутый [густой] полог
 full ~ сомкнутый [густой] полог
 horizontal ~ горизонтальная сомкнутость полога
 leaf ~ древесный полог
cant 1. брус ‖ выпиливать брус, брусовать **2.** двухкантный *или* трёхкантный брус **3.** косяк (*крайняя клёпка донного щита бочки*) **4.** кантовать (*поворачивать*)
 deck ~s брусья казёнки
 mock ~ нижний брус обвязки двери
 veneer slicing ~ брус для получения строганого шпона
canter:
 chipper ~ станок для профилирова-

ния бруса из бревна с одновременным получением щепы
 four-side chipping ~ четырёхсторонний фрезерно-пильный станок для профилирования бруса с одновременным получением щепы
 overhead ~ кантователь брёвен
canterbury 1. маленькая этажерка (*для книг по музыке и нот, XVIII в.*) **2.** прямоугольная табуретка с ящичком (*для нот*)
canthook кондак, кантовальный крюк
canting-over опрокидывание, наклон
cantsaw брусующий станок
canvas:
 graphite-coated ~ шлифовальная лента с графитовым покрытием
cap 1. конус, надеваемый на бревно (*при трелёвке*) **2.** наголовник (*мачты*) **3.** продольный брус **4.** крышка, колпачок, колпак; наконечник **5.** чехол, футляр **6.** товарная [тонкая обёрточная] бумага **7.** *pl* короткие бруски, укреплённые на верхних концах стоек рам (*для закрепления груза в вагоне*)
 drip ~ капельник, карниз крыши; слезник, водосток
 lever ~ ударная кнопка (*рубанка*)
 plane iron ~ кожух железка фуганка *или* рубанка
 root ~ корневой чехлик
 saw ~ ограждающий колпак над пильной рамкой
 spray ~ распылительная насадка; насадка распылительного пистолета
capability 1. способность **2.** (*максимальная*) производительность
 ~ of forest продуктивность [производительность] леса
 ~ of root penetration проникающая способность корней
 felling ~ объём рубки
 gap-filling ~ заполняющая способность (*клея, лака*)
 multiterrain ~ пригодность к различным типам местности
 payload ~ полезная грузоподъёмность
 production-per-man-hour ~ производительность на человеко-час
 tractive ~ тяговая способность
 yield ~ размер годичного отпуска леса; сметный отпуск леса

capacit/y 1. вместимость, объём 2. мощность, грузоподъёмность 3. производительность; пропускная способность ◇ ~ for survival сохранность, выживаемость (*сеянцев, лесных культур*)
absorbing [absorptive] ~ поглотительная [абсорбционная] способность
anion exchange ~ ёмкость анионного обмена (*коллоида*)
available ~ полезная мощность
bearing ~ несущая способность (*грунта*)
boom ~ грузоподъёмность стрелы
bucking shear ~ 1. мощность раскряжёвочного ножевого устройства 2. максимальный диаметр раскряжёваемого ножевым устройством лесоматериала
calorific ~ теплоёмкость
carriage ~ грузоподъёмность (*трелёвочной*) каретки
carrier ~ грузоподъёмность транспортного средства
carrying ~ 1. грузоподъёмность 2. допустимое количество организмов (*на единицу площади*) 3. допустимый уровень выпаса (*диких животных*) 4. допускаемая нагрузка (*рекреационных лесов*)
cation-exchange ~ ёмкость катионного обмена (*коллоида*)
cellulose-decomposing ~ целлюлозоразлагающая способность
crosscut ~ производительность раскряжёвочного станка
cubic ~ 1. рабочий объём (*двигателя*) 2. объём древесины
cutting ~ 1. производительность резания 2. запас, отведённого в рубку насаждения
damping ~ демпфирующая способность
drum ~ тросоёмкость барабана
emergency ~ резервная мощность
evaporation ~ испарительная способность (*бумаги*)
field ~ полевая влагоёмкость (*почвы*); *амер.* наименьшая влагоёмкость (*почвы*)
forest (site) ~ производительность лесного насаждения; бонитет (лесо)насаждения

germination [germinative] ~ всхожесть семян (*в процентах*)
grapple ~ грузоподъёмность захвата
ground bearing ~ несущая способность грунта
hauling ~ тяговое усилие, сила тяги
hill climbing ~ способность преодолевать уклоны (*при работе на уклонах*)
hoisting ~ подъёмная сила, грузоподъёмность
hourly ~ часовая производительность
hydraulic gear pump ~ мощность приводного гидронасоса
labor ~ производительность труда
lifting ~ подъёмная сила; грузоподъёмность
line ~ тросоёмкость (*барабана*)
load-carrying ~ несущая способность грунта, грузоподъёмность (*канатной установки с несущим канатом*)
load(ing) ~ грузоподъёмность
log fork ~ величина раскрытия захватов
merchandiser ~ies мощности (*машины*) для раскряжёвки лесоматериалов
nitrogen-fixing ~ азотфиксирующая способность
nutrient-supplying ~ 1. запас питательных веществ 2. способность обеспечивать питательными веществами
paper stock water-retention ~ водоудерживающая способность бумажной массы
productive ~ 1. производственная мощность 2. продуктивность, производительность (*леса*)
pulp swelling ~ степень набухания целлюлозы
pump ~ производительность насоса
rated ~ номинальная производительность
reel ~ тросоёмкость катушки
rejuvenation ~ порослевая способность
reserve ~ резервная мощность
road ~ пропускная способность дороги
sedimentary ~ осадительная способность, осаждаемость
shear ~ 1. мощность ножевого устройства; усилие перерезания (*дере-*

capacity

ва) ножевым устройством 2. максимальный диаметр дерева, срезаемого [перерезаемого] ножевым устройством
  shoot-forming ~ побегопроизводительность
  skyline payload ~ грузоподъёмность канатной установки (*для подвесной трелёвки*)
  storing ~ of soil поглотительная способность почвы
  throughput ~ пропускная способность
  transpiration ~ транспирационная способность
  transportation ~ транспортная способность
  tree shear ~ *см.* shear capacity
  uptaking ~ усваивающая способность (*растений*)
  water-absorption ~ водопоглощающая способность (*почвы*)
  weight-carrying ~ грузоподъёмность
  yarder line ~ канатоёмкость барабана лебедки
  yielding ~ производительность (*растений или почвы*), урожайность
capillarity капиллярность, волосность
capilliform волосовидный
capitulum *бот.* головка
capoeira капоэйра, вторичный лес на заброшенных пахотных землях Бразилии
capping 1. плинтус, переклад 2. головка, насадка 3. образование корки на почве
capstan кабестан, ворот; лебедка с вертикальной осью
capsule 1. сухой плод, раскрывающийся на несколько частей (*у катальпы, ивы*) 2. оболочка, капсула 3. кокон
Caqueteuse *фр.* низкое кресло
car 1. вагон 2. вагонетка 3. передвижная платформа 4. автомобиль, грузовик
  autonomous ~ автодрезина, мотовоз
  chip ~ вагон для перевозки щепы
  dump ~ вагонетка с опрокидывающимся кузовом
  express freight ~ быстроходный грузовик
  flat ~ грузовик-платформа
  freight ~ 1. грузовой [товарный] вагон 2. грузовой автомобиль
  hopper ~ вагон-хоппер, вагон с саморазгружающимся кузовом
  hopper-bottom rail ~ ж.-д. вагон для перевозки щепы с саморазгрузкой вниз
  manual transfer ~ ручная подающая тележка, подающая тележка с ручным управлением
  open-top chip ~ открытый вагон для перевозки щепы
  open-top gondola ~ открытый железнодорожный вагон
  power transfer ~ приводная подающая тележка
  pulpwood ~ вагон для перевозки балансов
  rail(way) ~ железнодорожный вагон
  tank ~ 1. вагон-цистерна 2. автоцистерна
  tipping ~ вагонетка с опрокидывающимся кузовом
  trail ~ прицепной вагон; прицеп
  transfer ~ подающая тележка; погрузочная тележка; внутрицеховая тележка; вагонетка-транспортёр; траверсная тележка
  tripping ~ самосвал
caravan крытый фургон; домик-прицеп (*к автомобилю*)
carbamide карбамид, мочевина (*удобрение*)
carbolite карболит (*фенолформальдегидный*)
carbon:
  cement ~ углерод, углерод карбида, связанный углерод
carbonaceous углистый, содержащий углерод
carbohydrates углеводы
carbonicole живущий на выгоревшей почве; живущий на обожжённой древесине
carbonization сухая перегонка древесины, обугливание
carboxymethylcellulose карбоксиметилцеллюлоза, кмц
carburizator карбюризатор
card 1. карта 2. карточка 3. диаграмма
  ~ of wood «шайба» (*диск, отрубаемый рубильной машиной от кряжа*)

carriage

button ~ основа пуговичного картона
swatch ~ образец, образчик
tally ~ лист учёта (*лесоматериалов*)
time ~ 1. хронометражный лист 2. карточка табельного учёта
cardboard плотная бумага; тонкий картон (*для коробок и картотек*) ◊ ~ in reels *спич.* рулонный картон
bookkeeping machines ~ картон для счётных машин
corrugated ~ гофрированный картон
division cards ~ картотечный картон
fitting ~ прокладочный картон
folder ~ картон для папок
Hollerith ~ картон для статистических карт
intaglio(-printing) ~ картон для глубокой печати
lithograph ~ литографский картон
painter's ~ трафаретный картон
punching ~ картон для перфокарт
sample ~ картон для наклейки образцов
tinted ~ цветной картон
velvet ~ велюровый картон
carding прочёсывание древесноволокнистой массы
care:
~ of plantations уход за лесными культурами
~ of saw teeth уход за зубьями пилы
~ of stands уход за лесом
carene карен
cargo судовой груз
~ of timber груз лесоматериалов
clean ~ груз из пиломатериалов стандартных размеров
nice ~ груз из высокосортных пиломатериалов
Carina *фирм. меб.* карина (*поливинилхлорид*)
Carinox *фирм. меб.* каринекс (*полистирольный порошок для литья и формования*)
Carlona *фирм. меб.* карлона (*смесь полиэтилена и полипропилена*)
carpenter плотник-столяр
carpet 1. поверхностный слой (*дорожного покрытия*) 2. древесностружечный ковёр
flying ~ стол на воздушной подушке
road ~ поверхностный слой дорожного покрытия; слой износа дороги

carpophore карпофор, разросшееся цветоложе
carposome *бот.* плодовое тело
carr разрежённый заболоченный древостой, переходящий в кустарник
carrel вспомогательный предмет мебели
multistudy ~s кабинки для занятий, имеющие общую стенку
study ~ 1. подставка для учебников 2. кабинка для занятий
carriage 1. трелёвочная каретка 2. базовый механизм; шасси 3. тележка (*ленточнопильной или круглопильной установки*) 4. вагонетка 5. вагон ◊ ~ with the hoist drum (*трелёвочная*) каретка с подъёмным барабаном (*для подъёмного каната*)
automatic self-clamping ~ автоматическая самостопорящаяся каретка
avec ~ специальная трелёвочная каретка в подвесной установке с двумя замкнутыми тяговыми канатами
bearer ~ захватывающая тележка (*лесопильной рамы*)
Berger ~ каретка Бергера (*для канатной трелёвочной установки с вытяжным канатом*)
cable ~ трелёвочная каретка
common ~ обычная трелёвочная каретка (*с двумя катками, с неподвижным и подвижным блоками тягового каната*)
double-sawing ~ парные тележки (*для распиловки двух брёвен одной лесорамой с двумя поставами*)
drum ~ барабанная каретка (*каретка канатной трелёвочной установки с барабанами для рабочих канатов*)
electronic(ally-controlled) ~ автоматическая трелёвочная каретка (*с автономным двигателем для вытяжки тягового каната для прицепки груза*)
felloe boring ~ суппорт для сверления колёсных косяков
hoist ~ трелёвочная каретка с грузоподъёмным барабаном
inverted ~ обратная каретка (*аэростатной установки*)
locking ~ стопорящаяся трелёвочная каретка

73

carriage

log ~ тележка лесопильной рамы
nonlocking ~ бесстопорная трелёвочная каретка
open-side ~ трелёвочная каретка, открытая с одной стороны (*для прохода через промежуточные опоры*)
ordinary ~ обычная трелёвочная каретка (*с двумя катками, с подвижным и неподвижным блоками тягового каната*)
planing tool ~ суппорт строгального станка
plow ~ тележка плуга
riderless ~ тележка (*лесопильной рамы*) с дистанционным управлением
saw ~ тележка лесопильной рамы
self-controlled grapple ~ автоматическая трелёвочная каретка с захватом
self-locking ~ самостопорящаяся трелёвочная каретка
shot-gun ~ гравитационная трелёвочная каретка (*канатной установки с гравитационной подачей в лесосеку*)
side-armed ~ трелёвочная каретка с боковыми кронштейнами для подвески (*замкнутого*) приводного каната
side-blocking ~ трелёвочная каретка с боковым смещением (*вместе с передвижным несущим канатом*)
Skaukatt ~ трелёвочная каретка с подъёмным барабаном (*приводимым цепной подачей от другого барабана с намотанным тяговым канатом*)
skyline ~ трелёвочная каретка (*подвесной канатной установки для трелёвки или погрузки леса*)
slack-pulling ~ трелёвочная каретка с вытяжкой каната для прицепки груза
snubbing ~ трелёвочная каретка для гравитационного спуска древесины
stop ~ стопорная неподвижная каретка, стопор
three-line ~ трелёвочная каретка установки с тягово-несущим и вытяжным (*открывающим захват*) канатами
timber ~ лесовозный прицеп, прицеп для длинномерных грузов
transport ~ трелёвочная (*транспортная*) каретка
triangular ~ трелёвочная каретка с корпусом треугольной формы (*с одним катком и одним блоком тягового каната*)
carriageway проезжая часть дороги
carrier 1. транспортное средство 2. базовый механизм (*напр. лесозаготовительной машины*) 3. транспортёр 4. кронштейн, держатель; *pl* захваты 5. материал, смешиваемый с семенами (*при транспортировке*) 6. заполнитель (*в пестицидах*) 7. носитель, переносчик (*болезни*) 8. стержень бобины 9. тара 10. ножевая коробка (*цеклёвочного станка*)
clamp ~ *меб.* вайма
deal ~ штабелеукладчик
fertilizer ~ наполнитель удобрений
implement ~ самоходное шасси
knife ~ державка ножа
labor ~ прицеп для перевозки рабочих
load ~ грузовая тележка
log ~ судно для транспортировки брёвен; лесовозное судно
lumber ~ автолесовоз
motor ~ мотовоз
return ~ ролик холостой ветви (*ленточного транспортёра*)
self-propelled log ~ самоходное лесовозное судно
skycar ~ трелёвочная каретка
sorting ~ лента сортировочного транспортёра
straddle ~ автолесовоз; портальный лесовоз (*для перевозки груза, закрепляемого снизу*)
swing-link ~ качающаяся [маятниковая] опора
tracked ~ гусеничная базовая опора
tractor ~ базовый трактор; тракторная база
carry 1. перевозка ‖ перевозить; везти, тащить 2. тележка 3. среднее эффективное расстояние (*обработки растений пестицидами*)
carrying-away вывозка
carry-over 1. вынос (*элементов*) 2. лесохим. унос 3. *цел.-бум.* переброс (*массы*)
cart трелёвочный прицеп; телега, тележка
drag ~ трелёвочная тележка с низкими колёсами
forwarding ~ одноосная трелёвочная

тележка (*со стойками для перевозки сортиментов*)
furniture ~ тележка для перевозки мебели
hostess ~ сервировочный столик
mule ~ четырёхколёсная телега
slip-tongue ~ *уст.* прицеп на высоких колёсах, к оси которого подвешивается груз
transfer ~ передаточная тележка
tray ~ сервировочный столик
cartage плата за гужевую перевозку
carting гужевая перевозка
carton 1. тонкий картон 2. картонная коробка 3. весовая единица бумаги при отгрузке (*56,3 кг*)
aroma-tight detergent ~ запахонепроницаемая коробка для моющих средств
carrying ~s картонная тара для перевозок
compartmented ~ картонная коробка с делениями (*для бутылок или другой стеклянной посуды*)
dispensing ~ картонная коробка с делениями (*для розничной торговли*)
siftproof ~ коробка для сыпучих материалов
tuck-in flap-type ~ картонная коробка с клапанной крышкой
cartridge 1. прочная бумага разного назначения 2. патронная бумага 3. патрон, гильза, втулка
carve 1. вырезать (*по дереву*); выпиливать 2. резать ◇ to ~ out forest сводить лес
carver 1. резчик (*по дереву*) 2. резное кресло 3. нож для резьбы
chip ~ нож для резьбы по дереву
carving 1. резьба (*по дереву*); выпиливание 2. резной орнамент
acanthus резьба в виде орнамента из листьев
applied ~ накладная резная деталь; отдельная резная деталь
bas-relief ~ вырезание барельефа; вырезание рельефного рисунка значительной глубины и разных уровней
chase ~ резьба (*по дереву*); гравировка
chip ~ вырезание геометрических рисунков для украшения мелких предметов (*напр. шкатулки, коробочки; в основе таких рисунков лежит, как правило, треугольник*); мелкая резьба
floral ~ резная деталь с цветочным орнаментом
high-relief ~ вырезание барельефа; вырезание рельефного рисунка значительной глубины и разных уровней
incised ~ выемчатая [углублённая] резьба
simulated ~ имитация резьбы
Casco *фирм.* каско, казеиновый клей
Cascophen *фирм.* каскофен (*клей на основе фенольной резорциновой или формальдегидной смол*)
Casco-Resin *фирм.* смола каско (*клей на основе мочевино-формальдегидных смол*)
Cascorez *фирм.* каскорец (*поливинилацетатный клей*)
case 1. ящик, тара, коробка, контейнер ‖ упаковывать в ящики 2. горка; книжный шкаф 3. коробка (*оконная, дверная*) 4. кипа
bit ~ футляр для набора ручных инструментов
catering ~ ящик для продовольствия
dispatch ~ картонная тара
floor ~ витрина, стенд
flow ~ *лесохим.* монтежю
nesting ~s ящики, устанавливаемые один на другой
packing ~ ящик для упаковки, тара
pedestal ~ тумбочка с выдвижными ящиками
sink ~ корпус мойки
standard matchbox ~ условный ящик спичек
woodpulp ~ кипа целлюлозы
casegoods 1. ящики 2. корпусные изделия 3. грузы в ящичной таре
case-hardened напряжённый (*о состоянии древесины в процессе сушки*)
case-hardening 1. напряжённое состояние древесины (*наружные слои находятся в растянутом состоянии, а внутренние — в сжатом*) 2. коробление, перекос 3. поверхностная сушка (*шишек*) 4. поверхностные трещины (*на стволах*)
reverse ~ напряжённое состояние

древесины в конечный период сушки (*наружные слои находятся в сжатом состоянии, а внутренние — в растянутом*)
casewood поделочная древесина
casework корпус, шкаф; корпусное изделие
casing 1. обмуровка, облицовка, обшивка **2.** *pl* бумага для упаковки мануфактуры **3.** *pl* обивочная бумага для ящиков
  exterior ~ дверная коробка; оконная коробка
  glazed ~s «канатная» обёрточная бумага
  head ~ верхняя обвязка, верхний брусок (*оконной рамы*)
cask бочка ‖ разливать в бочки
cast 1. крыловатость, коробление по длине доски ‖ коробиться **2.** сбрасывание, опадение ‖ сбрасывать, опадать
  leaf ~ сбрасывание листьев (*в результате болезни*)
  needle ~ сбрасывание хвои (*в результате болезни*)
  pine-leaf ~ шютте, болезнь сеянцев сосны
caster 1. *меб.* ролик, колёсико **2.** разбрасыватель
  ball ~ *меб.* шаровая опора
  claw ~ ролик, скрытый деталью в виде когтистой лапы
  contour ~ ролик с конической поверхностью
  glider ~ ролик
  leach ~ устройство для равномерной выгрузки сваренной щепы (*из бассейна после варочного котла*)
  leveler ~ выравнивающий ролик
  nonswivel ~ неповорачивающийся ролик
  orbit ~ ролик-эксцентрик
  socket ~ ролик с патроном (*в который вставляется ножка изделия мебели*)
  unhooded ~ открытый ролик
casting 1. коробление (*древесины*) **2.** литьё (*пластмасс в мебельном производстве*) ◇ ~ **into molds** литьё в формы
  expansion ~ литьё с одновременным вспениванием (*пластмасс*)

paper pulp ~s бумизы
castwood *фирм.* ламинированная древесностружечная плита с имитационной текстурной отделкой
"**cat**" *жарг.* трактор с прицепом
catabond *фирм.* катабонд (*полиэфирная смола для производства слоистых пластиков низкого давления*)
Catacol *фирм.* катакол (*фенолформальдегидный клей*)
Catalin *фирм.* каталин (*фенолформальдегидная смола для литья*)
catamaran *спл.* плот с лебёдкой и захватами для подъёма топляка
cataphyll катафилл, первичная форма листа; недоразвитый (*чешуйчатый*) лист
catch захват; щеколда, задвижка; защёлка ‖ захватывать, защеплять
  angle ~ врезная оконная задвижка
  hood ~ замок [запор] капота
  toggle ~ собачка, языковая защёлка
catch-all *цел.-бум.* ловушка, пеноотделитель (*выпарной батареи*)
catcher:
  button ~ песочница (*в ролле*)
  pin ~ металлоловушка, металлоулавливатель
  stuff ~ массоловушка
  wire ~ металлоловушка, металлоулавливатель
catching ◇ ~ **fire** загорание, воспламенение
catechu катеху, кашу (*красящий экстракт из коры или древесины акации*)
caterpillar 1. гусеница; гусеничный ход **2.** гусеничный трактор **3.** *энт.* гусеница; ложногусеница
  tread ~ гусеница, гусеничная лента
  wheeled ~ колёсно-гусеничный трактор
catface дефект на поверхности бревна; затянувшийся пожарный рубец
catkin серёжка (*тип соцветия берёзы и осины*)
cattail бондарная трава, рогоз(а), чакан (*для производства бочек*)
caudex of tree ствол дерева
caul 1. *фан.* прокладка пресса, плита **2.** поддон (*в производстве плит*)
cauline стеблевой, растущий на стебле

cellulosans

caulking смоление, законопачивание (*бочек*)
cause of wildfire причина лесного пожара
causeway гать; дамба; мостовая насыпная дорога
cave полость, впадина
cavetto *меб.* выкружка
cavity полость, пустота; углубление (*напр. в блоке пенопласта*)
  embryo ~ зародышевая полость (*семян*)
  intercellular ~ межклеточная полость (*для хранения живицы, камеди*)
  pit ~ полость поры
cedar 1. кедр (*Cedrus*) 2. можжевельник (*Juniperus*)
  ground ~ можжевельник обыкновенный (*Juniperus communis*)
  Japanese ~ криптомерия японская (*Cryptomeria japonica*)
  Lebanon ~ кедр ливанский (*Cedrus libani, Cedrus libanotica*)
Celcon *фирм.* селкон (*полиформальдегидная смола*)
celcurising *фирм.* метод антисептирования древесины
cell 1. *бот.* клетка 2. камера, аппарат 3. ячейка (*между двумя ножками ролла или конической мельницы*)
  companion ~ клетка-спутник (*ситовидных трубок древесины*)
  crystalliferous ~ кристаллоносная клетка (*паренхимы*)
  elementary ~ первичная клетка
  elongated thickwalled ~ либриформ
  epithelial ~s клетки эпителия
  fusiform parenchyma ~ веретеновидная паренхимная клетка
  generative ~ половая клетка, гамета
  germ(inal) ~ зародышевая клетка
  guard ~ замыкающая клетка
  liber ~s склеренхима
  mechanical ~ клетка склеренхимы
  mother ~ материнская [первичная] клетка
  mucilage ~ клейкая клетка (*серцевидной или осевой паренхимы, содержащая растительный клей*)
  oil ~ *бот.* масляная клетка
  oxidation-reduction potential ~ аппарат для измерения окислительно-восстановительного потенциала
  palisade ~ удлинённая клетка палисадной ткани
  parenchyma ~ паренхимная клетка
  plant ~ растительная клетка
  primary ~ первичная [материнская] клетка
  procumbent ray ~ лежачая лучевая клетка
  prothallial ~ заростковая [проталлиальная] клетка
  ray ~ 1. лучевая клетка 2. *pl* сердцевинные лучи (*в древесине*)
  resting ~ покоящаяся клетка
  sclerotic ~ одревесневшая клетка
  seed ~ 1. высевающая ячейка 2. желобок высевающей катушки
  septate parenchyma ~ септированная [перегородчатая] паренхимная клетка
  sieve ~ ситовидная клетка, ситовидная трубка
  solitary ~ изолированная клетка
  spongy mesophyll ~ клетка зубчатого мезофилла
  sporogenous ~ спорогенная [спорообразующая] клетка
  stalk ~ инициалий антеридиальной клетки (*сосны*)
  stomatal ~s устьичные клетки
  stone ~ каменистая клетка
  tracheidal ~ трахеидная клетка
  tube ~ бесспоровая клетка (*бактерий*), вегетативная клетка
  upright ray ~ прямостоячая лучевая клетка
  vegetative ~ бесспоровая клетка (*бактерий*), вегетативная клетка
cellaret *меб.* погребец
Cellobond *фирм.* целлобонд (*фенолформальдегидная, полиэфирная и др. смолы*)
cellophane *фирм.* целлофан; регенерированная целлюлоза
cellotate *фирм.* ацетат целлюлозы
Cellucotton *фирм.* крепированная медицинская бумага
cellular 1. состоящий из клеток 2. пористый, вспененный, ячеистый
cellulase целлулаза (*фермент*)
cellulate состоящий из клеток
celluloid *фирм.* целлулоид (*пластик из нитроцеллюлозы*)
cellulosans целлюлозаны

cellulose

cellulose 1. целлюлоза **2.** клетчатка
  acetyl ~ ацетилцеллюлоза, целон
  alkali ~ алкалицеллюлоза
  alkali-resistant ~ альфа-целлюлоза; целлюлоза, не растворимая в щёлоке
  alpha ~ альфа-целлюлоза
  benzyl ~ бензилцеллюлоза
  beta ~ бета-целлюлоза
  carboxymethyl ~ карбоксиметилцеллюлоза, кмц
  Cross-and-Bevan ~ целлюлоза, определяемая по методу Кросса и Бивена
  cuto ~ целлюлоза лубяных волокон
  dissolving ~ целлюлоза для химической переработки
  ethyl ~ этилцеллюлоза
  gamma ~ гамма-целлюлоза
  hydrated ~ гидратцеллюлоза
  hydroxyalkyl ~ гидроксиалкилцеллюлоза
  hydroxyethyl ~ гидроксиэтилцеллюлоза
  inclusion ~ целлюлоза — компонент ацетилируемой смеси
  methyl ~ метилцеллюлоза
  modified ~ видоизменённая [модифицированная] целлюлоза
  purified wood ~ облагороженная древесная целлюлоза
  sodium-carboxymethyl ~ натрийкарбоксиметилцеллюлоза
  sulfite ~ сульфитная целлюлоза
  transparent ~ целлофановая плёнка
  wood ~ древесная целлюлоза
cellusuede *фирм.* бархатная бумага
celon целон, ацетилцеллюлоза
cembretum кедровник (*лес*)
cement клей; замазка, шпатлёвка ‖ склеивать, заклеивать; цементировать, скреплять, шпатлевать
  beetle ~ *фирм.* мочевиноформальдегидная смола
  porcelain ~ фарфоровая шпатлёвка
  stick ~ *меб.* мастика в палочках
  wood-turner's ~ *меб.* мастика в палочках
cenosis ценоз, сообщество
center 1. центр **2.** шаблон, угольник **3.** сердцевина (*дерева*); карандаш (*после лущения*) **4.** гильза (*для намотки бумаги*) **5.** *pl* средние слои многослойной фанеры (*волокна которых параллельны волокнам наружных слоёв*)
  ~ of damage очаг повреждений
  ~ of gravity центр тяжести
  cup ~ неподвижный центр (*токарного станка*)
  lagged ~ кружальный ящик
  reinforced concrete ~ *цел.-бум.* сердечник дефибрерного камня
  skeleton rib ~ кружало
  spur ~ вращающийся центр (*токарного станка*)
  top ~ верхняя мёртвая точка
  track ~ ось пути; ширина междупутья
center-and-butt:
  four-way ~ подбор полученного из комлевой части шпона в крейцфугу
centering 1. центрирование, выверка **2.** устройство для центрирования
  automatic log ~ 1. автоматическое центрирование бревна (*при окорке или лущении*) **2.** автоматическое устройство для центрирования брёвен
centre *см.* center
centricleaner центриклинер, гидравлический центробежный очиститель массы
centriclone центриклон, вихревой очиститель массы
centrifiner *фирм.* центробежная сортировка
  Bird ~ центробежный узлоловитель Берда
cep(e) белый гриб (*Boletus edulis*)
cercidium мицелий
Cereclor *фирм.* цереклор (*хлорированный парафин, используемый в качестве пластификатора для поливинилхлорида*)
certificate:
  wood purchasing ~ лесорубочный билет
certification 1. испытание, проверка **2.** выдача сертификата *или* свидетельства; аттестация (*качества*) **3.** паспортизация (*семян*)
  product ~ 1. испытание продукции **2.** выдача свидетельства *или* сертификата (*о соответствии данной продукции стандартным требованиям*); аттестация качества продукции

chain

certified кондиционный, проверенный, аттестованный (о продукте)
cetone кетон
chafer хрущ; pl хрущи (Melolonthinae)
chaff 1. сечка 2. костра
chagreen шагрень (дефект отделки мебели)
chain 1. цепь ‖ сковывать, обвязывать цепью ‖ цепной 2. мерная лента 3. чейн (мера длины ≈ 20,1 м) 4. производственная технологическая цепочка; система машин 5. поперечный рисунок текстуры, напоминающий звенья цепи ◇ ~ for extracting cauls фан. цепной механизм для выдвигания плит или прокладок пресса
anti-skid ~ цепь противоскольжения
attachment ~ соединительная цепь; цепь для крепления
backbone ~ основная цепь
bank ~ горный кряж (вдоль берега реки, ручья)
binder [binding] ~ обвязочная цепь
bin removal ~s цепной транспортёр для отвода бункеров (со стружкой или отходами)
bitch ~ короткий отрезок тяжёлой цепи с крюком и кольцами; цепь-вставка (между тяговым и возвратным канатами трелёвочной лебёдки)
block ~ шарнирная цепь
boon ~ короткая цепь, скрепляющая концы брёвен в боне
brake ~ цепь-волокуша (для наземного перемещения лесоматериалов)
bull ~ 1. цепь для торможения бревна при трелёвке вниз по склону 2. замкнутая цепь лесотранспортёра; лесотранспортёр
camshaft ~ цепь привода распределения
chipper(-teeth saw) ~ универсальная пильная цепь; (пильная) цепь со строгающими [Г-образными] зубьями
chisel bit ~ (пильная) цепь со строгающими [Г-образными] зубьями
chock ~ тормозная цепь
chromed ~ хромированная (пильная) цепь
"classical" type ~ обычная пильная цепь (с режущескалывающими зубьями)
continuous-feed ~ непрерывная подающая цепь (лесотранспортёра); цепь непрерывной подачи
crazy ~ короткая цепь, поддерживающая оглоблю или дышло (саней)
creeper ~ бесконечная цепь для откатки вагонеток
cross ~s цепи, соединяющие сани с подсанками
crotch ~ погрузочная цепь (при накатке); погрузочный такелаж
cutting ~ пильная цепь
deck(ing) ~ цепь лесотранспортёра
drag(ing) ~ цепь для трелёвки брёвен
draw ~ 1. цепь сцепки; цепная сцепка 2. тяговая цепь
dry ~ ленточная сушилка для шпона
end-type caterpillar ~ колёсно-гусеничный ход (с передними ведущими колёсами)
feed ~ подающая цепь, цепная подача, цепной транспортёр
flat link ~ плоскозвённая шарнирная цепь
"green" ~ сортировочная цепь на лесозаводе
gunter's ~ землемерная цепь (длиной 20 м)
harvester ~ система лесосечных машин
hoisting ~ подъёмная цепь
hooded chisel ~ (пильная) цепь со скалывающими зубьями
infeed ~ подающий цепной транспортёр
jack ~ цепь лесотранспортёра
land ~ землемерная цепь
lashing ~ обвязочная цепь
link ~ шарнирная цепь
loading ~ погрузочная цепь
log ~ цепь для прицепки брёвен, чокерная цепь
log haul conveyor ~ подающая цепь лесотранспортёра
lug-type ~ снеговая цепь со шпорами
mattress ~ меб. специальная цепь из перемежающихся одинарных или двойных звеньев
mill ~ цепь лесотранспортёра
pitch ~ калиброванная цепь

chain

processor ~ производственная [технологическая] цепочка; система машин
pulling ~ 1. рабочая ветвь (*пильной цепи*) 2. тяговая цепь
pushing ~ холостая ветвь (*пильной цепи*)
refuse ~ 1. цепь для сталкивания брёвен 2. цепь для удаления отходов
rolled ~ роликовая цепь
round-link ~ круглозвённая цепь
runner ~ тормозная цепь, прикрепляемая к полозу саней
safety ~ обвязочная предохранительная цепь; цепь, удерживающая груз
saw ~ пильная цепь
scratcher-type ~ пильная цепь с надрезающими и скалывающими зубьями
side ~ боковая цепь
skid ~ 1. цепь противоскольжения 2. цепь для трелёвки брёвен, цепной чокер
skidding ~ цепь для трелёвки брёвен, цепной чокер
sling ~ цепной строп; обвязочная цепь
snig ~ *австрал.* цепь для трелёвки брёвен, цепной чокер
spiked ~ цепь с захватами
sprocket ~ цепь цепной передачи
surveyor's ~ таксационная мерная лента (*длиной 40,2 м*)
tag ~(s) цепи разной длины с крюками на концах, присоединяемые к серьге каната лебёдки (*при арочной трелёвке*)
tail ~ тяжёлая тормозная цепь
tire ~ цепь противоскольжения
toggle ~ короткая цепь с кольцом и крюком (*для регулирования длины обвязочной цепи*)
top (bind) ~s дополнительные цепи для обвязки верхнего ряда (*брёвен*)
track type ~ гусеничная цепь
wrapper ~ обвязочная цепь
chain-and-sprocket цепной привод со звёздочкой
chaining 1. метод трелёвки пачек балансов, обвязанных поперёк цепью (*вниз по крутым коротким склонам*) 2. расчистка площади от кустарника с помощью утяжелённой цепи (*закреплённой между двумя тракторами*) 3. измерение длины на местности таксационной мерной лентой *или* цепью
chainman рабочий-мерщик; помощник землемера
chair 1. сиденье, стул, кресло 2. траверса [седло] транспортёра
anthemion back ~ кресло с овальной прорезной спинкой с орнаментом в стиле антемий (*Англия, XVIII в.*)
assembly ~s стулья *или* кресла, соединённые в ряды (*для общественных и зрелищных заведений*)
balloon-back ~ стул с круглой спинкой
barber's ~ 1. пень, на котором остался отщеп 2. отщеп (*от поваленного дерева, оставшийся на пне*) 3. парикмахерское кресло (*с регулируемой подставкой для головы*)
bath ~ кресло на колёсах
beehive ~ соломенное кресло
bobbin ~ стул с точёными деталями
body ~ шезлонг
bos'n's ~ *проф.* доска для подъёма монтажника на трелёвочную мачту
box ~ кресло щитовой конструкции (*с высокой спинкой, плоскими подлокотниками и ёмкостью под сиденьем*)
bubble ~ кресло из акрила, изготовленное методом свободного раздува
buckle-back ~ стул с изогнутой спинкой
cabriole ~ стул *или* кресло с изогнутыми ножками
camel back ~ стул с плетёной спинкой в форме верблюжьего горба
camp ~ лёгкий складной стул
cane-back ~ кресло с плетёной спинкой (*из лозы, камыша, тростника*)
cane-seated bentwood ~ гнутое кресло с плетёным сиденьем (*из тростника, соломы*)
cantilever ~ стул, смонтированный по принципу свободной консоли
Carver ~ кресло с точёными ножками и подлокотниками и с плетёным сиденьем (*США, XVII в.*)
Caxton ~ стул простой конструкции с плоским плетёным сиденьем и то-

chair

чёными передними ножками *(для залов и аудиторий, Англия, XIX в.)*
chamber ~ стул для спальни *(как часть спального гарнитура)*
cock-fighting ~ стул с пюпитром для книги, крепящимся к спинке *(Англия, нач. XIX в.)*
coffer maker's ~ полукруглое обитое кожей кресло
comb back ~ виндзорское кресло
companion ~ парное или тройное сиденье с общей спинкой двойной кривизны *(Англия, XIX в.)*
conversation ~ стул с обитой верхней планкой спинки *(сидящий занимал позу верхом, лицом к спинке, Англия, нач. XIX в.)*
courting ~ двухместная кушетка
crinoline rocking ~ кресло-качалка
Cromwellian ~ кожаное кресло квадратной формы с медными обойными гвоздиками, с точёными ножками *(Англия, сер. XVII в.)*
croquet ~ плетёное кресло в форме корзины
croquet wicker ~ глубокое плетёное кресло
Dan Day ~ кресло со спинкой из брусков, с точёными ножками и широким массивным сиденьем *(Англия, кон. XVIII — нач. XIX в.)*
devotional ~ кресло с низким сиденьем *(Англия, сер. XIX в.)*
divan easy ~ кресло с высокой спинкой, валиками подлокотников и выдвинутым вперёд закруглённым сиденьем *(США, XIX в.)*
double ~ двухместная кушетка *(Англия, XVIII в.)*
draught ~ кресло с крыльями [ушами]
drawing-room ~ полукруглое кресло на крестообразной царге *(Англия, нач. XIX в.)*
drunkard's ~ широкое кресло с подлокотниками *(Англия, XVIII в.)*
easy ~ кресло для отдыха
elbow ~ кресло с подлокотниками
examination ~ смотровое кресло *(медицинская мебель)*
fan-back ~ стул со спинкой в виде веера
fancy sewing ~ маленькое кресло с низкими подлокотниками, высокой спинкой и глубокой простёжкой *(Англия, XIX в.)*
Farthingale ~ широкое кресло без подлокотников *(позволяющее садиться дамам в юбках на кринолинах, Англия, XIX в.)*
fiddle-back ~ кресло со спинкой в форме деки скрипки или виолончели *(США, 1 пол. XVIII в.)*
fly ~ лёгкое берёзовое кресло с гнутыми ножками, украшенное резьбой *(Англия, 1 пол. XIX в.)*
fold-flat ~ складной стул
forest ~ грубое сиденье *(скамья, сколоченная из необработанных брёвен и толстых ветвей)*, деревенский стул
French corner ~ угловое кресло с широким сиденьем *(напоминающее короткую кушетку)*
Gainsborough ~ мягкое кресло с прорезными вогнутыми подлокотниками
Glass ~ портшез, носилки, паланкин
Glastonbury ~ деревянный резной складной стул *(использовался в церкви, XIX в.)*
gooseneck ~ стул с изогнутой спинкой, стул из гнутоклеёных элементов
gouty ~ лёгкое кресло на колёсах
grand ~ глубокое кресло с высокой спинкой и ушами
grandfather ~ глубокое кресло с высокой спинкой и ушами
hall ~ жёсткий стул для приёмных *(XVIII в.)*
hammock ~ складной стул *(с парусиновым сиденьем)*
harp-back ~ кресло со спинкой в виде лиры
head ~ кресло с подставкой для головы
hunting ~ кресло с выдвижной подставкой для ног *(XIX в.)*
imbrauderer ~ обитое простёганное кресло, кутаное кресло
knitting ~ мягкое кресло без подлокотников на деревянной подставке *(в которую встроен ящичек для рукоделия)*
ladies' ~ низкое кресло без подлокотников, сиденье которого, непрерывно

chair

закругляясь, переходит в спинку (*Англия, нач. XIX в.*)
ladies' easy ~ маленькое кресло с низкими подлокотниками, высокой спинкой и глубокой простёжкой (*Англия, XIX в.*)
lath-back ~ стул со спинкой из плоских реек (*разновидность виндзорского стула, нач. XIX в.*)
log haul ~ опора [захват] бревна (*лесотранспортёра*)
lug ~ кресло с крыльями [с ушами]
machine ~ кресло на колёсах
marquise ~ широкое мягкое кресло, маленький диванчик (*Франция, XVII в.*)
Mendlesham ~ кресло со спинкой из брусков, с точёными ножками и широким массивным сиденьем (*Англия, кон. XVIII — нач. XIX в.*)
mess ~ стул для месс (*с одним подлокотником, позволяющий садиться офицеру в полном обмундировании, Англия, сер. XIX в.*)
monastic ~ кресло в готическом стиле с закрытыми подлокотниками (*Англия, нач. XIX в.*)
Morris ~ мягкое кресло с прорезными подлокотниками и регулируемой спинкой (*Англия, вторая пол. XIX в.*)
mortuary ~ кресло с закруглёнными элементами (*название произошло от первых образцов кресел, на спинке которых изображалась посмертная маска Карла I, Англия, XIX в.*)
occasional ~ стул *или* кресло как отдельное изделие
Oxford ~ кресло с высокой спинкой и плетёным сиденьем (*Англия, XIX в.*)
pan(el)-back ~ кресло со сплошной щитовой спинкой
parlour ~ стильный стул для гостиной с гнутыми ножками и резьбой (*Англия, вторая пол. XVIII в.*)
partially upholstered ~ полужёсткий стул
pew ~ откидное сиденье, крепящееся к концу ряда стульев *или* кресел (*в театре, церкви*)
pincushion ~ круглое кресло (*гнутое*)

pompadour ~ маленькое кресло с низкими подлокотниками, высокой спинкой и глубокой простёжкой (*Англия, XIX в.*)
porter's ~ кресло для передней, обитое кожей, с высокой спинкой, с ушами, предохраняющими швейцара от сквозняка (*Англия, XVI в.*)
posture ~ кресло с регулируемыми элементами (*напр. спинкой*), обеспечивающими сидящему правильную позу
praying ~ кресло с низким сиденьем (*Англия, сер. XIX в.*)
prie-dieu ~ кресло с низким сиденьем (*Англия, сер. XIX в.*)
Prince of Wales' ~ маленькое кресло с низкими подлокотниками, высокой спинкой и глубокой простёжкой (*Англия, XIX в.*)
pulpit ~ стол для церкви с пюпитром, крепящимся к спинке (*Англия, XVIII в.*)
quaker ~ мягкое кресло без подлокотников, с точёными ножками и спинкой в виде кольца (*Англия, сер. XIX в.*)
reading ~ кресло с подставкой для книг
reclining ~ кресло с откидной спинкой
rocking ~ кресло-качалка
roundabout ~ кресло с плетёным круглым сиденьем, полукруглой спинкой, изогнутыми ножками, богатой резьбой
rout ~s небольшие плетёные кресла для общественных мероприятий (*Англия, нач. XIX в.*)
rural ~ садовый стул, кресло *или* скамья из ветвей *или* тонких стволов деревьев
rush-bottomed ~ стул с сиденьем, сплетённым из камыша
sealed ~ кресло коробчатой конструкции (*Фландрия, XVI в.*)
sedan ~ портшез, носилки, паланкин
sewing ~ стул для рукоделия (*с низким плетёным сиденьем и плетёной спинкой*)
shaving ~ парикмахерское кресло (*с регулируемой подставкой для головы, Англия, XVII-XVIII вв.*)

chamber

side ~ кресло без подлокотников
single ~ кресло без подлокотников
sleeper ~ нашпальная опора, подкладка под рельс
sleepy hollow ~ **1.** глубокое стёганое кресло в форме гондолы с подлокотниками и спинкой, составляющими одно целое **2.** кресло с сильно откинутой назад спинкой
slipper ~ каминное кресло с низким сиденьем и высокой спинкой, расшитой в стиле рококо (*США, XIX в.*)
slot-back ~ кресло, спинка которого выполнена из нескольких поперечных перекладин (*США, XIX в.*)
small ~ кресло без подлокотников (*Англия, XVI-XVII вв.*)
smoker's ~ клубное кресло (*с выдвижной пепельницей под сиденьем, Англия, XIX в.*)
Spanish ~ кресло без подлокотников с низким сиденьем, переходящим в спинку, с глубокой простёжкой (*Англия, XIX в.*)
spindle-back ~ стул с точёными ножками и плетёным сиденьем (*Англия, XIX в.*)
splat-back ~ стул, в центре спинки которого расположена плоская дощечка *или* рейка
spring revolving ~ вращающийся стул
state ~ кресло с высокой спинкой, подлокотниками, иногда с балдахином (*Англия, XV в.*)
stick-back ~ стул с решётчатой спинкой
storage ~ кресло, под сиденьем которого имеется ёмкость
straw ~ плетёное кресло в форме корзины
suite ~ мягкое кресло из набора мебели
swindle-back ~ старинное кресло, украшенное богатой резьбой
swivel ~ вращающееся кресло
tablet ~ кресло с широким правым подлокотником, служащим подставкой для письма (*США, сер. XIX в.*)
totting ~ низкое кресло без подлокотников, сиденье которого, непрерывно закругляясь, переходит в спинку (*Англия, XIX в.*)

tea ~ низкое кресло без подлокотников, сиденье которого, непрерывно закругляясь, переходит в спинку (*Англия, XIX в.*)
thrown ~ стул *или* кресло с точёными деталями
toilet ~ корытообразное лёгкое кресло с низкой полужёсткой спинкой и круглым сиденьем (*Англия, сер. XIX в.*)
tripp-trapp ~ высокий складной детский стул
tub ~ крупногабаритное кресло со спинкой корытообразной формы (*Англия, нач. XIX в.*)
turned ~ кресло с точёными деталями
twiggen ~ плетёное кресло в форме корзины
upholstered side ~ мягкое кресло без подлокотников
upholsterer's ~ обитое простёганое кресло; кутаное кресло
utility ~ бытовой стул общего назначения
wainscot ~ кресло с цельной дубовой спинкой
wanded ~ плетёное кресло в форме корзины
Wellington ~ кресло с инкрустацией чёрным *или* тёмным деревом по спинке, подлокотникам, царгам (*в знак траура по герцогу Веллингтону*)
wheel-back ~ кресло со спинкой в виде колеса (*Англия, кон. XVIII в.*)
wing ~ кресло с крыльями [с ушами]
Wycombe ~s точёные виндзорские кресла (*изготовлялись в мебельном центре Англии Хай Уикоме, нач. XIX в.*)
X-shape ~ кресло с перекрещёнными ножками (*характерная деталь древнеегипетских, древнегреческих и древнеримских стульев*)
chaise-longue шезлонг
chalking мелование
chalky меловой, известковый
chamaephyte хамефит
chamber 1. камера; помещение **2.** пазуха, впадина (*пилы*)
baffle ~ камера с отбойными перегородками

83

chamber

concrete ~ бетонная камера
flash ~ камера мгновенного испарения
germination ~ камера для проращивания семян
heated ~ for composition камера нагревания спичечной массы
heat-treatment ~ камера термообработки
hot air plenum ~ камера подачи горячего воздуха (*при сушке древесины*)
humidifying ~ камера увлажнения
nuptial ~ *энт.* брачная камера
reaction ~ реакционная камера
settling ~ отстойник
sludge-digestion ~ метантанк
sluice ~ шлюзовая камера
smelting ~ плавильная печь
straining ~ отстойный ящик, осадительный чан
surge ~ уравнительный резервуар

chamfer скос, фаска; острый угол доски ‖ снимать фаску, стёсывать край; выбирать пазы

chance:
logging ~ лесозаготовительный участок

change изменение
road ~ смена трелёвочного волока; перебазировка несущего каната
yarding road ~ смена трелёвочного волока; перебазировка несущего каната

channel сплавная трасса; канал, пролив
condensation ~ желобок для стока воды
dead ~ слепой рукав (*реки*); старица, заводь
discharge ~ выпускной [спускной] канал
floating ~ лесосплавный канал
pulp ~ оборотный канал (*ролла*)
resin ~ смоляной канал, смоляной ход
roll side ~ канал для барабана ролла
stock ~ оборотный канал (*ролла*)
stream ~ русло реки

channeled гофрированный (*о бумаге*)

chap 1. щель, трещина (*в коре дерева от мороза*) 2. раскалывать, измельчать

chaparral 1. чапаррель (*вечнозеленый кустарник*) 2. поросль карликового дуба

char 1. обугливаться 2. обжигать

character признак, свойство, качество, характер
acquired ~ приобретённый признак
inherited ~ наследственный признак

characteristic характерная черта, особенность, свойство
operating ~ эксплуатационная [рабочая] характеристика

charcoal древесный уголь ◇ to burn ~ выжигать древесный уголь; ~ for out door cooking уголь для приготовления пищи на открытом воздухе
pulverized ~ порошкообразный древесный уголь
roasted ~ муфельный древесный уголь
wood ~ древесный уголь
wood gasification ~ газогенераторный древесный уголь

charge 1. загрузка, зарядка ‖ загружать 2. заряд 3. *pl* расходы
alkali ~ расход щёлочи
beater ~ зарядка ролла
digester (wood) ~ содержимое [наполнение] варочного котла
freight ~s затраты на перевозку
kiln ~s 1. загрузка печи 2. загруженная в печь порция древесины
landing ~s затраты на разгрузку
liquid beater ~ жидкая зарядка ролла
submanager's ~ обход [объезд] лесника

charger бункер
chip ~ бункер для щепы

charging зарядка; засыпка, загрузка (*печи*)
liquor ~ подача варочного раствора

chariot каретка поперечнопильного станка

charring обугливание, углежжение
~ of wood выжигание древесного угля

chart 1. таблица; диаграмма; схема 2. карта ‖ наносить на карту 3. технологическая карта разработки лесосеки
flow ~ карта технологического процесса

process ~ карта технологического процесса
chase фальц, канавка, жёлоб в стене, паз
chaser 1. рабочий на площадке, отцепщик (*при канатной трелёвке*) 2. чокеровщик, сопровождающий пачку брёвен (*при механизированной трелёвке*)
fire ~ пожарник-наблюдатель (*в лесу*)
landing ~ рабочий на площадке, отцепщик (*при канатной трелёвке*)
chassis шасси
articulated ~ шарнирно-сочленённое шасси, шасси с рамным управлением
low-loading ~ шасси с низкой платформой (*для облегчения погрузки*)
chatter подпрыгивание (*балансов в патроне рубильной машины*) ‖ подпрыгивать
chatwood хворост, валежник
cheater отрезок трубы для увеличения усилия, прикладываемого к рычагу
check 1. трещина (*напр. в лесоматериале от усушки*) 2. *шотл.* фальц; упор 3. задержка ‖ задерживать (*напр. рост растений*) 4. контроль, проверка ‖ контролировать ‖ контрольный ◇ to ~ the felling record подсчитывать результаты вырубки леса; to ~ the felling register принимать лесосечный фонд
black ~ 1. тёмное пятно (*в заболони или сердцевине хвойной древесины*) 2. небольшой наполненный смолой кармашек в древесине (*похожий на вросшую в древесину полоску коры*)
boxed heart ~ сердцевинная радиальная трещина
bundled brush ~ фашина
burst ~ отлупная трещина
end ~ торцевая трещина
fine ~ тонкая [волосяная] трещина
gum ~ кольцевая смоляная трещина
heart ~ *амер.* метиковая трещина
radial ~ радиальная трещина
ring ~ отлупная трещина
routine ~ обычная проверка; испытание по установленному заранее стандарту *или* правилу
seasoning ~ трещина от усушки

simple ~ *амер.* простая метиковая трещина
slash figure ~ продольная трещина
star ~ *амер.* сложная метиковая трещина
surface ~ трещина на пласти
through ~ сквозная трещина
checking 1. проверка; испытание 2. тонкие трещины (*в древесине или на лаковой поверхности*) 3. растрескивание (*древесины*)
cheeks 1. щёки (*лезвия топора*) 2. крылья, уши (*мягкого кресла*)
door ~ дверные косяки, боковые бруски дверной коробки
cheesecloth марля (*для отделки древесины*)
chellation образование хелата (*почвы*)
chemifiner *фирм.* химифайнер (*видоизменённый курлатор*)
chemigroundwood химическая древесная масса
chemi-pulper аппарат для непрерывной варки целлюлозы
chempump *фирм.* центробежный насос
chequer разметка в шахматном порядке; украшение *или* декоративная деталь с рисунком в шашечку
cherry 1. вишня (*Cerasus*) 2. черемуха (*Padus*)
chess 1. планка; доска настила моста 2. оконная рама
chest 1. ящик; коробка 2. камера 3. чан, бассейн 4. на высоте груди (*о диаметре дерева*) 5. *меб.* сундук, комод 6. *мн.* бункер для стружечной массы
~ of drawers комод
agitating ~ мешальный бассейн
arcaded ~ старинный комод *или* сервант со сводчатыми опорами
Armada ~ прочный металлический сундук с внутренним замком и многочисленными наружными запорами (*Фландрия, Германия и Австрия, XVI-XVII вв.*)
bachelor's ~ небольшой комод с выдвижными ящиками и откидной крышкой, служащей столом (*Англия, XVIII в.*)
beater ~ массный бассейн
blanket ~ сундук с двумя выдвижны-

chest

ми нижними ящиками (*Англия, XVI в.*)
blend(ing) ~ смесительный бассейн, смеситель
broke-storage ~ бассейн для брака
candle ~ сундучок для свечей (*Англия, XVI в.*)
chemical ~ бассейн для целлюлозы
chlorinated stock ~ чан для хлорированной массы
clothes ~ переносной сундук на ножках с передними дверками и полками внутри (*Англия, XVIII в.*)
decker ~ бассейн для сгущённой массы
double ~ сдвоенный барабан
drainage [**drainer, draining**] ~ сцежа
dressing ~ комод с выдвижным зеркалом
dug-out ~ сундук, выдолбленный из ствола дерева (*с крепёжными металлическими лентами, Англия, XIII в.*)
dump ~ массный бассейн
dyno ~ машина для роспуска бумажного брака
fine ~ массный бассейн
intermediate stock ~ промежуточный массный чан
lobby ~ небольшой комод для кабинета *или* жилой комнаты (*Англия, XIX в.*)
midfeather decker ~ пропеллерный бассейн (*для сгущённой массы*)
mule ~ сундук с двумя выдвижными нижними ящиками (*Англия, XVI в.*)
nonsuch ~ деревянный сундук с инкрустацией (*Англия, XVI в.*)
pulp ~ массный бассейн
regulating ~ регулировочный ящик, дозатор
rough ~ бассейн для несортированной целлюлозы
rug ~ сундук, накрываемый ковром
service ~ смесительный бассейн, смеситель
stirring ~ мешальный бассейн
straining ~ сцежа
surge ~ уравнительный бассейн
thickening ~ сгустительный чан
top ~ массораспределительный ящик
whitewater ~ сборник оборотной воды
chesterfield диван *или* кресло в стиле честерфилд (*с кожаной обивкой, с глубокой простёжкой, с обитыми вертикальными подлокотниками, Англия, XIX в.*)
drop-end ~ стёганый диван с откидными подлокотниками
chest-on-chest буфет
chew бригада
chipping ~ бригада на заготовке щепы
harvesting ~ лесозаготовительная [лесосечная] бригада
chiasma хиазма
chicot сухостойное дерево
chifferobe шкаф для платья и белья
chiffonier 1. сервант, низкий комод с дверцами **2.** декоративная полка (*для предметов искусства*) **3.** шифоньер, шкаф
chimaera 1. растение с изменёнными тканями **2.** *ген.* химера
chimb, chime утор бочки; скос концов бочарной клёпки, нижний обруч бочки
chimera *см.* chimaera
chinchas гуано (*удобрение*)
chink трещина ‖ расщепляться, трескаться
chintz бумага ситцевой отделки
chip 1. *pl* щепа, стружка **2.** макулатурный картон **3.** *pl* варочная щепа, технологическая щепа **4.** тонкий слой заболони, срезаемый при подсочке **5.** *pl* частицы коры, попадающей в приёмную воронку при подсочке **6.** рубить на щепу; снимать стружку ◊ ~s from the stem (of the tree) щепа из ствольной части дерева; ~s from the top (of the tree) щепа из вершинной части дерева; ~s of splint кромка спичечного шпона
accepted ~s отсортированная щепа, годная щепа
bore ~s стружки от сверления
burned ~s обугленные [подгоревшие] частицы щепы
clean ~s стружка без остатков коры
curled ~s закрученная стружка
extraction ~s щепа после экстрагирования (*дубильных веществ, лигнина*)
flat ~s плоская стружка
freshly cut green wood ~s щепа из свежесрубленной древесины

chipper

full tree ~s щепа из целых деревьев, лесная щепа
glued wood ~s склеенные древесные частицы
green ~s зелёная щепа (получаемая при переработке целых деревьев)
high-grade ~s высококачественная щепа
hogged ~s дроблёнка
overburned ~s подгоревшая щепа
oversized ~s нестандартная крупная щепа
pin ~s «спички» (вид отходов сортирования щепы)
pregassed ~s щепа, предварительно обработанная сернистым газом
resin-containing ~s смолистая щепа
shredded ~s измельчённая щепа
special ~s специально изготовленная стружка
standard-sized ~s щепа стандартного размера
unbarked ~s неокорённая щепа
undercooked ~s непроваренная щепа
undersized ~s нестандартная мелкая щепа
waste ~s 1. стружка-отходы 2. отходы сортирования щепы
whole tree ~s щепа из целых деревьев, лесная щепа
wood ~s древесная стружка; древесная щепа
woodroom ~s щепа, полученная в заводском цехе, заводская щепа
Chiparvester фирм. установка для переработки деревьев в щепу (на лесосеке)
  total ~ установка для переработки в щепу целых деревьев (на лесосеке)
chipboard 1. амер. переплётный картон; картон с высоким содержанием газетной макулатуры; макулатурный картон 2. древесностружечная плита, ДСП
  bending ~ макулатурный картон для складных коробок
  graded-density ~ древесностружечная плита различной плотности (в середине более рыхлая, снаружи уплотнённая)
  high-density wood ~ тяжёлая древесностружечная плита (средняя плотность свыше 800,9 кг/куб.м)
  low-density wood ~ лёгкая древесностружечная плита (средняя плотность до 400,5 кг/куб.м)
  medium-density wood ~ полутяжёлая древесностружечная плита (со средней плотностью 400,5-800,9 кг/куб.м)
  nontest ~ нестандартный макулатурный картон
  solid ~ цельномакулатурный картон
  veneered ~ ДСП, облицованная натуральным шпоном
chipbreaker дробилка для отходов
chipfree безопилочный, бесстружечный
chip-marks следы строжки, волны от обработки строгальными ножами
chip-packer уплотнитель щепы
  mechanical ~ механический уплотнитель щепы
  steam ~ паровой уплотнитель щепы
chip-packing уплотнение щепы
chipper 1. рубильная машина; дробилка; измельчитель (древесных отходов) 2. стружечный станок 3. вздымщик ◊ ~ for peeler cores дробилка для карандашей; ~ with soundproofing elements рубильная машина с элементами шумоглушения
  bark ~ дробилка для коры
  centrifugal ~ центробежный стружечный станок
  core ~ станок для дробления карандашей
  cutter-type ~ ножевая или дисковая рубильная машина
  cylinder ~ 1. барабанная рубильная машина 2. стружечный станок с цилиндрическим режущим устройством 3. ножевая дробилка
  debarker ~ окорочно-рубильная машина
  disk ~ 1. дисковая рубильная машина; дисковая дробилка 2. дисковый стружечный станок
  disk(-type) ~ with few knives малоножевая дисковая рубильная машина
  drop-feed ~ рубильная машина с вертикальной подачей сырья
  drum ~ барабанная рубильная машина
  flat-knife ~ рубильная машина с плоскими ножами

chipper

headrig ~ головная рубильная машина
horizontal ~ **1.** рубильная машина с горизонтальной подачей сырья **2.** стружечный станок с горизонтальной подачей сырья
knife-shaft ~ стружечный станок с ножевым валом
log ~ рубильная машина (*для длинных брёвен*)
milling ~ фрезерный стружечный станок
mobile ~ передвижная рубильная машина
multiknife ~ многоножевая рубильная машина
over-the-shaft disk ~ рубильная машина с нижним расположением рубильного диска (*благодаря чему происходит рубка щепы над осью диска*)
parallel-cutting drum ~ барабанная рубильная машина параллельного резания
portable wood ~ передвижная рубильная машина
pulpwood ~ рубильная машина для балансов
sawmill refuse ~ рубильная машина для отходов лесопильных заводов
slab ~ дробилка горбыля
stationary ~ стационарная рубильная машина
three-knife ~ трёхножевая рубильная машина
trailer ~ прицепная рубильная машина
veneer ~ дробилка отходов шпона
waste-wood ~ рубильная машина для древесных отходов
whole-log ~ рубильная машина для долготья
wood ~ **1.** дробилка для щепы и древесных отходов **2.** *pl* древесные стружки
chipper-and-notcher десятник, ведущий учёт заготовленного леса
chipper-canter фрезерно-брусующий станок
chipper-edger фрезерно-обрезной станок
chipperman патронщик, рубщик (*рабочий, обслуживающий рубильную машину*)

chipping 1. рубка, дробление, измельчение; переработка (*лесоматериалов*) в щепу **2.** *амер.* нанесение подновки на карру (*при подсочке леса*); подсочка **3.** *pl* щепа, стружка **4.** отслаивание верхнего слоя покрытия (*из-за большой толщины или отсутствия эластичности*); откалывание **5.** *pl* мелкий щебень, осколки ◊ ~ **a streak** нанесение подновки; ~ **against anvill** измельчение древесины о контрнож; ~ **with acid treatment** подсочка с кислотным стимулятором
bark ~ нанесение карр узкими полосками
cull log ~ размельчение дефектных брёвен
downward ~ измельчение древесины при вращении режущего инструмента в вертикальной плоскости
full tree ~ переработка деревьев в щепу (*на лесосеке*)
inwoods full-tree ~ переработка деревьев в щепу на лесосеке; заготовка щепы из целых деревьев на лесосеке
chippingoff отслаивание, откалывание
chipscreen сортировка для щепы; сортировочное сито для щепы
rotary-type ~ вращающаяся сортировка для щепы
chips-steaming пропарка щепы
chisel долото; стамеска; резец ‖ вырезать (*из дерева*)
bung ~ пробкооткрыватель (*бочки*)
butt ~ *меб.* короткое долото для установки петель, шарниров и др. фурнитуры
carpenter's heading ~ долбёжное долото
carpenter's roughing-out ~ широкое долото для отёски [стёски, вытески] (*древесины*)
carpenter's smoothing ~ строгальное зубило; гладильное зубило
carpenter's socket ~ резак; зубило *или* долото с трубкой для вставки рукоятки
coach maker's ~ столярное долото
drawer-lock ~ долото для выборки пазов под замок выдвижного ящика
firmer ~ **1.** долото с рукояткой, составляющей часть режущего полотна **2.** стамеска

groove-cutting ~ пазовый нож, долбёжное зубило
hollow ~ полое долото
joiner's mortising ~ столярное долото, стамеска
millwright ~ слесарное долото
mortise ~ долото
mortise lock ~ долото для врезки замков, долото для выборки пазов под замки
paring ~ лёгкое долото для подрезания *или* резьбы; ручное долото
parting ~ трёхгранное долото
pruning ~ чизель-нож для обрезки ветвей
round-backed ~ полукруглое долото
round-nosed ~ полукруглое долото
sash ~ карманное долото
skew ~ косое долото
socket ~ узкое долото с рукояткой, составляющей часть режущего полотна
swan-neck ~ выгнутое столярное долото (*для долбления глубоких пазов*)
tang-type ~ широкое долото с рукояткой, составляющей часть режущего полотна
turning ~ токарный резец
wood ~ стамеска

chit отросток, росток ‖ пускать ростки
chitin 1. *энт.* хитин 2. *спич.* хинин
chive уторник (*инструмент для выемки уторного паза для вставки доньев*)
chlorophyll хлорофилл
chock 1. деревянный клин, башмак (*для подкладывания под брёвна, колёса*) 2. удар ‖ ударять 3. чурка, полено
choke 1. чокеровать 2. забивать, засорять ◇ to ~ up засорять; заносить (*реку песком*)
choker чокер
fascine ~ пресс для вязки фашин
preset ~ чокер, заранее надетый на дерево
self-releasing ~ самоотцепляющийся чокер
sliding ~ скользящий чокер
chokerless бесчокерный
chokerman чокеровщик
choking 1. чокеровка 2. забивка, засорение, скопление (*опилок в рубанке*)
chop 1. удар (*топором*) 2. рубить, колоть, отрезать, измельчать 3. подготавливать вырубки к лесопосадкам путем измельчения лесосечных отходов 4. щека, губка (*тисков*) 5. *pl* тиски (*для заточки пилы*) ◇ to ~ off зачищать, удалять, обрубать (*сучья*)
saw ~s тиски для заточки пилы
chopper 1. рубильная машина; дробилка; измельчитель (*порубочных отходов, лесосечных отходов на вырубках и при подготовке к механизированным лесопосадкам*) 2. лесоруб, обрубщик (*сучьев*) 3. вертолёт
brush ~ *англ.* измельчитель кустарника (*при подготовке вырубок к лесопосадкам*)
double ~ колун
slash ~ измельчитель лесосечных отходов (*при подготовке вырубок к лесопосадкам*)
wood ~ 1. лесоруб, дровосек 2. лесорубный топор
chopping 1. рубка, обрубка, отрезка, обрезка 2. измельчение (*брака, макулатуры*)
chordslope хорда, соединяющая концы (*точки крепления*) несущего каната
chore 1. подённая работа 2. *pl* отходы древесины; дрова
felling ~ работа на валке леса
chorology хорология (*размещение организмов в пространстве*)
chroma 1. чистота и интенсивность окраски (*почвы*) 2. глубина окраски (*бумаги*)
chromaticity хроматичность (*характеристика цвета бумаги*)
chronology:
tree-ring ~ of rainfall определение изменения количества осадков по годичным кольцам деревьев
tree-ring ~ of temperature определение изменений температуры по годичным кольцам деревьев
chrysalis *энт.* куколка
chuck 1. патрон; держатель ‖ зажимать (*в патроне*) 2. полено, чурак
chump колода, чурак, отрезок ствола дерева

chunk

chunk 1. комок (*массы*) 2. очищать территорию ◇ to ~ out выкорчёвывать; to ~ up собирать и окучивать лесосечные отходы
   broken ~s обломки древесины
chunker:
   wood ~ рабочий на ручной погрузке (*брёвен в кассеты, на средства трелёвки или вывозки*)
churn сушильный барабан (*в сушилке семян*)
churn-butted закомелистый (*о дереве*)
chute лесоспуск, лоток, жёлоб ‖ спускать по жёлобу ◇ ~ **for particles** *пл.* жёлоб для частиц
   bucking ~ короткий деревянный жёлоб для раскряжёвки брёвен
   dry ~ сухой лесоспуск; сухой лоток
   earthen ~ земляной лесоспуск
   feed ~ загрузочный лоток
   intake ~ загрузочный [подводящий] жёлоб; загрузочный лоток
   log ~ деревянный лесоспуск; лесосплавный лоток
   pole ~ трелёвочный волок из поперечно проложенных слег
   tip ~ наклонный жёлоб
   water ~ водный лоток; водный лесоспуск
   wet ~ лесосплавный лоток
ciliate реснитчатый, ресничный (*о крае листа*)
cincfoil *см.* **cinquefoil**
cinch затягивать, стягивать, закреплять
cinder зола, шлак, окалина ‖ сжигать
cinquefoil *меб.* орнамент в виде пятилистника
circinate свёрнутый в трубочку, закрученный (*о листе*)
circle 1. округ, область 2. окружность, круг
   administrative working ~ административный лесохозяйственный район
   bilge ~ диаметр в середине (*бочки*)
   cutting ~ окружность резания
   forest ~ лесной округ
   vat ~ ложное дно (*в цилиндровой машине*)
   working ~ лесохозяйственный район, хозяйство по выращиванию древесины
circuit петля (*дорожная*); объезд

circuiting:
   short ~ *цел.-бум.* каналообразование в массе
circulation циркуляция
   cooking liquor forced ~ принудительная циркуляция в варочном котле
   lower cooking ~ нижняя циркуляционная система зоны варки
   upper cooking ~ верхняя циркуляционная система зоны варки
cirrous имеющий усики (*о насекомом или растении*)
cirrus 1. *фирм. меб.* циррус (*искусственная кожа из вспененного поливинилхлорида*) 2. усик (*у насекомого или растения*)
clad облицованный; покрытый
cladous ветвистый
clam грейферный захват; зажим
clamp вайма, струбцина, зажим, прижим, скоба, захват ‖ зажимать
   adjustable ~ струбцина с регулируемым зажимом; регулируемый прижим
   air ~ пневматический прижим
   band ~ ленточный прижим; прижимная шина
   bar ~ 1. струбцина *или* зажим для крупных деталей *или* для угловых соединений 2. брусковый зажим (*при изготовлении шаблонов в модельном деле*)
   braking ~ тормозная колодка
   C-~ (лёгкая) струбцина
   cabinet ~ вайма для сборки корпусной мебели
   cable ~ зажим каната *или* кабеля; зажим, закрепляющий каретку на канате
   carriage ~ зажим каретки, струбцина
   case ~ сборочная вайма
   case end ~ торцевой прижим рамы
   deep reach ~ вайма для сборки внутренних деталей изделия мебели
   feed-through assembly ~ *меб.* сборочный пресс проходного типа с автоматической подачей
   hold-down ~ вертикальный прижим; вертикальная вайма
   miter ~ вайма для сборки усовых соединений
   retaining ~ зажим-стяжка (*фанерного пресса*)

clean

sash ~ поперечный зажим
skyline ~ зажим для крепления несущего каната (*к натяжному полиспасту или анкерному канату*)
toggle ~ коленчатый прижим (*для гнутья древесины*)
top ~ верхний зажим челюстного захвата (*погрузчика*)
U-bolt ~ сжим «коренной зуб» для соединения канатов
clamshell грейфер, самохват
clapboard 1. обшивная доска клинообразного сечения 2. дранка, гонт 3. бочарная клёпка
clarification осветление, очищение
green liquor ~ осветление зелёного щёлока
white water ~ осветление оборотной воды
clasp 1. застёжка 2. обхватывать; сжимать
skeleton ~ *меб.* ажурная пряжка; ажурная застёжка
class класс, разряд ‖ классифицировать
age ~ класс возраста (*насаждений*)
canopy ~ степень сомкнутости полога
capability ~ класс производительности (*почвы, территории*)
capacity ~ класс бонитета
codominant ~ класс содоминирующих деревьев
constancy ~ класс постоянства (*встречаемости растений*)
crown ~ класс доминирующих деревьев
cutting ~ класс возраста главной рубки
danger ~ класс пожарной опасности
development ~ класс возраста (*насаждений*)
diameter ~ ступень толщины (*при таксации леса*)
felling ~ класс возраста рубки
fire (cause) ~ вид [класс] пожара
growth ~ класс бонитета
height ~ разряд высот
Kraft (dominance) ~ класс Крафта (*в лесоводстве*)
land rating ~ класс производительности земли
locality ~ класс местообитания (*насаждений*); класс бонитета
merchantability ~ класс товарности (*насаждений*)
productivity ~ класс бонитета
quality ~ класс бонитета
site ~ класс местообитания (*насаждений*); класс бонитета
size ~ размер, ступень, разряд
stem ~ класс (*товарности*) ствола
structural ~es распределение насаждений по классам возраста
textural ~ группа механического состава (*почвы*)
tree ~es классы деревьев (*классификация деревьев по господству и угнетённости*)
yield ~ класс бонитета
classification классификация; сортировка
~ of wood сортировка лесоматериалов
description terrain ~ классификация местности без учёта методов и средств лесозаготовок
forest-type ~ классификация типов леса
fuel-type ~ *амер.* классификация горючего лесного материала по группам
functional terrain [operational] ~ классификация местности с учётом методов и средств лесозаготовок
plant ~ классификация [определение] растений
screen ~ ситовый анализ
classifiner *фирм.* сортировка [классификатор] макулатурной массы
claw 1. зажим 2. кулак, палец, выступ, зубец 3. долото с загнутым остриём 4. соединитель (*для ремней*) 5. *pl* клещи
clay глина, суглинок
bandy ~ ленточная глина
drift ~ валунная [моренная] глина
fen ~ оглеенная глина; глеевый горизонт (*болотной почвы*)
fine ~ тонкая глина
loamy ~ тяжёлый суглинок
sandy ~ тощая [песчанистая] глина
silty ~ пылеватая глина
varved ~ ленточная глина
clay-coat меловать (*каолином*)
clean 1. чистый (*от сучков, гнили*) 2.

clean

очищать, чистить; обрабатывать начисто ◇ ~ **barked and basted** чисто окоренный со снятием луба; ~ **boled** бессучковый
cleaner 1. очиститель; скребок; устройство для очистки 2. сортировка; приспособление для очистки
 air ~ воздухоочиститель; воздушный фильтр
 chip ~ сортировка для щепы
 ditch ~ очиститель канавы
 pump-through ~ напорный очиститель
 stock ~ массная сортировка
 vorject ~ вихревой [водоворотный] очиститель
 vortex ~ вихревой [водоворотный] очиститель
 wire ~ сеткоочиститель
cleaning 1. очистка (*напр. лесосеки*) 2. осветление (*древостоя*); рубки осветления
 first ~ осветление (*рубки ухода*)
cleaning-up окончательное [чистовое] строгание (*древесины*)
cleanout люк для промывки и очистки
clean-peeled чисто окоренный
cleanser очиститель массы
cleanup 1. расчистка (*снега*) 2. чистка (*оборудования*)
clear 1. раскорчёвывать, расчищать; прорубать; вырубать 2. очищенный (*от сучьев*) 3. рафинировать (*массу*) 4. *pl* первосортные пиломатериалы (*не имеющие дефектов*) ◇ ~ **the chokers** освобождать зацепившиеся при подаче в лесосеку чокеры (*при канатной трелёвке*); **to ~ the felling area** очищать площадь после вырубки леса; очищать лесосеку, производить очистку лесосек; **to ~ up a butt deflect** избавляться от явлений закомелистости
clearance 1. просека, вырубка 2. вывозка лесных материалов 3. расчистка под пашню 4. зазор (*резца*) ◇ ~ **for the depth gauges** зазор для пазух подрезающих зубьев пильной цепи
 axial ~ осевой зазор
 depth-gauge ~ снижение ограничительного выступа (*Г-образного режущего звена пильной цепи*)

drawer ~ зазор в выдвижном ящике
excessive ~ чрезмерный зазор (*дефект передачи*)
ground ~ очистка поверхности почвы
indiscriminate agricultural ~ беспорядочная рубка (*леса*) для (*нужд*) сельского хозяйства
raker ~ снижение ограничительного выступа (*Г-образного режущего звена пильной цепи*)
top ~ угол снижения вершины зуба; угол зазора (*зуба*)
clear-and-better высокосортный (*о некоторых североамериканских породах древесины*)
clear-boled гладкоствольный, бессучковый; с обрезанными ветвями; осветлённый (*о лесе, кроне дерева*)
clearcut вырубаемый сплошной рубкой (*о лесе*)
clearer скалывающий [зачищающий] зуб (*пильной цепи*)
 tree ~ кусторез
clear-felling вырубаемый сплошной рубкой (*о лесе*)
clearing 1. очистка (*лесосек, мест рубок*) 2. расчистка (*участка под дорогу*), разрубка (*трассы*) 3. поляна, прогалина ◇ ~ **by scattering slash** очистка (*лесосек*) разбрасыванием порубочных остатков; ~ **the felling site** очистка лесосек [мест рубок]
 ~ **of felling areas** очистка лесосек
 bush ~ очистка от кустарников
 final ~ окончательная зачистка, окончательная (*сплошная*) рубка леса
 forest ~ сведение лесов
 grassy ~ поляна, прогалина
 right-of-way ~ вырубка леса на полосе отвода
 shrub ~ очистка от кустарника
 slash ~ уборка отходов, очистка от отходов
 snow ~ снегоочистка
clear-shalted гладкоствольный (*о дереве*)
cleat 1. клин; зажим; крепёжная планка 2. шпунт; соединение в шпунт 3. *дер.-об.* соединение [сплачивание] в наконечник 4. полкодержатель, брусок для установки дна *или* полки (*шкафа*)

cover ~ планка [рейка] крышки (*ящика*)
cross ~ уторная прокладка (*бочки*)
end ~ торцевая планка; планка головки (*ящика*); торцевая рейка (*ящика*); торцевой брусок
long center ~ продольная внутренняя длинная планка (*в соединении на планку*)
pocket ~s соединение с помощью планок (*при котором две наружные накладные короткие планки зажимают внутреннюю, более длинную*)
ratchet ~ *меб.* брусок рейки с резьбой (*для опоры съёмной полки*)
cleavability расщепляемость, раскалываемость (*древесины*)
cleavable легко раскалывающийся
cleavage 1. расщепление, раскалывание 2. разрыв связи
cleave 1. расщепляться, раскалываться 2. *уст.* липнуть, приставать 3. рассекать (*воду*)
cleaver 1. лесорубочный топор; колун 2. нож для лущения [расщепления] древесины 3. дровокол (*рабочий*)
wood ~ лесорубочный топор; колун
cleaving 1. колотый (*о лесоматериале*) 2. раскалывание, скалывание
cleft 1. щель, трещина 2. расколотый, расщеплённый 3. дольчатый (*о листе*)
frost ~ морозобойная трещина (*в стволе*)
clevis 1. U-образная скоба с болтом; серьга ‖ присоединять с помощью серьги 2. тросовый замок
climate климат
bleak ~ суровый климат
harsh ~ суровый климат
lukewarm ~ умеренно тёплый климат
rigorous ~ суровый климат
severe ~ суровый климат
climatizer фитотрон, камера искусственного климата
climatology:
tree-ring ~ дендроклиматология
climax 1. климакс 2. климаксовое растительное сообщество 3. стабильная стадия в сукцессии сообществ
biotic ~ климакс, вызванный биотическими факторами

edaphic ~ климакс, вызванный почвенными условиями
fire ~ 1. послепожарный климакс 2. климаксовое послепожарное растительное сообщество
pyric ~ 1. послепожарный климакс 2. климаксовое послепожарное растительное сообщество
climb подъём ‖ преодолевать подъём
climber 1. монтажник, осуществляющий оснастку головной мачты 2. вьющееся растение
high ~ монтажник, осуществляющий оснастку головной мачты
climbing:
grade ~ преодоление подъёма (*автомобилем*)
clinch 1. скрепа; крюк ‖ крепить скрепами *или* крючьями 2. крепить, загибая концы гвоздей 3. расклёпывать болт
cline 1. клин, градиент признаков (*отражающий изменения экологических условий*) 2. катастрофическая смена растительности, резкая сукцессия
clinometer клиномер-высотомер
clinosporangium пикнида
clip 1. скрепка, сжим, зажим; хомутик, серьга, скоба ‖ зажимать 2. *шотл.* багор 3. отрезать, обрывать; откусывать (*вершины дерева*) 4. сажать на пень (*напр. трактор*)
attachment ~ хомут
binding ~ зажимный хомут
brake ~ тормозной зажим
cable ~ канатный зажим
first grip ~ двусторонний сжим для соединения канатов
spring ~ пружинный зажим
timber ~s захваты для брёвен
wire (rope) ~ канатный зажим
clipper(s) ножницы для раскроя шпона по ширине ◇ ~ for dry veneer ножницы для разрезки сухого шпона
veneer ~ фанерные [гильотинные] ножницы
clod ком, глыба (*почвы*)
cloddy комковатый (*о почве*)
clone клон
closed 1. закрытый 2. сомкнутый (*о древостое*)
close-grained 1. мелкозернистый 2. мелкослойный (*о древесине*)

close-grown

close-grown мелкослойный (*о древесине*)
closeness 1. сомкнутость (*поверхности бумаги*) 2. плотность
closer заделывающий орган; загортач
carton ~ скрепкозабивной пистолет для картонных упаковочных ящиков
packaging ~ пистолет для крепления упаковки
closing 1. укладка прядей вокруг сердечника (*при производстве канатов*) 2. запирание, закрывание
~ **of crop** полнота насаждения
~ **of leaf canopy** смыкание лесного полога
first small ~ первый этап закрывания спичечной коробки наполовину
second final ~ второй окончательный этап закрывания спичечной коробки
closure 1. укупорка (*тары*) 2. закрытие
canopy ~ сомкнутость полога (*насаждения*)
crown ~ сомкнутость крон (*в насаждении*)
horizontal ~ горизонтальная сомкнутость (*крон*)
vertical ~ вертикальная сомкнутость (*крон*)
clot 1. сгусток, комок 2. свёртываться, сгущаться
cloth 1. тампон 2. ткань, чехол 3. сетка (*бумагоделательной машины, черпальной формы*)
abrasive ~ шлифовальная шкурка на тканевой основе
bolting ~ волосяная мебельная ткань; шерстяная мешочная ткань; ткань для сит
coated ~ обивочная ткань, покрытая синтетической плёнкой (*поливинилхлоридной или нитроцеллюлозной*)
filter ~ прессовая салфетка
garnet ~ шлифовальная шкурка на тканевой основе
lining ~ подкладочная ткань (*для мягкой мебели*)
sieve ~ бесконечное красконаносное сукно
tack ~ обтирочный материал (*ветошь или тряпки для протирки загрязнённых отделанных поверхностей*)

terry ~ махровая ткань
tracing ~ чертёжная бумага на коленкоре
clothing:
machine ~ одежда бумагоделательной машины
safety ~ защитная одежда
clouded запятнанный, волнистый; с прожилками (*о древесине*)
clump 1. группа (*стволов или побегов с общей корневой системой*); изолированная сомкнутая группа (*деревьев*) ‖ сажать группами 2. комок (*массы*) 3. группа ножей (*в ролле*) 4. чурак
~ **of coppice shoots** группа корневых отпрысков
~ **of sprouts** группа порослевых побегов
~ **of trees** группа [куртина] деревьев
Clupak *фирм.* бумага повышенной растяжимости; эластичная бумага
cluster 1. кисть, гроздь, пучок ‖ расти гроздьями или пучками 2. группа (*деревьев*) 3. клубочек (*соцветие*)
~ **of knots** группировка сучьев, мутовка
blossom ~ соцветие
branch ~ группировка сучьев, мутовка
down ~s чистый пух (*для мягкой мебели*)
pore ~ группа [пучок] мелких сосудов (*древесины*)
clusterberry брусника (*Vaccinium vitisidaea*)
coak 1. деревянный шип, нагель 2. шпонка
coaldozer бульдозер для работы с углём
coalesce срастаться
coalescence срастание
coal-off сплошная вырубка для углежжения
coarse грубый, необработанный, сырой (*о материале*); крупный
coarse-fibered грубоволокнистый
coarse-fine тонкой структуры (*о почве*)
coarse-grained 1. грубозернистый, крупнозернистый 2. ширококслойный (*о древесине*)
coarse-grown ширококслойный (*о древесине*)

coarseness грубость, крупность (*массы*)
  grain ~ зернистость
coarse-textured с грубой текстурой, с крупными порами, с широкими слоями
coatability способность к восприятию покровного слоя, окрашиваемость
coater машина [станок, устройство] для нанесения покрытий
  air blade ~ машина [станок] с воздушным шабером
  air-knife ~ машина [станок] с воздушным шабером
  blade ~ машина [станок] шаберного типа
  cast ~ станок с валом, обогреваемым паром
  curtain ~ лаконаливной станок
  dandy ~ станок с равнительным валиком
  dip ~ станок для нанесения покрытий методом погружения
  flexiblade ~ станок с гибким шабером
  flooded nip ~ станок с затопленным зазором
  flow ~ установка для отделки струйным обливом
  fountain ~ фонтанный меловальный станок
  fountain blade ~ фонтанное шаберное меловальное устройство
  Genpac ~ *фирм.* станок «Генпак» для непрерывного нанесения покрытия из горячих расплавов
  kiss ~ станок с увлажнителем
  kiss-and-scrape ~ шаберный станок с увлажнителем
  knife ~ машина [станок] шаберного типа
  metering bar ~ станок с дозирующей планкой
  solvent ~ станок для нанесения покрытий в виде раствора
  strip ~ машина для нанесения многослойных покрытий
  trailing blade ~ станок со скользящим шабером
coating 1. (поверхностное) покрытие, покровный слой; покровный материал 2. нанесение покрытия; мелование, крашение 3. плёнка (*на естественном агрегате почвы*)
  acrylic-bound ~ покрытие с акриловым связующим составом
  air ~ нанесение покрытия воздушным шабером
  alkali-resistant ~ щёлочеустойчивое покрытие
  aqueous ~ водорастворимый отделочный состав
  barrier ~ защитный (*покровный*) слой
  baryta ~ баритаж
  brush ~ нанесение покровного слоя на щёточной машине
  brushless ~ бесщёточное нанесение покрытия
  cast ~ распределение покровного слоя валом, обогреваемым паром
  conversion ~ внемашинное нанесение покрытия
  cover ~ закатывание, нанесение покровного слоя
  curtain ~ нанесение покрытия наливом; отделка способом налива
  cylinder ~ нанесение покровного слоя на бумагоделательной машине
  film powder ~ плёночное порошковое покрытие
  finish protective strip ~ защитное покрытие отделочного слоя
  flock ~ *меб.* мягкий настил из очёсов (*для уменьшения скрипа пружин*)
  flood ~ неравномерное окрашивание
  fluid-bed ~ отделка порошковым покрытием; псевдоожиженное покрытие
  fluidized-bed powder ~ отделка порошковым покрытием; псевдоожиженное покрытие
  fountain blade ~ покрытие фонтанным методом
  heat seal(ing) ~ самозапечатывающееся [самозаклеивающееся] покрытие
  knife ~ нанесение покровного слоя шабером *или* лезвием
  light-impermeable ~ светонепроницаемое покрытие
  match tip ~ 1. формирование головок спичек 2. состав, покрывающий головки спичек

coating

nonblocking ~ неслипающееся покрытие
off-machine ~ нанесение покрытия вне бумагоделательной машины
offset rotogravure print ~ офсетно-гравюрное мелование
paper ~ мелование бумаги
paste ~ 1. нанесение пасты 2. покрытие из пастообразного вещества
pulp ~ наливной слой
roll ~ нанесение покрытия с помощью валиков; валиковое крашение
separate ~ нанесение покрытия вне бумагоделательной машины
single-pass high coat weight blade ~ одностороннее покрытие большого веса, наносимое шаберным методом
skipped ~ покрытие с пропусками
solvent ~ покрытие растворами
splint paraffin wax ~ парафинирование спичечной соломки
split ~ покровный слой с трещинами (*дефект*)
strip ~ 1. снимающееся (*сплошной плёнкой*) защитное покрытие 2. *цел.-бум.* многослойное покрытие
thermoplastic resinous ~ термопластическое смоляное покрытие (*бумаги*)
trailing-blade ~ мелование со скользящим шабером
UV-curable ~ покрытие, отверждаемое под действием ультрафиолетового излучения
waterborne ~ покрытие на водяной основе
white pigment ~ мелование белым пигментом

cobbling починка бочек
cockling складки, морщины (*бумаги*); коробление (*дефект бумаги*)
codominant 1. кодоминантный, согосподствующий (*о деревьях*) 2. второстепенный, сопутствующий (*о древесной породе*)
coefficient коэффициент, показатель
~ of bundle form *спл.* коэффициент формы пучка
~ of community коэффициент общности (*различных сообществ*)
~ of concordance коэффициент согласия

~ of floating implement usage коэффициент оборота такелажа
~ of floating route filling коэффициент оборота такелажа
~ of jam compactness коэффициент полнодревесности пыжа
~ of raft section density коэффициент полнодревесности сплоточной единицы
~ of recovery коэффициент использования (*питательных веществ*)
~ of uniformity коэффициент однородности
block ~ коэффициент наполнения
growth ~ коэффициент роста
permanent wilting ~ 1. коэффициент устойчивого завядания 2. влажность устойчивого завядания
photosynthetic ~ фотосинтетический [ассимиляционный] коэффициент
runoff ~ коэффициент стока
wilting ~ 1. коэффициент завядания 2. влажность завядания
coenosis *см.* cenosis
cog 1. выступ, деревянный зубец 2. сращивать брёвна зарубкой
marking ~ маркировочный молоток (*с разными марками*)
cogging нарезка зубьев; вставка зубьев (*в колёса*)
cohesion когезия
cohesive связующий агент ∥ связующий
coil 1. бухта (*каната*) ∥ сматывать канат в бухту 2. *цел.-бум.* бобина (*шириной менее 75 мм*) 3. *pl* бумага в бобинах 4. змеевик
body ~s внутренние пружины матраца
edge lipping ~ рулон кромочного шпона; рулон кромочного пластика
evaporation ~ змеевик выпарного агрегата
rope ~ барабан для намотки каната
steam ~ паровой змеевик
coiling 1. сматывание каната в бухту 2. увязка спичечной соломки в пучки
coin:
hydraulic ~ гидроклин
coir *меб.* кокосовые волокна, очёсы, хлопья
collapse 1. коллапс, депрессия 2. выход из строя 3. сплющивание ∥ сплющи-

column

ваться 4. оседание волокон, местное сплющивание (*древесины вследствие сильного и неравномерного усыхания*) 5. усадочная трещина
collar 1. бандаж (*сгустителя*) 2. *pl* ветви 3. вершина (*дерева*)
  indented ~ часть спички в виде зазубренного воротничка (*на которую наносится зажигательная масса*)
  rim ~ выступ обода
  root ~ шейка корня (*дерева*)
collating *цел.-бум.* подборка лагенов
collator:
  sheet ~ устройство для подборки листов
collection 1. собирание, сбор 2. набор, серия
  nitrogen ~ азотособиратель, аккумулятор азота (*растение*)
collector 1. коллектор (*реагент*) 2. сборщик 3. водосборный канал 4. накопитель (*деревьев*)
  ~ of nitrogen азотособиратель
  cinder ~ зольник, шлакосборник
  cyclone dust ~ пылесборочный циклон; опилкособиратель к эксгаустерной установке
  fume ~ коллектор выхлопных газов
  resin ~ 1. сборщик смолы, вздымщик 2. приёмник живицы
  sheet ~ самоукладчик
collergang бегуны
collet резец на шпинделе
colloid коллоид ǁ коллоидный
colony колония; микроассоциация (*сукцессионной растительности*)
colophony канифоль (*живичная*)
color 1. цвет, окраска 2. краска, пигмент, краситель ǁ красить ◇ of improved ~ осветлённый (*о канифоли, талловом масле*); to start the ~ растворять краску (*цветного тряпья*)
  background ~ краска для получения фона, непрозрачная кроющая краска
  body ~ краска для получения фона, непрозрачная кроющая краска
  coating ~ покровный материал
  complementary ~ дополнительный цвет, оттенок
  dead ~ грунтовка
  luminous ~ тёплый цвет
  nonbleeding ~ краситель, не вступающий в реакцию с последующими слоями отделки
  priming ~ грунт, грунтовочная краска
  pulp ~ лак
  pure ~ чистый цвет, чистый тон
  secondary ~ смешанный цвет
  size ~ клеевая краска
  somber ~ холодный цвет
  string ~ цвет, переходящий в другой оттенок
  tertiary ~ вспомогательный цвет
  tinting ~ слабый краситель; неяркая краска
  transparent ~ прозрачная краска
  value ~ *амер.* величина цветовой характеристики (*почвы*)
colter 1. нож (*плуга*) 2. предплужник 3. сошник
  disk ~ 1. дисковый нож 2. дисковый сошник
  drill ~ сошник для рядового посева
  fin ~ вертикальный нож с примыканием к корпусу плуга
  hanging ~ вертикальный черенковый нож
  hoe(-type) ~ анкерный сошник
  knee ~ черенковый нож
  knife ~ черенковый нож
  notched rolling ~ вырезной дисковый нож
  pivoting ~ самоустанавливающийся дисковый нож
  plow skim ~ 1. дерносним 2. предплужник
  single-disk ~ однодисковый сошник
  skim ~ 1. дерносним 2. предплужник
  ski-shaped ~ полозовидный сошник
  sliding ~ черенковый нож
  supply ~ сошник сеялки; сошник сажалки
column 1. станина, основание 2. колонна
  baffle ~ колонна с отбойными перегородками
  batch fractionating ~ ректификационная колонна периодического действия
  cascade-tray fractionating ~ ректификационная колонна с тарелками каскадного типа
  cellulose ~ колонка с целлюлозной набивкой
  continuous dealcoholizing ~ обес-

column

спиртовывающая колонна непрерывного действия
filled ~ колонна с насадкой
flash ~ колонна для отгона лёгких фракций
paneled ~ колонна, обшитая деревянными панелями
vacuum distillation ~ колонна для ректификации под вакуумом
columnar столбчатый (*о структуре почвы*)
comb:
  cock's ~ зубчатый захват цепи
  feed ~ сталкивающая гребёнка (*коробконабивочного станка*)
  match ~ спичечный гребень
combing имитация под дерево
  ~ of paper кaширование бумаги
combustibility воспламеняемость, горючесть
combustible воспламеняемый, горючий
combustion горение, сгорание, озоление
  dry ~ сухое озоление
  spontaneous ~ самовоспламенение, самовозгорание
  wet ~ мокрое озоление
come: ◇ to ~ into bloom вступать в пору цветения; to ~ out распускаться (*о листьях*); расцветать; to ~ up всходить
commensalism комменсализм, сожительство (*микроорганизмов*)
commercial 1. коммерческий, годный к продаже (*о лесе*) 2. деловой, товарный (*о древесине*)
comminute измельчать, превращать в порошок
comminution 1. измельчение 2. дефибрирование
comminutor дефибрер
commission вводить в эксплуатацию
commode 1. комод, сервант, буфет 2. табуретка
common 1. пиломатериалы низших сортов *или* с дефектами (*из центральной зоны бревна*) 2. общий; имеющий общее происхождение
community 1. сообщество (*растений*) 2. общность
  closed ~ сомкнутое сообщество, сомкнутый фитоценоз
  discrete forest ~ раздельное [дискретное] лесное сообщество
  forest ~ лесное сообщество, лесной фитоценоз
  more-layered ~ многоярусное сообщество
  one-layered ~ одноярусное сообщество
  open ~ открытое [несомкнутое] сообщество
  plant ~ 1. живой напочвенный покров 2. растительное сообщество, фитоценоз
  seral ~ неустойчивое сообщество
  stable ~ устойчивое сообщество
  transitional ~ переходное сообщество
compactness 1. плотность, компактность, уплотнённость, слитость (*почвы*) 2. сомкнутость (*поверхности бумаги*)
  ~ of wood плотность древесины
compactor 1. каток, уплотнитель 2. упаковочная машина; тюковальная машина
  rubber-tired ~ пневматический каток
company:
  boom ~ сплавная компания
  forest ~ лесное общество; лесная заготовительная фирма
  logging ~ лесозаготовительная фирма
compartment 1. лесосека, участок, квартал (*леса*) 2. камера (*сушилки*) 3. отделение ◇ by ~s лесосеками, участками
  planning ~ квартал (*леса*)
  timber ~ лесной участок
compass циркуль, измеритель
  surveyor's ~ буссоль
  timber ~ устройство для определения направления падения дерева (*вставляемое в подпил*)
  tree ~ лесной компас; мерная вилка
competing ◇ ~ for growing space борьба за пространство (*между растениями*)
competition конкуренция ◇ ~ between species межвидовая борьба
  ~ of weeds конкуренция сорной растительности
  interspecific ~ межвидовая конкуренция
  intraspecific ~ внутривидовая конкуренция

condensation

root ~ межкорневая конкуренция
complement 1. дополнение лесных культур 2. хромосомный набор
complex 1. комплекс 2. сложный
  adsorption ~ поглощающий комплекс
  amino ~ аминовый комплекс
  base-exchange ~ катионообменный комплекс
  biotic ~ *амер.* биотический комплекс, экологическая система
  man-machine ~ система «человек-машина»
  natural ~ природный комплекс
  parasite ~ комплекс энтомофагов
composer:
  tapeless ~ безленточный ребросклеивающий станок
  veneer ~ ребросклеивающий станок
composition 1. состав, смесь 2. состав лесонасаждения (*на определённом участке по породам*) 3. композиция (*массы или бумаги*)
  ~ of striking surface фосфорная масса, намазываемая на спичечную коробку
  age-class ~ возрастной состав, возрастная структура (*древостоя*)
  blend ~ состав смеси
  chemical ~ of bark химический состав коры
  floristic ~ флористический состав (*сообщества*); видовой состав (*растительной ассоциации*)
  foliar ~ состав листьев (*при диагностике питания*)
  friction ~ спичечная масса
  match head ~ масса для формирования спичечной головки
  organosilicon antistick ~ кремнийорганическая антиадгезионная композиция
  paper-sizing ~ состав для проклейки бумаги
  particle-size ~ гранулометричесикй состав
  species ~ смешение древесных пород
  species ~ of stand породный состав насаждения
  stand ~ состав насаждения
  total ~ валовый состав
  volumetric ~ объёмный состав (*бумаги*)
compound смесь, состав, соединение
  buffer ~s буферные вещества почвы
  coating ~ кроющий состав
  Diels-Alder ~ соединение, полученное с помощью реакции Дильса-Алдера
  flexible tooling ~ жидкий состав для смазки инструментов
  friction ~ фосфорная масса (*для спичечной коробки*)
  fumigating ~ дезинфицирующий состав
  ignition ~ зажигательная масса (*для образования спичечной головки*)
  rosin-based ~ состав на канифольной основе
  spackling ~ *амер.* шпатлёвка
  stock ~ консистенция [концентрация] массы
compreg *фирм.* компрег, древесный пластик (*древесина, обработанная способом пропитки смолой под давлением*)
concealment:
  fly-front-type zipper ~ *меб.* вставка застёжки-молнии впотай с припуском
concentration концентрация
  computer-controlled bleach bath ~ концентрация в отдельной ванне, устанавливаемая с помощью ЭВМ
  fire ~ 1. частота возникновения пожаров 2. *амер.* число пожаров на единицу площади *или* за год
  hydrogen ion ~ концентрация водородных ионов, кислотность
  hydroxyl ion ~ концентрация гидроксильных ионов, щёлочность
  nutrient ~ содержание [концентрация] элементов питания (*в растении*)
concrescent сросшийся
concrete:
  wood ~ арболит, древесный бетон
concretion 1. срастание 2. сгущение 3. конкреция, минеральное включение, желвак
condensate 1. конденсат 2. жижка
  flash ~ конденсат паров вскипания
  sticky ~ липкий конденсат
  terpene-lean ~ конденсат, содержащий малое количество терпенов
condensation:

condensation

acid ~ of lignin кислотная конденсация лигнина
continuous differential ~ непрерывная дифференциальная конденсация
condenser:
　ejector ~ струйный конденсатор
condition:
　adverse growing ~s неблагоприятные условия произрастания
　aerobic ~s аэробные условия (*достаточная обеспеченность почвы кислородом*)
　ambient ~s окружающие условия; условия окружающей среды
　anaerobic ~s анаэробные условия (*недостаточная обеспеченность почвы кислородом*)
　cooking ~s режим варки
　dry ~s сухие условия среды (*при которых относительная влажность воздуха равна 40%*)
　idling ~s режим холостого хода
　normal ~s нормальные условия среды (*при которых относительная влажность воздуха равна 65%*)
　operating [operative] ~ рабочее состояние; исправное состояние; состояние эксплуатационной готовности
　oxygen-rich ~s условия насыщения кислородом (*варочной среды*)
　soil ~s почвенно-грунтовые условия
　stand ~(s) 1. характеристика насаждения 2. условия произрастания насаждения
　terrain ~s рельефные условия
　weathering ~s атмосферные условия
　wet ~s влажные условия среды (*при которых относительная влажность воздуха равна 90%*)
　working ~s рабочие [эксплуатационные, производственные] условия
conditioner 1. структурообразователь, почвоулучшитель 2. улучшитель физических свойств (*удобрений*) 3. цел.-бум. сукномойка
　felt ~ сукномойка
　suction box ~ щелевая отсасывающая сукномойка
　suction felt ~ отсасывающая сукномойка
conditioning 1. оструктуривание, улучшение физических свойств (*почвы*) 2. улучшение физических свойств (*удобрений*); кондиционирование (*удобрений, семян*) 3. кондиционирование (*древесины, бумаги*)
　~ of wood кондиционирование древесины
conductivity:
　capillary ~ капиллярная водопроводность
　hydraulic ~ of xylem гидравлическая проводимость ксилемы
　thermal ~ теплопроводность (*почвы*)
cone 1. трелевочный конус (*одеваемый на конец бревна при трелёвке*) 2. шишка 3. колосок 4. конус, воронка 5. бумажный кулёк 6. ротор, конус (*конической мельницы*) ◇ ~ frustum дор. усечённый конус; усечённая пирамида
　apical ~ бот. конус нарастания
　carpellate ~ женская шишка
　debris ~ конус выноса (*наносных отложений*)
　detrital ~ конус выноса (*наносных отложений*)
　serotinous ~ поздняя шишка
　staminate ~ мужской колосок
　vegetative ~ бот. конус нарастания
cone-drier шишкосушилка
conelet 1. шишка (*хвойных пород*) 2. обоеполый цветок типа шишки
confidante диван с сиденьями на двух торцах
conformability способность принять нужную форму
congestion:
　road ~ затор на дороге
congreve серная спичка (*с головкой из серы, бертолетовой соли и сернистой сурьмы*)
conifer хвойное дерево; хвойная порода
Coniferae хвойные (*породы*)
coniferous хвойный (*о древесных породах*)
conk 1. плодовое тело (*дереворазрушающего гриба*) 2. поражённый грибками (*о древесине*)
　blind ~ переросший гнилой сук
　tinder ~ настоящий трутовик (*Fomes fomentarius*)
connate сросшийся, соединённый
connection связь, соединение
　discharge ~ труба для спуска массы

weight-bearing swivel ~ седло тягача (*для сцепки тягача с прицепом*)
connivent сближенный (*о листьях*)
conophorium фитоценоз хвойного леса
conophorophilous обитающий в хвойных лесах
conservancy 1. охрана природы и рациональное использование природных ресурсов 2. служба охраны природы
   fire ~ охрана лесов от пожаров (*предупреждение, обнаружение и тушение пожаров*)
   forest ~ охрана лесов
conservation охрана природы и рациональное использование природных ресурсов
   ~ of forest plantation сохранность лесных культур
   environmental ~ охрана окружающей среды
   forest ~ охрана лесов; нормальное лесопользование
   soil ~ охрана и рациональное использование почв; предотвращение эрозии
   trash ~ мульчирование почвы растительными остатками
   wilderness ~ охрана природы
   woodland ~ противоэрозионная защита (*с помощью полезащитных полос*); рациональное использование лесных угодий
conservator:
   forest ~ окружной лесничий
console:
   sawyer control ~ щит управления лесопильной рамы (*устанавливаемый на отдельной консоли*)
consolidation 1. слияние, соединение 2. затвердевание; уплотнение (*почвы*)
constant 1. константа, постоянная (*величина*) ‖ постоянный 2. вид растений, наиболее часто встречаемый в сообществе
constitution 1. состав, строение 2. категория леса
constraints ограничения
   environmental ~ ограничения, связанные с сохранением окружающей среды; условия сохранения окружающей среды
   seasonal (harvesting) ~ ограничения (*в ведении лесозаготовок*) по погодным условиям; погодные условия, влияющие на лесозаготовки
   tenure ~ ограничения по характеру владения; условия, связанные с лесовладением
construction:
   biscuit ~ конструкция (*щита или плиты*) из реечной рамки, к которой приклеены тонкие листы фанеры *или* ДВП
   composite ~ *меб.* конструкция из разных материалов
   Epeda mattress ~ *фирм.* матрац из пружин непрерывного плетения уменьшенного диаметра
   fill ~ устройство насыпи
   frame core ~ рамочная конструкция серединки
   hand-tie coil ~ пружинное основание (*мягкой мебели*) ручного изготовления *или* ручного плетения
   hollow-wood ~ конструкция (*двери*) из пустотной столярной плиты
   joined ~ *меб.* конструкция на деревянных соединениях (*без клея*)
   metal-edge ~ конструкция с металлическими уголками
   through-bolt ~ конструкция (*ножки стула или кресла*) с болтом, который крепится к основной раме изделия
   torrent-control ~ противопаводковое сооружение
   vibration free ~ антивибрационное исполнение (*напр. станка*)
consumption потребление, расход
   makeup alkali ~ расход щёлочи на возмещение потерь
   makeup chemical ~ расход химиката на возмещение потери щёлочи
   time ~ затраты времени
   wood ~ потребление лесоматериалов
contact:
   crown ~ смыкание лесного полога; сомкнутость крон
contain: ◇ **to ~ a fire** локализировать пожар
container картонный ящик; контейнер, тара ◇ **~ for wood** контейнер для древесного сырья
   bag-in-box ~ упаковочные картонные ящики с перегородками

container

consumer ~ потребительская картонная тара
debris ~ ящик для отходов (*у каландра и наката*)
disposable ~ тара разового пользования; необорачиваемая тара
dustproof ~ пыленепроницаемая тара
forms ~ *меб.* ящик для бланков
gift ~ подарочная упаковка
greaseproof ~ жиронепроницаемая тара
integrated storage ~ секционный шкаф; шкаф-стенка
multiway ~ многооборотная тара; тара многоразового пользования
nailed ~ сколоченный ящик
opaque ~ светонепроницаемая тара
paperboard shipping ~ картонный упаковочный ящик
piece cooling ~ тушильник для кускового угля
regular-slotted carton ~ картонный ящик с нанесёнными через определённые промежутки линиями сгиба
reusable ~ многооборотная тара, тара многоразового пользования
rubbish ~ мусорный бачок
storage ~ 1. тара для хранения 2. шкаф
waste ~ мусорный бачок
water-repellent ~ водонепроницаемая картонная тара
weighing ~ приспособление для взвешивания (*в виде мешка, укреплённого на раме с колёсиками*)
wood ~ бункер для древесного сырья

contaminant загрязнитель; загрязняющее вещество
content 1. содержание 2. объём, вместимость
  absolute moisture ~ влагосодержание (*целлюлозы*)
  bark ~ содержание коры (*в щепе, дроблёнке*)
  equilibrium moisture ~ равновесная влажность (*древесины*)
  filler ~ содержание наполнителя
  fines ~ содержание мелкой фракции или мелочи
  lignin ~ содержание лигнина (*напр. в полуцеллюлозе*)
  paper ash ~ зольность бумаги
  paper lead ~ содержание свинца в бумаге
  predetermined moisture ~ заранее установленная влажность, требуемая влажность
  slivers ~ содержание костры
  solid ~ содержание сухого вещества
  specified moisture ~ стандартная влажность
  stacked ~ объём древесины в поленнице, складочный объём
  summerwood ~ содержание [доля] поздней древесины (*в годичном слое*)
  threshold moisture ~ 1. влажность завядания 2. коэффициент завядания
  void ~ скважность, порозность (*напр. почвы*)
  volume water ~ объёмная влажность
  water ~ влажность, влагосодержание
continuity:
  cross-web substance ~ непрерывность перекрёстного потока бумажной машины
  spatial ~ of forest community пространственная целостность лесного сообщества
continuum:
  tree layer ~ сомкнутый древостой, пространственно недифферинцируемое насаждение
contorted искривлённый; скрученный
contour:
  grade ~ разметка дорожных уклонов (*на топографической карте*)
contouring 1. *топ.* нанесение горизонталей; оконтуривание 2. контурная обработка почвы; обработка почвы по горизонталям
contract контракт, договор
  felling ~ лесорубочный билет
  timber ~ договор на приобретение леса для вырубки (*без права на землю*)
contraction усадка, сжатие
contractor рабочий, работающий по контракту
  hauling ~ 1. водитель, работающий по контракту 2. автомобильная фирма, вывозящая лес по контракту
contraflexure обратный изгиб
contraries нежелательные примеси (*в тряпье*)

control 1. регулирование, контроль ‖ регулировать, контролировать 2. борьба (*с вредителями, болезнями, пожарами*) 3. орган регулирования
~ **of fellings** контрольный осмотр лесосеки
~ **of nontree plant species** борьба с сорными видами
basal-area ~ регулирование промежуточного пользования лесом по площади поперечного сечения деревьев в насаждении и по приросту
biological ~ биологическая борьба (*с вредителями*)
carding dust ~ *меб.* эксгаустерная система для очёсов и пыли
chemical ~ регулирование химического процесса
cultural ~ лесохозяйственные меры борьбы (*с вредителями*)
depth ~ 1. регулятор заглубления 2. высотное регулирование, регулирование заглубления
direct ~ непосредственная борьба с вредителями; истребительные меры борьбы (*с вредителями*)
dust ~ борьба с запылённостью; меры по предупреждению запылённости
electro side register ~ электронное боковое регулирование (*бумаги на бумагоделательной машине*)
environmental ~ контроль за состоянием окружающей среды; охрана окружающей среды
feedback ~ управление на выходе
feed-forward ~ управление на входе
fertility ~ регулирование плодородия
finger-tip ~ кнопочное управление
fire ~ 1. охрана лесов от пожаров 2. борьба с пожаром
flood ~ контролирование паводка, борьба с паводнениями
forest stand density ~ регулирование полноты древостоя (*при проходных рубках*)
fume ~ борьба с загазованностью, меры по борьбе с загазованностью
indirect ~ косвенный способ борьбы с вредителями (*санитарная рубка, прореживание*)
integrated ~ интегрированный метод борьбы (*с вредителями*)
noise ~ предупреждение шума, борьба с шумом
odor ~ дезодорация
pollution ~ борьба с загрязнением
preventive ~ предупредительные меры борьбы (*с вредителями*)
remote (winch) ~ 1. дистанционное управление лебёдкой 2. устройство для дистанционного управления лебёдкой
routine ~ испытание в процессе производства; текущий контроль
runoff ~ регулирование стока
speed ~ регулятор скорости
stoke-hole ~ наблюдение за режимом в топке
tillage ~ механическая борьба (*с сорняками*)
volume ~ определение выхода древесины (*периодическое или ежегодное*)
weed ~ борьба с сорняками
controller 1. (автоматический) регулятор; контрольно-измерительный прибор 2. контроллер; пусковой реостат
convection конвекция
conversion 1. конверсия, превращение 2. смена (*напр. пород*) 3. реконструкция (*насаждений*) 4. переработка (*напр. бумаги, древесины*) 5. переход от одной системы рубок к другой
~ **of timber** переработка лесоматериалов
log ~ разделка [распиловка] брёвен
mechanical [mechanized] ~ механическая (*первичная*) обработка (*лесоматериалов*)
primary ~ первичная обработка (*лесоматериалов*); нижнескладские работы
radial ~ радиальная распиловка
rough ~ первичная обработка (*лесоматериалов*); нижнескладские работы
species ~ смена пород
convert 1. превращать 2. перерабатывать 3. распиливать, заготавливать
converter 1. *меб.* пресс-форма (*для вспенивания пенопласта*) 2. предприятие, выпускающее бумажные изделия из готовой бумаги
paper ~ обработчик бумаги
convertible 1. обратимый, трансформи-

conveyer

руемый 2. *pl* продукты переработки (*бумаги*)
conveyer *см.* conveyor
conveyor конвейер, транспортёр
  aerial ~ подвесной конвейер, подвесная дорога
  apron ~ ленточный конвейер с пластинами
  assembled box ~ конвейер для перемещения готовых спичечных коробок
  bark ~ транспортёр для удаления коры (*от окорочных станков*); транспортёр для подачи коры (*к корорубке*)
  bar-type ~ скребковый транспортёр
  belt ~ ленточный конвейер
  belt chain ~ ленточно-цепной конвейер
  billet infeed ~ продольный транспортёр для чураков
  billet outfeed ~ продольный транспортёр для чураков
  bucket ~ ковшовый конвейер
  cable ~ канатный конвейер
  chain ~ цепной лесотранспортёр
  chain ~ for log цепной лесотранспортёр
  circular overhead ~ круговой подвесной конвейер
  cross ~ поперечный конвейер
  double-strand ~ конвейер с двойным тросом [с двойной цепью]
  drag ~ 1. цепной конвейер 2. растаскиватель лесоматериалов
  feeding ~ подающий транспортёр
  flight ~ скребковый транспортёр
  flight-bar ~ пластинчатый конвейер
  flight drag ~ скребковый транспортёр
  gig ~ подъёмник
  grasshopper ~ конвейер с подъёмным погрузочно-разгрузочным устройством
  gravity ~ гравитационный неприводной конвейер; лоток [спуск] с неприводными роликами
  helical ~ шнек, винтовой [шнековый] конвейер
  inclined chain ~ наклонный цепной конвейер
  "kangaroo" ~ конвейер с подъёмным погрузочно-разгрузочным устройством
  knot ~ транспортёр для сучьев
  knot flow ~ поточный обезвоживающий транспортёр для сучьев
  lay-up ~ конвейер формирования пакета
  live roll ~ приводной роликовый конвейер
  load rollout ~ роликовый конвейер для стопы плит
  overhead ~ подвесной конвейер
  overhead towing ~ подвесной тяговый конвейер
  pallet ~ конвейер с поддонами
  pan ~ пластинчатый конвейер
  plastic-covered belt ~ ленточный конвейер с пластиковым покрытием
  plate ~ пластинчатый конвейер
  portable ~ переносной конвейер
  push ~ скребковый транспортёр
  rake ~ скребковый транспортёр
  ribbon ~ ленточный конвейер
  roller ~ рольганг, роликовый конвейер
  rough wood ~ конвейер для неокоренного баланса
  scraper ~ скребковый транспортёр
  screw ~ шнек, винтовой [шнековый] конвейер
  shaking ~ вибрационный конвейер
  shaving vault ~ конвейер со сборником отходов
  slab ~ конвейер для горбылей и реек
  splint ~ конвейер для транспортировки спичечной соломки
  splint buffer ~ накопительный конвейер для спичечной соломки
  split ~ секционный конвейер
  spout ~ спускной конвейер
  stick ~ конвейер для вывода обработанных деталей из станка
  transfer ~ передаточный конвейер
  tray ~ лотковый конвейер
  trestle(-type) ~ эстакадный транспортёр
  trimmer block ~ конвейер, идущий за триммером
  wagon (towing) ~ тележечный (*тяговый*) конвейер
  waste ~ конвейер для отходов
  wicket ~ конвейер с турникетным устройством
  wood ~ конвейер для лесоматериалов
  worm ~ шнек, винтовой [шнековый] конвейер

convolute свёрнутый, скрученный (*о листьях*)
cook 1. варка ‖ варить 2. содержание котла 3. варщик
black ~ чёрная варка
burnt ~ чёрная варка
dry ~ сухая варка (*недовар макулатуры*)
dumped sulfite ~ сульфитная варка во вращающейся печи
hard ~ варка, дающая жёсткую целлюлозу
raw ~ непровар
soft ~ мягкая варка
cooker 1. варщик 2. варочный котёл
continuous starch ~ котёл для непрерывной варки крахмала
open tank ~ открытый варочный котёл; котёл для облагораживания макулатуры
cooking 1. варка (*целлюлозы*) 2. формование, гнутьё 3. гидротермическая обработка ◇ to bull ~ *проф.* доделывать работу
batch ~ периодическая варка
bisulfite pulp ~ бисульфитная варка
chemical ~ химическая варка
chlorine-hydroxide ~ хлорно-щелочная варка
continuous ~ непрерывная варка
direct ~ варка с прямым нагревом
high-yield ~ варка целлюлозы высокого выхода
hydrotropic ~ гидротропная варка
indirect ~ варка с непрямым нагревом
log ~ проварка чураков
neutral-sulfite ~ моносульфитная варка
polysulfide ~ полисульфидная варка
prehydrolysis-kraft ~ сульфатная варка с предгидролизом
pulp ~ варка целлюлозы; варка волокнистого полуфабриката
semichemical ~ варка полуцеллюлозы
sodium hydroxide ~ натронная варка
sodium-sulfur ~ натронно-серная варка
stepwise ~ ступенчатая варка
sulfate pulp ~ сульфатная варка
sulfite pulp ~ сульфитная варка
coolant хладагент
cooler:

gas ~ газовый холодильник; скруббер для охлаждения газов
steel ~ стальной тушильник для древесного угля
coom опилки
coop кадка, бочонок
cooper бондарь
cooperage 1. бондарное предприятие; бондарное производство 2. бочарная продукция
dry ~ сухотарные бочки (*для сухих или сыпучих продуктов*)
slack ~ сухотарные бочки (*для сухих или сыпучих продуктов*)
tight ~ заливные бочки (*для жидкостей*)
wet ~ заливные бочки (*для жидкостей*)
white ~ бочарная продукция
coopering 1. формирование цилиндрической поверхности из клёпки (*в столярных работах*) 2. бондарное производство 3. бочарная продукция
cooper-ware бондарные заготовки
copal копал, копаловая смола
copier копировально-фрезерный станок
coppice 1. порослевое возобновление леса 2. молодой порослевый лес, подрост 3. лесной участок, лесосека 4. рубка в порослевом хозяйстве 5. ведение низкоствольного порослевого хозяйства ◇ ~ with reserves система выборочной рубки в порослевых древостоях с оставлением части молодняка и тонкомерных деревьев; ~ with standards лес порослевого и семенного происхождения (*формируется при выборочных рубках в порослевых древостоях с оставлением маячных деревьев*)
~ of two-rotation system двухоборотная система рубки порослевого древостоя
oak-bark ~ лесосека, предназначенная для получения дубового корья
seedling ~ семенное возобновление леса (*при выборочных рубках в порослевых древостоях с оставлением маячных деревьев*)
shelterwood ~ рубка в порослевом хозяйстве с оставлением части защитных деревьев (*с ориентацией на поросль от пня*)

coppice

short-rotation ~ рубка в низкоствольном хозяйстве с коротким оборотом ротации
stored ~ система выборочной рубки в порослевых древостоях с оставлением маячных деревьев
willow ~ поросль ивы, ивняк
coppicing ведение низкоствольного порослевого хозяйства
copse 1. низкорослый порослевый лес 2. кустарник
copsewood срубленные молодые ветви
copyings копировальная бумага
cord 1. корд (*единица измерения объёма круглых лесоматериалов*) (*см. таблицу*) 2. измерять лесоматериалы в кордах 3. верёвка, шнур ◊
~(s) per acre запас древесины на 1 акре в кордах; объём заготовленной с 1 акра древесины в кордах; ~(s) per hour часовая производительность в кордах; ~(s) per man-hour производительность в кордах на человекочас
~ of wood chips корд для древесной щепы, стружки *или* измельчённой древесины
apparent ~ *кан.* стандартный корд
Bedford ~ *меб.* тонкая кордная ткань
face ~ фэйс корд (*короткий корд для поленьев длиной 1 фут*)
fastening ~ обвязочный канат, обвязочная верёвка
long ~ длинный корд (*для штабеля с поперечным сечением 32 фута и длиной брёвен 4 фута и более*)
measuring ~ мерный шнур
piping ~ *меб.* отделочный шнур
short ~ короткий корд (*для штабеля с поперечным сечением 32 фута и длиной брёвен менее 4 футов*)
standard ~ стандартный корд
starter ~ пусковой тросик (*пилы*)
welt ~ *меб.* шнур для прошивки борта [края, ранта]
cordage такелаж; снасти; канатные изделия
cordate *бот.* сердцевидный
corduroy *амер.* бревенчатая дорога ‖ строить дорогу поперечной выстилкой из жердей подроста
brush ~ грунтовая дорога, укреплённая хворостом; хворостяная выстилка

cordwood штабелированные лесоматериалы в кордах; дрова в кордах; корд дров; поленья длиной 1,2 м; топливная древесина
unsorted ~ уложенная в штабель нерассортированная древесина
core 1. ядро, сердцевина 2. сердечник (*каната*) 3. средний слой, серединка (*фанеры или щита*) 4. подложка 5. карандаш (*остающийся после лущения фанерного кряжа*) 6. поперечная кромка (*сверла*) 7. накатный стержень; накатный патрон 8. ротор (*конической мельницы*) 9. внутренний слой (*напр. картона*)
aligned flakeboard ~ средний слой (*плиты*) из ориентированной стружки
armored ~ сердечник (*каната*) из однослойной пряди
batten ~ блочно-реечное заполнение (*щита*)
blockboard ~ блочно-реечное заполнение (*щита*)
cross ~ поперечный внутренний слой, поперечная черновая рубашка (*фанеры*)
dead ~ мёртвая ядровая древесина
fiber ~ органический сердечник (*каната*)
foam ~ *меб.* вспененная серединка, серединка из пенопласта
juvenile ~ ювенильная [недоразвитая] древесина (*внутреннего слоя ксилемы вокруг сердцевины*)
long ~ продольный внутренний слой, продольная черновая рубашка (*фанеры*)
open ~ пористый средний слой (*плиты*)
peeler ~ карандаш, остающийся после лущения фанерного кряжа
randomly formed ~ средний слой (*плиты*) из неориентированной стружки
reinforced concrete ~ сердечник дефибрерного камня
semirigid ~ рыхлая серединка, рыхлое наполнение (*ДСП*)
strand ~ стальной однопрядный сердечник (*каната*)
wire rope ~ стальной сердечник каната; проволочный сердечник каната

wood ~ ядро древесины
coreboard столярный щит
corer:
  soil ~ почвенный бур
corestock:
  honeycomb ~ сотовое заполнение (щита)
  rotary ~ лущёный шпон для изготовления средних слоёв фанеры
coriaceous кожистый, жёсткий
cork 1. пробка, пробковая ткань 2. тарн. укупорочная пробка
corkscrew проф. лесовозный паровоз, лесовоз
corner 1. угол ‖ соединять под углом 2. зарубать заболонь вокруг дерева (для предотвращения скола при валке) 3. затёсывать
  canted ~ скошенный угол
  cosy ~ мягкий стёганый угловой диван
  Dutchman ~ закрытый (дорогой) угол осваиваемой лесосеки
  inside ~ меб. профиль для оформления внутреннего угла
  lock ~s шиповое ящичное соединение стенок
  mortise-and-tenon ~ угол (ящика), образованный соединением на сквозной шип
  outside ~ меб. профиль для оформления наружного угла
  radiused ~ закруглённый угол
  rail-and-post ~ угол (ящика) из горизонтальной и вертикальной реек, соединённых гвоздём
cornerbind цепи для крепления наружных брёвен нижнего ряда к коникам саней
cornering осуществление бокового реза (для уменьшения сколов при валке)
cornice выкружной рубанок
cornucopia(e) рог изобилия (декоративная деталь)
corny плодородный
corollaceous венчиковидный (о растениях)
corpsing неглубокий паз
correction:
  capillary ~ поправка на капиллярность

exposed stem ~ поправка на выступающий столбик (термометра)
corridor:
  yarding ~ 1. просека или просвет под несущий канат 2. трелёвочный волок (при канатной трелёвке)
corroplast фирм. коропласт (слоистый пластик из гофрированной бумаги, пропитанной фенолформальдегидной смолой)
corrugated гофрированный, волнистый
corrugation образование волнистой дорожной поверхности
corrugator 1. машина для гофрирования 2. гофрированный картон
corrupt гнить, разлагаться
corruption гниение
cortex 1. кожица 2. (древесная) кора 3. корка (слой ткани между эпидермисом или феллемой ствола или корней и сосудистой системой)
corticate 1. корковый 2. покрытый корой
corticole растущий на коре
corvic фирм. корвик (поливинилхлорид)
corymb щиток (тип соцветия)
cost цена, стоимость, себестоимость; pl издержки, затраты ◇ ~ and freight стоимость, включая фрахт; ~ per acre себестоимость на 1 акр; pl затраты на 1 акр; ~ per cord себестоимость 1 корда; pl затраты на 1 корд; ~ per cunit себестоимость 1 кьюнита; pl затраты на 1 кьюнит; ~ per operator hour стоимость 1 машино-часа; ~ per unit (of wood) удельные затраты (на единицу продукции); затраты на 1 куб.м
  actual ~ фактические издержки
  average total wood ~ (s) общие средние затраты на заготовку леса
  bare ~ себестоимость, чистая сумма издержек
  capital ~ капитальные затраты
  direct wood ~(s) прямые затраты на заготовку леса
  felling ~ стоимость рубки; pl затраты на валку леса
  final ~ конечная стоимость (включающая все виды дополнительных затрат)

cost

floating ~ стоимость (лесо)сплава; *pl* затраты на лесосплав
haul(ing) ~ стоимость перевозки; *pl* транспортные расходы; затраты на вывозку (*леса*)
indirect wood ~(s) косвенные затраты на заготовку леса
landing ~(s) затраты на устройство погрузочной площадки *или* склада
maintenance ~(s) эксплуатационные затраты
maintenance-and-running ~ ремонтно-эксплуатационные расходы
operating ~(s) эксплуатационные затраты
operating ~(s) per mile стоимость эксплуатации, отнесённая к миле пробега
operation ~(s) эксплуатационные затраты
overall operational ~ общие эксплуатационные расходы
overhead ~ 1. накладные расходы 2. приведённые затраты
repair ~ ремонтные расходы
rigging ~ стоимость канатной оснастки
rig-up ~ стоимость монтажа
road construction-and-maintenance ~(s) затраты на строительство и содержание дорог
running ~(s) эксплуатационные затраты
skidding ~ себестоимость трелёвки; *pl* затраты на трелёвку
stump-to-truck ~ стоимость лесосечных работ; *pl* затраты по фазам валка — трелёвка — погрузка
total ~ 1. общая стоимость; *pl* валовые издержки 2. суммарные [общие] издержки 3. приведённые затраты
transport ~ стоимость перевозки; *pl* транспортные расходы; затраты на вывозку (*леса*)
variable ~ переменные затраты; текущие затраты
working ~(s) эксплуатационные затраты
yarding ~ стоимость заготовки леса с применением канатной установки; стоимость канатной трелёвки
cotrets вязанка дров
cotton:

scutched ~ хлопок *или* вата, прошедшие обработку на трепальной машине
soluble ~ нитроцеллюлоза
cottonwood тополь дельтовидный, тополь канадский (*Populus deltoides*)
cotyledon семядоля
couch 1. кушетка, диван 2. гауч-вал, гауч-пресс 3. смещение центров верхнего и нижнего гауч-валов 4. доска для складирования (*сырых листов бумаги при ручном отливе*) 5. отжимать, отсасывать 6. *см.* to couch off ◇ to ~ off 1. снимать (*бумажное полотно с сетки*) 2. спрессовывать (*несколько сырых листов бумаги*) в одно полотно; to ~ together спрессовывать, наслаивать (*влажные слои массы*)
convertible ~ диван-кровать
examination ~ смотровая кушетка (*медицинская мебель*)
primary suction ~ первичный отсасывающий гауч-вал
sleeper ~ диван, трансформируемый в одинарную [односпальную] кровать
studio ~ диван, трансформируемый в двойную [двухспальную] кровать
suction (cylinder) ~ отсасывающий гауч-вал
coucher 1. гауч-вал 2. вальщик 3. спрыск (*для отсечки бумажного полотна*)
couchman прессовщик
coulisse 1. выемка, паз 2. кулиса
count подсчёт, учёт ǁ считать
pulp dirt ~ сорность волокнистого полуфабриката
tree ~ перечёт деревьев
counter 1. счётчик, индикатор, тахометр 2. прилавок 3. противоположный, обратный ǁ против, напротив
conductive particle ~ счётчик токопроводящих включений (*в бумаге*)
electrocontact dirt ~ электроконтактный счётчик сорности (*бумаги*)
log ~ счётчик брёвен
match ~ механизм маркировки спичечных коробок
produced chips ~ учётчик щепы
speck ~ счётчик сорности (*бумаги*)

tally ~ устройство подсчёта числа деревьев *или* брёвен
counterboard обувной картон; околышно-обувной картон
counterdie матрица
counterfire 1. отжиг, встречный огонь 2. вспомогательный [промежуточный] отжиг
countersink зенковка
  snail ~ спиральное сверло для хвойных пород древесины
countersinking 1. зенкование 2. углубление впотай
countersunk утопленный; с утопленной головкой, потайной
country 1. местность 2. сельская местность, деревня ◇ across ~ напрямик; по бездорожью; по пересечённой местности
  broken ~ пересечённая местность
  forest ~ лесистая местность
  gently rolling ~ слабохолмистая местность
  heavy going ~ труднопроходимая местность
  hill(y) ~ холмистая местность
  intersected ~ пересечённая местность
  rolling ~ холмистая местность
  rough wooded ~ пересечённая лесная местность
  rugger ~ пересечённая местность
coupe 1. лесосека 2. хозяйство ◇ ~s on alternate strips чересполосное примыкание лесосек
  annual ~ годичная лесосека
  progressive ~s on contiguous strips непосредственное примыкание лесосек
couple 1. распорка, перекладина; стропило 2. связывать, соединять, сцеплять (*попарно*)
  close ~ плотная пригонка балок (*у основания крыши*)
coupler 1. сцепка, захват; соединительная муфта; соединительное звено 2. сцепщик
  car ~ вагон-сцеп
  double ~ захват в виде большого кольца с короткими цепями
course 1. маршрут, курс 2. ход 3. азимут 4. русло 5. ряд досок в штабеле
  base ~ дорожная одежда; нижний слой дорожного покрытия

damp ~ (гидро)изолирующий слой
lower ~ низовье (*реки*)
stream ~ русло
surface ~ верхний защитный слой дорожного покрытия; дорожное покрытие
top ~ верхний защитный слой дорожного покрытия; дорожное покрытие
upper ~ верховье (*реки*)
wearing ~ верхний защитный слой дорожного покрытия; дорожное покрытие
winding ~ извилистое течение (*реки*)
coursed уложенный рядами
court:
  infection ~ заражённый участок (*растения*)
cove выкружка, окладка, галтель
cover 1. крышка, чехол, кожух 2. покров (*снежный, лесной*) 3. полог леса 4. покрывающие породы 5. наносить на карту 6. обивка, обивочная ткань; облицовка 7. обтяжка (*вала*) 8. веленевая сетка, сетка верже 9. обложечная бумага
  bar ~ защитный кожух (пильной) шины
  biocenotic ~ биоценоз
  canopy ~ древесный [лесной] покров
  crown ~ 1. (горизонтальная) проекция кроны 2. полог (*древесный*) 3. древесный [лесной] покров 4. кожух [колпак] круглой пилы
  dead soil ~ мёртвый наземный покров, опад
  digester ~ крышка варочного котла
  dossier ~ картон для папок
  folding paper ~ складная бумажная обложка (*спичечной книжечки*)
  forest ~ 1. лесной покров 2. древесная растительность 3. категория типа леса (*на основании напочвенного покрова*)
  live ground ~ живой напочвенный покров
  loose ~ съёмная обивка (*мягкой мебели*)
  nonwoven synthetic ~s одежда прессовых валов из нетканых синтетических материалов
  no-slip ~ *меб.* нескользящая [несползающая] обивка

cover

roll (head) ~ упаковка концов рулона *или* бобины
slip-on ~ съёмная обивка (*мягкой мебели*)
sod ~ дерновый покров, дернина
throw-away protective ~ упаковочная обёртка разового пользования
tree ~ лесной покров
coverage 1. охват 2. зона действия 3. кроющая способность 4. покрытие 5. заделка (*семян*)
aerial photo ~ аэрофотосъёмка
airphoto ~ обеспеченность аэрофотоснимками
base-map ~ обеспеченность топографической основой
coverer окучник; заделывающий орган, загортач
button ~ *меб.* станок для облицовывания пуговиц
knife ~ заделывающий орган, загортач
press-wheel ~ прикатывающее колесо, прикатывающий каточек (*сеялки*)
seed ~ заделывающий орган, загортач
share ~ заделывающий орган, загортач
covering 1. покрышка, чехол, кожух 2. покрытие, облицовка, настил 3. покров (*снежный, лесной*) 4. заделка (*семян*) ◊ ~ for springs настилочный материал, крепящийся к пружинам (*напр. матраца*); ~ with brush защитное покрытие из ветвей (*для сеянцев*)
~ of seed заделка семян
box ~s бумага для оклейки коробок
cylinder ~ декель [покрышка] цилиндра
hide ~ кожаная обивка (*мягкой мебели*)
plank ~ дощатый настил
trash ~ заделка растительных остатков
cowberry брусника (*Vaccinium vitisidaea*)
crab 1. тележка (*крана*); лебёдка; ворот 2. матка плота
cable traveling ~ тележка воздушной (*канатной*) дороги
hoisting ~ подъёмная лебёдка
crack 1. трещина ‖ давать трещину,

растрескиваться 2. рейс; нагрузка на один рейс
contraction ~ трещина усушки
desiccation ~ трещина усушки
drought ~ трещина усушки
external ~ наружная трещина (*в дереве*)
frost ~ морозная трещина
natural ~ ветреница (*порок заготовленного лесоматериала*)
rift ~ метиковая трещина
seasoning ~ трещина усушки
shear ~ трещина скалывания
slitter ~ разрыв по краю листа (*при продольной резке*)
sun ~ трещина усушки
cracking растрескивание; образование трещин ◊ ~ at tooth gullet трещины пазух зубьев пилы
crackle 1. трещина 2. звонкость (*бумаги*)
crackling 1. растрескивание 2. *меб.* имитация трещин (*при отделке под старину*)
cradle 1. (лесо)накопитель, коник; платформа с двумя кониками 2. подготовленная площадка (*для валки деревьев*) 3. рама 4. кружало 5. морской плот рамной конструкции (*для леса*)
log ~ лесонакопитель
side discharge ~ разгружаемый набок накопитель
craft небольшое транспортное средство (*морское или воздушное*)
craftsman рабочий, ремесленник
cramp 1. зажим, скоба ‖ зажимать, скреплять скобой 2. тиски, струбцина, зажим, вайма 3. перекашивать(ся), коробиться
counter ~ струбцина для торцевого сращивания (*досок*)
G ~ струбцина в форме G
hoop ~ *тарн.* бондарное щемло
patternmaker's ~ струбцина [зажим] для изготовления шаблонов *или* моделей
sash ~ вайма для сборки оконных переплётов
windmill ~ веерная вайма
cranberry клюква (*Oxycoccus*)
crane кран; погрузочный кран, стреловой кран; стреловой (*манипулятор-

ный) погрузчик; подъёмный механизм ‖ поднимать краном
automatic [automobile] ~ автокран, автомобильный кран
bracket ~ консольный кран
breakdown ~ аварийный кран
bridge ~ мостовой кран
bridge stacker ~ мостовой кран-штабелёр
bundle ~ кран для пучков
cable ~ кабель-кран; канатная установка для трелёвки и погрузки леса
cantilever ~ консольный кран
caterpillar ~ гусеничный кран, кран на гусеничном ходу
crawler ~ гусеничный кран, кран на гусеничном ходу
derrick ~ деррик-кран
double-cantilever gantry ~ двухконсольный козловый кран
erecting ~ монтажный кран
floating ~ плавучий кран
gantry ~ 1. портальный (*перегрузочный или эстакадный*) кран 2. козловый кран
hammer-head ~ консольный кран
jib ~ кран с поворотной стрелой
loading ~ погрузочный кран
overhead ~ мостовой кран
overhead suction ~ верхний погрузчик (*щитов*) с вакуумными присосками
pneumatic-tired mobile ~ кран на пневмоходу
portable jib ~ передвижной кран со стрелой
portal ~ портальный кран
radio-controlled cable ~ радиоуправляемая канатная (*кабель-крановая*) установка
rotary ~ поворотный кран
semiportal stacker ~ кран-штабелёр полупортального типа
shell stacker ~ стеллажный кран-штабелёр
single-beam bridge ~ однобалочный мостовой кран
skyline ~ подвесная канатная установка (*с подтаскиванием древесины к несущему канату*)
slew ~ поворотный кран
swing ~ поворотный кран

telescoping hydraulic ~ гидравлический кран с телескопичесокй стрелой; телескопическая гидроуправляемая стрела крана
tower slewing ~ башенный поворотный кран
traveling ~ мостовой кран
truck ~ автокран, автомобильный кран
twin-traveling ~ сдвоенный мостовой кран
wall cantilever ~ настенный консольный кран
whipping ~ кран с качающейся стрелой
crank 1. кривошип; коленчатый рычаг 2. коленчатое соединение; угольник; колено 3. заводная рукоятка 4. запускать двигатель
crate тара; клетка для упаковки; обрешётка, ящик ‖ упаковывать
light-duty ~ ящик *или* контейнер для груза весом до 500 кг
light-duty open ~ решётчатый ящик для груза весом до 100 кг
limited military ~ ящик *или* контейнер для груза весом до 1000 кг
military-type ~ ящик *или* контейнер для груза весом до 15000 кг
military-type open ~ решётчатый ящик для груза весом до 5000 кг
sheathed ~ неразборный плотный ящик
craters «кратеры» (*дефект мелованной бумаги*)
crawler гусеница, гусеничный ход
crawling 1. *меб.* сползание (*дефект, связанный с недостаточным расходом отделочной плёнки — плёнка натягивается и попадает*) 2. неравномерное распределение покровного слоя (*на бумаге*)
craytherm *фирм. меб.* непластифицированный листовой поливинилхлорид для вакуумформирования
craze (волосяная) трещина
creaming выборочная рубка деревьев наиболее ценных пород; промышленные выборочные рубки
creasability стойкость (*бумаги*) к перегибу
crease 1. складка, морщина ‖ коробиться 2. линия сгиба (*складной ко-*

creasing

робки): фальцевать 3. старое русло реки, старица
creasing 1. биговка 2. коробление 3. фальцовка (*заготовок спичечных коробок*)
corrugated board ~ коробление гофрированного картона
creek ручей, речка; канал *или* ручей, пригодные для сплава
creep 1. оползень, оползание 2. набегать (*о приводном ремне*) 3. трал ‖ тралить 4. ползучесть 5. стлаться (*о растениях*) 6. пластичность (*древесины*) 7. выпучивание (*при прогибе ДСП под нагрузкой*)
creeper 1. ползучее растение; ползучий побег 2. ползающее насекомое
creeping 1. скольжение, сдвиг 2. набегание (*приводного ремня*) 3. угон рельсов
creosoting пропитывание креозотом
crepe крепированная бумага
  handkerchief ~ крепированная бумага для носовых платков
creper машина для крепирования
crescent серповидность ‖ серповидный
crest 1. недопил, недоруб 2. пика, гребень, верхушка 3. вершина горки (*ролла*)
  backfall ~ вершина горки ролла
cresting конёк, гребень; резной шпиц
crevice щель, трещина
crew бригада; судовая команда; экипаж
  bunching ~ бригада на предварительном формировании пачек лесоматериалов (*для трелёвки*)
  brush ~ бригада, занятая на расчистке территории, дорожных трасс, заготовке хвороста
  clean-up ~ бригада на очистке лесосек
  cut-and-skid ~ бригада на валке и трелёвке (*с пооперационной организацией работы на базе мотопил и тракторов*)
  driving ~ сплавная бригада
  estimating ~ лесоустроительная партия
  family ~ бригада, состоящая из членов одной семьи
  felling-and-bucking ~ валочно-раскряжёвочная бригада (*выполняющая и обрезку сучьев*)

  floating ~ сплавная бригада
  helitack ~ *амер.* вертолетный десант (*лесных пожарников*)
  logging ~ лесозаготовительная бригада
  longwood ~ бригада, заготавливающая длинномерные лесоматериалы
  manual cutting ~ лесосечная бригада, работающая мотопилами
  planting ~ лесокультурная бригада
  rearing ~ *спл.* бригада на зачистке «хвоста» лесосплава
  rigging ~ монтажная бригада (*на канатных установках*)
  shortwood ~ бригада, заготавливающая сортименты
  standby ~ *амер.* пожарная команда, находящаяся в пункте отправки
  train ~ поездная бригада
  valuation ~ лесоустроительная партия
crib 1. ряж, сруб, крепь, клеть 2. платформа со стойками 3. *уст.* метод складирования балансов 4. небольшой плот ◇ **to** ~ **logs** буксировать брёвна в кольцевом оплотнике
cribwork ряжевый переплёт; сруб; костровая крепь; клеть
cricket низкая табуретка; скамеечка для ног
crinkle морщина, складка, изгиб ‖ сморщиваться, извиваться
crinothene *фирм.* кринотин (*полиэтиленовый листовой материал с тиснёной или печатной поверхностью*)
cripple порожистый перекат (*на реке*)
crippled корявый
croft 1. подготовительный отдел (*бумажной фабрики, целлюлозного завода*) 2. тряпичный отдел 3. маленький складной письменный стол (*Англия, XVIII в.*)
crook 1. искривлённая древесина 2. кривизна (*ствола, бревна*); искривление ‖ искривлять 3. покоробленность (*порок пилопродукции*)
  short ~ небольшая кривизна
crooked искривлённый, согнутый
crooking 1. искривление; коробление, скручивание 2. крыловатость (*доски*)
crop 1. урожай, сбор ‖ собирать урожай 2. *pl* лесные продукты, лесома-

териалы, сортименты 3. насаждение, древостой, лес; лесная растительность 4. участок сборщика живицы 5. *амер.* число стволов *или* карр на единице площади за период подсочки
artificial ~ лесная культура
bumper seed ~ обильный [хороший] урожай семян
catch ~ временное сельскохозяйственное пользование
cone ~ урожай семян (*хвойных*)
continuous ~s of tree насаждения непрерывного пользования
copious ~ обильный [богатый] урожай
coppice ~ порослевое насаждение
cover ~ 1. защитное [покровное] насаждение; посевы трав 2. растительный покров
final ~ 1. конечный запас насаждения; остающаяся часть насаждения 2. насаждение, вырубаемое окончательным приёмом постепенных рубок
forest ~ древостой; насаждение
heavy ~ обильный [богатый] урожай
main ~ 1. основной запас насаждения 2. окончательно вырубаемое насаждение
mixed ~ смешанный древостой
nurse ~ защитное покровное насаждение, посевы трав
open ~ низкополнотное насаждение, редина
principal ~ основной запас насаждения
residual ~ основной запас насаждения
root ~s корнеплоды
seedling ~ семенной древостой
self-sown ~ самосев
short ~ низкий урожай, неурожай
smothering ~s заглушающие породы
soil-amendment ~ почвоулучшающая культура
soil-building ~ 1. почвообразующая культура; почвозакрепляющая культура 2. оструктуривающая культура
soil-depleting ~ почвоистощающая культура
soil-improving ~ почвоулучшающая культура

spaced ~ широкорядная культура
standing ~ лес на корню; запас древесины на корню
subordinate ~ подпологовая культура
subsidiary ~ малоценное насаждение
timber ~s лесные продукты
uniform ~ одновозрастное насаждение
valuable timber ~s деловые лесоматериалы
water ~ полный сток с водосборного бассейна
cross 1. гибрид 2. скрещивание ‖ скрещивать 3. *pl* бракованная бумага
crossband поперечный слой шпона, поперечная полоса шпона, полоса шпона с поперечным расположением волокон
crossbar 1. поперечина, траверса, ригель 2. поперечная планка, перекладина 3. *pl* перекрещивающиеся ножи (*ролла*) 4. *pl* поперечные перекладины (*в черпальных формах*)
crossbeam поперечная балка, грузовая балка
cross-country вездеходный, повышенной проходимости
crosscut 1. раскряжёвка; поперечный распил, поперечный рез; рез при раскряжёвке ‖ раскряжёвывать, распиливать в поперечном направлении 2. метод засечек (*для определения местоположения пожара*)
crosscutter *амер.* раскряжёвщик
crosscutting *амер.* раскряжёвка; поперечная распиловка; разделка долготья
crossfall поперечный уклон
cross-fibered косослойный (*о древесине*)
crossfield *амер.* радиальный разрез сердцевинного луча; поле перекрёста (*оболочек клеток лучей и осевых трахеид*)
cross-grained свилеватый (*о древесине*)
cross-grooving выборка поперечных пазов
crosshaul 1. поперечная накатка, погрузка накатыванием 2. лесопогрузочное приспособление для погрузки брёвен накатыванием

crosshauling

crosshauling погрузка брёвен накатыванием (*с помощью канатов, закреплённых одним концом за транспортное средство, а другим за барабан лебёдки*)
crossing 1. скрещивание 2. пересечение (*напр. дорог*)
  ray ~ *амер.* радиальный разрез сердцевинного луча; поле перекрёста (*оболочек клеток лучей и осевых трахеид*)
  road ~ пересечение дорог
crosspiece:
  bottom ~ *меб.* нижняя прокладка
  end ~ *меб.* торцевая прокладка
cross-section поперечный разрез
cross-sectioning отметка вешками на склоне выемки *или* насыпи
cross-tie шпала, поперечина
  half-moon ~ *амер.* пластинная шпала
cross-trained владеющий смежными профессиями
crosswise поперёк, в поперечном направлении
crotch 1. развилина, разветвление (*ствола, ветви*) 2. разветвление волокон (*ревесины*) 3. трелёвочные подсанки без дышла (*часто сделанные из разветвлённого в виде вилки дерева*)
  moonshine ~ текстурный рисунок в виде завитков (*на шпоне, получаемом из разветвлённой части ствола*)
crotching:
  drop ~ обрезка побегов на концах ветвей
crotchline 1. погрузочный строп 2. погрузочный канат с двумя стропами, снабжёнными по концам торцевыми крюками
crowbar аншпуг, вага; лом с загнутым расщеплённым концом; лапчатый лом
crowd заглушать (*о растениях*)
crowded частый, загущённый
crown 1. крона; вершина (*дерева*) 2. выпуклый обод шкива; кулачковый барабан 3. дорожное полотно 4. *цел.-бум.* бомбировка (*вала*)
  ~ of road дорожное полотно
  ~ of stem верхушка стебля
  backfall ~ вершина горки ролла

branchy ~ развесистая крона
cone-shaped ~ конусовидная крона
decumbent ~ распростёртая розетка листьев
drooping ~ плакучая крона
globular ~ шаровидная крона
root ~ шейка корня
spherical ~ шаровидная крона
spreading ~ раскидистая крона
story ~ ярусная крона
crowning-off *австрал.* обрезка кроны *или* сучьев
croze 1. утор 2. уторный станок ‖ нарезать уторный паз 3. рубанок с круглым наконечником ◇ **to ~ a cask** уторить, нарезать утор
crozer 1. уторник 2. рубанок с круглым наконечником
crucible:
  carbon ~ углеродный тигель
cruciferous крестоцветный
cruck изогнутая *или* имеющая ответвление ветка дерева
crude 1. сырой; необработанный; неочищенный 2. сырьё
  original ~ 1. неочищенный сульфатный скипидар 2. исходное сырьё
cruise таксация (*леса*) ‖ таксировать
cruiser таксатор
  forest ~ таксатор
  timber ~ рабочий — измеритель диаметров деревьев
cruising таксация (*леса*)
  angle count ~ таксация методом угловых проб
  line plot ~ таксация методом линейной выборки
  plotless ~ таксация методом угловых проб
  point ~ выборочная таксация
  prism ~ выборочная таксация методом угловых проб
  strip ~ таксация методом линейной выборки
  variable plot ~ таксация методом угловых проб
crumb 1. крошка 2. рыхлить 3. рассыпаться
crumby рыхлый, рассыпчатый
crummy *проф.* автобус для перевозки лесозаготовителей
crush дробление, измельчение ‖ дробить, измельчать

calender ~ давленность (*дефект бумаги*)
flat ~ 1. сопротивление раздавливанию (*перпендикулярное волне гофры картона*) 2. плоскостное сжатие
ring ~ кольцевое сопротивление раздавливанию
short column ~ торцевое сжатие вдоль гофры
crusher дробилка; рубильная машина; измельчитель; машина для измельчения (*лесосечных отходов на вырубках при подготовке к механизированным лесопосадкам*)
alligator ~ щековая дробилка
bark ~ дробилка для коры
bush ~ тяжёлый зубчатый каток для расчистки территории от зарослей кустарника
chip ~ дезинтегратор (*аппарат для измельчения щепы*)
clod ~ каток для дробления комков и глыб; кольчатый каток
disk ~ дисковая дробилка
jar ~ вибрационная дробилка
jaw ~ щековая дробилка
mobile stone ~ передвижная камнедробильная установка
ring ~ роликовая дробилка
rock ~ камнедробилка
roll ~ валковая дробилка
rotary ~ роторная дробилка
tan ~ дробилка для коры
traveling stone ~ передвижная камнедробильная установка
crushing дробление, измельчение
chip ~ измельчение щепы
scrub ~ корчевание и измельчение кустарника
stage ~ ступенчатое дробление, дробление стадиями
crust корка
ice ~ ледяная корка; наст
road ~ верхняя корка дорожного полотна
crutch 1. развилка ствола; разветвление ‖ разветвляться 2. костыль; раздвоенная подпорка; вилка
crutching перемешивание по вертикали
cryosolic мерзлотный (*о почве*)
cryptogam криптогамное [споровое] растение

cryptomull скрытый мулль (*мягкий гумус подстилки*)
crystic *фирм.* полиэфирные смолы для производства пластиков низкого давления
cubage, cubature кубатура, объём
cudgel мелкие круглые лесоматериалы, мелкий кругляк; кругляковое полено
cull 1. отбор, отбраковка ‖ отбирать, отбраковывать 2. выборочная рубка вне лесосек 3. *pl* брак, забракованные лесоматериалы; объём забракованной древесины 4. уменьшение [поправка] объёма дерева за счёт неликвидной древесины
dead ~s дефектные [фаутные] части деревьев, брёвен *или* досок, не соответствующие спецификации
mill ~s древесина, отбракованная на фабрике; низкосортная [низкокачественная] древесина; неделовые древесные остатки
shipping ~s древесина, отбракованная на фабрике; низкосортная [низкокачественная] древесина; неделовые древесные остатки
wood ~s бракованная часть дерева; лесной брак; откомлёвка
culled отбракованный
culler 1. бракёр, браковщик 2. *кан.* сортировщик (*измеряет объём, определяет качество лесоматериалов*)
culling отбор, отбраковка
cultipacker ребристый каток (*напр. для расчистки лесных площадей*)
cultivar культурный сорт (*растения*)
cultivate 1. обрабатывать, культивировать (*почву*) 2. выращивать (*растения*)
cultivated 1. обработанный, окультуренный (*о почве*) 2. выращенный (*о растении*)
cultivation обработка, культивация (*почвы*)
complete ~ сплошная культивация
full ~ сплошная культивация
soil ~ 1. подготовка [обработка] почвы 2. поранение [повреждение] почвы
cultivator культиватор
disk ~ дисковый культиватор
duckfoot ~ культиватор со стрельчатыми лапами

cultivator

rotary ~ ротационный культиватор; почвофреза
shovel ~ культиватор-рыхлитель
trash ~ культиватор-борона
culture 1. культура **2.** разведение, выращивание
  axenic ~ аксенная [стерильная] культура; чистая культура
  forest ~ **1.** лесная культура **2.** разведение леса
culvert 1. кульверт (*водопропускная труба под насыпью*); дренажная труба **2.** галерея шлюза
  timber ~ деревянная труба, деревянный лоток
culvertail шип ласточкин хвост
cumene кумол
cumulose состоящий из растительных остатков
cuneate(d) клиновидный, клинообразный (*о листе*)
cuneate-obovoid клиновидно-обратнояйцевидный (*о листе*)
cunit кьюнит (*единица измерения объёма плотной древесины без коры, равная 2,83 м³*) ◇ ~s per acre запас древесины в кьюнитах на 1 акре
cup 1. приёмник (*живицы*) **2.** разрез, щель (*для инъекции ядохимикатов*) **3.** торцевая крышка; манжета, кольцо, шайба, насадка, колпак **4.** коробление доски в поперечном направлении вследствие усушки
  acorn ~ плюска (*жёлудя*)
  bubble ~s *цел.-бум.* барботирующие колпаки; барботирующие колокола
  feed ~ корпус высевающего аппарата
  filler ~ *спич.* распределительная балка (*коробконабивочного станка*)
  flash ~ чашка для определения температуры вспышки
  gum ~ приёмник живицы
  seed ~ корпус высевающего аппарата
cupboard буфет; шкаф с закрывающимися дверками; стенной шкаф
  broom ~ шкаф для хранения щёток *или* метёлок
  court ~ комод на ножках; комод в дворцовом стиле
  game ~ буфет с отверстиями для вентиляции пищи и с наклонной крышкой

  hall ~ большой буфет в дворцовом стиле
  hanging ~ высокий шкаф, позволяющий вешать одежду в полную длину
  linen ~ шкаф для белья
  parlor ~ парадный шкаф *или* буфет
  press ~ большой буфет в дворцовом стиле
  rising ~ кухонный лифт; сервировочный столик
  spice ~ шкафчик *или* полка для специй
  table ~ сервант
cupola:
  look-out ~ *кан.* домик пожарного наблюдателя
  tower ~ *кан.* домик пожарного наблюдателя с вышкой
cupping 1. поперечное коробление (*вследствие усушки*) **2.** подсочка леса; операции по подготовке карры
cuprinol антисептический состав (*для пропитки древесины*)
cupulate чашевидный
curable:
  UV-~ отверждаемый под действием ультрафиолетового излучения
curb колпак (*барабана ролла*)
cure отверждение
curl 1. завиток (*порок древесины*) **2.** извилина; спираль ‖ извиваться, завивать
  leaf ~ курчавость листьев
  wood shaving ~s деревянные завитые стружки
curlate *меб.* обрабатывать волокно в завивочном аппарате, завивать волокно
curler маленький шарик массы
curly-grain свилеватость (*древесины*)
currant смородина (*Ribes*)
curricle кресло в форме открытой коляски (*Англия, нач. XIX в.*)
curtain 1. лаковая завеса (*в отделке мебели*) **2.** занавес
  hood ~ подъёмная панель в колпаке (*бумагоделательной машины*)
curvature кривизна; изгиб, извилина (*напр. дороги*)
  compound ~ сложная кривизна (*в виде сферы или яйца*)
  double ~ двойная кривизна

cut

single ~ одинарная кривизна, искривление в одном направлении
curve кривая, график, характеристика
cumulative growth ~ кумулятивная [совокупная] кривая роста (*дерева*)
cumulative height growth ~ кумулятивная [совокупная] кривая роста (*дерева*) в высоту
easement ~ переходная кривая (*пути*)
growth ~ кривая роста (*дерева*)
height ~ кривая высот (*деревьев*)
height increment ~ кривая прироста (*дерева*) в высоту
increment ~ кривая прироста
rope ~ прогиб [провес] каната
stress-strain ~ кривая зависимости деформации от напряжения
taper ~s кривые сбега (*деревьев*)
track ~ поворот дороги; кривая (*пути*)
transition ~ переходная кривая (*пути*)
curvidentate изогнутозубчатый (*о листе*)
curvifoliate изогнутолистный
cushion 1. подушка, опора 2. спружинить (*при падении дерева*)
felling ~ валочная подушка (*домкрат в виде подушки*)
loose ~ отдельная подушка (*дивана*)
lumbar ~ *меб.* подушка для опоры поясницы
scatter ~ отдельная подушка (*дивана или софы*)
cushioning 1. набивочный материал; набивка; мягкий настил 2. операция набивки; крепление мягких настилов к изделию мебели
fluid ~ надувная мягкая мебель
internal ~ набивочный материал, набивка
rubber ~ 1. обрезинивание 2. резиновое покрытие, резиновая прокладка; массивная шина (*резиновая шина, надеваемая на обод колеса*)
cusp острый выступ, кончик (*зуба*)
cuspidate(d) заострённый, остроконечный (*о листе*)
cut 1. рез, раскрой; пропил, распил ‖ резать 2. расчётная лесосека 3. рубка, валка (*леса*) ‖ рубить, валить 4. объём рубки (*за год, сезон и т.д.*) 5.

дор. выемка 6. фракция, погон 7. цел.-бум. сторонка 8. обрез (*кромки*) 9. насечка (*напр. напильника*) ◊ ~ for figure секторная разделка фанерного кряжа (*кряж разрезают по диаметру на две части, затем каждую половину еще на два сектора, от которых отпиливают сердцевинную и заболонную части*); ~ for stripe тупокантно-брусовая разделка фанерного кряжа (*для получения строганого шпона полосатой текстуры*); to ~ back разбавлять (*с целью понижения вязкости*); to ~ back to stump сажать на пень; to ~ clear вырубать дочиста, сводить лес (*сплошной вырубкой*); to ~ down срезать, срубать; to ~ grooves расширять подсочную рану; to ~ into operation вводить в эксплуатацию; to ~ off отрезать, отрубать; to ~ production time сокращать производственный цикл; to ~ short сажать на пень; to ~ sods снимать дёрн; to ~ trees валить [сводить] деревья
actual ~ фактическая расчётная годичная лесосека
allowable ~ расчётная годичная лесосека
allowable final ~ расчётная годичная лесосека главного пользования
allowable intermediate ~ расчётная годичная лесосека промежуточного пользования
angle ~ рез под углом
annual ~ 1. *амер.* годичная расчётная лесосека 2. годичная вырубка 3. годовой объём заготовки (*леса*)
back ~ 1. пропил; задний рез (*со стороны дерева, противоположной направлению валки*) 2. вырез в дереве со стороны, противоположной направлению валки (*напр. для установки валочного домкрата*)
bastard ~ грубый распил
belly ~ *австрал.* подпил, подруб
blaze ~ затёска (*на стволе*)
bottom notch ~ нижний рез подпила
butt ~ 1. комлевый рез (*первый рез от комля*) 2. комлевое бревно
calender ~s заломы (*дефект бумаги*)
chamfer ~ скошенный срез
clean ~ чистый [ровный] срез

117

cut

climb ~ попутное резание при вращении пильных дисков в направлении подачи лесоматериала
clipped ~ неровный обрез (*дефект бумаги*)
combination ~s *меб.* комбинированная поверхность, состоящая из перемежающихся выпуклых и вогнутых участков
concave ~ вогнутая канавка (*при обработке на токарном станке*)
conventional ~ обычный рез; встречный рез (*при вращении пильных дисков навстречу подаче лесоматериалов*)
convex ~ выпуклая закруглённая поверхность в виде бус (*получаемая при обработке на токарном станке*)
country ~ спецификация пиломатериалов, принятая в данной стране
cross-grained ~ поперечный разрез; поперечный распил
crosswise ~ поперечный разрез; поперечный распил
crown ~ тангентальный распил
dead smooth ~ бархатная насечка (*напильника*)
dead square ~ точный отрез (*на саморезке*)
dimension ~ раскрой в размер, раскрой на заготовки
directional ~ подпил
face ~ 1. торец, торцевой срез 2. первый рез (*при продольной распиловке брёвен*) 3. подпил (*дерева при валке*)
felling ~ *амер., австрал.* пропил, задний рез (*со стороны дерева, противоположной направлению валки*)
finish ~ чистовой проход, снятие чистовой стружки
four-pound ~ *уст.* лак, состоящий из четырёх фунтов смолы на галлон спирта (*около 453 г/л*)
frill ~s несгруппированные насечки (*на стволе*)
gouge ~ выемка (*для украшения поверхности*), сделанная долотом *или* стамеской
grain ~ длина отруба (*при резке рулонов*)
harvest ~ рубки главного пользования, главные рубки

heavy ~ 1. глубокая резка 2. снятие толстой стружки
hook ~s багорные наколы
intermediate ~ рубки промежуточного пользования, промежуточные рубки
leave-tree ~s рубки прореживания, (*сплошное*) прореживание (*в отличие от рубок полосами*)
length(wise) ~ продольный разрез; продольный распил
light partial ~s низкоинтенсивные выборочные рубки
lower ~ нижний рез (*подпила*)
main ~ пропил
middle ~s пиломатериалы, полученные из средней части бревна
miter ~ косой срез, ус
oblique ~ косой замок, косая прорезь
odor ~ пахучий погон; фракция, содержащая пахучие вещества
partial ~s несплошные рубки
periodic ~ 1. расчётная периодическая лесосека 2. периодическая рубка 3. устанавливаемый (*фактический*) объём периодической рубки
plumb ~ вертикальный рез
power ~ *см.* climb cut
prescribed ~ расчётная годичная лесосека
radial ~ радиальный распил (*параллельный направлению сердцевинных лучей*)
saw ~ распил, пропил
seat ~ горизонтальный рез
severing ~ срез
shear ~ срез
slab ~ первый рез (*при продольной распиловке брёвен*)
sloping ~ наклонный рез
splayed ~ скошенный срез
straight ~ прямой срез
top notch ~ верхний рез подпила
total ~ in one year общий объём годичной рубки
upper ~ верхний рез (*подпила*)
cut-and-fill возведение насыпи из грунта полезных выемок
cut-and-mitered профильный и скошенный
cutch *см.* catechu
cuticle кутикула, кожица
cut-in растворённый
cutin кутин

cutlass кустарниковый нож
cutlery:
  garden ~ садовый нож
cut-off 1. слепой рукав реки; старица; заводь **2.** искусственное спрямление сплавного пути
cutout выемка, выточка, прорезь
cutover 1. вырубленная лесосека, вырубка ‖ вырубленный (*о лесосеке*) **2.** *новозел.* неочищенная площадь (*лесосеки*)
cut-size прирезной (*о фанере*); раскроенный
cutter 1. режущий станок; режущий инструмент; резец, нож, фреза, резак; режущая головка **2.** *pl* кусачки **3.** зуб (*пильной цепи*) **4.** моторист мотопилы **5.** рабочий на валке, обрезке сучьев, раскряжёвке **6.** *цел.-бум.* саморезка, отсечка
  angle ~ **1.** угловой фрезерный станок; угловая шарошка **2.** *цел.-бум.* косоугольная саморезка
  blank ~ резательная машина для картонных заготовок
  block ~ ножевая головка
  bolinder ~ *фирм.* фреза для калёвок (*не меняющая профиль в процессе заточки*)
  brush ~ кусторез
  bush ~ кусторез
  carbide ~ режущая головка с карбидными *или* твердосплавными насадками
  cardboard reel ~ станок для резки рулонного картона
  circle ~ режущий инструмент для получения закруглённых поверхностей
  "cookie" ~ *амер.* устройство для обрезания корней (*работающее по принципу форм для вырезания печенья*)
  core ~ гильзорезательный станок
  corner ~ станок для обрезки углов
  cross ~ **1.** раскряжёвочное устройство **2.** *англ.* поперечная саморезка
  dispensable ~ съёмная ножевая головка
  double-flush ~ концевая фреза с роликовым копиром (*для одновременной обработки верхней и нижней кромок щита*)
  dovetail ~ шипорезная фреза
  duckbill ~ черенковый нож (*плуга*) с углублением для входа носка лемеха
  duplex ~ продольно-поперечный резательный станок
  duplex brush ~ сдвоенный каток-кусторез
  hanging ~ черенковый нож (*плуга*)
  head ~ головной режущий станок
  helical ~ **1.** серповидный нож **2.** режущая головка со спиральным расположением режущих насадок
  hogging ~ дробильный нож
  insert teeth ~ фреза со вставными зубьями
  knife ~ черенковый нож (*плуга*)
  mattress panel ~ станок для разрезки пенопласта для изготовления матрацев
  milling ~ фреза
  miter joint ~ железко рубанка для строжки фальцев (*под углом* 45^0)
  molding ~ калёвочный профильный нож; нож строгального станка; фасонная фреза
  planing ~ строгальный нож, строгальный резец, строгальная головка
  plug ~ **1.** резец для высверливания сучков **2.** нож для обрезки пробок
  pony roll ~ бобинорезательный станок
  printed web ~ резательный станок для бумаги с печатью
  quirk ~ резец для выборки желобков *или* галтели
  rag ~ **1.** тряпкорубка **2.** тряпкорубщик
  rebating ~ фрезерный станок для отбора четвертей *или* фальца
  rolling ~ дисковый нож
  rotary ~ роторный срезающий орган; режущий диск; фреза
  rotary cross ~ ротационная поперечная саморезка
  routing ~ фреза
  score ~ продольно-резательный станок с одним ножом
  scrub ~ **1.** кусторез **2.** кустоизмельчитель
  shaped ~ фасонный резец
  shaper ~ фреза
  sheet (square) ~ саморезка
  short web ~ станок для выпиливания коротких оконных переплётов

cutter

size ~ форматная бумагорезательная машина
skim ~ нож плуга
spring ~ станок для обрубки пружин
stock ~ 1. пильщик 2. обдирочная фреза 3. аппарат для резки макулатуры
sweat drier tail ~ нож для заправочной полоски у холодильного цилиндра
sweep ~ станок для вырезания пробок и затычек цилиндрической *или* конической формы
tail ~ отсечка для заправочной полоски (*на бумагоделательной машине*)
tenon ~ резец для шипов; шипорезная фреза
test strip ~ гильотина, приспособление для резки полос
tie ~ рабочий на выработке шпал
timber ~ лесоруб, лесозаготовитель; вальщик, моторист бензопилы
tube ~ гильзорезательный станок
turf ~ дернорез
waste ~ рабочий на раскрое отходов
web-sheeting ~ листовая саморезка
winged ~ фреза с подвижными резцами
wire ~ проволочное устройство для резания (*пенопластов*)
wire rope ~ устройство для рубки (*перерубки*) каната
wood-milling ~ фрезерный режущий орган
cutterblock ножевая головка, режущая головка
staggered ~ спиральная режущая головка с расположением режущих элементов в шахматном порядке; кукурузная режущая головка
vice grip ~ режущая головка с кулачковым зажимным патроном
cutterguard ограждение ножевой головки; ограждение фрезы
cutterhead ножевая головка, режущая головка
cutter-slitter:
in-line ~ продольно-поперечный резательный станок
cutter-slitter-folder-stacker саморезка с листоукладчиком
cutter-winder резательно-намоточный станок (*для обоев*)

cut-through просека
cutting 1. резание, срезание, обрезка (*напр. побегов*); распиловка 2. рубка, рубки; валка (*леса*) (*см. тж.* felling) 3. *pl* обрезки, стружки; лесосечные отходы (*вершинки, сучья*) 4. черенок, отводок 5. *pl* траншеи для дренажных труб 6. раскрой (*плит*)
◇ ~ at an angle распиловка под углом; ~ back укорачивание, обрезка (*стволов, ветвей, корней*); ~ into lengths разделка на сортименты; раскряжёвка; ~ series серийная рубка леса (*при длительном равномерном пользовании*); ~ to a diameter limit рубка до определённого диаметра
~ of board раскрой картона
~ of narrow strips разрубка волокон [лент]
abrasive ~ калибрование
accretion ~ проходные рубки
across-the-heart ~ 1. секторная разделка фанерного кряжа без последующего отпиливания сердцевинной части 2. радиальная распиловка
bay ~ вырубка искривлённых деревьев
block ~ раскряжёвка на сортименты (*оторцованного лесоматериала*)
border ~ пограничные [каёмчатые] рубки
bore [boring] ~ пиление торцом пильной шины; пиление методом тарана; пиление в торец
branch ~ 1. обрезка сучьев 2. черенок из ветви
brush ~ вырубка кустарника
bulk ~ резание в пакете [в пачке]
butt ~ оторцовка (*лесоматериала*)
chip-free ~ безотходное резание
clean(ing) ~ рубки ухода
clear ~ 1. сплошнолесосечная [сплошная] рубка 2. *pl* отборные пиломатериалы
clear ~ with artificial reproduction сплошная рубка с последующим искусственным возобновлением
clear ~ with natural reproduction сплошная рубка с последующим естественным возобновлением
comb-teeth ~ прорезывание зубьев гребней (*деревянных*)

cutting

coppice ~ рубка с порослевым возобновлением
corner ~ боковой рез (*подрезание спиливаемого дерева поочередно с каждой стороны пропила*)
cross ~ 1. поперечная распиловка; разделка долготья, раскряжёвка 2. *цел.-бум.* поперечная резка
crown thinning ~ вырубка деревьев господствующего класса, мешающих росту молодняка
deep ~ 1. раскрой (*пиломатериала*) по толщине, роспуск 2. распиловка брусьев на тонкие доски *или* рейки
diameter-limit ~ рубка от допустимого диаметра
die ~ *меб.* обрезка грата; обрезка мундштука; разделение формованных деталей
dormant ~s черенки твёрдолиственных пород
economic selection ~ рентабельные выборочные рубки
end-grain ~ поперечный разрез
excessive ~ чрезмерная [хищническая] рубка; переруб (*расчётной лесосеки*)
exploitation ~ *амер.* рубка леса, преследующая узкокоммерческие цели (*без учёта лесовозобновления*)
extraordinary ~ внеочередная рубка
final ~ 1. главное пользование лесом 2. окончательная рубка; окончательный приём постепенной рубки 3. рубка семенных полос *или* деревьев 4. сплошная рубка
flat ~ раскрой (*пиломатериалов*) по ширине
flush ~ 1. обрезка [обрубка] ветвей заподлицо 2. резание в плоскости движения пилы
gap ~ котловинные рубки
girth-limit ~ рубка от допустимого диаметра [от допустимой длины окружности] ствола
grass ~ **in forest** лесной покос
group(-selection) ~ группово-выборочные рубки
half-round ~ резание (*ножевого шпона*) с движением бруса по половине окружности
handsaw ~ пиление ручной пилой

hardwood ~ рубка твёрдолиственных пород
harvest ~ 1. рубки главного пользования; рубка спелого леса 2. лесозаготовки
hinge-seat ~ вырезание гнёзд под петли
improvement ~ рубки ухода
intermediate ~ рубки ухода; промежуточные рубки
lateral ~ обрезка боковых корней
length ~ продольная распиловка
liberation ~ рубки осветления, осветление
liquidation ~ сплошная рубка
maturity selection ~ выборочная рубка спелых деревьев
miter ~ заусовка, резание под углом
partial ~ несплошные рубки
path ~ *кан.* группово-выборочные рубки
pattern ~ вырезание по копиру
plunge ~ глубокое пиление; глубокий рез
preparatory ~ подготовительные рубки (*перед окончательным приёмом постепенных рубок — для лучшего обсеменения*)
progressive ~ рубки с оставлением подроста *или* семенников
rebate ~ отбор четверти
regeneration ~ лесовосстановительные [лесовозобновительные] рубки; обсеменительный приём постепенной рубки
release ~ рубки осветления, осветление
removal ~ рубки осветления, осветление
reproduction ~ лесовосстановительные [лесовозобновительные] рубки, обсеменительный приём постепенной рубки
reserve ~ сплошная рубка с оставлением семенных деревьев (*при ведении среднего хозяйства*)
root-and-shoot ~ *англ.* вегетативный черенок
rooted ~ укоренившийся черенок
salvage ~ 1. рубки сухостойных и повреждённых деревьев (*пока древесина пригодна для использования*) 2. освоение недорубов

121

cutting

sanitation (salvage) ~ санитарные рубки
scrub ~ рубка кустарника
seed (tree) ~ семенолесосечные рубки
select ~ выборочные рубки
select group ~ группово-выборочные рубки
selection ~ выборочные рубки
selection zero margin tree ~ вырубка коммерчески оправдывающих себя деревьев
selective ~ выборочные рубки; подневольно-выборочные рубки; промышленно-выборочные рубки; приисковые рубки (*от диаметра, по породам и т.п.*)
severance ~ проходные рубки; охранные рубки
shelterwood ~ семенолесосечные рубки
shoot ~ побеговый черенок
side ~ 1. обрезка боковых корней 2. осуществление бокового реза (*для уменьшения сколов при валке*)
small-tree clear ~ сплошная рубка тонкомерных деревьев
staggered ~ группово-выборочные рубки
stay log ~ резание (*ножевого шпона*) с движением бруса по половине окружности
stem ~ стеблевой черенок
step-repeat ~ ступенчатый раскрой
strip ~ сплошная полосная рубка
table (textile) ~s текстильные обрезки
tangential ~ тангентальная распиловка
tending ~ рубки ухода
thinning selection ~ выборочное прореживание
timber cross ~ раскряжёвка, разделка долготья
top ~ раскряжёвка вершин деревьев
two-stage ~ двухприёмная постепенная рубка
waterjet ~ резание с помощью водяной струи
window-stile-pocket ~ вырезание гнёзд в оконных косяках
winter ~ зимняя рубка

wood ~ резание древесины
cutting-back 1. обрезка, укорачивание 2. прореживание (*молодых деревьев*)
cutting-down подсечка, подрубка
cut-to-size обработанный в соответствии с размерами; раскроенный по определённой схеме, соответствующей карте раскроя
cycle цикл, период
beater ~ оборот ролла
biological ~ биологический круговорот
carbon ~ круговорот углерода
chipping ~ пауза между подновками
cooking ~ продолжительность варки
cutting ~ 1. оборот рубки; интервал между рубками 2. срок примыкания лесосек
felling ~ 1. оборот рубки; интервал между рубками 2. срок примыкания лесосек
growth ~ цикл роста; цикл развития
hydrologic(al) ~ круговорот воды
life ~ генерация, жизненный цикл
liquor ~ процесс сжигания щёлока
nitrogen ~ круговорот азота
planting ~ цикл посадки (*сеянца, саженца*)
replanting ~ цикл восстановления (*лесопосадок*)
thinning ~ повторяемость рубок ухода
vital ~ генерация, жизненный цикл
water ~ круговорот воды
cycling 1. цикл 2. круговорот (*веществ*)
Cycolac фирм. циколак (*смолы на основе акрилобутадиенстирола*)
cylinder 1. барабан (*ролла*) 2. цилиндр
clamp (crowd) ~ гидроцилиндр для зажима деревьев в трелёвочном захвате
creping ~ крепирующий цилиндр
decker ~ цилиндр сгустителя
lower-knife ~ нижний ножевой диск (*стружечного станка*)
machine glazed [machine glazing] ~ лощильный цилиндр
planting ~ трубка для выращивания сеянцев
reel ~ тамбур наката
shear ~ гидроцилиндр привода ножей (*бесстружечного резания*)

damage

softening ~ увлажнительный барабан
steam-jacketed ~ цилиндр с паровой рубашкой
stereo ~ пластиночный цилиндр
strainer ~ сеточный цилиндр узлоловителя
sweat ~ холодильник
thickening ~ цилиндр сгустителя
upper-knife ~ верхний ножевой диск (*стружечного станка*)
Yankee drying ~ лощильный цилиндр

cyme *бот.* щиток, полузонтик; ложный зонтик
cymene цимол
cypsela *бот.* семянка
cyst циста; межклетники в древесине (*схизогенные или лизигенные*)
gum ~ камедная циста
resin ~ смоляная циста
cystolith цистолит (*вырост клеточной оболочки, пропитанный образованиями, включающими карбонат кальция*)
cytoplasm цитоплазма, протоплазма

D

dabble опрыскивать, орошать
Dacron *фирм.* дакрон (*полиэфирное волокно*)
dado 1. панель ‖ обшивать панелями 2. расписывать панель 3. выбирать пазы
dagger:
planting ~ посадочный кол
dam 1. ламба, плотина, перемычка ‖ заграждать, запруживать 2. порог (*дефибрера*) ◇ to ~ out отводить воду плотиной; to ~ up 1. подниматься (*о воде*) 2. подпирать плотиной
brush ~ хворостяная плотина (*противоэрозионная*)
check ~ запруда, противопаводковая плотина; противоэрозионная плотина
crib ~ ряжевая плотина
cutaway ~ лесосплавная плотина

debris ~ наносозадерживающая дамба
faggot ~ фашинная плотина
fascine ~ фашинная плотина
fixed ~ глухая плотина
gate ~ щитовая плотина
horse ~ временная запруда из брёвен
mattress ~ хворостяная плотина (*противоэрозионная*)
movable ~ разборная плотина; щитовая плотина
pile ~ свайная плотина
raft ~ плотина из брёвен
shallow ~ цел.-бум. перегородка (*в песочнице*)
sluice ~ щитовая плотина
stock level control ~ цел.-бум. порог для регулирования уровня массы
weir ~ водосливная плотина
damage повреждение, дефект, порок; скол ‖ повреждать, наносить ущерб
◇ ~ by rime повреждение от инея
ambrosia beetle ~ повреждение, вызываемое древесинником
beehole borer ~ круглая червоточина, содержащая труху (*встречается в тиковом дереве и других породах*)
beetle ~ червоточина
butt ~ повреждение комля (*при валке*); скол (*в комлевой части дерева*)
catalist ~ отравление катализатора
chips ~ повреждённость [смятие] частиц щепы (*от действия передней грани резца в процессе резания*)
death watch beetle ~ червоточина, вызываемая жуком-точильщиком (*встречается в лиственной древесине умеренного пояса*)
driving ~ повреждения деревьев в процессе перевозки сортиментов (*на рубках ухода*)
environmental ~ ущерб, наносимый окружающей среде
felling ~ повреждения деревьев в процессе машинной валки (*на рубках ухода*)
fire ~ ущерб, причинённый пожаром
fume ~ повреждение газом *или* дымом
in-plant ~ производственный дефект
lightning ~ повреждение (*деревьев*) молнией
longhorn beetle ~ червоточина оваль-

123

damage

ной формы (*заполненная трухой в виде цилиндрических частичек*)
lymexylid ~ *лат.* круглая червоточина (*диаметром около 3,2 мм*)
marine borer ~ повреждение, вызываемое морскими древоточцами
mechanical ~ **to bark** обдир коры
shear butt ~ повреждение комлевой части (*дерева*) при срезании ножами
smoke ~ повреждение дымом
stroke ~ повреждения деревьев манипулятором *или* харвестерной головкой (*при рубках ухода*)
wind ~ повреждение ветром
wood-boring weevil ~ неокрашенная червоточина овальной формы (*заполненная трухой в виде гранул*)
woodwasp ~ червоточина, вызываемая жуком-рогохвостом
woodworm ~ повреждение, вызываемое личинками древоточца
damar 1. дамар(а) (*группа натуральных смол для приготовления прозрачного лака для отделки древесины*) 2. древесные породы, содержащие дамар(у)
damascening, damaskeening инкрустация металлической жилкой
damboard выпускная щель, линейка
damp 1. сырость, влажность ‖ сырой, влажный 2. демпфировать; гасить (*колебания*); амортизировать ◇ ~ **out** демпфировать; гасить (*колебания*); амортизировать
dampener увлажняющий валик
vibration ~ гаситель колебаний
damper 1. демпфер, глушитель 2. увлажнитель
flow ~ *спл.* гаситель
shock ~ амортизатор
vibration ~ антивибратор, гаситель колебаний
damping 1. демпфирование; гашение (*колебаний*); амортизирование; затухание ‖ демпфирующий; амортизирующий; затухающий 2. увлажнение; смачивание
built-in vibration ~ встроенная система виброгашения
spring-loaded peg ~ глушение звука путём рычажного крепления режущей головки на шпинделе *или* валу
damp-proof влагонепроницаемый

dancer 1. тонкий кол для натяжения цепи (*закладываемый между рамой и грузовой цепью четырёхколёсного прицепа*) 2. натяжной валик (*для бумажного полотна*)
dandy равнитель, равнительный валик, дендироль
plain ~ веленевый равнительный валик
danger:
constant ~ факторы постоянной пожарной опасности
variable (fire) ~ переменные факторы пожарной опасности
dank влажный, сырой; илистый
dap зарубка
dapper станок для выборки пазов
Darvic *фирм.* дарвик (*жёсткий листовой поливинилхлорид*)
dasher мутовка
data данные, сведения, показатели
extensive ~ исчерпывающие данные
growth ~ показатели роста
pulping ~ показатели варки
dauby клейкий, липкий
davenport 1. изящный письменный столик 2. диван-кровать; кушетка
dawk зарубка, засечка (*на бревне*) ‖ делать зарубку
day 1. день ‖ дневной 2. подённый 3. рабочий день 4. сутки 5. *pl* период времени 6. секция оконного переплёта (*с отдельным стеклом*) ◇ **per man** ~ на человеко-день
effective working ~ день эффективной работы; эксплуатационное время работы за смену
day-bed кушетка без спинки с пружинной сеткой и подлокотниками
daylight 1. просвет, проём; пролёт (*пресса*) 2. этаж [плита, ярус] пресса
dead 1. сухой, сухостойный (*о лесе*) 2. точный (*о размерах*) 3. матовый 4. мёртвого помола (*о массе*)
dead-and-down сухой стоящий на корню и сухой поваленный (*о лесе*)
deaden 1. ослаблять, глушить 2. кольцевать (*дерево*)
deadener 1. глушитель 2. тормозное бревно (*на лесоспуске*)
deadening 1. *амер.* кольцевание де-

debris

ревьев 2. звуконепроницаемый, заглушающий
deadfall ветровал, валежник
deadhead *амер.* 1. топляк (*затонувшее бревно*); бревно, которое не держится на плаву 2. бревно, служащее томбуем якоря
dead-load без дополнительного прижима (*о вале*)
deadman 1. мертвяк, зависшее дерево 2. анкерная свая
dead-ripe созревший
dead-smooth бархатный (*о распиле*)
dead-square точного квадратного сечения
deadwater *спл.* участок реки без течения
deadwork 1. непродуктивная подготовительная работа 2. надводная часть нагруженного судна
deaerate деаэрировать, удалять воздух
deafforest изымать лесную площадь из пользования
deal 1. хвойная древесина 2. *pl* дильсы (*еловые или сосновые доски толщиной 47,6-101,6 мм, шириной 228,6-279,4 мм*)
  bright ~s светлые доски без синевы
  joiner's ~s столярные доски, отборный пиломатериал для столярных работ
  red ~ сосновая древесина
  white ~ древесина ели обыкновенной и пихты белой
  yellow ~ сосновая древесина
dealer посредник (*между производителем и потребителем*)
  pulpwood ~ посредник, покупающий лесоматериалы у лесозаготовителя и продающий их потребителю
  timber ~ лесоторговец
dean овраг, балка; глубокая долина, поросшая лесом
debacle 1. вскрытие реки 2. прорыв реки (*через плотину*)
debark 1. окорять 2. высаживать(ся); выгружать (*на берег*)
debarked окоренный
debarker 1. окорочный станок, окорочная машина 2. цел.-бум. короообдирка
  billet ~ окорочный станок для чураков

  cambium-shear(-type) ~ роторный окорочный станок
  chain flail ~ 1. цепной окорочный станок (*ударного типа*) 2. цепная окорочная машина
  drum(-type) ~ барабанная окорочная машина
  field ~ передвижная окорочная машина (*для окорки лесоматериалов на лесосеке*)
  hammer ~ 1. кулачковый окорочный станок 2. кулачковая короообдирка
  hydraulic slab ~ гидравлический окорочный станок для горбылей
  mechanical disk(-type) ~ дисковый (*ножевой*) окорочный станок
  ring (log) ~ роторный окорочный станок
  ring-type ~ роторный окорочный станок
  rosser(-type) ~ окорочный станок с вращением бревна
  two-section drum ~ двухсекционный окорочный барабан
  water-jet ~ струйно-гидравлический окорочный станок
debarking окорка ◇ ~ **by attrition** окорка трением; ~ **in patches** пятнистая окорка; ~ **in strips** пролыска (*снятие коры продольными полосками*)
  chemical ~ химическая окорка
  chip ~ окорка щепы
  compression ~ компрессионная окорка (*с целью очистки стружки и щепы от остатков коры*)
  friction ~ окорка трением
  ultimate ~ чистая окорка
debranch обрезать сучья, очищать деревья от сучьев
debranching обрезка сучьев, очистка деревьев от сучьев
debris 1. остатки массы, остатки бумаги 2. органические остатки, отходы 3. лесосечные отходы (*сучья, ветви, хвоя, листья, фаутные и сухостойкие деревья, обломки стволов*)
  felling ~ порубочные остатки
  forest ~ лесные горючие материалы
  hazardous ~ пожароопасные горючие материалы
  leaf ~ лиственный опад
  logging ~ *см.* debris 3.

125

debris

mill ~ отходы машинной обработки (*древесины*)
plant ~ растительные остатки
debt долг, задолженность; обязательство
 outstanding ~ неуплаченный (*непогашенный*) долг
debudding удаление почек (*с ветвей*)
deburr снимать заусенцы [грат]
decadent бревно с гнилью (*в котором 30% и более древесины не пригодно для получения пиломатериалов*)
decalcomania 1. декалькомания; отделка переводным методом; получение переводных картинок 2. переводная бумага, бумага для декалькомании
decals переводная бумага, бумага для декалькомании
decant декантировать, сцеживать
decantation:
 continuous countercurrent ~ непрерывная противоточная декантация
decapitation декапитация, удаление вершины
 ~ of crown удаление кроны
decay 1. гниение ‖ гнить, разлагаться 2. гниль (*древесины*)
 advanced ~ промежуточная [вторая] стадия гниения (*древесины*)
 complete ~ конечная [третья] стадия гниения (*древесины*)
 destruction ~ промежуточная [вторая] стадия гниения (*древесины*)
 incipient ~ начальная [первая] стадия гниения (*древесины*)
 intermediate ~ промежуточная [вторая] стадия гниения (*древесины*)
 invasive ~ начальная [первая] стадия гниения (*древесины*)
 primary ~ начальная [первая] стадия гниения (*древесины*)
 typical ~ промежуточная [вторая] стадия гниения (*древесины*)
decaying 1. разлагающийся, гниющий 2. начинающий засыхать
decay-resistant устойчивый к загниванию (*о древесине*)
decidulignosa сообщество листопадных древесных и кустарниковых пород
deciduous 1. опадающий, осыпающийся 2. лиственный, листопадный
deck 1. помост, площадка ‖ опускать груз на площадку 2. настил моста 3. склад ‖ складировать 4. штабель ‖ штабелевать 5. эстакада (*для укладки брёвен перед подачей их на распиловку*) 6. сито (*в сортировке*) 7. ярус (*в сушилке*) ◇ to ~ up штабелевать (*брёвна*)
 buble ~ тарелки барботажной колонны
 cold ~ промежуточная площадка с накоплением лесоматериалов (*у пня, на волоке*)
 cross ~ поперечная эстакада
 heading log ~ эстакада для брёвен перед брусующим станком
 hot ~ промежуточная площадка без накопления лесоматериалов (*у пня, на волоке*)
 inbound ~ эстакада для подачи заготовок (*на линию строгания*)
 inclined ~ наклонный настил (*лесотранспортёра*)
 inclined sorting ~ наклонная сортировочная платформа
 infeed ~ эстакада для подачи брёвен; питающая площадка
 live ~ 1. приёмная площадка (*лесотранспортёра или др. механизма*) для кратковременного хранения 2. лесопил. подвижная эстакада
 loading ~ погрузочная эстакада
 log ~ 1. площадка для разгрузки брёвен 2. штабель брёвен
 machinery ~ поворотная платформа погрузчика
 mill ~ площадка для разгрузки брёвен
 receiving ~ приёмная площадка
 roll ~ площадка для рулонов
 saw ~ площадка для распиловки
 slab transfer ~ транспортёр для отвода горбыля
 storage ~ накопительная эстакада; накопитель брёвен
deckel *см.* deckle
decker сгуститель
 couch roll ~ шаберный сгуститель
 open cylinder couch roll ~ шаберный сгуститель с открытым цилиндром
 valveless ~ безвентильный сгуститель
decking 1. настил, платформа 2. палубный материал, материал для настила 3. штабёлевка; окучивание лесоматериалов на складе 4. выравни-

deflection

вание комлей окучиваемых лесоматериалов
bridge ~ проезжая часть моста
cold ~ складирование древесины на промежуточном складе
deckle 1. декельная рама (*черпальной формы*) 2. декель 3. ширина (*бумажного полотна*) 4. кромка (*бумажного полотна*)
air ~ воздушная отсечка
double ~ двойная отливная кромка (*у бумаги машинной выработки*)
jet ~ кромка (*бумажного полотна*) от гидравлической *или* воздушной отсечки
decline 1. склон, наклон ‖ наклоняться 2. снижение, падение
chlorotic ~ хлоротическое ослабление хвои (*под воздействием озона*)
nitrogen ~ потеря азота, денитрификация
declining 1. начинающий засыхать 2. перестойный (*о лесе*)
decolorization обесцвечивание, осветление
decompose распадаться, гнить, разрушаться
decomposer редуцент (*организм, разлагающий органическое вещество*)
decomposition разложение, распад, гниение
microbial ~ of complex organic matter ~ разложение комплекса органических веществ микроорганизмами
decompound многораздельный, многосложный, повторносложный
decoration украшение, декор; *меб.* декоративная (про)стёжка
Decorplast *фирм.* бумажнослоистый пластик, облицованный меламиновой плёнкой
decorticator декортикатор, волокноочиститель
decrease 1. уменьшение, понижение, падение ‖ ⁻уменьшать(ся), падать, ослабевать 2. сбежистость ◇ ~ in color улучшение цветности (*канифоли, таллового масла*)
decrement 1. успокоение, затухание, демпфирование 2. уменьшение; степень убыли
deculator декулятор (*аппарат для удаления воздуха из массы*)

decumbent стелющийся, ползучий
deduction:
bark ~ вычитание толщины коры (*при измерении диаметра ствола*)
degrade ~ снижение качества (*древесины*) из-за дефектов
dedusting удаление пыли
dee 1. зарубка на конце бревна (*для удержания прицепной цепи*) 2. рым, прицепное кольцо, D-образное кольцо
deed 1. дело, документ, акт, запись 2. *амер.* документная бумага
timber ~ документ на приобретение *или* владение лесом (*без права на землю*)
deep глубина, мощность (*почвы*) ‖ глубокий, мощный (*о почве*)
deep-buttoned с глубокой простёжкой
deepness глубина, мощность (*почвы*)
deep-rooting глубококорневой
defatting обезжиривание
defecate очищать, осветлять
deferent отводящий канал
defibering роспуск волокнистых полуфабрикатов
defiberize 1. разделять на волокна; превращать в волокнистую массу 2. распускать волокнистые полуфабрикаты
defibration 1. разделение на волокна (*напр. макулатуры*) 2. роспуск волокнистых полуфабрикатов
thermo-mechanical ~ размол по термомеханическому способу
defibrator дефибратор
Asplund ~ дефибратор Асплунда
deflaker дефлокулятор (*центрифуга для отделения коллоидных частиц*)
deflation дефляция (*сдувание почвы*)
deflect 1. отклонять(ся), склонять 2. сгибать, прогибать, провисать 3. отводить (*воду*)
deflection 1. прогиб (*каната в середине пролёта*); стрела прогиба 2. отклонение
apron lip ~ прогиб нижней стенки выпускной губы напорного ящика
creep ~ *меб.* прогиб свыше предела текучести
indent load ~ неравномерная деформация (*пенопластов*) под действием нагрузки

127

deflection

loaded midspan ~ провес каната под нагрузкой в середине пролёта
deflector 1. дефлектор 2. шабер 3. отражатель 4. отбойный лист *или* зонт
brush ~ устройство (*на тракторе*) для отклонения кустарника
debris ~ отражатель порубочных остатков (*у бульдозерного полотна трактора*)
deflinting:
black liquor ~ обескремнивание чёрного щёлока
deflocculate дефлокулировать, измельчать хлопья
deflored 1. отцветающий 2. с удалёнными цветками
defoam уничтожать пену
defoamer пеногаситель
flake ~ хлопьевидный пеногаситель
defoliate удалять листья ‖ обезлиственный
defoliation потеря листьев, дефолиация, обезлиствление, листопад
deforest вырубить лес, обезлесить
deforestation вырубка леса, обезлесение
deformation деформация, изменение формы; коробление
linear permanent ~ of paper остаточная линейная деформация бумаги
permanent ~ остаточная деформация
degasifier, degasser дегазатор (*аппарат для дегазации бумажной массы*)
degradability расщепляемость
degradation 1. ухудшение, деградация (*напр. почвы*) 2. уменьшение
environmental ~ ухудшение качества [деградация] окружающей среды; экологическая деградация
degreaser средство для обезжиривания; обезжиривающее средство
fabric ~ средство для очистки [обезжиривания] ткани
degree 1. градус 2. степень 3. относительное количество 4. пропорция, доля 5. сорт, качество
~ of air saturation относительная влажность воздуха
~ of bleaching степень отбелки
~ of breakdown степень распада [разложения]

~ of closeness полнота насаждения, степень сомкнутости
~ of cover густота растительного покрова
~ of decomposition степень распада [разложения]
~ of density полнота насаждения, степень сомкнутости
~ of purification степень очистки (*сточных вод*)
~ of quality класс товарности (*насаждений*)
~ of saturation степень насыщения
~ of sharpening глубина насечки (*дефибрерного камня*)
~ of soil disturbance степень повреждения почвы
~ of stocking полнота насаждения, степень сомкнутости
~ of tapering сбежистость (*ствола*)
~ of unsaturation степень ненасыщенности
chemical pulp average polymerization ~ средняя степень полимеризации целлюлозы
digester wood charge ~ степень наполнения варочного котла
humidity ~ степень влажности
paper sizing ~ степень проклейки бумаги
pulp cooking ~ степень делигнификации волокнистого полуфабриката
pulping ~ степень делигнификации волокнистого полуфабриката
semichemical pulp cooking ~ степень делигнификации полуцеллюлозы
sizing ~ степень проклейки
degum удалять камедь [смолу], обессмоливать
dehiscence раскрывание, растрескивание (*напр. сухого плода*)
dehiscent открывающийся растрескиванием (*напр. о сухом плоде*)
dehorn 1. повторно маркировать брёвна 2. коротко обрезать ветви
dehorning обрезка ветвей
dehumidifier осушитель
dehydrogenase дегидрогеназа (*фермент*)
dehydropolymerizate биосинтетический лигнин
deinker вещество для облагораживания

макулатуры; вещество для отмывания печатной краски
delamination расслоение, отслаивание
  internal ~ внутреннее расслоение
delay задержка, простой, замедление, запаздывание, отсрочка ‖ задерживать, замедлять, откладывать
  move ~ затраты времени на переезды
  nonmechanical ~ организационнй [технологический] простой (*не связанный с неисправностью машин*)
  operational ~ организационный [технологический] простой (*не связанный с неисправностью машин*)
delignification делигнификация
  progressive ~ ступенчатая делигнификация
delimb обрезать сучья, очищать (*деревья*) от сучьев
delimber сучкорезная машина *или* установка, сучкоруб
  continuous-feed ~ сучкорезный механизм [сучкорезная машина] с непрерывной подачей
  field ~ передвижная сучкорезная машина (*для очистки деревьев от сучьев на лесосеке*)
  flail ~ сучкорезная машина с цепным рабочим органом
  mass ~ машина для групповой обрезки сучьев
  multistem ~ машина для групповой обрезки сучьев
  tree length ~ сучкорезная машина
delimber-bucker сучкорезно-раскряжёвочная машина
delimber-bucker-buncher сучкорезно-раскряжёвочно-пакетирующая машина
delimber-buncher сучкорезно-пакетирующая машина
delimber-crosscutter сучкорезно-раскряжёвочная машина
delimber-topper buncher машина для обрезки сучьев, вершин и пакетирования хлыстов
delimbing обрезка сучьев, очистка (*деревьев*) от сучьев
  multiple-stem ~ групповая обрезка сучьев, обрезка сучьев с пачки деревьев
  multistem ~ групповая обрезка сучьев

delinter:
  paper ~ пылеудалитель для бумаги
deliquation разжижение
delivery 1. доставка, подвозка 2. питание, снабжение ◇ ~ **to stockpile** подвозка на верхний склад
  alongside ~ выгрузка (*леса*) с борта судна на набережную
  overside ~ выгрузка (*леса*) с судна в лихтеры *или* на баржу
  timber ~ доставка лесоматериалов
dell лесистая ложбина, лесистая долина
Delrin *фирм.* делрин (*полиформальдегидная смола*)
demand требование, спрос ‖ требовать
  biochemical oxygen ~ биохимическая потребность в кислороде, БПК
  biological oxygen ~ биологическая потребность в кислороде, БПК
  chemical oxygen ~ химическая потребность в кислороде, ХПК
  foresters ~ лесоводственные требования (*к технологическим процессам*)
  recreational ~ требование сохранения лесной среды для отдыха
demander:
  light ~ светолюбивое растение
demister каплеотбойник
demolding удаление [вынимание] из пресс-формы
demulsifying разрушение эмульсии
den гнездо планки (*в ванне ролла*)
dendriform древовидный
dendritic 1. древовидный 2. ветвящийся
dendrochore дендрохора, зона лесов
dendrochronology дендрохронология
dendrograph дендрограф
  recording ~ самопишущий дендрограф
dendroid древовидный
dendrology дендрология
dendrometer дендрометр
  band ~ ленточный дендрометр
  dial gauge ~ дендрометр с циферблатной шкалой
  range-finder ~ дальномер-дендрометр
  recording ~ дендрограф
dendrometry дендрометрия, лесная таксация
dene *англ.* 1. глубокая долина 2. приморская песчаная полоса

denitrifier

denitrifier денитрификатор, денитрифицирующая бактерия
dennibloc *фирм.* денниблок (*столярная плита*)
Dennilam *фирм.* деннилам (*ламинированная плита*)
dense плотный, густой
densification:
  edge ~ уплотнение кромок
densimeter денси(то)метр (*прибор для измерения плотности или пористости бумаги*)
density 1. полнота, густота (*насаждения*) **2.** плотность; средняя плотность (*напр. почвы*)
  ~ **of forest transportation network** густота лесной транспортной сети; густота сети лесных дорог
  ~ **of stocking** полнота, густота (*напр. насаждения*)
  ~ **of undergrowth** густота подроста
  ~ **of wood** плотность древесины
  absolute dry wood ~ плотность абсолютно сухой древесины
  air-dry ~ плотность воздушно-сухой древесины
  apparent ~ плотность почвы
  attack ~ интенсивность заселения (*насекомыми*)
  basic ~ плотность абсолютно сухой древесины
  canopy ~ сомкнутость полога (*1. по площади проекции полога 2. по сумме площадей проекций крон деревьев*)
  conventional wood ~ условная плотность древесины
  crop ~ полнота насаждения
  crown ~ сомкнутость крон
  forest ~ запас древесины (*на единице площади*); полнота (*насаждения*)
  green ~ плотность свежесрубленной древесины
  nominal ~ плотность абсолютно сухой древесины
  planting ~ густота посадки
  point ~ точечная полнота (*насаждения*)
  population ~ плотность популяции
  pulp ~ концентрация бумажной массы
  relative ~ относительная полнота (*в % от запаса нормального насаждения*)
  sampling ~ плотность выборки
  seedbed ~ густота посевов
  seeding ~ густота посевов
  shade ~ освещённость в лесу
  sowing ~ густота посевов
  stand ~ полнота насаждения
  stock ~ концентрация бумажной массы
  wood substance ~ плотность древесинного вещества
dent 1. зарубка, нарезка ‖ нарезать **2.** зуб, зубец ‖ зазубривать **3.** выемка, выбоина ‖ проминать(ся), вдавливать(ся)
denticle зубчик
denticulate 1. мелкозубчатый (*о листьях*) **2.** зазубривать, делать зубцы
denudation обнажение смывом, денудация
deoxidant восстановитель
department 1. отдел, отделение, цех **2.** участок
  ~ **of forestry** лесное управление, лесная инспекция
  assembling ~ сборочный цех
  chipping ~ рубильное отделение, цех по производству щепы
  cooking-acid ~ кислотный отдел
  finishing ~ отделочный цех
  varnishing ~ малярный цех
depitching обессмоливание массы
depletion истощение, уменьшение
  ~ **of fertility** истощение плодородия
  ~ **of nutrients** потеря [вымывание, вынос] питательных веществ
  average annual stand ~ средний годичный объём вырубки запаса насаждения (*за весь период рубок ухода*)
  periodic stand ~ периодическое изреживание насаждения (*при рубках ухода*), периодическое промежуточное пользование лесом
deposit 1. шлам, отстой; отложение; осадок; налёт **2.** запас **3.** *pl* инкрустирующие вещества
  mineral ~ минеральное включение (*дефект древесины*)
  oil ~ нагар
deposition:

spray ~ *меб.* заливка (*смолы в пресс-форму*) методом распыления
depot 1. управление лесозаготовительного участка 2. склад, складское помещение
collecting ~ склад, биржа
forest ~ склад лесоматериалов; лесной склад; верхний склад
industrial log ~ нижний склад
logging ~ лесопункт, лесоучасток
lower ~ нижний склад
maintenance ~ ремонтная мастерская
timber ~ склад лесоматериалов; лесной склад
upper ~ верхний склад
wood ~ место складирования древесины
deprecated с гнилой сердцевиной
depredator вредитель
depressed 1. сдавленный, сплющенный 2. подавленный, угнетённый (*напр. о растении*)
depth 1. глубина 2. густота (*леса*) 3. толща, мощность (*почвы*)
~ of application глубина внесения (*удобрений*)
~ of colter заглубление сошников
~ of cut 1. высота пропила, глубина резания 2. высота среза 3. толщина снимаемого за один проход слоя древесины
~ of drilling глубина высева [заделки] (*семян*)
~ of floating route глубина лесосплавного хода
~ of horizons мощность горизонтов (*почвы*)
~ of seeding глубина высева [заделки] (*семян*)
~ of sharpening глубина насечки дефибрерного камня
~ of soil мощность почвы
~ of stone submergence глубина погружения камня
~ of tooth высота зуба пилы
~ of work глубина обработки
barking ~ глубина окорки
crown ~ длина [высота] кромки
cutting ~ высота пропила; глубина резания
effective soil ~ мощность корнеобитаемой зоны (*почвы*)
furrow ~ глубина борозды

gullet ~ глубина пазухи пилы; высота зубьев пилы
hoisting ~ высота подъёма
kerf ~ высота пропила
maximum ~ of cut наибольшая высота пропила
maximum ~ of floating route максимальная глубина лесосплавного хода
minimum ~ of floating route минимальная глубина лесосплавного хода
mortise ~ глубина паза
planting ~ глубина посадки; глубина высева [заделки] (*семян*)
rooting ~ корнеобитаемый слой; глубина распространения корней
sawn timber ~ толщина пиломатериала
sowing ~ глубина высева [заделки] (*семян*)
streak ~ глубина подновки (*при подсочке*)
track ~ глубина колеи (*трактора*)
working ~ корнеобитаемый слой; глубина распространения корней
depurate очищать
derailment сход с рельсов; соскакивание гусеницы (*трактора*)
dereserve изымать лесную площадь из пользования (*напр. переводить под сельскохозяйственные угодья*)
derivative производное (вещество), дериват
rosin ~ дериват канифоли
derivatization получение производных
derrick деррик-кран; стрела (*крана*); ворот
creeper ~ передвижной деррик-кран
floating ~ кран, установленный на барже
guy ~ погрузочная мачта с отклоняющейся стрелой
pole ~ погрузочная мачта с отклоняющейся стрелой
stiff-leg ~ жёсткий деррик; мачтовая погрузочная установка с отклоняющейся стрелой и упорами (*без растяжек*)
derricking изменение наклона стрелы (*при погрузочных работах*); движение стрелы вверх и вниз
desalting of sulfate soap *цел.-бум.* высаливание сульфатного мыла

descending

descending нисходящий, направленный вниз
descent скат, склон, спуск ‖ спускаться
  backfall ~ скат горки (*ролла*)
description 1. описание 2. учёт
  ~ **of crop** (*таксационное*) описание насаждения
  ~ **of stand** (*таксационное*) описание насаждения
  delay ~ лист учёта простоев; учёт простоев
desiccant 1. высушивающее средство ‖ высушивающий 2. осушитель (*химикат, применяемый для ускорения отжига противопожарных полос*)
desiccation 1. высыхание; высушивание; десикация 2. потеря влаги (*приспособление растений к окружающей среде*)
  ~ **of wood** сушка древесины
desiccator эксикатор, сушильный шкаф
design 1. дизайн 2. проект; чертёж 3. конструкция ◇ ~ **of heavy** ~ тяжёлого типа
  modular ~ модульная конструкция (*мебели*)
desilter илоочиститель
desk письменный стол; парта
  control ~ пульт управления
  executive ~ конторский стол
  kneehole ~ двухтумбовый письменный стол; письменный стол с отверстием *или* проёмом для коленей
  pedestal ~ двухтумбовый письменный стол; письменный стол с отверстием *или* проёмом для коленей
  roll-top ~ парта *или* письменный стол с выдвигающейся верхней крышкой
  tambour ~ письменный стол *или* бюро с выдвижной [тамбурной] дверкой (*характерны для стиля Хеппуайт, Англия, XVIII-XIX вв.*)
desludging отмучивание
desorber десорбционный аппарат, десорбер
destruction:
  forests' ~ уничтожение леса
  plant ~ изреживание растительности
desublimation десублимация

desuperheater пароувлажнитель
detached отдельно стоящее (*о дереве*)
detection:
  air-ground ~ воздушно-наземная система обнаружения пожара
  fire ~ обнаружение и обследование пожара
detector прибор для обнаружения *или* измерения
  metal ~ металлоискатель
  paper break ~ сигнал обрыва бумажного полотна
detergent 1. моющее средство ‖ моющий 2. дезинфицирующее средство (*для сукон*)
deterioration порча, ухудшение, повреждение; разложение (*древесины*)
determination определение, детерминация
  ~ **of diameter** измерение диаметра (*дерева*)
  ~ **of standing volume** определение запаса насаждения
  area ~ дешифрирование участков (*леса*)
  gravimetric ~ **of soil water content** определение содержания влаги в почве способом взвешивания
  volume ~ определение объёма [кубатуры]
  yield ~ расчёт размера лесопользования (*ежегодный или периодический*), определение годичной лесосеки
deterrent отрицательный катализатор, ингибитор
detrusion сдвиг (*волокон в продольном направлении*)
devaporation конденсация пара
devastation:
  forest ~ сведение [истребление] леса
developer:
  flow ~ *спл.* потокообразователь
development развитие
  lop ~ однобокое развитие кроны
  stand ~ развитие насаждения по стадиям роста, ход роста насаждения
device устройство, аппарат, приспособление, механизм
  adjusting ~ присадочное устройство (*ролла*)
  affixing ~ *спич.* устройство для накладки этикеток
  antidubbing ~ устройство, препятст-

device

вующее прошлифовке отделанной поверхности
antikickback ~ противоударное устройство (*напр. для пил*)
automatic stacking ~ автопогрузчик, автоштабелёр
automatic trip-and-timing ~ приспособление для автоматического включения и выключения
ball puncturing testing ~ прибор для испытания сплошного картона на продавливание шариком
band composition dipping ~ *спич.* макальный аппарат
brake ~ тормоз, тормозной механизм
chain sharpening ~ станок для заточки пильных цепей
chain tensioning ~ устройство для натяжения пильной цепи
chip filling ~ уплотнитель щепы
chip outlet ~ донный шибер (*в варочном котле*)
chip packing ~ уплотнитель щепы
chokerless ~ оборудование для бесчокерной трелёвки
circulation ~ циркуляционная установка
counting ~ *спич.* механизм маркировки
covering ~ заделывающий орган, загортач
delimbing ~ сучкорезный механизм
delivering ~ разгрузочное устройство
discharging ~ подающее устройство
drag ~ лесотранспортёр
electronic length-measuring ~ электронное устройство отмера длин
emptying ~ опрокидывающее приспособление, опрокидыватель
energy-dissipating ~ распределитель мощности
felt seam squaring ~ устройство для сглаживания швов на сукне
fiber inserting ~ картонное устройство для вставки мешка-вкладыша (*в бочку*)
filling ~ уплотнитель (*щепы*)
hauling-up ~ подъёмное устройство
hoisting ~ подъёмное устройство
holding ~ стопор
innerpacking ~ специальное устройство, закладываемое внутрь упаковочного ящика (*для предотвращения порчи пакуемого изделия*)
inserting ~ устройство для вставки мешка-вкладыша (*в бочку*)
kerf-cutting ~ устройство для резания с образованием пропила
labeling ~ этикетировочное устройство
labor-saving ~ трудосберегающее приспособление
lifting ~ подъёмное приспособление
loading ~ 1. погрузочное устройство 2. загрузочная этажерка (*при прессовании ДСП*)
locking ~ блокирующее [стопорное] устройство
log-guiding ~ направляющее приспособление для брёвен
marking ~ маркировочное устройство
mechanical handling ~ механический погрузчик
metering ~ измерительное приспособление
on-line ~ прибор, установленный на потоке
orifice ring chamber measuring ~ камерная измерительная диафрагма
outlet ~ донный шибер
paper-hanging ~ *цел.-бум.* подвесное устройство
pneumatic pressing ~ пневматическое присадочное устройство
portioning ~ дозатор, дозирующее устройство
power-driven reeling ~ приводное намоточное устройство
pulling apart ~ разрезное приспособление (*на папмашине*)
quarter girth measurement ~ автокубатурник круглых лесоматериалов
ranging ~ агрегат для контроля и сортировки (*спичек-книжечек*)
recoil ~ *спич.* устройство обеспечения отдачи, отката
rejection ~ *спич.* устройство для снятия перевёрнутых коробок
roller dipping ~ *спич.* барабанный макальный автомат
roll lifting ~ *спич.* рулонодержатель
runaway carriage shock absorbing ~ амортизатор трелёвочной каретки (*у головной мачты*)

device

safety ~ защитное [предохранительное] устройство
saw-setting ~ устройство для разводки (*зубьев пил*)
skyline relieving ~ устройство для разгрузки несущего каната (*при достижении предельной нагрузки*)
snubbing ~ тормозное устройство
stop ~ стопор (*на несущем канате*)
straining ~ натяжное устройство (*пилы*)
swing-tipping ~ опрокидыватель вагонов
tail cutting ~ устройство для отрезания полотна обёрточной бумаги (*при упаковке рулонов*)
take-in ~ захватное [зажимное] приспособление
tensioning ~ натяжное приспособление
tightening ~ натяжное устройство
timing ~ 1. прибор отсчёта времени 2. автоматическое устройство (*трелёвочной каретки*), срабатывающее в заданное время
tipping ~ опрокидывающее устройство, опрокидыватель
truing ~ приспособление для насечки
tubing suction ~ *цел.-бум.* трубчатый сосун
unwinding ~ размоточный станок
devil:
 forest ~ *проф.* корчевальная машина
dewater 1. обезвоживать 2. дренировать, осушать (*болота*)
dewing обескрыливать (*семена*)
dewinger обескрыливатель (*семян*)
diaglyphic углублённый, рельефный (*об орнаменте, вырезанном в глубину и расположенном ниже основной поверхности материала*)
diagnosis:
 foliar ~ листовой анализ, листовая диагностика
 leaf ~ листовой анализ, листовая диагностика
Diakon *фирм.* диакон (*акриловые полимеры и смеси*)
diameter диаметр, поперечник ◊ ~
 above buttress диаметр в комле; ~ at breast height диаметр на высоте груди (*1,35 м от уровня земли*); ~ at butt диаметр в нижнем отрубе; ~ at

butt-end диаметр в комле; ~ at felling level диаметр в месте среза; ~ at foot диаметр в нижнем отрубе; ~ at half of the tree length above breast height диаметр на половине высоты дерева над высотой груди; ~ at half tree height диаметр на половине высоты дерева, срединный диаметр; ~ at smaller end диаметр в верхнем отрубе; ~ at some specified % of tree height диаметр на высоте, составляющей определенный процент от высоты дерева; ~ at stump height диаметр пня; диаметр (*дерева*) у пня; ~ at thin butt диаметр в верхнем отрубе; ~ at top (end) диаметр в верхнем отрубе; ~ of cutting circle диаметр режущей части; режущий диаметр (*ножевой головки*); ~ outside bark диаметр в коре; ~ over bark диаметр в коре; ~ under bark диаметр без коры
bottom ~ диаметр в нижнем отрубе
breast height ~ диаметр на высоте груди (*1,35 м от уровня земли*)
butt ~ диаметр в комле
central ~ диаметр средней части бревна
chest height [chest-high] ~ диаметр на высоте груди (*1,35 м от уровня земли*)
crown ~ диаметр кроны
economic ~ минимальный рентабельный диаметр
exploitable ~ отпускной диаметр
half-height ~ диаметр на половине высоты дерева, срединный диаметр
height ~ базовый [основной] диаметр на высоте, составляющей определённый процент от высоты дерева
inner ~ внутренний диаметр, диаметр в свету
max(imum) cutting ~ максимальный диаметр срезаемых деревьев
mean ~ 1. средний квадратический диаметр 2. средний арифметический диаметр 3. диаметр на половине высоты дерева; срединный диаметр
mid-~ диаметр на половине высоты дерева; срединный диаметр
mid-sectional ~ диаметр средней части бревна

digestion

mid-timber ~ диаметр на половине высоты деловой части дерева
minimum ~ минимальный диаметр (*деревьев, отводимых в рубку*)
minimum top ~ минимальный диаметр в верхнем отрубе
normal ~ нормальный диаметр (*с учётом сбега ствола*)
outer ~ наружный диаметр
quadratic mean ~ средний квадратический диаметр
root collar ~ диаметр корневой шейки сеянца
saw blade ~ диаметр диска пилы
sawing ~ диаметр спиливаемого дерева
stand-height ~ средний квадратический диаметр наиболее толстых стволов доминирующих деревьев
stem ~ диаметр ствола
stump ~ диаметр пня; диаметр (*дерева*) у пня
top ~ диаметр в верхнем отрубе
top-height ~ средний квадратический диаметр наиболее толстых доминирующих деревьев
topping ~ 1. диаметр в верхнем отрубе 2. диаметр обрезки вершин
tree ~ диаметр дерева
visible crown ~ различимый диаметр кроны дерева (*на аэрофотоснимке*)
diamonding усадка бруска в виде ромба
diapausing *энт.* диапауза, период покоя
diaphanometer диафанометр (*прибор для измерения светонепроницаемости бумаги*)
diaphanous прозрачный
dibbler лункоделатель, лункокопатель; посадочный меч
dibbling-in посев *или* посадка леса в лунки
dicotyledon двудольное растение
die 1. матрица, штамп; резак (*напр. для рубки шпона на спичечную соломку*) 2. мундштук (*для литья пластмасс*) 3. отмирать (*о деревьях*)
paperboard ~ штамповочный станок для картона
shaped ~ экструзионный мундштук для изготовления изделий сложной формы

dieback 1. суховершинность 2. отмирание (*под влиянием неблагоприятных условий*)
~ of branches отмирание ветвей
die-cut 1. штамповочный станок 2. штампованная картонная заготовка
die-cutter штамповочный станок (*для картонных изделий*)
die-hammer молоток для клеймения (*деревьев*)
die-square чистообрезной
dieting of plants подкормка растений
dig 1. копать, рыть, выкапывать 2. заедать, защемлять(ся) ◊ to ~ down подкапывать, подрывать; to ~ in вкапывать, врывать; to ~ up вскапывать, выкапывать, выбирать
digest 1. компостировать, готовить искусственное удобрение 2. озолять 3. *цел.-бум.* варить 4. усваивать (*питательные вещества*)
digester автоклав, варочный котёл ◊ to relieve ~ производить сдувку варочного котла
aerobic ~ илоперегниватель
continuous ~ котёл для непрерывной варки целлюлозы
dual-vessel Kamyr ~ двойной варочный котёл типа Камюр
jacketed ~ варочный котёл с паровой рубашкой
one-fill ~ варочный котёл с однократной загрузкой
pilot ~ опытный полузаводской варочный котёл
pressured ~ варочный котёл с искусственно повышенным давлением
tilting ~ опрокидывающийся варочный котёл; штуцерный варочный котёл
upflow-downflow ~ варочный котёл с движением массы снизу вверх и сверху вниз
digestion 1. компостирование 2. озоление, сжигание 3. *цел.-бум.* варка 4. усвоение (*питательных веществ*)
acid ~ кислотная варка
batch ~ периодическая варка
continuous ~ непрерывная варка
overhead ~ варка при высокой температуре и избытке химикатов
soda ~ натронная варка

135

digestion

sulfate ~ сульфатная варка
sulfite ~ сульфитная варка
digger 1. землеройная машина, копатель 2. сажальщик (*лесных культур*) 3. культурный плужный корпус 4. экскаватор
back ~ обратная лопата
bush ~ корчеватель кустарника
ditch ~ канавокопатель
hole ~ ямокопатель, лункоделатель
mounted ~ навесной канавокопатель
nursery ~ машина для выкопки саженцев, выкопочная скоба
plant ~ машина для выкапывания сеянцев
plant hole ~ ямокопатель, лункоделатель
stump-clearing ~ корчеватель пней
digging 1. земляные [землеройные] работы; рытьё; выемка грунта 2. врезание; заедание ◊ ~ the pits выкопка ямок; подготовка почвы к посадке
digging-in зарывание в грунт (*концов трелюемых лесоматериалов*)
digitinervate *бот.* пальчатонервный
digitipinnate *бот.* пальчатоперистый
diker канавокопатель
dimension 1. размер, величина, объём ‖ измерять, проставлять размеры 2. пиломатериал толщиной 5-12,5 см (*любой ширины*) 3. заготовка
cross ~s поперечные размеры (*длина и ширина штабеля древесины*)
overall ~s габариты, предельные наружные размеры
rejected ~s отходы; бракованные рейки *или* планки
dimensioner 1. концеравнитель 2. форматно-обрезной станок
diminisher *цел.-бум.* диафрагма
diminution уменьшение, убыль, сбежистость
dimmers регулируемые ставни для защиты от шума
dingle:
swing ~ сани без подсанок с деревянными полозьями
dinkey небольшой лесовозный паровоз
dint вмятина, выбоина
dioecious *бот.* двудомный
dip 1. погружение, окунание 2. антисептический раствор 3. скат, уклон, откос 4. провес, стрела провеса 5. подпил, подруб 6. протравка 7. сбор живицы (*из приёмника*) 8. *амер.* живица из приёмника ‖ собирать живицу (*из приёмника*)
anti-blue stain ~ погружение [окунание] в антисептик, предохраняющий от посинения (*пиломатериалы*)
iron ~ инструмент для сбора живицы из приёмника
virgin ~ живица первого года подсочки
yellow ~ живица второго года подсочки
dipentene дипентен (*оптически недеятельная форма монотерпенового углеводорода — лимонена*)
chemically processed ~ побочный продукт взаимодействия и переработки других терпенов
destructively distilled ~ пиролизный дипентен
steam distilled ~ экстракционный дипентен
sulfate ~ сульфатный дипентен
diphyllous двулистный
dipper 1. сборщик живицы 2. сборочная лопатка (*для извлечения живицы из приёмника*) 3. рабочий, занимающийся операцией окунания
dipperstick рукоять стрелы (*стрелового манипулятора*)
dipping 1. погружение, окунание; отделка окунанием 2. сбор живицы (*из приёмника*)
splint ~ into ignition compound формирование спичечной головки
diquat дикват (*гербицид, применяемый для обработки сосен с целью повышения смолистости живого дерева*)
direction 1. направление 2. предписание, инструкция
~ of lead направление перемещения леса при трелёвке
~ of lean направление естественного наклона дерева
~ of slope направление [экспозиция] склона
cross ~ поперечное направление (*бумаги*)
cross-machine ~ направление под прямым углом к ходу (*бумаги*) на машине

cutting ~ 1. направление резания; направление рубки 2. вид резания (*характеризуется расположением режущей кромки относительно волокон древесины и направлением резания*)
feed ~ направление подачи
felling ~ направление валки
long (wire) ~ продольное направление (*бумаги*)
paper cross ~ поперечное направление бумаги
paper machine ~ машинное направление бумаги
director:
feller ~ валочная машина (*для направленной валки деревьев*)
dirt 1. грунт, земля 2. наносы 3. засорение; накипь 4. загрязнение, грязь ‖ грязнить, пачкать
paper ~ сорность бумаги
dirt-collecting собирающий *или* притягивающий пыль
disafforest 1. вырубить лес, обезлесить 2. переводить лесную площадь под сельскохозяйственное угодье
disafforestation вырубка леса, обезлесение
disbark окорять, снимать [сдирать] кору
disbarking окорка, снятие [сдирание] коры
disbranch обрезать сучья; очищать деревья от сучьев
disbranching обрезка сучьев; очистка деревьев от сучьев
discard 1. сбрасывать; выбрасывать за ненадобностью 2. *pl* отходы, отбросы
~s of sorting отходы сортировки
trim ~s отходы оторцовки
discharge 1. разгрузка, выгрузка ‖ разгружать, выгружать ‖ разгрузочный 2. расход (*воды*) 3. сток, водосброс ‖ выпускать, выливать 4. напуск (*массы на сетку*)
bottom ~ нижний слой
evaporation ~ расход на испарение
flood ~ паводочный расход
gravity ~ выгрузка (*щепы*) под действием силы тяжести
discharger устройство для напуска массы на сетку

disk

discharge-spout патрубок (*для выброса щепы из кожуха*) рубильной машины
discharging 1. разгрузка, выгрузка ‖ разгрузочный 2. сток
discoloration потеря окраски, потемнение
~ of paper обесцвечивание бумаги
~ of splints изменение цвета спичечной соломки
disconnect разъединять, разобщать (*брёвна*)
disconnector разобщитель (*брёвен*)
disease болезнь, заболевание
damping-off ~ загнивание проростков; увядание и полегание всходов
needle-shedding ~ опадение хвои (*на всходах*)
watermark ~ болезнь, вызывающая водослой древесины
X-~ повреждение хвои сосны озоном
disease-free здоровый
disease-resistant устойчивый к болезням
diseconomy of pollution ущерб из-за загрязнения окружающей среды
disforest вырубить лес, обезлесить
dish 1. впадина; ложбина; котловина 2. чашка 3. выгибать
evaporating ~ выпарная чашка
skidding ~ трелёвочный пэн
disinfection дезинфекция
seed ~ протравливание семян
disinfestant инсектицид
disintegrate измельчать
disintegration измельчение, дробление
~ of cells распад клеток
disintegrator 1. дезинтегратор, измельчитель 2. разрыватель (*целлюлозы*)
cage mill ~ мельница типа «корзиночка»
disk 1. диск 2. дисковый нож 3. дисковое орудие ‖ дисковать; обрабатывать почву дисковыми орудиями
border ~ дисковый полосообразователь
chipper ~ диск рубильной машины; ножевой диск
colter ~ дисковый нож (*плуга*)
covering ~ заделывающий диск
cutout ~ вырезной диск, зубчатый диск
cutting ~ дисковый нож (*плуга*)

137

disk

horizontal chipper ~ ножевой диск стружечного станка с горизонтальной подачей
notched ~ вырезной диск
plain ~ плоский диск
presser ~ *спич.* диск для уплотнения склеиваемых поверхностей коробки
pulpstone ~ диск дефибрерного камня
ruling ~ линовальный ролик
scalloped ~ вырезной диск, зубчатый диск
serrated ~ вырезной диск, зубчатый диск
tiller ~ дисковый плуг
disker 1. дисковый лущильщик 2. дисковая борона
disking дискование, обработка почвы дисковыми орудиями
dispargate диспергирование
dispatching управление; распределение; диспетчеризация
dispensary маленький угловой буфет; угловая полка для посуды
dispenser 1. высевающий аппарат 2. разбрасыватель; разбросной аппарат
tape ~ станок для ребросклеивания (*шпона*) с помощью бумажной ленты
dispersal 1. рассеивание, разбрасывание, разброс (*напр. семян*) 2. измельчение, распыление (*почвы*) 3. распространение (*растений и животных*)
~ of seed разброс семян
dispersants диспергирующие агенты
disperse 1. диспергировать 2. рассеивать, разбрасывать 3. измельчать, распылять (*почву*) 4. разрушать (*напр. почвенные агрегаты*)
dispersion 1. дисперсия 2. рассеивание, разбрасывание, разброс (*напр. семян*) 3. измельчение, распыление (*почвы*) 4. разрушение (*напр. почвенных агрегатов*)
pollen ~ пыление, зацветание
displacement 1. рабочий объём цилиндра (*двигателя*) 2. водоизмещение (*судна*) 3. смещение (*аэрофотоснимков*) ◇ ~ fully loaded водоизмещение в полном грузе; ~ light водоизмещение без нагрузки
liquid ~ вытеснение жидкости (*способ определения объёма древесины*)

displant 1. высаживать, пересаживать 2. вырывать с корнем
disporous двуспоровый
disposables бумажные бытовые изделия одноразового пользования
disposal очистка (*лесосек*)
brush ~ *англ.* очистка лесосек
diversified slash ~ применение нескольких способов очистки (*на одной лесосеке*)
mechanized slash ~ механизированная очистка лесосек
partial slash ~ частичная очистка лесосек
slash ~ очистка лесосек, уборка лесосечных отходов
waste ~ удаление отходов
waste water ~ удаление сточных вод
wood ~ сбыт леса
disposition:
root ~ расположение корней
dissemination рассеивание (*напр. семян*); расселение (*напр. растений*)
dissolver резервуар для растворителей
china clay ~ аппарат для растворения каолина
distance:
~ of plants размещение растений
drilling ~ 1. расстояние между семенами в рядке 2. междурядное расстояние
external yarding ~ максимальное расстояние канатной трелёвки; расстояние от погрузочной площадки до дальнего конца лесосеки
extraction ~ расстояние трелёвки; расстояние вывозки
floating ~ лесосплавная дистанция
haul ~ расстояние вывозки
lateral skidding ~ расстояние подтаскивания лесоматериалов со стороны (*к трелёвочному волоку, коридору, линии несущего каната*)
loaded ~ расстояние трелёвки в грузовом направлении
off-road transportation ~ расстояние вывозки вне магистралей
return-trip ~ расстояние трелёвки в порожнем направлении
skid(ding) ~ расстояние трелёвки
slip road ~ расстояние между (трелёвочными) волоками

stopping ~ путь торможения, тормозной путь
track ~ ширина части делянки между двумя волоками (*ширина пасеки*)
track center ~ расстояние между осями гусеничных полотен; ширина колеи гусеничного трактора
wheel center ~ ширина колеи колёсной машины, расстояние между серединами колёс, имеющих общую ось
yarding ~ расстояние канатной трелёвки
distill ◇ to ~ out отгонять
distillation дистилляция, перегонка
~ of black acid разгонка чёрной кислоты
~ of small sizes переугливание мелких древесных отходов
~ of wood chips переугливание древесной щепы
batch ~ периодическая перегонка
batch steam ~ периодическая перегонка с водяным паром
carrier ~ перегонка с добавкой летучего компонента
destructive ~ of wood сухая перегонка древесины, пиролиз
equilibrium ~ однократная перегонка, перегонка в равновесии
flash ~ однократное испарение
heteroazeotropic fractional ~ гетероазеотропная ректификация
oleoresin ~ перегонка живицы
simple ~ обычная разгонка
vacuum fractional ~ вакуумная фракционная дистилляция
distillery:
tar ~ смолокуренный завод
distorted искривлённый; корявый
distortion деформация; искривление; коробление
permanent ~ постоянная деформация
shrinkage ~ дефект усадки
Distrene *фирм.* дистрен (*полистирол*)
distributaries рукава реки, протоки
distribution 1. распределение 2. разбрасывание, внесение (*удобрений, ядохимикатов*)
~ of plants густота лесных культур
~ of slash распределение порубочных остатков

age-class ~ распределение (*насаждений*) по классам возраста
chemical pulp fiber length ~ фракционный состав целлюлозы по длине волокон
diameter ~ распределение (*деревьев*) по диаметру
frequency ~ распределение частот; частота разброса
groundwood pulp fiber length ~ фракционный состав полуцеллюлозы по длине волокон
group ~ in main pocket сортировка (*лесоматериалов*) на воде
molecular weight ~ фракционный состав целлюлозы
natural ~ of forests естественное распространение лесов
normal ~ нормальное распределение, распределение Гаусса
normal age-class ~ нормальное распределение (*насаждений*) по классам возраста
pore-size ~ пористость почвы в процентах
pulp fiber length ~ фракционный состав волокнистого полуфабриката по длине волокон
sawlog diameter-frequency ~ частота распределения (*пиловочных*) брёвен по диаметру
sawlog length-frequency ~ частота распределения (*пиловочных*) брёвен по длине
weight ~ распределение массы [нагрузки]
distributor 1. распределитель 2. высевающий аппарат 3. разбрасыватель 4. прокладка из твердолиственной древесины для передачи напряжений от подкоса
bottom-delivery ~ высевающий аппарат с нижним высевом
cell-seed ~ ячеистый высевающий аппарат
centrifugal ~ 1. центробежный высевающий аппарат 2. центробежный разбросной аппарат
chip ~ распределитель щепы
granular fertilizer ~ разбрасыватель гранулированных удобрений
nitrogen solution ~ 1. машина для внесения жидких азотных удобрений

distributor

   2. машина для внесения аммиачной воды
   plate-and-flicker ~ тарельчато-дисковый высевающий аппарат
   revolving bottom ~ тарельчатый высевающий аппарат
   roller ~ катушечный высевающий аппарат
   top-delivery ~ высевающий аппарат с верхним высевом
district район; округ; урочище; участок ‖ районировать ‖ районный; окружной
   floating ~ сплавной участок
   forest ~ лесничество, лесное управление
   forester's ~ участок лесника
   ranger ~ лесничество; обход (лесника)
   training forest ~ учебное лесничество
   zero ~**s** лесные площади, освоение которых при существующих условиях экономически не оправдано
disturbance:
   forest floor ~ повреждение подстилки
   site ~ повреждение почвы и древостоя на лесосеке (напр. при трелёвке)
   soil ~ нарушение почвенного покрова; повреждение почвы; минерализация почвы
disubstituted двузамещённый
ditch 1. канава, траншея; канал ‖ осушать сетью канав 2. производить плантажную вспашку
   diversion ~ отводная канава
   insect ~ ловчая канава (для насекомых)
   side ~ кювет, боковая канава
   trap ~ ловчая канава
ditchdigger см. ditcher
ditcher 1. канавокопатель 2. листер, плуг-бороздообразователь с двухотвальными корпусами
   bull ~ двухотвальный плуг-канавокопатель
   double-wing ~ двухотвальный плуг-канавокопатель
   plow ~ 1. канавокопатель плужного типа 2. плантажный плуг
ditching 1. прокладка канав 2. плантажная вспашка

diversifolious разнолистный
diverter:
   rotary ~ поворотный распределитель (досок в сортировочном устройстве)
divide 1. водораздел 2. делить, разделять, наносить деления
divided 1. разделённый; раздельный 2. рассечённый (о листе)
divider 1. сепаратор 2. разметочный циркуль 3. pl прокладки, клинья (между ножами ролла) 4. pl картонные перегородки (в коробках)
dividing of large panels форматный раскрой щитов
division 1. деление, распределение 2. управление, отдел 3. сборный участок (пожаров) 4. меб. перегородка, внутренняя стенка (корпусного изделия)
   ~ **of forestry** лесничество, лесное управление
   forest ~ лесничество, лесное управление
   wood ~ лесоучасток
dock 1. док 2. торцевать, обрезать концы у лесоматериалов
   floating ~ плавучий док
   loading ~ погрузочная площадка (на которую брёвна выгружаются из воды для последующей отгрузки)
docker меб. оторцовщик
docking обрезка концов лесоматериалов на заданную длину; оторцовка
doctor шабер, скребок ‖ снимать или очищать шабером
   brush ~ щёточный шабер
   creping ~ крепировальный [крепирующий] шабер
   Kittner ~ шаберный валик
   oscillating ~ шабер с возвратно-поступательным движением, самодвижущийся шабер
   reciprocating ~ маятниковый шабер
   roll ~ шаберный валик
   saw ~ напильник для заточки пил
   taking-off ~ снимающий шабер
dog 1. зубчатый упор (на цепной пиле) 2. зажим для брёвен (на тележках лесопильных рам) 3. pl трелёвочные клещевые захваты; пара крюков на кольце 4. штырь с ушком (вбиваемый в бревно при трелёвке или

door

сплаве) 5. хомутик, крюк, скоба 6. упор
air ~ пневматичесикй зажим для брёвен
board ~ крюк для закрепления бревна
cant ~ кондак (*короткий рычаг с крюком*)
carriage ~ крюк для закрепления бревна
chain ~ скоба для прикрепления тяговой цепи (*к бревну*)
double-hook ~ зажим для брёвен из двух крючьев
felling ~ зубчатый упор на цепной пиле (*закрепляемый у основания шины*)
floor ~ вайма для сборки половых досок при установке
hand ~ верёвка с крюком
hook ~ захватный крюк для брёвен
loading ~ опорная рама погрузочной площадки (*на которую брёвна выгружаются из воды для последующей отгрузки*)
log ~ зажим для брёвен; каретка лесотранспортёра
pinch ~ маленькая скобка [скрепка] для закрепления склеенных соединений
rafting ~s штыри с ушком (*вбиваемые в брёвна для их соединения при сплаве*)
remote-controlled extension ~s прижимные устройства с выносным дистанционным управлением (*шпоностогального станка*)
saw ~ (реактивный) упор пилы
skidding ~ скоба с крюком для крепления бревна к тяговой цепи
timber ~ зажим для брёвен
top ~ верхний зажим для брёвен (*на тележке лесопильной рамы*)
trail ~s клещевые захваты
dog-ears скрученные углы бумажного листа
dogger рабочий, обслуживающий тележку станка для распиловки древесины; рамщик, распиловщик
dogging 1. зажим, захватывание 2. система зажимов; зажимы (*на тележках лесопильных рам*)
lateral ~ боковые зажимы

dolly 1. ходовая тележка транспортного средства 2. надставка для забивки свай ниже уровня земли
mopping ~ тележка для очистки пола
dolphin куст свай, к которому привязан бон
dome 1. купол 2. камера для оборотной воды (*в сортировке*)
vapor ~ паровой купол
dominant 1. господствующий (*о деревьях*) 2. главный (*о древесной породе*) 3. доминант ǁ доминантный
doming *меб.* вырезание *или* формование куполообразной формы (*пенопласта*)
donkey паровая лебёдка; передвижная лебёдочная установка на полозьях
bull ~ (паровая) лебёдка для корчевки пней
rig-up ~ монтажная лебёдка
road ~ передвижная лебёдочная установка на полозьях
spool ~ шпилевая паровая лебёдка
swing ~ вспомогательная паровая лебёдка
tractor ~ тракторная многобарабанная лебёдка
yarding ~ передвижная лебёдочная установка на полозьях
donkeyman машинист-лебёдчик
door дверь; дверца, заслонка
accordion ~ складная дверь; дверь типа гармошки
barred ~ 1. застеклённая дверка шкафа *или* буфета, разделённая рейками на маленькие квадраты 2. гладкая дверь; наборная в наконечник дверь; дверь из досок на планках
bascule ~ подъёмная дверь
batten ~ дверь из реек; дощатая дверь
bifold ~ складная дверь
blank ~ 1. ложная дверь 2. глухая дверь
bow-fronted ~ изогнутая дверца
broken-up ~ застеклённая дверка шкафа *или* буфета, разделённая на маленькие квадраты
casement ~ застеклённая створчатая дверь
charging ~ загрузочное отверстие (*дефибрера*)
china closet ~ дверца буфета

141

door

chute ~ *cпл.* люк [затвор] ската
cleanout ~ *цел.-бум.* люк для чистки
craupadine ~ вращающаяся дверь
cross-panel ~ дверь с поперечным расположением филёнок
detail(ed) ~ нестандартная дверь, имеющая криволинейные профили и детали
detail-head ~ нестандартная дверь, верхняя часть которой имеет закругленную *или* заострённую форму
double-margin ~ широкая дверь, имитирующая двустворчатую
drop ~ откидная дверца
Dutch ~ голландская дверь с полотнищем, горизонтально разделённым на две половины
dwarf ~ низкая дверца (*не выше 165 см*)
flush ~ 1. плоская дверь 2. дверца, установленная заподлицо
framed-and-braced ~ филёнчатая дверь со стяжками
framed-and-ledged ~ дверь с фальцем *или* притвором; рамно-каркасная дверь
framed ledged-and-braced ~ рамно-каркасная дверь с диагональными стяжками
French ~ застеклённая створчатая дверь
full overlay ~ накладная дверь
fully recessed ~ вкладная дверь
half-overlay ~ накладная дверь (*обычно средняя дверь шкафа*)
hatch ~ дверца люка
hollow core ~ дверь с полой серединкой; дверь с сотовым заполнением
hospital ~ щитовая дверь с верхним стеклом
jib ~ потайная дверь
ledged ~ дверь из реек, дощатая дверь
margined ~ однопольная дверь
margined flush ~ щитовая дверь
molded ~ дверь с калёвкой; дверь с профильной строжкой
molded and rebated ~ дверь с калёвкой и пазом (*для вставки стекла или филёнки*)
muntin ~ филёнчатая дверка с промежуточными вертикальными брусками обвязки

odd ~ нестандартная дверь
overhead ~ подъёмная дверь
padded ~ обитая дверь, дверь с мягкой обивкой
panel(ed) ~ филёнчатая дверь
pass ~ дверь проходной комнаты
plain flush ~ простое дверное полотно
rebated ~ дверная рама, собранная в шпунт *или* в четверть; дверная рама с пазом (*для вставки стекла или филёнки*)
sash ~ застеклённая створчатая дверь
screen ~ низкая дверца (*не выше 165 см*)
serpentine ~ дверца извилистого профиля, дверца с волнистой поверхностью
stable-type ~ 1. ворота с калиткой 2. дверь со створками из двух частей (*разделённых горизонтально*)
stile-and-rail ~ дверь рамочной конструкции
stressed skin flush ~ фанерованная щитовая дверь
swing ~ дверь, открывающаяся в обе стороны
three-paneled ~ столярная дверь с тремя филёнками
trap ~ дверца люка; опускная дверь
up-and-over ~ откидывающаяся вверх дверь (*напр. гаража*)
veneered flush ~ щитовая фанерованная плоская дверь
doorman столяр; рабочий, занятый в производстве деревянных строительных деталей
dope лак, эмаль; паста; густая смазка
doping нанесение защитных покрытий; пропитка; покрытие аэролаком
dormancy состояние покоя (*семян, растений*)
deep ~ глубокий покой
secondary ~ вторичный покой
shallow ~ неглубокий [поверхностный] покой
true ~ глубокий покой (*почек*)
winter ~ зимняя спячка
dose доза || дозировать
integral ~ общая доза
lethal ~ летальная [смертельная] доза (*инсектицидов*)

drain

permissible ~ толерантная [допустимая] доза
starter ~ предпосевная доза
dote гниль (*древесины*); внутренняя краснина; начальная стадия внутренней гнили ‖ загнивать
  pin ~ точечная гниль (*на торцах бревна*)
doted *см.* doty
dotiness пёстрая гниль (*древесины*)
doty фаутный; поражённый гнилью (*о древесине*)
double-bit обоюдоострый, с двумя лезвиями
double-chain двухцепной (*о конвейере*)
double-decked с двойной отливной кромкой (*о бумаге*)
double-edge обоюдоострый, с двумя лезвиями
double-flowered *бот.* полноцветный
double-hand двуручный (*о пиле*)
dovetail 1. шип ласточкин хвост; соединение на шип ласточкин хвост 2. вязать в лапу
  box ~ сквозной шип ласточкин хвост
  concealed ~ глухой [потайной] шип ласточкин хвост
  lap ~ соединение на шип ласточкин хвост впотай
  miter ~ глухой [потайной] ласточкин хвост
  oblique ~ косой шип, сковородень
  open ~ сквозной шип ласточкин хвост
  pitch ~ шаг *или* деление шипового соединения
  rebated miter ~ потайной шип ласточкин хвост в комбинации с усовочным соединением
  shouldered ~ шип ласточкин хвост с заплечиками (*для соединения проножек с ножками стула*)
  slip ~ шпонка ласточкин хвост, вставная шпонка (*в усовых соединениях*)
downdraught нижняя тяга
downflow нисходящий поток, переточная трубка
downhill 1. спуск, склон 2. вниз по склону, под гору
  Tyler ~ трелёвка по системе Тайлера вниз по склону (*под действием силы тяжести груза*)
down-tank сборник

doze *см.* dote
dozen:
  standard ~ стандартная дюжина (*12 досок длиной 3657 мм, шириной 280 мм и толщиной 38 мм*)
dozer бульдозер (*см. тж.* bulldozer)
  rip ~ бульдозер с отвалом и рыхлителем
  tree ~ корчеватель деревьев
dozing:
  butt ~ зарывание комлей в почву (*при волочении лесоматериалов*)
dozy *см.* doty
draft 1. тяга 2. чертёж; план ‖ составлять план 3. осадка (*судна*) 4. стандартная скидка с веса 5. низкосортная бумага (*для черновых записей*)
  ◇ ~ from storage пропуск из водохранилища
drag 1. волокуша; тачка 2. подтаскивать, тащить 3. драга, землечерпалка 4. *дор.* утюг ‖ утюжить дорожное покрытие 5. воз [пачка] лесоматериалов, трелюемая за один рейс 6. рейс трелёвочного механизма 7. *австрал.* двухколёсная тележка, к оси которой подвешен сбалансированный груз 8. салазки пильного станка
  ◇ ~ to ~ in подтаскивать (*брёвна*) на погрузочную площадку
  chain ~ цепной подтаскиватель
  crazy ~ небольшие трелёвочные подсанки
  plank ~ утюг из досок
  road ~ дорожный утюг
  spring-tooth ~ пружинная борона
  surface ~ *меб.* поверхностное соскальзывание (*ткани*)
  timber ~ прицеп-роспуск (*для перевозки лесоматериалов*)
dragger трактор-тягач; *редко* трелёвочный трактор
dragging 1. подтаскивание, волочение 2. боронование 3. утюжка (*дороги*)
dragline 1. драглайн 2. рабочий канат лебёдки
dragsaw моторная пила с возвратно-поступательным движением полотна (*для поперечного раскроя брёвен*); пила с обратным движением резания; пила типа «лисий хвост»
drain 1. истощать, исчерпывать (*напр. лесные ресурсы*) 2. дренаж, дрена;

143

drain

дренажная канава 3. водосток 4. осушать 5. стекать 6. обезвоживать (*массу*) 7. отпад ◇ to ~ off оттягивать щёлок (*из варочного котла*)
~ of forest истощение лесных запасов
arterial ~ магистральная дрена
blind ~ закрытая дрена
buried ~ закрытая дрена
carrier ~ коллектор
catch ~ перехватывающая дрена; дренажная канава
catch water ~ ловчая канава (*для насекомых и грызунов*)
covered ~ закрытая дрена
cross ~ поперечная дрена
dike ~ водоспуск
French ~ закрытая дрена
open ~ открытая дрена
open road ~(s) открытые дренажные канавы
pole ~ тонкий дренажный лежень (*укладываемый по диагонали на поверхности дороги*)
drainage 1. дренаж, осушение 2. дренажная сеть 3. гидрографическая сеть 4. обезвоживание (*массы*); спуск воды
air ~ аэрационный дренаж; аэрация почвы
arterial ~ разветвлённый дренаж
external ~ поверхностный [наружный] дренаж
gutter ~ открытый дренаж
land ~ осушение земельных участков; дренаж местности
sludge ~ осушение ила
subsurface ~ внутрипочвенный [подпочвенный] дренаж
surface ~ поверхностный [наружный] дренаж
drainer 1. дренажная машина 2. сцежа 3. сгуститель
scraper ~ обезвоживающий транспортёр
draining дренаж, осушение
forest ~ осушение лесов
top ~ поверхностный [наружный] дренаж
draping 1. одевание сетки (*на бумагоделательную машину*) 2. драпировка
draught *см.* draft

draw 1. тяга ∥ тащить; тянуть; везти 2. натяжение, опережение (*на бумагоделательной машине*) 3. *pl* морщины (*на полотне бумаги*) 4. выдергивать, вырывать 5. разводная часть моста ◇ to ~ much water глубоко сидеть в воде; to ~ off спускать, отводить, сливать; to ~ out вытягивать (*волокно*) в длину; to ~ the acid оттягивать щёлок (*из варочного котла*);
~ of paper натяжение бумаги
~ of wire натяжение сетки
couch ~ натяжение (*полотна бумаги*) на гауч-прессе
open ~ открытый участок полотна бумаги
drawback порок (*древесины*)
drawbar 1. сцепное устройство 2. соединительная тяга, тяговая штанга, сцепной брус
furrow-open ~ поводок сошника
drawer выдвижной ящик
bow-fronted ~ выдвижной ящик с изогнутой средней стенкой
quadrant ~ ящик в форме сегмента круга (*выдвигающийся при повороте на вертикальной оси*)
secretaire ~ ёмкость секретера, закрываемая откидной крышкой
tray-type ~ полуящик
drawing 1. вытягивание, вытаскивание 2. *pl* чертёжная бумага, рисовальная бумага
drawknife струг
drawn прицепной ◇ ~ across в рост (*о подборе шпона*)
drawshave струг
dray 1. подсанки для трелёвки (*лесоматериалов в полупогруженном положении*) 2. подвода 3. грузовая платформа ◇ to ~ in подтаскивать (*брёвна*) на погрузочную площадку
bark ~ сани (*с деревянными полозьями*) для вывозки коры
double ~ двойные сани без дышла
dredge 1. землечерпалка, драга, экскаватор ∥ производить землечерпательные работы 2. канавоочиститель
dredger 1. землечерпалка; драга; экскаватор 2. канавоочиститель 3. судно, несущее землечерпалку
dredging драгирование; выемка грунта

drier

deep ~ углубление речного дна
dregs отстой
dress 1. удобрять, подкармливать 2. протравливать (*семена*) 3. покрывать дорогу одеждой 4. обтёсывать, строгать, отделывать 5. насекать (*дефибрерный камень*)
beveled ~ развод пилы
dressed 1. строганый; отёсанный 2. шпунтованный
dresser 1. семяочистительная машина 2. протравливатель (*семян*) 3. комод, буфет, шкаф для посуды
dry seed ~ сухой протравливатель семян
hydraulic feed pulpstone ~ ковочный аппарат с гидравлической подачей
liquid seed ~ влажный протравливатель семян
powder seed ~ сухой протравливатель семян
seed ~ 1. разбросная сеялка 2. протравливатель семян
side ~ формовка (*приспособление для формовки плющёного зуба пилы*)
Welsh ~ кухонный буфет, состоящий из нижнего шкафа с выдвижными ящиками и верхних открытых полок
wet seed ~ влажный протравливатель семян
dressing 1. внесение удобрений, подкормка 2. протравливание (*семян*) 3. покрытие дороги одеждой 4. строгание, шлифование, зачистка, отделка; заправка (*инструмента*); правка (*шлифовального круга*) 6. насечка (*дефибрерного камня*)
broadcast ~ разбросное внесение удобрений
chemical seed ~ протравливание семян
drilled ~ рядковое внесение удобрений (*при посеве*)
foliar ~ листовая подкормка
seed ~ протравливание семян
seedbed ~ рядковое внесение удобрений (*при посеве*)
side ~ внесение удобрений в междурядья
soil ~ корневая подкормка
split ~ внесение удобрений в несколько приёмов

spray ~ подкормка опрыскиванием
top ~ поверхностное внесение удобрений
drier 1. сушилка 2. сушильный цилиндр 3. *pl* сиккативы
additional ~ цилиндр для досушки
airborne ~ камерная сушилка с верхней подачей полотна; камерная сушилка с воздушной подушкой
air-foil ~ сушильный цилиндр для сушки под колпаком
apron ~ *цел.-бум.* ленточная сушилка
breather ~ дыхательный пресс для сушки шпона и фанеры
cabinet ~ сушильный шкаф
centrifugal basket ~ отжимная центрифуга
continuous multiple reversal ~ ленточная сушилка непрерывного действия (*для шпона*)
crepe set ~ крепирующий сушильный цилиндр
differential ~s сушильные колпаки на верхних *или* нижних цилиндрах
feather ~ сушилка для пера
feed ~ заправочный цилиндр
festoon ~ фестонная сушилка
flash ~ аэрофонтанная сушилка
flat ~ плоская сушилка
jacketed ~ сушильный цилиндр с рубашкой
lead-on ~ приёмный сушильный цилиндр
loop ~ фестонная сушилка
Mynton ~ вакуумная сушильная секция
naked ~ «голый» сушильный цилиндр (*без сукна*)
Niro atomizer ~ установка для сушки древесной массы во взвешенном состоянии; сушильный трубопровод
paint ~ масляная сушилка
receiving ~ предварительный сушильный цилиндр; заправочный цилиндр
return felt ~ сукносушитель непрерывного действия
screen ~ for seed этажерная сушилка семян
sloping rotary steel ~ наклонная вращающаяся стальная сушилка (*древесного сырья*)

145

drier

slotted orifice air ~ сушильный колпак с прорезями (*для скоростной сушки бумаги*)
stacked ~ ярусная сушильная секция
sweat ~ холодильник (*в сушильной секции*)
wet creping ~ крепирующий сушильный цилиндр
Yankel ~ большой сушильный цилиндр самосъёмной машины
drift 1. молевой лесосплав ‖ сплавлять лес молем **2.** плывущее бревно **3.** дрейф; снос ‖ дрейфовать ‖ сносимый **4.** медленное течение **5.** нанос (*напр. песка*) **7.** англ. вал порубочных остатков **8.** обход сборщика живицы **9.** пробойник; бородок ‖ пробивать
cutting ~ вырубаемый участок леса, лесосека
figure ~ искажение рисунка текстуры (*напр. верхнего листа по сравнению с нижним в пачке шпона*)
ice ~ вскрытие реки; ледоход
sand ~ дюна
snow ~ снежный занос
drift-bolt костыль, штырь
drifting молевой лесосплав
driftwood 1. сплавной лесоматериал; сплавной лес **2.** лес, прибитый к берегу; плавник
drill 1. сверло, бурав ‖ сверлить, высверливать **2.** сеялка ‖ сеять **3.** борозда **4.** тик (*ткань для обивки*)
Archimedian ~ сверло Архимеда, дрель (*для сверления маленьких отверстий в твёрдой древесине*)
bit stock ~ сверло со сменными насадками
breast ~ ручная дрель
deep furrow ~ бороздовая сеялка
disk ~ дисковая сеялка, сеялка с дисковыми сошниками
field ~ рядовая сеялка
fluted force-feed ~ сеялка с катушечными высевающими аппаратами
fluted wheel ~ сеялка с катушечными высевающими аппаратами
packer ~ прессовая сеялка
pilot ~ цилиндрическое сверло с выталкивателем
precision (seed) ~ сеялка точного высева

roller ~ катковая [прессовая] сеялка
sack ~ мешочный тик
seed ~ рядовая сеялка
seed spacing ~ **1.** сеялка для пунктирного посева **2.** сеялка точного высева
slot ~ **1.** продольно-сверлильный станок **2.** сверло для отверстий незамкнутого профиля
sowing ~ рядовая сеялка
spacing (seed) ~ сеялка точного высева
straight shank twist ~ буравчик
trailed ~ прицепная сеялка
tree-seed ~ лесная сеялка
twin-row ~ двухстрочная сеялка
vacuum ~ пневматическая сеялка
water ~ водяная полоса на бумажном полотне (*дефект*)
drilling 1. сверление, высверливание **2.** рядовой посев **3.** высев
air ~ аэросев
close ~ узкорядный посев
precision ~ точный высев
regular ~ рядовой посев
solid ~ загущённый рядовой посев
space ~ точный высев
drillstock 1. материал *или* заготовка для сверления **2.** сверлильный патрон
drive 1. плот **2.** (*молевой*) лесосплав ‖ сплавлять лес **3.** подъездная дорога ‖ прокладывать дорогу **4.** привод; передача ◊ ashore ~ выброшенный на берег; to ~ back отводить (*воду*); to ~ in вгонять, вводить, вбивать; to ~ off отводить, удалять (*газы*); to ~ out трелевать, вытрелёвывать; подвозить к дороге
colorful log (river) ~ молевой лесосплав
creek ~ сплав по каналу
flying ~ скоростной сплав для зачистки хвоста
rope ~ канатная передача
setworks ~ привод зажимного устройства лесопильной тележки
wire rope ~ тросовый привод
driveability пригодность для лесосплава
driveable сплавной, пригодный для сплава леса
driver 1. водитель; тракторист **2.** сплавщик **3.** ведущий элемент пере-

drum

дачи (*напр. шкив*) **4.** молоток для осадки колец (*на остове бочки*)
dowel ~ станок для вставки шкантов, деревянных болтов *или* шипов
grab ~ рабочий, управляющий захватами; зацепщик; чокеровщик
head ~ опытный сплавщик; старший рабочий на лесосплаве
hoop ~ набивка для обручей (*на бочку*)
insert ~ станок для вставки шкантов, деревянных болтов *или* шипов
ratchet screw ~ американская отвёртка
river ~ сплавщик
shoe ~ набивка *или* молоток для обручей (*на бочку*)
skidder ~ тракторист трелёвочного трактора
tractor ~ тракторист
truck ~ **1.** водитель лесовоза **2.** рабочий, трелюющий лес на передках
driveway 1. проезжая часть (*дороги*) **2.** подъездной путь; въезд
driving 1. молевой лесосплав **2.** передача, привод ‖ передаточный, ведущий ◇ ~ **singly** сплавляемый молем
hoop ~ оковка (*бочек*) обручами; осадка обруча (*на бочку*)
pile ~ забивка свай
river ~ лесосплав
stream ~ лесосплав; молевой лесосплав
driving-out трелёвка; подвозка к дороге
droop увядать, поникать, опускаться (*о растениях, листьях*)
drop 1. падение, понижение **2.** пластинка, закрывающая замочную скважину **3.** высевающий аппарат **4.** опускание (*рабочего органа или машины*) **5.** срыв бумаги **6.** положение хлыста (*при раскряжёвке*) со свободным зависанием одного конца отпиливаемого бревна
summer leaf ~ летнее сбрасывание листьев
variable ~ регулятор нормы высева
dropping 1. посев, высев **2.** сбрасывание, опускание
hill ~ гнездовой посев
drought засуха
droughty засушливый, безводный
drove *англ.* грунтовая дорога

drowned затопленный
drubbing *пл.* разбивка, дробление (*волокна*)
drug прицеп для перевозки лесоматериалов
timber ~ прицеп-роспуск для перевозки брёвен
drum 1. полый цилиндр; барабан **2.** тамбур (*наката*) **3.** вал **4.** рулон ◇ **to** ~ **logs** вытаскивать брёвна лебёдкой (*из углубления*)
airtight cooling ~ герметическая бочка для охлаждения древесного угля
barking ~ окорочный [корообдирочный] барабан
brake ~ тормозной барабан, тормозной шкив
breaker ~ барабан разбивного [полумассного] ролла
cable ~ канатный барабан
coarse ~ барабан для черновой шлифовки
cutter ~ ножевой вал
endless ~ барабан для привода замкнутого каната
flanged tail ~ шкив с боковыми фланцами
haul-back ~ барабан возвратного каната
heel-line ~ барабан привода натяжного полиспаста несущего каната
heel-tackle ~ барабан привода натяжного полиспаста несущего каната
hoisting ~ барабан лебёдки, подъёмный [погрузочный] барабан
in-haul ~ барабан тягового каната, тяговый [рабочий] барабан
intermittent barking ~ окорочный барабан периодического действия
knife ~ ножевой барабан
lined ~ футерованная бочка
log haul ~ шкив лесотранспортёра
out haul ~ барабан возвратного каната; возвратный [холостой] барабан
reeling [reel-up] ~ тамбур наката
reverse idler ~ реверсивный холостой шкив
sieve ~ сеточный барабан
soaking ~ реакционная камера, сокинг
spiked ~ барабан с шипами; рябуха
spool-type ~ шпилевой барабан (*для привода замкнутого каната*)

drum

suction washing ~ отсасывающий промывной барабан
synchronized ~(s) сблокированные барабаны (*лебёдки*); синхронно вращающиеся барабаны
tappet ~ кулачковый барабан
thickening ~ сгустительный барабан
topping ~ барабан подъёма стрелы крана
warping ~ барабан варповальной лебёдки
winding(-up) ~ форматный вал
drupe костянка (*тип плода*)
  aggregate ~ сборная костянка
druse друза (*сложная форма кристаллов в паренхимных клетках*)
druxiness внутренняя гниль (*в древесине*)
druxy гнилой, поражённый гнилью (*о древесине*)
dry сушить ‖ сухой ◊ **to ~ hard** пересушивать, сушить; сушить «жёстко» (*бумагу*); **to ~ soft** сушить «мягко» (*бумагу*)
  absolute ~ абсолютно сухой
  bone ~ абсолютно сухой
  bright and flat непокоробленный, без окрасок (*напр. о пиломатериале*)
  oven ~ абсолютно сухой
dry-cemented склеенный сухим способом (*о фанере*)
dry-floated сплавляемый на плотах (*выше уровня воды*)
drying 1. сушка 2. высыхание, сухость (*дефект отделочного покрытия*) ◊ **~ with fresh air** атмосферная [воздушная] сушка, сушка на открытом воздухе
  ~ of milled products сушка черновых заготовок древесины
  air float pulp ~ камерная сушка целлюлозы на воздушной подушке
  air-foil ~ воздушная сушка под колпаком
  Barber ~ воздушная сушка бумаги (*после поверхностной проклейки*)
  converted timber ~ сушка пиломатериалов
  dielectric ~ сушка токами высокой частоты
  dust-free ~ высыхание «от пыли»
  flash ~ of pulp аэрофонтанная сушка целлюлозы
  fluidized-bed ~ сушка в псевдоожиженном [кипящем] слое
  freeze ~ сушка вымораживанием
  lay-on-air ~ сушка во взвешенном состоянии
  loop ~ фестонная сушка
  oven ~ сушка в печи
  solvent ~ сушка растворителем
  tack-free ~ высыхание до отлипа
  through ~ сушка с просасыванием, сквозная сушка
  transpiration ~ транспирационная сушка (*на лесосеке*)
dryness степень сухости; содержание сухого вещества
dry-topped суховершинный (*о дереве*)
dub тесать; обтёсывать (*дерево*); стругать, пригонять, ровнять
dubbing 1. стружка, пригонка 2. прошлифовка (*кромки ДСП*) 3. мягчение
duchess глубокий диван *или* кресло в виде гондолы
duct труба; канал; проход
  gum ~ смоляной ход, смоляной канал
  latex ~s система трубок, содержащих латекс; млечники
  resin ~ смоляной ход, смоляной канал
  traumatic ~ травматический (*межклеточный*) канал
dudler трелёвочная лебёдка, перемещаемая намоткой каната (*закреплённого на обоих концах пути*)
duff *амер.* подстилка и слаборазложившийся гумусовый горизонт; грубый [сырой] гумус (*лесной подстилки*)
  leaf ~ листовой сырой гумус
duffle *амер.* личное имущество лесоруба
dulling:
  tool ~ затупление инструмента
dullness матовость (*поверхности бумаги*)
dumbwaiter 1. переносной сервировочный стол; стойка с вращающимися полками 2. *амер.* лифт для подачи блюд с одного этажа на другой; кухонный лифт
dumetum кустарниковая заросль

duty

dummy 1. вспомогательное дерево, оснащаемое для установки трелёвочной мачты 2. плавучая пристань 3. модель, имитация 4. фальшивая дверца шкафа
dumo(u)se 1. заросший [поросший] кустарником 2. кустистый
dump 1. *амер.* (*временный*) лесосклад, лесная биржа 2. отвал, груда, куча, насыпь 3. сбрасывать, сваливать, опрокидывать; разгружать опрокидыванием 4. перевалочный пункт
  bottom ~ 1. разгрузка через откидное дно (*ковша, кузова*) 2. ковш с откидным дном
  burried ~ насыпной грунт
  cinder ~ отвал шлака и золы
  log ~ площадка для разгрузки лесоматериалов
dumper опрокидыватель, самосвал
  hydraulic truck ~ устройство с гидроприводом для разгрузки щепы из автомобилей
  rotary ~ поворотное устройство для разгрузки щепы опрокидыванием
  side ~ самосвал с боковой разгрузкой
  tractor-trailer ~ саморазгружающийся автопоезд
dumping 1. выгрузка (*лесоматериалов опрокидыванием подвижного состава*); сброска леса на воду 2. *цел.-бум.* опорожнивание; спуск массы 3. опрокидывающийся
  side ~ боковая разгрузка
dumpling 1. деревянная заготовка чашеобразной формы (*для обработки на токарном станке*) 2. корзина
Dunlopillo *фирм.* данлопилло (*латексный пенопласт*)
dunnage 1. отходы лесопиления; пиломатериал низкого качества, используемый для основания или подстилки под груз 2. дошлаг, закрепление груза
duoformer *фирм.* дуоформер (*для офсетной бумаги*)
durability 1. прочность, стойкость; устойчивость к загниванию (*древесины*) 2. срок службы, долговечность
durables продукция, рассчитанная на длительный срок службы
duramen 1. ядровая древесина 2. сердцевина (*дерева*)

durometer *фирм.* дюрометр (*прибор для измерения прочности бумаги*)
dust пыль; опилки ◇ **to ~ a dam** заполнять просветы между досками сплавной плотины
  ~ **of rosin glyceride** пыль глицеринового эфира канифоли
  anther ~ *бот.* пыльца
  boring ~ буровая мука (*древоточцев*)
  brick ~ кусочки обмуровки (*варочного котла*)
  charcoal ~ древесноугольная пыль
  chip ~ древесная пыль; отсев щепы, мелкая фракция щепы (*на дне ситового анализатора щепы*)
  sander ~ шлифовальная пыль
  saw ~ опилки
  wood ~ древесная мука, древесная пыль
  worm ~ буровая мука (*древоточцев*)
duster 1. пылеочиститель 2. опыливатель 3. сухой протравливатель (*семян*) 4. *цел.-бум.* отпыливатель
  crank ~ ручной опыливатель
  knapsak ~ ранцевый опыливатель
  midget ~ ручной опыливатель с мехами
  paper ~ отпыливатель макулатуры
  shoulder-mounted ~ ранцевый опыливатель
  wing ~ крыльчатый отпыливатель
dutchman 1. прокладка для предотвращения скатывания наружных брёвен (*при транспортировке*) 2. дополнительный рез в подпиле (*при валке дерева в сторону от естественного наклона*) 3. метод срезания дерева при валке в сторону от естественного наклона (*без использования или с минимальным использованием клина*)
  flying ~ 1. открывающийся отводной блок тягового каната (*при полувоздушной трелёвке*) 2. самосъёмная бумагоделательная машина
duty 1. нагрузка, производительность; мощность 2. пошлина ◇ **off** ~ свободный от работы; не занятый в эксплуатации
  custom(s) ~ таможенная пошлина
  export ~ вывозная пошлина
  extra ~ дополнительная производительность; перегрузка

duty

    import ~ ввозная пошлина
    medium ~ средняя мощность; средняя производительность
    train ~ поездной режим
dwarf 1. карликовое растение 2. мешать росту, задерживать развитие
dwarfed отставший в росте
dwarfish 1. карликовый, низкорослый 2. недоразвитый
dye 1. краситель, пигмент 2. оттенок
    aniline ~ анилиновый краситель
    anthraquinone ~ антрахиноновый краситель
    diazo ~ азокраситель
    glacial ~ ледяной краситель
    indigoid ~s красители индиго
    rhodamine ~ родаминовый краситель
    stilbene ~ стильбеновый краситель
    vat ~ кубовый краситель
    wood ~ растительный краситель
dyestuff:
    artificial ~ искусственные красители
dying засыхающий на корню
dying-off отмирание (*растений*)

E

ear 1. консоль на конце карниза (*над дверью или окном*); выступ 2. *pl амер.* кресло с ушами (*боковыми деталями глубокой закругленной спинки*)
    dog ~s загнутые и смятые уголки листов бумаги
earlywood ранняя древесина
earth земля, почва, грунт
    black forest ~ темноцветная лесная почва
    bleaching ~ отбельная земля
    brown ~ бурая (*лесная*) почва
    calcimorphic brown ~ карбонатная бурая (*лесная*) почва
    cryptopodzolic brown ~ скрытоподзолистая бурая (*лесная*) почва
    diatomaceous ~ кизельгур (*наполнитель бумаги*)
    good bearing ~ грунт с хорошей несущей способностью; прочный грунт
    mull ~ мягкий грунт

    vegetable ~ дёрн; перегной; растительная земля
earthboard отвал
earthen земляной; глиняный
earthflow массивный оползень (*со сползанием грунта и скатыванием земляных глыб*); земляной поток
earthing-up окучивание
ease 1. лёгкость; удобство ‖ облегчать; освобождать 2. отпускать, ослаблять; отдавать (*канат*) ◇ to ~ off отдавать (*канат*); травить (*канат, верёвку*); to ~ the grade смягчать уклон (*дороги*)
    ~ of handling лёгкость [удобство] управления
easement 1. облегчение 2. право пользоваться дорогой на чужой земле 3. право на получение дохода от части или всего лесовладения другого лица 4. участок поворота *или* изгиба поручня лестницы
easing участок поворота *или* изгиба поручня лестницы
ebb отлив; убыль (*воды*) ‖ убывать (*о воде*) ◇ ~ and float отлив и прилив
ebenisterie *уст.* ремесло столяра-краснодеревца
ebonist столяр-краснодеревец
ebony *дер.-об.* чёрное дерево
ebullient кипящий
ebullition бурное кипение
ecballium сукцессия после рубки леса
ecesis эцезис (*захват организмами нового местообитания*)
echinated имеющий шипы
ecology экология
ecosystem экосистема
    climax ~ климаксовая [первичная] экосистема
    forest ~ экосистема леса
    undisturbed ~ ненарушенная (*деятельностью человека*) экосистема
    unthinned forest ~ экосистема леса, не пройденная рубками ухода
ecotone экотон, пограничное сообщество
    forest-grassland ~ лесолуговое пограничное сообщество
ecotope экотоп, местообитание
ecotype экотип
ectoparasite эктопаразит, наружный паразит

ecumene биосфера, обитаемое пространство
edaphic эдафический, почвенный
edaphology почвоведение
edaphon эдафон, почвенная фауна и флора
edge 1. ребро, кромка, край, грань, кант; лезвие, остриё ‖ обрезать кромки; заострять, точить 2. *дор.* бордюрный камень
back ~ of saw спинка пильного полотна
back ~ of tool задняя грань резца; спинка резца; обух инструмента
baff ~ гладкая кромка доски
beaded ~ утолщённый край; отогнутая кромка
bearing ~ место закрепления балки; опорный конец балки
bevel ~ скошенный край, фаска
bull-nose ~ закруглённая кромка
cutaway ~ сошлифованная кромка
cutting ~ режущая кромка, лезвие
deckle ~ отливная кромка (*бумаги*)
exposed ~ наружная кромка; необработанная [необлицованная] кромка
feather ~ 1. тонкое лезвие; тонкий край 2. тонкая кромка бумаги (*дефект отлива*)
imperial ~ стёганый (*пятью рядами простёжки*) закруглённый борт матраца
joint ~ прифугованная кромка (*шпона*)
keen ~ острое лезвие; острая режущая кромка
knife ~ 1. острое лезвие ножа 2. *меб.* кромка наволочки суженной формы
lap scaling ~ кромка (*армированной фанеры*), заделанная внахлёст
match veneer ~ кромка ленты спичечного шпона
plain ~ 1. гладкое ребро (*напильника*) 2. гладкая кромка, нешпунтованная кромка (*доски*)
puckered ~ сморщенная [морщинистая] кромка (*мягкой мебели*)
scalloped ~ зубчатая кромка, зубчатый край; край, отделанный зубцами или фестонами
seamed ~ загнутая кромка (*армированной фанеры*)

shew ~ выступающая кромка; внешняя кромка
soft ~ закруглённая кромка
splitting ~ раскалывающая кромка (*колуна*)
stub ~ выступающая кромка (*ножевой головки*); режущая кромка
timber ~ край [стена] леса
tool ~ режущая кромка [лезвие] инструмента
tooth ~ кромка зуба
trailing ~ кромка, подаваемая второй (*при ребросклеивании шпона*)
water ~ 1. урез воды 2. отливная кромка (*бумаги*)
wire ~ затупленный край (*инструмента*)
wrapped ~ кромка, облицовка которой заходит на пласть
edgebander кромкооблицовочный станок
edger 1. круглопильный обрезной станок 2. *цел.-бум.* отсечка
autochip pocket ~ обрезной станок с автоматическим измельчением отходов
bark ~ окорочный станок
chipper ~ фрезерно-пильный станок (*для выпиливания из брёвен пиломатериалов с одновременным измельчением отходов*)
jet ~ форматная отсечка
top arbor ~ (продольно-)обрезной станок с верхним расположением пил
edging 1. строгание кромки под прямым углом (*к пласти*); обрезка кромок; опиловка кромок 2. рейка 3. кромкооблицовочный материал 4. *pl* отходы лесопиления
conical ~ обрезка (*досок*) на конус
slab ~ брусовка
effect
cumulative ~ суммарное действие (*удобрений*)
dead flat ~ *меб.* глубокий матовый оттенок
environmental ~ влияние среды, влияние внешних условий
exhaustive ~ истощающее действие (*растений на почву*)
grain ~ эффект текстуры, имитация текстуры

effect

halo ~ эффект ореола, ореол (*дефект бумаги*)
hammered ~ имитация чеканной *или* кованой поверхности
moire ~ муаровый эффект, муаровость (*дефект бумаги*)
residual ~ последействие (*удобрений*)
ribbed ~ проступание неровностей (*от реечного заполнения*) на поверхности щита; имитация проступания неровностей
sand blasted marquetry ~ эффект мозаики, достигаемый с помощью пескоструйной обработки, имитация мозаики, получаемая пескоструйным методом
side ~ побочное действие
subsequent ~ последействие (*удобрений*)
washbased ~ вид рифлёной поверхности (*дефект шлифования*)
weathered ~ 1. заветривание строганой поверхности (*дефект вследствие сдавливания волокон во время строжки, а затем распрямления в условиях повышенной влажности*) 2. эффект выветриваания (*при пескоструйной обработке*)
worn ~ *меб.* вид изношенной вещи

efficiency:
 biological ~ биологическая продуктивность
 nutritive ~ коэффициент использования питательных веществ
 seed ~ выход семян
 wet-end ~ съём бумаги с сеточной части

efflorescence 1. зацветание, расцветание 2. сезон расцветания
effuse *бот.* развесистый, размётанный
eke-piece *шотл.* вставная рейка; вставная шпонка
elastic-backed дублированный эластичным материалом, склеенный с эластичным материалом (*об обивке мягкой мебели*)
elbow 1. колено, изгиб 2. подлокотник (*кресла, дивана*)
electrocutor:
 insect ~ электроловушка для насекомых

electrodeposition электролитическое осаждение, гальванопокрытие (*в отделке мебели*)
element элемент, составная часть
 cambial ~ клетка камбия, камбиальные инициалы
 macronutrient ~ макроэлемент (*питательный элемент, потребляемый в больших количествах*)
 micronutrient ~ микроэлемент (*питательный элемент, потребляемый в малых количествах*)
 oscilating cutting ~ гибкий режущий элемент
 sieve ~s ситовидные элементы (*древесины*)
 sieve-tube ~s элементы ситовидных трубок (*древесины*)
 tracheal [tracheary] ~s трахеальные элементы (*трахеиды и сосуды*)
 vessel ~ элемент сосуда
Elephant *фирм.* фрезерный станок с верхним расположением шпинделя
elevate поднимать, повышать
elevation 1. возвышенность; возвышение 2. высотная отметка, высота (*над уровнем моря*) 3. вертикальная проекция, вид спереди; профиль 4. расстояние (*по вертикали*) между верхней и нижней точками крепления несущего каната (*канатной установки*)
 ~ of water отметка воды
 ground ~ *геод.* профиль земли; отметка земной поверхности
 rear ~ вид сзади (*на чертеже*)
elevator подъёмник; конвейер, транспортёр ◇ ~ for wood подъёмник для древесного сырья
 belt bucket ~ ковшовый транспортёр
 endless band ~ ленточный конвейер, ленточный элеватор
 knot ~ подъёмник для сучьев
 log ~ поперечный транспортёр для брёвен
 pulp ~ багер (*для разгрузки сцежи*)
 screw ~ винтовой элеватор, шнек
 timber ~ подъёмный конвейер для лесоматериалов
elimination устранение, удаление
 ~ of species устранение [удаление] видов

grade ~ смягчение уклона
virtual ~ фактическое удаление (*видов*)
elm вяз, ильм, берест, карагач (*Ulmus*)
elmendorf сопротивление бумаги раздиранию
elongation удлинение, растяжение
   root ~ рост корня в длину
   shoot ~ рост побега в длину
elutriator камера для отделения волокна
eluvium элювий
emarginate выемчатый (*о листе*)
embark погружать (*на судно*)
emboss выбивать тиснение; украшать рельефом; гофрировать
embryogeny эмбриогенез, развитие зародыша
emergence 1. появление, возникновение 2. вырост
   ~ of seedlings прорастание; появление всходов
   adult ~ лёт взрослых особей (*насекомых*)
   plant ~ всхожесть растений
emergent полупогруженный (*о растении*)
emulgator эмульгатор
emulsifier эмульгатор
emulsion эмульсия
   paraffin wag ~ парафиновая эмульсия
   rosin ~ канифольная эмульсия
   water-in-oil ~ эмульсия вода — масло
emultex *фирм.* поливинилацетатная эмульсия
enation *бот.* энаций, вырост на талломе
encapsulate инкапсулироваться
enclave 1. небольшое сообщество растений (*в окружении большого сообщества*) 2. анклав (*часть территории, окружённая чуждым для неё ландшафтом*)
enclosing огораживание (*вырубок*)
enclosure 1. корпус; колпак; ограждение 2. участок леса, округ (*административная единица*)
encroachment :
   bush ~ закустаривание
encrust инкрустировать

end

encrustation 1. инкрустация 2. образование корки [накипи] 3. кора, корка
end 1. конец, торец (*напр. бревна*) 2. край, граница 3. часть (*бумагоделательной машины*) 4. *pl* форзацная бумага 5. погон, крайняя фракция 6. *pl* остатки, обрезки; эндсы, диленсы 7. *тарн.* головка ◇ ~s shot and gauged торцы прифугованы и размечены (*при подготовке шиповых соединений*); to ~ butts выравнивать или обрезать торцы; to ~ joint сращивать (*по длине*); to ~ match соединять торцы в шпунт
   back ~ of saw выходная сторона пилы
   batten ~s пластины для настила полов
   bottom ~ комель, комлевый торец (*бревна*)
   broomed ~ размочаленный [расщеплённый] конец (*бревна*)
   building-up ~ головка ящика, собранная из щитков на скобу
   butt ~ комель, комлевый торец (*бревна*)
   butt ~ first комлем вперёд
   cleated ~ 1. торцевая часть изделия, соединённая в наконечник *или* на планку 2. головка ящика, собранная на планку
   crosscut ~ 1. поперечное сечение ствола 2. поверхность торца; торцевой срез
   dead ~ тупик; глухой конец
   delivery ~ разгрузочная сторона
   downstream ~ of lock нижняя голова шлюза
   drum ~ нижняя полукруглая ступень лестницы
   fancy ~s форзацная бумага
   firewood ~s остатки [обрезки] длиною 0,46-1,68 м (*используются в столярных работах*)
   leading ~ передний конец трелюемого бревна
   light ~s лёгкие погоны, головные погоны
   lighting ~ головка (*спички*)
   lower ~ комель, комлевый торец (*бревна*)
   odor-containing light ~s лёгкие пого-

153

end

ны, содержащие одорирующий компонент
plumb ~ отвесная кромка (*стропил*)
reeling ~ накатная часть (*бумагоделательной машины*)
returned ~ 1. торцевая часть погонажной профильной детали 2. инструмент для разметки радиальных линий (*на изделиях круглой формы*)
shot ~ прифугованная кромка; фугованный торец; строганый торец
small ~ 1. вершинный торец (*бревна*) 2. вершина (*столба*)
tail ~ хвост (*сплава*)
tall oil light ~**s** лёгкие фракции таллового масла
top ~ вершинный торец (*бревна*)
top ~ **first** вершиной вперёд
top ~ **of trunk** вершина хлыста; вершинный торец бревна
trailing ~**s** концы брёвен, волочащиеся по земле при трелёвке
triangular post ~ головка ящика, крепящегося к вертикальным рейкам треугольного сечения
trim ~ 1. *pl* откомлёвки (*обрезки брёвен или досок при поперечном распиле*) 2. отрезанный от высокого пня кусок древесины (*для придания пню требуемой правилами высоты*)
endemic эндемик ‖ эндемический
ender станок для обработки массивных кромок щита
  double ~ двусторонний станок для обработки массивных кромок щита
end-jointing сращивание (*по длине*)
endmast растущее *или* срезанное дерево (*закреплённое растяжками*) в качестве промежуточной опоры
end-matching соединение торцов в шпунт
endobiotic эндобиотический
endocarpous эндокарпный, внутриплодный
endodermis эндодерма (*внутренний слой корки*)
endoenzyme эндофермент, внутриклеточный фермент
endogenesis эндогенез
endogenic, endogenous эндогенный
endogens лесоматериал из внутренних слоёв дерева

endophyllous 1. живущий внутри листа 2. скрытолистный
endophyte эндофит (*растение, живущее в другом растении*)
endopterygote насекомое с полным превращением
endoxylophyte эндоксилофит (*растение — паразит древесины*)
endways концом вперёд; в продольном направлении; по оси, по длине
energy:
  activation ~ энергия активации
  germination [germinative] ~ энергия прорастания (*семян*)
  radiant ~ лучистая энергия
  wood-fired ~ энергия от древесного топлива
engine машина, двигатель
  breaker [breaking] ~ полумассный [разбивной] ролл
  capstan ~ лебёдка
  charcoal burning ~ газогенераторный двигатель
  conical refining ~ коническая мельница, жордан
  dead ~ выключенный двигатель; заглохший двигатель
  donkey ~ паровой двигатель (*лебёдки*)
  failed ~ повреждённый двигатель
  hemihead ~ двигатель (*бензопилы*) с полусферической головкой (*цилиндра*)
  hoist ~ подъёмная машина; двигатель подъёмной лебёдки
  monkey ~ лебёдка
  pulping ~ 1. разрыватель целлюлозы 2. аппарат для предварительной разбивки бумажного брака
  switch ~ маневровый локомотив
  turbocharged ~ двигатель с турбонаддувом
  winding ~ двигатель лебёдки
  yarding ~ 1. трелёвочная лебёдка 2. двигатель трелёвочной лебёдки
engineer:
  chief ~ старший механик; главный инженер
  loading ~ оператор погрузчика
  yarder ~ лебёдчик (*на трелёвке*)
engraft прививать
engrain окрашивать под дерево
engrave гравировать

engraver 1. гравёр, резчик 2. гравировальный инструмент 3. *энт.* заболонник (*Scolytus*)
enlarge разрастаться
enlargement развитие, рост; разрастание, распространение
enrichment 1. обогащение (*состава древесных пород путём увеличения доли ценных пород*) 2. повышение плодородия 3. *меб.* декоративная деталь; украшение, отделка, декор
  soil ~ повышение плодородия почвы
enridge проводить борозды
enterprise предприятие
  forestry ~ лесное предприятие, лесхоз
  logging ~ лесозаготовительное предприятие
  wood ~ лесопромышленное предприятие
  woodworking ~ деревообрабатывающее предприятие
entomophillous энтомофильный, опыляемый насекомыми
entrainer *лесохим.* антренёр
entrainment 1. погрузка (*на поезд*) 2. унос, увлечение
  air ~ ввод воздуха (*в реакционную смесь*)
entrepôt *фр.* склад, пакгауз
enumeration перечёт (*деревьев*)
  complete ~ сплошной перечёт
  partial ~ выборочный перечёт
  strip ~ ленточный перечёт
environment окружающая среда
  difficult ~s неблагоприятные условия среды
  external ~ внешняя среда
  forest ~ лесная среда
  pristine ~ нетронутая [первозданная, девственная] среда
  rounding ~ окружающие предметы; окружающая обстановка; окружающая среда
enzyme фермент, энзим
  adaptive ~ адаптивный фермент
  cellulolytic ~ фермент, разлагающий клетчатку
  constitutive ~ конститутивный фермент
  oxidizing ~ окислительный фермент, оксидаза
  proteolytic ~ протеолитический фермент
epicarp эпикарпий, внеплодник
epicormic развивающийся из спящей почки
epicotyl эпикотиль, надсемядольное колено (*первое междоузлие*)
epidermis эпидермис
epigeal растущий на поверхности земли
epigenous растущий на поверхности (*листа, стебля*)
epinasty эпинастия (*искривление побега в нижней части*)
epines небольшие участки искривлённых волокон
epiontology изучение географического распространения растений
epiparasite эпипаразит (*1. эктопаразит 2. сверхпаразит*)
epiphloedal растущий на поверхности коры (*деревьев*)
epiphloem эпифлоэма, наружный слой флоэмы
epiphyll 1. эпифилл 2. верхняя поверхность пластинки листа
epiphyllous расположенный на листьях
epiphyte эпифит, растительный эктопаразит
epiterranean надземный
epithelium эпителий
  squamous ~ плоский эпителий
epixylous растущий на древесине
epizootic эпизоотия ‖ эпизоотический
Epok *фирм.* эпок (*материал для отделки, включающий модифицированные мочевино- и фенолоформальдегидные смолы, поливинилацетатные и полистирольные эмульсии*)
epuration очистка
equalize оторцовывать; уравнивать, ровнять
equalizer концеравнитель; концеравнительный станок
  weight ~ противовес
equilibrium равновесие
  biological ~ биологическое равновесие
  unstable ~ неустойчивое равновесие
equipment оборудование; машины; оснащение; подвижной состав

equipment

bending ~ гнутарное оборудование; оборудовние [оснастка] для гнутья
branding ~ маркировочное устройство
brown stock washing ~ оборудование для промывки сульфатной целлюлозы
cable logging ~ оборудование для канатных трелёвочных установок; оборудование для канатной трелёвки
carrying ~ подвижной состав
conversion ~ 1. оборудование [машины] для первичной обработки лесоматериалов (*обрезки сучьев, раскряжёвки, окорки*) 2. оборудование для переработки (*бумаги*)
edge bonding ~ оборудование для облицовывания кромок
gravity wire skidding ~ проволочный лесоспуск
harvesting ~ лесозаготовительные машины; лесозаготовительное оборудование; валочное оборудование
incidental ~ вспомогательное [второстепенное] оборудование
installed ~ стационарное оборудование
interchangeable ~ сменное оборудование
knife sharpening ~ инструмент для заточки ножей
landing ~ складское оборудование (*применяемое на складе, погрузочной площадке и т.д.*)
lighting ~ осветительное оборудование
logging ~ лесозаготовительное оборудование; лесозаготовительный инструмент, инструмент лесоруба
log-processing ~ лесопильное оборудование
lumberman's ~ лесозаготовительное оборудование; лесозаготовительный инструмент, инструмент лесоруба
material handling ~ погрузочно-разгрузочное оборудование
mechanical handling ~ подъёмно-транспортное оборудование
metering ~ дозирующее оборудование
mobile ~ передвижное (*самоходное*) оборудование

off-highway ~ транспортное оборудование, предназначенное для работы вне магистралей (*дорог общего пользования*)
operating ~ рабочее оборудование
optional ~ дополнительное оборудование, поставляемое по требованию заказчика
primary ~ основное [рабочее] оборудование
processing ~ технологическое оборудование
protective ~ защитное снаряжение
push-out ~ for logs бревносбрасыватель
residue recovery ~ оборудование для переработки остатков (*лесозаготовок*), рубильная машина, дробилка
sawmill ~ лесопильное оборудование
saw sharpening ~ оборудование для заточки пил
scrub clearing ~ оборудование для расчистки территорий (*от кустарника*)
second-hand ~ бывшее в употреблении, подержанное оборудование
semiplant scale ~ полузаводская установка
shrink-wrap ~ оборудование для упаковки (*мебели*) в усадочную плёнку
standby ~ резервное оборудование
stock cleaning ~ *цел.-бум.* очистное оборудование
stump-pulling ~ оборудование для корчёвки пней
stump-to-roadside ~ система машин для заготовки и трелёвки леса; система лесосечных машин
terminal ~ оборудование, работающее на площадке [складе]; погрузочно-разгрузочное оборудование
tool ~ набор инструментов
tract mobile ~ оборудование, передвигающееся по лесосеке (*в процессе работы*)
vacuum lifting ~ вакуумное подъёмное оборудование
vacuum lifting-and-tilting ~ вакуумное оборудование для подъёма и кантования
waste-treating ~ оборудование для обработки макулатуры

wood-handling ~ оборудование для погрузки лесоматериалов
woods-treating ~ лесосечное оборудование (*применяемое непосредственно в лесу для валки, трелёвки и т.п.*)
woodworking ~ деревообрабатывающее оборудование
wrapping ~ упаковочное оборудование
eradicate 1. вырывать с корнем, выкорчёвывать 2. пропалывать (*сорняки*)
eradication 1. вырывание с корнем, выкорчёвывание 2. прополка (*сорняков*)
eradicator:
　check ~ средство для удаления или заглаживания трещин (*лакового покрытия*)
　stump ~ корчеватель пней; измельчитель пней
erect (a spar tree) монтировать (*оснащать*) трелёвочную мачту
erector-gluer сборочно-клеильный станок
erector-scaler:
　blank ~ сборочно-упаковочный станок для картонных коробок
eremacausis постепенное загнивание (*древесины*) под действием атмосферы
ericetum пустошь
Erinoid *фирм.* эриноид (*1. казеиновый плиточный клей; казеиновые стержни и трубки 2. ацетатцеллюлозные полистирольный и поливинилхлоридный пластики для инкрустации*)
eriophyllous шерстистолистный
eriospermous шерстистосемянный
erkensator центробежный чиститель массы
erode эродировать, выветривать, размывать
erosion эрозия, выветривание, размывание (*почвы*) ◊ ~ by water водная эрозия
　~ of river bed подмыв русла реки
　flow ~ струйчатая эрозия
　gully ~ овражная эрозия
　headward ~ отступающая эрозия
　linear ~ овражная эрозия
　natural ~ геологическая эрозия
　retrogressive ~ отступающая эрозия

estimate

　rill ~ бороздчатая эрозия (*почвы*)
　sheet ~ плоскостная [поверхностная] эрозия
　slip ~ оползневая эрозия
　soil ~ эрозия почвы
　splash ~ разбрызгивающее действие дождевых капель (*на почву*)
　vertical ~ глубинная эрозия
escape 1. выпуск, выпускное отверстие 2. течь; утечка; просачивание ‖ вытекать; просачиваться 3. выделение 4. одичавшее экзотическое растение
　~ of fires утечка огня
escritoire письменный стол, секретер
escutcheon 1. футор, накладка дверного замка 2. орнаментальный щит
eskar, esker оз
espacement размещение (*растений*)
established прижившийся (*о сеянцах*)
establishment 1. приживаемость, сохранность (*сеянцев*) 2. закладка (*культур, опыта*) 3. посадка, посев 4. хозяйство; учреждение; предприятие
　shelterbelt ~ полезащитное лесоразведение
estate:
　forest ~ лесное поместье, лесная дача
ester сложный эфир
　glycerol ~ of tall oil сложный глицериновый эфир таллового масла
　hydroxyethyl ~ of rosin оксиэтиловый эфир канифоли
　hydroxylpropyl ~ of rosin оксипропиловый эфир канифоли
　pentaerythritol ~ of anhydride-modified rosin пентаэритритовый эфир малеинизированной канифоли
　saponifiable ~ омыляемый эфир
esterification этерификация
estimate оценка, смета; таксация ‖ оценивать; составлять смету; таксировать ◊ ~ by eye глазомерная таксация, учёт на глаз
　~ of growth определение прироста
　~ of standing crop 1. таксация насаждения 2. оценка биомассы [фитомассы] насаждения
　~ of volume определение запаса (*насаждения*)
　ocular ~ глазомерная таксация, учёт на глаз

estimate

ocular plot ~ глазомерный метод изучения (*состава растительности*) на учётных площадках
provisional ~ предварительная смета
estimation:
  eye ~ глазомерная оценка, глазомерная таксация (*леса*)
  forest ~ таксация леса
  ocular ~ глазомерная таксация (*леса*)
estimator 1. рабочий-измеритель диаметров 2. таксатор 3. оценка 4. оценщик
estovers право арендатора поместья пользоваться лесом для хозяйственных нужд
etaerio сложный плод (*сборная костянка*)
étagère *фр.* этажерка
etching гравирование, травление
ether эфир
  cellulose ~ простой эфир целлюлозы
ethylcellulose этилцеллюлоза
etiolation этиолирование, этиоляция
etiology этиология
eureka *фирм.* вертикальный рафинёр
eutherophyte эутерофит, однолетник
eutrophic нормально питающийся (*о растении*)
evacuation:
  wood chips air ~ вакуумизация щепы
evaluation оценка, бонитировка
  ~ of damage определение степени повреждений
  pulp ~ определение показателей качества целлюлозы
  seedling ~ определение всхожести; определение энергии прорастания
evaporation 1. испарение 2. выпаривание ◇ ~ while falling испарение в процессе выпадения осадков
  ~ of water испарение воды; съём воды при сушке
  continuous horizontal ~ *лесохим.* непрерывное выпаривание в горизонтальной зоне
  interception loss ~ from vegetation промежуточные потери с поверхности растительности
  multiple-effect ~ *лесохим.* выпаривание в многокорпусном аппарате; *цел.-бум.* многокорпусное упаривание

  spent liquor ~ упаривание отработанного щёлока
  waste liquor ~ упаривание отработанного щёлока
evaporator выпарная батарея, выпарной аппарат, испаритель
  film ~ *лесохим.* плёночный испаритель; *цел.-бум.* плёночный выпарной аппарат
  flash film ~ плёночный выпарной аппарат
  horizontal tube ~ выпарной аппарат с горизонтальными трубками
  multiple-effect ~ многокорпусный выпарной аппарат
  quadruple effect ~ четырёхкорпусный выпарной аппарат
  rising film ~ выпарной аппарат с восходящей плёнкой
  rotary film ~ роторный плёночный испаритель
  stripping ~ выпарной аппарат с отгонкой
  vapor recompression ~ выпарной аппарат с термокомпрессией сокового *или* вторичного пара
even 1. выравнивать; сглаживать 2. ровный; гладкий; одинаковый ◇ to ~ butts выравнивать комли; to ~ ends выравнивать комли *или* торцы
even-aged одновозрастный (*о насаждении*)
everglade болотистая равнина, поросшая высокой травой
evergreen 1. вечнозелёный, хвойный 2. *pl* древесина вечнозелёных *или* хвойных пород
exalbuminous безбелковый
examination:
  forestry ~ таксация леса
examiner осмотрщик, браковщик
excavator 1. экскаватор 2. землекоп
  bucket ~ ковшовый экскаватор
  multiple-cut trench ~ многоковшовый канавокопатель
  trench ~ канавокопатель
excelsior древесная шерсть, древесная стружка (*для упаковки, для набивки матрацев*)
excentricity:
  trunk ~ крень (*древесины*)
exchange 1. обмен, обменное поглоще-

ние ‖ обменивать, замещать 2. биржа
cation ~ обмен катионов (*в почве*)
contact ~ контактный обмен (*между почвой и корнями растений*)
substance ~ обмен веществ
timber ~ лесная торговая биржа
exchanger:
  cellulose cation ~ целлюлозный катионит
  heat ~ теплообменник
excise:
  forest ~ лесной налог
excrescence нарост, кап
excurrent сбегающий (*о форме кроны*)
excursion:
  lateral ~ отклонение (*канатов и каретки*) при подтаскивании лесоматериалов со стороны
exembryonous не имеющий зародыша
exendospermous не имеющий эндосперма
exfoliate лупиться, шелушиться, сходить слоями, отслаиваться, расслаиваться
exfoliation 1. шелушение; отделение слоёв, отслаивание; вздутие 2. обдир коры 3. опадение листьев *или* почечных чешуек
exhaust отработанный, мятый (*о паре*)
exhauster эксгаустер
  shavings ~ эксгаустер для стружек и опилок
exocarp экзокарпий, внеплодник
exoderm экзодерма
exoenzyme экзофермент
exogenous экзогенный, возникающий снаружи
exogens пиломатериалы из заболонной части дерева
exotics древесина тропических пород деревьев
expand 1. расширяться 2. *бот.* распускаться
expansion 1. расширение 2. *бот.* распускание
  ~ of charcoal on immersion in a liquid расширение древесного угля при погружении в жидкость
  foliage ~ распускание листьев
  root ~ распространение [разрастание] корней
expenditure(s) расходы, затраты

explication развёртывание (*лепестков*); распускание (*цветка*)
explode 1. распускаться (*о цветках*) 2. вскрываться (*о плодах*)
exploitability спелость леса
  financial ~ финансовая спелость леса
  physical ~ естественная спелость леса
  technical ~ техническая спелость леса
exploitable 1. эксплуатационный, годный на сводку (*о лесе, о площади*) 2. спелый (*о лесе*) 3. пригодный к использованию (*о лесоматериалах*)
exploitation 1. вырубка 2. эксплуатация
  excess ~ переруб расчётной лесосеки
  forest ~ использование лесных ресурсов, лесопользование, лесоэксплуатация
  harmonions ~ рациональное использование (*ресурсов окружающей среды*)
  timber ~ использование лесных ресурсов; лесопользование, лесоэксплуатация
  wood ~ использование лесных ресурсов; лесопользование, лесоэксплуатация
exponent:
  polymerization ~ показатель степени полимеризации (*целлюлозы*)
exposed обнажённый, лишённый растительности
exposition of roots обнажение корней
exposure 1. экспозиция, выдержка 2. расположение 3. прицеливание (*в таксации*)
extender 1. расширитель 2. наполнитель (*напр. клея*), состоящий из протеинокрахмальных компонентов
extension 1. вылет; выдвижение 2. вытягивание (*напр. бумаги*) 3. растяжение, удлинение 4. удлинители (*отвалов плуга*)
  bit ~ удлинение режущей насадки (*инструмента*)
  flip-over ~ откидная крышка (*стола*)
  root ~ протяжённость корней
exterior внешний, наружный; используемый на открытом воздухе

extermination

extermination искоренение, уничтожение (*растений*)
exterminative искореняющий, уничтожающий (*растительность*)
extirpation 1. выкорчёвывание 2. прополка (*сорняков*)
extract 1. заготавливать; заготавливать и вывозить (*деревья, пни и т.п.*) 2. выкорчёвывать 3. экстракт, вытяжка ‖ экстрагировать, извлекать
   hot-water ~ вытяжка горячей воды
   soil ~ почвенная вытяжка
   soil-water ~ водная вытяжка из почвы
extraction 1. уст. трелёвка 2. амер. редко заготовка и первичная обработка лесоматериалов 3. экстрагирование, извлечение, вытяжка, удаление
   ~ **of old trees** вырубка перестойных деревьев
   alkali(ne) ~ щелочная обработка, щелочение (*волокнистого полуфабриката*)
   cable-crane ~ канатная трелёвка
   caustic ~ щелочная обработка, щелочение (*волокнистого полуфабриката*)
   cold alkali ~ холодное щелочение
   downhill ~ трелёвка вниз по склону
   drum ~ извлечение семян в барабане (*с помощью воздуха*)
   forest ~ лесозаготовки
   high-lead ~ полуподвесная трелёвка
   hot alkali ~ горячее щелочение
   seed ~ извлечение семян
   skidding-tractor ~ тракторная трелёвка
   skyline ~ подвесная трелёвка
   stump ~ корчёвка пней
   uphill ~ трелёвка вверх по склону
extractives экстрактивные вещества
   alcohol ~ экстрактивные вещества, растворимые в спирте
   cold water ~ экстрактивные вещества, растворимые в холодной воде
   hot water ~ экстрактивные вещества, растворимые в горячей воде
extractor 1. корчеватель, корчевальная машина 2. экстрактор; извлекающее устройство
   nail ~ гвоздодёр
   root ~ корчеватель, корчевальная машина

stump ~ корчеватель, корчевальная машина
tar ~ смолоотделитель
vibro stump ~ виброкорчеватель пней
water ~ водоотделитель, сгуститель
extracutting рубка за пределами отведённой лесосеки
extranutrition подкормка растений
extrapollination доопыление
extras дополнительные листы в стопе
extrorse обращенный наружу, повёрнутый во внешнюю сторону
extrusion 1. экструзия; экструзионное прессование (*ДСП*) 2. экструдированная деталь; экструдированный профиль
exuberant пышно растущий, буйный (*о растительности*)
exudate эксcудат
xylem ~ бот. патока
exudation 1. экссудация, выделение (*жидкости*) 2. плач растений
   gum ~ смоловыделение, смолоистечение
   oleoresin ~ выделение живицы
   resin ~ смоловыделение, смолоистечение
   root ~**s** корневые выделения
exude выделяться; проступать сквозь поры
eye 1. проушина, ушко, петелька 2. внутренняя часть спичечной головки 3. паз шипа ласточкин хвост 4. бот. глазок
   ~**s of drum** отверстия в промывном барабане
   ax(e) ~ проушина топора
   bird's ~ наплыв «птичий глаз» (*строение древесины, вызванное резким углублением годичных колец, сопровождаемых искажением направления волокон*)
   core ~ коуш; петля верёвки
   drawbar ~ ушко сцепной тяги
   fish ~**s** «глазки» (*пятнышки на бумаге от раздавленных при каландрировании посторонних частиц*)
   hinge ~ 1. ушко петли 2. отверстие шарнира
   lifting ~ подъёмное ушко; подъёмная скоба
   peacock's ~ «павлиний глаз» (*тек-*

стура древесины с характерным рисунком)
sash ~ кольцо, крепящееся к оконному переплёту (для поднимания и опускания)
strap ~ петля отрезка каната
wedge socket ~ чокерное кольцо с клиновым креплением каната
eyebolt болт с кольцом, болт с рымом
eyebrow козырёк, карниз (над окном)
eyelet 1. небольшое отверстие; петелька, ушко; кольцо 2. бот. глазок

F

Fablon фирм. фаблон (эластичная поливинилхлоридная или полиэтиленовая плёнка)
fabric 1. ткань, материал 2. структура, строение, устройство 3. изделие, фабрикат 4. синтетическая сетка
backing ~ ткань для дублирования (кожи, плёнки)
foam-backed ~ ткань, дублированная поролоном
knitted support ~ обивочная ткань на трикотажной основе
linked ~ проволочная сетка, пружинная сетка (служащая основанием для мягкой мебели)
molded ~ нетканый материал
nonwoven carpet ~ нетканый целлюлозный материал для ковров
nonwoven P.P. ~ нетканый материал из целлюлозы
open mesh ~ синтетическое сушильное сукно с открытой структурой
open weave ~ синтетическое сушильное сукно с открытой структурой
pile ~ меб. ворсистая ткань, ткань с начёсом
power ~ прочная подкладочная сетка
PVC-coated ~ обивочная ткань с поливинилхлоридным покрытием
raschel knit ~ основовязальная ткань; трикотажная ткань, изготовленная на рашель-машинах
stitch bonded ~ нетканый материал

fabric-backed дублированный тканью, на тканевой основе (о плёнке)
face 1. торцевая поверхность, торец, срез || торцевать 2. склон (холма, горы), на котором заготавливается лес 3. подпил, подруб (дерева при валке) 4. пласть (пиломатериала) 5. опорная поверхность 6. щека (лезвия топора) 7. передняя грань (резца) 8. карра
~ of tool передняя грань резца
~ of tooth боковая поверхность зуба, профиль зуба
A ~ наружная пласть из древесины высшего сорта
ascending ~ восходящая карра
best opening ~ первый пропил, обеспечивающий оптимальный выход пиломатериала
bevel ~ скошенная [наклонная] поверхность
butt ~ комлевый торец
cleavage ~ торец колотой древесины; хорда сегмента колотой древесины на торце
cutting ~ 1. режущая кромка, лезвие 2. поверхность резания
dead ~ сухая [старая] карра
descending ~ нисходящая карра
dry ~ сухая [старая] карра
first-quality ~ наружная пласть из древесины высшего сорта
first-year ~ карра первого года подсочки
flower ~ внутренняя пласть пиломатериала тангентального распила
French ~ французская карра
furrow ~ стенка борозды
grinding ~ поверхность дефибрирования, поверхность истирания
Indian ~ индийская карра
leaning ~ сторона дерева, обращённая в направлении естественного наклона
loose ~ черновая поверхность (шпона); сторона строганого или лущёного шпона с мелкими трещинами
old ~ старая [сухая] карра
oriented flakeboard ~ наружный слой (плиты) из ориентированной стружки
rough ~ черновая поверхность (шпона)

face

sawn timber ~ пласть пиломатериала
single piece ~ цельный лицевой слой (*фанеры*)
smooth ~ чистовая поверхность (*шпона*)
tight ~ чистовая поверхность (*шпона*)
timber inner ~ внутренняя пласть пиломатериала
top ~ вершинный торец
turpentine ~ пожарный рубец на поверхности бревна
upstream ~ of dam лобовая часть плотины
facer фуговальный станок; строгальный станок
double ~ 1. гофрировальный агрегат для изготовления трёхслойного гофрированного картона 2. двухпокровная машина
single ~ 1. гофрировальный агрегат для изготовления двухслойного картона 2. однопокровная машина
faciation фациация (*группировка доминирующих видов внутри ассоциации*)
facies 1. общий облик (*организма, вида или группы видов*) 2. поверхность 3. фация
facilities 1. средства, возможности 2. оборудование; детали оборудования
car-loading ~ погрузочно-разгрузочные средства
field garage ~ гаражное оборудование (*в лесу*)
highly automated ~ полностью автоматизированное оборудование
loading-and-unloading ~ погрузочно-разгрузочные средства
recreation ~ благоустройство [обустройство] рекреационных лесов
storage ~ складское оборудование
terminal ~ 1. складское оборудование 2. погрузочно-разгрузочные средства
facing 1. облицовывание, фанерование 2. облицовка, лицевая отделка, фанеровка 3. очистка основания дерева (*для подготовки места подпила*) 4. наружный слой (*картона*) 5. pl оклеечная бумага для картона 6. pl облицовочный материал ◇ ~ a tree 1. очистка основания дерева (*для подготовки места подпила*) 2. выполнение подпила (*дерева*)
corrugated ~s гофрированная оклеечная бумага
facing-up облицовывание
facsimile копия (*напр. античного изделия мебели*)
factor фактор, коэффициент ◇ ~ "L" садкость массы во фракциях, задержанных ситом с отверстиями +28-28 меш; ~ "S" садкость массы во фракциях, задержанных ситом с отверстиями -48+100 меш
~ of adhesion коэффициент сцепления
~ of safety коэффициент безопасности, коэффициент прочности
absolute form ~ *такс.* абсолютное видовое число
absorption ~ коэффициент поглощения
air excess ~ коэффициент избытка воздуха
artificial form ~ *такс.* искусственное видовое число
breaking(-down) ~ коэффициент сопротивления разрыву
breast height form ~ *такс.* старое видовое число, видовое число на высоте груди
bulking ~ коэффициент наполнения массы (*для щепы*)
burst ~ показатель сопротивления продавливанию
compaction ~ коэффициент уплотнения
conditional ~s устойчивые факторы окружающей среды
crown competition ~ показатель конкуренции крон (*для характеристики полноты насаждения*)
cull ~ коэффициент отбраковки, процент неликвидной древесины (*в растущем дереве*)
edaphic ~ эдафический [почвенный] фактор
environmental ~s факторы окружающей среды (*биотические и абиотические*)
evolution ~s факторы отбора [развития]
forest site ~s факторы условий произрастания леса

form ~ *такс.* видовое число
H ~ показатель водородных ионов
inhibitory ~ задерживающий [тормозящий] фактор
locality ~s факторы окружающей среды (*биотические и абиотические*)
normal form ~ *такс.* нормальное видовое число
permanent site ~s постоянные факторы условий произрастания леса
relative log-scale ~ коэффициент выхода пиломатериалов
shadowing ~ коэффициент затенения
sinkage ~ *спл.* процент утопа
site ~s факторы условий произрастания
soil-formation ~s условия почвообразования
stacking ~ коэффициент плотности укладки (*штабеля*)
tear ~ показатель сопротивления раздиранию
transient ~s переменные факторы окружающей среды (*напр. климат*)
tree form ~ видовое число дерева
true form ~ *такс.* нормальное видовое число
variable site ~s переменные факторы условий произрастания леса
fadeless светостойкий, невыцветающий
fading выцветание
faggot вязанка хвороста; пучок прутьев; фашина ‖ связывать хворост в вязанки
faggotwood хворост; свилеватая древесина; фашинник
failure 1. повреждение, дефект; разрыв, обрыв 2. отказ в работе (*машины*)
   of dam прорыв плотины
   compression ~ деформация (*волокон*) в результате сжатия; разрушение при продольном изгибе
   stripped ~ дефект, при котором происходит непроклейка внутренних слоёв (*фанеры*)
fairlead 1. направляющий блок, направляющий ролик (*каната лебёдки*); обойма из направляющих роликов (*горизонтального и двух вертикальных*) 2. положение рабочих канатов (*при начале разработки*), параллельное дороге

inhaul ~ направляющий блок тягового [грузового] каната *или* тяговой ветви каната
outhaul ~ направляющий блок холостого [возвратного] каната *или* холостой ветви каната
skyline ~ направляющий блок несущего каната
fairleader *см.* fairlead 1.
fairway проход; фарватер; канал
faking подделка (*напр. под старинную мебель*)
faldstool складной табурет *или* стул
fall 1. верёвка подъёмного блока; фал, ходовой конец верёвки 2. падение, уклон 3. откидная крышка
   cross ~ поперечный уклон
   cylinder ~ закруглённая выдвижная крышка *или* колпак старинного бюро
   head ~ 1. продольный уклон 2. падение напора
fallblock подвижный блок (*трелёвочной каретки*)
faller *см.* feller
falling 1. понижение, падение 2. *см.* felling ◇ ~ in of bank обвал, оползень
   saw ~ несортированные пиломатериалы
fall-off сбежистость (*ствола*)
family 1. семейство, семья 2. микроассоциация (*сукцессионной растительности*)
fan 1. вентилятор 2. веялка ‖ веять 3. завиток (*порок древесины*) ◇ to ~ out располагать веером (*листы бумаги при сортировании*)
   alluvial ~ аллювиальный конус выноса
   mycelial ~ слой [плёнка] мицелия
   outwash ~ флювиогляциальный конус выноса
fanfold копийная бумага (*тонкие прочные сорта документной и писчей бумаги*)
fan-shaped веерообразный
fantail 1. короткое бревно с веерообразным концом 2. чугунная отливка с роликами для направления канатов лебёдки 3. прокладывать радиальные волоки для лебёдочной трелёвки леса
fantailing раскатывание в стороны свободных концов трелюемого леса

farm

farm:
 forest ~ лесная ферма; принадлежащий фермеру участок леса
 tree ~ лесная ферма; принадлежащий фермеру участок леса
farmwoods лесная часть фермы, фермерский лес
farthingale старинное мягкое кресло
fasciation *бот.* образование пучков
fascicle *бот.* пучок; гроздь
fascine фашина; фашинник
fashioning:
 wood ~ отделка [обработка] древесины
fast 1. швартов, причал **2.** твёрдый, крепкий **3.** быстрый **4.** садкий (*о массе*)
fastener 1. зажим, крепление; средство крепления **2.** запор, задвижка **3.** ускоряющий реагент; ускоритель реакции
 bung ~ крепление пробки (*в виде металлической пластинки с двумя зубчатыми концами*)
 corrugated ~ волнистая скобка *или* скрепка
 furniture ~ мебельная стяжка; мебельный винт *или* шуруп; *pl* мебельная фурнитура
 hoop ~ гвоздь для крепления обруча (*бочки*)
 joint ~ **1.** мебельная стяжка; *pl* мебельная фурнитура **2.** металлическая шпонка из гофрированного металла (*для скрепления пиломатериалов*)
 knockdown ~ стяжка разборной мебели
 leg ~ крепление съёмных ножек (*мебели*)
 sash ~ оконная задвижка, шпингалет
 snap ~ **1.** защёлка; крепление защёлки **2.** застёжка
fast-growing быстрорастущий
fast-grown широкослойный (*о древесине*)
fastigium *бот.* вершина
fastness 1. прочность **2.** цветопрочность (*бумаги*) **3.** садкость (*массы*)
 ◊ ~ to alkali щёлочеустойчивость; ~ to light светостойкость; ~ to water устойчивость к воде
 color ~ цветопрочность, прочность окраски

 size ~ степень проклейки
 wet-rub ~ прочность на истирание во влажном состоянии
fastuft *меб.* пуговица для простёжки
fathom фатом (*1. единица измерения кубатуры лесоматериалов, уложенных в поленницы, равная 216 складочным кубическим футам или 6,1 складочного куб. м 2· морская сажень, равная 1,83 м*)
 Russian ~ *уст.* русская складочная сажень (*343 складочных кубических фута или 9,71 складочного куб. м, или 6,8 плотного куб. м*)
fatigue усталость (*древесины в результате знакопеременной нагрузки*)
fatwood (стволовой) осмол
fault 1. дефект, повреждение, порок, фаут (*древесины*) **2.** неисправность, авария ◊ ~ in paper дефект бумаги
fauteuil *фр.* мягкое кресло с прорезными обитыми подлокотниками (*стиль эпохи Людовика XIV и Людовика XV*) **2.** кресло в партере **3.** складной табурет
feather 1. шип, шпонка, гребень ‖ соединять на шип [шпонку, гребень]; соединять в продольном направлении (*доски, брёвна*) **2.** перистый рисунок текстуры (*красного дерева*) **3.** перо **4.** листочек простоперистого листа **5.** завиток (*порок древесины*) **6.** расплываться (*о чернилах на бумаге*)
 dovetail ~ ребро *или* гребень в форме ласточкина хвоста
 slip ~ подвижной язычок для соединения на ус
feathering 1. тонкий скос *или* косой срез **2.** тонирование в более тёмный тон **3.** перистый рисунок **4.** образование (*на поверхности*) плёнки сухого клейкого вещества **5.** расплывание (*чернил на бумаге*)
feculence муть, отстой
feculose *фирм.* гидролизованный крахмал (*для поверхностной проклейки бумаги*)
fecund плодородный
fecundate делать плодородным
feed 1. подача, питание ‖ подавать, питать **2.** высевающий аппарат

felling

continuous ~ непрерывная подача; бесступенчатая подача
quick ~ периодическая [прерывистая] подача
feeder 1. подающий механизм; подающее устройство, питатель 2. заведующий гужевым транспортом лесозаготовительного участка 3. питающий организм
automatic ~ 1. автоматическое подающее приспособление, автоподатчик 2. *цел.-бум.* самонаклад, самокладчик
belt ~ ленточный транспортёр
chip screen ~ устройство для подачи щепы на сортировку
haul road ~ лесовозный ус
machine ~ рабочий на подаче материала в станок
oil ~ система смазки
pallet strap ~ подающее устройство для обвязки пачек щитовых деталей
panel top ~ устройство для укладки щитов в стопу и подачи на обработку
plate ~ *цел.-бум.* тарельчатый питатель
plunger ~ плунжерный питатель
portable ~ портативное [переносное] подающее устройство
power ~ приводной подающий механизм; приводной питатель
return ~ подающее устройство с обратным ходом
screen ~ сетчатый транспортёр
screw ~ шнековый питатель, шнек
sheet ~ устройство для подачи листов
star-type ~ секторный питатель
thrasher ~ дрошоровщик, отпыловщик
turn-table ~ *цел.-бум.* тарельчатый питатель
volumetric ~ объёмный питатель
worm ~ шнековый питатель, шнек
feeding подача, питание ‖ подающий, питающий
~ of beater загрузка ролла
feedwork подающее устройство
feet:
stacked cubic ~ складочные кубические футы
fell 1. рубка, валка (*деревьев, леса*) ‖ рубить, валить, вырубать 2. лес, срубленный за один сезон
~ of timber лесосека
feller 1. вальщик (*леса*) 2. валочная машина; пила для валки деревьев
hand ~ вальщик, осуществляющий валку деревьев вручную
head ~ старший рабочий лесозаготовительного звена
steam tree ~ валочное устройство с паровым приводом
tree ~ 1. вальщик леса 2. валочная машина; пила для валки деревьев
feller-buncher валочно-пакетирующая машина
chain-saw ~ валочно-пакетирующая машина с пильным срезающим механизмом
saw-head ~ валочно-пакетирующая машина с пильным срезающим механизмом
feller-chipper валочно-рубильная машина
feller-delimber валочно-сучкорезная машина
feller-delimber-buncher валочно-сучкорезно-раскряжёвочная машина
feller-delimber-slasher-buncher валочно-сучкорезно-раскряжёвочно-пакетирующая машина
feller-delimber-slasher-forwarder валочно-сучкорезно-раскряжёвочно-трелёвочная машина
feller-forwarder валочно-трелёвочная машина (*с трелёвкой деревьев в полностью погруженном положении*)
feller-skidder валочно-трелёвочная машина (*с трелёвкой деревьев в полупогруженном положении*)
felling 1. рубка, валка (*деревьев, леса*); заготовка леса 2. главные рубки; рубки главного пользования ◊ ~ above buttress срезание дерева выше области закомелистости; ~ by groups группово-выборочные рубки; ~ in chequer arrangement шахматная рубка леса; ~ in the growing season рубка во время сокодвижения; ~ on the mining principle приисковые рубки; ~ to a diameter limit рубка до определённого диаметра; ~ to the full tree stage заготовка деревьев; ~

felling

to the short wood stage заготовка сортиментов; ~ to the tree length stage заготовка хлыстов; ~ with delayed shedding рубки с оставлением поваленных деревьев (*с необрубленной кроной*) на лесосеке; ~ with the extraction of the rootstock валка деревьев с корнями; валка с обрезкой корневой системы
advance ~ предварительная валка; подготовительные рубки
alternate-strip ~ кулисные рубки
annual ~ 1. годичная вырубка; площадь годичной вырубки; годичная лесосека 2. годовой объём заготовки (*леса*)
bay ~ вырубка искривлённых деревьев
clear ~ сплошнолесосечная рубка; сплошные рубки
clear ~ **with narrow coupes** сплошные рубки узкими лесосеками
conditional clear ~ условно-сплошные рубки
continuous ~ 1. сплошные рубки 2. непрерывная [безостановочная] валка деревьев; валка «напроход»
dark ~ беспорядочнная рубка
directed ~ направленная валка (*леса*)
domino ~ валка подпиленных деревьев с помощью другого дерева
excessive ~ переруб расчётной лесосеки
exploitation ~ рубка леса, преследующая узкокоммерческие цели (*напр. без учёта лесовозобновления*)
extensive clear ~ концентрированная сплошная рубка
final ~ 1. окончательный приём постепенной рубки; рубка семенных полос *или* деревьев 2. сплошные рубки 3. рубки главного пользования; главные рубки
first ~ первый приём рубки
free ~ свободные рубки, выборочные рубки
gap ~ котловинные рубки
gradual ~ постепенные рубки
group (selection) ~ группово-выборочные рубки
group shelterwood ~ группово-выборочные рубки

grub ~ валка деревьев с корнями; валка с обрезкой корневой системы
hand ~ ручная валка
illegal ~ незаконная [случайная, безбилетная] рубка
improvement ~ рубки ухода
incidental ~ случайная [безбилетная, незаконная] рубка
increment ~ 1. проходные рубки 2. интенсивные выборочные рубки, проводимые перед окончательным приёмом постепенных рубок (*с целью стимулирования роста оставшихся деревьев*)
intermediate ~ промежуточные рубки; рубки ухода
liberation ~ рубки осветления
localized clear ~ сплошнолесосечная рубка
main ~ рубки главного пользования, главные рубки
manual ~ ручная валка
mechanical ~ механизированная валка
motor-manual ~ валка переносными мотопилами
multistem ~ валка одновременно нескольких деревьев, групповая валка
obligatory selection ~ подневольно-выборочная рубка
power-saw ~ валка мотопилами
preparatory ~ подготовительные рубки (*перед окончательным приёмом постепенных рубок для улучшения обсеменения, типа семеннолесосечных рубок*)
principal ~ *амер.* главные рубки, рубки главного пользования
regeneration ~ лесовосстановительные рубки; обсеменительный приём постепенной рубки
regular ~ валка по утверждённой схеме
renewal ~ лесовосстановительные рубки
repetition ~ повторные рубки
salvage ~ 1. рубка сухостойных и повреждённых деревьев 2. освоение недорубов 3. рубки для расчистки территорий (*в Западной Африке*)
sanitary ~ санитарные рубки
secondary ~ рубки осветления; очистные рубки (*при постепенных руб-*

felt

ках между семеннолесосечными и окончательными рубками)
seeding ~ лесовосстановительные рубки; обсеменительный приём постепенной рубки
selection ~ выборочные рубки; добровольно-выборочные рубки
selective ~ выборочные рубки; промышленно-выборочные рубки; приисковые рубки
severance ~ прореживание в древостое; проходная рубка
shear ~ валка леса машинами с ножевым срезающим устройством
shelterwood ~ семеннолесосечные рубки
smallwood ~ заготовка тонкомерных деревьев
sour ~ рубки с оставлением поваленных деревьев (*с необрубленной кроной*) на лесосеке
strip ~ сплошная полосная рубка; кулисные рубки
stripped-coupe ~ узколесосечные рубки
subsidiary ~ *уст.* дополнительные рубки (*разнообразные по целям, проводимые после основных рубок*)
successive ~ постепенные рубки
tending ~ рубки ухода в молодых насаждениях (*осветление, прочистка, прореживание*)
timber ~ валка леса
tree ~ валка деревьев
two-stage ~ двухприёмная постепенная рубка
unclassed ~ целевые [неплановые] рубки
unregulated ~ целевые [неплановые] рубки
uphill ~ валка леса в направлении вверх по склону
felt 1. сукно, войлок ‖ свойлачивать(ся) **2.** картон-основа для кровельных картонов; кровельный картон
acid-resisting ~ кислотостойкий битуминированный картон
adhesive ~ плотная макулатурная бумага (*используется в качестве прокладки в кожевенных изделиях*)
applying ~ наносящее сукно
batt-on-base ~ сукноосновная ткань

batt-on-mesh ~ сукносеточная ткань
board ~ мокрое сукно круглосеточной картоноделательной машины
border ~ ватный настил борта, ватная прокладка борта (*мягкой мебели*)
carpet ~ подкладочный картон под линолеум
cotton ~ *меб.* ватник, ватный настил; непряденые хлопковые отходы
deadening ~ **1.** звукоизоляционный картон **2.** подкладочная бумага
double warp woolen dry ~ шерстяное сушильное сукно со скрученной вдвое основой
flooring ~ кровельный картон; строительный картон
glazing ~ *цел.-бум.* прессовое сукно
grey cylinder ~ приёмное сукно круглосеточной картоноделательной машины
gusset ~ картон для придания жёсткости (*стенкам чемоданов и саквояжей*)
lick-up wet ~ съёмное прессовое сукно
linters ~ *меб.* прессованный хлопчатобумажный пух; настил из хлопчатобумажных очёсов
mold ~ нижнее сукно многоцилиндровой машины
needled ~ иглопробивное сукно
news ~ мокрое сукно газетно-бумажной машины
open ~ сукно с живым сечением
open mesh ~ сукно высокой проницаемости
pick-up ~ приёмное сукно
pulp ~ сукно папмашины
reverse-press ~ сукно обратного пресса
saturated ~ кровельный картон; пропитанный битумом картон
single-weave cotton drier ~ хлопчатобумажное сушильное сукно из однониточной пряжи
suction pick-up ~ приёмное сукно пересасывающего устройства
suction-press ~ сукно отсасывающего пресса
take-up ~ съёмное сукно
tarred ~ гудронированный картон
top ~ верхнее форпрессовое сукно

felt

twill ~ саржевое сукно
woolen ~ шерстяной войлок
feltboard стол для прокладочных сукон кладки (*при ручном черпании*)
felting 1. отлив (*формирование древесноволокнистого ковра*) 2. свойлачивание 3. войлок, кошма
feltwood древесная масса для изготовления кровельного картона *или* кровельного войлока
fen 1. болото, топь 2. низинный торфяник
fenberry клюква (*Oxycoccus*)
fence 1. ограда, забор, ограждение; щит (*снеговой*) ‖ загораживать, защищать 2. ограждение (*инструмента*); направляющая линейка (*станка*); направляющий угольник
~ of plane подвижная [переставная] щека колодки струга
brush snow ~ снегозащитная полоса из кустарника
pale ~ частокол, ограда
parallel ~ направляющая линейка (*деревообрабатывающего станка*)
protection ~ перила
pusher ~ 1. ограждение пильного станка 2. автоматический толкатель для сортировки заготовок по размерам (*после распиловки по длине*)
fender 1. заградительное устройство, защитный брус; отбойное бревно *или* дерево (*для удержания трелюемых лесоматериалов на волоке, защиты растущих деревьев от повреждения и т.п.*) 2. предохранительная решётка, предохранительный щит; буферное устройство 3. *pl* отражатели (*боковые пластинки для автоматического регулирования движения сетки*)
skid ~ отбойное бревно на волоке
strengthened ~ усиленный ограждающий щиток (*трактора*)
fenland болотистая местность
fermentation ферментация, брожение
anaerobic mesophilic ~ анаэробное мезофильное брожение (*целлюлозы*)
thermophilic ~ термофильное брожение (*целлюлозы*)
fermenter возбудитель брожения (*целлюлозы*)
fern папоротник

ferruginous содержащий железо (*о почвах*)
ferrule чокерный металлический наконечник; концевая муфта чокера (*в которую заделан чокерный канат или пряди каната*)
swaged ~ обжимная концевая муфта чокера
fertile плодородный, плодоносный
fertility плодородие; продуктивность (*насаждения*)
fertilizer *амер.* минеральное удобрение; *англ.* минеральное удобрение; органическое удобрение
all-nutrient ~ полное удобрение
combined ~ комбинированное [комплексное] удобрение
compound ~ комбинированное [комплексное] удобрение
controlled-release ~ медленнорастворимое удобрение
duff ~ гуминовое удобрение
inoculant ~ нитрагин, бактериальное удобрение
pelletized ~ гранулированное удобрение
starter ~ рядковое [припосадочное] удобрение
supplementary ~ подкормка
ternary ~ полное удобрение
festmeter плотный кубометр древесины
fiber 1. (*древесное*) волокно 2. нить, жилка 3. либриформ (*механический элемент древесины*) 4. цел.-бум. волокнистая масса 5. фибра
abraded ~ истёртое [разодранное] волокно
acceptable ~ очищенное волокно
acrylic ~ полиакрилонитрильное волокно
algerian ~ пальмовое [кокосовое] волокно
aluminum silicate ceramic ~ алюминиево-силикатное керамическое волокно
anidex ~ нейлоновое волокно
animal ~s бумага, изготовленная из волокон животного происхождения (*шерсти, волос*)
bast ~ лубяное волокно, волокно флоэмы
bonded ~s синтетические волокна;

синтетический материал для стёганых и мягких настилов мебели
chopped glass ~ расщеплённое стекловолокно
clotted ~s комок волокон
curled ~ синтетический волос для набивки; извитое волокно
cut ~ волокно в резаном виде; укороченное волокно
electrical insulation ~ электротехническая фибра (*электроизоляционный материал*)
exploded ~ мейсонитовая масса; масса, полученная взрывным способом
groundwood ~ древесная масса, древесное волокно
hard ~ фибра
individual ~ отдельное волокно
indurated ~ вулканизованная фибра
interlocked ~ сблокированное спиральное волокно (*древесины*)
intermediate ~ промежуточное волокно; веретеновидная паренхимная клетка (*осевой паренхимы*)
kaowool ~ *фирм.* алюминиево-силикатное керамическое волокно
leaf ~ волокно, содержащееся в листьях
libriform ~ либриформное [толстостенное] волокно (*древесины*)
lignified ~ лигнифицированное [одеревенелое] волокно
long-grain ~ древесная масса продольного дефибрирования
loose ~ 1. волокно в массе 2. отставшее (*после сортирования*) волокно
man-made wood ~ древесное волокно для изготовления древесноволокнистых плит
masonite ~s мейсонитовые волокна
matted ~s проссованные [сваляные] волокна
needled-on-hessian ~ настил из волокна, пришитого к джутовой подкладке
O-~s ноль-волокно, мелкое волокно, мелочь
oven-dry ~ абсолютное сухое волокно
parchmentized ~ вулканизованная фибра
pericyclic ~s перициклические волокна

phloem ~ волокно флоэмы; лубяное волокно
polynosic ~ полинозное волокно; влагопрочное высоковязкое штапельное волокно
provenized ~ волокно, отличающееся полным отсутствием запылённости
rag ~ волокнистая масса из утиля
substitute ~ промежуточное волокно; веретеновидная паренхимная клетка (*осевой паренхимы*)
tri-ester ~ искусственное мягкое волокно (*для набивки подушек и стёганых одеял*)
uncleared ~s неразработанные волокна
undulating ~s волнистость (*древесины*)
wave ~ свилеватое волокно
fiberboard 1. листовая фибра; фибровый картон 2. ящичный картон 3. древесноволокнистая плита
corrugated ~ гофрированный картон
double double-face corrugated ~ пятислойный гофрированный картон
double-face corrugated ~ двойной гофрированный картон
hard ~ фибра
inorganic ~ волокнистая плита из неорганического сырья (*асбеста, стекловолокна*)
intermediate-density ~ древесноволокнистая плита средней плотности
laminated ~ слоистая фибра
leather ~ искусственная кожа
low-density ~ древесноволокнистая плита низкой плотности (*изготовленная сухим способом*)
medium-density ~ древесноволокнистая плита средней плотности
noncompressed ~ полутвёрдая древесноволокнистая плита
single-face corrugated ~ одинарный гофрированный картон
fibercleaner волокноочиститель, файберклинер
fibered волокнистый
fiberfill настилочный материал из искусственного волокна
fiberizer *амер.* аппарат для превращения макулатуры в волокнистую массу

fibermaster размольный аппарат (*типа конической мельницы*)
fibestos *фирм.* ацетат целлюлозы
fibrator 1. фибратор 2. разрыватель целлюлозы кипами
fibrid волокнистое полимерное связующее, фибрид
fibril(la) 1. (целлюлозная) фибрилла 2. *бот.* мочка (*корня*), корневой волосок
filamentary ~ нитевидное волоконце; нитевидная фибрилла
fibrillar фибриллярный, волокнистый
fibrillation фибриллирование
fibrillose *бот.* 1. мочковатый 2. с тонкими жилками *или* нитями; с тонким жилкованием
fibroid, fibrous волокнистый
fiddleback 1. волнистая текстура дерева 2. спинка стула в форме скрипки
fidelity 1. точность 2. степень привязанности вида к определённым сообществам
fidhook стопорный плоский крюк с узкой прорезью (*для цепи, удерживающей стойки коника*)
field 1. поле ∥ полевой 2. полевые условия (*опыта*) 3. область, отрасль
brush ~ территория, поросшая кустарником
idle ~ целина; пустошь
R. F. ~ поле токов высокой частоты
scanning ~ поле сканирования, измерительное поле, участок оценки
sieve ~ ситовидное поле (*клеток древесины*)
testing ~ опытное поле; натурный участок для проведения испытаний
fieldwork лесоустроительные работы
figure текстурный рисунок, текстура
~ **of grain** текстурный рисунок
bird's eye ~ текстурный рисунок типа «птичий глаз»
blister ~ ноздреватый рисунок (*из лущёной или продольно распиленной поверхности берёзы или клёна*)
curly ~ путаная свилеватость
fan ~ текстурный веерообразный рисунок (*древесины дуба*)
fiddleback ~ волнистость
flame ~ пламеобразная текстура (*древесины берёзы*)

mottle ~ пятнистость (*порок древесины*)
plum ~ неровная текстура в результате зарубок на растущем дереве
rain ~ волнообразная текстура (*шпона или фанеры*)
raised ~ 1. выпуклый рисунок 2. рельефная цифра
ribbon ~ полосатая текстура (*древесины*)
rotary ~ текстура, получаемая при лущении шпона
silver (grain) ~ рисунок, образованный блестящими сердцевинными лучами (*древесины дуба*)
slash ~ текстура, получаемая при продольной распиловке
solid ~ выпуклая фигурка из массивной деревянной заготовки
filament 1. *цел.-бум.* нить, волокно 2. *пл.* волокно большой длины 3. тычиночная нить 4. волоконце 5. гифа
file напильник ∥ точить, пилить, подпиливать ◇ **to** ~ **a saw** точить пилу; **to** ~ **away** спиливать; **to** ~ **down** обрабатывать напильником; **to** ~ **off** отшлифовывать
fileholder державка [направляющее устройство] для напильника
filer 1. точильщик 2. напильник
saw ~ 1. пилоправ, точильщик пил 2. напильник для точки пил
filet сетка с квадратными ячейками
filing 1. зачистка напильником, опиловка 2. *pl* опилки (*при работе напильником*)
saw ~ заточка пил
top level ~ косая заточка режущей кромки (*зуба*)
fill 1. заполнение, насыпь ∥ наполнять, заполнять; насыпать, засыпать 2. насыпной материал 3. оглобля, дышло 4. упаковочная машина 5. максимальная полезная ширина (*бумагоделательной машины*) 6. уток ◇ **to** ~ **in** засыпать; заполнять; **to** ~ **up** заполнять; дополнять
dredger ~ намывная насыпь
earth ~ (земляная) насыпь
one ~ однократная загрузка (*напр. варочного котла*)

film

filler 1. наполнитель; заполнитель **2.** асфальтирующая добавка **3.** древесная порода-заполнитель (*оставляемая при рубках ухода в связи с отсутствием более ценных пород*) **4.** грунтовка, шпатлёвка; порозаполнитель **5.** наполнитель клея (*из компонентов лигноцеллюлозы и минеральных добавок; используется в производстве фанеры из хвойных пород*) **6.** нащельная рейка, прокладка **7.** внутренний слой (*картона*) **8.** коротковолокнистая масса **9.** балласт, примесь
board ~ внутренний слой картона
case ~ **1.** станок для надевания наволочек на подушки **2.** станок для набивки подушек (*волокном или пером*)
clay ~ глинистый наполнитель
crack ~ заполнитель для трещин
crown ~ искусственный гипс (*наполнитель*)
factory-prepared ~ порозаполнитель, готовый к применению; порозаполнитель фабричного изготовления
fast-dry ~ быстросохнущий (*в течение четырёх часов*) порозаполнитель; быстросохнущая грунтовка
inert ~ **1.** нейтральный порозаполнитель **2.** инертный наполнитель (*напр. удобрений, ядохимикатов*)
mop ~ текстильный вкладыш полировальной шайбы
overnight ~ порозаполнитель длительной сушки (*в течение ночи*)
pearl ~ искусственный гипс (*наполнитель*)
pitch ~ заполнитель из дёгтя (*для швов брусчатой мостовой*)
pore ~ порозаполнитель
quick-dry ~ быстросохнущий (*в течение часа или быстрее*) порозаполнитель
silex paste ~ паста-порозаполнитель на основе силикона
space ~ уплотняющая прокладка
stick ~ мастика в палочках
stopping ~ порозаполнитель; шпатлёвка
tissue ~ наполнитель (*гипс*) для шёлковой бумаги

fillet 1. ободок, багет, буртик **2.** рейка, брусок, заплечик, закраина **3.** углубление, галтель, выкружка **4.** закруглённый переход **5.** кромка (*ткани*) **6.** штапик, валик **7.** *pl* клинья (*для крепления ножей ролла*)
arris ~ **1.** наклонный карниз **2.** прямоугольная кромка
beading ~ валик, полукруглая калёвка
cover ~ окладная калёвка; накладная [нащельная] рейка
fixing ~ деревянная прокладка для установки оконных *или* дверных коробок (*закладываемая в кирпичную кладку*)
filling 1. засыпка; заполнение, наполнение **2.** заправка (*горючим*) **3.** набивка (*мягкой мебели*) **4.** порозаполнение **5.** гарнитура (*размалывающей машины*) **6.** прокладка (*между ножами размалывающей машины*) **7.** насадка
~ **of beater** загрузка ролла
~ **of fail places** *амер.* дополнение лесных культур
curved ~ фигурное [профильное] заполнение
dacron ~ *фирм.* набивка из полиэфирного волокна
indentation ~ устранение вмятины
jordan ~ ножевая гарнитура конической мельницы
match ~ укладка спичек
recleansed ~ набивочный материал, прошедший повторную очистку
fillister 1. фальцовка, калёвка **2.** калёвочный рубанок, фальцгебель
film плёнка
release ~ плёнка, облегчающая выемку деталей из пресс формы; разделительная плёнка
sensitive ~ светочувствительная плёнка
shrinkable ~ усадочная упаковочная плёнка; сваривающаяся упаковочная плёнка
Tego ~ *фирм.* тегофильм (*плёнка из бумаги, пропитанной смолой*)
terephthalate ~ *меб.* терефталатная плёнка
tough ~ жёсткая плёнка
unsupported vinyl ~ недублирован-

film-forming

ная виниловая плёнка; виниловая плёнка без подложки
film-forming плёнкообразующий
filter фильтр ‖ фильтровать, очищать ‖ фильтрующий, водопроницаемый ◊ **to ~ off** фильтровать, отфильтровывать
automatic oil-bath ~ автоматический масляный фильтр
bag ~ мешочный фильтр, пылеловка
bark slime ~ фильтр для очистки воды (*после водоотделительного барабана*)
cartridge ~ патронный фильтр
cell-type [cellular] ~ ячейковый фильтр
coil spring-type ~ фильтр для оборотной воды со спиральными пружинами
continuous ~ вакуум-фильтр непрерывного действия
duralon ~ дюралоновый фильтр
gravity ~ гравитационный [самотёчный] фильтр
high-rate sprinkling ~ высоконагруженный спрысковой фильтр
high-rate trickling ~ высоконагруженный капельный фильтр
lime-sludge ~ фильтр для известкового шлама
low-rate trickling ~ слабонагруженный капельный фильтр
microweb ~ нейлоновый фильтр
percolating ~ орошаемый биофильтр
ray cell ~ смолоотделитель; отделитель мелкого волокна
suction ~ отсасывающий [всасывающий] фильтр
trickling ~ капельный фильтр, биофильтр
wood-dust ~ фильтр для древесной пыли
filtrate фильтрат ‖ фильтровать
fin 1. заусенец 2. ребро
fine-grained мелкослойный, узкослойный (*о древесине*)
fine-granular мелкозернистый (*о структуре почвы*)
fine-grown мелкослойный, узкослойный (*о древесине*)
fineness 1. мелкослойность (*древесины*) 2. степень дефибрирования

(*древесной массы*); степень помола, тонина
~ of fiber степень размола волокна
~ of wood мелкослойность древесины
fine-porous мелкопористый
fines 1. «мелочь», обрывки волокон, очень короткие волокна; мелкая щепа; древесноугольная мелочь 2. пылеобразная фракция (*в производстве ДСП*) 3. высокосортная бумага
catalyst ~ катализаторная пыль
wood charcoal ~ древесноугольная мелочь
fine-textured тонкотекстурный; тяжёлого механического состава
finger 1. палец; штифт, било (*дезинтегратора*) 2. *pl* лопасти для выброса щепы (*на оборотной стороне диска рубильной машины*) 3. коросниматель
finial резная выступающая деталь (*для украшения и завершения какого-л. узла мебели*)
ball ~ сферическая верхушка; головка в виде шарика (*декоративная деталь стильной мебели*)
pineapple ~ резной шпиль в виде ананаса
scroll ~ резной завиток, венчающий спинку стула
fining очистка, рафинирование; осветление
finish 1. отделка (*характер поверхности*) 2. отделка (*процесс*) 3. лак 4. готовые столярные изделия (*двери и т.п.*)
~ of sheet отделка листа бумаги
bone-white ~ отделка матовой белой эмалью, отделка под слоновую кость
broken ~ структурированная отделка поверхности
cabinet ~ отделка внутренних стен зданий филёнками *или* лакированной деревянной обшивкой
calender ~ отделка на каландре, каландрирование
cardboard ~ глянцевая отделка, сатинирование
distressed antique ~ отделка, придающая мебели старый [потёртый] вид
dull-rubbed ~ матовая отделка; от-

делка шлифованием до получения матовой поверхности
fabric ~ 1. *меб.* отделочный материал для покрытия ткани 2. отделка под ткань
fruitwood ~ отделка рыжевато-коричневого тона
harewood ~ отделка сероватого тона
highlighted ~ отделка, придающая мебели старый [потёртый] вид
Jackobean ~ отделка в стиле эпохи короля Якова I (*под морёный дуб*)
kid ~ отделка под лайку; отделка под настоящий пергамент
laid ~ вержирование
lawn ~ полотняная отделка
machine ~ машинная гладкость, машинная отделка
matt ~ *цел.-бум.* матовая отделка
mellow ~ мягкая отделка, мягкое покрытие
nonreflective ~ матовая отделка
odor-free ~ дезодорантная отделка
penetrating oil ~ маслосодержащий отделочный состав, не закрывающий поры древесины
pickled ~ 1. бледная [беловатая] поверхность (*древесины*), получающаяся в результате снятия слоя лака и грунтовки 2. отделка морением
pinspot ~ отделка тиснением в виде мелких пор
plate ~ глянцевая отделка, сатинирование
pock-marked ~ дефектная отделка (*ямки, щербинки*)
red mahogany ~ 1. отделка под красное дерево 2. отделка красного дерева
ripple ~ зернёная отделка
rough ~ *цел.-бум.* матовая отделка
satin ~ глянцевая отделка, сатинирование
slack-glazed calender ~ каландрирование со слабым лоском
streaked ~ полосатая поверхность; потёки (*дефект отделки*)
suede ~ отделка под замшу
vernis Martin ~ бронзирование (*нанесение тонкого бронзового порошка на непросохшую лакированную поверхность, Франция, XVIII в.*)

walnut ~ 1. отделка под орех 2. отделка орехового дерева
finishing 1. отделка (*процесс*) 2. *pl* столярные элементы для отделки здания
old bone ~ отделка под кость
wire brush ~ шлифование проволочной щёткой
finpot торфодревесный горшочек
fir 1. пихта (*Abies*) 2. лжетсуга (*Pseudotsuga*) 3. ель (*Picea*)
Caucasian ~ пихта кавказская, пихта Нордманна (*Abies nordmanniana*)
common silver ~ пихта белая, пихта европейская, пихта гребенчатая (*Abies alba*)
Douglas ~ лжетсуга тиссолистная (*Pseudotsuga taxifolia*)
eastern ~ пихта бальзамическая (*Abies balsamea*)
grand ~ пихта великая (*Abies grandis*)
silver (European) ~ пихта белая; пихта европейская, пихта гребенчатая (*Abies alba*)
spruce ~ ель обыкновенная; ель европейская (*Picea excelsa и P.abies*)
fire 1. пожар; пал 2. огонь, пламя ‖ зажигать, поджигать, воспламенять(ся) 3. перегрев (*бумаги на сушильных цилиндрах*)
actionable ~ пожар, возникший из-за нарушения правил пожарной безопасности
back ~ встречный пал (*при лесном пожаре*)
campaign ~ сезон пуска пала
creeping ~ низовой пожар
crown ~ верховой пожар
deliberate ~ управляемый пал
draft ~ *амер.* вспомогательный [промежуточный] отжиг
extra-period ~ неуправляемый пожар
flank ~ *амер.* фланговый огонь (*при отжиге*); пуск огня перпендикулярно направлению ветра
flash ~ возникновение пожара
free-burning ~ 1. неуправляемый пожар; неуправляемый пал 2. *австрал.* пожар на девственной территории
front ~ *амер.* вспомогательный [промежуточный] отжиг

fire

 going ~ продолжающийся пожар
 ground ~ низовой пожар
 hangover ~ 1. *амер.* спокойный [слабый] пожар 2. *кан.* возобновившийся пожар
 head ~ 1. *амер.* головная часть пожара (*распространяется по ветру*) 2. верховой пожар
 holdover ~ 1. *амер.* спокойный [слабый] пожар 2. *кан.* возобновившийся пожар
 incendiary ~ пожар из-за пуска пала
 independent crown(ing) ~ верховой устойчивый пожар
 jumping ~ 1. вторичный очаг пожара 2. распространение пожара мелкими очагами
 peat(-bog) ~ подземный [торфяной] пожар
 running crown(ing) ~ верховой беглый пожар
 set ~ пожар вследствие поджога
 slash-disposal ~ огневая очистка лесосек (*путем сжигания порубочных остатков*)
 sleeper ~ 1. *амер.* спокойный [слабый] пожар 2. *кан.* возобновившийся пожар
 sleeping ~ затаившийся пожар
 smoldering ~ пожар в беспламенной стадии горения; тлеющий пожар
 spot(ting) ~ распространение пожара мелкими очагами
 statistical ~ пожар, потушенный силами Лесной Службы
 surface ~ наземный [напочвенный] пожар
 test ~ экспериментальный управляемый пожар; учебный пожар
 wild ~ лесной пожар
firebrand головня; пожарная отметина
firebreak противопожарная полоса
 evergreen ~ *австрал.* вечнозелёный противопожарный барьер
 permanent living ~s постоянные противопожарные барьеры из лиственных пород
fire fighting тушение пожара, борьба с пожаром
firefinder прибор — пеленгатор пожара
fireflap(per) *кан.* подручные средства для сбивания огня (*напр. пожарный ремень*)

firefront фронт пожара
fireman пожарник
 look-out ~ пожарный наблюдатель
fireproof огнестойкий, несгораемый
firetop, fireweed иван-чай, кипрей (*Chamaenerium angustifolium*)
firewood 1. топливная древесина, дрова 2. короткие заготовки для тары
firing 1. пуск пала 2. загорание, розжиг, воспламенение
 center ~ *амер.* пуск пала из центра (*участка*)
 counter ~ встречный отжиг
 edge ~ пуск пала от границ (*участка*)
 external ~ наружный розжиг
 strip ~ 1. пуск пала полосами 2. сжигание порубочных остатков на полосах по периметру вырубок, вдоль дорог и защитных полос
firm 1. фирма 2. уплотнять, утрамбовывать (*почву*) ‖ плотный, слитой (*о почве*)
 veneer-supplying ~ фирма — поставщик шпона
 wood ~ лесопромышленное предприятие
firmness уплотнённость (*почвы*)
firry 1. еловый 2. пихтовый
firsts пиломатериалы первого сорта; высококачественные пиломатериалы
fissile расщепляющийся, делящийся (*о волокнах*)
fission деление (*клетки*)
fit 1. пригонка, приспособление ‖ пригонять, приспосабливать 2. править (*пилу*) 3. подрубать дерево 4. размечать хлыст для раскряжёвки 5. снимать дубильную кору ◇ to ~ a saw точить [править] пилу; to ~ a tire надевать шину; to ~ in пригонять; to ~ on пригонять друг к другу; to ~ the shape соответствовать [подходить] по форме; to ~ timbers on a carpenter's yard намечать на обвязке сращивание и сплотку; to ~ up пригонять, собирать (*части машины*); приспосабливать, прилаживать; to ~ with оборудовать чем-либо
 interference ~ *меб.* усиливающая прокладка
fitment 1. *pl* оборудование, принадлеж-

flap

ности 2. предмет обстановки 3. встроенная мебель
coated wire ~ проволочная ёмкость с отделочным покрытием (*для кухонной или конторской мебели*)
metal ~s металлическая фурнитура
fitness 1. пригодность 2. приспособленность (*к внешним условиям*)
fitrobe комбинированный шкаф (*с отделением для платья и полками*)
fitter 1. сборщик 2. рабочий, подрубающий дерево и размечающий его для раскряжёвки
saw ~ пилоправ
fitting 1. оборудование, установка; сборка; пригонка; приспособление 2. правка (*пилы*) 3. *pl* фитинги, арматура, снаряжение; запасные части; принадлежности, фурнитура
bottom ~ выдувное колено
cot ~s фурнитура *или* металлические детали для раскладушек и коек
gate ~s слесарные дверные приборы (*петли, затворы*)
KD ~s фурнитура для сборно-разборной мебели
KD leg ~s фурнитура для крепления ножек сборно-разборной мебели
knockdown ~ 1. *pl* фурнитура для сборно-разборной мебели 2. разборное крепление
knock-in ~s фурнитура, вставляемая механическим способом с помощью шурупов *или* гвоздей
ottoman ~s фурнитура для низкой софы *или* оттоманки
riffle ~s канатная арматура с нарезками под пряди каната
wire-rope ~s канатная арматура
fixation 1. фиксация, закрепление, усвоение (*питательных элементов*) 2. закрепление подвижных земель
ammonium ~ фиксация ионов аммония (*в почве*)
liquid ~ мокрое протравливание (*семян*)
nitrogen ~ усвоение азота (*микроорганизмами из атмосферы*)
symbiotic ~ симбиотическое усвоение (*атмосферного азота*)
fixative 1. закрепитель 2. грунтовочное покрытие, фиксатор
fixer:

nitrogen ~ азотфиксатор (*бактерия*)
fixing 1. закрепление; установка 2. фиксация, затвердение (*напр. ДВП*)
third ~s *уст.* «третий вид оборудования» (*1. мебель и фурнитура 2. навешивание дверей*)
fixture 1. зажимное приспособление; подставка, хомут 2. *pl* арматура 3. *pl* оборудование специальных помещений (*включающее предметы, жёстко закреплённые на месте: стойки, перегородки, витрины, стенды*) 4. *pl* фурнитура
mill ~s столярные заготовки, подготовленные к сборке
flag 1. лист удлинённой формы 2. чахнуть, поникать 3. рогоз, чакан (*для уплотнения соединения клёпок с дном бочки*) 4. закладка (*в рулоне для указания места обрыва*)
flail цепной рабочий орган, цеп ‖ обрабатывать цепом, цепным рабочим органом
fire ~ *кан.* подручные средства для сбивания огня (*напр. пожарный ремень*)
flailed очищенный от сучьев цепным рабочим органом
flake 1. комок (*массы*); кусочек (*бумаги*) 2. чешуйка 3. стружка 4. пучок волокон 5. *pl* хлопья
flakeboard *амер.* ДСП из станочной стружки (*образующейся при обработке древесины на станках*)
flaker:
chip ~ 1. дробилка 2. стружечный станок; рубильная машина
knife-ring ~ ножевой роторный стружечный станок
flange 1. фланец, выступ, кромка, закраина, борт, реборда; гребень ‖ загибать кромку, загибать борты 2. *доосл.* корневая лапа
beam-top ~ борт с изогнутой верхней поверхностью
flank 1. бок, сторона 2. профиль (*ножки зуба*); задняя грань (*резца*)
~s **of a fire** фланги пожара
tooth ~ боковая кромка зуба
flanking of bark обдир коры
flap 1. крышка (*картонного контейнера*) 2. клапан

flap

end ~ торцевой отгиб (*заготовки спичечной коробки*)
sealing ~ закрывающий клапан картонной коробки
throttle ~ дроссельный клапан
flappers ударные уплотнители (*на вакуум-фильтре*)
flare:
buttress ~ корневая лапа
flash 1. вспышка, блеск **2.** заусенец ‖ снимать заусенцы ◇ to ~ off испаряться
flasher испаритель мгновенного действия
Claisen ~ вакуум-перегонная колба, колба Клайзена
flashing off отгон лёгких фракций
flat 1. плоскость, ровная площадка, плоская поверхность ‖ плоский, ровный **2.** равнина, низина **3.** вагон-платформа **4.** обшивная доска **5.** поддон для выращивания сеянцев **6.** *pl* флатовая бумага, листовая бумага **7.** *pl* сильно лощёная писчая бумага **8.** блёклый (*о тоне*)
flatbox:
suction ~ плоский сосун
flat-cut 1. строганый (*о шпоне*) **2.** тангентальной распиловки
flat-grain тангентальной распиловки
flat-leaved плосколистный
flatroot плоский корень
flattening:
veneer ~ распрямление листов шпона
flatting 1. шлифование (*полиэфирного лака*) **2.** тангентальной распиловки
flaw 1. трещина, разрыв, раскол **2.** повреждать (*напр. кору*) ◇ ~s at tooth gullet трещины у основания зубьев пилы; изъяны у корней зубьев пилы; ~ in wood порок древесины
flaxboard строительная плита из льняной костры
flay окорять, сдирать кору
flayer рабочий, занимающийся окоркой
fleck 1. пятно, крапинка ‖ покрывать пятнами *или* крапинками **2.** *pl* пятнистость (*порок древесины*)
pith (ray) ~ прожилки (*тип пятнистости*)
fleet 1. парк (*машинный, тракторный*) **2.** залив, бухта; устье (*реки*)

company (trucking) ~ парк автомобилей, принадлежащих компании
flexibility 1. гибкость; упругость **2.** приспособляемость; маневренность
~ of wood гибкость дерева
coating ~ гибкость покрытия
flexible 1. гибкий; упругий; мягкий **2.** раздвижной
flexion сгибание, прогиб
flexwood водостойкий гибкий шпон, наклеенный на ткань
flies двукрылые, мухи (*Diptera*)
flight скребок, лопасть
conveyor ~ поперечина скребкового транспортёра, скребок транспортёра
pollen ~ лёт пыльцы
flint 1. камень (*станка для глазировки бумаги*) **2.** кремень **3.** *pl* наждачная бумага
flip зацеплять (*брёвна при трелёвке*)
flitch 1. *амер.* брус неквадратного сечения (*для распиловки на доски*) **2.** фанерный кряж некруглого сечения (*для производства строганого шпона*), ванчес **3.** составная балка из отдельных досок **4.** кноль (*пакет ножевого шпона, сложенный из отдельных листов в последовательности их резания*) **5.** строгать шпон
sliced veneer ~ пачка шпона, строганного из одного чурака
float 1. плот; паром **2.** лесосплав ‖ сплавлять **3.** затоплять **4.** звено (*гусеничной цепи*) **5.** пучок брёвен (*напр. в сортировочном бассейне*) **6.** единица измерения круглых лесоматериалов, равная 18 лоудам **7.** низкая платформа на колёсах **8.** насос **9.** наполнитель фосфатов в тукосмесях ◇ to ~ off всплывать
alarm ~ плавучий сигнал с отметкой уровня воды
timber ~ сплавной плот
floatable плавучий, сплавоспособный, сплавной
floatage 1. лесосплав **2.** плавающие обломки
floatation 1. плавучесть **2.** проходимость по слабым грунтам **3.** флотация
ink ~ метод сухого индикатора
floatboard плица гребного колеса
floated на плаву ◇ ~ bright *амер.* не

изменивший цвета при сплаве (*о древесине*)
floater 1. лесоматериал, пригодный к сплаву в свежесрубленном виде; лесоматериал, удерживаемый на плаву **2.** небольшая стружка *или* щепка, попавшая на поверхность ДСП с изменяющейся плотностью (*дефект производства*)
wood ~ сплавщик
floating 1. лесосплав **2.** плавающий, на плаву ◇ **to come** ~ всплывать
drift ~ молевой (лесо)сплав
long-log ~ сплав долготья
loose ~ молевой (лесо)сплав
spring ~ первоначальный (лесо)сплав
timber ~ лесосплав
wood ~ лесосплав
float-wash фракционатор для обработки оборотной воды с целью повторного использования
floatway лесосплавный путь
floatwood сплавляемый молем лес
flocculate выпадать хлопьями; образовывать хлопья
flocculation флокуляция, образование хлопьев
flocking 1. *цел.-бум.* нанесение ворса **2.** *меб.* напыление, бархатная отделка, ворсистая отделка
flocks хлопья
flogger плоский деревянный бочарный молоток
flogging выравнивание концов досок пола топором (*после их прибивки*)
flood 1. поток **2.** наводнение, затопление, разлив, половодье; прилив ‖ затоплять, обводнять; подниматься (*об уровне реки*) **3.** наполнять(ся)
high ~ высокая [полая] вода
young ~ малая [низкая] вода
flooding затопление; наводнение
floodplain пойма
floor 1. настил, помост ‖ делать настил **2.** проезжая часть моста **3.** пол
beater ~ рольный отдел
blowing ~ этаж выдувки
boarded parquet ~ паркет в косую корзинку
counter ~ настил, чёрный пол
deal ~ дощатый пол

deck ~ **1.** пол балкона **2.** пол, служащий одновременно крышей
double ~ дощатый пол
framed ~ фризовый пол, пол в рамку
glued slab ~ клеёный паркет
herringbone parquet ~ паркет в ёлку
overlay ~ облицовочный слой паркета
parquet ~ паркетный пол
plywood glued ~ пол из фанерных плит, приклеенных к несущим опорам
rebate ~ пол взакрой, полушпунтовый пол
tongue ~ шпунтовый настил, настил на шпонках
wearing ~ верхний настил
wood ~ **on joists** деревянный пол на половых балках; пол, уложенный на половых балках
wood-block ~ **1.** паркетный пол **2.** пол из торцевых шашек
flooring строганые половые доски; древесностружечные плиты для настила полов
end-matched ~ половые доски, шпунтованные по торцам
grooved-and-tongued ~ пол из шпунтованных досок
inlaid ~ мозаичный [наборный] пол
matched ~ настилочные материалы (*со шпунтом и гребнем*)
strip(-and-board) ~ дощатый пол, реечный пол; пол из шпунтованных досок
strip-overlay ~ щитовой паркетный пол
flora флора, растительный мир
felled area ~ растительность вырубки
floral 1. растительный **2.** цветковый
florescence цветение; время цветения
floriferous цветоносный
flour 1. мелкое волокно, мелочь **2.** мука
wood ~ древесная мука
flourpaper очень тонкая шлифовальная шкурка
flow 1. течение, поток, струя **2.** прилив **3.** дебет воды **4.** торфяное болото **5.** сток, расход ◇ ~ **onto the wire** напуск (*массы*) на сетку; **to** ~ **off** стекать, сбегать (*о воде*); **to** ~ **over** переливаться (*через что-л.*)

flow

~ of stock поток [движение] массы
~ of tide прилив; разлив
annual ~ годовой сток (*реки*)
base ~ грунтовой [базисный] сток
debris ~ быстрый водяной поток с содержанием грунта и порубочных остатков (*сбегающий со склона*)
earth ~s сползание массива почвы
excess ~ потёки (*напр. клея*)
flood ~ разлив реки; расход паводка
gravity ~ самотёк
groundwater ~ внутрипочвенный [грунтовой] сток
oleoresin ~ смоловыделение, выделение живицы
pyrolyzate ~ поток пиролизата
river ~ речной сток
sap ~ передвижение сока (*в растении*)
seepage ~ внутрипочвенный [грунтовой] сток
sheet ~ поверхностный сток
stream ~ водоток
subsurface ~ внутрипочвенный [грунтовой] сток
surface ~ поверхностный сток
turbulent ~ вихревое [турбулентное] течение

flowage выход реки из берегов
flower 1. цветок; цветущее растение 2. цветение ‖ цвести
 carpellary ~ пестичный цветок
flowmeter расходомер для жидкости
fluidization псевдоожижение (*при сжигании в кипящем слое*)
flume 1. лесосплавный лоток, лесоспуск; гидролоток ‖ спускать брёвна по лесоспуску 2. жёлоб, лоток, водосток
 log ~ водяной лоток (*для подачи баланса*)
 Parshall ~ лоток Паршалла
 stock ~ лоток для массы
 water ~ водяной лоток (*для подачи баланса*)
fluoride фтористый
flush 1. струя воды; быстрый приток ‖ заливать 2. промывка ‖ промывать (*струёй воды*) 3. прилив, находящийся на одном уровне 4. утопленный 5. вровень, заподлицо 6. давать отростки [побеги] 7. способствовать росту ◇ bead ~ встык с (*вертикальным и горизонтальным*) приливами; to ~ out промывать (*струёй воды*), продувать; ~ with the ground вровень с землёй; ~ with the surface заподлицо

flushing:
 brown stock ~ вымывка (*массы*)
flute гофра ‖ гофрировать
fluting 1. нарезка пазов *или* канавок, рифление 2. гофрирование 3. бумага для гофрирования, основа для гофрирования
flutter:
 edge ~ заполаскивание кромок бумажного полотна
 sheet ~ заполаскивание полотна бумаги
fly 1. балансир 2. трелевать (*брёвна*) с помощью канатной установки; применять каретку для канатной трелёвки 3. маховое колесо 4. муха
 shoo ~ *амер.* объездной путь
 willowed ~ *меб.* ивовый пух
flybar нож барабана
 beater ~ нож барабана ролла
flying транспортировка [трелёвка] (*брёвен*) канатной установкой
foaming пенообразование
foaming-to-shape вспенивание в пресс-форме определённого профиля
fodder кормовое растение
fogging помутнение, потускнение
fold 1. сгиб, перегиб (*напр. при испытании бумаги на излом*) ‖ сгибать, перегибать, фальцевать 2. морщина, складка (*на бумаге*)
 miter ~ сгиб (*щита*) по усовочному пазу
foldaway складная откидная кровать; кровать, убирающаяся в шкаф
folder 1. прибор для испытания бумаги на излом 2. папка, скоросшиватель 3. фальцовочный станок
 blank ~ станок для сгибания заготовок картонных коробок
 zigzag ~ станок для сгибания бумаги под углом
folder-gluer клеильно-сгибальный станок (*для картонных коробок*)
folder-stacker:
 zigzag ~ станок для сгибания под углом и укладки бумаги

foot

folder-stapler станок для сгибания и скрепления картонных коробок
fold-flat складной (*о мебели*)
folding фальцовка; сгиб
~ of rims *спич.* сгиб вертикальных стенок (*коробок*)
groove ~ грувфолдинг (*способ формирования корпусных изделий из сложной и ламинированной плиты, в которой сделаны усовочные пазы*)
paper web ~ получение складок на бумажном полотне
foliaceous 1. лиственный, имеющий листву 2. листовидный
foliage листва
foliar лиственный
foliate 1. лиственный 2. листовидный 3. выходить в лист 4. покрываться листьями
foliation листосложение, листовое почкосложение
foliole листочек (*сложного листа*)
foliose густо облиственный
follicle листовка (*тип плода*)
follow-up усиление борьбы с пожаром
fomout *фирм.* пеногаситель
foodboard картон для упаковки пищевых продуктов
foolproof защищённый от неосторожного обращения
foot 1. основание, опора 2. подножие (*горы*) 3. фут (*0,301 м*) 4. сошник (*сеялки*) 5. лапа 6. *pl* осадок
~ of pile пята сваи
~ of slope подножие склона; подошва откоса
back ~ вертикальная перекладина спинки стула
ball-and-claw ~ *меб.* ножка в виде когтистой лапы, держащей шар
board ~ досковый фут (*единица измерения объёма пиловочника, в США 1000 досковых футов равны 4,52 куб.м, в Канаде 5,66 куб.м, в провинции Канады Британской Колумбии 4,97 куб.м*)
bracket ~ ножка (*письменного стола*) в виде кронштейна
bun ~ *меб.* ножка в виде полусферы
claw-and-ball ~ *меб.* ножка в виде когтистой лапы, держащей шар
club ~ ножка, опирающаяся на расширяющуюся книзу круглую подставку; ножка с выпуклостью внизу в форме луковицы (*характерна для стиля раннего Чиппендейла*)
cord ~ кордовый фут (*восьмая часть стандартного корда, равна объёму штабеля с поперечным сечением 4х4 фута и длиной 1 фут*)
cubic ~ кубический фут (*0,0283 куб.м*)
deer ~ 1. скоба сбоку железнодорожной платформы 2. конец топорища, уширенный для удобства удержания его рукой
fawn ~ конец топорища, уширенный для удобства удержания его рукой
green-chain-tally board ~ досковый фут для необработанных пиломатериалов (*выходящих с лесопильной установки*)
Hoppus ~ Хоппус-фут (*единица измерения объёма круглых лесоматериалов по окружности обхвата или площади сечения дерева на высоте груди, равна 1,13 кубических футов или 0,032 куб.м*)
lineal [linear] ~ линейный [погонный] фут
metric ~ фут (*0,301 м*)
mill tally ~ досковый фут для пиломатериалов, фактически выпиленных из брёвен; кубатура брёвен
onion ~ *амер. меб.* ножка в виде полусферы
pad ~ расширяющаяся книзу ножка (*стула*)
paintbrush ~ *амер. меб.* ножка в испанском стиле, изогнутая внутрь и напоминающая кисть художника
pressure ~ башмак для прижима баланса (*в дефибрере*)
square ~ квадратный фут (*0,929 кв.м*)
super ~ full *австрал.* двенадцатая часть кубического фута в обычной [стандартной] системе измерения
super ~ Hoppus *австрал.* двенадцатая часть кубического фута в системе измерения Хоппус
super ~ true *австрал.* двенадцатая часть кубического фута в обычной [стандартной] системе измерения
superface ~ *австрал.* квадратный

179

foot

фут (*для лесоматериалов толщиной менее 1 дюйма*)
superficial ~ **1.** австрал. двенадцатая часть кубического фута в обычной [стандартной] системе измерения **2.** квадратный фут (*равен одному досковому футу при толщине лесоматериала в один дюйм*)
talon-and-ball ~ меб. ножка в виде когтистой лапы, держащей шар
tassel ~ амер. меб. ножка в испанском стиле, изогнутая внутрь и напоминающая кисть художника
whorled ~ резная ножка в виде спирали (*стиль эпохи королевы Анны, Англия*)
footage 1. объём древесины в кубических футах **2.** длина (*рулона бумаги*) в футах **3.** площадь (*рулона бумаги*) в квадратных футах
footboard меб. изножье кровати
footing основание, опора
footpiece 1. нижняя часть стойки культиватора **2.** башмак плужной стойки
foot-run измеряемый в футах
footstick балка основания
force сила ‖ применять силу ◇ **by human** ~ вручную, с применением ручной силы
binding ~ сила сцепления
chip acceleration ~ сила ускорения стружки
cutting ~ сила резания
labor ~ рабочая сила
maintenance ~ бригада по ремонту и содержанию (*дороги*)
operating ~ рабочая бригада
repair ~ ремонтная бригада
skid ~ сила бокового заноса (*автомобиля*)
suction ~ сосущая сила (*клеток*)
forecast прогноз
~ **of the weather** прогноз погоды
foreman мастер; бригадир; прораб; десятник
camp ~ мастер на лесозаготовках; руководитель работ на лесозаготовках
crew ~ бригадир
gang ~ бригадир
recovery ~ мастер по регенерации
screen-room ~ мастер очистного цеха
shift ~ сменный мастер
side ~ мастер на лесозаготовках

tour ~ сменный мастер
wet-room ~ старший очистник
forest лес; древостой; насаждение
~ **of small-leaved deciduous species** мелколиственный лес
accessible ~ лес, доступный для освоения
aesthetic ~ рекреационный [оздоровительный] лес
alder ~ ольшаник
amenity ~ лесопарк, городской лес
angiospermous ~ лиственный [листопадный] лес
aspen ~ осинник
bank-protection ~ берегозащитный [водоохранный] лес
birch ~ березняк
bog ~ заболоченный [болотистый] лес
boreal ~ бореальный [северный] лес
boreal coniferous ~ тайга; бореальный хвойный лес
broad-leaved ~ широколиственный лес
broken ~ прореженный [разреженный] лес
burned-out ~ гарь
caatinga ~ листопадный тропический лес
centrally administered ~ лес государственного значения
centrally managed ~ лес государственного значения
city ~ городской лес, лесопарк
climax ~ коренное [первичное] насаждение
closed ~ **1.** высокополнотное насаждение **2.** лес, закрытый для посещений
cloud ~ туманный [моховой] лес; нефелогилея (*тропический вечнозелёный лес на склонах гор в полосе конденсации туманов*)
coastal ~ приморский лес
cold-deciduous ~ зимнелистопадный лес
collective ~ общинный лес
commercial ~ эксплуатационный [коммерческий] лес
common ~ общинный лес; общественный лес
common oak ~ дубняк (*образован дубом черешчатым*)

forest

communal ~ общинный лес
community ~ общинный лес
composite ~ смешанный древостой (*порослевого и семенного происхождения*)
conifer ~ хвойный лес
continuous ~ непрерывно-производительный лес (*по системе хозяйства Дауервальд*)
coppice ~ порослевый древостой; низкоствольный [порослевый] лес
corporation ~ общественный лес
county ~ общинный, окружной [районный] лес (*лес, принадлежащий общине, округу или району*)
cowberry pine ~ сосняк-брусничник
crown ~ *англ.* удельный лес (*принадлежащий королевской семье*)
culled ~ насаждение, в котором проведена выборочная рубка вне лесосек (*вырублены наиболее ценные деревья*)
debris-strewn ~ захламлённый лес (*с разбросанными сучьями, валежником и т.п.*)
deciduous ~ лиственный [листопадный] лес
demonstration ~ учебный лес
derivative ~ вторичный лес
disturbed ~ нарушенный [расстроенный] лес
domain(al) ~ государственный лес
drought-deciduous ~ летнелистопадный лес
dry ~ сухой [ксерофитный] лес
elfin ~ карликовый густой лес
elm ~ вязовник
equatorial rain ~ экваториальный дождевой лес
even-aged ~ одновозрастное насаждение
even-aged height ~ одновозрастный высокоствольный лес
evergreen ~ вечнозелёный лес
experimental ~ опытный лесной участок; лесная опытная дача
exploited ~ освоенный лес
farm ~ фермерский лес
fen ~ заболоченный [болотистый] лес
field-protection ~ полезащитный лес
field-safeguarding ~ полезащитный лес

fire-damaged ~ горельник
flood-plain ~ пойменный лес
frost-hardy ~ северный лес
gallery ~ припойменный лес; берегозащитный [водоохранный] лес
glacial ~ доледниковый лес
gorge ~ противоэрозионный [приовражный] лес
government ~ государственный лес
grass ~ лес с травянистым покровом
grazed ~ лес с пастбищными угодьями
hard-leaved ~ твердолиственный лес
herbaceous-spruce ~ травяной ельник
high ~ высокоствольный лес; высокоствольный древостой (*семенного происхождения*)
high-class ~ высокосортный [строевой] лес
homogeneous ~ искусственный лес; искусственное (лесо)насаждение
ideal ~ идеальный [нормальный] лес
inaccessible ~ лес, не доступный для освоения (*резервный*)
industrial ~ лес промышленного значения
larch ~ лиственничный лес, листвяг, лиственничник
light ~ низкополнотное насаждение; редина
littoral ~ литоральный лес
low ~ порослевый древостой; низкоствольный [порослевый] лес
lowland ~ пойменный лес
managed ~s управляемые леса
mangrove ~ мангровый лес
man-made ~ искусственное (лесо)насаждение
marshy ~ заболоченный [болотистый] лес
merchantable ~ эксплуатационный [коммерческий] лес
mesophytic ~ мезофитный лес
mingled ~ смешанный (*по составу*) древостой
mixed ~ смешанный (*по составу*) древостой
moist mountain ~ *см.* cloud forest
monsoon ~ муссонный лес (*листопадный лес муссонной области*)
moss ~ *см.* cloud forest
mossy ~ альпийское криволесье

forest

mountain taiga ~ горно-таёжный лес
multistoreyed ~ сложный [многоярусный] древостой
municipal ~ городской лес, лесопарк
national ~ 1. лес государственного значения 2. государственный лес
normal ~ нормальный [идеальный] лес
oak ~ дубрава
old growth ~ перестойный лес
open ~ низкополнотное насаждение; редина
ordinary ~ лес с нормальным размером пользования
original ~ девственный [первобытный] лес
orophylile ~ субальпийский лес
overaged ~ перестойное насаждение
overage protective ~ перестойный защитный лес
paludal ~ заболоченный [болотистый] лес
park ~ лесопарк
parvifoliate ~ мелколиственный лес
permanent ~ непрерывно-производительный лес (*по системе хозяйства Дауервальд*)
Permanent State ~ *новозел.* постоянный государственный лес, резервный лес
perpetual ~ непрерывно-производительный лес (*по системе хозяйства Дауервальд*)
pilot ~ опытный лесной участок, лесная опытная дача
pine ~ сосновый бор, сосняк
presettlement ~ доколониальный лес
primal ~ девственный [первобытный] лес
primary ~ девственный [первобытный] лес
primeval ~ девственный [первобытный] лес
primordial ~ девственный [первобытный] лес
private ~ лес частного владения
production [productive] ~ продуктивный лес
protected ~ охраняемый [заповедный] лес
protection [protective] ~ защитный лес (*имеющий почвоохранное значение*)

provincial ~ *кан.* государственный лес (*управляемый властями провинций*)
pure ~ чистый древостой (*образованный одной породой*)
radical ~ коренной лес
rainfall ~ влажный тропический [дождевой] лес
ravine ~ противоэрозионный [приовражный] лес
recreation ~ рекреационный [оздоровительный] лес
reserved ~ 1. резервный лес 2. заповедный лес
restricted ~ лес с ограниченным размером пользования
riparian ~ берегозащитный [водоохранный] лес; прибрежный лес, тугай, урема
riverian ~ берегозащитный [водоохранный] лес
sal ~ саловый лес
savanna ~ саванное редколесье
sclerophylous ~ склерофильный [жестколистный] лес
scrub ~ кустарниковое редколесье
seasonal ~ сезонный тропический лес
seasonally dry tropical hardwood ~ сезонно-сухой тропический лиственный лес
secondary ~ вторичный лес (*сменивший коренной*)
second cycle (native) ~ вторично сформировавшийся коренной (*климаксовый*) лес
second-growth ~ вторичный лес (*сменивший коренной*)
seedling ~ семенной древостой
selection ~ выборочный [улучшенный] лес (*сформирован выборочными рубками по системе хозяйства Дауервальд*)
share ~ берегозащитный [водоохранный] лес
single-storey(ed) ~ простой [одноярусный] древостой
small ~ мелкий лес, мелколесье
small-leaved ~ мелколиственный лес
sprout ~ порослевый древостой; низкоствольный [порослевый] лес
spruce ~ ельник

forestry

standing ~ 1. искусственное (лесо)насаждение 2. растущий лес
state ~ 1. государственный лес 2. лес, управляемый властями штата
storeyed high ~ высокоствольный древостой с наличием одного *или* более ярусов
streamside ~ пойменный лес
subalpine ~ субальпийский лес
subarctic ~ субарктический лес
subtropical ~ субтропический лес
swamp ~ заболоченный [болотистый] лес
teak ~ тиковый лес
temperate ~ лес умеренной зоны
thorn ~ колючий лес; колючее редколесье
training ~ учебный лес
undisturbed ~ 1. *амер.* ненарушенный лес 2. девственный [первобытный] лес
uneven-aged ~ разновозрастное насаждение
unexploited ~ резервный [неосвоенный] лес
unhomogeneous ~ естественный лес, естественное (лесо)насаждение
village ~ общинный лес
virgin ~ девственный [первобытный] лес
water-conservation ~ водорегулирующий лес
water-regulation ~ водорегулирующий лес
wet peatland ~ болотистый [заболоченный] лес
forestage 1. право рубить лес 2. налог на лес
forestation *амер.* облесение, лесоразведение
  field-protective ~ полезащитное лесоразведение
forested облесённый, покрытый лесом
  well ~ облесённый; многолесный
forester 1. лесник, объездчик; лесничий; лесовод 2. обитатель леса
  area ~ районный лесничий (*департамента природных ресурсов, США*)
  assistant ~ помощник лесничего
  chief ~ *амер.* главный федеральный лесничий
  consulting ~ частный лесовод-консультант

country ~ *англ.* участковый лесничий
district ~ 1. районный [окружной] лесничий (*департамента природных ресурсов*) 2. федеральный районный лесничий
extension ~ лесовод-информатор (*сотрудник Кооперативной службы информации, США*)
graduated ~ учёный лесовод
industrial ~ лесовод-производственник
master ~ главный лесничий
reforestation ~ инженер лесных культур
registered ~ зарегистрированный лесовод (*получивший регистрационное удостоверение и номер в государственном департаменте лицензий и регистрации, США*)
research ~ лесовод-исследователь, учёный-лесовод
state ~ государственный лесничий; главный лесничий штата (*США*)
technical ~ техник-лесовод
forestguard:
  head ~ лесной бригадир
foresting *амер.* облесение, лесоразведение
forestry 1. лесное хозяйство; *редко* лесная промышленность 2. лесоводство; научное управление лесами 3. лесничество 4. *редко* лесной массив
  aesthetic ~ ландшафтное лесное хозяйство, лесопарковое хозяйство
  commercial ~ практическое лесоводство (*преследующее коммерческие цели*)
  consulting ~ лесохозяйственная консультация
  extensive ~ экстенсивное лесное хозяйство
  farm ~ агролесомелиорация
  industrial ~ промышленное лесное хозяйство
  intensive ~ интенсивное лесное хозяйство
  multiple-purpose ~ многоцелевое лесное хозяйство
  multiple-use ~ многоотраслевое лесное хозяйство
  municipal ~ озеленение городов

183

forestry

permanent ~ непрерывное лесопользование
protection ~ агролесомелиорация
sustainable ~ устойчивое, неистощительное лесное хозяйство; устойчивое, неистощительное лесопользование
urban ~ городское лесное хозяйство; парковое хозяйство
utility ~ озеленение городов
world ~ мировое лесное хозяйство
forest-steppe лесостепь || лесостепной
forest-tundra лесотундра
fork 1. вилочный [челюстной] захват (*погрузчика*) 2. раздвоенный ствол (*дерева*); ответвление, разветвление, развилка (*ствола*) || разветвляться 3. вилка
Libu pivoting timber ~ челюстной захват, захватывающий пачку брёвен поперёк и поворачивающийся на 90° (*при транспортировке*)
optical ~ оптическая таксационная вилка
road ~ развилка дорог
sector ~ секторная лесная мерная вилка (*конструкции Биттерлиха*)
stem ~ раздвоенный ствол
timber loading ~ вилочный [челюстной] лесопогрузчик
forked разветвленный; раздвоенный
form 1. форма; вид; тип; модель 2. бланк, формуляр 3. кладка (*в сатинировальном станке*) 4. (пресс-)форма || формовать 5. опалубка 6. длинная скамья без спинки ◇ in stuck-down ~ в наклеенном виде
~ of stand форма насаждения
bole ~ форма ствола
columnar ~ колонновидная форма (*ствола*)
contract ~ соглашение между продавцом и покупателем (*в торговле лесом*)
control ~ контрольная форма (*записей, сопоставляющих запланированные лесоустройства мероприятия с их конкретным исполнением*)
crown ~ форма кроны
decurrent ~ низбегающая форма (*ствола*)
excurrent ~ сбежистая форма (*ствола*)

growth ~ форма [характер] роста
land ~ рельеф
market ~s наименования пиломатериалов, принятые в международной торговле
scale ~ таблица замеров (*число брёвен, диаметр, длина и пр.*)
steam-heated metal ~ паровая металлическая форма; паровой гнутарный станок
stem ~ форма ствола
stock bill ~ бланк спецификации
tree ~ форма дерева
formate ethyl этил-формат
formation 1. строение, конструкция, структура 2. основание (*дороги*) 3. отлив, формование (*напр. бумаги*); формирование (*ДСП*) 4. просвет (*бумаги*)
~ of crop формирование древостоя
~ of roundwood bundle пакетирование круглых лесоматериалов
batch ~ периодическое формирование
boom ~ «карманы», дворики запани
branch ~ образование ветви
charcoal ~ обугливание, образование угля
cream ~ отстаивание [расслоение] латекса
edaphic ~ эдафическая формация (*растительности*)
forest ~ лесная формация
heath ~ вересковая формация
lightwood ~ образование пнёвого осмола
machine paper ~ машинный отлив бумаги
mattress ~ формирование ковра (*древесностружечного*)
mire ~ болотообразование, заболачивание территории
sod ~ дернообразование, задернение
soft ~ мягкий грунт
swamp ~ болотообразование, заболачивание территории
track ~ строительство (*трелёвочных*) волоков
turf ~ дернообразование, задернение
wild ~ облачный просвет (*бумаги*)
former 1. отливная машина (*в производстве ДВП*); формующая машина

(*в производстве ДСП*) 2. (пресс-) форма; шаблон 3. отливное устройство, бумагоделательная машина, «формер»
color ~ машина для отлива многоцветных бумаг
female ~ матрица, наружный элемент гнутарного станка
fiberboard ~ отливная машина для древесноволокнистых плит
fourdrinier ~ плоскосеточная бумагоделательная машина
high-speed tissue ~ быстроходная машина для отлива тонких бумаг
laboratory hand sheet ~ лабораторный листоотливной аппарат
male ~ пуансон, внутренний элемент гнутарного станка
multiply sheet ~ двухсеточная машина для отлива многослойных бумаг
package ~ пакетоформирующее устройство
particle board mat ~ формующая машина для древесностружечных плит
short-wire ~ короткосеточная бумагоделательная машина
formiate:
cellulose ~ формилцеллюлоза
Formica *фирм.* формика (*бумажнослоистый пластик, облицованный меламиновой плёнкой; промышленные бумажнослоистые пластики*)
forming 1. формирование (*напр. пучка брёвен*) 2. отлив, формование (*бумаги*) ◊ ~ a bundle формирование пачки [пучка] лесоматериалов
drape ~ вакуумное формование
formol формальдегид
formula 1. композиция (*бумаги*) 2. формула
baking ~ рецептура горячей сушки
Smalian's ~ формула Смалиана (*для определения объёма ствола*)
Formvar *фирм.* формвар (*поливинилформальдегид*)
fortify укреплять (*напр. варочную кислоту*) ◊ to ~ a dike укреплять плотину
forward трелевать лес в полностью погруженном положении
forwarder 1. форвардер (*самозагружающийся трактор для трелёвки лесоматериалов в погруженном поло-

fraction

жении*) 2. *редко* трактор с коником и стрелой-манипулятором (*для трелёвки лесоматериалов в полупогруженном положении*)
double-loading ~ форвардер с двойным грузом (*загружаемый по длине двумя пакетами сортиментов*)
knuckle boom ~ форвардер со стрелой-манипулятором для самозагрузки
self-loading shortwood ~ форвардер
single-loading ~ форвардер с одинарным грузом (*загружаемый одним пакетом лесоматериалов*)
forwarding трелёвка (*леса*) в погруженном положении (*операция, включающая окучивание древесины у пня, погрузку на трактор, разгрузку на верхнем складе*)
foul 1. засорённый (*о земле*) 2. загрязнённый (*о воде*) 3. неблагоприятный (*о погоде*) 4. сорный (*о бумаге*)
foundation 1. фундамент, основание, база 2. постель (*балласта*); земляное полотно
pile ~ свайное основание
road ~ дорожное основание
four-cutter четырёхсторонний строгальный станок
fourdrinier 1. длинносеточная бумагоделательная машина; столовая бумагоделательная машина 2. сеточная часть (*длинносеточной бумагоделательной машины*)
open-draw ~ длинносеточная бумагоделательная машина с открытой передачей полотна
roll-out ~ сеточный стол выдвижного типа
fourposter кровать под балдахином
four-sider четырёхсторонний строгальный станок
foxberry брусника (*Vaccinium vitisidaea*)
foxiness гниль красно-бурого цвета (*вызывается грибковыми поражениями древесины*)
foxy гнилой (*о древесине в начальной стадии гниения*)
fraction фракция, доля
air ~ объём воздуха (*в листе бумаги*)

fraction

alpha-pinene ~ альфа-пиненовая фракция
clay ~ илистая фракция
clay-silt ~ иловато-пылеватая фракция; фракция физической глины
coarse ~ крупная [грубая] фракция
coarse ~ of tar грубодисперсная смоляная фракция
coarse earth ~ фракция крупнозёма
fine earth ~ фракция мелкозёма
living ~ живая часть почвы
rosin (acid) ~ фракция смоляных кислот
tar ~ смоляная фракция
fragment кусок, обломок, осколок ‖ измельчать
plant ~ зародыш растения
fragmentation измельчение
fragmenting измельчение ‖ измельчающий
frame 1. рама, рамка, остов, каркас, корпус, царга 2. сеточный стол 3. подрамник (*черпальной формы*) 4. рама для обмера круглого леса
adjustable ~ раздвижная рама
articulated ~ рама из двух частей, соединённых шарниром, шарнирно-сочленённая рама
auxiliary ~ вспомогательная рама, подрамник
box ~ неразъёмная коробка (*оконная или дверная*)
bracing ~ связующая рама, ферма
buck ~ дверная рама, дверной косяк
canopy bed ~ царга кровати с балдахином
cased ~ коробчатая оконная рама
cash ~ коробчатая рама раздвижного окна с грузом для подъёма переплёта
core ~ дверная рама, дверной косяк
cramp ~ струбцинка
deal (saw) ~ (делительная) лесопильная рама
deckle ~ 1. декельная [форматная] рама 2. напускной ящик (*в производстве ДВП*)
drop ~ изогнутая [пониженная] рама
equilibrium ~ лесопильная рама, распиливающая одновременно два бревна *или* две доски
flitch ~ реечная рамка
forcing ~ парник
garden ~ парниковая рама

hack saw ~ державка пилы, лучок
log ~ лесопильная рама
molded chair ~ царга стула *или* кресла, изготовленная из древесных отходов методом формования
Oxford ~ рама (*картины*) из четырёх брусков с выступающими наружу концами
pillow ~ пильная табуретка в виде треножника
removable wire ~ выдвижной сеточный стол
saw ~ 1. лесопильная рама 2. державка пилы, лучок
saw pit ~ козлы для продольной распиловки брёвен
self-propelled ~ самоходное шасси
side blade saw ~ лесопильная рама
side log ~ брусующая пильная рама
spacing ~ разделительная рама *или* решётка (*при погрузке тары в вагон*)
spandrel ~ треугольная рама плотничной работы (*под лестничным маршем*)
stuff-over ~ деревянный каркас изделия мягкой мебели
swing ~ пильная рамка лесопильной рамы
telescope ~ выдвижная рама (*стола*)
toolbar ~ рама для навешивания сменных рабочих органов
track ~ тележка [корпус, рама] гусеницы
truck ~ рама грузовика; рама тележки
upholstery ~ рама изделия мягкой мебели
veneer saw ~ фанеропильный станок
vertical log ~ вертикальная лесопильная рама
vertical timber ~ вертикальная лесопильная рама
winch ~ рама лебёдки
frame-steered управляемый (*шарнирно-сочленённой*) рамой; с поворотом посредством (*шарнирно-сочленённой*) рамы
framework 1. конструкция 2. каркас; рама; остов; решётка; сруб 3. ферма; пролётное строение (*моста*)
folding ~ складная рама (*кресла*)
framing 1. леса; козлы; конструкционный лес 2. каркас; рама; остов; сруб

3. обмер леса рамой 4. укладка (*спичек*) в кассеты 5. изготовление рам
multiple set ~ заделка сложным шипом; ступенчатое соединение
plain ~ рамочная конструкция; соединение рамки на шип; шпунтовое соединение
rebated ~ соединение рамочной конструкции в фальц; припазованное соединение рамы
step-down ~ ступенчатая заделка
franking шиповое соединение сложного профиля
fray изнашиваться, истираться, рваться (*о мебельной ткани*)
free-beaten садкого помола (*о массе*)
free-blowing дутьё под низким давлением (*в производстве пластмассовой мебели*)
free-growing 1. несомкнутый (*о пологе*) 2. свободно растущий (*о деревьях*)
freeness 1. скорость обезвоживания древесноволокнистого ковра (*под действием силы тяжести*) 2. проскальзывание, ослабевание (*детали в пазу*) 3. степень [градус] помола, садкость (*массы*)
stock ~ садкость (*бумажной*) массы
free-to-grow 1. несомкнутый (*о пологе*) 2. свободно растущий (*о деревьях*)
freezing 1. заморозки 2. замерзание ‖ замораживающий; охлаждающий
~ of seedling вымерзание сеянцев
freight 1. фрахт, стоимость перевозки грузов ‖ фрахтовать 2. груз ‖ грузить
back ~ плата за обратную доставку груза
bulk ~ груз навалом *или* насыпью (*без тары*)
dead ~ мёртвый фрахт; фрахт за недогруженный лес
frenching полирование спиртовой политурой
frequency 1. частота; частотность; многократность; повторяемость (*напр. рубок*) 2. встречаемость (*видов*)
~ of shake частота колебаний (*напр. сортировки*)
relative ~ относительный процент встречаемости (*видов*)
thinning ~ повторяемость рубок ухода

freshening нанесение подновки на карру (*при подсочке леса*)
freshly-cut, freshly-felled свежесрубленный (*напр. о дереве*)
fret орнамент [узор] из пересекающихся линий
Grecian ~ греческий узор резьбы
labyrinth ~ резной орнамент в виде лабиринта
fretsaw узкая лучковая пила; ножовка; лучковая пила с тонким полотном для криволинейного пиления; лобзик; прорезная пила; волосная [ажурная] пила
power-driven ~ приводная лучковая пила
fretter:
wood ~ жук-точильщик, древоточец, шашень
fretwork ажурная резьба; узор, выпиленный лобзиком; резное *или* лепное украшение
fringe *меб.* 1. бахрома ‖ украшать бахромой 2. кайма, оторочка
fringing размочаливание (*торцов баланса*)
fritting спекание
froe стальной клин для раскалывания брёвен; колун, топор
frog 1. место примыкания ответвления к лесоспуску; отверстие в лесоспуске для приема брёвен; направляющее бревно в устье лесоспуска 2. клин 3. башмак (*стойки рабочего органа почвообрабатывающего орудия*)
frogger рабочий-трелёвщик; подсобный рабочий при гужевой трелёвке
frondesce выпускать листья, покрываться листьями
frondescence период развития листьев
front 1. сторона дерева в направлении валки 2. передняя стенка; фасад 3. передняя грань (*зуба пилы*)
grilled ~ *меб.* решётчатая передняя стенка
hinged ~ *меб.* передняя стенка, крепящаяся на петлях; откидная крышка
recessed ~ передняя стенка корпусного изделия с центральным углублением по вертикали
serpentine ~ *меб.* передняя стенка, имеющая волнистый профиль

front

swelled ~ *меб.* выпуклая передняя стенка
tub ~ передняя стенка корпусного изделия, разделённая по вертикали на секции (*центральная секция углублённая, а боковые выпуклые*)
frost 1. мороз ‖ побивать морозом ‖ морозобойный 2. заморозки 3. мерзлота
　black ~ мороз без снега
　dry ~ сухой мороз; мороз без снега
　glazed ~ гололёд, гололедица
　hoar ~ иней, изморозь
　nipping ~ сильный мороз
　white ~ иней, изморозь
frostheart потемнение сердцевины (*деревьев*) от воздействия мороза
frotafiner фротафайнер (*аппарат для сепарирования массы*)
froth пена
frowy гнилой (*о древесине*)
fructiferous плодоносящий
fructification плодоношение
fruit плод ‖ плодоносить
　aggregate ~ сборный плод
　aggregate-accessory ~ многокостянка
　collective ~ соплодие
　drupaceous ~ костянка, косточковый плод
　key ~ крылатка
　multiple ~ соплодие
　samara ~ крылатка
　separating ~ дробный плод
　single-seeded ~ односемянный плод (*дуба*)
　small ~ *амер.* ягода
　soft ~ сочный плод; ягода
　spurious ~ ложный плод
　stone ~ костянка, косточковый плод
　winged ~ крылатка
fruitage 1. плодоношение 2. плоды
fruitful 1. плодородный, плодоносный 2. плодовитый
fruitless бесплодный, неплодоносящий
fruit-ripe брусника (*Vaccinium vitisidaea*)
frutex кустарник
fruticose 1. кустарниковый 2. кустистый
fruticulose кустарничковый, мелкокустарниковый
fuel горючее, топливо

aerial ~ неприземлённые горючие материалы (*напр. вершины деревьев*)
available ~ пожароопасные материалы
chip ~ топливная щепа
flash ~ мелкий (*легковоспламеняющийся*) горючий материал
forest ~ лесной горючий материал
heavy ~ *амер.* крупный горючий материал
natural ~ естественный лесной горючий материал
solid ~ твёрдое топливо
wood ~ древесное топливо
fuelwood дрова
fugacious быстро увядающий; быстро опадающий
fulcrum 1. точка опоры (*рычага*), опора 2. *бот.* опора, ствол, стебель
　link ~ балансирная опора
full-boled полнодревесный (*о стволе дерева*)
full-length нормальной длины (*о диване, кровати*); крупногабаритный
full-scale, full-sized в натуральную величину
fumarate модифицировать (*канифоль*) фумаровой кислотой
function функция, назначение
　terminal ~ погрузочно-разгрузочное назначение (*напр. машины*); складская функция
　underway ~ транспортная функция
fungi грибы; грибки, плесень
　basidium ~ базидиомицеты, базидиальные грибы (*Basidiomycetes*)
　blue stain ~ грибы синевы
　cup ~ сумчатые грибы (*Ascomycetes*)
　filamentous ~ гифомицеты (*Hyphomycetales*)
　gill ~ пластинниковые грибы (*Agaricaceae*)
　mold ~ плесневые грибы (*Mucorales*)
　rust ~ ржавчинные грибы (*Uredinales*)
　sac ~ сумчатые грибы (*Ascomycetes*)
　wood-staining ~ дереноокрашивающие грибы
fungistat фунгицид (*для защиты древесины*)
fungous 1. грибной; грибковый 2. губчатый, ноздреватый
fungus гриб; грибок

furniture

dry-rot ~ домовый гриб (*Serpula lacrymans*)
false tinder ~ ложный трутовик (*Phellinus igniarius*)
honey ~ настоящий опёнок (*Armillariella mellea*)
pine ~ корневая губка (*Fomitopsis annosa*)
red belt ~ окаймлённый трутовик (*Fomitopsis pinicola*)
tinder ~ настоящий трутовик (*Fomes fomentarius*)
wood ~ домовый гриб (*Serpula lacrymans*)
wood-destroying ~ дереворазрушающий гриб
funnel 1. (загрузочная) воронка 2. дымовая труба 3. шлюз
dropping ~ капельная воронка
Furafil *фирм.* фурафил (*наполнитель клея для фанеры*)
furcation разветвление, раздвоение
furnace 1. печь 2. топка (*парового котла*)
black liquor recovery ~ содорегенерационный агрегат
casing ~ печь-кожуховка
circular ~ кольцевая печь
flash roasting ~ колчеданная печь для обжига во взвешенном состоянии
fluosolids ~ печь для сжигания в «кипящем» слое
melting ~ плавильная печь
muffle ~ муфельная печь
pyrites ~ колчеданная печь
recovery ~ содорегенерационный агрегат
revolving ~ револьверная печь
spray-type black liquor recovery ~ содорегенерационный агрегат вбрызгивающего типа
furnish 1. композиция (*бумаги*) 2. загрузка, зарядка (*ролла*) 3. *пл.* волокнистые материалы, наполнители; древесная масса с проклеивающим составом и другими добавками (*для отлива ковра*) 4. снабжать, доставлять, обеспечивать 5. обставлять, меблировать
fiber ~ композиция (*бумаги*) по волокну
furnisher изготовитель мебели; поставщик мебели

retail ~ изготовитель *или* поставщик отдельных изделий мебели; поставщик мебели в розницу
furnishing 1. композиция (*бумаги*) 2. загрузка, зарядка (*ролла*) 3. обстановка, меблировка
~ of beater загрузка [зарядка] ролла
furnish-sized проклеенный в массе (*о бумаге*)
furniture 1. мебель, обстановка 2. фурнитура 3. оконный *или* дверной прибор
bentwood ~ гнутая мебель, гнутоклеёная мебель
bobbin ~ точёная мебель, мебель с точёными деталями (*характерна для Англии и Франции XVII в., а также для деревенского стиля XIX в.*)
built-in ~ встроенная мебель
cabinet(-type) ~ корпусная мебель
camp ~ лёгкая переносная складная мебель
carry-home ~ сборно-разборная мебель
case ~ корпусная мебель
chimney ~ прикаминная мебель (*подставка для дров, кресла и т.д.*)
clyed ~ неразборная мебель
contemporary-styled ~ современная мебель
contract ~ мебель для общественных зданий, конторская мебель
court-style ~ дворцовая мебель
craft ~ мебель ручного изготовления
cushioned ~ мягкая мебель
dinette ~ мебель для небольшей столовой
domestic ~ бытовая мебель
door ~ дверная фурнитура, дверной прибор
fitted ~ встроенная мебель
flat-packed ~ мебель, продающаяся в виде разборных щитов
fun ~ мебель для игр, мебель-игрушка
group ~ секционная мебель
high-class ~ высококачественная мебель; высокохудожественная мебель
home entertainment ~ мебель для музыкальной аппаратуры
japanned ~ мебель с отделкой натуральными лаками
juvenile ~ детская мебель

furniture

leisure ~ мебель для отдыха
nomadic ~ лёгкая переносная складная мебель
occasional ~ отдельные изделия мебели, мебель различного назначения
packaged ~ сборно-разборная мебель
panel ~ щитовая мебель
period design ~ стильная мебель
plantation-made ~ грубая деревенская мебель (*США, XVIII-XIX вв.*)
poolside ~ мебель для (*оборудования*) бассейнов
rattan ~ плетёная мебель
rawhide ~ мебель, изготовленная с применением натуральной кожи
recreational ~ мебель для спортивных залов *или* помещений для отдыха
residential ~ бытовая мебель
resort ~ лечебно-курортная мебель
rustic ~ мебель деревенского [рустикального] стиля
setup ~ неразборная мебель
sold-in-boxes ~ мебель, упакованная в разобранном виде
solid polymer ~ мебель из монолитного пластика
space-saving ~ трансформируемая мебель; комбинированная мебель
structural ~ решётчатая мебель
structural-foam molded ~ мебель, формованная из структурных пенопластов
study ~ кабинетная мебель
system-built ~ сборная мебель из готовых деталей (*которые можно заказать по каталогу*); универсально-сборная мебель
traditional ~ стильная мебель; копия старинных образцов мебели
tubular ~ мебель, изготовленная с использованием стальной трубки в качестве опорных элементов
unit ~ модульная мебель
waiting-area ~ мебель для залов ожидания
wicker ~ плетёная мебель
furrow борозда; бороздка; морщина
  planting ~ посадочная борозда
  shallow ~ мелкая борозда
furrower 1. бороздоделатель 2. окучник
furrow-leaved бороздчатолистный
fuzz 1. *бот.* волоски, бородка 2. бумажная пыль

fuzziness 1. ворсистость 2. расплывчатость (*водяного знака*)
fuzzing пыление (*бумаги*)

G

gab 1. крюк; вилка 2. зарубка; выемка; отверстие 3. вынос, вылет
gabion габион (*сруб, ряж или крепь для направления водных потоков*)
gable подпорка
  chest ~ торцевая стенка комода *или* сундука
gad 1. зубило; резец 2. остриё
gadding ползучий (*о растении*)
gadrooning 1. сечение вогнутого и выпуклого профиля (*на торце изделия мебели*); отделка кромки выпуклыми овалами 2. выполнение ножки в виде луковицы
gaff багор
gag 1. пробка, затычка 2. засорение (*клапана*) 3. временная стойка, подпорка 4. закрутка, язычок (*лучковой столярной пилы*)
gage *см.* gauge
gain 1. выдолб, гнездо, вырез, паз || делать паз 2. заработок || зарабатывать
galactan *лесохим.* галактан
galipot живица
gall 1. лесосека; вырубка 2. галл 3. галлообразующее насекомое
  crown ~ 1. коронча́тый галл 2. корневой рак (*возбудитель гриб Dendrophagus*)
  cup ~ отлуп; отлупная трещина
  nut ~ чернильный [дубильный] орешек
  polythalamous ~ многокамерный галл
  resin ~ смоляной желвак, смоляной кармашек (*порок древесины*)
  rind ~ наплывной галл; чёрный рак; раковый нарост на дереве
  ring ~ отлуп; отлупная трещина
  root ~ корневой клубенёк
gallery 1. площадка, помост 2. траншея 3. ход насекомого (*в древесине*)
  egg ~ маточный ход

forked ~ вилообразный ход насекомого
larval ~ ход личинки
mother ~ маточный ход
stellate ~ звездообразный [лучистый] ход насекомого
gallfly орехотворка; галлообразующее насекомое; *pl* орехотворки (*Cynipidae*)
gallnut чернильный [дубильный] орешек
gallows подмостки; подставки; козлы
gang 1. бригада, партия, артель, смена (*рабочих*) 2. набор, комплект; комбинация из нескольких инструментов *или* машин, действующих как одно целое (*напр. лесопильная рама*)
sash ~ лесопильная рама
stock ~ лесопильная рама
ganger бригадир, десятник, старший рабочий
gangplank *см.* gangway
gangplow многокорпусный плуг
gangsaw лесопильная рама
gangway 1. мостки, сходни; помост 2. проход между рядами штабелей 3. лесотранспортёр, лесоспуск
gantry 1. стойка 2. портал (*крана*) 3. П-образная вертикальная рама (*для поддержания трелёвочно-погрузочной стрелы канатной установки*)
feeding ~ подающая платформа (*для подачи рулонного материала к прессу*)
overhead ~ козловый кран
gap 1. зазор, промежуток, отверстие, пробел 2. прогал(ина), просвет (*в лесу*) 3. непроклей (*дефект фанеры*)
◇ ~ per edge слабая кромка, слабый угол, вырыв на кромке (*дефект шпона*)
leaf ~ листовой след
sorting ~ сортировочные ворота
gapped разрезной, с выемкой
gapping *англ.* дополнение лесных культур
garbage 1. утиль 2. макулатура 3. отбросы, мусор
garden:
forest ~ лесной питомник (*экзотических древесных растений*)
tree seed ~ лесосеменное насаждение
gardening:
landscape ~ озеленение
garique гарига (*формация низкорослых вечнозелёных деревьев и кустарников*)
gas газ
distilling ~es газообразные продукты пиролиза
flowpit ~es газы выдувные
flue ~es дымовые газы
relief ~es сдувочный газ; *мн.* сдувки варочных котлов (*при сульфатной варке древесины*)
roaster ~ обжиговый газ
vent ~ паровоздушная смесь, выходящая через вентиляционное отверстие
gash запил, надрез; разрез
gate 1. проход, впуск, вход 2. заслонка; задвижка; щит 3. шлюзные ворота; затвор 4. решётка (*барабана*) 5. дверь, калитка, ворота
bin ~ бункерный затвор
boom ~ запанные ворота
bracket ~ затвор водяного лесоспуска (*состоящий из двухканатных брусьев*)
delimbing ~ решётка для очистки деревьев от сучьев
feed ~ регулятор нормы высева
flood ~ шлюз; шлюзные ворота; затвор шлюза; подъёмная дверь плотины; водоспуск
sluice ~ шлюзные ворота; щитовой затвор плотины
stock ~ массная задвижка
stuff ~ массная задвижка
trash ~ решётка для отвода отходов (*лущёного шпона*)
gatherer:
nitrogen ~ азотонакопитель, азотособиратель
gathering:
branch ~ сбор сучьев; очистка (*лесосек*) от сучьев
gauge 1. измерительный прибор ‖ измерять 2. калибр ‖ калибровать 3. шаблон 4. эталон, стандарт 5. толщина (*полотна пилы*) 6. ширина (*напр. колеи, хода колёс*) 7. упор-ограничитель длины хода
~ of plate толщина полотна пилы
adzing ~ шаблон для зарубки шпал
altitude ~ высотомер, альтиметр

gauge

angle ~ полнотомер
basis weight ~ массомер квадратного метра бумаги
basis weight alpha ~ альфа-массомер квадратного метра бумаги
basis weight beta ~ бета-массомер квадратного метра бумаги
basis weight gamma ~ гамма-массомер квадратного метра бумаги
broad ~ широкая колея
butt ~ калибр для высверливания отверстий (*при установке петель*)
caliper ~ мерная вилка
carpenter's ~ (раздвижной плотничий) рейсмус
coating weight ~ массомер покрытий бумаги
conductivity-type moisture ~ кондуктометрический влагомер для бумаги
cutting ~ разметочное приспособление с режущим лезвием; шаблон для разрезки тонких материалов
depth ~ 1. глубиномер 2. останов подачи; останов, регулирующий глубину сверления 3. ограничитель глубины зарезания (*режущего звена пильной цепи*) 4. ограничитель подачи (*Г-образного режущего звена пильной цепи*) 5. просвет между режущими кромками пильной цепи
dial ~ циферблатный индикатор
diameter ~ мерная вилка
draft ~ тягомер
feeler ~ толщиномер, калибр толщины
grasshopper ~ шаблон для работ по профилю с двойным закруглением
honing ~ калибр для правки инструмента
infrared basis weight ~ инфракрасный массомер квадратного метра бумаги
infrared moisture ~ инфракрасный влагомер для бумаги
leaver stop ~ останов автоматизированного ступенчатого раскроя (*пиломатериалов*)
level float ~ поплавковый уровнемер
long-tooth ~ *см.* grasshopper gauge
marking ~ простой рейсмус
mortise ~ рейсмус для пазов и гнёзд
Panama angle ~ полнотомер Пэнэма
percolation ~ лизиметр, измеритель просачивания
prism angle ~ таксационная призма, таксационный прицел, таксационный полнотомер
rear ~ накладной угольник; задний упор
saw-blade ~ шаблон [разлучка, прокладка, калибр] для пил (*в поставе*)
set ~ шаблон для контроля развода зубьев (*пилы*)
shoulder comparator ~ калибр для измерения глубины плечика шипа
shoulder depth ~ калибр для измерения глубины плечика шипа
wheel ~ колея
wind ~ анемометр
gear 1. шестерня; зубчатое колесо 2. зубчатая передача 3. передаточный механизм 4. привод 5. сцепляться, зацепляться (*о шестернях*)
inking ~ красильный механизм
shake motion ~ цел.-бум. тряска
tooth ~ зубчатая передача
gel гель, студень
gelatin желатин, животный клей
Gelva *фирм.* гельва (*поливинилацетат*)
gemma почка, листовая почка; зародышевая почка
gemmate 1. размножающийся почкованием 2. имеющий почки
gemmation 1. почкование, размножение почкованием 2. образование почек
gemmiferous 1. образующий почки 2. имеющий почки
gemmule маленькая почка, почечка
genecology генетическая экология
genesis of soil происхождение почвы
genus род, сорт, вид
geobiont геобионт, обитатель почвы
geobios биоценоз почвы
geobotany геоботаника
geometer пяденица; *pl* пяденицы (*Geometridae*)
geometry of wane геометрическая форма обзола
geophillous обитающий в почве
geophyte геофит, наземное растение
geotropism геотропизм
negative ~ отрицательный геотропизм

positive ~ положительный геотропизм
germ 1. завязь; зародыш; зачаток; семя ‖ зарождаться 2. проросток; почка 3. микроб
germicide гермицид, бактерицидный препарат
germinability всхожесть, жизнеспособность (*семян*)
germinal 1. герминалий, место прорастания 2. герминативный, зародышевый, зачаточный
germinality:
 total ~ общая всхожесть семян (*в процентах*)
germinate прорастать; давать почки
germination 1. прорастание; образование почки 2. проращивание 3. всхожесть
 advance ~ предварительное проращивание (*семян*)
 conidial ~ прорастание конидиоспор
 effective ~ полевая всхожесть
 field ~ полевая всхожесть
 spore ~ прорастание спор
germinative герминативный, зародышевый, зачаточный
germinator термостат для проращивания семян
getting:
 tree ~ наводка на дерево; захват дерева
getting-out of alignment неровность (*пачки шпона*)
gib скоба, чека; клин, контрклин
gibberellin гиббереллин (*регулятор роста*)
gibbet стрела (*крана*) для подъёма и перемещения тяжестей
gig подъёмный механизм
gilding золочение, позолота (*отделка древесины*) ◊ ~ in distemper позолота темперой
gill глубокий лесистый овраг
gilling лощение в цилиндрах
gilstone точильный камень, точильный брусок
gin 1. погрузочная установка с тремя скреплёнными вверху наклонными мачтами 2. ворот; подъёмная лебёдка 3. козлы
girder балка, перекладина, прогон; ферма (*моста*)

girdle кольцо (*при кольцевании деревьев*) ‖ кольцевать (*деревья*)
 mean ~ средний обхват (*дерева*)
 wheel ~ хомут, надеваемый на пневмоколесо (*для увеличения сцепления*)
girdler насекомое, окольцовывающее ходами ствол (*дерева*)
 twig ~ дровосек (*Oncideres cingulata*)
girdling 1. кольцевание (*деревьев*) 2. кольцевые повреждения (*стволов насекомыми, грызунами*)
 band ~ ленточное кольцевание
 double-frill ~ двойная серия окольцовывающих насечек
 frill ~ 1. кольцевание насечками 2. окольцовывающие насечки
 hack ~ кольцевание насечками
 mechanical ~ механизированное кольцевание
 notch ~ кольцевание V-образными насечками
 poison ~ кольцевание с нанесением ядохимикатов
girth размер, обхват, окружность, диаметр (*дерева*) ◊ ~ above buttress окружность (*дерева*) у основания
 average ~ *см.* mean girth
 breast height ~ окружность (*ствола*) на высоте груди
 mean ~ 1. средняя квадратическая окружность 2. средняя арифметическая окружность
 mid(-timber) ~ окружность (*ствола*) на половине высоты деловой части дерева
 minimum ~ минимальный диаметр (*деревьев, отводимых в рубку*)
 normal ~ нормальный диаметр (*с учётом сбега ствола*)
 quarter ~ четверть длины окружности (*дерева или бревна*)
 tree ~ окружность [обхват] дерева
glabrate *бот.* неопушённый, оголённый
glaciofluvial флювиогляциальный
glade 1. прогал(ина), просека (*в лесу*) 2. сфагновое болото с кочками
 bottom ~ пойма, долина
 grassy ~ поляна, прогалина
glague *бот.* сныть (*Aegopodium*)
glancer бревно, укладываемое поперёк

glarimeter

трелёвочного волока; отбойное бревно
glarimeter гляриметр (*прибор для измерения лоска бумаги*)
glass 1. стекло ‖ остеклять, вставлять стёкла **2.** зеркало
  cheval ~ трюмо, псише (*большое зеркало на подвижной раме*)
  pier ~ трюмо
  sight ~ смотровое [контрольное] стекло
  wire magnifying ~ лупа для осмотра сетки
glasshouse *англ.* теплица, оранжерея
glassoid пергамин
glaze 1. блеск, лоск, глянец ‖ полировать; лакировать; глазуровать; глянцевать; каландрировать; сатинировать; лощить **2.** слой льда; ледяной покров ‖ покрываться льдом **3.** вставлять стёкла; остеклять кабину
  pigment wiping ~ тонкое покрытие из подкрашенного лака
glazed 1. шлифованный; глазурованный; сатинированный; полированный; лощённый **2.** засалившийся, затупившийся (*о шлифовальном круге*) **3.** застеклённый
  plate ~ сатинированный
glazer *цел.-бум.* глезер, сатинёр
  plate ~ каландр для лощения бумаги в листах
  roll ~ лощильный каландр
glazing полирование; лакирование; глазурование; глянцевание; каландрирование; сатинирование; лощение; остекление
  board ~ лощение между двумя листами картона
  bowl ~ сатинирование
  flint ~ глазирование камнем; лощение камнем
  plate ~ сатинирование
  stipple ~ придание матовости *или* шероховатости блестящей поверхности (*отделка под старину*)
  tiffany ~ обработка лакированной поверхности шёлковым газом (*отделка под старину*)
  web ~ лощение бумажного полотна
gleization оглеение (*почвы*), глееобразование

gley 1. глей **2.** глеевый горизонт **3.** глеевая почва
  peaty ~ торфяно-глеевая почва
  podzol ~ подзолистая грунтово-глеевая почва
  staunasse ~ псевдоглей, горизонт поверхностного оглеения
gleyification, gleying оглеение (*почвы*), глееобразование
gley-podzol глеево-подзолистый (*о почве*)
gleysol гидроморфная почва, почва с оглеенными минеральными горизонтами
glide роликовая опора
  caster ~ ролик
glider диван на роликах *или* полозьях
glome головка (*соцветие*)
gloss:
  paper ~ лоск бумаги
glossiness глянцевитость (*бумаги*)
glossing of paper залощённость бумаги (*дефект*)
glossy глянцевый
glowood *фирм.* специальная фанера с имитацией фотографического рисунка
glucitol *фирм.* сорбитол
glucoside глюкозид
glue животный клей ‖ клеить, склеивать
  chrome ~ клеевая смесь с двухромовокислым аммонием *или* с хромовыми квасцами
  Cologne ~ кёльнский клей (*мездровый клей высшего сорта*)
  cross-linked ~ клей на основе полимеризующейся смолы
  fining ~ желатин, рыбий клей
  foam ~ вспененный клей
  hide ~ мездровый клей
  insect ~ гусеничный клей
  mouth ~ костный клей с добавкой лимонной эссенции и сахара
  Russian ~ высококачественный мездровый клей с добавкой свинца, цинка и наполнителей
  Scotch ~ животный клей
  Scotch pure skin ~ английский мездровый клей
  steam ~ жидкий клей (*в качестве растворителя используется уксусная кислота*)

tanned ~ задублённый клей
thermo-setting ~ термореактивный клей
UF ~ *см.* urea-formaldehyde glue
urea-formaldehyde ~ мочевиноформальдегидный [карбамидный] клей
vegetable starch ~ растительный крахмальный клей
gluer 1. аппликатор клея, клеенаносящий станок 2. рабочий на операции склеивания
 electronic ~ электропистолет для нанесения клея
 joint ~ ребросклеивающий станок
gluing склеивание, приклеивание, наклеивание; нанесение клея ◇ ~ by pressure склеивание под давлением
 panel-on-frame ~ *меб.* приклеивание щита к царге
 semidry ~ полусухой способ склеивания (*фанеры*)
 spot ~ точечное склеивание
glut 1. деревянный клин (*применяемый при обработке шпал*); круглая шпонка 2. слизь, отложения (*на стенках промывных машин*)
glyceride:
 rosin ~ эфир канифоли
glycol:
 terpenic ~ терпенгликоль
glycophytes гликофиты (*растения, растущие только на незасолённой почве*)
gnarl узел, свиль, нарост (*на дереве*); искривлённый сучок
gnarled узловатый; сучковатый; искривлённый
go-devil волокуша; короткие трелёвочные сани без дышла (*для трелёвки брёвен в полупогруженном положении*)
gondola платформа с низкими бортами
gonochorism *бот.* двудомность
gonochoristic *бот.* двудомный
goods изделия, товары
 blue ~ пиломатериалы, поражённые синевой; хвойная древесина, поражённая синевой
 sawn ~ пиломатериалы
 stationary paper ~ бумажные изделия
gooseneck 1. тормозное устройство на лесоспуске 2. дышло (*между автомобилем и прицепом, между двумя лесовозными тележками и т.п.*) 3. узкое место (*производства*)
goosesaw поперечная маятниковая пила
gorge 1. быстрина, порог 2. затор
 log ~ залом (*брёвен при лесосплаве*)
gouge долото, стамеска ‖ долбить долотом ◇ to ~ out делать желобки или выемки
 bent-shank ~ долото с изогнутой рукояткой
 long bent ~ изогнутое долото; изогнутая стамеска
 scribing ~ ложечное долото
grab 1. захват; грейфер; зажим ‖ захватывать 2. когтевой захват; подъёмные когти 3. *pl* захватные крюки; трелёвочные крюки; трелёвочный клещевой захват 4. *цел.-бум.* черпак
 crotch ~s *см.* double-crotch grabs 3.
 double-crotch ~ 1. захват в виде большого кольца с короткими цепями 2. *pl* два крюка, соединённых вертлюгом 3. *pl* трелёвочный клещевой захват (*удерживающийся на бревне при ослаблении натяжения цепи*)
 fork ~ вильчатый захват
 four paw ~s захват в виде большого кольца с четырьмя отрезками цепей (*приваренными к кольцу*)
 hook ~ крюковой захват
 pincer ~ клещевой грейферный захват; пачковый захват
 shaker ~ когтевой захват стряхивателя
 slip ~ грушевидный захват, соединённый с цепью вертлюгом
 tail ~s захваты, соединённые цепью
grabhook крюковой захват
grade 1. качество, сорт ‖ сортировать; определять по таблице сорт 2. уклон, подъём 3. профилировать; производить земляные работы 4. степень, уровень 5. выравнивать ◇ to maintain at ~ поддерживать продольный уклон; сохранять линию продольного профиля
 adversary [adverse] ~ обратный уклон, подъём в грузовом направлении
 ascending ~ подъём
 coarse ~ of pulp древесная масса первой ступени размола, садкая масса

grade

favorable ~ уклон в грузовом направлении, благоприятный уклон
fertilizer ~ степень плодородия (*почвы*)
gentle ~ пологий уклон
slippery ~s of paper сорта бумаги, склонные к проскальзыванию
thinning ~ интенсивность рубки ухода; размер вырубки
unfavorable ~ подъём в грузовом направлении, обратный уклон
veneer ~ фанерный кряж (*для пилёной и строганой фанеры*)
gradebreak нарушение сортности
graded наклонный, с уклоном, профилированный
grader 1. бракёр, браковщик 2. грейдер, дорожный струг 3. подборщик (*сучьев*) 4. сортировальная машина, сортировка 5. калибровальная машина
blade ~ ножевой струг
chip ~ сортировка для щепы
road ~ дорожный струг, грейдер
seed ~ семячистительная машина
size ~ калибровальная машина
grading 1. сортировка, браковка 2. профилирование; производство земляных работ; сооружение дорожного полотна; обработка грейдером 3. предварительное сортирование (*тряпья*) 4. фракционирование, классификация 5. гранулометрический состав
high ~ приисковая рубка (*выборочная рубка деревьев наиболее ценных пород*)
graft 1. привой, привитая часть ‖ прививать, черенковать, окулировать 2. трансплантат
natural ~ 1. естественная прививка 2. естественный трансплантат
grafted привитый
grafting 1. прививка, окулировка 2. пересадка
approach ~ прививка сближением, аблактировка
bark ~ прививка под кору
bridge ~ прививка мостиком
bud ~ прививка глазком
cleft ~ прививка в расщеп
pith-to-cambium ~ прививка сердцевиной на камбий

rind ~ прививка за кору
root ~ прививка в корень
saddle ~ прививка седлом
side ~ прививка в боковой отщеп; прививка сближением, аблактировка
splice ~ концевая прививка, копулировка
tongue ~ копулировка с язычком
top ~ прививка в расщеплённую конечную почку, прививка в крону
wedge ~ прививка клином
grain 1. волокно, текстура (*древесины*) 2. масса, подлежащая размолу 3. абразивное зерно 4. продольное направление (*бумаги*) 5. строение, структура 6. придавать зернистость 7. наносить текстурный рисунок, раскрашивать под древесину ◊ across the ~ поперёк волокон, поперёк годичных колец
~ of timber направление волокон древесины
alternating spiral ~ сблокированное спиральное волокно
angled ~ косое направление волокон
bastard ~ тангентальный распил (*волокон древесины*)
blister ~ причудливая текстура
chipped ~s задранные волокна; разорванные [расщеплённые] волокна (*дефект машинной обработки древесины*)
close ~ мелкослойная текстура
coarse ~ широкослойная текстура
comb ~ текстура радиально распиленного пиломатериала
contorted ~s изогнутые [скрученные] волокна; текстура в виде изогнутых [скрученных] полос
cross ~ наклон волокон
curly ~ путанная свилеватость
diagonal ~ наклон волокон
dip ~ завиток
edge ~ 1. текстура на кромке 2. распил по кромке
end ~ 1. текстура на торце; торцевое волокно 2. поперечное сечение (*доски*) 3. поперечный распил (*волокон древесины*)
even ~ однородная [одноцветная] текстура (*весенних и летних слоёв древесины*)

feather ~ перистая текстура
fine ~ мелкослойная текстура
flat ~ тангентальный распил (*волокон древесины*)
fuzzy ~ мшистая поверхность
interlocked ~ сблокированное спиральное волокно
interwoven ~ сблокированное спиральное волокно
irregular ~ наклон волокон; свилеватость
landscape ~ причудливая текстура
long ~ продольное расположение волокон; продольный распил (*волокон древесины*)
loosened ~s кольцевые трещины между осенними и весенними слоями древесины; ослабленные разъединённые волокна
oblique ~ наклон волокон
open ~ крупнопористая текстура; широкослойная текстура
pollen ~ пыльцевое зерно
raised ~ 1. волнистое волокно 2. неровная поверхность (*строганой доски*)
ribbon ~ ленточная [полосчатая, слоистая] текстура
roey ~ наклон волокон
ruptured ~s трещины, разорванные волокна (*древесины*)
short ~ 1. наклон волокон 2. хрупкая [ломкая] древесина (*плохо сопротивляющаяся ударным нагрузкам*)
side ~ распил, параллельный направлению волокон; текстура продольного распила
silver ~ сердцевидные лучи; серебристая текстура (*распиленной древесины*)
slash ~ *см.* end grain
sloping ~ наклон волокон
smooth ~ шелковистая поверхность
spiral ~ спиральное волокно; тангентальный распил (*волокон древесины*)
straight ~ прямослой, прямослойность
swirl ~ свилеватость
torn ~ вырванные (*при строжке*) волокна
uneven ~ неоднородная [неодинаково окрашенная] текстура (*весенних и летних слоёв древесины*)

vertical ~ текстура радиально распиленного пиломатериала
wavy ~ наклон волокон; свилеватость
wild ~ свилеватость
woolly ~ ворсистость
grained 1. зернистый, с грубой текстурой 2. с нанесённым текстурным рисунком, раскрашенный под древесину
grainer гравёр
graininess зернистость (*дефект бумаги*)
graining 1. нанесение текстурного рисунка, текстурная печать, имитация текстурного рисунка древесины 2. гранулирование
~ of paper гренирование бумаги
embossed ~ текстурная печать с тиснением
grap:
hand ~ верёвка с крюком
graphitization:
charcoal ~ графитизация древесного угля
grapple 1. захват, грейфер ‖ захватывать 2. *pl* две скобы, соединённые цепью (*для скрепления концов брёвен при трелёвке*)
chain ~s *см.* grapple 2.
fixed boom ~ пачковый захват на неповоротной в горизонтальной плоскости стреле (*для бесчокерной трелёвки леса*)
hydraulic skidding ~ гидравлический трелёвочный (*пачковый*) захват
inverted ~ наклоняющийся коник с захватами
log skidding ~ трелёвочный захват
open-side ~ челюстной захват
"orange peel" ~ «лепестковый» грейфер
removal ~ выдвижной (*пачковый*) захват
self-loading ~ захват для самозагрузки (*трактора*)
sheave-type ~ захват с трособлочным управлением
single-line ~ одноканатный трелёвочный захват (*открываемый и закрываемый пружинным механизмом*)
swinging boom ~ пачковый захват на поворотной в горизонтальной пло-

grapple

скости стреле (*для бесчокерной трелёвки леса*)
two-line ~ двухканатный трелёвочный захват (*открываемый и закрываемый с помощью двух канатов*)
grasp захватывать, зажимать
grass трава; злак; дернина ‖ зарастать травой; задерновывать
reed ~ тростник
grassed покрытый травой
grassland луг, пастбище
grassplot газон
grassy 1. травяной 2. травянистый
grating решётка
slab ~ щеполовка
graveler гравийный фильтр
gravity сила тяжести ◇ by ~ под действием силы тяжести; самотёком
air-dry specific ~ плотность воздушно-сухой древесины
apparent specific ~ кажущаяся плотность (*напр. бумаги*)
basic specific ~ плотность абсолютно сухой древесины
bulk specific ~ насыпная плотность
green specific ~ плотность свежесрубленной древесины
real specific ~ истинная плотность
specific ~ плотность
grayboard серый картон
grazing 1. выпас, пастбище, выгон 2. пастьба
forest ~ выпас (*скота*) в лесу
intermittent ~ периодическая пастьба (*скота*)
woodland ~ выпас (*скота*) в лесу
grease 1. жир; густая смазка 2. прозрачные пятна (*на мелованной бумаге*)
greaseproof 1. жиронепроницаемый 2. *pl* жиронепроницаемая бумага
imitation ~ имитация жиронепроницаемой бумаги, подпергамент
greaser:
chute ~ смазчик лесоспуска
green 1. растительность, листва 2. зелёный; покрытый зеленью 3. свежий, сырой (*о древесине стоящих или свежесрубленных деревьев*) 4. сырой, не подвергнутый варке 5. небелёный (*о массе*)
volume ~ объём сырой древесины
greenbelt зелёный [лесной] пояс

greenbreak вечнозелёный противопожарный барьер
greenhouse теплица, оранжерея
greening потемнение лака из-за обильного нанесения водного красителя или из-за остатков клея в порах (*дефект отделки*)
green-stain грибная зелёная окраска
greensward газон; зелёная лужайка; дёрн
greenwood 1. лиственный лес 2. свежесрубленная древесина
grid 1. решётка, сетка 2. аккумуляторная пластина 3. цел.-бум. перфорированная плита (*промывного ролла*) 4. отверстие сита 5. решётчатое заполнение щита 6. решётка для накопления излишков лака (*в распылительной кабине*)
spike ~ металлическая шпонка в виде решётки с заострёнными шпильками (*для соединения досок*)
grill(e) 1. (оконная) решётка (*в кабине транспортного средства*) 2. декоративная металлическая решётка (*дверки шкафа или буфета*)
grind 1. шлифовать; полировать 2. точить, править 3. размалывать; измельчать; цел.-бум. дефибрировать ◇ to ~ in пришлифовывать ножи (*напр. барабана или планки ролла*); to ~ up растирать
hollow ~ двухсторонняя правка пильного полотна (*с уменьшением его толщины от центра к периферии*)
grinder 1. шлифовальный станок 2. точильный круг, точильный камень 3. заточный станок 4. дефибрер 5. точильщик
angle-drive ~ станок *или* устройство для заточки под углом
angular ~ станок *или* устройство для заточки под углом
caterpillar ~ дефибрер непрерывного действия
chain ~ 1. заточный станок 2. цепной дефибрер
chain cutter ~ станок для заточки пильных цепей
continuous ~ дефибрер непрерывного действия
continuous chain ~ непрерывнодействующий цепной дефибрер

groove-folding

continuous spindle ~ непрерывнодействующий винтовой дефибрер
double-pocket ~ двухпрессовый дефибрер
edging ~ дробилка для измельчения отходов лесопиления в щепу
emery ~ наждачный [точильный] круг
gullet ~ пилозаточный станок
gumming ~ пилозаточный станок
knife ~ 1. ножеточильный станок 2. *цел.-бум.* станок для заточки ножей (*рубильной машины*)
knot ~ устройство для очистки барабанов клеенаносящего станка (*от комков клея*)
long ~ дефибрер для продольного дефибрирования
low-feed ~ дефибрер с нижней подачей (*древесины*)
magazine ~ магазинный дефибрер
mortise chain-and-hollow chisel ~ станок для заточки режущих цепочек и пустотелых долот
oil-stone ~ заточный станок; станок для правки инструмента оселком
pocket ~ прессовый дефибрер
pulp ~ дефибрер
refuse ~ дробилка для измельчения отходов лесопиления в щепу
rod ~ прутковая мельница
roll ~ шлифовальный станок
router ~ станок для заточки фрез
stump ~ машина для измельчения [размалывания] пней
three-pocket pulp ~ трёхпрессовый дефибрер
twin ~ сдвоенный четырёхпрессовый дефибрер
two-pocket magazine ~ двухпрессовый дефибрер
wood scrap ~ дробилка для древесных отходов

grinding 1. шлифовка 2. заточка 3. измельчение; *цел.-бум.* дефибрирование
angle ~ размол древесины под углом к направлению волокон
back ~ заточка задней грани зуба (*пилы*)
cold ~ холодное дефибрирование
hot ~ горячее дефибрирование

low-consistency hot ~ горячее жидкое дефибрирование
rough ~ предварительная заточка (*инструмента*)
grinding-in of roll прицековка ролльного барабана
grindstone дефибрерный камень
grip 1. грейфер, зажим, захват, захватывающее приспособление ‖ захватывать 2. мелкое дренажное углубление *или* возвышение (*на поверхности дороги*) 3. сцепление с почвой
~ of the wheel сцепление колеса с дорогой
end ~ натяжной упор; специальный упор-гнездо (*при гнутье древесины*)
hand ~ ручка, рукоятка
recessed finger ~ углублённый захват (*кухонной мебели*)
vice ~ щёки тисков; кулачковый зажимный патрон
gripe 1. ручка, рукоять 2. зажим ‖ зажимать, сжимать
grippet шуруп для крепления (*деталей из ДСП*)
grommet *меб.* металлическое *или* пластмассовое кольцо вентиляционного отверстия матраца
groove желобок, паз, фальц, борозда, прорезь, выемка, гнездо (*шпунтового соединения*); шпоночная канавка ‖ нарезать пазы, желобки *или* канавки
comb ~ *спич.* паз гребёнки
concave ~ полукруглая [вогнутая] канавка
glazing ~ паз для вставки стекла (*в оконный блок*)
notch ~ засечка, паз, надрез
panel ~ паз для вставки стекла (*в оконный блок*)
sizing ~ разметочные бороздки (*при вытачивании закруглённых деталей*)
slot ~ шпоночная канавка
V-~ усовочный паз
groove-and-tongue шпунт и гребень, шпунт, шпунтовое соединение
grooved желобчатый, бороздчатый, рифлёный
groove-folding *фирм.* изготовление корпусных изделий

199

grooving-and-tonguing

grooving-and-tonguing шпунтование, соединение в шпунт
ground 1. земля, почва, грунт 2. дно 3. участок земли; местность 4. основание ‖ заложить основание 5. *pl* середники фанеры ◇ above ~ над уровнем земли ‖ надземный, верхний
  argilloarenaceous ~ суглинок; глинисто-песчаный грунт
  argil sand ~ суглинок
  banking ~ береговой склад (*с которого производится погрузка брёвен для перевозки водой или по железной дороге*); погрузочная подштабельная площадка (*на берегу реки, озера*)
  bedding ~ место приземления аэростата (*используемого на лесозаготовках*)
  boggy ~ заболоченная почва
  booming ~ лесосплавный рейд
  booming-and-sorting ~ сортировочно-сплоточно-формировочный рейд
  clean ~ расчищенная поверхность вырубки
  drying ~ отстойная шламовая площадка, иловая площадка
  holding ~ запань
  loamy ~ глинистая [глинисто-мергельная] почва
  log storage ~ лесохранилище
  muddy ~ илистый грунт
  rafting ~ территория сплотки, плотбище
  rebundling ~ переформировочный рейд
  seed-trial ~ сортоиспытательный участок
  sheltered ~ защищённый грунт
groundhog лебёдка для наземной подтрелёвки брёвен
grounding загрунтовка
groundsill лежень
groundwater грунтовая вода
groundwood 1. древесная масса, древесное волокно 2. *австрал.* порубочные остатки вместе с валежником и ветровалом ◇ ~ for newsprint древесная масса для газетной бумаги
  bleached ~ белёная древесная масса
  chemical ~ химическая древесная масса
  chip ~ древесная масса из щепы
  coarse ~ грубая древесная масса
  fine ~ тонкая высококачественная древесная масса
  high-bulk ~ древесная масса высокой пухлости
  mechanical ~ древесная масса
  newsgrade ~ древесная масса для газетной бумаги
  refiner ~ древесная масса из щепы
  semichemical ~ полухимическая древесная масса
  steamed ~ бурая древесная масса
group 1. группа ‖ группировать, распределять по группам; классифицировать 2. набор, гарнитур (*мебели*)
  assembled ~ набор, гарнитур (*мебели*)
  carboxyl ~ карбоксильная группа
  dining ~ обеденный стол и стулья; обеденный набор мебели
  maternal ~s группы растений с (*материнской*) стороны
  nursery ~ набор детской мебели
  sort ~(s) дробность сортировки (*сплавного леса*)
  working ~ *амер.* хозяйство (*выделяется при лесоустройстве с целью выращивания древесины*)
grouser 1. башмак гусеницы; грунтозацеп 2. временная свая
grove роща, перелесок, куртина деревьев
  birch ~ березняк
  oak ~ дубрава, дубовая роща
  spruce ~ ельник
grover:
  wood ~ лесовод
grow 1. расти, произрастать 2. выращивать ◇ to ~ moldy плесневеть
grower:
  timber ~ производитель древесины
growing 1. выращивание, возделывание 2. растущий; вегетационный ◇ ~ together срастание (*корней*)
growth 1. рост, развитие, прирост, произрастание 2. выращивание, культивирование 3. культура (*бактерий*) 4. растительность, поросль ◇ to initiate the ~ стимулировать рост
  ~ **of plants in solution** выращивание растений в питательном растворе

abnormal ~ патологический [ненормальный] рост
advance ~ предварительное естественное возобновление
after ~ лесонасаждение, сменившее девственный лес
annual ~ годовой слой, годичный прирост
apical ~ прирост в высоту (напр. сеянцев)
basal area ~ прирост по площади сечения (ствола)
cancerous ~ рак (дерева)
conical ~ конус нарастания (корня)
dendritic ~ дендритическое образование (в бумаге)
determinate ~ ограничиваемый рост
diameter ~ прирост по диаметру (ствола)
eccentric ~ эксцентричность годичных колец [слоёв]
flat-headed ~ 1. слабый рост 2. суховершинность (деревьев)
forked ~ двойной побег
form ~ видовой прирост
fungoid ~ образование грибкового повреждения (на древесине)
gross ~ общий прирост (насаждения)
healthy ~ интенсивный рост
heavy ~ обильный [пышный] рост
height ~ прирост в высоту (напр. сеянцев)
indeterminate ~ рост, не ограничиваемый развитием верхушечной почки
intermittent ~ скачкообразный [прерывистый] рост
isogonic ~ равномерный рост
linear ~ линейный рост
mature ~ созревание
mold ~ рост плесени; образование грибкового повреждения (на древесине)
natural ~ дикая растительность
net ~ чистый прирост (насаждения)
old ~ спелый лес; спелое насаждение
reproductive ~ половое развитие (растения)
second ~ амер. 1. молодое насаждение; естественное возобновление 2. вторичный [производный] лес 3. тонкомерные деревья, оставленные при рубке леса 4. второй ярус насаждения

secondary forest ~ вторичный [производный] лес
seedling ~ самосев
stand ~ прирост насаждения
stunted ~ 1. угнетённый рост 2. корявый древостой
survior ~ таксационный прирост насаждения (учитывающий только деревья предыдущей инвентаризации)
tan ~ дубильный нарост
twisted ~ косослой
under ~ предварительное естественное возобновление
vegetative ~ вегетативное развитие, вегетативный рост
veined ~ развитие свилеватости
volume ~ объёмный прирост (насаждения)
volunteer ~ естественное возобновление
wavy fibered ~ развитие свилеватости
young ~ подрост, молодняк
growth-inhibiting замедляющий рост
growth-promoting ускоряющий рост
growth-regulating регулирующий рост
growth-retarding замедляющий рост
grub 1. корни; пни 2. рыть, копать; выкапывать, корчевать 3. червовидная личинка (жука) ◇ to ~ out stumps корчевать пни; to ~ up корчевать
white ~ личинка майского хруща
grubber 1. груббер-культиватор, культиватор-скарификатор 2. выкопочный плуг 3. корчеватель, корчевальная машина
grubbing 1. корчёвка 2. расчистка трассы лесовозной дороги
stump ~ корчёвка пней
grubbing-out, grubbing-up корчёвка
grubhole червоточина диаметром более 3,2 мм
guard 1. ограждение || ограждать 2. предохранительное устройство; сетка; кожух; упор 3. стража, караул ◇ to ~ a hill поддерживать в рабочем состоянии дорогу на крутом склоне
antipinch ~ устройство, предотвращающее зажим пилы (пильной шины, цепи); антизажимное устройство
auxiliary ~ помощник лесничего

guard

bark ~ упор на раме моторной пилы
chuck ~ ограждение сверлильного патрона
derailing ~ приспособление против схода с рельсов
fire ~ личный состав пожарной охраны
forest ~ 1. участковый лесничий 2. лесной сторож, объездчик
nip ~ ограждение зоны контакта валов
prevention ~ пожарный инспектор
wire ~ предохранительная сетка
guide 1. направляющая деталь ‖ направлять, вести ‖ направляющий 2. регулятор движения (сетки)
back ~ задняя направляющая, направляющая задней кромки (ленточной пилы)
band saw ~s направляющие ленточной пилы
belt ~ направляющее приспособление для ремня
center ~ (of track) центральная направляющая (гусеничного трака)
drawer ~s направляющие [полозки] выдвижных ящиков
felt ~ сукноправка
ram ~ ограждение, решётка (в задней части трактора для упора трелюемого груза)
tong ~ направляющая клещевого захвата
wire ~ сеткоправка; сеткоправильный валик
guideplate пильная шина (цепной пилы)
guider:
rope ~ канатоукладчик; тросоукладчик (для укладки каната или троса на барабане лебёдки)
guiding заправка
~ of felt правка сукна, регулирование движения сукна
~ of paper заправка бумаги
~ of wire правка сетки, регулирование движения сетки
guillotine 1. ножевое режущее устройство 2. гильотинные ножницы; фанерные ножницы 3. гильотина, сторезка
gullet впадина (углубление между зубьями пилы) ‖ делать впадину

gully глубокий овраг, лощина
stabilized ~ укреплённый заросший овраг
gullying овражная эрозия
gum 1. живица, смола 2. камедь, гумми 3. растительный клей 4. камедное дерево (любое из камеденосных североамериканских или австралийских деревьев) 5. эвкалипт (Eucalyptus)
amber ~ янтарная смола
British ~ жёлтый декстрин
ester ~ эфир канифоли
flooded ~ эвкалипт большой (Eucalyptus grandis)
fumaric-acid-modified ~ живичная канифоль, модифицированная фумаровой кислотой
hard ~ живица, собираемая осенью
kauri ~ смола каури (новозеландского хвойного дерева)
photosensitized-oxidized pine ~ фотосенсибилизированная окислённая сосновая живица, ФОСЖ
plain ~ эвкалиптовая древесина с простым текстурным рисунком
raw ~ живица-сырец, неочищенная живица
rose ~ эвкалипт большой (Eucalyptus grandis)
soft white ~ живица, собираемая в первый год подсочки
spirit-soluble ~ спирторастворимая смола
sweet ~ американский стиракс, бальзам (из древесины вида Liquidambar styraciflua)
turpentine ~ живица
vegetable ~ камедь
gum-arabic гуммиарабик, аравийская камедь, сенегальская камедь
gum-elemi ароматная смола
gummer 1. амер. станок для заточки или реставрации пил 2. машина для нанесения клея (на бумагу); гуммировальный станок
gummosis гуммоз, камедетечение
gun 1. распылитель, пистолет (для распыления лака, краски, клея) 2. устройство для нацеливания [установления направления валки] дерева
◇ to ~ a log вращать бревно в поперечном направлении

fire ~ зажигательный аппарат
fog ~ аэрозольный генератор; аэрозольный опрыскиватель
marking ~ маркировочный пистолет (*для нанесения меток краской на деревья или лесоматериалы*)
paint ~ *см.* marking gun
planting ~ посадочное ружьё
pneumatic staple ~ пневматический пистолет (*для крепления приёмника живицы к дереву с помощью скоб*)
rуе ~ пистолет для склеивания в поле токов высокой частоты
siphon feed ~ распылительный пистолет

guncotton нитроклетчатка; пироксилин
gunnel приварная щека лемеха
guttation гуттация (*выделение капель воды листьями*)
gutter 1. жёлоб; лоток; сток; канава 2. желобок (*для стока живицы в приёмник*)
arris ~ V-образный паз
median ~ желобок для стока живицы в приёмник
guy растяжка ∥ оснащать растяжками, закреплять растяжками
boom (support) ~ растяжка стрелы (*экскаватора*)
buckle ~ растяжка для предотвращения изгиба мачты (*закрепляемая примерно на расстоянии 1/3 высоты мачты от её вершины*)
derrick ~ оттяжка деррика
middle ~ средняя растяжка (*закрепляемая примерно на середине мачты*)
snap ~ передняя растяжка (*страховочная, устанавливаемая напротив задних растяжек, удерживающих наклонную мачту*)
guying установка растяжек, крепление растяжками
guyline растяжка
live ~ растяжка, намотанная на барабан *или* закреплённая за трактор
gymnocarpous голоплодный
gymnosperms голосеменные растения (*Gymnospermae*)
gyn *см.* gin
gурpo *амер.* подрядчик, ведущий лесозаготовки по контракту (*обычно в небольшом объёме*)

gypsuming гипсование (*почвы*)
gyttia гиттия, сапропель

H

habit 1. габитус, внешний облик 2. характер развития
bushy ~ of growth кустарниковая форма роста
columnar growth ~ колонновидная форма роста
deccurent branching ~ раскидистая низбегающая форма ветвления (*кроны*)
deccurent growth ~ низбегающая форма роста
deliquescent growth ~ низбегающая форма роста
erect ~ прямостоячий габитус
excurrent branching ~ сбежистая форма ветвления (*кроны*)
excurrent growth ~ сбегающая форма роста
growth ~ форма [характер] роста
native ~ естественное местообитание; естественный ареал
procumbent ~ стелющийся габитус
root ~ корневая система
weeping growth ~ плакучая форма роста
habitat 1. окружающая [естественная] среда 2. место обитания, место распространения
habitus габитус, внешний облик
hack 1. надрез, зарубка ∥ надрезать; делать зарубку; рубить, колоть 2. хак (*инструмент для нанесения подновок на каррах*) 3. топор, секач 4. мотыга, цирка
bark ~ хак
hacket плотничий топор
hacking 1. *амер.* кольцевание насечками (*деревьев*) 2. зарубка, насечка 3. подсочка 4. мотыжение
hackleback *тарн.* черновая клёпка; необрезанная и нестроганая клёпка
haft рукоятка (*режущего инструмента*); ручка, черенок ∥ приделывать рукоятку; насаживать (*напр. топор*)

hag (g)

hag(g) 1. зарубка 2. лес, предназначенный для валки 3. сучья, обрезки
hair 1. *меб.* волос, щетина, ворс, шерсть ‖ волосяной 2. волосок; *pl* волосяной покров
  dog ~s выступающие на поверхности волокна (*дефект мелованной бумаги*)
  stinging ~ ядовитый волосок
  tactile ~ осязательный волосок
  tail-and-mane ~ конский волос
  urticating ~ жгучий [крапивный] волосок
haircap кукушкин лён (*Polytrichum commune*)
haircuts волосяная маркировка (*дефект отделки бумаги*)
hairiness ворсистость (*бумаги*)
half-bleached полубелёный
half-bleaching полуотбелка
half-closing of box закрывание спичечной коробки наполовину
half-countersunk с полупотайной [полуутопленной] головкой
half-lap вполупотай (*о соединениях*)
half-log *см.* half-timber
half-scarf сращивание вполдерева
half-set половинный дверной оклад
half-sized полупроклеенный (*о бумажной массе*)
half-stock полумасса
half-stuff 1. полумасса 2. полуфабрикат
half-timber лафет, полученный путём продольной распиловки бруса пополам; обапол, горбыль; половина кряжа, распиленного вдоль; пластина
halve 1. делить пополам; раскалывать пополам 2. соединять [сращивать] вполдерева
halving врубка [сращивание, сплотка] вполдерева
  dovetail ~ врубка на шип ласточкин хвост
  square-corner ~ прямой угловой замок накладкой вполдерева
  straight ~ поперечный замок внакладку; врубка под прямым углом вполдерева
  tee ~ врубка в виде буквы «Т»
hammer 1. молоток, молот ‖ вбивать, прибивать 2. било

ball(peen) ~ плотничий молоток с круглым бойком
cooper's ~ бондарный молоток
curved claw ~ плотничий молоток с гвоздодёром
die ~ маркировочный молоток
mall ~ киянка
marking ~ маркировочный молоток
molder's ~ киянка
paring ~ столярный молоток
pneumatic tack ~ пневматический гвоздезабивной пистолет
semiripping ~ молоток с гвоздодёром
sledge ~ кувалда, молот
splitting ~ колун
tack ~ молоток для забивки гвоздей; гвоздезабивной пистолет
veneer ~ фанеровальный молоток; киянка
hand 1. рабочий, работник 2. *pl* обёрточная бумага 3. стрелка (*прибора*); указатель 4. вручать, передавать ◊ **at ~** под руками, вблизи, в распоряжении; **by ~** вручную; **off ~** без ухода, без наблюдения
  third ~ сушильщик (*третий член бригады бумагоделательной машины*)
handbook:
  forest mensuration ~ лесотаксационный справочник
  forestry ~ лесохозяйственный справочник; справочник лесничего
hand-fed с ручной подачей; с ручной загрузкой
handicraft ремесло, ручная работа, мастерство ремесленника ‖ ручной работы; кустарный; искусный
handle 1. рукоятка, топорище 2. сортировка 3. погрузка; подача
  antivibration ~ антивибрационная рукоятка; рукоятка с низким уровнем вибрации
  arched ~ дугообразная рукоятка (*пилы*)
  ax ~ топорище
  bail ~ 1. шарнирная скоба 2. ручка в виде кольца
  grab ~ страховочные поручни (*для удержания при аварийном опрокидывании трактора*)

hardiness

loop ~ *меб.* висячая ручка, ручка-скоба
paper ~ гриф бумаги
peardrop ~ *меб.* грушевидная висячая ручка
split spade ~ раздвоенная рукоятка лопаты
stripe ~ реечный захват корпусной мебели (*вместо ручки*)
trick ~ складывающаяся ручка
turned ~ точёная ручка
turning ~ **1.** рукоятка поворотного механизма **2.** аншпуг
handlebar рукоятка (*пилы*)
handler манипулятор, стрела
 block ~ подвозчик баланса
 limestone ~ турмовщик, загрузчик известняка
 wood ~ рабочий на лесном складе
handling операции по перемещению (*погрузке, разгрузке и т.п.*); транспортировка, доставка
 ~ of tools подготовка инструментов
hand-mold черпальная форма
handrail поручень, перила
 mopstick ~ поручень круглого сечения с плоской нижней поверхностью
handsheets отливка листа бумаги вручную
hang 1. склон, скат **2.** расположение, план **3.** подвешивать **4.** передний наклон полотен вертикальной пильной рамы ◇ to ~ an ax насаживать топорище в проушину топора; to ~ up **1.** зависать (*о дереве при валке*) **2.** завязнуть с трелюемым грузом, зацепить груз за препятствие **3.** приостанавливать сплав леса по какой-либо причине
hanger 1. крюк, подвеска; кронштейн **2.** подвесной опорный башмак (*несущего каната*) **3.** сушильщик бумаги ручного черпания
 bag ~ установщик приёмников живицы
 beam ~ скоба, серьга, бугель, опора (*балки*)
hanging 1. подвешивание || подвесной **2.** зависание (*дерева при валке*) **3.** *pl* обои **4.** навеска, навешивание (*двери*)
 paper ~s обои

waterproof ~s моющиеся [стойкие] обои
hang-up 1. зависание (*дерева при валке*) **2.** завал из зависших деревьев
 ~ of logs застревание баланса (*в дефибрере*), образование сводов
 digester ~ зависание массы в котле (*при выдувке*)
hankies бумага для носовых платков
hardboard 1. твёрдая *или* сверхтвёрдая древесноволокнистая плита **2.** твёрдый картон **3.** жёсткий строительный картон
 custom fiber ~ древесноволокнистая плита специального назначения
 embossed ~ тиснёная древесноволокнистая плита; древесноволокнистая плита со структурированной поверхностью (*под кожу, с канавками, штрихами*)
 enameled ~ глазурованная древесноволокнистая плита; рустованная под кафель древесноволокнистая плита
 medium ~ древесноволокнистая плита средней объёмной массы
 molded ~ *см.* embossed hardboard
 oil-tempered ~ твёрдая плита, закалённая в масле
 patterned ~ *см.* embossed hardboard
 special density ~ сверхтвёрдая древесноволокнистая плита
 standard ~ древесноволокнистая плита стандартной плотности (*свыше 900 кг/м³*)
 striated ~ древесноволокнистая плита с бороздами
hardboard-(sur)faced облицованный древесноволокнистой плитой
hardcore твёрдая основа (*покрытия дороги*)
hard-dry высохший до твёрдого состояния; окончательно сухой (*о покрытии*)
hardener отвердитель (*клея или лака*)
 fast-setting ~ быстродействующий отвердитель; отвердитель сильного действия
hard-grained с мелким текстурным рисунком
hardiness 1. выносливость, стойкость (*растений*) **2.** закаливание (*растений*)
 drought ~ засухоустойчивость

hardiness

frost ~ морозостойкость
tree ~ устойчивость дерева к неблагоприятным внешним воздействиям
winter ~ зимостойкость
hardness твёрдость, жёсткость
pulp ~ степень провара целлюлозы
wood shock ~ ударная твёрдость древесины
hardpan 1. хардпэн (*сцементированный горизонт почвы*) 2. сцементированный, скреплённый (*о слое почвы*)
hard-sized с сильной проклейкой
hardware *меб.* фурнитура
cabinet ~ фурнитура корпусной мебели
mounting ~ установочная фурнитура
hardwood 1. древесина твёрдолиственных *или* лиственных пород 2. *pl* лиственные породы (*деревья*); лиственные насаждения 3. *pl* лесоматериалы лиственных пород
light ~s тропические лиственные породы с древесиной небольшой плотности
stress-graded ~s лиственные породы древесины, отсортированные по прочности
utility ~ твёрдолиственная древесина для конструкционных целей
harl(e) лубяное волокно
harrow борона ‖ боронить
bog ~ тяжёлая болотная борона (*с вырезными дисками*)
bush ~ тяжёлая кустарниковая борона (*с вырезными дисками*)
bush-and-bog disk ~ тяжёлая кустарниково-болотная борона с вырезными дисками
spring-tooth ~ борона с пружинными зубцами
zigzag ~ зубовая борона «зигзаг»
harrow-crowned узкокронный (*о дереве*)
harvest 1. лесозаготовки ‖ заготавливать древесину; вести лесозаготовки 2. уборка урожая
final ~ 1. рубки главного пользования 2. сплошные рубки
major ~ рубки главного пользования
harvestable годный на сводку (*о лесе*); пригодный для заготовки (*по размеру, качеству*)

harvester 1. лесозаготовительная машина (*для валки или валки и обработки деревьев*) 2. уборочная машина
articulated shortwood ~ многооперационная машина с шарнирно-сочленённой рамой для заготовки сортиментов
continuous(-moving tree crop) ~ лесозаготовительная машина непрерывного действия; машина для валки «напроход»
longwood ~ машина для заготовки долготья [хлыстов]
lumber ~ лесопильная установка (*передвижная*)
mechanical gum ~ машина для сбора живицы
roadside ~ передвижная обрабатывающая (*сучкорезно-раскряжёвочная*) машина
shortwood ~ многооперационная машина для заготовки сортиментов
single grip ~ однозахватный харвестер (*валочно-сучкорезно-раскряжёвочная машина или головка*)
small-scale ~ лёгкая многооперационная лесозаготовительная машина
stop-go ~ лесозаготовительная (*валочная*) машина с остановкой для срезания дерева
stump ~ машина для заготовки пней
tractor-drawn ~ прицепной лесозаготовительный комбайн
tree crop ~ лесозаготовительная машина
tree seedling ~ машина для выкопки сеянцев (*в питомнике*)
two grip ~ двухзахватный харвестер (*с раздельными валочной и обрабатывающей головками*)
harvesting 1. лесозаготовки; заготовка разделка 2. уборка урожая
~ of minor forest products побочное пользование лесом
complete tree ~ заготовка деревьев с корнями
continuous ~ непрерывные [круглогодовые] лесозаготовки
environmental ~ рубки ухода; санитарные рубки (*рубки, создающие благоприятные условия для формирования насаждений*)

final ~ сплошные рубки
gum ~ сбор живицы
industrial ~ промышленные рубки
multimachine ~ лесозаготовки с использованием нескольких одно *или* двухоперационных машин
oscillating ~ уборка плодов стряхиванием
periodic ~ периодическое лесопользование; сезонные лесозаготовки
seed ~ сбор [заготовка] семян
stump ~ заготовка пнёвого осмола
hatch 1. люк; крышка люка 2. дверь с фрамугой 3. нижнее полотно двери 4. запруда; шлюзовая камера в кессоне ‖ запруживать
lock gate ~ запорная задвижка; шлюзовой затвор
hatchet топор; тесак; колун; резак
haufen муравейник
haul 1. транспортировка, вывозка ‖ транспортировать, вывозить 2. расстояние вывозки 3. рейс 4. груз
highway ~ вывозка (*леса*) по дорогам общего пользования (*магистральным дорогам*)
off-highway ~ вывозка (*леса*) по немагистральным дорогам
haulage 1. вывозка, доставка, трелёвка 2. сбор за доставку (*вагонов, барж*)
cable ~ канатная тяга; канатная дорога
rope ~ канатная тяга; канатная дорога
haulback возвратный канат
haulback-and-strap устройство в виде блока на отрезке каната (*для отвода возвратного каната*)
hauler 1. *новозел.* оттяжка; ворот лебёдки; канатная установка 2. лесовозный тягач 3. водитель тягача
bottom-dump ~ самосвал с донной разгрузкой
cable ~ канатная трелёвочная установка
highlead ~ полуподвесная канатная установка
skyline ~ подвесная канатная установка
hauling транспортировка, вывозка, трелёвка; выгрузка из воды
~ of timber from stump to lower landing прямая вывозка леса

assortment ~ вывозка сортиментов
company ~ вывозка (*леса*) компанией на собственных автомобилях
contract ~ вывозка (*леса*) по контракту
direct timber ~ прямая вывозка леса
ground(-lead) ~ наземная канатная трелёвка
highlead ~ полуподвесная трелёвка
lateral ~ подтрелёвка [подтаскивание] со стороны (*лесоматериалов к несущему канату, трелёвочному волоку, коридору*)
over-the-road ~ вывозка по дорогам (*общего пользования*)
plantation ~ вывозка леса, заготовленного на плантациях (*искусственно выращенные леса*)
rope ~ транспортировка по канатной дороге
short ~ вывозка (*леса*) в два приёма (*сначала половина груза вывозится к дороге от пня, затем догружается*)
shuttle ~ вывозка (*леса*) с предварительной погрузкой на прицепы (*в отсутствие автомобиля*)
side ~ *см.* lateral hauling
skyline ~ подвесная канатная трелёвка
sleigh ~ санная вывозка (*леса*)
timber ~ вывозка леса
tree ~ вывозка деревьев
tree-length ~ вывозка хлыстов
hauling-in подтрелёвка, подтаскивание (*груза*)
haul-up лесотранспортёр ◇ ~ with (endless) jack chain продольный лесотранспортёр
multistrand log ~ многоцепной лесотранспортёр для брёвен
parallel (chain) log ~ поперечный лесотранспортёр для брёвен
single strand log ~ продольный одноцепной лесотранспортёр
haunch плечико шипа
table ~ вспомогательная ножка раздвижного стола, имеющего сужающееся сечение (*невидимая в сложенном виде*)
hawk сокол (*инструмент штукатура*)
hawthorn боярышник (*Crataegus*)
haywire вспомогательный канат

hazard

hazard 1. авария, несчастный случай **2.** опасность
forest fire ~ пожарная опасность в лесу
haze 1. дымка, туман, мгла **2.** тусклость (*мелованной бумаги*)
smoke ~ дымовая мгла
hazel лещина (*Corylus*)
common ~ лещина обыкновенная (*Corylus avellana*)
hazelwort копытень (*Asarum*)
head 1. верх, верхняя часть **2.** крышка, головка **3.** крона (*дерева*) **4.** обух (*топора*) **5.** исток (*реки*) ‖ доставлять вверх к истокам (*реки*) **6.** напор **7.** щит **8.** верхняя часть *или* обвязка двери; верхний брус (*дверной коробки*) **9.** шляпка (*гвоздя*) **10.** дно, днище (*бочки*) **11.** фронт пожара, головная часть пожара **12.** корзинка (*тип соцветия*) **13.** головной погон, головная фракция
accumulator-type felling ~ валочная головка с устройством для накопления деревьев
barrel ~ днище [дно] бочки
bottom ~ коренное [глухое] днище (*бочки*)
broad flat ~ широкая плоская шляпка (*гвоздя*)
chain saw felling ~ валочная головка с пилой
chipping ~ 1. ножевой диск рубильной машины **2.** ножевая головка (*фрезерно-пильного станка*)
cutter ~ 1. режущая [ножевая] головка **2.** валочная головка
dado ~ пазорезная пила; ножевая головка для выборки поперечных пазов
dead ~ утоп (*бревно, утонувшее во время сплава*)
debranching ~ сучкорезная головка
deformed match ~ деформированная спичечная головка
delimbing ~ сучкорезная головка
detachable ~ съёмное изголовье (*кровати*)
dished ~ выпуклое днище (*выпарного аппарата*)
doll ~ отвод для конденсата (*в сушильном цилиндре*)
drier heating ~ паровпускная головка цилиндра

felling ~ валочная головка; захватно-срезающее устройство
French ~ вертикальный фрезерный шпиндельный станок
Gothic ~ верхний брус (*двери*) в готическом стиле
harvesting ~ валочная головка; захватно-срезающее устройство
heavy-pressure ~ верхний архитрав пресса холодного склеивания фанеры
interchangeable ~ съёмное изголовье (*кровати*)
irregular ~ верхний брус двери (*комбинированного профиля*)
light tall oil ~ лёгкий погон таллового масла
loading ~ захватно-погрузочное устройство
mill ~s фабричная обёртка
multipiece ~ составное днище (*бочки*), дно (*бочки*) из клёпки
multiple scanning ~ многократно сканирующая головка
multiple tooth ~ многорезцовая головка
multiple-tree accumulating (shear) ~ валочная (*ножевая*) головка с накоплением срезанных деревьев
multistem felling ~ валочная головка с накоплением срезанных деревьев
nonshatter felling ~ валочная головка, не повреждающая комель срезаемого дерева (*срезающая дерево без сколов*)
peak ~ заострённый верхний брус (*дверной коробки*)
planer ~ строгальная головка
pouring ~ лаконаливная головка
rosser ~ окорочная головка
sander ~ шлифовальная головка
segment ~ верхний брус (*дверной коробки*) в виде сегмента круга
semicircular ~ верхняя закруглённая часть оконного переплёта
shake ~ 1. цел.-бум. трясочный станок, трясочный механизм **2.** вибратор; механизм качания
shear-and-grapple ~ захватно-срезающая головка
shearing ~ ножевая (*валочная*) головка
shimer ~ режущая головка для полу-

hearth

чения соединений на шпунт и гребень
slack ~ составное днище (*бочки*); дно (*бочки*) из клёпки
spiral planer ~ **1.** спиральная строгальная головка **2.** серповидный строгальный нож
splitter ~ клин колуна
stave ~ *тарн.* торец клёпки
stringer ~ верхний брус (*дверной коробки*)
suction ~ высота всасывания
symmetrical chipping ~ рубильная (*ножевая*) головка обрезного станка для симметричного (*одновременного*) измельчения кромок доски
tall oil ~s головные погоны таллового масла
top ~ укупорочное днище (*бочки*)
valve ~ тарелка клапана
woodworking ~ ножевая головка деревообрабатывающего станка
headblock 1. тормоз; тормозная колодка; тормозной шкив **2.** предохранительный брус; брус для удержания брёвен при накатке
~ of sawmill carriage приводной блок рамной тележки
headboard 1. изголовье кровати **2.** клин, брус, пластина; подвесная доска
continental ~ прикроватная тумба *или* полка, поставляемые вместе с кроватью *или* как отдельные изделия
headbox напорный [напускной] ящик
air cap-type ~ напорный ящик с воздушной подушкой
air loaded pressure ~ напорный ящик с воздушной подушкой
header 1. головная часть машины **2.** главный канал; магистраль; головная часть ирригационной системы **3.** водяной коллектор, водосборник **4.** упаковочный материал (*для заклейки концов рулонов*) **5.** *проф.* склад, погрузочная площадка
automatic roll ~ автоматический станок для заделки торцов
return ~ обратный коллекторный сборник
heading 1. курс, направление движения **2.** вколачивание (*напр. гвоздей*); насаживание **3.** головник; *pl* головные сооружения **4.** донник (*клёпка для днищ*) **5.** дно, днище (*бочки*) **6.** задонка (*бочки*)
heading-off *новозел.* обрезка кроны; обрезка [обрубка] сучьев (*сваленного дерева*)
head-liner уторная прокладка (*изогнутая полоска древесины, закладываемая в уторный паз*)
head-puller бондарный рычаг (*для извлечения днища из бочки*)
headrig головной станок (*при продольной распиловке брёвен*); брусующий станок
chipping ~ 1. станок *или* линия агрегатной переработки брёвен **2.** фрезерно-брусующий станок
end milling chipping ~ фрезерно-брусующий станок (*с одновременным получением щепы*)
shaping-lathe ~ фрезерно-брусующий станок для профилирования брусьев (*с одновременным получением щепы*)
headstick брусок рамки ящика
headtree мачтовое дерево, головная мачта
healing затягивание [зарастание] карры *или* поверхностного повреждения (*на дереве*)
heap of trees завал (*из деревьев*)
heart сердцевина, ядро; ядровая древесина ‖ ядровый (*о древесине*)
black ~ ложное ядро
boxed ~ ядровая гниль, выступающая со всех четырёх сторон заготовки на любом участке длины
dark ~s грибные ядровые пятна и полосы
false ~ ложное ядро
firm red ~ сердцевинная гниль
frost ~ водослой
red ~ грибные красноватые ядровые пятна и полосы
stout ~ *меб.* массивная серединка
true ~ настоящее ядро
wander(ing) ~ блуждающая сердцевина (*дерева*)
water ~ водослой
wet ~ водослой
hearth под (*колчеданной печи*)

heartwood

heartwood сердцевина, ядро; ядровая древесина ‖ ядровый (*о древесине*)
colored ~ окрашенное ядро (*ствола*)
pathological ~ ложное ядро
resin-rich ~ жирный осмол; обогащённая смолой ядровая древесина
wound ~ травматическое [раневое] ядро (*древесины*)
heat теплота
boiling ~ теплота испарения
evaporation ~ теплота испарения
heated:
externally ~ с наружным обогревом
heath 1. вереск (*Calluna*) **2.** вересковая пустошь
heather вереск обыкновенный (*Calluna vulgaris*)
Scotch ~ вереск обыкновенный (*Calluna vulgaris*)
heathland вересковая пустошь
heaviness of felling интенсивность рубки
heaving:
frost ~ of seedlings выжимание корневой системы сеянцев заморозками
heavy-bodied густой, вязкий, с высокой вязкостью
heavy-duty 1. предназначенный для тяжёлого режима работы **2.** высокопроизводительный
hedge (живая) изгородь
defensive ~ защитная изгородь
ornamental ~ декоративная изгородь
snow protection ~ живая снегозащитная изгородь
hedgeclipper машина для подрезки живой изгороди
hedgecutter 1. машина для подрезки живой изгороди **2.** секатор с механическим приводом
hedgehog 1. *дор.* игольчатый каток **2.** рифлёный ролик
hedgemaker машина для подрезки живой изгороди
hedger машина для подрезки живой изгороди
heel 1. опорная пята (*плуга*) **2.** кромка (*сверла*) **3.** задняя грань (*напр. зуба*) **4.** наклон ‖ наклоняться; перемещать наклоном **5.** грузить брёвна с упором одного конца в стрелу
~ of tooth задняя грань зуба (*пилы*)
landside ~ пятка полевой доски плуга

plow ~ пятка полевой доски плуга
slip ~ пятка полевой доски плуга
heeler упор на стреле (*для бревна при подъёме с помощью захвата*)
log ~ *см.* heeler
heel-in прикопка (*посадочного материала*)
heeling 1. наклон ‖ наклоняющийся **2.** прикопка (*посадочного материала*)
height высота ◇ at breast ~ на высоте груди (*об измерении диаметра дерева в лесу*)
~ of stock высота напора
~ of tooth высота зуба (*пилы*)
aggregate ~ совокупность высот (*сеянцев*)
average tree ~ средняя высота дерева
bole ~ высота ствола (*до кроны*)
crop ~ *см.* stand height
crown ~ высота расположения кроны
decking ~ высота штабелёвки (*от уровня земли до нижней челюсти поднятого захвата погрузчика, занимающей горизонтальное положение*)
diameter breast ~ диаметр дерева на высоте груди
extra ~ припуск по высоте
felling ~ высота срезания дерева (*на которой делается рез при валке*)
flute ~ высота гофра (*гофрированного картона*)
form ~ видовая высота
form point ~ высота геометрического центра кроны
lower crown ~ нижняя высота расположения кроны (*от первой живой ветви, включая порослевые побеги*)
mean ~ средняя высота (*насаждения*)
mean dominant ~ средняя доминирующая высота (*средняя высота доминирующих и части согосподствующих деревьев насаждения*)
mean top ~ средняя верхняя высота (*ста наиболее толстых деревьев на 1 га насаждения*)
merchantable ~ высота деловой части ствола
predominant (mean) ~ средняя высота наиболее высоких деревьев
rigging ~ высота оснастки трелёвочной мачты (*высота дерева мачты, на которой закрепляется несущий*

канат, устанавливаются блоки и т.п.)
salable ~ высота деловой части ствола
saw notch ~ высота пропила [подпила]
scorch ~ *австрал.* высота опала (*пожаром*)
stand ~ доминирующая высота насаждения (*средняя высота определённой части доминирующих деревьев*)
streak ~ высота подновки
stump ~ высота пня
timber ~ высота товарной части дерева (*без вершины*)
top ~ доминирующая высота (*насаждения*)
topping ~ высота обрезки вершины
total ~ общая высота (*дерева*)
uneven flute ~ неравномерная высота гофра (*гофрированного картона*)
upper crown ~ верхняя высота расположения кроны (*от первой мутовки живых ветвей*)
visible tree ~ различимая высота дерева (*на аэрофотоснимке*)
heliophile гелиофил
heliotropism гелиотропизм, фототропизм
hell *амер.* печь для сжигания отходов (*лесопильного производства*)
helmet защитный шлем, каска
 inner ~ подшлемник
helohylium сообщество заболоченного леса
helophyte гелофит
helper вспомогательный [дополнительный] рабочий; помощник
 part-time ~ частично занятый вспомогательный рабочий
helve 1. рукоятка 2. молотовище
 hatchet ~ топорище
hemicellulose гемицеллюлоза (*полисахарид — производное поли-D-ксилозы*)
hemlock 1. болиголов (*Conium*) 2. тсуга (*Tsuga*)
 Canada ~ тсуга канадская (*Tsuga canadensis*)
 eastern ~ тсуга канадская (*Tsuga canadensis*)
 Pacific ~ тсуга западная (*Tsuga heterophylla*)
 spruce ~ тсуга канадская (*Tsuga canadensis*)
herb 1. трава, травянистое растение 2. наземная часть растения
 medicinal ~ лекарственное растение
 willow ~ иван-чай (*Chamaenerium angustifolium*)
herbaceous травянистый
herbage травы, травяной покров
herbicide гербицид
 selective ~ гербицид избирательного действия
 systemic ~ системный [внутрирастительный] гербицид
herder рабочий, предупреждающий образование заторов на лесоспуске
hereditability наследуемость
hereditary наследственный
heredity наследственность
herringbone 1. в ёлку, имеющий вид ёлки (*напр. о рисунке, подборе шпона*) 2. усы в сигарном плоту 3. усообразная карра
hesperidium гесперидий, померанец (*тип плода*)
hessian *меб.* грубая ткань из пеньки и джута (*пропитанная битуминозным составом*); джутовое полотно; дерюга; редина
heterandrous разнотычинковый
heteroaperturate разнопоровый
heteroauxin гетероауксин (*регулятор роста растений*)
heteroecious разнохозяйный (*о насекомых-паразитах*)
heteroecy разнодомность (*растений*)
heterogamete гетерогамета
heterogamy 1. несение цветков двух полов в соцветии 2. циклический партеногенез (*чередование партеногенетического и полового размножения*)
heterogeneity гетерогенность, неоднородность, разнородность
heterosis гетерозис
hew тесать, обтёсывать, рубить ◊ to ~ down срубать
hewer дровосек
hewn вытесанный; тёсаный
hexachlorane гексахлоран, линдан (*инсектицид*)
hexachloride:
 benzene ~ гамма-изомер бензолгек-

hexosan

сахлорида (*контактный инсектицид*)
hexosan гексозан (*полисахарид гемицеллюлозы*)
hexose гексоза
hibernation гибернация, зимняя спячка
hickory кария, гикори (*Carya*)
high-ash высокозольный
highboy высокий комод на ножках (*Голландия, кон. XVII — нач. XVIII вв.*) ◇ ~ **with bonnet** высокий комод с фигурным карнизом
highlead полуподвесная канатная трелёвочная установка
highleading полуподвесная трелёвка
   tree-rigged ~ полуподвесная канатная трелёвка с использованием естественной мачты
highway магистраль, дорога общего пользования ◇ **off** ~ (эксплуатируемый) на немагистральных дорогах; **on** ~ (эксплуатируемый) на магистралях; (эксплуатируемый) на дорогах общего пользования
hill 1. холм, возвышение, возвышенность 2. окучивать (*растения*)
   axon ~ *бот.* конус нарастания
   foot ~ предгорье; подножие холма
hillock бугор, холмик, кочка
hillocky кочковатый
hillside 1. склон (*холма*) 2. холмистая [гористая] местность
hilt рукоятка
hilum 1. выемка, вырезка 2. *бот.* рубчик семени; место выхода пыльцевой трубки
hindered связанный, блокированный
hinge петля, шарнир
   ball-tip butt ~ шарнирная разъёмная петля
   butt ~ двустворчатая торцевая петля
   card-table ~ карточная петля
   cocked ~ задвижной шпингалет (*двери*)
   concealed ~ скрытая петля
   continuous ~ рояльная петля
   counter-flap ~ шарнирная петля
   flap ~ петля для откидной крышки или дверки
   garnet ~ крестовая петля
   helical ~ шарнир для двери, открывающейся в обе стороны
   invisible ~ скрытая петля

   loose joint ~ шарнирная разъёмная петля с вынимающимся стержнем
   necked center ~ изогнутая ось шарнира
   Parliament ~**s** оконные петли, образующие зазор при открывании окна (*для чистки стёкол*)
   pin ~ дверная петля со съёмной шпилькой
   pivot ~ шарнирная петля
   quadrant ~ петля с распоркой (*для установки откидной крышки стола в горизонтальное положение*)
   reversible ~ реверсивная петля (*двери*)
   rising butt ~ двустворчатая торцевая петля
   rule joint ~ рояльная петля с картами разной ширины
   surface ~ накладная петля
   swivel ~ шарнирная петля
history:
   compartment ~ квартальный журнал (*записей о лесоводственных мероприятиях в квартале*)
   life ~ жизненный цикл, генерация
histotome микротом
hitch 1. внезапная остановка, рывок (*рабочего механизма*) 2. прицепное устройство; строп ‖ прикреплять, прицеплять, закреплять 3. петля, узел 4. навесное устройство
   timber ~ крюк для захвата брёвен; багор
   trailer ~ сцепное устройство (*для крепления дышла прицепа к замку на автомобиле*)
hitcher багор
hitching 1. сцепка, присоединение 2. регулирование навесного *или* сцепного устройства
hoe 1. мотыга ‖ мотыжить 2. культиватор 3. культиваторная лапа 4. ковш (*экскаватора*) 5. скрепер (*канатный*)
   adz ~ плуг-канавокопатель
   back ~ 1. ковш (*экскаватора*) 2. экскаватор с обратной лопатой 3. стрела экскаватора
   center ~ стрельчатая лапа
   crescent ~ серповидная лапа
   disk ~ дисковый культиватор
   Finn ~ финская мотыга

hole

flat ~ плоскорежущая лапа
furrow-closing ~ загортач
grubbing ~ 1. культиватор-скарификатор 2. выкопочный нож
rotary ~ ротационный нож
side ~ односторонняя плоскорежущая лапа
hoeing 1. мотыжение 2. культивация 3. междурядная прополка
hog 1. прогиб, искривление 2. рубильная машина (*для измельчения отходов лесопиления*) ‖ дробить отходы лесопиления 3. мешалка (*в черпальном чане*)
bark ~ дробилка для коры
hammer ~ дробилка для отходов лесопиления
hopper ~ рубильная машина с загрузочным бункером
river ~ *проф.* сплавщик (*на речном сплаве*)
hogger рубильная машина (*для измельчения отходов лесопиления и фанерного производства на топливное сырьё*)
hogshead 1. бочонок; бочка (*вместимостью от 240 до 530 л*) 2. хогсхед (*мера вместимости примерно 240 л*)
hoist подъёмная лебёдка; подъёмник, подъёмный механизм
bell ~ конусная лебёдка
boom ~ лебёдка подъёма стрелы крана
charging ~ загрузочная этажерка
derrick-wood ~ кран для загрузки древесного сырья
electric wire rope ~ канатный (*цепной*) электротельфер
log ~ элеватор для брёвен; подъёмный транспортёр для брёвен
tilt ~ наклонный накопительный стол (*линии строгания пиломатериалов*)
tower ~ башенный подъёмник
trolley ~ подъёмник с подвижной тележкой
hoister подъёмная лебёдка; подъёмное устройство; подъёмник
hold крепление; захват, державка ‖ закреплять, устанавливать ◇ to ~ up поддерживать, удерживать
block ~ приспособление типа полиспаста

heel ~ крепление растяжки головной мачты
mobile tail ~ передвижная тыловая мачта (*канатной установки*)
three-block ~ приспособление типа полиспаста
holder держатель; державка; стойка
blade ~ гнездо для крепления рамной пилы
burr ~ держатель шарошки
lower knife ~ нижний ножевой суппорт
plant ~ захват посадочной машины
tail ~ крепление растяжки тыловой мачты
tool rest ~ державка резца
upper knife ~ верхний ножевой суппорт
holdfast прижим, скоба, захват; струбцина; клин столярного верстака; столярные тиски
bench ~ струбцина для зажима деталей на столярном верстаке, верстачные тиски
holding 1. арендованный участок земли 2. удерживание, закрепление, крепление 3. выдержка (*котла при заданной температуре*) 4. недопил (*при валке дерева*)
timber land ~ лесные владения, арендованный лесной участок
woodland ~ лесные владения, арендованный лесной участок
holdout:
ink ~ впитываемость чернил
holdover 1. запаздывание вылета короедов (*на заселённом дереве*); запаздывание появления личинок насекомых (*весной*) 2. *амер.* диапауза (*у насекомых и растений*) 3. дерево — маяк
hole 1. прорезь, отверстие 2. выбоина 3. лунка (*посадочная*) 4. цел.-бум. pl высыпки на сетке
body ~ отверстие под шуруп, отверстие под ненарезанную часть шурупа
breathing ~ отверстие для выпуска газов (*из пресс-формы*)
broke ~ проём для сброса брака (*около каландра и наката*)
charging ~ загрузочное окно
choker ~ углубление (*под деревом, бревном*) для продевания чокера

213

hole

circular exit ~ круглое лётное отверстие
dowel ~ отверстие под шкант
draft ~ отверстие для тяги (*в углевыжигательной печи*)
drag ~ отверстие (*на конце бревна*) для закрепления тяговой цепи
dumping ~ отверстие для выгрузки
emergence ~ лётное [выходное] отверстие
entrance ~ входное отверстие (*сделанное насекомым*)
exit ~ лётное [выходное] отверстие
flight ~ лётное [выходное] отверстие
frost ~ 1. низина [низкорасположенная местность] с частыми и интенсивными заморозками 2. морозобоина
hook ~ дефект в фанере *или* шпоне (*образовавшийся при повреждении чурака крюком*)
hyphal ~ отверстие, проделанное гифами (*грибов*)
insect ~ ход насекомого; червоточина
knot ~ отверстие от выпавшего сучка
mortise ~ выдолбленное гнездо для шипа
peep ~ смотровое [контрольное] отверстие
pigeon ~ небольшой выдвижной ящик (*старинного бюро, секретера*)
pilot ~ отверстие под нарезанную часть шурупа
planting ~ посадочная лунка
seed ~ червоточина
shot ~ червоточина
tapped ~ отверстие с внутренней резьбой
vent ~ выпускное отверстие (*в бочке для выхода воздуха, что облегчает последующее выливание жидкости*)
ventilation ~ вентиляционный ход (*сделанный насекомыми*)
worm ~s червоточина
hole-digger лункокопатель, лункоделатель
holing посадка (*растений*) в лунки
hollow-horning образование трещин усушки
holly падуб, остролист (*Ilex*)
holocellulose холоцеллюлоза
holoparasite голопаразит, облигатный паразит

holt 1. роща 2. лесистый холм
homasote *фирм.* готовый деревянный домик
homoclimes участки с одинаковым климатом
homogamy гомогамия, инбридинг, родственное разведение
homogeneity однородность
homogenization гомогенизация
honeycomb 1. «соты» (*гофрированный заполнитель столярных плит*) ‖ сотовый, пористый, ячеистый 2. трещина усушки
paper ~ бумажное сотовое заполнение (*щитов*)
honeysuckle 1. жимолость (*Lonicera*) 2. текстурный рисунок жимолости
hood 1. вытяжной шкаф, вытяжка 2. колпак (*бумагоделательной машины или ролла*)
beater ~ колпак ролла
canopy ~ навесной вентиляционный колпак
chip (exhaust) ~ приёмник измельчённых отходов; эксгаустерный приёмник; колпак для отсоса стружки
convertible ~ вентиляционный колпак
leveling ~ секционный колпак
ross ~ вентиляционный колпак
hook 1. крюк, багор; чокерный крюк, чокерный замок 2. передний угол зуба 3. прицеплять ◊ to ~ on прицеплять; to ~ up сцеплять(ся)
arch ~ крюк на тракторе (*для крепления чокеров*)
barbed ~ крючок с бородкой
bardon (choker) ~ чокерный крюк [чокерный замок], скользящий по канату чокера (*имеющий гнездо для крепления концевой муфты чокера*)
breast ~ крюк для крепления буксира
brush ~ кривой нож для вырубки кустарника
bull ~ крюк для крепления чокеров
bunk ~ крюк коника (*заменяющий стойку*)
butt ~ 1. тяжёлый крюк канатной оснастки, к которому крепятся чокера 2. чокерный крюк [чокерный за-

hoop

мок], скользящий по тяговому канату
cabin ~ дверной крюк
cant ~ кантовальный крюк, кондак; деревянный рычаг с подвижным железным крюком
catch ~ захват, защёлка; откидная собачка
chain ~ крюк с узким зевом (*позволяющим пропускать его через звенья цепи*)
chime ~s уторные крючья
choker ~ чокерный крюк, чокерный замок
clamp ~ зажимный крюк
dog ~ 1. упорный угольник тележки 2. захватывающий крюк на конце трелёвочной цепи 3. крюк на конце верёвки (*для разбора заторов*)
double-edge bill ~ секач [кривой нож] двусторонней заточки (*для обрубки сучьев*)
drawbar ~ тяговый крюк; крюк на тяговом брусе трактора (*для крепления чокеров*); сцепной крюк
dump ~ крюк на рычаге, применяемом при разгрузке леса
end ~s торцевые крюки (*устанавливаемые в торцы бревна*)
eye ~ крюк с проушиной
fid ~ стопорный плоский крюк с узкой прорезью для цепи (*удерживающей стойки коника*)
flat choker ~ плоский крюк на конце каната лебёдки (*на который надеваются коуши чокеров*)
floating ~ багор
grab ~ 1. захватный крюк 2. крюк с узким зевом (*позволяющим пропускать его через звенья цепи*)
grip ~ грунтозацеп
hindu ~ устройство для соединения петель канатов
hinge ~ дверной крюк
play ~ крюк для крепления пружинной сетки к раме (*кровати*)
pulpwood ~ крюк для окучивания балансов вручную
rill ~ кривой нож для вырубки кустарника
self-release (choker) ~ саморасцепляющийся (*чокерный*) крюк
shackle ~ вертлюжный крючок

skidding ~ трелёвочный клещевой захват
sliding ~ скользящий чокерный крюк, чокерный замок
sliding butt ~ чокерный крюк [чокерный замок], скользящий по тяговому канату
sliding choker ~ *см.* bardon (choker) hook
slip ~ крюк с широким отверстием закруглённой формы (*допускающим свободный проход через него цепи*)
spring ~ крюк с замком
support ~ подвесной (*опорный*) башмак
swamp ~ крупный крюк на цепи
swivel ~ поворотный крюк, поворотная вешалка (*в шкафу*)
tender ~ сцепной крюк
thimble ~ крюк с коушем
toggle ~ длинный стержень с крюком
towing ~ буксирный крюк, гак
tractor ~ крюк на тракторе (*для крепления чокеров*); крюк на конце каната лебёдки трелёвочного трактора
hook-and-eye *амер.* дверной крючок; крюк для запора ворот
hookaron багор с короткой деревянной ручкой
hooker 1. рабочий гужевой трелёвочной бригады 2. бригадир бригады, обслуживающей канатную установку
cat ~ бригадир тракторной бригады
tong ~ чокеровщик
hooking прицепка, чокеровка, сцепление
hooktender бригадир бригады, обслуживающей канатную установку
hookup 1. навесное устройство 2. сцепное устройство, сцепка
hoop обруч (*бочки*)
beaded steel ~ стальной обруч с утолщённой кромкой
bending ~ шаблон для гнутья в виде обруча
bilge ~ пуковый обруч
chimb ~ уторный [крайний] обруч
chime ~ уторный [крайний] обруч
quarter ~ шейный обруч
truss ~ ставной обруч (*для стяжки клёпок при сборке бочки*)

215

hoopdriver

hoopdriver набойка для осадки обруча; молоток для осадки обруча
hooping:
  box ~ обвязка ящиков (*проволокой*)
hooping-up осадка и стяжка обручей (*на бочке*)
hopover *австрал.* прорыв (*противопожарной полосы или естественого барьера*)
hopper 1. самосвал *или* вагон с откидным дном; хоппер **2.** загрузочный ковш **3.** накопитель, бункер; открытый трюм баржи **4.** загрузочная воронка
  bark ~ бункер *или* топка для коры
  blending ~ бункер-смеситель
  chip ~ воронка для загрузки щепы (*в варочный котёл*)
  dumping ~ саморазгружающийся бункер
  mixer ~ бункер-смеситель
  salt cake feeder ~ питательный бункер для сульфата
Hoppus система Хоппус (*см. тж.* **Hoppus foot**)
horizon генетический горизонт (*почвы*)
  A_1 ~ гумусовый [перегнойно-аккумулятивный] горизонт A_1
  A_2 ~ горизонт вымывания, элювиальный подзолистый горизонт A_2
  B-~ горизонт вмывания, иллювиальный горизонт B
  C-~ горизонт C, материнская порода
  D-~ горизонт D, подстилающая порода
  illuvial ~ горизонт вмывания, иллювиальный горизонт B
  leached ~ горизонт вымывания, элювиальный подзолистый горизонт A_2
  L-F-H ~ лесная подстилка с преобладанием в составе опада листьев, хвои, веточек
  O-~ подстилка с преобладанием в составе опада мхов
hormone гормон
  growth ~**s** гормоны роста
  plant ~**s** растительные гормоны
horn 1. выступ, шип **2.** кронштейн **3.** звуковой сигнал **4.** слезок, упорная стойка (*черпального чана*)
  drainage ~ слезок, упорная стойка (*черпального чана*)

post ~ шип стойки (*квадратного оклада*)
ram's ~ рисунок текстуры с завитками в виде бараньих рогов
hornbeam граб (*Carpinus*)
  American ~ граб каролинский (*Carpinus caroliniana*)
  European ~ граб обыкновенный (*Carpinus betulus*)
hornworm 1. гусеница с рогом **2.** бражник
horse станок, рама, козлы
  jack ~ козлы
horsehair *меб.* конский волос
hose 1. шланг, рукав **2.** фолликула, листовка (*тип плода*) ◇ **to** ~ **out** вымывать (*массу из сцежи*)
  fire ~ пожарный шланг
  garden ~ садовый шланг
  suction ~ отсасывающая труба; приёмный рукав
hose-lay *амер.* установка пожарного шланга
host хозяин (*у паразита*)
  alternate ~ промежуточный хозяин
  definitive ~ окончательный [дефинитивный] хозяин
  optional ~ факультативный [случайный] хозяин
  supplementary ~ дополнительный [второй промежуточный] хозяин
Hostalen *фирм.* хостален (*полиэтилен и полипропилен*)
hothouse теплица, оранжерея; вегетационный домик
hot-pressed 1. горячего прессования **2.** сатинированный (*о бумаге*)
house 1. помещение, здание **2.** помещать, вставлять, врезать; соединять шипами
  bean ~ контора лесоучастка
  beater ~ рольный отдел
  block ~ сруб из брёвен
  clay ~ *цел.-бум.* глиноразводка
  dwelling ~ жилой дом
  engine ~ машинный зал
  forcing ~ теплица, оранжерея
  lookout ~ *канад.* пожарный домик с наблюдательной кабиной
  machine ~ зал бумагоделательных машин
  orchard ~ теплица, оранжерея
  plant ~ теплица, оранжерея

hybridization

plastic ~ теплица с плёночным покрытием
pot culture ~ теплица, оранжерея
ready cut ~ стандартный (*деревянный*) дом
vat ~ помещение для ручного отлива (*бумаги*)
warm ~ теплица, оранжерея
housing 1. корпус; кожух, чехол 2. паз, выемка, гнездо
  hinged disk ~ шарнирно-закреплённый кожух дискового стружечного станка
  shouldered dovetail ~ соединение на сужающийся шип ласточкин хвост (*при установке полок*)
  stopped ~ тавровое соединение; глухой паз
  stub-tenon ~ тавровое соединение (*полки со стенкой*) на укороченные шипы
howel уторная часть клёпки
hue 1. цвет, оттенок (*полученный при смешивании красок чистых тонов*) 2. окрашивать
hugger:
  wall ~ кресло с откидывающейся спинкой
hull шелуха, скорлупа, кожица ‖ шелушить, лущить, облуплять, обдирать; снимать кожицу
humectant увлажнитель
humidity влажность
  controlled relative ~ регулируемая относительная влажность
  relative ~ относительная влажность
  specific ~ удельная влажность (*воздуха*)
humidometer прибор для определения содержания влаги (*в бумаге*)
humification 1. увлажнение 2. гумификация, процесс гумусообразования
humin гумин
huminolignin гуминолигнин (*удобрение*)
humoammophos гумоаммофос (*удобрение*)
humoammophoska гумоаммофоска (*полное органоминеральное удобрение*)
humocal торф, образовавшийся из гуминового материала, разложившийся торф

humous гумусовый, гумусированный
humus гумус; органическая часть почвы; перегной
  acid ~ кислый гумус
  coarse ~ грубый гумус
  crude ~ сырой гумус
  earth ~ гумус; органическая часть почвы, перегной
  mild ~ мягкий [нейтральный] гумус; мулевый гумус, муль
  mull ~ мулевый гумус, муль
  peat ~ слаборазложившийся торф
  raw ~ сырой гумус; кислый гумус; слаборазложившийся гумус
  semidecomposed ~ полуразложившийся гумус
  sour ~ кислый гумус
  spruce ~ кислый гумус (*под ельником*)
hung-up лесоматериалы, обсохшие во время сплава
hurdle 1. плетень; решётка ‖ огораживать плетнём 2. стол с сеткой (*для сортирования тряпья*)
hurds пакля, костриха, очёсы
hurst куртина деревьев
husbandry:
  forest ~ 1. лесопользование 2. лесоустройство
hush-hush *проф.* гусеничный трактор
husk узел лесопильного станка (*вал, пильный диск, направляющая, расклиниватель — обычно в круглопильном обрезном станке*)
hustler:
  broke ~ уборщик брака
hut:
  log ~ бревенчатый барак; сруб из брёвен
  worker ~ времянка для рабочих; разборный домик для рабочих
hutch сундук; ящик; нижняя часть буфета
hybrid гибрид ‖ гибридный
  graft ~ прививочный [вегетативный] гибрид
  interspecific ~ межвидовой гибрид
  intraspecific ~ внутривидовой гибрид
hybridization гибридизация, скрещивание (*растений*)
  artificial ~ искусственная гибридизация
  natural ~ естественная гибридизация

hydrate

hydrate:
   cellulose ~ гидроцеллюлоза, гидрат целлюлозы
hydration гидратация
   stock beating ~ гидратация при размоле волокнистых материалов
hydrobarker гидравлический окорочный станок
hydrobeater аппарат для гидроразмола
hydrobrusher аппарат для гидроразмола
hydrocellulose гидроцеллюлоза, гидрат целлюлозы
hydroclone гидроклон; гидравлический очиститель массы
hydrocyclone центриклинер; гидравлический центробежный очиститель массы
hydrofiner гидрофайнер (*аппарат для размола волокнистых материалов*)
hydrofuge гидрофуга (*центробежный аппарат для очистки массы*)
hydrogenation гидрирование
   pine oleoresin ~ гидрирование сосновой живицы
hydrology гидрология
   forest ~ гидрология леса
hydrolysis гидролиз
   acid ~ гидролиз в кислой среде
hydrophilic гидрофильный
hydrophilous гидрофильный
hydrophobic гидрофобный
hydrophyte гидрофит, водное растение
hydropulp разбивать макулатуру в гидроразбивателе
hydropulper гидроразбиватель, гидропальпер
   batch-type ~ гидроразбиватель периодического действия
hygiene:
   forest ~ санитарные мероприятия в лесу
hygrometer влагомер, гигрометр
   duff ~ подстилочный гигрометр
   hair ~ волосной гигрометр
hygroscopicity гигроскопичность
   wood ~ гигроскопичность древесины
hylad лесное растение
hylea гилея (*тропический дождевой лес*)
hylile лесной
hylion климакс леса
hylodad растение редколесья

hylophagous поедающий древесину
hylophyte 1. лесное растение 2. мезофит
hylotomous древогрызущий
hymenium гимений
hymenopteran перепончатокрылое насекомое
hyperdispersion групповое распределение (*видов по ареалу*)
hyperparasite вторичный паразит
hyperparasitization вторичный паразитизм
hypertrophy гипертрофия
   terminal ~ верхушечная гипертрофия (*о ненормально вытянутой вершине дерева без боковых ветвей*)
hypha гифа (*древоразрушающих грибов*)
   ascogenous ~ аскогенная гифа
   bridging ~ соединительная гифа
   fruiting ~ плодоносящая [спороносящая] гифа
   penetrating ~ внедряющая гифа
hypnocyst 1. покоящаяся циста 2. гипноспора, покоящаяся спора
hypnosperm, hypnospore гипноспора, покоящаяся спора
hypocotyl гипокотиль, подсемядольное колено
hypodispersion равномерное распределение (*видов по ареалу*)
hyponutrition недостаточное питание
hypotower башня для отбелки гипохлоритом
hypotreatment гипохлоритная отбелка
hypsometer высотометр, эклиметр

I

igapo игапо (*ландшафт затопляемых пойм рек на Амазонской низменности, покрытых влажным тропическим лесом*)
illumination:
   relative ~ относительная освещённость
   total solar ~ общая освещённость
imaginal имагинальный (*относящийся к взрослой стадии*)

imbricate 1. покрывать, перекрывать, класть внахлёстку (*гонт, плитку*) 2. *бот.* черепицеобразный, набегающий
imbrication 1. орнамент в виде чешуи 2. укладка внахлёстку
immature 1. незрелый, неспелый 2. недоразвитый 3. слаборазвитый (*о почве*)
immaturity неспелость (*насаждения*)
immerse затоплять, погружать, окунать
immobilization:
  biological ~ биологическая иммобилизация, биологическое закрепление
impact:
  environmental ~ (of logging) воздействие (*лесозаготовок*) на окружающую среду
impark отводить землю *или* лес под парк
impeller 1. мешалка (*сортировки*); ротор (*сортировки*) 2. рабочее колесо (*центробежного насоса*)
imperial стандартный формат листа (*бумаги*)
impermeable непроницаемый
impervious 1. непроницаемый 2. недоступный (*напр. проникновению корней*)
implantation насаждение, внедрение
impreg пропитанная древесина
impregnant пропиточное [пропитывающее] вещество
impregnation пропитка
  ~ of wood пропитка древесины
  diffusion ~ диффузионная пропитка (*древесины*)
  oil ~ пропитка (*древесины*) маслом
  open-tank ~ пропитка (*древесины*) в открытой ванне
  pressure ~ пропитка (*древесины*) под давлением
  wood chips pressure ~ принудительная пропитка щепы
impregnator пропиточная установка
impression 1. оттиск, отпечаток, тиснение; насечка 2. отпечаток шарика Бринеля
  burr ~ глубина насечки дефибрерного камня
  proof ~ пробный [контрольный] оттиск

increase

stencil ~ отпечаток *или* рисунок по трафарету
imprint отпечаток; штамп ‖ отпечатывать, печатать
improvement 1. улучшение 2. регулирование (*реки*)
  timber stand ~ улучшение древостоя (*с помощью рубок ухода, кольцевания второстепенных деревьев*)
impurit/y 1. засорённость, загрязнённость 2. примесь
  insoluble ~ нерастворимая примесь
  resinous ~ies смолистые примеси
inactivate инактивировать (*воздействовать на бактериальные препараты высокой температурой*)
inarching прививка сближением
inbark тёмная прорость (*в древесине*)
inbreeding 1. инбридинг, родственное скрещивание 2. самоопыление
  native ~ получение потомства принудительным самоопылением (*растений*)
incinerate прокаливать
incinerator печь для сжигания отходов (*лесопильного производства*)
incineratorman содовщик
incision 1. разрезание; надрезание 2. разрез; надрез; надсечка 3. накалывание (*при пропитке древесины*)
incisor резец; режущая грань
inclination
  ~ of fibers наклон волокон
  ~ of wire наклон сетки
incline 1. наклон; уклон; скат ‖ наклонять(ся) 2. лесовозная железная дорога с лебёдочной тягой на больших уклонах 3. откаточное устройство 4. *pl* клиновые подъёмные приспособления (*напр. для регулирования рабочего стола рейсмусового станка по высоте*)
incompatibility 1. несовместимость 2. непрививаемость 3. несмешиваемость (*растворов, эмульсий*)
  graft ~ несовместимость прививки
incomplete 1. неполный 2. редкий, низкополнотный (*о лесе*)
increase 1. рост, прирост, возрастание ‖ расти, возрастать 2. размножение
  ~ of fertility повышение плодородия
  yield ~ прибавка урожая

219

increasing

increasing of soil fertility повышение плодородия почвы
increment прирост (*напр. насаждения*)
  annual height ~ ежегодный прирост леса
  basic wood ~ текущий прирост
  current annual ~ текущий годичный прирост
  diameter ~ прирост по диаметру
  final mean annual ~ окончательный средний годичный прирост
  form ~ видовой прирост
  form-height ~ прирост видовых высот
  girth ~ прирост по окружности
  light ~ световой прирост
  mean annual ~ среднегодовой прирост; средний годичный прирост
  normal ~ прирост нормального леса
  periodic (mean) annual ~ периодический [текущий] прирост
  quality ~ качественный прирост
  radial ~ прирост по диаметру
  total ~ общий прирост насаждения (*включая прирост деревьев, вырубленных при рубках ухода*)
  value ~ прирост по ценности
  volume ~ прирост по объёму
incubation разведение, выращивание
incurve вгибать; загибать(ся) внутрь
indehiscent нераскрывающийся, нерастрескивающийся (*о плоде*)
indent 1. выемка, вырез; зубец, зазубрина **2.** врезать, соединять на шип или зуб
  dovetail ~ зуб с сечением в форме ласточкина хвоста
indentation 1. вмятина, вдавленность, впадина; зарубка **2.** зубчатый орнамент; зубец **3.** наращивание посредством зубьев
index 1. указатель **2.** показатель, коэффициент
  ~ of wetness показатель влажности
  availability ~ индекс обеспеченности (*питательными веществами*)
  burning ~ *амер.* индекс сжигания (*шкалы пожарных условий*)
  crown-area ~ показатель площади проекции кроны
  danger ~ показатель пожарной опасности (*в лесу*)
  drought ~ степень влажности (*воздуха*)
  dust ~ *меб.* коэффициент запылённости (*набивочного материала*)
  fire hazard ~ показатель пожарной опасности (*в лесу*)
  growth ~ показатель роста (*растений*)
  humidity ~ показатель увлажнения
  moisture ~ показатель влажности
  Nesterov's fire danger ~ комплексный показатель пожарной опасности по шкале Нестерова
  purification ~ степень очистки сточных вод
  refractive ~ of cellulose показатель преломления целлюлозы
  relative flammability ~ индекс относительной воспламеняемости (*горючих лесных материалов*)
  selection ~ селекционный индекс
  site ~ показатель местообитания (*характеризуется средней высотой доминирующих деревьев*)
  soil-site ~ показатель места произрастания
  stand density ~ индекс полноты [густоты] насаждения (*число деревьев на единице площади при соответствующем стандартном среднем диаметре*)
  survival ~ показатель приживаемости (*растений*)
indicator 1. индикатор **2.** указатель **3.** показатель
  dew-point ~ индикатор точки росы
  external ~ индикатор, находящийся вне титруемой жидкости
  height ~ высотомер
  panel bow ~ прибор для измерения плоскостности щитов и плит
  ribbon-type ~ указатель ленточного типа
  skyline tension ~ 1. указатель натяжения несущего каната, динамометр **2.** прибор, сигнализирующий о достижении предельного натяжения несущего каната
  soil ~ растение-индикатор почвы
  wind-speed ~ анемометр
induction:
  flower ~ стимулирование начала цветения
  industry промышленность

aboricultural ~ отрасль, область деятельности по уходу за деревьями
extractive ~ добывающая промышленность
fiberboard ~ производство древесноволокнистых плит
forest (products) ~ лесная промышленность
handicraft ~ *цел.-бум.* производство бумаги ручного отлива
hardboard ~ производство древесноволокнистых плит
hardwood plywood ~ производство фанеры из лиственных пород древесины
log trucking ~ лесовозный транспорт
lumbering ~ лесозаготовительная промышленность
match ~ спичечная промышленность
packaging ~ промышленность по производству бумажной и картонной тары
paper ~ бумажная промышленность
particle board ~ производство древесностружечных плит
pulp ~ целлюлозная промышленность
resin ~ лесохимическая промышленность, лесохимия
rosin-extraction ~ канифольно-экстракционное производство
saturating felt ~ производство кровельного картона
sulfite pulp ~ сульфитцеллюлозная промышленность
timber ~ лесная промышленность
veneer-sawing ~ производство шпона
wood ~ лесная промышленность
woodusing ~ деревообрабатывающая промышленность; деревообрабатывающее производство; лесоперерабатывающая промышленность
woodworking ~ деревообрабатывающая промышленность; деревообрабатывающее производство
inertness:
  surface ~ инертность поверхности (*деталей мебели*); нейтральность поверхности (*к действию различных химикатов*)
infeed 1. подача, ввод (*напр. в линию*) 2. автоподатчик 3. подающий конвейер

inferior нижний
infest заражать; повреждать (*древесину*)
infestation заражение, инвазия; повреждение (*древесины насекомыми*)
  heavy ~ массовое нашествие (*вредителей*)
  mistletoe ~ омела (*заболевание*)
  weed ~ зарастание сорняками
infilling *англ.* дополнение лесных культур
inflame воспламеняться, вспыхивать, загораться, зажигать(ся)
inflammability 1. воспламеняемость, горючесть, сгораемость 2. опасность воспламенения, огнеопасность, пожароопасность
inflorescence 1. соцветие 2. цветение 3. цветорасположение (*на оси*)
influence воздействие, влияние
  direct ~ прямое действие, эффект удобрения (*в год внесения*)
  forest ~ влияние леса (*на окружающую среду*)
ingrain красить в густой цвет
ingrowth *амер.* прирост количества [объёма] деревьев, достигших диаметра рубки за определенный период
inhaul грузовой ход
inhibition 1. замедление, торможение, задержка 2. тушение пожара с помощью веществ, тормозящих горение
  enzyme ~ замедление скорости выделения энзимов
  growth ~ задержка [торможение] роста
initial 1. первоначальный 2. инициали
  cambial ~ клетка камбия; камбиальные инициали
  fusiform (cambial) ~ веретеновидные инициали камбия
  ray cambial ~ лучевые камбиальные инициали
  root ~s придаточные корни
initiation 1. начало, основание 2. инициирование
  ~ of new roots заложение [возникновение] новых корней
  floral ~ начало цветения
injur/y 1. повреждение; вред; порча 2. авария 3. травма ◊ ~ from hails повреждение градом

injury

frost ~ повреждение морозом, вымерзание
insect ~ повреждение насекомыми
light ~ повреждение от солнечного ожога
mechanical ~ механическое повреждение
personal ~ies травматизм
smog ~ повреждение смогом
inlay 1. интарсия, инкрустация; мозаика 2. мозаичные работы 3. внутренний слой, прокладка 4. производить кусковую [наборную, накладную] работу; делать инкрустацию *или* мозаику
inlet впускное отверстие; впуск, ввод
  air-cushioned ~ напускное устройство с воздушной подушкой (*на бумагоделательной машине*)
  high-pressure stock ~ высоконапорный напуск массы (*из напорного ящика высокого давления*)
  pressure ~ напуск массы под давлением
  stock ~ 1. впускное отверстие для массы 2. слив массы (*на сетку*)
inner:
  boom ~ нижняя секция стрелы
innutrition недостаточность питания
inoculation инокуляция, заражение; прививка
  artificial ~ искусственное заражение (*растения*)
inoculum посевной материал; прививочный материал
  spore ~ споровый посевной материал
inositol инозит
insect насекомое
  destructive ~s вредные насекомые
  injurious ~s вредные насекомые
  leaf-eating ~s листоеды; листогрызущие насекомые
  primary ~s первичные вредители леса
  scale ~s червецы, щитовки, кокциды (*Coccidae*)
  secondary ~s вторичные [стволовые] вредители леса
  seed ~s вредители семян
  sucking ~s сосущие насекомые
  wood-destroying ~ древесный жучок, древоточец
insectifuge репеллент

insectivorous насекомоядный
insectofungicide инсектофунгицид (*препарат против болезней и вредителей*)
insectology энтомология
insert 1. вставка, вкладка 2. вставной резец 3. стяжка 4. заплата, заделка отверстий (*от выпавших сучков и других дефектов*) || вставлять заплату из шпона
  cutlery ~ выдвижной ящик для столовых приборов
  drawery ~ вкладыш выдвижного ящика; ёмкость (*для столовых приборов*), вставляемая в выдвижной ящик
  plastics ~ пластмассовая фурнитура
  screw thread ~ шпилька с винтовой нарезкой, вставка с нарезкой
  throw-away carbide ~s вставные (*режущие*) пластинки из твёрдого сплава
inserter:
  double-sided dowel ~ станок для вставки шкантов с двух сторон щита
inset вставная деталь, вкладка, вставка
  intarsia ~ участок, отделанный интарсией
insolation инсоляция, воздействие солнечных лучей
  relative ~ относительная инсоляция
inspection 1. проверка, осмотр; контроль, сортировка; приёмка 2. инспекция
  ~ of wood осмотр леса (*при приёмке лесосечного фонда*)
  quality ~ проверка качества (*при приёмке лесосечного фонда*)
installation установка, устройство, оборудование; сборка, монтаж
  cable ~ канатная установка
  charcoal ~ установка для получения древесного угля
  drier ~ сушильная установка
  solvent-recovery ~ схема рекуперации растворителя
  sprinkler ~ дождевальная установка
  twin-fourdrinier ~ бумагоделательная машина с двумя сетками
  water sorting ~ установка для сортировки лесоматериалов на воде
instar *энт.* возрастная стадия
  adult ~ имаго, стадия взрослого половозрелого насекомого
  larval ~ стадия личинки

nymphal ~ стадия нимфы
institute:
  forest research ~ лесной научно-исследовательский институт
in-stock выпускаемый постоянно; имеющийся в запасе
instrument прибор, устройство
  coring ~ приростной бурав
  leveling ~ нивелир
  sampling ~ пробоотборник, прибор для отбора проб
  Schopper-Rieger ~ прибор для определения степени размола по Шопперу-Ригеру
insulator:
  foam ~ прокладка из пенопласта
  wire ~ *меб.* пружинная прокладка, пружинная сетка, пружинный настил
insulite инсулит (*изоляционный картон из отходов сортирования древесной массы*)
in-tandem спаренный, работающий совместно (*с другим станком или механизмом*)
intarsia интарсия, инкрустация; мозаика
integration интеграция, объединение нескольких производств под одним началом
  backward ~ обратная интеграция (*присоединение предшествующих производств, напр. объединение лесозаготовок с питомниковым хозяйством и лесопосадками*)
  forward ~ прямая интеграция (*присоединение последующих производств, напр. службы реализации к лесопильному производству*)
  horizontal ~ горизонтальная интеграция (*простое расширение производства, напр. за счёт объединения нескольких аналогичных производств*)
  lateral ~ латеральная [боковая] интеграция (*расширение ассортимента за счёт выпуска дополнительной родственной продукции*)
  vertical ~ вертикальная интеграция (*объединение в одном предприятии ряда последовательных производств*)
intensity интенсивность
  ~ **of cut** *амер.* интенсивность рубки

interlock

  ~ **of flow** мощность потока
  ~ **of sampling** интенсивность выборки (*густота закладки пробных площадей*)
  ~ **of thinning** интенсивность рубок ухода
  color ~ интенсивность [глубина] окраски
  fire ~ сила пожара
  minimum light ~ минимальная освещённость (*в лесу*)
  relative thinning ~ относительная интенсивность рубок ухода (*в процентах от ежегодного прироста насаждения*)
  selection ~ интенсивность отбора
  tapping ~ интенсивность подсочки; нагрузка каррами (*ствола*)
  thinning ~ интенсивность рубок ухода
interbreeding интербридинг, самоопыление
intercellular межклеточный
interception 1. перехват (*осадков*) **2.** преграда
  ~ **of radiation** перехватывание [поглощение] радиации
  canopy ~ перехват [задержание] (*влаги, осадков*) растительным покровом *или* пологом леса
  precipitation ~ перехват [удерживание] атмосферных осадков (*растительностью*)
interchange обмен; смена, чередование ‖ обменивать(ся), заменять(ся); чередовать(ся)
  biological ~ биологический обмен
interface межкарровый ремень (*при подсочке*)
interfacing смежный
interflow внутрипочвенный [грунтовый] сток
interfolder 1. прибор для испытания на излом **2.** фальцовочный станок **3.** папка, скоросшиватель
interior:
  mattress spring ~ пружинный блок матраца
interlacement сплетение, переплетение
interlay промежуточный слой
interliner, interlining *меб.* прокладка, настил
interlock 1. механизм блокировки (*тя-

223

intermediate

гового и холостого барабанов лебёдки); блокировка ‖ блокировать, сцеплять 2. промежуточный слой, соединительный слой
intermediate 1. промежуточный, отставший в росте (*о деревьях*) 2. промежуточный вид 3. промежуточный продукт, полуфабрикат 4. согосподствующий (*о деревьях*)
interplanting 1. уплотнённая посадка 2. дополнительная посадка, дополнение лесных культур
interrupted редкий, с просветами (*о лесе*)
intersection пересечение; перёкресток
~ **of grades** сопряжение уклонов (*дороги*)
interseeding уплотнённый посев; посев в междурядьях; посев по дернине
intersowing посев по дернине
interspace межкарровый ремень (*при подсочке*)
interspecific межвидовой
interstage промежуточный
intersterility 1. несовместимость 2. непрививаемость 3. несмешиваемость 4. перекрёстная стерильность; стерильность при гибридизации
interval:
  cutting ~ оборот рубки; интервал между рубками
  felling ~ *см.* cutting interval
  regeneration ~ период естественного возобновления леса
  thinning ~ период повторяемости рубок ухода
intervascular, intervessel межсосудистый
interweave свойлачивать(ся)
intolerant светолюбивый (*о древесной породе*)
intramicellar внутримицеллярный
intraspecific внутривидовой
introrse интрозный; обращённый внутрь; обращённый к оси
intumescence нарастание, разбухание, вспучивание, вздутие
inundation 1. наводнение; затопление 2. заболачивание
invader возбудитель (*болезни*)
  independent ~s независимые (*первичные*) возбудители
  secondary ~s вторичные возбудители

invasion инвазия, заражение
  forest ~ наступление леса
  insect ~ инвазия [нашествие] насекомых (*вредителей*)
inventor/y 1. инвентаризация ‖ инвентаризировать 2. перечёт (*деревьев*) 3. запас лесоматериалов
  ~ **of stand** таксация [учёт] леса
  available ~ эксплуатационный запас
  continuous forest ~ таксация леса на постоянных пробных площадях (*при изучении хода роста насаждений*)
  forest ~ таксация [учёт] леса; перечёт деревьев
  management-volume ~ *амер.* изучение запаса, прироста и отпада насаждений
  recurrent (forest) ~ периодическая [повторная] таксация леса
  stand volume ~ определение запаса насаждения
  timber ~ 1. таксация [учёт] леса 2. лесонасаждение, подвергшееся таксации
  yard ~ies запасы склада [биржи] лесоматериалов
inviability нежизнеспособность
inward(s) 1. внутренний, обращённый внутрь ‖ по направлению внутрь 2. при входе (*судна*)
ionometer ионометр (*прибор для определения рН бумаги*)
iron 1. струг 2. железко (*напр. рубанка*)
  back ~ двойное железко (*рубанка*)
  bark [barking, bark-peeling] ~ струг для сдирания коры, короочистка
  bolting ~ 1. засов 2. долото для получения паза под ящичный замок
  branding ~ маркировочное устройство
  chinching ~ *тарн.* ломик для заклинивания рогозы в дне
  cutting ~ железко (*рубанка*)
  flagging ~ *тарн.* ломик для вытаскивания рогозы *или* для изготовления дна
  grooving ~ пазовый нож; долото
  hoop ~ обручное железо
  pinking ~ *меб.* резец для вырезания фестонов, зубцов, дыр, фигур (*на ткани*)
  plane ~ железко рубанка
  planting ~ посадочный меч

scribing ~ струг
steam ~ паровой утюг
tree ~ прокладка между мачтовым деревом и растяжками (*устанавливаемая в месте крепления растяжек*)
ironbark эвкалипт с твёрдой корой
red ~ эвкалипт железнодревесный (*Eucalyptus sideroxylon*)
ironmongery дверная и оконная фурнитура
ironwood «железное» дерево (*различные древесные породы с очень твёрдой и тяжёлой древесиной*)
irradicator:
  stump ~ измельчитель пней; корчеватель пней
irregular 1. с неровным пологом (*о древостое*) 2. беспорядочный (*о рубке*)
irregularity неровность; неравномерность
irrigation орошение
  spray ~ дождевание
  sprinkler ~ дождевание
irrigator дождевальная установка
isocyanate:
  resin acid ~ изоцианат смоляной кислоты
isohypse изогипса, горизонталь (*рельефа*)
isolated отдельно стоящий, одиночный (*о дереве*)
isolating of forest прочистка леса
isolation 1. изоляция, разобщение, отделение 2. прочистка, прореживание (*деревьев при рубках ухода*)
item 1. пункт, параграф 2. предмет, изделие
  ~ of care правила ухода
  fringe ~ дополнительный предмет оборудования интерьера
  stock ~ номенклатурное изделие
  trim ~ *меб.* декоративная [отделочная] деталь

J

jack 1. опорный башмак (*несущего каната*) 2. валочный домкрат 3. гидроклин 4. устройство для подвески погрузочного блока (*к растяжке трелёвочной мачты над дорогой*) 5. домкрат; лебёдка; подъёмное приспособление 6. козлы для распиловки дров 7. *проф.* работник (*на погрузке*)
  loading ~ 1. погрузочное устройство (*закрепляемое на растяжке трелёвочной мачты*) 2. опора площадки, на которую брёвна выгружаются из воды для последующей отгрузки
  log ~ 1. кондак для поддержания бревна во время раскряжёвки 2. элеватор для брёвен
  lumber ~ подъёмник для формирования штабеля досок
  sorting ~ сортировочная запань
  timber ~ рычаг для подъёма брёвен
  tree ~ опорный блок несущего каната (*с двумя шкивами*)
jacker 1. строгальный станок 2. верхний рабочий на штабеле, укладывающий доски
jacket 1. обшивка, кожух 2. *цел.-бум.* чулок, маншон
  couch roll ~ чулок [маншон] гауч-вала
  record ~ бумажный конверт для пластинок
  weaving-felted ~ ткановаляный чулок
jackpot 1. неправильно выполненная валка (*с зависанием, перекрёстом деревьев и т.д.*) 2. завал из спиленных зависших деревьев 3. грубая постройка из брёвен
jack-slip брёвноспуск
Jacquards жаккардовый картон
jag раскол, трещина, заруб ‖ зарубать
jam *спл.* затор, залом, пыж
  center ~ затор в центре сплавной реки
jamb косяк, откос, обвязка (*двери или окна*)
  mullion ~ горбылёк оконного переплёта
  side ~ боковая обвязка (*дверной или оконной коробки*)
  splayed ~ откос (*двери или окна*), направленный под тупым углом к стене; косой стык
jammer передвижная канатная трелёвочно-погрузочная установка (*с мачтой и погрузочной стрелой*); погру-

jamming

зочное устройство (*с А-образной мачтой на санях*)
jamming 1. защемление, заедание, зажимание 2. затор, пробка (*при движении*)
  loose matches ~ забивание (воронок) рассыпными спичками
janker двухколёсная тележка для перевозки брёвен; трелёвочная тележка
japan чёрный лак, шеллак (*часто используется как антикоррозийное покрытие*) ‖ лакировать, покрывать чёрным лаком
jar контейнер; банка
jaw 1. тиски, клещи, захватное [зажимное] приспособление 2. тисочная губа 3. щека дробилки 4. зажимный рычаг коника
jay:
  blue ~ *проф.* дорожный рабочий
jenny лебёдка; подъёмный кран; подвижной кран
jet 1. струя, спрыск ‖ бить струей, брызгать 2. сопло, распыливатель, распыляющий наконечник 3. опрыскиватель
  air ~ воздушная отсечка
  deckle strap ~ спрыск декельного ремня
  fishtail ~ раздвоенный спрыск
  knock-off ~ снимающий спрыск
  light edge ~ спрыск для отсечки кромки
  size (water) ~ форматная отсечка
  wetting edge ~ спрыск для увлажнения кромки (*сукна*), увлажняющий спрыск
jetsam лес, выброшенный в море (*для облегчения судна во время бури*)
jetty плотина; гать; насыпь; дамба; пристань; мол
jib 1. поперечина, укосина, балка стрелы 2. стрела грузоподъёмного крана
  cantilever ~ консольная стрела
  luffing ~ выдвижная балка стрелы
jicwood *англ.* древесный пластик (*древесина, обработанная способом пропитки смолой под давлением*)
jig зажим, зажимное приспособление; прижим, струбцина
  assembly ~ сборочный стенд, сборочная вайма, сборочный пресс

doweling ~ кондуктор сверлильного станка
saw guide refacing ~ зажимное устройство для заточки направляющих (*лесопильной рамы*)
tool tip ~ зажимное приспособление для заточки зубьев (*режущих инструментов*)
jigger 1. струг, резак 2. ажурная пила, лобзик
jinker трелёвочная тележка
jog 1. медленная подача 2. излом линии
jogged уступчатый (*о бревне, разделённом по длине не сплошной линией, а уступами*)
jogging of paper сталкивание бумаги
joggle шип, шпунт, соединительный выступ ‖ соединять шипом *или* шпунтом
joiner 1. столяр, плотник 2. строгальный станок
  general ~ универсальный деревообрабатывающий станок
joinery 1. столярное ремесло; столярные работы 2. деревянные детали 3. столярно-строительные конструкции
joining соединение, сращивание; сборка ◊ ~ **by open mortise-and-tongue** соединение шипом вразвилку; ~ **with key-piece** соединение на вставных шипах; соединение натяжным клином; ~ **with passing tenon** соединение проходными шипами; ~ **with peg-shoulder** соединение прямыми шипами; ~ **with swelled tenon** соединение уширенными шипами
~ **of timbers** вязка деревянных деталей
joint соединение; стык; шов; врубка ‖ соединённый ◊ ~ **assembled** соединение деталей (*напр. шиповое*)
  back ~ паз *или* фальц, оставленный для плиты
  bridge ~ лобовое соединение
  bridle ~ 1. шиповое соединение на угол 2. ступенчатое соединение 3. врубка с шипом; стропильная врубка
  butt ~ соединение впритык; торцевой стык
  butt ~ **with splayed table** соединение впритык со вставным замком
  chilled ~ непрочное соединение (*из-за быстрого остывания клея в шве*)

joint

clasp ~ соединение петлей [скобой, загибом]
cleat ~ сплачивание досок; соединение в наконечник
cogged ~ врубка гребнем
combed ~ шиповая вязка
coopered [cooper's] ~ закруглённое соединение на ус
coped ~ рельефное соединение (*для дверных и оконных переплётов*)
cottered ~ клиновое соединение; соединение на костылях
cross half-lap ~ крестовое ступенчатое соединение
cut-and-bend ~ *меб.* соединение раттановой детали (*частичная прорезь и гнутьё*)
dado ~ пазовое соединение
dovetail ~ соединение на шип ласточкин хвост
dovetailed half-lap ~ соединение вполупотай сковороднем
dovetailed halving ~ ступенчатое соединение на шип ласточкин хвост
dovetailed housing ~ соединение на шип ласточкин хвост
dowel(ed) ~ соединение на шкантах
elbow ~ коленчатое соединение
eye ~ шарнирное соединение, шарнир
fall ~ соединение откидной крышки (*напр. секретера*)
fillistered ~ соединение в шпунт, соединение на фальц
fish(-plate) ~ соединение накладками; перекрытый (*накладкой*) стык
forked ~ вилкообразное соединение
gib-and-cotter ~ соединение на шпонках
half-lap ~ соединение вполупотай
half-lapped miter ~ соединение на ус вполупотай
half miter ~ угловое ступенчатое соединение; соединение на ус
halved-and-housed ~ врубка вполдерева; ступенчатое соединение
halving ~ столярная вязка, столярное соединение, ступенчатое соединение, соединение в замок
heading ~ соединение впритык; торцевой стык; сплачивание (*досок*) торцами

housing ~ глухое [несквозное] соединение
ibus ~ *фирм.* торцевое соединение листов шпона на профильный шип
inclined ~ косое соединение
indented ~ клиновое соединение на шпонку, зубчатое соединение на шпонку
laminated ~ шиповая вязка
lapped ~ врубка вполдерева; ступенчатое соединение
Linderman ~ соединение на шип ласточкин хвост со скошенными щёчками
milled ~ соединение в шпунт и гребень; шпунтовое соединение
miter ~ соединение на ус
miter dovetail ~ соединение вполупотай на шип ласточкин хвост
mortise(-and-tenon) ~ шиповая вязка
newel ~ соединение поручня со стойкой перил
notched-and-cogged ~ соединение на (вставную) рейку
oblique ~ соединение, образующее острый угол
oblique butt ~ вязка под острым углом; косой стык
parallel grain ~ долевая столярная вязка, долевое столярное соединение
picus ~ *фирм.* торцевое соединение полос шпона на прямой шип
pivoted fall ~ шарнирное соединение откидной крышки (*напр. письменного стола*)
plain glued ~ гладкое клеевое соединение (*напр. на кромку*)
rabbet [rebate] ~ 1. припазовка в четверть 2. стык внахлёстку
right-angle grain ~ столярное соединение под прямым углом
rim ~ стык обода
rubbed ~ гладкое клеевое соединение (*напр. на кромку*)
rule ~ соединение под прямым углом с помощью рояльной петли *или* шарнира
saddle ~ соединение двускатным [стоячим] гребнем
scabbed scarf ~ врубка с накладками
secret dovetail ~ соединение вполупотай на шип ласточкин хвост

8*

227

joint

shouldered ~ соединение впотай
skew ~ косой стык
skived ~ скошенное и зачищенное соединение (напр. шлифовальной ленты)
slat screwed ~ соединение дощечек на болт
slip feather ~ соединение подвижным язычком
slotted mortise-and-tenon ~ соединение одиночным сквозным шипом
spline ~ соединение на шпонку
staggered ~ соединение вразбежку
stapled corner ~ угловое соединение на скобках
starved ~ непроклеенный [сухой] шов; ослабленное соединение
stave ~ сопряжение клёпки (бочки)
straight ~ 1. прифуговка, сплотка, соединение на гладкую фугу 2. соединение впритык
straight-halved ~ прямой замок
stub ~ соединение впотай; глухое [несквозное] соединение
table(d) ~ сплачивание зубом
tee halving ~ соединение (двух деталей) в виде буквы Т
tenon dowel ~ соединение на вставных шипах
tongued ~ шиповая вязка
tongued shoulder ~ соединение впотай на шпунт
transom ~ поперечное соединение (в раме)
tumbled ~ искажённое прямоугольное соединение
vee ~ 1. соединение на ус 2. небольшой паз на кромке сплачиваемой доски для снятия напряжений
wedge ~ клиновой стык
jointer 1. фуговальный нож; строгальный нож 2. фуговальный станок; фуганок 3. шипорезный станок 4. дерносним, предплужник 5. черенковый нож 6. ограничитель глубины зарезания (в пильной цепи)
disk ~ дисковый предплужник
dovetail ~ шипорезный станок
edge ~ ребросклеивающий станок
file ~ державка напильника
finger ~ 1. шипорезный станок 2. установка для шипового сращивания

(досок или заготовок); станок для пальцевого сращивания
glue ~ фуговальный станок для обработки кромок досок
moldboard ~ лемешный [отвальный] предплужник
saw stave ~ фуговальная [круглая] пила для клёпок
skim ~ черенковый нож
veneer ~ ребросклеивающий станок
jointing 1. строгание кромки под прямым углом (к пласти); фугование 2. соединение, сращивание, сплачивание 3. соединение, стык, шов, сплотка ◊ ~ in the length ребросклеивание по длине
core ~ соединение серединок (щита); склеивание среднего слоя (фанеры)
frank ~ столярное соединение, имеющее декоративное назначение
splayed ~ косой стык
joist 1. балка; брусок, устанавливаемый на узкую пласть (сечением 50 x 100 мм или 100 x 100 мм) 2. балка, несущая пол или перекрытие; перекладина, стропило, брус
filler ~ балка, несущая заполнение между прогонами перекрытия
heavy ~ пиломатериал толщиной 50-75 мм и шириной 250-300 мм
lifting ~ захватный брус (крышки ящика)
sleeper ~ лежень, прогон
jordan жордан (коническая мельница) || размалывать в конической мельнице
lava-filled ~ жордан с базальтовой гарнитурой
jumbled смешанный, спутанный
jumping проф. перестановка (с места на место) трелёвочной мачты в вертикальном положении
jump-ups детский высокий стульчик с подставкой для кормления (Англия, XIX в.)
junk 1. комок; глыба 2. колода; обрубок 3. отходы, утиль; макулатура; бумажный брак 4. выбрасывать за ненадобностью
juvenile 1. молодая особь 2. ювенильный, недоразвитый

K

kapbaulk капбалка, пиловочное бревно крупного размера
karyonucleus ядрышко
kas высокий шкаф для платья и белья; большой буфет (*США, XVII-XVIII вв.*)
katydid 1. прицеп на высоких колёсах (*к оси которого снизу подвешивается трелюемый груз*) **2.** пара колёс (*диаметром 2-3,5 м*) *для транспортировки брёвен*
kedar сосна кедровая сибирская (*Pinus cembra var. sibirica*)
keel *бот.* лодочка
keg бочонок (*вместимостью до 20 л*)
  spike ~ бочонок для гвоздей и шкантов
keratin спич. кератин
kerf 1. пропил; ширина реза (*при пилении*) **2.** выемка, впадина (*между зубьями пилы*) **3.** капельник
  gross ~ полная ширина пропила (*по древесине*)
  net ~ ширина пропила, равная наибольшей ширине зуба
  overlapping ~ пропил, образованный заходящими один на другой резами
kerfing 1. пропил, прорез **2.** подпиливание
kevel 1. кусок дерева закруглённой формы **2.** клица для привязывания каната
key 1. ключ; шпонка; клин **2.** недопил
  cotter ~ **1.** шплинт, чека **2.** болт, соединяющий две канатные петли
kibbler дробилка
kick 1. отдача **2.** сбрасывать, опрокидывать
kickback 1. отдача (*напр. заводной рукоятки двигателя мотопилы*) **2.** отбрасывание досок назад (*в процессе распиловки*)
kicker сбрасыватель (*брёвен с лесотранспортёра*)
kickoff толкатель; сбрасыватель
kickout сбрасывающий рычаг
kickup разбрызгивание массы
kier:
  boiling ~ тряпковарочный котёл

kilbig валочная вилка (*для направленной валки деревьев вручную*)
kilderkin 1. полубочонок (*вместимость около 60 л*) **2.** мера вместимости (*около 60 л*)
kill:
  heat ~ *амер.* обгорание листьев
  root ~ вымерзание корней
killer:
  brush ~ кусторез
  foam ~ пеногаситель
  lime ~ печь для обжига извести
killing ◇ ~ **knots** заделывание сучков перед окраской; лакирование древесины; грунтовка
  winter ~ **1.** зимняя засуха **2.** вымерзание (*растений*)
kiln печь
  brick beehive ~ кирпичная печь ульевого типа
  charcoal ~ **1.** углевыжигательная печь **2.** топка, работающая на древесном угле
  dry ~ сушилка (*для лесоматериалов*)
  fluosolids ~ печь для сжигания в «кипящем слое»
  gas-fired hot-air heated drying ~ сушильная камера, работающая на горячем воздухе, нагреваемом газовой топкой
  natural draft ~ камера естественной сушки
  pit ~ углевыжигательная печь
  progressive ~ непрерывная камера принудительной сушки; сушильная камера непрерывного действия
  track-type compartment ~ рельсовая секционная сушильная камера
kiln-dried 1. обожжённый (*о бочке*) **2.** высушенный в сушилке (*о пиломатериалах*)
kind 1. род, сорт, вид, порода **2.** отличительный признак **3.** природа, качество
  ~ **of crop** вид насаждения
  ~ **of stock** качество посадочного материала
  ~ **of wood** древесная порода
"kindliness of feel" мягкость бумаги (*на ощупь*)
kinetics:
  thermal decomposition ~ кинетика термического разложения

229

kingwood

kingwood древесина деревьев породы *Dalbergia cearenesis* с фиолетовым оттенком
kink 1. петля, изгиб, перекручивание, перегиб (*каната*) || перекручивать, изгибать (*канат*) **2.** вмятина (*напр. сетки*)
kinked покоробленный, изогнутый
Kino кино (*выделения тропических деревьев, не относящиеся к смолам или камедям*)
kit 1. набор инструментов **2.** кадушка, чан
   composite ~ упаковка (*изделия мебели в разобранном виде*) со всеми необходимыми для сборки деталями
   precut ~ набор предварительно раскроенных деталей
   reinforcing ~ набор инструментов для упрочнения (*кромок шпона*)
kite-mark этикетка-сертификат, удостоверяющая соответствие изделия требованию стандарта
knag 1. сук; нарост; свилеватость || сучковатый **2.** деревянный гвоздь
knaggy сучковатый; свилеватый
knar(l) сук; нарост; узел; кап
knarled сучковатый, узловатый
kneader 1. бракомолка, месильная машина **2.** клеемешалка
knee 1. изгиб, кривизна **2.** стойка [кница], несущая крюки (*для закрепления брёвен*) **3.** изогнутый рычаг (*лесопильной тележки*) для зажима бревна **4.** кривоколенный корневой побег; корневой выступ
knife нож; струг; резец; скребок; шабер; ракля; режущий аппарат || резать ножом
   air ~ воздушный шабер
   anvil-type ~ контрнож (*стружечного станка*)
   beader ~ резец фасонного рубанка
   bed ~ **1.** неподвижный [упорный] нож; контрнож **2.** *pl* планка ролла
   budding ~ окулировочный нож
   burning-in ~ нож для расплавления мастики (*в палочках*)
   bush ~ нож (*с широким лезвием и короткой ручкой*) для расчистки кустарника
   carvers ~ лобзик
   chip carving ~ нож для мелкой резьбы геометрического орнамента
   chipper ~ нож стружечного станка; нож рубильной машины
   clamp-type ~ нож (*рубильной машины*), крепящийся с помощью зажима
   coating ~ шабер для нанесения покрытия
   covering ~ загортач
   craft ~ нож для резьбы
   cutter ~ короснниматель (*у окорочных станков*)
   dead ~ неподвижный нож (*саморезки*)
   debranching ~ сучкорезный нож
   dish-type slitting ~ тарельчатый нож (*перемотно-разрезного станка*)
   dovetail ~ нож шипорезного станка
   dowel ~ нож шкантонарезного станка
   draw ~ струг, скобель; окорочный нож
   drum ~ нож корообдирочного барабана
   facing ~ строгальный нож (*стружечного или фрезерно-пильного станка*)
   fly ~ **1.** дисковый окорочный нож **2.** вращающийся нож (*тряпкорубки*)
   hog ~ нож дробилки
   hollowing ~ бочарный струг; струг с полукруглой железкой; скобель с изогнутым лезвием
   inverted coating ~ меловальное устройство шаберного типа (*для второй стороны бумаги*)
   limbing ~ сучкорезный нож
   marking ~ нож для разметки
   milled-to-pattern ~ профильный [фасонный] нож
   miter ~ железко рубанка для строжки под углом 45 градусов
   molder ~ резец фрезерного станка, фреза
   oscillating cutting ~ балансирный режущий нож
   palette ~ шпатель, ракля
   paring ~ струг, скобель; окорочный нож
   perforating ~ перфораторный нож
   plane ~ струг
   planer ~ нож строгального станка; нож фуговального станка
   planishing ~ скобель с прямым лезвием

knot

plug ~ нож ротора (*конической мельницы*)
pruning ~ нож для обрезки ветвей; сучкорезный нож
punching ~ штанцевальный [высекальный] нож
putty ~ шпатель, ракля
rabbet ~ шпунтубель; нож шпунтубеля
rag ~ 1. нож для резки тряпья 2. нож полумассного ролла
raze ~ инструмент для маркировки деревьев *или* брёвен
ripping ~ нож продольной саморезки (*для тонких бумаг*)
riving ~ расклинивающий нож; предохранительный клин круглой пилы; клин для раскалывания
sash ~ 1. железко рубанка для выборки пазов 2. шпунтубель; нож шпунтубеля
screeve ~ инструмент для маркировки деревьев *или* брёвен
scythe-like ~ нож для резания тряпья
shaper ~ резец фрезерного станка, фреза
shell ~ нож статора (*конической мельницы*)
skew rabbet ~ нож зензубеля
slitter ~ тарельчатый нож (*перемотно-разрезного станка*)
stiff-bladed ~ жёсткий нож для расплавления мастики (*в палочках*); жёсткий шпатель
striking ~ нож для разметки
tenon ~ резец для зарезки шипа; нож шипорезного станка
tongue-and-groove ~ шпунтубель; нож шпунтубеля
topping ~ нож для обрезки вершин; ножевое устройство для обрезки вершин
veneer ~ нож лущильного станка; нож шпонострогального станка
veneer saw ~ нож для резки шпона
knifer скарификатор
knob 1. наплыв (*на стволе*) 2. ручка, захват, головка, кнопка 3. клубенёк (*у бобовых*)
turned ~ точёная ручка
knock стряхивать (*плоды*) ◇ to ~ off очищать деревья от сучьев

knocker 1. стряхиватель (*плодов*) 2. выталкиватель
tree ~ стряхиватель плодов
knocking of crank отдача заводной рукоятки (*двигателя*)
knockoff снимающий спрыск
knog свилеватость; нарост
knot 1. сучок, узелок ‖ очищать (*массу*) от сучков *или* узелков 2. нарост, кап 3. свилеватость ◇ ~ on arris сучок, выходящий на ребро заготовки
black ~ чёрный сучок; несросшийся сучок
blind ~ заросший сучок
branched ~ разветвлённый сучок
dead ~ несросшийся сучок
decayed ~ гнилой сучок
edge ~ сучок, выходящий на кромку заготовки
encased ~ 1. *амер.* сросшийся сучок 2. *англ.* сучок, окружённый корой *или* смолой
enclosed ~ заросший сучок
epicormic ~ сучок от водяного побега
firm ~ твёрдый загнивший сучок
hollow ~ дуплистый сучок
horn ~ роговой сучок; сшивной сучок
incased ~ *см.* encased knot
intergrown ~ сросшийся сучок
large ~ крупный сучок (*диаметром более 3,7 см*)
live ~ сросшийся сучок
loose ~ твёрдый выпадающий сучок
margin(al) ~ кромочный сучок (*дерева*)
medium ~ средний сучок (*диаметром менее 3,7 см*)
mule-ear ~ сшивной сучок
occluded ~ заросший сучок
partially intergrown ~ частично сросшийся сучок
pearl ~ маленький здоровый сучок
pin ~ игольчатый сучок (*диаметром менее 1,2 см*)
pith ~ гнилой сучок с выпавшей сердцевиной
punk ~ *амер.* гнилой сучок
rotten ~ гнилой сучок
slash ~ сшивной сучок; роговой сучок
small ~ мелкий [карандашный] сучок (*диаметром менее 1,8 см*)

knot

sound ~ плотный здоровый сучок
spike ~ продолговатый сшивной сучок; сучок, разрезанный в продольном направлении
splay ~ сшивной сучок
standard ~ стандартный здоровый сучок (*диаметром менее 3,7 см для хвойных и 3,1 см для лиственных пород*)
tight ~ плотный сучок, плотно сидящий сучок
unsound ~ нездоровый [гнилой] сучок
knot-bumper обрубщик сучьев; рабочий на доочистке деревьев от сучьев (*часто и на раскряжёвке*)
knothole отверстие от сучка
knotted шишковатый; сучковатый
knotted-over с заделанными [с замазанными] сучками
knotter 1. обрубщик сучьев **2.** сучкоотделитель; сучколовитель
  coiler ~ узлозавязывающий станок
  worm ~ червячный сучколовитель
knotting 1. заделывание сучков перед окраской *или* лакированием древесины; грунтовка **2.** состав (*из шеллачной смолы и метилового спирта*) *для предварительной обработки сучковатой поверхности древесины* **3.** обрезка сучьев (*после валки деревьев*) **4.** изготовление пружин из проволоки
knotty свилеватый; сучковатый, узловатый
knuckle 1. подлокотник кресла с колонкой **2.** шарнир, кулачок, сустав
knuckling завязывание узла (*пружины*)
knur нарост; сук; узел
knurl 1. нарост; сук; узел **2.** шаблон для тиснения, молет(а)
kollergang бегуны
kollermill бегуны
konaki *новозел.* тележка с низкими колёсами для перевозки лесоматериалов
kraft 1. крафт-бумага **2.** крафт-целлюлоза
  bleached ~ белёная крафт-бумага
  core ~ **for laminates** основа для внутренних слоёв пластика
  creped ~ крепированная крафт-бумага

imitation ~ имитация крафт-бумаги
spinning ~ прядильная крафт-бумага
waxed ~ парафинированная крафт-бумага
kraftliner оклеечная крафт-бумага
kraftwood *фирм.* декоративная фанера для облицовывания внутренних стен помещения (*на внешней поверхности нанесены риски для имитации ножевой фанеры; покрыта слоем лака*)
kyanizing пропитка древесины (*хлористой ртутью в открытой ванне в течение нескольких дней*)

L

laborer:
  dayman ~ подённый рабочий, подёнщик
lac лак натурального происхождения, (*неочищенный*) шеллак
  button ~ очищенная [обработанная] шеллачная смола, застывшая в виде капель; сухой шеллак в виде круглых пластинок
  orange ~ *уст.* шеллак-оранж
  seed ~ очищенная [обработанная] шеллачная смола в виде мелких гранул *или* зёрен
  stick ~ сырая шеллачная смола; необработанный шеллак
laces кружевная бумага; бумажные кружева
laciniate 1. с неровными краями **2.** дольчатый, надрезанный, рассечённый
lacker *см.* **lacquer**
lacquer лак ‖ лакировать
  flat ~ матовый [матирующий] лак
  full-bodied ~ сгущённый лак, лак высокой вязкости
  hammerloid ~ лак, имитирующий чеканную металлическую поверхность
  high solid ~ лак с высоким содержанием сухого остатка
  matt ~ матовый [матирующий] лак
  nonconvertible ~ лак, отверждаю-

щийся в результате испарения летучих веществ
oil-gloss ~ масляный лак
opaque ~ непрозрачное лаковое покрытие, эмаль
oriental ~ натуральный японский лак, натуральный китайский лак
precat matt ~ матовый лак с предварительно введенным катализатором
semimatt ~ лак с умеренным блеском; полуматовый лак
transparent ~ бесцветный [прозрачный] лак
Lactoid *фирм.* лактоид (*казеин*)
ladder стремянка; трап
bucking ~ *амер.* подкладки при раскряжёвке (*слеги, укладываемые параллельно с определённым интервалом под раскряжёвываемые брёвна*)
erecting ~ монтажная лестница (*для подъёма трелёвочной мачты и для её оснастки*)
grouse ~ сильно ветвистое дерево (*на Аляске*)
jack ~ эстакада (*для брёвен*)
laffaten шпала, изготовляемая из небольшого брёвна
lag 1. бочарная клёпка 2. обшивать рейками *или* планками; затягивать обаполами ◇ to ~ on обшивать тёсом
lagging 1. обшивка рейками *или* планками. 2. опалубка
~ of centering опалубка, обрешётка
open ~ обшивка досками с промежутками
laid бумага верже ‖ вержированный
antique ~ матовая бумага верже
duplicator ~ копийная бумага верже
medieval ~ печатная бумага — имитация бумаги ручного черпания
lake 1. красочный лак; краплак 2. озеро ◇ ~ in the paste form пастовый красочный лак
lamella:
middle ~ межклеточное вещество
lamina 1. слой (*напр. древесины*) 2. тонкая пластинка 3. *бот.* листовая пластина
laminant клеящее вещество
laminate 1. слоистый пластик, ламинат, слоистый материал ‖ расслаивать ‖ слоистый, пластинчатый 2. формовать многослойный картон
backed paper-based ~ бумажнослоистый пластик на основе *или* подложке (*фанерной, ДСП и т.п.*)
balance ~ уравновешивающий слой (*фанеры*)
base ~ слоистый пластик на основе тяжёлой коричневой крафт-бумаги
build-up ~ уравновешивающий слой (*фанеры*)
cored structural paper-based ~ конструкционный бумажно-слоистый пластик с полой серединкой
decorative surfacing ~ декоративный слоистый облицовочный пластик
densified wood ~ древеснослоистый пластик
fabric-based ~ слоистый пластик на тканевой основе
foil paper ~ фольговый ламинат
light-duty ~ слоистый пластик, не подвергающийся большим нагрузкам в процессе эксплуатации (*для облицовывания вертикальных поверхностей*)
paper(-based) ~ бумажнослоистый пластик
polyester/fiberglass ~ ламинированный пластик, состоящий из полиэфира, усиленного стекловолокном
postformed [postforming] ~ слоистый пластик, подвергающийся последующему формированию *или* процессу «постформинг»
textured ~ слоистый пластик с тиснёной поверхностью и текстурным рисунком
vertical ~ слоистый пластик, используемый для облицовывания вертикальных поверхностей
laminated слоистый, пластинчатый
laminating производство слоистых бумажных материалов; формование многослойного картона
~ of paper каширование бумаги
lamination 1. ламинирование, облицовывание 2. расслоение, слоистость 3. пластинчатое [слоистое] строение
dry ~ сухое ламинирование; облицовывание сухим способом; ламинирование под действием давления с за-

233

lamination

ранее нанесённым клеевым покрытием
oblique ~ косая слоистость (*древесины*)
laminator 1. пресс для ламинирования 2. пресс для изготовления слоистых конструкций 3. машина для производства слоистых бумажных материалов, ламинатор
laminboard реечный щит, столярный щит; столярная плита, ламинированная плита
registered ~ фирменная ламинированная плита
Lamiper *фирм.* ламипер (*древесный слоистый пластик*)
lampblack ламповая сажа; чёрная краска из ламповой сажи (*для отделки древесины*)
lance-leaved ланцетолистный
lance-linear линейно-ланцетовидный
lance-oblong удлинённо-ланцетовидный
lanceolate ланцетовидный
lance-oval овально-ланцетовидный
land 1. земля; местность 2. фаска (*по верху зуба*); верхняя узкая грань (*зуба*) 3. режущая кромка (*сверла*)
backlog ~ лесная площадь; вырубка
barren ~ пустошь; земля, лишённая древесной растительности
commercial forest ~ площадь коммерческих [промышленных] лесов; доступная для освоения лесная территория; эксплуатационная лесная площадь
crown ~**s** удельные земли
cut-over ~ вырубка
even ~ равнина, ровная местность
fissured ~ расчленённая территория
forest ~ лесная площадь
hay ~ сенокосное угодье
inaccessible forest ~ недоступная для освоения (*лесозаготовок*) лесная территория
inundated ~ заболоченная [болотистая] местность
logged ~ вырубка
marginal ~**s** окраинные земли
marshy ~ заболоченная [болотистая] местность
miscellaneous ~**s** бросовые земли

moss ~ заболоченная [болотистая] местность
noncommercial forest ~ непромышленная лесная территория (*парки, заказники*); неэксплуатационная лесная площадь
nonreserved ~ лесная площадь (*на которой разрешены лесозаготовки*)
nonstocked forest ~ не покрытая лесом площадь
productive forest ~ продуктивная лесная площадь
public forest ~ общинная лесная площадь
regenerating forest ~ возобновившаяся лесная площадь
restocking forest ~ возобновившаяся лесная площадь
steep ~ участок с крутым склоном
stumpy ~ вырубка
table ~ плоская возвышенность
timber ~ лесная площадь
unproductive (forest) ~ непродуктивная площадь лесов (*болото, скалы и т. п.*)
unstocked forest ~ не покрытая лесом площадь
urban ~ урбанизированная территория
virgin ~ целинная земля, целина
waste ~ бросовая земля; пустошь
wild ~ целинная земля, целина
landfilling засыпка (*заполнение*) территории (*отходами*); ссыпание отходов в отвал
landforms рельеф земной поверхности
landing 1. погрузочная площадка, склад; (лесо)погрузочный пункт 2. выгрузка на берег ◇ ~ **and delivery** выгрузка на берег и доставка (*груза*)
bottom timber ~ нижний склад; расположенная внизу склона погрузочная площадка
final ~ 1. основной (конечный) склад; нижний склад; заводской склад лесоматериалов 2. окончательная выгрузка
highlead ~ погрузочная площадка при канатной трелёвке полуподвесным способом
low(er) ~ нижний склад; погрузочная площадка у подножья склона (*при канатной трелёвке*)

234

primary ~ промежуточный склад; промежуточная (погрузочная) площадка
secondary ~ верхний склад; погрузочная площадка у дороги
tractor ~ погрузочная площадка при тракторной трелёвке
upper ~ верхний склад
landownership землевладение
landscape ландшафт
 anthropogenic ~ антропогенный ландшафт
 elementary ~ элементарный ландшафт (*наименьший природно-территориальный комплекс, соответствующий географической фации или биогеоценозу*)
 forest ~ лесной ландшафт
 fossil ~ реликтовый ландшафт
 original ~ первичный ландшафт
 residual ~ реликтовый ландшафт
 tugai ~ тугайный ландшафт (*пойменных лесов Средней и Центральной Азии*)
landscaper лицо, занимающееся обустройством ландшафта
landside 1. полевая доска (*плуга*) 2. стенка плужной борозды
landslide оползень, обвал
lane 1. узкий проход 2. ряд, полоса (*деревьев*)
 fire ~ пожарная дорога
lap 1. нахлёстка, перекрытие 2. потёк, след ˙от кисти 3. полировальный [шлифовальный] круг ‖ полировать, шлифовать 4. *пл.* пачка древесной массы 5. вершины деревьев, оставляемые на лесосеке при заготовке леса 6. лист (влажной массы); папка (*древесной массы*)
 pulp ~ лист влажной целлюлозы; целлюлозная папка
lapman съёмщик массы, съёмщик папки
lapped внакрой, внахлёстку, кромка на кромку
lapping 1. нахлёстывание, напуск 2. сбегание (*приводного ремня*) 3. отжим на папочной машине
lapwood лесосечные отходы
larch лиственница (*Larix*)
 Alaska ~ лиственница американская (*Larix laricina*)

lathe

American ~ лиственница американская (*Larix laricina*)
common ~ лиственница европейская (*Larix decidua*)
European ~ лиственница европейская (*Larix decidua*)
Siberian ~ лиственница сибирская (*Larix sibirica*)
tamarack ~ лиственница американская (*Larix laricina*)
western ~ лиственница западная (*Larix occidentalis*)
large-leaved крупнолистный
larva личинка; гусеница
 hatched ~ вылупившаяся личинка; личинка, вышедшая из яйца
 prepupal ~ личинка перед окукливанием
lash связывать, прикреплять (*напр. брёвна в плотах*)
lashing связка, крепление (*брёвен в плотах*)
lasp охлёстывать (*вершины деревьев*)
latch запор; затвор; защёлка; упорный штифт, собачка ‖ запирать
latent 1. скрытый, латентный 2. *бот.* спящий
lateral расположенный в стороне (*от несущего каната*)
latesol латеритная почва
latewood поздняя древесина
latex латекс, млечный сок (*растений*)
lath обшивка, обрешётка, дранка, рейка
 blind ~s тонкие рейки для жалюзи
 counter ~ (под)решетина
 insulating ~ изоляционный картон
 roof ~ кровельная дранка
 seeding ~ регулятор нормы высева
 sowing ~ регулятор нормы высева
lathe 1. токарный станок 2. лущильный станок
 backing-off ~ токарно-затыловочный станок
 back-knife ~ токарный станок с задним резцом; токарно-затыловочный станок
 ball-turning ~ токарный станок для обточки шаровых поверхностей
 burr ~ аппарат для насечки (*дефибрерного камня*)
 copying ~ токарно-копировальный станок

235

lathe

feed truing ~ *см.* hydraulic-feed burr lathe
hand ~ ручной токарный станок; токарный станок с суппортом для ручного резца *или* долота
hydraulic-feed burr ~ аппарат с гидравлической подачей для насечки (*дефибрерного камня*)
machine ~ токарный станок
mechanical-feed truing ~ аппарат с механической подачей для насечки (*дефибрерного камня*)
oriental ~ лучковый токарный станок
patternmaker's ~ фасонный токарно-копировальный станок; токарный станок для модельной мастерской (*для обработки деревянных моделей*)
rotary-cutting ~ лущильный станок
sharpening ~ аппарат для насечки (*дефибрерного камня*); ковочный аппарат
spoke ~ токарно-копировальный станок для изготовления деревянных колёсных спиц
telescopic peeling ~ лущильный станок с телескопическими шпинделями
veneer(-cutting) ~ лущильный станок
wheel ~ лобовой токарный станок, станок для обточки бандажей; колёсный станок

lathed строганый, гладкий (*о наружной поверхности бочки*)
lathing обшивка (*под штукатурку*), подрешётка ◇ ~ for stucco обшивка под штукатурку
 wood ~ драль
lathwood расколотые кряжи, идущие на выработку колотой драни
latticework:
 woven ~ плетёнка из шпона (*для упаковки фанеры*)
laurel лавр (*Laurus*)
law закон, правило
 forest conservation ~ закон об охране лесов
 forest protection ~ закон об охране лесов
lay 1. положение (*сваленного дерева*) 2. свивка (*каната*) ‖ свивать (*канат*) 3. средняя часть лемеха 4. лемех ◇ to ~ out провешивать визир;
~ out a road прокладывать дорогу
~ of land рельеф местности
arrangement ~ of line track трассировка на местности; разбивка трассы
cross ~ крестовая свивка
Lang's ~ односторонняя свивка
left(-hand) ~ левая свивка
ordinary ~ крестовая свивка
right(-hand) ~ правая свивка
layboy самоукладчик
lay-by ветка; запасный [обгонный] путь; разъезд
layer 1. слой 2. нижний ряд (*тары в вагоне*) 3. горизонт, пласт 4. ярус 5. сортировщик бумаги (*ручного черпания*)
abscission ~ *бот.* отделительный слой
active ~ слой почвы над вечной мерзлотой
aerial ~ воздушный отводок (*от стебля*)
annual growth ~ годичный слой (*прироста древесины*)
canopy ~ лесной полог
core ~ внутренний слой (*фанеры*)
cryic ~ слой вечной мерзлоты
cumulo ~ перегнойно-аккумулятивный [гумусовый] горизонт
debris ~ слой лесного опада; лесная подстилка
exterior ~ внешний [наружный] слой (*фанеры, ДСП, ДВП*)
F-~ средний слой полуразложившегося опада
field ~ живой напочвенный покров; травяной ярус
ground ~ напочвенный ярус (*представлен мхами и низшими формами растительности*)
growth ~ годичный слой; слой прироста (*древесины*); годичное кольцо
H-~ нижний слой сильно разложившегося опада
hardpan ~ ортштейн, твёрдый подпочвенный слой
humic ~ гумусовый горизонт
indurated ~ уплотнённый слой (*почвы*)
L-~ верхний слой почти неразложившегося опада
lithic ~ слой материнской горной породы

mulch ~ машина для покрытия почвы растительными остатками, бумагой *или* плёнкой
Of-fibric ~ верхний слой неразложившегося опада мхов
Oh-humic ~ нижний слой сильно разложившегося опада мхов; торфянистый слой
Om-mesic ~ средний слой полуразложившегося опада мхов
outer [outside] ~ наружный слой (*картона*)
plastic ~ машина для раскладки пластмассовой мульчирующей плёнки
primary ~ *цел.-бум.* основной слой
root ~ корнеобитаемый слой
secondary ~ *цел.-бум.* наливной слой
surface ~ *цел.-бум.* поверхностный слой
tree ~ ярус древостоя

layering 1. размножение отводками (*растений*) 2. ярусность
aerial ~ надземная ярусность (*распределения по ярусам растений*)
air ~ получение воздушных отводков (*от стебля*)
artificial ~ искусственное размножение (*растений*) отводками
natural ~ саморазмножение (*растений*) отводками
subterranean ~ подземная ярусность (*распределения по ярусам корневых систем различных видов растительности*)

layer-up накрывальщик (*рабочий, укладывающий в пакет листы шпона, выходящие из клеенаносящего станка*)

laying 1. разбивка; трассировка (*дороги*) 2. настил, укладка (*полов*) ◇
with the hammer наклейка (*мозаики*) с помощью фанеровального молотка, горячей воды и цикли
burr ~ фанерование *или* облицовывание строганым шпоном берёзового капа
herringbone ~ укладка (*паркета*) в ёлку
veneer ~ фанерование, облицовывание шпоном

laying-in очистка основания дерева (*для подготовки места подпила*)

leaf

laying-off разметка ствола и веток срубленного дерева (*для поперечной раскряжёвки*)
laying-up 1. формирование пакета (*шпона*) 2. погрузка; укладка в стопу; штабелирование
lay-mark упор
laystool укладочный стол (*в производстве бумаги ручного черпания*)
leach выносить, выщелачивать (*питательные элементы*)
lead 1. путь; направление движения канатов 2. направляющий блок, направляющий ролик ‖ вести, направлять 3. передний угол (*зуба пилы*) ◇ to ~ the web заправлять полотно бумаги
square ~ положение (*рабочих канатов при начале разработки*), перпендикулярное дороге
leader 1. главный побег 2. доминант
multiple ~ сложный [разветвлённый] главный побег
terminal ~ верхушечный побег
leadhand бригадир
lead-over:
automatic ~ автоматическая заправка (*бумаги*)
leaf 1. лист ‖ покрываться листьями 2. откидная крышка (*стола*) 3. створка (*окна или двери*) 4. рама (*фильтрпресса*) ◇ in ~ с распустившимися листьями; to come into ~ покрываться листьями
abruptly pinnate ~ парноперистый лист
abscissed ~ опавший лист
acerouse ~ хвоя
acicular ~ игольчатый лист
adult ~ сформировавшийся лист
alternate ~ очередной лист
binary ~ лист из двух пластинок
bottom ~ прикорневой лист
cataphyllary ~ кроющий лист (*почки*)
cleft ~ раздельный [дольчатый] лист
compound ~ сложный лист
decomposite ~ разделённый лист
dedalous ~ выемчатый лист
double serrate ~ двойной пильчатый лист
early ~ ранневесенний лист

leaf

entire(-kind) ~ цельный лист
feather-nerved ~ перистонервный лист
finger-veined ~ пальчатонервный лист
flaccid ~ увядший лист
fly ~ откидная крышка (*стола*)
glabrous ~ голый [неопушённый] лист
hastate ~ копьевидный лист
incised ~ надрезанный лист
interruptedly pinnate ~ прерывисто-перистый лист
lobed ~ лопастный [дольчатый] лист
loose ~ *цел.-бум.* вкладной лист
oblanceolate ~ обратноланцетовидный лист
oblong ~ продолговатый лист
obovate ~ обратнояйцевидный лист
odd-pinnate ~ непарноперистый лист
opposite ~ супротивный лист
palmately compound ~ пальчато-сложный лист
palmately lobed ~ дланевидно-лопастный лист
palmately parted ~ пальчаторассечённый лист
palmately veined ~ лист с пальчатым типом жилкования
palmatisected ~ пальчаторассечённый лист
paripinnate ~ парноперистый лист
parted ~ рассечённый лист
petioled ~ черешковый лист
pinnate ~ перистый лист
pinnately decompound ~ двоякоперистосложный лист
pinnatifid ~ перисторассечённый лист
pinnatilobate ~ перистодольчатый лист
pinnatipartite ~ перистораздельный лист
pinnatisected ~ перисторассечённый лист
radical ~ прикорневой лист
scale ~ прилистник; почечная чешуя
seminal ~ семядоля
setulose ~ ворсистый лист
spatulate ~ лопатовидный лист
subopposite ~ очередной лист
subsessile ~ лист с очень слабовыраженным черешком
subulate ~ шиловидный лист
ternate ~ тройчатый лист
toothed ~ пильчатый лист
triscupidate ~ трёхзубчатый лист
unifoliate ~ однолопастный лист
whorled ~ мутовчатый лист
leafage листва, крона
leafed облиственный
leafless безлистный
leaflet 1. листочек сложного листа 2. молодой лист
leaf-losing листопадный
leafy облиственный
leakproof герметичный
lean 1. наклон, отклонение ǁ наклоняться 2. тощий, бедный (*о смеси*)
head ~ наклон (*растущего дерева*) вперёд
natural ~ естественный наклон (*растущего дерева*)
lease 1. сдача в наём 2. договор об аренде
leatherboard кожевенный картон
leathercloth ледерин, искусственная кожа
leatheroid летероид (*вид тонкой фибры*)
leavestrip не затронутые *или* частично пройденные выборочной рубкой части насаждения (*между коридорами*)
ledge 1. выступ, уступ, карниз, консоль, планка 2. *pl* конторская бумага
counter ~ выступающая часть буфета; выступающий щит; выступающая планка
loading ~ погрузочная платформа
mixed ~s смешанная конторская бумага
rabbet ~ притвор (*двери или окна*)
supporting ~ of drawer направляющая планка выдвижного ящика
ledum багульник (*Ledum*)
leftovers отходы, остатки
leg 1. ножка (*мебели*), опора 2. стойка (*лесного плуга*) 3. стояк 4. крючок грядиля
cabinet ~ тумба письменного стола
cabriole ~ гнутая [изогнутая] ножка
contemporary ~ ножка современного изделия мебели
folding ~ складная [разборная] ножка
inverted cup ~ ножка, оканчивающа-

level

яся декоративным элементом в виде перевёрнутой чашки
peg ~ точечная суживающаяся ножка
saber ~ ножка в виде сабли; изогнутая ножка
shear ~ погрузочная установка с л-образными или Х-образными мачтами
sleeve ~ полая цилиндрическая ножка
stiff ~(s) упор, упорная стойка; жёсткие ноги (*рамы деррик-крана*)
trumpet ~ ножка в виде раструба
wrought iron ~ ножка из чугуна
length 1. длина; отрезок (*каната*) 2. сортимент, лесоматериал
~ of furrow длина гона
bolt ~ короткомерный сортимент
butt ~ комлевое бревно
clamping ~ зажимная длина (*длина образца бумаги между зажимами прибора*)
clear ~ часть ствола без сучьев
crown ~ протяжённость [длина] кроны
entire tree ~ хлыст
extra ~ припуск по длине
face ~ длина карры
fiber ~ длина волокна
lip ~ длина режущей части (*сверла*)
log ~ полухлыст, долготьё; длинномерный сортимент
log-haul ~ лесоматериал длиной, равной длине автопоезда
lower crown ~ нижняя длина кроны (*до первой живой ветви*)
merchantable ~ длина деловой части ствола
minimum timber ~ *англ.* минимальная длина деловой части ствола (*до диаметра верхней части ствола 7 см*)
mixed ~s лесоматериалы разной длины
mortise ~ длина паза
multiple-stick ~ хлыст
odd(-number) ~ длина (*лесоматериала*), равная нечётному числу футов
oil ~ of varnish жирность лака
punching breaking ~ разрывная длина при штамповании
random ~s лесоматериалы разной длины
root ~ длина корневой части (*сеянцев*)
rough ~ длина заготовки с припуском
scaling ~ стандартная длина брёвна (*в США 5-6 м*)
second ~ бревно, следующее после комлевого (*отрезаемое вторым, считая от комля*)
snig ~ расстояние трелёвки
span ~ длина пролёта
staple ~ 1. длина волокна, оцениваемая визуально 2. длина скобки; длина скрепки
top ~ высота надземной части (*сеянцев*)
total ~ of cuts/second секундная режущая длина ролла
tree ~ хлыст
upper crown ~ нижняя длина кроны (*до первой группы живых ветвей*)
used ~ 1. полезная длина (*бревна*) 2. сумма длин брёвен, полученных из одного дерева
zero(-span) breaking ~ нулевая разрывная длина
lengthening of timber сращивание брусьев
lengthwise в длину, вдоль (*напр. волокон*)
lenticel чечевичка (*поры в коре ветвей*)
lesion повреждение, поражение
canker-like ~ язвообразное повреждение (*насекомыми*)
let мелкое дренажное углубление (*на поверхности дороги*); дренажный вырез (*на обочине дороги*)
letheridge смесь клея с окисью свинца (*используемая для замазки или шпатлёвки*)
level 1. уровень, горизонт 2. поверхность 3. нивелир ‖ нивелировать
Abney ~ 1. ручной клинометр (*для измерения уклонов*); ручной нивелир 2. измерительный прибор Абнея
bark ~ содержание коры (*в щепе, дроблёнке*)
base ~ базис эрозии
builder's ~ нивелир
carpenter's ~ ватерпас, уровень с отвесом

level

crowding ~ густота (*древостоя*)
dumpy ~ глухой нивелир
frost ~ 1. высота распространения заморозка 2. глубина замерзания (*почвы*)
geodetic ~ 1. геодезический уровень 2. нивелир
hand ~ ручной нивелир, эклиметр
headbox ~ уровень массы в напорном ящике
inventory ~ объём запаса (*лесоматериала, сырья*)
seed ~ глубина высева, глубина заделки семян
Swede ~ высокая вешка *или* кол с поперечиной вверху
tall oil-brine interface ~ граница поверхности раздела между талловым маслом и солевым раствором
levelator выравниватель
leveler 1. грейдер 2. геодезист, топограф, нивелировщик
leveling 1. выравнивание 2. нивелирование 3. рихтовка (*пил*)
lever 1. рычаг ‖ поднимать рычагом 2. рукоятка, балансир 3. вылет, вынос 4. ручка двери
~ of crane стрела крана
claw-ended ~ 1. багор с крюком (*для поворачивания брёвен*) 2. ломик с лапками на конце (*для выдёргивания костылей*)
felling ~ валочный рычаг
safety ~ рычаг безопасности (*тормозного устройства пилы*), рукоятка тормоза (*пилы*)
seed rate ~ рычаг регулятора высева
trip-over ~ рычаг поворота (*оборотного плуга*)
leverator выравниватель
levoglucosan *лесохим.* левоглюкозан
liber лыко, луб, мочало
liberation 1. освобождение, выделение 2. прочистки (*рубки ухода*)
libriform либриформ
lice:
  plant ~s тли (*Aphidoidea*)
licence:
  felling ~ лесорубочный билет
  timber ~ лицензия на заготовку и продажу древесины
lichen лишайник
licking отставание покровного слоя (*мелованных или крашенных бумаг во время печатания*)
lick-up автоматический съём (*бумажного полотна с сетки*)
lid крышка, колпак, покрышка
  raised ~ выпуклая крышка
lift 1. высота подъёма (*груза над землёй*) 2. грузоподъёмность 3. подъёмный механизм 4. разбирать на листы (*стопу сырой бумаги при ручном черпании*)
colter ~ механизм подъёма сошников
disposable ~ полезная подъёмная сила; полная грузоподъёмность (*без веса тары*)
fork ~ погрузочный челюстной захват (*монтируемый на тракторе*)
log ~ вертикальный элеватор [погрузчик] для брёвен
lifter подъёмное приспособление
plant ~ выкопочная машина, копач
tree ~ механическая лопата для выкопки саженцев
lifting 1. подъём; погрузка 2. сморщивание плёнки (*дефект отделки, возникающий при несовместимости разных слоёв покрытий*) 3. выкопка посадочного материала 4. отставание покровного слоя бумаги (*во время печатания*) ◊ ~ the canopy 1. вырубка нижнего яруса насаждения (*подъём полога*) 2. обрезка нижних ветвей кроны (*подъём кроны*)
frost ~ выжимание почвы заморозками
grain ~ 1. разрыв волокон (*на выпуклой стороне гнутоклеёной фанерной заготовки*) 2. отставание волокон (*в процессе резания или шлифования участков с неправильным расположением волокон*)
surface ~ выщипывание [выдёргивание] волокон с поверхности бумаги
ligament связь (*волокон*)
light 1. оконное стекло; *pl* световая поверхность окна 2. свет ‖ светлый 3. просвет, проём
borrowed ~ внутреннее окно (*свет в него попадает через другое окно*)
casement ~ створное окно
continuous ~ 1. *pl* ряд окон, которые одновременно закрываются *или* от-

крываются с помощью специального приспособления 2. непрерывный свет
fixed ~ неподвижная оконная рама
hopper ~ нижнеподвесная фрамуга
inspection ~ контрольное световое приспособление
intermittent ~ прерывистый свет
marginal ~s узкие просветы оконного переплёта *или* застеклённой двери
oblique ~ свет, направленный под углом к поверхности
plane-polarized ~ плоскополяризованный свет
refracted ~ преломлённый свет
scattered ~ рассеянный свет
shadow ~ светотеневое приспособление (*для направления пиления*)
stray ~ рассеянный свет
transmitted ~ проходящий свет
Yorkshire ~ оконная рама из массивных брусков с переплётами, скользящими в горизонтальном направлении
light-demander светолюбивый (*о древесной породе*)
light-duty лёгкий; предназначенный для лёгкой работы; маломощный; обладающий малой грузоподъёмностью
lightening 1. вылегчивание (*барабана ролла*) 2. выщелачивание
lighter 1. лихтер, баржа 2. вылегчивающее устройство (*ролла*)
lighting:
~ of fire пуск пала
~ of trees освещение деревьев; прореживание ветвей
lighting-up зажигание, поджигание, поджог
light-loving светолюбивый
lightning загорание [пожар] от молнии
lightwood *амер.* (стволовой) осмол
ligneous древесный
lignescent древеснеющий
lignicole обитающий в древесине
lignification лигнификация, одревеснение
lignify древеснеть
lignin лигнин
alcohol ~ лигнин, осаждённый спиртом
alkali ~ щелочной лигнин
chlorinated ~ хлорлигнин

chlorohydrin ~ хлоргидринный лигнин
cuproxam ~ медно-аммиачный лигнин
dioxane ~ диоксанлигнин
Klassen ~ сернокислый лигнин
mercapto ~ меркаптановый [сульфатный] лигнин
neutral semisulfite cellulose ~ нейтральный сульфитцеллюлозный лигнин
organosoluble ~ органически растворимый лигнин
periodate ~ периодатный лигнин
residual ~ остаточный лигнин (*в волокнистом полуфабрикате*)
lignivorous питающийся древесиной
lignocellulose лигноцеллюлоза
lignosa древесная растительность
lignosulfonate соль лигносульфоновой кислоты
limb 1. сучок, ветвь || обрезать [обрубать] сучья 2. ветвь первого порядка 3. лимб, круговая шкала
~ of tree крона дерева
underside ~ сук, расположенный с нижней стороны (*лежащего на земле дерева*)
limber 1. сучкорезная машина 2. рабочий на очистке деревьев от сучьев, сучкоруб
limber-buncher сучкорезно-пакетирующая машина
limbing обрезка сучьев
bundle ~ групповая очистка деревьев от сучьев
limby сучковатый, с большим количеством сучьев
lime 1. известь 2. липа (*Tilia*)
brown acetate of ~ чёрный древесный порошок
burnt ~ негашёная известь
calcium ~ негашёная известь
caustic ~ гашёная известь
chlorinated ~ хлорная известь
common ~ липа обыкновенная (*Tilia vulgaris*)
dead ~ гашёная известь
large-leaved ~ липа крупнолистная (*Tilia platyphyllos*)
powder ~ пушонка, известковая мука
reburned ~ регенерированная известь
unslaked ~ негашёная известь

limestone

limestone известняк
  ammonium nitrate ~ известково-аммиачная селитра
  ground ~ известковая мука (*грубого помола*)
limit **1.** предел, граница, допуск ‖ ограничивать, ставить предел **2.** *pl* площадь, участок
  ~ **of merchantability** предел товарности (*минимальный диаметр в верхнем отрубе*)
  bordering ~**s** пограничные области (*ареалов*)
  class ~ граница класса, граница интервала
  diameter ~ **1.** верхний *или* нижний предел ступени толщины (*ствола*) **2.** минимально допустимый диаметр (*деревьев, отводимых в рубку*)
  diameter-class ~ *см.* diameter limit 1.
  economic diameter ~ рентабельный отпускной диаметр (*деревьев*)
  exploitable diameter ~ минимальный эксплуатационный диаметр (*деревьев*)
  flight ~ предел рассеивания семян (*при посеве*)
  forest ~ граница леса (*на равнине*)
  girth ~ **1.** верхний *или* нижний предел ступени окружности (*ствола*) **2.** минимально допустимая окружность (*деревьев, отводимых в рубку*)
  girth-class ~ *см.* girth limit 1.
  liquid ~ предел текучести (*почвы*)
  merchantable diameter ~ рентабельный отпускной диаметр (*деревьев*)
  plastic ~ предел пластичности (*почвы*)
  timber ~ граница леса (*на равнине*)
  top diameter ~ диаметр ствола, на котором производится обрезка вершины
  tree ~ граница леса (*на равнине*)
limitation ограничение
  load ~**s** правила погрузки, регламентирующие объём груза (*его развеску между тягачом и прицепом, между осями, колёсами и т.д.*)
limnetic болотный
line **1.** линия **2.** канат **3.** ряд (*оборудования*) **4.** трубопровод **5.** магистраль **6.** происхождение, родословная **7.** *pl* тонкие заготовки ценных пород длиною около 1 м с квадратным сечением 1,6-3,2 мм (*для интарсии, мозаики и др.работ*) ◇ **to** ~ **out 1.** набросать контур [очертание] **2.** разметить (*пиломатериал*)
  ~ **of mitre** *англ.* шов усовочного соединения
  ~ **of nosings** линия касания ступенек лестницы
  aerial ~ несущий канат; канат подвесной канатной дороги; подвесная канатная дорога
  automatic filling ~ автоматическая заполняющая линия (*для поддонов с блоками сеянцев «Пейперпот»*)
  back ~ **1.** оттяжка; возвратный канат **2.** граница лесосеки, помеченная на деревьях
  baling ~ упаковочное оборудование
  balloon tether ~ канат крепления аэростата (*к оснастке канатной трелёвочной установки*)
  barking ~ окорочная линия
  base ~ **1.** база; базис; основная линия; магистраль (*при дорожных изысканиях*) **2.** базис фотографирования (*в лесоустройстве*)
  black ~ чёрная линия (*граница зоны развития дереворазрушающего гриба*)
  boom swing ~ канат поворота погрузочной стрелы (*вокруг мачты*)
  bottom ~ **of teeth** линия основания зубьев (*пилы*)
  boundary ~ линия раздела (*узлов мебели*)
  box filler ~ коробконабивочная линия
  box production ~ линия изготовления спичечных коробок
  break ~ линия разрыва
  carriage-drum ~ канат для привода барабана трелёвочной каретки
  chain ~**s** маркировка от скрепляющих проволок (*на бумаге ручного черпания*)
  chalk ~ меловая линия; натёртая мелом верёвка для разметки длинных прямых линий (*на плоской поверхности*)
  chlorine blow-off ~ трубопровод для выдувки хлора
  choker ~ канат с чокерами; канат чокера

line

cinch ~ канат, прокладываемый поверх верхнего ряда в плоту
closing ~ канат, закрывающий захват
compartment ~ 1. квартальная просека 2. граница лесосеки
continuous-feed delimbing ~ сучкорезная линия с непрерывной подачей
continuous peeling, drying and clipping ~ линия непрерывного лущения, сушки и разрезки шпона
contour ~ горизонталь, изогипса
control ~ 1. канат управления возвратным канатом 2. заградительная полоса (*противопожарная*)
crosscutting ~ раскряжёвочная линия
door panels automatic assembly ~ автоматическая линия для сборки щитовых дверей
double-end edge banding ~ линия двустороннего облицовывания кромок (*щитов*)
double-end sizing-and-trimming ~ линия двусторонней обрезки и обработки кромок (*щитов*)
drag ~ канат (*тракторной лебёдки*); рабочий канат (*при лебёдочной трелёвке*)
drying ~ сушилка (*для бумаги ручного отлива*)
endless ~ замкнутый канат
erecting ~ монтажный канат
extraction ~ трелёвочный волок
face ~ of teeth линия вершин зубьев (*пилы*)
finishing ~ отделочная линия
fire ~ 1. противопожарная [заградительная] полоса; постоянный противопожарный разрыв; минерализованная полоса 2. *повозел.* линия огня, кромка пожара
forest ~ верхняя граница леса (*в горах*)
form-height ~ ряд видовых высот
forming ~ линия отливки ковра (*ДВП*); линия формования ковра (*ДСП*)
frost ~ 1. высота распространения заморозка 2. глубина промерзания (*почвы*)

glue ~ клеевой шов
gold-bronzed vein ~ позолоченная прожилка (*отделка древесины*)
grade ~ 1. линия сортировки (*напр. шпона*) 2. размеченная на местности линия нивелировки
grapple opening ~ канат, открывающий захват
grass ~ вспомогательный (*монтажный*) канат (*для прокладки рабочих канатов*)
groundhog ~ тяговый канат лебёдки (*для наземной подтрелёвки брёвен*)
guy ~ растяжка
hair ~ волосяная линия (*шва или соединения*)
haulage [haul-in, hauling] ~ тяговый [грузовой] канат
haulback ~ возвратный [холостой] канат
heel (tackle) ~ канат натяжного полиспаста
high-pressure relief ~ газопровод сдувок высокого давления
hoist(ing) ~ (грузо)подъёмный канат (*наматываемый на барабан трелёвочной каретки*)
hook ~ вытяжной канат (*для подачи тягового каната и прицепных приспособлений к грузу*)
inhaul ~ тяговый [грузовой] канат
laid ~ линия в бумаге верже
lead ~ рабочий канат
lift(ing) ~ груподъёмный канат
lipping ~ шов приклейки кромочной облицовки
loading ~ погрузочный канат
log suspension ~ грузоподъёмный канат (*канатной трелёвочной установки*)
loop ~ 1. объездной путь (*лесовозной железной или лежневой дороги*) 2. обводная линия, обводной трубопровод
lost ~ *амер.* заброшенная защитная полоса
low-pressure relief ~ газопровод низкого давления
main ~ тяговый [грузовой] канат
main haulback ~(s) тяговый и возвратный канаты, закреплённые на каретке *или* соединённые вместе
mainline-loading ~ трелёвочно-погрузочный канат

243

line

mold ~s направляющие линии при обработке детали по копиру *или* шаблону
operating ~ 1. рабочий канат 2. рабочая линия
outhaul ~ возвратный [холостой] канат
overhead ~ подвесная канатная дорога *или* система
panel machining ~ линия обработки щитов
pass ~ подъёмный монтажный канат
patch ~ линия починки шпона *или* фанеры
pencil ~ чёрная линия (*граница зоны развития дереворазрушающего гриба*)
pendulum ~ канат, совершающий маятниковое движение (*при аэростатной трелёвке*)
planting ~ ряд лесных культур
pull-out ~ вытяжной канат (*для прицепного блока*)
raft section ~ линейка сплоточных единиц (*расположенных вдоль или поперёк плота*)
receding ~ *кан.* возвратный [холостой] канат
return ~ возвратный [холостой] канат
roll finishing ~ поточная линия резки и упаковки рулонов
rub ~ линия шлифования
running ~ тягово-несущий канат
sawing and debarking ~ линия раскряжёвки и окорки
scorch ~ высота опала (*пожаром*)
sheet finishing ~ поточная линия резки и упаковки листовой целлюлозы
side ~ наклон (*растущего дерева*) в сторону
sidehaul ~ оттяжной канат (*для бокового перемещения передвижного несущего каната*)
side-pull ~ оттяжной канат (*для бокового перемещения передвижного несущего каната*)
sight(ing) ~ визирная линия, визир
skidder ~ *амер.* тяговый трелёвочный канат
skidding ~ 1. тяговый трелёвочный канат 2. трелёвочный волок

skyline haulback ~ возвратно-несущий канат (*установки с тягово-несущим канатом*)
slack pulling ~ вытяжной канат (*для сматывания рабочих канатов с барабанов лебёдки*)
snow ~ глубина снежного покрова
snub(bing) ~ 1. прицепной грузосборный канат (*спускаемый с каретки для прицепа груза*) 2. канат для спуска вагонеток с горы
splint polishing ~ линия полирования спичечной соломки
splint production ~ линия производства спичечной соломки
splint treatment ~ линия пропитки спичечной соломки
spotting ~ маневровый канат, канат для передвижения подвижного состава
spray impregnation ~ линия пропитки спичечной соломки набрызгом
standing ~ неподвижный канат (*закреплённый по концам*)
stick ~ линия подачи спичечной соломки (*в ориентированном состоянии*)
stock ~ массопровод
straw ~ вспомогательный (*монтажный*) канат (*для прокладки рабочих канатов при канатной трелёвке*)
survey ~ таксационный визир; ход (*при съёмке*); линия нивелировки
tag ~ 1. дополнительный канат (*при механической трелёвке*) 2. грузосборочный канат, грузосборочный чокер 3. *см.* tie-down line 4. канат для подтягивания погрузочного захвата к стреле (*для выброса за пределы вылета стрелы при освобождении от груза*)
tether ~ *см.* tie-down line
through-feed machining ~ поточная линия машинной обработки; линия машинной обработки, состоящая из станков проходного типа
through-feed press ~ линия проходного прессования
throw ~ тонкая верёвка с крюком
tie-down ~ крепёжный канат аэростата (*при аэростатной трелёвке*)

lining

tightening ~ натяжной канат
timber ~ 1. верхняя граница леса (*в горах*) 2. граница лесосеки
tong ~ 1. канат управления захватом 2. грузосборочный канат с крюком или с чокерами
tooth ~ 1. линия зубьев (*пилы*) 2. режущая кромка зуба (*пилы*)
top tooth ~ линия вершин зубьев (*пилы*)
track ~ несущий канат
traction ~ тяговый [грузовой] канат; приводной канат трелёвочной каретки
transect ~ поперечная учётная лента
transfer ~ монтажный канат (*для перемонтажа несущего каната на новое место*)
tree ~ верхняя граница леса (*в горах*)
trip ~ возвратный [холостой] канат
trunk ~ магистраль, магистральная линия
valley ~ тальвег
valuation ~ *см.* survey line
vein ~ прожилка
vent-relief ~ линия сдувок
waist ~ направляющий опорный канат (*для крепления тыловой опоры передвижного несущего каната*)
waste ~ спускная труба
whitewater ~ трубопровод для оборотной воды
winch ~ канат лебёдки
wire ~s маркировка от скрепляющих проволок (*на бумаге ручного черпания*)
wire guy ~ проволочная оттяжка
yarding ~ тяговый трелёвочный канат
zone ~ чёрная линия (*граница зоны развития древоразрушающего гриба*)

linear-ensate линейно-мечевидный
linear-fusiform удлинённо-веретеновидный
linear-oblong линейно-продолговатый
lined 1. клеёный, оклеенный (*о картоне*) 2. линованный (*о бумаге*) 3. обмурованный, облицованный
liner 1. наружный [покровный] слой (*картона*); покровная бумага 2. внутренний слой (*бумажного многослойного мешка*) 3. картонная коробка с делениями 4. влагостойкая прокладка из слоистой пропитанной асфальтом бумаги 5. мешок-вкладыш (*для бочки*)
bag ~ 1. мешок-вкладыш для бочки 2. *pl* бумага для усиления многослойных мешков
barrel ~ мешок-вкладыш для бочки
bottom ~ нижний слой (*картона*)
box ~ бумага для внутренней оклейки коробок
case ~ обивочная бумага для ящиков
container ~ 1. наружный [покровный] слой ящичного картона 2. гладкий картон для выстилания картонных ящиков
crate ~ 1. мягкий макулатурный прокладочный картон 2. плотная упаковочная бумага
crêpe ~ *фр.* прокладка из креповой бумаги (*для бочек*)
drawer ~ прокладка выдвижного ящика
kraft ~ 1. сульфатный наружный слой (*гофрированного картона*) 2. оклеечная крафт-бумага
paper ~ бумажная прокладка, бумажный мешок-вкладыш (*для бочки*)
plaster board ~ наружный слой сухой штукатурки
separate ~ съёмный мешок-вкладыш (*для бочки*)
test ~ многослойный макулатурный картон
test jute ~ многослойный макулатурный картон с наружными слоями из сульфатной целлюлозы
wood chipper spout ~ облицовка патрона рубильной машины
linerboard облицовочный картон (*для наружных слоёв гофрированного картона*)
jute ~ джутовый облицовочный картон
lining 1. футеровка, облицовка, обмуровка 2. нанесение линейного узора между двумя направляющими линиями; отделка жилкой 3. *pl* обивочная бумага 4. *pl* вагонка (*тонкие шпунтованные доски для внутренней обшивки стен*) 5. эмалирован-

lining

ное покрытие внутренней поверхности бочки
~ **of door frame** дверная рама, обвязка
apron ~ облицовка порога
back ~ обвязка дверной *или* оконной коробки
book ~**s** форзацная бумага
breast ~ обшивка панелями от плинтуса до подоконника; обшивка подоконной стенки
digester ~ обмуровка варочного котла
door ~**s** прокладки дверных косяков
elbow ~ обкладка дверного *или* оконного косяка
framed ~ рамочная обвязка дверной коробки
inner ~ внутренний оконный переплёт
outside ~ наружный оконный переплёт; наличник оконного блока
paneled ~ филёнчатая обшивка (*двери*)
paper ~**s** упаковочная бумага для выстилания ящиков
squeak-proof ~ противошумная прокладка (*мягкой мебели*)
tongued-and-grooved ~ обшивка шпунтованными досками *или* рейками
lining-up 1. выравнивание, выпрямление 2. вставка узкой рейки под край тонкого облицовочного материала (*для создания впечатления большей толщины и укрепления кромки*)
link 1. звено 2. связь, соединение 3. единица измерения длины (≈ 20 *см*) 4. химическая связь 5. тяга
bitch ~ звено с узким прорезом (*в который вставляется цепь*)
chain ~ звено пильной цепи
chipper chain-saw cutter ~ универсальный (строгающий Г-образный) зуб пильной цепи; режущее Г-образное звено пильной цепи
connecting ~ соединительное звено
cutter [cutting] ~ режущее звено (*пильной цепи*)
drive(r) ~ ведущее звено (*пильной цепи*)
grab ~ грушевидное звено (*пильной цепи*)

guide ~ ведущее звено (*пильной цепи*)
round ~ круглое звено (*пильной цепи*)
side ~ боковое звено (*пильной цепи*)
track ~ звено гусеницы, трак
linsey грубая полушерстяная ткань (*для обивки*)
lint 1. бумажная пыль 2. пух 3. (хлопковый) линт
linter 1. линтер, пухоотделитель 2. *pl* (хлопковый) линт
millrun ~ хлопковые очёсы (*после обработки семян на маслобойне*)
linting пыление (*бумаги*)
lip 1. выступ; фланец 2. скос ножевой головки 3. режущая кромка 4. козырёк (*напр. револьверной печи, ковша экскаватора*) 5. губа (*напр. сливного ящика*)
hardened steel ~**s** стальные губки ножевого отверстия (*строгального станка*)
log guiding structure ~ козырёк лесонаправляющего сооружения
replaceable ~ съёмная крышка (*стола, станка*)
lipping 1. нащельная рейка 2. облицовка кромки; обкладка рейки; массивная кромка 3. облицовывание
all-round ~ четырёхстороннее облицовывание кромки (*ДСП*)
butt ~ приклеивание массивной кромочной облицовки встык
edge ~ 1. кромочный облицовочный материал 2. облицовывание кромок
flat strip ~ погонажный кромкооблицовочный материал (*в виде отдельных полос*)
miter ~ приклеивание массивной кромочной облицовки на усовочный паз
single-edge ~ одностороннее приклеивание кромки (*к щиту*)
liquefaction разжижение, плавление
liquefy разжижать, расплавлять
liquid жидкость; раствор || жидкий
Bordeaux ~ бордосская жидкость (*фунгицид*)
complete ~ полное жидкое удобрение
nutrient ~ питательный раствор
liquidation:
forest ~ истребление [сведение] леса

liquor 1. жидкость, раствор 2. щелочной раствор, щёлок
acid ~ варочная кислота, варочный раствор
alkali ~ щелочной раствор, щёлок
alkaline bleach ~ щелочной белильный раствор
alum ~ раствор глинозёма
ammonia base ~ варочная кислота с аммонийным основанием
bisulfite ~ бисульфитный щёлок
bisulfite cooking ~ бисульфитный варочный раствор
black ~ чёрный щёлок
black soda ~ натронный чёрный щёлок
bleach(ing) ~ отбеливающий [отбельный] раствор
cooking ~ варочный раствор, варочная кислота
digester ~ варочная кислота в котле (*на различных стадиях варки*)
digestion ~ варочный раствор, варочная кислота
evaporation feed ~ щёлок на выпарку
feed ~ щёлок, подаваемый в выпарные аппараты
green soda ~ натронный зеленый щёлок
heavy ~ концентрированный щёлок
high base ~ варочная кислота с высоким содержанием оснований
kraft (cooking) ~ сульфатный варочный щёлок
kraft white ~ сульфатный белый щёлок
lime bleach ~ раствор белильной извести
limed ~ щёлок, обработанный известью
lime-soda ash ~ щёлок, состоящий из извести и кальцинированной соды
mother ~ маточный раствор
neutral sulfite cooking ~ нейтральный сульфитный варочный раствор
oxygen bleach ~ жидкость после отбелки кислородом
pyroligneous ~ жижка
recycled black ~ рециркулирующий чёрный щёлок
red ~ сульфитный щёлок
relief ~ сдувочная жидкость сульфитной варки

scaling ~ щёлок, вызывающий образование накипи
soda ~ натронный варочный щёлок
soda bleach ~ раствор хлорноватистокислого натра (*для отбелки*)
soda cooking ~ натронный варочный щёлок
soluble-base ~ щёлок на растворимом основании
spent ~ отработанный щёлок
sulfite alcohol spent ~ сульфитно-спиртовая барда
list 1. список, перечень 2. полоса; кромка, край; бордюр 3. поручень; стойка
~ of equipment перечень оборудования
cutting ~ спецификация размеров пиломатериалов; спецификация раскроя; схема раскроя деталей с указанием размеров
measurement ~ ведомость перечёта деревьев
listed с удалёнными дефектами кромок (*о клёпке и доннике бочки*)
lister 1. листер, бороздоделатель с двухотвальными корпусами 2. листерная сеялка
listering бороздование, нарезка борозд
listing 1. составление перечня *или* спецификации 2. спецификация 3. опиливание кромки 4. заболонь
plywood ~ спецификация на фанеру
litharge свинцовый глёт; окись свинца (*составляющая порозаполнителя или шпатлёвки, действует как ускоритель*)
lithopone литопон
litter лесная подстилка, лесной опад
branch ~ хворостяная подстилка; слой порубочных остатков
coarse humus ~ грубогумусная подстилка
forest ~ лесная подстилка, лесной опад
leaf ~ лиственная подстилка, лиственный опад
needle ~ хвойная подстилка, хвойный опад (*неразложившийся*)
litterfall лиственная подстилка, лиственный опад
livering загустевание краски
lixiviate выщелачиватель

lixiviation

lixiviation выщелачивание
   smelt ~ растворение плава
lizard волокуша [трелёвочные подсанки] из раздвоенного дерева
load 1. нагрузка, груз ‖ грузить 2. нагрузка на рейс 3. партия груза на вагон 4. лоуд (*единица измерения кубатуры, равная 1,138 куб.м круглого леса или 1,416 куб.м брусьев и т.п.*) 5. наполнять (*бумагу*) ◇ to bunch ~ амер. грузить лесоматериалы, увязанные в пачку; to bundle ~ кан. см. to bunch load; to ~ in bulk грузить насыпью [навалом]; to sling ~ новозел. см. to bunch load
   alternately inverted ~ партия тары (*конусных корзин*) в вагоне, уложенная в перемежающемся порядке
   bunk ~ первый ряд погруженных брёвен
   chip ~ количество стружки (*выносимой зубом из пропила за один проход*)
   color ~ величина цветности
   crosswise ~ партия тары (*ящиков*) в вагоне, уложенная поперёк
   divided ~ тара в вагоне, разграниченная центральным проходом
   double trailer ~ груз лесоматериалов на двух прицепах
   end-to-end ~ партия тары, уложенная торец к торцу (*сплошной загрузкой вагона*)
   fork ~ объём, захватываемый погрузчиком; грузоподъёмность погрузчика
   grinder ~ нагрузка дефибрера
   helicopter ~ 1. груз, предназначенный для трелёвки вертолётом 2. грузоподъёмность вертолёта
   lateral ~ поперечная нагрузка
   lengthwise ~ партия тары (*ящиков*) в вагоне, уложенная продольно
   live ~ 1. движущийся груз 2. динамическая нагрузка; переменная нагрузка (*от снега, ветра*)
   loose ~ незакреплённый груз
   lop-sided (truck) ~ воз лесоматериалов, смещённый на одну сторону; неравномерно нагруженный по сторонам воз лесоматериалов
   mixed ~ партия тары разных видов (*напр. ящики и корзины*)

nonspaced ~ груз, уложенный без промежутков
   off-highway ~ 1. нагрузка (*на автомашину*), разрешаемая вне магистрали 2. воз лесоматериалов, подвозимый к магистрали
   offset ~ партия тары в вагоне, уложенная в шахматном порядке
   on-bilge ~ бочки, уложенные на пук
   pay ~ полезная нагрузка
   press ~ партия (*щитов или плит*) для загрузки одного пресса
   safe ~ допустимая нагрузка
   shock ~s залповые нагрузки
   side ~ alternately reversed партия тары (*конусных корзин*) в вагоне, уложенная на бок в перемежающемся порядке
   sleigh ~ санный груз
   solid ~ партия тары, уложенная сплошными рядами (*погруженная через дверной проём вагона*)
   spaced ~ груз, уложенный с промежутками (*между отдельными контейнерами и между рядами*)
   superimposed ~ нагрузка сверху; груз, наложенный сверху
   tight ~ закреплённый груз
   tough ~ тяжёлый груз
   truck ~ рейсовая нагрузка автомобиля
   upright ~ партия тары в вагоне, установленная вертикально (*ящики поставлены «на попа»*)
loader 1. погрузчик, погрузочное устройство 2. грузчик 3. цел.-бум. нагрузчик, загрузочная этажерка
   big-stick ~ погрузчик (*брёвен*) в виде мачты с горизонтальной стрелой (*часто на автомобиле*)
   bottom ~ рабочий погрузочной бригады, работающий на земле
   clamshell ~ грейферный погрузчик
   converted ~ стреловой погрузчик, приспособленный для канатной трелёвки
   crane ~ строповой погрузчик с поворотной платформой на колёсном или гусеничном ходу
   crawler(-mounted) ~ погрузчик на гусеничном ходу
   dipper-stick ~ погрузчик экскаваторного типа

loam

end ~ челюстной погрузчик
fork ~ вилочный погрузчик
free-standing (forestry) ~ стреловой лесопогрузчик (*работающий автономно, в отличие от смонтированного на лесовозном автомобиле*)
front-mounted ~ фронтальный челюстной погрузчик
ground ~ *см.* bottom loader
head ~ 1. старший на погрузке 2. грузчик, находящийся при погрузке на автомобиле
heel-bottom ~ погрузочный кран со стрелой, снабжённой упором (*в который упирается торец поднимаемого лесоматериала*)
grapple ~ гидроуправляемая погрузочная стрела-манипулятор с захватом
hydraulic log ~ гидравлический лесопогрузчик
knuckle-arm ~ стреловой погрузчик с шарнирно-соединёнными стрелой и выдвижной балкой-рукоятью
knuckle-boom ~ погрузочная стрела-манипулятор; погрузчик с шарнирно-сочленённой стрелой
lever ~ рычажное присадочное устройство
log ~ лесопогрузчик
lug ~ *лесопил.* накопительный стол с толкателями
off-road ~ (стреловой) погрузчик, установленный на лесосечной машине (*валочной, прессовочной и т.п.*)
on-road ~ (стреловой) погрузчик на (лесовозном) автомобиле (*для самозагрузки*)
pallet ~ штабелеукладчик
second ~ 1. помощник грузчика, зацепщик, строповщик 2. грузчик, стоящий на земле (*при погрузке автомобиля*)
self ~ самозагружающийся автомобиль; самозагружающийся трактор
shovel ~ погрузчик экскаваторного типа
swing ~ стреловой погрузчик
third ~ вспомогательный рабочий на погрузке (*осуществляющий, напр., маркировку брёвен*)
timber ~ лесопогрузчик

top ~ грузчик, укладывающий брёвна на воз лесоматериалов
loaderman оператор погрузчика
loading 1. погрузка, загрузка 2. нагрузка, прижим (*валов*) 3. наполнение (*бумаги*) 4. *pl* наполнители ◇ ~ the press загрузка пресса (*напр. стружечными пакетами*); to take in ~ нагружать, загружать
~ of wood погрузка лесоматериалов
beater ~ 1. зарядка ролла 2. наполнение (*бумаги*) в ролле
big-stick ~ погрузка (*брёвен*) с помощью мачты с горизонтальной стрелой
boom ~ стреловая погрузка; погрузка с помощью стрелы, закреплённой на мачте
box filling machine ~ *спич.* зарядка коробконабивочной машины
bulk ~ погрузка насыпью [навалом]
cold ~ погрузка складированной древесины, погрузка древесины из запаса
end ~ торцевая загрузка, загрузка с торца (*напр. вагона*)
guy line ~ погрузка с использованием растяжек трелёвочной мачты (*для подвески погрузочных захватов*)
hot ~ погрузка подтрелёванной древесины без её складирования
knuckle-boom ~ погрузка стреловым манипулятором
McLean boom ~ погрузка с помощью поворотной стрелы, шарнирно-закреплённой на головной мачте
package ~ пакетная погрузка
paper ~ наполнение бумаги
prompt ~ немедленная погрузка
refiner ~ нагрузка мельницы
roll ~ прижим валов
ship-to-shore off ~ разгрузка судов
spar-treeboom ~ погрузка с помощью стрелы, закреплённой на мачте
spring ~ пружинный прижим (*валов*)
tight-line ~ погрузка (*трелюемого груза*) натяжением канатов
wire ~ наполнение на сетке
loadsize нагрузка на рейс; объём груза
loam суглинок
clay ~ иловатый суглинок
gravel ~ крупнопесчанистый суглинок

loam

gravelly sand ~ гравелистая супесь
heavy clay ~ тяжёлый суглинок
sandy ~ опесчаненный суглинок
silt ~ пылеватый суглинок
loans писчая бумага высшего качества; документная бумага
lobe доля
  calyx ~ чашелистник
  seed ~ семядоля
lobed дольчатый, лопастный
  palmately ~ дланевидно-лопастный
  pinnately ~ перистолопастный
lobstick межевое дерево
locality 1. местность 2. местообитание, местонахождение
  frost ~ морозобойная местность; морозобойная площадь
lock 1. замок, запор, стопор, зажим ‖ запирать 2. перемычка, плотина ‖ перегораживать 3. щит 4. шлюз
  birdbeak ~ замок в виде птичьего клюва
  center joint oscillation ~ замок центрального качающегося шарнира (*трактора*)
  clasp ~ замок с пружиной
  cut ~ врезной замок
  dead ~ врезной замок
  drawback ~ внутренний замок
  drawer ~ замок выдвижного ящика
  espagnolette ~ шпингалетный [групповой] замок (*для нескольких выдвижных ящиков*)
  flap ~ замок для крепления откидной крышки (*стола*)
  lever ~ рычажная замычка; защёлка рукоятки *или* рычага
  link plate ~ накладной замок (*дверцы шкафа*)
  mortise ~ потайной замок; врезной замок
  rim ~ накладной [коробчатый] замок; наружный замок
  smooth ~ бесступенчатый замок
  till ~ замок выдвижного ящика
locked *амер.* приостановленный, задержанный (*о росте*)
locomotive:
  logging ~ лесовозный локомотив; тяговая единица лесовозной железной дороги
  shunting ~ маневровый мотовоз

locus 1. очаг (*болезни*) 2. локус (*местоположение гена в хромосоме*)
locust акация белая, робиния, лжеакация (*Robinia pseudoacacia*)
lodge 1. зависать (*о дереве при валке*) 2. упираться в препятствия (*о трелюемом грузе*)
lodgement затор, застревание, скопление (*массы*)
lodging зависание (*дерева при валке*)
loess лёсс
loft 1. навес, сарай (*для сушки бумаги*) 2. чердак; верхний этаж (*склада*)
loft-dried воздушной сушки (*о бумаге*)
loftsman сушильщик бумаги ручного черпания
log 1. бревно, сортимент, хлыст, лесоматериал, пиловочник 2. заготавливать лес; вывозить лес 3. шпон, изготовленный из одного чурака, подобранный в пачки по текстуре и цвету ◊ ~ for aircraft production авиационный кряж, авиакряж; ~ for shavings стружечный кряж; ~ for ski production лыжный кряж; ~ for sleepers шпальный кряж; to hand ~ трелевать бревно вручную; to ~ a tract вырубать лесосеку; to stock ~s доставлять брёвна от пня к заводу; ~s per corridor число брёвен в коридоре (*на просеке при рубках ухода с канатной трелёвкой*)
  anchor ~ анкерное бревно, анкер (*зарытое в землю бревно для крепления растяжек*)
  average ~s to a turn среднее число брёвен в пачке (*транспортируемой за один рейс*)
  barked ~s окорённые брёвна, балансы
  barrel ~ клёпочный кряж
  binding ~s брёвна, укладываемые поверх обвязочной цепи (*для выборки слабины*)
  bottom ~ комлевое бревно (*первое от комля*)
  breast ~ ~ отбойное бревно на нижней части лесоспускового волока
  brow ~ отбойное бревно; крайнее бревно (*в штабеле*)
  bumpy ~ свилеватое бревно
  bunk ~s брёвна, непосредственно лежащие на балке коника; нижний ряд брёвен

logging

butt ~ комлевое бревно (*первое от комля*)
chip-n-saw ~s брёвна, идущие на обрезку на станках
chopped ~ колотое полено
combinated long ~s комбинированное долготьё
crooked ~ искривлённое бревно
cull ~ неделовой сортимент; бракованное бревно
cut ~ чурак
face ~ переднее нижнее бревно (*на которое опираются слеги подштабельного места*)
floater ~ бревно, пригодное к сплаву
green ~ свежесрубленный [необработанный] лесоматериал
half ~ пластина, горбыль, обапол
head ~ *см.* face log
hollowed-out ~ выдолбленное бревно
joe ~ трелёвочные подсанки
key ~ бревно, образующее затор
long ~ хлыст, полухлыст; длинномерный сортимент (*в США длиной 3,6-12 м*); *pl* долготьё
match ~ спичечный кряж
merchantable ~ товарное бревно; деловой сортимент
multiple length ~ длинномерный сортимент
peeled ~s окорённые брёвна, балансы
peeler ~ фанерный кряж
plank ~ пиловочник
prime ~ бревно без дефектов; высококачественное бревно
raw ~s необработанные [неокорённые] брёвна
rough ~s необработанные [неокорённые] брёвна
round ~ бревно, кряж
sample ~ базовое [расчетное, условное] бревно (*при определении с помощью ЭВМ максимального выхода пиломатериалов из брёвен*)
saw(ing) ~ пиловочник; пиловочное бревно
second ~ второе бревно от комля
self ~s брёвна высокого качества, продаваемые поштучно
short ~ сортимент; короткомерный сортимент (*в США длиной 1,23 м*); *pl* коротьё
sleeper ~ шпальный кряж

split ~ расколотое бревно
square ~ брус (*пилёный или тёсаный*)
stave ~ клёпочный кряж
sunken ~ затонувшее бревно, топляк
temperate (hardwoods) ~s круглая (*лиственная*) древесина умеренных (*по географическому положению*) регионов
top ~ вершинник, вершинное бревно (*на которое опираются слеги подштабельного места*)
trap ~ ловчее дерево (*для вредителей леса*)
tree length ~ (древесный) хлыст
unmerchantable ~ неделовое [дровяное] бревно
veneer ~ фанерный кряж
waney ~ окоренное бревно, слегка стёсанное на четыре канта
wing ~s брёвна, прилегающие к стойкам коника
logan временная запань; карман
logged-of вырубленный
logger 1. лесозаготовитель, лесоруб 2. лесозаготовительная машина
apprentice ~ начинающий рабочий на лесозаготовках, ученик
catty ~ *проф.* опытный лесоруб
hand ~ лесозаготовитель, работающий вручную (*на северо-западе США лесозаготовитель, применяющий гужевую тягу*)
haywire ~ *проф.* неопытный лесоруб
mobile ~ передвижная канатная трелёвочно-погрузочная установка (*с мачтой и погрузочной стрелой*)
part-time ~ сезонный лесозаготовитель; человек, занимающийся лесозаготовками лишь часть времени (*обычно в сочетании с работой на ферме*)
short ~ сортиментовоз (*автопоезд, состоящий из трёхосного тягача и прицепа*)
logging 1. лесозаготовки 2. вывозка [трелёвка] леса
aerial ~ 1. лесозаготовки с использованием летательных аппаратов 2. трелёвочная система с использованием летательных аппаратов; воздушная трелёвка
animal ~ 1. лесозаготовки с примене-

logging

нием гужевой трелёвки 2. гужевая трелёвка
balloon ~ 1. лесозаготовки с применением аэростатов 2. аэростатная трелёвка
cable(way) ~ 1. лесозаготовки на базе канатных установок 2. канатная трелёвка
cosmetic ~ лесозаготовки в эстетических целях
donkey ~ трелёвка паровой лебёдкой
drum ~ лебёдочная трелёвка
fixed-wire ~ гравитационный спуск леса по неподвижному несущему канату
gravity cable ~ гравитационная канатная трелёвка
ground(-line) ~ наземная трелёвка
high lead ~ 1. лесозаготовки с полуподвесной канатной трелёвкой 2. полуподвесная канатная трелёвка
hot ~ лесозаготовки без межоперационных запасов лесоматериалов
integrated ~ лесозаготовки с рациональной раскряжёвкой (*с выпиливанием ценных сортиментов*); лесозаготовки с высокоэффективным использованием древесины
log-length ~ 1. заготовка длинномерных сортиментов 2. вывозка длинномерных сортиментов
manual ~ лесозаготовки с применением ручного труда
multiple-length ~ *см.* log-length logging
multiproduct ~ *см.* integrated logging
overhead ~ подвесная [воздушная] (*канатная*) трелёвка
pan ~ трелёвка волоком с использованием пэнов
patch ~ 1. лесозаготовки с условно-сплошными [котловинными] рубками 2. условно-сплошные [котловинные] рубки
power(ed) cable ~ механизированная канатная трелёвка
pulpwood ~ лесозаготовки с заготовкой балансов [балансовых лесоматериалов]
railroad [**railway**] ~ *амер.* 1. лесозаготовки с вывозкой леса по железной дороге 2. вывозка по лесовозной железной дороге
right-of-way ~ лесозаготовки на трассе будущей дороги (*на полосе отвода*)
salvage ~ заготовка низкокачественных *или* повреждённых деревьев, оставленных после недорубов, горельников, повреждённых лесосек и лесосек, предназначенных для расчистки
selective ~ 1. лесозаготовки с (подневольно-)выборочными рубками 2. (подневольно-)выборочные рубки
short-length ~ 1. заготовка сортиментов 2. лесозаготовки с вывозкой сортиментов
shortwood ~ 1. заготовка сортиментов 2. лесозаготовки с вывозкой сортиментов
single-wire ~ гравитационный спуск леса по неподвижному несущему канату
skidder ~ 1. лесозаготовки с применением колёсных тракторов 2. трелёвка колёсными тракторами (*волоком или в полупогруженном положении*) 3. трелёвка установкой с опускаемым (*с помощью оттягивающего каната*) несущим канатом
skyline (**cable**) ~ подвесная [воздушная] (*канатная*) трелёвка
slack line ~ трелёвка установкой с опускающимся несущим канатом
slack rope ~ трелёвка установкой с опускающимся несущим канатом
swamp ~ лесозаготовки на слабых грунтах (*в болотистой местности*)
tree-length ~ 1. лесозаготовки с трелёвкой хлыстов 2. лесозаготовки с вывозкой хлыстов
underwater ~ лесозаготовки на затопленных водой участках
whole-stem ~ *см.* tree-length logging
whole-tree ~ 1. лесозаготовки с трелёвкой [с вывозкой] деревьев 2. трелёвка [вывозка] деревьев
logging-off *амер.* лесозаготовки; *австрал.* раскряжёвка
logway *амер.* бревноспуск
chain ~ цепной лесотранспортёр
lomatophyllous окаймлённолистный
loment *бот.* членистый плод
long-boled 1. длинномерный (*о лесоматериале*) 2. высокоствольный (*о дереве или лесе*)

longevity 1. продолжительность жизни 2. долговечность (*бумаги*)
   natural ~ естественная продолжительность жизни (*дерева*)
   seed ~ срок хранения семян
long-lobed удлинённо-лопастный
longwood долготьё; длинномерный сортимент; длинномерный баланс; полухлыст, хлыст
look-down внешний вид бумаги
looker:
   land ~ таксатор
lookout 1. пожарный наблюдатель 2. наблюдательный пункт (*противопожарный*)
loop 1. петля, виток ‖ охватывать петлей 2. провисание (*бумажного полотна*)
looper *энт.* пяденица
looping *меб.* петлевание
loose 1. ослаблять, отпускать, откреплять 2. разрыхлять (*грунт*) 3. осветлять (*насаждение*), прореживать
loosely-bound свободносвязанный
loosener рыхлитель
lop 1. мелкие ветки и сучья ‖ обрезать ветки и сучья 2. приземлять порубочные остатки ◇ **to ~ off** обрезать ветки и сучья
lop-and-top сучья и вершина, срубаемые с поваленного дерева
loper 1. выступ, опорный брусок (*на который опирается откидная крышка бюро*) 2. *pl* полозки выдвижной *или* откидной крышки
lopped 1. обрубленный 2. тёсаный, строганый
lopper сучкорезная машина
lopping 1. обрезка веток и сучьев 2. приземление порубочных остатков 3. *pl* обрублённые сучья и вершина дерева
lopping-and-scattering приземление и разбрасывание порубочных остатков
lopping-off обрезка ветвей и сучьев
lop-sided однобокий, покосившийся, наклонившийся, искривлённый
lopwood сучковатое дерево; сучковатая древесина
loss убыток, потеря ◇ ~ **in brightness** потемнение (*щепы*); ~ **on ignition** потеря при прокаливании

~ **of stock** промой волокна (*через сетку бумагоделательной машины*)
brooming ~es потери от расщепления концов брёвен
cutting ~es потери на пропил
degrade ~es отходы отбраковки
felling ~es потери при рубке
inevitable ~es неизбежные потери (*элементов питания*)
interception ~es потери осадков, испаряемых с поверхности растительности
kerf ~es потери при пилении
sewer ~es потери в сточных водах
sinkage ~es *спл.* потери от утопа
lotion моющий состав
   felt washing ~ состав для промывки сукон
lounge диван с низким сиденьем для отдыха
   chaise ~ кушетка со сплошной спинкой и без подлокотников; шезлонг
   press-bank ~ кресло-кровать с откидывающейся спинкой
lowboy низкий комод на подставке с 2-3 выдвижными ящиками (*Голландия, XVII — XVIII вв.*)
   flatbed ~ низкий прицеп-трайлер
low-duty *см.* **light-duty**
lowering:
   stump ~ срезание пней (*с целью уменьшения их высоты*)
lowland низина; низменность
lubrication смазка
   match head ~ покрытие головок спичек керосином
luff менять вылет стрелы крана; изменять угол наклона стрелы
lug 1. лапка; выступ; прилив; утолщение; шип 2. проушина 3. зажим, захват (*транспортёра*) 4. грунтозацеп 5. тащить; дёргать
lumber 1. *англ.* пиломатериал(ы) прямоугольного сечения (*любой ширины*); *амер.* пиломатериал(ы) (*любого вида*) 2. перерабатывать брёвна в пиломатериал(ы)
   blue ~ хвойные пиломатериалы, поражённые синевой
   clean [clear] ~ бессучковый лесоматериал; высококачественные пиломатериалы (*без выхода сучков на поверхность*)

lumber

commercially dry ~ пиломатериал, годный по сухости к продаже
cull ~ отбросы древесины, неделовые остатки древесины
dimension ~ стандартный пиломатериал; пиломатериал стандартных размеров
dressed ~ строганый пиломатериал
factory ~ поделочный пиломатериал; пиломатериалы, предназначенные для дальнейшей переработки
finish ~ чистовой пиломатериал
foreign species ~ импортные пиломатериалы
full length ~ пиломатериалы по длине дерева
furniture dimension ~ пиломатериалы для производства мебели
green ~ пиломатериал из свежесрубленного дерева, сырой пиломатериал
hollow horned ~ доска с большим количеством трещин
matched ~ шпунтованный пиломатериал
merchantable ~ пиломатериалы, поступающие на рынок; продукция лесопильного завода, исключая отходы
patterned ~ формованный пиломатериал
plain-sawed ~ пиломатериал тангентального распила
quarter-sawed ~ пиломатериал радиального распила
rough ~ нестроганый пиломатериал
shaved ~ строганый пиломатериал
shipping-dry ~ пиломатериалы транспортной влажности; пиломатериалы, частично высушенные для предотвращения засинения во время транспортировки
shop ~ пиломатериалы общего назначения
solid ~ массивная древесина
structural ~ конструкционный пиломатериал
surfaced ~ строганый пиломатериал
yard ~ биржевой пиломатериал; пиломатериалы толщиной меньше 127 мм, предназначенные для общих строительных целей
lumberer лесопромышленник; лесозаготовитель
lumbering лесозаготовки, рубка леса

lumberjack лесоруб
lumberman лесопромышленник; лесозаготовитель
lumberyard:
  sawmill ~ склад пиломатериалов лесопильного завода
lump кусок; комок (*массы*)
lumping вспучивание от образования комков клея (*дефект облицовки*)
luster лоск, блеск
  eggshell ~ матовый [слабый] блеск
  high ~ высокий блеск; глянец
lustrous глянцевитый, лоснящийся; блестящий
lye щёлок
  black ~ чёрный щёлок
  caustic soda ~ натронный щёлок
  feed ~ щёлок, подаваемый в выпарные аппараты
  soda ~ натронный щёлок
  spent ~ отработанный щёлок
  waste soda ~ чёрный щёлок
lyre-shaped в форме лиры (*о сиденье или спинке стула*)
lyzine лизин

M

Macaroni *фирм.* ложечная стамеска
mace точёная *или* резная декоративная накладная деталь (*характерна для мебели эпохи короля Якова 1, Англия, XVII в.*)
maceration мацерация, размягчение, размачивание
machete мачете (*нож для срезания кустарника*)
machinability:
  ~ **of wood** пригодность древесины к механической обработке
machine станок; инструмент; машина; механизм ‖ подвергать механической обработке; обрабатывать на станке
  abrasive siding ~ станок для намазывания горючей массы на боковые стенки наружной спичечной коробки
  adhesive spray ~ станок для нанесения клея способом распыления

machine

adzing ~ 1. станок для затёски шпал, зарубочный станок 2. станок для сверления отверстий под болты
air knife coating ~ меловальный станок с воздушным шабером
air-lay drying ~ воздушная сушилка с рециркуляцией воздуха
angle cutting ~ косоугольная саморезка
angle tenoning ~ станок для зарезки косых шипов
assembly ~ сборочный станок; сборочная вайма
automatic double end tenoning ~ автоматический двусторонний шипорезный станок
automatic pulp molding ~ автомат для бумагомассного литья
automatic saw sharpening ~ автомат для заточки пил; автоматизированный заточный станок для пил
automatic setup box ~ автомат для изготовления картонных коробок
automatic sheet handling ~ см. Yankee machine
automatic two-knife veneer jointing ~ автоматический двуножевой станок для прифуговки шпона; сдвоенная гильотина
bag ~ 1. станок с пневматическими прижимными мешками (*для выклейки из фанеры криволинейных деталей*) 2. мешочная машина
baling ~ упаковочная [завертывающая] машина
bar ~ станок для изготовления наружных спичечных коробок
barking ~ окорочный станок
bark peeling ~ окорочный станок
bark stripping ~ окорочный станок
barrel crozing ~ уторный станок
baryta-coating ~ баритажная машина
bending ~ биговальная машина, бигмашина
billet debarker ~ станок для окорки чураков
blade ~ грейдер; дорожный струг; бульдозер
blast ~ воздуходувка
block-bottom paper-sack making ~ станок для изгиба и склеивания днищ бумажных мешков
block-cutting ~ 1. станок для раскроя пакетов щитовых *или* листовых материалов 2. станок для раскроя брусков
board ~ картоноделательная машина
board laminating ~ машина для склеивания картона
board-lining ~ машина для оклейки картона
board polishing ~ станок для полирования щитов
bobbin papering ~ станок для шлифования рельефных и профильных изделий
booking ~ *спич.* станок для разрезки гребешков на книжечки
border ~ *меб.* станок для прошивки борта
boring ~ сверлильный станок
boring-and-mortising ~ сверлильно-долбежный станок
bottom ring bending ~ гнутарный станок для изготовления круглых царг стульев
box-covering ~ машина для оклейки коробок
box-ending ~ машина для пригонки ящиков
box-filling ~ *спич.* коробконабивочный станок
box painting ~ *спич.* коробконамазывательный станок
box straightening ~ машина для ориентирования [укладки] спичечных коробок
briquetting ~ машина для брикетирования древесного угля
broke dissolving ~ бракомолка
brush dusting ~ щёточный станок для очистки от пыли
brush finishing ~ щёточная машина для отделки (*бумаги*)
brush moistening ~ щёточный увлажнитель
buffing ~ 1. шероховальная машина 2. полировальный станок
bundling ~ 1. сплоточная машина 2. обвязочная машина
bung hole boring ~ бочарно-сверлильный станок
button covering ~ *меб.* машина для обтяжки пуговиц
cardboard ~ картоноделательная машина

255

machine

cardboard tube winding-and-gumming ~ станок для намотки и гуммирования бумажных шпуль
carding ~ *меб.* кардочесальная машина
cartoning ~ картонажная машина
carving ~ станок для резьбы (*по дереву*)
cask head rounding ~ донновырезной станок
cask making ~ бочарный станок
cask planing ~ клёпкострогальный станок
cask turning ~ бочарнотокарный станок
cellulose drying ~ сушильная машина, пресспат
center-making ~ машина для изготовления бумажных гильз
center-winding ~ машина с осевой намоткой
chain stitch zipper ~ *меб.* станок для вшивания молний
chain-type lever arm bending ~ станок для гнутья с помощью рычагов, крепящихся к приводу цепями
chair back bending ~ гнутарный станок для изготовления спинок стульев
chest frying ~ плитная сушилка
chipping ~ рубильная машина; дробилка для древесных отходов
chopping ~ рубильный станок (*для древесной соломки*)
clamping ~ сборочный пресс; зажимное устройство, вайма
clamp nailing ~ гвоздезабивной станок
cleaving ~ механический колун
closed-circuit paper ~ бумагоделательная машина с закрытой подачей массы
closing ~ кромкозагибочный станок; фальцовочный станок
cloth laying ~ *меб.* станок для натяжения ткани
coating ~ 1. отделочный станок 2. машина для нанесения покровного слоя; мелoвальный станок
coil slitting ~ бобинорезательный станок
color blender ~ станок для смешивания красок
continuous ~ спичечный автомат

core (winding) ~ гильзоклеильный станок
corner locking ~ ящичный шипорезный станок
corrugated fastening ~ станок для забивки волнистых скрепок
corrugating ~ гофрировальный станок
covering ~ оклеечная машина
cramping ~ сборочный пресс; зажимное устройство, вайма
creasing ~ рилёвочная машина
creasing and frictioning ~ машина для резки и намазывания обложек (*спичечных книжечек*)
creping ~ машина для крепирования
crimping ~ 1. машина для гофрирования (*проволоки*) 2. кромкозагибочный станок
cross-feed ~ станок для поперечной стяжки шпона
crossover stick ~ подвижное подвесное устройство [«поплавок»] для сушки крашеной бумаги; автомат для возврата скалок
crushing ~ 1. дробилка, измельчитель 2. плющилка
curtain coating ~ лаконаливной станок
cushion border ~ *меб.* станок для пришивки борта
cushion boxing ~ машина для изготовления пружинных подушек
cushion filling ~ станок для надевания наволочек на подушки
cushion sealing ~ машина для надевания и зашивания наволочек
cutting ~ 1. обрезной станок 2. *цел.-бум.* саморезка
cylinder ~ круглосеточная бумагоделательная машина; цилиндровая бумагоделательная машина
cylinder drying ~ круглосеточная обезвоживающая машина
cylinder mold paper ~ листоотливная цилиндровая бумагоделательная машина
cylindrical ~ *пл.* круглосеточная машина
dado head(saw) ~ пазорезный станок с пилами
dampening ~ увлажнительный станок
debarking ~ окорочный станок

machine

deep quilting ~ станок для глубокой простёжки (*матраца*)
defibering ~ аппарат, разбивающий массу на волокна
dibbling ~ лункоделатель, лункокопатель
die cutting ~ 1. станок для обрезки грата 2. станок для раскроя цокольных заготовок
digging ~ землеройная машина; копатель, копач
disk ruling ~ дисковый линовальный станок
ditching ~ канавокопатель
doming ~ *меб.* станок для волнообразной разрезки блока пенопласта
door sizing ~ станок для чистовой обрезки щитов дверок
double-end ~ двусторонний станок, станок для двусторонней обработки
dovetail(ing) ~ станок для зарезки шипа ласточкин хвост
dowel boring and driving ~ станок для сверления отверстий и завёртывания шурупов
dowel(ing) ~ 1. шкантонарезной станок 2. станок для сверления отверстий под шканты
dressing ~ 1. семяочистительная машина 2. протравливатель (*семян*)
drilling-grooving ~ сверлильно-пазовальный станок
drop-in-pressure ~ очиститель с перепадом давления
drum sander ~ барабанный шлифовальный станок
drying ~ сушильная машина, пресспат
dusting ~ 1. опыливатель 2. сухой протравливатель (*семян*) 3. *цел.-бум.* отпылитель
earth boring ~ бур, ямокоп
edge band trimming ~ *меб.* машина для декоративной отделки борта тесьмой
embossing ~ станок для тиснения
end jointing ~ станок для торцевого сращивания пиломатериалов
end splicing ~ ребросклеивающий станок
excelsior cutting ~ строгальный станок для производства древесной стружки
eyelet attaching ~ станок для вставки вентиляционных глазков (*в матрацы*)
eyeletting ~ машина для изготовления пистонов; пресс для кнопок
fastener driving ~ станок для завёртывания шурупов, шуруповерт
feather ~ *меб.* станок для обработки и набивки (*в подушки*) перьев
felling ~ валочная машина
felling-bunching ~ валочно-пакетирующая машина
felling-limbing ~ валочно-сучкорезная машина
felling-skidding ~ валочно-трелёвочная машина
felloe bending ~ гнутарный станок для изготовления колёсных косяков или ободов
felt-making ~ *меб.* машина для прошивки настилов
filing-and-setting ~ автомат для заточки и правки (*пильных лент*)
fillet molding ~ строгальный станок для брусков
filling ~ 1. загрузочная машина 2. машина для наполнения тары 3. *спич.* коробконабивочный станок 4. станок для нанесения грунтовки *или* порозаполнителя; шпатлёвочный станок
fireplace wood cutting ~ машина [установка] для заготовки дров
firewood splitting ~ механический колун
fixed boom ~ трелёвочная машина с неповорачивающейся в горизонтальной плоскости стрелой
flint glazing ~ *цел.-бум.* каменная лощилка; станок для отделки камнем
flood ~ станок для нанесения лакокрасочного покрытия наливом и последующего его разравнивания вальцем
flow-coating ~ установка для отделки методом струйного облива
flowline ~ станок поточной линии
fluffing ~ разрыватель [измельчитель] целлюлозы
fluidized-bed paper drying ~ *цел.-бум.* сушильная машина со взвешенным потоком
fluting ~ станок для выемки желобов *или* пазов; станок для рифления

machine

foam backing ~ *меб.* машина для дублирования ткани тонким слоем пенопласта
foam contour cutting ~ *меб.* станок для профильной резки блоков пенопласта
foam dispensing ~ *меб.* заливочная машина для производства пенопластов
folding ~ фальцевальная машина
fold testing ~ прибор для испытания на изгиб
forming ~ формующая машина; отливная машина (*напр. в производстве плит*)
forwarding ~ машина для трелёвки лесоматериалов в полностью погруженном положении
fourdrinier ~ длинносеточная бумагоделательная машина
fourdrinier forming ~ длинносеточная отливная машина
fourdrinier wet ~ длинносеточная обезвоживающая машина
frame-clamping ~ сборочный пресс; зажимное устройство, вайма
friction painting ~ *спич.* станок для намазывания фосфорной массы
fringing ~ *меб.* бахромная машина, машина для обшивки бахромой
furring ~ станок для производства драни
garnett ~ *англ.* станок для изготовления ватников (*сшивание настилов из нескольких слоёв для мягкой мебели*)
gluing ~ 1. клеильный пресс, клеильная вайма 2. клеильный станок (*в машине для изготовления гофрированного картона*)
gluing-and-lining ~ клеильная и оклеечная машина
grading ~ сортировочная машина
grinding ~ заточный станок
grooving ~ 1. пазовальный станок 2. шпунтовальный станок
gulleting ~ машина для заточки зубьев пилы с одновременным формированием впадин (*между зубьями*)
gumming ~ станок для гуммирования
hack ~ дробилка для щепы
hack sawing ~ приводная ножовка

handle attaching ~ станок для крепления ручек (*к матрацам*)
handle/border ~ станок для крепления ручек (*к матрацам*) и измерения длины борта
haunching-and-notching ~ шипорезный ящичный станок
head dressing ~ станок для строгания днищ
heading ~ торцеклеильный пресс
head jointing ~ фуговочный станок для днищ
head rounding ~ донновырезной станок
heat sealing ~ станок для запечатывания тепловым способом
helical spinning ~ станок для изготовления конусных пружин
hinge inserting ~ станок для вставки [установки] петель
hogging ~ дробилка для измельчения отходов (*лесопиления*) в щепу
hog ring ~ 1. станок для крепления мягких настилов к пружинному блоку с помощью проволочных колец 2. пистолет для крепления круглых скобок
hoop driving ~ станок для насаживания обручей
horizontal slicing ~ горизонтальный фанерострогальный станок
hot foil marking ~ станок для горячего штампования плёнки
hot melt applicating ~ станок для нанесения клея-расплава
hot stamp graining ~ машина для горячего штампования текстуры древесины
incising ~ станок для прорезки отверстий (*при пропитке древесины креозотом*)
injection molding ~ литьевая машина; машина для литья под давлением
inner box ~ станок для изготовления внутренних спичечных коробок
inner roll ~ *меб.* станок для пришивки внутреннего настила борта
interlacing ~ *меб.* прошивочный станок (*для прошивки настилов или набивочного материала и мешковины*)
intermittent board ~ папочная машина

machine

inverform ~ *фирм.* бумагоделательная машина типа инверформ
Kamyr ~ *фирм.* обезвоживающая машина системы Камюр
kneading ~ бракомолка; месильная машина
knot boring ~ станок для высверливания сучков
knotting ~ узловязальный станок (*для изготовления пружинных блоков*)
labeling ~ этикетировочная машина
lacing ~ обвязочная машина
laminating ~ 1. пресс для облицовывания 2. машина для производства слоистых бумажных материалов
layering ~ *меб.* станок для прошивки настилов
laying-up ~ *меб.* станок для раскладки *или* натяжки листовых материалов
lick-up ~ *см.* Yankee machine
limber-bunching ~ сучкорезно-пакетирующая машина
link fabric ~ *меб.* станок для изготовления проволочных сеток
lock corner ~ ящичный шипорезный станок
loft-drying ~ машина для воздушной сушки (*бумаги с животной проклейкой*)
long-arm sewing ~ *меб.* швейная машина с длинной рукояткой привода
lopping-bunching ~ сучкорезно-пакетирующая машина
lumber stacking ~ штабелеукладчик для досок
mattress closing ~ машина для надевания и зашивания наволочек матрацев
mattress weaving ~ станок для навивки пружин матрацев
milling ~ фасонно-фрезерный станок
mitering ~ усовочный [усорезный] станок
mold ~ листоотливная цилиндровая бумагоделательная машина
molding ~ 1. строгально-калёвочный станок 2. заливочная формовочная машина
mortising ~ долбёжный станок
multimold ~ заливочная формовочная машина с несколькими прессформами

multiple cutter grooving ~ многопильный шипорезный станок
multiple tree [multitree] harvesting ~ машина для групповой заготовки [обработки] деревьев
multiple-wire ~ многосеточная бумагоделательная машина
multivat (board) ~ многоцилиндровая картоноделательная машина
nave boring ~ станок для высверливания отверстий (*под спицы*) в ступице колеса
needle punching ~ *меб.* прошивочный станок
needling ~ *меб.* прошивочный станок
news(print) ~ машина для производства газетной бумаги
oiling ~ пропиточный станок
open draw ~ машина с открытой проводкой бумажного полотна
outer box ~ станок для изготовления наружных спичечных коробок
outline quilting ~ станок для наружной простёжки (*матраца*)
overseaming ~ станок для наружной прошивки чехлов (*подушек*); станок для зашивания наволочек на подушках
pallet-nailing ~ гвоздезабивной станок для поддонов
panel boring ~ сверлильно-присадочный станок
panel raising ~ станок для выделки дверных филёнок
paper ~ бумагоделательная машина
paper ~ with automatic hauling самосъёмная бумагоделательная машина
paperboard ~ машина для выработки картона
paper converting ~ машина для производства бумажных изделий
paper curing ~ машина для кондиционирования бумаги
papermaking ~ бумагоделательная машина
paper overlay ~ пресс для облицовывания плит бумажной пленкой
paper trimming ~ машина для обрезки бумаги
paper-tube ~ гильзоклеильный станок
parallel planing ~ продольно-строгальный станок

machine

parchmentizing ~ пергаментировочная [пергаментировальная] машина
paring ~ долбёжный станок
pasting ~ машина для склейки (*бумаги*)
patch ~ шпонопочиночный станок
patch tape-applicator ~ станок для приклеивания бумажной ленты в участках починки шпона
peeling ~ окорочный станок
pelleting [pelletizing] ~ машина для гранулирования сыпучих материалов; гранулятор, брикетировщик, дражератор
pilot-run ~ опытный образец машины
pinking ~ станок для вырезания выпуклых узоров
planing ~ 1. строгальный станок 2. рейсмусовый станок
plant balling ~ станок для изготовления земляных горшочков
plant digging-and-cleaning ~ машина для выкапывания (*саженцев, деревьев*) и очистки (*корневой системы*)
planting ~ 1. сеялка 2. сажалка
plastic profiling ~ станок для получения профильных погонажных деталей, экструдер
plating ~ сатинёр
pleating ~ гофрировальный станок
plugging ~ шпонопочиночный станок
pocket spring clipping ~ станок для скрепления пружин в чехлах
pocket spring filling ~ станок для вставки в матрац пружинных блоков (*в чехлах*)
pointing ~ станок для заострения концов (*напр. свай*)
post-forming ~ установка для последующего формования
powder dressing ~ сухой протравливатель (*семян*)
pre-formed border ~ станок для одновременной пришивки борта и построчки ленты
press-pâte ~ *фр.* сушильная машина, прессшпат
processing ~ процессор, сучкорезно-раскряжёвочная машина
profile grinding ~ фасонно-шлифовальный станок (*для заточки инструмента*)

profile quilting ~ машина для узорной строчки мягких настилов мебели
profiling ~ копировальный станок
proportioning ~ дозирующая установка
punching ~ перфоратор
quilting ~ *меб.* станок для прошивки [простёжки]
rabbeting ~ 1. шпунтовальный станок 2. фальцовочный станок 3. шипорезный станок для решетника и планок
radial drilling ~ вертикально-сверлильный станок
radial sawing ~ круглопильный станок для радиального распила брёвен
rag cutting ~ тряпкорубка
rasp(ing) ~ окорочный станок
rebating ~ *см.* rabbeting machine
recessing ~ фрезерный станок с верхним расположением шпинделя
reciprocating chisel mortising ~ долбёжный станок с возвратно-поступательным движением резца
reel-fed ruling ~ рулонная линовальная машина
reeling ~ накатно-резательный станок; намоточный станок; рулонный станок
reel shredding ~ разрыватель влажных рулонов
reel slitting ~ резательная машина для рулонов
reel-to-reel coating ~ станок для облицовывания кромок рулонным кромочным материалом
rereeling ~ перемоточный станок
rewinding ~ намоточный станок
rim-bending ~ станок для гнутья ободов
ripping ~ 1. продольно-обрезной станок 2. *цел.-бум.* продольная саморезка
rip saw ~ продольно-пильный станок
rod ~ круглопалочный станок
roll-end paster ~ машина для заклейки концов рулонов
roll grinding ~ станок для шлифовки валов
roll-heading ~ машина для упаковки торцов и кромок рулонов
roll pasting ~ станок для склейки рулонной бумаги

machine

roll shredding ~ разрыватель влажных рулонов
roll slitting ~ резательная машина для рулонов
roll-wrapping ~ станок для упаковки рулонной бумаги
rope-and-windlass bending ~ гнутарный станок с механизмом гнутья в виде ворота
rotary bending ~ ротационная биговальная машина
rotary embosser ~ вальцовый станок для тиснения
rubbing ~ шлифовальный станок
ruffling ~ станок для гофрирования (*обивочной ткани*)
ruling ~ линовальная машина
saturating ~ машина для пропитки (*напр. кровельного картона*)
sawing ~ пильный станок; механическая [приводная] пила
saw-toothing ~ машина для насечки и формирования зубьев пилы
screw driving ~ шурупозавёртывающий станок, шуруповерт
scrub-clearing ~ кусторез
sealing ~ запечатывающее устройство (*для картонных коробок*)
seed dusting ~ сухой протравливатель семян
seeding ~ сеялка
seed sowing ~ сеялка
self-grinding ~ самозаточный механизм, самоточка
self-loading grapple ~ самозагружающаяся машина со стрелой с захватом (для бесчокерной трелёвки)
sewing decorative ~ *меб.* швейная машина для декоративной строчки
sharpening ~ заточный станок
sheet paper ~ листоотливная цилиндровая машина (*для имитации бумаги ручного черпания*)
sheet pasting ~ листоклеильная машина; пресс для склейки листов
sheet ruling ~ линовальная машина для листовой бумаги
shingle ~ гонторезный станок
shive ~ станок для производства пробок для бочек
shower pipe moistening ~ спрысковой увлажнитель; спрысковой увлажнительный станок

shredding ~ разрыватель [измельчитель] целлюлозы
single-cylinder ~ *см.* Yankee machine
single-operational logging ~ однооперационная лесозаготовительная машина
single-sided ruling ~ односторонняя линовальная машина
single-tree ~ машина для заготовки [обработки] деревьев по одному (*в отличие от групповой*)
sinuous wire forming ~ станок для изготовления пружин «змейка»
sisal carding ~ *меб.* чесальная машина для сизального волокна
sisal opening ~ *меб.* станок для вскрывания кип сизального волокна
site prep(aration) ~ машина для расчистки [подготовки] территории
sizing ~ 1. станок для форматной резки, форматно-обрезной станок 2. клеильная машина
skirt hemming ~ машина для подшивки ткани
slabstock ~ *меб.* машина для изготовления блоков пенопластов
slat bed ~ станок для изготовления реечных щитов
slicing ~ фанерострогальный станок; шпонострогальный станок
slitting ~ перемотно-разрезной станок, продольно-резальный станок
slitting-and-cutting ~ продольно-поперечный резальный станок
slitting-and-rewinding ~ перемоточно-разрезной станок, продольно-резальный станок
slotting ~ долбёжный станок
slush ~ сгуститель
smooth planing ~ рихтовальный станок, станок для окончательной строжки
sowing ~ сеялка
spade handle bending ~ станок для гнутья рукояток лопат
spindle carver ~ копировально-токарный станок
spindle molding ~ фрезерный станок по дереву
splicing ~ машина для заклейки (*напр. картонных коробок*)
splint chopping ~ *спич.* соломкорубильный станок

261

machine

splint cleaning ~ *спич.* машина для сортировки соломки
splint peeling ~ *спич.* станок для лущения соломочного шпона
splint sieving ~ *спич.* машина для просеивания соломки
splitting ~ механический колун
spray impregnating ~ *спич.* аппарат для пропитки соломки набрызгом
spraying ~ 1. *цел.-бум.* увлажнительный станок 2. *дер.-об.* распылительная установка 3. опрыскиватель
spring clipping ~ *меб.* станок для обрезки пружин
spring coiling ~ *меб.* станок для навивки пружин
square link ~ *меб.* станок для изготовления проволочных сеток
squaring ~ брусующий станок
squaring-off ~ обрезная пила для маломерных заготовок
stapling ~ скрепкозабивной станок
stave bending ~ станок для гнутья клёпки
stave crozing ~ уторный станок
stave jointing ~ фуговальный станок для клёпки
staving ~ станок для сборки бочек
stencil cutting ~ копировальный станок; станок для вырезания по шаблону
step knotting ~ *меб.* узловязальный станок со ступенчатой передачей
stick turnaround ~ *см.* crossover stick machine
stirring ~ мешалка
stitching ~ машина для сшивки [сборки] спичечных книжечек
straightening ~ 1. рихтовальный станок 2. фуговальный станок 3. строгальный станок
strapping ~ 1. обвязочная машина (*для упаковки саженцев*) 2. упаковочно-обвязочная машина (*для обвязки изделий лентой*)
stretch foil ~ станок для упаковки в полиэтиленовую растягивающуюся плёнку
stud driving ~ шурупоразвёртывающий станок, шуруповёрт
stump harvesting ~ 1. машина для заготовки пней 2. машина для валки и обработки деревьев у пня (*на месте валки*)
stump pulling ~ корчевальная машина
suction cylinder ~ (*бумагоделательная*) машина с отсасывающими валами
surface milling ~ фрезерный станок для обработки плоскостей; горизонтально-фрезерный станок
swinging boom ~ трелёвочная машина с поворотной (*в горизонтальной плоскости*) стрелой
tally ~ машина для выписывания счетов *или* квитанций; машина для подсчёта кубатуры пиломатериалов
tape-controlled ~ станок с программным управлением
tape-edge ~ *меб.* станок для пришивки тесьмы
taping ~ 1. ребросклеивающий станок для стяжки шпона бумажной лентой 2. машина для оклейки коробок
teasing ~ *меб.* чесальная машина
tenoning ~ шипорезный станок
tenon-making ~ шипорезный станок
thermoforming ~ машина для термоформования
thicknessing ~ рейсмусовый станок
three-drum printing ~ машина для нанесения трёхцветной печати
throughfeed molding ~ строгально-калёвочный станок
tillage ~ 1. почвообрабатывающая машина 2. почвофреза
tipple ~ типпель (*опрокидывающее устройство для передачи ленты шпона от лущильного станка на подающий стол ножниц*)
tissue ~ машина для выработки санитарно-бытовых бумаг
tonguing-and-grooving ~ шпунтовальный станок
transit strapping ~ упаковочно-обвязочный станок проходного типа
transverse cutting ~ поперечно-резательный станок
tree balling ~ машина для выкопки саженцев
tree harvesting ~ лесозаготовительная машина
tree-planting ~ лесопосадочная машина

machinery

trenching ~ траншеекопатель, канавокопатель
trimming ~ 1. универсальный кромкообрезной станок; обрезной станок 2. цел.-бум. стопорезка
tube-winding ~ гильзоклеильный станок
tubing ~ гильзоклеильный станок
tufting ~ меб. 1. станок для прошивки [простёжки] 2. ворсопрошивная машина
tufting button ~ меб. станок для простёжки пуговицами
turning ~ токарный станок
twinverform ~ фирм. бумагоделательная машина типа твинверформ
twin wire fourdrinier ~ двухсеточная столовая бумагоделательная машина
tying ~ станок для обвязки (пачек шпона)
unbundling ~ размолёвочная машина
untwisting ~ станок для раскручивания (каната, шнура и т.п.)
vacuum bag ~ пресс для гнутья или формования с помощью вакуумных мешков
vat board ~ цилиндровая картоноделательная машина
veneer ~ фанерный станок; фанерострогальный станок
veneer-clipping ~ фанерообрезной станок; фанерные ножницы
veneer cutting ~ станок для раскроя [обрезки] шпона
veneer slicing ~ фанерострогальный станок
veneer taping ~ 1. ребросклеивающий станок для стяжки шпона бумажной лентой 2. станок для оклейки торцов шпоновых полос бумажной лентой
ventilator ~ станок для изготовления сетчатых дисков, вставляемых в вентиляционные отворотия матрацев
versatile ~ универсальный станок
vertical slicing ~ вертикальный фанерострогальный станок
vertical stitch border ~ станок для строчки борта в вертикальном направлении
V-grooving ~ станок для выборки усовочных пазов
wadding ~ машина для производства целлюлозной ваты

wallpaper printing ~ обойнопечатная машина
waste-paper dissolve ~ бракомолка
wet (lap) ~ папмашина, обезвоживающая машина; мокрый прессспат
willowing ~ дрешер, волк-машина
winding ~ 1. станок для намотки рулонного материала 2. цел.-бум. накатно-резательный станок
wire forming ~ станок для производства пружинных блоков
wire paper ~ сеточная бумагоделательная машина
wire stitching ~ тетрадная машина
wire working ~ станок для изготовления пружин
wood-embossing ~ станок для тиснения текстурного рисунка
wood-fragmenting ~ дробилка древесины
wood-peeling ~ лущильный станок
wood-scraping ~ гладильный станок для древесины
wood-splitting ~ механический колун
woodworking ~s деревообрабатывающее оборудование
woodworking drag sawing ~ полосовая пила для распила древесины
woodworking gang sawing ~ лесопильная рама
Yankee ~ янки-машина (для бумаг односторонней гладкости); самосъёмочная бумагоделательная машина
zig-zag ~ станок для изготовления пружин «змейка»
zipper sewing ~ меб. машина для вшивания молний
machine-imprinted с машинным клеймом (о бумаге)
machinery:
automatic baling and weighing ~ автомат для укладки в кипы и взвешивания (бумаги)
composition making ~ оборудование для приготовления спичечной массы
extraction ~ машины для вывозки [трелёвки] леса
filling ~ оборудование для затаривания (бочек)
flow-coating ~ оборудование для отделки методом струйного облива
forestry ~ машины для лесного хозяйства

263

machinery

handling ~ погрузочно-разгрузочное оборудование
improvised ~ самодельное оборудование; переделанное оборудование
matchmaking ~ оборудование для производства спичек
mattress-bedding ~ оборудование для изготовления мягкой мебели
paper can ~ машины для производства изделий из папье-маше
paper-converting ~ бумагообрабатывающие механизмы
rattan ~ машины для плетения из раттана
sawing ~ пильное оборудование
woodworking ~ деревообрабатывающее оборудование
machining машинная [станочная] обработка; механическая обработка
macrofibril макрофибрилла
macronutrient макроэлемент (*питания*)
macrostructure:
  wood ~ макроструктура древесины
magazine магазин, шахта (*дефибрера*)
  grinder ~ шахта дефибрера
  label ~ *спич.* магазин для этикеток
  seal ~ ёмкость, содержащая пломбы или скрепки (*для крепления концов обвязочных полос при упаковке мебели*)
magnesium магний
  exchangeable ~ обменный магний
magnet:
  hold-on ~ магнитная защёлка
maiden 1. девственный 2. порослевый сеянец 3. новый, свежий, нетронутый
main 1. тяговый канат 2. *pl* газопровод (*для подачи неконденсируемых газов пиролиза в печь в качестве топлива*)
  double ~ двухниточный тяговый канат (*огибающий блок на каретке*)
mainline тяговый канат
  synchronized ~(s) тяговые канаты, соединённые отрезком троса, огибающим блок на каретке (*для раскрытия захвата в установке с тяговонесущим канатом*)
make 1. изделие; марка; форма; модель; тип 2. изготавливать, делать ◇ to ~ a first felling осуществлять первую рубку [первый приём рубки];

to ~ true an engine отрегулировать двигатель; to ~ up 1. возмещать, восполнять 2. доливать, дополнять
makedown:
  pigment slurry ~ приготовление суспензии пигмента
maker 1. черпальщик 2. изготовитель
  bushel ~ бондарь
  cabinet ~ столяр, краснодеревщик, мебельщик
  gall ~s галлообразователи (*насекомые*)
  hedgehog ~ машина для подрезки живой изгороди
  paper sack tube ~ трубочная машина для (бумажных) мешков
  pattern ~ модельщик
  soil-block ~ пресс для изготовления почвенных горшочков
  stock ~ массоизготовитель; массная мельница
  window ~ зависшее дерево, представляющее опасность
mall *см.* maul
mallet деревянный молоток, киянка
man 1. рабочий 2. укомплектовывать личным составом ◇ ~ at the set рабочий на погрузочной площадке
  blowpit ~ сцежник
  cant hook ~ грузчик
  catty ~ опытный сплавщик
  chainsaw ~ моторист цепной пилы
  deck ~ рабочий на площадке, укладчик
  gang ~ бригадир, десятник; старший смены *или* партии
  gas-producer ~ газогенераторщик
  powder ~ подрывник (*на корчёвке пней*)
  production ~ рабочий на основных работах
  replacement ~ рабочий на подмене
  rig-up ~ монтажник; рабочий на оснастке [монтаже] трелёвочной мачты
  shanty ~ рабочий-лесозаготовитель
  size and alum ~ клеевар
  top ~ бригадир, десятник; мастер
  white water ~ опытный сплавщик
management 1. ведение хозяйства, управление хозяйством 2. организация производства 3. использование и

воспроизведение (*природных ресурсов*)
~ of cuttings ведение рубок
all-aged forest ~ ведение разновозрастного лесного хозяйства
forest ~ 1. ведение лесного хозяйства; управление лесным хозяйством; лесопользование 2. лесоустройство
forest ~ by individual trees хозяйство, направленное на уход за отдельными деревьями
grazing ~ управление пастбищным хозяйством; регулирование пастьбы
logging ~ управление лесозаготовками; экономика и организация производства на лесозаготовках
range ~ меры по охране окружающей среды
sustained-yield ~ непрерывное [постоянное] хозяйство
uneven-aged forest ~ ведение разновозрастного лесного хозяйства
wildlife ~ регулирование ресурсов диких животных; мероприятия, направленные на воспроизводство диких зверей и птиц; охрана природы; природопользование
woodland ~ *см.* forest management
manager управляющий; директор; менеджер ◇ ~ for felling мастер на валке; ~ for skidding мастер на трелёвке; ~ for transportation мастер на вывозке (*леса*)
forest ~ лесоустроитель
local ~ лесничий
workshop ~ главный механик
mandrel оправка; дорн; бородок
axially movable ~ формующий болванчик (*станка для изготовления внутренних спичечных коробок*)
center ~ сердечник, оправка, полый шпиндель (*для гнутья древесины*)
mandril *см.* mandrel
mangling рубка леса (*против направления ветра*)
manifold 1. установка, коллектор, трубопровод; распределительная магистраль 2. *pl* копировальная бумага
flushing ~ промывная установка
inlet [intake] ~ входной [впускной, всасывающий] трубопровод
sampling ~ коллектор для отбора проб

manila манильская бумага; бумага из волокон манильской пеньки
railroad ~ *амер.* фрахтовая бумага
mantle 1. покров 2. обшивка, облицовка
fungal ~ грибная мантия (*микоризы*)
soil ~ почвенный покров
manufacture 1. изготовление, производство 2. изделие, продукт
charcoal ~ производство древесного угля
commercial ~ выпуск продукции на рынок; промышленное производство
imperfect ~ дефектная обработка
specialty papers ~ облагораживание бумаги
wholesale ~ комплексное производство; изготовление изделий по полному технологическому циклу; массовое производство
wood products ~ производство деревянных изделий
manure навоз, компост; перегной; органическое удобрение ‖ удобрять, вносить удобрение
artificial ~ искусственный навоз, компост
bone ~ костяная мука
complete ~ полное органическое удобрение
compound ~ сложное [комплексное] удобрение
domestic ~ местное удобрение
stable ~ стойловый навоз
manuring:
green ~ 1. применение зелёного удобрения, сидерация 2. запашка сидерата
green-leaf ~ удобрение зелёной листвой
many-aged разновозрастный (*о лесе*)
many-bottom 1. многокорпусный 2. многолемешный
many-leaved многолистный
map карта
compartment ~ планшет
contour ~ топографическая карта
exploitation ~ карта лесозаготовок, технологическая карта
fire-finder ~ ориентирная карта для пеленгования пожара
fire occurence ~ 1. карта расположения очагов пожаров (*за определён-

265

map

ный *период*) 2. карта распространения пожара
fire-plotting ~ ориентированная карта для пеленгования пожара
flight ~ планшет
location ~ схема местоположения (*участков*)
management ~ лесоустроительный планшет
photo index ~ фотоплан
site ~ карта лесов с различным бонитетом
stand ~ карта типов леса; план лесонасаждений
stock ~ карта типов леса; план лесонасаждений
timber-type ~ карта типов леса
tree ~ карта типов леса
type ~ карта распределения типов лесных насаждений и почвы
weather ~ синоптическая карта
maple клён (*Acer*)
ash-leaved ~ клён ясенелистный, клён американский (*Acer negundo*)
blistered ~ клён «птичий глаз» (*отделочная древесина*)
Bosnian ~ клён остролистный, клён платановидный (*Acer platanoides*)
English field ~ клён полевой (*Acer compestre*)
European ~ клён крупнолистный (*Acer macrophyllum*)
sycamore ~ клён белый, явор, клён ложноплатановый (*Acer pseudoplatanus*)
mapping нанесение на карту ◇ ~ the survey нанесение данных изысканий на карту
aerial ~ аэрофотосъёмка
close ~ детальная съёмка
forest site ~ картирование лесорастительных условий
soil ~ картирование почв
maquis *фр.* маккия (*заросли вечнозелёных кустарников*)
maranyl *фирм.* маранил (*формованные изделия из нейлона*)
margin 1. (допускаемые) колебания количества поставляемого леса 2. полоса, край (*напр. на бумаге*) 3. запас (*напр. прочности, мощности*) 4. опушка (*леса*) 5. режущая кромка (*сверла*) 6. обкладка, поле

crenate leaf ~ городчатая форма края листа
dentate leaf ~ зубчатая форма края листа
fire ~ кромка пожара, линия огня
leaf ~ форма края листа
repand leaf ~ волнистая форма края листа
serrate leaf ~ пильчатая форма края листа
sinuate leaf ~ выемчатая форма края листа
margo замыкающая плёнка (*окаймлённой поры*)
mark 1. отметка, метка, знак 2. марка, клеймо 3. маркировка ‖ маркировать (*напр. деревья в рубку или для оставления на корню*) 4. стойка, веха
bar ~s следы шлифования в виде параллельных линий (*дефект*)
bark ~ клеймо владельца на бревне
bench ~ репер, реперный знак; отметка уровня; нивелирная марка
blanket ~ маркировка сукна
bubble ~s воздушные пузырьки (*дефект бумаги*)
bucking ~ раскряжёвочная метка (*на стволе дерева в месте раскряжёвки*)
chip ~s следы плохой машинной обработки (*древесины*)
dandy ~ маркировка равнителя
doctor ~ полоса от шабера (*дефект*)
edge ~ маркировка [Y-образная отметка] лучшей кромки
felt direction ~ метка для определения направления движения сукна
felt seam ~ маркировка сукна швом
flood ~ отметка уровня полной воды; отметка паводка
high-water ~ отметка высоты прилива; отметка паводка
patch ~ водяной знак
register ~ приводочная метка, приводка
revolution ~s следы ожогов (*на древесине*) при очень высоких скоростях обработки
ripple ~s струйчатые отметки (*на продольно-тангентальном разрезе древесины*)

match

score ~ контрольная метка на заготовке спичечной коробки
shipping ~s фирменная маркировка на торцах досок (*с указанием завода-изготовителя, сорта, размера и т.д.*)
side ~ боковой упор; боковая накладная марка
snake ~s следы шлифования в виде рисунка змеиной кожи (*дефект*)
thwart ~s следы от прокладок на пиломатериалах, уложенных в штабель
marker 1. маркировщик; разметчик при раскряжёвке 2. инструмент для маркировки 3. маркер (*сеялки*) 4. браковщик, сортировщик (*пиломатериалов*)
log ~ разметчик хлыстов при раскряжёвке
marketable 1. годный к продаже 2. деловой, товарный (*о древесине*) 3. рентабельный (*по размерам и сортам*)
marking 1. маркировка (*напр. деревьев в рубку или для оставления на корню*) 2. разметка при раскряжёвке 3. разметка древостоя (*под подсочку*) 4. маркировочная надпись
~ of timber маркировка деревьев в рубку
distress ~ следы от длительного износа (*вид отделки мебели*)
paint ~ клеймение краской (*деревьев*)
surface ~ закрепление границ
marking-out: ◇ ~ a coupe отвод лесосеки; ~ a line провешивание визира или линии
marl мергель, известковая глина || удобрять мергелем
Marley фирм. марлей (*отделочный материал на основе поливинилхлорида*)
marlin марлин, шило для заплётки или сращивания каната
marling мергелевание, удобрение мергелем
marquetry маркетри, инкрустация по дереву; деревянная мозаика (*из цветной древесины*)
marsh 1. болото 2. периодически затопляемые почвы, марш
tidal ~ амер. 1. марш, периодически

заливаемый приливами 2. солончак (*на заливных участках*)
marshland заболоченная местность
mass:
bark-chip ~ древесная масса с содержанием коры
glutinous ~ клейкая масса
still-wet ~ масса древесины, содержащая воду в капиллярах и стенках клеток
mast 1. столб толщиной более 200 мм; мачта 2. мера длины, равная 5,029 м; мера площади, равная 25,29 кв.м 3. семена лесных деревьев, имеющие кормовую ценность; плодокорм
hand ~s круглый лес для мачт и столбов
tilt ~ *см.* tiltable spar
mat 1. матрац, тюфяк, мат; подушка; циновка, плетёнка, рогожа || выстилать матами 2. матовая поверхность || неполированный, тусклый || создавать матовую поверхность, матировать 3. подстилка; дернина 4. стружечный ковёр 5. спутывать, свойлачивать
bar ~ *спич.* планочный транспортёр; транспортёр из наборных планок
bulkier ~ наполнитель (*удобрений, ядохимикатов*)
fiber ~ 1. влажная плита, сырой лист 2. нетканый войлок 3. *пл.* волокнистый ковёр
plate ~ *спич.* планочный транспортёр; транспортёр из наборных планок
sod ~ дерновый войлок, дернина
match 1. спичка 2. подбор шпона || подбирать; сочетать(ся), соответствовать 3. шпунт, шпунтовое соединение || шпунтовать 4. подгонять в плоту брёвна по размеру ◇ ~es "de luxe" специальные спички; спички особого назначения
basket weave ~ подбор шпона в виде корзиночного переплетения
diamond ~ подбор шпона в конверт
disk ~es спички в виде диска
end ~ торцевое шпунтовое соединение
everlasting ~ *уст.* спичка, не догорающая до конца и используемая несколько раз

267

match

four-way ~ торцевое шпунтовое соединение
herringbone ~ подбор шпона в ёлку
jammed ~es спички, забившие воронку коробконабивочного станка
loose ~es рассыпные спички
oxymuriated ~ *уст.* спичка, обработанная хлоратом калия, сахаром и гуммиарабиком
pellet ~ спичка из опилок
perfumed ~es специальные ароматические спички
slip ~ подбор шпона из листов одной пачки
sneezy ~ отлетающая головка спички (*дефект*)
strike-anywhere ~es сесквисульфидные спички
waste ~es путанка
waterproof ~es охотничьи спички
wax ~es восковые спички

matchboarding обшивочные шпунтованные доски

matchbox спичечная коробка
sidelong inner ~ косая внутренняя часть спичечной коробки
sidelong outer ~ косая наружная часть спичечной коробки
underdried outer ~ недосушенная наружная часть спичечной коробки
unglace inner ~ морщинистая внутренняя часть спичечной коробки
unglace outer ~ морщинистая наружная часть спичечной коробки

matched:
balanced ~ подобранный из нескольких кусков одинакового размера и формы с линией соединения в центре щита; симметричный (*о подборе шпона*)
random ~ подобранный из полос разного размера (*о шпоне*)
slide ~ ребросклеенный из двух лицевых полос шпона (*обычно полосатой текстуры*)

matcher 1. четырёхсторонний строгальный станок высокой мощности **2.** рабочий, подбирающий шпон по текстуре **3.** станок для сплачивания досок
color ~ прибор для подбора цветов
flooring ~ шпунтовальный станок для обработки досок пола

long bed end ~ шипорезный станок для длинных заготовок
planer ~ строгально-шпунтовальный станок
matching 1. подбор шпона; пригонка **2.** шпунтование
reversed diamond ~ подбор шпона в крейцфугу [в обратный конверт]
material материал, вещество
amorphous ~ целлюлоза и продукты из неё не кристаллической структуры
auxiliary ~ вспомогательное сырьё
base ~ картографическая основа
beating ~ размалываемый материал
binding ~ связующее (*вещество*); цементирующий материал
breeding ~ селекционный материал
brood ~ личинки, куколки
bulk ~ сыпучий материал
cladding ~ облицовочный материал, материал для внешней обшивки
coating ~ материал для мелования, кроющий материал
color ~ красящее вещество
direct ~s основные производственные материалы
fabric-backed ~ материал, дублированный тканью
fibrous raw ~ волокнистое сырьё
fill ~ материал для возведения насыпей
filter ~ *цел.-бум.* насадка слоя
flooring ~ настилочный материал; половые доски
fluting ~ материал для гофрирования
heavy-bodied ~ отделочный материал с высоким содержанием сухого остатка
indirect ~s вспомогательные производственные материалы
inert ~ *дер.-об.* заполнитель, наполнитель
loading ~ *цел.-бум.* наполняющее вещество, наполнитель
miscellaneous organic ~s смешанные органические материалы
mismatched ~ плохо подобранный шпон *или* пиломатериал
opaque ~ непрозрачный отделочный материал
parent (soil) ~ материнский [исход-

ный] почвенный материал, материнская порода
pectic ~ пектин, пектиновое вещество
planting ~ посадочный материал
proper-length ~ (лесо)материал заданной [требуемой] длины
pulp-making ~ сырьё для целлюлозы
rejected ~ отходы сортирования
seed ~ семенной материал
tinting ~ вещество для подцветки (*бумаги*)
top ~ материал верхнего слоя [верхнего покрытия]
upholstery ~ материал для облицовки мягкой мебели
varnish ~ прозрачный отделочный материал, прозрачный лак
water-soluble ~s водорастворимые вещества
wood-base ~ древесный материал
wood raw ~ древесное сырьё
woody ~ древесный материал (*деревья, пни и т.п.*)
wrapping ~ упаковочный материал
matrix дичок для прививок
mattae дернина
matted задернованный (*о почве*)
matter вещество
extractive ~s экстративные вещества
insoluble ~ нерастворимое вещество
nonsettling ~ неоседающая суспензия
nonvolatile ~ 1. *лесохим*. нелетучее вещество 2. сухой остаток (*отделочного материала*)
polluting ~ загрязняющее вещество
resinous ~ смолистое вещество
settleable ~ оседающая суспензия
soluble ~ растворимое вещество
total humic ~ общее содержание гумуса; валовый гумус
unsaponifiable ~ неомыляемое вещество
volatile ~ летучие вещества (*отделочного материала*)
matting 1. отлив; формирование древесноволокнистого ковра 2. свойлачивание 3. циновка
~ **of roots** сплетение корней
mattock мотыга
mattress 1. матрац 2. ковёр (*древесной массы*)
chip ~ стружечный ковёр
fascine ~ фашинный тюфяк

measure

individual ~ отдельный стружечный ковёр (*подающийся в пролёт многоэтажного пресса*); отдельная заготовка стружечного ковра, соответствующая индивидуальной плите пресса
king-sized ~ пружинный матрац шириной 210 см и длиной 183,5 см
pocketed ~ матрац с пружинами в чехлах
queen-sized ~ матрац шириной более 152 см
Schlaraffia ~ *фирм*. матрац с пружинами непрерывного плетения
Scottish-size ~ матрац длиной 175 см
unbordered ~ матрац без борта, тюфяк
woven wire ~ матрац с пружинным блоком из витой проволоки
mature созревать; доводить до зрелости || спелый, зрелый
maturity спелость (*насаждения или древесины*); зрелость
crop ~ спелость насаждения
economic ~ хозяйственная спелость
financial ~ финансовая спелость
natural ~ естественная спелость
physical ~ физическая спелость
physiological ~ физиологическая спелость
qualitative ~ качественная спелость
quantitative ~ количественная спелость
technical ~ техническая спелость
maul тяжелый молот, кувалда; киянка || обрабатывать молотом
chime ~ уторный молоток (*для осадки уторного обруча без повреждения торцов клёпки*); съёмник обручей
meal:
bone ~ костяная мука
dolomitic ~ доломитовая мука
rock phosphate ~ фосфоритная мука
Thomas ~ томасшлак, томасова мука, томасфосфат
wood ~ древесная мука; мелкие опилки
measure 1. мера; измерение; метод измерения || измерять, обмеривать 2. мера, мероприятие
actual ~ 1. фактический размер (*дерева*) 2. размер после машинной обработки 3. размер брёвен *или* брусьев без допуска на обзол *или* горбыль

measure

board-foot ~ 1. досковый фут 2. измерение кубатуры (*круглого леса или пиломатериалов*) в досковых футах
caliper ~ измерение кубатуры (*круглого или грубообтёсанного леса*) мерной вилкой
customary ~ размер (*брёвен или брусьев*) с допуском на обзол или горбыль
custom (fund) string ~ англ. метод измерения кубатуры брёвен, при котором средняя длина окружности делится на четыре
Doyle ~ амер. измерение кубатуры брёвен по шкале Дойля (*из диаметра вычитается 4 дюйма на горбыли при распиловке*)
face ~ 1. измерение площади (*напр. пласти, доски*) 2. площадь поверхности
feet board ~ 1. досковый фут 2. измерение кубатуры (*круглого леса или пиломатериалов*) в досковых футах
feet surface ~ измерение площади поверхности в квадратных футах
francon ~ метод измерения кубатуры по длине окружности брёвен
full ~ англ. метод измерения кубатуры брёвен, при котором средняя длина окружности делится на четыре
Hoppus (string) ~ метод измерения круглых лесоматериалов по системе Хоппус
intaken ~ погрузочный обмер (*лесоматериала*)
laid ~ 1. размер укладочной единицы паркета 2. площадь пола после укладки досок
Liverpool string ~ метод измерения круглых лесоматериалов по системе Хоппус
nominal ~ черновой размер; размер до машинной обработки
piled fathom ~ мера кубатуры топливной древесины, равная 6,1 куб.м
quarter-girt(h) ~ метод измерения круглых лесоматериалов по системе Хоппус
round ~ измерение кубатуры круглых лесоматериалов в плотных единицах
shoulder ~ длина заплечика (*шипа*)

solid ~ измерение в плотных объёмных единицах
stacked cubic ~ измерение в складочных кубических мерах
string ~ обмер лентой по окружности (*напр. дерева*)
string ~ under bark измерение кубатуры лесоматериала без коры (*лентой по окружности*)
superficial ~ 1. измерение площади (*напр. пласти, доски*) 2. площадь поверхности
tape ~ обмер лентой по окружности (*напр. дерева*)
true (volume) ~ измерение кубатуры круглых лесоматериалов в плотных единицах
measurement 1. измерение, обмер 2. *pl* размеры 3. система мер ◊ **~ by length and mid-diameter** определение объёма ствола по длине и серединному диаметру
~ of growth rings измерение годичных слоёв
~ of roundwood измерение [определение объёма] круглых лесоматериалов
~ of stacked timber таксация лесоматериалов
conventions ~ способы измерений
crosscut ~ поперечный размер (*раскроя щита*)
forest ~ лесная таксация, дендрометрия
geometric ~ of roundwood геометрическое определение объёма круглых лесоматериалов
girth ~ измерение длины окружности (*ствола*)
hydrostatic ~ of roundwood гидростатическое определение объёма круглах лесоматериалов
photographical ~ of roundwood фотографическое определение объёма круглых лесоматериалов
rip ~ продольный размер (*раскроя щита*)
shipping ~ объём (*груза*) в упаковке
weight ~ to estimate volume весовой метод определения объёма (*лесоматериалов*)
work ~ проведение хронометражных наблюдений, измерение трудозатрат

membrane

measuring 1. измерение; обмер ‖ измерительный 2. отмер длин при раскряжёвке ◇ ~ at mid-point обмер посредине сортимента
  height ~ измерение высоты (*дерева*)
  length ~ отмер длин
  logs ~ таксация круглых лесоматериалов
mechanism механизм; устройство; аппарат
  accumulating ~ накопитель (*для деревьев*)
  distributor ~ 1. раздатчик, распределитель 2. высевающий аппарат 3. разбрасыватель
  drill(ing) ~ высевающий аппарат
  dropping ~ высевающий аппарат
  feeding ~ 1. питатель; подающий механизм 2. высевающий аппарат
  infeed ~ питатель; подающий механизм
  interlock(ing) ~ механизм блокировки (*тягового и холостого трелёвочных барабанов лебёдки*)
  metering ~ дозирующее устройство, дозатор
  offset ~ механизм подачи суппорта (*лущильного станка*) на один оборот чурака
  outfeed ~ транспортёр на выходе (*лесопильной рамы*)
  picker-pin feed ~ накалывающий высевающий аппарат
  planting ~ высевающий аппарат; посадочный аппарат
  precision ~ механизм точного высева
  relief ~ предохранительный механизм
  roll-adjusting ~ приспособление для точной установки барабана ролла
  rotary die ~ роторный штамповальный станок
  seeding ~ высевающий аппарат
  seed-spacing ~ механизм точного высева
  shear ~ ножевой механизм; срезающее ножевое устройство
  splint feed ~ механизм подачи спичечной соломки
  stomatal ~ *бот.* устьице
  tapering ~ *лесопил.* механизм выравнивания бревна; механизм установки бревна в горизонтальное положение
  tree ~ **of resistance to the disease** (генетический) механизм устойчивости дерева к заболеванию
  trip(ping) ~ 1. расцепляющий [выключающий] механизм 2. замок стоек коника
  valving ~ распределительный механизм (*лесопильной тележки*)
mechanization механизация
  forestry ~ механизация (лесохозяйственных работ) лесного хозяйства
  logging ~ механизация лесозаготовок
medium 1. средство, способ 2. среда 3. середина 4. внутренний слой (*картона*)
  agar ~ агаровая среда
  air-carrying ~ вспениватель, газообразователь
  corrugating ~ средний слой (*гофрированного картона*)
  fluting ~ основа для гофрирования
  heating ~ теплоноситель
  nutrient ~ питательная среда
  semichemical ~ внутренний слой (*гофрированного картона*) из полуцеллюлозы
medulla сердцевина (*ствола или корня*)
Melinex *фирм.* мелинекс (*полиэфирная плёнка для отделки*)
melioration мелиорация
  forest ~ лесомелиорация, агролесомелиорация
mellow 1. созревать 2. разрыхлять (*почву*) 3. кондиционировать (*бумагу*)
mellowing 1. созревание 2. рыхление (*почвы*)
  paper ~ акклиматизация бумаги
Melmex *фирм.* меламиноформальдегидный формовочный порошок
member элемент, деталь
  imperfect vessel ~ сосудистая трахеида, несовершенный сосудистый орган
  sieve-tube ~s элементы ситовидных трубок
  vessel ~ членик сосуда
membrane мембрана, оболочка
  cell ~ оболочка [мембрана] клетки
  pit ~ замыкающая плёнка поры
  pressure ~ полунепроницаемая мембрана (*клетки*)

membrane

semipermeable ~s полупроницаемые мембраны
membranous плёнчатый
mensuration измерение
  forest ~ лесная таксация, дендрометрия
  tree ~ лесная таксация, дендрометрия
merchandise 1. товары 2. (*деловые*) сортименты
merchandising разделка [раскряжёвка] лесоматериалов на деловые сортименты
merchantability товарность древостоя
merchantable 1. годный к продаже (*напр. о лесе*) 2. деловой, товарный (*о лесоматериале*) 3. рентабельный (*по размерам и сортам*)
  actual ~ полезной длины (*о лесоматериале*)
  selected ~ высшего сорта (*о хвойных лесоматериалах*)
  sound ~ хорошего качества (*о древесине*)
meristem меристема
  apical ~ апикальная [верхушечная] меристема
  ground ~ основная меристема
  vasculary ~ сосудистая меристема
merithallus междоузлие
Mersida *фирм.* мерсида (*пропитка тонкого шпона лиственных пород, позволяющая наклеивать его на другие материалы*)
mesh отверстие, ячейка (*сита, решета*); меш
mesic 1. с умеренным увлажнением (*о местности, климате*) 2. приспособленный к умеренной влажности
mesophyll мезофилл (*фотосинтезирующая паренхима*)
mesopodzol среднеподзолистая почва
messenger возвратный канат
metabolism метаболизм, химический обмен веществ (*в живом организме*)
metabolite метаболит (*продукт обмена веществ*)
  fungistatic root ~s фунгистатические корневые метаболиты
metamorphosis метаморфоз, превращение
  gradual ~ неполный метаморфоз
metargillitic глинистый

metasperm покрытосемянное растение
metaxylem метаксилема, вторичная ксилема
meter 1. счётчик; измерительный прибор ‖ измерять 2. дозатор ‖ дозировать 3. метр
  basis weight ~ измеритель плотности (*бумаги*)
  brightness ~ фотометр белизны (*бумаги*)
  burning index ~ прибор для определения индекса сжигания
  chip ~ счётчик количества щепы
  color difference ~ прибор для определения цвета (*образцов*)
  consistency ~ концентратометр бумажной массы
  cubic ~ of dense timber кубометр плотных лесоматериалов; плотный кубометр
  cubic ~ of piled wood кубометр складочных лесоматериалов; складочный кубометр
  cubic ~ of trunk wood кубометр плотной древесины; плотный кубометр
  danger ~ прибор для измерения пожарной опасности
  density ~ денсиметр, плотномер
  dielectric loss ~ прибор для определения диэлектрических потерь (*в бумаге*)
  distance ~ дальномер
  electric(-capasity) moisture ~ ёмкостный влагомер (*для определения влажности древесины*)
  electric-resistance moisture ~ кондуктометрический влагомер (*для определения влажности древесины*)
  gloss ~ фотометр лоска бумаги
  haze ~ пожарный дальномер (*по столбу дыма*)
  hygroscopic moisture ~ гигрометр
  microwave moisture ~ сверхвысокочастотный влагомер
  pH ~ прибор для измерения pH
  photoelectric consistency ~ фотоэлектрический концентратомер бумажной массы
  radiofrequency moisture ~ высокочастотный влагомер
  rate-of-spread ~ прибор для определения скорости пожара

method

running ~ погонный метр
skyline tension ~ прибор для измерения натяжения несущего каната
solid cubic ~ кубометр плотных лесоматериалов; плотный кубометр
stacked cubic ~ кубометр складочных лесоматериалов; складочный кубометр
transparency ~ фотометр светопроницаемости бумаги
visibility ~ пожарный дальномер (*по столбу дыма*)
methanol:
crude ~ метанол-сырец
method метод, способ; система, порядок
~ of application способ нанесения (*лака, клея*)
~ of controlling метод борьбы (*напр. с вредителями*)
~ of forest mensuration метод лесной таксации
~ of isolated nutrition метод изолированного питания (*растений*)
~ of least squares метод наименьших квадратов
~ of management метод лесоустройства
~ of planting способ посадки (*лесных культур*)
~ of procedure технология (*напр. обработки*)
~ of yield regulation by area метод расчёта лесопользования по площади
~ of yield regulation by numbers and sizes of trees метод расчёта лесопользования по числу и размерам деревьев
~ of yield regulation by volume and increment метод расчёта лесопользования по запасу и приросту
acetate-of-lime ~ уксуснокальциевый метод (*производства уксусной кислоты*)
activated sludge ~ метод активного ила
angle-count ~ метод угловых проб (*в таксации леса*)
assortment ~ 1. способ лесозаготовок с трелёвкой [вывозкой] сортиментов 2. трелёвка [вывозка] сортиментов
auger ~ кружковый метод (*отбора проб целлюлозы*)

Bitterlich ~ of direct basal area determination определение суммы площадей сечения деревьев насаждения по методу Биттерлиха
blue glass ~ метод контроля качества древесной массы на синем стекле
bomb ~ испытания в бомбе
bracing ~ способ закрепления груза (*в вагоне или грузовике*) с помощью специальных скоб
branch copic ~ метод ведения безвершинного хозяйства
B.S. ~ метод испытания по британским стандартам
buble ~ определение вязкости по скорости подъёма пузырьков
charcoal ~ метод адсорбции активированным углем
check ~ контрольный метод (*в лесоустройстве на основе детального изучения насаждения*)
circular yarding ~ круговой способ канатной трелёвки (*с головной мачтой в центре круга*); круговая схема разработки делянки канатными установками
compass ~ буссольная съёмка
conventional thinning ~s традиционные способы рубок ухода
Conway's microdiffusion ~ микродиффузионный метод Конвея (*для определения гидролизуемого азота*)
curl ~ метод свёртывания (*образца бумаги при определении степени проклейки*)
cut-and-skid ~ обычный способ лесозаготовок (*валка леса с применением моторных пил и трелёвочных тракторов*)
cutting ~s способы рубок
cut-to-length ~ метод [технология] с заготовкой сортиментов в лесу
direct ~ способ непосредственного тушения пожара
discontinuous ~ метод периодического производства (*ДСП*)
distance ~ дистанционный метод (*определения расстояния*)
distant-patrol floating ~ дистанционно-патрульный способ лесосплава
dot ~ метод точек, метод пунктира (*при микроскопическом исследовании бумаги*)

method

dry brush ~ метод матирования поверхности с помощью сухой кисти и шлифовального порошка
dry combustion ~ метод сухого озоления
dry indicator ~ метод сухого индикатора (*при определении степени проклейки бумаги*)
estimation ~ метод глазомерного определения (*при микроскопическом исследовании бумаги*)
extraction ~ способ заготовки *или* заготовки и транспортировки (*деревьев, пней*)
fourdrinier ~ *фирм.* непрерывный метод прессования древесноволокнистых плит
gravimetric ~ метод весового анализа, гравиметрический метод
Hercules drop softening-point ~ *фирм.* метод определения температуры размягчения канифоли по падению капли
hot logging ~ способ заготовки леса без межоперационных запасов
Huber's ~ метод измерения кубатуры брёвен по площади среднего сечения
indirect ~ способ отжига (*от естественных преград при тушении пожара*)
ink floatation ~ метод флотации на чернилах (*при определении степени проклейки бумаги*)
inside-out ~ способ движения (*агрегата*) по спирали из центра
inverted skyline ~ **of balloon yarding** метод аэростатной трелёвки с обратными канатами (*тяговый канат используется в качестве несущего, возвратный — в качестве тягового*)
Kopparfors ~ выращивание (*посадочного материала с закрытой корневой системой*) в полиэтиленовых блоках по методу Коппарфорс
kraft ~ сульфатный метод
labor intensive ~ способ лесозаготовок с применением ручного моторного инструмента
lands ~ челночно-загонный способ (*движения агрегата*)
line-intercept ~ метод закладки ленточных проб (*для изучения возобновления леса*)
line intersect ~ метод линейного пересечения
logging ~ способ ведения лесозаготовок; технология лесозаготовок
long-length ~ 1. способ лесозаготовок с трелёвкой [с вывозкой] длинномерных лесоматериалов 2. трелёвка [вывозка] длинномерных лесоматериалов
motor-manual shortwood ~ способ заготовок сортиментов с применением моторных пил
multiplaten ~ метод изготовления древесностружечных плит с помощью многоэтажного пресса
neutral-sulfite ~ моносульфитный [нейтрально-сульфитный] метод
ocular-estimate-by-plot ~ метод глазомерного изучения (*состава растительности*) на учётных площадках
one-cut shelterwood ~ *амер.* способ одноприёмной постепенной рубки
optional ~ метод по выбору
ORP ~ *см.* oxidation-reduction potential method
oxidation-reduction potential ~ окислительно-восстановительный метод
pace ~ метод обмера (*делянки*) шагами
pack-sack ~ способ лесосечных работ с заготовкой сортиментов у пня (*с раскряжёвкой деревьев, окучиванием сортиментов у пня и последующей вывозкой пачек сортиментов в погруженном положении*)
papergrot ~ метод выращивания сеянцев в бумажных горшочках
parallel ~ способ тушения пожара созданием нескольких параллельных защитных полос
periodic inventory ~ **of management** метод периодных блоков лесоустройства
permanent field block ~ периодно-площадной метод (*лесоустройства*)
permanent periodic block ~ метод постоянных периодных блоков (*в лесоустройстве*)
piggy-back ~ 1. способ трелёвки брёвен в пачке (*поднятой и подтянутой лебёдкой к двум вертикальным*

изогнутым рычагам, установленным сзади трактора) **2.** перевозка прицепа на шасси автомобиля (*при порожнем рейсе*)
plot estimate ~ метод глазомерного изучения (*состава растительности*) на учётных площадках
pounce ~ метод пунсирования; метод нанесения узора из дырочек
prism-count ~ метод угловых проб, релаксопический метод (*с использованием стеклянных призм*)
prism-wedge ~ метод угловых проб; релаксопический метод (*с использованием стеклянных призм*)
pulping ~ метод варки
recurrent (forest) inventory ~ периодный метод лесоустройства
reproduction ~ способ рубки и возобновления леса
seed-tree cutting ~ способ сплошных рубок с оставлением семенников (*при ведении среднего хозяйства*)
shelterwood (cutting) ~ способ постепенных рубок
sieve ~ метод ситового анализа
Smalian's ~ метод измерения кубатуры брёвен по площади торцов
soda ~ натронный метод
sortiment ~ **1.** способ лесозаготовок с трелёвкой [с вывозкой] сортиментов **2.** трелёвка [вывозка] сортиментов
sprout ~ способ ведения порослевого низкоствольного хозяйства
square-foot ~ метод глазомерного изучения (*состава растительности*) на учётных площадках
stationary loading ~ способ погрузки стационарными установками
strip ~ полосовый метод (*отбора проб бумаги*)
strip cutting ~ способ сплошных полосных [сплошных каёмчатых] рубок
strip selection cutting ~ способ каёмчатых выборочных рубок
stroke ~ штриховой метод (*определения степени проклейки бумаги*)
sulfite ~ сульфитный метод
taungya ~ способ выращивания леса с временным сельскохозяйственным пользованием

to-and-fro ~ челночный способ (*движения агрегата*)
trap-tree ~ метод ловчего дерева
tree-length ~ **1.** способ лесозаготовок с трелёвкой [с вывозкой] хлыстов **2.** трелёвка [вывозка] хлыстов
trial-and-error ~ метод проб и ошибок
turnpike ~ *дор.* метод выемки грунта из канав и укладки его с обеих сторон
turpenting ~ способ подсочки
two-foot ~ метод создания защитных полос в двух футах (*60 см*) от кромки пожара
uniform (shelterwood) ~ *амер.* способ равномерных постепенных рубок
Wagner's ~ система каёмчатых выборочно-лесосечных рубок Вагнера (*на узких лентах в направлении с востока на запад*)
wedge ~ клиновый метод (*отбора проб древесной массы*)
weight ~ весовой метод (*напр. изучения состава растительности*)
wet combustion ~ метод мокрого озоления
whole tree ~ **1.** способ лесозаготовок с трелёвкой [с вывозкой] деревьев **2.** трелёвка [вывозка] деревьев
metoecious разнохозяйный (*о паразитах*)
metoxenous разнохозяйный (*о паразитах*)
mica слюда
exfoliated ~ расслоённая слюда
micella 1. кристаллит целлюлозы **2.** мицелла
fringe ~ кристаллит целлюлозы с распущёнными концами
microblast микробласт
microcarpous мелкоплодный
microclimate микроклимат
microfibril микрофибрилла
microfungus микроскопический гриб
micrograph микрофотография
microhabitat микроместообитание
micronutrient питательный микроэлемент
microorganism микроорганизм
aerobic ~ аэробный микроорганизм
anaerobic ~ анаэробный микроорганизм

micropetalous

micropetalous мелколепестный
microphyll 1. мелкий лист 2. растение с мелкими листьями
microphyllous мелколистный
microphyte микрофит, микроскопическое растение
microphytocoenosis микрофитоценоз
microspermous мелкосемянный
microsporangium микроспорангий
microsporophyll микроспоролистик
microstrobile *бот.* шишечка
microthermophillous обитающий в бореальных областях
microthermophytia сообщество бореальных лесов
microtopography микрорельеф
midboard внутренняя перегородка
midcap кронштейн, косынка (*в середине стрелы*)
middle внутренний слой (*многослойного склеенного картона*)
   container ~ внутренний слой ящичного картона (*из низкосортной массы*)
   light ~ грубый картон (*в качестве внутреннего слоя высокосортных картонов*)
middlebreaker плуг-бороздоделатель с двухотвальным корпусом
middlebuster плуг-бороздоделатель с двухотвальным корпусом
middlings пиломатериалы среднего сорта
midfeather внутренняя перегородка; серединная стенка (*ролла*)
midge галлица; *pl* галлицы (*Itonididae*)
mid-nip *цел.-бум.* середина зоны контакта
midrib средняя жилка (*напр. листа*)
midwood чаща леса
migration миграция, переселение
   preponderant ~ миграция [проникновение] под действием веса (*мелкой стружки в нижний слой стружечного ковра плиты*)
mildew милдью, ложная мучнистая роса (*грибное заболевание листьев*)
   oak ~ мучнистая роса дуба (*Microshaera alphitoides*)
   paper ~ плесень бумаги
   powdery ~ настоящая мучнистая роса (*возбудители грибы Erysiphales*)
milieu среда, окружающие условия

mill 1. завод, фабрика 2. мельница; дробилка || молоть; дробить 3. станок, установка 4. фрезерный станок, фрезер || фрезеровать
   attrition ~ 1. рафинатор (*мельница для окончательного размола щепы на волокно*), мельница размола массы 2. дисковая мельница
   ball ~ коническая мельница
   band ~ 1. ленточнопильный станок 2. лесопильный завод, оборудованный ленточнопильными станками
   bark ~ окорочный станок
   Biffar ~ комбинированный размольно-сортирующий аппарат для сучковой массы
   board ~ картонная фабрика
   boxboard ~ фабрика ящичного картона
   cage ~ корзиночный дезинтегратор
   chip ~ линия изготовления стружки; установка для механической переработки сырья в стружку [в щепу]
   coating ~ меловальный цех; красильный цех
   colloid ~ коллоидная мельница
   color ~ краскотёрка, мельница для красок
   composition grinding ~ мельница для размола спичечной массы
   conical ~ коническая мельница
   conical refining ~ коническая рафинёрная мельница
   corrugating ~ фабрика гофрированного картона
   cross(-stroke) ~ лопастная дробилка
   crush ~ дробильная установка, рубильная машина
   crushing disk ~ дисковая мельница
   cut-up ~ установка для выгрузки, распиловки и подготовки балансов
   dissolving pulp ~ завод вискозной целлюлозы
   double cutting band ~ широколенточный пильный станок с двумя режущими кромками полотна
   edge ~s бегуны
   fiberboard ~ завод древесноволокнистых плит
   fine ~ фабрика высокосортной бумаги
   gang ~ лесопильная рама
   glazing ~ лощильный станок

globe ~ шаровая мельница
grinding ~ древесномассный завод
groundwood ~ древесномассный завод
hand-made ~ фабрика бумаги ручного отлива
hog ~ дробильная установка
horizontal band ~ горизонтальный ленточнопильный станок (*для распиловки брёвен на доски*)
insulating board ~ фабрика изоляционного картона
Jordan ~ коническая мельница
log band ~ ленточнопильный станок для распиловки брёвен
lumber ~ *амер.* лесопильный завод
market pulp ~ завод товарной целлюлозы
mechanical pulp ~ древесномассный завод
mixed ~ фабрика бумаг ручного и машинного отлива
news ~ фабрика газетной бумаги
nonintegrated ~ бумажная фабрика, работающая на привозной целлюлозе
paper ~ бумажная фабрика
pebble (rod) ~ прутковая мельница
planing ~ строгальный цех; предприятие по выпуску строганых пиломатериалов и деталей
pulp ~ целлюлозный завод; древесномассный завод
rag ~ 1. полумассный отдел 2. фабрика тряпичных бумаг
roofing ~ фабрика по производству кровельного картона
rough ~ цех черновой обработки; предприятие первичной машинной обработки
runner ~ бегуны
saw ~ 1. лесопильный завод 2. *амер.* лесопильная рама
screen ~ мельница с сортировкой
self-contained paper ~ целлюлозно-бумажный комбинат
semichemical pulp ~ завод полуцеллюлозы
shingle ~ гонтовый завод
slot ~ пазовая фреза
stump crush ~ рубильная машина для переработки пней
veneer ~ 1. установка по производству шпона 2. фанерная фабрика

wet ~ лесопильный завод с бассейном (*с хранением брёвен в воде*)
white ~ фабрика высокосортных бумаг
wood-free ~ фабрика по производству бумаги без содержания древесной массы
millboard толстый переплётный и поделочный картон
mille 1. единица измерения кубатуры пиломатериалов, равная половине ленинградского стандарта ($\approx 2,34$ $м^3$) 2. тысяча листов бумаги
milled фрезерованный
milling 1. измельчение; обработка в мельнице 2. гидратация 3. размол [переработка] древесины (*на заводе*) 4. фрезерование
climb ~ фрезерование на подаче (*вращение фрезы происходит в одном направлении с подачей материала*)
conventional ~ фрезерование против подачи (*вращение фрезы противоположно движению подачи*)
millpuffs:
cotton ~ хлопковые очёсы; (хлопковый) линт; непрядёное хлопковое волокно (*для набивки мебели*)
Millspaugh *фирм.* отсасывающий гаучвал системы Мильспо
millwork столярные изделия; строительные лесоматериалы; заготовки, подвергшиеся первичной машинной обработке
stock ~ столярные заготовки
millwrightman механик на лесопильном *или* деревообрабатывающем предприятии
mimicry мимикрия
mine *энт.* мина, ход
miner минёр, минирующее насекомое
mineralization минерализация, разложение (*органических веществ в почве*)
wood ~ разложение [минерализация] древесины
mining:
timber ~ беспорядочное лесопользование; лесопользование без восстановления лесов
mismatching 1. несовпадение, несоответствие (*по размерам, рисунку*

misregister

текстуры при подборе шпона) 2. дефектное столярное соединение
misregister неправильная приводка (*при линовке или печатании обоев*)
misshapen многовершинный (*о дереве*)
mist:
  spray ~ туман отделочного материала, получаемый при распылении
misted потускневший, затуманенный
misting получение матовой отделки
miter 1. скос под углом 45 градусов ‖ скашивать под углом 45 градусов, делать косой срез 2. соединение на ус ‖ соединять на ус 3. заслонка 4. шлюзный щит
  bishop's ~ соединение на ус внакладку
  curved ~ закруглённое соединение на ус
  doweled ~ усовое соединение на шкантах
  lap ~ соединение в четверть с небольшим скосом
  lip ~ соединение в четверть с небольшим скосом
  lock ~ усовое соединение в шпунт и гребень; соединение на шип
  mason's ~ небольшой косой уступчик *или* упор, вырезанный в массивном бруске оконного переплёта
  oblique ~ усовочное соединение на тупой угол
mitre *см.* miter
mix 1. смесь ‖ перемешивать 2. паста
  bark-wood ~ *пл.* смесь древесины с остатками коры
mixed смешанный (*напр. о древостое или лесных культурах*)
mixer мешалка, смеситель, миксер, мешальный ролл
  bleach ~ смеситель отбеливающих химикатов с целлюлозой при её отбелке
  clay ~ глиномялка, глиноразводка
  in-line ~ встроенный смеситель
  paddle ~ лопастная мешалка
  seed ~ протравливатель семян
  slurry-type seed ~ жидкий протравливатель семян
  whirl ~ вихревая мешалка
mixture 1. смесь ‖ смешивать 2. смешивание; смешение пород (*в лесных культурах*) ◊ ~ **by alternate rows** порядное смешение пород; ~ **by groups** групповое смешение; ~ **by single kinds of trees** подеревное смешение пород
  equilibrium ~ равновесная смесь
  feather ~ смесь пера и пуха разных видов водоплавающей птицы (*для изготовления набивки мягкой мебели*)
  group ~ групповое смешение пород
  gum ~ клей для гуммирования
  hair-fiber ~ смесь натурального волоса с волокном (*для набивки мягкой мебели*)
  individual-tree ~ подеревное смешение пород
  monoterpene ~ смесь монотерпенов
  rosin acid ~ смесь смоляных кислот
  single-tree ~ подеревное смешение пород
  steam-flue gas ~ парогазовая смесь
  tree-by-tree ~ подеревное смешение пород
  working ~ рабочий раствор (*смолы, клея или лака*)
mock-up макет, модель ‖ опытный, пробный
mode способ, метод
  ~ **of forest management** 1. метод лесоустройства 2. способ ведения лесного хозяйства
model модель, образец
  biomathematical growth ~ биоматематическая модель хода роста насаждений
  digital terrain ~ математическая модель местности
  harvesting ~ модель лесозаготовительного процесса
  linear pyrolysis ~ модель линейного пиролиза
moder модер-гумус (*среднеразложившиеся растительные остатки*)
modifier модификатор
moistener увлажнитель
  board ~ увлажнитель картона
  paper ~ увлажнитель бумаги
  spray ~ спрысковый увлажнитель
moist-free влагостойкий, влагоупорный
moisture влага, влажность
  ~ **of air** влажность воздуха

air-dry ~ гигроскопическая влажность
available ~ доступная (*растениям*) влага
bound ~ связанная влага (*древесины*)
combined ~ связанная влага (*древесины*)
condensed ~ конденсированная влага
equilibrium ~ равновесная влажность (*древесины*)
excess ~ избыточная влажность
free ~ свободная [несвязанная] влажность (*древесины*)
green ~ влажность свежесрубленной древесины
hygroscopic ~ гигроскопическая влажность
latent ~ скрытая влажность (*напр. фанеры*)
relative ~ относительная влажность (*древесины*)
sorbed ~ поглощённая влага
stored soil ~ запас почвенной влаги
unavailable ~ недоступная (*растениям*) влага
moistureproof влагостойкий, влагоупорный
moisture-repellent водоотталкивающий
mold 1. форма, пресс-форма ‖ формовать, прессовать 2. шаблон, лекало 3. плесень; плесневый гриб 4. перегной ‖ гнить, разлагаться 5. отливная форма 6. сетчатый формующий цилиндр (*круглосеточной бумагоделательной машины*) 7. отливать (*бумагу*) ручным способом
beam ~ шаблон, используемый в столярных работах
bed ~ профильная деталь переднего края подоконника
black ~ 1. перегной, растительная земля 2. чёрная плесень (*возбудитель гриб Aspergillus niger*)
board ~ отливная форма для листов картона
cover ~ пищальная рейка
cylinder ~ круглосеточный [отливной] цилиндр
face ~ шаблон для профильного вырезания заготовки из доски
falling ~ шаблон для вырезания паза в поручне перил
female ~ вогнутая форма, матрица

molding

fillet ~ валик, калёвка, поясок
garden ~ садовая земля
laid ~ форма для ручного отлива с сеткой типа верже
leaf ~ перегной из листьев
paper ~ черпальная форма
parallel flow-type ~ круглая сетка с прямоточной подачей массы
reverse ~ 1. вогнутая форма, матрица 2. изделие *или* заготовка, полученные в вогнутой форме
saprophytic ~s плесневые сапрофитные грибы
snow ~ снежная плесень (*возбудитель гриб Fusarium nivale*)
soil ~s почвенные плесневые грибы
suction ~ формующий цилиндр всасывающего типа
vacuum forming ~ вакуум-формующий цилиндр
wove(n) ~ веленевая отливная форма
moldboard отвал (*плуга*)
blackland ~ полувинтовой отвал (*для тяжёлых липких почв*)
cylinder ~ цилиндрический отвал
digger ~ *англ.* культурный цилиндроидальный отвал
double ~ двухотвальный плуг
helical ~ винтовой отвал
left-handed ~ левооборачивающий отвал
plow ~ отвал плуга
right-handed ~ правооборачивающий отвал
screw-shaped ~ винтовой отвал
semidigger ~ *англ.* полувинтовой отвал
semihelicoidal ~ *амер.* полувинтовой отвал
single ~ одноотвальный плуг
snake ~ винтовой отвал
spiral ~ винтовой отвал
winding ~ винтовой отвал
molded 1. формованный, отлитый в форме 2. фасонный; с украшениями
integrally ~ формованный с цельной оболочкой (*о пенопласте*)
molder 1. (строгально-)калёвочный станок 2. (фасонно-) фрезерный станок
spindle ~ for dovetailing фрезерный шипорезный станок
molding 1. формовка, формование ‖

molding

формовочный 2. фрезерование, профильное строгание 3. фигурный профилированный лесоматериал (*калёвка, багет, раскладка филёнки, валик, профиль*) 4. отлив 5. *pl* изделия из бумажного литья ◇ ~ with flash формованная *или* отливная деталь с гратом
apron ~ выпуклый рельеф (*для украшения среднего бруска дверной рамы, к которому крепится замок*)
artistic ~ 1. художественная формовка; лепка 2. фасонное фрезерование
astragal ~ профильная погонажная деталь с закруглённым углублением; калёвка; галтель
bag ~ изготовление (*гнутоклеёных фанерных деталей*) с помощью пневматических мешков
base ~ 1. рельеф основания 2. карниз цоколя, плинтус
beaded ~ профильная деталь типа бус
blow ~ выдувное [дутьевое] формование; формование раздувом
bolection ~ резная *или* точёная деревянная деталь
bolection glazing ~ профильный горбылёк окна с фальцем для вставки стекла
border ~ орнамент, выполненный фасонно-фрезерным станком
cabin ~ цилиндрическая декоративная деталь (*формованная или резная*)
cabinet ~ профильная раскладка для украшения корпусной мебели
cable ~ резной орнамент в виде витых канатов
carved-edge ~ формованная деталь с кромкой, имитирующей резьбу
chain ~ резной орнамент в виде цепи
cove ~ профильная погонажная деталь с закруглённым углублением; калёвка; галтель
cover ~ рельефная накладка
drop ~ углублённая калёвка
flush ~ профильная погонажная деталь заподлицо с основной поверхностью обвязки; раскладка филёнки, не выступающая за пределы обвязки
fluted ~ желобчатая [полая] выкружка; багет

framed ~ 1. раскладка, окладная калёвка 2. выпуклая калёвка, препятствующая расхождению усового соединения
glazing ~ профильный горбылёк окна с фальцем для вставки стекла
hollow ~ полая [желобчатая] выкружка; багет
loose ~ деревянный штампик для закрепления стекла в окне
nail-head ~ *меб.* лепное украшение в виде шляпок гвоздей (*в норманнском стиле*)
one-shot ~ одноразовое формование; вспенивание за один вспрыск
panel ~ калёвка, не выступающая за основную поверхность щита
picture (frame) ~ валик на стене для картин; багет
plain ~ 1. простое строгание 2. строганая деталь без украшений
planted ~ 1. профильная погонажная деталь, крепящаяся к дверному полотну (*после его сборки*); раскладка филёнки 2. калёвка, крепящаяся отдельно
pulp preform ~ предварительное формование древесноволокнистой массы; подпрессовка древесноволокнистой массы
raised ~ выпуклая рельефная обвязка; выпуклая раскладка филёнки
rebate ~ притворная планка (*двери, окна*)
reed(ed) ~ профильная деталь в виде призмы
shell ~ выпуклая твёрдая формованная деталь; формованный каркас
solid ~ рельефная деталь, изготовленная как одно целое с изделием
sprung ~ изогнутая деталь (*мебели*); изогнутая калёвка
stopped ~ прерывистая калёвка; прерывистый валик
stuck ~ выпуклая декоративная деталь
sunk ~ вогнутая рельефная деталь; утопленная рельефная вставка
sunk raised ~ вставная рельефная деталь, выступающая за пределы основной поверхности
treacle ~ выступ откидной крышки

(*стола*) с выемкой снизу для захвата

two-shot ~ двухступенчатое формование; двухступенчатое вспенивание, вспенивание за два впрыска

weather ~ выступающая профильная деталь нижнего бруска обвязки оконного *или* дверного переплёта для защиты от дождя *или* ветра

monandrous однотычинковый

monial *см.* mullion

monitor 1. автоматический регулятор 2. небольшой плот, оборудованный лебёдкой

brightness ~ автоматическое устройство контроля степени белизны (*целлюлозы*)

chip moisture ~ автоматический регулятор влажности щепы

Kappa-number ~ автоматический регулятор числа Каппа

monkey 1. небольшой (*о машинах, инструментах*) 2. тележка подъёмного крана

monocarpous одноплодный

monocotyledon одно(семя)дольное растение

monoculture монокультура

monocyclic моноцикличный (*о рубках главного пользования*)

monoecious *бот.* однодомный

monoester:

tall oil ~ сложный моноэфир таллового масла

Monoflex *фирм.* монофлекс (*погонажные эластичные изделия из ацетатцеллюлозы*)

mononodal смещённый, ненормально вытянутый (*о верхушке дерева без боковых ветвей*)

monorail монорельсовая [подвесная] дорога

moor 1. болото; заболоченная местность 2. вереск обыкновенный (*Calluna vulgaris*) 3. пришвартоваться, стать на якорь

acid ~ кислое [вереско-сфагновое] болото

distrophic ~ моховое болото с малой биологической активностью

heather ~ вересковая пустошь

high ~ верховое болото

low ~ низовое болото

moss ~ зеленомошное болото

reed ~ камышовое болото

sedge ~ осоковое болото

transitional ~ переходное болото

wood ~ заторфованное лесное болото

moorberry клюква болотная (*Oxycoccus palustris*)

moorland заболоченная местность

mop наборный полировальный круг; холщовый полировальный круг

edge ~ полировальная шайба

mophead текстильный вкладыш полировальной шайбы

mopping-up очистка защитной полосы и прилегающих мест (*от горючих материалов*)

moquette плюш *или* бархат «мокет» (*с шерстяным ворсом на бумажной основе, используется для обивки мебели*)

cut ~ плюш с разрезным ворсом

uncut ~ плюш на хлопчатобумажной основе с неразрезанным петлеобразным ворсом

mor мор, грубый [кислый] гумус (*лесной подстилки*); слаборазложившиеся растительные остатки

fibrous ~ волокнистый грубый гумус

granular ~ зернистый [гранулированный] грубый гумус

greasy ~ жирный грубый гумус

laminated ~ слоистый [пластинчатый] грубый гумус

matted ~ спутанный грубый гумус

moraine морена

end ~ конечная морена

ground ~ основная [донная] морена

morainic моренный

morass болото, болотистое место, топь

mordant морилка

catechu ~ морилка [протрава] из катеху, мордан

morocco прочная мягкая кожа для обивки изделий мягкой мебели

mortality 1. отпад (*всходов*); естественный отпад (*в лесу*) 2. смертность

larval ~ смертность личинок

mortise гнездо, паз, углубление ‖ вырезать гнездо *или* паз; вставлять в паз

blind ~ паз глухого [потайного] шипа

mortise

   chase ~ паз глухого [потайного] шипа
   open ~ 1. паз открытого сквозного шипа 2. удлинённое гнездо с закруглёнными концами
   stopped ~ несквозной паз
   through ~ сквозной паз
mortiser долбёжный сверлильный станок
   gang ~ многошпиндельный сверлильный станок; присадочный станок
   hand-operated hollow chisel ~ долбёжный станок с полым долотом с ручной подачей
   hollow chisel ~ долбёжный станок с полым долотом
mortiser-and-tenoner шипорезный станок
moss мох
   bog ~ торфяной мох, сфагнум (*Sphagnum*)
   hair ~ кукушкин лён (*Polytrichum commune*)
   mushed ~ торфяной мох, сфагнум (*Sphagnum*)
   peat ~ торфяной мох, сфагнум (*Sphagnum*)
   true ~es зелёные мхи (*Bryales*)
mossy моховой, мшистый
moth моль, бабочка
   carpenter ~s древоточцы (*Cossidae*)
   pine-shoot ~ побеговьюн (*Evetria*)
   pine-tip ~ побеговьюн (*Evetria*)
   shoot ~ побеговьюн (*Evetria*)
mottle 1. пятнистость (*порок древесины*) 2. *pl* выцветы, налёты (*на почве*)
   bees-wing ~ рисунок текстуры в виде узких полосок
   block ~ пятнистость (*порок древесины*)
   fiddle ~ рисунок текстуры с разводами; волнистый рисунок текстуры
   peacock ~ рисунок текстуры типа «птичий глаз»
   plum ~ рисунок текстуры грушевидной формы
   rain ~ рисунок текстуры (*красного дерева*) в виде удлинённых капель дождя
mottling неравномерная окраска (*напр. волокон бумаги*)
Mouldrite *фирм.* моулдрит (*мочевинные и фенолформальдегидные клеи и смолы*)
mount 1. опора, крепление ‖ крепить 2. установка, монтаж ‖ монтировать 3. *pl* металлическая фурнитура для мебели 4. картон-основа для оклейки 5. гистологический срез 6. заключать гистологические срезы; монтировать препараты 7. предметное стекло
ormolu ~ бронзовая накладка
paper ~ бумага, входящая в состав декеля
rubber ~ резиновый виброизолятор
mounting установка, монтаж
   ~ of reels накладка валиков (*бумаги*)
caterpillar ~ гусеничный ход
mouth 1. входное [впускное, приёмное] отверстие, зев, горловина (*напр. дробилки*) 2. подпил, подруб
   ~ of shears раскрытие ножниц; величина раскрытия ножниц
Movar *фирм.* влаго- и паронепроницаемая бумага
movement 1. движение, передвижение, перемещение; такт, ход 2. деформация (*древесины в результате изменения влажности, напр. усушки, разбухания*)
   ~ of earth перемещение земляных масс; земляные работы
   initial log ~ первичный транспорт [трелёвка] леса
   post-bonding ~ изменение (*в материале*) после склеивания
   residual ~ остаточная деформация (*древесины в результате изменения влажности*)
   waterborne soil ~ смыв почвы осадками; поверхностный сток
mover тягач
   prime ~ 1. тягач; базовый трактор 2. машина для транспортировки (*живицы*)
   prime log ~ машина для первичного транспорта [для трелёвки] леса
   tree ~ машина для выкапывания и пересадки деревьев
move-up метод передвижек (*переходы рабочих с конца цепочки в начало при тушении лесных пожаров*)

much-branched сильноветвистый (*о дереве*)
muck 1. перегной, навоз 2. болотный ил, сапропель
mucronate заострённый, остроконечный
mud 1. модер-гумус (*лесной подстилки*) 2. ил, тина 3. цел.-бум. шлам
lime ~ каустизационный шлам
muddy 1. грязный, загрязнённый (*о фанере*) 2. илистый, сырой (*о грунте*)
mudflow сползание массива почвы
mulch мульча, рыхлый защитный слой ‖ мульчировать
sawdust ~ мульча из опилок
trash ~ мульча из растительных остатков
mulcher 1. машина для поверхностного рыхления почвы 2. машина для покрытия почвы растительными остатками, бумагой *или* плёнкой
mulching of seedbeds мульчирование посевных мест
mull мулль(-гумус), мягкий гумус (*лесной подстилки*)
coarse ~ грубый [крупнозернистый] мулль
earthworm ~ мулль, образовавшийся в результате деятельности земляных червей
fine ~ чистый [мелкозернистый] мулль
insect ~ мулль, образовавшийся в результате деятельности насекомых
medium ~ средний мулль
Mullen *фирм.* прибор Муллена для испытания на сопротивление продавливанию
mullet шаблон для шпунтования досок
mullion средник, средний вертикальный брусок оконной рамы *или* двери; пилястра-простенок
boxed ~ внутренний средник (*окна*), в котором установлены скользящие противовесы
multicellular многоклеточный
multicipital мутовчатый
multicostate многожилковый
multiedger многопильный станок
multifasciculate *бот.* сильномочковатый, многопучковый
multiflowered многоцветковый

mycelium

multifunction многооперационный
multilayered многоярусный (*о насаждении*)
multimatches спички многократного зажигания
multinervate многожилковатый
multinodal 1. многоузловой 2. многомутовчатый (*о типе ветвления ствола дерева*)
multipack групповая тара
multiparasitization сверхпаразитизм
multiphos концентрированный суперфосфат
multiple-aged разновозрастный (*о насаждении*)
multiple-furrow многокорпусный (*о плуге*)
multiplow многокорпусный плуг
multiply многослойный (*о картоне, бумаге, фанере*)
multiprocessor многооперационная обрабатывающая машина
multiramo(u)se ~ многоветвистый
multispiral имеющий несколько мутовок
multistaminate многотычинковый
multistoried многоярусный (*о насаждении*)
multitier *фирм.* горячий пресс, ламинатор
munitions патронная бумага
muntin промежуточный вертикальный брусок (*обвязки дверей*); оконный горбылёк
drawer ~ планка выдвижного ящика, делящая его пополам
mattress end ~ торцевой выступ, на который опирается матрац
muricate(d) ~ покрытый колючками
mushroom 1. гриб 2. боровик (*Boletus edulis*) 3. быстро расти
muskeg *амер.* сфагновое болото
must плесень ‖ покрываться плесенью
musty плесневый
mutation мутация
bud ~ почковая мутация
mutualism мутуализм (*симбиоз, взаимовыгодный для обоих симбионтов*)
mycelium мицелий, грибница
epirhizal ~ мицелий, растущий на корнях
perennial ~ многолетний мицелий
reticulate ~ сетчатый мицелий

283

mycelium

saprobic ~ сапрофитный мицелий
secondary ~ вторичный [дикариофитный] мицелий (*у базидиомицетов*)
septate ~ членистый мицелий
mycobacterin микобактерин
mycobacterium микобактерия
mycobiota микофлора
mycocide микоцид, фунгицид
mycogenous грибного происхождения
mycology микология
mycorrhiza микориза
  ectendotrophic ~ экто-эндотрофная [переходная] микориза
Mylar *фирм.* майлар (*полиэфирная плёнка*)

N

nail гвоздь; шпилька ‖ вбивать [забивать] гвозди
  annular grooved ~ гвоздь с кольцевой нарезкой
  barbed ~ заершённый гвоздь, гвоздь с бородкой
  batten ~ гонтовый [реечный, драночный] гвоздь
  buller ~ обивочный гвоздь с коротким стержнем и широкой шляпкой
  cement-coated ~ гвоздь с клеевым покрытием
  clasp ~ костыль, брусковый гвоздь
  clinched ~ гвоздь с загибаемым *или* расклёпываемым концом
  clout ~ гвоздь с плоской шляпкой; штукатурный гвоздь
  cooler ~ ящичный гвоздь; гвоздь с плоской шляпкой
  covered ~ облицованный обойный гвоздь
  cut ~ штампованный гвоздь; паркетный гвоздь
  finishing ~ отделочный гвоздь
  gatepost ~ дверной гвоздь
  glazier's ~ короткий гвоздь без шляпки
  hook ~ заершённый гвоздь; гвоздь с бородкой
  log raft ~ гвоздь для крепления плотов; корабельный гвоздь
  no-dent ~ обойный гвоздь с тонким стержнем
  patterned upholstery ~ декоративный обойный гвоздь
  pilot ~s гвозди, забиваемые временно при сборке лесов
  plank ~ гвоздь для досок пола
  rafter ~ костыль, брусковый гвоздь
  rose ~ декоративный обойный гвоздь с изображением розы на шляпке
  screw ~ шуруп
  sheathing ~ обшивочный гвоздь
  shingle ~ гонтовый [реечный, драночный] гвоздь
  sinker ~ ящичный гвоздь
  skeleton ~ костыль, брусковый гвоздь
  spike ~ костыль, брусковый гвоздь
  spirally grooved ~ шуруп
  stub ~ гвоздь без шляпки
  threaded ~ обойный гвоздик с резьбой
  tree ~ нагель; деревянный костыль; деревянный гвоздь
  upholstery ~ обойный гвоздь
  wriggle ~ волнистая скрепка
nailability гвоздеудерживающая способность
nailer 1. гвоздезабивной инструмент 2. гвоздарь, гвоздевой мастер
nailing забивка [вколачивание] гвоздей; крепление гвоздями
  edge ~ глухое соединение на гвоздях
  secret ~ потайное [утопленное] крепление гвоздями (*половых досок*)
  skew ~ косая забивка гвоздей
  toe ~ косая забивка гвоздей
  tosh ~ косая забивка гвоздей
  tusk ~ косая забивка гвоздей
naked 1. открытый, незащищённый; без обшивки 2. гладкий, ровный (*о поверхности без рельефов и украшений*)
nanism нанизм, карликовость
nanophanerophyte нанофанерофит, низкорослый кустарник
nanous карликовый, низкорослый
nap ворс ‖ ворсить
nappe водосливная струя
narrow-ringed узкослойный (*о древесине*)
native 1. местный, аборигенный 2. естественный

natural 1. естественный, природный; дикий **2.** нормальный, натуральный
nature природа, характер, сущность, качество
  ~ **of cut surface** вид поверхности резания
neck 1. шейка; цапфа **2.** узкая соединительная *или* промежуточная часть (*напр. мебельной ножки*) **3.** горловина (*напр. варочного котла*) **4.** перешеек, коса
  digester ~ горловина варочного котла
necrosis 1. некроз, омертвение **2.** нектрия древесных лиственных пород (*возбудитель гриб Nectria galligena*)
needle 1. игла ‖ игольчатый **2.** *pl* хвоя, иглы
  awl-shaped ~s шиловидная хвоя
  scale-like ~s чешуевидная хвоя
needle-leaved хвойный
nervation, nervature жилкование, расположение жилок
nerve жилки (*листа*)
nest гнездо; группа (*напр. при посеве или посадке гнёздами или биогруппами*) ‖ гнездовой
  ~ **of tables** набор столов уменьшающихся размеров и задвигающихся один в другой
  end-in ~ набор выдвижных торцевых столов
  front-in ~ набор выдвижных столов, выдвигающихся с продольной стороны
nester устройство для формирования и укладки колец из пружины «змейка» с последующей термообработкой
Nestor *фирм.* нестор (*мочевино- и фенолоформальдегидные смолы и порошки*)
net 1. сетка **2.** чистый, окончательный
  ~ **of rides** (*лесная*) квартальная сеть
netting:
  cuttings ~ составление карты раскроя; определение схемы раскроя (*пиломатериалов*)
network 1. сеть, сетка; решётчатое устройство **2.** сетчатая структура **3.** переплетение волокон
  ~ **of roots** корневая система
  collecting ~ грузосборочная сеть волоков (*с одним магистральным и*

примыкающими к нему пасечными волоками)
  cone-shaped ~ радиальная схема разработки делянки; радиальное [веерообразное] расположение волоков (*из угла делянки*)
  fan-shaped ~ *см.* **cone-shaped network**
  serpentine-shaped ~ схема разработки делянки с серпантинным расположением волоков
neutralizer диэлектризатор (*для снятия статического электричества с бумаги*)
news газетная бумага
  baled ~ газеты в кипах (*сорт макулатуры*)
  blank ~ газетная бумага без печати
  halftone ~ иллюстрационная бумага из древесной массы
  offset ~ офсетная бумага из газетной макулатуры
  over-issue ~ макулатура из нераспроданных газет
  reeled ~ ролевая газетная бумага
  rotogravure ~ гравюрная бумага из газетной макулатуры
  web ~ ролевая газетная бумага
newsback *см.* **newsboard**
newsboard газетно-макулатурный картон (*с верхним слоем из небелёной целлюлозы*)
  combination ~ разнослойный газетно-макулатурный картон
  filled ~ газетно-макулатурный картон с внутренним слоем из другого материала
  patent-coated ~ газетно-макулатурный картон с верхним слоем из высококачественной белой макулатуры
  solid ~ газетно-макулатурный однородный картон
newspaper 1. газетная бумага **2.** газета
newsprint газетная бумага
  deinked ~ облагороженная газетная макулатура
newspulp масса для газетной бумаги
niche ниша, микроместообитание
  ecological ~ экологическая ниша
  egg ~ углубление (*в коре*) для яиц (*насекомых*)
  oval ~ овальное углубление (*в коре*)

nick

nick 1. зарубка, засечка, метка ‖ делать насечки, зарубки *или* метки 2. клеймо (*на дереве*) ‖ клеймить (*деревья*)
nicking простейший орнамент, выполненный стамеской
nigger *проф.* устройство для поворота [кантования] брёвен на впередирамной лесопильной тележке
niggerizing процесс пропитки древесины (*для повышения её кислотостойкости*) керосином *или* каменноугольной смолой из коксовальной печи
nip 1. зона контакта прессовых валов 2. зона прессования 3. зазор
nitrate нитрат
   cellulose ~ нитрат целлюлозы, нитроцеллюлоза
   leachable ~s водорастворимые нитраты
   potassium ~ нитрат калия, калиевая селитра
nitrification нитрификация
nitrifier нитрификатор, нитрифицирующая бактерия
nitrocotton *спич.* коллоксилин, пироксилин
nitrogen азот
   albuminous ~ белковый азот
   ammonium ~ аммонийный азот
   assimilable ~ усвояемый азот
   available ~ «доступный» азот (*суммарное содержание растворимых в воде азотистых соединений*)
   combined ~ связанный азот
   protein ~ белковый азот
   total ~ суммарный азот
nitrogen-gathering азотсобирающий (*о растении*)
nitrosol жидкое азотное удобрение
nob 1. металлическая муфта на конце чокера; концевая муфта чокера 2. сучок
nobody in the veneers *проф.* дряблость шпона; раздавленный шпон (*дефект при строгании перегретых ванчёсов*)
node 1. узел; нарост, утолщение 2. мутовка
nodule 1. узелок (*массы*) 2. *бот.* клубенёк 3. кап (*на дереве*)
   root ~ корневой клубенёк

nodulizing окомкование
nog 1. деревянный клин; нагель; брусок в форме кирпича 2. остаток ветви на стволе дерева
nonbleached небелёный
noncombustible негорючий, невоспламеняющийся
noncurling нескручивающийся (*о бумаге*)
nondecidous вечнозелёный
nondigestible не поддающийся процессу варки, непроваривающийся
nondirectional ненаправленный, неориентированный, отклоняющийся
nonflammability невоспламеняемость, негорючесть
nonflam(mable) невоспламеняющийся, негорючий
noninflammable невоспламеняющийся, негорючий
non-merchantable неликвидный, неделовой, низкокачественный
nonsettling неотстаивающийся, неоседающий
nonslip нескользящий, несоскальзывающий (*об упаковке или обивке*)
nonswelling ненабухающий
nontapering полнодревесный
nonviable нежизнеспособный
nonvirulent невирулентный
nonwarping некоробящийся
nonwettability несмачиваемость
nonwoven 1. нетканый 2. *pl* нетканые материалы
   dry-process ~s нетканые материалы, изготовляемые сухим способом
   wet-process ~s нетканые материалы, изготовляемые мокрым способом
North Bend канатная трелёвочная установка Норс Бенд (*с неподвижным несущим канатом и кареткой, на которой закреплён тяговый канат, со скользящим блоком с прицепными приспособлениями, подаваемым к месту прицепки груза холостым канатом*)
nose (скруглённый) выступ; утолщение 2. носок (*напр. пильной шины*) 3. закруглённый конец (*бревна*)
   bar ~ носок пильной шины
   greasing sprocket ~ носок (*пильной шины*) со звёздочкой

number

replaceable ~ сменный носок (*пильной шины*)
replaceable sprocket ~ сменный носок (*пильной шины*) со звёздочкой
roller ~ носок (*пильной шины*) с роликом
slip ~ вставной носок (*плужного корпуса*)
nosed с выступом
nosing затёска конца бревна (*для облегчения трелёвки*)
"not" *фирм.* матовая отделка
notch 1. зарубка; надрез; подпил ‖ зарубать; надрезать; делать подпил 2. впадина между зубьями пилы 3. V-образный паз 4. царапина (*от напильника*)
undercut ~ подпил; вырез подпила
notched с надрезом; зазубренный
notcher *тарн.* уторник
notching 1. зарубка; надрез; подпил 2. поперечная вязка брусьев, шпунтование 3. *амер.* кольцевание (*деревьев*)
oblique ~ поперечная вязка под косым углом; врубка под косым углом
side ~ подрезание заболони вокруг дерева (*для уменьшения сколов при валке*)
notepaper почтовая бумага (*фальцованная*)
Novoboard *фирм.* новоборд (*древесностружечная плита*)
Novoply *фирм.* древесноволокнистая плита из отходов древесины
nozzle сопло; распыливающий наконечник; форсунка
deluge ~ заливочное сопло (*в сцежах*)
froth killing ~ пеногаситель; распылитель для гашения пены
gap ~ щелевидное отверстие
nub нарост (*на дереве*)
nucleus 1. ядро, зародыш 2. косточка (*плода*); ядро (*ореха*)
cell ~ клеточное ядро
nulling точёная *или* резная деталь в форме сектора круга (*характерная для дубовой мебели в стиле эпохи короля Якова I*)
number 1. число, количество 2. номер
acid ~ кислотное число
average ~ of trees per acre среднее число деревьев на акре
average ~ of trees per load среднее число деревьев в пачке
beater bars crossing ~ число скрещиваний ножей (*при размоле*)
Bjorkman ~ *цел.-бум.* перманганатное число
cellulose (solubility) ~ число растворимости целлюлозы
chemical pulp Bjorkman ~ степень провара целлюлозы по перманганатному числу
chemical pulp bromine ~ степень провара целлюлозы по бромному числу
chemical pulp chlorine ~ степень провара целлюлозы по хлорному числу
chemical pulp copper ~ степень провара целлюлозы по медному числу
chemical pulp Kappa ~ степень провара целлюлозы по перманганатному числу
chemical pulp permanganate ~ степень провара целлюлозы по перманганатному числу
chlorine ~ *цел.-бум.* хлорное число
copper ~ *цел.-бум.* медное число
drastic saponification ~ число омыления в жёстких условиях
Kappa ~ *цел.-бум.* перманганатное число
Küng ~ число Кинга, жёсткость по Кингу
layer ~ число рядов тары (*по вертикали*)
mesh ~ количество меш
micro-Kappa ~ микроперманганатное число
neutral sulfite semichemical ~ *цел.-бум.* перманганатное число
NSSC ~ *см.* neutral sulfite semichemical number
Östrand ~ число Эстранда, жёсткость по Эстранду
permanganate ~ *цел.-бум.* перманганатное число
plasticity ~ число пластичности (*почвы*)
post color ~ число ПК (*изменение цвета после отбелки*)
Roe ~ число Роэ, жёсткость по Роэ

number

saponification ~ число омыления
Sieber ~ число Зибера, жёсткость по Зиберу
stack ~ число рядов тары по горизонтали (*от одной торцевой стены вагона до противоположной*)
substance ~ *амер.* номер плотности (*вес стандартной стопы в 500 листов*)
thinness ~номер тонины (*для определения разрывной длины по формуле Гартига*)
Tingle bromine ~ *цел.-бум.* бромное число
wire-mesh ~ номер сетки
nurse 1. покровное [затеняющее] растение; подгон 2. выращивать растение
nurseling сеянец; саженец
nursery питомник
  breeding ~ селекционный питомник
  container ~ питомник саженцев с закрытой корневой системой
  field ~ полевой [временный] питомник
  forest tree ~ лесной питомник
  lining-out ~ питомник для выращивания саженцев
  ornamental ~ декоративный питомник
  permanent ~ постоянный питомник
  seedling ~ питомник для выращивания сеянцев
  temporary ~ временный [полевой] питомник
  transplant ~ питомник для выращивания саженцев
nut 1. гайка; муфта 2. орех (*тип плода*)
  beech ~ буковый орешек
  lock ~ контргайка, стопорная гайка
  pine ~ кедровый орех
nutrient питательный элемент, питательное вещество
  active ~ подвижное [усвояемое] питательное вещество
  primary ~ действующее вещество удобрений
nutrition питание; усвоение питательных веществ
  autotrophic ~ автотрофное питание
  carbon ~ углеродное питание, фотосинтез

  foliar ~ некорневое питание
  mycotrophic ~ микотрофное питание
  plant ~ питание растений

O

oak 1. дуб (*Quercus*) 2. древесина дуба
  brown ~ древесина дуба с характерной коричневой окраской сердцевины (поделочная древесина)
  chestnut ~ дуб каштановый (*Quercus prinus*); дуб горный (*Quercus montana*)
  common ~ дуб черешчатый (*Quercus robur*)
  cork ~ дуб пробковый (*Quercus suber*)
  durmast ~ дуб скальный, дуб сидячецветный (*Quercus petraea*)
  English ~ дуб черешчатый (*Quercus robur*)
  evergreen ~ дуб пробковый (*Quercus suber*)
  fumed ~ морёный дуб
  northern ~ дуб северный (*Quercus borealis*)
  pedunculate ~ дуб черешчатый (*Quercus robur*)
  pin ~ дуб болотный (*Quercus palustris*)
  pipe stave ~ *тарн.* дубовая клёпка радиального распила стандартных размеров
  post ~ дуб малый (*Quercus minor*)
  red ~ дуб красный (*Quercus rubra*)
  red common ~ дуб северный крупный (*Quercus borealis maxima*)
  red southern ~ дуб серповидный, дуб пальчатый (*Quercus falcata*)
  rock ~ дуб горный (*Quercus montana*)
  scarlet ~ дуб американский шарлаховый (*Quercus coccinea*)
  sessile ~ дуб скальный, дуб сидячецветный (*Quercus petraea*)
oakery дубняк, дубрава
oaklet молодой дуб, дубок
obconic обратноконусовидный (*о листе*)

obcordate обратносердцевидный (*о листе*)
object of management объект лесоустройства
oblique косой, искривлённый
obovate обратнояйцевидный (*о листе*)
observation наблюдение (*напр. с целью предотвращения лесных пожаров*)
aerial ~ авиапатрулирование
observatory кабина пожарного наблюдателя
obsolescence устаревание; моральное старение (*техники*)
obsolete вышедший из употребления, устаревший
obstacle препятствие, помеха
felling ~s препятствия, затрудняющие валку (*напр. подрост*)
obtuse тупоконечный (*о листе*)
obtusifolious туполистный
occlusion закрытие, зарастание (*напр. ран у растений*)
occurrence:
   fire ~ *амер.* частота возникновения пожара
ocular глазомерный
oddments разрозненная спецификация лесотоваров
odd-pinnate непарноперистый (*о листе*)
odo(u)r:
   acrid ~ едкий [резкий, раздражающий] запах
off-bearer 1. рабочий на отводе и упаковке обработанных (*напр. на прессе*) изделий **2.** выдвижная опора (*фанерного пресса*)
off-bearing транспортировка, отвод (*напр. ленты шпона*)
offcut 1. обрезки, отходы **2.** обрезанный, оторцованный **3.** неформатность; разноформатность
offence:
   forest ~ лесонарушение (*нарушение лесного законодательства*)
off-gloss 1. яркий блеск **2.** полированный
off-grade низкосортный
officer:
   chief forest ~ главный лесничий
   county forest ~ районный лесничий
   district forest ~ окружной лесничий

oil

   divisional forest ~ окружной лесничий
enumeration ~ таксатор
working-plan ~ лесоустроитель
off-load разгружать
off-size неформатность
offtake отвод
ogee 1. S-образная кривая **2.** калёвка S-образного профиля
oil масло; смазочный материал || смазывать
   ~ of cedar кедровое масло
air blowing ~ масло, очищенное воздушной продувкой
antifroth ~ пеногаситель
asphalt(ic) base ~ дорожное масло (*из нефти с битумным основанием*); нефть асфальтового основания
birch ~ берёзовое масло
birch bark ~ дёготь берёзовый
blown ~ окисленное масло, продутое масло
Chinawood [Cheneese wood] ~ тунговое масло (*из семян деревьев видов Aleurites*)
destructively distilled pine ~ пиролизное сосновое масло
distilled tall ~ дистиллятное талловое масло
essential ~ эфирное масло
fir seed ~ кедровое масло
floatation pine ~ флотомасло сосновое
gloss ~ канифольный лак
heavy ~s тяжёлые пиролизные масла
light ~s лёгкие пиролизные масла
nonvolatile fatty ~s нелетучие жирные масла
perilla ~ перилловое масло
pine ~ сосновое [хвойное] масло, скипидар
pine tall ~ талловое масло, получаемое при сульфатной варке сосновой древесины
pine-tar ~ 1. сосновое [хвойное] масло, скипидар **2.** пиролизный [сухоперегонный] скипидар
pyroligneous liquor ~ всплывное масло (*жижка*)
rosin ~ канифольное масло
seasoning ~ масло для сушки древесины (*нагретое выше точки кипения воды*)

oil

sulfated ~ сульфированное масло (*для покрытий*)
sulfonated ~ сульфированное масло (*для покрытий*)
tall ~ талловое масло
tar ~ дёготь, гудрон; дегтярное масло
tung ~ тунговое масло (*из семян деревьев вида Aleurites*)
turpentine ~ терпентинное [скипидарное] масло; живичный скипидар
volatile ~ эфирное [летучее] масло
wood tar ~s древесносмоляные масла
oilstone оселок (*для правки с маслом*)
oil-tight маслонепроницаемый, маслостойкий
oldgrowth девственные, не тронутые рукой человека леса
oleoresin 1. живица 2. живичная канифоль
  crude natural ~ живица-сырец
  pine ~ сосновая живичная канифоль
oligotrophic олиготрофный (*способный расти на почвах, бедных питательными веществами*)
oligotrophy зольная недостаточность (*питания*)
ollanceolate обратносердцевидный (*о листе*)
ombrometer плювиометр, дождемер, осадкомер
omnium *редко* горка для посуды
one-rank *амер.* однорядный
ones and twos первые и вторые сорта лиственных пиломатериалов
on-grade здоровый, неповреждённый (*о лесоматериале*)
onionskin тонкая лощёная бумага
ooze 1. болото, топкая местность 2. ил, тина 3. просачивание, истечение ‖ просачиваться, сочиться
  sap ~ выделение сока (*растениями*)
opacifier агент, сообщающий непрозрачность
opacify сообщать непрозрачность, делать светонепроницаемым
opacimeter фотометр светонепроницаемости бумаги
opaque непрозрачность, светонепроницаемость
open 1. открывать ‖ открытый 2. редкий (*напр. о древостое*) ◇ across the ~ по открытой местности; to ~ out вскрывать (*кипы макулатуры*); to ~ up увеличить натяжение пильного полотна (*напр. в ленточнопильном станке*)
open-draw открытая проводка (*бумажного полотна*)
opened: ◇ ~ up the sheet пористый (*о строительном картоне*)
opener 1. вскрыватель 2. сошник (*плуга*)
  bale ~ киповскрыватель
  colter ~ сошник
  disk (furrow) ~ дисковый сошник
  dual-level ~ комбинированный сошник
  furrow ~ сошник (*лесопосадочной машины*)
  hoe ~ анкерный сошник
  horn ~ анкерный сошник
  inner spring bale ~ *меб.* устройство для вскрывания упакованных пружинных блоков
  knife-type ~ полозовидный сошник
  rolling ~ дисковый сошник
open-grained широкослойный (*о древесине*)
open-growing 1. несомкнутый (*о полосе насаждения*) 2. свободно растущий (*о деревьях*)
open-grown широкослойный (*о древесине*)
opening 1. проём, просвет; отверстие 2. поляна; прогалина; просека 3. подготовительная работа 4. раскрытие; величина раскрытия (*захватов*) ◇ ~ for charge загрузочное отверстие
  clamp ~ раскрытие захватов; величина раскрытия захватов
  daylight ~ дверной проём; оконный проём
  escape ~ выходное отверстие
  fork ~ площадь охвата челюстного захвата; величина площади охвата челюстного захвата
  gate ~ шлюз
  glass ~ 1. часть оконного проёма, занимаемая стеклом 2. размер стекла, вставленного в окно, с припуском на установку
  receiving ~ загрузочное отверстие
  spout ~ выходное отверстие (*стружечного станка*)

throat ~ диаметр горловины (*рубильной машины*)
tong ~ раскрытие захватов; величина раскрытия захватов
opening-up изреживание полога насаждения
operation 1. работа; эксплуатация; действие; операция, процесс 2. цех, предприятие
cable ~ 1. канатная трелёвка 2. предприятие (*напр. лесоучасток*), работающее на базе канатной установки
chipping ~ 1. заготовка щепы 2. предприятие, осуществляющее заготовку щепы
chipping-and-hauling ~ 1. заготовка и вывозка щепы 2. предприятие, осуществляющее заготовку и вывозку щепы
coarse grit plywood ~ черновое шлифование фанеры
continual harvesting ~(s) непрерывные [круглогодовые] лесозаготовки
continuous ~ 1. работа в непрерывном режиме 2. *цел.-бум.* непрерывный процесс 3. непрерывная загрузка (*машины, аппарата*)
contract ~s лесозаготовки по контракту (*осуществляемые фирмой, обычно не контролирующей распределение заготавливаемых видов сырья*)
contract hauling ~ 1. вывозка леса по контракту 2. предприятие, осуществляющее вывозку леса по контракту
conversion ~ первичная обработка (*обрезка сучьев, раскряжёвка, окорка*)
cut-and-skid ~s обычные лесозаготовки (*с применением моторных пил, трелёвочных тракторов*)
discontinuous ~ периодическая загрузка (*машины, аппарата*)
energy-integrated ~ предприятие, заготавливающее топливную древесину
final felling ~s 1. главные рубки, рубка главного пользования 2. редко сплошные рубки
forest harvesting ~ 1. *мн.* лесозаготовительные работы 2. лесозаготовительное предприятие
full tree ~s лесозаготовки с трелёвкой [с вывозкой] деревьев

handling ~ обслуживание
harvesting ~ 1. *мн.* лесозаготовительные работы 2. лесозаготовительное предприятие
helicopter (logging) ~ 1. *мн.* транспортировка леса вертолётами 2. лесозаготовительное предприятие, применяющее вертолёты
integrated ~ 1. организация лесозаготовок с выработкой различных сортиментов (*балансов, пиловочника*) 2. предприятие, осуществляющее лесозаготовки с обеспечением выхода различных сортиментов
large-scale logging ~ 1. крупное лесозаготовительное предприятие 2. *мн.* крупномасштабные лесозаготовки
logging ~ 1. *мн.* лесозаготовительные работы 2. лесозаготовительное предприятие
logging camp-type ~s вахтовый метод лесозаготовок (*когда рабочие проживают в лесном посёлке*)
mechanized logging ~ 1. *мн.* механизированные лесозаготовки 2. механизированное лесозаготовительное предприятие
off-the-road ~ работа в условиях бездорожья
punching ~ штампование (*заготовки спичечной коробки*)
rafting ~(s) сплавные работы
reload(ing) ~s (*лесо*)перевалочные работы, операции по перегрузке
resawing ~ распиловка брёвен на доски
residue recovery ~ технологический процесс с переработкой лесосечных остатков (*отходов*)
short log ~ 1. *мн.* заготовка сортиментов 2. предприятие, осуществляющее заготовку сортиментов
silvicultural ~ лесохозяйственное мероприятие
stump (wood) ~ заготовка леса у пня (*обрезка сучьев, раскряжёвка и штабелёвка производится на месте валки*)
terminal ~s складские операции, погрузочно-разгрузочные работы; работы, выполняемые на площадке *или* складе (*отцепка, прицепка, погрузка, разгрузка*)

operation

thinning ~s 1. рубки ухода, промежуточные рубки 2. *редко* выборочные рубки
tree length ~ 1. *мн.* лесозаготовки с трелёвкой хлыстов 2. предприятие, осуществляющее трелёвку хлыстов
tree length skidder ~ 1. *мн.* лесосечные работы с тракторной трелёвкой хлыстов 2. трелёвка хлыстов тракторами
tree-to-mill ~s лесосечные и лесотранспортные работы
underway ~ транспортная операция
whole tree ~(s) 1. *мн.* лесозаготовки с переработкой целых деревьев (*в щепу*) 2. предприятие, осуществляющее переработку деревьев (*в щепу*)
year-round ~ 1. *мн.* непрерывные [круглогодовые] лесозаготовки 2. предприятие круглогодового действия
operative 1. рабочий-станочник 2. ремесленник 3. действующий, работающий; движущий
operator 1. лицо, ведущее лесозаготовки 2. оператор 3. механик, машинист ◇ **~ on the tractor** тракторист
  chain-saw ~ моторист цепной пилы, вальщик
  chaser/skidder ~ тракторист, отцепляющий брёвна от канатной установки и трелюющий их на площадке
  crane ~ крановщик, машинист крана
  cutoff saw ~ рабочий на торцовочной пиле
  edger ~ оператор установки для обрезки досок
  feller ~ оператор валочной машины
  forest ~ лесозаготовитель
  hack ~ *лесохим.* вздымщик
  hauler ~ рабочий, обслуживающий канатную установку
  lathe ~ рабочий лущильного *или* токарного станка; лущильщик
  logging ~ 1. лесозаготовитель 2. владелец лесозаготовительного предприятия
  owner ~ оператор, работающий по контракту на собственной машине (*напр. тракторе, автомобиле*)
  panel saw ~ рабочий форматного станка
  paper-machine ~ *цел.-бум.* сеточник
  powersaw ~ моторист пилы, вальщик
  press ~ рабочий пресса
  rewinder ~ перемотчик
  sawmill ~ (лесо)пильщик
  screen ~ сортировщик
  setworks ~ наладчик (*станка*)
  snubber ~ оператор тормозной лебёдки
  sorting ~ 1. сортировщик, браковщик, бракёр 2. контролёр упаковочного отдела
  spray ~ отделочник
  tractor ~ тракторист
oppressed угнетённый (*напр. о дереве*)
Opticlor *фирм.* оптический прибор, определяющий качество массы после отбелки
optimizer:
  edger ~ система с электронным сортировочным устройством и автоматической обрезкой досок с одновременным измельчением отходов
options дополнительное оборудование
orb круглое рельефное украшение
orbicular округлый
orchard питомник
  clonal seed ~ клоны семенных деревьев, выращенных прививкой и из черенков
  seedling seed ~ клоны семенных деревьев, выращенных из сеянцев
  tree seed ~ лесосеменной питомник
turpentine ~ заподсоченный лес
order 1. заказ 2. расположение, порядок ‖ приводить в порядок 3. отряд (*растений*) ◇ **~ for loading port** ордер для порта погрузки; **~ for port of discharge** ордер для порта разгрузки; **in bad ~** в неисправном состоянии; **in running ~** в рабочем состоянии; исправный
orgadium сообщество редкого леса
organics:
  complete ~ полное органическое удобрение, компост
  fertilizer ~ органическое удобрение
  natural ~ естественные органические вещества; местное органическое удобрение
organization организация, приведение в систему ◇ **~ by area** установление оборота рубки в зависимости от рас-

пределения лесного фонда по площади; ~ by volume установление оборота рубки в зависимости от прироста по объёму
forest ~ лесоустройство
organophobicity органофобность (*отталкиваемость органических жидкостей разной вязкости*)
orientation ориентация, направление
fiber ~ направление волокон (*в бумаге*)
wood particles ~ ориентация древесных частиц (*в ДСП*)
orifice 1. отверстие; проход; жерло, устье; выход 2. сопло, насадка
origin происхождение ◇ ~ from seed семенное происхождение (*насаждения*)
artificial ~ искусственное происхождение (*насаждения*)
natural ~ естественное происхождение (*насаждения*)
seed ~ происхождение семян
vegetative ~ вегетативное [порослевое] происхождение (*насаждения*)
ornament украшение, орнамент ‖ украшать
imbricated ~ резной орнамент в виде рыбьей чешуи
incised ~ врезанный орнамент
pounced ~ точечный орнамент
ornamental декоративный, орнаментный; служащий украшением
ornate богато украшенный; нарядный
orophyte орофит (*растение горных поясов*)
orris *меб.* декоративная тесьма; декоративный шнур; кружева из золотых *или* серебряных ниток
ortstein ортштейн, рудяк (*слой новообразований в почве*)
osier 1. побег 2. ива (*Salix*)
osmotic осмотический
ossein *опич.* оссеин, костный коллаген
ostiole отверстие, пора
ottoman 1. оттоманка, тахта, диван 2. мягкая скамеечка для ног; пуфик 3. шёлковая ткань; ткань из шёлка с шерстью
box ~ тахта с нижним ящиком для постельных принадлежностей
outbreak вспышка (*размножения насекомых*)

outfall 1. *пл.* выпадение стружки с ковра 2. *пл.* стружка, выпавшая с ковра 3. отвод; выход сточной трубы
outfeed 1. отводящий (*напр. о транспортёре*) 2. приёмный конвейер
outfit 1. снаряжение, экипировка, спецодежда 2. оборудование, принадлежности; установка, агрегат
haywire ~ *проф.* плохое лесозаготовительное оборудование
hot spray ~ установка для распыления подогретого лака
patching ~ набор инструментов и материалов для ремонта мебели
portable carbonization ~ передвижной агрегат для пиролиза древесины
winter ~ зимняя спецодежда
outflow слив, выпуск; вытекание
~ of stuff вытекание массы
outgrowth отросток, побег, вырост
outhaul холостой ход
outlet 1. выпуск, выход 2. выпускное отверстие
accepted stock ~ отвод отсортированного волокна
overfire ~ отверстие для вторичного воздуха
rejected stock ~ отвод грубой массы
sluice ~ отверстие шлюза (*для выпуска лишней воды*)
stock ~ 1. выпуск массы 2. выпускное отверстие для массы
underfire ~ отверстие для первичного воздуха
vapor ~ патрубок для отвода отработанного пара
outlier:
forest ~ островной лес; степные колки
outline 1. контур, очертание, обвод; контурная линия (*на чертеже*) 2. схема, план
pricked ~ наколотый контур рисунка
white water routing ~ схема движения оборотной воды
out-of-the rag распад ткани (*при полумассном размоле*)
out-of-the squareness косина (*бумаги*)
outplanting пересадка, выкопка (*сеянцев*)
outreach максимальное расстояние (*трелёвки*)

outrigger

outrigger выносная стрела, укосина (*подъёмного крана*)
outshots низкий сорт хлопчатобумажного тряпья
outsides верхний и нижний листы бумаги (*в кипе или стопе*)
outthrows отбросы (*бумаги*)
out-to-out максимальный размер, габаритный размер
outturn 1. выработка, выход **2.** ведомость на выгруженный (*с судна*) груз **3.** отпуск леса (*на корню*) **4.** *pl* образцы
   felling ~ объём вырубки; выход древесины
ovary *бот.* завязь
   ripened ~ of flower созревшая завязь цветка
ovate овальный, яйцевидный
ovate-accuminate овально-остроконечный
ovate-lanceolate овально-ланцетовидный
ovate-oblong овально-продолговатый
ovate-orbicular овально-округлый
oven печь
   beehive ~ углевыжигательная печь
   finish curing ~ сушильная камера для сушки отделочных покрытий
   infrared ~ сушильная камера с инфракрасными излучателями
   radio-frequency ~ высокочастотная сушилка; сушилка ТВЧ
   RF ~ *см.* **radio-frequency oven**
   ultra hi-velocity ~ камера сверхскоростной сушки (*покрытий*)
   UV curing ~ камера для сушки с помощью ультрафиолетового излучения
oven-dried, oven-dry абсолютно сухой
overalls 1. спецодежда, комбинезон **2.** тряпьё
over-bark с учётом коры (*о размере бревна*)
overbeating чрезмерный размол
overcoating избыток меловальной суспензии (*на бумаге*)
overcook 1. перевар (*щепы*) ‖ переваривать (*щепу*) **2.** перегрев (*напр. фанерного сырья*) при тепловой обработке
overcut переруб (*годичной лесосеки*)
overcutting распил [пиление] с верхним расположением пилы

~ of timber переруб годичной лесосеки
overdominance сверхдоминирование, сверхдоминантность
overdoor деревянный орнамент над дверью *или* дверным окладом
overdrilling подсев
overfall 1. водослив **2.** перелив (*через верх*), слив
overfell переруб (*расчётной лесосеки*)
overfelt цел.-бум. обертух, прессовое сукно
   lick-up ~ обертух, прессовое сукно
overflow 1. перелив (*через верх*), слив ‖ переливаться, переполнять(ся) **2.** спускная [переливная] труба **3.** сливное отверстие
overgrowth 1. чрезмерный [быстрый] рост **2.** заросли
overhang 1. свес, выступ; неподдерживаемые концы лесоматериалов в штабеле ‖ нависать, выдаваться **2.** провес, провисание
overhauler сортировщик (*тряпья*)
overhauling окончательное сортирование (*тряпья*)
overhung свободноподвешенный
overissues макулатура из неразошедшихся изданий
overladen перегруженный
overlaid облицованный
overlap 1. нахлёстка, перекрывающий участок ‖ перекрывать, заходить один на другой **2.** расположение внутренних слоёв фанеры внахлёстку (*дефект*) **3.** охватывать (*дерево*)
overlay 1. карта, схема **2.** оверлей (*покрытие бумажнослоистых пластиков*) **3.** декоративная накладка (*напр. из шпона или металла*)
   dry mount ~ оверлей сухого облицовывания
   French ~ тюфяк, матрац без борта; матрац из конского волоса и прессованной шерсти
   resource ~ сырьевая карта; схема сырьевых ресурсов
   wet mount ~ оверлей, облицовывающийся с помощью жидких клеевых материалов
overlength припуск по длине для оторцовки
overlooking просмотр (*тряпья*)

overmature перестойный (*о лесе*)
overmaturity перезрелость (*дерева или древостоя*)
overplanting *кан.* дополнение лесных культур
overpressing прессование с избыточным давлением
override расположение внутренних слоёв фанеры внахлёстку (*дефект*)
overrun выход продукции свыше расчётной (*напр. за счёт сучьев, вершин, низкокачественной древесины*); превышение расчётного объёма выхода древесины
overrunner *тарн.* стяжной ворот
overrunning «забегание» груза вниз по склону (*при трелёвке*)
overs добавочные листы бумаги (*в стопе*)
oversanding прошлифовка
   margin ~ сошлифовка по краям *или* углам
overspray избыток лака при распылении, потёки лака
overstock излишний запас (*на складе*)
overstory верхний ярус (*насаждения*)
overstuffing 1. толстый слой набивки (*изделия мягкой мебели*) 2. кутаный (*об изделии мягкой мебели*)
overthick большой толщины
overtopped угнетённый (*о дереве*)
overwinter перезимовывать
overwintering зимняя спячка (*напр. растений*)
overwood верхний ярус (*насаждения*)
oviposit откладывать яйца
ovolo четвертной валик; выкружка с профилем в четверть круга; калёвка с выпуклым валиком
   barefaced ~ четвертной валик с одним прямоугольным выступом
ovule семяпочка, семязачаток
ovuliferous образующий семяпочку
ovum яйцо
owner:
   forest ~ лесовладелец
ownership:
   farm ~ фермерское лесовладение
   industry ~ промышленное лесовладение
   land ~ землевладение, лесовладение; характер лесовладения

   miscellaneous ~ смешанное лесовладение
   national ~ государственное [национальное] лесовладение
oxidation окисление
   ammonia ~ нитрификация
   black liquor ~ окисление чёрного щёлока
   bomb ~ окисление в бомбе
oxide:
   calcium ~ окись кальция, жжёная известь
   free ~s свободные (полуторные) окислы
   silicon ~ окись кремния
oxycellulose оксицеллюлоза
oystering *см.* oysterwood
oysterwood 1. фанерование строганым шпоном, полученным из толстых сучьев (*строгание производится в направлении, перпедикулярном длине сука, в результате получается круглая пластинка с узором годовых колец, напоминающая устрицу*) 2. строганый шпон из толстых сучьев
ozonize озонировать

P

pachypleurous *бот.* толстостенный
pacing измерение расстояний шагами (*в лесу*)
pack 1. кипа, тюк; упаковка; пакет ‖ упаковывать 2. (*уплотняющая*) пробка (*в производстве ДВП*) 3. кладка 4. заполнять (*насадкой*) 5. уплотнять (*щепу*) 6. *pl* бумажные тампоны ◊ to ~ a joint вгонять набивку в паз
   corrugated ~ упаковка из гофрированного материала (*бумаги, картона*)
   portion ~ порционная упаковка
   surgical ~s бумажные хирургические тампоны
   unit ~ индивидуальная тара
package 1. кипа, тюк, упаковка; пакет;

package

пакетированный материал 2. комплект; узел (*станка, механизма*)
~ of matchboxes блок спичек (*6 или 12 коробок в упаковке*)
knife ~ ножевой блок, ножевая головка (*станка*)
multiple unit ~ сборная упаковка
primary ~ внутренняя упаковка
production ~ узел в собранном виде, поставляемый с другого предприятия (*напр. головка*)
returnable ~ возвратная тара, многооборотная тара
rigid ~ жёсткая картонная упаковка
sealed ~ закрытая картонная упаковка
unit ~ порционная упаковка; картонная тара с делениями
packaging:
   intermediate ~ упаковочная прокладка
   transparent ~ прозрачная [плёночная] упаковка (*мебели*)
packed-flat упакованный в щитах, упакованный в плоском виде (*о мебели*)
packer 1. упаковщик; станок для упаковки; упаковочная машина 2. уплотнитель
   carton ~ *спич.* станок для укладки пачек в картонные коробки
   chip ~ уплотнитель щепы
packet:
   labeled ~ пачка (*спичечных коробок*) с наклеенной этикеткой
   match veneer ~ стопа лент спичечного шпона
packing 1. упаковка, укладка; укупорка 2. прокладка, прокладочный материал 3. *меб.* набивочный материал 4. уплотнение 5. *лесохим.* насадка
   ◇ ~ the line балластировка пути
   ~ of sleepers подбивка шпал
   carton ~ *спич.* укладка пачек в картонные коробки
   chaff ~ *цел.-бум.* уплотнение сечки
   digester chip ~ уплотнение измельчённого растительного сырья
   paper ~ бумажный декель, бумажная покрышка
   skeleton frame ~ упаковка (*листовой бумаги*) в щитах
   steam ~ уплотнение (*щепы*) паром

top-to-bottom ~ упаковка (*мебели*) в неразобранном виде
packparter разборщик кладок (*прессованной бумаги ручного черпания*)
pad 1. подушка, подушечка, сиденье 2. мягкая прокладка; картонная прокладка; набивка ‖ набивать; подбивать ватой 3. прилив, бобышка, буртик 4. тампон (*для отделочных операций*) 5. шлифовальный утюжок, шлифовальная колодка, шлифовальная шайба 6. настил из брёвен; подушка, прокладка 7. блок; блокнот
   blotting ~ блок промокательной бумаги
   burlap ~ *меб.* настил из мешковины
   corrugated packaging ~ гофрированная упаковочная прокладка
   curled hair ~ *меб.* подушка с набивкой из завитого волоса; настил из завитого волоса
   fiber ~ *меб.* набивка из волокна
   finishing ~ 1. шлифовальный утюжок; шлифовальная колодка; шлифовальная шайба 2. тампон для располировки покрытия
   lily ~ 1. *pl* отходы стволовой древесины в виде оторцовок от кряжей; отходы при раскряжёвке 2. отрезанный от высокого пня кусок древесины (*для придания пню требуемой правильной высоты*) 3. обрезки лесоматериалов
   molded fiber corner ~ уголок из формованной волокнистой массы (*при упаковке для предохранения от повреждений*)
   note-paper ~ блокнот почтовой бумаги
   oscillating ~ вибрирующая шайба (*шлифовального или полировального станка*)
   packaging ~ упаковочная прокладка; упаковочный настил
   plastic bonded ~ подушка со склеенной *или* сваренной наволочкой из синтетического материала
   pressure ~ прижимной утюжок (*ленточно-шлифовального станка*)
   rubbing ~ шлифовальный утюжок, шлифовальная колодка, шлифовальная шайба
   sander ~ шлифовальный утюжок,

шлифовальная колодка, шлифовальная шайба
sisal ~ подушка с набивкой из волокна сизаль; настил из волокна сизаль
steel wool ~ шайба из стальной шерсти
suction ~ вакуумная присоска
wet ~ увлажняющий валик
writing ~ блокнот писчей бумаги
padding 1. набивка, набивочный материал, прокладка 2. протирка, грунтование 3. протравливание (*материи*) 4. поверхностное крашение (*на каландре*) 5. отслаивание (*поверхностного слоя мелованных и крашеных бумаг*)
border ~ набивка борта; бортовой настил (*матраца*)
coir ~ *меб.* набивка из кокосовых очёсов
macerated paper ~ *меб.* прокладка из предварительно размоченной бумаги
page короткий тонкий деревянный клин
paint краска, окраска ‖ красить, окрашивать
marking ~ маркировочная окраска (*для клеймения деревьев*)
rust-resisting ~ антикоррозионная окраска
paintability способность подвергаться окраске
painting 1. окрашивание, окраска; роспись 2. маркировка краской
Adam ~ *меб.* роспись в стиле Адам (*классические медальоны, арабески, накладки; цвета — зелёный, синий, светло-серый*)
Empire ~ *меб.* роспись в стиле ампир (*греческие и римские эмблемы; цвета — чёрный и золотой на сером, зелёном или коричневом фоне*)
Hepplewhite ~ *меб.* роспись в стиле Хэпплуайт (*под орех*)
Queen Anne ~ *меб.* роспись в стиле эпохи королевы Анны (*восточный рисунок; цвета — блёклый голубой, красный, зелёный, золотой*)
Sheraton ~ *меб.* роспись в стиле Шератон (*под атласное дерево с инкрустацией; красноватого цвета*)
Tudor ~ *меб.* роспись в стиле эпохи Тюдоров (*медальоны; цвета — ярко-красный, зелёный*)
pair 1. пара ‖ соединять, подбирать под пару 2. смена, бригада (*рабочих*)
bordered pit ~ окаймлённая пара пор
crossfield pit ~ пара пор поля перекрёста (*в строении древесины*)
overlapping ~ пара (*аэрофотографий*) с перекрытием
pit ~ пара пор
pale 1. кол, свая ‖ огораживать кольями 2. шпала
palification забивка свай; свайная работа; укрепление грунта сваями
paling частокол, ограда
pallet 1. подкладка; поддон 2. платформа, стеллаж (*для укладки заготовок*); подстопное место 3. плита (*конвейера*); паллета 4. кузов
birch-plywood-decked ~ поддон, фанерованный берёзовым шпоном
rigid ~ жёсткий поддон
upholstery ~ поддон под изделие мягкой мебели
palletize укладывать в стопы *или* штабеля; укладывать на поддон
palletizer 1. штабелеукладчик, стопоукладчик 2. тележка для перевозки плоских материалов
palmatiform дланевидный, пальчатовидный
palmatilobed дланевиднолопастный, пальчатолопастный
palmatinerved дланевиднонервный, пальчатонервный, дланевидножилковатый, пальчатожилковатый
palmatipartite дланевиднораздельный, пальчатораздельный
palmatisected дланевидорассечённый, пальчаторассечённый
paludal болотный, болотистый
paludification 1. заболачивание 2. торфообразование
paludous болотный, болотистый
pampre резной орнамент (*в виде листьев и гроздей винограда*)
pan 1. лоток; чаша; поддон 2. ванна (*выпарного аппарата*), пэн (*широкий стальной щит, поддерживающий концы брёвен при трелёвке*) 4. плотный слой (*почвы*) 5. ящик для

pan

мелких изделий **6.** гнездо для дверных *или* оконных навесов
belly ~ защитный щит (*снизу трактора*)
coating ~ ванна с меловальным раствором
color ~ ванна для покровного слоя
cooling ~ холодильная тарелка
culture ~ вегетационный сосуд
edge-runner ~ ванна бегунов
evaporating ~ выпарной аппарат
iron ~ иллювиально-железистый слой (*почвы*)
save-all ~ корыто для подсеточной воды
shower ~ лоток для сбора спрысковой воды
skid(ding) ~ трелёвочный пэн
snigging ~ *австрал.* трелёвочный пэн
wax ~ парафиновая ванна
pane 1. (оконное) стекло ‖ застеклять, вставлять стекло **2.** строганая поверхность бруса *или* бревна **3.** лицо [боёк] молотка
panel 1. щит, панель; филёнка ‖ вставлять филёнки, отделывать филёнками **2.** стенка (*картонного конвейера*) **3.** *pl* обивочный картон
bead butt ~ филёнка, установленная в одной плоскости с обвязкой и неналанная калёвкой
beaded ~ филёнка, отделанная калёвкой; столярный щит с реечными элементами, соединяющимися с обвязкой на калёвке
bead flush ~ филёнка, установленная в одной плоскости с обвязкой и отделанная калёвкой; филёнка со скосом по периметру
cellular wood ~ пустотелая плита
chequered ~ облицовка из шпона, подобранного в шашку
chipcore ~ плита со средним стружечным слоем
coffered ~ рамочный щит, установленный ниже уровня рамки
composite ~ комбинированная плита (*фанерованная древесностружечная плита*)
drapery ~ резной щит с имитацией складок ткани
dust ~ пылезащитный щит (*закрывающий внутреннюю часть корпусного изделия*)
edge-glued ~ щит с массивными [с утолщёнными] кромками
fascia ~ щит из отдельных реек (*для прикрывания калориферов отопления*)
fielded ~ **1.** филёнчатый щит (*двери*) **2.** стенная панель с рисунком в виде борозд по краям
flush ~ щит, установленный [закреплённый] заподлицо
frieze ~ **1.** фризовая панель **2.** верхний щит (*двери*)
glued-up ~ столярный щит
interior partition ~ щит перегородки
landscape ~ столярный щит с продольным расположением волокон
lay ~ столярный щит с продольным расположением волокон
linenfold ~ резной щит с имитацией складок ткани
lying ~ накладной щит
parchment ~ резной щит с имитацией складок ткани
plywood particle board ~ фанерованная древесностружечная плита; древесностружечная плита, облицованная натуральным шпоном
pneu-bin pulsating ~ пневматическая пульсирующая плита (*в бункерах для щепы*)
pretacked ~ щит с предварительно вбитыми скобками
raised ~ выпуклая филёнка (*двери*); выпуклая панель
raised-and-fielded ~ филёнчатый щит
solid ~ щит, установленный [закреплённый] заподлицо
square ~ щит без калёвки; филёнка без калёвки
square framed ~ углубленная филёнка с прямоугольной обвязкой
stressed skin ~ плита с работающей обшивкой
sunk ~ углублённая филёнка
surveying ~ съёмочный планшет
wood-based ~ древесная плита
paneling 1. панельная обшивка (*напр. стен комнаты*); обшивка филёнками **2.** панели, филёнки
period ~ обшивка стен деревянными

панелями, выполненная в определённом художественном стиле
panicle метёлка (*тип соцветия*)
panmixia панмиксия, свободное скрещивание
pantechnicon 1. *англ.* вагон (*для перевозки мебели*) 2. склад мебели
paper 1. бумага ‖ оклеивать бумагой, обёртывать бумагой 2. бумажные обои ‖ оклеивать обоями ◇ ~ for accounting machines бумага для перфокарт; ~ for dry cells прокладочная бумага для сухих батарей; ~ for electrical insulating tubes бумага для электроизоляционных трубок; ~ for forms формулярная бумага; ~ for telephone cable кабельная телефонная бумага; ~ in sheets листовая бумага; ~ with shagreen grain бумага с шагреневым рисунком
abhesive ~ неприлипающая бумага
abrasive ~ наждачная [шлифовальная] бумага; шлифовальная шкурка
abrasive base ~ основа абразивной бумаги
accutint test ~ индикаторная бумага
acetylated ~ ацетилированная бумага
acetyl cellulose filter ~ бумага для фильтрации растворов ацетилцеллюлозы
acid-free ~ антикоррозионная бумага
adding machine ~ бумага машинной выработки с добавками
adhesive ~ липкая бумага
advertisement ~ афишная бумага
airgraph ~ аэрографная бумага
album ~ цветная писчая бумага
albumen(ized) ~ альбуминная бумага (*с поверхностной проклейкой*)
alkali-proof ~ щёлочестойкая бумага
all-rag ~ чистотряпичная бумага
all wood ~ чистодревесная бумага
alpha printing ~ печатная сорта бумаги, изготовленной из травы альфа
aluminium (-coated) ~ бумага с алюминиевым покрытием
aluminium foil backing ~ бумага-основа для покрытия алюминиевой фольгой
aluminium oxide ~ шлифовальная шкурка с покрытием из окиси алюминия
ammunition ~ патронная бумага

paper

angle-cut ~ бумага косоугольной нарезки (*для конвертов*)
angular ~ бумага косоугольной нарезки (*для конвертов*)
animal-sized ~ бумага животной проклейки
animal tub-sized ~ бумага с поверхностной проклейкой животным клеем
anticorrosive base wrapping ~ основа для антикоррозионной упаковочной бумаги
antifalsification ~ чековая бумага (*с защитой от подделок*)
antique-printing ~ печатная бумага с матовой отделкой
antirust ~ антикоррозионная бумага
antiseptic ~ бактерицидная бумага
antistick ~ прокладочная бумага (*исключающая прилипание*)
antitarnish ~ антикоррозионная (*упаковочная*) бумага
apricot ~ розовая фруктовая бумага
armature ~ изоляционная бумага
aromatic fibrid bonded ~ бандерольная бумага из полиамидного волокна
articulating ~ бумага для испытания прикуса
artificial leather ~ бумага-основа для производства искусственной кожи
aseptic ~ стерилизационная бумага
ashless filter ~ беззольная фильтровальная бумага
asphalting (base) ~ бумага-основа для асфальтирования
asphalt laminated ~ бумага с битумной прослойкой
asphalt saturated ~ бумага, пропитанная асфальтом
asphalt sheathing ~ асфальтированный изоляционный картон
asthma ~ антиастматическая бумага
atlas ~ картографическая бумага
autographic (printing) ~ автографская бумага, корнпапир
autographic raw ~ бумага-основа для корнпапира
autopanel ~ обивочная бумага для автомобилей

paper

backing ~ 1. оклеечная бумага (*для картона*) 2. подклеечная бумага под обои
backing ~ for laminates бумага-основа для компенсирующего слоя пластика
bag ~ мешочная бумага
bagasse ~ бумага из бегассы
bag-liner ~ бумага для внутренней оклейки мешков
bakelite [bakelized] ~ бакелитизированная бумага
bakelizing ~ бумага-основа для покрытия бакелитом
baling ~ фабричная обёртка
balloon ~ бумага для воздушных шаров; газонепроницаемая бумага
bank ~ банковская бумага
bank florpost ~ тонкая прозрачная почтовая бумага
barber's headrest ~ парикмахерские бумажные салфетки
bark ~ обёрточная целлюлозная бумага
barrel lining ~ бумага для внутренней обкладки бочек
barrier ~ бумага для перегородок в коробках; защитная бумага
baryta ~ баритованная бумага
base ~ for vulcanized fiber основа для фибры
base ~ for washable paperhangings основа для моющейся обойной бумаги
base lincrust ~ основа линкруста
base tetrapack ~ основа для пакетов тетрапак
base tracing ~ бумага-основа для кальки
bast ~ обёрточная целлюлозная бумага
bath ~ высокосортная почтовая бумага
batik ~ узорная бумага батик
battery ~ прокладочная бумага для аккумуляторных батарей
beaming ~ сновальный картон
beater saturated ~ бумага с пропиткой в массе
between-lay ~ прокладочная бумага
bible ~ тонкая типографская бумага (*для словарей*)
bibulous ~ впитывающая бумага

bill head ~ вексельная бумага
bills-of loading ~ вексельная бумага (*с наполнителями*)
bill-strap ~ бумага для банковских лент
binder's ~ переплётная бумага
black ~ сажевая бумага
black photo (positive) ~ светонепроницаемая бумага для кинофотоматериалов; чёрная неактивничная бумага
black waterproof ~ асфальтированная водонепроницаемая бумага
blade-coated ~ бумага с шаберным покрытием
bleached kraft ~ белёная крафтбумага
blotting ~ промокательная бумага
blueprint ~ светокопировальная бумага (*для синих копий*)
board ~ переплётная бумага
body ~ бумага-основа
bogus ~ макулатурная бумага (*заменитель бумаги из более качественного сырья*)
bond ~ документная бумага
bond packing ~ бандерольная бумага
book binder's end-lining ~ форзацная бумага
box-cover ~ бумага для оклейки коробок
box stay ~ бумага для укрепления стенок коробок
Bristol ~ цветная высококачественная бумага
brocade ~ бумага с глубоким тиснением
broken ~ бумажный брак
bromic silver ~ бромосеребряная бумага; фотобумага с бромосеребряным покрытием
bromide ~ бромистая фотобумага
bronze ~ бумажная бронзовая фольга
brown print ~ светокопировальная бумага (*для коричневых копий*)
brown wrapping ~ бурая древесная обёрточная бумага
brush enamel(ed) ~ бумага, мелованная на круглосеточной машине
buffing ~ абразивная бумага для кожевенной промышленности
bulky ~ пухлая бумага
burlap-backed ~ бумага, оклеенная тканью

burlap-lined ~ бумага, оклеенная тканью
burnished ~ бумага с высоким глянцем
burnt ~ пересушенная бумага
cable ~ кабельная бумага
calendar ~ бумага для отрывных календарей; лощёная бумага
calender-colored ~ окрашенная на каландре бумага
calf ~ бумага-имитация кожи (*для обложек и переплётов*)
calico ~ бумага с отделкой под ситец
calking ~ калька
cambric ~ бумага с полотняной отделкой; батистовая бумага
cameo-coated ~ матовая мелованная типографская бумага
canvas-backed ~ бумага, оклеенная тканью
cap ~ **1.** бумага для пистонов; капсульная бумага; аптечная бумага **2.** тонкая обёрточная бумага
carbolic ~ карболовая бумага
carbon ~ копировальная бумага
carbon base (body) ~ основа копировальной бумаги
carbonizing ~ бумага-основа для карбонирования
carbonless (copying) ~ бумага для машинописных копий (*без применения копировальной бумаги*)
carrier ~ необработанная подкладочная бумага
cartridge ~ **1.** дешёвая чертёжная бумага **2.** патронная бумага **3.** обложечная бумага
cast-coated ~ бумага с покровным слоем, нанесённым обогретым паром барабаном
celloidine ~ целлоидиновая бумага
chalk overlay ~ мелованная бумага
chart ~ **1.** диаграммная бумага (*для контрольно-измерительных самопишущих приборов*) **2.** картографическая бумага
chemical ~ целлюлозная бумага
cheque ~ чековая бумага (*с защитой от подделок*)
cigarette mouthpiece filter ~ фильтрующая мундштучная бумага
cigarette tip ~ мундштучная бумага
cigarette-tube ~ мундштучная бумага

clay-coated ~ мелованная бумага
cloth ~ полотняная бумага
cloth-backed ~ армированная бумага с наружным слоем из ткани
cloth-centered ~ армированная бумага с внутренним слоем из ткани
cloth-faced ~ армированная бумага с наружным слоем из ткани
cloth-lined ~ армированная бумага с наружным слоем из ткани
cloth-mounted ~ армированная бумага с наружным слоем из ткани
coarse ~s грубые сорта бумаги (*напр. обёрточная*)
coated ~ бумага с покрытием
Cobbs ~ *фирм.* форзацная [переплётная] бумага
cockled ~ высокосортная чертёжная бумага
cockle-finish ~ крепированная бумага
coil ~ бобинная бумага; изоляционная намоточная бумага
collotype ~ фототипная бумага
common foolscap ~ концептная бумага (*писчая бумага низшего сорта*)
conditioned ~ кондиционированная бумага
conductive ~ электропроводящая бумага
continuous ~ рулонная бумага
converting ~ бумага для дальнейшей переработки
coordinate ~ диаграммная бумага; миллиметровая бумага
copper printing ~ бумага для глубокой печати
cord ~ шпагатная бумага
core ~ гильзовая бумага
core-sheets ~ основа для внутренних слоёв пластика
corn raw ~ бумага-основа для корнпапира
corrugated ~ гофрированная бумага
couche ~ бумага односторонней гладкости (*для усиления литографской бумаги*)
crape ~ крепированная бумага
cream ~ белая бумага (*без подцветки*)
cream laid ~ кремовая писчая бумага верже
cream wove ~ белая веленевая бумага

paper

creased ~ мятая бумага; крепированная бумага
crêpe ~ крепированная бумага
crinkled ~ 1. крепированная бумага 2. гофрированная бумага
crinkled duplex ~ гофрированная двухслойная бумага
crocus ~ полировальная крокусная бумага
cross direction ~ бумага поперечной резки
cross-linked ~ влагопрочная бумага
cross-section ~ миллиметровая бумага
cruddy ~ бумага с неровным просветом (*результат раздавливания на прессах*)
culled ~ бумажный брак
cup ~ картон для бумажных стаканчиков
curcuma ~ куркумовая реактивная бумага
currency ~ эмиссионная бумага; бумага для денежных знаков
cutlery ~ игольная бумага; антикоррозионная бумага
cyanoethylated ~ цианоэтилированная бумага
cyclostyle ~ восковка
cyclostyle raw ~ бумага-основа для восковки
daily ~ газетная бумага
damask ~ бумага камковой отделки
damped ~ увлажнённая бумага
debenture ~ *амер.* высококачественная писчая бумага; документная бумага
decalcomania body ~ основа для декалькомании
deckled ~ бумага ручного черпания
deckle edged ~ бумага ручного черпания
deckle stained ~ бумага с окрашенной отливной кромкой
deed ~ *амер.* документная бумага
design ~ 1. чертёжная бумага 2. узорная бумага 3. канвовая бумага
desinfectant ~ бактерицидная бумага
developing ~ фотобумага
diagram ~ диаграммная бумага
dial ~ циферблатная бумага
dialyzing ~ асбестовая бумага для фильтрования

diazotype base ~ основа диазобумаги
diazotype copy base ~ основа диазокальки
Dickinson ~ бумага с шёлковыми нитями
die-cut ~ штампованная бумага
dipped ~ бумага ручного черпания
draft ~ концептная бумага (*писчая бумага низшего сорта*)
drawing-tracing ~ переводная копировальная бумага
drying ~ 1. прокладочная бумага 2. промокательная бумага
dryproofing ~ бумага для сухих оттисков
dull ~ матовая бумага
duplex ~ двухслойная бумага; двухцветная бумага
duplex packing base ~ основа двухслойной упаковочной бумаги
duplicating stencil ~ восковка
diplicator ~ ротаторная бумага
dusting ~ бумага для вытирания пыли (*с полированных предметов*)
dutch marble ~ мраморная бумага
dyeline ~ светочувствительная бумага (*позитивная*)
eggshell ~ шероховатая рисовальная *или* чертёжная бумага
elastic ~ крепированная бумага
electrical insulating ~ электроизоляционная бумага
electro-conducting base ~ основа электропроводящей бумаги
electrofax ~ *фирм.* электростатическая бумага
electrolytic ~ асбестовая бумага для фильтрования
electrosensitive ~ электрочувствительная бумага
embossed ~ тиснёная бумага
embossing ~ бумага для тиснения
emery base ~ основа наждачной [шлифовальной] бумаги
enamel ~ мелованная бумага; глазированная бумага
end (leaf) ~ форзацная бумага
engine-sized ~ бумага с проклейкой в массе
enrober ~ обёрточная бумага для шоколада
esparto ~ бумага из травы эспарто
etching ~ бумага для гравирования

paper

exercise-book ~ тетрадная бумага
extensible ~ 1. бумага повышенной растяжимости; эластичная бумага 2. обёрточная бумага
extra-strong ~ крафт-бумага
facial ~ тонкая бумага для полотенец
facing ~ оклеечная бумага
fancy ~ разноцветная бумага
fast blue ~ синяя обёрточная бумага; тёмно-синяя бумага (*из синего тряпья*)
featherweight ~ пухлая (лёгкая) бумага
felt base ~ бумага-основа для толя
felt-marked ~ бумага с маркировкой от сукна
fiber ~ чистоцеллюлозная бумага
filled ~ бумага с наполнителем
filter ~ 1. фильтровальная бумага 2. фильтровальный картон
fine ~ высокосортная бумага
fine grit ~ мелкозернистая шлифовальная шкурка
fish ~ 1. динамная электроизоляционная бумага 2. электроизоляционный картон; летероид
flint ~ наждачная [шлифовальная] бумага
flint backing ~ основа наждачной [шлифовальной] бумаги
flock ~ насыпная бумага (*обойная и обложечная*); бархатная бумага
florist ~ цветочная бумага
fluted ~ гофрированная бумага
fluting ~ бумага для гофрированного слоя
fly base ~ основа мухоловной бумаги
fly leaf ~ форзацная бумага
fly sheet ~ форзацная бумага
foil ~ фольга
foil mounting ~ основа для фольги
folded ~ фальцованная бумага
forgeryproof ~ чековая бумага (*с защитой от подделок*)
foul ~ бумажный брак
foxed ~ бумага с пятнами плесени
fraud-proof ~ бумага с защитой от подделок
fumigating ~ бумага для окуривания
functional ~ миллиметровая бумага
fuse ~ *спич.* зажигательная бумага
garnet ~ наждачная [шлифовальная] бумага

germinating ~ синяя впитывающая бумага для проверки всхожести семян
glass ~ 1. стеклянная бумага 2. наждачная [шлифовальная] бумага; шлифовальная шкурка
glassine ~ пергамин
glazed ~ глазированная бумага; лощёная бумага; гладкая бумага
globular greaseproof ~ жиронепроницаемая бумага с круглыми тиснениями
gloss-coated ~ бумага с блестящим покрытием
glossy ~ блестящая бумага
grained ~ бумага с зернистым тиснением
granite ~ мраморная бумага
graph ~ диаграммная бумага
greaseproof [grease-resistant] ~ жиронепроницаемая (*упаковочная*) бумага
green ~ свежевыработанная [неотлежавшаяся] бумага
grid ~ миллиметровая бумага
grocery bag ~ мешочная бумага для сухих продуктов
groundwood ~ бумага из древесной массы
gummed ~ гуммированная бумага
half-sized ~ полуклеёная бумага
half-tone ~ бумага для автотипий
hammer-finished ~ матовая бумага (*имитирующая старинную отделку молотом*)
hanging ~ обойная бумага
hard ~ 1. клеёная бумага 2. бакелитизированная бумага 3. звонкая бумага 4. немнущаяся бумага
hardened ~ жёсткая бумага (*пропитанная искусственными смолами*)
hard-sized ~ сильноклеёная бумага
Havana ~ гаванская бумага, лощёный пергамин
heading ~ бумага для фирменных бланков; фирменные бланки
heat-reacting ~ теплочувствительная бумага
heat-sealable [heat-sealing] ~ бумага с самозаклеивающимся (*при нагреве*) покрытием
heat-sensitive ~ теплочувствительная бумага

paper

heavy ~ бумага с весом одного квадратного метра больше стандартного
heliographic ~ светокопировальная бумага
high-bulking ~ пухлая бумага
high bulk printing ~ толстая типографская бумага
high-gloss ~ бумага с высоким лоском
highly glazed ~ бумага с высокой глазировкой; высокоглазированная бумага
hosiery ~ тонкая обёрточная бумага
hydrophil ~ гидрофильная бумага
imitation art ~ имитация бумаги для художественной печати; лощёная высокозольная бумага
impregnated ~ пропиточная (электроизоляционная) бумага
impression ~ ротаторная бумага
imprinted ~ бумага с водяными знаками (*полученная мокрым способом*)
incense ~ бумага для окуривания; ароматная бумага
indented ~ зубчатая бумага для упаковки
index ~ бумага для картотек
Indian ~ тонкая типографская бумага; бумага из волокон бамбука
indicator ~ реактивная [индикаторная] бумага
indigo-heliographic ~ синяя бумага для светокопий
inextensible ~ размероустойчивая бумага
ingrain ~ тиснёная обойная бумага; тиснёная обложечная бумага
insecticide ~ инсектицидная бумага
insets ~ прокладочная бумага
insulating ~ изоляционная бумага
intaglio printing ~ бумага для глубокой печати
interleaving ~ прокладочная бумага (*между отпечатанными листами или оттисками гравюр*)
internally sized ~ полностью проклеенная бумага
iodide zinc and starch ~ йодоцинковая крахмальная бумага
iodoform ~ асептическая [йодоформная] бумага

iridescent ~ бумага переливчатой окраски
ivory ~ слоновая бумага; бристольская бумага
Jackard ~ бумага вердоль
Java ~ упаковочная бумага из макулатуры
job printing ~ вспомогательная типографская бумага
joint ~ бумажная лента для укрепления торцов шпона
jute ~ джутовая бумага
key board ~ монотипная бумага
kiss ~ обёрточная бумага для конфет
kraft ~ крафт-бумага; бумага из крафт-целлюлозы
label ~ этикетная бумага
lacquered ~ лакированная бумага
lagging ~ изоляционная бумага
laid ~ бумага верже
laminated ~ многослойная бумага; гудронированная бумага
laminated phenolic ~ бакелитовая бумага; слоистый пластик
lampshade ~ абажурная бумага
latex-saturated ~ бумажная плёнка, пропитанная латексом
lead acetate ~ свинцовая индикаторная бумага
lead pencil ~ карандашная бумага; бумага для обмотки грифеля
leather ~ основа для производства искусственной кожи
leatherette ~ бумага, имитирующая кожу
leather imitation ~ бумага, имитирующая кожу
ledger ~ конторская бумага
lens ~ обёрточная бумага для оптических стёкол
light-sensitive ~ светочувствительная бумага
lightweight coated ~ легковесная мелованная бумага
lincrusta ~ прочная обойная бумага, линкруст
linear ~ бумага с водяными знаками в виде линий
lined ~ линованная бумага
linen ~ 1. бумага из льняного тряпья 2. бумага с отделкой под полотно
linen-backed ~ папиролин

paper

linen-embossed ~ бумага с отделкой под полотно
linen-grained ~ бумага с отделкой под полотно
liner [lining] ~ оклеечная бумага
lithmus ~ лакмусовая бумага
lithograph ~ литографская бумага
loaded ~ утяжелённая бумага
loan ~ писчая бумага высшего качества; документная бумага
loft dried ~ бумага воздушной сушки
logarithm ~ логарифмическая бумага
luminous ~ люминесцентная бумага
machine ~ бумага машинной выработки
machine finished ~ бумага машинной гладкости
machine glazed ~ бумага односторонней гладкости
Madagascar ~ бумага из рафии
magnetic drawing ~ бумага с магнитными свойствами
makeready ~ приправочная бумага
manifold (copying) ~ копировальная бумага
manila ~ 1. бумага из волокон манильской пеньки; канатная бумага 2. «манильская» бумага (*цвета манильской пеньки, но из волокон другого растения*)
map ~ картографическая бумага
marble ~ мраморная бумага
masking ~ маскировочная бумага
mat ~ матовая бумага
match ~ бумага для спичечных коробок
matrix ~ матричный картон
mature ~ выдержанная [кондиционированная] бумага
mealy ~ пёстрая бумага
mechanical ~ бумага с содержанием древесной массы
medium printing ~ печатная бумага средних сортов
melis drawing ~ мелиссовая рисовальная бумага
mellow ~ выдержанная [кондиционированная] бумага
mercury chloride ~ сулемовая бумага
metal ~ фольга
metallic ~ металлописная бумага (*для записей и отметок металлическим шрифтом*)

meter ~ диаграммная бумага
methyl-orange test ~ метилоранжевая реактивная бумага
M. F. ~ *см.* machine finished paper
M. G. ~ *см.* machine glazed paper
mica (-coated) ~ слюдяная [микалентная] бумага
micanite ~ миканитовая бумага
microbial-resistant ~ биоцидная бумага
middle fine printing ~ печатная бумага средних сортов
mill wrapping ~ фабричная обёртка
mimeotype stencil ~ основа для восковки
mixed ~s несортированная смешанная макулатура
mold ~ бумага ручного отлива
mold-made ~ имитация бумаги ручного отлива
Morse ~ бумага для телеграфных лент
mothbag ~ антимольная бумага
mother-of-pearl ~ перламутровая бумага
mothproof ~ антимольная бумага
mottled ~ цветная [разноцветная] бумага
mulch ~ мульчбумага
multicopying ~ ротоплёнка
multigraph ~ ротаторная бумага
multiple copy ~ ротаторная бумага
multiplex ~ многослойная бумага
multiplier ~ ротаторная бумага
multiply ~ многослойная бумага
mustard ~ горчичник
nacreous ~ перламутровая бумага
name ~ бумага с фирменным водяным знаком
natural brown ~ коричневая обёрточная бумага натуральной окраски
N. C. R. ~ *см.* no-carbon required paper
needle ~ игольная бумага
nitrating ~ бумага для нитрования
no-carbon required ~ бумага для машинописных копий (*без применения копировальной бумаги*)
nonbibulous ~ невпитывающая бумага
nonfading ~ невыцветающая бумага
note ~ почтовая бумага
oatmeal ~ бумага с добавлением дре-

305

paper

весной муки (*в качестве наполнителя*)
off-quality ~ бумажные отходы
offset (printing) ~ офсетная бумага
oil ~ промасленная бумага
oil-drenched ~ промасленная бумага
oiled royal ~ промасленная бумага
old ~s макулатура
onion skin ~ тонкая лощёная бумага
opaque ~ непрозрачная бумага
ordinary ~ серая упаковочная бумага
ordinary drawing ~ школьная рисовальная бумага
ornamental ~ декоративная бумага
overlay ~ основа для покровного белого слоя слоистых пластиков; бумага оверлей
oxidation-exposed ~ бумага, отбелённая кислородом
oxide ~ бумага, отбелённая кислородом
ozalid ~ озалидная бумага
ozone ~ реактивная бумага для обнаружения озона
packaging [packing] ~ упаковочная бумага
pad ~ блокнотная бумага
pamphlet ~ брошюрная бумага
paraffin ~ парафинированная бумага; восковка
paraffin base ~ основа парафинированной бумаги
parchment ~ пергаментная бумага
parchmentizing ~ основа пергамента
parchment tracing ~ пергамин
paste-board ~ картонажная бумага
pasted ~ склеенная бумага
pastel ~ рисовальная бумага (*для пастельных карандашей*)
pasting ~ оклеечная бумага
patterned-surface absorbent ~ впитывающая бумага с (нанесённым) узором; узорчатая абсорбционная бумага
peat ~ торфяная бумага
pen(cil) carbon ~ тонкая плюровая бумага
perfect ~ бумага без дефектов
perfumed ~ ароматическая бумага
permanent ~ долговечная бумага
permeable ~ проницаемая бумага
photocopying ~ бумага для фотокопий, фотокалька; светочувствительная бумага
photopacking ~ неактиничная бумага для упаковки фотобумаг
photo semiconductor ~ фотополупроводниковая бумага
photostat ~ бумага для фотокопий
phototype ~ фототипная бумага; светочувствительная бумага
pigment-transfer ~ пигментная переводная бумага
pitch ~ асфальтированная бумага
plain ~ 1. немелованная печатная бумага 2. бумага без водяных знаков
plate ~ эстампная бумага
plate-glazed ~ сатинированная бумага
plater finished ~ гладкая лощёная бумага
platinum ~ платиновая бумага; фотобумага
pleating ~ гофрированная бумага
plotting ~ миллиметровая бумага
point ~ канвовая бумага
poisoned ~ ядовитая бумага
polarity ~ полюсная бумага (*для определения полюсов*)
pole-finding ~ полюсная бумага (*для определения полюсов*)
policy ~ банковская бумага
polishing ~ наждачная [шлифовальная] бумага
polyolefinic ~ полиолефиновая бумага
porcelain printing ~ бумага для перевода рисунка на фарфор
porous ~ пористая бумага
poster ~ афишная бумага
potassium iodate and starch ~ калий-йодат-крахмальная (индикаторная) бумага
potassium iodide and starch ~ йодо-крахмальная (реактивная) бумага
pouch ~ мешочная бумага
pouncing ~ наждачная [шлифовальная] бумага
precoated ~ грунтованная бумага
preservative ~ бумага для сохранения пищевых продуктов
pressure-responsive transfer ~ переводная бумага, чувствительная к давлению

paper

pressure-sensitive ~ копировальная бумага
primary ~ бумага-основа
printed ~ печатная макулатура
profile ~ миллиметровая бумага
proof(ing) ~ пробная бумага (*для пробных оттисков*)
protective ~ защитная [предохранительная] бумага
pumicestone ~ наждачная [шлифовальная] бумага
qualitative filter(ing) ~ качественная фильтровальная бумага
quantitative filter ~ беззольный фильтр
quarter-sized ~ слабоклеёная бумага
raffia ~ бумага из рафии
rag ~ чистотряпичная бумага
rag-content ~ бумага с содержанием тряпичной массы
raw ~ бумага-основа
rayon fiber ~ бумага из искусственных волокон
reaction ~ индикаторная [реактивная] бумага
reagent ~ лакмусовая бумага
ream ~ листовая бумага
reclaimed waste ~ облагороженная макулатура
recording ~ бумага для самозаписывающих приборов
recycled-fiber ~ бумага из вторичного волокна
recycled waste ~ переработанная бумага из макулатуры
reeled ~ рулонная бумага
register ~ канцелярская бумага
reinforced ~ армированная бумага
release ~ прокладочная бумага (*исключающая прилипание*)
relief ~ тиснёная бумага
rep ~ филигранная бумага
reprographic [reprography] ~ бумага для фотокопий
resin-impregnated ~ бумага, пропитанная смолой; плёнка на бумажной основе
resin-treated ~ бумага, пропитанная смолой; плёнка на бумажной основе
ribbon ~ ленточная бумага
roofing ~ кровельная бумага; кровельный картон

rope ~ бумага из манильской пеньки, канатная бумага
rope manila ~ прочная бумага с содержанием волокна конопли
rope-sack ~ прочная бумага с содержанием волокна конопли
rough surface ~ бумага с шероховатой поверхностью
rubber-boot ~ прокладочно-упаковочная бумага для резиновой обуви
ruled ~ линованная бумага
rust-preventive ~ антикоррозионная бумага
safety ~ «безопасная» бумага (*чековая бумага с защитой от подделок*)
salicylic ~ упаковочная салициловая бумага (*для пищевых продуктов*)
sand ~ наждачная [шлифовальная] бумага; шлифовальная шкурка
satin ~ атласная бумага
saturated ~ битумированная бумага
scale ~ миллиметровая бумага
scrap ~ бумажный брак
scratted ~ дешёвая мраморная бумага
sealing ~ 1. тонкая сульфитная обёрточная бумага 2. плотная фабричная обёрточная бумага
sectional ~ миллиметровая бумага
security ~ «безопасная» бумага (*чековая бумага с защитой от подделок*)
seed-bag ~ мешочная бумага для семян
seed-germinating ~ бумага для проращивания семян
self-blue ~ синяя обёрточная бумага; бумага из синего тряпья
self-colored ~ бумага естественной окраски; некрашеная бумага
self-sealing ~ самозаклеивающаяся бумага
semiconducting cable ~ полупроводящая кабельная бумага
semikraft ~ двухслойная упаковочная бумага
semimat art ~ полуматовая бумага для художественной печати
semisized ~ слабоклеёная бумага
sensitized ~ светочувствительная бумага
sensitizing ~ основа светочувствительной бумаги
setoff ~ прокладочная бумага
sheathing ~ прокладочная бумага

paper

sheeting ~ бумага для облицовки листового картона
shivey ~ костричная бумага
shredded ~ нарезанная бумага; полоски бумаги
side-run ~ бумага нестандартного формата
sign ~ афишная бумага
silent ~ бесшумная бумага
siliconized ~ бумага с проклейкой кремнийорганическими соединениями
silk thread ~ бумага, содержащая шёлковые нити
silver ~ серебряная бумага; металлизированная бумага
sized ~ клеёная бумага
skip ~ тонкая обёрточная бумага односторонней гладкости
slack-sized ~ слабоклеёная бумага
slate ~ грифельная бумага
slip-sheet ~ прокладочная бумага
small hands ~ тонкая обёрточная бумага односторонней гладкости
smoothing ~ наждачная [шлифовальная] бумага
soda sulfite ~ натронносульфитная бумага
soft-sized ~ слабоклеёная бумага
spinning ~ прядильная бумага
split-color ~ бумага односторонней окраски
square ~ равнопрочная бумага
squared ~ бумага в клетку
stained base ~ бумага-основа для обоев
stamped ~ гербовая бумага
starch-sized ~ бумага с крахмальной проклейкой
stationary ~ канцелярская бумага; формулярная бумага
steel-plate ~ сатинированная бумага
stencil ~ 1. восковка, ротоплёнка 2. трафаретная бумага; шаблонная бумага
sterilizing ~ стерилизационная бумага
stretchable ~ эластичная бумага
sulfate insulating ~ сульфатная изоляционная бумага
supercalendered ~ лощёная бумага
surfaced ~ глянцевитая мелованная бумага

surface-sized ~ бумага с поверхностной проклейкой
table-top ~ бумажная скатерть
tabulating ~ кассовая бумага
tag ~ этикеточная бумага
tanning ~ абразивная бумага для кожевенного производства
tar ~ бумага с асфальтовым покрытием; гудронированная бумага
tarred brown ~ битумированная бумага
tea ~ бумага для упаковки чая (внутренняя)
tea-bag ~ бумага для пакетиков для заваривания чая
teflon-treated gasket ~ обработанная тефлоном прокладочная бумага
telephone cable ~ телефонная бумага
test ~ индикаторная [реактивная] бумага
tetrapack ~ бумага для тетрапака; бумага для треугольных молочных пакетов
text ~ книжная бумага
textile ~ текстильная бумага
thermosensitive ~ теплочувствительная бумага
thread ~ шпагатная бумага
tinfoil ~ станиоль
tinted ~ (слегка) подцвеченная бумага
tissue ~ тонкая бумага
toilet ~ гигиеническая бумага
tonal ~ диффузионная бумага (для громкоговорителей)
toned ~ (слегка) подцвеченная бумага
torchon ~ акварельная бумага с грубой поверхностью
tracing ~ чертёжная бумага; калька, восковка
transfer ~ белая переводная бумага
translucent drafting ~ прозрачная чертёжная бумага, калька
transparent ~ прозрачная бумага
tree-wrap ~ битумированная бумага для защиты саженцев
tube ~ шпульная бумага
tub-sized ~ бумага с поверхностной проклейкой
twin-wire ~ двусторонняя бумага
twisting ~ шпагатная бумага
two-ply ~ двухслойная бумага

tympan ~ переводная бумага
typewriter carbon ~ копировальная бумага
uncalendered ~ некаландрированная бумага
unfinished ~ неотделанная бумага
unglazed ~ нелощёная бумага
union ~ водонепроницаемая двухслойная крафт-бумага
unloaded ~ бумага без наполнителя
vapor-impermeable ~ паронепроницаемая бумага
vapor phase inhibitor ~ антикоррозионная бумага
varnished [varnishing] ~ лакированная бумага
vat ~ 1. бумага с цилиндровой машины 2. бумага ручного отлива
vellum ~ веленевая писчая бумага
velour ~ бархатная [велюровая] бумага
verdol ~ бумага вердоль
vitrified ~ оконная бумага
VPI ~ *см.* vapor phase inhibitor paper
vulcanizing ~ основа для фибры
waste ~ (бумажная) макулатура
water-finding ~ водочувствительная бумага
water-leaf ~ «водяная» бумага (*неклеёная, без наполнителей*)
water-lined ~ бумага с водяными знаками в виде линий
water-marked ~ бумага с водяными знаками
water-vaporproof ~ водо- и паронепроницаемая бумага
wax ~ парафинированная бумага; восковка
wax cloth ~ парафинированная бумага; восковка
waxing stencil raw ~ основа для восковки, шелковка
web ~ рулонная (типографская) бумага
wet-soak ~ бумага с проклейкой методом сырой пропитки в рулоне
wet-stiff ~ влагопрочная бумага
Wheatstone ~ бумага для телеграфных лент (*для аппарата Уитстона*)
Willesden ~ прочная водонепроницаемая бумага
wipe-off ~ обтирочная бумага

wood pulp ~ бумага из древесной массы
woody ~ бумага с содержанием древесной массы
wool(en) ~ бумага для каландровых валов, шерстянка
wrapping ~ обёрточная бумага, обёртка
written ~ писчая макулатура
paperboard картон
  corrugated ~ гофрированный картон
  couched ~ многослойный картон
  molded ~ папье-маше
  waste ~ картонная макулатура
papered 1. бумажный 2. оклеенный обоями
paperhangings обои
paperization бумификация, бумифицирование (*поверхности синтетических бумаг плёночного типа*)
papermaking бумажное производство
paperpot бумажный цилиндр-стаканчик (*для выращивания сеянцев*)
papier-mâché *фр.* папье-маше
papriformer *фирм.* бумагоделательная машина для газетной бумаги
papyrine имитация растительного пергамента
paraffining:
  cold ~ *спич.* холодная рубашка
paraquat паракват (*гербицид для обработки сосен с целью повышения их смолистости*)
parasite паразит, энтомофаг
  facultative ~ факультативный паразит
  obligate ~ облигатный паразит
  wound ~ раневой паразит
parasitism паразитизм
parasitization паразитизм
  secondary ~ вторичный паразитизм
parbuckle 1. погрузочный такелаж 2. подъём брёвен накатыванием (*с помощью канатов*)
parcel участок земли; лесосека, делянка; участок леса с заложенной пробной площадью ◇ to ~ out разбивать на делянки; делить на участки
parchment пергамент
  animal ~ писчие материалы, изготовленные из шкур животных
  artificial ~ пергамин
  art vegetable ~ бумага для официальных документов, сертификатов,

parchment

изготовленная из растительного пергамента
  butter ~ пергаментная бумага для упаковки масла
  dialyzing ~ пергамент для диализа
  opaline ~ опаловый пергамент (под целлулоид)
  osmotic ~ осмотический пергамент; пергамент для осмоса
  skin ~ животный пергамент
parchmentize пергаментировать
parchmoid растительный пергамент высшей гладкости
parchmyn подпергамент
pare подрезать; обстругивать ◇ to ~ off чистить; счищать; срезать
parenchyma паренхима
  aliform ~ крыловидная паренхима
  banded ~ осевая паренхима
  columnar ~ столбчатая паренхима
  diffuse-in-aggregates ~ рассеянно-агрегатная паренхима
  diffuse-zonate ~ рассеянно-агрегатная паренхима
  disjunctive ~ дизъюнктивная [разорванная] паренхима
  lacunose ~ губчатая паренхима
  medullar ~ сердцевинная паренхима
  radial ~ лучевая паренхима
  reticulate ~ сетчатая паренхима
  scalariform ~ лестничная паренхима
  scanty paratracheal ~ скудная паратрахеальная паренхима
  storied ~ ярусная паренхима
  unilaterally paratracheal ~ односторонняя паратрахеальная паренхима
  vertical ~ осевая паренхима
  wood ~ осевая ксилемная паренхима
  wound ~ раневая [травматическая] паренхима
paring 1. подрезание, срезание 2. лущение 3. шелуха, корка, кожура; обрезки
paripinnated бот. равноперистый
park 1. парк 2. поляна; прогалина 3. заповедник
  game ~ охотничий заказник
  national forest ~ национальный лесной парк
  national historic ~ национальный парк, представляющий историческую ценность
  state ~ национальный лесной парк

parquet паркет
  walnut ~ ореховый паркет
parquetry 1. процесс подбора мозаичного рисунка геометрических форм 2. паркет; паркетный пол
  thin ~ облицовочный слой паркета
parsor буравчик по дереву (для высверливания отверстий под шурупы)
part 1. часть; доля 2. деталь; узел (машины) 3. разбирать (кладку прессованной бумаги ручного черпания)
  ~s of leaf строение листа
  ~s of tree строение дерева
  adjacent ~ смежная деталь
  bent ~ гнутая деталь; деталь из гнутоклеёной древесины
  dimension ~ 1. заготовка 2. деталь, обработанная в размер
  fourdrinier ~ сеточная часть (длинносеточной бумагоделательной машины)
  furniture component ~s детали мебели из недревесных материалов
  hollow ~ полая деталь
  knee ~ верхняя часть ножки стула (к которой крепится царга)
  molded dimension ~ заготовка детали, обработанная на строгальном, фрезерном или шипорезном станке
  molded furniture ~ 1. фрезерованная деталь мебели 2. формованная деталь мебели
  register ~ регистровая часть
  removable fourdrinier ~ выдвижной сеточный стол
  repair ~s запасные части
  semifinished ~ полуфабрикат
  simulated wood ~ (пластмассовая) деталь, выполненная как имитация деревянной
  solid skin ~ деталь с цельной оболочкой (формованная из пенопласта); деталь из интегрального пенопласта
  stacked drying ~ сушильная часть с ярусным расположением цилиндров; ярусная сушильная часть
  washing ~ промывная часть (пергаментированной машины)
  wet ~ мокрая часть (бумагоделательной машины)
  wire ~ 1. сеточная часть (бумагоде-

лательной машины) 2. меб. изделие фурнитуры из проволоки
parted бот. рассечённый (не до основания)
  palmately ~ пальчаторассечённый; дланевиднорассечённый (о листе)
parthenocony образование бессемянных шишек
parthenogenesis партеногенез, девственное размножение
particle 1. частица 2. pl стружки, стружка; щепа; опилки
  cake(d)-on ~s спёкшиеся частицы
  conducting ~s электропроводящие частицы (в бумаге)
  core ~s стружки для среднего слоя (древесностружечных плит)
  engineered ~s стружка для производства древесностружечных плит; резаная стружка
  foreign ~s посторонние включения
  fractured ~s дроблёная щепа
  glued wood ~s осмоленные древесные частицы
  loaded ~ частица пыли или грязи, забивающая шлифовальную ленту
  surface ~s стружка наружных слоёв; стружка верхнего слоя (древесностружечных плит)
parting:
  water ~ водораздел
partite бот. раздельный, дольный
partition 1. разделение; деление на части 2. перегородка; переборка
  frame ~ дверная коробка
  framed ~ решётчатая перегородка; фахверковая перегородка
  hollow ~ полая перегородка; двойная перегородка со скользящими дверями
  quartered ~ перегородка из квадратных элементов
  trussed ~ решётчатая перегородка
partitioning 1. разделение; перегораживание 2. перегородка; переборка
  countercurrent ~ противоточное разделение
  permanent ~ постоянная перегородка
party:
  cruising ~ лесоустроительная партия
passage 1. прохождение 2. проход, ход; путь, дорога
  latex ~ 1. пора латекса 2. точечное отверстие в древесине (дефект)

log ~ спл. лесопровод
paste 1. паста; мастика; густотёртая краска ‖ наносить пасту 2. клей; клейстер ‖ клеить, склеивать
  chlorophyll carotin ~ хлорофилло-каротиновая паста
  lime ~ гашёная известь
  stipple [stippling] ~ паста для получения выпуклого рисунка на поверхности, «гипс»
pasteboard переплётный картон; клеёный картон
paster 1. место склейки (бумажного полотна в рулоне) 2. машина для склейки 3. гуммированная лента для склейки
pasting 1. склейка; наклейка 2. pl бумага для склейки
  ~ **of paper** каширование бумаги
pasture 1. подножный корм 2. пастбище, выгон
patch 1. заплата ‖ ставить заплату (напр. на дефектное место) 2. заделка дефектного участка 3. пятно; фаутный участок шпона 4. отдельный участок 5. просека
  cutover ~ вырубленный участок леса, вырубленная площадь, вырубка
  grey ~ участок поседения (лаковой плёнки)
  veneer ~ заплатка из шпона
patchable подвергающийся ремонту (об отделочном покрытии или облицовочном слое)
patchwork 1. заделка, починка; составление из кусков 2. пятнистость
patchy состоящий из кусков; покрытый заплатами
patera патера, патера (в качестве декоративного украшения мебели)
path 1. путь 2. направление трелёвочного волока (при канатной трелёвке)
  ~ **of retreat** путь отхода вальщика (от срезаемого дерева)
  flight ~ курс полёта (при аэрофотосъёмке)
  yarding ~ линия прохождения трелёвочного каната; линия лебёдочной трелёвки; направление трелёвочного волока (при канатной трелёвке)

pathogen патогенный (*о микроорганизме*)
pathogenesis патогенез
pathogenicity патогенность, болезнетворность
  horizontal ~ горизонтальная патогенность
pathology:
  forest ~ фитопатология лесных пород
patine патина; глянец на поверхности изделий
patrol патруль ‖ патрулировать (*с целью обнаружения пожара*); сторожить защитную полосу
patrolman пожарный патрульный; пожарный сторож
pattern 1. образец; форма; пресс-форма; модель ‖ делать по образцу, копировать 2. рисунок, узор 3. схема
  ~ **of damage** тип повреждения
  burr ~ рисунок насечки (*дефибрерного камня*)
  cutting ~ 1. схема разработки лесосек 2. схема раскряжёвки
  diffraction ~ модель дифракционной решётки
  echelon ~ шахматная схема (*подсочки*)
  fan-shaped ~ **of roads** схема радиального [веерообразного] расположения волоков
  fan spray ~ рисунок, нанесённый веерообразным распылением
  felling ~ схема разработки лесосек
  furnish ~ образцы бумаги
  hammered ~ 1. кованый рисунок 2. следы на поверхности отделанной древесноволокнистой плиты
  herringbone ~ укладка в ёлку
  moiré ~ переливающийся [муаровый] рисунок (*поверхности*)
  parallel climbing road ~ схема транспортного освоения горных лесосек с одной поднимающейся вверх дорогой и примыкающими параллельными ветками по склонам
  parallel contour road ~ схема транспортного освоения горных лесосек с параллельными поднимающимися ветками, примыкающими к расположенной в долине магистрали
  parted ~ разъёмная пресс-форма

  preference cutting ~ оптимальная схема раскряжёвки
  radial ~ радиальная схема разработки делянки канатной установкой (*с перемещением тыловой мачты по кругу при неподвижной головной мачте*)
  random road ~ схема освоения лесосек с хаотичным расположением веток и усов
  reverse radial ~ обратно-радиальная схема разработки делянки канатной установкой (*с перемещением головной мачты по кругу при неподвижной тыловой мачте*)
  ridge-and-valley road ~ схема транспортного освоения горных лесосек с дорогой, поднимающейся по впадине, а затем поворачивающей на гребень
  scroll ~ рисунок в виде завитушек
  skidding ~ схема расположения трелёвочных волоков
  stainable ~ рисунок (*кромки щита*), закрашенный под цвет пласти
  tile ~ рисунок под плитку [под кафель]
  tooth ~ форма зубца (*пилы*)
  vertical ~ двухъярусная схема (*подсочки*)
  wire ~**s in burlap** *меб.* зачехлённые пружины
paw:
  four ~**s** захват в виде большого кольца с четырьмя короткими цепями
pawl защёлка, щеколда, собачка, предохранитель
pay плата, выплата ‖ платить ◇ ~ **by the load** сдельная оплата (*водителям лесовозных автопоездов*); **to** ~ **in** наматывать (*канат*); **to** ~ **out** разматывать, травить (*канат*); давать слабину
paying-in наматывание (*каната*)
paying-out разматывание (*каната*)
payload полезный груз, полезная нагрузка
payment оплата, платёж
  time-based ~ повременная оплата
  volume-based ~ сдельная оплата
peaker верхнее дерево воза
peat 1. торф 2. торфяное болото, торфяник

pelliculate

allochthonous ~ аллохтонный [некоренной] торф
autochthonous ~ автохтонный [коренной] торф
basin ~ **1.** торф низинного болота **2.** низинное болото
blanket ~ плоское верховое болото
crumbling ~ торф-сыпец, торфокрошка
dry ~ торф-сыпец, торфокрошка
eutrophic ~ эвтрофный [высокозольный] торф
fen ~ **1.** торф низинного болота **2.** низинное болото
heathy ~ вересковый торф, торф вересковой пустоши
high-moor ~ **1.** торф верхового болота **2.** верховое болото
lard ~ хорошо разложившийся торф
low-moor ~ **1.** торф низинного болота **2.** низинное болото
mesotrophic ~ мезотрофный [среднезольный] торф
moss ~ моховой торф
slime ~ топь, трясина
top ~ **1.** торф верхового болота **2.** верховое болото
peatland торфяное болото, торфяник
peaty торфянистый, торфяной
peavie, peavy кондак (*для перекатки брёвен*)
clip ~ вертлюг с хомутом
pebble 1. шагрень (*дефект лакированной поверхности*) **2.** галька, галечник
peckled с точками, испещрённый (*о поверхности древесины*)
pectic пектиновый
pectin пектин
pectinate гребенчатый
ped естественный почвенный агрегат (*с ненарушенным строением*)
pedatiform *бот.* стоповидный
pedicle ножка; цветоножка; стебелёк
pedogenesis почвообразование
pedology почвоведение
peduncle ножка; цветоножка; стебелёк
peel 1. корка, кожица, шелуха ǁ сдирать кору, окорять **2.** лущить
peeled окоренный
peeler 1. окорочный станок **2.** лущильный станок **3.** окорщик **4.** фанерный кряж
bark ~ окорочный станок
hand ~ рабочий на ручной окорке
oiser ~ станок для удаления коры с веток *или* сучьев
rotary ~ **1.** лущильный станок **2.** роторный окорочный станок
peeling 1. окорка **2.** лущение **3.** очищенная кора ◊ ~ **in the bush** соковая топорная окорка
bark ~ окорка
bast ~ лубяная окорка
chemi(cal) ~ химическая окорка
continuous ~ непрерывное лущение
cooking ~ реакция перевода углеводов к более низким температурам ($60°-160°C$) при варке крафт-целлюлозы
rotary ~ лущение шпона
sap ~ соковая топорная окорка
peg 1. крючок (*деревянный*) **2.** деревянный гвоздь; нагель; шпилька **3.** *топ.* колышек; пикет **4.** *тарн.* затычка ◊ **to** ~ **together** соединять нагелями
boning ~ нивелировочный колышек
lining ~ веха, вешка
shoe ~ *тарн.* затычка
vent ~ *тарн.* затычка
peg-and-cup латунные скрепы *или* втулки для соединения деревянных элементов
pegboard перфорированная древесноволокнистая плита
pegging маркировка вешками
pegging-out провешивание линий
pellet деревянная пробка для отверстия, образуемого шурупом с утолщённой головкой
pelleter машина для гранулирования сыпучих материалов; гранулятор, брикетировщик
pelleting 1. дражирование семян (*смесью пестицидов, репеллентов, удобрений и инертных заполнителей*); гранулирование (*напр. удобрений*) **2.** крепление деревянных пробок, закрывающих головки шурупов
pellety 1. чешуйчатый **2.** гранулированный, дражированный; мелкобрикетированный
pelliculate покрытый пелликулой (*тонкой плёнкой*)

pelta

pelta *бот.* щиток; щитовидный апотеций
peltate щитовидный
pen штабель неплотно уложенных дров или балансов разной высоты и ширины
penciling чёрная линия (*граница зоны развития дереворазрушающего гриба*)
pendent свисающий, плакучий
penetrability проницаемость
penetrant смачивающий реагент
penetration 1. пропитка (*при варке*) 2. проникновение; текучесть (*напр. клея*)
penninerved *бот.* перистонервный
pentagynous *бот.* пятипестичный
penwork рисунок, выполненный пером и защищённый слоем лака (*декоративная отделка мебели*)
percent процент
~ **of forested area** процент лесистости
~ **of solids** содержание сухого вещества
exploitation ~ процент вырубки (*отношение объёма вырубаемого леса к общему запасу*); показатель интенсивности рубки
germination ~ процент всхожести (*семян*)
growth ~ процент текущего прироста (*насаждения*)
increment ~ процент текущего прироста (*насаждения*)
mean annual forest ~ средний годичный процент прироста насаждения (*при финансовой спелости по указательному проценту*)
plant ~ процент приживаемости лесных культур (*созданных посевом*)
Pressler's ~ процент прироста по Пресслеру
seedling ~ процент приживаемости лесных культур (*созданных посевом*)
tree ~ процент приживаемости лесных культур (*созданных посевом*)
utilization ~ процент выхода древесины
percentage процентное отношение
~ **of forest land** лесистость
base saturation ~ степень насыщенности (*почвы*) основаниями

cull ~ отношение объёма нетоварной части (*дерева или бревна*) к общему объёму
dry-weight ~ механический [гранулометрический] состав почвы
germination ~ всхожесть (*семян*) в процентах
industrial wood ~ доля деловой древесины в процентах
moisture volume ~ влажность в объёмном исчислении (*в процентах*)
soluble-sodium ~ содержание растворимого натрия в процентах
perch 1. мера длины (*около 5 м*) 2. жердь; кронштейн; веха
percolation просачивание; фильтрация
perfections гонт *или* дранка длиной 45,7 см
perforation перфорирование, перфорация
multiple ~ сложная перфорация (*перегородок в сосудах*)
vessel ~ сосудистая перфорация (*древесины*)
perianth околоцветник
perigynous околопестичный
period 1. период; срок 2. стиль, характерный для определённого периода || стильный (*о мебели*)
~ **of transit** период прироста деревьев (*до диаметра рубки*)
abscission ~ период листопада
attack ~ период заселения
blooming ~ время цветения
break ~ период обкатки оборудования
burning ~ период сжигания (*порубочных остатков*)
circulation ~ оборот рубки
conditioning ~ срок выдержки (*напр. древесностружечных плит после прессования*)
conversion ~ период перехода от одной системы (*лесного хозяйства*) к другой
cutting ~ период рубки
emergence ~ период лёта (*насекомых*)
establishment ~ период приживаемости (*лесных культур*)
flush ~ сезон дождей
formation ~ период приживаемости (*лесных культур*)

juvenile ~ ювенильный период (*до цветения*)
latent ~ 1. скрытый [латентный] период 2. период спячки
management ~ *кан.* период лесоустройства
penetration ~ заварка, период пропитки
preparatory ~ 1. переходный период 2. подготовительный период (*при постепенных рубках*)
production ~ оборот рубки
recruitment ~ период прироста деревьев (*до диаметра рубки*)
regeneration ~ период естественного возобновления леса; возобновительный период
removal ~ срок вывозки леса
reproduction ~ период естественного возобновления леса; возобновительный период
resin boxing ~ время подсочки
rotation ~ оборот рубки
thinning ~ период повторяемости рубок ухода
transplanting ~ время перешколивания
working plan ~ период выполения плана развития лесного хозяйства (*намеченного лесоустройством*)
periodatelignin периодатный лигнин
periodicity:
~ of flowering периодичность цветения
thinning ~ периодичность рубок ухода
perish погибать, умирать (*о растениях*)
perisperm перисперм, питательная ткань
Permali *фирм.* пермали (*1. древесно- или бумажнослоистый пластик 2. антисептированная древесина с пропиткой*)
permanence неизменность, неизменяемость (*напр. цвета бумаги*)
color ~ цветостойкость
Permawood *фирм.* пермавуд (*древеснослоистый пластик*)
permeability проницаемость
~ of paper проницаемость бумаги
permeation проникновение

phloeoterma

permission to remove лесорубочный билет
permit:
burning ~ билет [разрешение] на пуск пала
wood delivery ~ лесорубочный билет
peroxide перекись
pine gum ~ перекисное соединение из сосновой живицы
persistence стойкость, выносливость
Perspex *фирм.* перспекс (*полиметилметакрилатный листовой материал; акриловое стекло*)
Perstorp *фирм.* персторп (*бумажнослоистый пластик, облицованный меламиновой плёнкой*)
perula чешуйка (*листовой почки*)
pest вредитель, древоточец
pesticides пестициды
petal лепесток
petalless безлепестковый
petaloid лепестковидный
petalous имеющий лепестки
petiolate 1. *бот.* черешчатый 2. *энт.* стебельчатобрюхий
petiole 1. *бот.* черешок (*листа*) 2. *энт.* стебелёк
phage фаг, бактериофаг
phanerophyte явнобрачное растение
phase фаза, стадия
adult ~ 1. взрослая стадия (*насекомого*) 2. фаза первого цветения (*деревьев*)
aqueous ~ водяная фаза
growth ~ фаза роста
hydrocarbon-soap ~ углеводородно-мыльная фаза
immiscible ~s несмешиваемые фазы
juvenile ~ фаза перед цветением (*деревьев*); фаза перед полным распусканием листьев
resting ~ фаза покоя (*растений*)
phellandrene фелландрен
phellem феллема, пробковая ткань
phelloderm феллодерма
phellogen феллоген, пробковый камбий
phenotypic фенотипический
phloem флоэма, луб
internal ~ внутренняя флоэма
interxylary ~ включённая флоэма
intraxylary ~ внутренняя флоэма
perimedullary ~ внутренняя флоэма
phloëoterma *бот.* эндодерма

phosphate

phosphate:
  calcium hydrogen ~ дикальций-фосфат, осаждённый фосфат, преципитат
  double acid ~ двойной кислый фосфат, двойной суперфосфат
  ground rock ~ фосфоритная мука
  precipitated ~ дикальций-фосфат, осаждённый фосфат, преципитат
  Thomas ~ томасшлак, томасова мука, томасфосфат
phosphatization внесение фосфорных удобрений
phosphorus:
  available ~ доступный фосфор (*почвы*)
  fixed ~ недоступный [закреплённый] фосфор (*почвы*)
photo(card)board фотокартон
photography:
  infrared ~ фотографирование в инфракрасных лучах
  multiband ~ многозональное фотографирование
photointerpretation дешифрирование аэрофотоснимков
photoperiod фотопериод, световой день
photophase фотофаза, световая стадия
photophilous светолюбивый
photosynthates ассимиляты
photosynthesis:
  apparent ~ наблюдаемый фотосинтез
  net ~ наблюдаемый фотосинтез
  real ~ истинный [суммарный] фотосинтез
phototropism фототропизм
phragmoplast фрагмопласт (*зачаток клеточной стенки*)
phreatophyte фреатофит (*растение с глубоко расположенными корнями, получающее влагу из грунтовых вод*)
phyllody филлодий (*пластинчатый черешок*)
phyllopode ось листа
phyllosphere филлосфера (*микросреда листьев*)
phylotaxy расположение листьев
  spiral ~ спиральный порядок расположения листьев
physiology:
  plant ~ физиология растений
phytocide гербицид, фитоцид

phytocoenosis фитоценоз
phytoedaphon фитоэдафон (*почвенная микрофлора*)
phytogenetics генетика растений
phytogenesis происхождение растений
phytograph фитограмма (*диаграмма, характеризующая отдельные черты сообщества*)
phytometer растение-индикатор местоположения
phytophthora фитофтора (*гниль корней древесных пород*)
phytosociology фитосоциология, фитоценология, геоботаника
phytotron фитотрон (*установка искусственного климата*)
pick 1. остроконечная кирка; мотыга || долбить 2. очищать; зачищать 3. выщипывание 4. сортирование; отбор || сортировать; отбирать 5. *pl* выдирки (*в результате прилипания волокон к прессам или равнителю*) ◇ **to** ~ **a flower** срывать цветок; **to dry** ~ выдёргивать брёвна поодиночке (*при заторе*); **to** ~ **the rear** зачищать хвост сплава; **to** ~ **up** 1. заправлять бумажное полотно 2. набирать массу на форматный вал
  bung ~ пробкооткрыватель (*бочки*); молоток с одним заострённым концом для удаления пробок (*из бочки*)
  dandy ~ 1. бумаговедущий валик 2. *pl* выдирки
pickaroon погрузочный крюк, багор с короткой деревянной ручкой
picker 1. кирка; мотыга 2. отборщик (*посторонних предметов из макулатуры*) 3. сортировщик (*макулатуры или бумаги ручного черпания*) 4. узловитель; сучколовитель 5. трепальная машина 6. станок для разрыхления набивочного материала и наполнения наволочек
  cherry ~ *англ.* сплавщик
  fiber ~ узловитель
picket пикет; вешка; столб(ик); кол
picking 1. выщипывание 2. сортирование; отбор
  edge ~ отстаивание кромочного облицовочного материала
  surface ~ выдёргивание волокон с поверхности (*бумаги*)

316

wet ~ мокрое сортирование (*тряпичной полумассы*)
pickler:
  seed ~ мокрый протравливатель семян
pickling 1. морение; травление, протравка 2. длительная пропитка щепы (*при температуре до 110°C*)
pick-off съёмный
pickup 1. захватывающее приспособление; опорная лапа 2. съём; передача 3. съёмный валик 4. *pl* посторонние предметы (*в макулатуре*)
  fluted roll ~ желобчатый съёмный валик
  front end ~ фронтальный погрузчик-транспортировщик
  suction ~ пересасывающее устройство
picture:
  poker ~ пирогравюра (*картина, выжженная на дереве*)
piece 1. штука, единица продукции, изделие 2. узел, часть 3. *тарн.* клёпка донника
  ~ of log чурак
  bed ~ нижняя прокладка (*штабеля*)
  bending ~ изгибаемый брусок
  bow ~ шаблон для сгибания
  corner ~ *меб.* угловая прокладка (*для упаковки корпусных изделий*)
  cross ~ поперечина
  distance ~ 1. распорка; упор (*горячего пресса ДСП*) 2. прокладка
  footing ~ 1. подошва 2. *меб.* опора [подставка] для ног
  heading ~ *тарн.* клёпка донника
  heel ~ вставной профильный· брусок в месте соединения двух щитов под прямым углом
  infilling ~ *см.* heel piece
  inlaid ~s сборная [вставная, паркетная, мозаичная] работа
  joggled ~ шпунтованная рейка
  leg ~ стойка, ножка
  mouth ~ 1. устье, раструб (*рубанка*) 2. приёмное отверстие (*дробилки*)
  nosing ~ нащельная рейка, плинтус
  overstuffed upholstered ~ кутаное изделие мягкой мебели
  oyster ~ строганый шпон из сучьев; круглые кусочки шпона, напоминающие улиток

pile

  pocket ~ вставной [съёмный] брусок; вертикальный брусок коробки подъёмного окна (*дающий доступ к противовесам*)
  prentices ~s ученические модели мебели, миниатюрная мебель
  reject veneer ~s отходы шпона; отходы фанерного производства
  repro ~ изделие мебели, воспроизводящее старинный образец
  set ~ гнутая деталь, сохраняющая форму
  shin ~ сменная грудь отвала (*плуга*)
  sill ~ основной брус
  surplus ~ свес
  trued ~ 1. деталь с ровной поверхностью 2. деталь, выверенная на плоскостность и прямоугольность
pier 1. русловая опора; бык, устой (*моста*); контрфорс 2. дамба 3. столб 4. простенок
  bank ~ береговой устой
  crib ~ ряжевая опора (*моста*); ряжевый бык
  gate ~ столб [свая] шлюза
  pile ~ of bank свайный пирс; ряд свай у берега реки
  tower ~ башенная опора
pigeonhole 1. *pl* промежутки в штабеле досок 2. отделение для бумаг (*в бюро, письменном столе, секретере*)
piggyback(ing) перевозка прицепа на шасси автомобиля (*при порожнем рейсе*)
pigment пигмент, краска
  high-strength ~ пигмент с высокой кроющей способностью
  low-strength ~ пигмент с низкой кроющей способностью
pike 1. кирка 2. шип, колючка 3. шпилька 4. подорожный сбор
  hand ~ *спл.* багор
  ram ~ расщеплённый торец дерева (*сломанного ветром*)
pike-pole *спл.* багор
pilcher многослойная суконная прокладка (*для прессования бумаги ручного отлива*)
pile 1. свая || вбивать [вколачивать] сваи 2. штабель, куча, груда; пачка, пакет || складывать в штабель [в кучу]; пакетировать 3. окучивать 4. волос, ворс, шерсть 5. *pl* гидрострои-

317

pile

тельное бревно; гидролес ◇ ~ built in place набивная свая; to ~ a dike укреплять дамбу сваями; to ~ up наносить слишком толстый слой (*лака*)
~ of wood штабель лесоматериалов; поленница
cut ~ *меб.* разрезной ворс
filling ~ набивная свая
grooved ~ шпунтовая свая
lagged ~ нашитая свая
logged ~ свая с набитыми планками (*для увеличения поверхности трения*)
raw storage ~ куча сырого материала
slash ~ куча порубочных остатков
storage ~ штабель, куча
tier ~ штабель широких досок одинаковой ширины
tongue-and-groove ~ шпунтовая забивная крепь
uncut ~ *меб.* петлевой ворс
piled соштабелёванный, сложенный в штабель [пакет, кучу]; складочный; объёмный
pileorhiza *бот.* корневой чехлик
piler штабелёр; штабелёвочная машина; штабелеукладчик; стопоукладчик
pilferproof защищённый от вскрывания (*о бочке, таре*)
piling 1. сваи; шпунтовой ряд; свайное сооружение 2. забивка свай 3. штабелёвка; пакетирование; укладка 4. окучивание 5. обшивка, нашивка
box ~ штабелёвка с выравниванием торцов и расположением прокладок заподлицо с торцами
buldozer ~ сбор (*порубочных остатков*) бульдозером в кучи
bulk ~ плотная штабелёвка (*без прокладок*)
close ~ *амер.* плотная штабелёвка (*без прокладок*)
convex ~ образование сводов из щепы (*в бункере*)
flat ~ плотная укладка (*щепы*)
inclined ~ штабелёвка с наклоном рядов досок
solid ~ плотная штабелёвка (*без прокладок*)
piling-and-burning сбор в кучи и сжигание (*порубочных остатков*)
pillar столб; колонна; подпорка, стойка; косяк

pillow подушка; подкладка; деревянная опора
feather ~ *меб.* перовая подушка
pilose волосистый, мохнатый
pimple 1. вмятина (*на сетке*) 2. *pl* бугорки (*дефект отделанной поверхности*)
pin 1. палец, штифт, шпилька; шплинт; шип; гвоздь 2. шкворень, ось, цапфа, шейка 3. бочонок вместимостью 17 л 4. сучок диаметром менее 6,3 мм ◇ ~s marked с разметкой шпилькой или гвоздиком (*при подготовке шиповых соединений*)
adjusting ~ установочная шпилька
chain ~ палец цепи
dowel ~ установочный штифт; штифт [шпилька] для крепления шиповых или шпунтовых соединений
dragging ~ скоба с крюком, одеваемым на тяговую цепь (*закрепляемая на бревне*)
draw(bore) ~ соединительная шпилька (*для соединения в шпунт и гребень в случае, если невозможно использовать обычную вайму*)
ejector ~ выталкивающая шпилька (*пресс-формы*)
escutcheon ~ штифт с круглой головкой для крепления футерки; шпилька для крепления накладки дверного замка
gimp ~s обойные гвоздики для крепления декоративного шнура (*к мягкой мебели*)
ground ~ притёртая шпилька (*цепи*)
panel ~ гвоздь для крепления шпона
sherardized ~ оцинкованная шпилька
upholstery ~ обойный гвоздик
veneer ~ гвоздь для крепления шпона
wearing ~ штырь формирующей головки (*станка для навивки пружины «змейка»*)
wooden ~ нагель, деревянная шпонка
pinboom реевый бон
pinching заклинивание, зажим (*напр. пилы в пропиле*)
pinch-off зажатый (*о крае пресс-формы*)
pine сосна (*Pinus*)
Canadian ~ сосна смолистая (*Pinus resinosa*)

common ~ сосна обыкновенная (*Pinus silvestris*)
cork ~ сосна Веймутова (*Pinus strobus*)
dwarf Siberian ~ кедровый стланик (*Pinus pumila*)
eastern white ~ сосна Веймутова (*Pinus strobus*)
jack ~ сосна Банкса (*Pinus banksiana*)
Jeffrey ~ сосна Жеффрея (*Pinus jeffreyi*)
limber ~сосна гибкая, сосна кедровая калифорнийская (*Pinus flexilis*)
loblolly ~ сосна ладанная (*Pinus taeda*)
lodgepole ~ сосна скрученная широкохвойная (*Pinus contorta*)
longleaf ~ сосна болотная (*Pinus palustris*)
Manchurian ~ сосна кедровая маньчжурская (*Pinus koraiensis*)
mountain ~ кедровый стланик (*Pinus pumila*)
northern white ~ сосна Веймутова (*Pinus strobus*)
Parana ~ араукария бразильская (*Araucaria brasiliana*)
ponderosa ~ сосна жёлтая (*Pinus ponderosa*)
prince's ~ сосна Банкса (*Pinus banksiana*)
red ~ сосна смолистая (*Pinus resinosa*)
Scotch ~ сосна обыкновенная (*Pinus silvestris*)
scrub ~ сосна виргинская (*Pinus virginiana*)
Siberian ~ сосна кедровая маньчжурская (*Pinus koraiensis*)
Siberian stone ~ сосна кедровая сибирская, кедр сибирский (*Pinus sibirica*)
slash ~ сосна Эллиота (*Pinus elliottii*)
southern yellow ~ сосна болотная (*Pinus palustris*)
stone ~ пиния, сосна итальянская (*Pinus pinea*)
sugar ~ сосна Лямберта (*Pinus lambertiana*)
Swiss stone ~ сосна кедровая европейская; кедр европейский (*Pinus cembra*)
taeda ~ сосна ладанная (*Pinus taeda*)

western white ~ сосна горная Веймутова (*Pinus monticola*)
western yellow ~ сосна жёлтая (*Pinus ponderosa*)
Weymouth ~ сосна Веймутова (*Pinus strobus*)
white ~ сосна Веймутова (*Pinus strobus*)
pinene пинен (*бициклический терпеновый углеводород*)
 alpha ~ альфа пинен
pinery сосняк, сосновый лес, сосновая роща
pinetum сосновое насаждение
pinewood сосновая древесина
pinhole 1. пора 2. отверстие в бумаге (*дефект*) 3. червоточина диаметром не более 1,6 мм; точечное отверстие 4. *pl* крошечные отверстия в листьях (*из-за болезни*)
pinholing образование точечных отверстий (*дефект отделки*)
pink 1. протыкать, прокалывать 2. вырезать зубцы; делать выпуклые узоры 3. модель, образец
pinna листочек (*простоперистого листа*)
pinnate перистый (*о листе*)
 abruptly ~ прерванно-перистый
 even ~ парноперистый
 interruptedly ~ прерывисто-перистый
 odd ~ непарноперистый
 unequally ~ непарноперистый
pinnatifid перистонадрезный (*о листе*)
pinnatilobate перистолопастный
pinnatipartite перистораздельный
pinnatodentate перистый с зубчатыми долями
pinnatopectinate перистый с гребенчатыми долями
pinning 1. пробивание, прокалывание 2. забивка гвоздей, штифтов *или* шпилек; крепление гвоздями, штифтами *или* шпильками
pinnule вторичный листочек (*листа*)
pintle штырь; шкворень; ось вращения
piny сосновый
pioneer 1. пионер (*растение, первым поселяющееся на свободной территории*) 2. древесная порода-пионер (*образующая защитный полог*)
pip семечко (*плода*)
pipe труба, трубопровод

pipe

blow(-off) ~ продувочная труба
charging ~ питающая труба
delivery ~ питающая [подводящая] труба
discharge ~ сливная труба; спускная труба; отводная труба (*насоса*)
drain ~ спускная труба; труба для отвода конденсата
exit gas ~ газоотводная труба
finned ~ ребристая труба, труба с «плавниками» (*для экранирования топок содорегенерационных агрегатов*)
floating skimmer ~ плавающая труба-маслосборник
inlet ~ впускной патрубок; впускная труба
outlet ~ сливная труба
overflow ~ переливная труба
plug-forming ~ запорный патрубок; запорная труба
reducing ~ диафрагма
shower ~ спрысковая труба; разбрызгивающая труба
stave ~ труба из деревянной клёпки
stoneware ~ керамическая [гончарная] труба
suction ~ отсасывающий трубопровод
transfer ~ трубопровод
vapor ~ паровой патрубок
vent ~ сдувочная труба; вентиляционная [вытяжная] труба
vomit ~ вентиляционная [вытяжная] труба
wood stave ~ труба из деревянной клёпки

pipe-tree:

hot air infeed ~ стояк подачи горячего воздуха (*при сушке древесины*)

piping 1. система трубопроводов; трубопроводная обвязка; трубопровод 2. *меб.* шнур 3. неровность покрытия (*бумаги*)
condensate ~ трубопровод для отвода конденсата
discharge ~ сливной трубопровод
mattress ~ отделка [окантовка] матрацев
stock ~ массопровод

pistil *бот.* пестик
pistillate женский (*о цветке*)
pit 1. выемка, углубление; траншея, яма; карьер; смотровая канава 2. эстакада (*на уровне коников железнодорожной платформы*) 3. площадка (*на выходной стороне лесопильного завода*) для укладки пиломатериалов 4. углубление [приямок] для рабочего, стоящего у пильного или строгального станка 5. пора; неутолщённое место (*в оболочке клетки*) 6. паз (*под ножом рубильной машины*) 7. ванна, чан
ash ~ зольник, поддувало
blind ~ межклетник (*о древесине*)
blow ~ сцежа
bordered ~ окаймлённая пора
borrow ~ карьер
charcoal ~ древесноугольная яма
cinder ~ зольник, поддувало
closed ash ~ топка с дутьём под решётку; топка с нижним дутьём
couch ~ мешальный бассейн, гауч-мешалка (*для мокрого брака*)
cuttings ~ стружкоприёмник
draining ~ приёмник для массы
dumping ~ приёмник для массы
fourdrinier ~ сборник для подсеточной воды
grinder ~ ванна дефибрера
hog ~ мешальный бассейн, гауч-мешалка
planting ~ посадочная ямка
primordial ~ зачаточная пора; первичное поровое поле (*первичной оболочки клетки*)
saveall ~ бассейн под массоловушкой
saw ~ яма пильного станка
seal ~ ванна дефибрера с перегородкой для регулирования массы
seasoning ~ сцежа для соломенной массы
settling ~ осадочный бассейн
simple ~ простая пора
soil ~ почвенный разрез
steaming ~ пропарочная камера, варочный бассейн, парильная яма
stock ~ сборник для подсеточной воды
vestured ~ зубчатая (окаймлённая) пора
wire ~ сборник для подсеточной воды

pitch 1. шаг (*напр. резьбы*) 2. наклон; уклон, скат; покатость 3. смола, вар, дёготь; пек 4. номер шарошки 5. сер-

plan

дцевина (*дерева*) 6. бросать (*под уклон*)
~ of teeth шаг зубьев пилы; шаг зацепления
~ of wire наклон сетки (*бумагоделательной машины*)
brewer's ~ пивоваренный пек (*смоляной пек для покрытия поверхности пивных бочек*)
fatty acid ~ жировой пек
heavy tall oil ~ тяжёлая пековая фракция таллового масла
massed ~ сплошная слоистость (*древесины*)
sleeper ~ шаг между шпалами
tall oil ~ талловый пек
tooth ~ шаг зубьев пилы; шаг зацепления
pitcher:
stock ~ накладчик массы
pitching 1. имеющий уклон; пологий, покатый 3. засмаливание
pith 1. ядровая гниль 2. сердцевина
chambered ~ пористая [камерная] сердцевина
continuous ~ сплошная [монолитная] сердцевина
double ~ двойная сердцевина
excavated ~ выемчатая сердцевина
heart ~ сердцевина
hollow ~ выемчатая [полостная] сердцевина
pentagonal ~ пентагональная [пятиугольная] сердцевина
solid ~ сплошная [монолитная] сердцевина
spongy ~ губчатая [пористая] сердцевина
stellate ~ звездообразная сердцевина
terete ~ почти цилиндрическая сердцевина
pitting 1. посадка растений в лунку ? поры; поровость (*клеточных оболочек древесины*) 3. образование мелких пузырей *или* точечных углублений (*дефект отделки*)
alternate ~ очередная поровость
opposite ~ супротивная поровость
ray-vessel ~ сосудисто-лучевые поры (*между клетками лучей и сосудами*)
sieve ~ ситовидные поры
pitwood пропсы, рудничный лесоматериал

pivot 1. точка опоры, точка вращения ‖ вращаться 2. ось, стержень, шкворень ‖ крепить на оси 3. шарнир ‖ устанавливать шарнирно
place место, пункт ◇ to ~ in line провешивать визир
exposed ~ открытое [незащищённое] место
fail ~ необлесённый участок (*на лесных плантациях*)
fall ~ прогалина, просвет (*в лесу*)
landing ~ место складирования; разгрузочная пристань
piling ~ место складирования лесоматериалов; верхний склад
placement:
fertilizer ~ местное внесение удобрений
hill ~ 1. гнездовое внесение удобрений 2. гнездовое внесение семян
plain 1. гладкий, ровный; одноцветный 2. равнина
plain-sawed распиленный по касательной к годовым кольцам, тангентального распила (*о пиломатериале*)
plan план; проект; схема; диаграмма; чертёж ‖ составлять план; планировать, проектировать
~ of attack план тушения пожара
~ of cutting area operating схема разработки лесосеки
~ of cuttings план рубок
~ of operations 1. проект работ (*намечаемых лесоустройством*) 2. *англ.* схема развития лесного хозяйства (*для частных владельцев*)
crown ~ горизонтальная проекция крон (*деревьев*)
cutting ~ 1. план рубок 2. схема раскроя
felling ~ план рубок
fire control ~ план мероприятий по охране лесов от пожаров
logging ~ план рубок
management ~ план развития лесного хозяйства (*намечаемый лесоустройством на период в несколько лет*)
multiresource ~ комплексный проект освоения лесных ресурсов (*с учётом многоцелевого использования леса*)
operating ~ *кан.* проект работ (*намечаемых лесоустройством*)

plan

planting ~ проект посадки лесных культур
resource-and-transportation ~ проект транспортного освоения лесных ресурсов (*с учётом многоцелевого использования леса*)
working ~ план развития лесного хозяйства (*намечаемый лесоустройством на период в несколько лет*)

planchette доска шириной менее 114,3 мм

plane 1. рубанок, фуганок; строгальный станок; шпунтубель ‖ строгать, скоблить, выравнивать 2. плоскость, грань 3. *англ.* платан (*Platanus*)
American ~ платан западный (*Platanus occidentalis*)
badger ~ рубанок для широких пазов
Bailey ~ *фирм.* рубанок Бейли
banding ~ фрезерный *или* строгальный станок для вырезания канавок (*в деталях мебели*) для интарсии
bead ~ 1. фасонный рубанок 2. уровень калёвки, уровень прилива
bench ~ рубанок
Bismarck ~ рубанок для чернового строгания
block ~ ручной рубанок; маленький рубанок для торцевого строгания; двуручный струг
bullnose ~ горбатик, горбач (*рубанок для строгания закруглённых поверхностей*)
chamfer ~ рубанок для строгания пазов
circle ~ горбатик, горбач (*рубанок для строгания закруглённых поверхностей*)
compass ~ горбатик, горбач (*рубанок для строгания закруглённых поверхностей*)
core box ~ пазник (*рубанок шаблонщика*)
cornice ~ калёвка, фасонный рубанок
dado ~ станок для выборки пазов
door ~ столярный рубанок
dovetail ~ 1. строгальный станок для выборки скошенных пазов 2. шипорезный рубанок для выборки пазов ласточкин хвост
edge ~ рубанок для строгания кромок

European ~ платан восточный (*Platanus orientalis*)
fillister ~ фальцгебель (*рубанок для выборки четвертей*)
fore ~ одинарный рубанок
grooving ~ шпунтубель, пазник
hollowing [hollows] ~ струг с изогнутым железком, кривой струг
jack ~ рубанок, фуганок
jointer ~ рубанок, фуганок
London ~ платан клёнолистный (*Platanus acerifolia*)
low-angle ~ фуганок
low-angle block ~ торцовочный рубанок с острым углом наклона резца
match(ing) ~ шпунтубель, пазник
miter ~ рубанок для строгания под углом 45^0
molding ~ универсальный фуговально-фрезерный станок; фасонный рубанок
Norris ~ фуганок, шлифтик (*для чистового строгания*)
ogee ~ галтель
old woman's tooth ~ грундгебель
ovolo ~ грундгебель
panel ~ 1. рейсмусовый станок; калибровальный станок 2. металлический фуганок
plow ~ рубанок (*для выборки пазов*) с устройством для установки восьми разных железок; шпунтубель, пазник
power block ~ электрорубанок со спиральной головкой
Preston ~ *фирм.* рубанок Престона
rabbet [rebate] ~ зензубель (*рубанок для выборки и зачистки четвертей*)
record ~ фуганок, шлифтик (*для чистового строгания*)
reed ~ рубанок для рифлёной поверхности
roughing ~ рубанок для чернового строгания
rounds ~ рубанок с полукруглым железком
router ~ зензубель
Sargent ~ *фирм.* металлический рубанок с деревянной подошвой (*для чистового строгания*)
saw kerf ~ плоскость пропила
scraper ~ рубанок для чистовой обработки твердолиственных пород

planking

scrub ~ шерхебель; рубанок-медведка (*для чернового строгания*)
scurfing ~ рубанок для чернового строгания
shave ~ скобель, струг
shear ~ плоскость сдвига [среза, скалывания]
shooting ~ фуганок
shoulder ~ металлический рубанок для зачистки плечиков шипов
side rebate ~ маленький металлический рубанок для зачистки пазов (*правый и левый*)
smoothing ~ фуганок, шлифтик (*для чистового строгания*)
spokeshave ~ криволинейный струг
tonguing ~ шпунтубель, пазник
toothing ~ рубанок с выступающим железком для формирования пазов (*для последующего заполнения клеем*)
topping ~ маленький рубанок для бочарной клёпки
trenching ~ рубанок для формирования бороздок
true ~ точно горизонтальная поверхность
try(ing) ~ фуганок
turning ~ рубанок для производства круглопалочных изделий
veneer ~ фанеростроительный станок
planed строганый (*о пиломатериале*)
◇ ~ to caliper *амер.* калиброванный (*о ДСП*)
planer 1. строгальный станок 2. строгальщик 3. планировщик 4. дорожный утюг 5. волокуша
abrasive ~ шлифовальный станок для калибрования плит
auto bevel-planing double-surface ~ автоматический двусторонний рейсмусовый станок
bench-type ~ фуговальный станок
cabinet ~ рейсмусовый станок
double ~ двусторонний строгальный станок
four-sider straightening ~ четырёхсторонний строгальный станок
hand ~ фуговальный станок
lightening ~ фуговальный станок для коротких заготовок
panel ~ строгальный станок; рейсмусовый станок

pit ~ ямный строгальный станок
roughing ~ фуговальный станок для черновой обработки; рейсмусовый станок
single ~ 1. односторонний строгальный станок 2. фуговальный станок
single-surface ~ односторонний рейсмусовый станок
surface ~ фуганок (*для формирования базовой поверхности заготовки*)
thickness(ing) ~ строгальный станок; рейсмусовый станок
planer-and-molder строгально-калёвочный станок
plane-sliced строганный по касательной к годовым кольцам (*о шпоне*)
plane-wood колодка рубанка
planimeter планиметр
polar ~ полярный планиметр
planing строгание ◇ ~ at an angle строгание под углом
plank 1. хвойный обрезной пиломатериал толщиной 47,6 — 101,6 мм, шириной 279,4 мм; лиственный обрезной *или* необрезной пиломатериал толщиной свыше 50,8 мм (*разной ширины*) 2. обшивная доска ‖ обшивать досками 3. *pl* обшивка из досок; настил из досок
adjacent ~ плинтус; дверная притолока; вставная рейка
deck ~s палубные доски
factory ~ пиломатериал толщиной 32 мм для оконных и дверных переплётов
middle ~ срединная доска; чистообрезная доска
pile ~ шпунтовая свая
thin ~ тонкая доска, тесина
wainscot ~ средняя часть бревна, остающаяся после выпиливания брусьев
planker волокуша; почвоуплотнитель из досок с грузом
planking 1. планки, доски 2. обшивка досками 3. доски пола толщиной больше обычных 4. временная деревянная обшивка стенок земляных котлованов
pile ~ 1. шпунтовая стена 2. настил; платформа; помост на сваях; пристань

323

11*

planking

timber ~ дощатый настил
plankwise вдоль волокон
plant 1. установка ‖ устанавливать, оборудовать 2. фабрика, завод, предприятие 3. растение ‖ сажать растения
adornment ~ декоративное растение
angular panel sizing ~ установка для раскроя плит в размер под углом
aquatic ~ водное растение
biennial ~ двухлетнее растение
bleach mixing ~ установка для подготовки отбеливающего раствора
border ~ бордюрное растение
bulbous ~ луковичное растение
chipping ~ рубильный отдел; линия измельчения отходов древесины
chip-washing ~ установка для промывки щепы
chunk ~ установка для переработки отходов в щепу, стружку *или* древесную массу
colophony-extraction ~ канифольно-экстракционный завод
compass ~ компасное растение
cruciferous ~ крестоцветное растение
disintegrating ~ установка для роспуска макулатуры
dividing ~ установка для деления щитов; пильный станок для раскроя плит; форматная установка
drought-resistant ~ засухоустойчивое растение
drug ~ лекарственное растение
dust suction ~ пылеотделитель; пылеотделительное устройство
dwarf ~ карликовое растение
effluent treatment ~ установка для очистки сточных вод
electronic panel saw ~ установка с программным управлением для форматного раскроя щитов
endemic ~ местное растение
felt ~ установка *или* цех по производству настилов мягкой мебели
festooning ~ фестонная сушильная установка
fixture ~ предприятие по выпуску мебели для мест общественного пользования
flowering ~ цветущее растение
frost-sensitive ~ растение, чувствительное к заморозкам

grass ~ злак
grass-cloth ~ рами, китайская крапива (*Boehmeria nivea*)
herbaceous ~ травянистое растение
high-head ~ высоконапорная система пневмотранспорта
host ~ растение-хозяин
indicator ~ растение-индикатор (*плодородия почвы*)
industrial waste treatment ~ установка для переработки промышленных отходов
ligneous ~ древесное растение
lodged ~ придавленное (*поврежденное*) растение (*подрост*)
log grading ~ сортировочная площадка для брёвен
log sectioning ~ установка для распиловки брёвен; лесопильный цех
low-grade [low-quality] wood recovery ~ цех по переработке низкокачественной древесины
millwork ~ 1. предприятие первичной машинной обработки 2. предприятие по выпуску столярных строительных конструкций (*включает строгальный участок, участок раскроя и обработки оконных и дверных конструкций*)
molded pulp ~ массоподготовительное отделение (*цеха бумажного литья*)
multistage bleach ~ многостадийная отбельная установка
native ~ местное растение
naturalized ~ акклиматизированное растение
nonhardy ~ невыносливое [нестойкое] растение
nonlined-out ~ лесной сеянец, дичок
nonresistant ~ невыносливое [нестойкое] растение
ornamental ~ декоративное растение
paperboard ~ картонная фабрика
parent ~ родительское растение
perennial ~ многолетнее растение
pilot ~ опытная [полузаводская] установка
pioneer ~ растение-пионер
plywood (manufacturing) ~ фанерный завод
poisonous ~ ядовитое растение
power ~ силовая установка

planting

pulp ~ целлюлозный завод; древесномассный завод
range ~ пастбищное растение
replica ~ опытная [полузаводская] установка
satellite chipping ~ вспомогательная линия измельчения отходов древесины
screening ~ цел.-бум. сортировочный отдел
seed ~ семенное растение, семенник
seedling ~ лесной сеянец
sewage (treatment) ~ установка для очистки сточных вод; водоочистительная станция
shade-loving ~ теневыносливое растение
shrubby ~ кустарникообразное растение
shrunken ~ засохшее растение; неразвившееся растение; истощённое растение
sizing ~ установка для раскроя в размер
stove ~ тепличное растение
stump ~ порослевое [вегетативное] растение
sun ~ светолюбивое растение
tendril-climber ~ растение, цепляющееся усиками
test ~ опытное [подопытное] растение
tetraploid ~ тетраплоидное растение
timber preservation ~ предприятие по пропитке и консервированию древесины
vapor absorption ~ установка для поглощения паров (в зале бумагоделательных машин)
waste stuff recovery ~ массоуловительная установка
waste water treatment ~ установка для очистки сточных вод; водоочистная станция
water pollution control ~s водоочистные сооружения
water treatment ~ водоочистная станция
weed ~ сорное растение, сорняк
woody ~ древесное растение
young ~ сеянец
plantation лесные культуры; насаждение

failed ~ погибшие лесные культуры
forest ~ лесные культуры
seed ~ лесосеменное насаждение; лесосеменной участок; лесосеменная плантация
planted 1. посаженный (о растении) 2. лепной; накладной (напр. об орнаменте)
planter 1. сажалка, сеялка 2. рабочий-сажальщик
drill ~ рядовая сеялка
hill ~ гнездовая сеялка
hill-check ~ квадратно-гнездовая сеялка
hill-drop ~ гнездовая сеялка
mechanical tree ~ лесопосадочная машина
row ~ рядовая сеялка
surface ~ разбросная сеялка
tree ~ лесопосадочная машина
planting 1. создание лесных культур; посадка леса; сев, посев 2. установка, вставка ◇ ~ in lines 1. линейная [рядовая] посадка 2. коридорная посадка; ~ under shelterwood посадка (лесных культур) под пологом леса
~ of cutting посадка черенками
~ of greenery озеленение (населённых мест)
~ of single plants посадка единичных растений
amenity ~ зелёное строительство, озеленение
angle ~ посадка с защемлением (корневой системы)
auger ~ посадка под бур
balled ~ посадка (сеянцев) с корнями, заделанными в ком почвы
bare-rooted ~ посадка (сеянцев) с обнажённой корневой системой
bed ~ посадка в гребень пласта
belt ~ 1. посадка (полезащитных) полос 2. ленточный посев
block ~ групповая посадка (сеянцев)
bullet ~ посадка (сеянцев) в пулеобразных трубках
bunch ~ гнездовая посадка
center-hole ~ посадка в центр лунки
clump ~ гнездовая посадка
compensatory ~ повторная [компенсирующая] посадка

planting

container ~ посадка (*сеянцев*) с необнажённой корневой системой
contour ~ посадка по горизонталям; контурная посадка
corridor ~ коридорная посадка
dibble ~ посадка под кол
drill ~ рядовой посев
enrichment ~ улучшающие посадки (*для увеличения доли участия ценных пород*); посадки леса с внесением удобрений в почву
environmental ~ посадка пород, соответствующих местным условиям
fall ~ осенняя посадка
farmstead ~ посадка полезащитных полос (*на ферме*)
furrow ~ посадка на дно борозды; бороздовая посадка; бороздовый посев
grub-hoe ~ посадка под мотыгу
hammer ~ посадка под мотыгу
hole ~ *амер.* посадка в лунки
improvement ~ улучшающие посадки (*для увеличения доли участия ценных пород*)
inter ~ уплотнённая [загущённая] посадка
line ~ 1. линейная [рядовая] посадка 2. коридорная посадка
mattock ~ посадка под мотыгу
mixed ~ посадка (лесных культур) с примесью сопутствующих пород
mound ~ 1. посадка в гребень пласта 2. посадка (*сеянцев*) с корнями, заделанными в ком почвы
notch ~ посадка под лопату в площадку
patch ~ посадка в площадки биогруппами
peg ~ посадка в лунки
pit ~ посадка в лунки
plow ~ посадка в дно борозды; бороздовая посадка; бороздовый посев
pot ~ посадка (*сеянцев*) в горшочках
protection ~ посадка защитных насаждений
quincuncial [quincunx] ~ посадка в шахматном порядке
reinforcement ~ дополнение лесных культур
ridge ~ посадка в гребень пласта
saddle ~ посадка с защемлением (*корневой системы*)
sapling ~ посадка крупных саженцев
side ~ посадки в гребень пласта
side-hole ~ посадка к одной из стенок лунки
skip-row ~ посадка в дно борозды; бороздовая посадка; бороздовый посев
sleeve ~ посадка (*сеянцев*) в тубах [в трубках]
slit ~ посадка в щель
spot ~ посадка в площадки биогруппами
square ~ квадратная посадка (*по углам квадрата*)
step ~ посадка в гребень пласта
stroll ~ посадка (*лесных культур*) между рядами порубочных остатков
stump ~ вегетативное возобновление растений
surface ~ поверхностный [разбросной] сев
thick ~ уплотнённая [загущённая] посадка
trench ~ посадка в борозду; посадка в щель (*образованную сошником*)
tube ~ посадка (*сеянцев*) в тубах [в трубках]
turf ~ посадка в опрокинутую дернину
wedge ~ посадка с защемлением (*корневой системы*)
windrow ~ посадка (*лесных культур*) между рядами порубочных остатков
planting-out посадка леса
plantlet всход, росток; сеянец, саженец
plaque накладная деталь; диск для украшения мебели
plash 1. плести, сплетать 2. ветвь, сплетённая с другими ветвями
plashing плетение
Plaskon *фирм.* пласкон (*мочевиноформальдегидная термореактивная смола*)
plasterboard гипсовый картон; сухая штукатурка
  gypsum ~ гипсовый строительный картон, гипсоволокнистая плита
plastic-edged окантованный пластиком; с пластмассовой облицовкой кромок
plasticization 1. пластификация 2. пластикация
  screw ~ (предварительная) пластикация с помощью червяка

plate

plasticize пластифицировать, делать пластичным
plasticizer пластификатор
paper ~ пластификатор для бумаги
plastisol полихлорвиниловая паста; пластизоль (*кроющий материал*)
plastometer пластометр (*прибор для определения твёрдости резиновых валов*)
plate 1. пластина; плита; лист; щит 2. планка (*ролла*) 3. бумага для гравюр 4. табло, табличка 5. высевающий [разбросной] диск 6. тарелка
back pressure ~ задняя прижимная пластинка (*шабера*)
base ~ простой плинтус без рельефа или калёвки
beater ~ планка ролла
bench ~ верстачная [разметочная] плита
building ~ строительная волокнистая плита
bumping ~ торцовочная плита
carrier ~ транспортный подкладной лист
check ~ прижимная накладка (*для крепления ножей в головке*)
claw ~ металлическая шпонка для соединения деревянных элементов (*состоящая из двух колец с острыми зубцами по периметру*)
corner ~ уголок
cover ~ декель
curb ~ *стр.* 1. нижнее кольцо купола 2. барьер вокруг колодца *или* лестницы 3. середина стропила мансардной крыши 4. верхний элемент рамы светового фонаря
cutter ~ режущая грань зуба (*пильной цепи*)
descent ~ горка (*ролла*)
disc ~ 1. размольный диск 2. диск (*в испарителе*)
distributor ~ 1. диск высевающего аппарата 2. тарелка туковысевающего аппарата
doubling ~ обшивочная доска
drop ~ высевающий диск
dump ~ опрокидывающаяся [поворотная] плита (*на дне гидроразбивателя*)
elbow bed ~ коленчатая [гнутая] планка (*ролла*)

ephedroid perforation ~ эфедроидная перфорационная пластинка (*в древесине*)
extendible skid ~ выдвижной трелёвочный щит
extractor ~ экстракционное сито (*в гидроразбивателе*)
finger ~ 1. наличник дверного замка 2. дверная накладка
fish ~ стыковая накладка
flitch ~ лист в составной деревянной балке
frame ~ балка
guide ~ шина (*цепной пилы*); направляющая планка
gum ~ смоляная пластинка (*трахеиды*)
hydraulic bed ~ планка (*ролла*) с гидравлической присадкой
ingo ~ *шотл.* притолока (*оконной коробки*)
keyed fish ~ стыковая накладка, крепящаяся на шпонке
key(hole) ~ накладка замка, футерка, ключевина
kicking ~ нижний защитный брусок двери, обитый металлом
knee bed ~ коленчатая [гнутая] планка (*ролла*)
leg ~ *меб.* подкладка под ножку, опорная пластинка ножки
match ~ *спич.* наборная планка
nutrient agar ~ пластина с питательным агаром
perforated ~ 1. *лесохим.* перфорированная пластина 2. дырчатая плита; заборное сито (*варочного котла*)
plain fish ~ стыковая накладка, крепящаяся болтами
pole ~ плита, опирающаяся на сваи
press caul ~ полированная прокладка пресса
raising ~ основание столба
rectifier ~ распределительная плита (*в напорном ящике высокого давления*)
resin ~ смоляная пластинка (*трахеиды*)
reticulate perforation ~ сетчатая перфорационная пластинка (*в древесине*)
scalariform perforation ~ лестничная

327

plate

перфорационная пластинка (*в древесине*)
   seed(ing) ~ высевающий диск
   selection ~ высевающий диск
   share ~ спинка лемеха
   shear ~ шпонка для соединения деревянных элементов, работающих на скалывание
   sieve ~ ситовидная пластинка (*в древесине*)
   simple perforation ~ простая перфорационная пластинка (*в древесине*)
   simple sieve ~ простая ситовидная пластинка (*в древесине*)
   skid ~ трелёвочный щит
   skidder butt ~ щит трелёвочного трактора; трелёвочный щит
   skirting ~ плинтус
   slotted screen ~ сортировочная пластина со шлицами
   space ~ вставка, распорная доска
   splashing ~ щиток для улавливания брызг (*воды, массы*)
   strainer ~ 1. плоское сито (*в варочном котле*) 2. плита узлоловителя
   tabled fish ~ стыковая накладка, крепящаяся на шипах
   throttle ~ дроссельный клапан, дроссельная пластинка
   top ~ горизонтальная грань режущей части зуба (*Г-образного звена пильной цепи*)
   transport ~ транспортный подкладной лист
   tree ~ накладка на мачтовое дерево (*в месте крепления растяжек*)
plate-glazed сатинированный (*о бумаге*)
platemaking копировка
platen плита, прокладка (*пресса*)
   heated press ~ плита сушильного пресса
   punching ~ штанцевальная тигельная машина
plater сатинёр
platform 1. платформа; эстакада 2. настил; помост (*устанавливаемый, напр. при валке крупных деревьев*)
   infeed ~ загрузочная платформа
   skid ~ направляющая платформа, платформа с наклоном; разгрузочная платформа

plating 1. металлизация 2. сатинирование
platting 1. плетение (*матов, соломенных лент*) 2. плетёнка (*из соломы*)
platy с плитчатой [с пластинчатой] структурой
pleat 1. складка, образованная в процессе гнутья древесины 2. *pl* волнистость (*дефект шпона*); рифлёная поверхность
   accordion ~ гофре, плиссе
   box ~ *меб.* бантовая складка
pleating простёжка
plethora внутренняя заболонь (*дефект древесины*)
pliability гибкость, пластичность, мягкость; ковкость
pliers 1. щипцы, клещи, кусачки; волочильные клещи 2. зажим, сжим
   American wire cutting ~ универсальные клещи; кусачки для проволоки
   round-nosed ~ круглогубцы
   saw setting ~ разводка для пил
   spring ~ кусачки для обрезки пружин
   stapling ~ кусачки для обрезки проволочных креплений (*скобок или скрепок*)
Plimber *фирм.* плаймбер (*древесностружечная плита*)
plinth плинтус
plot 1. пробная [учётная] площадь (*при таксации леса*); делянка 2. план
   check ~ контрольная делянка
   circular ~ круговая учётная площадь
   field test ~ полевой опытный участок
   growth ~ (постоянная) пробная площадь
   guard ~ защитная делянка
   indicator ~ пробная площадь (*при таксации леса*)
   linear sample ~ линейная [ленточная] пробная площадь
   permanent inventory ~ постоянная пробная площадь
   preservation ~ заповедник (*в Индии*)
   rarity ~ сортовой участок, сортовая делянка
   species trial ~ площадка испытания видов (*древесных пород*)
   split ~ опытный участок

survey ~ 1. исследуемый участок 2. участок, наносимый на карту
temporary sample ~ временная пробная площадь
yield (table sample) ~ пробная площадь для составления таблиц хода роста
plotting составление карты; съёмка участка
radial line ~ радиалтриангуляция, радиальный триангуляционный метод изготовления карт по аэрофотоснимкам
plough см. plow
plow 1. плуг ‖ пахать 2. сошник 3. струг (*для земляных работ*) 4. разделительное устройство (*у дефибрера*), «гребёнка» 5. шпунтубель, пазник (*столярный*); рубанок с устройством для установки восьми разных железок (*для выборки пазов*)
blackland ~ плуг для тяжёлых липких почв
blade snow ~ плужный снегоочиститель
bottom ~ лемешный плуг
brush ~ 1. кустарниковый плуг 2. корчевальная машина; машина для расчистки леса
brush-and-bog ~ кустарниково-болотный плуг
brush-breaker ~ кустарниковый плуг
brushland-breaking ~ кустарниковый плуг
buster ~ плуг-бороздоделатель с двухотвальными корпусами
butting ~ плуг-бороздоделатель с двухотвальными корпусами
deep (digger) ~ плантажный плуг
deep draining ~ плантажный плуг
disk ~ дисковый плуг
double moldboard turfing ~ двухотвальный торфяной плуг
drainage ~ дренажный плуг
drawn ~ прицепной плуг
fire ~ противопожарный плуг
general-purpose ~ *англ.* плуг с винтовыми корпусами
grubber ~ 1. груббер-культиватор 2. выкопочный плуг
gutter ~ 1. плуг-канавокопатель 2. плуг-бороздоделатель
heavy ~ плантажный плуг
lifting ~ 1. выкопочный плуг 2. копач
lining-out ~ пересадочная машина
middlebuster ~ плуг-бороздоделатель с двухотвальными корпусами
moldboard ~ отвальный плуг
moor ~ болотный плуг
multiple ~ многокорпусный плуг
opening ~ сошник
ordinary ~ нормальный плуг
planting ~ 1. сошник лесопосадочной машины 2. плуг для образования борозд перед посадкой саженцев
reclamation ~ плантажный плуг
rotary moldboard ~ почвофреза
rotary snow ~ роторный снегоочиститель
scrub ~ кустарниковый плуг
share ~ лемешный плуг
single-moldboard ~ одноотвальный плуг
skim ~ дерносним
snow ~ плужный снегоочиститель
sod ~ плуг для дерновых почв
stump-jump ~ плуг, переезжающий через пни
tine single-moldboard ~ одноотвальный плуг-рыхлитель с черенковым ножом
transplanting ~ пересадочная машина
trench(er) ~ 1. плантажный плуг 2. плуг-канавокопатель
trenching ~ плантажный плуг
turfing ~ торфяной плуг, кустарниково-болотный плуг
turn ~ отвальный плуг
two-furrow ~ двухкорпусный плуг
woodland ~ лесной плуг
plowed бороздчатый, с жёлобками, с продольными пазами; со шпунтом
plowing вспашка; плужная обработка почвы
plowshare плужный лемех
plowshoe башмак плужной стойки
plucked с задирами (*о фанере*)
plucked-up вырванные (*о волокнах древесины*)
plucking 1. выдерки 2. выдёргивание, выщипывание (*напр. покровного слоя*)
plug 1. пробка, заглушка 2. *кан. проф.* затор (*брёвен при сплаве*) 3. ротор

plugged

(*конической мельницы*) 4. деревянная пробка (*в бобине*)
plugged законопаченный, зашпатлёванный
plugging 1. заделка (*пробкой*); закупоривание 2. вставка (*шпона*) 3. зависание (*в варочном котле*)
~ **of sleepers** загонка закрепов, заделка пробок (*в шпалы*)
plumb 1. отвес ‖ отвесный, вертикальный 2. определять наклон дерева (*с помощью отвеса перед валкой*)
plume 1. перо; хохолок 2. завиток (*порок древесины*) 3. рисунок текстуры, образующийся в месте развилки
plummet лот (*при буксировке плотов*)
plumule почечка зародыша (*семян*)
pluviometer дождемер, омброметр
ply 1. слой 2. сгиб; складка, морщина
  honeycomb ~ сотовое заполнение (*плит*)
ply-curve гнутоклеёный (*о фанере*)
Plyscol *фирм.* бумажнослоистый пластик
plysyl фанера, изготовленная на синтетических смоляных клеях (*используемая для опалубки*)
plywood фанера; слоистая древесина
  boil-resistant ~ термостойкая фанера
  bookmatched ~ фанера с наружным слоем, подобранным в ёлку
  bridging ~ «мостовая» фанера (*для строительства понтонных мостов*)
  built-up ~ облицованная фанера (*лицевой и компенсирующий слой которой приклеивается после склейки серединки*)
  case-hardened ~ фанера с неполной проклейкой внутренних слоёв; фанера с дефектом «расклеивания» (*вызванным подсыханием клея до загрузки пакета в пресс*)
  consuta ~ *фирм.* высокопрочная клеёная и прошитая фанера (*из кедра или красного дерева и поставляемая в листах*)
  curved ~ гнутоклеёная фанера; гнутоклеёная фанерная заготовка
  custom ~ фанера, изготовленная по заказу; фанера специального назначения

  cut-to-size ~ фанера, раскроенная в размер
  diagonal ~ фанера с диагональным расположением волокон внутренних слоёв
  double-sided metal-faced ~ армированная фанера, облицованная металлом с двух сторон
  exterior(-type) ~ фанера для наружной облицовки (*зданий*)
  fire-retardant ~ огнестойкая фанера
  flooring ~ фанера для покрытия пола
  general purposes ~ фанера общего назначения
  high-density ~ древеснослоистый пластик
  interior (-type) ~ фанера для внутренней облицовки помещений
  lead-cored ~ фанера с внутренним свинцовым слоем (*для облицовывания помещений с рентгеновской установкой*)
  metal-faced ~ армированная фанера
  mismatched ~ фанера с наружным слоем из несимметричных кусков
  moisture-resistant ~ водостойкая фанера (*на мочевиноформальдегидных клеях*)
  M.R. ~ *см.* moisture-resistant plywood
  molded ~ гнутоклеёная фанерная заготовка двойной кривизны
  nongluing ~ *см.* case-hardened plywood
  resin-bonded ~ фанера, изготовленная на синтетических смоляных клеях
  sand-blasted ~ фанера с пескоструйной обработкой
  shaped ~ гнутоклеёная фанера; гнутоклеёная фанерная заготовка
  superpressed ~ фанера, полученная при высоком давлении
  veneered ~ декоративная фанера; фанера, облицованная шпоном ценных пород
  W.B.P. *см.* weather-and-boil proof plywood
  weather-and-boil proof ~ высококачественная фанера с высокой термо-, водо- и химической стойкостью (*приравнивается к авиационной*)

point

poacher мешальный ролл; отбельный ролл; промывной ролл
pocket 1. *спл.* сортировочный коридор 2. кошель 3. ряж 4. прессовая коробка (*дефибрера*) 5. секция (*барабана сгустителя*) 6. ячейка (*между двумя ножами ролла*) ◇ ~ for piece карман-накопитель (*для лесоматериалов*)
accumulating ~ карман-накопитель (*для лесоматериалов*)
backfall ~ карман, пазуха (*горки ролла*)
charging ~ загрузочная коробка (*дефибрера*)
disk ~ прорезь в диске (*рубильной машины*)
dumping ~ разгрузочный карман (*на воде*)
feed ~ загрузочная коробка (*дефибрера*)
frost ~ морозобойная яма
grinder ~ прессовая коробка дефибрера; приёмное устройство дефибрера
gum ~ смоляной кармашек (*порок древесины*)
hydraulic pressure-operated ~ прессовая коробка гидравлического дефибрера
loading ~ загрузочная коробка (*дефибрера*)
main ~ *спл.* главный сортировочный коридор
pitch ~ смоляной кармашек (*порок древесины*)
rafting ~ сплоточный карман
resin ~ смоляной кармашек (*порок древесины*)
roll ~ ячейка между ножами барабана ролла
stagnant ~s зона застоя (*массы*)
weight ~ паз для установки противовеса (*оконного переплёта*)
pod стручок; боб (*сухой плод*)
long ~ ложечная стамеска
podsol, podzol подзолистая почва
bog ~ подзолисто-болотная почва
humic ~ дерново-подзолистая почва
latent ~ скрытоподзолистая почва
modal ~ *амер.* сильноподзолистая почва
sod ~ дерново-подзолистая почва
turf ~ дерново-подзолистая почва
podzolization процесс оподзоливания (*почвы*)
point 1. точка, пункт; место 2. точка деления (*напр. температурной шкалы*) 3. мыс, коса 4. рыхлительная лапа 5. режущая часть (*инструмента*); остриё (*зуба*) ‖ заострять 6. пункт (*при измерениях толщины бумаги соответствует 0,001" = 0,025 мм; при определении сопротивления бумаги продавливанию = 1 фунту на 1 квадратный дюйм = 0,0731 кг/см"*)
~ of tooth остриё зуба
anchor ~ опорная площадка (*для создания противопожарного барьера*)
apical ~ точка роста, конус нарастания
blunted ~ притупленный кончик (*гвоздя*)
break ~ точка расслоения эмульсии, осветления жидкости
bucking ~ раскряжёвочная метка (*место перерезания ствола при раскряжёвке*)
burster ~ рыхлительная лапа
central processing ~ центральная обрабатывающая площадка, центральный пункт обработки (*деревьев*)
chill ~ температура застывания; температура каплепадения
chilling ~ температура начала кристаллизации; температура замерзания
chisel ~ рыхлительная лапа
cloud ~ точка помутнения (*бумаги*)
control ~ контрольный пункт (*при аэрофотосъёмке*)
coupling ~ место сцепки
cultivator ~ рыхлительная лапа
detail ~ детальная точка (*при аэрофотосъёмке*)
dew ~ точка росы
diamond ~ 1. многогранное остриё (*гвоздя*) 2. гравировальная игла
digging ~ рыхлительная лапа
dry ~ предел сухости (*бумаги*)
duckbill ~ остриё (*гвоздя*) в виде утиного носа
equilibrium boilling ~ равновесная температура кипения
felling ~ 1. место выполнения подпи-

point

ла на дереве 2. лесосека, участок валки леса
fiber saturation ~ точка насыщения волокна
fire ~ температура воспламенения
flash ~ **1.** точка [температура] возгораемости [вспышки] **2.** место возникновения пожара
form ~ геометрический центр (*кроны*)
growing ~ точка роста, конус нарастания
lifter ~ копач
loading ~ погрузочный пункт, погрузочная площадка
lookout ~ наблюдательный (*противопожарный*) пункт
melting ~ точка плавления
minor control ~ малый контрольный пункт (*при аэрофотосъёмке*)
nadir ~ точка надира (*при аэрофотосъёмке*)
needle ~ гладкое остриё (*гвоздя*); тонкая игла, используемая вместо гвоздя
nine ~ средний слой гофрированного картона
planting ~ лесокультурное посадочное место
plow ~ носок лемеха
principal ~ главная точка (*при аэрофотосъёмке*)
processing ~ пункт первичной обработки древесины
ripper ~ рыхлительная лапа
saturation ~ точка насыщения волокна
scoring ~ надрезной нож (*стружечного станка*)
shadow ~ затенённая часть (*аэрофотоснимка*)
share ~ носок лемеха
skew chisel ~ скошенная долотчатая головка
sock ~ носок лемеха
sowing ~ лесокультурное посевное место
spike ~ остроконечная рыхлительная лапа
stacking ~ место окучивания лесоматериалов (*для трелёвки*)
staying ~ **1.** место установки (*трелё-*

вочной мачты) **2.** стоянка (*канатной установки*)
swage tooth ~ расклёпанная вершина зуба (*пилы*)
timber ~ крайняя точка товарной части ствола (*до диаметра 7 см*)
tong ~ остриё клещевых захватов
tooth ~ вершина зуба (*пилы*)
trammel ~ рейсмус
trigonometrical ~ триангуляционный [геодезический] пункт
wilting ~ **1.** точка завядания **2.** влажность завядания
pointel паркет в виде косоугольников
pointer 1. стрелка (*прибора*) **2.** доскораспределитель, направляющий пиломатериалы в лотки *или* на транспортёры
poke:
gill ~ разгрузчик брёвен (*с платформы*)
poker-work 1. выжигание по дереву **2.** рисунок по дереву
Polarox *фирм.* прибор для определения качества массы после отбелки (*на основе концентрации хлора*)
pole 1. столб; *pl* брёвна для столбов **2.** багор, свая, шест ‖ подпирать шестами **3.** передвигать судно баграми **4.** мера длины, равная 5,029 м **5.** полюс **6.** молодое дерево (*в стадии жердняка*) **7.** длинный тонкий черенок **8.** подтоварник
gin ~ мачта промежуточной опоры (*канатной установки*); погрузочная мачта; одномачтовый подъёмник
hedge ~ кол для изгороди
large ~ дерево диаметром от 20 до 30 см
lash ~ шест для натяжения обвязки брёвен (*на автомашине*)
lodge ~ рудничная стойка
measuring ~ мерная рейка
pike ~ сплавной багор
pushing ~ валочный шест, валочная вилка
reach ~ дышло прицепа
ridge ~ коньковый брус, конёк
skid ~s покаты для закатки брёвен
small ~ молодое дерево диаметром от 10 до 20 см
span ~ промежуточная опора
thin ~ жердь

poling 1. сваи, колья; подпорки **2.** затяжка жердями; вбивание свай **3.** *новозел.* маркировка вешками (*лесокультурной площади*)
cross ~ *см.* poling 1., 2.
polish 1. полирование; шлифовка ‖ полировать; шлифовать; натирать воском **2.** блеск, лоск, глянец ‖ наносить глянец; сатинировать **3.** политура, полировальный состав
button ~ шеллачная политура на основе сухой смолы, имеющей вид круглых бляшек
French ~ **1.** полирование шеллачной политурой **2.** шеллачная политура
polished полированный; шлифованный
polisher 1. полировальное приспособление **2.** полировщик; шлифовщик
all-purpose ~ универсальная полировальная шайба
sander ~ шлифовально-полировальный станок
polishing 1. полирование; шлифование **2.** лощение
barrel ~ полирование *или* шлифование на барабанном станке
French ~ полирование шеллачной политурой
white ~ отделка полированием, придающая крупнопористой древесине беловатый оттенок
poll срубать; подрезать, подравнивать
pollard подстриженное дерево; дерево с обрезанной кроной ‖ подрезать [формировать] крону
pollarding 1. подрезка кроны; обрезка вершин **2.** посадка дерева на пень
pollen пыльца
composite ~ смешанная пыльца
pollination опыление
controlled ~ искусственное опыление
self ~ самоопыление
polling 1. подрезание (*деревьев*) **2.** забивка свай *или* кольев
polliniferous пыльценосный
pollutant загрязнитель
pollution загрязнение
~ of atmosphere загрязнение атмосферы
aesthetic ~ снижение эстетической ценности ландшафта; эстетический ущерб
air ~ загрязнение воздушной среды

anthropogenic ~ антропогенное загрязнение
first ~ загрязнение воздушной среды; атмосферное загрязнение
man-made ~ антропогенное загрязнение
smelter fume ~ загрязнение воздуха газами от металлургических заводов
soil ~ загрязнение почвы
water ~ загрязнение воды
polychroming:
flat ~ **1.** многоцветная окраска плоской [ровной] поверхности **2.** матовая многоцветная окраска
polycyclic полицикличный (*о хозяйстве с несколькими рубками главного пользования за один оборот*)
polyester сложный полиэфир, полимер сложного эфира
rosin ~ сложный полиэфир канифоли
unsaturated ~ ненасыщенный полиэфир
polyether простой полиэфир; полимер простого эфира
polyfoam пенопласт
shredded ~ измельчённый пенопласт
polymerization полимеризация
polyphage полифаг, многоядный организм
polyphagous 1. многоядный **2.** живущий на нескольких хозяевах (*о паразите*)
polypot полиэтиленовый горшочек (*для сеянцев*)
polysaccharide полисахарид
polysaccharose:
wood ~ гемицеллюлоза
polystyrene полистирол
pome яблоко (*тип плода*)
pond 1. пруд, водоём **2.** бассейн лесопильного завода; бассейн в доках **3.** резерв массы (*в напорном ящике*) **4.** сливной напорный ящик
hot ~ **1.** варочный бассейн **2.** тёплый бассейн для балансов
log ~ бассейн для балансов
mill ~ бассейн лесопильного завода
oxidation ~ окисляющий пруд
sludge digestion ~ пруд для брожения осадка
stabilization ~ окисляющий пруд

stilling ~ наносоаккумулирующий бассейн
storage ~ бассейн для хранения леса; бассейн лесопильного завода
ponding выгрузка лесоматериалов в бассейне
pool 1. заводь 2. бассейн 3. отстойник 4. остаток массы на дне чана ◇ to ~ in наполнять (напр. дорожную канаву)
poplar тополь (*Populus*)
  balsam ~ тополь бальзамический (*Populus balsamifera*)
  black ~ тополь чёрный, осокорь (*Populus nigra*)
  home-grown ~ тополь чёрный, осокорь (*Populus nigra*)
  Lombardy ~ тополь пирамидальный, тополь итальянский (*Populus pyramidalis*)
  white ~ тополь белый, тополь серебристый (*Populus alba*)
poppet 1. чурка 2. задняя бабка (*токарного станка*)
popping образование трещины в стволе (*при валке дерева*)
population 1. популяция, население 2. совокупность; генеральная совокупность
  ~ of soil живая фаза почвы
  average beetle ~ средняя плотность популяции короедов
  finite ~ ограниченная [имеющая предел] совокупность
  heterotrophic microflora ~ гетеротрофная микрофлора
  microbial ~ количество микроорганизмов
  plant ~ густота стояния; плотность посадки *или* посева
pop-up внесение удобрений вместе с семенами
pore 1. пора 2. сосуд *или* сосудистая трахеида (*на поперечном разрезе древесины*)
  air ~ *бот.* устьице
  cluster ~s групповые поры
  diffuse ~s диффузные [рассеянные] поры
  fine ~ тонкая пора
  germ ~ микропиле, проростковая пора
  multiple ~ сложная [составная] пора
  total ~ общая порозность

  unfilled ~s незаполненные [открытые] поры
porosimeter порозиметр (*прибор для определения пористости и гладкости бумаги*)
porosity пористость, порозность, скважность (*почвы*) ◇ ~ by water absorption пористость древесного угля по воде
  air ~ некапиллярная пористость
  capillary ~ капиллярная пористость
  longitudinal ~ продольная пористость (*вдоль поверхности бумаги*)
  macro-~ некапиллярная пористость
  noncapillary ~ некапиллярная порозность
porous пористый; ноздреватый
porousness пористость, порозность, скважность
port 1. порт 2. отверстие; вход, проход
  admission ~ впускное окно
  log receiving ~ спл. рейд приплава
  oblique ~ косое отверстие, косое окно
porter форвардер (*трактор, перевозящий древесину в полностью погруженном положении*)
portion часть, элемент
  aerial ~ надземная часть (*растения*)
  ax pole ~ обух топора
  butt-log ~ комлевая часть ствола
  countersunk ~ рассверленная часть отверстия (*под шуруп*)
  epigeal ~ надземная часть (*растения*)
  nose ~ of cutter bar носок пильной шины
  trailing ~ хвостовик (*звена цепи*)
  uncookable ~s of wood непровариваемые элементы древесины
portioning:
  volume ~ набивка спичек в коробки с частичным заполнением объёма
position положение, расположение
  ~ of saw установка пилы
  open ~ of trees свободное стояние деревьев
post 1. столб, стойка, свая; рудничная стойка 2. кол (*для снеговых щитов*) 3. *меб.* ножка 4. кладка (*стопка бумаги ручного черпания*)
  bank ~ банковская бумага, тонкая писчая бумага высшего качества

batter ~ наклонная стойка, подкосная [откосная] свая
bed ~ царга [рама] кровати; рейка кровати; стойка кровати
bridge ~ стойка для поддержки обшивки
corner ~ этажерка
grooved ~ шпунтовой брус
opener ~ корпус сошника
prick ~ стойка оконной *или* дверной коробки
principal ~s дверная стойка в каркасе перегородки
sighting ~ визир
tool ~ держатель шарошки
post-and-bar неполный дверной оклад из одной стойки и переклада
posters афишная бумага
postformed полученный последующим формованием; подвергающийся последующему формованию
posts-and-rails забор из столбов и перекладин; палисад
pot 1. горшок, горшочек 2. приёмник живицы
peat ~ торфяной горшочек
planting ~ посадочный горшочек
potcher *см.* poacher
potential потенциал
biotic ~ биотический потенциал (*почвы*)
corrected lime ~ уточнённый известковый [кальциевый] потенциал (*почвы*)
electrokinetic ~ электрокинетический потенциал (*почвы*)
forest ~ потенциальная производительность леса
gravitational ~ гравитационный потенциал (*почвенной влаги*)
hygroscopic ~ гигроскопический потенциал
matric ~ каркасный [капиллярно-сорбционный] потенциал (*почвенной влаги*)
osmotic ~ осмотический потенциал (*почвенной влаги*)
oxidation-reduction ~ окислительно-восстановительный потенциал (*почвы*)
recreation ~ рекреационный потенциал (*лесных ландшафтов*)
redox ~ окислительно-восстановительный потенциал (*почвы*)
reproductive ~ потенциал размножения (*насекомых*)
total ~ of soil water суммарный потенциал почвенной влаги
yield ~ потенциально возможный урожай
pothole яма, выбоина (*на поверхности дороги*)
potting герметизация, консервирование
poudresse туалетный столик
pouf(fe) пуф
pounce 1. сандарак ǁ затирать сандараком 2. пробуравливать, просверливать; делать дырки узора; пробивать насквозь инструментом 3. пунсировать (*рисунок*) 4. вытисненная *или* вырезанная дырка узора
powder порошок, пудра ǁ толочь, измельчать в порошок
black ~ *спич.* дымный [чёрный] порох
bleaching ~ белильный порошок; белильная известь, хлорная известь
burnishing ~ 1. порошок для бронзирования; бронзовая краска 2. шлифовальный порошок
fluidized ~ *меб.* псевдоожиженное порошковое покрытие
molding ~ литьевая *или* формовочная смола в порошкообразном виде
prepelleted ~ подвспененный порошок; предварительно вспененные гранулы
saw ~ опилки
smokeless ~ *спич.* бездымный порох
wood ~ древесная мука
powdering пыление, осыпание (*напр. краски*)
powderman взрывник; рабочий на взрывных работах
Powel-Wood *фирм.* процесс пропитки древесины (*составом сахарина, мышьяка и др. химикатов*)
power сила, мощность; энергия; производительность; грузоподъёмность; способность
beating ~ затрата энергии на размол; размалывающая способность
binding ~ вяжущая способность; клеящая способность
calorific ~ теплотворная способность

power

germinative ~ энергия прорастания; всхожесть (*семян*)
growing ~ of germ жизнеспособность зародыша
growth ~ энергия роста
hiding ~ кроющая способность (*краски*)
opacifying ~ способность придавать бумаге непрозрачность
paper coloring ~ краскоёмкость бумаги
penetrating [penetrative] ~ 1. проницаемость, пропитываемость 2. смачиваемость
potassium-supplying ~ of soils способность почвы выделять калий из обменных форм
refining ~ размалывающая способность; рафинирующая способность
solvent ~ растворяющая способность
tinctorial ~ окрашивающая способность
yield(ing) ~ продуктивность, производительность

powersaw моторная пила, мотопила
powershift силовое переключение передач; переключение передач сервомеханизмом
practice практика; меры; мероприятие
  forest ~ практика лесоводства
  forestry ~ лесохозяйственное мероприятие
  quality-controlled bucking ~ практика оптимальной раскряжёвки (*обеспечивающая максимальное использование древесины*)
  safety ~ техника безопасности
  silvicultural ~ лесохозяйственное мероприятие
prebending предварительное гнутьё; первоначальное натяжение
preboring предварительное сверление
prebunching предварительное окучивание; предварительное пакетирование (*лесоматериалов*)
precaution:
  safety ~ меры по технике безопасности
prechilling of seeds закалка [стратификация] семян
prechoke предварительная чокеровка
precipitability осаждаемость; способность осаждаться

precipitant осаждающее средство, осадитель
precipitate 1. осадок ‖ осаждаться 2. преципитат, дикальцийфосфат (*удобрение*)
precipitation 1. осаждение 2. атмосферные осадки 3. выпадение осадков
  annual ~ годовые осадки
  average annual ~ среднегодовые осадки
  fractional ~ фракционное осаждение
  gross ~ суммарные осадки
  gypsum ~ гипсация
  net ~ осадки, достигающие подстилки в лесу (*за исключением задержанных пологом*)
precipitator 1. осадитель 2. аппарат для осаждения
  recovery ~ электрофильтр при содорегенерационных агрегатах
precirculation предварительная циркуляция (*варочной кислоты*)
precision точность (*напр. опыта*); степень точности (*в серии таксационных измерений*)
  ~ of measurement точность таксации
precoater фильтр с подслоем
precoating:
  paper ~ грунтование бумаги
preconditioning:
  chip / bark ~ подготовка щепы к окорке
  fiber ~ *меб.* предварительная обработка и подготовка настилочного волокна
precooking преждевременное отверждение (*клея*)
precooler:
  evaporator ~ поверхностный конденсатор для выпарного аппарата
precure предварительное схватывание; предварительное отверждение
precursor предшествующий продукт; предшественник; исходное вещество
  lignin ~ предшественник лигнина (*при биосинтезе*)
precut предварительно раскроенный
predation истребление (*насекомых*)
prediction:
  growth ~ прогноз прироста
predominant 1. доминирующий, господствующий (*о деревьях*) 2. численно преобладающий

press

predrier предварительная сушильная камера (*для искусственной сушки древесины*)
predrying предварительная сушка, подсушка
preen обрезать сучья
preextraction of wood chips предварительное экстрагирование щепы перед варкой
prefiner прифайнер, аппарат для роспуска макулатуры
  panel ~ оборудование для предварительной отделки щитов
prefinishing:
  panel ~ предварительная отделка [грунтование] щитов
prefoam предварительно вспененный материал
prefoamer устройство для предварительного вспенивания
pregassing предварительная обработка (*щепы*) сернистым газом
preglued с предварительно нанесённым клеевым покрытием
pregwood *амер. фирм.* древесный пластик (*древесина, обработанная способом пропитки смолой под давлением*)
prehaul трелевать лесоматериалы в полностью погруженном положении
prehauler машина для трелёвки лесоматериалов в полностью погруженном положении
preholing приготовление посадочных лунок
prehydrolysate предгидролизат
prehydrolysis предгидролиз
preimpregnation предварительная пропитка
preknotter барабанный сучколовитель
preloader *фан.* загрузочная этажерка (*пресса*)
preloading предварительная загрузка автоприцепов лесоматериалами (*в отсутствие тягача*)
prelogging 1. вырубка (*напр. ценных пород деревьев*) перед главной рубкой 2. рубка для подготовки лесосек (*уборка сухостойных, зависших деревьев*); санитарные рубки
preparation подготовка, приготовление
  seed bed ~ подготовка посевных мест

site ~ подготовка вырубленных площадей для лесовозобновления
soil ~ 1. подготовка [обработка] почвы 2. поранение [повреждение] почвы
stick ~ заготовка балансов (*валка деревьев, обрезка и раскряжёвка*)
stock ~ приготовление бумажной массы
prepiling 1. предварительное окучивание (*сортиментов перед трелёвкой*); пакетирование 2. предварительный сбор в кучи (*порубочных остатков*)
prepitting приготовление посадочных лунок
preplanting работы, производимые до посадки какой-либо лесной культуры
prepreg 1. предварительно пропитанный (*напр. о бумаге*) 2. препрег (*полуфабрикат композиционного пластика*)
prepress пресс предварительного прессования; предварительный пресс
prepressing подпрессовка
prescription лесорубочный билет
preservation 1. сохранение, предохранение 2. пропитка, консервирование (*древесины*)
  wildlife ~ 1. охрана природы 2. естественный заповедник
  wood ~ консервирование древесины
preservative 1. консервирующее вещество, консервант 2. антисептик ◇ ~ **against blue stain** защитное вещество против синевы (*порока древесины*)
preserve 1. сохранять, предохранять 2. пропитывать, консервировать 3. заказник для дичи; охотничий заказник
presewn *меб.* предварительно простёганный, предварительно прошитый
preskid(ding) окучивание древесины для последующей трелёвки
presoaking предварительная пропитка, предварительное замачивание
press 1. пресс; вайма ‖ прессовать 2. шкаф с полками (*встроенный*); стеллаж ◇ **to** ~ **down** прижимать, придавливать; **to** ~ **together** наслаи-

press

вать, спрессовывать (*слои массы при отливе на цилиндровой машине*)
acid ~ кислотный пресс (*пергаментировальной машины*)
air bleed ~ пресс с прососом; пресс с продувкой воздуха
baby ~ предварительный [малый] пресс (*цилиндровой машины*)
baling ~ упаковочный пресс; киповальный пресс
bark ~ короотжимный пресс; пресс для коры
bending ~ пресс-форма для получения гнутоклеёных деталей
bottom ~ нижний пресс
breaker ~ полусырой каландр
briquette ~ брикетный пресс
bundling ~ киповальный пресс
carcass ~ *меб.* пресс для сборки корпуса
ceiling ~ *меб.* пресс с верхней прижимной плитой (*для изготовления пружинных блоков*)
clothes ~ *уст.* шкаф или комод для белья
coating ~ клеильный пресс
couch ~ гауч-пресс
creasing ~ штамповочный пресс для картона
cushion-and-seat upholstery ~ пресс для обжима подушек мягкой мебели (*для разглаживания поверхности*)
die cutting ~ штамповочный пресс
divan ~ пресс для обивки изделий мягкой мебели
dome ~ пресс для получения гнутоклеёных куполообразных заготовок
double-end ~ *меб.* проходной пресс
double-felted ~ пресс с двумя сукнами
double-felted double-vented ~ пресс с двумя сукнами и с двумя желобчатыми валами
draw ~ тянущий [вытяжной] пресс (*напр. пергаментировальной машины*)
drill ~ вертикально-сверлильный станок на стойке
drum ~ сукномойка
edge banding ~ пресс для облицовывания кромок; кромкофанеровальный пресс

edge bonding ~ пресс для приклеивания массивной кромки
embossing ~ гофрировочный пресс; пресс для выдавливания рельефных рисунков
entering ~ заправочный пресс
fabric ~ пресс с подкладной сеткой
feed ~ подающий пресс (*в гильотинной саморезке*)
felt washer ~ сукномойка
fiber ~ шнек-пресс (*с элементами размола*)
flow feed ~ проходной пресс
flush door lipping ~ пресс для приклеивания обвязки дверного переплёта
foam ~ пресс-форма для деталей из пенопластов; пресс для изготовления блоков пенопласта
frame-type filter ~ рамный фильтр-пресс
gate roll size ~ клеильный пресс с затворным валиком
German ~ лощильный пресс
glazing ~ лощильный пресс
glue ~ струбцина [зажим, вайма] для сборки узлов на клею
high-intensity nip ~ пресс с промежуточным валиком
hydraulic multiopening ~ многоэтажный гидравлический пресс
inverse ~ обратный пресс
Kamyr ~ пресс системы Камюр
laminate ~ 1. пресс для ламинирования щитов 2. пресс для изготовления ламинатов [декоративно-слоистых пластиков] 3. пресс для формования слоистых пластиков
linen ~ шкаф для постельного белья
lipping ~ вайма для приклеивания массивных кромок к щитам
lying ~ прямой [лежачий] пресс
multidaylight ~ многоэтажный [многопролётный] пресс
multinip ~ многовальный пресс
multiple opening ~ многоэтажный [многопролётный] пресс
Napkin ~ шкаф для постельного белья
needle ~ пресс с иглопробивным сукном
no-draw ~ пресс без открытых участков передачи бумажного полотна

pressure

open-draw ~ пресс с открытыми участками передачи бумажного полотна
plate-and-frame filter ~ рамный фильтр-пресс
plywood ~ пресс для производства фанеры; фанерный пресс
pony ~ предварительный [малый] пресс (*цилиндровой машины*)
pulp ~ 1. *пл.* пресс для подпрессовки древесной массы 2. пресс для массы
ratchet ~ винтовой пресс
reverse(d) ~ обратный пресс
scarfing ~ пресс для соединения в косой замок
self-opening ~ пресс с автоматическим механизмом открывания
shrink ~ крепировальный пресс
shrink-fabric ~ пресс с чулком из усадочной сетки; шринк-пресс
single-edge jointing ~ односторонний пресс для ребросклейки шпона *или* реек
single-edge lipping ~ односторонний пресс для приклеивания кромочного материала
slab ~ плиточный пресс
soil pot ~ пресс для формования торфоперегнойных горшочков
squeeze ~ отжимной пресс
stacked suction ~ сдвоенный отсасывающий пресс
steeping ~ мерсеризационный пресс (*для целлюлозы и последующего отжима избытка щёлочи*)
suction ~ отсасывающий пресс
suction drum ~ предварительный отсасывающий пресс
suction transfer ~ пересасывающее устройство (*на бумагоделательной машине*)
tri-nip ~ четырёхвальный мокрый пресс
tub-size ~ клеильный пресс, клеильная машина
Twinker ~ наклонный трёхвальный пресс
two-tray-lipping ~ пресс с двусторонней загрузкой для приклеивания массивных кромок к щитам
upstroke ~ пресс с вертикальным ходом плит
variable-flight screw ~ винтовой пресс с переменным шагом шнека

veneer crating ~ фанеровальный пресс рамочной конструкции
venta-nip top ~ пресс с вентилируемой зоной контакта
vented nip ~ пресс с желобчатым валом
wet ~ обезвоживающая машина, папмашина
worm ~ винтовой пресс
pressboard 1. плиточный древесный слоистый пластик 2. прессшпан
   index ~ картотечный картон
pressfiner *фирм.* винтовой пресс (*для разделения проваренной щепы на волокна и удаления щёлока*)
pressing 1. прессование; обжим; сжатие 2. *pl* толстая цветная обложечная бумага односторонней гладкости
   ◇ ~ a tree in felling толкание дерева при валке (*напр. валочной вилкой*)
   batch ~ периодическое прессование (*древесностружечных плит*)
   hot ~ сатинирование
   low voltage ~ прессование с помощью токов низкой частоты; прессование с помощью низкого напряжения
   no-draw ~ прессование без свободной выжимки полотна бумаги
   one-shot ~ прессование (*плит*) за один проход
   shaped work ~ прессование гнутых *или* гнутоклеёных заготовок
pressmark 1. след прокладки пресса (*дефект фанеры*) 2. прессовый водяной знак
pressure давление ◇ ~ on edges давление на кромки
   ~ of beater roll давление барабана ролла
   ~ of tool прижим инструмента (*напр. короснимателя*)
   back ~ противодавление
   beating ~ давление размола
   blowing-down ~ давление при выдувке
   bursting ~ продавливающее усилие
   consolidation ~ давление, необходимое для полного отверждения *или* полимеризации
   end ~ давление верхнего отрезаемого бревна на нижнее, зажимающее ши-

pressure

ну пилы (*при раскряжёвке лежащего на склоне дерева*)
   equilibrium ~ давление в равновесной системе
   grinding ~ давление (*древесины*) на дефибрерный камень
   ground bearing ~ несущая способность грунта; допустимое давление на грунт
   inflation ~ of tire внутреннее давление в шине; давление воздуха в шине
   lever ~ рычажный прихват
   nip ~ давление в зоне контакта валов
   osmotic ~ осмотическое давление
   partial ~ парциальное давление
   rigid ~ давление в жёстком шаблоне (*при гнутье древесины*)
   sanding ~ давление шлифовальной ленты
   screw ~ давление, развиваемое в винтовом прессе
   sharpening ~ прижим шарошки
   vapor ~ упругость [давление] пара
pressure-sensitive чувствительный к давлению; активизирующийся *или* приклеивающийся под давлением
pressurize (искусственно) повышать давление
presteaming предварительная пропарка
presurfacer строгальный станок для предварительной обработки поверхности пиломатериалов
pretonging предварительная зацепка брёвен клещевым захватом
pretreatment предпосевная обработка (*напр. лесных семян*)
prevention предотвращение; предупредительная мера
   accident ~ техника безопасности; предупреждение несчастных случаев
   fire ~ мероприятия по предотвращению пожаров
price:
   stumpage ~ попенная плата, стоимость леса на корню
   volume ~ оптовая цена
pricking-cut пересадка мелких сеянцев в сосуды [в контейнеры]
prime 1. химическое средство **2.** заполнять (*напр. черпальный чан массой*); заливать (*насос перед пуском*) **3.** первоначальный; первичный, исходный **4.** лучший, высший (*напр. о сорте древесины*)
primer 1. грунтовочный слой, грунтовка; первый слой покрытия **2.** пусковой двигатель
priming 1. грунтовка, загрунтовка **2.** заливка (*насоса перед пуском*) **3.** увлечение воды паром
primordial примордиальный, зародышевый, зачаточный
primordium зачаток
   bud ~ зачаток почки
   leaf ~ зачаток листа
principle 1. принцип **2.** источник, первооснова **3.** составная часть, элемент
   ~ of sustained yield принцип постоянства пользования
   knockdown ~ принцип сборно-разборной мебели
print 1. отпечаток **2.** макулатурная бумага с содержанием древесной массы **3.** *pl* набивное хлопчатобумажное тряпьё
   core ~ знак на модели для сердечников (*при формовании пластмассовой мебели*)
   drop ~ выступ от грата (*на отливке*)
   heel ~ выступ от грата (*на отливке*)
   light ~s светлое набивное хлопчатобумажное тряпьё
   tail ~ выступ от грата (*на отливке*)
   woodgrain(ing) ~ текстурная печать
printability пригодность (*бумаги*) для печатания
printing 1. печатание; получение отпечатка **2.** набивание, набивка (*тканей*) **3.** отпечатки, остающиеся на полированной поверхности мебели, упакованной вскоре после окончания отделки (*дефект*) **4.** *pl* типографская бумага
   buff ~s жёлтая типографская бумага
   friction ~ *спич.* нанесение намазки
printing-through сквозная пропечатка
prisere смена фитоценозов (*от первичного до климаксового*)
prism:
   cruising ~ таксационная призма; таксационный прицел
   glass wedge ~ стеклянная клиновидная призма; таксационный прицел
   wedge ~ клиновидная таксационная призма; таксационный прицел

process

pristine 1. первоначальный 2. чистый, нетронутый
privately-owned частный, находящийся в частном владении
proanthesis 1. раннее цветение 2. распускание первого цветка
probability:
 ignition ~ вероятность загорания (*в лесу*)
probe:
 heat ~ *амер.* теплоанализатор (*аппарат для обнаружения источников тепла при пожарах*)
procambium прокамбий
procedure технологический процесс; методика; приём проведения (*опыта, анализа*)
 cooking ~ процесс варки
 felling ~s приёмы валки
process 1. процесс 2. приём; способ, метод 3. обрабатывать
 acidulation ~ обработка кислотой
 activated sludge ~ метод активного ила
 alkafide ~ щелочной способ варки; щелочная варка
 Arbiso ~ метод Арбайсо (*бисульфитная варка на натриевом основании*)
 batch ~ периодический процесс (*напр. производства ДСП*)
 beating ~ процесс размола
 Belgian Lambiotte ~ пиролиз древесины в реторте Ламбиотта
 Bethel's ~ способ пропитки древесины креозотом в вакууме
 bleaching ~ процесс отбелки
 Blythe's ~ метод антисептирования древесины фенольными продуктами в смеси с битумами
 Boucherie ~ метод Бушери (*пропитка древесины под давлением раствором медного купороса*)
 brown groundwood ~ процесс дефибрирования пропаренной древесины
 Burnett ~ метод Бёрнетта (*пропитка древесины под давлением раствором хлористого цинка*)
 card ~ способ пропитки древесины под давлением смесью креозота и хлористого цинка
 chemigroundwood ~ процесс дефибрирования пропаренной древесины
 cold caustic soda ~ холоднощелочной способ
 cold-cure ~ процесс формования деталей *или* изделий из полиуретана холодного отверждения
 continuous ~ непрерывный процесс (*напр. производства ДСП*)
 Decker ~ процесс получения древесной массы из балансов с предварительной обработкой слабым сульфитным щёлоком
 defibrator ~ процесс дефибрирования пропаренной древесины
 direct cooking ~ процесс варки с прямым нагревом
 dry-cementing ~ сухой способ склеивания (*фанеры*)
 dry felting ~ сухой способ отлива
 dry paper ~ сухой способ получения бумаги
 Dunlop ~ процесс вспенивания латекса путём механического нагнетания воздуха
 edging ~ процесс обработки кромок
 empty-cell ~ пропитка древесины по методу ограниченного поглощения (*при котором полости клеток не заполняются антисептиком*)
 endless needling ~ непрерывный процесс производства иглопробивных сукон
 explosion ~ процесс размола взрывным способом (*размельчение древесной массы с помощью распыления пара и химикатов*)
 fusion ~ процесс сплавления
 Grenco ~ варочный процесс Гренко; химическая варка
 groundwood sorting ~ сортировка лесоматериалов перед переработкой в древесную массу
 high-oxygen pulping enclosed system ~ процесс замкнутой [закрытой] кислородно-щелочной варки
 in-line ~ замкнутый процесс
 kraft ~ сульфатный способ варки
 kraft pulp-making ~ процесс производства крафт-целлюлозы
 local bending ~ процесс гнутья с местным нагревом отдельных участков
 Lowry ~ способ пропитки древесины с удалением излишков пропиточного состава под действием вакуума

341

process

massive lime ~ процесс обработки стоков массированным известкованием
mineralized-cell ~ способ диффузионной пропитки (*древесины*) минеральным составом
Mitscherlich ~ метод Митчерлиха (*медленная варка сульфитной целлюлозы с применением непрямого нагрева*)
neutral sulfite recovery ~ процесс регенерации при нейтральной сульфитной варке
neutral sulfite semichemical ~ способ нейтральной сульфитной варки
nitric acid ~ способ азотнокислой варки
noneffluent water ~ водный процесс без образования сточных вод
NSSC ~ см. neutral sulfite semichemical process
off-the-machine ~ процесс, производимый вне бумагоделательной машины
open-cell ~ см. empty-cell process
pocket-charging ~ процесс загрузки в прессовые коробки (*дефибрера*)
precipitation ~ процесс с осаждением
pulping ~ способ варки целлюлозы
pulp-making ~ процесс получения волокнистого полуфабриката
reversible ~ обратимый процесс
rolling-unwinding ~ процесс изготовления фанеры с использованием непрерывного рулонного шпона
Rutger's ~ способ пропитки древесины под давлением смесью креозота и хлористого цинка
scutching ~ процесс удаления костры, трепание
semibatch ~ полунепрерывный процесс
semidry ~ *фан., пл.* полусухой процесс
silk screen ~ процесс шёлкотрафаретной печати; сетчатая печать
skimming ~ процесс сбора мыла
slurry steeping ~ процесс мерсеризации целлюлозы в виде жидкой массы
soda ~ 1. натронный процесс 2. натронный способ (*варки целлюлозы*)
solvent ~ процесс с растворителем

squaring ~ двусторонняя обработка (*деревянных заготовок*) под прямым углом
stabicol ~ процесс стабилизации цвета (*древесины*); обработка древесины для придания светостойкости
steamed groundwood ~ процесс дефибрирования пропаренной древесины
sulfate ~ сульфатный способ варки
Talalay ~ процесс ввода кислорода в латекс для вспенивания
white groundwood ~ процесс дефибрирования белой древесины

processing 1. обработка, (химическая) переработка 2. обработка деревьев (*обрезка сучьев, раскряжёвка у пня, на верхнем или нижнем складе*)
central ~ централизованная обработка (*деревьев*); обработка (*деревьев*) на нижнем складе
chemical ~ of turpentins химическая переработка скипидара
in-field ~ обработка деревьев в лесу (*напр. у дороги*)
paper ~ облагораживание бумаги
pine gum ~ переработка сосновой живицы
primary ~ of timber первичная обработка деревьев
primary wood ~ первичная обработка деревьев
waste ~ переработка [использование] отходов
wastepaper ~ переработка макулатуры

processor процессор (*машина для обработки поваленных деревьев*); сучкорезно-раскряжёвочная машина
bed ~ сучкорезно-раскряжёвочная машина с обрабатывающим оборудованием на базовом шасси
single grip ~ однозахватный процессор (*с совмещенными захватом и обрабатывающей головкой*)
site-type ~ процессор, работающий на площадке у лесовозной дороги
thinnings ~ машина для обработки тонкомера (*при рубках ухода*)
two grip ~ двухзахватный процессор (*с раздельными захватом и обрабатывающей головкой*)

processor-chipper обрабатывающе-рубильный агрегат
produce продукция
  forest ~ лесная продукция
  major forest ~ главная продукция леса (*древесина*); основное лесопользование
  minor forest ~ побочная продукция леса (*напр. грибы, ягоды, листья*)
producer 1. изготовитель, производитель (*предприятие*) **2.** поставщик древесины, лесозаготовитель-поставщик (*осуществляющий заготовку и поставку потребителю древесины или занимающийся производством лесоматериалов*) **3.** продуцент (*автотрофный организм*) **4.** газогенератор
  charcoal ~ установка для производства древесного угля
  rotary-grate gas ~ газогенератор с вращающейся решёткой
product продукт, продукция; изделие
  acid-amine condensation ~ продукт конденсации кислоты и амина
  bark ~s продукты переработки коры
  bulk forest ~s основные лесоматериалы
  classified ~s виды продукции с указанием фирм-изготовителей
  composite wood ~s комбинированные древесные материалы (*фанера, древесностружечные и древесноволокнистые плиты, облицованные пластиком*)
  conversion ~ продукт переработки
  cut-to-exact size ~ чистовая заготовка
  decomposition ~ продукция распада
  degradation ~ продукт деструкции (*целлюлозы*)
  disposable paper ~s бумажные изделия одноразового пользования
  forest ~s лесная продукция; лесоматериалы; древесные материалы; изделия из древесины
  half-finished ~ полуфабрикат, заготовка
  half-way ~ полуфабрикат; заготовка
  hardwood distillation ~ продукт пиролиза лиственной древесины
  intermediate ~ полупродукт
  major pyrolysis ~s основные продукты пиролиза
  minor forest ~s побочная продукция леса (*напр. грибы, ягоды*)
  molded pulp ~s бумизы, литые изделия из бумажной массы
  off ~s древесные отходы; дрова
  overhead unsaponifiable ~ верхний погон неомыляемых веществ
  parchmentizing ~ продукт пергаментирования
  perishable ~s портящиеся продукты
  ricked ~s штабелированные лесоматериалы
  second-hand wood ~s вторичный лесоматериал
  side ~s побочная продукция леса (*напр. грибы, ягоды*)
  stacked ~s заштабелированные лесоматериалы (*лесоматериалы, уложенные в штабель*)
  stepped ~ столярное изделие сложного профиля
  tail ~ хвостовая фракция
  thermal decomposition ~s продукты пиролиза
production 1. производство; производственный процесс **2.** производительность, выработка; выход продукции **3.** продукт, продукция
  ~ of high-grade timber выращивание ценной древесины
  digester ~ выход (*целлюлозы*) из варочного котла; съём (*целлюлозы*) с варочного котла; производительность варочного котла
  full sheet ~ выход форматного шпона (*из чурака*)
  green-end ~ сырые пиломатериалы
  gross primary ~ общая первичная продукция
  net primary ~ 1. первичная нетто-продуктивность (*насаждений*) **2.** чистая [полезная] первичная продукция
  package ~ производство бумажной и картонной тары
  primary ~ 1. первичная продуктивность (*насаждений*) **2.** первичная продукция
  pycnidial ~ образование пикнидий
  quantity ~ массовое производство
  secondary ~ 1. вторичная продуктив-

production

ность (*насаждений*) 2. вторичная продукция
sediment ~ осадочные образования
seed ~ семенная продуктивность; урожай семян
total nitrogen ~ накопление общего азота
productivity продуктивность, производительность ◇ ~ **per man-day** производительность в человеко-день
actual forest ~ фактическая продуктивность леса
biological ~ биологическая продуктивность
forest ~ продуктивность леса
gross ~ общая продуктивность
low ~ низкая продуктивность
net ~ чистая продуктивность
rated ~ время непрерывной работы машины и опытного оператора (*60 мин. в час в течение рабочего дня*)
stump-to-mill ~ производительность по комплексу лесозаготовительных работ
stump-to-roadside ~ производительность по комплексу лесосечных работ
system ~ производительность системы машин
proembryo *бот.* предзародыш
profile 1. профиль ‖ профилировать; обрабатывать по шаблону; копировать (*на станке*) 2. контур, очертания 3. вертикальный разрез ‖ изображать в разрезе
concave ~ вогнутый профиль
soil ~ профиль почвы
stand ~ профиль [трансекта] насаждения
temperature ~ температурный профиль; изменение температуры по ходу процесса
vegetation ~ профиль растительности
profiler фрезерный станок; фрезерно-копировальный станок
basis weight ~ профилометрический массомер квадратного метра бумаги
profiling профилирование по копиру; фасонная обработка
edge ~ фрезерование кромок
program программа
bucking ~ программа раскряжёвки; сортиментный план

fire-control ~ программа охраны лесов от пожаров
programme *англ.* набор [ассортимент] мебели
projection 1. проекция 2. выступ; выдающаяся часть
saw ~ выступающая часть пилы
promoter:
growth ~ стимулятор роста (*растений*)
prong 1. зубец (*отпылителя для тряпья*) 2. обойный гвоздик с двумя ножками
pronymph *энт.* пронимфа
prop 1. стойка, подпорка, раскос 2. *pl* пропсы; крепёжный лес ◇ ~ **and sill** стойка и лежень
pit ~s пропсы, рудничный лесоматериал
propagate 1. размножаться 2. распространяться 3. разводить
propagation 1. размножение 2. распространение 3. разведение ◇ ~ **by cuttings** размножение черенками; ~ **by layering** размножение отводками; ~ **by seed** размножение семенами
asexual ~ вегетативное размножение
propagule часть растения (*почка, побег, росток, отпрыск*) для вегетативного размножения
propathene *фирм.* пропитин, полипропилен
propelling перемещение материала пневматикой
propert/y 1. свойство, способность 2. собственность
bending ~ способность подвергаться гнутью
bleaching ~ белимость
bulk ~ объёмные свойства
chemical pulp strength ~ies механические свойства целлюлозы
cleaving ~ раскалываемость (*древесины*)
directional ~ анизотропность, анизотропия
drainage ~ способность к обезвоживанию (*массы*)
film-forming ~ плёнкообразование
gap-filling ~ укрывистость; заполняющая способность (*клея, лака*)
gelling ~ свойство желатинизации

pruning

glueing ~ клеящее свойство
groundwood pulp strength ~ies механические свойства древесной массы
mechanical ~ies **of chemical pulp** механические свойства целлюлозы
nailing ~ гвоздеудерживающая способность (*материала*)
nonblocking ~ свойство неслипаемости (*картона с термопластическими покрытиями*)
pressroom ~ies печатные свойства (*бумаги*)
pulp strength ~ies механические свойства волокнистого полуфабриката
reducing ~ восстановительная способность
rheological ~ реологическое свойство
saturation ~ насыщаемость, пропитываемость (*кровельного картона*)
scoring ~ способность к перегибу (*без нарушения свойств*)
screwing ~ шурупоудерживающая способность (*материала*)
semichemical pulp strength ~ies механические свойства полуцеллюлозы
tanning ~ дубильное свойство
water-repellent ~ies водоотталкивающие свойства
wetting ~ способность к пергаментации

prophyll(um) 1. прицветничек 2. первый лист
propionate пропионат
  cellulose ~ пропионат целлюлозы
  propyl ~ пропилпропионат
proportioner дозатор
  stock ~ цел.-бум. дозатор [дозирующий аппарат] для массы
prostrate *бот.* стелющийся
protandry протандрия (*созревание тычинок раньше формирования пестика*)
protectant 1. пестицид (*для защиты деревьев и древесных материалов*) 2. предупредительный (*о пестицидах*)
  seed ~ протравитель семян
protection ограждение; защита, охрана
  bank ~ 1. берегоукрепительные работы 2. укрепление насыпи
  border ~ защита естественного возобновления от стен леса
  environmental ~ защита [охрана] окружающей среды
  forest ~ лесозащита
  forest fire ~ охрана лесов от пожаров
  roll-over ~ защита от опрокидывания [от переворачивания] (*напр. трелёвочных машин*)
  upholstery fabric ~ защитное покрытие обивочной ткани
protector:
  bead ~ усилительный слой борта шины
  hearing ~s наушники (*противошумные*)
  roll end ~ приспособление для предохранения кромок рулона
  snap-off tread ~ *меб.* протектор ролика, установленный с помощью защёлки
  solid wood ~ предохранительная обкладка из массивной древесины
  tread ~ *меб.* протектор ролика
protein белок, протеин
proteolysis протеолиз, расщепление белка
prothallium проталлиум, заросток
protogyny прот(ер)огиния (*формирование пестиков раньше созревания тычинок*)
protolignin протолигнин, природный лигнин
protoxylem(a) протоксилема (*древесины*)
proud 1. выпуклый, рельефный, выступающий 2. набухший
provenance происхождение
  ~ **of planting stock** происхождение посадочного материала
  seed ~ происхождение семян
prune обрезать, подрезать (*ветви*); удалять лишнее; чистить ◇ **to** ~ **away** срезать, удалять; **to** ~ **down** срезать, обрезать, удалять
pruner секатор
  garden ~ секатор, садовые ножницы
  root ~ машина для обрезки корней (*сеянцев*)
  toggle action ~ шарнирные садовые ножницы
pruning 1. обрезка, подрезка (*ветвей, побегов*)
  artificial ~ искусственная очистка от сучьев

pruning

  carry-up ~ обрезка ветвей с использованием лестницы
  chemical ~ химический способ удаления сучьев
  dry ~ обрезка засохших ветвей; удаление сушняка
  green ~ обрезка живых ветвей (у *растущего дерева*)
  high ~ обрезка ветвей с использованием лестницы
  live ~ обрезка живых ветвей (у *растущего дерева*)
  natural ~ естественная очистка от сучьев; самоочищение от сучьев; сбрасывание (*деревьями*) ветвей; отпад сучьев
  orchard ~ обрезка ветвей плодовых деревьев
  pollard ~ обрезка порослевых побегов и веточек (*один раз в несколько лет*)
  selective high ~ обрезка ветвей на спелых деревьях с помощью лестницы
  side-shoot ~ обрезка нижних боковых побегов (у *широколиственных деревьев*)
  stem ~ обрезка вершин
pseudocellulose *амер.* гемицеллюлоза
pseudogley псевдоглей, глей поверхностного оглеения
  marbled ~ мраморовидная псевдоглеевая почва
pseudomycelium псевдомицелий
pseudomycorrhiza ложная микориза, псевдомикориза
psyché *фр.* высокое зеркало на ножках, псише
psychrophile психрофильный, холодовыносливый (*о растении*)
puberulent короткоопушённый
pubescence опушение, опушённость
pubescent пушистый
  densely ~ густоопушённый (*о стеблях, листьях*)
pucker складка; морщина; фальц
puddling обмакивание корней в глиняный раствор (*перед посадкой*)
pulaski комбинированный топор-кирка (*для выбивания куска древесины из подпила*)
pull 1. тенденция дерева к повороту вокруг своей оси (*при валке*) 2. тяга, растягивающее усилие, тяговое усилие ‖ тянуть, тащить 3. захват, ручка, приспособление для захвата (*напр. у мебельного ящика*) ◇ to ~ the briar *проф.* пилить поперечной пилой
  drawbar ~ тяговое усилие [сила тяги] на крюке
  drawer ~ захват выдвижного ящика
  finger ~ захватная планка, ручка
  line ~ тяговое усилие на канате; натяжение каната
  stump ~ отщеп на пне (*после валки дерева*)
  wood ~ деревянная ручка; деревянный захват
pull-back возвратный канат
pullboat плавающий лесотранспортёр
puller 1. приспособление для вытаскивания; съёмник 2. рычаг для выемки костылей (*при замене шпал*) 3. корчеватель, корчевальная машина 4. струг (*инструмент для подрумянивания*)
  block ~ накольник, браковщик балансов
  bush ~ кусторез
  lumber ~ тележка *или* транспортёр для пиломатериалов
  nail ~ гвоздодёр
  root ~ корчеватель, корчевальная машина
  slack ~ 1. приспособление (*на лебёдке*) для выборки слабины каната 2. рабочий, выбирающий слабину каната
  stub ~ корчеватель, корчевальная машина
  stump ~ корчеватель, корчевальная машина
  tong ~ рабочий при погрузке (*зацепляющий клещевой захват стоя на земле*)
pulley блок; шкив; ролик
  angle ~ направляющий ролик; отводной угловой блок
  belt ~ ремённый шкив
  block ~ полиспаст
  capstan-winding driving ~ ведущий канатный шкив-шпиль
  dead ~ неподвижный шкив
  deckle (strap) ~ декельный шкив

pulp

double-groove ~ двухжелобчатый канатный блок
drive ~ ведущий шкив
driven ~ ведомый шкив
fast-and-loose ~ рабочий и холостой шкивы
guide ~ направляющий блок; направляющий ролик
head ~ головной шкив; ведущий шкив
idle ~ 1. неподвижный блок 2. холостой шкив
intermediate support ~ направляющий блок промежуточной опоры
jockey ~ направляющий шкив; натяжной шкив
loose ~ холостой шкив
one-groove ~ одножелобчатый канатный блок
sash ~ блок для поднимания фрамуги
straining ~ натяжной шкив
stretching ~ натяжной блок; натяжной ролик
tension ~ натяжной шкив
wire-rope ~ канатный [тросовый] шкив
pulling 1. натяжение; тяга ‖ тяговый 2. подтаскивание ◊ ~ the tops вытягивание вершин (*на участках с подростом*)
pulling-over разравнивание вручную (*излишков лака на поверхности после распыления*)
pull-out выдвижной, выкатной, раздвижной (*о мебели*)
pullover *цел.-бум.* переброс (*щёлока при сдувке*)
pull-type прицепной
pulp волокнистый полуфабрикат; целлюлоза, масса; волокнистая масса; целлюлозная масса ‖ превращать в массу ◊ ~ from annual plants целлюлоза из однолетних растений
acetate ~ ацетатная целлюлоза
acetylation ~ ацетатная целлюлоза
acid sulfite ~ сульфитная целлюлоза
acid sulfite semichemical ~ сульфитная полуцеллюлоза
air-dry ~ воздушно-сухая целлюлоза
bag-grade pine kraft ~ мешочная сосновая крафт-целлюлоза
baled ~ целлюлоза в кипах

beaten ~ рафинированная масса
beech kraft ~ буковая крафт-целлюлоза
bisulfite ~ бисульфитная целлюлоза
bleachable ~ белимая целлюлоза
bleachable semichemical ~ белимая полуцеллюлоза
bleached ~ белёная целлюлоза
bleaching ~ белимая целлюлоза
blown ~ целлюлоза *или* масса после выдувки
broken ~ брак с гауч-вала
brown ~ 1. небелёная целлюлоза 2. сульфатная целлюлоза до промывки
brown mechanical wood ~ бурая древесная масса
chemical ~ (техническая) целлюлоза
chemical grade ~ целлюлоза для химической переработки
chemico-mechanical ~ химико-механическая масса, полуцеллюлоза
cold caustic steep ~ холоднощелочной волокнистый полуфабрикат
cold ground ~ масса холодного дефибрирования
cold soda ~ холоднощелочной волокнистый полуфабрикат
composite ~ масса, полученная на разных дефибрерах
cord rayon ~ кордная целлюлоза
curled ~ обработанная в курлаторе масса
defibrator ~ дефибраторная масса
dissolving ~ целлюлоза для химической переработки
easy bleachable ~ легкобелимая целлюлоза
exploded ~ масса, полученная взрывным способом
fast-beaten ~ древесная масса садкого помола
fast groundwood ~ древесная масса садкого помола
felt ~ масса для кровельного картона
filler ~ масса для внутренних слоёв картона
fluffed ~ измельчённая целлюлоза
fodder ~ кормовая целлюлоза
greaseproof grade ~ основа для пергамента
greasy ~ жирная масса
green ~ трава эспарто, подготовленная для варки

pulp

groundwood ~ древесная масса; дефибрерная древесная масса
hard ~ жёсткая целлюлоза
hard beating ~ трудноразмалываемая целлюлоза
hard-to-size ~ труднопроклеиваемая масса
hardwood ~ целлюлоза из лиственной древесины
high alpha(-cellulose) ~ целлюлоза с высоким содержанием альфа-целлюлозы
high yield ~ целлюлоза с высоким выходом
hot ground ~ масса горячего дефибрирования
kraft ~ крафт-целлюлоза
leather ~ масса из отходов кожи (*для производства кожкартона*)
low-boiled ~ жёсткая целлюлоза
low-yield ~ целлюлоза с низким выходом
mechanical (wood) ~ древесная масса
Mitscherlich ~ сульфитная целлюлоза, сваренная по методу Митчерлиха
molded ~ масса для бумажного литья
neutral sulfite ~ моносульфитная целлюлоза
neutral sulfite semichemical ~ моносульфитная полуцеллюлоза
nitric acid-soda ~ азотнокислая целлюлоза
nodular ~ целлюлозная масса в виде комков; несепарированная масса
nodulated ~ масса с перевитыми волокнами (*после обработки в курлаторе*)
noodle ~ рыхлая целлюлоза «пушонка»
N.S.S.C. ~ *см.* neutral sulfite semichemical pulp
oxygen-bleached kraft ~ отбелённая кислородом крафт-целлюлоза
oxygen-delignified sulfate ~ делигнифицированная кислородом сульфатная целлюлоза
oxygen-prebleached kraft ~ предварительно отбелённая кислородом крафт-целлюлоза
paper ~ 1. бумажная масса 2. целлюлоза; волокнистое сырьё
paper grade ~ бумажная масса

paper machine ~ целлюлоза для выработки бумаги
powdered ~ порошкообразная целлюлоза
premium grade ~ первосортная целлюлоза
prime ~ свежая первичная масса
processed ~ облагороженная целлюлоза
rag ~ тряпичная полумасса
rayon ~ вискозная целлюлоза
reclaimed ~ уловленное волокно
reel ~ ролевая целлюлоза
refined ~ облагороженная целлюлоза
refined groundwood ~ рафинированная древесная масса
refiner mechanical ~ древесная масса из щепы
roofing ~ масса для кровельного картона
screen(ings) ~ сучковая масса
semibleached kraft ~ полубелёная крафт-целлюлоза
semichemical ~ полуцеллюлоза; полуцеллюлозная масса
sheet ~ листовая целлюлоза
shiny ~ жирная масса
short-fibered ~ коротковолокнистая масса
slime ~ мелкое волокно, ноль-волокно
slow (-draining) ~ жирная масса
slow groundwood ~ древесная масса жирного помола
slow-wetting ~ медленногидратирующая масса
slush ~ жидкая масса
soda ~ натронная целлюлоза
soda-chlorine ~ хлорнощелочная целлюлоза
soda-semichemical ~ натронная полуцеллюлоза
softwood ~ целлюлоза из хвойной древесины
steamed ~ бурая древесная масса
strained ~ очищенная масса
straw ~ соломенная целлюлоза
strong ~ жёсткая целлюлоза
sulfate ~ сульфатная целлюлоза
sulfate wood ~ сульфатная древесная целлюлоза
sulfite ~ сульфитная целлюлоза

synthetic ~ синтетическая имитация целлюлозы
textile ~ целлюлоза для искусственного волокна
thermomechanical ~ термомеханическая целлюлоза
thin ~ разбавленная масса
unbleached ~ небелёная целлюлоза
unbleached semichemical ~ небелёная полуцеллюлоза
undercooked ~ непровар
unstrained ~ неочищенная целлюлоза
virgin ~ целлюлоза из первичного сырья
viscose ~ вискозная целлюлоза
wet ~ жирная масса
wood ~ древесная целлюлоза
yellow ~ небелёная соломенная целлюлоза
pulpability провариваемость
pulpboard 1. листовая целлюлоза, древесномассная папка 2. белый *или* цветной многослойный поделочный картон
pulpchips технологическая щепа
pulp-colored окрашенный в массе
pulper 1. разрыватель [разбиватель] целлюлозы *или* бумажного брака, бракомолка 2. бракомол
aqua ~ гидроразбиватель
bale ~ разрыватель целлюлозы кипами
broke ~ бракомолка
Hi-lo ~ разбиватель листовых полуфабрикатов Хи-ло
hydrobrushing ~ гидроразбиватель
kneader ~ бракомолка
pulphook крюк для окучивания (*штабелёвки, подъёма при чокеровке и т.п.*) балансов вручную
pulping варка (*целлюлозы*); превращение в волокнистую массу; дефибрирование
acid ~ кислотный способ варки; кислая варка
alkaline ~ щелочной способ варки; щелочная варка
ammonia base sulfite ~ сульфитная варка с аммонийным основанием
batch ~ периодическая варка
bisulfite ~ бисульфитная варка
caustic-chlorine ~ хлорно-щелочной способ получения целлюлозы
chemimechanical ~ химико-механическая обработка
chip groundwood ~ полухимическая варка
cold soda ~ получение полуцеллюлозы щелочной обработкой на холоде
countercurrent ~ варка с противотоком, противоточная варка
double disk ~ получение волокнистой массы в двудисковом рафинёре
effluent free kraft ~ бессточная [замкнутая] сульфатная варка, сульфатная варка, свободная от сбросов
hardwood semichemical ~ варка полуцеллюлозы из древесины лиственных пород
hydrotropic ~ гидротропный способ получения целлюлозы
kraft ~ сульфатная варка
magnesium bisulfite ~ варка с бисульфитом магния
monosulfite ~ нейтральная сульфитная варка
multistage ~ многоступенчатая варка
neutral sulfite ~ нейтральная сульфитная варка
nitrate ~ азотнокислый способ получения целлюлозы
nitric acid ~ азотнокислая варка
oxygen-alkali ~ кислородно-щелочная варка
semichemical ~ варка полуцеллюлозы
soda ~ натронная варка
sodium base sulfite ~ сульфитная варка с натриевым основанием
sodium bisulfite ~ бисульфитная варка
sulfate ~ сульфатная варка
sulfite ~ сульфитная варка
sulfite-sulfate ~ сульфит-сульфатная варка
thermomechanical ~ термомеханическая варка
two-stage soda-oxygen ~ двухступенчатая натронно-кислородная варка
vapor-phase ~ варка в парогазовой фазе; парогазовая варка
pulpmachine пресспат, сушильная машина
pulpsaver массоловушка

pulpstone

pulpstone дефибрерный камень
pulpwater оборотная вода
pulpwood балансовая древесина, балансы
   short(-length) ~ короткомерные балансы, коротьё
   tree length ~ хлысты для выработки балансов; балансовое долготьё
pulverization 1. измельчение, превращение в порошок 2. распыление 3. рыхление
pulverize 1. тонко измельчать; измельчать в порошок 2. распылять, разбрызгивать 3. рыхлить
pulverizer 1. измельчитель 2. распылитель
   scrub ~ кусторез-измельчитель
pulverulent порошкообразный, пылевидный
pump насос ‖ качать насосом, нагнетать
   centrifugal stock ~ центробежный массный насос
   circulating propeller ~ циркуляционный пропеллерный насос
   cold blow ~ насос холодной выдувки
   drain ~ насос для отвода конденсата
   glue ~ насос для подачи клея
   magma ~ насос для сгущённого щёлока
   metering feed ~ дозирующий подающий насос
   paper stock ~ массный насос
   proportioning ~ дозирующий насос
   pulp ~ массный насос
   sealbox white water ~ насос для оборотной воды с гидравлическим затвором
   settling tank ~ насос отстойного резервуара
   stock ~ массный насос
   strong acid ~ насос для крепкой кислоты
   stuff ~ массный насос
   sulfur ~ насос для расплавленной серы
   tail discharge ~ насос для сгущённого щёлока
pumpability of stock способность массы перекачиваться насосом
pumped с ядровой гнилью (*о древесине*)
punch 1. дыропробивной станок; пробойник ‖ пробивать отверстия 2. штамп ‖ штамповать
   embossing ~ штамп для тиснения
   hoop ~ 1. отверстие для крепления обруча (*бочки*) 2. механизм для пробивания отверстий в обруче (*бочки*)
punch-and-die вырубной штамп
puncheon 1. резец; шило 2. стойка; подпорка 3. бочка
puncher дыропробивной станок; пробойник
   die ~ *спич.* соломкорубильный станок
   donkey ~ *проф.* лебёдчик
punching вырубка, пробивка; штанцевание, высекание
pund станок для плющения (*зубьев пилы*)
punk 1. плодовое тело дереворазрушающего гриба 2. гниль (*древесины*) в третьей стадии развития 3. нарост (*на дубе*)
punky 1. гнилой (*о древесине*) 2. нездоровые условия в лесу, вызванные гниением древесины
pupation окукливание (*насекомых*)
purchase полиспаст; рычаг, блок, ворот
pure чистый, однородный (*о насаждении*)
purfled с инкрустированным орнаментом по краю
purflings интарсия жилкой по краю (*крышки стола или деки музыкального инструмента*)
purging очистка; продувка
purification очистка, облагораживание
   natural ~ самоочистка (*воды*)
   pulp ~ облагораживание целлюлозы
   stock ~ очистка массы
purifier 1. очищающая машина 2. очищающее средство, очиститель
purifuge очиститель массы
purify очищать
purity:
   seed ~ чистота семян
purlin(e) обрешётка
purpose:
   clearing ~ цель очистки лесосек
pusher 1. механический толкатель (*пилы*) 2. противоаварийное устройство (*круглопильного станка*)
   brad ~ приспособление для забивки

штифтов *или* шкантов (*в труднодоступные участки*)
pushover ветровал
pushpole валочный рычаг (*для направленной валки деревьев вручную*)
pustule споровая масса, подушечка
putrefaction разложение, гниение
putrefy заражать гнилью, гнить
putrescibility загниваемость
putty замазка; шпатлёвка ‖ замазывать, шпатлевать
  glazier's ~ замазка для окон
pycnidiophore плодовое тело, несущее пикниды
pycnidiospore конидия, образующаяся в пикниде
pycn(id)ium пикнида (*ржавчинных грибов*)
pycnosonde пикнометр
pyrheliometer пиргелиометр (*прибор для измерения солнечной радиации*)
pyriform грушевидный, грушеобразный
pyrography выжигание по дереву, пирография
pyrolysis пиролиз
  ~ **of alkali lignin** пиролиз щелочного лигнина
  bark ~ пиролиз коры
  exothermic ~ экзотермический пиролиз
  flash ~ мгновенный пиролиз
  kraft black liquor ~ пиролиз чёрных щёлоков сульфатной варки
  rapid ~ быстрый пиролиз
  wood ~ пиролиз древесины; сухая перегонка древесины
pyrophyte пирофит (*растение, устойчивое к пожарам*)

Q

quadrant 1. квадрант **2.** четверть круга; выпуклый профиль калёвки в четверть круга **3.** кронштейн веерообразного окна, крепящийся горизонтально
quadrat учётная [пробная] площадка (*заданных размеров*)
  chart ~ диаграмма расположения растительности (*по представительству и площади*)
quadrate:
  permanent ~ постоянная пробная площадка
  stocked ~ возобновившийся квадрат (*при изучении возобновления леса на квадратных пробных площадях*)
quadrifoliate четырёхлистный
quagginess дряблость, рыхлость (*дефект древесины*)
quagmire болото, трясина, топь
quality 1. качество, сорт **2.** свойство **3.** товарность (*насаждения*)
  ~ **of locality** бонитет (*насаждения*)
  actual site ~ актуальная продуктивность местоположения
  aging ~ долговечность (*бумаги*)
  bond ~ прочность склеивания (*слоёв фанеры*)
  felting ~ способность свойлачиваться
  germinative ~ качество семян, всхожесть семян
  off ~ низкое качество (*лесоматериалов*)
  penetration ~ проникающая способность
  rubbing ~ способность к шлифованию, шлифуемость
  seed ~ доброкачественность семян
  site ~ качество лесорастительных условий
  wet rub ~ сопротивление (*бумаги*) истиранию во влажном состоянии
  written ~ пригодность бумаги для письма
quantifier дозатор
quantity 1. количество **2.** доля, часть
  feed ~ норма высева
  fertilizer ~ доза [норма] удобрения
  seeding ~ норма высева (*семян*)
quarter 1. четверть ‖ делить на четыре (*равные*) части **2.** четырёхгранный брус
  planning ~ квартал (*леса*)
quartered радиально распиленный; предназначенный для радиальной распиловки (*о пиломатериале*)
quartering 1. деление на четыре части **2.** стропила, брусья **3.** щит двери с облицовкой натуральным шпоном в виде ёлочки

quarter-sawed, **quarter-sawn** радиально-распиленный (*о пиломатериале*)
quarter-sliced строганный в радиальном направлении (*о шпоне*)
queen *энт.* матка, царица
quickset 1. черенок (*чаще боярышника*) 2. живая изгородь
quick-setting быстросохнущий, быстроотверждаемый
quiescence покой, состояние покоя (*деревьев, семян*)
quill перо, ствол пера
   swan ~ кисточка для отделки и подкраски (*мебели*)
quilt 1. *меб.* стёганый настил 2. *pl* ватное стёганое тряпьё
quilted 1. стёганый (*о мебели*) 2. волнистый, складчатый (*напр. о текстуре клёна*) 3. со следами от возвратно-поступательного хода пилы (*о пиломатериале*)
quilter:
   multineedle ~ *меб.* многоигольчатая машина для простёжки
   shallow ~ *меб.* станок для неглубокой простёжки
   tape-controlled ~ *меб.* станок с программным управлением для простёжки настилов
quilting простёжка
quinone 1. хинон 2. бензохинон
quire десть (*единица счёта, равная 1/20 стопы бумаги*)
quirk небольшой желобок, галтель
quotient:
   absolute form ~ абсолютный [истинный] коэффициент формы (ствола)
   artificial form ~ искусственный коэффициент формы (*ствола*)
   diameter ~ коэффициент формы (*ствола*)
   form ~ коэффициент формы (*ствола*)
   girth ~ коэффициент формы (*ствола*)

R

rabbet 1. фальц; шпунт, четверть; паз ‖ выбирать фальц, шпунтовать 2. сплотка в фальц ‖ сплачивать в фальц 3. оконный притвор, четверть или выступ для окна 4. прилаживать взакрой ◇ ~ **and lip** соединение в четверть впотай
   ~ **of glazing** фальц (*оконного переплёта*) для остекления
rabbeted шпунтованный ◇ ~ **in pairs** сплочённые в четверть (*о досках, брусках*)
race 1. раса 2. порода 3. отводящий канал; проточный канал; подводящий канал
   ~**s of pathogen** расы патогенных микроорганизмов
raceme кисть, гроздь
   second ~ ветвь второго порядка
racemule кистевидный, кистеобразный
raceway площадка для укладывания брёвен; подштабельное место
rachis 1. ось, стержень 2. главный черешок листа
rack 1. стеллаж; подставка; рама; козлы; 2.решётка 3. зубчатая рейка 4. вешалка 5. просека [коридор] под несущий канат 6. *англ.* узкий волок, узкая лесная дорога (*для транспортировки преимущественно тонкомерных лесоматериалов*) 7. этажерка; тележка
   coat ~ вешалка
   discharge ~ разгрузочная этажерка
   magazine ~ газетница
   pallet ~ стеллаж для укладки (*рулонов*)
   revolving ticking ~ стеллаж для хранения рулонов обивочного материала с разматывающим устройством
   saw tooth ~ зубчатая стойка полкодержателя
   unloading ~ разгрузочная этажерка (*фанерного пресса*)
rackbench круглопильный станок с передвижным столом, оборудованным реечной передачей (*для перемещения бревна при распиловке*)
raddle 1. жердь, хворост 2. изгородь
radial-sawn радиального распила
radication расположение корней
radicicolous живущий на корнях
radicle *бот.* первичный [маленький]

корешок; зародышевый корень (в семени)
radicose имеющий большие корни
radiculose имеющий многочисленные корешки
radius 1. радиус **2.** вылет стрелы (*крана*)
  swing ~ радиус качания
  turning ~ радиус поворота
radix *бот.* корень
raffinate рафинат, очищенный продукт
raft 1. плот **2.** сплав ‖ сплавлять плотами **3.** затор (*на сплаве*) ◇ **to loose** ~ сплавлять брёвна в кошеле
  barrel ~ плот на бочках
  Benson ~ сигарообразный океанский плот
  Davis ~ *амер.* плот Девиса (*океанский плот, состоящий из рядов скреплённых канатом брёвен*)
  flat ~ плоская сплоточная единица
  round boom ~ кошель
  sea-going ~ морской плот
  stream ~ речной плот
rafter 1. сплавщик, плотогон **2.** стропило, стропильная связь
rafting 1. сплотка **2.** сплав леса плотами; лесосплав в сплоточных единицах **3.** материал для плотов
  ~ **of wood** лесосплав
  booming ~ сплотка древесины в запани
  ocean ~ морской сплав
raftsman сплавщик, плотогон
raftwood сплавляемый в плотах лес
rag 1. утильсырьё **2.** *pl* тряпьё
  roofing ~**s** тряпьё для изготовления толевого картона
raggled с зарубками или выемками
rail 1. рельс **2.** перекладина; поручень ‖ снабжать поручнями **3.** поперечина, брус, направляющая **4.** рейка, брусок **5.** *меб.* царга **6.** обозначение на чертеже детали из дерева с продольным расположением волокон
  apron ~ средний брусок (*дверной рамы*) для крепления замка
  arris ~ ригель треугольного сечения; брусок *или* планка треугольного сечения (*для изгороди*)
  bottom ~ нижняя обвязка (*дверной коробки*)
  breast ~ поручень

  capping ~ верхняя перекладина (*деревянного забора*)
  chain ~ шина цепной пилы
  check ~ **1.** контррельс; направляющий рельс **2.** поперечный брусок, средник
  cross ~ средник (*дверной обвязки*)
  curtain ~ **1.** профильный брусок в качестве решётки в корпусном изделии мебели **2.** кронштейн для занавесей
  end ~ боковина (*кровати*); торцевая перекладина
  fly ~ откидная *или* выдвижная стойка для крепления откидной крышки (*стола*)
  folding ~ направляющая для сгиба заготовки спичечной коробки
  frieze ~ верхний брусок обвязки (*оконного или дверного переплёта*)
  guard ~ бортовой лежень; направляющий рельс; дорожное ограждение; барьер
  guide ~ шина цепной пилы
  lock ~ средник (*дверной обвязки*)
  plinth ~ рейка плинтуса
  safety ~ вспомогательный поручень (*лестницы*)
  seat ~ передняя царга; проножка (*стула*)
  shake ~**s** *цел.-бум.* регистровые шины
  sill ~ подоконный ригель; подоконник
  waist ~ средняя рейка (*оконного переплёта*)
railhead прижелезнодорожный склад
railing 1. кромочный материал; материал для облицовывания кромок **2.** *pl* рейки, планки
railroad железная дорога
  cable ~ дорога с канатной тягой; канатная дорога; фуникулёр
  field ~ временная переносная железная дорога
  forest ~ лесовозная [лесная] железная дорога
  light narrow-gauge ~ узкоколейная железная дорога
  logging ~ лесовозная железная дорога

railroad

narrow-gauge ~ узкоколейная железная дорога
standard-gauge ~ железная дорога нормальной колеи
railside площадка [обочина] у железной дороги
railway *см.* railroad
rain дождь:
   convective ~ конвективный дождь
   orographic ~ орографический дождь
   raindrop текстура древесины в виде капли дождя
   rainfall (атмосферные) осадки; дождь
      total ~ общая сумма осадков
raise выращивать, разводить
raised выпуклый, выступающий (*за пределы основной поверхности*); рельефный
raiser приспособление для подъёма; подъёмник
   head ~ инструмент для извлечения доньев бочек; бондарный рычаг
raising 1. подъём (*барабана ролла*) 2. выращивание, разведение 3. сморщивание (*дефект отделки*) 4. поднятие (*ворса*)
   chip ~ отслоение частиц от поверхности плиты
   grain ~ поднятие ворса
   incipient ~ начальное выращивание; проращивание
   panel ~ обработка дверных филёнок
rake 1. грабли ‖ сгребать граблями 2. наклон, уклон, скос 3. передний угол режущего инструмента 4. скат, покатый пол
   fire ~ пожарные грабли
   root ~ зубчатое бульдозерное полотно; зубчатый корчеватель
   site-prep(aration) ~ подборщик сучьев (*машина грабельного типа для очистки лесосек и подготовки вырубленных площадей к лесовозобновлению*)
rakedozer корчеватель
   straight ~ корчеватель с неповоротным отвалом
rakeout:
   charcoal ~ выгрузка угля из реторты
raker 1. подкос, подпорка, элемент крепления 2. скалывающий зуб (*пилы*); зачищающий зуб (*пилы*) 3. ограничитель подачи (*Г-образного режущего звена пильной цепи*)
raking разрыхление и разравнивание граблями
   ~ of litter сгребание [сбор] подстилки
ram 1. чугунная баба; таран 2. толкатель 3. домкрат 4. *дор.* подбойка, трамбовка
   fluid-operated ~ гидродомкрат
   hydraulic ~ гидравлический цилиндр (*напр. в прессе*)
ramate ветвистый
ramen рамень (*тип леса на богатых почвах*)
ramification 1. ветвь, отросток, ответвление 2. разветвление, ветвление
ramified разветвлённый
ramify 1. разветвляться, ветвиться 2. давать отростки
ramp 1. скат, уклон; наклонная плоскость; эстакада; наклонный въезд 2. место погрузки (*лесоматериалов*) ‖ складировать, штабелевать (*лесоматериалы*) на погрузочной площадке
   skid ~(s) (наклонные) покаты для затаскивания груза
rampike мёртвое дерево; пень
ramping задернение, зарастание (*поверхности*) травами
ramule маленькая ветвь, веточка; веточка второго порядка
ramulose ветвистый, ветвящийся
ramus ветвь, ответвление
random-shaped неправильной формы
range 1. зона, сфера, область 2. ареал, область распространения 3. вариационный размах 4. пастбище 5. часть лесничества 6. ряд; серия 7. амплитуда, диапазон; радиус действия 8. протяжённость, расстояние (*трелёвки*) 9. предел (*измерений*) 10. участок 11. комплект, набор (*мебели*)
   cooking ~ предел жёсткости при варке
   ecological ~ экологическая амплитуда (*приспосабливаемости вида или сообщества*)
   forest ~ 1. лесной обход, лесной участок; лесной массив, лесной район 2. *pl* лесные насаждения
   living room ~ секционная пристенная мебель, стенка

melting temperature ~ диапазон температуры размягчения
root ~ корнеобитаемый слой (*почвы*)
skyline ~ протяжённость [длина] несущего каната
upholstery ~ набор мягкой мебели
ranger работник лесной охраны; лесничий, лесник
county ~ *англ.* общинный лесничий; общинный лесник
district ~ федеральный районный лесничий
forest ~ *амер.* федеральный районный лесничий
ranging-down правка зубьев круглой пилы
rank 1. ранг, разряд (*растения*) ‖ распределять по рангу 2. густой, буйный, разросшийся (*о растительности*) 3. плодородный (*о почве*) 4. трелевать и штабелевать древесину
rank-set установленный на черновую обработку (*о железке рубанка*)
rape:
~ of forest лесонарушение
rapelling:
~ from a helicopter спуск на канате с вертолёта
rate 1. скорость, темп 2. отношение, масштаб, коэффициент 3. величина 4. расценка 5. тариф 6. доза, норма 7. присадка (*ролла*) 8. подсчитывать, измерять ◊ at the ~ со скоростью
~ of aeration степень воздухопроницаемости (*почвы*)
~ of cutting скорость резания
~ of disintegration of the slash скорость распада *или* разложения порубочных остатков
~ of growth 1. процент прироста 2. скорость роста (*дерева*)
~ of production производительность, норма выработки
~ of propagation интенсивность размножения (*растений*)
~ of spread скорость распространения (*пожара*)
application ~ 1. норма высева 2. норма внесения (*удобрений*)
assimilation ~ интенсивность ассимиляции
beating ~ степень помола

bushel ~ сдельная расценка при заготовке леса
calculated felling ~ расчётная лесосека
creep ~ скорость оползания (*почвы*)
day ~ дневная ставка
delivery ~ 1. норма подачи 2. норма высева
distribution ~ 1. норма высева 2. норма внесения (*удобрений*)
drainage ~ садкость, степень размола
field germination ~ полевая всхожесть (*семян*)
flow ~ скорость течения; скорость потока
furnish ~ скорость подачи массы на сетку
heavy ~ высокая доза (*удобрений, ядохимикатов*)
increment ~ процент прироста
infiltration ~ скорость фильтрации (*воды в почве*)
landing ~ тариф за выгрузку на берег
lapse ~ степень погрешности (*прибора*)
nutrient ~ доза питательных веществ
output ~ норма выработки
performance ~ (удельные) трудозатраты (*на единицу продукции*)
piece(work) ~ сдельная ставка
planting ~ норма посадки; норма высева
predation ~ степень уничтожения (*насекомых*)
sowing ~ норма высева
survival ~ приживаемость (*растений*)
transpiration ~ интенсивность транспирации
uptake ~ интенсивность поглощения (*питательных веществ*)
rateline верёвка для временного скрепления брёвен
ratio соотношение, отношение; коэффициент
alkali ~ процент активной щёлочи (*от веса сухой древесины*)
alkali-to-wood ~ отношение активной щёлочи к древесине
available-total ~ отношение доступной формы к валовому содержанию (*питательных веществ*)

ratio

burst ~ коэффициент сопротивления продавливанию
crown diameter ~ соотношение диаметров кроны и ствола (*на высоте груди*)
crown length ~ отношение длины кроны к высоте дерева
cutslope ~ крутизна склона (*выраженная отношением горизонтальной и вертикальной составляющих*)
diameter-to-depth ~ отношение диаметра к высоте
form ~ коэффициент формы (*ствола*)
growth-cut ~ соотношение объёмов прироста и рубки
leaf area ~ отношение листовой поверхности к общему весу (*растения*)
material ~ коэффициент использования материала
percent bursting strength ~ относительное сопротивление продавливанию в процентах
power-to-weight ~ отношение мощности к весу (*напр. пилы*)
power/weight ~ отношение мощности к массе
root-shoot ~ соотношение массы корней и побегов
top-root weight ~ соотношение массы надземной и подземной частей (*сеянца*)
transpiration ~ коэффициент транспирации
tree-area ~ показатель полноты насаждения; отношение площади, занятой деревьями, к общей площади насаждения
void ~ показатель порозности (*почвы*)

ratoon корневой отпрыск, отводок ‖ давать отпрыски
rattail ненормально вытянутый (*о верхушке дерева без боковых ветвей*)
rattan 1. раттан, ротанг; индийская ротанговая пальма Calamus rotang 2. плетённый из раттана
rattle звонкость (*бумаги*)
raveling разрушение дорожного покрытия
ravine овраг, лощина, ложбина
  small ~ лог

raw сырьё
rawwood древесное сырьё
ray (сердцевинный) луч
  aggregate ~ сборный [групповой] луч
  medullary ~ сердцевинный луч
  wood ~ ксилемный луч; участок ксилемы между двумя сердцевинными лучами
rayon искусственное волокно, искусственный шёлк
  supercord ~ суперкордовая вискоза
rayophane *фирм.* гидратцеллюлозная плёнка
ray-vessel сосудисто-лучевой (*о паре пор*)
reach 1. длина (*напр. каната*) 2. пространство, расстояние (*напр. трелёвки*) 3. тяговая балка 4. дышло прицепа 5. выступающая часть (*конструкции*) 6. бьеф 7. достигать, простираться ◇ within ~ доступный, досягаемый
  ~ of crane вылет стрелы (*крана*)
  boom ~ вылет стрелы (*крана*)
reaction реакция
  ~ of soil реакция [кислотность] почвы
  tolerance ~ реакция устойчивости (*растений*)
reactivity реакционная способность, реактивность
  pulp ~ реакционная способность целлюлозы к вискозообразованию
reactor реактор; камера для сжигания в кипящем [в псевдоожиженном] слое
  caustic ~ реактор для щелочения [для облагораживания]
readiness готовность
  germination ~ энергия прорастания семян
reafforest возобновлять лес
reafforestation возобновление леса
reagent :
  flotation ~ флотореагент
ream стопа (*бумаги*)
  long ~ стандартная стопа (*500 листов*)
  mill ~ фабричная стопа бумаги ручного отлива
  short ~ «короткая» стопа (*480 листов*)

356

standard ~ *амер.* стандартная стопа (*500 листов*)
reamer развёртка, расширитель, зенковка
rear 1. задняя сторона 2. *австрал.* часть кромки пожара, продвигающаяся навстречу ветру 3. *кан.* тыловая часть пожара 4. медленно продвигающаяся кромка пожара 5. выращивать, разводить ◇ to ~ the river защищать хвост молевого сплава
rebar заменить гарнитуру (*размалывающих агрегатов*)
rebarker станок для доокорки балансов
rebarring смена гарнитуры (*размалывающих агрегатов*)
rebate *см.* rabbet
reblading замена ножей
reboiler:
  kettle ~ испарительный котёл; котёл-испаритель
rebuilder завод по капитальному ремонту (*оборудования*)
rebuilding капитальный ремонт
reburn 1. повторный пал 2. площадь, пройденная повторным палом 3. повторно обжигать
reburning повторный обжиг
  lime ~ регенерация извести
receiver 1. накопитель 2. приёмный резервуар 3. ловушка для волокна
  charcoal ~ тушильник угля
  condensate ~ оборотник [приёмник] конденсата
  cyclone ~ сборник циклонного типа (*для сульфата*)
  dummy ~ ловушка для волокна (*у диффузора*)
receptacle 1. ёмкость, бак, ящик 2. приёмник для живицы 3. ложе, цветоложе, цветоножка
reception освидетельствование мест рубок
receptivity 1. восприимчивость, рецептивность 2. поглотительная способность
  coating ~ восприимчивость к покрытию
  ink ~ впитываемость чернил
recess 1. выемка, выточка, прорезь; желобок, выкружка; углубление, ниша, впадина 2. *pl* поры (*в бумаге*)
rechipper 1. дезинтегратор, аппарат для измельчения щепы; измельчитель; машина второй ступени размола 2. станок для повторной рубки (*отходов шпона*)
rechipping повторное дробление [повторное измельчение] щепы
reciprocator:
  electrostatic spray ~ электростатическая распылительная установка с возвратно-поступательным движением пистолета
  tree ~ стряхиватель плодов
reclaim 1. мелиорировать, осушать 2. регенерировать 3. восстанавливать, ремонтировать 4. утилизировать, использовать
reclaimer 1. установка для регенерации 2. конвейер для обратного транспортирования; сбрасывающее устройство
reclaiming выгрузка
  centrifuge ~ регенерация центрифугованием (*масляных эмульсий*)
reclamation 1. мелиорация; (коренное) улучшение (*почвы*) 2. регенерация, восстановление, очистка
  ~ of marshland мелиорация заболоченных земель; осушение болот
  drainage ~ осушительная мелиорация
  forest ~ (агро)лесомелиорация
  progressive ~ постепенное осушение (*торфяников*)
reclamative мелиоративный
recliner мягкое кресло с откидывающейся спинкой; глубокое кресло
  contour ~ кресло со спинкой, имеющей контур спины человека
reconditioning 1. обработка древесины при высокой температуре и влажности (*для устранения коллапса*) 2. выдержка фанеры после пресса (*для равномерного распределения влажности*) 3. повторная насечка (*дефибрерного камня*)
reconnaissance 1. инспекционное обследование (*леса*) 2. выборочная таксация леса (*до 10% площади*) 3. предварительное изучение местности [трассы], изыскание
reconstitute 1. восстанавливать, реконструировать 2. изготовлять «реконструированный шпон» (*склейкой разных листов шпона по пласти и по-*

record

следующей строжкой полученных блоков под углом)
record 1. протокол (*напр. испытания*) 2. отмечать, регистрировать
  area ~ ведомость площади
  cut ~ учёт рубок
  forest estimation ~ лесоустроительный план
recorder:
  formation ~ самопишущий прибор, регистрирующий качество формования (*бумаги*)
recover 1. регенерировать, восстанавливать, извлекать 2. утилизировать (*отходы*) 3. улавливать (*волокна*)
recovery 1. регенерация, восстановление, извлечение 2. утилизация (*отходов*) 3. улавливание (*волокон*)
  black liquor ~ рекуперация чёрного щёлоки
  blow heat ~ регенерация тепла сдувочных газов
  cold-acid ~ холодная регенерация
  growth ~ восстановление роста
  hot-acid ~ горячая регенерация
  lumber ~ выход пиломатериалов
  residue ~ использование остатков (*отходов*)
  skimming ~ собирание пены
  slash ~ сбор [и измельчение] отходов лесозаготовок
  spent liquor ~ регенерация химикатов отработанного щёлока
  sulfurous acid anhydride combined ~ холодно-горячая регенерация сернистого ангидрида
  wastepaper ~ облагораживание макулатуры
recreation:
  forest ~ возобновление леса
recruitment 1. прирост насаждения за счёт естественного возобновления леса 2. прирост количества деревьев в насаждении за счёт естественного возобновления леса 3. прирост количества [объёма] деревьев, достигших диаметра рубки за определённый период
recruits прирост количества [объёма] деревьев, достигших диаметра рубки за определённый период
rectangle прямоугольник (*обозначающий погрузочную площадку на схеме освоения лесосек тракторами*)
rectification 1. ректификация, очищение 2. дополнение (*стопы бумаги*) 3. трансформирование (*аэроснимков*)
  vacuum ~ вакуумная ректификация
rectify 1. ректифицировать, очищать 2. дополнять (*стопу бумаги*) 3. трансформировать (*аэроснимки*)
recuperation рекуперация
recurved согнутый вниз; отогнутый назад
recut делительный станок; ребровый станок
recycling 1. повторное использование (*напр. упаковок*) 2. вторичная обработка, переработка
  wastepaper ~ переработка макулатуры
redented зубчатый, зазубренный
redrier дыхательный пресс для шпона и ножевой фанеры
redrying досушивание, подсушка (*фанеры*)
redtop побурение листвы (*на повреждённых деревьях*)
reduce 1. восстанавливать 2. лущить, строгать 3. измельчать, дробить 4. разбавлять, растворять
reducer 1. восстановитель 2. редуцент 3. редуцирующий фактор; редуктор
  butt-end ~ станок для цилиндровки (*комлей брёвен*); оцилиндровочный станок
reducing лущение, строгание; обточка
  boards ~ строгание плит (*до нужной толщины*); калибрование плит
reductant восстановитель
reduction 1. восстановление 2. редукция 3. измельчение 4. уменьшение, снижение 5. сужение 6. разбавление, растворение ◇ ~ **in stock** уменьшение густоты насаждения
  ~ **of debris** очистка (*вырубок*) от порубочных остатков
  degradative ~ деструктивное восстановление
  final ~ окончательное размельчение; окончательное дробление
  fire hazard ~ уменьшение пожарной опасности (*в лесу*)
  grade ~ смягчение [уменьшение] уклона (*дороги*)

redwood 1. сосна обыкновенная (*Pinus silvestris*) **2.** красное дерево (*торговый термин для лесоматериалов из сосны обыкновенной Pinus silvestris в Европе и для калифорнийского мамонтова дерева Sequoia sempervirens в Северной Америке*)
Californian ~ секвойя вечнозелёная, калифорнийское мамонтово дерево (*Sequoia sempervirens*)
virgin ~ секвойя вечнозелёная, калифорнийское мамонтово дерево (*Sequoia sempervirens*)
reed тростник; камыш
fiber ~ бумажный тростник; искусственный тростник из грубой жёсткой бумаги
small ~ вейник (*Calamagrostis*)
willow ~ натуральная лоза; тростник или камыш для плетения
reeding *меб.* украшение поверхности в виде параллельных желобков
reel 1. бобина; барабан; катушка; накат ‖ наматывать; навивать; накатывать **2.** рулон (*бумаги*) ◊ **to** ~ **off** разматывать; **to** ~ **on** наматывать; **to** ~ **up** наматывать, накатывать
center ~ накат с осевой намоткой
counter ~ небольшой рулон (*обёрточной бумаги*)
crossarm ~ крестовинная катушка
delivery ~ наматываемый рулон
drum ~ барабанный накат
entering ~ разматываемый рулон
glue ~ *меб.* веерная вайма
lathe ~ намоточное устройство для лущёного шпона
surface-driven ~ накат с поверхностным приводом
turnable ~ поворотное мотовило (*наката*)
unwinding ~ раскат
upright ~ осевой накат; вертикальный накат
reeler намоточный станок
reeling навивка в рулон (*лущёного шпона, плёнки*)
~ **of wallpaper** накатка обоев
reeling-in наматывание (*напр. каната*)
reel-up накат
refacing вторичное шлифование

refile переточка зубьев (*пилы*) ‖ перетачивать зубья
refine 1. рафинировать, очищать **2.** размалывать
refiner рафинёр
ball-mill ~ шаровая мельница
brushing ~ домалывающая мельница
double-D ~ двухдисковый рафинёр
groundwood ~ рафинёр
screenings ~ рафинёр для отходов сортирования
refining 1. рафинирование, облагораживание **2.** размол **3.** рубки ухода в тропических лесах
~ **of rejected stock** рафинирование отходов сортирования
batch ~ периодический размол
free-discharge ~ рафинирование со свободным выпуском
groundwood pulp ~ рафинирование древесной массы
mechanical ~ механическая очистка
post ~ доводочное рафинирование
pulp ~ облагораживание целлюлозы
pump-through ~ рафинирование с подачей массы под давлением
wood ~ рафинирование древесины
refinishing отделка заново; ремонт отделочного покрытия
reflectivity отражательная способность
reflux 1. орошение (*ректификационной колонны*), дефлегмация **2.** нагревать в сосуде с обратным холодильником **3.** обратный поток
external ~ дополнительное орошение (*ректификационной колонны*)
finite ~ конечное флегмовое число
refoliation вторичное облиствение
reforest восстанавливать лес, восстанавливать лесонасаждения
reforestation лесовосстановление
refractory 1. семена с длительным семенным покоем **2.** трудновосстанавливаемые лесокультурные площади **3.** трудноподдающаяся пропитке древесина **4.** трудный в обработке
refuge долгосрочный заказник; резерват
refuse 1. брак, отходы, отбросы, остатки ‖ бракованный **2.** срыв бумаги
barker ~ отходы окорки

refuse

burnable (combustible) ~ сгораемые отходы
milled ~ измельчённые отходы
plant ~ растительные остатки
scutching ~ трепальные отбросы
regain равновесная влага
regaining:
  waste ~ переработка отходов; использование вторичного сырья
regeneration *англ.* возобновление (*леса*) ◇ ~ by strip felling возобновление от стен леса при полосных рубках; ~ under a shelterwood возобновление леса под пологом
  ~ of cutover stands возобновление леса на вырубках; зарастание вырубок (*лесом*)
  artificial ~ искусственное лесовозобновление
  forest ~ лесовозобновление
  group ~ куртинное возобновление; куртинный подрост
  lateral ~ возобновление от стен леса
  natural ~ естественное возобновление леса; самосев
  timber ~ лесовозобновление
regime режим
  thinning ~ организация рубок ухода
region район, область, территория, местность
  ~ of plant alimentation площадь питания растений
  forest ~ лесной район
register:
  compartment ~ квартальный журнал (*записей о лесоводственных мероприятиях в квартале*)
regression регрессия
  ~ of increment падение прироста
reground правка (*пилы*), переточка
regrowth 1. подрост; порослевое возобновление леса 2. отпрыск, отводок, побег 3. подгон
regular 1. нормальный; регулярный (*о рубках*) 2. равномерный, однородный (*о полосе древостоя*) 3. правильный; точный; надежный; высококачественный
regulating:
  ~ of felt правка сукна; регулирование движения сукна

  ~ of stock consistency регулирование концентрации массы
  ~ of stock quantity количественное регулирование массы; количественная дозировка массы
  ~ of wire правка сетки; регулирование движения сетки
regulation 1. регулирование, упорядочение 2. *pl* правила, инструкция
  ~ of felling 1. *pl* правила рубок главного пользования 2. расчёт размера лесопользования
  ~ of fellings лесорубочный билет
  ~ of pressure on stone регулирование прижима древесины
  area ~ регулирование и контроль объёма рубки
  basal-area ~ регулирование промежуточного пользования лесом по площади поперечного сечения насаждения и по приросту
  cut ~ 1. *амер.* лесорубочный билет 2. *pl* правила отпуска [рубки] леса
  cutting (-practice) ~s правила рубки
  floating ~ регулирование условий сплава
  forest ~ 1. лесоустройство 2. контроль над управлением частными лесами 3. *pl* правила рубок главного пользования
  grinder ~ регулирование работы дефибрера
  inherent ~ автоматическое регулирование
  safety ~s правила техники безопасности
  survey ~ of district лесоустройство
  volume ~ определение выхода древесины (*периодическое или ежегодное*)
  woodworking machinery ~s правила техники безопасности в цехах машинной обработки древесины
  yield ~ 1. лесорубочный билет 2. *pl* правила отпуска [рубки] леса
regulator регулятор
  felt run ~ регулятор движения сукна
  in-line-tyre consistency ~ регулятор концентрации для установки на напорной линии
  stock consistency ~ регулятор концентрации (бумажной) массы
  sure ~ регулятор давления воздуха

wire tension ~ регулятор натяжения сетки
rehabilitation:
~ of high-site forest lands лесовосстановление на высокопродуктивных лесных землях
post-fire ~ восстановление растительности на гарях
reinfestation повторное заражение; повторное заселение; повторная инвазия
reinforcement 1. *амер.* обогащение (*состава древесных пород путём увеличения доли участия ценных пород*) 2. армирование
~ of paper армирование бумаги
reject 1. лесоматериал, не отвечающий стандарту; брак 2. браковать
screen ~s отходы сортирования
rejection 1. отсортированные отходы; брак 2. браковка
rejector:
automatic rot ~ автоматическое устройство для раскряжёвки с учётом гнили
rejuvenation омоложение (*деревьев*)
relascope (зеркальный) реласкоп
relaxer кресло
release 1. освобождение; метод освобождения (*при рубках ухода*) 2. разъединение, размыкание; выключение 3. механизм расцепления
~ of formaldehyde *дер.-об.* выделение формальдегида
initial heat ~ первоначальный саморазогрев (*щепы в кучах*)
relief 1. рельеф (*местности*) 2. рельеф, выпуклый рисунок 3. сдувка 4. перепуск (*варочной кислоты*) 5. задний угол заточки
broken ~ расчленённый рельеф
continuous ~ непрерывная сдувка
digester side ~ боковая сдувка
digester top ~ верхняя сдувка
final ~ конечная сдувка
half ~ рельеф средней выпуклости
side ~ оттяжка щёлока
turpentine ~ терпентинная сдувка
relieve 1. делать рельефным 2. делать сдувку
relish 1. проушина || зарезать проушину 2. облагораживать, отделывать; обрабатывать окончательно

relishing облагораживание, отделка; окончательная обработка
reload перегружать (*напр. с автомобиля в вагон*)
relogging рубка деревьев, оставленных после главной рубки; освоение недорубов; повторные лесозаготовки (*после первичной рубки*)
remains:
plant ~ растительные остатки
remnants обломки, обрезки, остатки
tree ~ обломки деревьев (*остающиеся на лесосеке*)
remouthing смена раструба (*рубанка*)
removal 1. перемещение 2. удаление, устранение 3. трелёвка, вывозка (*леса*) ◇ ~ from mold извлечение (*детали*) из пресс-формы
~ of buttresses обрубка надземных корней перед валкой; обтёска закомелистости перед валкой
~ of felling area очистка лесосек
~ of limbs from tree очистка деревьев от сучьев
~ of loose matches удаление выпавших спичек
~ of timber отпуск леса (*на корню*)
annual ~ ежегодный вынос (*питательных веществ*)
burr ~ снятие грата (*при изготовлении пластмассовой мебели*)
cart ~ гужевая вывозка (*леса*)
charcoal ~ выгрузка древесного угля (*из реторты*)
complete ~ полный вынос (*питательных веществ*)
forest litter ~ сбор лесной подстилки
skyline ~ подвесная трелёвка
slash ~ очистка лесосек
snow ~ before felling расчистка снега перед валкой (*дерева*)
stock ~ снятие слоя древесины (*при шлифовании*)
straight ~ прямая вывозка
total ~ полный вынос (*питательных веществ*)
remover 1. перевозчик 2. средство *или* инструмент для удаления чего-л.
finish ~ средство для удаления отделочного покрытия
junk ~ жгутоизвлекатель (*в гидроразбивателе*)

liquor ~ щёлокоотделитель
staple ~ 1. устройство для переноски штабеля 2. инструмент для удаления скрепок
stump ~ корчеватель пней
varnish ~ средство для снятия лака
rendzina рендзина, дерново-карбонатная почва
renewal обновление; замена, возобновление
~ of working plan повторное лесоустройство
forest ~ возобновление леса
repandodentate волнисто-зубчатый
repellency:
water ~ гидрофобность
repellent 1. репеллент 2. водоотталкивающий состав
fabric water and stain ~ водо- и грязеотталкивающий состав для пропитки тканей
replant пересаживать (растения)
replanting 1. пересадка (растения) 2. пересев (микроорганизмов)
replica копия (напр. античного изделия мебели)
replication повторность (наблюдений)
three ~s трёхкратная повторность
report отчёт
assessment ~ лесоустроительный отчёт
cutting site ~ характеристики осваиваемой лесосеки
reconnaissance ~ 1. план лесной политики 2. лесоустроительный отчёт
survey ~ лесоустроительный отчёт
repotting пересадка растений в горшочках
reprocessing переработка (напр. бумажного брака); повторная обработка
reproduce возобновлять(ся) (о лесе)
reproduction 1. амер. возобновление леса, лесовозобновление 2. размножение
advance ~ предварительное лесовозобновление
artificial ~ искусственное лесовозобновление
bud ~ почкование
establishing ~ благонадёжное лесовозобновление

natural ~ естественное лесовозобновление
subsequent ~ последующее естественное лесовозобновление, самосев
vegetative ~ вегетативное [порослевое] лесовозобновление
repulp распускать, превращать в волокнистую массу (бумажный брак)
repulper шнек-разрыватель; гидроразбиватель
repulping 1. роспуск; превращение в волокнистую массу (бумажного брака) 2. пл. вторичное использование отходов; вторичный размол отходов
requirement потребность, нужда, требование
bleaching ~ потребное количество белящего реагента
fertilizer ~ потребность в питательных элементах
silvicultural ~s лесокультурные [лесоводственные] требования
rereeler перемотчик, перемоторезательный станок
resampling вторичный отбор проб
resaw 1. делительная пила; ребровая пила 2. распиливать на заготовки определённого размера; распиливать по толщине
band ~ ленточная делительная пила; ленточнопильный станок; (ленточный) ребровый станок
radial arm ~ маятниковая пила
rip ~ пила для распила толстых досок на более тонкие
resawing распил на заготовки определённого размера
resawn распиленный по толщине (о доске или бруске)
rescreen 1. вторично сортировать 2. повторно очищать (щепу)
resenes резены (не омыляемые спиртово-щелочным раствором компоненты канифоли, содержащие в своей молекуле углерод, водород и кислород)
reserve 1. резерв, запас ‖ сберегать, запасать 2. маячное [семенное] дерево 3. резервное насаждение 4. заповедник 5. резервировать лесную площадь для лесопользования
biosphere ~ биосферный заповедник
forest ~ лесной заповедник

resistance

scenic ~ ландшафтный заказник
reserved (land) лесная площадь, на которой запрещены лесозаготовки
reservoir резервуар, хранилище
  detention ~ водохранилище (*для задержания паводковых вод*)
  pressure ~ 1. регенерационная цистерна (*работающая под давлением*) 2. напорный бак
  rafting ~ сплавной бассейн
  storage ~ водосборный бассейн; водохранилище
resetting перемонтаж, перестановка (*напр. канатной установки*)
reshape штамповать новые зубья (*на круглой пиле*)
resharpening перезаточка
residual 1. остаточная величина 2. остаточная вариация; показатель статистической ошибки
residue 1. осадок, остаток, отстой; шлам 2. отходы
  bark ~ отходы окорки, корьё
  black-ash ~ остаток после выщелачивания подзола
  distillation ~ остаток при разгонке; кубовой остаток
  felling ~ порубочные остатки; лесосечные отходы
  fixed ~ прокалённый остаток
  flax ~ отходы льняного производства
  forest ~ порубочные остатки; лесосечные отходы
  ignition ~ прокалённый остаток
  living ~s недоруб (*часть леса, оставленная на корне*)
  logging ~ порубочные остатки; лесосечные отходы
  nondistillable ~ остаток, не поддающийся дальнейшей разгонке
  plant ~ лесорастительные остатки
  pot ~ кубовой остаток
  still ~ кубовой остаток
  wood ~ древесные отходы
  wood carbonization ~ древесноугольные отходы
resin 1. смола; канифоль || смолить 2. камедь 3. сырой каучук 4. живица
  alkali-soluble ~ смола, растворимая в щёлочи
  balsam ~ бальзамическая смола
  cast ~ литьевая смола
  cation-exchange ~ катионит, катионообменная смола
  common ~ канифоль
  epoxy ~ эпоксидная смола
  gum ~ смолистая камедь
  hot press ~ смола для клеёв горячего прессования; смола для клеёв горячего склеивания
  pyrolysis ~ пиролизная смола
  reinforced ~ усиленная смола; смола с усиливающими добавками
  rosin-based ~ смола на канифольной основе
  soft ~ живица
  tall oil ~ смола на основе таллового масла
  thermoplastic ~ термопластическая смола
  thermosetting ~ термореактивная смола
  urea-formaldehyde ~ мочевиноформальдегидная смола
resinaceous смолистый
resinate резинат, соль абиетиновой кислоты
  calcium ~ резинат кальция
  zinc ~ резинат цинка
  zinc ~ of formaldehyde modified rosin резинат цинка, модифицированный формальдегидом
resin-bonded склеенный с помощью синтетической смолы
resinosis смолотечение
resinous смолистый
resin-tapping осмолоподсочка
resin-treated пропитанный смолой; обработанный смолой
resistance сопротивление, противодействие, устойчивость, невосприимчивость ~ ~ to fungal attack стойкость к поражению *или* разрушению грибами; ~ to insect attack стойкость к повреждению насекомыми; ~ to lifting сопротивление отслаиванию (*волокна от поверхности бумаги*); ~ to plucking сопротивление отслаиванию (*волокна от поверхности бумаги*); ~ to ply separation сопротивление расслаиванию
  alkali staining ~ цветоустойчивость (*при щелочной варке*)

resistance

bleeding ~ сопротивление выпотеванию (*битуминизированной бумаги*)
block(ing) ~ сопротивление слипанию (*бумаги с покровным слоем*)
blood ~ сопротивление выпотеванию (*битуминизированной бумаги*)
buckling ~ сопротивление продольному изгибу, прочность на продольный изгиб
bundle wave ~ спл. волноустойчивость пучка
chip and tear ~ сопротивление (*шины*) вырывам и разрезам
crack ~ сопротивление растрескиванию
crease ~ стойкость при сгибании
crumpling ~ сопротивление смятию
curling ~ сопротивление скручиванию
cutting ~ сопротивление резанию
decay ~ стойкость к загниванию (*древесины*)
delamination ~ сопротивление расслаиванию
direct-withdrawal ~ сопротивление вытаскиванию (*гвоздей*) в направлении, параллельном стержню гвоздя
disease ~ устойчивость к заболеванию
edge-tearing ~ сопротивление кромки надрыву (*при испытании бумаги по Финчу*)
environmental ~ устойчивость (*насаждений*) к внешнему воздействию
fading ~ сопротивление выцветанию
fat ~ жиронепроницаемость, жиростойкость
fatigue ~ усталостная прочность
folding ~ сопротивление излому
freeze-thaw ~ сопротивляемость перепадам температур
frost ~ морозостойкость
fungus ~ стойкость к поражению *или* разрушению грибами
grade ~ сопротивление движению, вызванному уклоном дороги
grip ~ сопротивление скольжению; сила трения при скольжении
hydraulic ~ сопротивление гидравлическому удару; гидравлическое сопротивление
impact ~ ударопрочность

ink(-rub) ~ сопротивляемость расплыванию чернил
low fluffing ~ склонность к пылению
low pick ~ выщипываемость
perforation ~ сопротивление перфорации
pick ~ сопротивление выщипыванию (*покровного слоя*)
pulp tear ~ сопротивление волокнистого полуфабриката раздиранию
puncture ~ сопротивление проколу; сопротивление пробиванию
raft ~ прочность плота
raft wave ~ волноустойчивость плота
ring crush ~ прочность на сжатие
scuff ~ сопротивление истиранию; сопротивление пылению (*бумаги*)
size ~ степень проклейки
skid ~ сопротивление заносу (*автомобиля*)
splitting ~ сопротивление расщеплению; сопротивление раскалыванию
surface oil ~ поверхностная маслонепроницаемость
termite ~ стойкость к повреждению термитами
wave ~ волноустойчивость (*напр. плота*)
wet-rub ~ сопротивление истиранию во влажном состоянии
resistant:◇ ~ to rot стойкий к загниванию (*о древесине*)
reskidding вторичная трелёвка
reslush повторно обезвоживать
resolve растворяться, пептизировать
resource:
  forest ~s лесные ресурсы
  perpetual ~s возобновляемые, восполнимые (*лесные*) ресурсы
  renewable natural ~s возобновляемые, восполнимые природные ресурсы
  timber ~s запасы спелой древесины
respiration дыхание
  aerobic ~ аэробное дыхание
resplicing перезаплётка, новая заплётка (*петли каната*)
response реакция ◇ **~ to release** отзывчивость (*древесных пород*) на осветление
  epinastic ~ реакция искривления [отклонения] ветвей

stimulatory ~ реакция на стимуляторы; реакция ускорения роста
rest упор, опора
plane ~ основание [подошва] рубанка
resting покой; период покоя (*растений*)
restitution 1. нанесение на карту (*данных аэрофотосъёмки*) 2. трансформирование (*аэрофотоснимков*)
restocking лесовозобновление
restriction ограничение
~ of stock ограничение густоты древостоя, разреживание
cutting ~ in protective forests рубки с ограничением в защитных лесах
size ~ ограничение по размеру
truck length ~s ограничения по длине автопоезда
weight ~ 1. ограничение по массе 2. *pl* правила, ограничивающие массу и нагрузку автомобиля (*на дорогах общего пользования*)
resume: ◇ to ~ growth возобновлять рост
resurfacing повторное шлифование; повторное калибрование; повторное строгание
retardant агент, замедляющий реакцию; замедлитель
decay ~ замедлитель гниения
fire ~ 1. ингибитор горения 2. огнестойкая плита 3. огнестойкая краска; огнестойкая добавка; антипирен
flame ~ 1. ингибитор горения 2. огнестойкая добавка (*при производстве ДСП и ДВП*)
growth ~ замедлитель [ингибитор] роста
moisture ~ водоотталкивающая добавка, гидрофобное средство (*при производстве ДСП и ДВП*)
water absorption ~ водоотталкивающая добавка; гидрофобное средство (*при производстве ДСП и ДВП*)
retardation замедление, задерживание
growth ~ задержка [торможение] роста
retarder замедлитель
blush ~ средство против побеления или помутнения; замедлитель побеления или помутнения (*лаковой плёнки*)

retention 1. удержание, удерживание 2. выдерживание 3. задержание (*напр. снега*)
~ of filler удержание наполнителя
~ of rosin on paper удерживание канифоли на бумаге
bubble ~ наличие пузырей (*в отделочной плёнке*)
load ~ удерживание груза (*в трелёвочном захвате*)
screw ~ удерживание болтов и шурупов (*свойство древесины*)
size ~ удерживание клея
snow ~ снегозадержание
staple ~ удерживание скоб; удерживание скрепок
water ~ задержание влаги, водоудержание
reticulation сетчатое строение, сетчатый узор
retirement:
land ~ эрозия почвы; выдувание почвы
retort реторта
batch ~ реторта периодического действия
car ~ вагонная реторта
continuous vertical ~ непрерывнодействующая вертикальная реторта
retree второй разбор (*бумаги*)
retrieval восстановление; исправление; возвращение в прежнее положение или в прежнее состояние
lateral log ~ возвращение каретки с грузом на линию трелёвки (*при подтаскивании груза со стороны*)
return 1. возвращение 2. выход (*древесины*), щие в переработку 4. задний ход 5. торцевая рейка, торцевой брусок 6. поворот под прямым углом (*при соединении профильных погонажных деталей*)
carriage ~ рейс (*трелёвочной*) каретки
returnable подлежащий возврату (*о таре*)
reuse повторное использование ‖ повторно использовать
revamp исправлять; переоборудовать
reveal 1. притолока 2. четверть (*окна*) 3. расстояние между наружной по-

верхностью стоечного бруса двери и поверхностью филёнки двери
revegetation лесовозобновление
reversion 1. возвращение в прежнее состояние 2. понижение растворимости (*элементов питания*) 3. реверсия, атавизм
    brightness ~ пожелтение (*целлюлозы*)
reverting подбор шпона для двухстороннего облицовывания (*плиты*)
revision:
    ~ **of felling record** освидетельствование мест рубок
    working plan ~ повторное лесоустройство
rewasher аппарат для повторной промывки
rewater оборотная вода
rewetting повторное увлажнение (*бумажного полотна*)
    press-nip ~ повторное увлажнение (*бумаги*) на выходной стороне зоны контакта валов пресса
rewind перематывать
rewinder перемотно-разрезной станок
    slitter ~ *спич.* станок для разрезания рулонов картона
rhipidium веер, опахало (*тип соцветия*)
rhizobium клубеньковая бактерия (*микориза*)
rhizocarpous корнеплодный
rhizocollesy срастание корней
rhizogenic образующий корни
rhizoid ризоид, корневой волосок ‖ ризоидный, корневидный
rhizome корневище
rhizophorous образующий корни
rhizotaxis расположение корней
rhytidome наружная кора
rib 1. острый край; ребро; выступ 2. жилка (*листа*) 3. *pl* рёбра (*черпальной формы*)
    frost ~ морозное ребро (*на стволе*)
    primary ~ центральная жилка (*листа*)
ribbing 1. рёбра 2. волнистый характер поверхности древесины вследствие неравномерной усушки ранних и поздних слоёв 3. неровность покрытия

    structural ~ рёбра для усиления конструкции
ribbing-up формирование закруглённой *или* круглой столярной конструкции (*путём склеивания отдельных брусков*)
ribbons пучки волокон
ribwood *фирм.* экструзионная древесностружечная плита высокой плотности
ricing неровный просвет (*бумаги*)
rick 1. штабель короткомерного баланса (*уложенный в высоту на 1,2 м, в длину на 2,4 м*) 2. укладывать в штабель, штабелевать
rickers круглый лесоматериал (*небольшого диаметра*)
riddance:
    top ~ обрезка вершины
ride 1. просека 2. сторона бревна, соприкасающаяся с землёй (*при трелёвке*) ◊ ~ **between compartments** квартальная просека
    cross ~ поперечная просека
    main ~ основная [главная] просека
    minor ~ квартальная просека
riders второй ряд бочек *или* тюков (*в корабельном трюме*)
ridge 1. хребет, горный кряж 2. борозда ‖ нарезать борозды 3. гребень (*борозды*) ‖ нарезать гребни 4. кровля (*штабеля*) 5. рабатка (*в озеленении*) ◊
    planting ~ посадочная борозда
    tie ~ нарезка борозд (*при обработке почвы*)
    wire ~ морщина на сетке (*бумагоделательной машины*)
riding:
    hard ~ жёсткий ход, жёсткая езда
riffler 1. рифлёр (*изогнутый или язычковый напильник*) 2. песочница
    felt ~ суконная песочница
rift-sawn радиально распиленный
rig 1. оборудование; оснащение; машина 2. оснащать (*напр. канатную установку блоками, канатами*) 3. гребень (*между бороздами*) 4. автопоезд
    bending ~ гнутарный станок, гнутарный пресс
    haul(ing) ~ (лесовозный) автопоезд, подвижной (лесовозный) состав

portable saw ~ переносная пила; передвижной распиловочный станок
semitrailer hauling ~ (лесовозный) автопоезд с полуприцепом [с прицепом-роспуском]
Riga-last единица измерения кубатуры лесоматериалов, равная 2,26 м³ пилёного или тёсаного леса и 1,82 м³ круглого леса
rigger монтажник; рабочий на оснастке трелёвочной мачты
head ~ 1. монтажник, осуществляющий оснастку головной мачты 2. бригадир монтажников
high ~ монтажник; рабочий на оснастке трелёвочной мачты (*срезающий вершину дерева, привязывающий блоки и растяжки*)
rigging 1. монтаж; оснастка трелёвочной мачты 2. узел соединения тягового и возвратного канатов; узел крепления чокеров к тяговому канату
back ~ оснастка тыловой мачты
brake ~ спл. тормозной такелаж
bundle ~ спл. формировочный такелаж
butt ~ прицепная обойма (*система из вертлюгов и серёг, соединяющая тяговый и возвратный канаты, к которым крепятся чокеры, груз, аэростат и др.*)
double-tag line ~ трелёвочная оснастка с закреплёнными на одной скобе двумя сборочными чокерами
stop ~ спл. становой такелаж
tag line ~ трелёвочная оснастка с применением дополнительного (сборочного) чокера
triple-tag line ~ трелёвочная оснастка с закреплёнными на одной скобе тремя сборочными чокерами
yarder ~ прицепное приспособление для канатной трелёвки
right право ◇ ~ to pasture билет на пастьбу скота
forest ~ право пользования лесом
running ~ разрешение на провоз; разрешение на пользование дорогой
timber ~ право на владение лесом (*без права на землю*)
right-of-way 1. полоса отвода (*участок земли, полоса леса, отводимая под дорогу*); трасса (*дороги*) 2. разреше-

ring

ние на прокладку дороги по участку леса
rigid жёсткий, негибкий; устойчивый; неподвижно закреплённый
rigidity жёсткость
paper ~ жёсткость бумаги
rim 1. обод; бандаж (*обода*); реборда (*шкива блока*); (опорное) кольцо; зубчатый венец 2. круглая царга стола *или* стула 3. боковые и задняя стенка выдвижного ящика 4. выпуклый бордюр
bent ~ гнутая облицовка царги *или* столешницы круглого стола
deep well ~ обод с глубоким ручьём; глубокий обод
rim(m)er см. reamer
rind 1. кора ∥ сдирать кору 2. корка
ring 1. кольцо, круг, обод, обруч; фланец, обойма 2. годичное кольцо, годичный слой
annual ~ годичное кольцо, годичный слой
barking ~ окорочное кольцо
catch ~ обжимное кольцо (*для насадки на бочку при снятии уторного обруча*)
collector ~ защитная сетка (*циркуляционная установка*)
concentric ~ годичное кольцо, годичный слой
dee ~ Д-образное кольцо (*напр. в канатной оснастке*)
discontinuous ~ частичное [неполное] годичное кольцо
draft ~ тяговое кольцо
drought ~ отлупная трещина, отлуп
ether ring ~ кольцо, замкнутое кислородным методом
eye ~ коуш, проушина
false ~ ложное годичное кольцо
fire ~ пожарное кольцо (*дерева*)
frost ~ морозное кольцо (*потемнение камбия в годичном кольце*)
glucose anhydride ~ кольцо глюкозного остатка
growth ~ годичное кольцо, годичный слой
gutter ~ коуш, проушина
hog ~ витковая пружина
hook ~ петля крючкового запора (*дверная фурнитура*)

ring

missing ~ пропущенное годичное кольцо
multiple ~ ложное годичное кольцо
packing ~ прокладочное бумажное кольцо
partial ~ частичное [неполное] годичное кольцо
retaining ~ крепёжное кольцо (*вентиляционного отверстия матраца*)
seat ~ круглая царга сиденья
splash ~ диск для удаления массы (*на валу ролла*)
Teco split ~ *фирм.* разрезная кольцевая шпонка для соединения деревянных элементов
traumatic ~ раневая зона
ringbark кольцевать деревья
ringbarking кольцевание деревьев
ringer:
 hog ~ дробилка
ring-girdling 1. кольцевание (*деревьев*) 2. кольцевое повреждение (*деревьев насекомыми*)
ringing 1. кольцевание (*деревьев*) 2. кольцевые повреждения (*деревьев насекомыми*)
ring-porous кольцесосудистый, кольцепоровый (*о древесных породах*)
rip разрыв, раскол (*вдоль волокон*) ◊ to ~ off обдирать кору дерева (*при ударе*)
ripeness спелость, зрелость
ripewood спелая древесина
ripper 1. рыхлитель 2. дер.-об. многопильный станок для продольной распиловки 3. цел.-бум. продольная саморезка
 gang ~ многопильный станок для продольной распиловки
 multishank ~ многозубый рыхлитель
ripping 1. рыхление 2. продольная распиловка
rippling коробление, волнистость
ripsaw многопильный станок для продольной распиловки
rise 1. небольшая возвышенность; подъём 2. поднятие, повышение ‖ поднимать(ся) 3. высота (*крыши, фермы*) 4. разность высот 5. сбег (*дерева*)
chemical pulp capillary ~ капиллярная впитываемость целлюлозы

paper capillary ~ капиллярная впитываемость
riser подступень лестницы
ristle черенковый нож
rive раскалывать(ся), расщеплять(ся); выкалывать (*напр. клёпку или гонт*)
river ['rivə] река ‖ речной ◊ up the ~ вверх по течению
 floatable ~ сплавная река
river ['raivə] инструмент для раскалывания
 lath ~ 1. заготовщик драни *или* планок 2. инструмент для раскалывания на планки для драни
rivet заклёпка ‖ клепать
 bifurcated ~ раздвоенная заклёпка (*бочки*)
 hoop ~ обручная заклёпка (*бочки*)
riving раскалывание, расщепление; выкалывание (*напр. клёпки или гонта*)
 shake ~ колка дранки, колка гонта
road дорога, путь; шоссе ◊ off the ~ в стороне от дороги; по бездорожью; по лесосеке
 abandoned ~ дорога, потерявшая транспортное значение
 access ~ 1. подъездная дорога; ветка (*лесовозной*) дороги 2. магистральная лесовозная дорога
 all-weather ~ дорога круглогодового действия (*проезжая в любую погоду*)
 approach ~ подъездная дорога
 arterial ~ магистральная лесовозная дорога
 backbone ~ магистральная лесовозная дорога
 branch (logging) ~ ветка (лесовозной) дороги; ответвляющаяся (лесовозная) дорога
 brick ~ клинкерная дорога
 brushwood ~ хворостяная гать; дорога, выстланная хворостом; дорога с инвентарным покрытием
 bulldozed skid ~ подготовленный с помощью бульдозера трелёвочный волок
 bumpy ~ ухабистая дорога (*с выбоинами*)
 cable ~ просека под канат; трелёвочный волок при канатной трелёвке
 cart ~ гужевая дорога

clearing ~ 1. лесовозная дорога 2. трелёвочный волок
condemned ~ дорога, потерявшая транспортное значение
connecting ~ лесовозная дорога, проходящая по открытой (*не лесной*) местности; ветка, соединяющая лесные дороги с дорогой общего пользования
corduroy ~ 1. вспомогательная дорога (*для перевозки людей, грузов*) 2. лежневая (лесовозная) дорога
drag(ging) ~ трелёвочный волок
dray ~ порожняковая дорога; узкая дорога
driving ~ сплавной путь; сплавной канал
elevated ~ надземная дорога; эстакада
exposed ~ дорога, проходящая по открытой местности
extraction ~ трелёвочный волок
fair-weather ~ дорога сезонного действия (*проезжая в сухую погоду*)
feeder ~ подъездная дорога; ветка (лесовозной) дороги
float ~ сплавной путь; сплавной канал
fore-and-aft ~ 1. настил из досок (*для выкатки брёвен из воды*) 2. трелёвочный волок
forest ~ 1. лесовозная дорога 2. дорога, проходящая по лесу
go-back ~ возвратная ветка дороги (*для порожняка*)
gutter ~ трелёвочный волок
haulage [hauling] ~ лесовозная дорога
hay ~ хозяйственная дорога (*для доставки предметов снабжения на лесопункт*)
lateral ~ боковая дорога
logger [logging] ~ лесовозная дорога; трелёвочный волок
loop ~ объездная дорога
lower standard ~ временная (*упрощённая*) дорога
lumber plank ~ дорога с инвентарным покрытием
metal ~ щебёночная дорога
pioneer ~ подъездной путь при строительстве лесовозной дороги; временная дорога

plank ~ лежневая (лесовозная) дорога
primary ~ магистральная лесовозная дорога
return-trip ~ возвратная ветка дороги (*для порожняка*)
rutted ~ изрезанная колеями дорога
secondary (truck) ~ лесовозный ус
service ~ временная дорога
skid(ding) ~ трелёвочный волок
skipper ~ укреплённый трелёвочный волок (*на котором брусья уложены зигзагообразно под углом 60° друг к другу или поперёк волока с интервалами*)
skyline ~ линия расположения несущего каната
slick ~ ледяная дорога
slip ~ трелёвочный волок
soft asphalt ~ грунтовая дорога, улучшенная грунтоасфальтом
soft-cement ~ грунтовая дорога, улучшенная цементом
soil ~ грунтовая дорога
spar ~ лесовозный ус
spur ~ лесовозный ус
stabilized soil ~ дорога с укреплённым покрытием
stringer ~ трелёвочный волок из параллельно проложенных брусьев
strip ~ колейная (лесовозная) дорога; волок
stub spur ~ лесовозный ус
subsidary ~ вспомогательная дорога
swing ~ волок при вторичной трелёвке (*от промежуточного склада к дороге*)
tore ~ хозяйственная дорога (*для доставки предметов снабжения на лесопункт*)
tote [toting] ~ подвозная кладевая дорога; гать
tough ~ труднопроходимая дорога
track ~ лежневая (лесовозная) дорога
travail ~ санный трелёвочный волок
wagon ~ гужевая (лесовозная) дорога
wood-transport ~ лесовозная дорога
yarding ~ см. cable road
roadability проходимость по дороге; приспособленность для езды по дорогам
roadable обладающий способностью двигаться по дороге

roading 1. двухступенчатая трелёвка (*трелёвка предварительно подтрелёванного и окученного леса*) 2. густота дорожной сети (*протяжённость дорог на единицу площади*) 3. строительство и содержание дорог
roadman дорожный рабочий
roadnet дорожная сеть
  forest ~ сеть лесовозных дорог
roadpattern расположение дорог; схема транспортного освоения лесосеки
roadside 1. обочина (*дороги*), придорожная полоса 2. площадка у лесовозной дороги, верхний склад
roadtread проезжая часть дороги
roast обжигать, кальцинировать
roaster обжигающая печь
  fluosolids ~ печь для обжига в кипящем слое
  Herreshoff ~ полочная печь
  multiple-hearth ~ полочная печь
  pyrites flash ~ печь для обжига пылевидного колчедана
  turbulent layer ~ печь для обжига в кипящем слое
robe шкаф, гардероб
  hanging ~ платяной шкаф
rocker кресло-качалка
  folding ~ складное кресло-качалка
  swivel ~ кресло-качалка с механизмом наклона
rod 1. деревянная мерная рейка (*используемая при изысканиях в сочетании с нивелиром*) 2. стержень 3. шток; тяга 4. брандспойт (*опрыскивателя*)
  baton ~ упор оконного переплёта
  ignitible ~ воспламеняемая лучинка (*первый образец спичек*)
  J-shaped ~ J-образный стержень для отклонения возвратного троса (*канатной установки*)
  layout ~ измерительная линейка; столярная линейка
  Mayer ~ цел.-бум. спиральный валиковый скребок
  sight(ing) ~ визирная рейка
  strain ~ колонка пресса (*для склейки фанеры*)
  surveying ~ вешка; мерная рейка
  target ~ нивелирная рейка
  wire wound equalizer ~ спиральный валиковый скребок

rodenticide пестицид против грызунов
roe кособой (*в древесине*)
  broken ~ текстурный рисунок в виде ломаной линии (*древесины африканской породы макоре*)
  pencil ~ декоративный полосатый текстурный рисунок древесины радиального распила
rogueing искусственный отбор (*нежелательных деревьев в семенных древостоях*)
roll 1. вал; валик; валец; каток; ролик (*см. тж.* roller) 2. барабан 3. скатка (*брёвен*) ‖ катить(ся); переваливаться 4. рулон 5. каландрировать 6. список, реестр ◇ to ~ down скатываться; to ~ over опрокидывать; to ~ up штабелевать (*брёвна*)
  adjustable wrap ~ регулировочный разгонный валик
  air (removing) ~ пузырный валик
  antideflection ~ непрогибающийся вал
  applicator ~ 1. валик для нанесения покровного слоя 2. вал для нанесения клея
  automatic guide ~ автоматический сетковедущий валик
  baby ~ вал предварительного пресса (*круглосеточный картоноделательной машины*)
  bandless beater ~ безбандажный барабан ролла
  batch ~ рулон бумаги, готовый для каландрирования *или* резки
  beater [beating] ~ барабан ролла
  bed ~ валик для поддержки рулона
  belt-wrapped grooved ~ желобчатый валик с чулком из сетки
  bendable ~ прогибаемый вал (*каландра*)
  bit ~ скатывающийся в рулон материал с карманами для ручных инструментов
  blow ~ 1. пузырный вал 2. промежуточный бумаговедущий валик
  bowed ~ разгонный валик
  break-back ~ переломный вал
  breaker ~ барабан разбивного [полумассового] ролла
  breaking ~ разделительный валик (*пресса для резки папки*)
  breast ~ грудной вал

roll

brush ~ щёточный валик
bush ~ шарошка (для насечки дефибрерных камней)
calender ~ вал каландра
casting ~ обогреваемый валик (для распределения покровного слоя)
cellular suction ~ ячейковый отсасывающий вал
chill ~ охлаждаемый вал
chilled iron ~ вал (каландра) с закалённой поверхностью
controlled crown ~ вал с регулируемым прогибом
copper wash ~ приспособление для промывки сетки (под сосунами бумагоделательной машины)
corrugated ~ желобчатый валик
cotton(-filled) ~ вал каландра с набивкой из запрессованного хлопка
couch ~ гауч-вал
counter ~ забракованный рулон бумаги; «возвратный» рулон
crushed ~ деформированный рулон
crushing ~ рубительный цилиндр
curb ~ валик мансардной крышки
cutter backing ~ вал саморезки с дисковыми ножами
dampening [damping] ~ увлажняющий валик
dancing ~ 1. прижимный ролик 2. сетконатяжной валик; бумаговедущий валик
dandy ~ ровнительный валик, ровнитель
dandy ~ for wove paper веленевый (гладкий) ровнитель
defloculating ~ дефлокуляционный валик
design ~ валик для водяных знаков
dip ~ погружающий валик (при поверхностной проклейке)
dipping ~ прижимный ролик
discharge ~ собирающий валик
doctor ~ 1. цел.-бум. шаберный валик; валик для удаления избытка покровного слоя 2. дозирующий валец (клеенамазывательного станка)
double-shell drier ~ сушильный цилиндр с двойным кожухом
draw ~ 1. валик для передачи бумажного полотна 2. натяжной валик
drawing-in ~ заправочный валик
drier ~ сушильный цилиндр

dry ~ скатка брёвен (при зачистке сплава)
dry left ~ сукноведущий валик сушильного сукна
embossing ~ валик для тиснения
etched ~ гравированный валик
evener ~ выравнивательный валик (в напорном ящике)
expander ~ разгонный валик; расправляющий валик
fabric table ~ регистровый валик с синтетической рубашкой
feed(er) ~ подающий валик
felt(-carrying) ~ сукноведущий валик; сукнонесущий вал
felt-covered ~ вал с суконным чулком
felt guide ~ сукноведущий валик
felt stretch(ing) ~ сукнонатяжной вал
felt suction ~ сосун мокрого сукна
felt wash(ing) ~ вал сукномойки, сукномоечный вал
felt widening ~ разгонный валик
felt-wrapped ~ гладильный вал; вал с суконной обмоткой
fiber-filled ~ вал (каландра) с бумажной набивкой
filled ~ набивной вал
finger ~ волнистый текстурный рисунок; текстурный рисунок в виде завитков
flat ~ смятый рулон (бумаги)
floating ~ поплавковый валик
flow ~ распределительный валик (в напорном ящике)
fluted ~ 1. рубчатый каток (напр. для обработки почвы) 2. цел.-бум. рифлёный валик
fly ~ пружинный валик; промежуточный бумаговедущий валик
forming ~ 1. форматный вал 2. формующий цилиндр (для фибры)
forward ~ ведущий вал
forward drive ~ сетконриводной вал
fully wormed ~ разгонный валик
furnish ~ подающий вал
furrow table ~ желобчатый регистровый валик
grooved table ~ желобчатый регистровый валик
grooved-tube ~ желобчатый регистровый валик

roll

guide ~ 1. правильный валик 2. сетковедущий валик 3. направляющий валик
hitch ~ сукнонатяжной валик
hold-down ~ прижимной ролик (валец)
holey ~ перфорированный валик
Hollander ~ барабан ролла
honeycomb ~ вал ячеистой конструкции
hot air felt blowing ~ сукнообдувной валик
hourglass-type ~ двухконусный ролик
industrial ~ кряж цилиндрической формы (в верхнем отрубе без коры диаметром 15 см)
Jumbo ~ рулон бумаги машинной намотки
jump ~ направляющий ролик (дефибрера)
king ~ главный вал
kiss ~ 1. валик для нанесения покрытия 2. увлажнительный валик
knurled ~ рифлёный валик
laid-dandy ~ ровнитель с водяными знаками в виде параллельных линий
lava ~ барабан ролла из базальтовой лавы
lead drier ~ передний цилиндр сушильной части
lead-in ~ приёмный валик
lead-off ~ отводящий валик
leveling ~ цел.-бум. междусосунный валик
licker-in ~ приёмный барабан (чесальной машины)
lick-up ~ самосъёмное устройство
live ~ приводной ролик
loosely wound ~ слабо намотанный рулон
lump breaker ~ прижимной валик над отсасывающим гауч-валом; валик для разбивания комков; шаберный валик на верхнем гаучвале
making ~ форматный вал
marking ~ маркировочный валик
metering ~ измерительный [мерный] валик
mill ~ рулон бумаги после бумагоделательной машины
Mount Hope ~ фирм. разгонный валик

mount-type ~s изогнутые валики с постоянной дугой кривизны
narrow ~ бобина
nip ~ 1. направляющий ролик 2. контактный валик; промежуточный каландровый вал 3. pl сырой глезер; полусухой каландр
open ~ вал с перфорированной рубашкой
outfeed ~s выводящие ролики
outfeed guide ~s приёмный направляющий рольганг (на выходе из лесопильной рамы)
outfeed press ~s рольганг с прижимным устройством на выходе (из лесопильной рамы)
paddle ~ вал с лопастями
paper ~ 1. бумаговедущий валик 2. рулон бумаги
paper calender ~ бумажный вал каландра
paper-filled ~ вал каландра с набивкой из запрессованной бумаги
parent ~ рулон машинной намотки, направляемый на перемотку и резку
paste ~ валик для нанесения покровного слоя
pattern ~ валик для тиснения
perforated distribution ~ дырчатый распределительный валик (в напорном ящике)
perforated flow ~ дырчатый распределительный валик (в напорном ящике)
picker ~ вращающийся гребок с деревянными зубьями
pick-off ~ приёмный вал
pick-up ~ форматный вал
pin ~ вал с зубьями
pinch ~ 1. цел.-бум. заправочный валик 2. нажимный валец; нажимный ролик
plain peeler ~ гладкий пресс
pocket ventilating ~ сукноведущий валик с продувкой воздуха (типа Маделена)
pony ~ 1. бобина 2. предварительный сушильный цилиндр
presser ~ см. lump breaker roll
prewet ~ валик для предварительного нанесения суспензии
pull ~ тянущий валик; валик массы
pulp ~ полумассный ролл

372

roller

queen ~ второй снизу вал каландра
rake ~ вращающийся гребок с деревянными зубьями
rectifier ~ выпрямляющий вал
retainer ~ удерживающий валик
return felt ~ сеткоповоротный [обратный] сукноведущий валик
return wire-leading ~ обратный сетковедущий валик
ribbed ~ рифлёный ролик (*фрезерно-пильного станка*)
ribbed live ~ рифлёный приводной ролик
rider ~ 1. прижимный вал (*перемотного станка*) 2. шаберный валик
scanning ~ валик для бокового направления бумаги
scroll ~ червячный вал
self-doctoring ~ самоочищающийся вал
sensing ~ прецизионный валик
shredding ~ измельчающий вал
size ~ вал для нанесения клея
sizing ~ погружающий валик (*при поверхностной проклейке*)
slipped ~ бобина для бумажных рулонов
smoothing ~ контактный валик; промежуточный каландровый вал
snake ~ разгонный валик (*для мокрых сукон*)
spray ~ спрысковой валик
spread(er) ~ разгонный валик; ровнительный валик
squeeze ~ отжимный валик
stone ~ барабан ролла с каменной гарнитурой
stonite-covered ~ вал со стонитовой рубашкой
stretch(er) [stretching] ~ натяжной валик
strip ~ снимающий валик
stub ~ неполный рулон (*бумаги*)
suction ~ отсасывающий валик
suction couch ~ with suction box отсасывающий гауч-вал с вакуум-камерой
suction felt ~ щелевая отсасывающая сукномойка
sweat ~ холодильный валик
table ~ регистровый валик
take-up ~ снимающий вал, гауч-вал (*круглосеточной машины*)

take-up suction ~ пересасывающий вал
telescoped ~ рулон бумаги с телескопическим смещением слоёв (*дефект намотки*)
transfer ~ промежуточный валик
tube ~ регистровый валик
turning ~ сеткоповоротный [обратный] валик
under ~ нижний вал
unfelted press ~ не покрытый сукном вал
unwinding ~ разматываемый рулон
velin dandy ~ ровнитель для веленевой бумаги
veneering ~s вальцовый пресс для фанерования
venta-nip top ~ верхний вал с вентилируемой зоной контакта
VN top ~ *см.* venta-nip top roll
warping ~ перфорированный валик (*в напорном ящике*)
wash ~ промывной барабан; сукномоечный вал
watermark dandy ~ ровнитель с водяными знаками
web-spreading ~ разгонный валик для бумажного полотна
winding-up ~ накат
wiper [wiping] ~ валик для удаления избыточной меловальной суспензии
wire ~ сетковедущий валик
wire-carrying ~ регистровый валик
wire-covered table ~ проволочный регистровый валик
wire leading ~ сетковедущий валик
wormed ~ червячный вал
wrapper ~ 1. рольно-паковочный станок 2. рулон упаковочной бумаги
wringer ~ отжимный вал
rolled 1. вальцованный; катаный 2. каландрированный, лощёный (*о бумаге*)
roller 1. каток (*напр. дорожный*) 2. ролик, валец; валик (*см.тж.* roll) ◊ ~ for glazing лощильный валик
antichattering ~ антивибрационный ролик
carrier ~ поддерживающий [верхний] каток (*гусеницы*)
covering ~ 1. прикатывающий каток 2. заделывающий каток (*сеялки*)
creasing ~ *спич.* фальцующий ролик

373

roller

crowfoot ~ шпоровый каток
dead ~s неприводной роликовый конвейер [рольганг]
disk ~ кольчатый каток
duct(or) ~ передаточный [дукторный] валик; дуктор
fairlead ~ направляющий ролик (для каната лебёдки)
feed ~ подающий ролик; подающий роликовый транспортёр
flat ~ гладкий каток
fluted feed ~ рифлёный подающий ролик
friction pressing ~ фрикционный каландр
graining ~ вальцовый станок для нанесения текстурного рисунка
gravity ~ гравитационный роликовый транспортёр; pl роликовые подкладки
grooved ~ рифлёный валец
idler ~ 1. холостой [неприводной] ролик 2. поддерживающий [верхний] каток (гусеницы); несущий ролик
imbedded ~ плавающий ролик
ink(ing) ~ накатывающий [красильный] валик
jockey ~ натяжной шкив (гусеничной цепи)
leaf ~s листовёртки (Tortricidae)
live ~ приводной ролик
mangle ~ валёк, ролик для выжимания
nip ~ 1. направляющий ролик 2. pl прижимные валы (к центральному валу в многовальных прессах)
rubber-coated backing ~ обрезиненный ролик для нанесения дублированного покрытия
sheepsfoot ~ кулачковый каток
smooth-wheeled ~ гладкий каток
spiked ~ валец с шипами, рябуха
spring-loaded ~ пружинящий [подпружиненный] ролик
stump ~ отводной блок на лесосеке
take-in ~ приёмный валик; захватывающий ролик
tappet ~ упорный ролик; ролик толкателя
toed-in ~s скошенные ролики (для поддержания контакта кромок склеиваемых полос шпона)

trough ~s катки, придающие конвейерной ленте форму лотка
rolling 1. накатка; погрузка брёвен накатыванием 2. прикатывание; укатка (поверхности) 3. вальцовка, вальцевание 4. лощение
~ of stumpwood chips вальцевание осмольной щепы
hot ~ лощение на обогреваемых паром каландровых валах
leaf ~ скручивание листьев
rolling-off поворачивание зависшего дерева с помощью рычага (для приземления)
rollknife нож барабана
rollway 1. скат (для брёвен) 2. разгрузочная площадка (оборудованная устройством для транспортировки лесоматериалов)
roof цел.-бум. выпускная щель (формующего устройства)
pitched ~ крыша (напр. штабеля)
roofers низкокачественные доски; крышные доски (для штабелей)
room отдел, отделение, цех; помещение
beater ~ рольный отдел
color boiling ~ красковарка
color mixing ~ краскотёрочное отделение
constant humidity testing ~ помещение для испытаний при постоянной влажности
digester ~ варочный отдел
filing ~ заточная мастерская
finishing ~ отделочный цех
furnace ~ цел.-бум. печной отдел; (черно)содовое отделение
glue ~ клееварка
growth ~ теплица, оранжерея
kitchen ~ отдел приготовления меловальных растворов
liquor ~ каустизационный отдел
sanding ~ шлифовальный цех
screen ~ очистной цех
shade matching ~ помещение для подбора оттенков (при крашении бумаги)
size-preparing ~ клееварка
sorting ~ сортировочный зал, паккамера
testing ~ помещение для испытаний при постоянной влажности

upholstery ~ цех мягкой мебели
wet ~ очистной цех
root 1. корень ‖ укореняться 2. основание (*зуба пилы*) ◇ to ~ out [up] корчевать (*пни*)
absorbing ~ поглощающий корень
abventitious ~ придаточный корень
brace ~ опорный корень
branch ~ боковой корень
breathing ~ пневматофор, дыхательный [воздушный] корень
buttress ~ досковидный [поддерживающий] корень
coronal ~ мочковатый корень
deeply descending ~ якорный корень
extension ~ ростовой корень
feeding ~ питающий корень
fibrous ~ мочковатый корень
fungus ~ микориза
grafted ~s сросшиеся корни
knee ~ корневой вырост
lateral ~ боковой корень
major ~ главный [стержневой] корень
plate ~ пластинчатый корень
prop ~ столбовидный [опорный] корень
radicle ~ зародышевый [первичный] корень
shallow ~ поверхностный корень
side top ~ боковой стержневой корень
sinker ~ якорный корень
stilt ~ столбовидный [опорный] корень
stock ~s корни подвоя
superficial ~ стелющийся по поверхности корень
supporting ~ столбовидный [опорный] корень
tap ~ главный [стержневой] корень
tender ~ тонкий [нежный] корень
rootage 1. укоренение 2. корневая система
root-cap корневой чехлик
rooted укоренившийся
rooter 1. корчеватель 2. плуг для выпахивания корней 3. дорожный плуг
root-grafting:
  natural ~ срастание корней
rooting of cutting укоренение черенка
rootlet корешок, проросток
rootshoot корневой отпрыск

rootstock 1. корневой отпрыск 2. корневище 3. подвой (*корнеотпрысковое растение или отрезок корня*) 4. корневая система (*порослевых деревьев*)
rootwood корневая древесина
rope 1. верёвка; канат; трос 2. рисунок текстуры в виде верёвки (*перекрученные волокна*)
anchor ~ анкерный [крепёжный] канат; оттяжной трос; анкерная оттяжка
back-tender ~ канатик для заправки бумаги (*в сушильной части*)
blue strand preformed ~ стальной нераскручивающийся канат
bull ~ оттяжка
carrier ~ канатик для заправки бумаги (*в сушильной части*)
climbing ~ канат для подъёма на трелёвочную мачту элементов оснастки (*прикрепляемый к поясу монтажника*)
driving ~ ведущий канат
fastening ~ обвязочный канат
fiber cores ~ канат со многими волокнистыми сердечниками
flattened strand ~ трёхгранноструйный канат
ground ~ нижний тяговый канат
guy ~ растяжка, оттяжка; канат для растяжки
hanging ~ прицепной канат (*для трелёвочной установки с одним замкнутым канатом*)
haulage ~ тяговый [грузовой] канат
haul-back wire ~ возвратный [холостой] канат
haul-in ~ тяговый [грузовой] канат
hemp ~ пеньковый канат
hoist(ing) ~ подъёмный канат
idle ~ бездействующий канат
inhaul ~ тяговый [грузовой] канат
main ~ тяговый [грузовой] канат
manila ~ канат из манильской пеньки; пеньковый канат
nonpreformed ~ обыкновенный раскручивающийся канат (*канат из проволок и прядей, у которых не сняты внутренние напряжения*)
outhaul ~ возвратный [холостой] канат

preformed ~ нераскручивающийся канат (*канат из проволок и прядей, у которых сняты внутренние напряжения*)
return check ~ возвратный канат скрепера
steel-wire ~ стальной канат, трос
tail ~ *австрал.* возвратный [холостой] канат
upper ~ несущий канат (*подвесной дороги*)
white ~ «канатная» обёрточная бумага, манильская бумага
wire ~ 1. стальной канат, трос 2. канатная установка
wire strand ~ канат одинарной свивки; спиральный канат
ropeway канатная транспортная система; канатная дорога
  aerial ~ подвесная [воздушаная] канатная дорога
  overhead ~ подвесная канатная система
  skyline ~ подвесная канатная система
roping 1. крепление троса 2. продольные морщины (*дефект бумажного полотна*)
rosin канифоль, смола
  disproportionated ~ диспропорционированная канифоль
  finely divided ~ тонкоизмельчённая канифоль
  finished industrial ~ облагороженная товарная канифоль
  formaldehyde-treated tall oil ~ талловая канифоль, модифицированная формальдегидом
  fumarated wood ~ экстракционная канифоль, модифицированная фумаровой кислотой
  fumaric-modified ~ канифоль, модифицированная фумаровой кислотой
  gum ~ живичная канифоль
  limed ~ кальцинированная канифоль
  maleic anhydride-modified ~ канифольно-малеиновый аддукт
  N wood ~ экстракционная канифоль марки N (*по цветности*)
  opaque ~ непрозрачная канифоль
  oxidized ~ окислённая канифоль
  oxonated ~ оксонированная канифоль
  partially esterified ~ частично этерифицированная канифоль
  residual ~ канифольный остаток
  saponified ~ омыленная канифоль
  tall oil ~ талловая канифоль
  wet-process ~ экстракционная канифоль
ross 1. окорять бревно 2. подравнивать поверхность бревна
rosser 1. корообдирочный станок; станок для доокорки балансов 2. *цел.-бум.* корообдирка 3. окорщик
rosserhead режущая головка для окорки древесины
rossing окорка; доокорка, чистая окорка
rot гниль ‖ гнить, разлагаться; портиться ◇ **liable to** ~ нестойкий к загниванию (*о древесине*)
  Annosus root ~ пёстрая гниль корней (*возбудитель — корневая губка, Fomes annosus, Fomitopsis annosa*)
  Armillaria root ~ белая периферическая гниль корней (*возбудитель — опёнок настоящий, Armillaria mellea*)
  blue ~ синева древесины
  brown ~ бурая (трещиноватая) ядровая гниль
  brown ~ **of birch** смешанная желтовато-бурая гниль на берёзе (*возбудитель — берёзовая губка или трутовик берёзовый, Polyporus betulinus, Piptoporous betulinus*)
  brown-mottled white ~ корневая центральная гниль ствола
  brown pocket sap ~ **of conifers** бурая ямчатая заболонная гниль хвойных пород
  brown sap ~ бурая заболонная гниль
  brown spire ~ бурая гниль отмершей древесины
  butt ~ напенная гниль; комлевая гниль
  central ~ ядровая гниль (*возбудитель — гриб Fomes*)
  crown ~ гниль корневой шейки (*возбудитель — гриб Phytophthora parasitica*)
  crumbly brown cubical ~ бурая сплошная кубическая гниль (*возбудитель — окаймлённый трутовик, Fomes pinicola, Fomitopsis pinicola*)
  cubical ~ кубическая гниль; призматическая гниль

rotary

dry ~ сухая бурая призматическая гниль (*возбудитель — настоящий домовый гриб, Merulius lacrymans, Serpula lacrymans*)
fibrous yellow heart ~ волокнистая жёлтая ядровая гниль (*возбудитель — гриб Echinodontium tinctorium*)
final ~ гниль (*древесины*) в третьей стадии развития
Fomes annosus root ~ пёстрая гниль корней (*возбудитель — корневая губка, Fomes annosus, Fomitopsis annosa*)
grey-brown sap ~ серо-бурая заболонная гниль (*возбудитель — гриб Polyporus volvatus*)
hard sap ~ твёрдая (заболонная) гниль
heart ~ ядровая гниль (*возбудитель — гриб Fomes*)
honeycomb ~ коррозионная (сотовая) гниль
long pocket ~ продолговато-ямчатая гниль (*возбудитель — гриб Hydnum abietis*)
marble ~ белая волокнистая гниль
marginal ~ гниль (*древесины*) в первой стадии развития
mottled ~ пёстрая (ситовая) ядровая гниль
mottled butt ~ подпар, гниль (*древесины*) в первой стадии развития
mottled white trunk ~ белая мраморовидная гниль стволов (*возбудитель — настоящий трутовик, Fomes fomentarius*)
patchy white ~ белая гниль (*возбудитель — гриб Polyporus resinosus*)
pitted sap ~ пёстрая ямчатая гниль (*возбудитель — гриб Polystictus abietinus, Polyporus abietinus*)
pocket ~ «гнилой карман» (*в древесине*)
red ~ пёстрая (ситовая) ядровая гниль
red heart ~ бурая раневая гниль стволов (*возбудитель — гриб стереум кровяной, Stereum sanguinolentum*)
red ring ~ пёстро-красная гниль (*возбудитель — сосновая губка, Phellinus pini*)
root ~ корневая гниль (*возбудитель*

— *грибы Armellaria, Oozonium, Thielavia и др.*)
sap ~ заболонная [периферическая] гниль (*возбудитель — древесные грибы*)
small-mottled ~ беловатая гниль древесины (*возбудитель — гриб Daedalea unicolor, Cerrena unicolor*)
soft white spongy ~ мягкая белая гниль (*возбудитель — гриб Polyporus hirsutus*)
specked yellow ~ пятнистая [пёстрая] жёлтая гниль (*возбудитель — гриб Trametes hispida*)
spongy root and butt ~ губчато-волокнистая [белая] корневая и напенная гниль (*возбудитель — опёнок настоящий, Armillaria mellea*)
stringly yellow ~ волокнистая жёлтая гниль (*возбудитель — гриб Corticium gallactinum*)
subalpine slash ~ субальпийская гниль мёртвой древесины (*возбудитель — гриб Stereum rugisporum*)
superficial sap ~ поверхностная гниль (*возбудитель — щелелистник обыкновенный, Shizophillum commune*)
white cubical heart ~ ядровая кубическая белая гниль стволов и корней ели и пихты (*возбудитель — гриб Polyporus borealis, Abortiporus borealis*)
white mottled ~ желтовато-белая ядровая гниль (*возбудитель — плоский трутовик, Fomes applanatus, Ganoderma applanatum*)
white ring ~ жёлто-белая кольцевая гниль стволов (*возбудитель — ложный дубовый трутовик, Fomes robustus, Phellinus robustus*)
white slash ~ белая смешанная гниль (*возбудитель — гриб Stereum hirsutum*)
white spongy ~ белая [коррозионная] гниль (*возбудитель — корневая губка, Fomes annosus, Fomitopsis annosa*)
white trunk ~ of birch ядровая белая гниль стволов берёзы (*возбудитель — гриб Poria obliqua*)
rotapulper *фирм.* ротапальпер (*аппарат для роспуска массы*)
rotary вращающийся варочный котёл

rotation

rotation 1. оборот, вращение 2. оборот рубки 3. севооборот
~ **of the greatest volume production** оборот рубки по количественной спелости
~ **of the highest income** оборот рубки по хозяйственной спелости
biological ~ оборот рубки по естественной [по физической] спелости
cutting ~ оборот рубки
economic ~ оборот рубки по экономической спелости
felling ~ оборот рубки
financial ~ оборот рубки по финансовой спелости
forest crop ~ смена пород
moisture ~ влагооборот, круговорот воды (*в природе*)
physical ~ оборот рубки по естественной [по физической] спелости
short ~ короткий оборот рубки
silvicultural ~ оборот рубки по возобновительной спелости
technical ~ оборот рубки по технической спелости
timber ~ оборот рубки
rot-damaged поражённый гнилью (*о древесине*)
rotoformer *фирм.* станок для нанесения покрытия
rotor конус (*рафинёра или конической мельницы*)
rotoscreen *фирм.* ротоскрин, сортировка
chip ~ многогранная сортировка для щепы
rotospray *фирм.* устройство для очистки наполнителей и красок
rotten разложившийся, гнилой, трухлявый
rottenwood древесина, поражённая гнилью
rough грубый, шероховатый, неотделанный, необработанный, черновой ◊ **in the** ~ в пересчёте на круглый лес
round 1. круг 2. круглый, целый; сплошной (*о лесоматериале*) 3. незаподсоченный (*о древесине*) 4. *pl* круглый лесоматериал ◊ **in the** ~ в круглом виде (*о лесоматериале*)
quarter ~ рельефная внутренняя кромка (*дверной обвязки*) в виде выпуклого закругления
rounding-up очистка (*основания дерева*) для подготовки места подпила
round-up подпил, подруб
veneer ~ продольные обрезки шпона; отходы лущёного шпона
roundwood круглый лесоматериал
route трасса, путь
escape ~ путь отхода (*вальщика от дерева*)
floating ~ лесосплавный путь
through truck ~(s) автомобильные магистрали
router 1. фасонно-фрезерный станок, фрезер 2. фреза для ручной обработки фасонной поверхности
boxing ~ пазник, грунтубель
controlled ~ копировально-фрезерный станок с программным управлением
dual-table ~ фрезерный станок с двумя столами
optical head copying ~ копировально-фрезерный станок с оптической головкой
overhead ~ фасонно-фрезерный станок с верхним расположением шпинделя
pin ~ копировально-фрезерный станок
spindle ~ фасонно-фрезерный станок с неподвижным шпинделем
tape-controlled ~ фрезерный станок с программным управлением
routine режим, порядок (*работы*)
routing вырезание изделия неправильной формы; фрезерование фасонного профиля с ручной подачей фрезы
row ряд; рядок
staggered ~ ряд тары, установленной в шахматном порядке
rub 1. трение; истирание ‖ истирать 2. задевать (*растущие деревья*) ◊ **to** ~ **down** втирать; **to** ~ **off** 1. сдирать 2. стирать (*напр. чернила*)
rubber 1. резина; каучук 2. фартук (*бумагоделательной машины*)
air foam ~ пенорезина
cellular ~ ячеистая резина
cork ~ пробковая колодка для шлифования

frenching ~ тампон для полирования
hard ~ эбонит
sponge ~ губчатая резина
tacky ~ мокрый тампон
rubber-tired колёсный, на резиновом ходу (*о тракторе*)
rubbing: ◇ ~ through place прошлифовка (*дефект шлифования*)
ruche *меб.* рюш
berry ~ рюш контрастного цвета по сравнению с обивкой
cut ~ рюш одного цвета с обивкой
ruching *меб.* декоративная отделка рюшем
rudimentary зачаточный, недоразвитый
rugo(u)se морщинистый, складчатый
rule 1. рулетка, линейка 2. правило; система; таблица
board ~ мерная линейка (*для определения объёма пиломатериалов в досковых футах*)
board-foot log ~ таблица определения объёмов брёвен в досковых футах
combination log ~ комбинированная таблица определения объёмов брёвен
cutting (-practice) ~s правила рубок
density ~ правило определения плотности древесины по ширине годичных колец
diagram log ~ диаграммная таблица определения объёмов брёвен (*в досковых футах*)
dividing ~ мерная линейка
Doyle log ~ таблица Дойля (*определения объёмов брёвен*)
Doyle-Scribner ~ десятичная таблица Дойля-Скрибнера (*определения объёмов брёвен*)
extension ~ выдвижной метр
fifth ~ таблица определения объёмов брёвен в досковых футах по окружности середины бревна
folding ~ складной метр
log ~ таблица определения объёмов брёвен
mathematical log ~ математическая таблица определения объёмов брёвен (*в досковых футах*)
measuring ~ мерная линейка
plumb ~ отвес
scaling ~s правила обмера
Scribner decimal ~ десятичная таблица Скрибнера (*определения объёмов брёвен*)
spaulding ~ способ определения объёма брёвен (*при котором сбег не учитывается*)
trucking ~s правила перевозок; ограничения на дорогах
zigzag ~ складной метр
1/4 inch log ~ международная таблица определения объёмов брёвен
ruler поверочная линейка
diameter ~ мерная скоба
machine ~ линовальная машина
web-fed ~ ролевая линовальная машина

run 1. ход; работа; производственный цикл 2. партия (*изделий*) 3. волок 4. рейс 5. рез 6. потёк (*дефект отделки*) 7. гон (*массы*) 8. работать (*о машине*) 9. совершать пробег 10. эксплуатировать; использовать 11. *лесохим.* перегонять ◇ by the ~ с погонной меры длины (*о системе оплаты*); ~ loaded ход с грузом; on the ~ на ходу; за рабочий ход; to ~ a roll in притирать ножи рольного барабана к ножам планки; ~ unloaded ход без груза, холостой ход
~ of wire ход сетки
barrow ~ дощатый настил
camp ~ продажа брёвен по единой цене за единицу объёма (*независимо от сорта*)
exploratory ~ опытная выработка
log ~ выход пиломатериалов из бревна
long ~ крупносерийное производство
mill ~ товарная продукция завода
pilot plant ~ полузаводская выработка
production ~ 1. производственный период 2. массовое [серийное] производство
regular ~ 1. нормальный выход (*пиломатериалов*) 2. машинная обработка в соответствии с технологической картой
small-batch ~ мелкосерийное производство
trial ~ 1. опытная партия 2. пробный ход (*станка*)

runability

runability исправность, пригодность к нормальной работе (*машины*)
rung проножка; царга (*стула*)
   ladder ~ перекладина *или* ступенька стремянки
runlet бочонок
runner 1. направляющая, полозок; полоз **2.** бегунок **3.** ходовой ролик; шкив **4.** прицеп-роспуск **5.** побег, отпрыск, отводок; стелющаяся ветвь **6.** башмак **7.** полозовидный сошник **8.** пятка (*полевой доски*) **9.** мешалка, ротор (*сортировка*) **10.** *pl* камень бегунов
   curtain ~ направляющая занавесей
   drawer ~ направляющая выдвижного ящика
   edge ~ бегуны
   skid ~ санный полоз
   sled ~ санный полоз
   slotted ~ *меб.* направляющая с перфорацией *или* прорезями
running-in обкатка (*новой сетки*)
runoff сток (*осадков*)
   direct ~ поверхностный сток
   immediate ~ поверхностный сток
   shower ~ ливневый сток
   subsurface ~ подпочвенный [грунтовый] сток
runout отклонение наружной части дисковой пилы от плоскости при вращении
runt карликовое растение
runway 1. (трелёвочный) волок **2.** роликовый конвейер, рольганг
   inclined hauling ~ эстакада лесотранспортёра; мостки для выгрузки брёвен из воды
rush тростник; камыш
rush-seated с сиденьем из плетёного камыша
rust 1. ржавчина (*возбудитель — ржавчинный гриб*) **2.** ржавчинный гриб

S

sac *бот.* мешок, мешочек, сумка
   anther ~ пыльник, пыльцевой мешок

sack 1. мешок (*напр. бумажный*) **2.** *см.* sac
   pasted ~ клеёный (*бумажный*) мешок
   sewn ~ сшивной (*бумажный*) мешок
   single-wall paper ~ однослойный бумажный мешок
   valve ~ закрытый (*бумажный*) мешок (*с клапаном*)
sacker мешок, сумка (*напр. бумажная*)
sacking грубый холст, мешковина, парусина (*для производства мягкой мебели*)
sadden углублять оттенок, подцвечивать краситель (*для получения более тёмной окраски*)
saddle 1. траверса, седло (*транспортёра*) **2.** опора; опорный башмак (*напр. каната*); подушка, подкладка **3.** суппорт, салазки **4.** зарубка на поверхности бревна **5.** выемка на волоке (*для брёвен*) **6.** выпукло-вогнутая цулага (*при фанеровании волнообразной поверхности*) **7.** седловина (*горки ролла*)
   ~ of boom подушка *или* подпятник стрелы деррик-крана
saddleback обёрточная бумага
sag 1. прогиб; стрела прогиба; провес; стрела провеса **2.** провисание, изгибание || провисать **3.** потёк (*дефект отделки*)
   ~ of belt слабина [провисание] ремня
sagging провисание
sale 1. продажа, сбыт **2.** участок, отводимый под лесоразработки, лесосека; лесной массив **3.** отпуск леса (*на корню*) ◊ ~ at [on] the stump продажа леса на корню
   direct ~ продажа леса на месте валки
   felled ~ продажа леса на месте валки
   standing ~ **1.** лесная такса **2.** попенная плата; продажа леса на корню
   stump ~ *австрал.* попенная плата; продажа леса на корню
   stumpage ~ попенная плата; продажа леса на корню
saleable 1. коммерческий, годный к продаже (*о лесе*) **2.** деловой, товарный (*о древесине*)
sallow ива козья (*Salix caprea*)
sally *уст.* неровность, выступ; шип шпунт

salt соль
  sodium ~ соль натрия
saltpeter селитра; соль азотной кислоты; нитрат
salvage 1. утилизация [использование] отходов ‖ использовать отходы **2.** повреждённый лес (напр. поваленный ветром) **3.** заготавливать повреждённый лес
sinkers ~ подъём топляка
salvaging 1. утилизация [использование] отходов **2.** заготовка повреждённого леса
sample 1. образец, проба ‖ брать пробу **2.** опыт, замер **3.** опытный участок **4.** выборочная совокупность, выборка **5.** модель, шаблон
  average chemical pulp ~ средняя проба целлюлозы
  average groundwood pulp ~ средняя проба древесной массы
  check ~ контрольный образец, контрольная проба
  combined ~ смешанная выборка
  duplicated ~ повторная выборка
  grab ~ выборочный образец
  oven-dry ~ абсолютно сухой образец
  permanent ~ постоянная пробная площадь
  proof ~ контрольный образец; контрольная проба
  reel ~ контрольный полурулонный образец
  representative ~ репрезентативный [типичный, характерный] образец
  self-weighted ~ взвешенная выборка
  stratified random ~ послойная случайная выборка
  trial plot ~ выборка пробных площадей (леса) с тремя размерами
  variable-plot ~ выборочная таксация леса
sanctuary заповедник
  game ~ заповедник для дичи; охотничий заказник
  wildlife ~ заповедник диких животных
sander шлифовальный станок; шлифовальный инструмент
  automatic thickness ~ автоматический калибровальный станок
  automatic turning ~ автоматический станок для шлифования круглых заготовок
  bed post ~ станок для шлифования царг кроватей
  block ~ шлифовальная шайба
  bobbin ~ станок с цилиндрической шлифовальной головкой
  case fitting ~ шлифовальный станок для деталей корпусной мебели
  contour ~ станок для шлифования профильных поверхностей
  double-deck ~ станок для двухстороннего шлифования (щитов)
  dowel ~ станок для шлифования шкантов
  flap wheel ~ шлифовальная шайба
  floor ~ машина для циклевания пола
  hand block ~ шлифовальный станок с ручным утюжком
  hard drum ~ твердобарабанный шлифовальный станок
  mold and edge ~ шлифовальный станок для обработки профильных поверхностей и кромок
  molding ~ станок для шлифования фрезерованных поверхностей; станок для шлифования формованных изделий
  multiple brush ~ **1.** многошпиндельный щёточный станок для очистки щитов от пыли **2.** многошпиндельный полировальный станок
  orbital ~ электрошлифовальная шайба
  oscillating belt ~ шлифовальный станок с колебательным движением ленты
  rotary ~ вальцовый полировальный станок
  rubber-bed ~ шлифовальный станок с подающей резиновой лентой
  scroll ~ шлифовальная шайба для рельефных поверхностей; бесцентрово-шлифовальный станок
  scuff ~ шлифовальный станок для снятия ворса
  spindle ~ шлифовальная шайба
  stroke ~ шлифовальный станок с возвратно-поступательным движением головки
  transverse ~ станок для перекрёстного шлифования (щитов)
  turning ~ шлифовальная шайба

sanderman

sanderman шлифовальщик
sanding шлифование, полирование
  abrasive ~ калибрование; шлифование на заданную толщину
  contour ~ шлифование профильных поверхностей
  flush ~ шлифование в одной плоскости
  overhead ~ шлифование снизу
  rough ~ черновое шлифование
  scuff ~ *меб.* снятие ворса
sandpaper шлифовальная шкурка; шлифовальная бумага
  flint ~ тонкая [мелкозернистая] шлифовальная шкурка
sandtrap песочница
sandwich 1. «сэндвич», слоистая конструкция 2. армированный (*о плите*)
sanitation:
  forest ~ санитарные мероприятия в лесу
sanitize проводить санитарные рубки
sap 1. заболонь (*древесины*) 2. сок (*растений*) 3. сосна ладанная (*Pinus taeda*)
  blown ~ двойная [внутренняя] заболонь
  false ~ двойная [внутренняя] заболонь
  halo ~ двойная [внутренняя] заболонь
  kiln-dried ~s сухие пиломатериалы (*южноамериканской сосны*)
  root ~ корневые выделения
sap-clear не содержащий заболони
sapless высохший, увядший
sapling молодое деревце (*диаметром на высоте груди до 10 см*)
  dense ~s густой молодняк
  large ~ молодое деревце высотой более 3 м
  small ~ молодое деревце высотой менее 3 м
sap-on с заболонью
saponifiable омыляемый
saponin сапонин
sap-peeled окоренный весной, весенней окорки
sapstream транспирационный ток
sapwood 1. заболонь древесины 2. заболонная древесная порода

included ~ двойная [внутренняя] заболонь
sound ~ здоровая заболонь
sarking *шотл.* тонкие обшивочные доски
sash 1. оконный переплёт 2. лесопильная рама 3. английское подъёмное окно
sashman столяр; рабочий в производстве стройдеталей
satin сатинировать, глянцевать
saturant пропитывающее вещество
saturate 1. насыщать, пропитывать 2. создавать концентрированный раствор солей 3. заполнять катионную ёмкость обмена коллоидов
saturation пропитка, насыщение
save-all ловушка; массоловушка
  drum-type vacuum ~ массоловушка барабанного типа
  floatation ~ флотационная ловушка
  rotary backwater ~ ротационная ловушка для оборотной воды
  vacuum drum-type ~ массоловушка типа вакуум-фильтра
saving 1. улавливание волокна 2. *pl* скоп (*ловушечная масса*) 3. экономия
saw пила || пилить ◊ **to** ~ **alive** производить пропилы в бревне параллельно друг другу; **to** ~ **around** распиливать (*брёвна*) путём последовательного снятия обзола с четырёх сторон (*для получения высококачественных пиломатериалов*); **to** ~ **down** спиливать (*дерево*); **to** ~ **off** отпиливать; **to** ~ **out** выпиливать; **to** ~ **up** отпиливать
  air-operated cross-cutoff ~ поперечно-пильный станок с пневматической подачей
  annular ~ кольцевая пила
  auto-straight line rip ~ автоматический продольно-пильный станок
  back(ed) ~ наградка, ножовка с утолщённой спинкой
  band ~ ленточная пила
  barrel ~ цилиндрическая пила (*для выпиливания бочарной клёпки*)
  bayonet ~ автоматическая ножовка
  beam ~ пила для прифуговки шпона
  bench ~ пильный станок

saw

bicycle-type circular ~ круглая пила на тележке
billet ~ раскряжёвочная пила
block ~ поперечная раскряжёвочная пила; раскряжёвочный станок
board ~ станок для продольной распиловки (*брёвен на доски*)
bow ~ 1. пила с дугообразной шиной 2. узкая прорезная лучковая пила (*для выпиливания по кривой*)
bow frame ~ лесопильная рама с боковым поставом
bow-type power ~ моторная (цепная) пила с дугообразной шиной
buck ~ лучковая пила; раскряжёвочная пила
buhl ~ узкая лучковая пила; ножовка
butt ~ *англ.* поперечно-пильный станок; торцовочный станок; торцовочная пила
butt trim ~ комлевая раскряжёвочная пила; торцовочная пила
buzz ~ круглая [дисковая, циркульная] пила
carbide-tipped circular ~ круглая пила с твердосплавными зубьями
chain ~ цепная пила
chipper chain ~ пила с цепью, имеющей строгающие [Г-образные] зубья
circular ~ круглая [дисковая, циркульная] пила; круглопильный станок
cleaving ~ (развальная) лесопильная рама; распускной пильный станок; продольная пила
compass ~ лобзик, лобзиковая пила; ножовка
concave ~ вогнутая [чашечная] пила, сферическая пила
coping ~ пила для резки материала большой толщины (*напр. балок*)
core ~ пила для раскроя шпона (*для внутренних слоёв фанеры*)
crosscut ~ поперечно-пильный станок, торцовочный станок; торцовочная пила; раскряжёвочная пила
crown ~ цилиндрическая пила
cutoff ~ поперечно-пильный станок, торцовочный станок; торцовочная пила
cylinder ~ цилиндрическая пила
deal ~ делительная пила

deck ~ торцовочная пила; концеравнительная пила
digitally-controlled panel ~ станок с программным управлением для раскроя плит *или* щитов
direct-drive ~ безредукторная моторная пила
disk ~ дисковая [циркульная, круглая] пила; круглопильный станок
docking ~ поперечная пила; раскряжёвочная пила
double ~ двухсторонняя пила
double-handed crosscut ~ двуручная поперечная пила
dovetail ~ шипорезная пила; пила для вырезания пазов
drag ~ пила с обратной резкой; пила для поперечной резки брёвен и кряжей
drum ~ ленточная пила
drunken ~ качающаяся пила; пила с косой осью
dual band ~ ленточная пила с двумя режущими кромками
edging ~ (кромко)обрезная пила; обрезной станок
electric power ~ электромоторная пила
equalizing ~ 1. станок для прирезки фанеры 2. форматный станок; пильный станок для раскроя щитов в размер
felling ~ 1. пила для валки (*леса*) 2. лучковая пила
fine-toothed ~ пила с мелкими зубьями; пила для тонкого пропила
flat-blade chain ~ цепная пила с прямой шиной
four-side trim ~ четырёхсторонний обрезной пильный станок
frame ~ лесопильная рама; рамная пила
fret ~ лобзик, лобзиковая пила
friction ~ фрикционная круглая пила
gang ~ 1. многопильный станок 2. лесопильная рама; рамная пила
gang rip ~ 1. многопильный станок для раскроя досок на рейки 2. лесопильная рама; рамная пила
gap-toothed ~ пила с редкими зубьями
gasoline (chain) ~ бензомоторная (цепная) пила

saw

gate ~ пила для лесопильной рамы
gear(ed) drive ~ редукторная моторная пила
grafting ~ пила для работ по прививке деревьев
grapple ~ пила на захвате, захват (*для лесоматериалов*) с пилой
great-span ~ пила в раме с натянутым полотном, столярная пила
grooving ~ пила для нарезания пазов *или* канавок; пила для нанесения косых резов (*для усовочных соединений*)
hand ~ ручная пила; ножовка
hand-operated cross-cutoff ~ поперечно-пильный станок с ручной подачей
head ~ головной пильный станок; головная лесопильная рама
hinge ~ маятниковая пила
hole ~ цилиндрическая пила
hollow-backed ~ двуручная пила с искривлённой частью (*позволяющей вставлять клин в пропил при валке деревьев*)
horizontal frame ~ горизонтальная лесопильная рама
inserted tooth ~ пила со вставными зубьями
jig ~ механический лобзик
jump ~ торцовочный станок (*круглопильный станок с подъёмной пилой*); маятниковая пила; подъёмная пила
keyhole ~ узкая ножовка; лобзик; пила для выпиливания отверстий под замки
knot ~ 1. сучкорезка 2. пила для вырезания дефектов из дранки *или* тонких досок
light back ~ шипорезная пила
linear panel sizing ~ пильный форматный станок; станок для раскроя щитов в размер
link (tooth) ~ цепная пила
lock ~ лобзик, лобзиковая пила; узкая ножовка
log band ~ ленточная пила; ленточный ребровый станок
mechanical bow ~ моторная (цепная) пила с дугообразной шиной
mill ~ лесопильная рама; рамная пила

miter ~ усовочная пила; шипорезная пила; пила для выполнения скошенных под углом 45° резов
multiple ~ многопильный станок
needle-point ~ пила с ланцетовидными зубьями
nonpro(fessional) ~ бытовая пила (*для хозяйственных целей*)
novelty ~ строгальная пила с мелкими зубьями; пила для чистовой обработки
oscillating ~ пила с возвратно-поступательным движением полотна
pad ~ лобзик, лобзиковая пила
paving-block ~ многопильный станок для раскроя торцевых шашек
peg-raker ~ пила, имеющая пары пильных зубьев, разделённых скалывающими зубьями
peg-tooth ~ пила с трёхгранными зубьями
pendulum ~ маятниковая пила
piercing ~ лобзик, лобзиковая пила; узкая ножовка
pit ~ пила для продольной распиловки
plane ~ строгальная пила с мелкими зубьями; пила для чистовой обработки
plunge bow-type chain ~ цепная пила с дугообразной шиной для глубокого реза
pole (pruning) ~ штанговая пила (*для подрезки ветвей*)
power ~ моторная пила; пила с механическим приводом
pro(fessional) chain ~ профессиональная цепная пила (*для валки, раскряжёвки*)
pruning ~ садовая пила, пила для обрезки ветвей и сучьев
push-pull felling ~ двуручная пила для валки деревьев (*двумя рабочими вручную*)
"Quad" band ~ *фирм.* четырёхленточный ребровый станок (*для распила брёвен и брусьев на доски*)
quartering ~ продольно-пильный станок; обрезной станок
rabbeting ~ пила для выпиловки фальцев, желобков, выемок
rack ~ раскряжёвочная пила с подвижным столом

sawing

reciprocating ~ пила с возвратно-поступательным движением полотна; поперечно-пильный станок «лисий хвост»
reducer circular ~ круглопильный делительный станок
ribbon ~ ленточная пила
rift ~ циркульная пила со вставными зубьями (*для распила брёвен на паркетные дощечки*)
rim ~ дисковая сегментная пила
rip ~ пила для продольной распиловки
rise-and-fall ~ круглая пила с регулируемой глубиной пропила
rock ~ 1. пила (*устанавливаемая перед главным лесопильным станком*) 2. маятниковая пила
rotary ~ круглая [циркульная, дисковая] пила; круглопильный станок
saber jig ~ механический лобзик; механическая ножовка
sash ~ небольшая лучковая пила; шлицевая пила
scoring ~ подрезная пила
scratcher chain ~ пила с цепью, имеющей надрезающие и скалывающие зубья
scroll ~ лобзик; лобзиковый станок
segmented ~ круглая пила с многосекционным полотном
semipro ~ полупрофессиональная пила (*предназначенная для лесных и хозяйственных работ*)
shingling ~ гонторезный станок; гонторезная пила
sizing circular ~ форматно-обрезной станок
skewback ~ ножовка
skinner ~ обрезная пила, пила для раскроя по ширине (*фанеры*)
slab ~ пила для окантовки брёвен (*с получением горбылей*); пила для кантования брусьев
slat ~ пила для получения карандашной дощечки
slotting ~ ножовка для прорезания пазов
span ~ пила в раме; пила с натянутым полотном
spiral ~ пила с косыми зубьями
spring set ~ разведённая пила
sprung ~ искривлённая пила (*работа которой сопровождается вибрацией и перегревом*)
stave crosscut ~ концеравнитель для клёпки
stave jointing ~ фуговальная пила для клёпки; круглая пила для опиливания клёпки
straight-blade power ~ моторная пила с прямой пильной шиной
swage ~ пила с плющенными зубьями
sweep ~ лобзик, лобзиковая пила
swing ~ маятниковая пила
swing cutoff ~ маятниковая торцовочная пила
T-cut panel ~ пильный станок для раскроя щитов по поперечно-продольной схеме
tenon ~ ножовка с утолщённой задней кромкой; наградка; шипорезная пила
timber ~ *энт.* древоточец
tipped ~ 1. заточенная пила 2. пила с насадками
trimmer [trimming] ~ пила с мелкими зубьями; отделочная [обрезная] пила
trum ~ двуручная пила
turning ~ столярная лучковая пила
twin-arbor ~ станок для раскряжёвки с двумя пильными валами
veneer ~ фанерострогальный станок
vertical oscillating circular ~ обратная маятниковая пила
web ~ рамная пила
wheelbarrow circular ~ круглая пила на тележке
whip ~ лучковая пила
widia ~ круглая пила со вставными зубьями из твёрдых сплавов
winet ~ круглая пила со вставными зубьями из твёрдых сплавов
wire ~ проволочная пила
wobbing ~ пила с неровным ходом
sawcarriage пильная каретка
sawdust опилки
sawer *см.* sawyer
sawfly пилильщик (*Tenthredinidae*)
sawhand моторист пилы; помощник моториста пилы; пильщик
sawhorse ~ козлы (*для пилки дров*)
sawing пиление, пилка, распиловка, распил ◊ ~ **straight** пиление в торец

sawing

climb ~ попутное пиление (*при вращении пильных дисков в направлении подачи лесоматериала*)
counter ~ встречное пиление (*при вращении пильных дисков навстречу подаче лесоматериалов*)
match ~ валка дерева без подпила
sawlog пиловочник
sawmill 1. лесопильный завод **2.** *амер.* лесопильная рама **3.** распиловочный станок
sawn пилёный
  bastard ~ тангентального распила; тангентально распиленный
  slash ~ тангентального распила; тангентально распиленный
  taper ~ распиленный по сбегу
sawteeth зубья пилы
sawyer 1. лесоруб; раскряжёвщик **2.** моторист пилы; пильщик; рамщик лесопильного завода **3.** *энт.* усач чёрный (*Monochamus*)
  trim ~ пильщик
scab 1. парша (*возбудители — грибы или бактерии*) **2.** планка для стыковки двух брусьев **3.** заросшая рана (*на дереве*)
scald ожог (*камбия дерева*)
scale 1. шкала, масштаб **2.** *pl* весы **3.** накипь **4.** окалина **5.** *pl* соринки, мусор **6.** *амер.* объём деловой и дровяной древесины **7.** чешуйка **8.** *pl* червецы, щитовки (*Coccidae*) **9.** *pl* равнокрылые (*Homoptera*) **10.** измерять
  ~ of surveying масштаб съёмки
  bleach ~ дефект бумаги в виде масляных коричнево-белых хрупких зон на бумажном полотне
  boiler ~ котельная накипь
  bud ~ чешуйка почки
  bunk ~ устройство для взвешивания груза, монтируемое между коником и рамой автомобиля
  calliper ~ ступень толщины мерной вилки; шкала мерной вилки
  color ~ **1.** шкала цветности (*канифоли*) **2.** шкала цветов; шкала цветочного охвата
  fire-danger ~ шкала пожарной опасности
  grain-size ~ гранулометрическая шкала
  gross ~ грубо определённый объём брёвен (*без скидки на дефекты*)
  jump ~s весы для взвешивания автомобиля
  log ~ **1.** мерная линейка для обмера брёвен **2.** общий объём бревна (*в досковых футах*)
  measuring ~ мерная линейка
  net ~ точно определённый объём брёвен (*за вычетом объёма дефектных отрезков*)
  ordinal ~ порядковая шкала
  representative ~ условный масштаб
  seed ~ семенная чешуйка
  sheet ~s квадрантные весы (*для контроля массы одного квадратного метра бумаги*)
  stump ~ таблица объёмов лесоматериалов [деревьев] по диаметру пня
  truck ~s весы для взвешивания автомобиля
  variable ~ переменный масштаб
  water ~ объём лесоматериалов, определённый на воде
scaler 1. сортировщик; рабочий на сортировке **2.** счётчик **3.** учётчик
scaling 1. определение [измерение] объёма; обмер (*древесины*) **2.** сортировка **3.** образование накипи *или* корки **4.** отслоение, расслаивание ◊ ~ at mid point обмер в средней части (*напр. бревна*); ~ by top and base diameter обмер (*бревна*) в верхнем и нижнем отрубах
  bigness ~ определение объёма сортиментов без скидки на дефекты
  board ~ измерение в досковых футах
  check ~ контрольный обмер (*лесоматериалов*)
  full ~ определение объёма брёвен без скидки на дефекты
  road ~ обмер брёвен на погрузочной площадке
  weight ~ весовой метод (*учёта лесоматериалов*)
scallop зубец, фестон ‖ вырезать зубцы, вырезать фестоны
scalloped зубчатый
scalping снятие дернины (*напр. частичное*)
scan сканировать
scanner сканирующее устройство

science

optical mechanical ~ оптико-механическое развёртывающее устройство
safety paper ~ сканирующее устройство для испытания бумаги
scanning сканирование (*оценка, измерение; учёт лесоматериалов с использованием сканирующих устройств*)
scantlings бруски; чистообрезные пиломатериалы хвойных и лиственных пород
mattress ~ сосновые рейки для изготовления рам пружинных матрацев
scape 1. стержень, ствол 2. стрелка, безлистный стебель
scar рубец, шрам (*напр. на дереве*); повреждение коры
bud scale ~ рубец от почечной чешуйки
bundle ~ рубец от пучка сосудов
fire ~ 1. сухобокость (*от ожога ствола*) 2. пожарная отметина (*ландшафта*)
hidden fire ~ закрытая пожарная прорость
leaf ~ листовой рубец
stipule ~ прилистниковый рубец
terminal bud scale ~ рубец верхушечной почки
twig ~ побеговый рубец
scarf 1. скос (*на комле дерева или пне от подпила*); австрал. подпил, подруб; косой рез 2. косая кромка, косой срез ‖ резать вкось, скашивать 3. соединение внахлёстку; сплотка; замок с зубом ‖ сращивать внахлёстку; сращивать для сплотки ◊ to ~ down отёсывать края [углы]; to ~ together соединять на ус [на шип]
box ~ ступенчатое сращивание
flat ~ ступенчатое сращивание
hook-and-butt ~ зубчатое сращивание
hooked ~ косой разрез с зубцами (*для зубчатого соединения*)
indented splayed ~ соединение впритык с натяжным замком
lap ~ ступенчатое соединение
notched ~ косой разрез с зубцами (*для зубчатого соединения*)
table ~ прямой накидной замок
scarfed скошенный, усованный

scarfskin эпидермис, кутикула
scarfwise замочный, в замок
scarification 1. минерализация поверхности почвы 2. скарификация оболочек семян 3. подготовка вырубленных площадей под посадку леса
preharvesting ~ минерализация поверхности почвы перед рубкой
scarifier покровосдиратель
scarred рубцеватый; сучковатый
scattered 1. разбросанный, рассеянный 2. отдельностоящий (*о дереве*)
schedule 1. режим (*работы*); параметры 2. график, план 3. схема; спецификация
age class ~ таблица классов возраста
beating ~ режим размола
cooking temperature ~ температурный график варки
detail ~ деталировка, спецификация
drying ~ технология сушки; режим сушки; параметры сушки
fertilization ~ план внесения удобрений
sawing ~ постав
thinning ~ организация рубок ухода; план рубок ухода
vatting ~ режим теплообработки древесины
scheme 1. план, программа; схема 2. структура; сочетание (*напр. цветов*); система
color ~ цветовая гамма
floating basins ~ бассейновая схема лесосплава
management ~ схема развития лесного хозяйства (*составляемая лесоустройством*)
wood labeling ~ система маркировки древесных пород и деревянных изделий
working ~ 1. укрупнённый план производства; укрупнённая схема производства 2. схема развития лесного хозяйства (*составляемая лесоустройством*)
science:
environmental ~ энвироника, наука об окружающей среде
forest ~ лесоводство
forest soil ~ лесное почвоведение
forest yield ~ учение о продуктивности [о производительности] лесов

wood ~ древесиноведение
scion 1. привой, прививочный черенок 2. побег, отпрыск
scissors:
   hydraulic ~ гидрофицированные ножницы
   logging ~ клещевой захват для брёвен; трелёвочный клещевой захват
   pruning ~ секатор
   skidding ~ трелёвочный клещевой захват
sclerosis одревеснение (*оболочек клеток*)
sclerotic содержащий лигнин, одревесневший
scobs опилки; стружки
scoop 1. размыв; эрозия 2. ковш 3. долбить, высверливать 4. вычерпывать; выкапывать ◇ to ~ up подбирать, собирать; поднимать
   air ~ воздушная задвижка (*сушилки лесоматериалов*)
scoot двухполозные сани для трелёвки брёвен в погруженом положении (*без дышла или оглобли*)
scorch 1. ожог ∥ опалять, обжигать (*кору, листья*) 2. *англ.* окорять участками; делать залыску
   root-collar ~ опал корневой шейки (*сеянцев*)
score зарубка, бороздка; след, отметка, метка ∥ отмечать, наносить отметки
scoreability способность к перегибу (*без нарушения свойств*)
scored рифлёный
scorer рифлёвочный станок, маркёр
   tie ~ приспособление для зарезки шпал
scoring 1. нанесение отметок *или* зарубок; разметка, надпил 2. рилевание, рилёвка 3. фальцевание (*толстой бумаги или картона*) 4. царапина
   jump ~ пропил *или* надрез маятниковой пилой; разметка (*пазов*) под фурнитуру
scotch 1. надрез, зарубка 2. клин для торможения (*на лесоспуске*)
scotching 1. окорка 2. подрумянивание (*при подсочке*)
scouring 1. обезжиривание (*сукна*) 2. очистка, промывка
scow баржа (*напр. для перевозки щепы*)

scrag 1. захват (*бревна*) 2. станок для разделки брёвен на брусья, брусовочный станок 3. зажимать
scrap отходы; обрезки
   wood ~ опилки, древесные отходы
scrape 1. скобление ∥ скоблить, скрести 2. строгать; шлифовать 3. баррас (*подсочка леса*)
   iron ~ барраскит (*для снятия живицы*)
scraper 1. скрепер; грейдер 2. скребок, струг; цикля; циклевальный станок 3. рабочий, очищающий брёвна (*перед подачей на распиловку*) 4. барраскит (*для снятия живицы*)
   box ~ регулируемый скребок
   disk ~ чистик диска
   hand ~ ручная цикля (*для обработки прямолинейных поверхностей и прямоугольных соединений*)
   machine ~ циклевальный станок
   sweeping ~ съёмный шабер
   wood ~ гладильный станок (*для древесины*)
scrapings обрезки
scrapwood отходы древесной продукции (*обломки зданий, проволочные катушки, разбитые ящики и т.п.*)
scratch царапина
scratcher инструмент для маркировки деревьев
scratching 1. циклевание 2. *цел.-бум.* рицовка
screeching визжание (*пилы*)
screefer 1. дерносним сажалки 2. вертикальный нож сажалки
screefing сдирание травяного покрова, снятие дернины, минерализация (*поверхности почвы*)
   chemical ~ химическое уничтожение травяного покрова
screen 1. экран ∥ экранировать 2. грохот, сито ∥ просеивать, сортировать 3. сортировочная установка (*для щепы*) 4. узловитель 5. *pl цел.-бум.* пояса 6. оконная сетка ◇ ~ with rotating and vibrating drum ~ вибрационное сито
   acoustic ~ звукопоглощающая перегородка
   bar ~ плоская сортировка
   biffar ~ сито центробежного типа для очистки древесной массы от грязи

brokes ~ сортировка для бегунной массы
brown stock ~ сортировка для сульфатной целлюлозы
bull ~ щепколовка, грубая сортировка
chip ~ сортировочная установка для щепы
circulation ~s циркуляционные сетчатые пояса (*в варочном котле*)
coarse (mesh) ~ сито для грубого сортирования; сито с крупными отверстиями
cooking ~s сетчатые пояса варочного котла
diaphragm ~ диафрагмовая [мембранная, плоская] сортировка
disk ~ дисковая сортировка (*для щепы*)
fine (mesh) ~ тонкая сетка; тонкая сортировка
flowing-through ~ проточная сортировка
gyratory ~ вращающаяся коническая сортировка
inward-flow ~ узлоловитель с движением массы вовнутрь
knot ~ сучколовитель
monofilament ~ сетка из мононити
multifilament ~ сетка из комплексной нити
outward-flow ~ узлоловитель с движением массы наружу
refined rejects ~ сортировка рафинёрной массы
rotary sliver ~ вращающаяся щепколовка
scalping ~ грубая сортировка
selectifier ~ вертикальная сортировка
shaker knot ~ плоский качающийся сучколовитель
sliver щепколовка
slotted ~ сетка с ячейками (*в соответствии с размером стружки*)
submerged centrifugal ~ центробежная сортировка погружённого типа
suction ~ всасывающий [мембранный] узлоловитель
swing ~ вибрационная сортировка
vortex ~ вихревой очиститель
screenback следы сетки (*на поверхности ДВП*)

screening 1. сортирование; просеивание 2. защита; экранирование 3. очистка массы 4. *pl* отходы сортирования; сучковая масса
bogus ~s низкосортная упаковочная бумага из макулатуры
bull ~ грубое сортирование
coarse ~ грубое сортирование
fine ~ тонкое сортирование
fragment ~ *пл.* 1. сортировка древесных частиц (*на ситах*) 2. *pl* отходы сортировки древесных частиц (*на ситах*)
groundwood pulp ~ сортирование древесной массы
mechanical ~s отходы сортирования древесной массы
wastewater ~ механическая очистка сточной воды
screw 1. винт; шнек; червяк 2. резьба || нарезать резьбу
brass-coated ~ винт с головкой, покрытый латунью; анодированный винт
cabinet assembly ~ петельный гвоздь
carcass construction ~ винт для сборки каркасов (*мебели*)
chain tension ~ натяжной винт пильной цепи
clamping ~ установочный винт; зажимной винт
coach ~ шуруп с квадратной *или* шестигранной головкой
dowel ~ шуруп с нарезкой на двух концах
drive ~ шуруп с плоской головкой
earth ~ бур ямокопа
endless ~ шнек, винтовой транспортёр
face framing ~ гвоздь для деталей из хвойных пород древесины
feed 1. ходовой винт 2. подающий [питающий] шнек; шнековый питатель
fitter's ~ *фирм.* двойной винт для крепления царги (*раздвижного стола*)
headless ~ винт без головки со шлицем под отвёртку
lead(ing) ~ ходовой винт
log ~ большой деревянный винт с квадратной головкой

screw

mixing ~ смесительный шнек
rigging ~ стяжной винт; струбцина
set ~ зажимный винт; установочный винт
thumb ~ 1. винт-барашек, винт с лапками 2. болт для крепления скользящего оконного переплёта
winglin ~ *фирм.* винт с резьбой в виде треугольного профиля
screwdriver отвёртка, шуруповёрт
  clutchless ~ шурупозавёртывающий пистолет без муфты сцепления
  ratchet ~ отвёртка с трещоткой
  spindle ~ отвёртка с цилиндрическим лезвием
  spiral ~ отвёртка с составным лезвием (*часть которого имеет нарезку*)
screwing 1. свинчивание, сболчивание 2. винтовое соединение
  pocket ~ выемка для вставки шурупов под углом
  secret ~ потайное винтовое соединений
screw-plug запорный винт; пробка с нарезкой
scribe инструмент для маркирования деревьев *или* круглых лесоматериалов
scriber 1. чертилка, скрайбер; разметочная пластинка 2. инструмент для маркирования деревьев *или* круглых лесоматериалов
scribing подгонка, пригонка
scrim грубый холст, мешковина
script писчая бумага низкого качества
scrog валежник, хворост
scroll 1. разгонный валик со спиралью 2. свиток (*бумаги, пергамента*) 3. обитый подлокотник, спереди напоминающий спираль 4. *меб.* завиток 5. змеевик
  C-~ завиток в виде буквы «C»
scrub 1. скраб 2. кустарник, кустарниковая растительность; низкорослая древесно-кустарниковая заросль
  mallee ~ *австрал.* низкорослая [ксерофитная] древесно-кустарниковая ассоциация
  worthless ~ валежник
scrubber: ◇ ~ with Rashig rings вертикальный насадочный скруббер, заполненный кольцами Рашига

scrutoire бюро-секретер
scuff(ing) 1. истирание; шлифование 2. ворсистость, пылимость (*бумаги*)
scuffled шероховатый (*о необработанной поверхности доски*)
scumming пена
scutch костра
seal 1. уплотнитель; сальник; затвор 2. наружный слой (*верхнего покрытия дороги*) 3. склеивание 4. запечатывать, заклеивать, плотно закрывать
sealability склеиваемость (*бумаги со специальными покрытиями*)
Seale *фирм.* канат конструкции «Сил» (*из двухслойных прядей с одинаковым диаметром проволок в слое и одинаковым числом проволок по слоям*)
sealer 1. заделывающий орган, загортач 2. запечатывающее устройство (*для картонных коробок*) 3. грунтовочное покрытие, первый слой лака
  calking ~ шпатлёвка, грунтовка
  sanding ~ шлифующаяся грунтовка
sealing 1. уплотнение 2. укупоривание, герметизация 3. упаковка (*бумаги*) в закрытые контейнеры 4. *pl* обёрточная бумага односторонней гладкости 5. грунтование; порозаполнение, лакирование, запечатывание (*пор*)
seam 1. шов (*напр. сетки*) 2. пласт 3. рубец, шрам
  bark ~ карман с корой (*в древесине*)
  blind ~ *меб.* глухой [потайной] шов
  pit ~ трещина, заполненная смолой (*в древесине*)
season 1. сезон, время года, период 2. выдерживать, кондиционировать (*бумагу, древесину*); сушить (*лесоматериал*) на воздухе 3. пропитывать
  bark-peeling ~ сезон окорки (*в период интенсивного сокодвижения*)
  growing ~ вегетационный период; период роста
  normal fire ~ 1. средний пожароопасный сезон 2. время года, включающее пожароопасный сезон
  planting ~ сезон посадки леса
  sap-peeling ~ сезон весенней окорки
  sowing ~ время сева
  spring-peeling ~ сезон весенней окорки

section

seasoning выдерживание, кондиционирование (*бумаги, древесины*); сушка (*лесоматериалов*) на воздухе
   air ~ воздушная [атмосферная] сушка
   artificial ~ искусственная сушка
   natural ~ выдержка в естественных условиях
   oil ~ сушка (*древесины*) в масле
seat 1. сиденье, стул, кресло, диван 2. опора, подставка; опорная поверхность; площадь опоры; основание; седло, гнездо (*клапана*); паз 3. местонахождение; местоположение 4. сидеть, опираться 5. устанавливать
   bowl ~ сиденье в форме чаши
   cane ~ сиденье из камыша *или* тростника
   collapsible ~ откидное сиденье
   compass ~ круглое сиденье гнутого стула (*США, XVIII в.*)
   cradle ~ сиденье водителя автомобиля
   dipped ~ вогнутое сиденье
   flap ~ откидное сиденье
   hinge ~ гнездо под петлю
   hollow ~ вогнутое сиденье
   loose ~ съёмная подушка сиденья
   love ~ двухместный диванчик
   padded ~ мягкое сиденье
   pincushion ~ круглое сиденье гнутого стула (*США, XVIII в.*)
   saddle(d) ~ сиденье из массивной древесины с двумя углублениями в виде седла (*характерно для виндзорских кресел*)
   tight ~ сиденье с постоянно закреплёнными настилами
seater предмет мебели на определённое количество мест (*напр. двухместный, трёхместный*)
seating 1. места для сидения; сиденье 2. цоколь; основная плита; фундамент; опора 3. ткань для обивки сиденья
   dinette ~ стул из обеденного гарнитура [набора] мебели
secateur секатор
secondary 1. вторичный 2. второстепенный, придаточный
seconds 1. пиломатериалы второго сорта 2. отбросы, брак 3. второй разбор (*бумаги*)

secretaire, secretary секретер
   double-hood ~ секретер с двойной верхней секцией, разделённой перегородкой
section 1. секция; раздел; часть, участок ‖ секционный, составной 2. сортимент; бревно; откряжёванная часть (*ствола дерева*) 3. площадь 4. секция (*единица площади, равная 640 акрам*) 5. англ. обход (*лесника*) 6. бумажный блок 7. часть бумагоделательной машины 8. срез, разрез, сечение, профиль
   afterdrying ~ дополнительная сушильная часть бумагоделательной машины
   aligning ~ участок выравнивания, участок торцевки
   cross ~ поперечное сечение, поперечный разрез
   cutoff ~s обрезки лесоматериалов
   end-grain ~ поперечное сечение, поперечный разрез (*древесины*)
   extruded ~ экструдированная деталь
   forming ~ 1. участок формирования пружин (*пружинонавивочного станка*) 2. формующая часть бумагоделательной машины
   fourdrinier ~ сеточная часть бумагоделательной машины
   head ~ третка (*средняя клёпка донных щитов*)
   lateral ~ поперечное сечение, поперечный разрез
   microscopic ~ гистологический срез
   no-draw press ~ безобрывная прессовая часть
   paper cross ~ поперечное направление бумаги
   predrier ~ цилиндр для предварительной сушки
   preheat ~ зона подогрева; камера предварительного разогрева
   radial ~ радиальное сечение, радиальный разрез
   raft ~ сплоточная единица
   receiving ~ загрузочное устройство
   seedling ~ посевное отделение (*питомника*)
   skate wheel acccumulation ~ накопительная секция с направляющими секторами (*сортировочного устройства для пиломатериалов*)

section

table roll ~ регистровая часть бумагоделательной машины
transplant ~ школьное отделение (*питомника*)
transverse ~ поперечное сечение, поперечный разрез
vat ~ сеточная часть
wood receiving ~ устройство для загрузки древесного сырья
sedge осока
sediment:
  bottom ~ донный осадок
sedimentation осаждение
seed 1. семя 2. *pl* семена, посевной материал 3. обсеменяться 4. собирать семена
  certified ~s кондиционные семена
  disease treated ~s протравленные [обработанные] семена
  filled ~s полновесные семена
  full ~s полновесные семена
  germinated ~s проросшие семена
  pelleted ~s дражированные семена
  selected ~s семена с плюсовых деревьев
  treated ~s обработанные [протравленные] семена
  unfruitful ~s невсхожие семена
  viable ~s жизнеспособные семена
seedage размножение растений семенами
seeder сеялка, посевной агрегат
  air ~ пневматическая сеялка
  drill ~ рядовая сеялка
  furrow ~ бороздовая сеялка
  hill ~ гнездовая сеялка
  precision ~ точная [точечная] сеялка
seedfall опад семян; опадение [самораспространение] семян; самосев
seeding 1. распространение семян; сев, посев; высев 2. образование комочков пигмента; образование комочков лака (*при крашении бумаги*)
  band ~ 1. ленточный посев 2. ленточное внесение удобрений
  border ~ обсеменение (*лесосек*) от стен леса
  broadcast ~ сев вразброс (*сплошной*)
  enrichment ~ улучшающий посев (*с целью увеличения доли участия ценных пород*)
  heavy ~ загущённый посев; высокая норма высева
  marginal ~ обсеменение (*лесосек*) от стен леса
  natural ~ самосев; самораспространение семян
  pellet ~ посев дражированными семенами
  row ~ широкорядный посев
  sod ~ посев по дернине
  spontaneous ~ самосев; самораспространение семян
seedling (лесной) сеянец (*высотой до 0,9 м*)
  ball-rooted ~ сеянец с необнажённой [с закрытой] корневой системой; брикетированный сеянец
  containerized tree ~ брикетированный сеянец; сеянец с закрытой [необнажённой] корневой системой
  dwarf ~ низкорослый сеянец
  germinating ~ проросток, всход
  overstocking ~s загущённый самосев
  plug ~ сеянец с комом субстрата
  superior ~ генетически улучшенный сеянец
  weak ~ больной сеянец
  young ~ всход (*древесной породы*)
seedmeter высевающий аппарат
seed-wheel катушка высевающего аппарата
segment 1. часть; доля 2. сектор
  heeling ~ **of boom** верхняя [наклоняющаяся] секция стрелы
  sizzer boom ~ верхняя секция стрелы трелёвочно-погрузочной установки (*при трелёвке упираемая в землю*)
  vessel ~ членик сосуда (*древесины*)
segregate отделять; сортировать
segregation 1. отделение; разделение, сортировка 2. сегрегация, изоляция 3. расщепление (*в генетике*) 4. расхождение
  chip-bark ~ разделение коры и щепы
  transgressive ~ трансгрессивное расщепление
select хвойные пиломатериалы высшего сорта без дефектов
selectifier цел.-бум. вертикальная сортировка
selection селекция; отбор; выбор
  button needle ~ избирательный узел, работающий с помощью иглы для пришивки пуговиц (*к мягкой мебели*)

cam-roller ~ избирательный узел, работающий с помощью эксцентрика
recurrent ~ повторяющийся отбор; периодический отбор
selectively выборочно (*напр. вырубаемый*)
self-adhesive самоприклеивающийся
self-aligning саморегулирующийся, самоустанавливающийся
self-blue синяя обёрточная бумага
self-bonding самоприклеивающийся
self-contained 1. автономный, независимый; самозагружающийся 2. законченный конструктивно
self-fertilization самоопыление
self-grown выросший самосевом
self-loading самопогрузка, самозагрузка ‖ самозагружающийся
self-pollination самоопыление
self-pruning самоочищение деревьев от сучьев
self-seeding самосев, самораспространение семян
self-sown выросший самосевом
self-supported уравновешенный; свободно стоящий, свободно опирающийся (*напр. об изделии мебели*)
self-thinning самоизреживание (*насаждения, посева*)
self-unloading саморазгружающийся
selvedge кромка, кайма
semibleached полубелёный
semibleaching полуотбелка
semigloss 1. незначительный блеск 2. полуматовый, полуглянцевый
semihardboard полутвёрдая древесноволокнистая плита
semimat полуматовый, полуглянцевый
seminary рассадник, питомник
semiopaque полупрозрачный
semiportable полустационарный, полупередвижной
semipro полупрофессиональный
semitrailer полуприцеп; прицеп-роспуск
  lowboy ~ полуприцеп для перевозки техники
sensing:
  aerial remote ~ обнаружение и опознавание объектов с помощью авиации
sepal чашелистик

separation сепарирование, отделение, фракционирование
  baffle ~ разделение в аппарате с отбойными перегородками
  chip-bark ~ разделение коры и щепы
  fibers ~ расслаивание волокон
  particle ~ сепарация стружки
  ply ~ расслаивание фанеры
  pulp ~ сепарирование массы
  tar ~ отделение смолы *или* дёгтя
separator 1. ловушка 2. сепаратор, отделитель 3. сортировочный аппарат
  board ~ разобщитель досок
  dirt ~ устройство для отделения загрязняющих (*щепу*) примесей
  felt-water ~ сосун мокрого сукна
  iron ~ магнитный сепаратор; сепаратор железных частиц
  log ~ разобщитель брёвен
  magnetic ~ магнитный сепаратор; сепаратор железных частиц
  shaving ~ циклон (*для стружек и опилок*)
  steam ~ конденсационный горшок
  tar ~ дёгтеотделитель
  tree ~ разобщитель деревьев
  vertical gravity ~ вертикальный осветлитель
  vorvac ~ *фирм.* вихревой вакуумный очиститель
sequence последовательность; ряд
  cutting ~ последовательность рубок
  felling ~ последовательность рубок
sequoia секвойя (*Sequoia*)
seral сукцессионный, серийный
sere серия (*совокупность последовательно развивающихся растительных сообществ*), ряд фитоценозов
sericin *спич.* серицин
series 1. ряд 2. последовательный (*о соединении*) ◊ by ~ в несколько приёмов
  ecological ~ экологический ряд (*расположения растений или их сообществ*)
  fatty ~ жирный ряд
  felling ~ порядок [серия] рубки леса
  normal ~ of age нормальное распределение насаждений по классам возраста
  thinning ~ серия рубок ухода (*на смежных участках*)

serpentine

serpentine волнообразный; изогнутый (*о передней стенке или фасадной поверхности корпусного изделия мебели*)
serrate зубчатый, пильчатый
serrate-ciliate пильчато-реснитчатый
serratiform зубчатообразный, пиловидный
serration 1. зубчатость 2. зубчик (*напр. на краю листа*)
server стол с полкой для посуды (*в обеденном наборе мебели*); низкий сервант
   bar ~ шкафчик-бар для закусок и посуды
service 1. эксплуатация, обслуживание; техническое обслуживание; надзор, уход 2. действие, функция 3. учреждение, служба
   forest ~ лесная служба, лесная охрана, лесное управление, лесная инспекция
   initial ~ подготовка (*механизма*) к работе
   off-the-road ~ эксплуатация (*автомобилей*) вне магистральных дорог
   on-the-road ~ эксплуатация (*автомобилей*) на магистральных дорогах
   rugged ~ эксплуатация в тяжёлых условиях
   shunting ~ маневровая работа (*напр. на железнодорожной ветке*)
   switching ~ маневровая работа (*напр. на железнодорожной ветке*)
   yard ~ станционная работа; работа на складе
serviceability эксплуатационная надёжность, исправность
sesquioxide полуторные окислы
set 1. агрегат; комплект; набор 2. ряд, серия 3. группа, звено, бригада 4. развод зубьев (*пилы*) ‖ разводить зубья 5. длинный тонкий черенок 6. размножение черенками 7. побег 8. завязь (*плода*) ‖ завязываться 9. сажать (*растения*) 10. ставить, устанавливать, монтировать 11. править (*инструмент*) ◇ **to** ~ **a saw** разводить зубья пилы; **to** ~ **going** запустить, пустить в ход; **to** ~ **in(to) motion** приводить в движение; **to** ~ **out** 1. высаживать (*растения*) 2. проветривать (*линию*) 3. разбивать (*участок*); **to** ~ **trees** сажать деревья
   ~ **of combs** спич. наборно-несущая гребёнка
   ~ **of definitions** свод обозначений
   ~ **of fellers** звено вальщиков
   ~ **of knives** ножевая головка
   ~ **of lines** канатная оснастка; комплект канатов
   ~ **of shelves** этажерка
   bench ~ дачный набор мебели (*из стола и скамеек*)
   dinette ~ обеденный гарнитур; набор мебели для столовой
   lock ~ узел замка
   nail ~ пробойник, бородок
   permanent ~ остаточная деформация
   saw ~ развод зубьев пилы
   spring ~ пружинный развод зубьев пилы; величина развода зубьев пилы (*при которой ширина пропила больше толщины пильного полотна*)
   swage ~ уширение зубьев пилы путём плющения
   teeth ~ развод зубьев пилы
   three stick ~ неполный дверной оклад (*из двух стоек и перекладa*)
   truck-and-trailer combination ~ лесовозный автопоезд; лесовозный автомобиль с прицепом
setaceous 1. покрытый щетинками, щетинистый 2. щетинковидный
set-asides бракованная бумага
setoff прокладочная бумага
setouts (*сокр. от set-out trailers*) прицепы, загруженные заранее (*в отсутствие тягача*)
settee небольшой диванчик, небольшая кушетка
   bed ~ диван-кровать
   Chesterfield ~ мягкий диван с кожаной обивкой и глубокой простёжкой в стиле Честерфильд
   contoured veneer ~ диван из гнутоклеёной фанеры
   four-seater ~ четырёхместный диван
   shell ~ сиденье в форме раковины
setter 1. разводка для зубьев пилы 2. посадочная машина
   choker ~ чокеровщик
   grab ~ зацепщик; чокеровщик; строповщик

shake

setting 1. место временной установки оборудования **2.** площадь, отводимая в рубку; лесосека **3.** площадь, осваиваемая канатной установкой с одной стоянки **4.** развод зубьев (*пилы*) **5.** схватывание (*цемента*); сгущение, затвердевание **6.** установка, сборка, монтаж **7.** завязывание (*плодов*) ◇
~ **in clumps** групповое расположение (*ножей барабана ролла*); ~ **on fire** воспламенение, загорание
~ **of bend** закрепление приданной при гнутье формы
~ **of splints in plate mat** *спич.* установка соломки в наборных планках (*коробконабивочного станка*)
blade ~ развод зубьев пилы
centrifugal ~ осаждение взвешенных частиц под действием центробежных сил
choker ~ чокеровка
cluster ~ групповое расположение (*ножей барабана ролла*)
cold ~ холодное отверждение; холодное формование
depth gauge ~ установка величины снижения ограничительного выступа (*Г-образного режущего звена пильной цепи*)
fast ~ быстросхватывающийся, быстроотверждаемый
head ~ задонка (*бочек*), вставка доньев
knife ~ установка [настройка] ножа
partial ~ частичное отверждение (*смолы, клея*)
roll ~ присадка барабана ролла
slice ~ регулировка напускной щели
staggered ~s лесосеки сплошной вырубки (*разделённые растущим лесом*)
setting up очистка основания дерева для подготовки места подпила
settle 1. длинный диван со спинкой, подлокотниками и ящиком под сиденьем **2.** скамья-ларь **3.** осаждаться
settler отстойник
settling осаждение, отстаивание
stock ~ застой массы (*в песочнице*); осаждение массы
setup 1. система, структура **2.** подпил, подруб **3.** лесоучасток; делянка; участок **4.** стоянка (*канатной установки*) **5.** монтаж (*канатной установки*)
slasher ~ раскряжёвочная площадка; место раскряжёвки; промежуточная площадка для раскряжёвки
setwork 1. настройка **2.** *pl* установочный механизм; механизм зажима (*брёвен на тележке лесопильной рамы*)
sever отделять, отрубать, откалывать
severing разделка (*ствола на части*); раскряжёвка; срезание (*ствола*) ◇
~ **wings from seed** обескрыливание семян
sewage сточная вода
crude ~ неочищенная сточная вода
neutral fiber ~ волокносодержащая сточная вода
settled ~ отстоенная [осветлённая] сточная вода
shackle 1. соединительная скоба; серьга ‖ прикреплять с помощью серьги **2.** ушко (*крюка*) **3.** раздвоенный, вильчатый
round pin chain ~ прямая скоба с прошплинтованным штырём
shade-intolerant светолюбивый (*о древесной породе*)
shade-requiring теневыносливый (*о древесной породе*)
shade-tolerant теневыносливый (*о древесной породе*)
shading 1. затенение **2.** окрашивание в тёмный тон (*для придания изделию старинного вида*)
shaft 1. вал; ось; стержень **2.** оглобля **3.** ствол; стебель
ax ~ топорище
core ~ накатный стержень; гильза, патрон
hog ~ мешалка (*в распускной машине*)
propeller ~ пропеллерный вал (*мешалки*)
rewind ~ вал намотки (*плёнки*)
rocker ~ ось качающегося рычага (*центробежной сортировки*)
separating ~ *спич.* вал для разделения полос картона (*при его разрезке*)
winding ~ вал намотки
shake 1. тряска, вибрация **2.** *цел.-бум.* тряска, вибрационный механизм ‖ встряхивать, взбалтывать **3.** (про-

shake

дольная) трещина (в *древесине*) **4.** кровельный гонт
arc ~ отлуп, отлупная трещина
boxed ~ трещина, не выходящая на пласть пиломатериала
cup ~ отлуп, отлупная трещина
felling ~ повреждение дерева при валке; трещина в дереве (*образовавшаяся при валке*)
frost ~ морозная трещина
growth ~ радиальная трещина (*в стволе растущего дерева*)
heart ~ метиковая трещина
radial ~ радиальная трещина
ray ~ радиальная трещина
resin ~ *новозел*. смоляная трещина
ring ~ отлуп, отлупная трещина
round ~ отлуп, отлупная трещина
shell ~ пластевая трещина
slanting ~ косая трещина
star ~ сложная метиковая трещина
vatman's ~ распределение массы по всей поверхности отливной формы
wind ~ отлуп, отлупная трещина
shakeboard, shakebolt заготовка для кровельного гонта
shaker 1. стряхиватель (*плодов*) **2.** виброустановка (*для отряхивания семян*) **3.** вибратор
car ~ вибратор, ускоряющий разгрузку щепы из вагона
hydraulic boom ~ штановый стряхиватель с гидроприводом
shamrock кислица обыкновенная (*Oxalis acetosella*)
shank 1. стержень; черенок; ствол **2.** сошник **3.** корпус сошника **4.** хвостовик (*инструмента*)
opener ~ корпус сошника
shaped фасонный, фигурный, профильный
shaper 1. фрезерный станок **2.** поперечно-строгальный станок
linear ~ строгальный станок
overhead spindle ~ одношпиндельный фрезерный станок с верхним расположением фрезы
panel ~ установка для получения гнутоклеёных фанерных заготовок
shaperman строгальщик; рабочий, обслуживающий строгальный или фрезерный станок

shape-up сбор бригады перед началом работы
shapewood *фирм.* шейпвуд (*древесностружечная плита с калёвкой*)
shaping формование, придание формы, профилирование
three-dimensional ~ формование объёмных изделий
share лемех; сошник
sharpen 1. точить, заострять **2.** насекать, ковать (*дефибрерный камень*)
◇ **to** ~ **smooth** править (*пилу*)
sharpener 1. заточный станок; точило **2.** рабочий-заточник
chain ~ станок для заточки пильных цепей
chisel ~ заточный станок [заточное устройство] для цепи с Г-образными зубьями
circular ~ заточный станок для крупных пил
joiner blade ~ заточный механизм для строгальных ножей
knife ~ станок для заточки ножей
saw ~ станок для заточки пил
sharpening 1. заточка (*режущего инструмента*) **2.** насечка, ковка (*дефибрерного камня*)
beveled ~ косая заточка
deep ~ глубокая насечка
file ~ заточка напильником
stone ~ насечка дефибрерного камня
shatter 1. *pl* сколы (*в комле дерева*) **2.** расщеплять, повреждать (*комель дерева*)
butt ~ расщепление комля
shave 1. скобель ‖ скоблить; сдирать кору, окорять (*вручную*) **2.** щепка; стружка
bark ~ струг для подрумянивания
cooper's ~ бочарный струг
draw ~ скобель, струг
round ~ бочарный струг для обработки клёпки закруглённого профиля
spoke ~ скобель, струг
timber ~ окорочная лопатка
shaving 1. обдирка коры; (*ручная*) окорка **2.** *pl* стружки; щепки **3.** *pl* бумажные обрезки, кромка, макулатура
bark ~ **1.** окорка **2.** подрумянивание (*при подсочке леса*)
shaw роща, перелесок

shear 1. срез **2.** срезающее усилие ‖ резать, срезать **3.** *pl* ножницы **4.** нож для безопилочного резания (*древесины*); ножевое срезающее устройство (*для валки деревьев*) **5.** расклиниватель; расклинивающий нож (*лесопильной рамы*) ◊ to ~ off обрезать (*сучья*); срезать (*деревья*)
anvil-type ~ одноножевое срезающее устройство (*с опорным рычагом для упора дерева*)
bucking ~ ножевой раскряжёвочный механизм
cable ~ кусачки (*для перекусывания каната*)
carrier-mounted ~ ножевое валочное устройство, монтируемое на тракторе
dividing ~s ножницы для продольной резки
end ~s концевые (*обрезные*) ножницы
feller-buncher ~ валочно-пакетирующая машина с ножевым срезающим устройством; ножевое срезающее устройство валочно-пакетирующей машины
front-end ~ ножевое срезающее устройство, используемое впереди трактора
gate ~s ножницы с двойной станиной
guillotine ~s гильотинные [фанерные] ножницы; гильотинный станок
lopping ~s секатор; ножницы для обрезки ветвей
low-cutting ~ низкосрезающий ножевой механизм (*для срезания деревьев на уровне земли или ниже*)
multitree ~ ножевой механизм для группового срезания деревьев
pruning ~s секатор; ножницы для обрезки ветвей
saw ~ комбинированный срезающий механизм с пилой и ножом
scissor-type ~ ножевое срезающее устройство с двумя режущими полотнами, работающее по типу ножниц
upholstery ~s электроножницы для разрезки мебельной ткани *или* обивки
shearer механические ножницы; ножевой режущий механизм

shearing безопилочное резание; срезание деревьев *или* раскряжёвка ножевым режущим устройством
sheath 1. *энт.* надкрылье **2.** *бот.* влагалище, обвёртка
pith ~ заболонь
sheathing 1. обшивка досками **2.** строительный изоляционный картон **3.** шпунтованные доски для опалубки под гонтовую кровлю
pile ~ каменная загрузка свайного ряда (*у моста или основания пристани*)
select ~ обшивка из материала высокого качества
shiplap ~ обшивка досками взакрой *или* в четверть
sheave 1. шкив, блок; ролик **2.** скользящая накладка (*дверного замка*) **3.** костра
angle ~ направляющий ролик; отводной угловой ролик
leading ~ направляющий (*канатный*) ролик; ведущее колесо (*каната*)
spiked ~ шкив с зубчатой ребордой
track ~ опорный шкив трелёвочной каретки; ходовой блок
shed 1. навес **2.** ронять (*листья*); осыпаться (*о листьях*)
sheepnoses земляника лесная (*Fragaria vesca*); земляника канадская (*Fragaria canadensis*)
sheet 1. пластина **2.** лист (*напр. бумаги*) **3.** бумажное полотно **4.** поверхность листоотливной формы **5.** резать бумажное полотно на листы
cap ~ кровельный картон
crystal ~ оконное листовое стекло
dyestuff test paper ~ выкраска (*образец окраски бумаги*)
fast ~ неподвижно установленный оконный переплёт; оконный переплёт без рамы
flow ~ технологическая схема; карта технологического процесса
free ~s **1.** бумага без содержания древесной массы **2.** бумага из садкой массы
fully sized ~ **1.** полностью проклеенный лист (*бумаги*) **2.** деловой кусок (*шпона*)
odd ~ нестандартный лист (*бумаги*)

sheet

out-of-square ~ косина листа (*бумаги*)
rigid surfacing ~ жёсткий облицовочный листовой материал
rubber ~ резиновая прокладка (*пресса*)
sample ~ пробный лист (*бумаги*)
second ~s бумага для копий
self-supporting hand ~s прочная бумага ручного отлива
slip ~s прокладочная бумага
smut ~s прокладочная бумага
spliced veneer ~ ребросклеенный лист шпона
survey ~ карта съёмки
tally ~ 1. перечётная ведомость (*деревьев*) 2. бланк учёта пиломатериалов
trimmed paper ~ обработанный лист бумаги
unsized ~ непроклеенный лист (*бумаги*)
unsupported ~ листовой плёночный материал без основы
wild-looking ~ лист (*бумаги*) с плохим просветом

sheetage отношение площади поверхности бумаги *или* картона к весу
sheeter саморезка
sheeting 1. листовой материал; плёнка 2. обшивка (*напр. фанерой*) 3. каландрирование 4. нарезание листов из бумажного полотна
Bolton ~ *фирм.* износостойкий твил (*обивочный материал*)
lap-jointed ~ обшивка внакрой
lining ~ обшивка, опалубка
sheet-making отлив (бумажного) листа
shelf выступ, закраина; полка, уступ
shell 1. оболочка, обшивка 2. каркас (*кресла*) 3. пузырь, раковина (*в шпоне*); участок отлупа (*ножевого шпона*)
couch ~ камера [рубашка] гауч-вала
digester ~ кожух варочного котла
molded chair ~ каркас формованного кресла
press ~ камера фильтр-пресса
suction couch ~ рубашка отсасывающего гауч-вала
shellac шеллак, шеллачная смола
garnet ~ тёмно-красный шеллак

shellaced прошеллаченный, покрытый шеллаком
shell-and-core (-type) непрогибающийся (*о вале*)
shelter 1. пристанище, убежище 2. полог (*леса*) 3. затенять (*пологом леса*)
raft ~ плотоубежище
shelterbelt защитная (лесная) полоса
shelterwood 1. спелый древостой 2. равномерные постепенные рубки
Sheraton 1. стиль мебели Шератон (*Англия, II пол. XVIII в.*) 2. мебель в стиле Шератон
sheugh *шотл.* прикопка (*посадочного материала*)
shield 1. экран, щит 2. накладка дверного замка
shielding экранирование
shifting 1. переключение 2. перевод судна (*с одного причала на другой*)
on-the-go ~ переключение передач на ходу
shim 1. зазорная прокладка 2. подкладка под шпалами (*для выравнивания полотна дороги*) 3. заплата в виде узкой полоски шпона 4. регулировочный клин
shin грудь отвала
shine лоск, глянец, блеск
shingle гонт; дранка; деревянная черепица ‖ крыть крышу гонтом; обшивать стены гонтом
shiplapping 1. соединение досок в четверть 2. фальцованные доски
shipper грузоотправитель
shipping 1. погрузка; отправка; перевозка 2. суда, флот ‖ судовой 3. судоходство
shipping-dry транспортной влажности (*о пиломатериалах, частично высушенных*)
shiproom тоннаж
shive 1. костра 2. пучок волокон (*в древесной массе*) 3. лучина, щепка
flax ~ льняная костра
shiver 1. осколок, обломок, щепа 2. клин, запирающий задвижку окна
shoe 1. башмак, колодка 2. окова (*полоза*), подкова 3. звено (*гусеницы*) 4. шлифовальный утюжок, шлифовальная колодка 5. сошник 6. *pl* по-

перечные траверсы, укреплённые на бесконечной цепи лесотранспортёра
furrow opening ~ сошник
planting ~ сошник сажалки
plowing ~ плужная подошва; дно борозды
skidding ~ трелёвочный пэн
track ~ башмак гусеницы
tree ~ опорный башмак (*несущего каната*), закреплённый на мачте
shoeboard обувной картон
shoepiece часть царги стула, на которую опирается спинка
shola шола (*вечнозелёный горный лес в Индии*)
shook (ящичный) комплект; комплект клёпок на одну бочку, копа
shoot 1. веточка, росток, побег 2. рост; прорастание ‖ расти; прорастать; распускаться 3. прирост 4. фуговать, прифуговывать (*доски*) ◇ to ~ leaves покрываться листьями
~ of apex *бот.* конус нарастания
adventitious ~ придаточный побег
annual ~ годичный побег
basal ~ основной [ростовой] побег
continuance ~ ростовой [основной] побег
coppice ~s порослевые побеги (*от спящих и придаточных почек деревьев*)
deferred ~ побег, развившийся из спящей почки
epicormic ~ побег, развившийся из спящей почки; водяной побег
innovation ~ вегетативный побег
lammas ~ летний побег; иванов [вторичный] побег
last annual ~s ауксибласты, побеги текущего года
leading ~ главный побег; ростовой [основной] побег, воршинный побег
preformed ~ сформировавшийся побег
recurrently flushing ~ побег, периодически дающий отростки
sap ~ поросль от пня
spur ~ укороченный побег
stool ~ поросль от пня
terminal ~ верхушечный побег
shooting 1. взрывные работы 2. фугование (*досок*)
shop 1. цех, мастерская; завод 2. магазин 3. *pl* белая обёрточная бумага 4. пиломатериал (*для производства стройдеталей*) с ограниченным количеством дефектов
cabinet ~ столярный цех
carpenter's ~ столярный цех
pattern ~ модельная мастерская
wood ~ деревообделочная мастерская; деревообрабатывающий цех
shoring подкосы, подпоры
short-boled короткоствольный
shortener:
line ~ устройство для вытяжки тягового каната (*для прищепки груза*)
shortening разделка; раскряжёвка
short-fibered коротковолокнистый
short-grained коротковолокнистый
shorts пиломатериалы короче стандарта; пиломатериалы длиной менее 183 мм
veneer ~ шпон-рванина; отходы шпона; обрезки шпона
short-stemmed низкоствольный
shortwood (короткомерные) сортименты; короткомерные балансы (*длиной до 2 м*)
manually-produced ~ сортименты, заготовленные вручную (*с применением мотопил*)
shot 1. строганый 2. разноцветный, переливающийся разными цветами; сизый 3. вкраплённый 4. доза впрыска в пресс-форму (*при изготовлении мебели из пластмасс*)
shotgun устройство для определения направления падения дерева (*вставляемое в подпил*)
shothole ход древоточца, червоточина
shoulder 1. плечо; уступ; кромка; заплечик, буртик 2. *pl* кромки карры (*у последней подновки*) 3. обочина (*дороги*)
vibrating ~s of funnel *спич.* вибрирующие стенки раздвижной воронки (*коробконабивочного станка*)
shouldered имеющий заплечик, буртик или поясок
shovel 1. лопата ‖ копать, перелопачивать 2. культиваторная лапа 3. экскаватор
break ~ рыхлительная лапа
covering ~ загортач, заделывающий орган

shovel

dozer ~ землеройный отвал
show 1. лесозаготовительный участок **2.** организация лесозаготовок ◊ **to ~ through** проявляться, проступать (*о неровностях*)
   grapple ~ бесчокерная трелёвка (*с применением захвата вместо чокеров*)
   logging ~ лесозаготовительная операция
shower 1. цел.-бум. спрыск **2.** ливень **3.** поливать, орошать
   cover cleaning oscillating ~ подвижной спрыск для очистки крыши
   cutoff ~ отсечный спрыск
   discharge ~ выходной спрыск
   knock-off ~ отсечный спрыск
   needle oscillating wire cleaning (washing) ~ игольчатый вибрирующий спрыск для промывки сетки
   sluice ~ промывной спрыск
   spray nozzle ~ веерообразный спрыск
   trim cutoff ~ отсечный спрыск для кромки
show-through 1. проступание, просвечивание (*напр. на обратной стороне бумаги*) **2.** неровность поверхности ДСП (*облицованной шпоном или пластиком*)
showwood древесина ценных пород
shragging *англ.* обрезка сучьев
shred 1. обрезок, клочок ‖ измельчать, резать, кромсать **2.** полоска, срезаемая с древесины; древесная стружка ◊ **to ~ stalks** срезать стебли
   chopping ~s измельчённая стружка; измельчённые обрезки
shredder 1. стружечный станок **2.** разрыватель целлюлозы **3.** стеблеизмельчитель **4.** станок для измельчения отходов пенопласта
   fan ~ разрыватель-эксгаустер (*для измельчения, отпиловки и подачи макулатуры*)
   hog ~ молотковый измельчитель, дезинтегратор
   swing hammer ~ молотковый измельчитель, дезинтегратор
shredder-blower станок для измельчения и разрыхления (*набивочного материала*)

shredderman церфазерщик, сепараторщик
shredding 1. измельчение **2.** разрыхление **3.** *pl* дроблёнка, частицы
shrink усадка; усушка; сжатие ‖ давать усадку; усыхать; сжиматься
shrinkage усадка; усушка; сжатие
   free ~ сушка бумаги со свободной усадкой
   linear ~ линейная усадка
   volume ~ объёмная усушка; объёмная усадка
shrivel морщиться, съёживаться, ссыхаться
shroud обруч
shrouding обрезка нижних боковых побегов (*у широколистных деревьев*)
shrub кустарник
shrublet мелкий кустарник
shrubwood низкоствольный лес, низкоствольник, порослевый лес
shrunk подвергнутый усадке; сморщенный
shuffling метод сортирования вееном (*листовой бумаги*)
shutter затвор
   balanced ~s откидное окно; раздвижной оконный переплёт с противовесом
   boxing ~s жалюзи, складные шторы
   lifting ~s подъёмные ставни; ставни, движущиеся по вертикали
shuttering обшивка
shuttle затвор шлюза
sib(ling) *бот.* родственный
siccative сушильное средство; сиккатив (*для красок и лаков*)
siccocolous ксерофильный (*засухоустойчивый*)
side 1. сторона, пласть, поверхность (*шпона, пиломатериалов*); продольная поверхность (*бруса*) **2.** щека блока **3.** склон (*горы*) **4.** бригадный участок (*люди, основное и вспомогательное оборудование*); лесной участок; лесосека **5.** стена (*напр. леса*)
   ~ **of rope** конец каната
   back ~ **1.** приводная сторона (*бумагоделательной машины*) **2.** край (*бумажного полотна*) с приводной стороны машины
   discharge ~ **1.** цел.-бум. напорная [разгрузочная] сторона **2.** *дер.-об.*

сторона выхода материала (*из станка*); сторона разгрузки
drawer ~ стенка выдвижного ящика
ebb ~ напорная сторона (*плотины*)
felt ~ суконная [верхняя] сторона (*бумаги*)
fore ~ лицевая [рабочая] сторона (*бумагоделательной машины*)
front ~ сторона (*дерева*) в направлении валки
heart ~ пласть сердцевинной доски
ladder ~ продольный брусок деревянной стремянки *или* лестницы
propulsion ~ приводная сторона (*бумагоделательной машины*)
right ~ 1. правая стенка (*вагона при укладке тары*) 2. суконная [верхняя] сторона (*бумаги*)
screen ~ сетчатая сторона (*древесноволокнистой плиты*)
service ~ рабочая [лицевая] сторона (*бумагоделательной машины*)
slack ~ внутренняя сторона ленты шпона (*при лущении*)
take-up ~ цел.-бум. ведомая ветвь
tender ~ рабочая [лицевая] сторона (*бумагоделательной машины*)
tight (cut) ~ наружная сторона ленты шпона (*при лущении*)
wrong ~ неотделанная сторона (*листа бумаги*)
sidebind положение дерева, лежащего поперёк крутого склона (*удерживаемого пнём или растущим деревом*)
sideboard сервант
bed ~ тумба для постельных принадлежностей
bow center ~ сервант с изогнутой фронтальной поверхностью
loose pedestal ~ сервант *или* сервировочный стол с отдельными приставными тумбами
pedestal ~ комод с двумя тумбами, соединёнными горизонтальными выдвижными ящиками
tambour ~ сервант закруглённой формы
sidecasting перемещение грунта бульдозером по склону сверху вниз (*на полотно дороги*)
sidelight 1. остеклённая часть двери 2. боковое стекло
side-matched в рост (*о подборе шпона*)

sidenotch подрезать дерево с обеих сторон от подпила (*до выполнения заднего реза*)
siderod мастер, руководитель работ в лесу
siders цел.-бум. крестовина дисков
siderun 1. неровная намотка (*рулона, бобины*) 2. рулон бумаги нестандартной ширины
siding 1. запасный путь, ветка; подъездной путь 2. обшивка; наружная обшивка досками, прибиваемыми внахлёстку 3. *pl* боковые доски, получаемые при брусовке
abrasive ~ боковая намазанная сторона (*спичечной коробки*)
drop ~ вертикальная обшивка досками
lap ~ 1. обшивка досками взакрой 2. *pl* обшивочные профилированные доски
rabbeted ~ обшивка досками в четверть
sieve сито
injection molded plastic ~ спич. пластмассовое сито (*станка для сортировки соломки*), изготовленное методом литья под давлением
sieving просеивание через сито
sifter вращающаяся сортировка (*для щепы*)
siftproof плотный, непроницаемый; без отверстий (*о мебели*)
sight визир, отметка
sighting 1. визирование 2. определение направления валки деревьев
silencer глушитель
silicle стручок
siliqua стручок
siliquiform стручковидный, стручкообразный
sill 1. порог (*напр. двери*) 2. нижний брус, подушка (*оконной рамы*); наружный подоконник; сливная доска (*окна*) 3. порог (*шлюза*) 4. лежень
window ~ наружный подоконник; сливная доска окна
silo бункер
digester ~ бункер для щепы
salt cake make-up ~ бункер для хранения сульфата натрия
silt 1. пыль (*фракция механического*

siltation

состава диаметром 0,002 — 0,05 мм) **2.** ил, илистый нанос
siltation, silting заиливание
silva лес, лесная растительность
silvan лесной
silvering металлизация алюминием, придающая серебряную окраску (*при отделке древесины*)
silvicide арборицид
silvics лесоведение
silvicultural лесоводственный, лесокультурный
silviculture лесоводство
   steppic ~ полезащитное лесоразведение
silviculturist лесовод
silylation образование силила
simulation моделирование
single-storied одноярусный (*о насаждении*)
single-twist скрученный в одну нить
singling пикировка (*растений*)
singulate разделение брёвен *или* пиломатериалов поштучно
sinistrorse *бот.* левовращающий
sink 1. подпил, подруб **2.** слив **3.** оседать; погружать, тонуть
sinkage затонувшие лесоматериалы; утоп
sinker 1. *англ.* топляк (*затонувшее бревно*); бревно, которое не держится на плаву **2.** гвоздь с плоской шляпкой **3.** корневая система омелы
sinking 1. потопление (*брёвен*) ‖ потопленный **2.** опускание, погружение; углубление **3.** деталь, расположенная ниже примыкающих деталей
  ~ of chips замачивание щепы
  hinge ~ врезание петель (*в оконную раму*)
sinuate *бот.* выемчатый
sinus *бот.* синус; пазуха, полость
sinusia синузия (*экологически близкая группа растений*)
sit устанавливать(ся)
site 1. место, участок **2.** площадка у лесовозной дороги (*где производится обрезка сучьев с деревьев, раскряжёвка хлыстов*) **3.** лесорастительные условия **4.** местообитание, местоположение ◇ **on ~** на месте (*работ*)

~ of cutting лесосека
chippers landing ~ погрузочная площадка (*с установкой для переработки деревьев в щепу*)
felling ~ 1. вырубка **2.** лесосека; участок валки леса
fertile ~ плодородный участок
forest ~ бонитет (*насаждения*)
harvest ~ лесосека
holding ~ *см.* **intermediate holding site**
infertile ~ неплодородный участок
intermediate holding ~ промежуточная площадка (*для отцепки порожних прицепов и прицепки гружёных*)
landfill ~ площадка для ссыпания отходов
landing ~ погрузочная площадка; верхний склад
logging (job) ~ лесосека, делянка
mill ~ заводской склад (*сырья*)
motoring ~ контрольный пост, пост мониторинга
poor ~ (лесной) участок низкой продуктивности
processing ~ площадка для обработки деревьев (*у лесовозной дороги*)
recreation ~ зона отдыха, рекреационная зона
stump ~ участок лесосеки у пня
timber ~ участок подсочки
transfer (reload) ~ перегрузочная площадка, лесоперевалочный пункт; пункт перегрузки (*лесоматериалов*)
site-type работающий на площадке у лесовозной дороги
sitting сиденье
size 1. размер ‖ определять размер; сортировать по размерам **2.** калибр : калибровать **3.** формат **4.** клей, шлихта ‖ проклеивать, шлихтовать ◇ **~s as laid** квадратура (*паркета*) при укладке; **of ample ~** больших размеров; **to ~ up** определять размер; примеривать
  ~ of sheet формат листа
acid ~ клей с высоким содержанием свободной смолы
Bewoid ~ *фирм.* высокосмоляной клей, клей «Бевойд»
brown ~ нейтральный канифольный клей

Delthirna ~ *фирм.* бурый клей
down ~ точный размер (*после опиловки*)
dressed ~ размер (*пиломатериала*) после строгания
exploitable ~ устанавливаемый размер лесоматериала, пригодный к использованию
falling ~ нестандартный размер
finished ~ размер (*пиломатериала*) после машинной обработки; чистовой размер
fluorochemical ~ фторированный органический клей
free rosin ~ клей с содержанием свободной смолы
full ~ 1. увеличенный размер **2.** полномерный [кругломерный] материал
fumarated wood rosin ~ бумажный клей на основе экстракционной канифоли, модифицированной фумаровой кислотой
gelation ~ животный клей
gilder's ~ мездровый клей в виде тонких отбелённых пластинок
glazing ~ чистый мездровый клей типа желатина
grit ~ номер шлифовального зерна; номер шлифовальной шкурки; зернистость шлифовального камня
internal ~ клеящее вещество для проклейки в массе
mesh ~ размер отверстия
off(-saw) ~ фактический размер (*пиломатериала*)
oil-repellent ~ жироустойчивый клей
overall ~ габаритный размер
paper (making) ~ клей для проклейки бумаги, бумажный клей
parchment ~ чистый мездровый клей типа желатина
paste rosin ~ пастообразный канифольный клей
press ~ размер фанеры, выходящей из пресса (*с допусками по длине и ширине*)
pricked ~ размер меньше фактического; уменьшенный размер (*пиломатериалов*)
reinforced ~ укреплённый клей
ripping ~ черновой размер с учётом припуска на обработку
rosin ~ канифольный клей

rosin soap ~ клей на основе канифольного мыла
rosin wax ~ канифольно-парафиновый клей
rough-dry ~ размер (*пиломатериала*) после сушки
rough nominal ~ черновой размер
starch ~ крахмальный клей
stock ~s принятые размеры (*пиломатериалов*)
trimmed ~ of sheet потребительский формат листа
tub ~ клей для поверхностной проклейки
turn ~ нагрузка на рейс; объём воза
untrimmed ~ промышленный формат листа
use standard ~ потребительский формат листа
wax ~ парафиновый клей

sized проклеенный, клеёный (*о бумаге*)
size-press клеильный станок; клеильный пресс
sizer строгальный станок; рейсмусовый станок; калибровальный станок
automatic feed double ~ двухсторонний обрезной станок с автоматической подачей
multiple ~ многопильный обрезной станок
sizing 1. проклейка **2.** сортирование, сортировка (*по размерам*) **3.** прокладка; внутреннее покрытие (*бочки*) ◇ **~ in the stuff** проклейка в массе
~ of paper per sheet полистное сортирование бумаги
~ of paper per two sheets сортирование бумаги в два листа
animal tub ~ проклейка бумаги животным клеем
beater ~ проклейка бумажной массы
calender ~ проклейка на каландре
paraffin wax ~ парафинирование (*бумаги*)
stock ~ проклейка в массе
vat ~ поверхностная проклейка

Skaukatt трелёвочная каретка с подъёмным барабаном (*приводимым цепной передачей от другого барабана с намотанным тяговым канатом*)

skeleton

skeleton 1. каркас, решётка, остов 2. схема, план
skep круглая корзина грубой работы
sketch 1. абрис (*напр. лесосеки*); эскиз, чертёж 2. съёмка
skew косой, скошенный; смещённый, несимметричный
skewness асимметрия (*распределения*)
skid 1. прокладка, рейка; скат, полоз; направляющая доска, подкладной башмак; подштабельная подкладка; салазки для спуска груза; направляющий рельс; отбойный брус 2. *амер.* (*трелёвочный*) волок; расстояние трелёвки 3. *pl* брусья для выстилки волока *или* площадки; слеги 4. небольшой калёвочный станок; четырёхсторонний калёвочный станок (*для строгания и профилирования брусьев оконных створок и дверных полотен*) 5. трелевать (*волоком или в полупогруженном положении*) 6. буксовать 7. укреплять (*дорогу*) поперечными балками ◊ to ~ ground ~ трелевать волоком; to hand ~ подкатывать брёвна вручную; to ~ up 1. окучивать и штабелевать брёвна 2. выравнивать полотно дороги
cross ~s поперечные лежни
dead ~s неподвижные ограничители (*напр. для установки приёмника для отходов*)
draw ~s брёвна, укладываемые параллельно железнодорожному пути (*для сооружения погрузочной площадки*)
fender ~ отбойный брус на спусковом волоке
glissade ~s свежеокоренные слеги
pole ~s подштабельные деревянные подкладки
skidder 1. трелёвочный механизм (*чаще — колёсный трактор для трелёвки лесоматериалов волоком или в полупогруженном положении; иногда — трелёвочная лебёдка*) 2. трелёвщик 3. рабочий, занятый сооружением волока
aerial ~ 1. лебёдка для подвесной трелёвки; лебёдка для привода трелёвочной аэростатной установки 2. подвесная канатная трелёвочная установка
articulated ~ трелёвочный трактор с рамным управлением [с шарнирно-сочленённой рамой]
bunk ~ трактор с коником (*для бесчокерной трелёвки*)
bunk grapple ~ трактор со стрелой и коником с зажимными рычагами (*для бесчокерной трелёвки*)
bunk jaw ~ трактор со стрелой и коником с зажимными рычагами (*для бесчокерной трелёвки*)
cable ~ трелёвочный трактор с тросово-чокерным оборудованием
choker ~ трелёвочный трактор с тросово-чокерным оборудованием
choker arch ~ трелёвочный трактор с аркой и чокерами
clam ~ трактор со стрелой и коником с зажимными рычагами (*для бесчокерной трелёвки*)
frame-steer(ed) wheeled ~ колёсный трелёвочный трактор с рамным управлением
grapple(-equipped) ~ трелёвочный трактор с (пачковым) захватом
ground ~ лебёдка для трелёвки волоком
interlocking ~ канатная трелёвочная установка с лебёдкой со сблокированными [с синхронно вращающимися] барабанами
overhead ~ подвесная канатная трелёвочная установка
pack-sack ~ трелёвочный трактор для перевозки пачек сортиментов в полностью погруженном положении
pole ~ трактор для трелёвки коротья (*в погруженном положении*)
rubber-tired ~ трелёвочный трактор на резиновом ходу; колёсный трелёвочный трактор
tracked log ~ гусеничный трелёвочный трактор
wheel(ed) ~ колёсный трелёвочный трактор
skidding трелёвка (*чаще трактором — волоком или в полупогруженном положении*)
aerial ~ подвесная трелёвка
animal ~ гужевая трелёвка

skyline

arch ~ тракторная трелёвка с применением арки
cable (line) ~ тросовая (*тросо-чокерная*) трелёвка
cableway ~ (*подвесная*) канатная трелёвка; заготовка леса на базе канатных установок
chokerless ~ бесчокерная трелёвка
full-tree ~ трелёвка деревьев (*с необрубленной кроной*)
grapple ~ бесчокерная трелёвка (*с помощью пачкового захвата*)
ground (line) ~ трелёвка волоком
heely ~ несущий канат для удержания каретки с грузом (*при кольцевом движении кареток*)
high-lead ~ полуподвесная трелёвка
light ~ несущий канат для возврата каретки в лесосеку (*при кольцевом движении кареток*)
overhead ~ подвесная трелёвка
pan ~ трелёвка волоком с использованием пэнов
semisuspended ~ трелёвка в полупогружённом положении
skyline ~ подвесная трелёвка
sulky ~ тракторная трелёвка с применением прицепной арки на колёсном ходу
tension ~ трелёвка канатной установкой с тягово-несущим канатом
tractive ~ трелёвка волоком с помощью тяговой единицы (*гужевой или тракторной*)
skidroad трелёвочный волок
skidway трелёвочный волок; погрузочная площадка со слегами, уложенными поперёк трелёвочного волока
hot ~ погрузочная площадка с отгрузкой подтрелёванной древесины без складирования
skillet заготовка спичечной коробки (*из шпона или картона*) ◊ ~s in trays заготовки спичечных коробок, установленные на лотках
creased ~ фальцованная заготовка спичечной коробки
cut-and-creased ~ отрезанная и фальцованная заготовка спичечной коробки
printed cardboard ~ картонная заготовка спичечной коробки с печатной этикеткой

ready-cut-bottom ~ вырезанная заготовка донышка спичечной коробки
skim 1. наружный слой (*картона*) 2. предплужник 3. дерносним
skimmer дерносним
skimming 1. цел.-бум. съём пены 2. сбор сульфатного мыла 3. снятие дернины 4. *pl* цел.-бум. снятая пена 5. сострагивание слоя с поверхности (*пиломатериала*) инструментом с неподвижным ножом
soap ~ сбор сульфатного мыла
skin 1. наружный слой, оболочка, плёнка 2. тонкая гладкая (*без рисунка*) обойная бумага 3. жёсткая бумага 4. тонкая обёрточная бумага односторонней гладкости; упаковочная бумага
~ of paint слой краски
onion ~ тонкая лощёная бумага
solid ~ цельная оболочка (*пенопласта*)
stressed ~ 1. напряжённый верхний слой; верхний слой (*щита или плёнки*) с неснятым напряжением 2. высокопрочный наружный слой (*фанеры*)
skinner 1. цел.-бум. съёмщик массы 2. рабочий по подготовке лесоматериалов к чокеровке (*обрезке вершин, сучьев, расчистке места*)
roll ~ съёмщик массы с форматного вала
skip 1. пропуск, обзол, непрострожка 2. ящик; короб; скип; вагонетка с опрокидывающимся кузовом ◊ ~ in dressing пропуск при строгании, непрострожка
skipper молоток с заострённым концом
skirt 1. плинтус, борт 2. юбка (*в днище варочного котла*)
skyline несущий канат, трелёвочная установка с несущим канатом ‖ трелевать лес установкой с несущим канатом
curved ~ несущий канат, расположенный по кривой; трелёвочная установка с несущим канатом, расположенным по кривой
hauler ~ подвесная канатная установка
inverted ~ обратный несущий канат

skyline

(*неподвижный канат, поддерживаемый аэростатом*); аэростатная установка с обратным несущим канатом (*с использованием тягового каната в качестве несущего и холостого — в качестве тягового*)
live ~ опускающийся несущий канат; установка с опускающимся несущим канатом
multispan ~ многопролётная подвесная канатная установка
running ~ тягово-несущий канат; канатная установкаа с тягово-несущим канатом (*и специальной кареткой*)
slack(ing) ~ опускающийся несущий канат; канатная установка с опускающимся несущим канатом
standing ~ *см.* tight skyline
tight ~ неподвижный несущий канат (*закреплённый по концам*); установка с неподвижным несущим канатом
skylining перемещение груза по несущему канату (*как правило, предварительно подтрелёванных пачек лесоматериалов*)
skyroad линия несущего каната; линия трелёвки; трелёвочный волок; трелёвочный коридор (*при канатной трелёвке*); просека под несущим канатом
slab 1. горбыль ‖ срезать горбыли 2. отщеп (*при раскряжёвке провисшего дерева*) ‖ отщеплять 3. плитка (*клея*) 4. блок (*пенопласта*) 5. заготовка, щит, брус, дощечка 6. крышка (*стола*) 7. лист сырой целлюлозы ◊ to ~ off отрезать горбыли
slabber лесорама для брусования; брусующий станок
slabbing 1. брусовка 2. отщепление (*при раскряжёвке провисшего дерева*)
slabbing-off фрезерование плоскости параллельно оси фрезы
slabwood горбыль
slack 1. слабина 2. слабонатянутый [провисающий] трос 3. слабонатянутый, провисающий 4. зазор, незаполненное пространство (*при укладке тары*) ◊ to take up the ~ устранять слабину
~ of web провисание бумажного полотна

slacker лебёдка для привода установки с опускающимся несущим канатом
slacklining трелёвка с установкой с опускающимся несущим канатом
slackness слабина
slackpuller вытяжной канат (*для вытяжки тягового каната с целью удобства чокеровки*)
slack-sized слабопроклееный
slade полевая доска (*плуга*)
slaker гаситель извести
lime ~ гаситель извести
slanting:
sill ~ косой рез на детали оконной рамы *или* порога двери
slap разрыв (*бумаги*) у кромки
slash 1. вырубка 2. порубочные остатки (*вместе с валежником и ветровалом*) 3. гарь 4. *pl* лесоматериалы определённой длины 5. черновая распиловка ‖ распиливать 6. бурелом; болотистая местность, марш
chipping ~ отходы дробления древесины
heavy ~ крупные порубочные остатки (*напр. обломки деревьев*)
light ~ мелкие порубочные остатки
logging ~ порубочные остатки
rolled timber ~ бурелом, ветровал
wind ~ ветровал, бурелом
slasher 1. слешер, раскряжёвочная машина; раскряжёвочная установка; *кан.* машина *или* установка для раскряжёвки нескольких стволов одновременно 2. кустарниковый нож; новозел. кусторез
continuous ~ слешер для непрерывной раскряжёвки
multistem ~ слешер для пачковой раскряжёвки хлыстов
roadside ~ передвижная (сучкорезно-) раскряжёвочная машина (*работающая у лесовозной дороги*)
scrub ~ кусторез; кустоизмельчитель
slash fire огневая очистка лесосек
slashing 1. раскряжёвка; *кан.* раскряжёвка нескольких стволов одновременно 2. вырубка кустарниковой растительности 3. *амер.* неочищенная площадь (*напр. от завала или порубочных остатков*)
slat 1. филёнка, дощечка, планка; пе-

рекладина, поперечина, поперечная доска 2. карандашная дощечка
slatings чистообрезные рейки из древесины хвойных пород определённого размера (25,4 X 88,9 мм)
slatting 1. обшитый досками **2.** *pl* рейки, прибитые с промежутками
slaty 1. слоистый, пластинчатый **2.** хрящеватый
sled лесовозные сани
  donkey ~ тяжёлая рама на полозьях (*на которой монтируется паровая лебёдка*)
  drag ~ одиночные сани; трелёвочные подсанки (*для трелёвки брёвен в полупогруженном положении*)
  sprinkler ~ сани с поливным баком
  tore ~ сани для доставки на лесопункт предметов снабжения; хозяйственные сани
sledge лесовозные сани ‖ вывозить (*лесоматериалы*) на санях
sleeper 1. шпала; поперечина; лежень **2.** брусок основания; цоколь, плинтус (*корпусного изделия мебели*)
  switch-and-crossing ~ переводной брус
  wane ~ шпала с обзолом
sleeve 1. муфта; втулка; гильза (*цилиндра*) **2.** бесконечное красконаносное сукно
  paper ~ бумажная гильза
  planting ~s посадочные трубки
sleigh лесовозные сани
slenderness отношение ширины к длине (*волокна*)
slewing качание, поворот из стороны в сторону (*напр. стрелы крана*)
slice 1. распиливать; распускать толстые доски на тонкие **2.** строгать (*шпон*) **3.** линейка (*бумагоделательной машины*) **4.** выпускная щель (*напорного ящика*)
  closed high-head ~ напорный ящик закрытого типа
  high-head ~ напорный ящик
  projection ~ напускная губа
sliced строганый, ножевой (*о шпоне*)
slicer 1. лущильный станок; фанерострогальный станок **2.** линейка (*бумагоделательной машины*) ◇ ~ **for wood** фанеролущильный станок
  veneer ~ фанерострогальный станок

slicing строгание (*шпона*)
slide 1. амер. (деревянный) лесоспуск; наклонный скат, спуск **2.** направляющая, ползун, полозок **3.** салазки, каретка **4.** задвижка, заслонка, шибер **5.** оползневый грунт **6.** скольжение ‖ скользить
  cover ~ запорный шибер
  debris ~ сползание со склона неустойчивых грунтов вместе с порубочными остатками
  full-extension drawer ~ выдвижная направляющая ящика
  machine ~ каретка [суппорт] станка
  running ~ лесоспуск
  timber ~ *спл.* бревноспуск
  trail ~ трелёвочный волок по грунту с отбойным бревном
  water ~ лесосплавный лоток
slider ползун, направляющая, полозок
sliding 1. скольжение, проскальзывание, соскальзывание ‖ скользящий, проскальзывающий; передвижной **2.** выбор шпона по рисунку текстуры
slime 1. грязь, разжижённый ил **2.** *цел.-бум.* слизь
slimicide *цел.-бум.* средство для борьбы с образованием слизи
sliminess жирность (*массы*)
slimy илистый, болотистый
sling погрузочный строп; петля; обвязочная цепь
  thimble-hook wire ~ канатный строп с коушными крюками на обоих концах
slinger:
  rigging ~ рабочий на лесосеке, руководящий движением канатов и прицепкой груза при канатной трелёвке
slip 1. (деревянный) лесоспуск **2.** лучина; щепа; лубок **3.** побег, черенок **4.** скольжение, буксование ‖ скользить; буксовать **5.** *pl* хворост, валежник; срезанные сучья
  bark ~ сбрасывание коры (*по активному камбиальному слою*)
  centering ~s выравнивающие бруски (*для установки рамок или стёкол*)
  coating ~ покровный слой; красящая суспензия для мелования
  finger ~ небольшой точильный камень для заточки стамесок и долот

slip

jack ~ элеватор для брёвен; лесотранспортёр
parting ~ тонкая перегородка, разделяющая противовесы раздвижных окон
slippage скольжение, буксование
slipper 1. сани **2.** полозья; ползун **3.** тормозная колодка **4.** рабочий, затёсывающий концы брёвен (*перед трелёвкой*)
slipshod с дефектами; неточный
slipstone точильный брусок, оселок
slit 1. щель, выемка, фальц **2.** расщепление, продольный разрез ‖ расщеплять, раскалывать; разрезать на узкие полосы
slitter 1. дер.-об. станок для продольной разрезки листовых материалов **2.** цел.-бум. перемотно-разрезной станок; продольно-резательный станок
  crush-cut ~ станок для продольной резки (*бумаги*) способом раздавливания
  rag ~ тряпкорубка
  rider ~ резательный станок
  shear-cut ~ продольно-резательный станок с ножевым валом
slitter-scorer резательно-биговальный станок
slitter-scorer-slotter резательно-биговально-высекательный станок
slitter-winder перемотно-резательный станок
slitting продольная резка; разрезание на полосы; продольное раскалывание
  cardboard reel ~ спич. разрезка рулонного картона
  custom ~ разрезка (*листовых материалов*) на листы специальных размеров
sliver 1. щепка **2.** отщеп **3.** костра, пучок волокон **4.** ветвь, отросток **5.** расщеплять, раскалывать, отщеплять, колоть (*дрова*) ; разрезать вдоль
sloop двухполозные трелёвочные сани с дышлом и коником (*для коротких сортиментов*) ◇ **to dry** ~ спускать брёвна на санях по грунту
slop барда
slope уклон; наклон, скат

~ **of grain** наклон волокон (*древесины*)
backfall ~ скат горки (*ролла*)
slot 1. паз, прорезь, отверстие, щель; шпунт, гнездо, выемка, впадина **2.** прорезать, выдалбливать
slot-and-key паз и шпонка; соединение с помощью скользящей шпонки
slotter долбёжный станок
  punching ~ копировальный долбёжный станок
slough болото, топь, трясина
sloven 1. козырёк (*комлевой части ствола*) **2.** недопил (*дерева*) **3.** отщеп, остающийся при валке дерева на стволе *или* пне
slow цел.-бум. жирный; жирноразмолотый; слизистый
slow-grown узкослойный (*о древесине*)
slowness жирность; водоудерживаемость (*массы*)
slub шерстяная обивочная ткань
sludge 1. отстой, шлам **2.** эмульсия **3.** ил, грязь
  bleach ~ отработанный известковый шлам
  crude ~ неперебродивший ил
  digested ~ созревший [перебродивший] ил
  lime ~ каустизационный шлам
sludger цел.-бум. илоочиститель
slug слежавшийся бумажный брак
sluice 1. шлюз; затвор, перемычка ‖ шлюзовать; отводить (*воду*) шлюзами; выпускать (*воду*) через шлюз **2.** *амер.* лесосплавный лоток **3.** цел.-бум. массная задвижка
sluiceway устье [канал] шлюза
sluicing 1. уход за шлюзом; пропуск воды через шлюз; задержание воды в шлюзе **2.** размывание; вымывание (*массы из сцежи*)
slurry жидкая масса, суспензия
  abrasive ~ жидкая шлифовальная паста
  filler ~ суспензия наполнителя; каолиновая суспензия
slurrying превращение в жидкую массу
slush 1. волокнистая масса **2.** распускать в воде сухие волокнистые полуфабрикаты ◇ **to** ~ **out** вымывать массу (*из сцежи*)

antiqueing ~ покрытие для придания мебели вида «под старину»
slusher аппарат для роспуска массы, разбиватель
slushing сгущение массы (*на сгустителях*)
slush-maker распускная машина (*для сухих полуфабрикатов*)
small-scale лёгкий; маломощный; малогабаритный
smallwood мелкий круглый лес (*размером менее отпускаемого диаметра деревьев, отводимых в рубку*)
smear пятно, мазок (*дефект отделки*)
smokechaser пожарник-наблюдатель (*в лесу*)
smoking 1. дымообразование 2. морение, подкрашивание
smooth 1. полировать, шлифовать; выравнивать 2. гладкий, ровный; блестящий
smoother 1. выравнивающий валик 2. глезер, полусухой каландр
smoothing 1. шлифование, полирование; окончательная [чистовая] отделка 2. *спич.* сглаживание
smooth-leaved гладколистный
smooth-margin цельнокрайний (*о листе*)
smooth-one-side односторонней гладкости (*ДВП*)
smooth-seeded гладкосемянный
smooth-two-sides двухсторонней гладкости (*о ДВП*)
smothered 1. потушенный (*о пожаре*) 2. заглушённый (*о сеянцах*)
smothering 1. тушение пожара методом забрасывания кромки пожара грунтом 2. (за)глушение (*культур конкурирующей растительностью*)
smudge 1. дымокур для отпугивания насекомых 2. отгонять дым, окуривать
snag 1. сухостойное дерево 2. буреломное дерево (*высотой более 14 м*) 3. основание [пенёк] ветки 4. топляк 5. нарост, кап 6. срезать сучья 7. повреждать судно подводным деревом
standing ~s сухостойный лес; горельник
snagged сучковатый, свилеватый
snagging 1. уборка [вырубка] сухостойных и буреломных деревьев 2. уборка топляка 3. задир (*ткани*)
snaggy 1. суковатый, сучковатый; шишковатый 2. зазубренный; имеющий острые выступы 3. изобилующий корягами, топляками (*о дне реки*)
snake 1. волнистая поверхность пропила (*получаемая из-за плохого крепления пилы*) 2. трелевать волоком
snake-pipes хвощ болотистый (*Equisetum palustre*)
snaking 1. трелёвка волоком 2. коробление клеёной заготовки
  animal ~ гужевая трелёвка волоком
snaky волнистый (*напр. о поверхности пропила*)
snalling полосы от пены (*дефект бумаги*)
snap защёлка, застёжка || застёгивать
snape затёсанный конец бревна || затёсывать конец бревна
snappiness «звонкость» (*бумаги*)
snedding обрубка сучьев; *англ.* обрезка ветвей
snig трелёвочный волок || трелевать волоком
snigging трелёвка волоком
  ground ~ наземная трелёвка
snip разрез || резать; отрезать, срезать
  ◇ **to** ~ **off** срезать (*напр. сучья*)
snout *см.* **snape**
snowbreak(age) 1. снегозащитная полоса 2. снеголом, снеговал (*в молодых насаждениях*)
snowplow снегоочиститель
snub 1. сук; заросший сучок в дереве 2. подрезать, укорачивать 3. спускать с помощью каната 4. тормозить
snubber тормозная лебёдка; приводная лебёдка канатной установки, работающей на спуск; тормоз для удержания пачкового захвата от раскачивания
snubbing спуск (*груза*) с помощью каната
soak 1. замачивание, пропитка 2. жидкость для замачивания
soap мыло
  impure ~ неочищенное (*сульфатное*) мыло
  occluded ~ окклюдированное мыло

sociable

sociable *меб.* козетка
society сообщество
sociology изучение сообществ
  ecological ~ синэкология
  forest ~ лесная социология, экология леса
  plant ~ фитоценология, геоботаника
sock носок лемеха (*плуга*)
socket 1. отверстие, впадина, паз, углубление 2. муфта, гильза, втулка 3. цоколь
  choker ~ чокерная серьга
  closed ~ канатная муфта с цельной проушиной
  dovetail ~ устройство для поворота зеркала (*в туалетном столе*)
  eye ~ канатная петля с зажимами
  open ~ канатная муфта с открывающейся проушиной
  single wedge-type choker ~ чокерная серьга, закреплённая на тросе при помощи клина
  swage ~ чокерный замок с клиновым креплением каната
socketing заделка каната в муфту; сращивание канатов посредством муфты
socle цоколь, основание; плинтус
sod 1. дёрн 2. газон
soda 1. сода, карбонат натрия 2. натронная целлюлоза
sofa диван; тахта
  convertible ~ диван-кровать
  folding ~ раскладной диван-кровать
  kangaroo ~ маленькая изогнутая кушетка (*США, сер. XIX в.*)
  push-back ~ диван-кровать с откидывающейся спинкой
sofa bed диван-кровать
soffit *меб.* прямоугольная ножка в виде перевёрнутой пирамиды
softboard древесноволокнистая плита низкой плотности
softener 1. мягкая кисть 2. мягчитель
  badger ~ широкая кисть из волос барсука
soft-sized слабопроклеенный
softwood 1. хвойная древесина 2. хвойный лес; хвойные породы; хвойные насаждения
soil 1. почва; почвенный слой ‖ почвенный 2. грунт, земля

  acid brown forest ~ бурая лесная кислая почва
  adobe ~ наносная глинистая почва
  alkali [alkaline] ~ солонец; солонцеватая почва
  calcareous ~ дерново-карбонатная почва
  chisley ~ гравелистый грунт
  close-settled ~ уплотнённая почва
  coarse-grained ~ крупнозернистая почва
  cohesive ~ устойчивая почва; связный грунт
  detrimental ~ неустойчивый грунт
  erratic ~ наносная почва
  exposed mineral ~ минерализованная почва
  fat ~ плодородная почва
  fertile ~ плодородная почва
  fine-grained ~ мелкозернистая почва
  forest ~ лесная почва; почва лесной зоны
  fragile ~ неустойчивая почва; рыхлый грунт
  gley forest grey ~ глеевая серая лесная почва
  immature ~ 1. слаборазвитая [незрелая] почва 2. азональная почва
  inorganic ~ минеральная почва
  loam ~ суглинистый грунт
  loose ~ рыхлая почва
  low-load-bearing capacity ~ слабый грунт; грунт с низкой несущей способностью
  matrix ~ основная минеральная масса почвы; твёрдая фазы почвы
  mature ~ хорошо развитая [сформировавшаяся, зрелая] почва
  noncoherent ~ несвязная почва
  packed ~ уплотнённая почва
  pan ~ 1. твёрдый грунт 2. почва с плотным [с аккумулятивным] горизонтом
  pattern ~ структурная почва
  reclaimed ~ осушенная почва
  residual ~ 1. элювий; кора выветривания 2. бесструктурная почва 3. выпаханная почва
  silvogenic ~ лесная почва
  soddy forest ~ дерново-лесная почва
  soddy podzolic ~ дерново-подзолистая почва
  stiffish ~ уплотнённая почва

swampy forest ~ болотно-лесная почва
tight ~ уплотнённая почва
tundra ~ почва тундрово-арктической зоны
water-logged ~ заболоченная почва; переувлажнённая почва
solarization 1. солнечный ожог (*стволиков ели*) **2.** инсоляция
soldier вертикальный брусок для крепления плинтуса
sole основание, пята, лежень; подкладка под стойку
furrow ~ дно борозды
plow ~ дно борозды
solid 1. твёрдое тело **2.** *pl* осадок **3.** плотный **4.** массивный; сплошной, целый, неразъёмный **5.** прочный
black-liquor ~s сухой осадок чёрного щёлока
dissolved ~s растворённое вещество
fixed ~s прокалённый остаток
nonsettleable [nonsettling] ~s неоседающая суспензия
settling ~s оседающая суспензия
volatile ~s остаток от прокаливания
solignum *фирм.* консервирующее вещество для предохранения древесины от гнили и насекомых
solitary одиночный, растущий отдельно
solubility растворимость
alkali ~ растворимость в щёлочи
water ~ of pulp водорастворимость целлюлозы
soluble растворимый
solum корнеобитаемый слой, горизонты А и В
solution 1. раствор; растворение **2.** решение
acetic acid aqueous ~ водный раствор уксусной кислоты
antiafterglow ~ жидкость для пропитки спичечной соломки для защиты от тления; раствор антипиренов
bleaching ~ отбеливатель, отбеливающий раствор
cut-back ~ разбавленный раствор
dilute ~ разбавленный раствор
lye ~ щелочной раствор
permanganate ~ раствор перманганата

sensitizing ~ сенсибилизирующий раствор
size ~ раствор бумажного клея
stock ~ основной раствор
testing ~ реактивный раствор
treating ~ пропиточная жидкость
solve 1. решить, разрешать **2.** растворять **3.** программа электронно-вычислительного устройства для определения максимального выхода пиломатериалов
solvent растворитель, растворяющее вещество
fabric ~ растворитель для чистки ткани
naphtha ~ нафта-растворитель
stain ~ растворитель краски
sonorous резонансный
soot сажа
sorbitol сорбитол (*добавка при кислородной варке*)
sorption сорбция
sort род, вид; марка, класс, сорт, разряд ∥ сортировать; классифицировать; браковать
sorter 1. сортировочное устройство **2.** сортировщик
brokes ~ сортировка для бегунной массы
drop ~ сортировочное устройство с установкой досок на ребро
flow chain tray ~ сортировочное устройство потока пиломатериалов с цепными транспортёрами; цепная сортировочная площадка
wood ~ бракёр [браковщик] лесоматериалов; рабочий на сортировке лесоматериалов
sorting сортировка; классификация
fishtail ~ сортировочное устройство веерного типа
sound 1. звук **2.** прочный, крепкий; здоровый, неповреждённый (*напр. о лесоматериале*); без дефектов
environmentally ~ щадящий, природощадящий (*о машинах, технологиях*)
source 1. исток, верховье (*реки*) **2.** источник **3.** происхождение
souring кисловка (*волокнистого полуфабриката*)
sow продольное коробление
sower сеялка

sowing

sowing сев, посев ◊ ~ by hand ручной посев; ~ in hills посев по пластам; посев на грядах; ~ in narrow strips узкострочный посев; ~ in patches выборочный посев семян (*взамен погибших растений*); ~ in situ разбросной посев; ~ in trenches бороздной [листерный] посев
aerial ~ аэросев (*леса*)
broadcast ~ *амер.* разбросной посев
broad drill ~ широкострочный посев
close ~ загущённый посев
double-row ~ двухстрочный посев
drill ~ рядовой посев
early ~ ранний [весенний] посев
furrow ~ бороздной [листерный] посев
gutter ~ строчный посев
hole ~ посев в лунку
late ~ поздний [осенний] посев
lister ~ листерный [бороздной] посев
pot ~ посев в лунку
precision ~ точечный [точный] посев
row ~ рядовой посев
spot ~ посев площадками (*о лесе*)
up-and-down ~ бороздной посев
wide-space ~ широкострочный посев
space 1. промежуток, зазор, интервал 2. площадь, пространство
dewatering ~ обезвоживающая часть
growing ~ of tree площадь питания дерева
gullet ~ пазуха, впадина (*пилы*), размер впадины
pore ~ пористость, скважность (*почвы*)
stacking ~ расстояние между погрузочными площадками; расстояние между верхними складами
tooth ~ впадина между зубьями (*пилы*)
space-saver складное *или* откидное изделие мебели (*конструкция которого рассчитана на экономию пространства*)
spacing 1. расстояние 2. размещение 3. густота посадки ◊ ~ between saws расстояние между пилами (*в лесопильной раме или ребровом станке*); ~ in rows ширина междурядий

headlock ~ расстояние между стойками (*лесопильной тележки*)
inter-row ~ междурядье
landing ~ расстояние между погрузочными площадками; расстояние между верхними складами
lengthwise ~ пространство для загрузки тары (*в вагон*) вдоль вагона
road ~ расстояние между дорогами; густота дорожной сети
row ~ ширина междурядий; густота посева
seed ~ 1. расстояние между семенами (*в рядке*) 2. пунктирный посев
tooth ~ шаг зубьев (*пилы*)
wheel ~ колея; ширина колеи
spackling *амер.* 1. шпатлёвка 2. шпатлевание
spade 1. лопата 2. скребок
circular ~ круглая лопата (*для посадки саженцев с комом почвы*)
notching ~ клиновидная лопата
spalling скол
span 1. пролёт (*канатной установки*); расстояние (*между опорами несущего каната по горизонтали*) 2. расстояние между тяговыми балками катка, длина катка 3. зазор 4. ширина захвата
natural ~ of life естественная продолжительность жизни (*дерева*)
operating ~ радиус действия
spanboard *фирм.* спэнборд (*древесностружечная плита*)
spanworm гусеница пяденицы
spar 1. (трелёвочная) мачта 2. стропило; перекладина; (деревянный) брус 3. круглый строевой лес диаметром не менее 20 см 4. запор, задвижка ‖ запирать
back ~ тыловая мачта
balloon back ~ аэростат, выполняющий роль тыловой мачты
bentwood ~ связь круглого сечения из гнутоклеёной древесины, перекладина
head ~ головная мачта
integral ~ инвентарная мачта (*смонтированная на самоходном шасси*)
intermediate support ~ промежуточная мачтовая опора
main ~ *новозел.* головная мачта

mobile ~ передвижная мачта
tail ~ тыловая мачта
tiltable (steel) ~ поворотная (стальная) мачта, (*переводимая из горизонтального транспортного в вертикальное рабочее положение*)
tin ~ стальная телескопическая передвижная трелёвочная мачта
tree-rigged ~ естественная мачта (*растущее дерево, оснащённое под трелёвочную мачту*)
sparfoot основание (*трелёвочной*) мачты
sparger опрыскиватель
sparging:
  steam ~ продувка паром
sparkleberry черника кустарниковая (*Vaccinium arboreum*)
sparse редкий, разбросанный, рассеянный
spatial пространственный
spattering отделка брызгами, разбрызгивание
spatula шпатель, лопаточка
spear 1. побег, отпрыск; стрелка ‖ выбрасывать стрелку 2. деревянный забойник; багор; острога, гарпун
spear-leaved копьевиднолистный
specialit/y 1. плита *или* фанера специального назначения 2. *pl* специальные сорта бумаги
  kraft ~ies специальные сорта бумаги из жёсткой сульфатной целлюлозы
  paper ~ies бумажные изделия
speciation видообразование
  geographical ~ географическое видообразование
species вид, род, порода; породы (*напр. древесины*)
  accessory ~ второстепенная порода
  allied ~ родственные [близкие] виды
  associated ~ сопутствующие породы
  auxiliary ~ подлесок
  broad-leaved ~ широколиственная порода
  chief ~ главная порода
  climax tree ~ климаксовая древесная порода
  coniferous ~ хвойная порода
  hard-wooded broad-leaved ~ твердолиственная порода
  high-density ~ древесная порода с высокой плотностью (*древесины*)
  introduced ~ вводимые [интродуцированные] породы
  light-demanding ~ светолюбивая порода
  main ~ главная порода
  native ~ местная [отечественная] порода
  novel ~ новый вид
  nurse ~ главная древесная порода (*за которой ведётся уход*)
  pioneer ~ порода-пионер (*расселяющаяся на лишённой растительности территории*)
  polyploid ~ полиплоидные виды
  principal ~ главная порода
  sapwood ~ заболонная порода
  scattered ~ древесина случайных пород (*используемая в производстве ДСП*)
  secondary ~ второстепенная порода
  shade(-bearing) ~ теневыносливая порода
  shade-tolerant ~ теневыносливая порода
  soil-protecting ~ почвозащитная порода
  subsidiary ~ второстепенная порода
  thick-barked ~ порода с толстой корой
  thin-barked ~ порода с тонкой корой
  timber ~ древесная порода
  tolerant ~ теневыносливая порода
  valuable ~ ценная порода
specification характеристика, спецификация; *pl* технические условия; правила, инструкция
  broken ~ спецификация (*пиломатериалов*) без некоторых ходовых размеров
  product ~ сортиментация, перечень сортиментов
  standard ~s технические условия
specimen образец; экземпляр
speck пятно, крапинка (*дефект бумаги*)
  bark ~ дефект бумаги в виде тёмных пятен от коры
speckiness сорность, загрязнённость (*бумаги*)
specks and spots сорность, загрязнённость (*бумаги*)
spectrum:

spectrum

life-form ~ биологический спектр (*видов флоры*)
speed скорость ‖ ускорять ◊ **to** ~ **up** ускорять
ascenting ~ скорость на подъёмах; скорость подъёма
bare drum ~ скорость намотки каната (*на барабан*) на нижних витках
cutting ~ скорость резания; скорость срезания
delimbing ~ скорость обрезки сучьев; скорость подачи при обрезке сучьев
feed ~ скорость подачи
full drum ~ скорость намотки каната на верхних нитках
inhaul ~ скорость движения в грузовом направлении; скорость грузового хода
jet ~ скорость массы при выходе (*из щели напорного ящика*)
line ~ скорость намотки каната (*на барабан*)
rim ~ окружная скорость (*пилы*)
stone surface ~ окружная скорость дефибрерного камня
threading ~ *цел.-бум.* скорость заправки
spent отработанный, истощённый
spermaphyte семенное растение (*голосеменное и покрытосеменное*)
sphagniopratum сфагновое болото
sphagnous сфагновый
spicular, spiculate 1. покрытый колючками, иглами или шипами 2. заострённый; игловидный
spicule 1. игла; шип; колючка 2. вторичный колосок (*злаков*)
spider 1. крестовина, звезда (*напр. гнутарного станка для гнутья по замкнутому контуру*) 2. шаблон для контроля развода зубьев пилы 3. зажимный хомут 4. паук (*многоходовой кран для передвижки массы из котла в диффузоры*)
spigot деревянная пробка, затычка, втулка (*бочки*)
spike 1. костыль ‖ закреплять костылями 2. шило для заплётки каната 3. скоба 4. шип; зуб 5. колос (*тип соцветия*)
bucking ~ упорный зуб цепной пилы (*обеспечивающий удобство пиления при раскряжёвке*)

bunk ~**s** стойки коника
marlin ~ шило для заплётки каната
spike-top суховершинный (*о дереве лиственной породы*)
spile 1. деревянная затычка, пробка, втулка (*бочки*) 2. кол 3. выводная трубка (*при подсочке*) 4. проделывать отверстие в бочке
spill 1. стружка, лучина, щепка 2. деревянная пробка, затычка, втулка (*бочки*)
spin 1. течь, струиться 2. вертеть, крутить 3. буксовать (*с вращением*)
spinate *бот.* имеющий форму иглы; заострённый
spine 1. сердцевина дерева; ядровая древесина лиственных пород 2. *бот.* шип, колючка, игла 3. *энт.* шипик
spinescent 1. имеющий иглы, колючки или шипы 2. в форме иглы, колючки или шипа
spinnerette экструдер для производства искусственного волокна
spinney 1. рощица 2. заросли кустарника
spinning 1. вытягивание нити 2. центрифугирование
spinule иголочка, мелкая колючка, шипик
spiny 1. покрытый иглами, колючками или шипами 2. заострённый, игловидный
spiraea таволга (*Spiraea*)
spire 1. верхушка дерева 2. росток, стрелка
spirit:
~ **of turpentine** очищенный скипидар
gum ~**s** живичный скипидар
mineral ~ уайт-спирит, растворитель для лаков
white ~ уайт-спирит, растворитель для лаков
spit разбрызгивать
spitting of stock перебрасывание массы (*через верх барабана ролла*)
splash 1. брызги ‖ брызгать 2. щиток для защиты поверхности от брызг
splat 1. плоская доска спинки стула 2. нащельная рейка
lyre ~ центральная часть спинки стула в виде лиры
splay скос; внутреннее расширение ко-

сяка откосом ‖ скашивать, делать откос ‖ косой, скошенный ◇ to ~ out перекашиваться, расширяться; выступать наружу
splice 1. сращивание, заплётка, сросток (*каната*) ‖ соединять, сращивать (*канат*); заплетать петлю (*каната*) 2. склейка ‖ склеивать 3. лента для склейки 4. стягивать, рёбросклеивать (*шпон*) ◇ to ~ a thimble in a rope вплетать коуш
  eye ~ петля каната (*образованная сращиванием*)
  thimble-eye ~ канатная петля с коушем
splicer 1. рабочий, сращивающий канаты 2. устройство для склеивания швов картона 3. рёбросклеивающий станок; станок для стяжки шпона
  flying ~ клеильный станок (*для картонных коробок*)
  glue-thread ~ станок для рёбросклеивания шпона с помощью клеевой нити
  roll stand auto ~ автоматический склеиватель картона с приставкой для установки рулонов
  tapeless veneer ~ станок для безленточного рёбросклеивания шпона
  veneer taping ~ станок для рёбросклеивания шпона бумажной лентой
  web ~ устройство для склеивания бумажного полотна
splicing 1. соединение; сращивание 2. склеивание 3. стяжка, рёбросклеивание (*шпона*)
spline 1. шпонка, планка, рейка 2. соединение на шпонке 3. закреплять на шпонке
splint 1. *pl* спичечная соломка 2. расщеплять
  ejected ~s спичечная соломка, выбитая из планок (*коробконабивочного станка*)
  grooved ~s рифлёные заготовки (*под спички*)
  match ~s спичечная соломка; бруски для изготовления спичек
split 1. трещина; прорезь 2. раскалывание, расщепление ‖ раскалывать, расщеплять ‖ расколотый, расщеплённый
  frost ~ морозобойная трещина

splitter 1. подрезатель, подрезной нож 2. колун 3. устройство для разделения бумажных рулонов 4. расклиниватель ‖ расклинивающий
  hydraulic roll ~ гидравлическое устройство для разделения бумажных рулонов (*после продольно-резательного станка*)
  strained ~ расклинивающий нож (*лесопильной рамы*), закреплённый в напряжённом состоянии
  stump ~ устройство для раскалывания пней
splitting 1. раскалывание, расщепление 2. скол дерева (*при валке*); продольный раскол 3. продольный разрез 4. трещина
splitwood дрова; колотая древесина
spoilage добавочные листы бумаги (*в стопе*)
spokeshave струг, скобель; цикля для обработки рельефных поверхностей
sponge губка; тампон
spongy 1. со слабой подклейкой (*о бумаге*) 2. пухлый (*о бумаге*)
sponk 1. плодовое тело (*гриба*) 2. полусгнившее дерево 3. наплыв (*на дереве*)
spool 1. катушка, шпулька, шпиль ‖ наматывать, навивать 2. барабан (*тракторной лебёдки*)
  off-deck pay-out ~ размоточная катушка
  on-deck pay-out ~ намоточная катушка
  pay-out ~ размоточная катушка
  reel ~ цел.-бум. тамбур каната
spooling наматывание, навивка (*каната*)
spoolwood 1. деревянные заготовки для изготовления катушек 2. берёза бумажная (*Betula papyrifera*)
spoonwood липа американская (*Tilia americana*)
spore спора
  fragmentation ~ конидия
  minute ~s мелкие споры
  secondary ~ аскоспора; вторичная спора; обособленная спора
spore-forming 1. спорогенный 2. споросный
sporeless бесспоровый
sporidiole маленькая спора

sporidium

sporidium споридия (*базидиоспора ржавчинных грибов*)
sporiferous 1.媒спороносный 2. спорогенный
sporification спорообразование, формирование спор
sporogony спорогония (*1. размножение спорами 2. спорообразование*)
sporophore спорофор (*плодовое тело дереворазрушающего гриба*)
sporulation споруляция, спорообразование
spot 1. пятно ‖ пачкать 2. место, точка 3. отметина ‖ отмечать, маркировать; помечать зарубкой (*деревья в рубку или для оставления на корню*)
 dead ~ матовое пятно (*на каландрированной бумаге*)
 drag ~ полоса на бумаге (*от комочков массы на линейках*)
 dye ~ пятно от нерастворённой частицы красителя
 gum ~ смоляное пятно, просмолок, засмолок
 hot ~ *амер.* активный очаг пожара
 low ~ вмятина (*дефект фанеры*)
 medullary ~ прожилки (*тип пятнистости — порока древесины*)
 paint ~ маркировочный знак, наносимый краской
 planting ~ лесокультурное посадочное место
 poplar ~ пятнистость листьев, вызванная Septoria musiva
 seed ~ лесокультурное посевное место
 splash ~ водяное пятно (*дефект бумаги*)
 starved ~ непроклей, непроклеенный участок; ослабленный участок (*напр. фанеры*)
 tar ~ смолистая пятнистость; чёрная пятнистость
spotter 1. наблюдатель, корректировщик 2. сигнальщик, руководящий наводкой трелёвочных захватов на груз (*при канатной трелёвке*)
 fire ~ пожарный наблюдатель
spotting 1. обнаружение 2. маркировка, пометка зарубками (*деревьев в рубку или для оставления на корню*)

spout жёлоб; выпускное отверстие; раструб; горловина, патрон (*дробилки или рубильной машины*); слив (*плавильной печи*)
 bung ~ выходной жёлоб (*бочки*); металлическая насадка для сливного отверстия
 chipper ~ патрон рубильной машины
 discharge ~ отводящий патрубок, трубопровод (*рубильной машины*)
 feed ~ загрузочный жёлоб; питающая воронка; горловина, патрон (*рубильной машины*)
 noncantilevered ~ встроенная горловина (*дробилки*)
 sawdust ~ вытяжное отверстие для опилок
 shaking ~ *цел.-бум.* трясочный жёлоб
 sliver feed ~ разгрузочный патрон (*стружечного станка*)
sprawl простираться, раскидываться (*о растении*)
sprawling раскидистый (*о растении*)
spray 1. ветвь; побег, отросток 2. раствор для опрыскивания; орошающая жидкость 3. распылитель, разбрызгиватель ‖ распылять, разбрызгивать 4. струя; брызги 5. *цел.-бум.* спрыск 6. опрыскивание ‖ опрыскивать
 airless ~ безвоздушное распыление
 conducting ~ ведущий спрыск
 contact ~ опрыскивание контактным ядом
 damper ~ спрысковой увлажнитель
 deckle strap ~ спрыск декельного ремня
 electrostatic ~ распыление в электростатическом поле
 foam ~ спрыск для сбивания пены
 humidity ~ форсунка для увлажнения воздуха (*при сушке древесины*)
spray-drying распыление и отверждение (*на изделии порошкового покрытия*)
sprayer 1. распылитель, разбрызгиватель 2. опрыскиватель
 dry ~ опыливатель
 knapsack ~ ранцевый опрыскиватель
 toolbar ~ навесной опрыскиватель
spraying 1. распыление, разбрызгивание, орошение 2. опрыскивание 3. отделка распылением

atomized ~ тонкодисперсное распыление (*лакокрасочного материала*)
flock ~ напыление ворсового покрытия
postemergence ~ послевсходовое опрыскивание
powder ~ напыление порошкового покрытия
spread распределение; распространение; разрастание
overall ~ равномерное нанесение по всей поверхности (*клея или отделочного материала*)
spreader 1. рейка; распорка (*продольная*); поперечный брусок 2. станок для нанесения клея 3. цел.-бум. разгонный валик 4. заполнитель (*в пестицидах*) 5. разбрасыватель (*удобрений, ядохимикатов*) 6. спредерное устройство
broadcast ~ разбрасыватель; разбросная сеялка
whirl ~ вихревой разбрасыватель
spreading 1. распределение; распространение 2. нанесение; намазывание 3. разбрасывание 4. стелющийся; раскидистый
felt ~ поперечное растяжение сукна
particle ~ формирование стружечного ковра
sprig 1. ветка; побег, отпрыск 2. маленький гвоздь без шляпки
sprigging временное крепление маленькими гвоздями
spring 1. пружина 2. продольно-радиальное коробление ‖ коробиться 3. развод [разводка] зубьев пилы ◇ **to ~ up** всходить (*о семенах*)
springback упругость (*напр. целлюлозной папки*)
springer гибкий кол, закладываемый между рамой и грузовой цепью (*четырёхколёсного прицепа*)
springiness упругость (*напр. целлюлозной папки*)
springing меб. пружинный блок
springwood ранняя [весенняя] древесина
sprinkler 1. распылитель, разбрызгиватель 2. дождеватель, дождевальный аппарат 3. промывочная установка 4. поливной бак 5. огнетушитель
sprinklerman цел.-бум. спринклерщик

sprinkling 1. распыление, разбрызгивание 2. дождевание
sprocket 1. звёздочка; цепное колесо 2. раскос
guiding ~ направляющая звёздочка; ведомая звёздочка
idler ~ ведомая звёздочка
log haul ~ звёздочка лесотранспортёра для брёвен
sprout 1. побег; поросль 2. порослевое дерево 3. корневой отпрыск 4. *pl* всходы ‖ всходить 5. почки ‖ давать почки
epicormic ~ поросль из спящей почки
hardwood ~s порослевые побеги лиственных пород
water ~ водяной побег, волчок
sprouting 1. прорастание; проращивание ‖ прорастающий 2. всходы (*древесных пород из семян*) 3. поросль
spruce ель (*Picea*)
Alcock ~ ель Алькокка, ель двухцветная (*Picea alcockiana*)
bigcone ~ лжетсуга тиссолистная (*Pseudotsuga taxifolia*)
black ~ ель чёрная (*Picea mariana*)
blue ~ ель колючая (*Picea pungens*)
Canadian ~ ель канадская, ель белая (*Picea canadensis*)
common ~ ель обыкновенная, ель европейская (*Picea exelsa*)
double ~ ель чёрная (*Picea mariana*)
eastern ~ ель восточная (*Picea orientalis*)
fir ~ ель обыкновенная, ель европейская (*Picea exelsa*)
hemlock ~ тсуга канадская (*Tsuga canadensis*)
Norway ~ ель обыкновенная, ель европейская (*Picea exelsa*)
pine ~ ель канадская, ель белая (*Picea canadensis*)
Siberian ~ ель сибирская (*Picea obovata*)
single ~ пихта бальзамическая (*Abies balsamea*)
white ~ ель канадская, ель белая (*Picea canadensis*)
sprue меб. центральный литник
spud 1. коросниматель, короочистный нож; окорочный инструмент 2. шип

spudder

дверного косяка 3. бороздник, кирка, мотыга 4. *амер.* посадочный меч
spudder 1. окорочный инструмент; скобель 2. рабочий на ручной окорке
spunk 1. наплыв; кап 2. серная спичка 3. загораться
spur 1. подъездная ветка, ус 2. *pl* монтажные когти 3. укороченный побег
log ~ лесовозный ус
squab 1. съёмная подушка 2. кушетка
squad бригада
suppression ~ пожарный патруль
squamella 1. плёнчатый прицветничек 2. мелкая чешуйка
squamous 1. покрытый чешуйками, чешуйчатый 2. чешуевидный
square 1. площадь, поверхность 2. угольник 3. единица измерения пиломатериалов, равная 9,29 м^2 4. единица измерения пилёного, тёсаного и колотого лесоматериала, равная 100 кв.футам = 9,29 м^2 (*Великобритания*) 5. единица измерения количества гонта, необходимого для покрытия поверхности 100 кв.футов = 9,29 м^2 6. квадратная учётная площадка 7. *pl амер.* брусья *или* бруски квадратного сечения 8. торцевать, подрезать торец 9. прямоугольный; четырёхугольный; квадратный ◊ to ~ off обтёсывать бревно со всех сторон; обтёсывать, срезать
bobbin ~s заготовки для катушек
carpenter's ~s плотничий угольник
dead ~ точно квадратного сечения (*о пиломатериалах*)
die ~ точно квадратного сечения (*о пиломатериалах*)
framed ~ филёнка без калёвки
furniture ~s квадратные *или* прямоугольные заготовки для мебели; канты, брусья
grid ~ квадрат сетки координат
miter ~ малка
optical ~ угломер, гониометр
T-~ 1. инструмент Т-образной формы (*для строгания и выравнивания поверхности*) 2. рейсшина
square-and-level угольник и уровень
square-cut обрезанный на четыре канта
square-edged с прямоугольными кромками, чистообрезной

squareness 1. прямоугольность 2. равноформатность (*бумаги или картона*)
~ of cut прямоугольность при раскрое (*плит*)
squaring:
log ~ брусовка (*брёвен*)
squatter:
forest ~ лесник
squeegee 1. сквиджр, промежуточный резиновый слой 2. резиновый валик 3. деревянный скребок с резиновой лентой
rubber ~ резиновый шабер
squeeze раздавливание ‖ раздавливать
squeezer:
load ~ выравниватель груза; выравниватель торцов брёвен
squeezing обжатие, обжимка
squirt 1. отсечка, отсечный спрыск 2. струя 3. разбрызгивать
cut ~ спрыск для отсечки (*бумажного полотна при переводе его с сетки на первый пресс*)
squirt-up гидравлическая отсечка; подвижной отсечный спрыск
stabilit *фирм.* стабилит (*древеснослоистый пластик*)
stability устойчивость, стабильность
ecological ~ экологическая устойчивость
ecosystem ~ стабильность [устойчивость] экосистемы
stabilization стабилизация
pulp brightness ~ стабилизация белизны целлюлозы
stabilizer 1. стабилизатор 2. структурообразователь 3. стабилизирующий реагент 4. (*зубчатый*) упор цепной пилы
stack 1. штабель, поленница (*дров*) ‖ штабелевать, складывать штабелем 2. *англ.* стек (*единица измерения уложенных в штабель дров, равная 3,05 м^3*) 3. пачка, кипа (*бумаги*) 4. набор (*каландровых валов*) 5. дымовая труба 6. поперечный ряд тары (*в вагоне*) ◊ to ~ up timber укладывать лесоматериалы в штабель; штабелевать лесоматериалы
~ of wood штабель [поленница] дров

stain

breaker ~ двухвальный каландр; полусырой пресс
roadside ~ склад лесоматериалов у дороги; верхний склад
supercalender ~ суперкаландр
three-roll breaker ~ трёхвальный каландр
waste ~ дымовая труба
stacker 1. погрузчик-штабелёр, штабелёр 2. приёмный стол 3. самоходная разгрузочно-штабелёвочная машина с челюстным захватом 4. рабочий на штабелёвке 5. *цел.-бум.* стаккер (*самоукладчик*)
stacker-feeder автопогрузчик, автоподатчик
stacking укладка в штабель, штабелёвка
 close ~ *англ.* плотная штабелёвка (*без прокладок*)
 open ~ неплотная штабелёвка
staddle 1. опора, козлы ‖ подпирать, ставить подпорки 2. подрост
staff 1. палка, трость, посох; древко; рукоятка 2. дубовая клёпка 3. (*нивелирная*) рейка
 directing ~ вешка
pike ~ лёгкий сплавной багор
stage 1. стадия, фаза, период 2. уровень воды
 ~ of rot стадия гнили
 bleaching ~ ступень отбелки
 bloom ~ фаза цветения
 development ~s стадии развития роста насаждений
 ephebic ~ стадия нимфы
 felling ~ стадия рубки
 final ~ of felling окончательная стадия рубки; окончательный приём постепенной рубки
 germination ~ фаза прорастания
 gerontic ~ стадия взрослого насекомого
 high-density hypochlorite ~ гипохлоритная отбелка при высокой концентрации массы
 immature ~ стадия неполовозрелости
 imperfect ~ несовершенная стадия
 landing ~ пристань, дебаркадер
 low-density hypochlorite ~ гипохлоритная отбелка при низкой концентрации массы
 mature timber ~ стадия спелого насаждения
 overmature timber ~ стадия перестойного насаждения
 pole ~ стадия средневозрастного насаждения
 postpressing ~ выдержка (*фанеры*) после прессования
 prepressing ~ подготовка (*фанеры*) к прессованию
 receptive ~ восприимчивая стадия
 sapling ~ стадия молодняка второго класса
 screening ~ степень сортирования
 seedling ~ стадия молодняка первого класса; стадия молодого древостоя
 tree ~ стадия дерева (*рост в высоту замедляется*)
 young timber ~ стадия приспевающего насаждения
staggered расположенный в шахматном порядке; зигзагообразный; ступенчатый
staggering 1. каёмчатая [ступенчатая] рубка 2. подбор шпона в шахматном порядке [в шашку, в корзинку]
stagheaded суховершинный (*о дереве лиственной породы*)
staging *австрал.* доска, на которой стоит лесоруб (*при валке или раскряжёвке крупных закомелистых деревьев*)
stagnant 1. приостановленный, задержанный (*о росте*) 2. застойный, стоячий (*о воде*)
stagnation 1. отставание в росте 2. застой (*воды*); загнивание
stain 1. краска, краситель 2. окраска (*порок древесины*) 3. пятно; загрязнение 4. местное обесцвечивание (*древесины*) 5. протравливать, морить; бейцевать (*древесину*)
 blue ~ 1. синева, синь (*древесины*) 2. потемнение (*шпона*)
 brown ~ заболонная грибная коричневая окраска
 brown oxidation ~ *амер.* химическая коричневая окраска
 chocolate-brown ~ заболонная грибная коричневая окраска
 crosser ~ окраска древесины от прокладок (*между пачками пиломатериалов*)

stain

    glue ~ просачивание клея (*дефект склейки фанеры*)
    iron-tannate ~ железотанинная окраска; дубильные потёки
    kiln brown ~s окраски, возникающие в сушильных камерах
    lacker-shading ~ пигментированный лак
    lightproof ~ светостойкая краска
    machine ~ потемнение (*шпона*), связанное с непрерывной тепловой обработкой фанерного сырья
    nonbleeding ~ просачивающийся краситель
    nonfading ~ невыцветающая краска
    non-grain-raising ~ краситель, не поднимающий ворса
    pigment wiping ~ выравнивающий краситель; краситель, втираемый в отделываемую поверхность
    priming ~ грунтовочное покрытие, грунт(овка)
    red ~ продубина
    sap ~s заболонные грибные окраски
    secret ~ внутренняя заболонная окраска
    shading ~ слабый краситель для придания определённого оттенка; пигментированный лак
    shakes ~s окраски от трещин
    size ~ пятно на бумаге с поверхностной проклейкой
    sticker ~ окраска древесины от прокладок (*между пачками пиломатериалов*)
    unifying ~ краситель, придающий однородный оттенок всей поверхности
    weather ~s химические окраски
    wound ~ раневая окраска
    yard brown ~s окраски, возникающие в процессе воздушной сушки
    yellow ~ жёлтая грибная окраска
    stainer:
        beveler ~ устройство для скоса и подкраски (*облицовываемых кромок щитов*)
    stain-filler красящий порозаполнитель, поренбейц
    stain-repellency грязеотталкивающая способность
    stake 1. столб; вешка; кол; стойка (*коника*) 2. подпирать 3. провешивать (линии) ◊ at ~ у кола (*при посадке леса обозначают площадки для последующего нахождения при агротехническом уходе*); to ~ out провешивать визир
    integral ~ стойка, выполненная заодно с балкой коника
    leaf ~ черешок листа
    setting ~ разводка для пил
    staking поддерживание растений с помощью кола (*от повала ветром*)
    staking-out маркировка (*лесокультурной площади*) вешками
    stalk стебель, стебелёк, ножка
    anther ~ тычиночная нить
    root ~ корневой отпрыск
    stall:
        foot ~ башмак, плинтус
    stamp 1. клеймо; штемпель ‖ клеймить 2. толчея, толкач, пест 3. штамп ‖ штамповать 4. трамбовать ◊ to ~ down tight плотно утрамбовывать (*напр. землю вокруг сеянца*); to ~ out тушить (*огонь*) затаптывая
    kick ~ дровокольный станок; механический колун
    stamping 1. клеймение, штемпелевание 2. трамбование 3. штамповка; выдавливание
    foil ~ тиснение фольгой
    relief ~ конгревное тиснение
    stance:
        working ~ рабочая поза
    stanchion 1. стойка; опора 2. приспособление для предварительной загрузки автомобиля
    stand 1. (лесо)насаждение, древостой 2. дерево, оставляемое при сводке леса 3. запас древесины (*на 1 га*) 4. стойка, штатив, стеллаж; подставка, подпора 5. суппорт (*станка*); станина ◊ ~ after thinning насаждение, пройденное рубками ухода
    ~ of timber per acre запас древесины на акр
    ~ of valuable timber древостой ценной породы
    all-aged ~ разновозрастное насаждение
    artificial ~s лесные культуры
    back ~ 1. раскат, размоточный станок (*для валиков бумаги*) 2. стойка для готовых рулонов

stand

cleaner ~ очистная установка (*с центробежными очистителями массы*)
clear ~ чистый древостой
closed ~ высокополнотное [сомкнутое] насаждение
complete ~ высокополнотное [сомкнутое] насаждение; нормальное насаждение
dense ~ высокополнотное [сомкнутое] насаждение; густое насаждение
display ~ ремонтный стенд; козлы для ремонта
dominant ~ господствующее насаждение
elite seed ~ элитный семенной древостой
emery ~ наждачный станок, точило
even-aged ~ одновозрастное насаждение
final ~ спелое насаждение
forest ~ лесонасаждение, древостой
fully stocked ~ высокополнотное [сомкнутое] насаждение
gappy ~ низкополнотное насаждение; насаждение с просветами
high-density ~ высокополнотное [сомкнутое] насаждение
high-volume ~ насаждение с большим запасом древесины
homogeneous ~s лесные культуры; искусственные насаждения
incomplete ~ низкополнотное насаждение; насаждение с просветами
irregular ~ разновозрастное насаждение
lighter ~ подъёмная стойка (*ролла*)
low-density ~ низкополнотное насаждение; насаждение с просветами
low-quality ~ низкопродуктивное насаждение; низкокачественное насаждение
main ~ основной [господствующий] ярус насаждения
man-made ~s лесные культуры
maturity ~ спелое насаждение
mill roll ~ раскат, размоточный станок (*для валиков бумаги*)
minus ~ минусовое насаждение
mixed ~ смешанный древостой
multispecies ~ смешанный древостой
multistoried ~ многоярусное насаждение
normal ~ 1. нормальное насаждение 2. насаждение с равными пропорциями плюсовых и минусовых деревьев
normal seed ~ нормальный семенной древостой
old-growth (timber) ~ спелое насаждение; перестойное насаждение
open ~ низкополнотное насаждение; редина
overmaturity ~ перестойное насаждение
overstocked ~ загущенный молодняк
parent ~ материнское насаждение (*для защиты подроста*)
pile ~ подштабельное устройство
plus ~ плюсовое насаждение
poor ~ низкобонитетное насаждение
prethinning timber ~ насаждение, не пройденное рубками ухода
pure ~ чистый древостой
reeling-up ~ накат, намоточный станок (*для валиков бумаги*)
reel-off ~ раскат, размоточный станок (*для валиков бумаги*)
residual ~ 1. основной ярус насаждения 2. насаждение, пройденное рубками ухода *или* главными рубками
ripe ~ спелое насаждение
ripening ~ приспевающее насаждение
sapling-pole ~ молодой древостой
secondary ~ второстепенный ярус насаждения
second-growth ~ молодой древостой
securing ~ защитное насаждение
seed ~ плюсовое насаждение
seedling ~ семенной древостой
seed-production ~ плюсовое насаждение
separated forest ~ колок; куртина леса
single-storied ~ одноярусное насаждение
sparse ~ редина
sparsely closed ~ низкополнотное насаждение; редина
stairs ~ многоярусное насаждение
superannuated ~ перестойное насаждение
timber ~ (лесо)насаждение, древостой; спелое насаждение
understocked ~ низкополнотное насаждение; редина

stand

unevened ~ разновозрастное насаждение
unhomogeneous ~ естественное насаждение
uniform ~ одновозрастное насаждение
unmerchantable ~ низкокачественное насаждение; низкопродуктивное насаждение
unmixed ~ чистый древостой
unreeling ~ раскат, размоточный станок (*для валиков бумаги*)
unwind(ing) ~ раскат, размоточный станок (*для валиков бумаги*)
virgin ~ девственное насаждение
wild ~ естественное (лесо)насаждение
wind ~ накат, намоточный станок (*для валиков бумаги*)
young-growth ~ молодой древостой
standard 1. стандарт, образец, эталон, модель 2. единица измерения кубатуры пиломатериалов, равная 4,672 м^3 3. колонна, опора; вертикальная перегородка; внутренняя стенка (*корпусного изделия мебели*) 4. отборные специальные деревья (*защитные, семенные, для выращивания спецсортиментов*); дерево-маяк 5. деревья хорошего роста (*диаметром 30 — 60 см*)
Christiania ~ *уст.* единица измерения кубатуры пиломатериалов, равная 2,92 м^3
door ~ *шотл.* стойка дверной коробки
Drammen ~ *уст.* единица измерения кубатуры древесины, равная 3,44 м^3
Dublin ~ *уст.* единица измерения кубатуры пиломатериалов, равная 7,65 м^3
Gothenburg ~ Гётеборгский стандарт (*единица измерения кубатуры штабелей, равная 5,1 складочных м^3*)
Irish ~ *см.* Dublin standard
Leningrad ~ ленинградская единица измерения кубатуры пиломатериалов, равная 4,672 м^3
performance ~ норма выработки
present ~ существующий [действующий] стандарт
Quebec ~ единица измерения кубатуры пиломатериалов, равная 6,4 м^3

second-class ~ отборные специальные деревья, оставляемые в послеживом насаждении с двумя оборотами рубки
stander отборные специальные деревья, оставляемые в порослевых деревьях с одним оборотом рубки
staple 1. скоба, скобки; крюк ‖ прибивать скобами (*напр. приёмник живицы к дереву*) 2. штабель 3. штапель (*волокна*) 4. волокно, нить
stapler 1. штабелирующее устройство, штабелеукладчик 2. скобозабивной инструмент, скобкозабивной пистолет; скобкосшивной инструмент 3. станок для скрепления картонных коробок
long-nose ~ автоматический скобкозабивной пистолет с длинной насадкой
pad ~ станок для крепления скобками волокнистых настилов к пружинным блокам
star низший сорт клеёной фанеры (*напр. из древесины тропических пород*)
starch крахмал
cationic ~ модифицированный крахмал
start 1. пуск, запуск ‖ пускать в ход 2. выбивать дно (*у бочки*) 3. коробиться (*о сыром материале*) 4. течь (*о бочке*)
starvation 1. недостаток чего-л. 2. затухание (*пожара*)
glue ~ недостаточный расход клея, непроклеивание (*дефект фанеры*)
state состояние
green ~ сырое [невысушенное] состояние (*пиломатериалов*)
infusible ~ нерастворимое состояние
molten ~ расплавленное состояние
superswollen ~ состояние сверхнабухания
station 1. место, точка; участок 2. геодезический пункт 3. станция 4. станция, отдельный участок обитания
air ~ точка аэрофотосъёмки
ejection ~ *спич.* участок разгрузки (*наборных планок коробконабивочного станка*)

fag ~ площадка для курения (*в лесу*)
look-out ~ наблюдательная станция (*пожарная*)
off-bearing ~ устройство для съёма и укладки в стопу (*листов строганого шпона*); разгрузочный стол (*фанерострогального станка*)
package transfer ~ участок распределения стоп плит (*для подачи к станкам*)
reeling ~ участок навивки в рулон (*шпона*)
refuse compaction transfer ~ станция обезвоживания отходов
veneer insertion ~ *спич.* участок вставки шпона (*в наборные планки*)
winch ~ место установки лебёдки (*используют для привода канатной установки*)
stationery писчебумажные материалы
status статус; состояние, статут
 crown ~ статут [класс развития] кроны
 growth ~ характер роста
 mineral ~ 1. минеральный состав (*растений*) 2. уровень минерального питания
stave 1. клёпка (*напр. бочарная*) ‖ расклёпывать 2. труба для деревянных клёпок 3. *pl* бочарный лес
 barrel ~ бочарная клёпка
 bucked ~ пилёная клёпка
 bung ~ клёпка с отверстием для пробки
 continuous ~ тонкая полоска шпона для плетения корзин
 dead cull ~ клёпка с недопустимыми дефектами (*гнилые сучки, большие трещины*); клёпка с фаутным участком
 half-barrel ~ клёпка для изготовления полубочек
 mill run ~ 1. клёпка, прошедшая механическую обработку 2. клёпка низкого сорта
 pork ~ клёпка для бочки, предназначенной для мяса
 rived ~ колотая клёпка
 split ~ колотая клёпка
staving материал для клёпки
stay 1. опора, подставка, оттяжка; распорка; анкерный болт 2. укреплять,

поддерживать; придавать конструкции жёсткость
 boom ~ груз для заякоривания бона
 casement ~ упор оконного переплёта
 hi-fi ~ кронштейн для крышки приёмника *или* проигрывателя
 lid ~ кронштейн для опоры откидной крышки
 peg ~ распорка оконной рамы
stay-log зажимное устройство (*при лущении шпона*)
staypack древесина, спрессованная без применения синтетических смол (*хорошо сохраняющая приданные размеры*)
steam пар ‖ подвергать действию пара
 ◊ **to ~ a cask** выпаривать бочку
 blow ~ *цел.-бум.* сдувочный пар
 bottom ~ пар, выпускаемый в нижнюю часть перегонного куба
 direct ~ острый [открытый] пар
 exhaust ~ мятый пар, отработанный пар
 extra ~ экстрапар
 indirect ~ глухой пар
 live ~ острый [открытый] пар
 saturated ~ насыщенный пар
 secondary ~ вторичный пар (*в выпарных аппаратах*); соковый пар
 superheated ~ перегретый пар
steam-dried машинной сушки (*о бумаге*)
steaming пропаривание, пропарка, обработка паром
 digester ~ заварка котла
 direct ~ обогрев острым паром; подача пара непосредственно в варочный котёл
steam-seasoned пропаренный
steel 1. сталь 2. *pl цел.-бум.* ножевая гарнитура (*ротора и статора конической мельницы*)
 plug ~s ножи ротора
 shell ~s ножи статора
steeling потемнение массы (*в результате загрязнения стальных частицами от ножевой гарнитуры*)
steep 1. пропитывание; замачивание ‖ пропитывать; замачивать 2. жидкость для замачивания 3. чан для замачивания (*в отбельном отделе*)
steeping 1. мерсеризация (*целлюлозы*); замачивание, вымачивание 2. про-

steering

питка (*древесины*) погружением (*в водный раствор химикатов*)
steering рулевое управление (*напр. трактора*)
  center-pin ~ управление (*поворотом трактора*) посредством шарнирно-сочленённой рамы
  stinger ~ управление поворотом прицепа (*относительно автомобиля*) за счёт шарнирного замкового устройства
stem 1. ствол; стебель; стебелёк, ножка; цветоножка; плодоножка 2. хлыст ◇ ~s/h стволов *или* хлыстов в час (*о производительности*)
  clear-boled ~ ствол без сучьев
  delimbed ~ хлыст
  first thinning ~s хлысты, заготовленные первым приёмом рубок ухода
  forked ~ раздвоенный ствол
  increment mean ~ среднее дерево по приросту
  individual ~ одиночное дерево
  long-length ~ хлыст
  random length ~s хлысты разной длины
  tangled ~s сплетённые стволы
  trap ~ ловчее дерево
  tree ~ ствол дерева
  tree length ~ хлыст
  twin ~ раздвоенный ствол
stemless бесствольный, бесстебельный
stemnotch подруб
stem-tuber 1. корневище 2. корневой отпрыск
stemwood стволовая древесина
  resinous ~ стволовой осмол
stencil 1. трафарет, шаблон ‖ наносить рисунок по трафарету 2. восковая матрица, восковка
  duplicator ~ восковая матрица, восковка
  outline ~ трафарет для контурной отделки
stenciling нанесение рисунка по трафарету
stenothermal, stenothermic стенотермальный (*выносящий незначительные колебания температуры*)
step 1. ступень, ступенька 2. шаг ◇ to
  bring into ~ синхронизировать
  skeleton ~s ступень без подступенек
steppe степь

forest ~ лесостепь
wooded ~ лесостепь
stepping 1. лестничные доски 2. прямоугольный паз в тетиве (*для установки ступеней*)
step-up метод передвижек (*при тушении лесных пожаров путём переходов рабочих в голову группы*)
stere стер (*единица измерения лесоматериалов*)
sterilizer стерилизатор
  mattress ~ стерилизатор для матрацев
  ultraviolet ~ ультрафиолетовый стерилизатор
stick 1. ствол (*дерева*) 2. бревно 3. баланс; хлыст; короткомерный баланс; *pl* круглый лесоматериал 4. линейка; скоба 5. ветка; черешок; прут 6. клейкость, липкость ‖ приклеивать(ся), прилипать 7. скалка (*у фестонных сушилок*) 8. прокладка в штабеле ◇ to ~ **boards** штабелевать доски на прокладках
  adhesive ~ клеевой патрон; клей-расплав в виде твёрдой палочки
  bag boom ~ оплотник
  Biltmore ~ мерная линейка Бильтмора (*для измерения диаметра дерева*)
  boom ~ бревно, входящее в состав бона
  dipper ~ рукоять стрелы экскаватора (*к которой крепится ковш*); рукоять стрелового манипулятора
  dressing ~ 1. отделочный брусок 2. абразивный брусок, оселок
  folding cruiser ~ складная таксационная линейка
  gap ~ бревно, закрывающее сортировочный карман
  gun(ning) ~ устройство для определения направления падения дерева (*вставляемое в подпил*)
  hazard ~ индикаторная палочка для определения влажности горючего материала
  loose ~s 1. хворост 2. рассыпные спички
  match ~s спичечная соломка
  measuring ~ мерный шест; мерная вилка
  peeled ~ хлыст с обдирами коры

stirrer

piling ~ прокладка в штабеле лесоматериалов
push(er) ~ толкатель, направляющая линейка (*пильного или строгального станка*)
round ~ мелкий круглый лесоматериал; круглое полено
scale ~ мерная линейка (*для определения объёма брёвен*)
square ~s спичечная соломка квадратного сечения
tally ~ линейка для определения объёма пиломатериалов
tree volume ~ with angle gauge at upper end полнотомер Биттерлиха с угловым шаблоном
winding ~s рейки для проверки плоскостности (*доски*)
yard ~ градуированная линейка для измерения лесоматериалов
sticker 1. прокладка в штабеле (*между рядами пиломатериалов*) 2. калёвочный станок 3. топляк 4. фасонно-фрезерный станок; круглопалочный станок 5. клеящее вещество, клеящий состав 6. клейкий заполнитель (*в пестицидах*)
sash ~ оконно-фрезерный станок
stickerman строгальщик; рабочий, обслуживающий строгально-калёвочный станок
sticking 1. укладка в штабель 2. клейка, проклейка 3. рельефная внутренняя кромка (*дверной обвязки*) 4. калёвка 5. заедание пилы в пропиле
bead ~ рельефная внутренняя кромка в виде выпуклого закругления
cove ~ рельефная внутренняя кромка в виде выемки
ovolo ~ рельефная внутренняя кромка в виде четвортного валика или яйцевидного закругления
sticky липкий, клейкий
stiffening одревоснение
stiffness жёсткость, прочность
bending ~ жёсткость при сгибании
stigma 1. *бот.* рыльце (*пестика*) 2. *энт.* птеростигма, крыловой глазок
stile 1. вертикальный брусок (*обвязки оконного или дверного переплёта*) 2. обозначение на чертеже, показывающее продольное расположение волокон

closing ~ вертикальный брусок, примыкающий к противоположной створке окна
diminished ~ вертикальный брусок со скошенным поперечным сечением
falling ~ вертикальный брусок (*калитки или ворот*), к которому крепится петля
gunstock ~ вертикальный брусок со скошенной пластью от верхней до нижней кромки
meeting ~s вертикальные сходящиеся бруски двухстворного переплёта
pulley ~ 1. паз для блока (*опускного переплёта окна*) 2. ступенька для блока оконной рамы
shutting ~ притворный брусок
striking ~ вертикальный брусок, примыкающий к противоположной створке окна
still перегонный куб, котёл
stillage 1. стеллаж 2. *лесохим.* барда
still-wet содержащий воду в капиллярах и клетках (*о древесине или древесной массе*)
stilt стойка, свая
stinger замок [шарнир] для крепления дышла прицепа
stipe *бот.* ножка
stipel прилистничек
stipple 1. точечный пунктир ‖ рисовать или гравировать в пунктирной манере 2. придание шероховатости (*в отделке мебели*)
stippled испещрённый точками
stippling 1. шерохование поверхности с помощью щётки (*для имитации старинного вида мебели или для получения нового текстурованного эффекта, напр. под «птичий глаз»*) 2. получение точечного рисунка
chesse-cloth ~ шерохование с помощью марли
raised ~ получение выпуклого рельефа
spray ~ нанесение выпуклого точечного рисунка с помощью распылительного пистолета
stipule прилистник
stir перемешивать
stirrer мешалка; смесительный аппарат, смеситель

stirrer

composition ~ мешалка для спичечных масс
stitcher сшивной аппарат, сшивная машина
    blank ~ станок для скрепления заготовок (*для картонных коробок*)
    wire ~ проволочносшивной аппарат
stock 1. ствол (*дерева*) 2. биомасса 3. подвой 4. порода 5. посадочный материал 6. запас ‖ запасать 7. опора, подпора, столб; бревно 8. черенок, рукоятка, колодка (*рубанка*) 9. бабка (*станка*) 10. заготовка 11. цел.-бум. (*волокнистая*) масса 12. макулатура 13. подвижной состав, парк
    ◇ ~ shredded in the kollergang бегунная масса
    ~ of seeds запас [ассортимент] семян
    accepted ~ очищенная масса
    ball-rooted planting ~ посадочный материал с необнажённой [с закрытой] корневой системой
    bare-rooted transplant ~ лесной саженец с обнажённой корневой системой
    base ~ бумага-основа
    black ~ бурая масса
    blow ~ «выдутая» масса
    board ~ масса для картона
    body ~ бумага-основа
    book ~ книжная макулатура
    broke ~ бумажный брак
    broken-up ~ масса после разбивного ролла
    brown ~ небелёная масса
    center ~ внутренний слой картона
    circulating ~ рециркуляционная флегма *или* дистиллят
    coating ~ бумага для нанесения покровного слоя
    coating body ~ бумага-основа для крашения *или* мелования
    coating raw ~ бумага-основа для крашения *или* мелования
    completed core ~s подготовленные к фанерованию серединки
    cooperage ~ клёпочный кряж
    core ~ серединка (*плиты, фанеры, пластика*); основа для внутренних слоёв пластика; средний слой
    dead beaten ~ масса мёртвого помола

deink(ed paper) ~ облагороженная макулатура
dowelling ~ ставной обруч; сборочная форма для бочек
folder ~ картон для папок
foundation ~ семенной материал; саженцы
free ~ тощая [садкая] масса
free-beaten ~ масса садкого помола
growing ~ 1. древостой, насаждение 2. запас древостоя
half ~ полумасса
hanging (raw) ~ бумага-основа для обоев; обойная бумага
hard ~ бумажный брак с сильной проклейкой
honeycomb core ~ середина сотового заполнения; сотовая середина (*плиты*)
hydrafined ~ масса, подмолотая в гидрофайнере
knife ~ ножевая коробка (*циклевального станка*)
kolleṛganged ~ бегунная масса
ledger ~ конторская макулатура
long ~ жирная масса
magazine ~ масса из книжной и журнальной макулатуры без содержания древесной массы
molded ~ профильные [фрезерованные] детали
normal growing ~ нормальный [идеальный] древостой; нормальный запас насаждения
nursery ~ сеянец
old paper ~ макулатурная масса
optimum growing ~ оптимальный запас насаждения
outward carriage ~ дальний стопор каретки (*устанавливаемый на несущем канате в конце лесосеки*)
over-beaten ~ перемолотая масса
piled ~ масса с содержанием пучков сбившихся волокон
pit ~ древесная масса из массного канала дефибрера
pith ~ сердцевина (*ствола*)
planting ~ лесокультурный посадочный материал
pulper ~ масса из бракомолки
rag ~ 1. тряпичная полумасса 2. тряпьё
raw ~ недомолотая масса

stone

raw coating ~ основа для мелования
rebated ~s заготовки, соединённые в шпунт
reclaimed ~ уловленная масса
recovered ~ скоп, ловушечная масса
rejected ~ отходы сортирования
repulped ~ макулатурная [вторичная] масса
scratch ~ набор лезвий для резьбы по дереву; нож для резьбы по дереву
screened ~ очищенная масса
secondary ~ макулатурная [вторичная] масса
seed ~ семенной фонд
seedling ~ подвой (*дерева*)
short ~ коротковолокнистая масса
slow ~ жирная масса
slow-beaten ~ масса жирного помола
slush ~ сгущённая масса; мокрая разжижённая масса (*в отличие от массы в листах*)
spattered ~ разбрызгиваемая масса
spitted ~ масса, переброшенная через барабан ролла
squirt trimmed ~ масса, отделённая отсечкой
strip ~ шпон-рванина; отходы шпона (*при лущении*)
tail ~ задняя бабка; центрирующая бабка
tile ~ бумага из белёной целлюлозы для высокосортных тиснёных обоев
top ~ масса для наливного слоя картона
tree ~ дичок, подвой
tubed nursery ~ сеянец с закрытой корневой системой (*в трубках, цилиндрах*)
virgin ~ первичная масса (*из свежих полуфабрикатов*)
wad ~ картон для пыжей
waste-paper ~ полумасса из макулатуры
wet ~ жирная масса
yard ~ 1. запас (*сырья*) на складе или бирже 2. пиломатериалы в ярдах
stocked 1. покрытый лесом, облесённый 2. густой (*о лесе*)
medium ~ среднеполнотный (*о насаждении*)
over-~ загущённый (*о древостое*)
partly ~ изрежённый (*о древостое*)
thinly ~ редко посаженный

well-~ нормальной густоты (*о древостое*)
stockholding накопление материала на складе
stocking 1. древостой, насаждение 2. заселение, интродукция 3. густота древостоя, сомкнутость насаждения ‖ густой
irregular ~ расстроенное насаждение
light ~ редкое молодое насаждение
stockmaster коническая мельница, конический рафинёр
stockpile 1. (*верхний*) склад 2. куча, штабель 3. запас ‖ делать запасы
stockrunner очистник
stock-screening сортирование бумажной массы
stock-sized прирезанный, раскроенный в размер
stoker механический погрузчик
stoma устьице
abaxial ~ устьице на верхней поверхности листа
adaxial ~ устьице на нижней поверхности листа
stone 1. камень ‖ устилать камнем 2. дефибрерный камень 3. оселок ‖ обрабатывать оселком 4. *pl* стоун (*мера массы, равная 6,33 кг*)
artificial ~ искусственный дефибрерный камень
base ~ лежак, нижний камень бегунов
bed ~ лежак, нижний камень бегунов
cement bond ~ искусственный кварцево-цементный дефибрерный камень
coarse grit ~ крупнозернистый дефибрерный камень
combination ~ комбинированный точильный брусок (*разделённый на участки для черновой и окончательной заточки*)
edge mill ~ камень бегунов
edge runner ~ камень бегунов
fine grit ~ мелкозернистый дефибрерный камень
grinder vitrified bond ~ керамический дефибрерный камень
grinding ~ 1. шлифовальный круг; точильный камень, точило 2. дефибрерный камень

427

stone

indian ~ точильный камень из смеси корунда и алунда
lower mill ~ лежак, нижний камень бегунов
pumice ~ пемза
rotten ~ трепел
round edge slip ~ брусок-оселок с закруглённым краем
tomb ~ козырёк, остающийся на пне (*при валке дерева*)

stool 1. скамейка (*шкафа, буфета*), столярная скамейка; табуретка 2. внутренний подоконник 3. живой пень, дающий новые побеги; побег, отводок ǁ пускать побеги, куститься 4. посадка на пень
board-ended ~ дощатая табуретка с двумя опорами из досок с врезанным сиденьем
corridor ~ длинное жёсткое сиденье без спинки с двумя ручками
fender ~ прикаминная скамеечка
plinth ~ низкая табуретка, низкая скамеечка

stooling кустистость

stop 1. стопор (*на несущем канате*) 2. запор, защёлка, собачка; останов, упор; ограничитель 3. шпатлёвка ǁ замазывать шпатлёвкой 4. запирать
arresting ~ стопорный механизм; защёлка
carriage ~ стопор трелёвочной каретки
draught ~ узкая упорная рейка, крепящаяся к подоконной доске раздвижного окна (*для вентиляции*)
drawer ~ упор выдвижного ящика
elastic ~ амортизатор
end ~ 1. стопор на несущем канате 2. торцевой упор (*при гнутье древесины*)
machine ~ упор, полученный с помощью несквозной фаски
plain ~ упор, полученный с помощью простой несквозной фаски
planted ~ *шотл.* дверной останов
solid ~ упор, полученный путём фальцевания *или* отбора четверти

stopcock запорный кран
stop-cut подсечка; рез, препятствующий расщеплению (*древесины*)
stopping 1. порозаполнитель, шпатлёв-

ка 2. остановка, выключение (*напр. станка*)

storage 1. склад; хранилище; резервуар, бассейн 2. хранение, запас ǁ запасной ◊ ~ and distribution of splints *спич.* накопление и подача соломки
high density ~ бассейн для массы высокой концентрации
log ~ лесная биржа
unit ~ секционная корпусная мебель
white water ~ сборный бассейн для оборотной воды
wood ~ лесная биржа

store 1. склад, хранилище ǁ складировать 2. накапливать, запасать 3. наматывать на барабан 4. *англ.* отборные деревья (*оставляемые при рубках в порослевом насаждении с одним оборотом рубки*)
gum naval ~s продукты перегонки живицы
naval ~s *амер.* продукты перегонки живицы и смолы; канифольно-скипидарные продукты

storey *см.* story
storeyed *см.* storied
storied ярусный (*об элементах древесины*)
storing хранение
edge ~ хранение (*пиломатериалов или фанеры*) в вертикальном положении
storm-proof ветроустойчивый
story ярус (*насаждения*)
ground ~ напочвенный ярус
stove 1. печь, сушильная печь 2. теплица, оранжерея ◊ to ~ the wood сушить древесину в сушилке
stove-finished просушенный в сушильной камере (*после лакирования*)
stoving принудительная [камерная] сушка
stow 1. укладывать; грузить 2. урочище (*одна из низших единиц физико-географического районирования*)
stowage 1. укладка, складирование; погрузка 2. размещение груза (*в трюме парохода*) 3. стоимость погрузки товаров
stower погрузчик, грузоукладчик
straight-boled прямоствольный

streak

straightdozer стрэйтдозер (*бульдозер с прямоустановленным отвалом, который может регулироваться вручную*)
straightedge 1. рейка; поверочная линейка, правило 2. прямолинейная кромка; чистообрезная кромка
straight-fibered с прямыми волокнами (*о древесине*)
straight-grained прямослойное, с прямыми волокнами (*о дереве*)
straight-stemmed прямоствольный
strain 1. натяжение, растяжение ‖ натягивать 2. усилие, напряжение, нагрузка 3. относительная деформация 4. процеживать, фильтровать 5. раса; штамм (*микроорганизмов*) ◇ to ~ out fibers улавливать волокна
strainer 1. натяжное устройство 2. *цел.-бум.* узлоловитель, сортировка 3. сетка, сито, фильтр
  brokes ~ сортировка для бегунной массы
  digester ~ сетчатый пояс варочного котла
  disk ~ концентратор
  drum ~ вращающийся цилиндрический узлоловитель
  flat ~ плоский узлоловитель
  inward flow ~ узлоловитель с движением массы вовнутрь
  jog ~ плоский узлоловитель
  outward flow ~ узлоловитель с движением массы наружу
  perforated ~ фильтровальная плита
  screen ~ сортировка
  sifter ~ сито, фильтр
strake 1. грунтозацеп (*для увеличения сцепления*) 2. пояс обшивки, пояс из досок обшивки; продольный ряд настилки
strand 1. прядь (*каната*) ‖ свивать в пряди 2. нить (*сетки*) 3. пучок (*волокон*) 4. слой 5. дробная часть корда (*единица измерения объёма уложенных дров или балансов*)
  parenchyma ~ тяж паренхимы
stranding свивка в пряди (*при производстве канатов*)
strap 1. полоса, лента, ремень; скоба, обруч, накладка 2. *амер.* отрезок каната (*с петлями по концам для прикрепления блоков к пням*)

deckle ~ декельный ремень, ограничитель формата
former ~ декельная рама
padded shoulder ~ плечевой ремень с подушкой (*для мотоинструмента*)
safety ~ страховочный канат (*скользящий по растяжке вместе с привязанным к нему блоком*)
supporting ~ шина (*в гнутье древесины*)
strapper обвязочный станок; механизм для обвязки (*упаковки*)
strapwork декоративный орнамент *или* декоративная деталь (*мебели Елизаветинского стиля*) в виде переплетения полос
strata совокупность однородных участков леса
strath *шотл.* долина, лощина
stratification 1. стратификация (*семян*) 2. разделения насаждения на выделы *или* ярусы 3. наслоение [залегание] наносов
  cold ~ холодная стратификация
stratum 1. таксационный выдел 2. слой, пласт 3. совокупность однородных участков леса 4. ряд (*тары*), параллельный полу вагона
strawboard соломенный картон
  combination ~ картон с внутренним слоем из соломенной массы и наружными слоями из массы более высокого сорта
  mixed ~ соломенно-макулатурный картон
  plain ~ соломенный картон без покровного слоя
strawline вспомогательный (*монтажный*) канат
strawpaper бумага из соломы
  corrugated ~ соломенная бумажная гофра
streak 1. подновка (*в подсочке леса*) 2. карра 3. черта, полоса 4. потёк, местная гниль в виде полоски 5. полосатость (*порок*)
  ~ **of resinosis** смоляные потёки, пятна, полосы
  bark-chipped ~ карроподновка
  calender ~ тёмная полоса на каландрированной бумаге (*результат не-*

streak

равномерного прессования или сушки)
chip ~ шаг подновки
damp ~ полоса на бумаге (*результат неравномерного прессования или сушки*)
gum ~ камедное пятно
hard ~ местная крень; креневая древесина
jump ~ ступенчатая [ребристая] каppa
mineral ~s химические окраски (*порок древесины*)
pitch ~ *амер.* смоляное пятно, засмолок
water ~ 1. тёмная полоска (*на дубовом пиломатериале*) 2. водяной след (*на сырой бумаге*)
streaking 1. тёмные полосы на бумаге (*дефект*) 2. вздымка (*процесс нанесения подновок на карру*)
streambarker гидравлический окорочный станок
street:◇ **on the** ~ установленный в линию (*об оборудовании*)
clipper ~ линия кромкофугования (*шпона*)
strength 1. натяжение (*каната*) 2. прочность, сопротивление, крепость; предел прочности ◇ ~ **in bending** прочность на изгиб; сопротивление изгибу
bearing ~ 1. несущая способность 2. прочность на смятие
bending ~ прочность на изгиб; сопротивление изгибу
bond(ing) ~ 1. сила сцепления, сила связи (*между волокнами*) 2. прочность соединения, прочность склеивания
bursting ~ сопротивление продавливанию
corrugated wet ~ прочность гофрированного картона во влажном состоянии
creasing ~ прочность после перегиба
crushing ~ 1. прочность на раздавливание 2. сила сжатия (*почвы*)
folding ~ сопротивление излому при изгибе
impact ~ прочность на удар; сопротивление удару

initial tearing ~ начальное сопротивление раздиранию
paper wet ~ влагопрочность бумаги
peel ~ сопротивление отслаиванию
plybond ~ сопротивление расслаиванию
pop ~ сопротивление продавливанию
pulp bursting ~ сопротивление волокнистого полуфабриката продавливанию
pulp folding ~ сопротивление волокнистого полуфабриката излому
pulp tear ~ сопротивление волокнистого полуфабриката раздиранию
shear ~ **in plane of board** сопротивление сдвигу [срезу] параллельно плоскости плиты
shear-through-thickness ~ прочность на срез по толщине (*пиломатериала*)
stacking ~ сопротивление сжатию
surface ~ поверхностная прочность (*бумаги*)
tearing ~ сопротивление раздиранию
twisting ~ сопротивление скручиванию
ultimate ~ временное сопротивление; предел прочности
stress-graded сортированный по прочности
stretch 1. растяжение ‖ растягивать 2. правка (*пилы*) ◇ ~ **at breaking point** растяжение при разрыве; удлинение при разрыве
damping ~ деформация при увлажнении
felt ~ натяжка сукна
tensile ~ удлинение (*бумаги*) при растяжении
stretcher 1. натяжное приспособление 2. распорный брус 3. проножка стула
belt ~ натяжной ролик для ремня
couch-roll jacket ~ *цел.-бум.* раздвижная колодка для чулка
deckle strap ~ устройство для натяжения декельного ремня
felt ~ сукнонатяжной валик
jacket ~ *цел.-бум.* раздвижная колодка для чулка, приспособление для растягивания и одевания чулка
press felt ~ натяжка для прессовых сукон

stripe

saltire ~ проножка стула, выполненная в виде крестовины из изогнутых элементов
webbing ~ рама сиденья стула *или* кресла для крепления упругого основания из резиновых лент
stretching 1. растяжение 2. правка (*пилы*)
 linear ~ линейное растяжение
stria полоска, бороздка, прожилка
striated 1. покрытый узкими полосками *или* бороздами; полосатый 2. жилковатый (*о стебле*)
striating придание шпону шероховатости (*перед склеиванием*)
striation исчерченность, бороздчатость
striking-through проступание, просвечивание (*печатного или написанного текста на оборотной стороне бумаги*)
string 1. верёвка, связка, лента 2. натягивать, укреплять 3. *бот.* волокно, жилка 4. *pl* канатно-верёвочные отходы
stringer 1. прогон (*моста*) 2. подштабельная деревянная подкладка 3. брус, укладываемый поперёк плота (*к которому прикрепляются сплавляемые лесоматериалы*)
stringy волокнистый
stringybark австралийский эвкалипт; эвкалипт с волокнистой корой
strip 1. лента, ряд, полоса, полоска 2. узкая лесосека; делянка, отводимая одному вальщику 3. лесосека, осваиваемая канатной установкой с одной стоянки 4. узкая однодюймовая доска; рейка, планка, брусок 5. подкладка, прокладка 6. *pl* стрипсы (*пиломатериал толщиной менее 51 мм, шириной менее 100 мм*) 7. *pl* обрезки 8. окорять полосами; делать прольску 9. сдирать, обдирать 10. разбирать (*тряпьё*) 11. отпаривать [отгонять] лёгкие фракции ◊ to ~ off 1. снимать кору полосками 2. отпаривать [отгонять] лёгкие фракции
bending ~ шина (*в гнутье древесины*)
binding ~ оковка для штабелей
blind tacking ~ тесьма для обшивки мягкой мебели, крепящаяся скобками

branched cutting ~ чередующиеся полосы леса, разрабатываемые по обе стороны несущего каната (*канатной установки*)
car ~ горизонтальная прокладка для груза (*в товарном вагоне*)
cover ~ нащельная планка
cut ~ пасечная лента; полоса сплошь вырубленного леса
felt cover ~ фетровая лента
filler ~ нащельная планка
flooring ~ узкая половая доска, половая рейка
flooring ~ with hollow back половая доска с пазом на внутренней пласти
forest ~ лесная полоса
kill ~ *амер.* часть ствола, повреждённая насекомыми
leave ~ 1. оставленная семенная полоса (*леса*) 2. невырубленная полоса (*между лесосеками*)
margin ~ обвязка пола
nogging ~s ригельные бруски деревянной каркасной перегородки
parting ~ разделяющий брусок (*раздвижного оконного переплёта*)
pencil ~ полосатый рисунок текстуры
protective forest ~ защитная лесная полоса
pulley ~ захватная планка (*оконной рамы*)
rubbing ~ планка основания (*ящика*)
safety ~ полоса безопасности (*вырубка для предупреждения распространения лесного пожара*)
sample ~ ленточная пробная площадь
sealing ~s уплотняющие полоски
slamming ~ притворная планка (*двери*)
slit ~ продольная полоса картона (*для изготовления заготовок спичечных коробок*)
spacing ~ вертикальная прокладка груза (*в вагоне*)
tacking ~ 1. тесьма для обшивки мебели 2. клеящая лента
toe ~ плинтус
weather ~ нащельная рейка, наличник
wood ~ жердь, шест, рейка
stripe 1. полосатый рисунок текстуры

stripe

(*образующийся вследствие различной плотности древесины внутри годичных колец*) 2. *фтп.* полосатость
broken ~ текстурный рисунок в виде волнистых прерывистых полос
plain ~ полосатая текстура (*древесины*) из перемежающихся тёмных и светлых полос
red ~ грибные ядровые полосы (*дефект древесины*)
ribbon ~ текстура в виде волнистых полос
striper кисть для нанесения полосатого рисунка
stripper 1. скребок, сгребалка 2. *амер.* покровосдиратель 3. инструмент для обдирки, инструмент для соскабливания (*напр. лака*) 4. состав для удаления клея *или* лака
stripping 1. очистка от коры [окорка] полосами 2. соскабливание (*напр. лака с мебели*) 3. демонтаж 4. снятие насечки (*с напильника*) 5. сплошная полосная рубка (*леса*) 6. отпаривание [отгонка] лёгких фракций 7. *pl* отходы (*при сортировке тряпья*) 8. обесцвечивание 9. уменьшение лоска (*бумаги*)
bark ~ обдир коры
upholstery ~ снятие обивки (*с изделия мягкой мебели*)
strobile 1. шишка (*хвойных пород*) 2. обоеполый цветок типа шишки
ovulate ~ женская шишечка
staminate ~ тычиночный цветок типа шишки; мужской колосок
strobiliferous шишконосный, образующий шишки
strobiloid шишковидный, конусообразный
strobilus шишка (*хвойных пород*)
stroke ход (*напр. пилы*)
  admission ~ ход всасывания
  cutting ~ рабочий ход (*резца*)
  delimbing ~ длина хода [выдвижения] сучкорезного механизма
  rainbow ~ круговое движение (*при полировании*) с большим радиусом
strombuliform спиральнозакрученный, спиралевидный
strop строп, канат ◇ **to ~ up** прицеплять, чокеровать

block ~ отрезок каната для крепления блоков
fail safe ~ предохранительное устройство (*вставка из капронового каната между кареткой и концом возвратного каната, рассчитанная на определённое разрывное усилие*)
hemp ~ пеньковый строп
structure 1. структура 2. сооружение, строение 3. конструкция
~ **of vegetation layer** состав травянистой растительности
amorphous ~ аморфное строение, неравномерная структура (*древесины*)
bearing ~ несущая конструкция
cancelled ~ решётчатое строение
cell ~ строение клетки (*древесины*)
gross ~ крупнопористая [грубая] структура (*поверхности изделия*)
injection moulded ~ конструкционная деталь (*мебели*), изготовленная методом литья под давлением
mullion ~ брусчатая [рамочная, средниковая] структура
multi-purpose cube ~ универсальный узел (*мебели*) кубической формы
plant community ~ состав живого напочвенного покрова
random ~ неравномерная [аморфная] структура (*древесины*)
sandwich moulded ~ интегральный пенопласт со вспененной серединкой и монолитной оболочкой
stand ~ состав [структура] насаждения
storied ~ ярусная структура (*древесины*)
strut сжатый элемент, стойка, подкос, распорка ‖ подпирать
  cross ~ раскос, диагональная стойка
strutting крепление распорками и тягами
  pile ~ свайная подпорка
stub *амер.* 1. буреломное дерево, пеньсломыш 2. небольшой пень 3. пенёк (*ветви, сучка*) 4. корчевать пни ◇ **to ~ out [up]** корчевать, расчищать
  branch ~ сучок; пенёк от срубленного сучка
stubbing корчёвка
stud 1. шпилька, штифт, стержень, шип 2. стойка, косяк, свая 3. обвяз-

ка 4. гвоздь с большой шляпкой; кнопка; обойный гвоздик с двумя ножками ‖ сбивать гвоздями 5. украшать
cill ~ стойка для крепления подушки *или* нижнего бруса оконной рамы
stuff 1. материал 2. бумажная масса 3. заготовка 4. наполнять, заполнять; набивать (*брёвна в лесонакопитель*)
beater ~ масса, загруженная в ролл; размолотая масса
cut ~ короткая заготовка, короткий пиломатериал
dead ~ застоявшаяся масса
fast ~ садкая масса
first ~ полумасса
free long-fibered ~ садкая длинноволокнистая масса
free short-fibered ~ садкая коротковолокнистая масса
free working ~ садкая масса
half ~ 1. полумасса 2. полуфабрикат
sash ~ заготовка для оконных и дверных блоков
shiny ~ жирная масса
thick ~ брус толщиной более 114,3 мм
thin ~ доска *или* брус толщиной до 100 мм
waste ~ 1. листовой брак (*третий разбор*) 2. бумажный брак (*в процессе производства*)
whole ~ тряпичная масса после выхода из ролла
wrought ~ строганая доска
stuffer наполнитель; толкатель; устройство для заталкивания (*брёвен в лесонакопитель*)
stuffing 1. наполнение, заполнение; заталкивание (*брёвен в лесонакопитель*) 2. набивка (*мягкой мебели*); прокладка, материал для набивки
stump 1. пень, чурак, обрубок 2. по садка на пень (*для получения поросли*) 3. корчёвка пней 4. пнёвый осмол 5. заготавливать лесоматериалы с окучиванием и складированием у пня ◇ at the ~ у пня; на уровне пня; to ~ out корчевать (*пни*), раскорчёвывать
anchor ~ анкерный пень (*для крепления канатов*)

style

die ~ марка, маркировочная мерка
green ~ свежий [неспелый] осмол
guyline ~ пень для привязки растяжек
seasoned ~ спелый осмол
"stubborn" ~ большой [неподатливый] пень
stumpage 1. лес на корню 2. лесное сырьё на корню; объём лесного сырья на корню 3. попённая плата
stumpblasting взрывание пней; корчёвка пней взрывом
stumper 1. корчеватель; корчевальная машина; бульдозер-корчеватель 2. вальщик; рабочий на валке, обрезке сучьев и вершин у пня 3. рабочий, занятый подготовкой волоков (*срезанием пней*)
stumping 1. раскорчёвка; корчевание, корчёвка 2. вегетативное возобновление растений
explosing ~ корчёвка (*пней*) взрыванием
low ~ оставление низких пней (*при валке деревьев*)
stump-jumper *австрал.* плуг-корчеватель с индивидуальными предохранителями корпусов для автоматического возвращения в рабочее положение
stump-puller корчеватель, устройство для корчёвки пней
stump-rower *австрал.* плуг для выкопки пней и корней
stumpwood 1. древесина пня; пнёвый лесоматериал 2. лесоматериалы, заготовленные и сложенные у пня 3. пнёвый осмол
resinous ~ пнёвый осмол
stunted отставший в росте, чахлый
style 1. стиль, способ 2. вид, сорт, тип 3. *бот.* столбик
cottage ~ деревенский [рустикальный] стиль мебели (*США, сер. XIX в.*)
court ~ дворцовый стиль мебели
curvilinear ~ стиль английской готики (*XIV в.*)
mountain ~ *амер.* вид погрузки брёвен с продольным расположением на подвижном составе
ornate ~ стиль мебели, характеризу-

style

ющийся наличием декоративных деталей
ranch ~ *амер.* стиль мебели «ранчо» (*деревенский стиль*)
traditional ~ старинный стиль мебели
styrax стиракс, бальзам (*из древесины видов Liquidambar*)
styrenate сополимезировать со стиролом
subacute слегка заострённый
subarborescent древовидный
subclimax 1. предклимакс (*стадия развития фитоценоза, предшествующая климаксу*) 2. климакс, задержанный под воздействием ряда факторов
subcompartment полуквартал (*леса*)
subcooling переохлаждение
subdominant *англ.* согосподствующий (*о классификации деревьев*)
subdrain закрытая дрена
subdrainage подземный дренаж
subdumi полукустарники
suber пробка, пробковая ткань
suberification опробковение
subfamily подсемейство
subflooring доски для чёрных полов
subforeman помощник мастера
subframe 1. царга, проножка 2. вспомогательная рама
subgenus подрод
subgrading планировка (*дороги*); выравнивание земляного полотна
subhorizon подгоризонт, переходный горизонт
sublayer нижний слой
submanager *англ.* лесник
submerge затоплять; погружать
subor субор (*лес на переходных сравнительно бедных почвах*)
subordinate *амер.* угнетённый (*о деревьях*)
subplot субделянка, полуделянка
subramose слабоветвистый, маловетвистый
subsample средний образец; дополнительный образец; аналитическая проба
subsequent субсеквентный, последующий
subserrate слегка зазубренный
subshrub полукустарник, кустарничек
subsoil подпочва, горизонт B

subsoiling безотвальная вспашка, подпочвенное рыхление
subspecies подвид (*растительности*)
substance 1. вещество 2. плотность бумаги, выраженная в фунтах, для стопы данного формата
dipping ~ спичечная [зажигательная] масса
extraneous ~ экстрактивное вещество
foreign ~s посторонние вещества
growth (-promoting) ~ ростовое вещество; стимулятор роста
inert ~ заполнитель, наполнитель
odor producing ~ вещество, придающее запах
preservative ~ противогнилостный состав
resinous ~s смолистые вещества
wood ~ древесное вещество, лигноцеллюлоза
substitute заменитель
art paper ~ заменитель бумаги для художественной печати
paper ~s заменители бумаги
substrate 1. нижний слой, подложка, основа, субстрат 2. бумага-основа; картон-основа 3. питательная среда 4. слой почвы, горизонты C и D
paper ~ бумага-основа; картон-основа
precoated panel board ~ средний слой ламинированного щита из древесностружечной плиты с предварительно нанесённым (*клеевым*) покрытием
substructure фундамент, основание
subterranean подземный, подпочвенный
succession 1. последовательность 2. сукцессия, смена растительности
~ of cuttings порядок [последовательность] рубки
~ of felling порядок [последовательность] рубки
~ of plant смена растительности
~ of tree species смена древесных пород
postfire forest ~ смена лесной растительности на гарях
stand ~ смена пород, смена насаждений
successive последовательный, последующий

succus сок
suck 1. сосать 2. всасывать, засасывать
sucker корневой побег, корневой отпрыск; волчок, боковой побег ‖ выбрасывать боковые побеги
  root ~ корневой отпрыск
sucking раскряжёвка
suction всасывание, засасывание
  dust ~ отсос пыли
sudubrava судубрава (*лес с дубом или сосной*)
suffrutex *см.* subshrub
suitability пригодность, соответствие
  ~ of tree species to sites соответствие древесных пород условиям произрастания
suite набор, гарнитур (*мебели*)
  door ~ полный набор дверной фурнитуры
sulfate 1. сульфат, соль серной кислоты ‖ сульфатный 2. сульфатная целлюлоза
  aluminum ~ квасцы
  aluminum potassium ~ калиево-алюминиевые квасцы
  ammonium ~ сульфат аммония
  bleached ~ белёная сульфатная целлюлоза
  calcium ~ сульфат кальция
  sodium ~ сульфат натрия
  softwood ~ сульфатная целлюлоза из хвойной древесины
  unbleached ~ небелёная сульфатная целлюлоза
sulfidity сульфидность
sulfite 1. сульфит, соль сернистой кислоты ‖ сульфитный 2. сульфитная целлюлоза 3. сульфитировать
  bleached ~ белёная сульфитная целлюлоза
  high-alpha ~ сульфитная целлюлоза с высоким содержанием альфа-целлюлозы
  slush ~ сульфитцеллюлозная масса
  sodium base ~ сульфитная целлюлоза при варке на кислоте с натриевым основанием
  unbleached ~ небелёная сульфитная целлюлоза
sulfofixation фиксация серы (*микроорганизмами*)
sulfonation сульфирование, сульфонирование

sulfurman рабочий при серных печах
sulky *проф.* прицепная трелёвочная арка на колёсном ходу
summerwood поздняя древесина
summit 1. вершина 2. настил (*лесотранспортных устройств*)
sump сборник, отстойник
sunblister солнечный ожог
sunburn солнечный ожог
sundries:
  upholsterer's ~ различные принадлежности для производства мягкой мебели; обойные принадлежности
sunk погружённый, утопленный
sunscald солнечный ожог (*коры деревьев*)
supercalender суперкаландр
supercalendering сатинирование
supercalenderman каландровщик
superelevation *дор.* подъём виража
superfinishing окончательное шлифование, полирование
superhardboard сверхтвёрдая плита
superintendent управляющий, заведующий; руководитель (*напр. лесозаготовительного участка*)
supernumerary 1. сверхчисленный, избыточный 2. добавочная хромосома
supplement добавка (*к корму животных*)
support 1. опора, подпора ‖ поддерживать, подпирать 2. суппорт; опорная стойка; станина, консоль, направляющая
  A-frame ~ промежуточная А-образная опора (*с пропуском несущего каната посередине или устанавливаемая сбоку на растяжках*)
  cross-cable ~ *см.* M-type support
  drop leaf ~ опора откидной крышки (*стола*)
  finger ~ промежуточная опора несущего каната (*с подвеской опорного башмака на конце наклонной мачты, удерживаемой растяжками*)
  intermediate ~ промежуточная опора
  knifeholder ~ суппорт ножевой головки
  lateral A-~ промежуточная А-образная опора, устанавливаемая сбоку (*поддерживаемого несущего каната*) на растяжках

support

lean-to-pole ~ промежуточная опора с подвеской опорного башмака на наклонной мачте (*одним концом привязанная к дереву*)
midspan ~ опора, устанавлиемая посередине пролёта; средняя опора
mobile ~ передвижная (*трелёвочная*) мачта
M-type ~ промежуточная опора с подвеской опорного башмака на канате (*между двумя деревьями*)
one-tree (crossbeam) ~ промежуточная опора с подвеской опорного башмака на конце закрепляемой на дереве поперечины
simple-tree ~ промежуточная опора с подвеской опорного башмака на конце привязанной к дереву наклонной мачты
single-pole ~ промежуточная одномачтовая опора (*с башмаком, подвешенным на конце растяжки, пропущенной через блок*)
single-strop ~ промежуточная одноканатная опора (*с башмаком, подвешенным на конце растяжки, пропущенной через блок, закреплённый на растущем дереве, поддерживаемом растяжкой*)
sink ~ опора для раковины *или* мойки (*в кухонном шкафу*)
three-leg ~ промежуточная опора в виде треноги
transversal A-~ промежуточная А-образная опора с пропуском несущего каната между скреплёнными вверху мачтами
two-tree (crossbeam) ~ промежуточная опора с подвеской опорного башмака на закрепляемой между двумя деревьями поперечине
wire ~ опора регистровых валиков
suppress заглушать, угнетать, затенять
suppressed угнетённый, отмирающий (*о деревьях*)
suppression 1. угнетение, затенение; подавление, заглушение 2. тушение (*пожара*)
  artificial ~ искусственное подавление конкурирующей растительности
  direct fire ~ непосредственное тушение пожара

  natural ~ естественное угнетение конкурирующей растительности
  wildfire ~ борьба с лесными пожарами
suramen сурамень (*тип леса — ельник сложный*)
surculus корневой отпрыск; волчок, боковой побег
surface 1. поверхность, пласт, плоскость 2. обрабатывать, отделывать, шлифовать 3. строгать; пригонять
  ax(e) hammering ~ обух топора
  bare wood ~ неотделанная деревянная поверхность; поверхность белой древесины
  blistered ~ пузырчатая [вспученная] поверхность
  bounding ~ ограничивающая поверхность
  burned ~ обожжённая поверхность, ожог (*дефект отделанной поверхности*)
  cast resin ~ поверхность формованной *или* отлитой детали (*в производстве мебели из пластмасс*)
  clamping ~ поверхность прижима
  closed-up ~ сомкнутая поверхность (*бумаги*)
  crossed beating ~ поверхность соприкосновения ножей гарнитуры ролла
  dull stone ~ слабая насечка дефибрерного камня
  eggshell ~ шероховатая поверхность
  exposed ~ лицевая [наружная] поверхность
  filled ~ отделанная поверхность; поверхность с закрытыми порами
  fine chip ~ поверхность из прессованной пыли (*ДСП*)
  frosted ~ серебристая поверхность (*мельчайшие трещины на пластине*)
  grinding ~ поверхность дефибрирования
  hummocky ~ бугристая поверхность
  moulded ~ профильная [фрезерованная, строганая] поверхность; формованная поверхность
  radial ~ радиальный разрез (*древесины*)
  raw ~ обнажённая [минерализованная] поверхность (*почвы*)
  rough-sawed ~ поверхность (*доски*)

после первоначального распила; необработанная поверхность (доски)
saw kerf ~ поверхность пропила
sawn ~ поверхность распила
scratch prone ~ отделанная поверхность (мебели), подверженная царапанию
sheared ~ срезанная поверхность бревна; поверхность ножевого среза
slanted ~ наклонная поверхность
striking ~ намазанная поверхность (спичечной коробки)
tight-cut ~ уплотнённая после реза поверхность (шпона, древесины)
surfaced 1. облицованный, отделанный 2. строганый
surfacer 1. рейсмусовый станок 2. шлифовально-калибровальный станок
surfacing 1. выравнивание, сглаживание (при отделке) ; облицовывание 2. строгание
hit-and-miss ~ неравномерная [неровная] обработка поверхности
surfacing-and-jointing ~ ребросклеивание (шпона)
surfactant поверхностно-активное вещество
silicone ~ силиконосодержащее поверхностно-активное вещество
surgeon рабочий на подрезке веток и вершин (у растущих деревьев, с целью улучшения из роста)
surplus остаток, излишек; остающаяся на корню древесина
surveillance надзор, наблюдение, обзорное наблюдение
aerial ~ авиапатрулирование (лесов)
survey 1. съёмка || производить съёмку 2. изыскание || производить изыскание 3. план || снимать план 4. топографическая съёмка
~ of fall нивелирование
~s of floatways изыскание на путях водного лесотранспорта
~ of height нивелирование
~ of standing crop таксация насаждения
boundary ~ составление абриса участка
compass ~ буссольная съёмка
enumeration ~ 1. перечислительная таксация (леса) 2. сплошной пересчёт деревьев
estimate ~ таксация
exploratory ~ глазомерная съёмка
field ~ 1. полевая съёмка 2. полевые изыскания
forest ~ лесная таксация
initial ~ первичное устройство лесов
large scale ~ крупномасштабная съёмка (территории)
level(ing) ~ нивелирование
linear ~ таксация методом линейной выборки
line-plot ~ таксация методом ленточных пробных площадей
log ~ сортировка брёвен (оценка при сортировке)
plotless ~ выборочная таксация (леса)
strip ~ таксация методом линейной выборки
valuation ~ перечёт деревьев
surveying геодезические измерения, съёмка ◇ ~ with a chain измерение мерной лентой
survival выживание
average ~ средняя приживаемость (сеянцев)
suspended-type подвесного типа, подвесной
suspension 1. подвеска 2. взвешенное состояние 3. взвешенное вещество, взвесь ◇ in ~ в подвешенном состоянии
air ~ воздушная взвесь
knee-action ~ независимая подвеска при разрезной оси
tandem ~ подвеска двухосной тележки
water ~ водная суспензия
wishbone ~ независимая рычажная подвеска
suspensoids суспензия, взвесь
sustain подпирать, поддерживать, подкреплять
sustainer подпора, опора
suture 1. шов 2. линия растрескивания сухих плодов
swage обжимка, разводка || обжимать
swager англ. 1. пробойник, бур для взрывных работ 2. штамповый молот для плющения (зубьев пилы)

437

swaging

swaging развод, штамповка (*зубьев пилы*) ; плющение (*зубьев пилы*)
swamp 1. болото, топь, трясина 2. *амер.* расчищать место (*от кустарника, подроста*)
swamper рабочий на расчистке территории
swamping 1. заболачивание 2. расчистка территории (*от кустарника, сучьев*)
swampy заболоченный
sward травяной покров; дернина ‖ задерновывать
swatch образец, образчик
swath ряд, полоса, лента; пасека (*лесосеки*)
swatter :
   fire ~ подручные средства для тушения пожара; ручной инструмент для тушения пожара
sweat(ing) 1. выпотевание (*конденсация влаги с поверхности древесины*) 2. отпотевание (*дефект отделки*)
swedge *см.* swage
sweep 1. изгиб, искривление (*бревна, шеста, сваи*) 2. *pl* нависшие над водой деревья, мешающие сплаву
   quick ~ закругление малого радиуса (*при резьбе по дереву*)
sweeper приспособление для удаления коры (*из корообдирочного барабана*)
   forest residues ~ машина для сбора (*и измельчения*) лесосечных отходов
sweetening нейтрализация, известкование (*почвы*)
swell 1. возвышение, выпуклость 2. шпинёк на стволе от срезанного сучка 3. набухать, разбухать
swell-butted закомелистый (*о дереве*)
swelling 1. набухание, разбухание; вспучивание (*почвы, грунта*) 2. опухоль, вздутие
   butt ~ нарост у корня; прикорневой кап
   compression ~ наплыв сжатия (*на стволе дерева*)
   gall-like ~s галлообразные наросты
   intermicelle ~ интермицеллярное набухание
swift 1. катушка, барабан 2. бочарный струг
swifter поворина (*канат, прокладываемый поверх верхнего ряда брёвен в плоту*)
swing 1. размах; поворот ‖ поворачивать 2. *англ.* наибольший радиус; высота центров над направляющими (*при обработке изделия на станке*); *амер.* наибольший диаметр (*при обработке изделия на станке*) 3. вторично трелевать (*от промежуточных складов к дороге*) 4. нацеливать и контролировать падение дерева при валке
   counterweight ~ поворот (*стрелы погрузочного механизма*) с помощью противовеса
swinging 1. качание, поворот из стороны в сторону (*напр. стрелы погрузчика*) 2. вторичная трелёвка (*напр. предварительно подготовленных пачек деревьев от промежуточного склада к дороге*) ◇ ~ in a bind положение дерева, лежащего на другом дереве *или* на выемке и касающегося земли комлем и вершиной
swing-type поворотный (*в горизонтальной плоскости*)
swirl 1. водоворот ‖ кружиться в водовороте; образовывать водоворот 2. свиль, свилеватость
swivel шарнир, шарнирное соединение ‖ поворотный, вращающийся
   lazy Susan ~ *меб.* вращающаяся стойка
   return ~ шарнир с возвратным ходом
   tilt ~ шарнир, обеспечивающий наклон (*спинки кресла*)
swollen нарост (*растений*)
sword:
   timber ~ мерная линейка для брёвен
   tree-planting ~ посадочный меч
sword-leaved мечевиднолистный
sycamore 1. *англ.* явор, клён белый (*Acer pseudoplatanus*) 2. *амер.* платан (*Platanus*)
sylvan лесной
sylvula 1. лесной питомник 2. лесные культуры
symbiose симбиоз ‖ сосуществовать
sympetalous спайнолепестный
synchorology синхорология (*учение об ареалах растительных сообществ*)
syndet синтетическое моющее средство; синтетический детергент

synecology синэкология, биоценология, экология сообществ
synfolium ярус в лесном фитоценозе
syn-former *фирм.* синформер, бумагоделательная двухсеточная машина
syngenesious сростнопыльниковый
syngenesis 1. половое размножение 2. сингенез (*первая фаза сложения и развития биогеоценоза*)
syngenetics сингенетика (*раздел фитоценологии, рассматривающий развитие сообществ*)
synoecious однодомный
synsystematic систематика растительных сообществ
synusia синузия (*экологически близкая группа растений*)
synusium *см.* synusia
syrup:
  birch ~ берёзовый сок
  maple ~ кленовый сок
system 1. система, установка; система машин 2. технология работ 3. план; расположение; сеть
  ~ of bark chipping система подсочки
  acid fortifying ~ система для повышения крепости кислоты
  aerial snubbing ~ подвесная канатная установка для гравитационного спуска древесины
  air-blast ~ отделение сучков от крупной щепы струёй воздуха
  alternate clear-strip ~ система сплошных чересполосных рубок
  automatic wrapping ~ автоматическое устройство для упаковки (*в плёнку*)
  balloon (logging) ~ аэростатная трелёвочная система
  balloon-running skyline ~ аэростатная трелёвочная установка с тягово-несущим канатом
  batch ~ *цел.-бум.* система периодической загрузки
  bay-bin ~ система сортировки брёвен с использованием специальных площадок
  blow-down heat recovery ~ установка для регенерации тепла выдувных паров
  bob-tail shortwood ~ система заготовки сортиментов с вывозкой их небольшими двухосными грузовиками
  bucked wood ~ система заготовки сортиментов; технология с заготовкой сортиментов
  cable ~ **for thinning** канатная установка для рубок ухода
  cableway ~ подвесная канатная система
  cable yarding ~ канатная трелёвочная система
  Cajander's ~ **of classification of forest soils** классификация лесных почв по Каяндеру
  check ~ контрольный метод, контрольная система (*в лесоустройстве, на основе детального изучения насаждения*)
  chosen tree ~ хозяйство, направленное на уход за лучшими стволами
  clear-cut staggered setting ~ система группово-выборочных рубок
  clear-cutting [clear-felling] ~ 1. система сплошных рубок; лесозаготовки со сплошными рубками; сплошные рубки 2. сплошнолесосечное хозяйство
  closed interlock ~ замкнутая система сблокированных канатов
  closed white water ~ замкнутая система оборотной воды
  compartment-and-selection ~(s) система группово-выборочных рубок
  complete filling ~ линия набивки (*элементов мягкой мебели*)
  complete logging ~ система лесозаготовительных машин; система машин для комплексной механизации лесозаготовок
  computerized through-feed machining ~ автоматическая линия машинной обработки с программным управлением подачи
  continuous bleaching ~ непрерывная система отбелки
  continuous forest management ~ система хозяйства Дауервальд
  contour logging ~ система лесозаготовок с расположением волоков с учётом рельефа местности (*вдоль и поперёк склонов*)
  coppice ~ низкоствольное хозяйство (*в порослевых насаждениях*)
  coppice-of-two rotations ~ система выборочной рубки порослевого насаждения за два оборота

system

coppice selection ~ система выборочной рубки в порослевых древостоях

coppice with standards ~ среднее хозяйство в порослевых насаждениях с оставлением маячных деревьев

cost-cutting handling ~ экономичное погрузочно-разгрузочное оборудование

counter-current flow drying ~ сушка по принципу противотока

counter-vibe ~ система виброгашения

C.P.Y.(Central Processing Yard) ~ технология лесозаготовок с первичной обработкой деревьев на центральном складе

cushioned power antivibration ~ виброизоляционная система с амортизаторами

cut-and-pile shortwood ~ технология с заготовкой и окучиванием сортиментов у пня (*на месте валки*)

cutting ~ система рубок

cut-to-length ~ система машин для заготовки сортиментов; технология с заготовкой сортиментов в лесу

digester circulating ~ система циркуляции в варочном котле

direct-flow ~ прямоточная система

dot-bar ~ система записи чисел точками и тире (*при перечёте*)

dot-dash tally ~ система записи чисел в перечётной ведомости точками и тире

double-skyline ~ подвесная канатная установка с двумя несущими канатами

dual dry bulb ~ психрометр с двойным сухим термометром

Dunham ~ канатная установка с тягово-несущим канатом

exhaust ~ 1. вытяжная [отсасывающая] система 2. стружкоотсасывающее устройство

extraction ~ система заготовки; система заготовки и транспортировки (*деревьев, пней*)

fairlead roller ~ роликовая обойма (*на тракторе для пропуска тягового каната*)

falling block ~ канатная установка с использованием опускающегося грузоподъёмного блока

feed roll centering ~ устройство для центрирования чурака (*в процессе подачи к лущильному станку*)

film overlay laminating-and-embossing ~ линия ламинирования плёнкой и тиснения (*щитов*); линия каширования и тиснения

flash-drying ~ система скоростной сушки

flyer ~ канатная установка с гравитационной кареткой; гравитационная канатная установка

forestry site preparation ~ система машин для подготовки площадей к лесовозобновлению

full-tree ~ заготовка деревьев; технология с заготовкой деревьев

full-tree chipping ~ 1. технология с переработкой деревьев в щепу (*на лесосеке*) 2. система машин для заготовки и переработки деревьев в щепу (*на лесосеке*)

gaspe ~ *кан.* система освоения крутых горных склонов с геометрически правильным расположением дорог *или* диагональным расположением волоков

grapple yarding ~ канатная трелёвочная установка с захватом (*вместо чокеров*)

gravity ~ гравитационная канатная установка (*для спуска древесины с гор*)

ground lead yarding ~ канатная система для трелёвки волоком

groundwood sorting ~ система сортировки брёвен перед переработкой в древесную массу

group (-selection) ~ 1. система группово-выборочных рубок 2. выборочно-лесосечная форма хозяйства

guyline ~ система погрузки с помощью захватов, подвешенных к растяжке трелёвочной мачты

harvesting ~ 1. система лесосечных [лесозаготовительных] машин 2. система лесозаготовок

high forest ~ высокоствольное хозяйство

high-forest-with-reserves ~ среднее хозяйство с воспитанием семенных [резервных] деревьев

high-forest-with-standards ~ среднее

хозяйство с оставлением семенных деревьев-маяков
high-lead ~ полуподвесная канатная трелёвочная установка
high-lead rigged balloon ~ аэростатная трелёвочная установка (*с креплением аэростата к обойме, соединяющей тяговый, холостой и грузосборный канаты*)
high oxygen pulping enclosed ~ закрытая система кислородно-щёлочной варки (*целлюлозы*)
high pressure relief ~ сдувочная система высокого давления
high-wire ~ подвесная канатная установка
hoist yarding ~ подвесная канатная установка с грузоподъёмным барабаном на каретке
hot acid ~ система горячей регенерации
hot alkali refining ~ система горячего размола в щёлочной среде
H-shaped skyline ~ подвесная канатная установка с несущим канатом, подвешенным к двум опорным канатам
hydraulic double dogging ~ гидравлическая прижимная система двойной ширины (*шпонострогального станка, одновременно обрабатывающего два ванчеса*)
inverted skyline rigged balloon ~ аэростатная трелёвочная установка с обратным несущим канатом (*поддерживаемым снизу блоком каретки, прикреплённой к аэростату*)
inwoods dipping ~ система заготовки щепы на лесосеке
irregular shelterwood ~ 1. система неравномерных семеннолесосечных рубок 2. баденское [швейцарское] семеннолесосечное хозяйство
Jacques Cartier ~ *кан.* система освоения пологих неустойчивых горных склонов (*без специальной подготовки волоков бульдозером*)
Kumamoto ~ подвесная канатная установка Кумамото (*с опускающимся грузоподъёмным блоком и проходящим через него замкнутым натяжным полиспастом*)

system

lateral root ~ поверхностная корневая система
Lawson skyline yarding-and-loading ~ трелёвочно-погрузочная система Лаусона
layout ~ система сортировки без специальных площадок с укладкой разгружаемой древесины в сплошной ряд
Lidgerwood ~ канатная трелёвочная установка с несущим канатом, специальной кареткой и лебёдкой со сблокированными барабанами
Malayan Uniform ~ одноприёмные лесовосстановительные рубки
material handling and processing ~ система перемещения и обработки материалов
mechanical feedback ~ система механического отвода массы
merry-go-round ~ карусельная система
milk-of-lime ~ *цел.-бум.* известково-молочный способ поглощения
modular display ~ модульный складной выставочный стенд
monocable ~ канатная установка с замкнутым канатом
moving cable ~ гравитационная канатная установка с замкнутым удерживающим канатом
multispan ~ многопролётная канатная установка
North Bend skyline ~ канатная трелёвочная установка Норс Бенд (*с неподвижным несущим канатом и кареткой, на которой закреплён тяговый канат со скользящим по нему блоком с прицепными приспособлениями, подаваемыми к месту прицепки груза холостым канатом*)
one-endless cable ~ установка с тягово-несущим и тяговым канатом
one-tower ~ *цел.-бум.* однобашенный метод
on-line ~ неавтономная система
open stand ~ хозяйство на световой прирост
pallet recovery ~ *пл.* система многократного использования поддонов
panel ~ филёнчатая конструкция (*напр. двери*)

system

panel cut-up ~ установка для форматного раскроя плит
pendulum swing yarding ~ трелёвочная система с неподвижным аэростатом и подвесным канатом, совершающим маятниковое движение (*между местом прицепки и отцепки груза*)
pollard ~ безвершинное [кобловое] хозяйство
pulpwood harvesting ~ 1. система машин для заготовки балансов 2. заготовка балансов
rack ~ система (трелёвочных) волоков
recovery ~ регенерационная система
rectangular ~ **of surveys** система организации прямоугольной квартальной сети (*при лесоустройстве*)
return line drying ~ система возвратной сушки
RF heating ~s оборудование для высокочастотного нагрева
roller nip ~ подача с помощью прижимных роликов
running skyline ~ канатная установка с тягово-несущим канатом
saguency ~ *кан.* система освоения горных склонов с геометрически неправильным расположением дорог (*с прокладкой дорог поперёк склона у его основания, вдоль длинных склонов*)
sawdust baling ~ система упаковки древесных отходов
scanning ~ сканирующая система
screening ~ система сортировки (*щепы*)
scub (skyline) ~ установка с опускаемым несущим канатом (*с помощью оттягивающего каната*)
seed-tree ~ система семеннолесосечных рубок
selection ~ 1. система выборочных рубок; выборочные рубки 2. выборочное хозяйство
Sheaham rope ~ *цел.-бум.* система заправочных канатиков
sheltered regeneration ~ система постепенных рубок
shelterwood ~ 1. система семеннолесосечных рубок 2. семеннолесосечное хозяйство
shelterwood compartment ~ система равномерных постепенных рубок по кварталам
short-rotation coppice ~ безвершинное [подсечное] хозяйство (*система рубок в порослевых насаждениях с коротким оборотом рубки*)
shortwood ~ система заготовок сортиментов; технология с заготовкой сортиментов
shortwood-at-the-stump ~ система заготовок сортиментов у пня
shotgun ~ гравитационная канатная трелёвочная установка (*с гравитационной кареткой*)
silvicultural ~ семеннолесосечная форма хозяйства
simple coppice ~ низкоствольное хозяйство
single-span ~ однопролётная канатная установка
skidder minispar cable ~ канатная трелёвочная установка с невысокой инвентарной мачтой
skyline ~ подвесная канатная трелёвочная установка
slackline ~ установка с опускающимся несущим канатом (*один конец которого намотан на барабан лебёдки*)
small-scale mechanical harvesting ~ 1. система лёгких лесосечных машин 2. система лесозаготовок с применением лёгких лесосечных машин
smallwood (harvesting) ~ система машин для заготовки тонкомерного леса
snaking logging ~ система лесозаготовок с наземной трелёвкой; установка для трелёвки волоком
"snow-fall" ~ оборудование для формирования настилов мягкой мебели (*с подачей волокна по принципу «падающего снега»*)
South Bend ~ канатная трелёвочная установка Саус Бенд (*у которой тяговой канат крепится к скользящему по нему подвижному блоку после огибания блока на каретке*)
spray-type recovery ~ регенерационная установка скрубберного типа
sprout ~ лесосечное низкоствольное хозяйство
stall ~ стеллаж

table

standing skyline ~ канатная установка с неподвижным (*закреплённым по концам*) несущим канатом
stock mixing ~ система для смешения массы
strip-and-group ~ система каёмчато-выборочных лесосечных рубок
strip-cutting ~ система сплошнолесосечных полосных рубок
strip-ridging ~ способ частичной обработки (*почвы*)
strip selection ~ система каёмчато-выборочных лесосечных рубок
stump-root ~ пень с корневой системой
swing ~ канатная установка для вторичной трелёвки (*перемещение к лесовозной дороге предварительно подтрелёванной и складированной древесины*)
tension skidding ~ установка с тягово-несущим канатом
thinnings extraction ~ установка для трелёвки тонкомера при рубках ухода
three-line running skyline ~ канатная установка с тягово-несущим и натяжным (*открывающим захват*) канатами
tightline ~ канатная установка с неподвижным (*закреплённым по концам*) несущим канатом
tow-endless cable ~ подвесная установка с несущим и двумя тяговыми замкнутыми канатами
tower ~ мачтовая установка (*для канатной трелёвки*)
tower acid ~ башенная система приготовления кислоты
tower reclaiming ~ башенная регенерационная система
transportation ~ транспортная система; сеть магистральных дорог
tree-length ~ система заготовок хлыстов; технология с заготовкой хлыстов
tributary ~ сеть вспомогательных дорог (*усов, веток*)
trim conveying ~ система передачи обрезков с машины в бассейн для брака
turpentine recovery ~ система регенерации скипидара

two-rotation coppice ~ система выборочной рубки порослевого насаждения за два оборота
Tyler ~ канатная установка Тайлера (*с несущим канатом и отдельными канатами для подъёма груза и перемещения каретки с грузом и без него*)
uniform ~ система равномерных рубок (*напр. постепенных*)
uniform strip ~ система ширококаёмчатой рубки
web break safety ~ система предохранения бумажного полотна от обрыва
wedge ~ система клиновидно-лесосечных рубок
wheeled ~ система заготовок на базе колёсных тракторов; система колёсных машин
whole-tree ~ система заготовок деревьев; технология с заготовкой деревьев
whole-tree-chipping ~ технология с переработкой деревьев в щепу (*на лесосеке*); система машин для заготовки и переработки деревьев в щепу (*на лесосеке*)

T

table 1. стол ‖ настольный 2. станина, доска; плоская поверхность; пластина 3. таблица
~ of basal areas таблица площадей поперечного сечения
artists ~ складной столик (*для работы художника*)
assortment ~ таблица сортиментов
bordering ~ сверлильно-копировальный станок
bracket ~ столик с выступающей крышкой в виде кронштейна
butterfly ~ стол с откидной крышкой, стол с двумя откидными крышками (*колониальный стиль, США*)
circular transfer ~ поворотный стол (*станка*)

table

clap ~ стол с откидной крышкой, раздвижной стол
claw ~ небольшой столик на трёх опорах в виде когтистых лап
colonnade ~ стол с опорой в виде нескольких колонок (*колониальный стиль*)
commode ~ консольный столик с мраморной крышкой (*стиль мебели братьев Адам*)
compass ~ круглый стол
console ~ пристенный *или* консольный столик
cupboard ~ многоугольная тумба, многоугольная подставка
davenport ~ небольшой письменный стильный стол
delivery ~ стол для съёма; приёмный стол
d-end ~ овальный стол
double gate-leg ~ стол с двумя парами выдвижных ножек (*каждая пара имеет нижнюю и верхнюю поперечные перекладины*)
draw (leaf) ~ стол с раздвижной доской
edge ~ стол обрезного станка
end ~ приставной столик
felling ~ ведомость рубок
filing ~ верстак, тиски
fire danger ~ шкала пожарной опасности
flap-and-elbow ~ стол с откидной крышкой, опирающейся на кронштейн
flaring legs ~ стол с расходящимися книзу ножками
form class volume ~ массовая [объёмная] таблица, учитывающая видовые числа
forming ~ сеточный стол
gate-leg ~ стол с раздвижной крышкой на ножках
gipsy ~ круглый столик на трёх ножках
hunt ~ небольшой столик с секционной раскладной крышкой
inspection ~ сортировочный стол
international 1/4 inch volume ~ международная таблица определения объёма пиломатериалов, характеризующихся припуском в одну четверть дюйма на пропил

laying-up ~ стол (*станка*) для раскладывания материалов *или* изделий (для удобства обработки *или* транспортировки)
lengthening ~ выдвижной стол
local volume ~ местная массовая таблица
log volume ~ таблица объёма брёвен
multiple-entry volume ~ таблица объёмов, измеряемых по нескольким показателям
multiple yield ~ таблица роста (*насаждений*) с учётом двух и более приёмов рубок ухода
normal yield ~ таблица роста нормальных насаждений
occasional ~ небольшой столик универсального назначения для гостиной; низкий столик
outfeed ~ приёмный стол (*станка*)
outturn ~ массовая [объёмная] таблица; таблица объёмов
"pie crust" ~ круглый столик с крышкой, отделанный рельефом; круглый столик с крышкой в виде корочки пирога
pier ~ пристенный столик; подзеркальный столик
portfolio ~ столик с наклоняющейся крышкой для демонстрации рисунков
pouch ~ рабочий столик для рукоделия
pulp ~ приёмный стол (*папочной машины*)
regional volume ~ местная массовая таблица
rise lift ~ подъёмник, погрузчик; подъёмный стол
rudd's ~ старинный туалетный стол многоцелевого назначения (*с выдвижными ящиками, ёмкостями, зеркалом; Англия, XVIII в.*)
sand ~ цел.-бум. песочница
sawlog ~ таблица объёмов пиловочника
Scribner ~ таблица Скрибнера (*официальная таблица Лесной службы США, для определения объёмов брёвен*)
sideboard ~ стол-сервант
single-entry volume ~ таблица объё-

мов, измеряемых по одному показателю
slatted ~ реечный стол
sliding ~ подвижная каретка
sowing ~ таблица норм высева
stand ~ таблица распределения насаждений по ступеням толщины
stand ~ for conifers таблица распределения преобладающей части хвойного насаждения по ступеням толщины
standard volume ~ стандартная таблица объёмов
stand volume ~ таблица объёмов стволов насаждений
surveyor's ~ 1. мензула 2. съёмочный планшет
taper ~ таблица сбега
tariff ~ таблица лесной таксы (попённой платы)
thinning ~ таблица норм разреживания насаждений
three position delivery ~ трёхпозиционный подающий стол (кромкофуговального станка)
tilt top ~ стол с наклоняющейся крышкой
tilt top ticking cutting ~ станок для разрезания обивочной ткани с наклоняющимся столом
tote ~ цельноформованный станок из пластика
tray frame ~ раздвижной обеденный стол с направляющими в форме ласточкина хвоста
trestle ~ стол с опорной рамой в виде козел
tripod ~ стол с тремя ножками (обычно чайный стол или стол для закусок)
two-tier ~ сервировочный двухъярусный столик
variable density yield ~ таблица роста насаждений различной полноты
volume [volumetric] ~ массовая [объёмная] таблица; таблица объёмов
wire ~ сеточный стол
yield ~ таблица роста насаждений
tablet дощечка, пластинка, плитка
tablet-top стул или кресло, верхняя часть спинки которого представляет собой сплошной щиток (*Англия, XVIII — XIX в.в.*)
tabulation 1. составление таблицы, сведение в таблицу 2. классификация (*данных*)
tack 1. гвоздь, малый гвоздь с широкой шляпкой ‖ прикреплять гвоздём 2. липкость, клейкость
rag ~ скрепка [гвоздик] для крепления коврового настила
upholstery ~ обойный гвоздик, обойная скобка
tack-claw гвоздодёр
tacker 1. пресс для склейки реечного щита 2. скобкозабивной пистолет
headless pin ~ гвоздезабивной пистолет для забивки шпилек
tackifier агент, придающий липкость
tackle 1. (подъёмный) блок; полиспаст, система канатов и блоков 2. гарнитура (*размалывающих машин*)
beater ~ гарнитура ролла
heel ~ полиспаст для натяжения несущего каната
knife ~ ножевая гарнитура
tackling монтаж (*оснастка*) канатной установки
tacky клейкий, липкий
tag 1. метка 2. ярлык, этикетка, бирка
taiga тайга
tail 1. хвост, хвостовик; концевая [задняя] часть ‖ хвостовой, задний 2. заправочная полоска (*бумажного полотна*) 3. *австрал.* медленно передвигающаяся кромка пожара ◇ to ~ down подкатывать брёвна по слегам (*к месту погрузки*)
swallow ~ шип ласточкин хвост
tailer:
machine ~ рабочий на приёмке выходящего из станка материала
tailhold 1. дальний конец несущего [тягово несущего] каната; крепление дальнего конца несущего каната ‖ закреплять несущий канат в конце делянки 2. тыловая мачта, тыловая опора
mobile ~ 1. передвижной механизм для крепления канатов, устанавливаемый в конце делянки 2. передвижная тыловая мачта
tailing 1. срыв бумаги 2. *pl* отходы, отбросы

tailoring

tailoring раскрой (*шпона или ткани*)
tailpiece 1. перо отвала (*плуга*); хвостовик 2. опора (*пень и т.п.*) для крепления дальнего конца каната (*при канатной трелёвке*)
tailpress перо отвала (*плуга*); хвостовик
tailstock 1. задняя [упорная, центрирующая] бабка (*токарного станка*) 2. упор (*на моторной цепной пиле*); натяжное устройство
taint 1. подкраска, цвет, колорит, оттенок ‖ подкрашивать 2. порча ‖ портить 3. пропитывать
tainted подгнивший, подпорченный (*о дереве*)
take захват ‖ захватить, захватывать ◇ ~ **the girth** перечёт деревьев; **to ~ off** 1. отбирать 2. отгонять 3. снимать (*напр. заусенцы*) 4. зачищать; **to ~ roots** пускать корни; приниматься, приживаться; **to ~ up** компенсировать (*неровности*)
takedown демонтаж (*напр. канатной установки*)
takeoff 1. отвод, съезд; привязка новой дороги к существующей 2. съём, отбор
 sheet ~ съём листа
taker приёмное приспособление
talkie-tooter устройство для подачи звукового сигнала (*на лесозаготовках*)
tall высокий, высокорослый
tallboy небольшой комод, установленный на широком основании
tally 1. перечёт деревьев ‖ делать перечёт; считать, учитывать; вести учёт, подсчитывать 2. бирка, марка, квитанция, номер 3. смена (*рабочих*)
tallyman учётчик (*ведущий запись данных по учёту лесоматериалов*)
talus 1. осыпь 2. склон естественной осыпи
tambour выдвижная (*тамбурная*) дверка ‖ выдвижной
tan 1. дубильное корьё ‖ дубить 2. рыжевато-коричневый
tang лапка (*сверла*); хвостовик (*инструмента*)

tangle 1. густая заросль 2. запутывать(ся) (*о канатах*)
tank 1. бак, чан; цистерна 2. водохранилище 3. отсек баржи (*заполняемый водой для наклона при саморазгрузке*)
 additional acid ~ вторичная кислотная ванна (*пергаментировальной машины*)
 agitated ~ гаситель с мешалкой
 beater ~ ванна ролла
 blending ~ смесительный бак, смесительный чан
 blow ~ сцежа; выдувной резервуар
 brine storage ~ сборник солевого раствора
 broke storage ~ чан для хранения брака
 charging ~ расходный бак
 chemical ash ~ чан для выщелачивания золы
 clarifier ~ осветлительный бак
 conical settling ~ конический отстойник
 day ~ расходный бак
 dipping ~ бак для окунания
 drainer [draining] ~ сцежа (*для тряпичной полумассы*)
 dregs mixing ~ чан для перемешивания отстоя
 dump ~ сборный бак; чан для выпуска массы
 evaporator ~ выпарной бак
 flash ~ расширительный циклон; испаритель для снижения давления
 fluidizing ~ *меб.* резервуар для псевдоожиженного покрытия
 foam ~ пеносборник
 fortified acid storage ~ бак для укреплённой кислоты
 fuel ~ топливный бак
 hollander ~ ванна ролла
 hot-melt ~ резервуар для клея-расплава
 "hour-glass" blow ~ выдувной резервуар в форме песочных часов
 leaching ~ чан для выщелачивания
 lime staking ~ чан для гашения извести
 melting ~ бак для плавки серы
 paper mill storage ~ сборный массный чан бумажной фабрики
 receiving ~ выдувной резервуар

retention ~ бак для гидратации
rosin cooking ~ клееварный котёл
salt cake make-up mixing ~ смесительный бак для добавляемого сульфата натрия
seal ~ 1. чан с затвором, чан с изолирующим слоем 2. барометрический ящик
separating ~ отстойник
skim ~ 1. мылоотделительный бак 2. пеноотделитель
slaking ~ чан для гашения извести
sludge digestion ~ метантанк
smelt dissolving ~ растворитель (*бак для растворения плава*)
soap skimming ~ мылоотделительный бак
steam-stripping ~ отпарной бак
stock ~ массный чан
surge ~ 1. бак для подкислённой смеси 2. расходный резервуар (*для мыла и солевого раствора*) 3. *цел.-бум.* буферный бак; сборный бак; уравнительная башня
tall oil storage ~ сборник таллового масла
tile ~ чан, облицованный керамической плиткой
vertical skim ~ вертикальный пеноотделитель
white water distributing head ~ распределительный напорный бак для оборотной воды

tanker 1. танкер 2. цистерна (*напр. пожарная*) 3. автоцистерна

tannin танин, дубильная кислота
purified ~ облагороженный танин

tap 1. задвижка 2. спускная труба; кран 3. макулатура 4. подсочка ‖ проводить подсочку

tape 1. лента, тесьма ‖ обматывать лентой 2. мерная лента ‖ измерять (лентой) ◊ **to ~ over bark** измерять кубатуру лесоматериала с корой
adhesive glassine ~ гуммированная лента из пергамина
coated chart paper ~ металлописная бумажная лента
diameter ~ мерная лента для измерения диаметра
edge-bending ~ лента для облицовывания кромок
engineer's ~ металлическая мерная лента длиной 150 м
fast-drying gum ~ лента с быстросохнущим клеевым покрытием
filament-reinforced gummed ~ гуммированная лента с наружным *или* внутренним слоем из волокон
fusible ~ клеящаяся лента (*для упрочнения кромок шпона*)
gummed veneer ~ двухсторонняя гуммированная лента
house ~ (перфорированная) лента с программой по сборке щитовых домиков
leading-through ~ канатик для заправки бумаги (*в сушильной части бумагоделательной машины*)
packing ~ уплотняющая лента
patch ~ бумажная лента для крепления вставок шпона (*при починке*)
pressure sensitive ~ самоприклеивающаяся лента
pressure sensitive mounting ~ лента, приклеивающаяся под давлением; лента, чувствительная к давлению
punched ~ перфорированная лента
quarter-girth ~ мерная лента для измерения окружности ствола
sealing ~ гуммированная бумажная лента
soluble veneer ~ лента для ребросклеивания шпона, очищаемая растворителем
splicing ~ лента для ребросклеивания (*шпона*)
ticker ~ бумага для телеграфных лент
tufting ~ тесьма для простёжки
veneer ~ лента для ребросклеивания шпона

tapeless бэзленточный

taper сужение, конусность ‖ суживать
slim ~ постепенный переход (*при обработке на токарном станке*)
stem ~ сбег ствола

tapered сбежистый (*о стволе*)

tapering 1. сужение, придание клиновидной формы, заострение ‖ суженный; уменьшающийся 2. сбежистый; имеющий быстрый сбег диаметра к вершине

taperingness сбежистость (*ствола*)

447

tapestry

tapestry обивка стен материей; занавески
taping 1. измерение мерной лентой 2. оклеивание (*ребра корпусного изделия*) усиливающей лентой (*при способе производства «грувфолдинг»*); оклейка (*торцов шпона*) бумажной лентой
tapping 1. подсочка 2. подсечка, надрез 3. ответвление, отвод 4. отбор воды
  resin ~ 1. подсочка леса 2. осмолоподсочка
tar смола; дёготь ‖ смолить; покрывать дёгтем
  birch bark ~ дёготь берестовый, берёзовый
  boiled ~ обезвоженный дёготь
  dehydrated ~ обезвоженная пиролизная смола
  sedimentation ~ отстойная смола
  settled ~ отстойная пиролизная смола
tare тара; масса упаковки
target отражательный щит для массы (*в сцеже*)
tarnishing нанесение антикоррозийного покрытия
tarring смоление, осмолка
tarsia интарсия, цветная деревянная мозаика
tax:
  deterrent ~ налог за загрязнение окружающей среды
  forest ~ лесная такса; попённая плата
  pollution ~ налог за загрязнение окружающей среды
taxator таксатор
taxonomy таксономия, систематика (*растений, животных, микроорганизмов*)
team бригада
  forest (working) ~ лесозаготовительная бригада; бригада, работающая в лесу
teamwork бригадная работа; совместная работа
tear 1. разрыв, разрывание ‖ раздирать, разрывать 2. сопротивление (*бумаги*) раздиранию *или* разрыву 3. место надрыва 4. изнашиваться ◇ to ~ **up in planning** вырывать (*волокно*) при строгании

board ~ задир картона
paper flute ~ разрыв гофры бумаги
tear-out 1. вырыв 2. *pl* куски бумаги, вырываемые из бумажного полотна (*для испытания*) ◇ ~ **the grain** вырыв волокон
teased чёсаный (*об обивочном материале*)
technique техника, технология, умение; технический приём; способ, метод, методика
  bioassay ~ биологический метод
  conversion ~ техника и технология реконструкции насаждений
  direct spreading ~ способ прямого напыления (*в отделке мебели*)
  felling ~ приёмы валки; технология валки
  flow-line ~ технология поточного производства
  harvesting ~ лесозаготовительная техника, методы ведения лесозаготовок; технология лесозаготовок; технология лесосечных работ
  lay-up ~ способ наслоения, способ ламинирования
  shrinking ~ способ упаковки (*мебели*) в усадочную плёнку
technology:
  environmentally approrpriate ~ экологически приемлемая технология
  forest ~ лесная технология
  logging ~ технология лесозаготовок
  nonwaste ~ безотходная технология
  plywood production ~ технология производства фанеры
  pulp and paper production ~ технология производства целлюлозы и бумаги
  sizing ~ технология проклейки
  wood ~ древесиноведение
  wood-based panel ~ технология производства древесных плит
  woodworking ~ технология деревообработки
teeth зубья (*см. тж* tooth) ◇ ~ **with side set** разведённые зубья
  altrenating bevel ~ зубья с попеременной косой заточкой
  chain ~ зубья (пильной) цепи
tegmen *бот.* покров; оболочка (*семени*)
telegraph (through) проступать, выступать

448

пать (*на поверхности плёнки или какого-л. облицовочного слоя*)
teleianthous обоеполый (*о цветках*)
telemetering измерение расстояний дальномером
telescope складывать; раздвигать ‖ складной, выдвижной, раздвижной
teller 1. *англ.* отборные специальные деревья, оставляемые при рубке (*в порослевом насаждении с одним оборотом*); подрост, оставляемый при сводке леса **2.** счётчик бумаги (*в паккамере*)
telling of trees перечёт деревьев
tempering закалка, термическая обработка (*плит*)
template 1. шаблон, калибр, модель, лекало **2.** вырезка (*из бумаги или картона*)
 mitre ~ угольник
 turning ~ шаблон для токарной работы
temporary временный, сезонный
tenacious 1. вязкий, тягучий, клейкий **2.** прочный
tenacity 1. вязкость, тягучесть, клейкость **2.** прочность **3.** живучесть, стойкость
tenar креневая древесина, крень
tend ухаживать (*за древостоем*)
tender 1. *амер.* механик, оператор **2.** *цел.-бум.* сеточник. основной рабочий при машине **3.** тонкий, нежный, слабый
 back ~ сушильщик
 block ~ чокеровщик, сопровождающий трелюемую пачку брёвен
 chain ~ рабочий на трелёвке, погрузке брёвен на сани или передки
 drum ~ окорщик, оператор окорочного барабана
 hook ~ бригадир бригады, обслуживающей канатную установку
 machine ~ сеточник
 rotary furnace ~ содовщик
 screen ~ сортировщик
 slide ~ рабочий на ремонте лесоспуска
 wet machine ~ *цел.-бум.* папочник
tenderizer:
 veneer ~ устройство для снятия напряжений в фанере и шпоне
tenderizing: ◇ ~ **the veneer strips** на-

грев полос шпона (*для последующего ребросклеивания клеевой нитью*)
tending уход (*за древостоем с момента посадки до рубки*)
 ~ **of ihdividual trees** уход за отдельными деревьями
 ~ **of plantations** агротехнический уход за лесными культурами
 landscape ~ ландшафтные рубки ухода; ландшафтная архитектура
 young growth ~ рубки ухода в молодняках
tenon шип ‖ соединять на шипах ◇ ~ **with bevel(ed) shoulder** шип со скошенным плечиком
 barefaced ~ прямоугольное соединение на шипах
 box(ed) ~ прямой шип угловой стойки; ящичный прямой шип
 dovetail ~ шип ласточкин хвост; клинообразный шип
 false ~ вкладной шип (*напр. для сплачивания паркетных дощечек*)
 fox wedged ~ шиповой замок с расклинкой
 hammerhead ~ тавровый шип
 haunched ~ скошенный шип (*закрепляемый клиньями*)
 housed ~ глухой шип; шип, вставленный в гнездо
 inserted ~ вкладной шип (*напр. для сплачивания паркетных дощечек*)
 lapped ~**s** соединение из двух шипов внахлёстку
 loose ~ вкладной шип (*напр. для сплачивания паркетных дощечек*)
 mitred ~ сквозной шип для соединения на ус
 notched ~ двойной сквозной шип
 obtuse-angled box ~ ящичный шип, имеющий тупоугольную форму в сечении
 pinned ~ круглый шип, шкант
 plug ~ потайной прямоугольный шип
 right-angled box ~ ящичный шип с выбранной четвертью
 saddle ~ шип строительной врубки
 shouldered ~ зубчатый шип
 spur ~ потайной прямоугольный шип
 stud ~ шип обвязки
 teaze ~ клиновой шип (*для угловых соединений*)
 tusk ~ шип с уступом, шип с зубом

tenon

   wedged ~ типовой замок с расклинкой
tenon-and-mortise шип и гнездо
tenoned соединённый шипом
tenoner шипорезный станок
   double-end ~ двухсторонний шипорезный станок
   four-spindle single-end ~ четырёхшпиндельный односторонний шипорезный станок
   single-end ~ односторонний шипорезный станок
tenoning соединение на шипах
tension 1. натяжение, растяжение; растягивающее усилие 2. упругость, давление 3. правка пилы
   ~ of saw натяжение пильного полотна пилы
tensioner натяжное приспособление
   skyline ~ устройство для натяжения несущего каната
tenter сушилка
tenure 1. владение 2. владелец 3. срок владения
   timber ~ лесовладение
term период, срок
   delivery ~s условия поставки
terminal 1. конец, предел 2. конечный пункт, конечная станция 3. тыловая мачта 4. главный побег
   logging ~ прижелезнодорожный нижний склад
   roadside ~ погрузочная площадка, верхний склад
ternate тройчатый
ternatopinnate *бот.* триждыперистый
terpene терпен
terpinolene терпинолен
terra alba сульфат кальция (*наполнитель для бумаги*)
terrain местность
   easy ~ ровная местность; местность с хорошими грунтовыми условиями
   gentle ~ местность с умеренным рельефом; слабохолмистая местность
   gently rolling ~ слегка холмистая местность
   harsh ~ резкопересечённая *или* труднопроходимая местность
   mountainous ~ горная местность
   rolling ~ пересечённая местность
   rugged ~ труднопроходимая пересечённая местность
   steep ~ пересечённая местность; горная местность
   tough ~ резкопересечённая местность; местность с тяжёлыми грунтовыми условиями
   undulating ~ холмистая местность
   winch-skidding ~ местность, пригодная для трелёвки только лебёдками (*из-за препятствий или крутых склонов*)
terylene терилен (*полиэтилентерефталатное волокно в качестве обивочного материала*)
tessellated мозаичный, клетчатый; в шахматную клетку
tessellation наборная работа, мозаика
test 1. проба, тест, опыт, испытание, исследование, анализ ‖ исследовать, проверять, опробовать 2. реакция реактив 4. критерий 5. образец для испытания ◊ ~ for squareness испытание на прямоугольность (*плит*)
   ~ of homogeneity проверка однородности *или* гомогенности
   ~ of significance критерий достоверности (*различий*)
   abruption ~ испытание на разрыв
   absorption ~ испытание на поглощение; испытание на насыщение
   accelerated weathering ~ ускоренное испытание на воздействие атмосферных условий
   acidity-alkalinity ~ проба на кислотность и щёлочность
   actual service ~ испытание в условиях эксплуатации
   agar/block ~ испытание устойчивости древесины к заражению дереворазрушающими грибами
   ball ~ испытание на твёрдость (*лаковых покрытий*) по Бринеллю
   bench ~ испытания на станке *или* стенде
   bending ~ испытание на изгиб
   bleeding ~ 1. определение пробивания пигмента через лакокрасочную плёнку 2. испытание (*бумаги*) на выгораемость окраски
   breakdown ~ испытание на разрушение; испытание на пробивное напряжение (*бумаги*)
   bubble ~ испытание (*жиронепроницаемых бумаг*) на пузыри

test

buckling ~ испытание на продольный изгиб
bursting ~ испытание на продавливание; определение прочности на прорыв
cady ~ испытание на сопротивление продавливанию
chimney ~ испытание на теплостойкость (*кромочного материала*)
cold soaking ~ испытание погружением в холодную воду
compression debarking ~ испытание давлением на отделение коры от древесной щепы
compression shear ~ испытание на срез с помощью сжатия (*для ДСП*)
curl ~ 1. испытание на скручиваемость (*бумаги*) 2. метод свёртывания (*для определения степени проклейки*)
Dennison wax ~ проба на выщипываемость покрытия по Деннисону
digester "blow" ~ конечный анализ варочного щёлока
digester "blow down" ~ анализ варочного щёлока в период снижения давления в конце варки
digester "on-side" ~ анализ варочной кислоты перед боковой сдувкой
drop ~ 1. ударное испытание; испытание на падение 2. капельный анализ
evaluation ~ испытание для оценки качества; оценка качества
factorial ~ производственное испытание; испытание в производственных условиях
fatigue ~ испытание на усталость
feathering ~ испытание на растекаемость чернил
field ~ полевое испытание; испытание в рабочих условиях
filter paper ~ капельная реакция
finger-nail ~ испытание на царапание ногтем (*отделочного покрытия*)
flip ~ испытание (*фанеры*) на прочность склейки углов
foam ~ испытание на вспенивание (*клейстера для зажигательной массы*)
germination ~ проверка [определение] всхожести (*семян*)

grading ~ гранулометрический анализ; определение гранулометрического состава (*почвы*)
hydrogen ~ определение реакции (*почвы*); определение pH (*почвы*)
impact ~ испытание на ударопрочность; определение ударной вязкости
indent ~ испытание (*лакокрасочного покрытия*) на твёрдость вдавливанием
mounting ~ испытание (*бумаги*) на всасывающую способность
mullen ~ испытание (*бумаги*) на сопротивление продавливанию
mycological ~ испытание (*фанеры*) на расслаивание
nonbeating ~ исходная прочность волокнистого неразмолотого полуфабриката
notch pull ~ испытание запиленного бруска на растяжение
official ~ приёмочное испытание; государственное испытание
particle-size ~ гранулометрический анализ; определение гранулометрического состава (*почвы*)
peel strength ~ испытание на прочность к отдиранию [к отслаиванию] (*покрытия*)
pendulum-impact ~ испытание (*тары*) на удар при раскачивании
performance ~ 1. эксплуатационное испытание 2. испытание на прочность (*мебели*)
pop ~ испытание на сопротивление продавливанию
probe-tack ~ испытание на липкость
progeny ~ определение посевных качеств семян
punching ~ испытание на сопротивление штампованию
rough handling ~ испытание в тяжёлых условиях эксплуатации; испытание на нагрузку в тяжёлых условиях
routine ~ текущий контроль; типовое испытание
rub ~ испытание (*лакокрасочного покрытия*) на истирание
scrape ~ испытание (*лакокрасочного покрытия*) на прочность адгезии с помощью цикли
scuff ~ испытание (*бумаги*) на истираемость

test

seedling ~ 1. определение всхожести семян 2. опыт с проростками
sieve ~ ситовый анализ
silver tarnish ~ испытание (*бумаги*) на тусклость
size ~ 1. гранулометрический анализ; определение гранулометрического состава (*почвы*) 2. определение степени проклейки
smear ~ испытание мазком (*на жиронепроницаемость*)
splint-cutting ~ испытание на рубку спичечной соломки; проба рубки спичечной соломки
splitting ~ испытание на раскалываемость (*дерева*)
strength ~ испытание на прочность
tear ~ испытание на раздир; испытание на сопротивление надрыву *или* раздиранию
wear(ing) ~ испытание на износ
testa *бот.* теста, семенная кожура
tester 1. прибор для испытания 2. зонд, щуп 3. лаборант, испытатель
air resistance ~ измеритель воздухопроницаемости (*бумаги*)
beater ~ прибор для испытания крепости (*волокнистого материала*) путём размола
beating ~ прибор для измерения степени помола
Bekk smoothness ~ пневматический измеритель гладкости (*бумаги*)
bending stiffness ~ измеритель жёсткости (*бумаги*) при изгибе
blotting paper ~ измеритель относительной впитываемости бюварной бумаги
board puncture ~ прибор для испытания картона на прокол
capillary ~ измеритель капиллярной впитываемости (*бумаги*)
chapman smoothness ~ фотоэлектрический измеритель гладкости (*бумаги*)
Cobb sizing ~ измеритель впитываемости (*бумаги*) при одностороннем смачивании
curl sizing ~ измеритель скручиваемости (*бумаги*) при одностороннем смачивании
expansion ~ измеритель линейной деформации (*бумаги*)

fatigue ~ прибор для испытания на усталость
flour ~ прибор для определения мелочи
fluff ~ измеритель пыления (*бумаги*)
folding ~ измеритель сопротивления излому, фальцер
formation ~ измеритель качества формования (*бумаги*)
freeness ~ измеритель степени помола (*бумажной массы*)
galvanic sizing ~ кондуктометрический измеритель влагопроницаемости (*бумаги*)
grease-resistance ~ измеритель жиронепроницаемости (*бумаги*)
initial folding ~ прибор для испытания (*картона*) на надлом
mullen (burst) ~ прибор для испытания (*бумаги*) на продавливание
permeability ~ прибор для испытания проницаемости (*бумаги*)
pick ~ прибор для испытания (*бумаги*) на выщипываемость
plunger ~ прибор для испытания на сопротивление продавливанию
porosity ~ измеритель пористости (*бумаги*)
Potts ~ прибор для испытания воздухопроницаемости (*бумаги*)
probe-tack ~ прибор для определения липкости
puncture strength ~ прибор для испытания на прокол
sedimentation ~ прибор для испытания осаждаемости
sheet-former dewatering force ~ прибор для испытания дегидратационной способности бумагоделательной машины
size [sizing] ~ прибор для определения степени проклейки
smoothness ~ измеритель гладкости; прибор для определения гладкости (*бумаги*)
stretch ~ измеритель растяжимости (*бумаги*)
tearing ~ прибор для испытания (*бумаги*) на раздирание
water penetration ~ измеритель влагопроницаемости (*бумаги*)
testliner целлюлозно-макулатурная бу-

мага (для наружных слоёв гофрированного картона)
texture 1. текстура, строение, структура (напр. древесины) 2. ткань 3. гранулометрический состав (почвы) 4. характеристика деталей аэроснимка
~ of grain текстура волокон; текстурный рисунок (древесины)
cellular ~ строение клетки
coarse ~ 1. текстура (древесины) с крупными элементами (сосудами, годичными кольцами) 2. грубый механический состав (почвы) 3. широкослойная древесина 4. крупный текстурный рисунок 5. грубая ткань
damascened ~ меб. дамасковая [вплетённая, арабесковая] структура
even ~ текстура, равномерная по окраске и рисунку; равнослойная текстура (с малой разницей между летней и осенней древесиной)
fine ~ 1. текстура (древесины) с мелкими элементами (сосудами, годичными кольцами) 2. тонкая структура; тяжёлый механический состав (почвы) 3. мелкослойная древесина 4. мелкий текстурный рисунок 5. тонкая ткань
heavy ~ тонкая структура; тяжёлый механический состав (почвы)
open ~ 1. грубый механический состав (почвы) 2. широкослойная древесина
wood-like ~ текстура, имитирующая древесину
textured текстурированный, тиснёный
thatch солома; тростник (для закрытия почвы)
theory:
~ of alternation of species теория смены пород
~ of forest management 1. теория ведения лесного хозяйства; теория управления лесами; учение о лесе 2. теория лесоустройства
~ of forest mensuration теория лесной таксации
thermal-fused термореактивный (о слоисто-бумажных пластиках, смоле)
thermophyte термофит, теплолюбивое растение
thermoplastic:
sandwich moulded ~ термопластик, изготовленный формованием способом «сандвич»
thermosets термореактивные смолы
thermosetting термореактивный
therophyllous листопадный
therophyte терофит, однолетник, однолетнее растение
thick 1. частый, густой 2. толстый, мощный
thicken сгущать, сгущаться, загустевать
thickener сгуститель ◇ ~ with couch roll сгуститель с прессовым валиком; ~ with doctor шаберный сгуститель
belt ~ фильтр-сгуститель
thickening 1. сгущение (массы) 2. утолщение, утолщённая часть 3. смыкание крон (деревьев)
~ of groundwood screenings сгущение отходов сортирования древесной массы
thicket загущённое молодое насаждение; чаща, заросль
thickgrowing густорастущий
thickness 1. толщина, мощность (почвы, горизонта) 2. плотность, густота (посева, посадки) 3. слой 4. толщина, диаметр
~ of soil layer мощность слоя почвы
~ of sowing густота посева
cutting ~ ширина пропила
reeling ~ толщина лущёного шпона
round-up ~ толщина продольных обрезанных кусков шпона
thicknesser 1. строгальный станок; фуговальный станок; рейсмусовый станок 2. калибровальный станок; шлифовальный станок
thicknessing калибрование, шлифование, строгание по толщине
thicknessing-up подклеивание дополнительного бруска для увеличения толщины детали
thickset густая посадка ‖ густо посаженный
thimble коуш
eyelet ~ кольцевой коуш
thin 1. тонкий, маломощный 2. среднесомкнутый (о древостое) 3. редкий (о посадке) 4. вырубать, прореживать 5. осуществлять рубки ухода
thin-crowned с изреженной кроной

thinner

thinner 1. прореживатель 2. разжижитель, разбавитель, растворитель
  forest ~s тонкомер; тонкомерные балансы; тонкомерный лес
thinning 1. прореживание; проходные рубки; рубки ухода, рубки промежуточного пользования 2. *pl* лесоматериалы, заготовленные при рубках ухода 3. раскрой по толщине 4. разбавление, растворение, разжижение ◊ **~ between strip roads** рубки, при которых деревья вырубаются выборочно между волоков; **~ from above** верховой способ рубок ухода; **~ from below** низовой способ рубок ухода; **~ to waste** нерентабельные рубки ухода
  advance ~ проходная рубка
  cable ~ рубки ухода с применением канатной установки
  commercial ~ промышленные [коммерческие] рубки ухода
  corridor ~ коридорные рубки ухода (*в пределах заданной ширины, или одного или нескольких рядов в искусственных насаждениях*)
  crop-tree ~ верховой способ рубок ухода
  crown ~ верховой способ рубок ухода
  early ~ прочистки, ранние рубки ухода
  extraction ~ *новозел.* промышленные [коммерческие] рубки ухода
  final ~ окончательные рубки ухода (*с заготовкой более крупных деревьев*); сплошные рубки
  first ~ 1. первый приём промежуточных рубок 2. *pl* тонкомерные деревья, заготовленные первым прореживанием
  free ~ *уст.* рубки простора (*разновидность проходных рубок*)
  heavy ~ интенсивные рубки ухода; интенсивное прореживание
  heavy low ~ интенсивное низовое прореживание
  high ~ верховой способ рубок ухода; верховое прореживание
  increment ~ проходные рубки
  late ~ проходные рубки
  leavetree ~ прореживание по всему насаждению; сплошное прореживание
  light ~ низкоинтенсивные рубки ухода
  line ~ линейный способ рубок ухода
  low ~ низовой способ рубок ухода; низовое прореживание
  manual ~ немеханизированные рубки ухода
  mechanical ~ механизированные рубки ухода; механическое прореживание; механический отбор деревьев при рубках ухода
  middle ~ среднее прореживание; промежуточные рубки средней интенсивности
  moderate ~ умеренное прореживание; промежуточные рубки умеренной интенсивности
  natural ~ естественное прореживание; самоизреживание леса
  noncommercial ~ непромышленные [некоммерческие] рубки ухода
  nonproductive ~ непромышленные [некоммерческие] рубки ухода
  ordinary ~ низовой способ рубок ухода; низовое прореживание
  precommercial ~ предпромышленные рубки ухода; прореживание без сбыта продукции
  row ~ линейный способ рубок ухода (*рядами*)
  salvage ~ рубки сухостойных и других повреждённых деревьев
  second ~ второй приём промежуточных рубок
  second-growth ~s мелкие деревья от рубок ухода
  selection ~ выборочное прореживание (*по способу Боргреве*)
  shelterwood ~ семеннолесосечные выборочные рубки
  space ~ равномерное изреживание насаждения
  stick ~ (механическое) прореживание по шаблону (*для определения минимального расстояния между стволами*)
  strip ~ ленточные [полосные] рубки ухода; узколесосечные рубки ухода
  strip-with-selection ~ рубки ухода со сплошной рубкой на волоках и выборочной между ними

strong ~ интенсивные промежуточные рубки
tree ~ *см.* thinning 1.
thiolignin сульфатный лигнин
throlas *см.* thole
thole штифт; деревянный нагель; кол
thorn 1. шип, колючка; игла (*дерева*) 2. боярышник (*Crataegus*)
thowl *см.* thole
thrash отпыливать (*тряпьё*)
thrasher 1. дрешер (*для отпыловки тряпья*) 2. вращающееся било (*для очистки мокрых сукон*)
  rag ~ дрешер, волк-машина
thrashing дрешеровка (*предварительная отпыловка*)
thrawn покоробленный, изогнутый
thread 1. нить 2. резьба, нарезка
  adhesive ~ клеевая нить (*для ребросклейки шпона*)
  machine ruler ~ нитка для линовальной машины
  wadding ~ дополнительная нить основы ткани (*для упрочнения, увеличения веса или плотности*)
  zigzag glue ~ клеевая нить для ребросклеивания шпона по зигзагу
threading заправка бумаги
threading-in врезание
three-merous трёхчленный (*о цветке*)
thresher *см.* thrasher
threshold 1. порог, предел 2. порог (*двери*); вход 3. наружный подоконник; нижний горизонтальный брус (*коробки окна*); обвязка, шпала, поперечина
  protective ~ защитный порог, порог токсичности (*веществ, предохраняющих древесину от поражения*)
throat 1. горловина (*напр. варочного котла*); шейка, пазуха, проход 2. впадина (*пилы*) 3. начало канатной петли (*место схождения прядей канатной петли*) 4. *новозел.* подпил, подруб 5. сток, жёлоб, вырез
through-and-through продольная распиловка (*бревна*)
through-drying сушка продувкой горячим воздухом
throughfall сквозные промывочные осадки, проникающие сквозь полог леса

throw 1. валка (*леса*) 2. ход (*поршня*) 3. размах, радиус 4. среднее расстояние (*эффективной обработки растений пестицидами*)
throwaway одноразового пользования (*о таре, упаковке*)
throw-backs отдача пилы
throwing валка леса
throwouts отбракованные листы (*бумаги*)
thurming точение заготовок квадратного сечения
thus баррас
thyrsoid пирамидально-метельчатовидный
tick 1. чехол (*матрица*) 2. тик (*материал*) 3. метка, зарубка ‖ делать метки, отмечать
ticket:
  wood ~ лесорубочный билет
ticking ткани (*для обивки*)
tickler-jordan рафинирующая коническая мельница, рафинёр
tide 1. прилив и отлив 2. поток, течение; направление
tie 1. шпала; поперечина; связь; перекладина, лежень 2. затяжка, анкер 3. привязка ‖ привязывать (*на местности*)
  angle ~ угловая связь; угловое скрепление
  boxed heart ~ цельноядровая шпала
  collar ~ бугель
  composite ~ составная шпала
  cross ~ шпала; поперечина
  cull ~ бракованная шпала (*не отвечающая техническим условиям*)
  doty ~ заражённая шпала (*грибком*)
  hack ~ тёсаная шпала
  half moon ~ пластинная шпала
  half-round ~ пластинная шпала
  halved ~ бруско́во-пластинная шпала
  heart-and-back ~ шпала с сердцевиной на одной из узких сторон
  hewed ~ обтёсанная шпала
  joint ~ стыковая шпала; стыковая накладка; стыковая поперечина
  pole ~ пластинная шпала
  quartered ~ четвертная шпала
  squared ~ брусковая шпала
  substitute ~ шпала особого вида; подсобная шпала

tie

switch ~ переводной брус
tapped ~ шпала из подсоченного лесоматериала
two-face(d) ~ пластинная шпала
wane ~ шпала с обзолом
tieback 1. крепление опорных пней к дополнительным пням (*при монтаже канатных установок*) 2. привязка дальнего конца (*несущего каната*)
tie-bar стяжка; соединительный стержень; поперечина
tie-coat связующее [промежуточное] покрытие
tier 1. ряд, штабель, слой 2. бухта (*каната*)
~ of logs ряд брёвен
bunk ~ первый ряд (*брёвен*), укладываемый на коники тягача и прицепа
tiffany шёлковый газ, флёр (*для отделки деревянной поверхности под старину*)
tightener натяжной ролик; натяжное устройство
tight-lining *амер.* подъём трелюемого груза над препятствиями натяжением возвратного каната
tile 1. плитка (*кафельная*) 2. трубка
~ of wood гонт
tiller 1. побег, росток, отросток (*от корня*) ‖ выбрасывать побеги, давать ростки; прорастать, куститься 2. почвообрабатывающее орудие 3. почвенная фреза 4. карабин (*пилорамы*) 5. рукоятка, ручка
disk ~ дисковый культиватор
tillering кущение, ветвление (*травянистых видов*)
tiltdozer тилтдозер, бульдозер с вертикальным наклоном полотна
timber 1. лес на корню, древостой, насаждение 2. деловые лесоматериалы; древесина, лесоматериал; брёвна, доски, пиломатериалы 3. строить из лесных материалов 4. плотничать, столярничать ◊ ~ brought колотый лесоматериал; ~ for masts мачтовый лесоматериал; мачтовые брёвна; ~ in the rough сырой [необработанный] лесоматериал; to season ~ выдерживать лесоматериалы; to stack the ~ укладывать лесоматериалы в штабель, штабелевать лесоматериалы
autumn ~ осенняя [поздняя] древесина
back ~ крепь, поддерживающая кровлю
bled ~ 1. хвойные деревья, подвергшиеся подсочке 2. лесоматериал, заготовленный из подсоченного леса
blue ~ хвойные лесоматериалы, поражённые синевой
bolt ~ пиловочник
box ~ тарный лесоматериал, тарный кряж
branch ~ 1. сучья, ветви 2. сучковатая древесина 3. древесина сучьев
bright ~ пиломатериалы натурального цвета (*не подверженные окраскам*)
building ~ строительные лесоматериалы; строительные брёвна
burnt ~ горельник
burred ~ породы деревьев, дающие корневую поросль
cabinet ~ столярные [мебельные] лесоматериалы
cant ~ кант, четырёхгранный деревянный брус
carcassing ~ элементы деревянной каркасной конструкции
carpentry ~ поделочная древесина
case ~ тарный лесоматериал, тарный кряж
chain ~s пиломатериалы для укрепления тонких стен *или* перегородок
clean [clear] ~ пиломатериалы высшего качества; бессучковые [чистые] пиломатериалы
clearing ~ тонкомерные лесоматериалы (*получаемые при расчистке трасс, просек*)
cleaving ~ колотые лесоматериалы
cleft ~ колотые лесоматериалы
coach ~ лесоматериалы для столярных кузовных работ
coarse-ringed ~ широкослойная древесина
colliery ~ шахтный лесоматериал
comb grain ~ пиломатериал радиального распила

timber

commercial ~ промышленные [коммерческие] лесоматериалы
coniferous ~ лесоматериалы хвойных пород
construction ~ строительные лесоматериалы; строительные брёвна
converted ~ распиленный лесоматериал; пиломатериал
crooked ~ кривоствольный лес; искривлённый лесоматериал (*полученный из деревьев с искривлёнными стволами*)
cross ~ косяк, импост (*оконной рамы*)
dam ~ шандорная балка
dark coniferous ~ темнохвойный лес
debenture ~ импортируемая рудничная стойка
dense ~ плотная древесина
dimension ~ 1. мерное дерево; сортовой лес 2. стандартный лесоматериал; лесоматериал стандартного размера 3. толстомерный лесоматериал
down ~ валежник, поваленный лес
dressed ~ строганые пиломатериалы
dull-edged ~ брусья с обзолом
edge-grain ~ пиломатериалы радиального распила
factory ~ поделочная древесина
fallen ~ валежник, поваленный лес
flat grain ~ пиломатериалы тангентального распила
flat-sawn ~ пиломатериалы тангентального распила
float ~ сплошной лесоматериал
flooring ~s половые балки; пиломатериалы, идущие на изготовление полов
framing ~ 1. каркасные лесоматериалы 2. элементы деревянной каркасной конструкции
green ~ 1. растущий лес 2. свежераспиленные пиломатериалы
guide ~ строительные леса с направляющими рельсами для тележек
half ~ лафет (*полученный путём продольной распиловки бруса пополам*)
hedgerow ~ перелесок
hewed [hewn] ~ тёсаные лесоматериалы; строганые пиломатериалы
high grade ~ высокосортные лесоматериалы
high standing ~ высокоствольный лес
immature ~ неспелый древостой
joggled ~ неправильно отёсанное бревно (*с разным по длине поперечным сечением*)
knee ~ косослойная [свилеватая] древесина
large ~ крупномерный лес; крупномерные лесоматериалы
long ~ длинномерные лесоматериалы
long-tailed ~ длинное бревно; долготьё, хлыст
mast ~ мачтовый лесоматериал, мачтовые брёвна
mature ~ спелый древостой
mine [mining] ~ шахтный [рудничный] лесоматериал; рудничная стойка
offal ~ отбросы древесины
old-growth ~ перестойный лес, перестойное насаждение
over-seasoned ~ перестойное *или* гниющее на корню дерево
packing-case ~ тарный лесоматериал, тарный кряж
plain-sawn ~ 1. пиломатериалы тангентального распила 2. пиломатериалы, раскроенные развально-сегментным методом
planed ~ строганые пиломатериалы
plank ~ пиловочник, пиломатериалы
primary ~(s) высокосортная древесина
quartered ~ пиломатериалы радиального распила
quarter-sawn ~ 1. пиломатериалы радиального распила 2. пиломатериалы, раскроенные развально-сегментным методом
rectangular ~ брус
regular-sized ~ стандартные пиломатериалы
rig ~ лесоматериал для буровых установок
right-of-way ~ лес, растущий на полосе отвода
root ~ корневая древесина; корневой лесоматериал
rotten ~ фаутная древесина
rough ~ необработанные [неокоренные] лесоматериалы
rough-edged ~ брусья с обзолом

timber

round ~ 1. круглые лесоматериалы 2. неподсоченные деревья
saw(n) ~ пилёный лесоматериал, брус
scattered ~ разреженное насаждение
seaboard ~ лесоматериалы, перевозимые морским судном
secondary ~ древесина второстепенного значения (*в отличие от традиционной, применяющейся в производстве мебели*)
sharp-edged ~ острокантный брус
shelly ~ лесоматериал с частичным отлупом
ship(building) ~ судостроительный кряж
slash grain ~ пиломатериалы тангентального распила
slash-sawn ~ пиломатериалы тангентального распила
sluice ~ створный брус; стойка с пазом у шлюзовых ворот
small ~ поделочная древесина
small-dimension ~ тонкомерные лесоматериалы
small-sized ~ тонкомерные лесоматериалы
soft ~ лесоматериалы мягких пород; хвойные лесоматериалы
sole ~ окладной венец, обвязка, лежень; лежень дверного оклада
solid ~ массивная древесина
sound ~ здоровый лес, здоровая древесина
sounding ~ резонансная древесина
squared ~ четырёхкантный брус
square-edged ~ 1. чистообрезные пиломатериалы 2. четырёхкантный брус
square-sawn ~ 1. чистообрезные пиломатериалы 2. четырёхкантный брус
standing ~ лес на корню, древостой, насаждение
stem ~ порослевое дерево
straight ~ прямоствольный лес; мачтовый лесоматериал
structural ~ строительные лесоматериалы, строительные брёвна
surfaced ~ строганые пиломатериалы
treated ~ консервированная древесина; древесина, обработанная пропиткой

trunk ~ стволовая [плотная] древесина
turning ~ токарный лесоматериал
unbarked ~ неокоренные лесоматериалы
unedged ~ необрезные пиломатериалы
usable ~ товарная древесина
vertical grain ~ пиломатериалы радиального распила
waney-edged ~ необрезные пиломатериалы
wave growth ~ свилеватая древесина
whole ~ квадратный брус толщиной 30,5 см
windfall ~ ветровал, поваленный ветром лес
windthrown ~ ветровал, поваленный ветром лес
wrot ~ *см.* wrought timber
wrought ~ строганые пиломатериалы
timberbind свилеватость
timbering 1. лесоматериалы 2. плотничество, столярничество 3. деревянная конструкция, ростверк
timberland лесной участок; лесная площадь
timberline граница леса; граница лесосеки
timberman 1. лесопромышленник 2. рабочий в лесу
timberwood строительные лесоматериалы, строительные брёвна
time 1. время, срок ‖ определять *или* устанавливать время 2. темп
choke ~ время чокеровки (*прищепки груза*)
drop ~ время опускания груза (*при погрузке*)
exessive inventory ~ время простоя машины (*из-за задержки в уборке древесины на последующей операции*)
grab ~ время захвата груза (*при погрузке*)
hauling ~ время грузового хода; время рейса в грузовом направлении
hook up ~ время прицепки (*прищепа*)
inhaul ~ время грузового хода
insufficient inventory ~ время простоя машины из-за недостатка сырья
inturn ~ время грузового хода

tire

nonproductive ~ непроизводительное время (*часть сменного времени, когда машина не работает по организационным причинам*)
no work ~ время простоя машины (*при ожидании завершения работы других машин в системе*)
outhaul ~ время холостого хода
outturn ~ время холостого хода
positioning ~ время на установку (*автомобиля, прицепа, вагона*) под погрузку
reposition ~ время на перестановку (*погрузчика, автомобиля*)
return ~ время холостого хода; время порожнего рейса
setting ~ время отстаивания
setup ~ время на монтаж (*канатной установки*); установочное [наладочное] время
steaming ~ время пропарки
swing ~ время перемещения груза (*поворотом крана при погрузке*)
terminal ~ время нахождения на погрузочной площадке склада (*напр. трактора*); время на погрузку или разгрузку
transfer ~ время на перемонтаж (*канатной установки*)
turnaround ~ время полного рейса (*с грузом и порожняком*); затраты времени на рейс
turn unhook ~ время отцепки груза (*пачки лесоматериалов*)
unavoidable delay ~ неизбежные простои; время на неизбежные простои
unchoke ~ время отцепки груза; время снятия чокеров
underway ~ время в пути
unhooking ~ время отцепки (*прицепа*)
unproductive ~ нерабочее [непродуктивное] время
waiting ~ время простоя по организационным причинам
walking ~ время на переходы (*напр. в лесу*)
wetting ~ продолжительность смачивания
working ~ рабочее время; время, отводимое для выполнения данной работы (*включая установленные перерывы на отдых*)
timing хронометраж; затраты времени
detailed ~ 1. поэлементный хронометраж; поэлементные затраты времени 2. ведомость [таблица] с поэлементными затратами времени
tincture оттенок, примесь (*цвета*)
tinder сухое гнилое дерево, трут
tine 1. зубец, остриё; зуб (*вилочного захвата*); челюсть (*захвата*) 2. зажимный рычаг (*коника*) 3. черенковый нож; палец 4. стойка (*культиватора*); культиваторная лапа
tint цвет, оттенок, преобладающий тон, колорит || оттенять, слегка раскрашивать
mechanical ~s дешёвая тонкая бумага ярких цветов
tinting подкраска, подцветка
paper ~ грунтование бумаги
tintometer колориметр
tip 1. верхушка (*дерева*) || срезать верхушку 2. тонкий конец (*бревна*) 3. головка (*спички*) 4. насадка (*режущего инструмента*); наконечник, тонкий конец, остриё 5. наклонять, опрокидывать, вываливать 6. откидной, опрокидывающийся, наклоняющийся ◇ to side ~ наклоняться, опрокидываться набок; to ~ up поставить вертикально; поставить на торец; приподнять одну сторону
hard ~ твердосплавная насадка
mine ~ шахтный [угольный] отвал (*для облесения*)
safety ~s информация по технике безопасности
tipburn солнечный ожог листьев
tipper вагонетка с опрокидывающимся кузовом
tipping опрокидывание || опрокидывающий(ся), наклоняющий(ся)
tipple опрокидывающее устройство (*напр. для передачи ленты шпона*); вращающийся опрокидыватель (*для выгрузки угля из вагонетки*)
tire *амер.* шина, пневматическое колесо || надевать шину
forestry ~ шина для лесных машин
high-cleated ~ шина с высокими рельефными грунтозацепами

tire

high flotation ~ шина высокой проходимости
low ground pressure ~ шина с низким удельным давлением на грунт
skidder ~ трелёвочная шина; шина трелёвочного трактора
water boggy ~ болотоходная шина
wide-base single ~ широкопрофильная односкатная шина
"tirfor" *проф.* механизм для натяжения и опускания несущего каната
tissue 1. тонкая бумага 2. ткань (*растения*)
  carbon(izing) ~ основа для копировальных бумаг
  cellular ~ клеточная ткань (*древесины*)
  cleansing ~ 1. мягкая крепированная туалетная бумага 2. бумага для носовых платков
  conjunctive ~ соединительная ткань; паренхимные тяжи (*флоэмной паренхимы*)
  creping ~ тонкая бумага для крепирования
  envelope lining ~ тонкая бумага для внутренней оклейки конвертов
  excelsior ~ бумажная шерсть (*упаковочный материал*)
  external protective ~ пробковый слой (*растения*); покровная ткань
  fibro-vascular ~ проводящая [сосудистая] ткань
  formative ~ *бот.* меристема
  fruit ~ фруктовая бумага (*для упаковки*)
  goldbeater's ~ тонкая упаковочная бумага для ювелирных изделий
  grass-bleached ~ тонкая бумага белого цвета без содержания химикатов (*для упаковки металлических изделий*)
  hankie ~ бумага для носовых платков
  lens ~ обёрточная бумага для линз и оптических стёкол
  lignified ~ лигнифицированная [одревесневшая] ткань; лигноцеллюлоза
  napkin ~ салфеточная бумага
  national ~ бумага для флагов
  sanitary ~ тонкая гигиеническая бумага
  serviette ~ тонкая салфеточная бумага
  sheathing ~ клеточная оболочка (*мембрана*)
  soap ~ мыльная бумага, обёртка для мыла
  soft ~ запасающая ткань; паренхима (*древесины*)
  splicing ~ тонкая бумага для склейки
  storage ~ запасающая ткань; паренхима (*древесины*)
  strengthening ~ механическая ткань (*растений*)
  technical ~ тонкая техническая бумага
  transfusion ~ проводящая ткань
  vascular ~ проводящая [сосудистая] ткань
  water-storage ~ водоносная ткань
  woody ~ древесное волокно
titer титр
titrate 1. титровать 2. титруемый раствор
titration титрование
toad грузовой автомобиль
tod 1. куча, вязанка 2. густой кустарник; куст
toe 1. палец; пята; подпятник 2. передняя часть основания устоя *или* подпорной стенки 3. основание (*берега*) 4. нижняя часть (*притворной планки двери*) 5. передний конец (*железка рубанка*)
  braganza ~ ножка (*мебели*) в виде завитка
  spare ~ небольшой выступ в нижней части ножки (*стула*)
toggle коленчатый рычаг, костыль
toiler:
  gang ~ рабочий у лесорамы (*принимающий выходящие доски*)
tolerance 1. допуск, допускаемое отклонение; предел, зазор 2. толерантность, устойчивость, выносливость
  ◇ ~s on sawn sizes допуски в лесопилении
  ~ of forest trees выживаемость древесных пород; устойчивость лесных культур
  length ~ допуск по длине
  skillet ~ допуск размеров заготовки спичечной коробки
  thickness ~ допуск по толщине
  understory ~ выживаемость нижнего яруса (*насаждения*)

width ~ допуск по ширине
tolerant выносливый (*о древесной породе*) ◇ ~ to drought засухоустойчивый
tombstone отщеп от поваленного дерева (*остающийся на пне*)
tomentous *бот.* опушённый; покрытый пушком; пушистый; войлочный
ton тонна; мера объёма лесоматериалов ◇ ~s registered *см.* register ton
~ of plywood мера объёма фанеры, равная 1,2 м³
air dry (metric) ~ тонна воздушно-сухой массы, тонна воздушно-сухого материала
cubic ~ кубическая тонна
displacement ~ водоизмещение в тоннах
freight ~ фрахтовая тонна (*1,12 м³*)
green ~s of chipped wood масса зелёной щепы в тоннах
green ~(s) of wood масса свежесрубленной древесины в тоннах
gross ~ длинная тонна (*1016 кг*)
long ~ длинная английская тонна (*1016 кг*)
metric ~ метрическая тонна (*1000 кг*)
register ~ регистровая тонна (*2,83 м³*)
shipping ~ объём (*древесины*), равный 1,26 м³
short ~ короткая тонна (*907,2 кг*)
tone 1. тон, оттенок 2. тональность аэроплёнки (*от чёрного до белого цвета*) ◇ to ~ down 1. смягчать 2. завуалировать (*текстурный рисунок*)
colonial ~ оттенок (*мебели*) в колониальном американском стиле (*глубокий красно-коричневый оттенок*)
dull ~ *меб.* приглушённый [тусклый] тон
toner топирующий состав (*при отделке древесины*)
tong 1. *pl* клещевой захват 2. перемещать с помощью клещевого захвата; захватывать клещевым захватом 3. клещи, щипцы 4. дышло повозки 5. шип, гребень
A-~s клещевой захват с горизонтальным расположением приводного гидроцилиндра

tool

C-~s клещевой захват с вертикальным расположением приводного гидроцилиндра и треугольным передаточным механизмом
drawbar ~s трелёвочный захват, закрепляемый на тяговом крюке трактора
grapple ~s захват грейфера
skidding ~s трелёвочный клещевой захват
toggle-lever ~s клещевой захват с коленчатыми рычагами
tonger прицепщик, чокеровщик
tongrapple захват с тросово-рычажным управлением
tongue 1. язычок, шип, выступ, гребень 2. дышло (*повозки*) 3. направляющая [рабочая] планка; брусок, рейка (*в шпунтовом соединении*) 4. сплотка в шпунт ‖ сплачивать (*доски*) в шпунт 5. головка топорища ◇ to ~ planks шпунтовать доски
barefaced ~ шип для прямоугольного соединения
dovetail key ~ гребень ласточкин хвост
feather ~ шип, шпонка
joint ~ шип, шпонка
lamb's ~ брусок оконного переплёта S-образного профиля
loose ~ вставной шип
splayed ~ скошенный шип
tongue-and-groove шпунт и гребень
tongue-and-lip открытый прямой шип
tool 1. (ручной) инструмент; резец; штамп; станок 2. оснащать (*станок*) инструментами
abrading ~s заточные инструменты типа рашпилей *или* напильников
barking ~ короснематель; окорочный нож
bark-peeling ~ окорочный инструмент
carbide-tipped punching ~ штамповочный инструмент с твердосплавными насадками (*для вырубки и отрезания заготовок спичечных коробок*)
cooperage ~ бондарный инструмент
council ~ пожарный топор, кирка-топор
cutting ~ 1. режущий инструмент 2. резец

tool

depth gauge ~ инструмент для измерения высоты ограничителя подачи
edge ~s режущие инструменты
electric limbing ~ электромоторная сучкорезка
felling ~ валочный инструмент
floating ~ сплавной инструмент
gasoline limbing ~ бензомоторная сучкорезка
hand tensioning ~ инструмент для ручной стяжки обвязочных полос
laminate splicing ~ устройство для сращивания [для соединения, для стяжки] слоёв пластика
layout ~ измерительный инструмент (*для столярных работ*)
limbing ~ сучкорезка
looping ~ инструмент для петлевания (*мягкой мебели*)
male ~ штамп
mould ~ пресс-форма
parting ~ трёхгранное долото
planer ~ строгальный резец
power-driven ~ приводной инструмент, электроинструмент
Pulaski ~ инструмент Пуласки (*комбинация топора с мотыгой для сооружения противопожарных полос*)
punching ~ штанцевальный нож
rich ~ пожарный топор, кирка-топор
roundnose ~ закруглённый [галтельный] резец
saw-setting ~ инструмент для разводки (*зубьев пилы*)
scraping ~ 1. инструмент для снятия стружки, цикля 2. токарный резец
sizing ~ резец для разметки глубины проточки (*деталей*)
slotter ~ долбёжный резец
V-parting ~ трёхгранное долото
woodshop ~ деревообрабатывающий инструмент

tooled 1. обработанный (*инструментом*) 2. налаженный (*о станке*)
tooling 1. обработка ручным способом 2. совокупность инструментов 3. наладка станка 4. простая резьба с помощью долота *или* стамески
toolmaker инструментальщик
toolman 1. слесарь-инструментальщик 2. пилоправ
tooth 1. зуб пилы (*пильной цепи*); зубец, кулак ‖ нарезать зубцы 2. *бот.* зубец 3. культиваторная лапа 4. зуб, гребок (*колчеданной печи*) 5. шероховатая поверхность (*бумаги*)

bevelled ~ зуб (*пилы*) с косой заточкой
briar [brier] ~ волчий [серповидный] зуб (*пилы*)
cast ~ литой зубец
chip breaker ~ стружколоматель
chipper ~ подрезающий зуб (*пильной цепи*)
chisel-type ~ долотообразный зуб (*пильной цепи*)
fleam [fleme] ~ узкий ланцетовидный зуб (*пилы*)
insert(ed) ~ вставной зуб (*пилы*)
lance ~ узкий ланцетовидный зуб (*пилы*)
milled ~ фрезерованный зуб
old woman's ~ *проф.* фреза для пазов *или* канавок; фрезерный станок для древесины; инструмент с выступающим резцом *или* зубом; грундгубель
parrot ~ серповидный зуб (*пилы*)
peg ~ узкий ланцетовидный зуб (*пилы*); зуб симметричного треугольного профиля (*у пил для поперечной распиловки*)
ripsaw ~ зуб для пилы продольной распиловки
saw ~ зуб пилы, пильный зуб
side dresser ~ скалывающий зуб (*пильной цепи*)
solid ~ зуб пилы, выполненный заодно с её полотном
stabbing ~ подрезной зуб
straight ~ зуб (*пилы*) с прямой заточкой
swage (set) ~ плющеный зуб (*пилы*)

toothed зубчатый
toothing нарезка зубьев
top 1. вершина, верхушка, верхняя часть (*напр. дерева*) ‖ отрезать верхнюю часть 2. крышка (*стола, шкафа*) 3. *pl* надземная масса (*растения*) 4. поверхность бумаги со стороны сукна 5. покрытие 6. головка (*бумажного блока*) ◇ **to ~ off** обрезать вершину (*дерева*)

~ of bole 1. верхушка кроны 2. верхний *или* тонкий конец бревна

tower

~ of canopy верх полога (*насаждения*)
~ of tooth вершина зуба; режущая грань зуба
black ~ 1. погибшее дерево (*в результате нападения насекомых*) 2. битумное покрытие
bordered ~ крышка (*стола*), окантованная декоративным шпоном *или* пластиком
bushy ~ верхушка кроны (*дерева*)
counter ~ крышка прилавка
cupped ~ закруглённая выемка (*в спинке мягкого кресла*)
envelope ~ откидная крышка стола *или* шкафчика из четырёх частей в форме конверта
inclining desk ~ наклонная крышка (*письменного стола*)
marquetry ~ крышка (*стола*), украшенная мозаикой
pear ~ верхняя перекладина (*спинки стула*) с двумя грушевидными закруглениями (*Англия, II пол. XIX в.*)
platform ~ пружинный матрац с тонкими металлическими лентами, образующими опору
suction box ~ *цел.-бум.* крышка сосуна, крышка отсасывающего ящика
wing ~ выдвижная *или* раскладная крышка (*стола*)
top-and-lop вершина и сучья
topcoat верхнее покрытие (*лака*)
top-drying суховершинный (*о дереве*)
topiary 1. формовочная обрезка [стрижка] крон древесных растений 2. сад с подстриженными деревьями
top-kill суховершинный (*о дереве*)
top-liner покровный слой крафтлайнера
topmost самый верхний, наивысший
topped 1. усечённый; со срезанной вершиной 2. покрытый; с верхом (*напр. о фургоне*)
topper 1. рабочий на обрезке вершин 2. устройство для обрезки вершин (*у деревьев, хлыстов*)
topping 1. срезание [обрезка] вершины дерева 2. заточка фасок зубьев (*пилы вручную напильником*)
topple 1. валить, опрокидывать 2. укладывать (*срезаемые деревья*)

topsoil перегнойно-аккумулятивный [гумусовый] горизонт почвы
topwood круглые лесоматериалы из вершинной части деревьев, вершинник; древесина вершин деревьев
torch 1. сосна ладанная (*Pinus taeda*) 2. горелка
backfire ~ *амер.* зажигательный аппарат для отжига при пуске встречного пала
forestry ~ зажигательный аппарат для отжига
torrak пиломатериалы, выпиленные из сухостойного дерева
torrent паводок, бурный поток
debris ~ лавинообразный поток с содержанием грунта и порубочных остатков
torsel 1. шаблон 2. *pl* завитки; витой орнамент
torus 1. торус (*поры в древесине*) 2. ложе, цветоложе; ложе соцветия; общее цветоложе
pit ~ торус поры
tosser:
timber ~ погрузочная стрела
tote 1. рукоятка рубанка *или* фуганка 2. подвозить
toting 1. подвозка, вывозка 2. лесовозный
touchwood 1. гниль древесины (*возбудитель гриб Polyporus squamosus*) 2. берёзовый трут; гнилушка, заменяющая трут
tour время работы одной смены
tow 1. плот, буксируемый судном ǁ буксировать 2. пакля, кудель, очёс; костра ◇ ~ in of tug на буксире
towage 1. буксировка 2. оплата за буксировку
towel полотенце
rolled ~s рулонная бумага для полотенец
towelling материал для салфеток и полотенец
paper ~ салфеточная бумага
tower 1. башня, вышка, опора; *цел.-бум.* турма 2. искусственная передвижная трелёвочная мачта (*стальная, с постоянной оснасткой*); передвижная мачтовая канатная установка

463

tower

absorbing [absorption] ~ поглотительная башня
acid ~ кислотная башня
alkaline extraction ~ башня для щелочной обработки
anchor ~ башня деррик-крана с распорками
anhydrous calcium chloride drying ~ сушильная башня с обезвоженным хлористым кальцием
baffle spray ~ скруббер с отбойными перегородками и орошающими соплами
bubble-type ~ барботажная колонна (*для укрепления кислоты*)
caustic ~ башня щелочения
caustic potash drying ~ сушильная башня с едким калием
chimney (water) cooling ~ закрытая градирня с естественной тягой
chlorination ~ башня хлорирования
direction change ~ мачта для изменения направления несущего каната
down-flow ~ отбельная башня с направлением потока сверху вниз
foam ~ башня для сгущения пены
folding ~ складная [трелёвочная] мачта
high consistency storage ~ бассейн для хранения массы высокой концентрации
high density bleaching ~ башня для отбелки при высокой концентрации массы
hinged steel ~ стальная трелёвочная мачта, закрепляемая на транспортном средстве (*с возможностью перевода из горизонтального в вертикальное положение*); подъёмная стальная мачта
hypochlorite ~ башня гипохлоритной отбелки
integral steel ~ инвентарная стальная мачта
leach ~ башня выщелачивания
limestone ~ кислотная башня с известняком; поглотительная башня
offset ~ тыловая мачта
"over gas" ~ хвостовая регенерационная башня (*для поглощения остаточных газов*)
packed ~ колонна с насадкой
portable (steel) ~ передвижная (стальная) трелёвочная мачта
reaction ~ реакционная башня, башня поглощения
reclaiming ~ регенерационная башня
recovery ~ регенерационная башня
refining ~ башня облагораживания
relief ~ регенерационная башня
retention ~ башня диффузии
running skyline-rigged ~ мачта, оснащённая для трелёвки с помощью тягово-несущего каната
skyline-rigged ~ мачта, оснащённая для подвесной канатной трелёвки
spray ~ 1. скруббер с разбрызгивающим устройством 2. башня, орошаемая разбрызгиваемой жидкостью
stabilization ~ стабилизационная башня; башня для окисления чёрного сульфатного щёлока
stone ~ кислотная башня с известняком; поглотительная башня
stripping ~ отпарная колонна
strong (acid) ~ башня крепкой кислоты
tail gas ~ поглотительная башня для остаточных газов регенерационной установки
tempering ~ башня диффузии
tractor ~ трелёвочная мачта на тракторе; передвижная трелёвочная мачта
upward-flow ~ отбельная башня с направлением потока снизу вверх
washing ~ промывная башня, скруббер
towerman 1. *цел.-бум.* турмовщик 2. пожарный наблюдатель
towing буксирование, буксировка
bag boom ~ кошельный лесосплав
raft ~ буксировка плота
towline буксир; буксирный канат
trabecula трабекула, перекладина (*клетки древесины*)
trace 1. след ‖ следить, прослеживать; намечать, чертить 2. трассировать
bud ~ след почки
fire ~ заградительная полоса
leaf ~ листовой след
tracery 1. сплетение, переплетение (*веток и листвы*) 2. узор, рисунок
blind ~ выпуклая резьба, характерная для готического стиля (*рельеф-*

ный узор вырезается на массивной деревянной поверхности)
trachea сосуд (*древесины*)
tracheal *бот.* сосудистый
tracheid трахеида, сосудовидная клетка
trachenchyma сосудистая ткань
tracing 1. трассировка 2. калькирование; чертёж на кальке; копирование, разметка, нанесение контура 3. запись (*самописца*)
track 1. след 2. колея, путь, трасса 3. звено гусеничной цепи 4. трелёвочный волок 5. направляющая
 avalanche ~ снежный лоток для спуска лесоматериалов
 bear ~s *амер.* следы износа (*отделка мебели под старину*)
 bogie ~ гусеница противоскольжения (*одеваемая на колёса тележки трелёвочного трактора*)
 branch ~ боковой путь, маневровый путь
 caterpillar ~ гусеница, гусеничный конвейер
 countered ~ волок, проложенный поперёк склона *или* огибающий склон
 debris avalanche ~s выемки [следы] от сползания со склона порубочных остатков
 drying ~ транспортёр для сушки (*спичечной соломки*)
 flexible full ~ эластичная гусеница; гусеничная машина с балансирной подвеской
 flight ~ курс полёта (*при аэрофотосъёмке*)
 half ~ полугусеничная машина (*напр. колёсный трактор с надетыми на задние колёса гусеницами*)
 knife edged guide ~s заострённые направляющие (*лесопильной рамы*)
 level ~ 1. горизонтальный волок 2. волок, проложенный поперёк склона
 reel transfer ~ тележка для перевозки рулонов
 ridge ~ магистральный волок, проложенный вдоль склона (*пересекающий волока, проложенные поперёк склона*)
 rigid full ~ гусеничная машина с жёсткой подвеской (*гусеница натянута между ведущей звёздочкой и ленивцем*)
 ropeway ~ трелёвочный волок (*при канатной трелёвке*); просека под несущий канат
 side ~ *амер.* запасной путь; ветка, разъезд
 skidder [skidding] ~ трелёвочный волок
 sliding door ~ направляющая [полозок] задвижной двери
 snig(ging) ~ *австрал.* трелёвочный волок
 spur ~ подъездной путь; тупик; небольшая ветка; ус
 storage ~ запасной путь, складской путь
trackage 1. путь 2. рельсы (*проложенные в цехе*)
tracked гусеничный (*о тракторе*)
tracking 1. набегание (*ленты*) 2. рельсовые пути 3. настил путей 4. слежение, регулирование
trackless безрельсовый; бездорожный
tract участок (*лесной*); лесосека
traction 1. тяга, тяговое усилие 2. сцепление; сила сцепления
 direct ~ перемещение груза трактором
 horse ~ конная тяга; перемещение груза конной тягой
 indirect ~ перемещение груза наматыванием каната на барабан лебёдки
tractive тяговый
tractor 1. трактор 2. тягач
 all-purpose ~ универсальный [общепромышленный] трактор
 articulated-steering ~ трактор с рамным управлением [с шарнирно-сочленённой рамой]
 belt ~ колёсный трактор с одетой на колёса лентой-гусеницей (*резиново-нейлоновой, усиленной канатом*)
 bundling ~ сплоточно-транспортный агрегат
 caterpillar ~ гусеничный трактор
 chokerless skidding ~ трактор для бесчокерной трелёвки
 clamp ~ трелёвочный трактор с манипулятором и зажимным коником (*для бесчокерной трелёвки*)
 crawler (-type) ~ гусеничный трактор
 do-all ~ универсальный [общепромышленный] трактор

tractor

extraction ~ трелёвочный трактор
frame-steered hydrostatic ~ гидростатический трактор с рамным управлением
guyline ~ трактор с лебёдкой, канат которой используется в качестве растяжки; трактор, за который закреплена растяжка
half track ~ полугусеничный тягач
hauling ~ лесовозный тягач
light ~ лёгкий трактор; трактор малой мощности
logging road truck ~ лесовозный автомобиль-тягач
low ground pressure ~ трактор с низким удельным давлением на грунт; специальный гусеничный трактор (*с уширенной гусеницей*)
lumber ~ *амер.* трелёвочный трактор; лесовозный тягач; лесовоз
oscillation axle ~ трактор с качающейся (*поворотной относительно продольной горизонтальной оси*) передней осью
roading ~ трактор для вторичной трелёвки (*осуществляющий трелёвку пакетов из предварительно подтрелёванной древесины по специально подготовленным волокам*)
row-crop ~ пропашной трактор
semibelt ~ колёсный трактор с дополнительными колёсами, соединёнными с задними посредством резиновых лент-гусениц
snigging ~ трелёвочный трактор
terminal ~ тягач для перевалочных складов
truck-~ грузовой автомобиль-тягач (*воспринимающий часть нагрузки от груза и прицепа*); трактор-тягач
trunnion tube ~ трактор с качающейся (*поворотной относительно продольной горизонтальной оси*) передней полурамой
wheel(ed) ~ колёсный трактор
winch (equipped) ~ трактор с лебёдкой; трелёвочный трактор с тросочокерным оборудованием
tractor-mounted монтируемый на тракторе; на базе трактора
trade:
   do-it-yourself ~ выпуск сборно-разборной мебели

timber ~ 1. торговля лесом 2. лесное дело 3. деревообработка
trail 1. волок, тропа 2. груз последовательно связанных брёвен 3. буксирный канат 4. прокладывать путь в лесу [тащить, волочить] 5. трелевать груз последовательно связанных брёвен
rough skid ~ неустроенный [неподготовленный] трелёвочный волок
skid(ding) ~ трелёвочный волок
trailbuilder дорожно-строительная машина
trailer 1. прицеп, трейлер 2. стелющееся растение ◇ ~ tipped sideways прицеп-самосвал с боковым опрокидыванием; ~ with loading skids прицеп с наклонными скатами для погрузки и разгрузки
articulated ~ шарнирно-сочленённый с тягачом прицеп
chip ~ прицеп для перевозки щепы
crawler ~ 1. прицеп на гусеничном ходу 2. прицеп к гусеничному трактору
double-decker ~ двойной (лесовозный) прицеп (*с четырьмя кониками*)
drop frame ~ низкорамный прицеп
dump ~ прицеп-самосвал
full ~ полный прицеп (*колёса которого воспринимают его собственный вес и вес груза*)
live bottom ~ прицеп с подвижным полом (*для разгрузки щепы, опилок и т.п.*)
logging pole ~ лесовозный прицеп-роспуск
low-bed ~ низкорамный прицеп (*обеспечивающий малую высоту погрузки*)
lowboy ~ низкосидящий прицеп для перевозки тяжёлой техники
pallet ~ прицеп для перевозки лесоматериалов в кассетах
pole ~ прицеп-роспуск
pre-loading ~ прицеп, загружаемый предварительно (*в отсутствие тягача*)
saddle ~ седельный прицеп, полуприцеп
setout ~ сменный прицеп

tandem platform ~ полуприцеп
two-load ~ двухкомплектный автопоезд
trailing 1. трелёвка брёвен, прицепленных друг за другом 2. прокладывание пути; обход 3. стелющийся (*о растении*)
train 1. поезд, состав, транспорт 2. зубчатая передача; трансмиссия 3. обучать, тренировать 4. формировать (*деревья*); направлять (*рост растений*) 5. вывозить (*лес*) поездом
roll ~ рольганг
tractor-trailer ~ тракторный поезд; автопоезд
truck ~ автопоезд
training 1. формирование (*деревьев*) 2. тренировка, обучение
on-the-job ~ обучение на рабочем месте
wind ~ искривление (*ствола и ветвей*) под действием ветра
tram короткая шпала (*применяемая в угольных шахтах*)
tramway временная дорога; круглолежневая лесовозная дорога
wire ~ канатная дорога, канатный лесоспуск
transducer автоматический прибор для измерения температуры сушильных цилиндров
transect *бот.* трансекта
transection поперечный разрез, поперечное сечение (*древесины*)
transfer 1. перенос, передача, перемещение 2. перегрузочная установка ‖ переводить; перегружать (*напр. лесоматериалы с автомобиля на железнодорожную платформу*)
couch vacuum ~ вакуум-пересасывающее устройство
cross ~ 1. поперечная передача 2. поперечный транспортёр (*пильного станка*)
liquor ~ перепуск щёлока
log hauler ~ поперечный лесотранспортёр (*для брёвен*)
lumber ~ поворотный механизм для изменения направления движения досок по потоку
spring unit ~ станок для формирования пружинных блоков
suction ~ пересасывающее устройство (*для передачи бумажного полотна на прессовую часть*)
transfering перегрузка (*напр. лесоматериалов с автомобиля на железнодорожную платформу*)
transformation 1. трансформация, превращение, преобразование 2. трансформирование аэроснимков
transit 1. перевозка 2. проходной ◇ in ~ при перевозке, при транспортировке
transition переход
forest-steppe ~ переход от леса к степи
translocation 1. транслокация 2. передвижение веществ (*в растениях*)
nutrient ~ перераспределение питательных веществ
translucency просвечиваемость, светопроницаемость
translucidity прозрачность
transmittance 1. коэффициент пропускания 2. прозрачность, светопроницаемость
transparency прозрачность, светопроницаемость
paper ~ прозрачность [светопроницаемость] бумаги
transparent прозрачный (*напр. о бумаге*)
glazed ~ лощёная прозрачная обёртка
transpiration транспирация ◇ ~ from vegetation транспирация [испарение] растительностью
cuticular ~ кутикулярная транспирация
stoma ~ устьичная транспирация
stomatal ~ устьичная транспирация
transplant саженец, пересаженное растение ‖ пересаживать
stump ~ *англ.* вегетативный [порослевый] черенок
study ~ здоровый саженец
transplantation трансплантация, пересадка
transplanter:
tree ~ лесопосадочная машина; машина для пересадки деревьёв
transplanting:
forest ~ посадка леса саженцами
transport транспорт, перевозка ‖ транспортировать, перевозить

transport

   ancillary road ~ перевозка груза на собственных автомобилях
   cable ~ канатный (лесо)транспорт; канатная трелёвка
   external forest ~ 1. трелёвка по магистральному волоку 2. трелёвка на большие расстояния
   flexible ~ безрельсовый транспорт
   internal forest ~ 1. внутрилесосечный транспорт 2. трелёвка на короткие расстояния
   inwood ~ внутрилесосечный транспорт
   land ~ наземный транспорт
   long-distance ~ 1. магистральный лесотранспорт 2. трелёвка на большие расстояния
   phloem ~ транспорт [передвижение] по флоэме
   transverse ~ транспорт [передвижение] поперёк оси органа (*растения*)
   wood ~ трелёвка [вывозка] леса
   xylem ~ транспорт [передвижение] на ксилеме
transportation вывозка, перевозка, доставка, транспортирование
   avalanche ~ лесоспуск по снежному лотку
   ditch ~ лесоспуск по земляному лотку
   minor ~ первичный транспорт леса
transporter транспортёр; переместительный механизм
trap 1. ловушка, уловитель, захват ǁ улавливать, захватывать 2. дренажная труба; сифон 3. повозка, вагон
   breaker ~ разбиватель макулатурной массы; цилиндрическая мельница
   button ~ песочница (*в ролле*)
   fiber ~ массная ловушка
   fire ~ 1. ловушка для легковоспламеняемых горючих материалов 2. опасная ситуация для пуска пала
   junk ~ ловушка для посторонних предметов (*в гидроразбивателе*)
   light ~ световая ловушка (*для насекомых*)
   log ~ зажим (*пилы*) при раскряжёвке с неправильным наклоном реза
   pin ~ песочница (*в ролле*)
   pulp ~ ловушка для волокна (*в диффузоре*)
   sand ~ песочница (*в ролле*)
   steam ~ конденсационный горшок
   tar ~ ловушка (пиролизных) смол
trapping захватывание, улавливание
   ink ~ впитывание чернил *или* печатной краски
trash 1. отходы, обрезки; мусор, загрязнения (*волокна*) 2. растительные остатки; *кан.* растительная мульча
travel 1. движение, перемещение ǁ передвигаться, перемещаться 2. ход, подача
   ~ of carriage ход [длина хода] каретки
   ~ of saw ход [длина хода] пилы
   forward ~ of saw подача пилы
traverse 1. перемещение, движение 2. ход; подача (*продольная или поперечная*) 3. поперечина 4. теодолитный ход, теодолитная съёмка
traversing строгание (*широких досок*) в направлении, перпендикулярном к волокнам *или* под углом 45 градусов
travois трелёвочные подсанки (*для трелёвки брёвен в погруженном положении*)
tray 1. жёлоб; поддон, лоток, подставка 2. *цел.-бум.* подсеточная яма
   accumulation ~ карман-накопитель (*сортировочного лесотранспортёра*)
   box ~ внутренняя коробка; внутренняя часть спичечного коробка
   butler's ~ низкий сервировочный столик с секционной крышкой, выполняющей роль подноса
   couching ~ *цел.-бум.* валяльная подставка
   flat ~ поддон (*для прессования древесностружечной плиты*)
   galleried ~ сервировочный столик с ограждением
   heat ~ поднос с подогревом (*для подачи пищи*)
   linen ~ полка для белья
   saveall ~ поддон для подсеточной воды
   seeding ~ неглубокий поддон для выращивания сеянцев
   sliding ~ *меб.* выдвижная полка, выдвижная доска
   sorting ~ карман сортировочного устройства
   tid-bit ~ поднос с ограничителями

tool ~ лоток для инструмента
white-water ~ подсеточный стол; поддон для подсеточной воды
treat 1. обрабатывать; подвергать обработке 2. протравливать (семена) 3. вносить, применять (удобрения, ядохимикаты) 4. пропитывать (древесину)
treated обработанный
treater протравитель (семян)
treatment 1. обработка 2. протравливание (семян) 3. внесение, применение (удобрений, ядохимикатов) 4. пропитка (древесины) 5. меб. обращение, условия эксплуатации
acid ~ кисловка волокнистого полуфабриката
aerial ~ авиационная обработка; авиационное применение (удобрений, ядохимикатов)
alkali ~ облагораживание (целлюлозы); щелочная обработка волокнистого полуфабриката
anaconda ~ фирм. диффузионный метод пропитки (древесины)
anti-shrink ~ противоусадочная обработка (шпона)
biological sewage ~ биологическая очистка сточных вод
cold alkaline ~ холодное облагораживание (целлюлозы)
dust ~ сухое протравливание
effluent ~ очистка сточных вод
fertility-improving ~ приём повышения плодородия
fungicidal ~ антисептирование, обработка антисептиком
ground ~ 1. наземная [поверхностная] обработка 2. основное внесение (удобрений, ядохимикатов)
high humidity ~ специальная обработка (древесины) влажным воздухом во время сушки
hot alkaline ~ горячее облагораживание (целлюлозы)
lime ~ известкование
post logging ~ подготовка вырубленных лесосек (к лесовозобновлению)
refusal ~ полная пропитка древесины
sap ~ пропитка заболони
seed ~ протравливание семян; удобрение семян
seed-soaking ~ мокрое протравливание семян; намачивание семян в удобрении
silvicultural ~ лесокультурные мероприятия
thinning ~ организация рубок ухода
tough ~ тяжёлые условия эксплуатации (мебели)
waste-water ~ очистка сточных вод
water-repellent ~ обработка водоотталкивающим составом (обивочной ткани)

tree 1. дерево 2. бревно, стойка, подпорка 3. колодка ◊ ~ per cord число деревьев в одном корде; ~ per hour число деревьев в час (о производительности)
abandoned ~ поражённое дерево, покинутое насекомыми
admixed ~ сопутствующая древесная порода (примесь к главной породе)
apricot ~ абрикос обыкновенный (Prunus armeniaca)
ash ~ ясень (Fraxinus)
average ~ of the stand средняя модель насаждения; среднее модельное дерево насаждения
banded ~ строевое дерево
bark ~ хинхона, хинное дерево (Cinchona)
bay ~ лавр благородный (Laurus nobilis); калифорнийский лавр (Umbellularia californica)
big ~ секвойядендрон гигантский (Sequoiadendron giganteum)
blazing ~ помеченное дерево (затёской, меткой)
border ~ 1. дерево на опушке леса 2. дерево из рядовой посадки (при озеленении)
boundary ~ пограничное [межевое] дерево
box ~ самшит вечнозелёный (Buxus sempervirens)
bridge ~ скрепляющая колодка (дефибрера)
broad-leaved ~ лиственное [широколиственное] дерево; дерево лиственной породы
brood ~ свежезаселённое дерево (насекомыми)
bruised ~ дерево, повреждённое при трелёвке

tree

bug ~ дерево, заселённое короедами
bunched ~s деревья, уложенные в пачки
bush ~ низкоствольное [порослевое] дерево
cabinet maker's ~ уст. древесина ореха
California big ~ секвойя гигантская (*Sequoia gigantea*)
canopy ~ дерево с густой [с развитой] кроной
clipped ~ дерево с подрезанной кроной
competitively grown ~ дерево, выросшее в густом древостое
coniferous ~ хвойное дерево
cork ~ **1.** амурское пробковое дерево, бархатное дерево (*Phellodendron amurense*) **2.** пробковый дуб (*Quercus suber*)
cranberry ~ калина обыкновенная (*Viburnum opulus*)
crop ~ **1.** семенное дерево; маячное дерево **2.** спелое дерево **3.** дерево, предназначенное к валке
crowded ~s густорастущие деревья
cull ~ **1.** гнилое [фаутное] дерево **2.** неделовое дерево
dead (-standing) ~ сухостой, сухостойное дерево
decided lean ~ дерево с ярко выраженным наклоном
deciduous ~s листопадные деревья
decoy ~ ловчее дерево
defective ~ фаутное [гнилое] дерево
den ~ дуплистое дерево
dominant ~ маячное дерево (*господствующее над общим уровнем леса*)
doted ~ фаутное [гнилое] дерево
dwarf ~ карликовое дерево
edge ~ опушечное дерево, дерево на опушке (*леса*)
elite ~ плюсовое [элитное] дерево
fan-trained ~s деревья с веерообразной кроной
fast-taper ~ дерево с большим сбегом
fat ~s **1.** древесные породы, запасающие в тканях жиры **2.** древесные породы со смолистой древесиной
female ~ женское дерево
final crop ~ семенное дерево; маячное дерево
fire-insurance ~ *амер.* подстраховочное семенное дерево (*на случай пожара*)
forest-grown ~ дерево, выросшее в густом древостое
forked ~ дерево с раздвоенным стволом; раздвоенное дерево
growing-stock ~ лучшее дерево; маячное дерево
gum ~ **1.** эвкалипт (*Eucalyptus*) **2.** любое камеденосное североамериканское *или* австралийское дерево
head (spar) ~ головная (трелёвочная) мачта
heartwood ~ ядровая древесная порода
heavy ~s крупномерные деревья
high risk ~ **1.** зависшее дерево **2.** дерево, подлежащее срочной валке по соображениям техники безопасности
home ~ головная (трелёвочная) мачта
horse ~ козлы для распиловки (*леса*)
intermediate ~s деревья среднего качества
intolerant ~ светолюбивая древесная порода
isolated ~ изолированное дерево (*на открытом месте*)
large-sized ~s крупномерные деревья
leave ~s оставляемые на корню деревья (*при лесозаготовках*)
lighter ~s тонкомерные деревья
lodged ~ зависшее дерево (*при валке*)
longbutt ~ закомелистное дерево
lopping ~ дерево с обрезанными ветвями первого порядка
marginal ~ опушечное дерево, дерево на опушке (*леса*)
marked ~ клеймёное дерево
match-sawed ~ дерево, срезанное без подпила
mature ~ спелое дерево
mean ~ *см.* average tree of the stand
merchantable ~ **1.** деловое [товарное] дерево **2.** коммерчески выгодное дерево (*для рубки*)
minus ~ минусовое дерево
monocormic ~s деревья с одной главной осью и боковыми ветвями
mother ~ **1.** маячное дерево; семенное дерево **2.** женское дерево

narrow upright ~ дерево пирамидальной формы
needle-leaved ~ хвойное дерево
nodding ~ клонящееся дерево
noncompetitively grown ~ дерево, выросшее в редком древостое
nurse ~s защитные деревья
olive ~ оливковое дерево (*Olea europaea*)
open-grown ~ дерево, выросшее в редком древостое
overmature ~ перестойное дерево
phenotypic elite ~ фенотипичное элитное дерево
pine ~ сосна (*Pinus*)
pitch-yielding ~ смолоносное дерево
pivot ~ угловое дерево (*вокруг которого разворачивают трелюемую пачку, напр. при выборочных рубках*)
plus ~ плюсовое [элитное] дерево
protected ~ *см.* special tree
rack-side ~ дерево на краю трелёвочного коридора (*для устройства промежуточной опоры канатной установки*)
reserved ~ **1.** семенное дерево; маячное дерево **2.** особоценное дерево **3.** оставляемое на корню дерево (*при лесозаготовках*)
rough-rotten-cull ~ сгнившее дерево
round ~ *амер.* целое [незаподсоченное] дерево
rowan ~ рябина обыкновенная (*Sorbus aucuparia*)
royal ~ **1.** особоценное дерево **2.** семенное дерево; маячное дерево
rub ~ растущее дерево, оставленное для уменьшения отклонения канатов и каретки (*при подтаскивании лесоматериалов со стороны*)
salvageable dead ~ сухостойное повреждённое дерево
sample ~ типичное дерево; дерево, выбранное для опыта; среднее модельное дерево, средняя модель (*насаждения*)
sapwood ~ **1.** заподсоченное дерево **2.** дерево, выжившее после окольцовывания
scattered ~ одиночное дерево
seed ~ семенное дерево; маячное дерево

select ~ плюсовое [элитное] дерево
sexy ~ жизнеспособное дерево с высокими характеристиками (*выбранное для производства семян*)
shade ~ теневыносливое дерево
shaped ~ подрезанное [подстриженное, формованное] дерево
skinned ~ повреждённое [ободранное] при трелёвке растущее дерево
slower-growing ~s медленно растущие деревья
spade ~ рукоятка лопаты
spar ~ естественная трелёвочная мачта
special ~ **1.** особоценное дерево **2.** семенное дерево; маячное дерево
specimen ~ эталонное дерево; плюсовое [элитное] дерево
spindle ~ бересклет европейский (*Euonymus europaeus*)
sprouting ~ порослевое [низкоствольное] дерево; дерево, дающее поросль
stag-headed ~ суховершинное дерево
staminate ~ мужское дерево
staminate-flowered ~ дерево с тычиночными [с мужскими] цветами; мужское дерево
standard ~ высокоствольное дерево
standing ~ растущее дерево; дерево на корню
stunted ~ **1.** дерево, отставшее в росте **2.** угнетённый подрост
subordinate ~s подчинённые деревья
superior ~ плюсовое [элитное] дерево
suppressed ~ угнетённое дерево
tail ~ тыловая мачта
tapped ~s заподсоченные деревья
test ~ *см.* sample tree
tile ~ липа разнолистная (*Tilia heterophylla*)
top-kill ~ суховершинное дерево
total ~ целое дерево (*включая корневую часть*)
trap ~ ловчее дерево
tufted ~s неветвящиеся деревья
turning ~ *см.* pivot tree
type ~ среднее модельное дерево
undersized ~ тонкомерное дерево
understory ~s деревья второго яруса; подрост

tree

unmerchantable ~ неделовое [нетоварное] дерево
untopped ~ дерево с необрезанной [необрубленной] вершиной
valuable timber ~ ценная поделочная порода дерева
vigorious ~ жизнеспособное [здоровое] дерево
virgin ~ девственное [незаподсоченное] дерево
wayside ~s аллейные деревья
weakened ~ ослабленное дерево
weed ~ 1. нежелательное [второстепенное] дерево 2. см. wolf tree
whiffle ~ деревянная опора (на которой закрепляются прищепные приспособления при гужевой трелёвке)
whole ~ целое дерево (чаще его надземная часть)
windfallen ~s валежник
windfirm ~ ветроустойчивое дерево
witness ~ межевое [пограничное] дерево
wolf ~ дерево-волк, разросшееся дерево (занимающее много места и затрудняющее рост соседних деревьев более ценных пород)
wood spar ~ естественная трелёвочная мачта
tree-dozer корчеватель
treefall валежник
treeless безлесный, необлесённый
treelike древовидный
treeplanting облесение, посадка леса
tree-shaker гидравлический встряхиватель деревьев (для сбора шишек или семян)
trefoil 1. клевер (*Trifolium*) 2. орнамент в виде трилистника
  sour ~ кислица обыкновенная (*Oxalis acetosella*)
trellis решётка, шпалера
  fan ~ решёточная подпорка (деревьев или кустарников) в виде веера
trench ров; канава; борозда; траншея; просека ‖ копать; рыть ◇ **to** ~ **in** прикапывать сеянцы или саженцы
  gutter ~ противопожарная канава (в горных лесах)
  insect ~ ловчая канава
  planting ~ посадочная щель

trencher сошник (лесопосадочной машины)
trend:
  nostalgic ~ тенденция дизайна «ностальгия» (характерны черты старинного или деревенского стиля мебели)
  rustical ~ тенденция рустикального стиля (мебели)
trespass:
  forest ~ леснарушение (напр. нарушение границы лесовладения, переруб)
trestle 1. деревянные козлы; леса, эстакада 2. ряжевая [рамная] опора моста 3. устройство для выгрузки леса из воды
trial испытание, испытания, опыт, проба ‖ опытный
  field ~ полевые (эксплуатационные) испытания; испытания (машин) в лесу
  forest ~ опытные лесные культуры; лесная пробная площадь
  peeling ~ проба на лущение
  pot ~ вегетационный опыт
  provenance ~ географические лесные культуры (для опытной проверки)
triarticulate трёхчленистый
tricuspid(ate) 1. трёхзубчатый 2. имеющий три острия
trim 1. подрезка, обрезка; подравнивание 2. чистообрезная ширина (бумажного полотна) 3. отделочный профильный элемент, отделочная деталь 4. *новозел.* вершины и сучья, обрезанные с поваленных деревьев 5. обрезать ветви 6. торцевать (доски) 7. раскряжёвывать
  door ~ наличник двери (отделочный элемент)
  flush ~ обрезка боковых продольных свесов (кромочной облицовки щита)
  handle ~ захват по всей ширине изделия мебели (кухонной)
  interior ~ погонажные деревянные изделия для внутреннего оборудования (плинтус, бордюр, рейки)
  post ~ выступающая деталь стойки
  running ~ погонажные отделочные столярные детали (раскладки, калёвки, галтели)

standing ~ изготовленная в размер деталь для оформления дверных и оконных коробок (напр. *обвязка, плинтус, средник*)
trimethylcellulose триметилцеллюлоза
trimmed вырезанный, отделанный, оторцованный; прирезанный по кромкам
trimmer 1. многопильный станок для поперечного раскроя пиломатериалов 2. обрезной станок; продольно-пильный станок 3. торцовочный станок 4. кромкообрезной станок 5. цел.-бум. стопорезка 6. концеравнитель 7. рабочий на подрезке (*деревьев, сучьев*)
laminate ~ станок для обрезки свесов ламината
lip ~ станок для обрезки свесов
lumber ~ многопильный концеравнитель
overhead ~ маятниковая [балансирная] пила
paper ~ стопорезка
rivet ~ инструмент для обрубки заклёпок
trimming 1. обрезка, подрезка 2. оторцовка; поперечный раскрой пиломатериалов; выравнивание торцов 3. обрезка побегов 4. бордюр, отделка; очистка, зачистка 5. выравнивание, обтёсывание 6. оформление оконного или дверного проёма 7. *pl* (*древесные*) обрезки
end ~ 1. оторцовка (*пиломатериалов*) 2. обрезка торцевого свеса (*напр. кромочной облицовки*)
hedge ~ подрезка живой изгороди
paper ~s обрезки бумаги
shadetree ~ обрезка затеняющих деревьев *или* сучьев
trimmingdozer триммингдозер (*бульдозер с отвалом-ковшом*)
trimming-out *амер.* очистка деревьев от сучьев; обрезка сучьев
trinitrate тринитроцеллюлоза; тринитроэфир целлюлозы
trip 1. защёлка, собачка 2. механизм для автоматического выключения подачи 3. рейс, ездка 4. опрокидыватель 5. валить дерево с помощью клина

round ~ полный рейс (*туда и обратно*)
tripinnate *бот.* триждыперистый
tripinnatifid *бот.* триждыперистонадрезный
trinnatisect *бот.* триждыперистрассечённый
triple трезубец для обработки деревянных изделий на станке
triplex средний слой трёхслойного картона
tripod тренога, треножник, штатив
tripper 1. распределитель (*пиломатериалов*) 2. сбрасывающая тележка 3. опрокидывающий механизм (*ленточного конвейера*) 4. автоматический разгрузчик
trolley 1. тележка (*мостового крана*) 2. передвижной блок (*применяемый при подвесной трелёвке*) 3. тележка, блок; желобчатый шкив 4. столик на колёсах
filing ~ передвижная картотека; картотечная тележка
folding ~ сервировочный столик на колёсиках со складными подносами
tropophytes тропофиты (*растения, приспособленные к сезонным изменениям климата, напр. листопадное дерево*)
trouble неисправность, повреждение, авария
finish ~ дефект отделки
pitch ~s смоляные затёки
trouble-free безопасный
trouble-shooter механик в лесу
trough 1. ванная, чан; жёлоб, лоток 2. корыто (*под валом барабана ролла*) 3. впадина, котловина ◊ ~ with moving belt жёлоб (*для отходов*) с движущимся транспортёром
beater ~ ванна ролла
conveyor ~ лоток транспортёра
doctor ~ жёлоб шабера
feeder ~ подающий лоток (*тряпкорубки*)
grinder ~ ванна дефибрера
kneading ~ ванна бракомолки
stock ~ лоток для массы
tailings ~ чан для отходов
troughing ванна ролла
trowel шпатель, лопатка, скребок
truck 1. грузовой автомобиль ‖ грузить

truck

на автомобиль 2. вагонетка 3. открытая товарная платформа 4. передвижная этажерка (*для подачи досок в сушилку*)
bobtail ~ небольшой двухосный грузовик (*для вывозки лесоматериалов*)
bottom-dump(body) ~ самосвал с донной разгрузкой
chip ~ щеповоз
custom-built ~ (лесовозный) автомобиль специального назначения
dump (-body) ~ саморазгружающийся автомобиль, самосвал
flat-bed ~ грузовой автомобиль с безбортовой платформой
fork (-lift) ~ автопогрузчик с вилочным захватом; вилочный автопогрузчик
fuel ~ автозаправщик
hand stacker ~ ручная тележка-штабелёр
heavy-duty ~ грузовик большой грузоподъёмности; тяжёлый грузовик
highway ~ автомобиль для эксплуатации на магистральных дорогах
lift ~ автопогрузчик; погрузчик с вертикальной наклоняющейся рамой
log ~ лесовоз; лесовозный автомобиль (*с прицепом-роспуском*); лесовозный автопоезд
lumber ~ *см.* log truck
off-highway ~ автомобиль для эксплуатации на немагистральных дорогах
on-highway ~ автомобиль для эксплуатации на магистральных дорогах
pallet ~ 1. грузовик с платформой или кассетой; грузовик для перевозки лесоматериалов в кассетах 2. тележка с поддоном 3. подъёмник для автоматической укладки грузов в штабели
self-loading (log) ~ саморазгружающийся лесовозный автопоезд (*оборудованный устройством для загрузки лесоматериалов*)
shop ~ передвижная мастерская
short log ~ сортиментовоз (*обычно однорамный автомобиль*)
shunt ~ маневровый [вспомогательный] автомобиль (*напр. для перемещения рубильной установки на лесосеке*)
side loading fork ~ вилочный автопогрузчик с боковой погрузкой
side-tip ~ самосвал с боковой разгрузкой
snap ~ маневровый автомобиль-тягач (*для подвозки к промежуточной площадке гружёных прицепов и отвозки порожних*)
straddle ~ портальный лесовоз (*для перевозки груза, закрепляемого снизу*)
tilt(-bed) ~ грузовик с наклоняющейся [с опрокидывающейся] платформой
timber ~ *см.* log truck
transfer ~ 1. передвижная тележка 2. околорамная тележка; околопрессовая тележка
trucker 1. владелец грузовика; водитель грузовика 2. подсобный рабочий, подносчик
trucking автомобильная вывозка (*леса*); транспортировка груза автомобилями
truckload воз лесоматериалов, перевозимых за один рейс; нагрузка на рейс
true 1. верный, точный; точно пригнанный 2. выверять ◊ to ~ up насекать, обтачивать
trueing 1. выверка, выравнивание, пригонка; регулирование, правка (*ножей, точильного и шлифовального кругов*) 2. рихтовка 3. насечка, ковка (*дефибрерного камня*)
truewood *австрал.* ядро, ядровая древесина
trug деревянная бадья; корзина, плетённая из шпона
truncate 1. усекать; срезать верхушку 2. посадить на пень
truncated 1. усечённый 2. обнажённый, смытый (*о почве*)
truncheon длинный толстый черенок
trundle 1. тележка 2. катить, везти
trunk 1. ствол (*дерева*) 2. пень, штамб
crooked ~ искривлённый ствол
down ~ срубленный ствол
entire tree ~ ствол с корнями
hollow ~ дуплистый ствол

truss 1. связка ‖ связывать, увязывать, стягивать; придавать жёсткость, укреплять 2. охапка, пучок, вязанка ◇ to ~ a cask стягивать бочку; to ~ up staves осаживать обручи
tub ванна, чан, бадья, кадка; маленький бочонок (*около 18 л*)
 acid ~ кислотная ванна (*пергаментировальной машины*)
 beater ~ ванна ролла
 bleach ~ отбельная ванна
 hollander ~ ванна ролла
 rag ~ ванна полумассного ролла
 size ~ клеевая ванна
tubber бондарь, бочар
tube трубка; труба; трубопровод
 bathing ~ пропарочная труба (*для смешивания щепы со щёлоком*)
 cardboard ~ цел.-бум. гильза
 clamping ~ трубчатый канатный зажим
 conical ~ цел.-бум. конусная шпуля; конусная катушка; конический патрон
 drip ~ каплеуловитель
 extension ~ расширительная труба
 inner ~ камера (*шины*)
 latex ~ млечник, млечный сосуд
 paper ~ бумажная гильза
 perforated ~ перфорированная гильза
 pitch ~ смоляная труба (*потёки смолы у входных отверстий короедов*)
 planting ~ посадочная труба (*для выращивания сеянцев*)
 pollen ~ пыльцевая трубка
 "Pottiputki" ~ посадочная трубка «Поттипутки»
 resin ~ *см.* pitch tube
 seed drill ~ семяпровод
 seed drop ~ семяпровод
 sieve ~ *бот.* ситовидная трубка
 trunnion ~ конструкция с качающейся опорой (*обеспечивающая качание передней полурамы трактора относительно задней*)
tube-builder *энт.* листовёртка; *pl* листовёртки (*Tortricidae*)
tubercle корневой клубенёк
tucking продевание пряди каната (*при сращивании, заплётке*)
tufter:
 compression ~ пресс для простёжки

turner

 lace ~ станок для простёжки матрацев с помощью петель
tufting простёжка
 biscuit ~ фигурная простёжка (*мягкого настила*) в виде однородных бисквитоподобных фигур
 diamond ~ простёжка в виде ромбов
tug 1. буксир, буксирное судно 2. двухколёсный прицеп, к оси которого подвешивается сбалансированный груз
tugboat буксир, буксирное судно
tula скань, волосок
tumbler 1. опрокидыватель; шкив; барабан 2. окорочный барабан
tun большая бочка
tundra:
 forest ~ лесотундра
 hummocky ~ кочковатая тундра
tunnel туннель, камера (*сушильная*)
 collective feeding ~ маточный ход
 drying ~ сушильная камера; сушильный канал
 flash ~ туннель для выдержки отделанных щитов и деталей
 larval ~ ход личинок
turbocharger турбонагнетатель
turf 1. дёрн, дернина; травяной покров ‖ задерновывать 2. торф
 grassy ~ дерновой покров
turgescence 1. набухание 2. тургор
turn 1. оборот, поворот ‖ поворачивать 2. рейс трелёвочного механизма 3. трелюемый груз; пачка лесоматериалов (*трелюемая за один рейс*) 4. точить, обтачивать ◇ by ~(s) поочерёдно; to ~ off выключать, отключать; to ~ over переворачивать
 cupboard ~ английский замок; защёлка (*отпирающаяся поворотом наружной ручки*)
 roading ~ пакет из предварительно подтрелёванной древесины (*подготовленной для последующей трелёвки на склад*)
turnbuckle вертлюг; поворотная стяжка; стяжная муфта
turner 1. токарь 2. разворотное устройство
 board ~ разворотное устройство для досок
 log ~ 1. бревносбрасыватель 2. пере-

turnery

ворачиватель брёвен (*на лесопильной тележке*)
turnery 1. токарные работы; токарное ремесло **2.** точёные изделия **3.** токарный цех
turning 1. обточка, токарная работа; точение по дереву **2.** поворот, вращение ‖ поворотный, вращающийся **3.** циркуляция (*массы в ролле*) **4.** *pl* стружки от токарного станка ◇ ~ **metal over edge** загибание облицовочного металлического листа армированной фанеры с запайкой его на противоположной пласти
~ **barley-sugar twist** точение (*детали*) в виде скрученного стержня
~ **blunt arrow** точение (*детали*) в виде тупой стрелы (*для ножек виндзорских стульев*)
~ **bobbin** точение (*детали*) в виде ряда маленьких катушек, бобин *или* веретена
~ **double open twist** точение (*детали*) в виде витых стержней с промежутками
~ **face-plate** точение на токарном лобовом станке
~ **hard-to-make** точение детали сложного профиля
~ **spindle** точение на токарном станке с зажимными бабками
~ **twist** точение (*детали*) в виде спирали (*мебель стиля короля Якова, Англия, XVII в.*)
turnout 1. выработка; объём выпускаемой продукции **2.** разъезд; объездной путь
turnover 1. перемена состава рабочих; текучесть (*личного состава*) **2.** оборот (*предприятия, цеха*) **3.** механизм поворота (*оборотного плуга*)
turnpike балластировать дорогу
turn-screw шурупозавёртывающий инструмент, отвёртка
turntable поворотный стол; поворотная платформа
~ **heavy coil** поворотный стол для формирования пружин из толстой проволоки
turnus оборот рубки
turpentine 1. терпентин, скипидар **2.** производить подсочку

~ **gum** живичный скипидар, терпентинное масло
~ **larch** лиственничный скипидар
~ **liberated** выделенный скипидар
~ **steam-distilled wood** экстракционный скипидар, отогнанный паром
~ **vapor** парообразный скипидар
~ **Venice** венецианский скипидар; лиственничный скипидар
turpentining подсочка леса
~ **chemical** подсочка с химическим воздействием
tusk верхний зажим (*челюстью захвата погрузчика*)
tussock кочка; дерновина
tweed твид (*для обивки мягкой мебели*)
twelvemo формат в 1/12 стандартного листа бумаги
twentyfourmo формат в 1/24 стандартного листа бумаги
twentymo формат в 1/20 стандартного листа бумаги
twig веточка, побег, ветка
twine 1. бечёвка; шнур; шпагат **2.** сплетение, скручивание ‖ вить, скручивать, свивать
~ **loops** бечёвка; шпагат
~ **spring tying** шпагат для обвязки пружин
~ **stitching** бечёвка для прошивки
~ **tufting** бечёвка для простёжки
twin-winder перемоточный станок с двумя тамбурами
twist 1. кручение ‖ скручивать **2.** верёвка; шнурок; нить **3.** крыловатость
twisted 1. искривлённый, покоробившийся; перекошенный, согнутый **2.** свилеватый
twister 1. гибкий кол (*закладываемый между рамой и грузовой цепью для её натяжения*) **2.** канатная привязка, закрученная с помощью кола
twistiness наклон волокон (*древесины*)
twisting 1. намотка, кручение **2.** продольное коробление (*досок при сушке*)
twist-tie крепить конец (*обвязки тары*) со скручиванием
twitch *амер.* тянуть волоком, трелевать (*брёвна*) по земле
two-coat двойного покрытия
two-dimensional двухмерный, плоский

two-edged обоюдоострый
two-nerved двухжилочный
two-panelled с двумя филёнками (*напр. о двери*)
twos второй сорт тряпья
twosidedness двусторонность (*бумаги*)
two-storied двухъярусный (*о насаждении*)
two-toned двухцветный (*о бумаге*)
tying завязывание, связывание, обвязка
tylosis тил, каллус (*в клетке древесины*)
type тип; способ, метод
~s of face типы карр
~ of growth вид [тип] насаждения
~ of landscape тип ландшафта (*высшая таксономическая единица*)
~ of locality тип местности
calluna ~ тип леса вересковый
cladina ~ тип леса лишайниковый
conflagration ~ of fire крупный [большой] пожар
forest ~ 1. тип леса 2. элементы леса (*форма, состав*)
forest cover ~ элементы леса
forest crop ~ элементы леса
forest site ~ тип лесорастительных условий
forest stand ~ элементы леса
fuel ~ тип горючего материала
habitat ~ тип климаксовой растительности (*характеризующей местоположение*)
home-guard ~ of operation лесозаготовки с ежедневной доставкой рабочих из жилых центров
intermountain ~ межгорный тип (*леса*)
management ~ тип [разряд] лесоустройства
myrtillus ~ тип леса черничный
physiographic site ~ физиографический тип лесорастительных условий
silvicultural ~ тип [форма] лесного хозяйства
site (productivity) ~ тип лесорастительных условий
soil ~ *амер.* разновидность [тип] почв (*по механическому составу*)
stand ~ 1. тип леса 2. элементы леса (*форма, состав*)
timber ~ тип леса
total site ~ тип биогеоценоза
vaccinium ~ тип леса брусничный
tyre *англ. см.* tire

U

udometer дождемер
Uformite *фирм.* уформит (*мочевино- и меламиноформальдегидные смолы*)
uliginous 1. болотистый 2. болотный, растущий на болоте 3. илистый; вязкий
ulmic ульминовый
ulmification гумификация
umbel зонтик (*тип соцветия*)
umber умбра (*краска*)
burnt ~ жжёная умбра
umbo *бот.* выпуклость, горбина
unbaling распаковка кип
unbinding:
raft ~ расформирование плота
unbleached небелёный
unbracing:
raft section ~ ряд сплоточных единиц (*расположенных поперёк плота*)
unbundling *спл.* роспуск пучка
unchoking отцепка (*чокеров, груза*)
uncoated немелованный (*о бумаге*)
uncoiling разматывание (*каната из бухты*)
uncut необрезной (*о пиломатериале*)
underbind защемлённое положение дерева (*один конец опирается на что-то, а другой висит в воздухе*)
underbleaching предварительная отбелка (*в первой ступени*)
underbracing царга (*стула, стола*)
underbrush подлесок, подрост
underburning пал под пологом леса
prescribed ~ управляемый пал под пологом леса
undercarriage база, ходовая часть (*экскаватора, трактора и т.д.*)
undercoat(ing) грунтовочное покрытие, порозаполнитель; шпатлёвка, грунтовка
enamel ~ непрозрачная грунтовка; непрозрачный *или* укрывистый слой отделки
flat ~ матовое грунтовочное покрытие

undercook(ing)

undercook(ing) 1. недовар (*целлюлозы*) ‖ недоваривать 2. недостаточная тепловая обработка (*фанерного сырья*)
undercover поддерживающая сетка (*на цилиндрах круглосеточных бумагоделательных машин*)
undercut 1. подпил, подруб (*вырез в дереве со стороны направления его валки*) 2. недоруб 3. поперечный рез снизу для предотвращения скола (*лежащего дерева, бревна*) 4. внутренняя выточка 5. непрямоугольный (*о плечиках шпона*)
  conventional ~ обычный подпил (*с горизонтальным нижним и наклонным верхним резами*)
  Humboldt (-type) ~ подпил в пнёвой части (*с горизонтальным верхним и наклонным нижним резами*)
  step-type ~ ступенчатый подпил
  straight-type ~ прямой подпил (*с горизонтальными верхними и нижними кромками*)
undercutter 1. рабочий, производящий подпил (*при валке дерева*) 2. выкопочный лемех (*плуга*) 3. выкопочная скоба 4. выкопочный плуг
undercutting 1. подруб, подпил (*дерева при валке*) 2. раскряжёвка лесоматериала снизу (*рез начинается снизу*) 3. обрезка нижних корней (*сеянцев*)
underdry недосушивать
underface подоблицовочный (*напр. слой*); нижний (*напр. о поверхности*)
underframe царга (*стула, стола*)
undergrowth подрост, подлесок
  obstructing ~ мешающий валке подрост
underlay 1. подслой, нижний слой 2. подкладка под форму
underliner нижний слой (*картона*)
underload(ing) неполная нагрузка, недогрузка
underplanting посадка [посев] под пологом леса
underplants подпологовые саженцы
underpressing прессование с недостаточным давлением
underruns недовыработка
underscrub *австрал.* подлесок ‖ вырубать подлесок

undershrub кустарничек, полукустарник
underside *цел.-бум.* сеточная сторона
undersized 1. нестандартный, нестандартного размера 2. низкорослый, карликовый
undersow посев под пологом леса
understocked низкополнотный (*о насаждении*)
understocking разрежённый древостой
understory 1. нижний ярус (*насаждения*) 2. порослевое молодое насаждение (*под пологом маячных деревьев*)
  ~ of young regeneration подрост (*возобновление под пологом леса*)
understructure внутренний каркас *или* рама (*мебели*)
undertaking предприятие, строительство
underwood 1. подлесок 2. второй [нижний] ярус древостоя
undulated волнистый; струйчатый (*о текстуре древесины*)
undulation волнообразная неровная поверхность, волнистость
unedged необрезной (*напр. о детали*)
uneven 1. неровный, неодинаковый, нечётный 2. разновозрастный (*о лесе*)
uneven-aged разновозрастный (*о лесе*)
unfinished неотделанный (*о бумаге*)
unfolding of leaves распускание листьев
unforested не покрытый лесом
unglazed нелощёный (*о бумаге*)
unhitch отцеплять
unhook отцеплять; снимать с крюка
unhooker отцепщик
unhooking отцепка
uniformity однородность
unify выравнивать, делать однородным (*по цвету*)
uninodal одномутовчатый (*о типе ветвления стволов деревьев хвойных пород*)
union 1. соединение; соединительная муфта; замок 2. унион (*низшая синузиальная единица*)
  crepe kraft ~ крепированная двухслойная крафт-обёртка
unipress универсальный пресс
unit 1. единица 2. установка; агрегат;

unit

аппарат, механизм 3. предприятие, производственная единица 4. домик (*лесного посёлка*) 5. юнит (*единица измерения объёма короткомерного баланса, равная 5,66 складочных м³*)
air make-up ~ пневматический инструмент для отделки (*мягкой мебели шнуром, тесьмой*)
anhydro-xylan ~ ангидроксилановая единица
beater ~ механизм ударного действия (*для очистки деревьев от сучьев*)
beating ~ *цел.-бум.* система размола
blow ~ сеточный концентратор (*для сгущения массы и отбора щёлока из выдуваемой массы*)
Bonnell cushion ~ *фирм.* пружинный блок для мягкой мебели
booster ~ противопожарный агрегат
box sealing ~ аппарат для заделки коробок
box spreading ~ *спич.* коробкоукладочный станок
carbonizing ~ установка для переугливания древесины
chip ~ юнит щепы (*эквивалентный одному корду неокоренных балансов*)
chocker arch ~ трактор с аркой для чокерной трелёвки
claw-like felling ~ захватно-срезающее устройство
clear-cut ~ лесосека со сплошной рубкой
cleated ~ узел, соединённый на планку *или* на рейку
closing ~ заделывающее устройство (*лесопосадочной машины*)
constructional ~ конструктивный узел; решётчатое изделие (*мебели*); изделие *или* узел рамочной конструкции
cord ~ корд (*единица объёма лесоматериалов: складочных равна 3,6 м³, плотных равна 2,4 м³*)
cutting ~ лесосека, делянка
damping ~ увлажнитель
Dorrco clariflocculator ~ осветлитель-флокулятор Доррко
double glazing ~ двойная оконная рама
drawer ~ тумба с выдвижными ящиками

drop-in ~ блок конусных пружин
drying ~ for painted boxes *спич.* сушилка для коробок с фосфорной намазкой
dual-purpose sleeping ~ диван-кровать; кресло-кровать
evaluation ~ бонитировочная единица
extension ~ приставной элемент (*мебели*)
felling ~ валочная машина
float ~ сплоточная единица
forest management ~ хозяйственная часть (*выделяется при лесоустройстве*)
free-standing wall ~ пристенный шкаф
glucose ~ *цел.-бум.* глюкозный остаток
guard ~ часть территории, охраняемой от пожаров
highway ~ транспортное средство для эксплуатации на магистральных дорогах (*шоссейных дорогах общего пользования*)
hogging ~ 1. агрегат для измельчения отходов 2. фрезерная головка
interlocking corner pressure ~ прижимный элемент пресса для сборки угловых соединений
knife-edged ~ натяжное устройство призматического типа (*ленточнопильного станка*)
label pressing ~ *спич.* узел прижима этикетки
light-weight ~ лёгкая [маломощная] установка (*лебёдка, машина*)
lineal fed type ~ установка с продольной (с поштучной) подачей (*лесоматериалов*)
link-and-hook-sling стропoвый комплект со звеном (*с крюком на одном конце и вытянутым звеном на другом*)
log salvage ~ агрегат для подъёма топляка
logging truck-and-trailer ~ лесовозный автопоезд
management ~ хозяйственная часть (*выделяется при лесоустройстве*)
map(ping) ~ картируемый выдел
multinip ~ многовальный пресс
off-highway ~ транспортное средство

unit

для эксплуатации на немагистральных (*специальных лесовозных*) дорогах (*вне шоссейных дорог общего пользования*)
on-highway ~ *см.* highway unit
peeling-reeling ~ лущильный станок
planting ~ 1. посадочный аппарат; высевающий аппарат 2. секция сеялки
portable continuous distillation ~ передвижная непрерывнодействующая установка для пиролиза древесины
proportional ~ изделие (*мебели*), обладающее хорошими пропорциями
recovery ~ *цел.-бум.* содорегенерационный агрегат
reel feed ~ *спич.* рулонодержатель
sampling ~ 1. установка для взятия проб 2. единица наблюдения, единица выборки 3. пробная площадь (*в таксации леса*)
shearing ~ 1. ножевое устройство (*для срезания деревьев*) 2. валочная машина с ножевым срезающим устройством
shelving ~ этажерка
shoe ~ тумба для обуви
side discharge ~ *спич.* узел боковой выгрузки
sorting-and-bundling ~ сортировочно-сплоточный агрегат
sowing ~ высевающий аппарат
splint levelling ~ установка для укладки спичечной соломки
sustained yield ~ *кан.* постоянное хозяйство (*с равномерным пользованием древесиной*)
swivel tilt ~ узел наклона и вращения (*кресла или стула*)
syngenetic ~ *бот.* сукцессионная единица
transcription ~ установка описания входящих на контроль пиломатериалов (*в системе автоматической обрезки и сортировки пиломатериалов*)
triple ~ трёхдверное изделие (*мебели*); изделие, состоящее из трёх модулей
turnover ~ переворачивающее устройство
vanity ~ горка для посуды
veneer cutting-and-piling ~ агрегат разрезки шпона на листы и укладки в стопу
wrap-around ~ устройство для обвязки (*рулонов шпона бумажной лентой*)
yarding ~ канатная (*трелёвочная*) установка; лебёдка для привода канатной установки
unitary унитарный
univalent одновалентный
unlaid без водяных знаков (*о бумаге*)
unlimbed с необрезанными сучьями
unlipped необлицованный (*о кромке*)
unloader 1. разгрузочный механизм 2. *цел.-бум.* разгрузочная этажерка
log ~ бревносвал
unloading 1. разгрузка, выгрузка 2. слив
mould ~ разгрузка пресс-формы
rear-dump ~ разгрузка откидыванием назад
unmanaged неухоженный (*о лесе*)
unmerchantable 1. неделовой (*о лесоматериале*); негодный для продажи; непригодный для эксплуатации 2. недоброкачественный
unpeeled неокоренный
unproductive непродуктивный (*о лесе*)
unreel сматывать, разматывать (*с бобины, катушки*)
unroll ставка для размотки рулонов
unsaponifiable неомыляемый
unscrambler наклонный транспортёр (*обрезного станка*), не повреждающий поверхность досок
unseasoned невысушенный (*напр. о древесине*)
unsized неклеёный
unsizing of board расклеивание картона (*дефект*)
unsodded незадернелый
unsound фаутный, гнилой (*о древесине*)
unstacker разгрузочный механизм, погрузчик
lumber ~ погрузчик пиломатериалов
unstocked безлесный
unstrand развиться (*о проволоке, пряди*)
untangle распутывать (*канат, проволоку*)
untarred непросмолённый
untended неухоженный (*о лесе*)

untilled необработанный (*о почве*)
untopped с необрезанной вершиной
unwind раскат
unwinder размотный станок
upended поставленный на попа; в вертикальном положении
upender кантователь, кантовальный станок
upgrade 1. продавать продукцию низкого сорта по цене высшего сорта 2. повышать сортность
uphill вверх по склону; в гору
   Tyler ~ трелёвка по системе Тайлера вверх по склону (*с подачей груза с помощью тягового каната*)
upholder, upholdster *уст.* обойщик
upholster обивать мебель
upholsterer обойщик, драпировщик; рабочий, занимающийся изготовлением мягкой мебели
upholstery 1. ремесло обойщика *или* драпировщика 2. обивка мягкой мебели 3. изготовление мягкой мебели
   contemporary ~ современная мягкая мебель
   contract ~ мягкая мебель для общественных зданий
   sewn ~ стёганая обивка
   tufted ~ стёганая обивка
uppers высшие сорта лесоматериалов
upright 1. вертикальная рама (*погрузчика*) 2. стояк, рама, подпорка 3. прямой; вертикальный
   back ~ вертикальная стойка спинки (*стула*)
   rail ~ стойка перил
uproot корчевать, раскорчёвывать
uprooter корчевальная машина, корчеватель
uprooting раскорчёвка, выкорчёвывание, корчевание
upset 1. *амер.* разводка (*для развода зубьев пилы*) 2. поперечная трещина (*дефект древесины*)
upstroke обратный ход, движение вверх (*напр. шпонострогального ножа вертикально-строгального станка*)
uptake поглощение, усвоение ‖ поглощать, усваивать
uraloy *фирм.* уралой (*бумажнослоистый пластик*)

urea мочевина, карбамид
use:
   multiple ~ комплексное использование (*ресурсов*)
utensil орудие производства, инструмент
utilization 1. использование, утилизация, применение 2. вырубка; заготовка леса
   close ~ полное использование древесины; сбор всей используемой древесины
   complete-tree ~ использование дерева целиком (*включая корневую часть*)
   forest ~ 1. лесопользование 2. использование [переработка] заготовленного леса
   integrated forest ~ комплексное использование [комплексная переработка] заготовленного леса
   machine ~ коэффициент использования машины (*время производительной работы машины в процентах*)
   multiproduct ~ рациональная раскряжёвка с обеспечением выхода ценных сортиментов
   residue ~ использование [переработка] отходов
   waste ~ использование [переработка] отходов
   waste paper ~ использование [переработка] макулатуры
   whole-tree ~ использование дерева целиком (*включая корневую часть*)
   wood ~ использование [переработка] древесного сырья
UV-curable отверждаемый под действием ультрафиолетового излучения (*об отделочных материалах*)
UV-filled с добавками, способствующими отверждению под действием ультрафиолетового излучения; с добавками УФ-отверждения (*об отделочном материале*)

V

vaccination:
   soil ~ инокуляция почвы; внесение бактериальных удобрений

vacuole

vacuole вакуоль
valance *меб.* подзор, балдахин
valuation оценка, таксация
  forest ~ таксация леса
value 1. ценность, оценка ‖ оценивать **2.** величина; числовое значение; показатель **3.** оттенки серого цвета почвы **4.** товарность (*насаждения*) **5.** интенсивность (*краски*)
  calorific ~ показатель теплотворной способности
  color ~ *амер.* величина цветовой характеристики (*по шкале Мунсела*)
  coloring ~ красящая способность
  commercial ~ **1.** торговая оценка; рыночная стоимость **2.** промышленная оценка (*природных ресурсов*)
  expectation ~ предполагаемая [расчётная] стоимость (*леса*)
  exploitable ~ оценка древостоя, произведённая из условия вырубки всей коммерческой древесины
  felling ~ (таксовая) стоимость древесины, подлежащей вырубке
  forest ~ ценность леса
  germination ~ степень всхожести (*семян*)
  iodine ~ йодное число
  lethal ~ летальная величина (*порога токсичности защитных веществ*)
  liquidation ~ *см.* exploitable value
  logging ~ (таксовая) стоимость древесины, подлежащей вырубке
  retention ~ величина удерживания
  saponification ~ число омыления
  stumpage ~ величина [объём] лесного сырья на корню
valve 1. клапан, вентиль **2.** дверная створка
  air-controlled dilution ~ разбавительный вентиль с пневматическим приводом (*в регуляторе консистенции бумажной массы*)
  bag ~ клапан мешка
  bleeding ~ спускной клапан; выпускной клапан
  blow(-off) [blow-through] ~ продувочный вентиль; *цел.-бум.* сдувочный клапан
  bottom barrel ~ выгрузочный шибер
  butterfly ~ дроссельный клапан
  gate ~ шибер, клапан, задвижка
  liquor ~ *цел.-бум.* щёлоковый вентиль
  pulp stock ~ *цел.-бум.* массный вентиль
  reject ~ вентиль для отходов (*при очистке массы*)
  relief ~ впускной клапан; *цел.-бум.* сдувочный клапан
  stock ~ *цел.-бум.* массный вентиль
  top barrel ~ питающий шибер
  top relief ~ верхний сдувочный вентиль
  vent ~ воздушный вентиль
  washout ~ вымывной клапан
  washup ~ промывной вентиль (*ролла*)
valver станок для изгиба и склеивания днищ мешков с клапаном
van 1. прицеп-фургон; кузовной прицеп **2.** крытый прицеп для перевозки щепы **3.** товарный вагон **4.** одежда и мелкие принадлежности лесоруба
  chip ~ щеповозный прицеп
vane лопасть
  screen ~ лопасть ротора сортировки
vaporization выпаривание, упаривание
  flash ~ мгновенное [равновесное] испарение
variety 1. сорт **2.** штамм (*бактерий*)
varilon *фирм.* варилон (*поливинилхлоридная плёнка для обшивки мягкой мебели*)
varnish лак, глянец ‖ лакировать, глянцевать
  black ~ мастика
  conversion ~ конверсивный лак
  filling ~ лаковая грунтовка
  flat ~ матовый [матирующий] лак
  french ~ спиртовой раствор шеллачной смолы; спиртовой шеллачный лак
  lac ~ **1.** шеллачный лак **2.** масляный лак
  long oil ~ жирный масляный лак
  pyroxiline ~ нитроцеллюлозный лак, нитролак
  rubbing ~ блестящее лаковое покрытие; лак, наносимый с последующей распиловкой
  siccative ~ быстро высыхающий лак; лак на сиккативе
  stoving ~ лак горячей сушки

varnisher лакировщик
varnishing лакирование, глазуровка, прошеллачивание
vascular васкулярный, сосудистый
vat 1. чан, бак, куб; черпальный чан; пропарочная камера 2. ванна (*цилиндровой машины*) 3. чан, корыто (*сгустителя*) ◇ ~ **for impregnation of sleepers** шпалопропиточный бак
  bacteria ~ ферментный куб
  beater ~ ванна ролла
  breaker ~ ванна разбивного ролла
  counterflow ~ ванна (*круглосеточной машины*) с подачей массы в направлении против вращения сетки
  dip ~ черпальный чан
  distillation ~ отгонная ванна
  oscillating ~ чан с маятниковой мешалкой
  size ~ клеевая ванна
  storage ~ массный чан
  straining ~ сцежа
  uniflow ~ ванна (*круглосеточной машины*) с подачей массы в направлении вращения сетки
vat-plied однослойный (*о листе*)
vatting тепловая обработка, пропарка (*древесины*)
vault:
  shaving ~ ёмкость для отходов
vector 1. переносчик (*инфекции*) 2. вектор
vegetation растительность
  ground ~ напочвенный покров
  indicator ~ растения-индикаторы
  layered ~ ярусная растительность
  rank ~ пышная [буйная] растительность
  soil stabilizing ~ почвозащитная [почвоукрепляющая] растительность
  tangled ~ сплетённая растительность; заросль; кустарниковая заросль
  tree ~ древесная растительность
  weed ~ сорная растительность
  woody ~ древесная растительность
vegetative 1. растительный 2. вегетативный, вегетационный
vehicle 1. транспортное средство; трактор; автомобиль 2. растворитель, связующее, плёнкообразователь 3. носитель
  arch grapple logging ~ трелёвочный трактор с аркой и пачковым захватом

articulated ~ транспортное средство (*напр. трактор*) с шарнирно-сочленённой рамой
carrier ~ перевозочное средство (*напр. специальный грузовой автомобиль*); базовое шасси
choker arch logging ~ трактор с аркой для чокерной трелёвки
coating ~ растворитель краски
frame steer(ed) ~ транспортное средство (*напр. трактор*) с рамным управлением
logging ~ лесовозное транспортное средство; трелёвочный трактор
paint ~ растворитель краски
skidding ~ трелёвочный трактор
tracked ~ гусеничное транспортное средство; гусеничный трактор
veiling отделка брызгами с завихрениями (*в виде паутины*)
vein 1. прожилок, жилка (*листа*) 2. отделка жилкой 3. лопасть (*крылатки*) 4. наводить узоры по дереву 5. красить под мрамор *или* под дуб
  gum ~**s** 1. щитовидные прожилки древесины, пропитанной живицей *или* камедью 2. скопления смолы в виде жил *или* полосок (*у некоторых лиственных пород*)
  lateral ~ вторичная жилка (*листа*)
veiner трёхгранное долото
veld вельд (*травянисто-кустарниковая саванна в Южной Африке*)
vellum 1. веленевая бумага 2. плотная писчая бумага
velocity скорость
  fluidizing ~ скорость псевдоожижения
  settling ~ скорость осаждения
  sinking ~ скорость осаждения
  spouting ~ скорость завихрения
velour велюр, плюш, бархат (*для обивки мебели*)
velvet бархат, вельвет (*для обивки мебели*)
  crushed ~ мятый бархат
venation жилкование, иннервация, расположение жилок
veneer 1. шпон; ножевой шпон 2. фанера ‖ облицовывать фанерой
  aroline ~ *фирм.* декоративный шпон (*полученный склеиванием пакетов*

veneer

разных цветов и пород в блок с последующим строганием под углом)
box ~ шпон для спичечных коробок
buckled ~ волнистый шпон (*дефект*)
butt ~ шпон из комлевой части
core ~ шпон из внутреннего слоя фанеры
counter ~ внутренний слой шпона с поперечным расположением волокон
crossband ~ строганый шпон
crotch ~ шпон из развилочной части бревна
crotch matched ~ шпон, подобранный по рисунку в виде разветвлений
decorative ~ 1. декоративный облицовочный шпон 2. строганый шпон
diamond matched ~ шпон, подобранный в шестиугольник, восьмиугольник *или* ромб; шпон, подобранный в крейц-фугу
dry peeled ~ сухой лущёный шпон
fancy ~ шпон с причудливым рисунком (*текстуры*)
fancy plywood face ~ облицовочный шпон декоративной фанеры
flowering figured ~ шпон со сложным текстурным рисунком
four-way matched ~ шпон, подобранный из четырёх отдельных кусков в определённый рисунок
highly figured ~ шпон с красивым и сложным текстурным рисунком
knife-cut ~ строганый шпон
matched ~ шпон, подобранный по рисунку
plastic ~ синтетический шпон
quartered ~ строганый шпон радиального распила
reconstituted (wood) ~ реконструированный шпон (*полученный склеиванием пакетов разных цветов и пород в блок с последующим строганием под углом*)
rotary-cut ~ лущёный шпон
sapele ~ шпон породы сапель
scrap ~ шпон низкого сорта; отходы шпона
sliced ~ строганый шпон
smooth-skinned ~ шпон с гладкой поверхностью
spliced (cut) ~ ребросклеенный шпон
stacked ~ пачка шпона
stained ~ загрязнённый шпон
stain-free ~ незагрязнённый шпон
stressed skin ~ авиационная фанера; конструкционная фанера
structural ~ шпон для изготовления высокопрочной конструкционной фанеры
stump ~ шпон, полученный из пня
stumpwood ~ шпон, полученный из комлевой части (*отличается более плотной древесиной и необычным рисунком*)
unspliced ~ несклеенный шпон
vinyl ~ виниловый шпон; синтетический шпон
waste ~ шпон низкого сорта, отходы шпона
wild figured ~ шпон с экзотическим сложным текстурным рисунком
wood ~ натуральный шпон (*из древесины*)
veneered облицованный шпоном; фанерованный
both-side ~ облицованный шпоном с двух сторон; с двухсторонней облицовкой шпоном
flush ~ фанерованный заподлицо; облицованный шпоном заподлицо
veneerer фанеровщик
veneering фанерование, облицовка шпоном
vacuum ~ облицовывание шпоном в вакууме; фанерование в вакууме
Venesta *фирм.* венеста (*раннее название фанеры*)
vent вентиляционное отверстие, отдушина; выходное отверстие; клапан ǁ выпускать; давать выход
blow ~ сдувной кран
ventilation вентиляция
soil ~ аэрация почвы
verdant 1. облиственный, покрытый листьями 2. зелёный
verdure зелёная листва, зелень
verge 1. край, кромка 2. граница 3. верже (*бумага*)
verification проверка, эксперимент, исследование
vermillion 1. вермильон (*искусственная киноварь*) 2. сурико-красный, матово-красный, ярко-красный
vernal весенний
vernation 1. листосложение (*в почках*) 2. заложение цветка (*в бутоне*)

vernier верньер (*прибор*)
versatile универсальный (*напр. о прессе*)
verticil *бот.* мутовка
verticillate мутовчатый
vessel сосуд, резервуар
  annular ~ *бот.* кольчатый сосуд
  cooking ~ варочный котёл
  hollander ~ ванна ролла
  hydrolysis ~ гидролизёр
  intermediate ~ промежуточная ёмкость
  latex ~ *бот.* млечник
  lignified ~ одревесневший [лигнифицированный] сосуд
  mixing ~ for impregnation liquid *спич.* смесительная ёмкость для пропиточной жидкости
  pitted ~ *бот.* пористый сосуд
  presteaming ~ резервуар для предварительной пропитки (*щепы*)
  reticulate ~ *бот.* сетчатый сосуд
  spiral ~ *бот.* спиральный сосуд
  steaming ~ пропарочная камера
  stirred ~ резервуар с мешалкой
  washing ~ промывной сосуд, диффузор (*для фибры*)
veteran дерево диаметром более 60 см
V-groover фрезерный *или* пильный станок для V-образных пазов; усовочный станок
viability жизнеспособность
vice тиски, клещи ‖ сжимать; зажимать
  filing-and-setting ~ зажимные тиски для ручной точки и правки пил
  saw ~ тиски для заправки пил
vicinity of crown сомкнутость крон (*деревьев*)
Vickery *фирм.* сукномойка «Викери»
Viclan *фирм.* виклан (*поливинилхлоридные смолы и решётки*)
viewly в хорошем состоянии (*напр. о лесоматериалах*)
vigor:
  seed ~ энергия прорастания семян
  seedling ~ всхожесть, дружность всходов
villous волосистый; пушистый, покрытый пушком
vinegar:
  wood ~ древесный уксус
vinyl винил ‖ (хлор)виниловый

expanded ~ вспененный винил
foam-backed ~ винил, дублированный поролоном *или* пенопластом; виниловая плёнка со вспененной основой
quilted ~ стёганая виниловая обивка *или* облицовка (*мягкой мебели*)
rigid ~ жёсткий виниловый материал; жёсткая виниловая плёнка
woven ~ материал из плетёного винилового волокна
virulence вирулентность, ядовитость
viruliferous содержащий вирус
viscosity вязкость; липкость, клейкость
  chemical pulp ~ вязкость раствора целлюлозы
  chemical pulp cuprammonium ~ вязкость медно-аммиачного раствора целлюлозы
  intrinsic ~ характеристическая вязкость
  specific ~ удельная вязкость
visor защитный козырёк (*шлема*)
Visqueen *фирм.* висквин (*полиэтиленовая плёнка*)
V-match подбор шпона в ёлку
void 1. пора, пустота **2.** *pl* объём пор (*в бумажном листе*)
volatile летучий, испаряемый
volatilization улетучивание, возгонка
volume 1. объём, запас (*насаждения*) **2.** объём, вместимость ◇ **~ per piece** объём на единицу (*напр. одного бревна*); **~ per turn** нагрузка на рейс ; **~ stand** запас леса на корню; **~ when dry** объём лесоматериалов в абсолютно сухом состоянии; **~ when green** объём свежесрубленных лесоматериалов

~ of normal growing stock объём [запас] нормального древостоя
~ of stem объём стволовой части дерева; объём дерева *или* хлыста
apparent specific ~ кажущийся удельный объём (*бумаги*)
average ~ per tree средний объём дерева *или* хлыста
exploitable ~ эксплуатационный запас
felling ~ объём рубки, объём заготовки
gross merchantable ~ of wood объём

volume

ствола дерева без пня и вершины, но включая повреждённые участки
harvested ~ per ha объём заготавливаемого с одного га леса
lumber-tally ~ объём пиломатериалов в соответствии со спецификацией
mean tree ~ объём среднего дерева или хлыста
merchantable ~ объём деловой части ствола
raft ~ объём плота
solid ~ объём (*древесины*) в плотных единицах
stacked ~ складочный объём
standing ~ запас леса на корню
stock ~ запас насаждения
superficial ~ складочный объём
swept ~ рабочий объём
timber ~ per hectar запас древесины на одном га
tree overbark ~ объём дерева с корой
tree underbark ~ объём дерева без коры
turn ~ объём воза; нагрузка на рейс
utilized ~ per tree объём деловой древесины, получаемой из одного дерева
void ~ 1. объём пустот (*в штабеле*) 2. объём воздуха (*в листе бумаги*)
volunteer *амер.* лесной дичок
vorject вихревой очиститель
vortrap вихревая ловушка, фортрап
vorvac вихревой вакуумный очиститель
Vulkone *фирм.* вулкон (*листовой полипропилен и АБС*)
Vybak *фирм.* вибак (*полимеры и формовочный состав поливинилхлорида*)
Vynide *фирм.* винид (*ткань с покрытием ПВХ*)

W

waco-filter *фирм.* вакофильтр (*установка для улавливания волокон и фильтрации воды*)
wad 1. пыж, комок (*напр. бумаги*) 2. подбивать (*мягкую мебель*)
wadding 1. набивка, ватник, настил (*мягкой мебели*) 2. пыж, комок (*напр. бумаги*)
cellulose ~ целлюлозная вата
crepe ~ крепированная бумага для набивки
insulating ~ изолирующая набивка, изоляция
jute flock ~ ватник из джутовых очёсов
wade переходить вброд; пробираться по глубокому снегу *или* грязи
wafer брикет ‖ брикетировать
waferboard вафельная плита
wafering брикетирование
wage *часто pl* заработная плата
day ~ поденная заработная плата
hour rate ~ почасовая заработная плата; почасовая оплата труда
incentive ~ *амер.* прогрессивная оплата труда
piece rate [piecework] ~ сдельная заработная плата
time ~ повременная заработная плата; повременная оплата труда
wagon 1. вагонетка; вагон 2. повозка; телега 3. столик на колёсах
fire ~ противопожарная установка
flat ~ тележка; платформа без бортов
wainscot 1. ванчес (*брус с тремя отёсанными сторонами*) 2. панельная обшивка стен
wall стена; перегородка
batten ~ дощатая перегородка
cell ~ оболочка клетки; клеточная оболочка
lock ~ стена шлюзовой камеры
piling ~ шпунтовая стенка, частокол
primary cell ~ первичная оболочка клетки
ray cell ~s стенки клеток сердцевинных лучей
secondary cell ~ вторичная оболочка клетки
sluice-lift ~ стена шлюзовой камеры
tertiary ~ третичный слой (*оболочки клетки*)
toe ~ подпорная дамба (*для защиты главной плотины от разрушения в связи с эрозией почвы*)
wallboard 1. обивочный картон 2. строительный картон 3. (изоляционно-отделочная) древесноволокнистая плита

asbestos ~ асбестовый строительный картон
homogeneous fiber ~ однородная древесноволокнистая плита; лёгкая древесностружечная плита
laminated ~ слоистая [ламинированная] древесноволокнистая плита
wallow ворот
wallpaper бумага для обоев, обои
walnut 1. орех (*Juglans*) 2. орех, ореховая древесина
wand 1. длинный тонкий черенок 2. размножение черенками (*ивы*)
wane обзол, остатки коры (*на доске*)
wane-edge нечистообрезной, обзольный (*о пиломатериалах*)
wanigan плавучий домик сплавщиков
want:
  wood ~ скос (*дефект, из-за которого не выдерживается нужная толщина детали*)
wany обзольная доска ‖ обзольный
ward:
  wood ~ лесничий
warden *кан.* работник лесной охраны
  forest ~ лесник
wardrobe платяной шкаф
ware изделие; товары
warehouse склад, складское помещение
  barreling ~ склад розлива (*канифоли*)
warehouseman 1. владелец склада; служащий на складе 2. оптовый торговец
wareite *фирм.* уарейт (*бумажно-слоистый пластик, облицованный меламиновой плёнкой*)
warmhouse теплица, оранжерея
warp 1. основа (*ткани, сетки*) 2. коробление ‖ коробиться, изгибаться, скручиваться 3. варповаться; буксировать посредством наматывания троса на барабан
warpage 1. коробление; искривление 2. варпование, подтягивание, буксирование
warped покоробившийся; искривившийся
warping 1. коробление 2. отложение наносного ила (*после половодья*) 3. варпование, буксирование посредством наматывания троса на барабан (*закреплённого якорем лебёдки*)
warp-proof устойчивый к короблению; некоробящийся
Warrington канат «Уоррингтон» (*из двухслойных прядей с разным числом проволок по слоям и разным диаметром проволок в слое*)
wart 1. нарост, кап, наплыв (*на дереве*) 2. микровырост (*оболочки клетки*)
  tree ~ чёрный рак
warted бородавчатый
wash 1. гравий; валуны; наносы 2. глина 3. тонкий слой ‖ покрывать тонким слоем 4. *амер.* старое русло реки 5. промывка ‖ мыть, смывать, обмывать, брызгать (*см. тж.* washing)
◊ to ~ away смывать; вымывать (*почву*); to ~ over наводнять, затоплять
washboarding 1. неровная ребристая поверхность щита (*из-за неравномерной усушки реек серединки щита*) 2. образование волнистой дорожной поверхности; колейный износ дороги
washer 1. шайба, прокладка 2. мойка, промыватель, промывной аппарат
  bed ~ песочница (*в ролле*)
  brown-stock ~ вакуум-фильтр для промывки сульфатной целлюлозы
  cell-type ~ ячейковый фильтр
  chlorinated-stock ~ промыватель хлорированной массы
  countercurrent ~ промывной аппарат с противотоком
  cylinder ~ промывной барабан
  dregs ~ аппарат для промывки отстоя (*в производстве сульфатной целлюлозы*)
  drum ~ промывной барабан
  feather ~ устройство для промывки пера
  felt suction ~ вакуумная сукномойка
  gas ~ скруббер, газопромыватель
  horizontal belt-type ~ горизонтальная ремённая промывная установка
  Oliver bleach ~ промывной фильтр Оливера
  pulpwood ~ барабан для промывки балансов
  rag ~ промывной ролл для тряпья

washer

rotary stock ~ ротационный промывной аппарат
white mud ~ промывной фильтр для шлама
washerman 1. рольщик промывных роллов 2. диффузорщик
washing 1. промывка 2. *pl* промывные воды
~ of color lake промывка красочного лака
displacement ~ промывка волокнистого полуфабриката вытеснением
hi-heat ~ горячая диффузионная промывка
mixing ~ промывка волокнистого полуфабриката смешением
washout 1. промывной вентиль 2. промывка, прочистка
wasp перепончатокрылые (*Hytenoptera*)
wastage 1. потери; отходы 2. усушка; утечка
waste 1. отходы, обрезки; отбросы производства 2. ущерб, потери 3. пустошь 4. сточные воды 5. срыв бумаги 6. отработанный 7. портить (*материал*) ◇ ~ for fuel wood топливные отходы; дровяная древесина низкого качества
barking ~ отходы при окорке
black ash ~ остаток после выщелачивания подзола
card ~ очёски (*кроме хлопковых*)
card stripping ~ очёски кардочесальной машины
comber cotton ~ гребенные хлопковые очёски
core ~ остатки бумаги на патроне (*после разматывания рулона*)
crumpled ~ мятый бумажный брак
de-inked ~ облагороженная макулатура
felling ~ лесосечные отходы; порубочные остатки
finishing ~ бумажный брак после различных отделочных операций
kerf ~ опилки; отходы при пилении
logging ~ отходы лесозаготовок; лесосечные отходы
lumber ~ отходы лесопиления
paper ~ бумажные отходы, бумажные обрезки
sulfur ~ колчеданный огарок

trim ~ обрезки от кромок бумаги
wood ~ древесные отходы
wasteland бросовые земли, пустошь
wastepaper макулатура
wastewood 1. оставленная [брошенная] древесина 2. остатки, отходы (*лесозаготовок*)
water 1. вода 2. увлажнять, поливать ◇
above ~ над водой; надводный
~ of reaction вода, выделяющаяся в процессе реакции
acidified ~ подкислённая вода
attached ~ связанная вода
available ~ доступная (*растениям*) вода в почве
bound ~ связанная вода
circulating ~ оборотная вода
clarified ~ осветлённая вода
combined ~ связанная влага (*в древесине*)
dilution ~ разбавляющая вода
dish ~ сточная вода; промывная вода
equilibrium ~ равновесная влага
first ~ первые промывные воды (*фракция, направляемая на выпарку*)
flooding ~ промывная вода
free ~ 1. гравитационная вода (*в почве*) 2. избыточная влага (*содержание влаги выше точки насыщения волокна*)
hanging ~ подвешенная вода (*в почве*)
imbibed ~ связанная вода
imbibition ~ поглощённая вода
inherent ~ связанная вода
lime ~ известковая вода
loose ~ оборотная вода (*сушильной машины*)
packing ~ уплотняющая вода
perched ~ подвешенная вода (*в почве*)
pit ~ цел.-бум. подсеточная вода
purge ~ промывная вода
save-all ~ оборотная вода
scalding ~ вода для заваривания [для обваривания]
scouring ~ промывная вода
sealing ~ уплотняющая вода
shower ~ спрысковая вода
suction ~ цел.-бум. вода с сосунов
thinning ~ вода для разбавления массы

web

towable ~ пригодная к сплаву вода; пригодный к сплаву водный путь
tray ~ цел.-бум. подсеточная вода
underground ~ грунтовая вода
void ~ поровая вода
watercore водослойная древесина, водослой
water-diluted разбавленный водой
water-impervious водонепроницаемый
waterleaf лист без наполнителей и проклейки
water-logged 1. затопленный, полузатопленный 2. заболоченный (*о почве*) 3. переувлажнённый
watermark 1. водяное пятно, водослой (*на древесине*) 2. водяной знак, филигрань
　impressed ~ искусственный водяной знак
　intaglio ~ теневой водяной знак
　main ~ эмблематическая часть водяного знака
waterproof водонепроницаемый
water-repellent 1. гидрофобный 2. водоотталкивающий
water-tight водонепроницаемый
wattle 1. прут, ветка ‖ переплетать прутья, делать фашины 2. акация (*Acacia*)
wave 1. волна 2. *pl* коробление, волнистость
wavy волнистый, рифлёный
wavy-fibered свилеватый; косослойный; со струйчатой структурой, с прожилками (*о древесине*)
wavy-grown свилеватый
wax 1. воск ‖ вощить 2. неразведённый клей 3. парафин
　fiber ~ воск из эспарто
　finisher's ~ мастика в палочках, сургуч
　grafting ~ воск для прививок (*растений*)
　sealing ~ мастика в палочках, сургуч
waxer машина для парафинирования
　sheet ~ приспособление для нанесения парафина на лист картона
waxing 1. парафинирование, вощение 2. бумага-основа для парафинирования
way 1. дорога, путь; колея; проход, проезд 2. *амер.* расстояние 3. средство, метод 4. *pl* деревянные подкладки для болотистой местности
　base ~s направляющие станины
　loading ~ площадка для разгрузки и транспортирования (*сырья к лесопильному цеху или складу*)
　log ~ лесотранспортёр для брёвен
　pendulum cable ~ маятниковая канатная установка (*с маятниковым движением кареток*)
　road ~ часть дорожной полосы, занятая собственно дорогой; проезжая часть дороги
　wire-rope ~ канатная [тросовая] дорога
weakening:
　mixture ~ разбавление смеси
wear износ, истирание ‖ изнашивать, истирать
wearing-away 1. износ, истирание 2. естественное затупление (*дефибрерного камня*)
wearing-down см. wearing-away
weathering 1. природное воздействие на окружающую среду (*выветривание, промерзание, эрозия*) 2. старение в атмосферных условиях, разрушение в атмосферных условиях 3. выдерживание в атмосферных условиях
weatherproof устойчивый против атмосферных влияний; стойкий к действию атмосферных условий; защищённый от непогоды
weather-resistant стойкий к действию атмосферных условий
weaver:
　shingle ~ рабочий, работающий на гонторезном станке
weaving *меб.* плетение
web 1. полотно (*пилы*); основание ножевого полотна 2. поперечная кромка (*сверла*) 3. решётка (*сквозной формы*) 4. ткань, полотно 5. полотно бумаги
　chair ~ тесьма для связывания пружин мягкой мебели
　crosslapped ~ многослойная ткань
　English ~ джутовая ткань в чёрную и белую полоску (*используемая в качестве нижнего настила в мягкой мебели*)

489

webbing

webbing 1. тесьма ленты; плетёная деталь **2.** ткань, плетение
rubberised ~ прорезиненная лента
snake ~ пружина «змейка» ; пружинное плетение «змейка»
web-former бумагоделательная машина
wedge 1. клин **2.** расширение пропила с помощью клина (*для направленной валки дерева или предотвращения зажима пильной шины*) **3.** клинообразная площадь **4.** заклинивать; закреплять при помощи клиньев ◇ to **~ apart** расклинивать; to **~ a tree** свалить дерево с помощью клина; to **~ up** заклинивать
bucking ~ клин для раскряжёвки
cleaving ~ клин для раскалывания
conventional ~ валочный клин, забиваемый в пропил
dog ~ клин с кольцом у основания
falling ~ валочный клин
felling ~ валочный клин
folding ~s парные клинья [клиновой упор] для зажима детали (*в прессе или вайме*)
hydraulic (felling) ~ гидроклин для валки деревьев; валочный гидроклин
parallax ~ приспособление для измерения сдвига высот параллакса
powder ~ взрывной клин (*для раскалывания толстых брёвен взрывным зарядом*)
socket ~ валочный клин с гнездом для деревянной ручки (*для первоначальной установки в пропил*)
splitting ~ клин для раскалывания
wedging расширение пропила клином; расклинивание, заклинивание
fox(-tailed) ~ глухое соединение на шип ласточкин хвост
weed 1. сорняк, сорная трава **2.** пропалывать [уничтожать] сорняки ◇ to **~ out** пропалывать сорняки
weeder прополочный культиватор
weedicide гербицид
weeding 1. агротехнический уход (*за лесными культурами*) **2.** прополка сорняков (*в питомнике*) **3.** расчистка территории (*от кустарника*)
first ~ осветление (*рубка ухода*)
weevil долгоносик, слоник; *pl* долгоносики, слоники (*Curculionidae*)
weigher весовщик

weighing 1. взвешивание **2.** наполнение, утяжеление (*бумаги*)
weight масса, вес; груз, нагрузка ‖ нагружать, утяжелять ◇ **~ empty** масса порожняком; **~ per axle** нагрузка на ось
adhesion ~ сцепная масса
air-dry ~ воздушно-сухая масса
apparent ~ *стат.* кажущийся вес
avoirdupois ~s английская система единиц веса и массы
base [basis] ~ плотность бумаги (*м^2 бумаги или стопы стандартного формата*)
bulk ~ объёмный вес
coating ~ масса покровного слоя
combining ~ эквивалентная масса
dead ~ 1. дедвейт, грузоподъёмность судна **2.** балласт судна; мёртвый груз **3.** собственная масса
dry ~ 1. масса абсолютно сухой древесины **2.** сухой остаток
green ~ масса свежесрубленной древесины; масса свежесрубленного лесоматериала
green ~ of top масса надземной части (*растений*)
gross combination ~ полная масса автопоезда с грузом (*при одновременном расположении груза на тягаче и полуприцепе*)
gross train ~ полная масса автопоезда с грузом (*при отдельно расположенном грузе на тягаче и прицепе или тягаче с полуприцепом и прицепе*)
gross vehicle ~ полная масса автомобиля с грузом (*при расположении на нём всего груза*)
oven-dry ~ абсолютно сухая масса
provisional ~ съёмный груз; временная нагрузка
sheer ~ вертикальная нагрузка; вертикальное (*перпендикулярное*) направление действия нагрузки
shipping ~ масса в упаковке; масса-брутто
shot ~ масса загрузочной порции (*пресс-формы*)
thinning ~ *стат.* вес [объём] выборки при рубках ухода
unit ~ объёмная масса
volume timber ~ объёмная масса древесины

wet ~ 1. масса сырого [свежего] вещества 2. масса сырой древесины
weightometer автоматический счётчик массы; автоматические весы
  chip ~ автоматические весы для непрерывного взвешивания щепы
weir водослив, водосброс
  flush ~ водоспускная плотина
welder:
  upholstery ~ пресс для сварки синтетической облицовки (*мягкой мебели*)
well 1. резервуар, водоём 2. штуцер (*варочного котла*) 3. отстойник
  sand ~ песочница (*в ролле*)
wellhead ключ, родник, источник
welt 1. накладка; фальц; кайма, обшивка, рант ‖ обшивать, окаймлять 2. *pl* загнутые края (*дефект поверхности рулона бумаги*)
  winder ~s складки на поверхности бумаги (*образуются по ходу волокна при неравномерном натяжении во время намотки*)
welting обшивка, оторочка, кайма, бордюр, бортовка (*мягкой мебели*)
  foam ~ борт, край из пенопласта (*мягкая мебель*)
wet 1. влажность ‖ увлажнять, смачивать ‖ мокрый, влажный 2. жирноразмолотый, хорошо гидратированный (*о массе*) ◇ to ~ up увлажнять; гидратировать; гидратироваться (*о массе*)
wet-beaten жирноразмолотый (*о массе*)
wet-cementing мокрое склеивание (*фанеры*)
wet-gluing мокрое склеивание (*фанеры*)
wetland *амер.* заболоченные земли; плохо дренируемый сырой участок
wetness 1. влажность (*напр. грунта*) 2. жирность (*массы*)
wettability смачиваемость
wetwood 1. водослойная древесина, водослой 2. древесина живых деревьев с избыточным содержанием воды
Weydec *фирм.* уэйдек (*древесностружечная плита, облицованная бумажнослоистым пластиком с меламиновым покрытием*)
Weyroc *фирм.* уэйрок (*древесностружечная плита*)

whatnot горка, этажерка
wheel 1. колесо; маховичок 2. катить, катать
  angular ~ абразивный круг для угловой заточки
  band saw ~ шкив ленточной пилы
  bogie ~ каток ходовой тележки трактора
  brake ~ тормозной шкив
  burnishing ~ полировальный круг
  carrier rope ~ ролик канатиковой заправки
  channel ~ колесо с двумя ребордами
  covering ~ заделывающий каточек (*сеялки*)
  crawler ~ каток гусеницы
  emery ~ наждачный круг, точило; шлифовальный круг
  feed ~ 1. высевающий диск 2. высевающая катушка
  fifth ~ 1. прицепное устройство седельного тягача; опорный круг передней части полуприцепа 2. пятое колесо
  form ~ формирующее колесо (*для изготовления спичечной коробки*)
  furrow ~ бороздное колесо
  glaze ~ полировальный круг
  grinder ~ заточное колесо
  grinding ~ наждачный круг, точило
  hill-drop ~ высевающий диск
  jockey ~ натяжное колесо (*гусеницы*); откидное опорное колесо (*полуприцепа*)
  knurling ~ шаблон для тиснения, молет(а)
  logging ~s 1. прицепная трелёвочная арка на колёсном ходу 2. передки для трелёвки (*прицеп на высоких колёсах, к оси которого подвешивается трелюемый груз*)
  moistening ~ диск смачивающего устройства (*для ребросклеивания шпона*)
  packer ~ прикатывающий каток
  pegged ~ ошипованный валец
  ratchet ~ храповое колесо, храповик
  road ~ ходовое колесо, каток гусеничного трактора
  scoop ~ черпальное колесо
  seed ~ высевающий диск
  skate ~ направляющий сектор (*сор-

wheel

тировочного устройства для пиломатериалов)
steering ~ поворотное колесо, колесо управления
tug ~ приводное колесо; передаточный шкив
wheeler подвозчик
wheelspan колея
whet точить, править
whetting тонкая шлифовка, пришлифовывание, доводка, правка ножей
whim 1. вага; лебёдка 2. *австрал.* передки для трелёвки (*см. тж.* logging wheels 2.)
whin *австрал.* передки для трелёвки (*см. тж.* logging wheels 2.)
whip 1. дерево, охлёстывающее хвойные деревья ‖ охлёстывать (*вершины деревьев*) 2. искривлённое дерево 3. *pl* неделовые деревья в насаждении (*лиственные деревья в хвойном насаждении*) 4. поднимать груз лебёдкой, захватывать
whippage биение
whipper 1. вал с билами (*в разбивном ролле*) 2. приспособление для очистки сукон (*на картоноделательных машинах*)
   felt ~ било для сукон
whipping биение; качение; прогиб, провисание
whipsawing продольная распиловка брёвен двуручной пилой
"whiskers" козырёк, остающийся на пне (*после валки дерева*)
whistle punk *устар.* сигнальщик на лебёдочной трелёвке
white 1. белила; белый пигмент 2. заболонь 3. *pl* белое тряпьё ◇ in the ~ в белом [в неотделанном] виде (*о древесине, мебели*)
   base ~ загрунтовка (*при крашении бумаги*)
   corrected ~ *см.* dyed white
   dyed ~ подцвеченная обёрточная бумага; «канатная» обёрточная бумага; манильская бумага
   flat ~ матовый белый цвет; матовые белила
   pearl ~ искусственный гипс (*наполнитель*)
   permanent ~ бланфикс (*искусственный тяжелый шпат*)
   satin ~ 1. сатинированная бумага 2. сатинит (*белый пигмент*)
whitener осветлитель; белитель
whiteness белизна; степень белизны
whitewood 1. ель обыкновенная (*Picea excelsa*) 2. липа американская (*Tilia americana*) 3. белая древесина (*хвойных и лиственных пород*) 4. тяговая древесина 5. древесина ели обыкновенной и пихты белой (*торговый термин*)
   Russian ~ торговое название древесины ели обыкновенной и пихты белой из России
White Wycombe виндзорский стул в неотделанном виде
whiting мел (*для наполнения и мелования*)
whittle 1. американский лесорубочный топор 2. точильный брусок
whittler резчик по дереву
whorl 1. кольцо, периметр 2. мутовка 3. виток; завиток; изгиб
   false ~ ложная мутовка
whorlless ненормально вытянутый (*о вершине дерева без боковых ветвей*)
whortleberry черника (*Vaccinium myrtillus*)
wicker, wickerwork плетёные изделия
wicking капиллярность (*целлюлозы при мерсеризации*)
widener:
   sleigh runner ~ уширитель санного полоза (*для работы на слабых грунтах*)
wide-ringed широкослойный (*о древесине*)
width ширина, толщина ◇ ~ over set развод зубьев пилы; ширина пропила
   ~ **of cut** ширина пропила
   ~ **of floating route** ширина лесосплавного хода
   ~ **of kerf** ширина пропила
   bar ~ толщина ножа
   bunk ~ ширина коников
   clearing ~ ширина расчистки (*участка*)
   deckle ~ необрезная ширина бумажного полотна (*между декельными ремнями*)
   effective ~ рабочая ширина (*захвата*)

winding

face ~ 1. ширина карры 2. ширина установленной доски (*пола, обшивки*)
furrow ~ 1. ширина борозды 2. ширина захвата плужного корпуса
inner ~ ширина в свету
opening ~ ширина раскрытия (*захвата*)
overall ~ габаритная ширина
planting ~ ширина междурядья, междурядье
plow ~ ширина захвата плуга
ring ~ ширина годичного слоя
rolling ~ рабочая ширина катка
row ~ ширина междурядья, междурядье
sowing ~ ширина захвата сеялки
swath ~ ширина пасеки (*в лесосеке*)
tooth space ~ ширина впадины между зубьями
track ~ ширина колеи
trim (med) ~ чистообрезная ширина
wire ~ ширина сетки
working ~ рабочая ширина (*бумагоделательной машины*)
wilderness девственная [первобытная] местность
wildfire пожар на девственных территориях; случайный лесной пожар
wildness облачный просвет
willow 1. ива (*Salix*) 2. пылевыколачивающая машина
wilt вилт, увядание || вянуть, увядать; поникать
wimble плотничий бурав, коловорот, дрель || сверлить, буравить
winch 1. лебёдка, ворот, домкрат || поднимать лебёдкой *или* домкратом 2. стальная катушка, соединённая с приводом для наматывания и сматывания каната 3. мотовило ◊ to ~ down приземлять (*деревья*) с помощью лебёдки; ~ with friction gear фрикционная лебёдка
anchor ~ якорная лебёдка
bracket ~ стенная лебёдка; настенный ворот
capstan ~ кабестан; шпилевая лебёдка
double-drum ~ лебёдка с двумя отдельно управляемыми барабанами; двухбарабанная лебёдка

drum ~ барабанная лебёдка
grubbing ~ корчевальная машина
hoisting ~ подъёмная лебёдка, ворот
lorry ~ грузовой автомобиль с лебёдкой; автомобильная лебёдка
monkey ~ ручная лебёдка
portside ~ левая лебёдка (*на судне*)
starboard side ~ правая лебёдка (*на судне*)
top mounted ~ лебёдка, устанавливаемая на верху склона
towing ~ тяговая лебёдка
vehicle-supported ~ тракторная [автомобильная] лебёдка
winching 1. поднятие [подтаскивание] лебёдкой 2. наматывание троса на барабан лебёдки
winchman лебёдчик
windbelt полезащитная полоса
windbend 1. наклонный, согнутый 2. сгибаться [наклоняться] под воздействием ветра
windblow ветровал деревьев с корнем
windbreak 1. полезащитная полоса 2. бурелом, ветролом (*стволов и ветвей*)
windbreakage бурелом, ветролом (*стволов и ветвей*)
winder перемотный станок; перемотно-разрезной станок
bi-wind ~ двухрежимный перемотно-разрезной станок
center ~ накат с центральной намоткой
core ~ гильзонамоточный станок; гильзоклейный станок
friction ~ фрикционный перемотно-разрезной станок
side ~ дерево, сваленное при валке другого
spiral (tube) ~ машина для закручивания трубок в спираль
surface-type ~ периферический накат; накат с поверхностным приводом
three shaft turret ~ трёхтамбурный накат для намотки бумаги
tube ~ машина для закручивания катушек *или* гильз
windfall 1. ветровал 2. ветровальный участок (*леса*) 3. валежник
windfirm ветроустойчивый (*о дереве*)
winding 1. навивка (*каната, проволо*

winding

ки); намотка, наматывание 2. извилина, изгиб, поворот ‖ извилистый
strip ~ гнутьё способом навивки листового материала на шаблон
windlass лебёдка, ворот
windlean 1. наклонный, согнутый 2. сгибаться [наклоняться] под воздействием ветра
window окно
  bay ~ выступающее окно, «фонарь»
  blank ~ ложное [слепое] окно
  casement ~ створчатое [французское] окно
  check rail ~ глухой оконный переплёт; двустворчатая оконная рама с фрамугами, скользящими по вертикали
  compass ~ стрельчатое окно; полукруглый эркер
  cottage ~ двустворчатое окно, верхняя фрамуга которого короче нижней
  double-hung ~ окно из двух створок, передвигающихся в вертикальном направлении
  flanking ~ боковое окно
  french ~ створчатое [французское] окно
  gable ~ слуховое окно
  hinged-in ~ окно, открывающееся внутрь
  hinged-out ~ окно, открывающееся наружу
  hospital ~ загрузочное окно
  pivoted ~ откидное окно, форточка
  plain rail ~ 1. оконный переплёт из брусков продольного распила 2. двустворчатое окно (толщина средников которого равна толщине обвязки)
  sash (-and-frame) ~ подъёмное или опускное окно
  storm ~ 1. зимний оконный переплёт 2. вертикальное слуховое окно внутри крыши
  transom ~ двустворчатое окно, верхняя фрамуга которого короче нижней
  triple-hung ~ трёхстворчатое окно с фрамугами, скользящими по вертикали
  wheel ~ окно «роза»
windrow 1. штабель древесины, уложенный вдоль дороги 2. вал порубочных остатков
windrowing сбор в валы (порубочных остатков)
Windsor стиль мебели Виндзор
  Firehouse ~ виндзорское кресло (американское название виндзорского кресла с низкой спинкой из точёных вертикальных брусков)
  Philadelphia ~ низкое деревянное виндзорское кресло с полукруглой спинкой из точёных реек (США, XVIII в.)
windthrow ветровал (деревьев с корнями)
wing 1. боковой лепесток 2. ветка 3. крылатка (у семени) 4. перо (отвала плуга); хвостовик 5. крыло; боковина
wingless бескрылый (о семенах)
winglight часть застеклённой створки двери
wiper 1. скребок, сгребалка 2. обтирочный материал 3. стеклоочиститель
wiping вытирание, протирка, втирание (отделка)
  pigment ~ втирание пигмента или красителя
wire 1. проволока, трос, провод ‖ обвязывать проволокой 2. сетка (бумагоделательной машины)
  backing (-up) ~ подкладочная сетка (напр. у формующего цилиндра круглосеточной машины)
  bedding spring ~ проволока для изготовления пружин
  binding ~ вязальная [бандажная] проволока
  border ~ бортовая проволока
  bottom ~ нижняя сетка
  bracing ~ растяжка, расчалка
  bright ~ стальная полированная проволока
  chains ~s скрепляющие проволоки (на сетке черпальной формы)
  chilled spring ~ пружинная проволока из мягкой стали
  facing ~ наружная [верхняя] сетка (напр. у формующего цилиндра круглосеточной машины)
  filler ~ заполняющая проволока (в канатной пряди)

wood

flattened ~ проволока плоского сечения
fourdrinier ~ длинная сетка
furrow ~ проволока большого диаметра, входящая в наружный слой (*пряди каната конструкции «Уоррингтон»*)
machine ~ сетка бумагоделательной машины
netting ~ проволока для сеток
outside ~ верхняя сетка
plain weave ~ ординарная сетка
ridge ~ проволока меньшего диаметра, входящая в наружный слой (*пряди каната конструкции «Уоррингтон»*)
stranded ~ проволочная прядь (*каната*)
upholstery ~ проволока для изготовления пружин для мягкой мебели
winding ~ подкладочная сетка
wirework проволочная сетка
wireworm проволочник (*личинка щелкуна Elateridae*)
wishbone вильчатый рычаг
withdrawal удаление, отвод
   liquor ~ оттяжка щёлока
wobble 1. качаться, колебаться 2. бить (*о колесе*)
wood 1. древесина, лесоматериал(ы); дерево (*срубленное*) 2. лес, лесонасаждение 3. *англ.* участок леса
◊ ~ **for charcoal** древесное сырьё для углежжения; ~ **for dry distillation** древесное сырьё для сухой перегонки; ~ **in the round** круглый лесоматериал (*включая дерево*); ~ **on the stem** 1. стволовая древесина 2. растущий лес; лес на корню; насаждение; **to carbonize** ~ выжигать древесный уголь
~ **of commerce** поделочная древесина
abnormal ~ креневая древесина, крень
acetylated ~ модифицированная древесина, обработанная ангидридом уксусной кислоты
acid ~ древесина химической обработки; химическая древесина; древесина для сухой перегонки (*преимущественно лиственная*)

adult ~ спелая древесина
air-dried ~ воздушно-сухая древесина
air-seasoned ~ древесина сезонной сушки
angiospermous ~ лиственная древесина
apical ~ вершинная древесина
autumn ~ поздняя [осенняя] древесина
back ~ лесная глушь
balsa ~ бальза, пробковая древесина
bare ~ неотделанная [белая] древесина
barked ~ окоренные лесоматериалы
barrel ~ клёпочный кряж
bavin ~ хворост
bent ~ 1. гнутое дерево 2. гнутая мебель
billet ~ дрова круглые, мелкие
bobbin ~ заготовки для катушек (*из ольхи, берёзы, ясеня*)
body ~ балансовая древесина, заготовленная из бессучковой части ствола
bonus ~ древесина, используемая для вторичной переработки
box ~ ящичный [тарный] лесоматериал, тарный кряж
branch ~ 1. сучковатая древесина 2. древесина сучьев 3. дрова для углежжения
branchless ~ бессучковая древесина, бессучковый лесоматериал
broadleaf ~ древесина лиственных пород; лиственная древесина
brominated ~ бромированная древесина
brush ~ кустарник, заросль; хворост, валежник; ветки, порубочные остатки
bucked ~ раскряжёванный лес
building ~ строевой лес; строительный лесоматериал; строительное бревно
bull ~ креневая древесина, крень
burnt ~ горельник
burr ~s 1. корнеотпрысковые деревья 2. древесина с капами и наплывами
cabinet ~ столярный [мебельный] лесоматериал

wood

car ~ древесина [лесоматериалы] железнодорожной доставки; коротьё, короткомерный сортимент
carving ~ пиломатериал
case ~ ящичный [тарный] лесоматериал; тарный кряж
cask ~ клёпочный кряж
charcoal ~ дрова для углежжения
charred ~ обожжённое дерево; обуглившаяся древесина
chipped ~ щепа; измельчённая в щепу древесина
cleavable ~ колкая древесина
closed ~ лесной заказник
close-grained ~ 1. мелкослойная древесина 2. мелкопористая [закрытопористая] древесина, древесина с мелким текстурным рисунком
coarse-grained ~ широкослойная древесина
coiled ~ тонкая изогнутая деревянная планка (*используемая в бочках вместо рогоза*)
comb-grained ~ сердцевинная доска
compressed ~ древесный слоистый пластик; прессованная древесина
compression ~ креневая древесина, крень
cooper's ~ клёпочный кряж
cord ~ дрова; поленья (*длиной около 1,2 м*)
core ~ ювенильная [недоразвитая] древесина (*внутреннего слоя ксилемы вокруг сердцевины*)
crippled ~ корявый лес
cross-cut ~ торцевая древесина
cross-fibered ~ древесина с наклоном волокон
cross-laminated ~ многослойная фанера
crown ~ лучшие сорта строительных брёвен
cull ~ гнилая [фаутная] древесина
curly ~ свилеватая древесина
cut ~ срубленный лес; заготовленный лес
damp ~ сырая древесина
dead (fallen) ~ валежная древесина, валежник; сухостой
decayed [decaying] ~ гнилая [фаутная] древесина
deciduous ~ древесина лиственных пород; лиственная древесина

deck ~ палубный кряж
dense ~ 1. плотная древесина 2. уплотнённая древесина 3. древесный пластик
desiccated ~ лесоматериал искусственной сушки
diffuse-porous ~ рассеянно-сосудистая лиственная древесина
disbarked ~ окоренная древесина
disintegrating ~ измельчённая древесина
distillation ~ древесина, предназначенная для перегонки
dozy ~ дряблая древесина
drift(ing) ~ 1. сплавной лесоматериал; лесоматериалы, сплавляемые россыпью 2. *фирм.* щитовой материал для обшивки, имитирующий рейки
durable ~ древесина твёрдой породы; твёрдая древесина
early ~ весенняя [ранняя] древесина
elfin ~ стланик (*стелющееся древесное растение*)
energy ~ древесное сырьё для энергетических целей; древесное топливо
excelsior ~ стружечный кряж
extract ~ древесина для экстрагирования
fadeless ~ невыцветающая [светостойкая] древесина
faggot ~ фашинник
fat ~ 1. смолистая древесина 2. древесина, содержащая запасную ткань с жирами 3. спелый осмол
faulty ~ фаутная [гнилая] древесина
felled ~ срубленный [поваленный] лес
felloe ~ ступичный кряж
fencing ~ штакетник, рейка для забора
figure(d) ~ узорчатая древесина
fine ~ ценная древесина; ценная древесная порода
fine-grained ~ мелкослойная древесина
finish ~ лесоматериал для столярных и внутренних отделочных работ
fire-killed ~ горельник
fireplace ~ дрова
fire-proofing ~ огнеупорная древесина
flexible ~ пластичная древесина

wood

(*прошедшая обработку теплом и давлением*)
float(ed) [floating] ~ сплавная древесина
forest-energy ~ древесное энергетическое топливо, заготовленное в лесу (*из отходов и др.*)
forked ~ сошка, рассошник, развилина
fossil ~ ископаемая древесина
framing ~ древесина [лесоматериалы] для сооружения каркаса зданий (*для стоек, балок*)
fresh ~ 1. свежесрубленная древесина 2. хрупкая древесина
fuel ~ топливная [дровяная] древесина, дрова
fully stocked ~ лесной массив, густой лес
gear densified ~ древесный слоистый пластик с звездообразным расположением волокон
genuine ~ натуральная древесина
glassy ~ креневая древесина, крень
glued ~ многослойная фанера; клеёная древесина
glued lamination ~ клеёные ламинированные деревянные элементы
green ~ свежесрубленная древесина
ground ~ 1. *австрал.* порубочные остатки 2. древесная масса
gum ~ смолистая древесина
gymnospermous ~ 1. хвойный лес 2. хвойная древесина; древесина хвойных пород
half round ~ полукруглый лесоматериал, половинник
hard ~ 1. древесина твёрдых пород; твёрдая древесина 2. древесина твердолиственных пород
high density ~ плотная [тяжёлая] древесина
highly resinous ~ 1. древесина с высокой смолистостью 2. осмол
hogged ~ измельчённая древесина
holding ~ недопил, непропил (*при валке дерева*)
immature ~ ювенильная [недоразвитая] древесина (*внутреннего слоя ксилемы вокруг сердцевины*)
impregnated ~ пропитанная древесина
improved ~ пластифицированная древесина; древесный пластик
incomplete ~ низкополнотное насаждение; разрежённое насаждение
indigenous ~ местная древесина
industrial ~ деловая древесина
inner ~ древесина центральной части ствола (*ядро, спелая древесина*)
intermediate ~ промежуточная древесина (*внутренний слой заболони*)
joinery ~ лесоматериалы для столярного производства
junk ~ низкокачественная древесина
juvenile ~ ювенильная [недоразвитая] древесина (*внутреннего слоя ксилемы вокруг сердцевины*)
kindling ~ дрова для растопки, щепки
knotty ~ сучковатая древесина
knotty and knaggy ~ сучковатое и свилеватое дерево
lace ~ древесина с кружевной текстурой
lap ~ *амер.* вершины и сучья, обрезанные с поваленных деревьев
late ~ поздняя [осенняя] древесина
leaf ~ 1. лиственная древесина 2. древесина твердолиственных пород
light ~ осмол
light-colored ~ древесина светлых пород
long-cut ~ длинномерный сортимент
loose-textured ~ древесина рыхлой текстуры (*хвойных пород*)
low-grade ~ низкосортная древесина; дровяная [топливная] древесина
low-pole ~ низкоствольный лес
low-quality ~ низкокачественная древесина
lumber ~ неотёсанные строевые лесоматериалы
lump ~ куски дерева, отрубки, чурбаны, бруски
match ~ спичечный кряж
mature ~ 1. спелая древесина 2. спелое дерево 3. годный к вырубке лес
merchantable ~ ликвидная древесина; деловая [товарная] древесина
mine ~ шахтный [рудничный] лесоматериал; рудничная стойка, рудстойка
modified ~ модифицированная древесина

wood

needle ~ хвойная древесина, древесина хвойных пород; мягкая древесина
nonpored ~ непористая древесина; несосудистая древесина (*для всех хвойных пород*)
nonporous ~ *см.* nonpored wood
oven-dry ~ абсолютно сухая древесина
overmature ~ 1. перестойная древесина 2. перестойное насаждение
overripe ~ 1. перестойная древесина 2. перестойное насаждение
packing case ~ тарный кряж
paper ~ балансы
paraquot treated ~ живая древесина, обработанная параквотом (*для увеличения смолистости*)
pecky ~ гнилая [фаутная] древесина
peeled ~ окоренная древесина, окоренные лесоматериалы
pencil ~ карандашная дощечка
petrified ~ окаменелый лес
pine stump ~ сосновый осмол
piny ~ сосновый бор, сосняк
pit ~ шахтный [рудничный] лесоматериал; рудничная стойка, рудостойка
pith ~ ювенильная [недоразвитая] древесина (*внутреннего слоя ксилемы вокруг сердцевины*)
plash ~ живая изгородь
pole ~ брёвна для столбов
pollarded ~ древесина из подстригаемых деревьев (*новые побеги создают и увеличивают декоративные качества в виде наплывов, капов и т.д.*)
pored ~ сосудистая древесина; пористая древесина (*лиственных пород*)
porous ~ *см.* pored wood
powdered ~ трухлявая древесина
prebunched ~ предварительно окученные [уложенные в пачки] деревья
pressure ~ креневая древесина, крень
primary ~ первичная древесина, первичная ксилема
raised-grain butt ~ узорчатая древесина комлевой *или* пнёвой части дерева

random felled ~ отдельно лежащие поваленные деревья
rare ~s редкие породы древесины
reaction ~ 1. тяговая древесина (*лиственных пород*) 2. креневая древесина, крень (*хвойных пород*)
refuse ~ древесные отходы (*на лесозаводах*)
resinous ~ 1. смолистая древесина 2. древесина хвойных пород 3. осмол
resonant ~ резонансный кряж; лесоматериалы для музыкальных инструментов
ring-porous ~ кольцесосудистая лиственная древесина; кольцепоровая древесина (*напр. дуба*)
rossed ~ чистоокоренные лесоматериалы
rotted [rotten] ~ гнилая [фаутная] древесина
rough ~ необработанные [неокоренные] лесоматериалы; неокоренные балансы
round ~ круглые лесоматериалы (*включая дрова*)
sap ~ заболонь
sawn ~ 1. пиломатериалы 2. пиломатериалы с опиленными кромками; чистообрезной пиломатериал
scrub ~ низкорослое дерево
seasoned ~ сухая древесина; выдержанный лесоматериал
secondary ~ вторичная древесина; древесина, образованная камбием; вторичная ксилема
second growth ~ 1. низкорослый лес 2. древесина порослевых пород
semiring porous ~ полукольцесосудистая древесина
short-cut ~ короткомерный сортимент; коротьё, чураки
show ~ видимая деревянная деталь (*в мягкой мебели*)
shunted ~ низкорослый [низкоствольный] лес
silky ~ древесина жёлтой канадской берёзы с текстурным рисунком
simulated ~ полимерный материал, имитирующий древесину
sleeper ~ шпальный лесоматериал; шпальный кряж
sleepy ~ пересушенная древесина
sliced ~ строганый шпон

woodknob

small ~ 1. перелесок 2. тонкомерный лес 3. мелкая древесина; тонкомерный сортимент
soft (-textured) ~ мягкая древесина; хвойная древесина; древесина хвойных пород
solid ~ 1. плотная древесина 2. массив (*лесной*)
sound ~ 1. здоровый лес 2. здоровая древесина
sounding ~ лесоматериалы для музыкальных инструментов; резонансный кряж
split ~ колотые лесоматериалы
spring ~ ранняя [весенняя] древесина
stacked ~ лесоматериал в штабеле (*объём которого определяется в складочных единицах*); корд дров (*в м³*)
staff ~ клёпка, клёпочный кряж
stained ~ морёное дерево
standing ~ лес (*на корню*), насаждение; искусственное насаждение
stem ~ 1. порослевое дерево 2. стволовая древесина
stock-pile ~ балансы кучевого хранения
stow ~ низкосортная древесина в качестве прокладок при загрузке судна
straightgrained ~ древесина с прямыми волокнами; прямослойная древесина
stump ~ 1. пнёвая древесина (*для ножевой фанеры*) 2. *pl* лесоматериалы, сложенные у пня (*на месте валки*) 3. пнёвый осмол
stunted ~ низкобонитетное насаждение
summer ~ летняя древесина; летние лесоматериалы
sway ~ *австрал.* креневая древесина, крень
sweet ~s плодовые деревья
tangential grain densified ~ древесный слоистый пластик с тангентальным расположением волокон
tensile densified ~ древесный слоистый пластик с параллельным расположением волокон
tension ~ тяговая древесина (*с растянутыми волокнами*)
timber ~ строительный лесоматериал, строительное бревно

tough branch ~ сучья, древесина сучьев
triply ~ трехслойная фанера
true ~ сердцевинная древесина
trunk ~ древесина ствола; ядровая древесина
unbarked ~ неокоренные [необработанные] лесоматериалы
uncut ~ недопил, непропил (*при валке*)
unseasoned ~ сырые [непросушенные, невыдержанные] лесоматериалы
veined ~ древесина с узорчатой текстурой
veneering ~ ножевая фанера; строганый шпон
visible ~ древесина для лицевых поверхностей мебели
waste ~ древесные отходы
wavy-fibered ~ свилеватая древесина
white deal ~ еловая *или* пихтовая древесина
wide-ringed ~ крупнослойная древесина
wound ~ раневая древесина
woodbunk коник, лесонакопитель
woodcarver резчик по дереву
woodcraft 1. знание леса, умение ориентироваться в лесу 2. ремесло *или* занятие, связанное с обработкой древесины; ремесло деревообделочника, столяра, плотника, резчика по дереву; умение мастерить из дерева
woodcutter 1. лесоруб; рабочий на заготовке леса 2. резчик по дереву
woodcutting 1. валка леса 2. резьба по дереву
wooded покрытый лесом, лесистый (*о территории*)
richly ~ многолесный
sparsely ~ малолесный
thickly ~ многолесный; густо заросший лесом
wooden деревянный
wood-free без содержания древесной массы (*о бумаге из целлюлозы*)
wood-grained имеющий рисунок текстуры древесины; с текстурной печатью
woodgrower лесовод
woodknob наплыв, нарост, кап

woodland

woodland 1. лес, насаждение 2. лесная площадь 3. низкорослая растительность с незначительным участием деревьев
  broadleaved ~ широколиственный лес
  carr ~ *англ.* карр, территория закустаренного низинного болота
  cold-deciduous ~ зимнелистопадный (тропический) лес
  common ~ общинный лес
  desert ~ территория, покрытая саванной
  drough-deciduous ~ летнелистопадный (тропический) лес
  elfin ~ территория, поросшая стлаником; криволесье
  field ~ перелесок
  open ~ редкостойный лес, редколесье
  riparian ~ тугайный лес
  savanna ~ саванное редколесье
  sparse ~ изреженный [редкополнотный] древостой
  thorn(y) ~ территория, поросшая ксерофитным кустарниковым лесом; колючее редколесье
woodlot 1. лесной участок 2. огороженный забором участок
  farm ~ 1. лес сельскохозяйственного пользования 2. фермерский лес
woodman 1. лесник 2. лесоруб 3. столяр 4. лесной житель 5. торговец дровами 6. деревообделочник
wood-meadow парковый лес, лесопарк
woodmill:
  instant ~ компактная линия для полной переработки древесного сырья в стружку; «готовый лесозавод»
woodmolding деревянная профильная погонажная деталь
woodmonger *уст.* лесопромышленник, торговец лесом
woodpecker 1. дятел; *pl* дятловые (*Picidae*) 2. *проф.* неопытный лесоруб
woodpile штабель дров *или* лесоматериалов; поленница (*дров*)
woodpulp древесная масса
  mechanical ~ древесная масса
woodray сердцевинный луч (*древесины*)
woodshop деревообрабатывающий цех
woodsman *амер.* лесной житель (*о леснике, лесорубе, охотнике и т.п.*)

woodward лесничий, лесник
woodware деревянное оборудование (*мебель*)
woodwaste 1. оставленная [брошенная] древесина 2. остатки, отходы (*лесозаготовок*)
woodwork 1. деревообработка; плотничья [столярная] обработка 2. деревянные изделия
  applied ~ накладной деревянный элемент; отдельный деревянный декоративный элемент
  exposed ~ наружные деревянные конструкции и детали
woodworker 1. деревообработчик (*столяр, плотник*) 2. деревообделочный [деревообрабатывающий] станок
  variety ~ универсальный деревообрабатывающий станок
woodworking деревообработка, обработка древесины
woody 1. лесистый, лесной 2. древянистый, древесный
woodyard лесной склад, лесная биржа; место складирования лесоматериалов
wool шерсть
  paper ~ бумажная шерсть
  pine needle ~ сосновая шерсть
  rock ~ каменная шерсть (*почвоулучшитель*)
  vegetable ~ растительный пушок (*зелёных шишек*)
  wood ~ древесная шерсть
wooliness пушистость, ворсистость (*поверхности среза тяговой древесины или древесины, перерезанной тупым ножом*)
work 1. работа; работы ‖ работать 2. *pl* завод, мастерская 3. изделие, продукция
  bantam ~ тонкая декоративная резьба по лаковому покрытию из цветных слоёв
  board-and-batten ~ переборка из толстых и тонких досок
  bundling ~ сплоточные работы
  cane ~ изделие, плетёное из камыша *или* тростника
  carcase ~ 1. изделие с каркасом 2. изделие рамочной *или* решётчатой конструкции 3. корпусное изделие
  carpenter's ~ плотничьи работы

wound

compass ~ круглое изделие
coping saw ~ вырезание лобзиком по дереву
cultural ~ лесокультурные работы
curved ~ 1. профильная или закруглённая панель 2. гнутьё (*процесс*)
cutting area ~ лесосечные работы
day(-wage) ~ подённая работа; работа с повременной оплатой
field ~ полевые работы; работы в лесу
finished ~ готовое изделие; обработанный материал
flat ~ вырезание плоских фигурок из дерева
frame ~ корпусное изделие; решётчатое изделие
fret ~ ажурная резьба
indirect ~ работа обслуживающего персонала; вспомогательные работы
inlaid ~ филёнчатая работа
jack ~ опорная рама площадки для выгрузки из воды брёвен (*для последующей отгрузки*); лесотранспортёр
jobbing ~ 1. изготовление мелких изделий 2. акцидентная продукция
layout ~ разметка изделий для обработки (*составление чертежа, плана, схемы*)
lip ~ плетёная из соломы мебель
mill ~ столярные работы
oriental lacker ~ 1. изделие из лакового дерева в восточном стиле 2. работа по лаку
parquetry ~s паркетная фабрика
piece ~ сдельная работа; поштучная работа
pierced ~ сквозная [ажурная] резьба
poker ~ 1. выжигание по дереву 2. рисунок, выжженный по дереву
preliminary ~ подготовительная работа
reclamation ~ восстановительные работы (*напр. ремонтные*)
ruling ~ набор для линовки
screen ~ плетень, забор в виде решётки
sewage treatment ~s установка для очистки сточных вод
shift ~ сменная работа
solid ~ обработка массивной древесины

straight ~ плоская панель *или* обшивка
task ~ сдельная работа
teem ~ бригадная работа
tracery ~ ажурная резьба по копиру
tree ~ уход и обрезка (*для омоложения ценных деревьев*)
workability 1. обрабатываемость, способность подвергаться обработке 2. пригодность для последующего использования
workbench 1. верстак 2. подкладное дерево
worker рабочий
  forest ~ рабочий в лесу
  journeyman ~ 1. подёнщик 2. квалифицированный рабочий
  part-time forest ~ сезонный рабочий в лесу
  permanent forest ~ постоянный рабочий в лесу
  piece ~ сдельщик
  seasonal ~ сезонный рабочий
workflow производственный поток
working 1. работа, действие, движение 2. система обслуживания 3. обработка 4. действующий, находящийся в эксплуатации
  circle ~ система постоянного пользования лесом
workpiece обрабатываемая деталь
  shaped ~ деталь с профильными поверхностями
workshop мастерская
worm 1. шнек, червяк, бесконечный винт 2. червь, личинка, гусеница
  broke conveyor ~ шнек для мокрого брака
  dandy ~ полосы от ровнителя (*дефект бумаги*)
  dewatering ~ обезвоживающий шнек
  timber ~ личинка стволовых вредителей
worm-eaten с червоточиной (*о древесине*)
worm-hole червоточина
wormy повреждённый вредителями, фаутный (*о древесине*)
wot *см.* wrought
wound 1. разрез, насечка (*на дереве*) 2. навивка
  fire ~ *амер.* пожарная сухобокость (*дерева*)

501

woves

woves веленевая бумага
  antique ~ матовая веленевая бумага
  duplicator ~ веленевая копийная бумага
wrack брак, отходы
wrap 1. обёртка ‖ обёртывать, заворачивать **2.** обёрточная бумага
  dog ~ верёвка с крюком
wrap-around круглая обёртка
wrapper 1. обёрточная бумага, обёртка **2.** упаковщик **3.** обвязочный канат, цепь **4.** обвязочная машина; упаковочное устройство
  alkali-resistant soap ~ щёлочеустойчивая обёртка для мыла
  black photographic ~ неактиничная бумага (*для фотопластинок*)
  bogus ~ серая макулатурная обёрточная бумага
  book ~ обложечная бумага
  food ~ обёрточная бумага для пищевых продуктов
  greaseproof ~ жиронепроницаемая упаковочная бумага
  matcher ~ устройство для упаковки спичечных коробок
  mill ~ фабричная обёртка
  pp ~ обвязочная машина с применением полипропиленовой плёнки
  printed ~ обёрточная бумага с напечатанным рисунком *или* текстом
  screening ~ упаковочная бумага для внутреннего слоя; обёртка из сучковой массы
  sealing ~ фабричная обёртка
  self-sealing ~ самозаклеивающая обёртка
  steel band ~ обвязочная машина с применением стальной ленты
  straw ~ соломенная обёртка
  waxed ~ парафинированная обёрточная бумага
wrapping 1. упаковка, завёртывание, обёртывание **2.** фанерование поверхности двойной кривизны **3.** навёртывание бумажного полотна **4.** обёрточный материал; обёрточная бумага
  fancy ~ пёстрая упаковочная бумага
  kraft ~ крафт-обёртка
  M.G. sulfite ~ сульфитная обёртка односторонней гладкости
  pocket ~ упаковка спичечных коробок в пачки

  rope ~ прочная бурая обёрточная бумага (*с содержанием волокна пеньки*), «канатная» обёрточная бумага
  shrink ~ **1.** упаковка в усадочную плёнку **2.** усадочная плёнка (*для упаковки мебели*)
  stretch ~ растягивающаяся плёнка (*для упаковки мебели*)
  wares ~ товарная бумага
wrenching подрезка боковых корней (*сеянцев*); обрыв корней (*сеянцев при подъёме пласта почвы в питомнике*)
wringer вальцовая сукномойка; отжимный валик
  felt ~ отжимный валик для сукон
wrinkle морщина, складка
wrinkle-leaved морщинистолистный
writhed изогнутый, скрученный
writings писчая бумага
  chemical manila ~ недревесная жёлтая писчая бумага
wrot *см.* **wrought**
wrought строганый (*о пиломатериале*)
wry кривой, искривлённый

X

xanthate ксантогенат
  cellulose ~ ксантогенат целлюлозы
xanthator аппарат для ксантогенирования
xanthogenate соль *или* эфир ксантогеновой кислоты, ксантогенат
xerophyte ксерофит (*растение сухих обитаний*)
xiphophyllous мечелистный
X-lift подъёмный стол с крестообразными опорами (*в фанерном производстве*)
xylanthrax *уст.* древесный уголь
xylary ксилемный
xylem ксилема
xylene ксилол
xylium лесное сообщество
xylocarp ксилокарп, жёсткий деревянистый плод
xylogen ксилоген, лигнин
xylogenous растущий на древесине

xylographer гравёр по дереву, ксилограф
xylography гравирование по дереву, ксилография
xyloid древесный
xylometer ксилометр (*прибор для определения плотности древесины*)
xylophage ксилофаг (*организм, питающийся древесиной*)
xylophagous питающийся древесиной
xylophilous растущий на древесине
xylophyte деревянистое растение
xylose ксилоза, древесный сахар
xylotomy ксилотомия (*приготовление срезов древесины для изучения строения древесины*)

Y

yank *амер.* рывок ‖ рвануть
yard 1. склад (*лесной*), лесная биржа, двор 2. площадка; огороженное место для производства строительных, плотничных и прочих работ 3. ярд (*0,9144 м*) 4. трелевать лебёдкой
central processing ~ центральный обрабатывающий пункт, нижний склад
concentration ~ грузосборный лесной склад
dock ~ порт, верфь
dryland sorting ~ сортировочный склад, сортировочная площадка (*с сортировкой лесоматериалов на земле, на берегу*)
intermediate ~ промежуточный склад
laid ~ площадь размером в 8 м², занятая шпунтованными досками
log ~ склад круглых лесоматериалов; лесная биржа
log-and-lumber ~ склад лесопильного завода; склад сырья и пиломатериалов
lumber ~ склад пиломатериалов
mill ~ лесная биржа; заводской склад (*лесоматериалов*)
raw material ~ склад сырья
reloading-and-processing ~ 1. перегрузочно-обрабатывающий склад 2. промежуточный склад; лесоперевалочный склад
reloading-and-sorting ~ 1. перегрузочно-сортировочный склад 2. промежуточный склад; лесоперевалочный склад
sort(ing) ~ сортировочная площадка
storage ~ (лесной) склад
timber ~ лесной склад; склад пиломатериалов
wood ~ лесной склад; дровяной склад
yardage 1. складирование, хранение 2. плата за хранение 3. длина (*полотна бумаги в рулоне*) в ярдах 4. площадь (*полотна бумаги в рулоне*) в квадратных ярдах
yarder 1. (многобарабанная) трелёвочная лебёдка 2. кран для укладки древесины на бирже
air ~ *см.* balloon yarder
balloon ~ лебёдка для привода аэростатной трелёвочной установки
counterweighted ~ передвижная лебёдочная установка с мачтой и контргрузом (*не требующая растяжек*)
grapple ~ канатная установка с захватом (*для бесчокерной трелёвки*)
gypsy ~ шпилевая лебёдка; паровая лебёдка, оборудованная кабестаном вместо барабана
interlocking ~ трелёвочная лебёдка с сблокированными [с синхронно вращающимися] барабанами
mobile spar ~ канатная установка с передвижной искусственной мачтой
multidrum ~ многобарабанная лебёдка
noninterlocking ~ трелёвочная лебёдка с несблокированными [с несинхронно вращающимися] барабанами (*когда натяжение канатов при наматывании на тяговой барабан поддерживается торможением холостого*)
peewee ~ механическая лебёдка
self-propelled ~ самоходная лебёдочная установка (*с приводом от двигателя лебёдки*)
slackline ~ лебёдка для привода установки с опускающимся несущим канатом
sled-mounted ~ лебёдка на полозьях

yarder

steel spar ~ лебёдка со стальной мачтой
swing(-type) ~ 1. лебёдка со стрелой-мачтой, установленной на поворотной платформе 2. канатная трелёвочная установка на экскаваторной базе
thinning ~ канатная лебёдка для рубок ухода
tower ~ лебёдка с мачтой; канатная установка с (искусственной) мачтой
Y-type ~ трелёвочная установка с разветвлённым Y-образно канатом
yarder-loader трелёвочно-погрузочная канатная установка
yarding трелёвка (с помощью каната, наматываемого на барабан лебёдки); канатная трелёвка
  balloon ~ аэростатная трелёвка
  branched cutting strip ~ разработка лесосеки канатной установкой чередующимися полосами, расположенными по обе стороны несущего каната
  cable(way) ~ подвесная канатная трелёвка
  grapple ~ бесчокерная канатная трелёвка (с помощью захватов)
  gravity carriage ~ канатная трелёвка с гравитационной кареткой
  ground ~ трелёвка волоком
  helicopter ~ вертолётная трелёвка
  highlead ~ полуподвесная трелёвка
  lateral ~ подтаскивание груза со стороны (к волоку, линии несущего каната и т.д.)
  skyline ~ подвесная трелёвка
yardman заведующий складом; рабочий на складе
yarn пряжа
  fancy ~ пряжа из двух или нескольких нитей, которые создают необычный рисунок (в обивке мягкой мебели)
  lurex ~ ткань с металлической нитью [с люрексом]
  raised ~ рельефная [объёмная] пряжа
year :
  cone ~ урожайный год (для шишек)
  mast ~ семенной год
  seed ~ семенной год
yearling однолетний лесной сеянец

yeast дрожжи
  baker's ~ хлебные дрожжи
yellow жёлтый (краситель)
  chrome ~ хромовый жёлтый
  direct fast ~ субстантивная прочная жёлтая (краска)
yellow-stain жёлтая грибная окраска (древесины лиственных пород)
yew тис ягодный, тис европейский (Taxus baccata)
ygapo болотистый лес, затопленный почти весь год (в бассейне Амазонки)
yield 1. выход (продукции); выработка, размер выработки 2. сток ◊ ~ **by log grade** выход по сортности брёвен; ~ **by thickness** выход по толщине; ~ **from felling** выход древесины на лесосеке, объём вырубки
  ~ **of log** выход пиломатериалов из бревна
  ~ **of spruce stand** производительность елового насаждения
  ~ **of thinning** выход древесины, полученный от рубок ухода
  actual ~ фактическая продуктивность (насаждения)
  annual ~ 1. годичная лесосека 2. ежегодное пользование лесом
  bulk ~ см. total yield
  expected gum ~ предполагаемый выход живицы
  fiber ~ выход древесных волокон
  final ~ размер рубки главного пользования лесом; окончательный [конечный] выход древесины
  financial ~ финансовая спелость
  forest ~ запас леса; выход древесины
  gross ~ см. total yield
  gum ~ выход живицы
  integral ~ интегральное [полное] пользование лесом
  intermediate ~ выход древесины при рубках промежуточного пользования; устанавливаемый (фактический) объём промежуточной рубки (в год или периодически)
  intermittent ~ выход древесины от нерегулярных рубок (из насаждений, не предназначенных к непрерывному лесопользованию)
  lumber ~ выход пиломатериала

oven-dry digester ~ выход абсолютно сухой массы (*из варочного котла*)
periodic ~ расчётная лесосека (*устанавливаемый фактический объём периодически проводимой рубки*)
periodic mean annual intermediate ~ периодическая средняя расчётная лесосека по рубкам ухода
permissible ~ допустимая годичная лесосека
perpetual ~ непрерывное лесопользование
photosynthetic ~ фотосинтетический выход; продуктивность фотосинтеза
prescribed ~ годичная лесосека (*установленный фактический объём будущей рубки*)
pulp ~ per cum of digester volume выход целлюлозы с одного кубического метра варочного котла
screened ~ выход отсортированной целлюлозы
secondary ~ выход побочных продуктов пользования лесом
seed ~ выход семян
soft resin ~ выход живицы
sustained ~ устойчивое, неистощительное лесопользование
sustained product ~ постоянное пользование (*лесом*)
total ~ 1. общий запас насаждения 2. общий выход древесины, общее пользование древесиной (*от рубок промежуточного и главного пользования*)
unscreened ~ of pulp выход несортированной целлюлозы (*выход по варке*)
water ~ общий сток с бассейна
watershed ~ сток с водосбора
yoke 1. коромысло, обойма, скоба, закрепа; связь, серьга, зажим, хомут 2. кронштейн, поперечина, траверса 3. верхняя планка (*спинки стула*), напоминающая коромысло
young 1. молодая особь 2. ювенильный, недоразвитый
yunga юнга (*область горных лесов в Андах*)

Z

zare(e)ba живая изгородь (*из растений*)
zero-span нулевая зажимная длина
zeta-potential:
  pulp ~ дзета-потенциал целлюлозы
zineb цинеб, дитан, тиозин (*фунгицид*)
ziram цирам (*фунгицид*)
zone 1. зона 2. слой
  ~ of interception зона перехватывания и временного удерживания (*осадков растительным пологом*)
  ~ of life биосфера, зона жизни
  absorbing ~ поглощающая зона (*корня*)
  annual ~ годичный слой (*древесины*)
  black ~ чёрная зона (*граница зоны развития дереворазрушающего гриба*)
  boreal ~ бореальная [северная] зона
  cambial ~ камбиальная зона
  edaphic-climatic ~ почвенно-климатическая зона
  equatorial forests ~ зона экваториальных лесов
  forest ~ лесная зона
  forest-steppe ~ лесостепная зона
  grinding ~ путь истирания
  growth ~ зона роста, ростовая зона
  mountain forest ~ горно-лесной пояс
  reaction ~ раневая зона (*древесины*)
  rooting ~ корнеобитаемый слой (*почвы*)
  taiga ~ таёжная зона
  temperate ~ умеренная зона
  traumatic ~ раневая зона (*древесины*)
  tundra ~ зона тундры
z-pile штабель пиломатериалов, нестандартных по размерам
zyme фермент
zymosis брожение, ферментация

РУССКО-АНГЛИЙСКИЙ ЛЕСОТЕХНИЧЕСКИЙ СЛОВАРЬ

Около 20 000 терминов

RUSSIAN-ENGLISH DICTIONARY OF FORESTRY AND FOREST INDUSTRIES

About 20 000 terms

РУССКИЙ АЛФАВИТ

Аа	Жж	Нн	Фф	Ыы
Бб	Зз	Оо	Хх	Ьь
Вв	Ии	Пп	Цц	Ээ
Гг	Йй	Рр	Чч	Юю
Дд	Кк	Сс	Шш	Яя
Ее	Лл	Тт	Щщ	
Ёё	Мм	Уу	Ъъ	

А

абиотический (*неживой*) abiotic
абляция (*смывание почвы*) ablation
аборигенный (*о растительности*) native
абразивность :
~ бумаги paper abrasiveness
абрикос обыкновенный (*Prunus armeniaca*) apricot tree
абсорбер absorber
авария accident; breakage, break-down, failure; hazard; injury; trouble
авиапатрулирование (*лесов*) aerial observation; aerial surveillance
автоклав autoclave, digester
автолесовоз lumber carrier
автомат:
~ для бумагомассного литья automatic pulpmolding machine
~ для возврата скалок stick turnaround [crossover stick] machine
~ для заточки и правки (*пильных лент*) filing-and-setting machine
~ для изготовления картонных коробок automatic setup box machine
~ для укладки в кипы и взвешивания (*бумаги*) automatic baling and weighing machinery
барабанный макальный ~ roller dipping device
спичечный ~ continuous machine
автомобиль:
~ для эксплуатации на магистральных дорогах on-highway truck
~ для эксплуатации на немагистральных дорогах off-highway truck
~ специального назначения custom-built truck
грузовой ~ 1. truck 2. (*с платформой*) flat-bed truck 3. (*с лебёдкой*) lorry winch
лесовозный ~ log(ging) [hauling] truck
маневровый [вспомогательный] ~ (*напр. для перемещения рубильной установки на лесосеке*) shunt truck
самозагружающийся (*лесовозный*) ~ self-loading (log) truck
саморазгружающийся ~ (*самосвал*) 1. dump(-body) truck 2. (*с боковой разгрузкой*) side-tip truck
автомобиль-тягач truck-tractor
маневровый ~ (*для подвозки к промежуточной площадке гружёных прицепов и отвозки порожних*) snap truck
автономный self-contained
автопогрузчик stocker-feeder; truck loader
~ с вилочным захватом fork(-lift) truck
вилочный ~ с боковой погрузкой side loading fork truck
автоподатчик automatic feeder, stacker-feeder, infeed
автопоезд [автомобиль с прицепом] rig; truck-and-trailer (*combination*) set
~ с полуприцепом semitrailer hauling rig
лесовозный ~ haul(ing) rig
автофургон van
автоцистерна tank car, tanker
агент agent
~, замедляющий реакцию retardant
~, обеспечивающий текучесть flow agent
~, придающий липкость tackifier
~, сообщающий непрозрачность opacifier
антиадгезионный ~ release agent
армирующий ~ reinforcing agent
диспергирующие ~ы dispersants
желатинирующий ~ gelling agent
катионный, проклеивающий ~ cationic sizing agent
кристаллообразующий ~ graining agent

509

агент

матирующий ~ [матирующая добавка] flattening agent
омыляющий ~ saponifying agent
противоплёночный ~ antiskinning agent
противофлокуляционный ~ antifogging agent
разделяющий ~ parting agent
связующий ~ cohesive agent
флокулирующий ~ [вещество, вызывающее образование хлопьев] flocculating agent
эмульгирующий ~ [эмульгатор] emulsifying agent

агрегат (*совокупность двух или больше механизмов*) aggregate, assembly, unit
~ для измельчения отходов hogging unit
~ для контроля и сортировки (*спичек-книжек*) ranging device
~ для подъёма топляка log salvage unit
~ для разрезки шпона на листы и укладки в стопу veneer cutting-and-piling unit
водопрочный [водоустойчивый] ~ (*почвы*) water-stable aggregate
гофрировальный ~ **1.** (*для изготовления трёхслойного гофрированного картона*) double facer **2.** (*для двухслойного картона*) single facer
естественный почвенный ~ (*с ненарушенным строением*) ped
передвижной ~ для пиролиза древесины portable carbonization outfit
посевной ~ seeder, sowing unite
пропиточный ~ dipping unit
прополочный ~ weeding unit
противопожарный ~ booster unit
содорегенерационный ~ цел.-бум. (*black liquor*) recovery furnace; recovery unit
сортировочно-сплоточный ~ sorting-and-bundling unit
сплоточно-транспортный ~ bundling tractor

агролесомелиоративный agroforestal
агролесомелиорация afforestation, [agricultural, forest, silvicultural] amelioration
адаптация [приспособление] adaptation
световая ~ photoperiodic adaptation

адвентивный [придаточный] (*об органе растения*) adventitions
адгезия adhesion
недостаточная ~ [некачественное склеивание] faulty adhesion
аддукт (*продукт присоединения*) adduct
канифольно-малеиновый ~ maleic anhydride-modified rosin
трифункциональный ~ trifunctional adduct
азигоморфный azygomorphous
азокраситель diazo dye
азот nitrogen
аммонийный ~ ammonium nitrogen
белковый ~ albuminous [protein] nitrogen
«доступный» ~ (*суммарное содержание растворимых в воде азотистых соединений*) available nitrogen
связанный ~ bound [combined] nitrogen
суммарный ~ total nitrogen
усвояемый ~ assimilable nitrogen
азотолюбивый nitrophilous
азотособиратель [азотонакопитель] nitrogen collector; nitrogen gatherer
азотособирающий (*о растении*) nitrogen-gathering
азотфиксатор (*бактерия*) nitrogen fixer
азофоска (*полное удобрение*) azophoska
академия:
лесотехническая ~ forest academy
акация (*Acacia*) wattle
~ белая (*Robinia pseudoacacia*) locust
акклиматизация:
~ бумаги paper mellowing
акрофит (*высокогорное растение*) acrophyte
активатор activating agent, activator, promoter
активация activation
~ древесного угля charcoal activation
активность:
биохимическая ~ микроорганизмов microbial attack
алидада для определения места пожара fire-finder alidade
алкалицеллюлоза alkali cellulose
алкоголиз alcoholysis
аллопатрический [с разобщённым ареалом] (*о виде*) allopatric

аппарат

алыча (*Prunus cerasifera*) cherry plum
алькатен (*реакционный состав*) *фирм. меб.* alkathene
алькон (*полиформальдегидная смола*) *фирм. меб.* alkon
алькотекс (*поливиниловый спирт*) *фирм. меб.* alcotex
альфа-массометр кв.м бумаги basis weight alpha gauge
альфа-целлюлоза alpha [alkali-resistant] cellulose
амберол (*фенолформальдегидная малеиновая смола*) *фирм. меб.* amberol
амбла (*вспененный поливинилхлорид для изготовления искусственных кож для мягкой мебели*) *фирм.* ambla
амин amine
 ~ канифоли rosine amine
 жирный ~ fatty amine
аминокислота:
 незаменимая ~ essential amino acid
 несущественная [заменимая] ~ nonessential amino acid
аммофос [моноаммонийфосфат] (*удобрение*) ammophos
амортизатор absorber; bumper; elastic stop; shock damper
амортизирование damping
амортизировать damp; to damp out
амортизирующий damping
амплитуда range
 экологическая ~ (*приспосабливаемости вида или сообщества*) ecological range
анализ analysis; diagnosis; test
 ~ варочного щёлока (*в период снижения давления в конце варки*) digester "blow down"
 ~ варочной кислоты (*перед боковой сдувкой*) digester "on-side"
 ~ воздействия (*проекта или мероприятия*) на окружающую среду environmental analysis
 ~ транспортного освоения лесных ресурсов (*с учётом многоцелевого использования леса*) resource-and-transportation analysis
 гранулометрический ~ [определение гранулометрического состава] (*почвы*) grade analysis, grading [particle-size] test
 дендрохронологический ~ (*изменений климата*) tree-ring [year-ring] analysis
 конечный ~ варочного щёлока digester "blow test"
 листовой ~ (*потребности деревьев в питательных элементах*) foliar analysis; leaf diagnosis
 объёмный ~ measure [volumetric] analysis
 ситовый ~ 1. mesh(-screen) analysis, sieve test 2. (*почвы*) screen classification
 фракционный [ситовой] ~ (*почвы*) fractionating screen analysis
анализатор:
 ~ щепы chip analyzer
анастомоз anastomosis
анаэробный anoxybiotic, anaerobic
анемометр wind gauge; wind-speed indicator
анкер anchor, tie
 ~ для крепления растяжки guying anchor
 ~, закапываемый в землю («мертвяк») deadman [ground] anchor
антенна [усик] (*у насекомых*) antenna
антисептик (*для обработки древесины*) (*wood*) preservative
антисептирование [обработка антисептиком] fungicidal [preservative] treatment (*of wood*)
аншпуг crowbar, shod bar, turning handle
апертура (*лаконаливной машины*) aperture
апотеций:
 щитовидный ~ pelta
апофиза (*видимая часть семенной чешуйки сомкнутой шишки*) apophysis
аппарат apparatus, device, mechanism
 ~ варго-активатора (*для расчёсывания волокон волокнистых суспензий без разрезания*) vargo-fiber-activator beater
 ~ для гидроразмола hydrobeater, hydrobrusher
 ~ для дезинфекции fumigating apparatus
 ~ для заделки коробок box sealing unit
 ~ для измерения окислительно-восстановительного потенциала oxidation-reduction potential cell

аппарат

~ для ксентогенирования xanthator
~ для насечки (*дефибрерного камня*) burr [sharpening] lathe
~ для непрерывной варки целлюлозы chemi-pulper
~ для повторной промывки *цел.-бум.* rewasher
~ для превращения макулатуры в волокнистую массу fiberizer
~ для предварительной разбивки бумажного брака pulping engine
~ для промывки отстоя (*в производстве сульфатной целлюлозы*) dregs washer
~ для пропитки соломки набрызгом *спич.* spray impregnating machine
~ для растворения каолина china clay dissolver
~ для резки макулатуры stock cutter
~ для роспуска массы slusher
~, разбивающий массу на волокна defibering machine
~ с гидравлической подачей для насечки (*дефибрерного камня*) hydraulic-feed burr lathe
~ с механической подачей для насечки (*дефибрерного камня*) mechanical-feed truing lathe
варочный ~ boiling apparatus; cooker
выпарной ~ 1. evaporating pan; evaporator 2. (*плёночный*) (flush) film evaporator 3. (*многокорпусный*) multiple-effect evaporator 4. (*с отгонкой*) stripping evaporator
высевающий ~ 1. drill(ing) [dropping, feeding, seeding] mechanism 2. (*с верхним высевом*) top-delivery distributor 3. (*с нижним высевом*) bottom-delivery distributor
гидравлический ~ для размола массы aquabrusher beater
зажигательный ~ (*для отжига при пуске встречного пала*) backfire [forestry] torch, fire gun
замыкающий ~ устьиц (*растений*) stomatal closing apparatus
катушечный высевающий ~ roller distributor
ковочный ~ 1. sharpening apparatus; sharpening lathe 2. (*с гидравлической подачей*) *цел.-бум.* hydraulic-feed pulpstone dresser
комбинированный размольно-сортирующий ~ (*для сучковой массы*) Biffar mill
красочный [красконаносный] ~ ink(ing) arrangement
лабораторный листоотливной ~ laboratory hand sheet former
макальный ~ band composition dipping device
накалывающий (*высевающий*) ~ picker-pin feed mechanism
пильный [режущий] ~ cutting attachment
посадочный ~ planting mechanism, planting unit
проволочносшивной ~ wire stitcher
промывной ~ с противотоком countercurrent washer
размольный ~ fibermaster
ротационный промывной ~ rotary stock washer
сортировочный ~ separator
сшивной ~ stitcher
тарельчато-дисковый (*высевающий*) ~ plate-and-flicker distributor
тарельчатый высевающий ~ revolving bottom distributor
центробежный (*высевающий*) ~ centrifugal distributor
центробежный разбросной ~ centrifugal distributor
ячеистый (*высевающий*) ~ cell-seed distributor

аппаратура:
~ для регенерации reclaiming apparatus

аппликатор:
~ для облицовывания кромок щитов panel-edging applicator

аппликация (*отделка мебели*) *фр.* applique

аралдит (*эпоксидная смола*) *фирм. меб.* araldite

араукария бразильская (*Araucaria brasiliana*) Parana pine

арболит (*строительный материал*) wood concrete

арборит (*бумажнослоистый пластик с меламиновым покрытием*) *фирм. меб.* arborite

арборицид arboricide, silvicide

ареал area, range
местный ~ (*растений*) native growing area row

арка (*трелёвочная*) arch
~, закреплённая на тракторе integral arch
~ на колёсном ходу 1. wheeled arch 2. (*прицепная трелёвочная*) logging wheels; sulky
~ с направляющими роликами для каната fairlead (*logging*) arch
~ трактора с тросочокерным оборудованием chocker arch
арктон (*фторуглерод для вспенивания полимеров*) *фирм.* arcton
арматура fitting(s), fixture(s)
канатная ~ wire-rope fittings
армирование reinforcement
армированный (*о плите*) sandwich
арморбекс (*армированный ацетат целлюлозы*) *фирм. меб.* armorbex
артель (*лесозаготовительная*) gang
архитектура:
ландшафтная ~ garden architecture; landscape tending
ландшафтная садово-парковая ~ garden architecture
архитрав:
верхний ~ пресса холодного склеивания фанеры heavy-pressure head
асимметрия asymmetry, skewness
аскоспора secondary spore
ассимиляты photosynthates
ассоциация [сообщество] (*растительности*) association
низкорослая [ксерофитная] древесно-кустарниковая ~ *австрал.* mallee scrub
астерит (*листовой акрил для вакуум-формования*) *фирм. меб.* asterite
аттестация (*качества продукции*) (*product*) certification
аттестованный certified
ауксибласты last annual shoots
ауксин (*растительный гормон*) auxin
аукцион:
лесной ~ timber auction
аурамин (*жёлтый основной дифенилметановый краситель*) auramine
аутогенный [эндогенный] autogenic, autogenous
афиллия [отсутствие листьев] aphylly
ацетат acetate
~ целлюлозы *фирм.* cellotate, fibestos

ацетилцеллюлоза acetyl cellulose, cellulose acetate
ацидиметрия acidimetry
ацилирование acylation
аэрация (*почвы*) air drainage, soil ventilation
аэренхима (*рыхлая паренхимная ткань древесины*) aerenchyma
аэросев (*леса*) air drilling; aerial sowing
аэроснимок aerial photograph
аэростат balloon
трелёвочный ~ logging balloon
аэрофотосъёмка aerial mapping; aerial photo coverage

Б

баба ram
ручная ~ hand ram
бабка 1. *маш.* head, stock 2. *стр.* post
задняя [упорная, центрирующая] ~ (*токарного станка*) tailstock, poppet
бабочка (*чешуекрылые Lepidoptera*) butterfly; moth
багер (*для разгрузки сцежи*) pulp elevator
багет fillet; fluted [hollow] molding
багор clip, gaff, hand pike; hitch(er), timber hitch; hook; spear
~ с короткой деревянной ручкой hookaron, pickaroon
~ с крюком claw-ended lever
лёгкий сплавной ~ pike staff
сплавной ~ floating hook; pike pole
багульник (*Ledum*) ledum
бадья bucket, tub
деревянная ~ trug
база:
колёсная ~ wheel base
базидиомицеты (*базидиальные грибы Basidiomycetes*) basidium fungi; basidiomycetes
базидиоспора basidiospore
базидия (*грибов*) basidium
базис:
~ фотографирования base line
~ эрозии base level
бак receptacle, tank, vat
~ для гидратации retention tank

бак

~ для окунания dipping tank
~ для плавки серы melting tank
~ для подкислённой смеси surge tank
~ для укреплённой кислоты fortified acid storage tank
буферный ~ surge tank
выварной ~ evaporator tank
мылоотделительный ~ skim tank
напорный ~ pressure reservoir
осветлительный ~ clarifier tank
отпарной ~ steam-stripping tank
поливной ~ sprinkler
распределительный напорный ~ (*для оборотной воды*) white water distributing head tank
расходный ~ day tank
сборный ~ surge tank; dump tank
смесительный ~ 1. blending tank 2. (*для добавляемого сульфата натрия*) salt cake make-up mixing tank
топливный ~ fuel tank
бакен buoy
бак-мылоотстойник soap tank
бактериолиз (*разрушение или растворение микробов*) bacteriolysis
бактериофаг phage
бактерицидный microbicidal
бактерия bacterium
азотфиксирующая ~ nitrogen-fixing bacterium
гнилостная ~ putrefactive bacterium
денитрифицирующая ~ denitrifying bacterium
клубеньковая ~ (*микориза*) nodule bacterium, rhizobium
нитрифицирующая ~ nitrifying bacterium
хемосинтезирующая ~ chemosynthetic bacterium
целлюлозная ~ (*разлагающая целлюлозу*) cellulose-fermenting bacterium
балансир balance beam
баланс(ы) block; pulp bolts; pulpwood; stick
~ кучевого хранения stock-pile (*pulp*) wood
~ чистой окорки clean barked blocks
длинномерный ~ longwood
колотые ~ы split blocks
короткомерные ~ы sticks; short (-length) pulpwood
тонкомерные ~ы forest thinners

балк/а 1. dean, gulch 2. balk, bar, beam, joist
~и для опоры крыши blockings
~, несущая заполнение между прогонами перекрытия filler joist
~, поддерживающая жёлоб gutter bearer
верхняя ~ head block
выдвижная ~ (*стрелы*) luffing jib
половые ~и flooring timber
поперечная ~ crossbeam
распределительная ~ filler cup; needle beam
составная ~ 1. laminated [split] beam 2. (*из отдельных досок*) flitch
тонкая ~ shallow beam
тяговая ~ reach
шандорная ~ dam timber
балкон balcony
бальза (*пробковая древесина*) balsa wood
бальзам sweet gum
бампер bumper
бандаж (*сгустителя*) collar
банкетка [мягкий табурет; кушетка] bench, banquette
барабан cylinder; drum; roll
~ варповальной лебёдки warping drum
~ для намотки каната rope coil
~ для промывки балансов pulpwood washer
~ для черновой шлифовки coarse drum
~ разбивной (*полумассного ролла*) breaker drum; breaker roll
~ ролла 1. beater [beating] roll; Hollander roll 2. (*из базальтовой лавы*) lava roll 3. (*с каменной гарнитурой*) stone roll
~ тракторной лебёдки spool
безбандажный ~ ролла bandless beater roll
возвратный ~ haul-back drum
грузоподъёмный ~ load [lifting] drum
дробильный ~ crushing drum
канатный ~ cable [rope] drum
кулачковый ~ tappet drum
окорочный ~ 1. barking drum; (*drum*) barker 2. (*для коротья*) block barker
отсасывающий промывной ~ suction washing drum

башмак

погрузочный [подъёмный] ~ hoisting drum
приёмный ~ licker-in roll
промывной ~ cylinder [drum] washer; wash roll
сгустительный ~ thickening drum
сеточный ~ sieve drum
синхронно вращающиеся (сблокированные) ~ы sinchronized drums
сушильный ~ (*в сушилке семян*) churn
тормозной ~ brake drum
тяговый ~ in-haul drum; main-line drum
увлажнительный ~ softening cylinder
шпилевой ~ spool-type drum
барак cabin
бревенчатый ~ log cabin
барботёр bubbler, sprayer
барда *лесохим.* stillage; slop
сульфитно-спиртовая ~ sulfite alcohol spent liquor
баржа barge, lighter
~ с грузовой палубой (flat-)decked barge
~ с открытым трюмом open(-top) barge
саморазгружающаяся ~ (*для перевозки брёвен*) self-dumping (log) barge
баритаж baryta coating; barytage
баррас (*при подсочке леса*) scrape, thus
барраскит (*для снятия живицы*) iron scrape; scraper
бархат (*для обивки мебели*) velour, velvet
мятый ~ crushed velvet
бархатный (*о рашпиле*) dead-smooth
барьер:
вечнозелёный ~ *австрал.* evergreen firebreak, greenbreak
постоянные ~ы из лиственных пород permanent living firebreaks
противопожарный ~ firebreak; fuel break
бассейн basin, chest pond, pool, reservoir
~ для балансов log pond
~ для массы высокой концентрации high density storage
~ для накопления и выравнивания концентрации массы surge bin
~ для несортированной целлюлозы rough chest
~ для сгущённой массы decker chest
~ для хранения лесоматериала storage pond
~ для хранения массы высокой концентрации high consistency storage tower
~ для целлюлозы chemical chest
~ лесопильного завода mill pond
~ [бак] оборотной воды backwater basin
~ под массоловушкой saveall pit
~ реки (*водосборный*) catch(ment) [(water) collecting, drainage, water producing] area
варочный ~ hot pond
водосборный ~ storage reservoir; catch(ment) basin
массный ~ beater [dump, fine, pulp] chest
мешальный ~ agitating [stirring] chest; couch pit; mixing box
наносоаккумулирующий ~ debris basin
пропеллерный ~ mitfeather decker chest
сборный ~ для оборотной воды white water storage
сдвоенный ~ double chest
сплавной ~ rafting reservoir
тёплый ~ для балансов hot pond
уравнительный ~ surge chest
бассейн-мешалка:
~ для мокрого брака (*под гаучем*) couch box
батик batik
бахрома fringe
бачок:
мусорный ~ rubbish [waste] container
переносной топливный ~ (*для пилы*) gas can
разбавительный ~ dilution well
распределительный ~ distributing box
башмак foot stall; runner; shoe
~ гусеницы (*трансп. средства*) grouser; track shoe
~ для прижима балансов (*в дефибрере*) pressure foot
~ плужной стойки footpiece, plowshoe
опорный ~ 1. jack 2. (*закрепляемый на мачте*) tree shoe

башмак

подвесной опорный ~ (*несущего каната*) hanger
подкладочный ~ (*для подкладывания под брёвна, колёса*) chock
башня tower
~ выщелачивания leach tower
~ гипохлоритной отбелки hypochlorite tower
~ деррик-крана с распорками anchor tower
~ диффузии retention [tempering] tower
~ для отбелки hypotower
~ для сгущения пены foam tower
~ для щелочной обработки alkaline extraction tower
~ крепкой кислоты strong (acid) tower
~ облагораживания refining tower
~, орошаемая разбрызгиваемой жидкостью spray tower
~ щелочения ˊcaustic tower
кислотная ~ 1. acid tower 2. (*с известняком*) lime (stone) tower
отбельная ~ 1. (*с направлением потока сверху вниз*) down-flow tower 2. (*с направлением потока снизу вверх*) upward-flow tower
отпарная ~ stripping tower
поглотительная ~ 1. absorbing [absorption, (lime)stone] tower 2. (*для остаточных газов регенерационной установки*) tailgas tower
промывная ~ [скруббер] washing tower
реакционная ~ reaction tower
регенерационная ~ reclaiming [recovery, relief] tower
стабилизационная ~ stabilization tower
сушильная ~ с обезвоженным хлористым кальцием anhydrous calcium chloride drying tower
уравнительная ~ surge tank
хвостовая регенерационная ~ ˮover gas" tower
бегуны kollergang; kollermill; edge [runner] mill; (*edge*) runner
бедакрил (*акриловая смола*) bedacryl
безбелковый exalbuminous
безводный (*не содержащий воды*) dry, free of water; moisture-free
бездорожный trackless

безлепестковый apetalous, petalless
безлесный bare, treeless, unstocked
безлистный aphyllous, leafless
безрельсовый trackless
бекасит (*модифицированная фенол-формальдегидная и малеиновая смола*) Beckacite
белизна whiteness
белила white
матовые ~ flat white
белимость *цел.-бум.* bleaching property
белок protein
беналит (*бумажнослоистый пластик для отделки мебели*) Benalite
бензилцеллюлоза benzyl cellulose
бензоин benzoin
бензохинон quinone
берёза (*Betula*) birch
~ бородавчатая (*Betula verrucosa*) European birch
~ бумажная (*Betula papyrifera*) spoolwood
~ пушистая (*Betula pubescence*) white birch
карельская ~ *меб.* Karelian birch; Karelian burl
березняк birch forest; birch grove
бересклет европейский (*Euonymus europaeus*) spindle tree
берест [карагач] (*Ulmus*) elm
береста birchbark, silver bark
бескрылый (*о семенах*) wingless
беспо́лый asexual
беспорядочный (*о рубке*) irregular
беспыльниковый antherless
бессемянный barren
бессортный (*о лесоматериалах*) bracked, assorted
бесспоровый sporeless
бесствольный acormose, stemless
бесстебельный acormose, stemless
бесстружечный chipfree, chipless
бессучковый (*о стволе дерева*) branchfree, branchless; clean [clear] boled
бесцветковый ananthous
бета-массометр кв.м бумаги basis weight beta gauge
бета-целлюлоза beta cellulose
бетон:
древесный ~ wood concrete
бечёвка (loops) twine; string
~ для простёжки tufting twine

блок

~ для прошивки stitching twine
биговка creasing
биение whipping, whippage; wobbing
билет:
  ~ [разрешение] на пуск пала burning permit
  лесорубочный ~ felling licence; felling contract; wood ticket
било 1. arm, hammer 2. (*для очистки мокрых сукон*) beater 3. (*дезинтегратора*) finger
биогенный biogenous
биогеоценоз biogeocenosis
биолизис (*распад органического вещества под действием живых организмов*) biolysis
биомасса biomass; stock
  ~ всех видов сообщества (*на единице площади*) community biomass
биопроба [биологический анализ] bioassay
биосинтез biosynthesis
биосистематика [таксономия] biosystematic, biosystematy
биосфера [обитаемое пространство] biosphera, ecumene, zone of life
биота biota
  ~ почвы soil biota
биофильтр:
  орошаемый ~ *цел.-бум.* biofilter; percolating filter
биофит (*паразитическое или хищное растение*) biophyte
биоценоз (*сообщество организмов*) biocenosis, biocoenose; biocenotic cover
  ~ лиственного леса deciduous forest biome
  ~ почвы geobios
биоценология synecology
биоэкология biоecology
биржа 1. exchange 2. (*лесная торговая*) timber exchange 3. (*лесной склад*) log [wood] storage; (*log, mill*) yard
бирка tag, tally
бисульфат:
  ~ натрия niter cake
бить (*о колесе*) wobble
благоустройство:
  ~ рекреационных лесов recreation facilities
бланк blank, form
  ~ учёта пиломатериалов tally sheet

фирменные ~и (*вид бум. продукции*) heading paper
бланфикс (*искусственный тяжёлый шпат*) permanent white
блеск flash; glaze, luster; polish
матовый [слабый] ~ eggshell luster
незначительный ~ semigloss
яркий ~ off-gloss
блестящий smooth; lustrous
блок 1. block; pad; pulley; sheave 2. (*пенопласта*) slab 3. (*узел машины*) unit
~ возвратного каната 1. haulback [haul-line] block; 2. (*на головной мачте*) haulback lead block
~ для поднимания фрамуги sash pulley
~ контргруза (*поворотной погрузочной стрелы*) counter weight swing block
~ конусных пружин drop-in unit
~ подъёмного монтажного каната (*устанавливаемый на вершине трелёвочной мачты*) pass block
~ полиспаста (*для натяжения несущего каната*) heel block
~ промокательной бумаги blotting pad
~ с двумя шкивами twin block
~ спичек package of matchbox
~ тягового каната main-line block
верхний грузовой ~ upper cargo block
возобновительный (*периодный*) ~ regeneration block
головной ~ (*тягового каната*) bull block; (main-line) lead block; head pulley
двухжелобчатый (*канатный*) ~ double-groove pulley
монтажный ~ rigger's block
направляющий ~ (*каната*) 1. fair-lead; guide block; leading sheave 2. (*промеж. опоры*) intermediate support pulley
натяжной ~ stretching pulley; tension [tightening] block
ножевой ~ knife package
одиночный периодный ~ floating periodic block
одножелобчатый (*канатный*) ~ one-groove pulley

блок

опорный ~ несущего каната saddle [skyline] block
опускающийся грузоподъёмный ~ fall block
отводной ~ 1. (*поворота стрелы вокруг мачты*) boom swing block 2. (*для подачи чокеров к месту прицепки груза*) side block
открывающийся ~ (*для вставки каната*) snatch block
открытый с одной стороны ~ (*установки с замкнутым канатом*) open-side [monocable] block
передвижной ~ trolley
периодный ~ 1. (*участки леса, подобранные для возобновления или других целей на период лесоустройства*) periodic block 2. (*переменный*) revocable periodic block 3. (*постоянный*) fixed periodic block
подвижный ~ 1. (*плавающий*) loose block 2. (*трелев. каретки*) fall block 3. (*грузовой*) traveling block
подъёмный ~ hoist [loading] block; tackle
пружинный ~ 1. spring box, springing 2. (*матраца*) mattress spring interior
рандомизированный ~ (*делянок в опыте*) randomized block
режущий ~ (*режущая головка*) cutter [head] block
скользящий по растяжке ~ guy sail block
сложный ~ pulley block
тяжёлый ~ с широким зевом bull block
угловой ~ (*каната*) angle sheave; angle pulley; corner block
хвостовой ~ 1. tail block 2. (*возвратного каната*) haulback tail block 3. (*каретки*) track sheave
блокнот:
  ~ писчей бумаги writing pad
  ~ почтовой бумаги note paper pad
  ~ промокательной бумаги blotting-pad
боб (*сухой плод*) pod
бобина bobbin, narrow [pony] roll, spool
  ~ для бумажных рулонов slipped roll
  ~ шириной менее 75 мм coil, reel
бобышка blockings, boss

боковина (*кровати*) end rail
болванка blank, block
болванчик:
  формующий ~ (*станка для изготовления внутренних спичечных коробок*) axially movable mandrel
болезнетворность pathogenicity
болезнь [заболевание] disease
  ~, вызывающая водослой древесины watermark disease
  ~ растений (*завядание и опадение листьев, цветов, побегов*) blight
болотистый boggy, paludal, uliginous
болотный limnetic, paludal, uliginous
болото bog, marsh; moor; swamp
верховое ~ high bog; high-moor [top] peat
гипновое ~ hypnum moss bog
заторфованное лесное ~ wood moor
зеленомошное ~ moss bog; moss moor
камышовое ~ reed moor
кислое [вересково-сфагновое] ~ acid moor
лесное ~ wooded bog
моховое ~ с малой биологической активностью distrophic moor
низинное ~ back [low-level] bog; basin [lowmoor] peat
низовое ~ low moor
осоковое ~ sedge moor
переходное ~ transitional bog; transitional moor
плоское верховое ~ blanket peat
пойменное ~ valley bog
сфагновое ~ 1. muskeg, sphagniopratum 2. (*с кочками*) glade
торфяное ~, торфяник block bog; peat, peatland
тростниковое ~ bent bog
болотообразование mire [swamp] formation
болт:
  ~ для крепления перил к лестницам handrail bolt
  ~ для крепления скользящего оконного переплёта thumb screw
  ~ с кольцом eyebolt, ring bolt
  ~ с круглой головкой для соединения деревянных элементов carriage bolt
  ~, соединяющий две канатные петли cotter key
  ~ с ушком и проушиной hanger bolt

~ с шестигранной головкой (*для крепления деревянных узлов и соединений*) machine bolt
анкерный ~ stone bolt
бомбировка (*вала*) *цел.-бум.* crown
бон *спл.* boom
~, загораживающий вход в гавань portbar
закреплённый ~ anchor boom
реевый ~ pinboom
бондарь cooper; bushel maker; tubber
бонитет (*насаждения*) quality of locality; forest site
бонитировка evaluation
бор:
сосновый ~ piny wood
бордюр braid
выпуклый ~ rim
боровик (*Boletus edulis*) mushroom
бородавчатый (*о растениях*) warted
бородка beard
бородок mandrel; drift
борозда drill, furrow; ridge; trench
мелкая ~ shallow furrow
посадочная ~ planting furrow; planting ridge
бороздка stria
бороздник spud
бороздование listering
бороздоделатель furrower
~ с двухотвальными корпусами lister
бороздчатолистный furrow-leaved
борона || боронить brake, harrow
~ с пружинными зубцами spring-tooth harrow
дисковая ~ disk harrow; disker
зубовая ~ «зигзаг» zigzag harrow
тяжёлая ~ 1. heavy-duty harrow 2. (*болотная с вырезными дисками*) bog harrow 3. (*тяжёлая кустарниково-болотная с вырезными дисками*) bush [bush-and-log disk] harrow
боронование braking, dragging, harrowing
бороновать brake, harrow
борт bead, board, flang
~ [край] из пенопласта (*мягкая мебель*) foam welting
стёганый ~ (*матраца*) 1. quilted border 2. (*закруглённый*) imperial edge
бортик:
~ с закруглением return bead

борьба (*с вредителями леса, болезнями, пожарами и др.*) control
~ за пространство (*между растениями*) competing between species
~ с загазованностью fume control
~ с загрязнением pollution control
~ с запылённостью dust control
~ с лесными пожарами wildfire suppression
~ с пожаром fire control
~ с сорными видами растительности control of nontree plant species
~ с сорняками weed control
~ с шумом noise control
биологическая ~ (*с вредителями*) biological control
межвидовая ~ competition between species
механическая ~ (*с сорняками*) tillage control
непосредственная ~ с вредителями direct control
боскет (*аллея из формованных деревьев или кустарников*) bosket
бочк/а barrel, cask
~ с двойным дном double-headed barrel
большая ~ tun
герметическая ~ для охлаждения древесного угля airtight cooling drum
заливные ~и tight [wet] cooperage
сухотарные ~и fry [slack] cooperage
бочонок 1. hogshead, runlet 2. (*до 20 л*) keg
~ для гвоздей и шкантов spike keg
боярышник (*Crataegus*) aglet, hawthorn, thorn
брак cull, refuse, reject(ion), seconds, wrack
бумажный ~ 1. broken [culled, foul, scrap] paper; waste stuff 2. (*после различных отделочных операций*) finishing waste 3. (*о сильной проклейкой*) hard stock
листовой ~ (*третий разбор*) waste stuff
мятый бумажный ~ crumpled waste
распушённый ~ slushed broke
слежавшийся бумажный ~ slug
сухой (*бумажный*) ~ dry(end) broke
шаберный ~ doctor broke
бракёр [браковщик] culler, grader; sorting operator

браковать

браковать reject
браковка grading, rejection
браковщик inspector, quality cheker
бракомол *цел.-бум.* cone breaker; broke [kneader] pulper
бракомолка broke dissolving [waste-paper defibering] machine, kneader
брандспойт (*опрыскивателя*) rod
браслет:
   ножевой ~ (*для очистки деревьев от сучьев*) knife belt
бревн/о block, log, stick
   ~ без дефектов prime log
   ~, входящее в состав бона boom stick
   ~а высокого качества self logs
   ~ (*короткое*) для производства дранки shingle bolt
   ~а для столбов poles; pole wood
   ~, закрывающее сортировочный карман gap stick
   ~ короткомерного баланса bolt
   ~, которое не держится на плаву deadhead
   ~а, непосредственно лежащие на балке коника bunk logs
   ~, образующее затор *спл.* key log
   ~, пригодное к сплаву floater log
   ~, прилегающее к стойке коника wing logs
   ~, следующее после комлевого second length
   ~а, укладываемые параллельно железнодорожному пути draw skids
   ~а, укладываемые поверх обвязочной цепи (*для выборки слабины*) binding logs
   ~ установленных размеров dimension bolt
   анкерное ~ anchor log
   базовое [расчётное, условное] ~ sample log
   верхнее ~ воза peaker
   вершинное ~ top log
   второе ~ от комля second log
   выдолбленное ~ hollowed-out log
   длинное ~ long(-tailed) timber
   затонувшее ~ sinker
   искривлённое ~ crooked log
   комлевое (*первое от комля*) ~ bottom [butt] log; butt length
   мачтовое ~а mast timber
   неделовые [дровяные] ~а unmerchantable logs
   необработанные [неокорённые] ~а raw [rough] logs
   неправильно отёсанные ~а joggled timber
   окорённые ~а 1. barked [peeled] logs 2. (*и слегка стёсанные на четыре канта*) waney logs
   отбойное ~ brow log; fender, glancer
   переднее нижнее ~ (*на которое опираются слеги подштабельного места*) face log
   полностью или частично затонувшее ~ *проф.* bobber
   расколотое ~ split log
   свилеватое ~ bumpy log
   товарные [деловые] ~а merchantable logs
брёвносбрасыватель log turner
брёвносвал log unloader
брёвноспуск 1. jack-ladder; logway 2. *спл.* timber slide
бригада brigade, chew, crew, gang, team
   ~ на валке и трелёвке (*на базе мотопил и тракторов*) cut-and-skid crew
   ~ на заготовке щепы chipping chew
   ~ на канатной установке skyline squad
   лебёдочная ~ winch squad
   лесозаготовительная ~ 1. forest [logging] team; logging crew 2. (*лесосечная*) harvesting chew
   лесокультурная ~ planting crew
   сплавная ~ driving [floating] crew
бригадир 1. foreman; ganger; lead [top] man; 2. (*на лесозаг.*) *проф.* bullbuck
   ~ бригады на канатной установке hook tender; hooker
   лесной ~ head forestguard
брикет block, brick, briquette, wafer
   ~ для посева семян sowing brick
   посадочный ~ 1. (*для саженцев*) planting brick 2. (*для сеянцев*) planting block
брикетирование wafering
брикетировщик (*механизм*) pelleting [pelletizing] machine; pelleter
брожение [ферментация] zymosis, fermentation
   анаэробное мезофильное ~ (*целлюлозы*) anaerobic mesophilic fermentation

брусья

термофильное ~ (*целлюлозы*) thermophilic fermentation
бронзирование vernis martin finish
брус bar, beam, cant, rectangular timber, square log
~ для получения строганого шпона veneer slicing cant
~ неквадратного сечения flitch
~, соединяющий сани с подсанками sway bar
~ толщиной более 114,3 мм thick stuff
балансирный ~ equalizer bar; equalizer beam
верхний ~ 1. *стр.* head block 2. (*дверной коробки*) [stringer] head 3. (*дверной коробки, заострённый*) peak head 4. (*двери, комбинир. профиля*) irregular head
грубо отёсанный ~ balk
диагональный ~ brail
запорный ~ locking bar
захватный ~ (*крышки ящика*) clifting joist
квадратный ~ толщиной 30,5 см whole timber
коньковый ~ ridge beam
нижний ~ 1. (*оконной рамы*) sill 2. (*горизонтальный, коробки окна*) threshold 3. (*обвязки двери*) mock cant
острокантный ~ sharp-edged timber
отбойный ~ 1. fender beam 2. (*на волоке*) [fender] skid
переводной ~ 1. switch tie 2. (*для крепления стрелочных железнодорожных переводов*) head block; switch-and-crossing sleeper
поперечный ~ bolster; peg beam
предохранительный ~ headblock
продольный ~ cap; head beem
распорный ~ stretcher
створный ~ sluice timber
сцепной ~ drawbar
четырёхкантный (*деревянный*) ~ cant; squared [square-edged, square-sawn] timber; quarter
брусника (*Vaccinium vitisidaea*) clusterberry, cowberry; mountain cranberry; fox-berry; fruit-ripe
брусовать skid
брусовка (*брёвен*) log squatter, slab edging

брус/ок 1. bar, rail, strip, tongue 2. *мн.* scantlings
~ из пробки cork block
~ оконного переплёта s-образного профиля lamb's tongue
~ рамки ящика headstick
~ рейки с резьбой (*для опоры съёмной полки*) *меб.* ratchet cleat
вертикальный ~ 1. stile 2. (*оконного переплёта*) lock block 3. (*для крепления плинтуса*) soldier 4. (*калитки или ворот для крепления петель*) falling stile 5. (*со скошенной пластью*) gunstock stile 6. (*со скошенным поперечным сечением*) diminisher stile 7. (*примыкающий к противоположной створке окна*) closing stile, striking stile
верхний ~ обвязки (*оконного или дверного переплёта*) frieze rail
вставной ~ (*в месте соединения щитов под углом*) heel piece
выравнивающие ~ки (*для установки рамок или стёкол*) centering slips
донный ~ v-образного лотка backbone
закреплённый ~ (*переплёта полукруглого стола*) cradle [cot] bar
клинообразный ~ для усиления конструкции glue block
комбинированный точильный ~ combination stone
крайний ~ marginal block
опорный ~ loper
отделочный ~ dressing stick
поперечный ~ spreader; check rail
притворный ~ shutting stile
продольный ~ деревянной стремянки или лестницы ladder side
профильный ~ (*в качестве решётки в корпусном изделии мебели*) curtain rail
разделяющий ~ parting strip
ригельные ~ки деревянной каркасной перегородки nogging strips
средний ~ (*дверной рамы*) для крепления замка apron rail
точильный ~ whittle, gilstone, grindstone
брусок-оселок slip stone
~ с закруглённым краем round edge slip stone
брусья:

брусья

~ казёнки deck cants
~ с обзолом dull-edged [rough-edged] timber
брызги splash, spray
бугель bow; beam hanger; collar tie
бугорки (*дефект отделанной поверхности*) pimples
будка booth, cabin
буй buoy
буйный (*о растительности*) rank
бук (*Fagus*) beech
буксир *спл.* tow [tug] boat
буксировка [буксирование] towage, towing
буксовать 1. (*со вращением*) spin 2. (*со скольжением*) slip
бульдозер bulldozer, dozer, blade machine
  ~ для работы с углём coaldozer
  ~ с вертикальным наклоном полотна tiltdozer
  ~ с отвалом и рыхлителем rip dozer
  ~ с поворотным в горизонтальной плоскости отвалом angledozer
бумага paper
  ~ без наполнителя unloaded paper
  ~ без отделки unfinished paper
  ~ без содержания древесной массы free sheets
  ~ в бобинах coils
  ~ верже laid
  ~, входящая в состав декеля paper mount
  ~ грубых сортов (*напр. обёрточная*) coarse paper
  ~ для внутренней оклейки коробок box liner
  ~ для внутренней оклейки мешков bag-liner paper
  ~ для вытирания пыли dusting paper
  ~ для глубокой печати copper printing paper
  ~ для гравирования etching paper
  ~ для денежных знаков currency paper
  ~ для испытания прикуса articulating paper
  ~ для карточек index paper
  ~ для копий second sheets
  ~ для множительных аппаратов duplication paper
  ~ для нанесения покровного слоя coating stock
  ~ для носовых платков cleansing tissue, hankie tissue, hankies
  ~ для обоев wall-paper
  ~ для оклейки коробок box coverings
  ~ для печати printing paper
  ~ для склейки pastings
  ~ для сухих оттисков dryproofing paper
  ~ для телеграфных лент ticker tape
  ~ для усиления многослойных мешков bag liner
  ~ для фильтрации растворов ацетилцеллюлозы acetyl cellulose filter paper
  ~ для фирменных бланков heading paper
  ~ для флагов national tissue
  ~ для художественной печати 1. art 2. (*мелованная отдельной операцией*) off-machine coated art
  ~ животной проклейки animal-sized paper
  ~ из бегассы bagasse paper
  ~ из белёной целлюлозы для высокосортных тиснёных обоев tile stock
  ~ из волокон манильской пеньки manila
  ~ из древесной массы ground-wood [wood pulp] paper
  ~ из садкой массы free sheets
  ~ из соломы strawpaper
  ~ косоугольной нарезки (*для конвертов*) angle-cut [angular] paper
  ~ машинной выработки с добавками adding machine paper
  ~ машинной гладкости machine finished paper; M.F.
  ~, отбелённая кислородом oxidation-exposed [oxide] paper
  ~, пропитанная асфальтом asphalt saturated paper
  ~ ручного отлива mold paper; vat paper
  ~ с алюминиевым покрытием aluminum(-coated) paper
  ~ с асфальтовым покрытием tar paper
  ~ с битумной прослойкой asphalt laminated paper
  ~ с весом одного квадратного метра больше стандартного heavy paper

бумага

~ с водяными знаками (*полученная мокрым способом*) imprinted paper
~ с высоким глянцем burnished paper
~ с высоким лоском high-gloss paper
~ с высокой глазировкой highly glazed paper
~ с двойной отливной кромкой double-decked paper
~ с защитой от подделок fraud-proof paper
~ с зернистым тиснением grained paper
~ ситцевой отделки chintz
~ с маркировкой от сукна felt-marked paper
~ с наполнителем filled paper
~ с поверхностной проклейкой животным клеем animal tub-sized paper
~ с покрытием coated paper
~ с пропиткой в массе beater saturated paper
~ с содержанием древесной массы mechanical paper
~ с фирменным водяным знаком name paper
абразивная ~ abrasive paper
автографская ~ autographic (*printing*) paper
альбуминовая ~ albumen(ized) paper
антиастматическая ~ asthma paper
антикоррозионная ~ 1. acid-free [antirust, cutlery] paper 2. (*упаковочная*) antitarnish paper
антимольная ~ mothbag paper
армированная ~ 1. reinforced paper 2. (*с наружным слоем из ткани*) cloth-faced paper
ароматическая ~ perfumed paper
ароматная ~ incense paper
асбестовая ~ 1. asbestos paper 2. (*для фильтрования*) electrolytic paper
асфальтированная ~ pitch paper
атласная ~ satin paper
афишная ~ advertisement [poster, sign] paper, posters
ацетилированная ~ acetylated paper
аэрографная ~ airgraph paper
бакелитизированная ~ bakelite [bakelized] paper
бактерицидная ~ antiseptic paper
бандерольная ~ 1. band stock 2. (*из полиамидного волокна*) aromatic fibrid bonded paper
банковская ~ bank paper; bank post
бархатная ~ 1. *фирм.* cellusuede 2. flock [velour] paper
беззольная фильтровальная ~ ashless filter paper
белая ~ 1. (*обёрточная*) shop 2. (*переводная*) transfer paper 3.(*без подцветки*) cream paper
белёная крафт-~ bleached craft paper
биоцидная ~ microbial-resistant paper
битумированная ~ saturated paper
блестящая ~ glossy paper
бобинная ~ coil paper
бристольская ~ ivory paper
вексельная ~ bill head paper
веленевая ~ 1. vellum paper 2. (*копийная*) duplicator waves
влагопрочная ~ wet strength paper
водо- и паронепроницаемая ~ water-vaporproof paper; *фирм.* movar
водостойкая ~ water-resistant paper
водочувствительная ~ water-finding paper
впитывающая [абсорбционная] ~ absorbent paper
всходозащитная ~ sprout [young-growth] paper
выдержанная [кондиционированная] ~ mellow paper
высококлеёная ~ hard-sized paper
высокосортная ~ 1. fine paper; fines 2. (*почтовая*) bath paper 3. (*чертёжная*) cockled paper
гаванская ~ Havana paper
газетная ~ 1. daily paper, newspaper, news, newsprint 2. (*без печати*) blank news
газонепроницаемая ~ balloon paper
гербовая ~ stamped paper
гигиеническая ~ toilet paper
гидрофильная ~ hydrophil paper
гладкая [глазированная] ~ 1. glazed paper 2. (*для склейки картона*) glazed backing
гофрированная ~ 1. corrugated [fluted, pleating] paper 2. (*оклеечная*) corrugated facings
гравюрная ~ из газетной макулатуры rotogravure news
грунтованная ~ precoated paper
гудронированная ~ 1. dark [tarred]

бумага

browns 2. (*многослойная*) laminated [tar] paper
гуммированная ~ gummed paper
двухслойная ~ double-ply paper, duplex paper
двухцветная ~ duplex paper
дешёвая тонкая ~ ярких цветов mechanical tint
диаграммная ~ chart [graph] paper
динамная электроизоляционная ~ fish paper
документная ~ 1. debenture [deed] paper 2. (*морщинистая*) cockle finish bonds
долговечная ~ permanent paper
жёсткая ~ hardened paper; skin
жиронепроницаемая (*упаковочная*) ~ greaseproof [grease-resistant] paper
зажигательная ~ fuse paper
звонкая ~ hard paper
зернистая ~ grained paper
изоляционная ~ 1. armature [insulation, lagging] paper 2. (*намоточная*) coil paper
иллюстрационная ~ halftone news
индикаторная ~ accutint test paper
канатная [«манильская»] ~ manila paper
«канатная» обёрточная ~ glazed casings; white rope
канцелярская ~ register paper
капсульная ~ cap paper
карандашная ~ lead pencil paper
картографическая ~ atlas [chart, map] paper, map bonds
картонажная ~ paste-board paper
кислотоупорная ~ acidproof paper
клеёная ~ hard [sized] paper
книжная ~ text paper
конторская ~ ledge; ledger paper
копийная ~ 1. fanfold 2. (*верже*) duplicator laid
копировальная ~ carbon [manifold (*copying*)] paper, manifold
крафт ~ [~ из крафт-целлюлозы] kraft paper
крепированная ~ 1. cockle-finish [crape, elastic] paper 2. (*для набивки*) crepe wadding 3. (*для носовых платков*) handkerchief crepe 4. (*медицинская*) *фирм.* cellucotton
кровельная ~ roofing paper
кружевная ~ laces

лакмусовая ~ lithmus [reagent] paper
линованная ~ lined brief; ruled paper
липкая ~ adhesive paper
листовая ~ ream [sheet] paper
лощёная ~ glazed [supercalendered] paper
макулатурная ~ 1. bogus paper 2. (*с содержанием древесной массы*) print
матовая ~ 1. dull [hammer-finished, mat] paper 2. (*мелованная типографская*) cameo-coated paper 3. (*веленевая*) antique woves 4. (*верже*) antique laid
мелованная ~ chalk overlay [clay-coated, enamel] paper
мешочная ~ 1. bag [pouch, sack] paper 2. (*для сухих продуктов*) grocery bag paper
миллиметровая ~ coordinate [cross-section, scale] paper
многослойная ~ multiplex [multiply] paper
монотипная ~ key board paper
мраморная ~ granite [(dutch) marble] paper
мундштучная ~ cigarette tip [cigarette-tube] paper
мухоловная ~ fly-catcher paper
мягкая крепированная туалетная ~ cleansing tissue
наждачная [шлифовальная] ~ abrasive [glass, polishing, sand] paper, flints
насыпная (*обойная и обложечная*) ~ block paper
неактиничная ~ (*для фотопластинок*) black photographic wrapper
невыцветающая ~ nonfading paper
недревесная жёлтая писчая ~ chemical manila writings
немелованная печатная ~ plain paper
немнущаяся ~ hard paper
неотделанная ~ unfinished paper
неприлипающая ~ abhesive paper
непрозрачная ~ opaque paper
низкосортная ~ (*для черновых записей*) draft
низкосортная упаковочная ~ из макулатуры bagus screening
обёрточная ~ 1. hands; wrapping (paper) 2. (*синяя*) fast blue paper 3. (*для шоколада*) enrober paper 4. (*целлю-

бумага

лозная) bark [bast] paper 5. (*для конфет*) kiss paper 6. (*для линз и оптических стёкол*) lens tissue 7. (*для пищевых продуктов*) food wrapper 8. (*из сучковой или бурой древесной массы*) nature browns
обивочная ~ 1. (*для автомобилей*) autopanel paper 2. (*для ящиков*) case liner
обложечная ~ cartridge paper; cover; book wrapper
обойная ~ hanging paper; hanging (raw) stock
обтирочная ~ wipe-off paper
огнестойкая ~ noninflammable paper
оклеечная ~ backing [facing, liner, lining, pasting] paper
оклеечная ~ для картона facing
оконная ~ vitrified paper
офсетная ~ 1. offset (*printing*) paper 2. (*из газетной макулатуры*) offset news
парафинированная ~ 1. wax paper 2. (*обёрточная*) waxed wrapper
патронная ~ ammunition [cartridge] paper; munitions
пергаментная ~ 1. parchment paper 2. (*для упаковки масла*) butter parchment
переводная ~ decalcomania, decals
переплётная ~ binder's [board] paper
пересушенная ~ burnt paper
пёстрая упаковочная ~ fancy wrapping
печатная ~ 1. (*имитация бумаги ручного черпания*) medieval laid 2. (*с матовой отделкой*) antique-printing paper
писчая ~ 1. writing paper 2. (*высшего качества*) [документная бумага] loans 3. (*низшего качества*) script
плотная ~ 1. cardboard 2. (*макулатурная*) adhesive felt 3. (*писчая*) vellum 4. (*упаковочная*) crate liner
подкладочная ~ deadening
подклеечная ~ под обои backing paper
подцвеченная обёрточная ~ dyed [corrected] white
покровная ~ liner
полуклеёная ~ half-sized paper
почтовая ~ 1. letter [note, post] paper 2. (*фальцованная*) notepaper

прокладочная ~ insets [between-lay, slip-sheet, antistick] paper; smut sheets; setoff
промасленная ~ oil(ed) [oil-drenched, oil-soaked] paper
промокательная ~ blotting [drying] paper
пропиточная (*электроизоляционная*) ~ impregnated paper
прочная ~ 1. (*бурая обёрточная*) rope wrapping 2. (*разного назначения*) cartridge 3. (*ручного отлива*) self-supporting hand sheets
пухлая (*лёгкая*) ~ featherweight [high-bulking] paper
разноцветная ~ fancy paper
реактивная [индикаторная] ~ indicator [reaction, test] paper
рисовальная ~ drawings
розовая фруктовая ~ apricot paper
ролевая газетная ~ reeled [web] news
ротаторная ~ duplicator [impression, multigraph] paper
рулонная ~ continuous [reeled, web] paper
сажевая ~ black paper
салфеточная ~ napkin tissue, paper towelling
сатинированная ~ plate-glazed [steelplate] paper; satin white
свежевыработанная ~ green paper
светокопировальная ~ 1. heliographic paper 2. (*для коричневых копий*) brown print paper 3. (*для синих копий*) blue print paper
светочувствительная ~ dyeline [light-sensitive, photocopying, phototype, sensitized] paper
серая макулатурная обёрточная ~ bogus wrapper
синяя ~ 1. (*впитывающая, для проверки всхожести семян*) germinating paper 2. (*обёрточная*) self-blue
смешанная конторская ~ mixed ledge
стеклянная ~ glass paper
стерилизационная ~ aseptic paper
тёмная плотная обёрточная ~ rope browns
теплочувствительная [heat-sensitive] paper
термочувствительная ~ termosensitive paper
тетрадная ~ exercise-book paper

525

бумага

типографская ~ printings
тиснёная ~ 1. embossed paper 2. (обложечная ~ под крокодилову кожу) alligator imitation paper 3. (обойная [обложечная]) ingrain paper
товарная ~ wares wrapping
толстая ~ 1. tag board 2. (типографская) high bulk printing paper
тонкая ~ 1. tissue paper 2. (белого цвета без содержания химикатов для упаковки металлических изделий) grass-bleached tissue 3. (гигиеническая) sanitary tissue 4. (гладкая [без рисунка] обойная) skin 5. (для внутренней оклейки конвертов) envelope lining tissue 6. (для крепирования) creping tissue 7. (для полотенец) facial paper 8. (для склейки) splicing tissue 9. (лощёная) onionskin 10. (непрозрачная почтовая для авиапочт) air-mail banks 11. (обёрточная) hosiery paper; (односторонней гладкости) skin 12. (писчая высшего качества) bank post 13. (плотная писчая высшего качества) banks 14. (прозрачная почтовая) bank florpost paper 15. (салфеточная) serviette tissue 16. (техническая) technical tissue 17. (типографская для словарей) bible paper 18. (упаковочная для ювелирных изделий) goldbeater's tissue
упаковочная ~ 1. packaging [packing] paper; skin 2. (для внутреннего слоя) screening wrapper 3. (для выстилания ящиков) paper lining
фальцованная ~ folded paper
фильтровальная ~ filter paper
форзацная ~ book lining ends; end leaf [fly leaf, fly sheet] paper
фототипная ~ collotype paper
фрахтовая ~ railway buffs; railroad manila
фруктовая ~ (для упаковки) fruit tissue
цветная ~ 1. coloured [mottled] paper 2. (писчая) album paper
цветочная ~ florist paper
целлюлозная ~ chemical paper
целлюлозно-макулатурная ~ (для наружных слоёв гофрированного картона) testliner

чековая ~ (с защитой от подделок) antifalsification [forgeryproof] paper
чертёжная ~ 1. desigh paper; drawings 2. (на коленкоре) tracing cloth
чистодревесная ~ all wood paper
чистотряпичная ~ all-rag paper
чистоцеллюлозная ~ fiber paper
шероховатая рисовальная или чертёжная ~ eggshell paper
штампованная ~ die-cut paper
щёлочестойкая ~ alkali-proof paper
эластичная ~ фирм. Clupak, extensible paper
электроизоляционная ~ electrical insulating paper
электростатическая ~ electrofax paper
электрочувствительная ~ electrosensitive paper
этикеточная ~ label [tag] paper
бумага-восковка stencil [cyclostyle] paper
бумага-основа body [primory, raw] paper; base [paper]; base [body] stock; [paper] substrate
~ для асфальтирования asphalting paper
~ для компенсирующего слоя пластика backing paper for laminates
~ для крашения или мелования coating body [coating raw] stock
~ для кронпапира autographic raw paper
~ для обоев wallpaper base
~ для покрытия алюминиевой фольгой aluminum foil backing paper
~ для покрытия бакелитом bakelizing paper
~ для производства искусственной кожи artificial leather paper
~ для толя felt base paper
бумажный papered
бумызы paper pulp castings
бумификация paperization
бункер batcher, bin, bunker; hopper; silo
~ для влажных волокон 1. (идущих на изготовление наружного слоя плит) wet outer layers bin 2. (идущих на изготовление серединок плит) wet core bin
~ для древесного сырья wood container
~ для коры bark hopper

526

~ для соломки splint bin
~ для стружечной массы chest
~ для хранения сульфата натрия salt cake make-up silo
~ для щепы *или* стружки chip [storage] bin; chip charger; digester silo дозирующий ~ **1.** dosage [metering] bin **2.** (*для щепы*) chip weigh bin
опрокидывающийся ~ kick-out bin
питательный ~ для сульфата salt cake feeder hopper
саморазгружающийся ~ damping hopper
бур auger, borer, sampler
~ для взрывных работ jumper
~ ямокопа earth screw
посадочный ~ planting borer
почвенный ~ soil auger; soil corer
бурав borer, drill
приростной ~ accretion [Pressler's] borer; coring instrument
червячный ~ gimlet bit
буравчик borer, gimlet; straight shank twist drill
~ по дереву (*для высверливания отверстий под шурупы*) parsor
бурелом (*стволов и ветвей*) rolled timber slash; wind break; wind slash; windbreakage
бурозёмный (*о почве*) brownified
буртик shoulder
буссоль [surveyor's] compass
бутон bud
бутонизация budding
буфер buffer
буфет china cabinet, cupboard, chest-on-chest
~ с отверстиями для вентиляции пищи и с наклонной крышкой game cupboard
большой ~ в дворцовом стиле bull [press] cupboard
кухонный ~, состоящий из нижнего шкафа с выдвижными ящиками и верхних открытых полок Welsh dresser
маленький угловой ~ dispensary
бухта **1.** *мор.* bay **2.** (*каната*) coil, tier
Бушери-процесс (*способ пропитки древесины под давлением раствором медного купороса*) Boucherie
бык (*у моста*) **1.** breaker **2.** pier **3.** (*ряжевый*) crib pier

быстрорастущий fast-growing, quick-setting
бьеф reach
бюро *меб.* bureau cabinet; writing bureau
бюро-секретер scrutoire

В

вага bobster, crowbar; pry(ing) lever; shod bar; whim
вагон car, carriage; trap; wagon
~ для перевозки балансов pulpwood car
~ для перевозки мебели *англ.* pantechnicon
~ для перевозки щепы chip car
~ с саморазгружающимся кузовом hopper car
грузовой ~ freight car
железнодорожный ~ rail(way) car
открытый железнодорожный ~ open-top gondola car
прицепной ~ trail car
вагонетка car, carriage, barrow, skip
~ с опрокидывающимся кузовом dump [tipping] car; tip barrow; tipper
вагонетка-транспортёр transfer car
вагонка linings
вагоноопрокидыватель car dumper
вагон-сцеп car coupler
вагон-хоппер hopper car
вагон-цистерна tank car
вайма *меб.* assembler; assembly jig; clamp, press; (frame-)clamping machine
~ для сборки внутренних деталей изделия мебели deep reach clamp
~ для сборки корпусной мебели cabinet clamp
~ для сборки оконных переплётов sash cramp
~ для сборки узлов на клею glue press
~ для сборки усовых соединений miter clamp
веерная ~ glue reel; windmill cramp
вертикальная ~ hold-down clamp

вайма

клеильная ~ gluing machine
сборочная ~ case clamp; clamp service bench
вакофильтр (*установка для улавливания волокон и фильтрации воды*) *фирм.* waco-filter
вакуоль vacuole
вакуумизация evacuation
 ~ щепы wood chips air evacuation
вакуум-фильтр vacuum filter
 ~ для промывки сульфатной целлюлозы brown-stock washer
 ~ непрерывного действия continuous filter
 промывной ~ для шлама white mud washer
вал 1. (*машины*) shaft, drum, roll 2. (*насыпь*) bank, embankment 3. (*ряд*) row
 ~ для нанесения клея applicator roll
 ~ для разделения полос картона (*при его резке*) separating shaft
 ~ каландра 1. calender roll 2. (*с набивкой из запрессованной бумаги*) paper filled [cotton(-filled)] roll 3. (*с бумажной набивкой*) fiber-filled roll
 ~ намотки winding [rewind] shaft
 ~ порубочных остатков windrow
 ~ предварительного пресса baby roll
 ~ саморезки с дисковыми ножами cutter backing roll
 ~ с билами whipper
 ~ с закалённой поверхностью chilled iron roll
 ~ с зубьями pin roll
 ~ с лопастями paddle roll
 ~ со стонитовой рубашкой stonite-covered roll
 ~ с перфорированной рубашкой open roll
 ~ с регулируемым прогибом controlled crown roll
 ~ с суконным чулком felt covered roll
 ~ сукномойки felt wash(ing) roll
 ~ ячеистой конструкции honeycomb roll
 бумажный ~ каландра paper calender roll
 ведомый ~ driven shaft
 ведущий ~ drive [driving] shaft; forward roll

 верхний ~ с вентилируемой зоной контакта venta-nip top [VN top] roll
 второй снизу ~ каландра queen roll
 выпрямляющий ~ rectifier roll
 высевающий ~ drill shaft
 главный ~ king roll
 гладильный ~ felt-wrapped roll
 грудной ~ breast roll
 измельчающий ~ shredding roll
 клеенаносящий ~ size roll
 набивной ~ filled roll
 непокрытый сукном ~ unfelted press roll
 непрогибающийся ~ antideflection roll
 нижний ~ under roll
 ножевой ~ cutter drum
 отжимный ~ squeeze [wringer] roll
 отсасывающий ~ suction roll
 охлаждаемый ~ chill roll
 переломный ~ break-back roll
 пересасывающий ~ take-up suction roll
 подающий ~ furnish roll
 полый ~ hollow [tubular] shaft
 приёмный ~ pick-off roll
 прижимный ~ 1. pressure [rider] roll 2. *мн.* nip rollers
 прогибаемый ~ (*каландра*) bendable roll
 пропеллерный ~ (*мешалки*) propeller shaft
 пузырный ~ blow roll
 самоочищающийся ~ self-doctoring roll
 сеткоприводной ~ forward drive roll
 снимающий ~ take-up roll
 форматный ~ forming [making, pick-up] roll; winding(-up) drum
 червячный ~ scroll [worm(ed)] roll
 шарнирный ~ articulated shaft
 ячейковый отсасывающий ~ cellular suction roll
валежник breakage; brush wood, chatwood; deadfall; down timber scrog; fallen timber, wind fall; windfallen trees
 мелкий ~ dead fallen branches
валёк mangle roller
валец roll(er)
 ~ высевающего аппарата distributing roller
 ~ с шипами spiked roller
 дробильный ~ crushing roller

валик

нажимный ~ pinch roll
подающий ~ feed roller
рифлёный ~ grooved [knurled] roll
валик 1. roll(er) 2. (формующий) filler mold
~ для бокового направления бумаги scanning roll
~ для водяных знаков design roll
~ для нанесения покровного слоя applicator [paste] roll; coating roll
~ для нанесения покрытия kiss roll
~ для передачи бумажного полотна draw roll
~ для поддержки рулона bed roll
~ для предварительного нанесения суспензии prewet roll
~ для тиснения embossing [pattern] roll
~ для удаления избыточной мелованной суспензии wiper [wiping] roll
~ мансардной крыши curb roll
~ массы pull roll
~ на стене для картины [багет] picture (frame) molding
автоматический сетковедущий ~ automatic guide roll
бумаговедущий ~ 1. paper roll 2. проф. dandy pick
выравнивающий ~ aligning [evener] roll; smoother
гравировальный ~ etched roll
дефлокуляционный ~ deflocculating roll
дозирующий ~ doctor roll
дырчатый распределительный ~ perforated distribution [perforated flow] roll
желобчатый регистровый ~ corrugated [furrow (table), grooved (table)] roll; (с чулком из сетки) bell-wrapped grooved roll
заправочный ~ drawing-in [pinch] roll
измерительный [мерный] ~ metering roll
изогнутые ~и с постоянной дугой кривизны mount-type rolls
контактный ~ nip [smoothing] roll
маркировочный ~ marking roll
междусонный ~ цел.-бум. leveling roll
накатывающий ~ ink(ing) roller
направляющий ~ 1. guide roll 2. (для целлюлозного полотна) pulp guide roll
натяжной ~ 1. draw roll 2. (для сукон) stent roll
обогреваемый ~ casting roll
обратный сетковедущий ~ return wire-leading roll
отводящий ~ lead-off roll
отжимный ~ 1. squeeze roll 2. (для сукон) (felt) wringer
передаточный [дукторный] ~ duct(or) roller
перфорированный ~ holey [warping] roll
погружающий ~ sizing [tip] roll
подающий ~ feed(er) roll
поплавковый ~ floating roll
правильный ~ guide roll
прецизионный ~ sensing roll
приёмный ~ lead-in [take-in] roller
прижимный ~ над отсасывающим гауч-валом lump breaker roll
проволочный регистровый ~ wire-covered table roll
промежуточный ~ 1. transfer roll 2. (бумаговедущий) blow roll
пружинный ~ fly spring roll
пузырный ~ air (removing) roll
равнительный ~ 1. dandy 2. (веленевый) plain dandy
разгонный ~ 1. bowed [expander, spread(er), web-spreading] roll, spreader 2. (со спиралью) scroll
разделительный ~ breaking roll
распределительный ~ flow roll
регистровый ~ 1. table roll; tube roll; wire-carrying roll 2. (с синтетической рубашкой) fabric table roll
регулировочный разгонный ~ adjustable wrap roll
резиновый ~ squeegee
рифлёный ~ fluted roll
сетковедущий guide [wire (loading)] roll
сетконатяжной ~ dancing roll
сеткоповоротный ~ 1. turning roll 2. (обратный сукноведущий) return felt roll
сжимающий ~ strip roll
собирающий ~ discharge roll
спрысковой ~ spray roll
сукноведущий ~ 1. felt(-carrying) [felt stretch(ing)] roll 2. (сушильного

валик

сукна) dry left roll 3. (с продувкой воздухом) pocket ventilating roll
сукнонатяжной ~ felt stretcher; hitch roll
сукнообдувной ~ hot air felt blowing roll
съёмный ~ pickup
увлажнительный ~ kiss roll
увлажняющий ~ dampener; dampening [damping] roll; wet pad
удерживающий ~ retainer roll
холодильный ~ sweat roll
четвертной ~ 1. ovolo 2. (с одним прямоугольным выступом) barefaced ovolo
шаберный ~ Kittner [roll] doctor; doctor roll
шиберный ~ rider roll
щёточный ~ brush roll
валить (лес, деревья) cut, fell
~ дерево с помощью клина wedge a tree
валка (леса, деревьев) felling, (wood)-cutting
~ дерева без подпила match sawing
~ деревьев с корнями [с обрезкой корневой системы] felling with the extraction of the rootstock; grub felling
~ подпиленных деревьев с помощью другого дерева domino felling
~ с использованием мотопил motor-manual [power-saw] felling
групповая ~ (нескольких деревьев одновременно) multistem felling
направленная ~ (деревьев) directed felling
непрерывная, безостановочная, «напроход» ~ continuous felling
валуны wash
~ осмольной щепы rolling of stump-wood chips
вальцованный rolled
вальцовка rolling
вальщик (леса) 1. (tree) feller 2. (с цепной пилой) chain-saw operator
валяльщик coucher
ванна basin, bath, tank, tub, vat
~ бегунов edge-runner pan; edge-runner basin
~ бракомолки kneading trough
~ выпарного аппарата pan
~ дефибрера grinder pit; grinder trough

~ для покровного слоя color pan
~ круглосеточной машины (с подачей массы в направлении вращения сетки) uniflow vat
~ ролла 1. beater [hollander] tank 2. (полумассного) rag tube 3. (разбивного) breaker vat
~ цилиндровой машины vat
кислотная ~ 1. (пергаментировальной машины) acid tub 2. (вторичная) additional acid tank
клеевая ~ size vat; size tub
отбельная ~ bleach tub
отгонная ~ distillation vat
парафиновая ~ wax pan
ванчес (брус с тремя отёсанными сторонами) wainscot
вар pitch, tar
варка цел.-бум. cook(ing), digestion, pulping
~, дающая жёсткую целлюлозу hard cook
~ полуцеллюлозы semichemical cooking; semichemical pulping
~ при высокой температуре и избытке химикатов overhead digestion
~ с непрямым нагревом indirect cooking
~ с прямым нагревом direct cooking
~ целлюлозы 1. pulp cooking 2. (высокого выхода) high-yield cooking
азотнокислая ~ nitric acid pulping
бисульфитная ~ bisulfite pulp cooking; sodium bisulfite pulping
гидротропная ~ hydrotropic cooking
двухступенчатая ~ two-stage pulping
кислая ~ acid pulping
кислородно-щелочная ~ oxygen-alkali pulping
кислотная ~ acid digestion; acid process
моносульфитная ~ neutral-sulfite cooking
мягкая ~ soft cook
натронная ~ soda pulping; soda digestion; sodium-hydroxide cooking
натронно-серная ~ sodium-sulfur cooking
непрерывная ~ continuous cooking; continuous pulping
периодическая ~ batch cooking; batch digestion; bath pulping

полисульфидная ~ polysulfide cooking
полухимическая ~ chip groundwood pulping
противоточная ~ countercurrent pulping
ступенчатая ~ stepwise cooking
сульфатная ~ 1. kraft [sulfate] pulping; sulfate digestion 2. (*бессточная*) effluent free kraft pulping 3. (*с предгидролизом*) prehydrolysis-kraft pulping
сульфитная ~ 1. sulfite digestion; sulfite pulping 2. (*во вращающейся печи*) sulfite cook(ing)
сульфит-сульфатная ~ sulfite-sulfate pulping
сухая ~ (*недовар макулатуры*) dry cook
термомеханическая ~ termomechanical pulping
химическая ~ chemical cooking
хлорно-щелочная ~ chlorine-hydroxide cooking
чёрная ~ black [burnt] cook
щелочная ~ alkaline process; alkaline pulping
варпование (*буксирование тросом лебёдки*) warping
варщик cook(er)
васкулярный vascular
вата batting, cotton
~, прошедшая обработку на трепальной машине scutched cotton
целлюлозная ~ cellulose wadding; cellulose wool
ватерпас [уровень с отвесом] carpenter's level
ватник *меб.* cotton felt
~ из джутовых очёсов jute flock wadding
вбивать 1. drive (in) hammer; ram (into) 2. (*сваи*) pile
вверх по склону uphill
ввод inlet, input
вдавливать(ся) (in)dent in, force in (to); press in (to)
вдоль (*направления волокон*) lengthwise; plankwise
вегетативный asexual, vegetative
вегетационный growing, vegetative
ведение:

ВЕНТИЛЬ

~ лесного хозяйства 1. forest [woodland] management 2. (*разновозрастного*) all-aged [uneven-aged] forest management
~ низкоствольного порослевого хозяйства coppice, coppicing
ведомость:
~ на выгруженный (*с судна*) груз outturn
~ перечёта деревьев measurement list
~ площади area record
~ рубок felling table
перечётная ~ (*деревьев*) tally sheet
веер 1. fan 2. (*тип соцветия*) rhipidium
веерообразный fan-shaped
вейник (*Calamagrostis*) small reed
вектор vector
величин/а rate; value ◇ в натуральную ~y full-scale; full-sized
~ [объём] лесного сырья на корню stumpage value
~ раскрытия захватов log fork capacity; (tong) opening
~ удержания retention value
~ цветности color load
~ цветовой характеристики (*почвы*) *амер.* color value; value color
летальная ~ (*порога токсичности защитных веществ*) lethal value
остаточная ~ residual
вельвет (*для обивки мебели*) velvet
вельд (*травянисто-кустарниковая саванна в Южной Африке*) veld
кустарниковый ~ bushveld
венец (*сруба*) timber set
окладной ~ sole timber
вентиль:
~ для отходов (*при очистке массы*) reject valve
верхний сдувочный ~ top relief valve
воздушный ~ vent valve
массный ~ цел.-бум. (*pulp*) stock valve
продувочный ~ blow(-off) [blowthrough] valve
промывной ~ (*ролла*) washout; wash-up valve
разбавительный ~ с пневматическим приводом (*в регуляторе консистенции бумажной массы*) air-controlled dilution valve
щёлоковый ~ цел.-бум. liquor valve

531

вентилятор

вентилятор fan
венчиковидный (*о растениях*) corollaceous
верёвка cord, rope; string
~ для временного скрепления брёвен rateline
~ с крюком dog wrap; hand grap
обвязочная ~ fastening cord
вереск обыкновенный (*Calluna vulgaris*) besem, (*Scotch*) heather, moor
вержирование laid finish
вермильон [искусственная киноварь] vermillion
верньер (*прибор*) vernier
вероятность:
~ загорания ignition probability
верстак (*work*) bench; filing table
столярный ~ carpenter's bench
вертеть spin
вертикальный (*отвесный*) plumb
вертлюг peavie turnbuckle; shackle, swivel
~ с хомутом clip peavie
верфь dock yard; dockyard, shipyard
верх head, top ◇ с ~ом (*напр. о фургоне*) topped
верхний:
самый ~ topmost
верхушечноцветковый acranthed
верхушка:
~ дерева spire, tip
~ побега shoot apex
~ порослевого побега vegetative shoot apex
~ растения apex
~ стебля crown of stem
вершин/а (*верхняя часть деревьев*) apex, crown, top; *бот.* fastigium ◇ ~ой вперёд top end first; со срезанной ~ой topped
~ горки ролла backfall crown; (*backfall*) crest
~ зуба (*пилы*) tooth point
~ы и сучья 1. top-and-lop 2. (*обрезанные с поваленных деревьев*) lap wood; trim
~ столба small end
~ хлыста top end of trunk
~ холма tor
вес: ◇ в пересчёте на сухой ~ dry basis
~ [объём] выборки при рубках ухода *стат.* thinning weight

кажущийся ~ *стат.* apparent weight
весенний vernal
вести:
~ учёт tally
весы scale(s)
~ для взвешивания автомобиля truck [jimp] scale
~ для взвешивания груза на автомобиле (*устанавливаемые между коником и рамой*) bunk scale
автоматические ~ для непрерывного взвешивания щепы chip weightometer
квадратные ~ *цел.-бум.* sheet scales
ветвистость branchiness
ветвистый branched, branching; cladouse; ramate, ramified, ramulose
ветвление branching, ramification
ветв/ь 1. (*сук*) branch, limb 2. (*отросток*) sliver, spray 3. *мн.* branchwood
~ второго порядка ramule; second raceme
~, отходящая от главной оси porrect branch
~ первого порядка limb
~, сплетённая с другими ветвями plash
~ третьего порядка tertiary branch
боковая ~ lateral branch
ведомая ~ *цел.-бум.* take-up side
верхняя ~ apical branch
внутренняя ~ innermost branch
главная [скелетная] ~ main branch
крупные дубовые ~и для переработки wrongs
маленькая ~ [веточка] ramule
маточная [скелетная] ~ scaffold branch
нижняя ~ basal branch
прямая ~, прижатая к основной оси strict branch
рабочая ~ (*пильной цепи*) pulling chain
срединная ~ (*из середины кроны*) intermediate branch
холостая ~ (*пильной цепи*) pushing chain
ветвящийся dendritic, ramulose
ветк/а 1. (*дерева*) branch, stick, twig, wattle 2. (*дорожная*) branch road, lay-by, spur (track)
изогнутая или имеющая ответвление ~ дерева cruck
мелкие ~и и сучья lop

виброизолятор

раздвоенная ~ forked branch
веточка branchlet, twig, shoot
ветреница (*порок древесины*) natural crack
ветровал 1. (*стихия*) blowdown, deadfall 2. (*поваленная древесина*) windfall [windthrown] timber
ветроустойчивый (*о дереве*) stormproof, windfirm
веха 1. (*знак*) beacon 2. (*жердь*) perch
вечнозелёный evergreen, nondecidous
вешалка (*coat*) rack
вешка directing staff; lining peg; picket; stake; surveying rod
веществ/о substance, material, matter
~ для облагораживания макулатуры deinker
~ для повышения удерживаемости наполнителя filler retention aid
~ для подцветки (*бумаги*) tinting material
~, придающее запах odor producing substance
агглютинирующее [склеивающее] ~ agglutinant
буферные ~а почвы buffer compounds
водорастворимые ~а water-soluble materials
действующее ~ удобрений primary nutrient
древесное ~ wood substance
естественные органические ~а natural organics
загрязняющее ~ contaminant; polluting matter
инертное окрашивающее ~ latent color or body
инкрустирующие ~а deposits
клеящее ~ 1. laminant, sticker 2. (*для проклейки в массе*) internal size [internal sizing] agent
консервирующее ~ 1. preservative agent 2. (*для предохранения древесины от гнили и насекомых*) фирм. solignum
красящее ~ color material
летучее ~ volatile matter
межклеточное ~ intracellular matter; middle lamella
недубящее ~ non-tanning substance
нелетучее ~ *лесохим.* nonvolatile matter

неомыляемое ~ unsaponifiable matter
нерастворимое ~ insoluble matter
обезвоживающее ~ dehydrating agent
обезжиривающее ~ degreasing agent
окисляющее ~ oxidizing agent
окрашивающее ~ colouring agent
осаждающее ~ precipitating agent
осушающее ~ drying agent
отбеливающее ~ bleaching agent
пектиновое ~ pectic material
питательное ~ для растений (*действующее вещество удобрений*) 1. nutrient; plant-food basis 2. (*подвижное* [*усвояемое*]) active nutrient
поверхностно-активное ~ surfactant
постороннее ~а foreign substances
проклеивающее ~ sizing agent
пропиточное [смачивающее] ~ impregnant; penetrating agent
пропитывающее ~ saturant
растворённое ~ dissolved solids
растворимое ~ soluble matter
ростовое ~ growth(-promoting) substance
склеивающее ~ adhesive
смолистое ~ resinous matter; resinous substance
экстрактивные ~а 1. extractives; extraneous substances 2. (*растворимые в спирте*) alcohol extractives 3. (*растворимые в горячей воде*) hot water extractives 4. (*растворимые в холодной воде*) cold water extractives
веялка || веять fan
взвесь suspension
воздушная ~ air suspension
взвешивание weighing
вздутие swelling
вздымка *лесохим.* streaking
вздымщик [сборщик живицы] resin collector
взрывник [рабочий на взрывных работах] blaster, powderman
взрыхление (*почвы*) loosening
взрыхлять [вспахивать] break, loose
взятие образцов sampling
вибратор shake head; shaker, vibrator
~, ускоряющий разгрузку щепы из вагона car shaker
вибрация shake, vibration
виброизолятор:
резиновый ~ rubber mount

533

виброкорчеватель

виброкорчеватель (*пней*) vibro (*stump*) extractor
виброустановка (*для сбора шишек или семян*) (tree-)shaker
вид 1. (*наружный*) appearance, look 2. (*сорт*) kind, sort 3. (*древесные породы*) species 4. *биол.* genus
~ мозаики с применением шпона вместо массивной древесины boxing-up
~ насаждения kind of crop
~ поверхности резания nature of cut surface
~ [класс] пожара fire (*cause*) class
~ растений, наиболее часто встречаемый в сообществе constant
~ рифлёной поверхности (*дефект шлифования*) washboard effect
внешний ~ (*бумаги*) look-down
новые ~ы (*растений*) novel species
промежуточный ~ intermediate
родственные [близкие] ~ы (*растений*) allied species
видообразование speciation
визжание 1. (*пилы*) screeching 2. (*тормозов*) squeak(ing)
визир sight(ing) line, sighting post, sight
таксационный ~ survey line, valuation line
визирование sighting
вилка:
валочная ~ push(ing) pole
мерная (*лесная*) ~ 1. (*дерево*) calliper; calliper [diameter] gauge; measuring stick 2. (*раздвоенная*) fork calliper 3. (*секторная*) sector fork
оптическая таксационная ~ optical fork
вилообразный bifurcate
вилт [увядание] wilt
винил:
~, дублированный поролоном или пенопластом foam-backed vinyl
вспененный ~ expanded vinyl
винт screw
~ без головки со шлицем под отвёртку headless screw
~ для сборки каркасов (*мебели*) carcass construction screw
~ с резьбой в виде треугольного профиля winglin screw
анодированный ~ brass-coated screw

двойной ~ для крепления царги fitter's screw
деревянный ~ с квадратной головкой log screw
зажимный ~ 1. binding screw 2. (*установочный*) set screw
запорный ~ screw-plug
натяжной ~ пильной цепи chain tension screw
стяжной ~ rigging screw
установочный ~ clamping screw
ходовой ~ feed screw, lead(ing) screw
винт-барашек thumb screw
вирулентность virulence
вискоза:
суперкордовая ~ supercord ray
вискозиметр viscosimeter
~ с падающим шариком falling-ball [falling-sphere] viscosimeter
витрина floor case; show-window
вишня (*Cerasus*) cherry
вкладка inset
вкладыш:
~ выдвижного ящика drawer insert
текстильный ~ полировальной шайбы mop filler; mophead
включени/е:
минеральное ~ (*дефект древесины*) mineral deposit
посторонние ~я foreign particles
вколачивание driving in; hammering in; heading
вкрапление 1. (*посторонних частиц*) embedment 2. (*в породу*) impregnation
вкраплённый shot
влага moisture
доступная (*растениям*) ~ available moisture
избыточная ~ (*содержание влаги выше точки насыщения волокна*) free water
конденсированная ~ condensed moisture
недоступная (*растениям*) ~ unavailable moisture
поглощённая ~ sorbed moisture
равновесная ~ equilibrium water; regain
свободная [несвязанная] ~ (*древесины*) free moisture
связанная ~ (*древесины*) bound [combined] moisture; combined water
влагалище *бот.* sheath

внесение

влагоёмкость (*полевая*) (*почвы*) field capacity
влагомер 1. moisture meter 2. (*для определения влажности воздуха*) hygrometer
высокочастотный ~ radiofrequency moisture meter
ёмкостный ~ (*для определения влажности древесины*) electric(-capacity) moisture meter
сверхвысокочастотный ~ microwave moisture meter
влагооборот moisture rotation
влагопроницаемость moisture permeability
влагопрочность:
~ бумаги paper wet strength
влагосодержание (*целлюлозы*) absolute moisture content
влагостойкий moist-free; moistproof, moisture-proof, moisture-resistant
владелец holder, owner, tenure
~ грузовика trucker
~ лесозаготовительного предприятия logging operator
владени/е 1. (*обладание*) ownership 2. (*собственность*) property, tenure ◇ находящийся в частном ~и privately-owned
влажность (*влагосодержание*) 1. damp(ness), humidity, moisture (*content*) 2. (*грунта*) wetness
~ в объёмном исчислении (*в процентах*) moisture volume percentage
~ воздуха air humidity; moisture of air
~ завядания 1. threshold moisture content, wilting point 2. (*устойчивого*) (*permanent*) wilting coefficient
~ свежесрубленной древесины green moisture
гигроскопическая ~ air-dry [hygroscopic] moisture
заранее установленная [требуемая] ~ predetermined moisture content
избыточная ~ excess moisture (*content*)
объёмная ~ volume water content
относительная ~ 1. relative humidity; relative moisture 2. (*воздуха*) degree of air saturation
равновесная ~ (*древесины*) equilibrium moisture (*content*)
регулируемая относительная ~ controlled relative humidity
скрытая ~ latent moisture
стандартная ~ specified moisture content
транспортная ~ shipping-dry
удельная ~ (*воздуха*) specific humidity
влажный damp, dank, humid, moist, wet
влияние:
~ леса (*на окружающую среду*) forest influence
~ среды [*внешних условий*] environmental effect
вместимость bulk, capacity, content
вмятина 1. dent, indentation 2. (*на сетке*) kink, pimple 3. (*дефект фанеры*) low spot
внакрой [внахлёстку] lapped
внедрение (*новых методов, оборудования*) introduction
внесение (*удобрений*) 1. application, dressing, distribution, treatment 2. (*бактериальных удобрений*) soil vaccination
~ в лунку hole application
~ в междурядья side dressing
~ вместе с семенами pop-up
~ в несколько приёмов split dressing
~ высоких доз heavy application
~ мергеля marl application
~ на посевное место seedbed application
~ повышенных доз liberal application
~ разбрасыванием general application
~ фосфорных удобрений phosphatization
внекорневое ~ foliage [foliar] [spray] application
гнездовое ~ hill placement
дополнительное ~ supplemental application
ленточное ~ семян band seeding
локальное [местное] ~ localized [spot] application
местное ~ удобрений fertilizer placement
основное ~ (*удобрений, ядохимикатов*) ground treatment
поверхностное ~ top dressing
прикорневое ~ root application
припосевное [припосадочное] ~ bed [starter] application

535

внесение

разбросное ~ удобрений broadcasting, broadcast dressing
рядковое ~ (*при посеве*) drilled [seedbed] dressing; row application
сплошное [равномерное] ~ overall application
вниз по склону (*о трелёвке*) downhill
вносить 1. bring in; introduce 2. (*ядохимикаты, удобрения*) treat
внутренний inner, inside, interior, inward(s)
внутривидовой intraspecific
внутримицеллярный intramicellar
вод/а water
~ для заваривания [для обваривания] scalding water
~ для разбавления массы *цел.-бум.* thinning water
~ с сосунов *цел.-бум.* suction water
волокносодержащая сточная ~ neutral fiber sewage
высокая [полая] ~ high flood
гравитационная ~ (*в почве*) free water
грунтовая ~ groundwater; underground water
доступная (*растениям*) ~ (*в почве*) available water
известковая ~ lime water
малая [низкая] ~ young flood
неочищенная сточная ~ crude sewage
оборотная ~ *цел.-бум.* 1. back [circulating, save] water; pulpwater; rewater 2. (*сушильной машины*) loose water
осветлённая ~ 1. clarified water 2. (*сточная*) settled sewage
первые промывные ~ы (*фракция, направляемая на выпарку*) first water
питьевая ~ potable water
поглощённая ~ imbibition water
подвешенная ~ (*в почве*) hanging [perched] water
подкислённая ~ acidified water
подсеточная ~ *цел.-бум.* tray water
пригодная к сплаву ~ towable water
промывная ~ dish [flooding, purge, scouring, wash] water
разбавляющая ~ dilution water
связанная ~ attached [bound, imbibed, inherent] water
спрысковая ~ shower water
сточная ~ sewage

уплотняющая ~ packing [sealing] water
водитель 1. driver 2. (*грузовика*) truck driver; trucker
~ лесовоза hauler
~, работающий на вывозке леса по контракту hauling contractor
водоворот swirl, whirlpool
водоём:
~ для хранения брёвен (*на лесозаводе*) storage basin
водоизмещение displacement
водонепроницаемый water-tight, waterproof, water-impervious
водоотталкивающий moisture- [water-]-repellent
водоочистка water treatment
водопроводность:
капиллярная ~ capillary conductivity
водораздел divide; interfluve [interstream] area; water parting; water shed
водорастворимость:
~ целлюлозы water solubility of pulp
водосброс discharge, spillway, weir
водослив overfall (*weir*); (*waste*) weir
водослой (*порок древесины*) frost [water; wet] heart; watercore; watermark
водоспуск dike drain; flood gate
водосток drain
водоудерживаемость (*массы*) slowness
водохранилище reservoir, tank, water storage
воз:
~ лесоматериалов (*автомобильный*) truckload
возбудител/ь 1. (*болезни*) invader 2. (*брожения целлюлозы*) fermenter
первичные (*независимые*) ~и independent invaders
возведение *стр.* construction, erection
~ насыпи (*из грунта полезных выемок*) cut-and-fill
возврат: ◇ подлежащий ~у (*о таре*) returnable
~ каретки с грузом на линию каната (*при подтаскивании груза со стороны*) lateral log retrieval
возвращение return
~ в прежнее положение или в прежнее состояние retrieval, reversion
возвышенность (*небольшая*) rise
плоская ~ table land

возгорание (*спичек*) afterglow
воздействия:
  природные ~ на окружающую среду (*выветривание, мороз, эрозия*) weathering
возделывание cultivation, growing
воздух air
  атмосферный ~ free air
  почвенный ~ soil aerosphere
воздуховод air conduit; air duct
  ~ с соплами jet box
воздуходувка blast engine; blast machine; blower
воздухоочиститель air cleaner
воздушно-сухой (*о древесине*) air-dry, air-seasoned
возникновение 1. (*появление*) emergence 2. (*начало*) origin
  ~ пожара flash fire
возобновление (*леса*) [лесовозобновление] regeneration, (forest) regeneration; (forest) renewal; (forest) reproduction
  ~ на вырубках regeneration of cutover stands
  ~ от стен леса 1. lateral regeneration 2. (*при полосных рубках*) regeneration by strip felling
  ~ под пологом regeneration under a shelterwood
  благонадёжное ~ establishing reproduction
  вегетативное [порослевое] ~ regrowth; vegetative reproduction; stump planting
  естественное ~ natural regeneration; natural reproduction
  искусственное ~ artificial regeneration; artificial reproduction
  куртинное ~ group regeneration
  порослевое ~ coppice
  последующее естественное ~ subsequent reproduction
  предварительное ~ advance [under, volunteer] growth, advance reproduction
  семенное ~ (*при выборочных рубках в порослевых древостоях с оставлением маячных деревьев*) seedling coppice
возобновлять рост to resume growth
возобновлять(ся) (*о лесе*) reafforest, reproduce

возраст age
  ~ насаждения 1. crop age 2. (*при определении специфического показателя бонитета 50 или 100 лет*) specific index age
  ~ посадочного материала planting-stock age
  ~ распада (*насаждений*) age of decline
  ~ рубки (*леса*) cutting [felling, removal, rotation] age
  ~ семяношения [плодоношения] age of seed production
  ~ спелости (*устанавливаемый возраст деревьев, пригодных к использованию*) exploitability [exploitable, maturity] age
  господствующий ~ (*категории деревьев, имеющих наибольшее хозяйственное значение*) prevailing age
  критический ~ (*возраст распада насаждения*) critical age
  средний ~ насаждения average age of stand
войлок bat, felt(ing), mat
  дерновый ~ sod mat
  нетканый ~ fiber mat
  шерстяной ~ woolen felt
войлочный *бот.* tomentous
волнисто-зубчатый repandodentate
волнистость (*древесины*) 1. fiddleback figure; undulating fibers 2. (*коробление*) rippling 3. (*дефект шпона*) pleat
волнистый quilted, snaky, undulate, wavy
волнообразный serpentine, wavy
волноустойчивость 1. (*плота*) raft wave resistance 2. (*пучка брёвен*) bundle wave resistance
волок (*трелёвочный*) logway, skid(ding) road; run(way); track, trail
  ~ для вторичной трелёвки swing road
  ~ при канатной трелёвке cable road; ropeway track; skyroad; yarding corridor
  магистральный ~ main skid road
волокнистый fibrillar, fibroid, fibrous; stringy
волокн/о (*древесины*) 1. fiber [fibre] (grain) 2. (*мелкое*) flour 3. *бот.*

ВОЛОКНО

string ◇ с прямыми ~ами (*о древесине*) straight fibered; straight-grained
~ большой длины filament
~ в массе loose fiber
~а, выступающие на поверхность (*дефект мелованной бумаги*) dog hairs
~, отличающееся отсутствием запылённости provenized fiber
~, содержащееся в листьях leaf fiber
абсолютно сухое ~ oven-dry fiber
алюминиево-силикатное керамическое ~ aluminum silicate ceramic fiber; *фирм.* kaowool fiber
волнистое ~ raised grain
древесное ~ 1. (ground)wood fiber 2. (*для изготовления древесноволокнистых плит*) man-made wood fiber
задранные ~а chipped grains
изогнутые [скрученные] ~а contorted grains
искусственное ~ 1. rayon 2. (*мягкое*) tri-ester fiber
истёртое ~ abraded fiber
либриформное [толстостенное] ~ libriform fiber
лигнифицированное [одеревенелое] ~ lignified fiber
лубяное ~ bast fiber; harl(e)
мейсонитовые ~а masonite fibers
нейлоновое ~ anidex fiber
непряденое хлопковое ~ cotton millpuffs
неразработанные ~а uncleared fibers
отдельное ~ individual fiber
отставшее (*после сортирования*) ~ loose fiber
очищенное ~ acceptable fiber
пальмовое [кокосовое] ~ algerian fiber
перициклические ~а pericyclic fibers
полиакрилонитрильное ~ acrylic fiber
полинозное ~ polynosic fiber
прессованные ~а matted fibers
промежуточное ~ intermediate fiber
разорванные ~а chipped grains
расщеплённые ~а chipped grains
сблокированное спиральное ~ alternating spiral [interlocked] grain; interlocked fiber
свилеватое ~ wave fiber
синтетические ~а bonded [synthetic (-based)] fibers

смолистое ~ gummy fibre
спиральное ~ spiral grain
укороченное ~ cut fiber
флоэмное [лубяное] ~ phloem fiber
волокноочиститель decorticator, fiber-cleaner
волоконце filament
волокуша drag, go-devil, planer, planker
~ для перевозки трелёвочного такелажа chute boat
~ для трелёвки брёвен wood boat
волос *меб.* hair, pile
конский ~ tail-and-mane hair; horsehair
синтетический ~ для набивки curled fiber
волосистый pilose, villous
волоски *бот.* fuzz
волосность capillarity
волосовидный capilliform
волосок hair, skid, tula
жгучий [крапивный] ~ urticating hair
корневой ~ fibril(la), rhizoid
осязательный ~ tactile hair
ядовитый ~ stinging hair
волосяной hair, pile
волочение dragging, drawing
волочить drag, draw, pull, trail
волчок *бот.* sucker, surculus, water sprout
воронка 1. cone 2. (*загрузочная*) funnel
~ для загрузки щепы (*в варочный котёл*) chip hopper
ворот 1. capstan; draw beam; gin 2. (*лебёдочный*) winch
настенный ~ bracket winch
стяжной ~ 1. *тарн.* overrunner 2. (*для бочек*) trussing apparatus
ворота gate
~ с калиткой stable-type door
запанные ~ boom gate
сортировочные ~ sorting gap
шлюзовые ~ flood [sluice] gate
ворс nap, pile
разрезной ~ *меб.* cut pile
ворсистость 1. fuzziness, scuff(ing); woolly grain; woolliness 2. (*бумаги*) fluffiness, hairness
воск wax
~ для прививок (*растений*) grafting wax
~ из эспарто fiber wax

восковка (*бумага*) (*duplicating*) stencil [tracing, wax] paper
воспламенение catching fire; firing, inflammation
воспламеняемость combustibility, inflammability
воспламеняемый [горючий] combustible
воспламеняться catch fire; inflame
восприимчивость receptivity, susceptibility
~ к покрытию coating receptivity
восстанавливать reconstitute, reduse
~ лес [лесонасаждения] reforest, reclaim
восстановитель reductant
восстановление reclamation, reduction, retrieval
~ растительности на гарях post-fire rehabilitation
деструктивное ~ degradative reduction
вощение wax finish(ing), waxing
впадина cave, dish, recess, trough
~ между зубьями пилы gullet, notch, tooth space
впитываемость:
~ чернил ink holdout; ink receptivity
капиллярная ~ 1. (*бумаги*) paper capillary rise 2. (*целлюлозы*) chemical pulp capillary rise
впитывание absorption, imbibition, seepage
~ чернил или печатной краски ink trap
вполупотай (*о соединениях*) half-lap
впотай even, flush
впуск inlet, intake
вразнокомелицу (*о лесоматериалах*) tops and butts
вращение 1. (*вокруг своей оси*) rotation, spinning 2. (*вокруг другого тела*) revolution
вред injury
вредител/ь depredator; borer; insect; pest
~и семян seed insects
вторичные стволовые ~и secondary borers; secondary insects
первичные ~и леса primary insects
врезание 1. cutting-in, threading-in 2. (*в грунт*) digging
~ петель hinge sinking
врезать cut in; house; indent

время:
~ года, включающее пожароопасный сезон normal fire season
~ операции очистки защитной полосы от горючих материалов (*с момента окончания пожара*) mop-up time
~ перешколивания (*сеянцев*) transplanting period
~ подсочки resin boxing period
~ сева sowing season
~ с момента начала ликвидации пожара до окончания сооружения противопожарных полос corral time
~ цветения blooming period
вровень flush (*with*); level (*with*)
врубать frame into
врубка joint
~ в виде буквы «Т» tee halving
~ вполдерева halving; lapped joint
~ гребнем cogged joint
~ зубом step joint
~ на шип ласточкин хвост dovetail halving
крестовая ~ вполдерева flush cross brace
стропильная ~ bridle joint
вручную by hand; manually
всасывание absorption, suction
всасывать suck (in)
вскапывание digging-up; excavating
вскрыватель opener
вскрываться (*о плодах*) explode
вспахивать cultivate, plough, till
вспашка ploughing, plowing
безотвальная ~ subsoiling
плантажная ~ ditching
вспенивание foaming
~ в прессформе определённого профиля foaming-to-shape
вспениватель air-carrying medium; foaming agent
вспучивание 1. (*вздутие*) intumescence 2. (*почвы, грунта*) heaving 3. (*разбухание*) swelling
~ от образования комков клея (*дефект облицовки*) lumping
вспучиваться bulge
вспышка (*размножения насекомых*) outbreak
~ массового размножения насекомых insect epidemics
вставка inset, insert, planting

вставка

~ застёжки-молнии впотай с припуском *меб.* fly-front-type zipper concealment
вставлять 1. house; insert, set into 2. (*стёкла*) glaze
встречаемость (*видов*) frequency
встряхиватель shaker
   гидравлический ~ деревьев (*для сбора шишек или семян*) tree-shaker
встряхивать shake (up)
вступать:
   ~ в пору цветения to come into bloom
встык (*о соединении*) butted
всход (*из семян*) germinating seedling; (*древесной породы*) plantlet young seedling
всходить 1. (*о семенах*) to come up 2. (*о поросли*) sprout
всходы (*порослевые*) sprout(s), sprouting
всхожесть (*семян*) germination, germinability; germinative power
   ~ в процентах germination [germinative] capacity; germination percentage
   ~ растений plant emergence
   общая ~ (*в процентах*) total germinality
   полевая ~ effective [field] germination
вторичный secondary
второстепенный 1. secondary 2. (*о древесной породе*) codominant
вход entrance; threshold
выбивать drive [hammer, knock] out
   ~ дно (*у бочки*) start
выбоина (*на поверхности дороги*) hole, pothole
выбор sampling
выборка sample, sampling
   ~ поперечных пазов cross-grooving
   ~ пробных площадей 1. (*с множеством переменных размеров*) polyareal plot sampling 2. (*с одним постоянным размером*) monareal plot sampling 3. (*с тремя размерами*) triareal plot sampling
взвешенная ~ self weighted sample
однократная [простая] ~ simple sampling
повторная ~ duplicated sample
случайная ~ 1. random sampling 2. (*послойная*) stratified random sampling

смешанная ~ combined sample
выборочно (*напр. вырубаемый*) selectively
выбраковка 1. culling 2. (*сортировка*) sorting
выбрасывать боковые побеги sucker
выверять 1. aligh 2. (*по отвесу*) plumb 3. (*по уровню*) level
вывозить (*лес*) haul
   ~ на санях sledge
   ~ поездом train
вывозка (*леса*) transportation; (*timber*) haulage; (*timber*) hauling; removal
   ~ вне дорог общего пользования [по лесным дорогам] off (the) road [off highway] hauling
   ~ деревьями [вывозка деревьев] whole tree hauling
   ~ по дорогам общего пользования [магистральным дорогам] on highway [on the road] hauling
   ~ по железной дороге railroad [railway] logging
   ~ по контракту contract hauling (*operation*)
   ~ сортиментов assortment [shortwood] hauling
   ~ с погрузкой на прицепы в отсутствие автомобиля shuttle hauling
   ~ хлыстами [хлыстов] tree-length hauling
автомобильная ~ trucking; truck hauling
гужевая ~ cart removal
прямая ~ direct timber hauling; straight removal
санная ~ sleigh hauling
выгиб bump; camber; curve
выгон grazing ground; pasture
выгорать burn away; burn out
выгружать discharge, unload
   ~ на берег debark
выгрузка discharge, discharging; unloading
   ~ древесного угля (*из реторты*) charcoal rakeout; charcoal removal
   ~ лесоматериала в бассейн ponding
   ~ на берег landing
   ~ опрокидыванием dumping
выдвижение (*стрелы*) extension
выдвижной 1. (*о стреле*) telescope 2. (*о мебели*) pull-out
выдел:

картируемый ~ map(ping) unit
таксационный ~ stratum
выделени/е (*жидкости*) escape, exudation
~ живицы oleoresin exudation
~ формальдегида release of formaldehyde
корневые ~я root exudations, root saps
выделка dressing
выделяться exude
выдерживание retention
выдерживать:
~ лесоматериал(ы) to season timber
выдержка:
~ древесины в атмосферных условиях weathering
~ древесины в естественных условиях natural seasoning
~ котла при заданной температуре holding
выдолб gain
выдувание [выветривание] aeration
~ почвы land retirement
выдувка:
~ варочного котла *цел.-бум.* blowdown
~ массы *цел.-бум.* brown stock blowdown
~ после сушки afterseasoning
~ фанеры после пресса [после прессования] postpressing stage; reconditioning
выемка 1. (*дорожная*) cut, cutout, pit 2. (*грунта*) digging, excavation
~ для вставки шурупа под углом pocket screwing
~, сделанная долотом или стамеской gouge cut
закруглённая ~ (*в спинке мелкого кресла*) cupped top
выемчатый (*о листе*) emarginate, sinuate
выживаемость:
~ древесных пород tolerance of forest trees
~ нижнего яруса (*насаждения*) understory tolerance
выживание survival
выжигание 1. (*по дереву*) [пирография] poker-work; pyrography 2. (*древесного угля*) charring of wood

выпаривание

выжигать 1. burn 2. (*древесный уголь*) to burn charcoal; to carbonize wood
выжимание:
~ корневой системы сеянцев заморозками frost heaving of seedlings
~ почвы заморозками frost lifting
выкалывание (*клёпки, гонта*) riving
выкалывать (*напр. клёпку или гонт*) rive
выкапывать dig out; dig up; excavate, scoop
выкатной (*о мебели*) pull-out
выкопка (*посадочного материала*) lifting; outplanting
выкорчёвывание 1. (*сорняков*) extirpation 2. (*деревьев, пней*) uprooting
выкорчёвывать to chunk out; uproot
выкраска (*образец окраски бумаги*) dyestuff test paper sheet
выкружка 1. cove 2. *меб.* cavetto
вылегчивание (*барабана ролла*) lightening
вылет (*стрелы крана*) extension, (*boom*) reach; reach of crane
изменять ~ стрелы крана luff
вымерзание (*растений*) frost injury; winter killing
~ корней root kill
~ сеянцев freezing of seedling
вымывание 1. leaching, wash-out 2. (*массы из сцежи*) sluicing
~ [выщелачивание] осадками питательных элементов rainwater leaching
вымывать (*почву*) to wash away
вымывка (*массы*) brown stock flushing
вынос 1. (*элементов*) carrying-out; carry-over; removal 2. (*вылет*) gab
ежегодный ~ (*питательных веществ*) annual removal
полный ~ (*питательных веществ*) complete [total] removal
выносить (*питательные элементы*) leach
выносливость [стойкость] (*растений*) hardiness, tolerance
выносливый (*о древесной породе*) tolerant
выпадание:
~ стружки с ковра *плит.* outfall
выпадение :
~ осадка [осадков] 1. (*дождей*) precipitation 2. *цел.-бум.* accretion
выпаривание evaporation, vaporization

выпаривание

~ в многокорпусном аппарате *цел.-бум.* multiple-effect evaporation
непрерывное ~ в горизонтальной зоне *лесохим.* continuous horizontal evaporation
выпас (*скота*) в лесу forest [woodland] grazing
выпиливание (*по дереву*) carving
выпиливать 1. (*по дереву*) carve 2. (*пилой*) saw (*out*) 3. (*напильником*) file out
выполнение:
~ ножки в виде луковицы *меб.* gadrooning
выпотевание bleeding, exudation, sweat(ing)
выпревание (*семян и растений*) asphyxiation
выпуклость 1. (*форма*) bilge 2. (*на поверхности*) bump 3. (*возвышение*) swell 4. *бот.* umbo
выпуклый (*о рельефе, рисунке*) raised
выпуск 1. (*слив*) outflow 2. (*выпускное отверстие*) escape, outlet 3. (*продукции*) output
~ массы *цел.-бум.* bleed-off; stock
выпускать (*опорожнять*) discharge
выпучивание (*ДСП под нагрузкой*) creep
выпучина bouge, bulge
выработка 1. (*производительность*) production, turnout 2. (*выделка*) run 3. (*выход продукции*) outturn, yield
опытная ~ exploratory run
полузаводская ~ pilot plant run
выравнивание 1. alignment, lining-up, surfacing, trueing 2. (*по уровню*) levelling 3. (*по величине*) equalization
~ комлей (*окучиваемых лесоматериалов*) decking
выравниватель 1. levelator 2. (*груза, брёвен и т.п.*) (*load*) aligner; load squeezer
выравнивать 1. align, even, smooth, unify 2. (*делать гладким*) smooth out 3. (*планировать*) grade, level
~ комли to even butts
~ [обрезать] торцы to end butts; to even ends
выращенный (*о растении*) cultivated
выращивание [разведение] culture; growing, growth; incubation, raising
~ леса с временным сельскохозяйственным пользованием agrisilviculture
~ растений в питательном растворе growth of plants in solution
начальное ~ incipient raising
тепличное ~ [выгонка растений] forcing
выращивать (*растения*) cultivate, grow; nurse, raise, rear
вырванные (*о волокнах древесины*) plucked-up
вырез 1. indent, threat 2. (*выемка*) cut-out
вырезание:
~ барельефа bas-relief [high-relief] carving
~ геометрических рисунков для украшения мелких предметов (*напр. шкатулки, коробочки*) chip carving
~ гнёзд 1. (*в оконных переплётах*) window-stile-pocket cutting 2. (*под петли*) hinge seat cutting
~ изделия неправильной формы routing
~ лобзиком по дереву coping saw work
~ плоских фигурок из дерева flat work
~ по копиру pattern cutting
вырост outgrowth
корневой ~ knee root
выросший самосевом self-grown, self-sown
вырубаемый:
~ сплошной рубкой (*о лесе*) clearfelling; clearcut
вырубать 1. (*лес, деревья*) (*clear*) cut, fell 2. (*прореживать*) thin 3. (*подлесок*) underscrub
вырубить (*лес*) disafforest, disforest
вырубка 1. (*площадь*) cutover (*area*), felled [logged] area 2. (*валка леса*) clearing, cutting, felling
~ деревьев господствующего класса (*верховой способ рубок ухода*) crown thinning cutting
~ кустарника brush cutting; slashing
~ леса disafforestation
~ на полосе отвода right-of-way clearing
~ нижнего яруса насаждения (*подъём полога*) lifting the canopy

~ перед главной рубкой (*напр. ценных пород деревьев*) prelogging
годичная ~ annual cut(ting), annual felling
вырубленная (*о лесосеке*) cutover
вырывание (*деревьев*) с корнем eradication
вырывать draw
~ (*деревья*) с корнем eradicate
высаживать displant
высаливание сульфатного мыла *цел.-бум.* desalting of sulfate soap
высверливание drilling
~ паза под ящичный замок holting-up
высев (*семян*) drilling, dropping
пунктирный ~ seed spacing
точный ~ precision [space] drilling
высекание punching
высокозольный high-ash
высокорослый tall
высокоствольный (*о дереве или лесе*) long-boled
высот/а 1. height 2. (*крыши, фермы*) rise
~ всасывания suction head
~ геометрического центра кроны form point height
~ гофра flute height
~ деловой части ствола merchantable height
~ зуба (*пилы*) depth of tooth
~ над уровнем моря altitude
~ обрезки вершины topping height
~ опала (*пожаром*) *австрал.* scorch height; scorch line
~ пня stump height
~ подновки streak height
~ подпила (*дерева*) hotch height
~ подъёма lift
~ пропила (*дерева*) kerf depth; depth of cut
~ расположения кроны crown height
~ распространения заморозка frost level; frost line
~ срезания дерева felling height
~ ствола (*до кроны*) bole height
~ товарной части дерева (*без вершины*) timber height
~ штабелёвки decking height
верхняя ~ расположения кроны (*от первой мутовки живых ветвей*) upper crown height

видовая ~ form height
доминирующая ~ насаждения crop height; stand height; top height
на ~е груди (*об измерении диаметра дерева в лесу*) at breast height
нижняя ~ расположения кроны (*от первой живой ветви, включая поросневые побеги*) lower crown height
общая ~ (*дерева*) total height
различимая ~ дерева (*на аэрофотоснимке*) visible tree height
средняя ~ 1. (*дерева*) average tree height 2. (*насаждения*) mean height 3. (*верхняя; ста наиболее толстых деревьев на 1 га насаждения*) mean top height 4. (*доминирующая; средняя высота доминирующих и части согосподствующих деревьев насаждения*) mean dominant height 5. (*наиболее высоких деревьев*) predominant (*mean*) height
высотомер [эклиметр] altimeter, altitude gauge; height indicator; hypsometer
высохший:
~ до твёрдого состояния hard dry
выстилать (*дорогу сучьями или хворостом*) to brush road
выстилка bed
выступ claw, cog; horn, ledge, projection
◇ с ~ом nosed
~ обода rim collar
~ от грата (*на отливке*) drop [heel, tail] print
~ откидной крышки (*стола*) с выемкой снизу для захвата treacle molding
~ [порог], преграждающий путь потоку жидкости или газа baffle
корневой ~ knee
небольшой ~ в нижней части ножки (*стула*) spare toe
острый ~ cusp
торцевой ~, на который опирается матрац mattress end muntin
высушивание 1. drying (*out*) 2. (*просушка в печи*) baking 3. (*высыхание*) desiccation
высушивать 1. dry 2. (*в печи*) bake
высший (*о сорте древесины*) prime
высыпки на сетке *цел.-бум.* holes
высыхание drying
выталкиватель ejector, knocker, pusher
вытесанный hewn

выточка

выточка cutout, recess
внутренняя ~ undercut
вытягивание 1. drawing 2. (*бумаги*) extention 3. (*нити*) spinning
вытягивать (*волокно*) to draw out
вытяжка 1. *хим.* extract; extraction 2. (*удлинение*) stretching
~ горячей водой hot-water extract
водная ~ из почвы soil-water extract
почвенная ~ soil extract
вытянутый:
ненормально ~ (*о верхушке дерева без боковых ветвей*) anodal, monoodal; rattail, whorless
выход 1. (*продукции*) yield, outturn 2. (*древесины*) return 3. (*место выхода*) exit, outlet
~ абсолютно-сухой массы (*из варочного котла*) oven-dry digester yield
~ древесины на лесосеке 1. forest yield; yield from felling; felling outturn 2. (*от рубок ухода*) yield of thinning 3. (*при рубках промежуточного пользования*) intermediate yield
~ древесных волокон fiber yield
~ живицы gum [soft resin] yield
~ отсортированной целлюлозы screened yield
~ пиломатериалов 1. lumber recovery; lumber yield 2. (*из бревна*) log run; yield of log
~ побочных продуктов пользования лесом secondary yield
~ по сортности брёвен yield by log grade
~ по толщине yield by thickness
~ семян seed efficiency; seed yield
~ целлюлозы с одного кубического метра варочного котла pulp yield per cum digester volume
нормальный ~ (*пиломатериалов*) regular run
общий ~ древесины balk [gross, total] yield
окончательный [конечный] ~ древесины final yield
фотосинтетический ~ [продуктивность фотосинтеза] photosynthetic yield·
выходить в лист foliate
выцветание fading

выцветший (*бледный*) bleak
выцветы (*налёты на почке*) mottles
вычерпывать scoop
вычитание толщины коры (*при измерении диаметра ствола*) bark deduction
вышедший из употребления obsolete
вышка tower
выщелачивание leachning, lightening, lixiviation
выщелачивать (*питательные элементы*) leach, lixiviate
выщипываемость low pick resistance
выщипывание picking
вяз (*Ulmus*) elm
вязанка tod
~ дров cotrets
~ хвороста faggot
вязать bind
~ в лапу dovetail
вязка:
~ под острым углом oblique butt joint
долевая столярная ~ parallel grain joint
поперечная ~ 1. (*брусьев*) notching 2. (*под косым углом*) oblique notching
шиповая ~ combed [laminated, mortise(-and-tenon), tongued] joint
вязкий [клейкий] adherent, tenacious, uliginous
вязкость tenacity, viscosity
~ медно-аммиачного раствора целлюлозы chemical pulp cuprammonium viscosity
~ раствора целлюлозы chemical pulp viscosity
удельная ~ specific viscosity
характеристическая ~ intrinsic viscosity
вязовник elm forest
вянуть wilt, wither

Г

габион (*крепь для направления водных потоков*) gabion
габитус [внешний облик] habit, habitus
прямостоячий ~ erect habit

ГВОЗДЬ

газ:
  стелющийся ~ procumbent habit
  ~ из известковой печи kilnflue gas
  неконденсируемые ~ы noncondensable gases
  обжиговый ~ roasted gas
  остаточный ~ tail gas
  сдувочный ~ relief gas
  шёлковый ~ [флёр] tiffany
газет/а newspaper
  ~ы в кипах (*сорт макулатуры*) baled news
газетница magazine rack
газогенератор gas generator; gas producer
газогенераторщик gas-producer man
газон grassplot, greensward, sod
газообразователь:
  ~ (*вспениватель*) blowing agent
  заранее введённый ~ *меб.* built-in blowing agent
газопровод:
  ~ для подачи неконденсируемых газов пиролиза в печь в качестве топлива mains
  ~ сдувок 1. (*высокого давления*) high-pressure relief line 2. (*низкого давления*) low-pressure relief line
галактан *лесохим.* galactan
галерея gallery
  подвесная ~ balcony
галечник pebble
галл gall
  ~ дубовой орехотворки oak berry
  многокамерный ~ polythalamous gall
  наплывной ~ rind gall
галлицы (*Itonididae*) midges
галлообразователи (*насекомые*) gall makers
галтель quirk
гальванопокрытие electrodeposition
галька pebble
гамма:
  цветовая ~ color schedule
гамма-изомер бензолгексахлорид benzene hexachloride
гамма-массомер:
  ~ квадратного метра бумаги basis weight gamma gauge
гамма-целлюлоза gamma cellulose
гардероб robe
гарига (*формация низкорослых вечнозелёных деревьев и кустарников*) garigue
гарнитура:
  ~ размалывающей машины filling, tackle
  ~ ролла beater tackle
  ножевая ~ 1. knife tackle; steels 2. (*конической мельницы*) jordan filling
гарь [горельник] burned-out [fire-damaged] forest; slash
гаситель:
  ~ движения брёвен по воде flow damper
  ~ извести slaker, lime slaker
  ~ колебаний vibration damper
  ~ с мешалкой agitated tank
гасить 1. (*колебания*) damp; to damp out 2. (*огонь*) extinguish; put out
гать 1. jetty 2. (*из брёвен*) log-road 3. (*из хвороста*) brushwood-road
гауч-вал couch (*roll*), coucher
  отсасывающий ~ 1. suction (*cylinder*) couch 2. (*системы Мильспо*) фирм. Millspaugh 3. (*ячейкового типа*) suction couch roll with cells 4. (*первичный*) primary suction couch
гауч-мешалка (*для мокрого брака*) couch [hog] pit
гауч-пресс couch-press
гашение (*колебаний*) damping
гвоздарь nailer
гвоздик:
  обойный ~ 1. upholstery rag 2. (*с резьбой*) threaded nail
гвоздодёр nail puller; nail extractor, tack-claw
гвозд/ь nail, pin
  ~ без шляпки stub nail
  ~ для деталей из хвойных пород древесины face framing screw
  ~ для досок пола plank nail
  ~ для крепления обруча (*бочки*) hoop fastener
  ~ для крепления плотов [корабельный ~] log raft nail
  ~и, забиваемые временно при сборке лесов pilot nails
  ~ с большой шляпкой [кнопка] stud
  ~ с загибаемым или расклёпываемым концом clinched nail
  ~ с клеевым покрытием cement-coated nail

ГВОЗДЬ

~ с кольцевой нарезкой annular grooved nail
~ с плоской шляпкой sinker; clout [cooler] nail
брусковый ~ [костыль] rafter nail
гонтовый [реечный, драночный] ~ batten [shingle] nail
дверной ~ gatepost nail
декоративный обойный ~ 1. patterned upholstery nail 2. (*с изображением розы на шляпке*) rose nail
деревянный ~ knag, peg
заершённый ~ [~ с бородкой] barbed [hook] nail
короткий ~ без шляпки glazier's nail; sprig
малый ~ с широкой шляпкой tack
обивочный ~ с коротким стержнем и широкой шляпкой buller nail
облицованный обойный ~ covered nail
обойный ~ 1. upholstery nail 2. (*с тонким стержнем*) no-dent nail
обшивочный ~ sheathing nail
отделочный ~ finishing nail
петельный ~ cabinet assembly screw
проволочный ~ с плоской шляпкой flat-headed wire brad
штампованный [паркетный] ~ cut nail
штукатурный ~ clout nail
ящичный ~ cooler [sinker] nail
гексахлоран [линдан] (*инсектицид*) hexachlorane
гексоза hexose
гексозан (*полисахарид гемицеллюлозы*) hexosan
гелиотропизм [фототропизм] heliotropism
гелиофил heliophile
гелофит helophyte
гель gel
гельва [поливинилацетат] *фирм.* Gelva
гемицеллюлоза hemicellulose, pseudocellulose, wood polysaccharose
генератор:
  аэрозольный ~ fog applicator
генерация (*жизненная*) life [vital] cycle
генетика genetics
~ растений phytogenetics
геобионт (*обитатель почвы*) geobiont
геоботаника geobotany, phytosociology

геотропизм geotropism
отрицательный ~ negative geotropism
положительный ~ positive geotropism
геофит (*наземное растение*) geophyte
гербицид herbicide, phytocide, plant [weed] killer, weedicide
~ избирательного действия selective herbicide
системный [внутрирастительный] ~ systemic herbicide
герметизация potting, sealing
герминалий (*место прорастания*) germinal
гермицид (*бактерицидный препарат*) germicide
гетероауксин (*регулятор роста растений*) heteroauxin
гетерогамета heterogamete
гетерогамия (*несение цветков двух полов в соцветии*) heterogamy
гетерозис heterosis
гиббереллин (*регулятор роста*) gibberellin
гибернация (*зимняя спячка*) hibernation
гибка bending
гибкий flexible
гибкость flexibility
~ древесины flexibility of wood
~ покрытия coating flexibility
гибрид hybrid, cross
внутривидовой ~ intraspecific hybrid
межвидовой ~ interspecific hybrid
прививочный [вегетативный] ~ graft hybrid
гибридизация (*скрещивание растений*) hybridization
естественная ~ natural hybridization
искусственная ~ artificial hybridization
гибридный hybrid, cross
гигрограф hygrograph
гигрометр hygrometer; hygroscopic moisture meter
волосной ~ hair hygrometer
конденсационный ~ (*для измерения точки росы*) dew-point apparatus
подстилочный ~ duff hygrometer
гигроскопичность hygroscopicity
~ древесины wood hygroscopicity
гидратация hydration, milling
~ при размоле волокнистых материалов stock beating hydration

гидратцеллюлоза hydrated [regenerated] cellulose
гидрирование hydrogenation
~ сосновой живицы pine oleoresin hydrogenation
гидроклин 1. hydraulic coin 2. (для валки дерева) hydraulic (felling) wedge
гидроклон (гидравлический очиститель массы) hydroclone
гидроксиалкилцеллюлоза hydroxyalkyl cellulose
гидроксиэтилцеллюлоза hydroxyethyl cellulose
гидролес piles
гидролиз hydrolysis
~ в кислой среде acid hydrolysis
гидролизёр hydrolysis vessel
гидрология hydrology
~ леса forest hydrology
гидролоток flume
гидропривод 1. (устройство) hydraulic drive 2. (метод) hydraulic power
гидроразбиватель hydrobeater, hydropulper, repulper
~ периодического действия batch-type hydropulper
гидроразмол:
~ волокнистых полуфабрикатов hydraulic stock beating
гидросульфат hydrosulphate
гидросульфит hydrosulphite
гидрофайнер hydrofiner
гидрофильный hydrophilic, hydrophilous
гидрофит (водное растение) hydrophyte
гидрофобность water repellency
гидрофобный hydrophobic, water-repellent
гидрофуга hydrofuge
гидроцеллюлоза cellulose hydrate; hydrocellulose
гилея (тропический дождевой лес) hylea
гильза 1. sleeve, tube 2. цел.-бум. cardboard tube
бумажная ~ paper tube; paper sleeve
перфорированная ~ perforated tube
гильотина 1. guillotine; test strip cutter 2. (для обрезки фанеры) guillotine veneer clipper
гипертрофия:

верхушечная ~ (о ненормально вытянутой вершине дерева без боковых ветвей) terminal hypertrophy
гипноспора (покоящаяся спора) hypnocyst, hypnosperm, hypnospore
гипокотиль (подсемядольное колено) hypocotyl
гипс:
искусственный ~ (наполнитель) pearl white; crown [pearl] filler
гипсование (почвы) gypsuming
гиттия [сапропель] gyttia
гифа (дереворазрушающих грибов) hypha, filament
аскогенная ~ ascogenous hypha
внедряющаяся ~ penetrating hypha
плодоносящая [спороносящая] ~ fruiting hypha
соединительная ~ bridging hypha
гифомицеты (Hyphomycetales) filamentous fungi
гладкий [ровный] (о поверхности без рельефов и украшений) naked, plain, smooth
гладколистный smooth-leaved
гладкосемянный smooth-seeded
гладкоствольный (о дереве) clear-boled; clear-shalted
гладкость smoothness
глаз:
«павлиний» ~ (текстура древесины с характерным рисунком) peacock's eye
глазирование [глазировка] (бумаги) glazing
~ камнем flint glazing
«глазки» (пятнышки на бумаге) fish eyes
глазок бот. bud, eye, eyelet
крыловой ~ [птеростигма] stigma
глазомерный estimated by eye [by sight]; ocular
глазурование [глазуровка] glazing, varnishing
глеево-подзолистый (о почве) gley-podzol
глезер glazer, smoother
мокрый ~ intermediate calender
сырой ~ nip roll
глей gley
~ поверхностного оглеения pseudogley
гликофиты (растения, растущие

глина

только на незасолённой почве) glycophytes
глина clay, wash
 валунная [моренная] ~ drift clay
 известковая ~ marl
 ленточная ~ bandy [ribbon, varved] clay
 оглеенная ~ [глеевый горизонт почвы] fen clay
 пылеватая ~ silty clay
 тонкая ~ fine clay
 тощая [песчанистая] ~ sandy clay
глинистый argillaceous, metargillitic
глинозём alum(ina)
 сернокислый ~ papermaker's alum
глиномялка clay mixer
глиноразводка цел.-бум. clay house
глубина 1. depth 2. (почвы) [мощность почвы] deep, deepness
 ~ борозды furrow depth
 ~ внесения (удобрений) depth of application
 ~ высева [заделки] семян depth of drilling; depth of seeding; sowing depth; seed level
 ~ заделки (семян) seed level
 ~ замерзания (почвы) frost level
 ~ колеи (трактора) track depth
 ~ лесосплавного хода depth of floating route
 ~ насечки (дефибрерного камня) burr impression; degree of sharpening
 ~ окорки barking depth
 ~ окраски (бумаги) chroma
 ~ паза mortise depth
 ~ пазухи зубьев пилы gullet depth
 ~ подновки (при подсочке) streak depth
 ~ посадки (сеянцев) planting depth
 ~ посева [высева] planting depth
 ~ промерзания (почвы) frost line
 ~ распространения корней rooting [working] depth
 ~ резания depth of cut
 ~ снежного покрова snow line
глубокий [мощный] (о почве) deep
глубококорневой deep-rooting
глушение:
 ~ звука путём рычажного крепления режущей головки на валу spring-loaded peg damping
глушитель 1. (колебаний) damper 2. (звука) muffler, silencer

глушь:
 лесная ~ backwoods; back wood
глыба (почвы) block, clod
глыбистый (о структуре почвы) blocky, very coarse blocky
глюкозид glucoside
глютамин glutamine
глянец glaze; high luster
глянцевание glazing, glossing; lustring
глянцевитость (бумаги) glossiness
глянцевый glossy, lustrous
гляриметр (прибор для измерения лоска бумаги) glarimeter
гнездо 1. (паз, углубление) mortise 2. (в деревообработке) gain, slot 3. (при посеве или посадке) bunch, nest
 ~, выдолбленное для шипа mortis hole
 ~ для дверных или оконных навесов pan
 ~ для крепления рамной пилы blade holder
 ~ планки (в ванне ролла) den
 ~ под петлю hinge seat
 удлинённое ~ с закруглёнными концами open mortise
гнездовой nest
гниение corruption; decay; decomposition; putrefaction, rot(ting)
гнилой [поражённый гнилью] (о древесине) druxy, frowy, rotten; punky; unsound
гниль (древесины) decay, dote, rot ◊ с ядровой ~ю (о древесине) pumped
 ~ в 1-ой стадии развития marginal [mottled butt] rot
 ~ в 3-ей стадии развития final rot; punk
 ~ корневой шейки (возбудитель — гриб Phytophthora parasitica) crown rot
 ~ красно-бурого цвета foxiness
 белая ~ 1. (возбудитель — гриб Polyporus resinosus) patchy white rot 2. (волокнистая ядровая) marble rot 3. (коррозионная; возбудитель — корневая губка, Fomes annosus, Fomitopses annosa) white spongy rot 4. (мраморовидная — стволов; возбудитель — настоящий трутовик, Fomes fomentarius) mottled white trunk rot 5. (периферическая — кор-

ГНИТЬ

ней; *возбудитель — опёнок настоящий, Armillaria mellea*) armillaria root rot **6.** (*смешанная; возбудитель — гриб Stereum hirsutum*) white slash rot
беловатая ~ (*возбудитель — гриб Daedalea unicolor, Cerrena unicolor*) small-mottled rot
бурая ~ **1.** (*трещиноватая ядровая*) brown rot **2.** (*заболонная*) brown sap rot **3.** (*отмершей древесины*) brown spire rot **4.** (*раневая — стволов; возбудитель — гриб стереум кровяной, Stereum sanguinolentum*) red heart rot **5.** (*сплошная кубическая; возбудитель — окаймлённый трутовик, Fomes pinicola, Fomitopsis pinicola*) crumbly brown cubical rot **6.** (*ямчатая заболонная — хвойных пород*) brown pocket sap rot of conifers
внутренняя ~ (*в древесине*) druxiness
волокнистая жёлтая ~ **1.** (*возбудитель — гриб Corticium gallactinum*) stringly yellow rot **2.** (*ядровая; возбудитель — гриб Echinodontium tinctorium*) fibrous yellow heart rot
губчато-волокнистая [белая] корневая и напенная ~ (*возбудитель — опёнок настоящий, Armillaria mellea*) spongy root and butt rot
жёлто-белая кольцевая ~ стволов (*возбудитель — ложный дубовый трутовик, Fomes robustus, Phellinus robustus*) white ring rot
жёлтовато-белая ядровая ~ (*возбудитель — плоский трутовик, Fomes applanatus, Ganoderma applanatum*) white mottled rot
заболонная [периферическая] ~ (*возбудители — древесные грибы*) sap rot
комлевая ~ butt rot
коричневая центральная ~ ствола brown-mottled white rot
корневая ~ (*возбудители — грибы Armillaria, Oozonium, Thielavia и др.*) root rot
коррозионная [сотовая] ~ honeycomb rot
кубическая ~ cubical rot
мягкая белая ~ (*возбудитель — гриб Polyporus hirsutus*) soft white spongy rot
напенная ~ butt rot

пёстрая ~ **1.** doatiness **2.** (*ядровая*) mottled [red] rot **3.** (*ямчатая; возбудитель — гриб Polystictus abietinus, Polyporus abietinus*) pitted sap rot **4.** (*корней; возбудитель — корневая губка, Fomes annosus, Fomitopsis annosa*) Annosus root rot, Fomes annosus root rot
пёстро-красная ~ (*возбудитель — сосновая губка, Phellinus pini*) red ring rot
поверхностная ~ (*возбудитель — щелелистник обыкновенный, Shizophillum commune*) superficial sap rot
призматическая ~ cubical rot
продолговато-ямчатая ~ (*возбудитель — гриб Hydnum abietis*) long pocket rot
пятнистая [пёстрая] жёлтая ~ (*возбудитель — гриб Trametes hispida*) specked yellow rot
сердцевинная ~ firm red heart
серо-бурая заболонная ~ (*возбудитель — гриб Polyporus volvatus*) grey-brown sap rot
смешанная желтовато-бурая ~ на берёзе (*возбудитель — берёзовая губка или трутовик берёзовый, Polyporus betulinus, Piptoporous betulinus*) brown rot of birch
субальпийская ~ мёртвой древесины (*возбудитель — гриб Stereum rugisporum*) subalpine slash rot
сухая бурая призматическая ~ (*возбудитель — настоящий домовый гриб, Merulius lacrymans, Serpula lacrymans*) dry r
твёрдая [заболонная] ~ hard sap rot
точечная ~ (*на торцах бревна*) pin dote
ядровая ~ **1.** (*возбудитель — гриб Fomes*) central [heart] rot; pith **2.** (*белая стволовая с чёрными линиями; возбудитель — ложный трутовик, Fomes igniarius, Phellinus igniarius*) white trunk rot
ядровая кубическая белая ~ стволов и корней ели и пихты (*возбудитель — гриб Polyporus borealis, Abortiporus borealis*) white cubical heart rot
гнить [разлагаться] corrupt; decompose; putrefy, rot

гниющий decaying
гнутоклеёная (*о древесине*) ply-curve
гнуть bend
гнутьё (*процесс*) bending; curved work
~ в двух плоскостях two-plane bending
~, перпендикулярное направлению волокон древесины transverse bending
~ с местным нагревом отдельных участков local bending
горячее ~ 1. (*с шиной*) supported bending 2. (*без шины*) unsupported bending
предварительное ~ prebending
год:
семенной ~ mast [seed] year
урожайный ~ (*для шишек*) cone year
годичный annotinous, annual
годный:
~ к продаже (*о лесе*) commercial, marketable, merchantable, saleable
годовой *см.* годичный
головка 1. (*концевая*) end 2. (*часть инструмента*) head 3. (*напр. бумажного блока*) top
~ деформированная спичечная deformed match head
~ для рифления или выемки пазов fluting attachment
~ для сверления отверстий под углом angle boring attachment
~ зуба addendum of tooth
~ спички tip; lighting end
~ топорища tongue
~ ящика, крепящегося к вертикальным рейкам треугольного сечения triangular post end
~ ящика, собранная из щитков на скобу building-up end
~ ящика, собранная на планку cleated end
валочная ~ 1. cutter [felling, harvesting] head 2. (*ножевого типа*) shearing head 3. (*с пилой*) chain saw felling head 4. (*срезающая дерево без сколов*) nonshatter felling head 5. (*с устройством для накопления деревьев*) accumulator-type [multistem, multipletree accumulating] felling head
калёвочная ~ molding cutter block
лаконаливная ~ pouring head

многократно сканирующая ~ multiple scanning head
нижняя ~ шлюза downstream end of lock
ножевая [режущая] ~ 1. knife block 2. cutter; cutterblock; cutterhead 3. (*для окорки древесины*) rosserhead 4. (*фрезерно-пильного станка*) chipping head
окорочная ~ rosser head
отлетающая ~ спички (*дефект*) sneezy match
паровпускная ~ цилиндра trier heating head
полупотайная ~ half-countersunk head
режущая ~ 1. (*для получения соединений на шпунт и гребень*) shimer head 2. (*для окорки древесины*) rosserhead 3. (*с кулачковым зажимным патроном*) vice grip cutterblock 4. (*со спиральным расположением режущих насадок*) helical cutter 5. (*спиральная с расположением режущих элементов в шахматном порядке*) staggered cutterblock
рубильная ~ обрезного станка симметричного измельчения кромок symmetrical chipping head
строгальная ~ 1. planer head 2. (*спиральная*) spiral planer head
сучкорезная ~ debranching [delimbing] head
фрезерная ~ 1. hogging unit, milling head 2. (*профилирующая*) profiling [shaping] head
шлифовальная ~ sander head
головник heading
головня firebrand
голопаразит [облигатный паразит] holoparasite
голоплодный gymnocarpous
голоцветковый gymnanthous
голубика [гонобобель] (*Vaccinium uliginosum*) bog bilberry; bog whortleberry
гомогамия [инбридинг, родственное разведение] homogamy
гон (*массы*) run
гонт 1. shingle 2. (*дранка длиной 45,7 см*) perfections
~ неодинаковой ширины staggered butts

кровельный ~ shake
горбина *бот.* bump, umbo
горбылёк:
~ окна с фальцем для вставки стёкол glazing bar
~ оконного переплёта mullion jamb
профильный ~ окна с фальцем для вставки стекла glazing molding; bolection
горбыль slab, slabwood; half-timber
горелка burner
горельник (*о лесе*) burnt timber; burnt [fire-killed] wood
горение combustion
гореть burn
горизонт [пласт] (*почвы*) 1. horizon, layer 2. (*элювиальный горизонт A_2*) A_2 [leached] horizon 3. (*иллювиальный горизонт B*) B [illuvial] horizon; subsoil 4. (*горизонт C [материнская порода]*) C-horizon 5. (*горизонт D [подстилающая порода]*) D-horizon
~ поверхностного оглеения staunasse gley
генетический ~ (*почвы*) horizon
глеевый ~ gley
гумусовый [перегнойно-аккумулятивный] ~ A_1 horizon, humic [cumulo] layer; topsoil
переходный ~ subhorizon
горизонталь contour line
~ рельефа isohypse
горка:
~ для посуды omnium; vanity unit
~ или шкафчик для посуды, установленный в нише recess cabinet
~ ролла backfall; descent plate
горловина neck
~ варочного котла (*digester*) neck; throat
~ дробилки 1. mouth, spout 2. (*встроенная*) noncantilovered spout
горчичник *бум.* mustard paper
горшок pot
конденсационный ~ steam separator; steam trap
горшочек pot
полиэтиленовый ~ для сеянцев polypot
посадочный ~ planting pot
торфодревесный ~ finpot, peat pot
горючесть combustibility, inflammability

горячепрессованный hot-pressed
господствующий (*о деревьях*) predominant
готовность (*о технике*):
техническая ~ (*mechanical*) availability
эксплуатационная ~ operational availability
гофра flute
соломенная бумажная ~ corrugated strawpaper
гофрирование fluting, goffering
гофрированный channeled, corrugated
гофрировать emboss, goffer
граб (*Carpinus*) hornbeam
~ каролинский (*Carpinus caroliniana*) American hornbeam
~ обыкновенный (*Carpinus betulus*) European hornbeam
грабли rake
пожарные ~ fire rake
гравёр [резчик] engraver, grainer
~ по дереву [ксилограф] xylographer
гравий gravel, wash
гравирование 1. (*режущим инструментом*) cutting, engraving 2. (*травлением*) etching
~ по дереву [ксилография] xylography
гравировать engrave
гравировка chase carving
гравюра (*на дереве*) wood block
градиент gradient
~ среды environmental gradients
граница border, boundary; line; end
~ [линия] водораздела watershed boundary
~ годичного кольца growth-ring boundary
~ делянки bogging boundary
~ класса [интервала] class limit
~ леса border of forest; forest boundary; forest limit; timberline; timber [tree] limit
~ лесосеки compartment boundary; compartment line; timberline
~ между лесом и лугом grassland-forest boundary
~ поверхности раздела между талловым маслом и солевым раствором tall oil-brine interface level
~ территории, охраняемой от пожаров protection boundary

551

граница

~ фитоценозов community boundary
верхняя ~ леса (*в горах*) forest [timber, tree] line
наружная ~ [дальний конец] лесосеки back-end
гранулирование (*удобрений*) aggregation, pelleting
гранулированный pellety
гранулятор pelleter, pelleting [pelletizing] machine
грань edge; face, plane; side
горизонтальная ~ режущей части зуба (*Г-образного звена пильной цепи*) top plate
задняя ~ 1. (*зуба пилы*) heel (of tooth) 2. (*зуба резца*) back, back edge of tool; tool back; flank
передняя ~ (*зуба резца*) face (of tool); front
режущая ~ (*зуба пильной цепи*) cutter plate
график 1. (*кривая*) curve 2. (*план*) schedule
температурный ~ варки cooking temperature schedule
гребёнка:
~ дефибрера finger bar, plaw, plough
сталкивающая ~ (*коробконабивочного станка*) feed comb
гребенчатый pectinate
гребень 1. crest 2. (*борозды*) ridge 3. (*соединения*) feather
~ в форме «ласточкина хвоста» dovetail feather; dovetail key tongue
спичечный ~ match comb
гребок 1. (*колчеданной печи*) arm 2. (*сгустителя*) rake
вращающийся ~ с деревянными зубьями rake [picker] roll
грейдер blade machine; grader
грейдозер [универсальный бульдозер] bullgrader
грейфер clamshell, grab, grapple, grip
«лепестковый» ~ "orange peel" grapple
гриб fungus, mushroom
белый ~ (*Boletus edulis*) cep(e)
дереворазрушающий ~ wood-destroying fungus
домовой ~ (*Serpula lacrymans*) dry-rot [wood] fungus
микроскопический ~ microfungus
ржавчинный ~ rust

грибковый fungus
грибница mycelium
грибной fungous
грибы fungi
~ синевы blue stain fungi
базидиальные ~ (*Basidiomycetes*) basidium fungi; basidiomycetes
деревоокрашивающие ~ wood-staining fungi
пластинниковые ~ (*Agaricaceae*) gill fungi
плесневые ~ 1. (*Mucorales*) mold fungi 2. (*сапрофитные*) saprophytic molds 3. (*почвенные*) soil molds
ржавчинные ~ (*Uredinales*) rust fungi
сумчатые ~ (*Ascomycetes*) ascomycetes, cup fungi
гриф (*бумаги*) paper handle
гроздевидный aciniform
гроздь [пучок] cluster, fascicle, raceme
груббер-культиватор grubber (*plow*)
грубоволокнистый coarse-fibered
грубозернистый [крупнозернистый] coarse-grained
грубый coarse, rough
груда pile
грудь:
сменная ~ отвала (*плуга*) shin piece
груз 1. freight 2. load 3. (*судовой*) cargo
~ из высокосортных пиломатериалов nice cargo
~ из пиломатериалов стандартных размеров clean cargo
~ лесоматериалов cargo of timber
~ навалом [насыпью] bulk freight; bulk load
~, уложенный без промежутков nonspaced load
~, уложенный с промежутками spaced load
движущийся ~ live load
закреплённый ~ tight load
незакреплённый ~ loose load
полезный ~ payload
санный ~ sleigh load
судовой ~ shipload
съёмный ~ provisional weight
трелюемый ~ turn
тяжёлый ~ tough load
грузить load
~ брёвна с упором одного конца в стрелу heel
грузовик car, lorry, truck

~ большой грузоподъёмности heavy-duty truck
~ с наклоняющейся [с опрокидывающейся] платформой tilt(-bed) truck
~ с платформой или кассетой pallet truck
быстроходный ~ express freight car
небольшой двухосный ~ (*для вывозки лесоматериалов*) bobtail truck
грузовик-платформа flat car
грузоотправитель consigner, shipper
грузоподъёмность 1. capacity; lifting [hoisting, load(ing), (*weight*) carrying] capacity 2. hoisting [lifting] power
~ захвата grapple capacity
~ погрузчика fork load
~ стрелы boom capacity
~ судна dead weight
~ трелёвочной каретки carriage capacity
полезная ~ payload capability
полная ~ disposable lift
грузчик loader
~, стоящий на земле (*при погрузке автомобиля*) second loader
грундгебель old woman's tooth [ovolo] plane
грунт 1. (*о почве*) earth, ground, soil 2. (*о краске*) priming color
~ с низкой несущей способностью [слабый ~] soft ground
~ с хорошей несущей способностью [прочный ~] good bearing earth
глинистый ~ loamy ground
гравелистый ~ gravel ground; chisley soil
илистый ~ muddy ground
кремнистый ~ flinty ground
насыпной ~ burried dump; fill(ed)-up ground
неустойчивый ~ detrimental soil
оползневый ~ slide
рыхлый ~ fragile soil
связный ~ cohesive soil
слабый ~ [с низкой несущей способностью] low-load-bearing capacity soil
суглинистый ~ loam soil
твёрдый ~ pan soil
грунтование 1. (*материалов*) padding 2. (*бумаги*) paper precoating; paper tinting 3. (*заполнение пор*) sealing
грунтовка 1. filling, knotting, priming 2. (*грунтовочный слой*) filler, knotts, primer
лаковая ~ filling varnish
непрозрачная ~ enamel undercoat (-ing)
шлифующаяся ~ sanding sealer
грунтозацеп (*гусеницы трактора, шины*) grouser, lug, strake
группа group
~ возраста (*леса*) age gradation
~ [куртина] деревьев bunch of [clump of] trees; trees cluster
~ корневых отпрысков clump coppice shoots
~ механического состава (*почвы*) textural class
~ ножей (*в ролле*) clump
~ порослевых побегов clump of sprouts
~ при посеве или посадке гнёздами или биогруппами bunch, nest
~ стволов или побегов с общей корневой системой clump
изолированная сомкнутая ~ (*деревьев*) clump
карбоксильная ~ carboxyl group
груша (*дерево*) pear-tree
гряда:
рассадная [посадочная] ~ (*в теплице*) forcing bed
грядиль (*плуга*) beam
грядка 1. (seed) bed, row 2. (*в углублении*) sunk bed
грязь 1. (*сухая*) dirt 2. (*мокрая*) mud 3. (*разжиженный ил*) slime
гуано (*удобрение*) chinchas
губа *спл.* 1. bay 2. (*сливного ящика*) lip
напускная ~ projection slice
губк/а 1. (*пористое вещество*) sponge 2. (*тисков*) chop; gripping [vise] jaw
корневая ~ (*Fomitopsis annosa*) pine fungus
стальные ~и ножевого отверстия (*строгального станка*) hardened steel lips
гумин humin
гуминолигнин (*удобрение*) huminolignin
гумирование:
~ бумаги paper gumming
гумификация ulmification
гумми gum

гуммиарабик

гуммиарабик [аравийская камедь, сенегальская камедь] gum-arabic
гуммоз [камедетечение] gummosis
гумоаммофос (*удобрение*) humoammophos
гумоаммофоска (*полное органоминеральное удобрение*) humoammophoska
гумус [органическая часть почвы, перегной] (*earth*) humus
  валовый ~ total humic matter
  волокнистый грубый ~ fibrous mor
  грубый [сырой] ~ (*лесной подстилки*) duff, mor
  жирный грубый ~ greasy mor
  зернистый [гранулированный] грубый ~ granular mor
  кислый ~ acid [sour, spruce] humus
  листовой сырой ~ leaf duff
  мулевый ~, муль mull [mild] humus; mull earth
  мягкий [нейтральный] ~ mild humus; mull (earth)
  полуразложившийся ~ semidecomposed humus
  слоистый [пластинчатый] грубый ~ laminated mor
  спутанный грубый ~ matted mor
  сырой [кислый, слабо разложившийся] ~ coarse [crude, raw] humus
гумусированный humous
гумусовый humous
гусёк moulding ogee
гусеница 1. *энт.* caterpillar, larva 2. *тех.* caterpillar, crawler, track, apron wheel
  ~ пяденицы spanworm
  ~ с рогом hornworm
  жёсткая ~ rigid full track
  эластичная [гибкая] ~ flexible full track
гусеничный tracked
густой (*о лесе*) stocked, stocking, rank, thick, dense
густоопушённый (*о стеблях, листьях*) densely pubescent
густот/а depth, density ◇ нормальной ~ы (*о древостое*) well-stocked
  ~ годичных колец bait
  ~ дорожной сети 1. road spacing; roading 2. (*лесовозной*) density of forest transportation network
  ~ древостоя crowding level, stocking
  ~ леса depth, bushiness

~ лесных культур distribution of plants
~ насаждения density (*of stocking*); crop [stand] density
~ подроста density of undergrowth
~ посадки planting density; planting distance; spacing
~ посевов seedbed [seeding, sowing] density; row spacing; thickness of sowing
~ растительного покрова degree of cover
~ стояния (*растений*) plant population
гуттация (*выделение капель воды листьями*) guttation

Д

давать:
  ~ отпрыски ratoon
  ~ почки germinate, bud, sprout
давление:
  ~ воздуха в шине (*колеса*) inflation pressure of tire
  ~ [древесины] на дефибрерный камень grinding pressure
  ~ размола beating pressuse
  ~ шлифовальной ленты sanding pressure
  допустимое ~ на грунт ground bearing pressure
давленность (*дефект бумаги*) calender crush
дальномер distance meter; range-finding apparatus
  пожарный ~ (*по столбу дыма*) haze [visibility] meter
дальномер-дендрометр range-finder dendrometer
дамар(а) (*группа натуральных смол*) damar
дамба barrage, dam, dike; embankment; jetty, pier
  ~ из древесных отходов trash bund
дача:
  лесная ~ forest estate
дверка:
  выдвижная (тамбурная) ~ tambour

дворик

застеклённая ~ шкафа 1. barred door 2. (разделённая на маленькие квадраты) broken-up door
дверца:
~ буфета china closet door
~ люка hatch [trap] door
~ с волнистой поверхностью serpentine door
~, установленная заподлицо flush door
изогнутая ~ bow-fronted door
низкая ~ (не выше 165 см) dwarf [screen] door
откидная ~ drop door
фальшивая ~ шкафа dummy
дверь door
~ гармошкой (складная) accordion door
~ из реек batten [ledged] door
~, открывающаяся в обе стороны swing door
~ проходной комнаты pass door
~ различной конструкции stile-and-rail door
~ с калёвкой molded door
~ с калёвкой и пазом molded and rebated door
~ с полой серединкой hollow core door
~ с поперечным расположением филёнок cross-panel door
~ со створками из двух частей, разделёнными горизонтально stable-type door
~ с фрамугой hatch
вкладная ~ fully recessed door
вращающаяся ~ craupadine [revolving] door
выдвижная [раздвижная] ~ sliding door
гладкая ~ barred [flush] door
глухая ~ blank door
голландская ~ с полотнищем, горизонтально разделённым на две половины Dutch door
двухстворчатая ~ double(-wing) door
застеклённая створчатая ~ casement [french, sash] door
ложная ~ blank door
навесная ~ hinged door
накладная ~ fully overlay [half-overlay] door
нестандартная ~ 1. odd door 2. (верхняя часть которой имеет закруглённую форму) detail-head door 3. (имеющая криволинейные детали) detail(ed) door
обитая ~ padded door
однопольная ~ margined door
одностворчатая ~ single(-wing) door
откидывающаяся вверх ~ up-and-over door
плоская ~ flush door
подъёмная ~ bascule [overhead] door
потайная ~ jib door
рамно-каркасная ~ 1. framed-and-ledged door 2. (с диагональными стяжками) framed ledged-and-braced door
складная ~ bifald door
столярная ~ с тремя филёнками three-paneled door
фанерованная щитовая ~ stressed skin flush door
филёнчатая ~ 1. framed [panel(ed)] door 2. (с промежуточными вертикальными брусками обвязки) muntin door 3. (со стяжками) framed-and-braced door
широкая ~, имитирующая двухстворчатую double-margin door
щитовая ~ 1. margined flush door (solid) 2. (с верхним стеклом) hospital door 3. (фанерованная плоская) veneered flush door
двигатель:
~ лебёдки 1. winding engine 2. (трелёвочной) yarding engine
~ с турбонаддувом turbocharged engine
выключенный [заглохший] ~ dead engine
газогенераторный ~ charcoal burning engine
пусковой ~ primer
движение motion, movement; traverse, travel
круговое ~ с большим радиусом (при полировании) rainbow stroke
маятниковое ~ (каната) pendulum action
двор yard
грузовой ~ goods yard; goods terminal
дворик:
~ сортировочный pocket boom

двоякоперистый

двоякоперистый [двуперистый] bipinnate
двоякопильчатый [двупильчатый] biserrate
двуветвистый biramous
двугребенчатый bipectinate
двудомность *бот.* gonochorism
двудомный *бот.* dioecious, gonochoristic
двузонтичный biumbellate
двузубчатый [с рассечёнными зубцами] *бот.* biserrate
двукрылые (*мухи*) (*Diptera*) flies
двулепестный bipetalous
двулетник ‖ двулетний biennial
двулистный bifoliate, diphyllous
двураздельный bifid, bipartite, biseptate
двурассечённый bisectional
двуручная (*о пиле*) double-hand
двуспоровый disporous
двусторонность (*бумаги*) twosidedness
двухвершинный bicuspid
двухрядный biserial
двухцветковый biflorate
двухцветный (*о бумаге*) two-toned
двухцепной (*о конвейере*) double-chain
двухъярусный (*о насаждении*) two-storied
деаэрировать deaerate
девственный maiden, virgin
дегазатор degasifier, degasser
дегидрогеназа (*фермент*) dehydrogenase
дёготь pitch, tar
дёгтеотделитель tar separator
дезинтегратор 1. disintegrator, hog [swing hammer] shredder 2. (*для измельчения щепы*) chip crusher; rechipper
корзиночный ~ cage mill
дезинфекция disinfection
дезодоратор deodorizer; masking agent
дезодорация deodorization; odor control
действие action, operation
дробящее ~ shattering action
истощающее ~ (*растений на почву*) exhaustive effect
побочное ~ side effect
прямое ~ (*эффект удобрения в год внесения*) direct influence
суммарное ~ удобрений cumulative effect
ударное ~ impact

действующий 1. operative 2. (*работающий*) alive
декель cover plate; deckle
~ [покрышки] цилиндра cylinder covering
декор decoration
декоративный ornamental
декстрин 1. dextrin 2. (*жёлтый*) british gum
декулятор (*аппарат для удаления воздуха из массы*) deculator
делать:
~ зарубку hack
~ метки tick
~ насечки [зарубки *или* метки] nick
~ плодородным fecundate
~ пролыску strip
деление 1. (*клетки*) fission 2. (*на части*) partition
~ на четыре части quartering
~ пополам halve
делигнификация delignification
ступенчатая ~ progressive delignification
делить на участки parcel out
деловой (*о древесине*) commercial, marketable, merchantable, saleable
делрин (*смола*) *фирм.* Delrin
делянка [небольшой участок] block, break, parcel, plot, setup, strip
контрольная ~ check plot
лесная ~ logging block
демонтаж 1. disassembling, dismantling; dismounting 2. (*канатной установки*) takedown
демпфер buffer, damper
демпфирование damping
демпфировать damp; to damp cut
демпфирующий damping
дендироль dandy (roll)
дендрарий arboretum
дендрограф dendrograph; recording dendrometer
самопишущий ~ recording dendrograph
дендроклиматология tree-ring climatology
дендрология dendrology
дендрометр dendrometer
~ с циферблатной шкалой dial gauge dendrometer
ленточный ~ band dendrometer

дерево

дендрометрия [лесная таксация] dendrometry; forest measurement; forest [tree] mensuration
дендрохора [зона лесов] dendrochore
дендрохронология dendrochronology
денитрификатор [денитрифицирующая бактерия] denitrifier
деннаж (*закрепление груза*) dunnage
денниблок (*столярная плита*) *фирм.* dennibloc
деннилам (*ламинированная плита*) *фирм.* Dennilam
денси(то)метр densimeter; density meter
день:
  световой ~ photoperiod
дерев/о tree
~ья второго яруса understory trees
~, выжившее после окольцовывания sapwood tree
~, выросшее в густом древостое forest-grown tree
~, выросшее в редком древостое noncompetitively grown [open-grown] tree
~ диаметром более 60 см veteran
~, завалившееся назад при валке kick back
~ из рядовой посадки (*при озеленении*) border tree
~ на корню standing tree
~ на опушке леса border tree
~, оставляемое при сводке леса stand
~, отставшее в росте stunted tree
~, охлёстывающее хвойные деревья whip
~ пирамидальной формы narrow upright tree
~, подлежащее срочной валке по соображениям техники безопасности high risk tree
~, поломанное ветром wind break
, предназначенное к валке crop tree
~ с большим сбегом fast-taper tree
~, сваленное при валке другого дерева side winder
~ья с веерообразной кроной fan-trained trees
~ с густой [с развитой] кроной canopy tree
~ с необрезанной [необрублённой] вершиной untopped tree
~ с обрезанными ветвями первого порядка lopping tree
~ья с одной главной осью и боковыми ветвями monocormic trees
~ с опавшей корой buckskin
~ с подрезанной кроной clipped tree
~ья среднего качества intermediate trees
~ с тычиночными [мужскими] цветами staminate-flowered tree
~ с ярко выраженным наклоном decided lean tree
~ья, уложенные в пачки bunched trees
аллейные ~ья wayside trees
амурское пробковое ~ [бархатное] (*Phellodendron amurense*) cork tree
анкерное ~ tree anchor
буреломное ~ stub, snag
ветроустойчивое ~ windfirm tree
выросшее в густом древостое ~ competitively grown tree
высокоствольное ~ standart tree
гнилое [фаутное] ~ cull [defective, doted] tree
гниющее на корню ~ over-seasoned tree
гнутое ~ bent wood
густорастущие ~ья crowded trees
дающее поросль ~ sprouting tree
девственное [незаподсоченное] ~ virgin tree
деловое [товарное] ~ merchantable tree
дуплистое ~ den tree
железное ~ (*различные древесные породы с очень твёрдой и тяжёлой древесиной*) ironwood
женское ~ female [mother] tree; seed bearer
жизнеспособное [здоровое] ~ vigorous tree
заболонное ~ sapwood tree
зависшее ~ (*представляющее опасность*) deadman; high risk [lodged] tree; widow-maker
закомелистое ~ longbutt tree
заподсоченные ~ья tapped trees
заселённое короедами ~ bug tree
защитные ~ья nurse trees
изолированное [одиночное] ~ isolated tree
искривлённое ~ whip

557

дерево

камедное ~ gum
карликовое ~ arbusche; dwarf tree
клеймёное ~ marked tree
клонящееся ~ nodding tree
коммерчески выгодное ~ (*для рубки*) merchantable tree
корнеотпрысковые ~ья burr wood
красное ~ redwood
крупномерные ~ья heavy [large-sized] trees
лиственное [широколиственное] ~ broad-leaved tree
листопадные ~ья deciduous trees
ловчее ~ (*для вредителей леса*) decoy [trap] tree; trap log; trap stem
лучшее ~ growing-stock tree
любое камеденосное (*североамериканское или австралийское*) ~ gum tree
мачтовое ~ mast tree
маячное ~ (*господствующее над общим уровнем леса*) dominant tree; [(final) crop, mother, royal, seed] tree
медленнорастущие ~ья slower-growing trees
межевое ~ lobstick; witness tree
мелкие ~ья (*от рубок ухода*) second-growth thinnings
мерное ~ dimension timber
мёртвое ~ rampike
минусовое ~ minus tree
морёное ~ stained wood
мужское ~ staminate [staminate-flowered] tree
нависшее над водой (*мешающее сплаву*) ~ sweep
неветвящиеся ~ья tufted trees
неделовое [нетоварное] ~ cull [unmerchantable] tree, whip
нежелательное [второстепенное] ~ weed tree
незаподсоченное ~ *амер.* round tree
низкорослое ~ scrub wood
низкоствольное ~ bush [sprouting] tree
одиночное ~ individual stem
оливковое ~ (*Olea europaea*) olive tree
опушечное ~ edge [marginal] tree
ослабленное ~ weakened tree
особо ценное ~ reserved [royal, special] tree
оставляемые на корню ~ья (*при лесозаготовках*) leave [reserved] trees

отборные специальные ~ья, оставляемые в порослевых древостоях 1. (*с одним оборотом рубки*) stander; *англ.* teller 2. (*с двумя оборотами рубки*) second-class standard
перестойное ~ overmature [over-seasoned] tree
плодовые ~ья sweet woods
плюсовое [элитное] ~ elite [plus, select, superior] tree
повреждённое [ободранное] при трелёвке растущее ~ bruised [skinned] tree
погибшее ~ (*в результате нападения насекомых*) black top
пограничное [межевое] ~ boundary tree
подкладное ~ workbench
подрезанное [подстриженное] ~ shaped tree
подстраховочное семенное ~ (*на случай пожара*) *амер.* fire-insurance tree
подчинённые ~ья subordinate trees
полусгнившее ~ sponk
помеченное [клеймённое] ~ (*затёской, меткой*) blazing tree
поражённое ~, покинутое насекомыми abandoned tree
порослевое ~ sprout, sprouting tree; stem timber; stem wood
пробковое ~ cockwood
раздвоенное ~ forked tree
растущее ~ standing tree
свежезаселённое ~ (*насекомыми*) brood tree
сгнившее ~ rough-rotten-cull tree
семенное ~ (final) crop [mother, royal, seed] tree
смолоносное ~ pitch-yielding tree
спелое ~ crop [mature] tree, mature wood
среднее модельное ~ mean [sample, test, type] tree
среднее по приросту ~ increment mean stem
срубленное ~ dead timber
строевое ~ banded tree
суховершинное ~ stag-headed [topkill] tree
сухостойное ~ 1. chicot; dead (*standing*) tree; snag 2. (*повреждённое*) salvageable dead tree

деталь

сучковатое ~ lopwood
сучковатое и свилеватое ~ knotty and knaggy wood
теневыносливое ~ shade tree
типичное ~ sample tree
тонкомерные ~ья 1. lighter [undersized] trees 2. (*заготовленные при первом прореживании*) first thinning 3. (*оставленные при рубке леса*) second growth
угловое ~ pivot tree
угнетённое ~ suppressed tree
фенотипическое элитное ~ phenotypic tree
хвойное ~ coniferous [needle-leaved] tree
хинное ~ burk tree
целое ~ whole tree
чёрное ~ ebony
эталонное ~ specimen tree
деревобетон cement wood
дерево-волк [разросшееся дерево] weed [wolf] tree
деревообработка woodwork, woodworking
деревообработчик woodworker
деревоотделочник woodman
деревце:
  молодое ~ высотой более 3 м large sapling
  молодое ~ высотой менее 3 м small sapling
деревянистый woody
деревянный wooden
державка holder
  ~ напильника file jointer; file holder
  ~ ножа knife carrier; knife holder
  ~ пилы hack saw frame
  ~ резца tool rest holder
держатель carrier, chuck, holder
  ~ шарошки burr holder
дериват канифоли rosin derivative
дерн greensward, sod, vegetable earth
дернина mattae, sod mat, turf, vegetable layer
  плотная ~ bunch
дерновина tussock
дернорез turf cutter
дерносним plow; skim colter; skim plow; skimmer
  ~ сажалки screefer
деррик-кран derrick (*crane*)
дерюга hessian

десант:
  вертолётный ~ (*лесных пожарников*) helitack crew
десорбер desorber
десорбировать desorb
десть (*единица счёта, равная 1/20 стопы бумаги*) quire
десятник (*на лесозаготовках*) boss, bull bucker, ganger
детал/ь component; member; part
~, выполненная как имитация деревянной simulated wood part
~ из гнутоклеёной древесины bent part
~ мебели из недревесных материалов furniture component parts
~и оборудования facilities
~, обработанная в размер dimension part
~ с профильными поверхностями shaped workpiece
видимая деревянная ~ (*в мягкой мебели*) show wood
вогнутая рельефная ~ sunk molding
выпуклая декоративная ~ stuck molding
выступающая ~ стойки post trim
выступающая профильная ~ нижнего бруса обвязки оконного или дверного переплёта (*для защиты от дождя*) weather molding
гнутая ~ bent part
готовая ~ finished part
декоративная ~ 1. enrichment, trim item 2. (*крепление проступи к открытой тетиве лестницы*) stair bracket
деревянная профильная ~ woodmolding
деревянные ~и joinery
изготовленная в размер ~ для оформления дверных и оконных коробок standing trim
изношенная ~ worn-out part
конструкционная ~ (*мебели*), изготовленная методом литья под давлением injection moulded structure
накладная ~ 1. plaque 2. (*резная*) applied carving
обрабатываемая ~ workpiece
отделочная ~ trim
плетёная ~ *меб.* caning
погонажные отделочные столярные

деталь

~и (*раскладки, калёвки, гантели*) running trim
полая ~ hollow part
профильная ~ 1. (*в виде призмы*) reed(ed) molding 2. (*переднего края подоконника*) bed mold 3. (*погонажная с закруглённым углублением*) cove molding 4. (*погонажная заподлицо с основной поверхностью обвязки*) flush molding 5. (*типа брус*) beaded molding
профильные [фрезерованные] ~и molded stock
резная ~ 1. bolection molding 2. (*выступающая на мебели*) finial 3. (*формованная расположенная ниже передней царги сиденья*) apron 4. (*с цветочным орнаментом*) floral carving
смежная ~ adjacent part
строганная ~ без украшения plain molding
точёная или резная декоративная накладная ~ 1. mace 2. (*в форме сектора круга*) nulling
фасонная ~ (odd-)shaped [profiled] part
формованная ~ с кромкой, имитирующей резьбу carved-edge molding
цилиндрическая декоративная ~ cabin molding
экструдированная ~ extruded section; extrusion
дефект damage, failure, fault
~ бумаги fault in paper
~ в фанере или шпоне hock hole
~ на поверхности бревна (*в виде рубца*) catface
~, при котором происходит непроклейка внутренних слоёв (*фанеры*) stripped failure
~ усадки shrinkage
заводской [производственный] ~ in-plant damage
дефибратор defibrator
~ Асплунда Asplund defibrator
дефибрер (*wood*) pulp grinder; comminutor
~ для продольного дефибрирования long grinder
~ непрерывного действия 1. caterpillar (*continuous*) grinder 2. (*винтовой*) spindle grinder 3. (*цепной*) continuous chain grinder
~ с автоматической загрузкой automatically fed grinder
~ с нижней подачей (*древесины*) low feed grinder
гидравлический ~ типа Камюр Kamur grinder
двухпрессовый ~ double-pocket [two-pocket magazine] grinder
дисковый ~ disk-type grinder
прессовый ~ pocket grinder
сдвоенный четырёхпрессовый ~ twin grinder
трёхпрессовый ~ three-pocket (*pulp*) grinder
цепной ~ chain(-type) grinder
дефибрирование grinding, comminution
горячее жидкое ~ low-consistency hot grinding
холодное ~ cold grinding
дефибрировать цел.-бум. grind
дефлектор baffle, deflector
дефлокулятор deflaker
дефляция (*сдувание почвы*) deflation
деформация deformation, distortion
~ волокон в результате сжатия compression failure
~ древесины в результате изменения влажности (*напр. усушки, разбухания*) movement
~ при увлажнении damping stretch
неравномерная ~ (*пенопластов*) под действием нагрузки indent load deflection
остаточная ~ 1. permanent deformation 2. (*древесины в результате изменения влажности*) permanent set; residual movement 3. (*линейная — бумаги*) linear permanent; deformation of paper
относительная ~ strain
постоянная ~ permanent distortion
дешифрирование:
~ аэрофотоснимков photointerpretation
~ участков (*леса*) area determination
деэлектризатор (*для снятия статического электричества с бумаги*) neutralizer
деятельность:
~ по охране окружающей среды

environmental action; environmental activity

дзета-потенциал:

~ целлюлозы pulp zeta-potential

диагностика:

листовая ~ (*питания растений*) leaf analysis; leaf diagnosis

диаграмма plan

~ расположения растительности (*по представительству и площади*) chart quadrat

диаметр diameter

~ (*дерева, бревна*) без коры diameter under bark

~ в верхнем отрубе diameter at smaller end; diameter at top (end); top diameter

~ в комле diameter above buttress; diameter at butt-end; butt diameter

~ в коре diameter outside bark; diameter over bark

~ в месте среза diameter at felling level

~ в нижнем отрубе diameter at butt; diameter at foot, bottom diameter

~ горловины throat opening

~ дерева 1. tree diameter 2. (*на высоте груди 1,35 м от уровня земли*) breast height diameter, diameter breast height 3. (*у пня*) diameter at stump; stump diameter height 4. (*на высоте, составляющей определённый процент от высоты всего дерева*) diameter at some specified % of tree height 5. (*на половине высоты деловой части*) mit-timber diameter 6. (*на половине высоты над высотой груди*) diameter at half of the tree lenght above breast height

~ диска пилы saw blade diameter

~ корневой шейки сеянца root collar diameter

~ кроны crown diameter

~ обрезки вершин topping diameter

~ пня diameter at stump height, stump diameter

~ спиливаемого дерева sawing diameter

~ средней части бревна central [mid-sectional] diameter

~ ствола 1. stem diameter 2. (*на котором производится обрезка вершины*) top diameter limit

диван

максимальный ~ срезаемых деревьев max(imum) cutting diameter

минимально допустимый ~ (*деревьев, отводимых в рубку*) diameter limit; minimum diameter; minimum girth

минимальный ~ 1. (*в верхнем отрубе*) minimum top diameter 2. (*рентабельный*) economic diameter 3. (*эксплуатационный*) exploitable diameter limit

нормальный ~ (*с учётом сбега ствола*) normal diameter, normal girth

отпускной ~ exploitable diameter

различимый ~ кроны дерева (*на аэрофотоснимке*) visible crown diameter

рентабельный отпускной ~ (*деревьев*) economic (merchantable) diameter limit

срединный ~ (*диаметр на половине высоты дерева*) diameter at half tree height; half-height [mean] diameter; mid-diameter

средний арифметический ~ mean diameter

средний квадратический ~ 1. (*quadratic*) mean diameter 2. (*наиболее толстых стволов доминирующих деревьев*) stand-height [top-height] diameter

диапазон:

~ температуры размягчения melting temperature range

диапауза [период покоя] (*у насекомых и растений*) энт. diapausing, holdover

диафанометр diaphanometer

диафрагма цел.-бум. diminisher

камерная измерительная ~ orifice ring chamber measuring device

диван ottoman, seat, sofa

~ в стиле Честерфильд chesterfield

~ из гнутой фанеры contoured veneer settee

~ на роликах glider

~ с низким сиденьем для отдыха chaise lounge

~ с сиденьями на двух торцах confidante

~, трансформируемый в двухспальную кровать studio couch

~, трансформируемый в односпальную кровать sleeper couch

диван

глубокий ~ или кресло в виде гондолы duchesse
длинный ~ со спинкой, подлокотниками и ящиком под сиденьем settee
мягкий ~ с кожаной обивкой и глубокой простёжкой в стиле Честерфильд Chesterfield settee
мягкий стёганый угловой ~ cosy corner
четырёхместный ~ four-seater settee
диван-кровать articulated bed; convertible sofa; sofa-bed
~ с откидной спинкой push-back sofa
~ с откидывающейся спинкой jackknife sofa bed
раскладной ~ folding sofa
диванчик:
двухместный ~ love seat
небольшой ~ settee
дикальций-фосфат calcium hydrogen [precipitated] phosphate
дикват (*гербицид*) diquat
дикий (*естественный*) natural
дильсы (*еловые или сосновые доски толщиной 47,6 — 101,6 мм, шириной 228,6 — 279,4 мм*) deals
диоксанлигнин dioxane lignin
дипентен dipentene
пиролизный ~ destractively distilled dipenten
сульфатный ~ sulfate dipenten
экстракционный ~ steam distilled dipenten
диск disc, plate
~ высевающего аппарата distributor [seed(ing), selection] plate
~ дефибрерного камня pulpstone disk
~ для удаления массы (*на валу ролла*) splash ring
~ для уплотнения склеиваемых поверхностей коробок *спич.* presser disk
~ смачивающего устройства (*для ребросклеивания шпона*) moistening wheel
верхний ножевой ~ upper-knife cylinder
вырезной ~ cutout disk; notched disk; scolloped disk; serrated disk
высевающий ~ drop [seed(ing)] plate; feed [seed] wheel
заделывающий ~ covering disk
нижний ножевой ~ lowerknife cylinder
ножевой ~ 1. knife wheel 2. (*стружечного станка с горизонтальной подачей*) horizontal chipper disk 3. (*рубильной машины*) chipping head
пильный ~ saw disk; saw plate
плоский ~ plain disk
размольный ~ disc plate
режущий ~ rotary cutter
дискование (*обработка почвы дисковыми орудиями*) disking
дисковать (*почву*) disk
диспергировать disperse; to break up
дистанция distance
лесосплавная ~ floating distance
дистиллят:
~ отгонной ванны distillation vat distillate
дистилляция:
вакуумная фракционная ~ vacuum fractional distillation
диффузорщик washerman
дичок nonlined-out plant; tree stock
~ для прививок matrix
лесной ~ *амер.* volunteer, wilding
дланевидножилковатый palmatinerved
дланевиднолопастный palmatilobate; palmately lobed
дланевиднoперистый palmatinerved
дланевиднораздельный palmatipartite
дланевиднорассечённый (*о листе*) palmatisected; palmately parted
дланевидный palmatiform
длин/а: ◇ по ~е endways
~ волокна 1. fiber length 2. (*оцениваемая визуально*) staple length
~ гона length of furrow
~ деловой части ствола merchantable length
~ заготовки с припуском rough length
~ заплечика (*шпона*) shoulder measure
~ карры face length
~ корневой части (*сеянцев*) root length
~ [высота] кроны crown depth
~ отруба (*при резке рулонов*) grain cut
~ паза mortise length

долговечность

~ пролёта span length
~ (*лесоматериала*), равная нечётному числу футов odd(-number) length
~ режущей части (*сверла*) lip length
~ скобки staple length
зажимная ~ (*длина образца бумаги между зажимами прибора*) clamping length
минимальная ~ деловой части ствола (*до диаметра вершинной части 7 см*) minimum timber length
нижняя ~ кроны (*до первой живой ветви*) lower crown length; upper crown length
нулевая зажимная ~ zero-span
нулевая разрывная ~ zero(-span) breaking length
разрывная ~ при штамповании punching breaking length
секундная режущая ~ ролла total length of cuts/second
стандартная ~ бревна scaling length
длинномер (*о брёвнах*) log length
длинномерный (*о лесоматериале*) long-boled
днище:
~ бочки 1. head 2. (*коренное или глухое*) bottom head
~ варочного котла digester bottom
~ выпуклое (*выпарного аппарата*) dished head
составное ~ (*бочки*) slack head
укупорочное ~ (*бочки*) top head
дно:
~ борозды furrow bottom; furrow [plow] sole; plowing shoe
~ бочки 1. barrel head; heading 2. (*из клёпки*) multipiece head
~ шлюза lock bottom
выдвижное ~ tray bottom
засорённое ~ реки (*корягами, топляками*) snaggy bottom
перекрещённое ~ block bottom
добавка additive
~ в массу перед пуском на сетку wet end additive
водоотталкивающая ~ water absorption [moisture] retardant
огнестойкая ~ (*при производстве ДСП и ДВП*) flame retardant
удерживающая ~ retention aid

усиливающая ~ стеклопластика *меб.* GRP armor
щелочная ~ leachable additive
доброкачественность семян seed quality
доводить до зрелости mature
договор agreement, contract
~ на приобретение леса для вырубки (*без права на землю*) timber contract
~ об аренде lease
дождевание spray [sprinkler] irrigation, sprinkling
~ с внесением удобрений spray application
дождеватель [дождевальный аппарат] sprinkler
дождемер ombrometer, pluviometer; precipitation [rain] gauge; udometer
дождь rain, rainfall
конвективный ~ convective rain
орографический ~ orographic rain
дожигание горючих материалов (*на месте пожарища*) top-up
доза dose, rate
~ внесения (*удобрений, ядохимикатов*) rate application
~ впрыска в пресс-форму shot
~ питательных веществ nutrient rate
~ удобрения fertilizer quantity
высокая ~ (*удобрений, ядохимикатов*) heavy rate
летальная [смертельная] ~ (*инсектицидов*) lethal dose
общая ~ integral dose
предпосевная ~ starter dose
толерантная [допустимая] ~ permissible dose
дозатор batcher, proportioner
дозировать to dose, to rate
дозировка:
количественная ~ массы regulating of stock quantity
док dock
плавучий ~ floating dock
документ:
~ на приобретение или владение лесом (*без права на землю*) timber deed
долбить mortise, scoop
долбление mortising
долговечность durability

563

долговечность

~ бумаги aging quality; longevity
долгоносики [слоники] (*Curculionidae*) snout beetles
долготьё (*о брёвнах*) log-length, long log, longwood
  комбинированное ~ combinated long logs
долина bottom glade; strath, valley
  глубокая ~ 1. *англ.* dene 2. (*поросшая лесом*) dean
  лесистая ~ [ложбина] dell
долото (*mortise*) chisel; gouge
  ~ для врезки замков mortise lock chisel
  ~ для выборки пазов под замок выдвижного ящика drawer-lock chisel
  ~ с загнутым остриём claw
  ~ с изогнутой рукояткой bent-shank gouge
  ~ с прямой рукояткой straight-shank gouge
  ~ с рукояткой, составляющей часть режущего полотна firmer chisel
  ~ с трубкой для вставки рукоятки carpenter's socket chisel
  выгнутое столярное ~ swan-neck chisel
  долбёжное ~ carpenter's heading chisel
  изогнутое ~ long bent gouge
  карманное ~ sash chisel
  короткое ~ для установки петель, шарниров butt chisel
  косое ~ skew chisel
  ложечное ~ spoon gouge; scribing gouge
  плоское ~ flattened straight gouge
  полое ~ hollow chisel
  полукруглое ~ round-backed [round-nosed] chisel
  пустотелое ~ anger
  ручное ~ paring chisel
  слесарное ~ millwright chisel
  столярное ~ coach maker's chisel
  трёхгранное ~ parting chisel; parting tool; veiner
  узкое ~ с рукояткой, составляющей часть режущего полотна socket chisel
  U-образное ~ straight U-gouge
  широкое ~ 1. (*для отёски*) carpenter's roughing-out chisel 2. (*с рукояткой, составляющей часть режущего полотна*) tang-type chisel

дольный partite
дольчатый lobed
доля lobe; quantity; part, share
  ~ деловой древесины в процентах industrial wood percentage
дом:
  жилой ~ dwelling house
  сборный ~ prefabricated house
  стандартный (*деревянный*) ~ ready cut house
домик:
  ~ пожарного наблюдателя *кан.* lookout [tower] cabin; look-out [tower] cupola
  временный передвижной ~ bunkhouse
  пожарный ~ с наблюдательной кабиной *кан.* lookout house
доминант leader
доминирующий (*о растениях*) predominant
домкрат:
  валочный ~ jack
донник (*клёпка для днищ*) heading
донце:
  ~ для усовой запиловки miter box
доокорка rossing
доопыление extrapollination
дополнение:
  ~ лесных культур complement; *амер.* filling of fail places; *англ.* infilling, interplanting; reinforcement planting; *кан.* overplanting
  ~ стопы бумаги rectification
допуск tolerance
  ~ в лесопилении tolerances on sawn sizes
  ~ на обработку milling allowance
  ~ по длине length tolerance
  ~ по толщине thickness tolerance
  ~ по ширине width tolerance
  расчётный ~ на отходы abatement
дорог/а passage, road, way
  ~, выстланная хворостом [хворостяная гать] brushwood road
  ~ круглогодового действия all-weather road
  ~ с инвентарным покрытием brushwood road
  ~ с укреплённым покрытием stabilized soil road
  боковая ~ lateral road
  вне магистральных ~ off-the-road

доска

возвратная ~ (*для порожняка*) go-back [return-trip] road
воздушная [подвесная] канатная ~ aerial ropeway
временная ~ pioneer [service] road
вспомогательная ~ (*для перевозки людей, грузов*) corduroy [subsidiary] road
грунтовая ~ dirt [earth(en)] road
гужевая (*лесовозная*) ~ cart [wagon] road
железная ~ 1. railroad 2. (*нормальной широкой колеи*) standart-gauge railroad 3. (*узкой колеи*) narrow-gauge railroad
заброшенная ~ abandoned [condemned] road
канатная ~ cableway, ropeway
клинкерная ~ brick road
колейная (*лесовозная*) ~ strip road
ледяная ~ ice [slick] road
лежневая (*лесовозная*) ~ plank [track] road
лесная ~ forest road
лесовозная ~ 1. haulage (hauling) road 2. (*железная*) forest [logging] railroad
магистральная (*лесовозная*) ~ arterial [backbone, main] (forest) road
монорельсовая ~ monorail
мощёная ~ paved road
надземная ~ elevated [overhead] road
неровная ~ rough road
объездная ~ loop road
ответвляющаяся (*лесовозная*) ~ branch (*logging*) road
подъездная ~ access [approach, feeder] road
пожарная ~ fire lane
порожняковая ~ dray road
сезонная ~ fair-weather road
труднопроходимая ~ heavy (*going*) road
узкая ~ 1. dray road 2. (*лесная*) rack
ухабистая ~ (*с выбоинами*) bumpy road
хозяйственная ~ (*для доставки снабжения в лес*) hay road
цементно-щебёночная ~ (*построенная по способу прослойки*) cement-bound macadam road
доск/а board
~ без сердцевины side board
~ высокого качества sound board
~ для предупреждения разбрызгивания воды или массы froth [spatter] board
~ для складирования (*сырых листов бумаги при ручной отливке*) couch
~и для строительных лесов scaffold boards
~и для чёрных полов subflooring
~ для чистки ножей knife board
~ из древесины хвойной породы толщиной 47,6-101,6 мм, шириной 101,6-203,2 мм batten
~ или брус толщиной до 100 мм thin stuff
~, на которой стоит лесоруб (*при валке или раскряжёвке крупных деревьев*) 1. spring board; staging 2. *амер.* chopping board
~, на которой стоит рабочий при раскряжёвке крупномерного леса bucking board
~, поддерживающая водосточный жёлоб lear board
~ под свес карниза eaves board
~ с большим количеством трещин hollow horned lumber
~ с калёвкой molding board
~ с обзолом waney board
~ с шипами на концах corner-locked board
~и чётной ширины stock boards
боковая ~ outer board
бракованная ~ rejected board
вагонные ~и wagon stock
выдвижная ~ *меб.* sliding tray
грудная ~ 1. apron [forming] board 2. (*выдвижная*) advanced apron board
дефектная ~ cull board
копировальная ~ (*для простёжки по рисунку*) *меб.* pattern board
лестничные и stepping
необрезная ~ unedged board
нестроганая ~ rough board
низкокачественные ~и roofers
обзольная ~ waney
обрезная ~ edged board
обшивная ~ 1. plank 2. (*клинообразного сечения*) clapboard
обшивочные ~и 1. (*профилированные*) lap siding 2. (*шпунтованные*) match boarding

доска

основная поворотная ~ (*резцовой каретки строгального станка*) apron
плоская ~ спинки стула splat
подвесная ~ headboard
подмодельная ~ joint [stamping] board
полевая ~ (*плуга*) landside, slade
половая ~ 1. flooring board 2. (*узкая*) flooring strip 3. (*с пазом на внутренней пласти*) flooring strip with hollow back 4. (*с выемкой на внутренней стороне для вентиляции, уменьшения веса или улучшения крепления*) hollow backed boards 5. (*шпунтованные по торцам*) end-matched floor
полуобрезная ~ outer plank
поперечные ~и ledger boards
прокладочная ~ spacing board
светлые ~и без синевы bright deals
сердцевинная ~ comb-grained wood
сливная ~ (*окна*) gutter board; sill
срединная ~ middle plank
столярные ~и (*отборный пиломатериал для столярных работ*) joiner's deals
строганая ~ surfaced board; wrought stuff
тонкая ~ 1. thin plank 2. (*для обшивки*) sarking boards; slate boarding
центральная ~ (*часть сердцевинной доски, в которую не входит сердцевина дерева*) center board
чистообрезная ~ middle plank; square-edged board
шпунтовая ~ 1. match(ed) board 2. (*для опалубки под гонтовую кровлю*) sheathing 3. (*строганные ~и*) partition boards
доскораспределитель (*для направления пиломатериалов по разным адресам*) pointer
достигать reach
дощечка tablet
  карандашная ~ slat; pencil wood
  перечётная ~ (*для записи количества учитываемых деревьев*) tally board
драга drag, dredge
драглайн dragline
дражератор pelleting [pelletizing] machine
дражирование (*семян смесью пестецидов, репеллентов, удобрений и инертных заполнителей*) pelleting

дражированный pellety
дранка [драны] lath; wood lathing
  кровельная ~ roof lath
драпировка draping
драпировщик upholsterer
древесина timber, wood
  ~ берёзы с красивым текстурным рисунком masur birch
  ~ для лицевых поверхностей мебели visible wood
  ~ для сооружения каркаса зданий framing wood
  ~ для экстрагирования extract wood
  ~ дуба 1. oak (*wood*) 2. (*с характерной коричневой окраской сердцевины*) brown oak
  ~ ели обыкновенной и пихты белой white deal; whitewood
  ~ жёлтой канадской берёзы с текстурным рисунком silky wood
  ~ используемая для вторичной переработки bonus wood
  ~ ореха *уст.* cabinet maker's tree
  ~ пня [пнёвая ~] stump wood; stumpwood
  ~, поражённая гнилью rottenwood
  ~, поражённая синевой blue goods
  ~ порослевых пород second growth wood
  ~, предназначенная для перегонки distillation wood
  ~ рыхлой текстуры (*хвойных пород*) loose-textured wood
  ~ светлых пород light-colored wood
  ~ с высокой смолистостью highly resinous wood
  ~ сезонной сушки air-seasoned wood
  ~ с капами и наплывами burr wood
  ~ с кружевной текстурой lace wood
  ~ случайных пород (*для ДСП*) scattered species
  ~ с мелким текстурным рисунком close-grained wood
  ~ с наклоном волокон cross-fibered wood
  ~, содержащая запасающую ткань с жирами fat wood
  ~, спрессованная без применения синтетических смол staypack
  ~ с прямыми волокнами [прямослойная древесина] straight-grained wood
  ~ с узорчатой текстурой veined wood

древесина

~ сучьев branch wood
~ твёрдой породы durable wood
~ твердолиственных пород hard [leaf] wood; hardwood
~ тропических пород деревьев exotics
~ химической обработки [химическая древесина] acid wood
~ ценных пород fine wood, show wood
~ центральной части ствола [ядровая спелая древесина] inner wood
абсолютно-сухая ~ oven-dry wood
балансовая ~ pulp bolts; pulpwood
белая ~ (*хвойных или лиственных пород*) whitewood
бессучковая ~ branchless wood
бромированная ~ brominated wood
брошенная [оставленная] ~ wood-waste
вершинная ~ apical wood
весенняя [ранняя] ~ early [spring] wood
водослойная ~ watercore, wetwood
воздушно-сухая ~ air-dried wood
вторичная ~ secondary wood
высокосортная ~ primary timber(s)
гнилая ~ cull [decayed, pecky, rotted, rotten] wood
гнутая ~ bentwood
деловая ~ industrial [merchantable] wood
дровяная [топливная] ~ low-grade [fuel] wood; firewood
дряблая ~ dozy wood
еловая *или* пихтовая ~ white-deal wood
живая ~, обработанная параквотом (*для увеличения смолистости*) paraquot treated wood
заболонная ~ sap-wood
заштабелёванная ~ staked wood
здоровая ~ sound wood
измельчённая ~ disintegrating [hogged] wood
ископаемая ~ fossil wood
искривлённая ~ crook
клеёная ~ glued wood
колкая ~ cleavable wood
кольцепоровая ~ (*напр. дуба*) ring-porous wood

кольцесосудистая лиственная ~ ring-porous wood
консервированная ~ treated timber
корневая ~ root timber; rootwood
кососпойная [свилеватая] ~ cross-fibred wood; knee timber
креневая ~ abnormal [bull, compression] wood
крупнослойная ~ wide-ringed wood
летняя ~ summer wood
ликвидная ~ merchantable wood
лиственная ~ angiospermous [broadleaf, deciduous, leaf] wood; hardwood
массивная ~ solid timber
мелкопористая ~ close-grained wood
мелкослойная ~ close-grained [fine-grained] wood; fine texture;
мелкотоварная ~ small merchantable wood
мёртвая ~ 1. dead timber 2. (*ядровая*) dead core
местная ~ indigenous wood
модифицированная ~ (*обработанная ангидридом уксусной кислоты*) acetylated wood
мягкая ~ needle [soft (testured)] wood
натуральная ~ genuine [natural] wood
невыдержанная ~ unseasoned wood
невыцветающая ~ fadeless wood
неокорённая ~ unbarked wood
неотделанная ~ bare wood
непористая ~ nonpored [nonporouse] wood
несосудистая ~ (*для всех хвойных пород*) nonpored [nonporouse] wood
низкокачественная ~ low-quality [junk] wood
низкосортная ~ 1. low-grade wood 2. (*используемая в качестве прокладок при загрузке судна*) stow wood
обогащённая смолой ядровая ~ resin-rich heartwood
обуглившаяся ~ charred wood
огнеупорная ~ fire-proofing wood
окорённая ~ barked [disbarked, peeled] wood
ореховая ~ walnut (*wood*)
остающаяся на корню ~ surplus
первичная ~ primary wood
перестойная ~ overmature [overripe] wood
пересушенная ~ sleepy wood

567

древесина

пластичная ~ (*прошедшая обработку теплом и давлением*) flexible wood
плотная [тяжёлая] ~ dense timber; dense [high density; solid] wood
поделочная ~ carpentry timber; casewood
поздняя [осенняя] ~ autumn wood; latewood, summerwood
полукольцесосудистая ~ semiring porous wood
пористая ~ (*лиственных пород*) pored [porouse] wood
предварительно окученная ~ prebunched wood
прессованная ~ compressed wood
промежуточная ~ (*внутренний слой заболони*) intermediate wood
пропитанная ~ impregnated wood
прямослойная ~ straight-grown timber
раневая ~ wound wood
ранняя [весенняя] ~ earlywood, springwood
рассеяно-сосудистая лиственная ~ diffuse-porous wood
резонансовая ~ sounding timber
русская белая ~ (*торговое название древесины ели обыкновенной и пихты белой из России*) Russian whitewood
свежесрубленная ~ fresh [green] wood; greenwood
свилеватая ~ curly [wavy-fibered] faggotwood; wave growth timber
сердцевинная ~ true wood
слоистая ~ laminated wood
смолистая ~ fat [gum, resinous] wood
сосновая ~ pinewood, red [yellow] deal
сосудистая ~ (*лиственных пород*) pored [porouse] wood
спелая ~ adult [mature] wood; ripewood
сплавная ~ float(ed) [floating] wood
стволовая ~ bodywood, stem [trunk] wood; trunk timber; wood on the stem
сухая ~ seasoned wood
сухостойная ~ deadwood
сучковатая ~ knotty wood; lopwood
сырая ~ damp wood
тарная ~ packing case wood
твёрдая ~ hard wood
твердолиственная ~ для конструкционных целей utility hardwood

товарная ~ merchantable wood; usable timber
топливная ~ [дрова] firewood; fuelwood
торцевая ~ cross-cut wood
трудноподдающаяся пропитке ~ refractory
трухлявая ~ powdered wood
тяговая ~ (*лиственных пород*) reaction [tension] wood
узорчатая ~ 1. figure(d) wood 2. (*комлевой или пнёвой части дерева*) raised-grain butt wood
уплотнённая ~ dense wood
фаутная ~ faulty [rotten] wood
хвойная ~ deal; gymnospermous [needle] wood; softwood
хрупкая [ломкая] ~ short grain
ценная ~ fine wood
широкослойная ~ coarse [open] texture; coarse-ringed timber; coarse-grained wood
эвкалиптовая ~ с простым текстурным рисунком plain gum
ювенильная [недоразвитая] ~ (*внутреннего слоя ксилемы вокруг сердцевины*) core [immature, juvenile, pith] wood
ядровая ~ duramen, heart, heartwood, truewood, trunk wood
древесинник (*Xyloterus*) ambrosia beetle; timber beetle
древесиноведение wood science
древеснеть lignify
древеснеющий lignescent
древесный arboreal, ligneous, woody, xyloid
древовидный arbuscular, dendriform, dendritic, dendroid, subarborescent, treelike
древогрызущий hylotomous
древостой forest; forest crop; forest [timber] stand; growing stock; stocking
~ ценной породы stand of valuable timber
высокоствольный ~ (*семенного происхождения*) high forest
изреженный [низкополнотный] ~ sparse woodland
корявый ~ stunted growth
молодой ~ sapling-pole [young-growth] stand
неспелый ~ immature timber

нормальный [идеальный] ~ 1. normal growing stock 2. (*семенной*) normal seed stand
плотный ~ dense stand
порослевой ~ coppice [low, sprout] forest
простой [одноярусный] ~ single-storey(ed) forest
разреженный ~ 1. understocking 2. (*заболоченный, переходящий в кустарник*) carr
семенной ~ seedling crop; seedling forest; seedling stand
сложный [многоярусный] ~ multistoreyed forest
смешанный ~ 1. (*порослевого и семенного происхождения*) composite forest 2. (*по составу*) mixed crop, mingled [mixed] forest; mixed [multispecies] stand
сомкнутый ~ tree layer continuum
спелый ~ mature timber; shelterwood
чистый ~ clear [pure, unmixed] stand; pure forest
элитный семенной ~ elite seed stand
древоточец (*древесный жучок*) wood-destroying insect; timber saw; wood fretter
древоточцы (*Cossidae*) carpenter mothes, wood borers
дрель archimedian drill
ручная ~ breast drill
дрена drain
закрытая ~ blind [buried, covered, french] drain; subdrain
магистральная ~ arterial drain
открытая ~ open drain
перехватывающая ~ catch drain
поперечная ~ cross drain
дренаж (*осушение*) drainage, draining
аэрационный (*аэрация почвы*) air drainage
внутрипочвенный [подпочвенный] ~ subsurface drainage
открытый ~ gutter drainage
поверхностный [наружный] ~ external drainage; top draining
подземный ~ subdrainage
разветвлённый ~ arterial drainage
дренировать [осушать] (*болота*) dewater
дрешер (*для отпыловки тряпья*) thrasher, willowing machine
дрешеровка (*предварительная отпыловка*) thrashing
дробилка breaker, chipper, chopper, crusher; hog ringer
~ для горбыля slab chipper
~ для древесины wood-fragmenting machine
~ для древесных отходов chipping [crushing] machine; wood scrap grinder
~ для измельчения отходов лесопиления ending grinder; hogging machine; refuse grinder
~ для измельчения порубочных остатков refuse grinder
~ для карандашей core chipper
~ для коры bark crusher; bark chipper; bark hog
~ для отходов chipbreaker
~ для щепы hack machine
~ с несколькими рабочими отделениями duplex breaker
валковая ~ rolls; roll crusher
вибрационная ~ jar crusher
конусная ~ cone(-type) crusher
лопастная ~ cross(-stroke) mill
щеповая ~ alligator crusher
дробить break, crush
дробление breaking(-down), chipping, crushing, disintegration
~ горбыля slab chipping
повторное ~ щепы rechipping
дроблёнка hogged chips
дрова 1. cord [fuel] wood; firewood; fuelwood 2. (*колотые*) splitwood
дровосек [дровокол] hewer; wood chopper; wood chuck
дрожжи yeast
хлебные ~ baker's yeast
дружность всходов seedling vigor
друза (*в паренхимных клетках*) druse
дряблость:
~ шпона (*дефект при строгании перегретых ванчёсов*) nobody in the veneers
дуб (*Quercus*) oak
~ горный (*Quercus montana*) chestnut [rock] oak
~ каштановый (*Quercus prinus*) chestnut oak
~ северный (*Quercus borealis*) 1. northern oak 2. (*крупный* — *Quercus borealis maxima*) red common oak

дуб

~ сидячецветный (*Quercus petraea*) durmast [sessile] oak
~ скальный (*Quercus petraea*) durmast [sessile] oak
~ черешчатый (*Quercus robur*) common [English, pedunculate] oak
молодой ~ [дубок] oaklet
морёный ~ fumed oak
пробковый ~ (*Quercus suber*) cork tree
дубильня tannery, tanyard
дубильщик tanner
дубитель tanning agent; tanning material
дубить tan
дубление (*корой*) barking, tanning
дублированный:
~ тканью fabric-backed
~ эластичным материалом elastic-backed
дубняк (*образован дубом черешчатым*) common oak forest; oakery
дубрава oak association; oak forest; oak grove; oakery
дубровка (*Veronica chamaedrys*) angel's eye
дуга bow
дуоформер (*для офсетной бумаги*) *фирм.* duoformer
дутьё:
~ под низким давлением free-blowing
дымка haze
дымокур:
~ для отпугивания насекомых smudge
дымообразование smoking
дышло 1. (*carriage*) beam; draught [tow] bar 2. (*сцепного устройства*) hitchbar 3. (*между автомобилем и прицепом*) gooseneck 4. (*прицепа*) reach pole 5. (*повозки*) tong, tongue
дюна sand drift
дюрометр durometer
дятел woodpecker
дятловые (*Picidae*) woodpeckers

Е, Ё

единица unit
~ выборки evaluation unit
~ наблюдения sampling unit
ангидроксилановая ~ anhydro-xylan unit
бонитировочная ~ evaluation unit
сплоточная ~ float unit; raft section
сукцессионная ~ *бот.* syngenetic unit
таксономическая ~ taxonomic unit
ежевика (*Rubus*) blackberry
ёлк/а: ◇ в ~у (*о рисунке*) herringbone
новогодняя ~ Christmas tree
еловый firry
ель (*Picea*) spruce
~ восточная (*Picea orientalis*) eastern spruce
~ канадская [белая] (*Picea canadensis*) Canadian [pine, white] spruce
~ колючая (*Picea pungens*) blue spruce
~ обыкновенная, [европейская] (*Picea exelsa*) common [fir, Norway] spruce
~ сибирская (*Picea obovata*) Siberian spruce
~ чёрная (*Picea mariana*) black [double] spruce
ельник spruce forest; spruce grove
травяной ~ herbaceous spruce forest
ёмкость 1. can; receptacle; reservoir; tank; vessel 2. (*вместимость*) capacity
~ анионного обмена (*коллоида*) anion-exchange capacity
~ для отходов waste can
~ для топлива gas can
~ для хранения рафинаторной массы (*в производстве ДВП*) surge bin
~ катионного обмена (*коллоида*) cation-exchange capacity
~ секретера, закрываемая откидной крышкой secretaire drawer
~, содержащая пломбы или скрепки seal magazine
проволочная ~ с отделочным покрытием coated wire fitment
промежуточная ~ intermediate vessel
смесительная ~ для пропиточной жидкости *спич.* mixing vessel for impregnation liquid
естественный native, natural

Ж

жалюзи boxing shutters
подъёмные ~ lever boarding

жгутоизвлекатель junk remover
желатин fining glue; gelatin
желатинизация gelatination
желвак:
   смоляной ~ [смоляной кармашек] (*порок древесины*) resin gall
железко:
   ~ рубанка 1. cutting iron; plane bit 2. (*для выборки пазов*) sash knife 3. (*для строжки фальцев под углом 45°*) miter joint cutter; miter knife
жёлоб chute, gutter, spout, trough, throat, tray
   ~ для брёвен apron
   ~ для частиц chute for particles
   ~ для шабера doctor trough
   выходной ~ (*бочки*) bung spout
   загрузочный ~ feed spout; intake chute
   короткий деревянный ~ для раскряжёвки брёвен bucking chute
   наклонный ~ tip chute
   трясочный ~ *цел.-бум.* shaking spout
желобок:
   ~ высевающей катушки seed cell
   ~ для стока воды condensation channel
   ~ для стока живицы (*median*) gutter
женский (*о цветке*) pistillate
жердь barling, perch; (*thin*) pole; wood strip
жерло orifice
жёсткий braced, rigid
жёсткость hardness, rigidity
   ~ бумаги paper rigidity
   ~ по Зиберу Siber number
   ~ по Кингу Küng number
   ~ по Роэ Roe number
   ~ по Эстранду Östrand number
живица galipot, (*turpentine*) gum, oleoresin, soft resin
   ~ второго года подсочки yellow dip
   ~ первого года подсочки virgin dip
   ~, собираемая в первый год подсочки soft white gum
   ~, собираемая осенью hard gum
   неочищенная ~ raw gum
   сосновая ~ pine gum
   фотосенсибилизированная окисленная сосновая ~ photosensitized-oxidized pine gum
живица-сырец crude natural oleoresin; raw gum
живущий:

ЖУК-ТОЧИЛЬЩИК

   ~ внутри листа endophylous
   ~ на корнях radicicolous
   ~ на нескольких хозяевах (*о паразите*) polyphagous
жидкость liquid, liquor
   ~ для замачивания soak, steep
   ~ для пропитки спичечной соломки для защиты от тления antiafterglow solution
   ~ после отбелки кислородом oxygen bleach liquor
   бордосская ~ (*фунгицид*) Bordeaux liquid
   пропиточная ~ treating solution
   сдувочная ~ сульфитной варки relief liquor
жижка condensate; pyroligneous liquor; raw pyroligneous acid distillate
   обессмоленная ~ *лесохим.* pyroligneous acid
жизнеспособность viability
   ~ зародыша growing power of germ
   ~ семян germinability
жизнь:
   ~ микрофлоры microlife
жилка (*листа*) vein, nerve, rib
   вторичная ~ lateral vein
   средняя ~ midrib
   с тонкими ~ми [нитями] fibrillose
   центральная ~ primary rib
жилкование nervation, nervature, venation
жилковатый (*о стебле*) striated
жимолость (*Lonicera*) honeysuckle
жир grease
жирноразмолотый slow, wet, wet-beaten
жирность:
   ~ лака oil length of varnish
   ~ массы greasiness, sliminess, wetness
жирный *цел. бум.* slow
жиронепроницаемость fat resistance
жиронепроницаемый grease-impervious
житель:
   лесной ~ (*о леснике, лесорубе, охотнике и т.п.*) wood(s)man
жордан (*коническая мельница*) jordan
   ~ с базальтовой гарнитурой lava-filled jordan
жостер (*Rhamnus*) buckthorn
жуки (*Coleoptera*) beetles
жуки-щелкуны (*Elateridae*) click beetles
жук-точильщик wood fretter

журнал

журнал:
квартальный ~ (*записей о лесоводственных мероприятиях в квартале*) compartment history; compartment register

З

«забегание» груза вниз по склону (*при трелёвке*) overrunning
забивание (*воронок*) рассыпными спичками loose matches jamming
забивать 1. (*проход*) choke 2. (*гвозди, сваи*) drive, hammer, knock
забивка 1. (*гвоздей*) nailing, pinning 2. (*засорение*) choking 3. (*свай*) palification, piling; polling
забойник:
деревянный ~ spear
заболачивание bogging, swamping
~ территории mire [swamp] formation
заболевание:
вирусное ~ растений plant virus infection
пузырчатое ~ растений [пузырчатость листьев] (*leaf*) blister
заболонник (*Scolytus*) engraver
заболонники (*Scolytidae*) cambium beetle
заболонь albur(num); listing; pith sheath; sap (*wood*); white
внутренняя ~ (*дефект древесины*) plethora
двойная [внутренняя] ~ bled, blown [false, halo, included] sap
здоровая ~ sound sapwood
ложная ~ *бот.* blown
заболоченность logginess, swampiness
заболоченный swampy; water-logged
забор fence
завал 1. (*из поваленных деревьев*) abatis; heap of trees 2. (*из зависших деревьев*) jackpot; hang-up
заварка:
~ котла digester steaming
завеса:
лаковая ~ curtain
заветривание:

~ строганой поверхности weathered effect
зависание:
~ дерева при валке hanging; hang-up; lodging
~ массы в котле при выдувке digester
~ щепы в бункере arching
зависать (*о дереве при валке*) lodge
зависший fouled
завиток 1. (*порок древесины*) curl, dip grain, fan, plume, whorl 2. *pl* (*витой орнамент*) torsels
резной ~ scroll finial
завод mill, plant, shop, work
~ древесноволокнистых плит fiberboard mill
~ полуцеллюлозы semichemical pulp mill
~ товарной целлюлозы market pulp mill
гонтовый ~ shingle mill
древесномассный ~ grinding [groundwood; mechanical pulp] mill; pulp plant
дубильный ~ barkery
лесопильный ~ 1. lumber [saw] mill; sawmill 2. (*с бассейном*) wet mill
смолокуренный ~ tar distillary
фанерный ~ plywood (*manufacturing*) plant
целлюлозно-бумажный ~ pulp and paper mill
целлюлозный ~ pulp plant; pulp mill
заводь bay, backwater, cut-off; dead channel
завуалировать (*текстурный рисунок*) to tone down
завязывание tying
~ узла knuckling
завязь germ, ovary, set
заглубление сошников depth of colter
заглушать (*о растениях*) crowd, suppress
заглушение suppression
~ культур конкурирующей растительностью smothering
заглушённый (*о сеянцах*) smothered
заглушка plug
загниваемость putrescibility
загнивание stagnation
~ проростков damping-off desease

постепенное ~ древесины под действием атмосферы eremacausis
загнивать dote
загораживать fence
загорание catching fire; firing
~ от молнии lightning
загораться inflame, spunk
загортач (*заделывающий орган*) covering shovel; covering knife; furrow-closing hoe; trailing bar
заготавливать 1. (*лес*) harvest, log 2. (*лесопродукцию*) convert 3. (*вывозить лес*) extract
~ лес с окучиванием сортиментов у пня stump; harvest at stump
заготовк/а 1. (*для производства продукции*) bar, block, slab; dimension (*part*) stuff 2. (*полуфабрикат*) half-finished [half-way] product 3. (*леса*) extraction, harvesting, logging, (wood) cutting
~ балансов stick [pulpwood] preparation
~, гнутая по замкнутому контуру continuous-type bend
~ деревьев full-tree harvesting; full-tree system
~ деревьев с корнями complete tree harvesting
~ деревянная для изготовления челноков shuttle block
~ детали, обработанная на строгальном, фрезерном или шипорезном станке molded dimension part
~ длинномерных сортиментов log-length logging
~ для ванчёсов wainscot billet
~и для катушек bobbin squares, bobbin wood
~ для колёсной спицы spoke billet
~и для мебели квадратного [прямоугольного] сечения furniture squares
~ для оконных и дверных блоков sash stuff
~ и вывозка щепы chipping-and-hauling operation
~ картонной коробки или картонного ящика blank
~ леса у пня stump (*wood*) operation
~ низкокачественных и повреждённых деревьев [повреждённого леса] salvage logging; salvaging
~ пнёвого осмола stump harvesting

~ повреждённого леса salvaging
~и, соединённые в шпунт rebated stocks
~ сортиментов short-lengh [short-wood] logging; short log operation
~и спичечных коробок, установленные на лотках skillets in trays
~ щепы chipping operation
бондарные ~и cooper-ware
брусковая ~ bar blank
вырезанная ~ донышка спичечной коробки ready-cut-bottom skillet
гнутая ~ двойной кривизны reentrant bend
деревянная ~ чашеобразной формы tumpling
деревянные ~и для изготовления катушек spoolwood
картонная ~ спичечной коробки с печатной этикеткой printed cardboard skillet
короткая ~ cut stuff
короткие ~и для тары firewood
мебельные ~и (*в виде пиломатериала*) furniture dimension lumber
обработанная ~ для гнутья blank
отрезанная и фальцованная ~ спичечной коробки cut-and-creased skillet
пригодный для ~и (*о лесе*) harvestable
рифлёные ~и (*под спички*) grooved splints
сплошная гнутоклеёная фанерная ~ для сиденья и спинки стула curved seat-and-back blank
фальцованная ~ спичечной коробки creased skillet
чистовая ~ dimension blank
штампованная картонная ~ die cut
заготовщик:
~ драни или планок lath river
~ хвороста brusher
заграждать dam
загрузка 1. charge, loading 2. (*судна*) burden 3. (*печи*) charging
~ ролла furnishing (*of beater*)
~ с торца (*вагона*) end loading
каменная ~ свайного ряда pile sheathing
однократная ~ (*варочного котла*) one file

загрузка

периодическая ~ (*аппарата*) discontinuous operation
предварительная ~ автоприцепов (*лесоматериалами*) preloading
загрузчик loader
~ известняка limestone handler
загрунтовка [грунтовка] priming
~ при крашении бумаги base white
загрязнение dirt, pollution
~ атмосферы pollution of atmosphere
~ воды water pollution
~ воздуха газами от металлургических заводов smelter fume pollution
~ волокна trash
~ почвы soil pollution
антропогенное ~ anthropogenic pollution
загрязнённый 1. (*о воде*) foul 2. (*о фанере*) muddy
загрязнитель contaminate, pollutant
загустевать thicken
загустение:
~ краски livering
загущённый (*о древостое*) over-stocked
задвижка bolt, button, catch, gate, tap
воздушная ~ air scoop
врезная оконная ~ angle catch
массная ~ sluce, stock [stuff] gate
оконная ~ sash bolt
задевать (*растущие деревья*) rub
заделка:
~ дефектного участка patch; patchwork
~ отверстий closing; insert, sealing, stuffing
~ растительных остатков trash covering
~ семян coverage; covering; covering of seed
~ сложным шипом multiple set framing
ступенчатая ~ step-down framing
заделывание:
~ сучков перед окраской killing knots
задержание (*напр. снега*) retention
задержанный (*о росте*) locked, stagnant
задерживание [замедление] retardation
задерживать:
~ рост растений 1. check 2. (*замедлять*) retard 3. (*по времени*) delay

задержка check, delay, inhibition
~ [торможение] роста growth inhibition; growth retardation
задернение ramping, sod formation; tarf formation
задернованный (*о почве*) matted
задерновывать (*почву*) turf
задир: ◇ с ~ами (*о фанере*) plucked
~ картона board tear
~ ткани snagging
задний [хвостовой] tail
задонка (*бочек*) head setting
заедание digging, jamming
~ пилы в пропиле sticking
зажатый fouled
зажигание lighting-up
одновременное ~ (*при сплошном пале и отжиге*) simultaneous ignition
зажигать (*встречный пал*) fire
зажим clamp, clip, cramp, digging, grip, gripe, lock, jig
~ для брёвен (*на тележках лесопильных рам*) 1. (carriage) dog; log bracket; log dog 2. (*из двух крючьев*) double-hook dog
~ для крепления несущего каната skyline clamp
~ для крупных деталей или для угловых соединений bar clamp
~ пилы (*в пропиле*) 1. pinching 2. (*при раскряжёвке*) log trap
боковые ~ы lateral tagging
брусковый ~ (*при изготовлении шаблонов в модельном деле*) bar clamp
верхний ~ челюстного захвата (*погрузчика*) top clamp
канатный ~ cable clip; wire (rope) clip
поперечный ~ sash clamp
пружинный ~ spring clip
тормозной ~ brake clip
трубчатый канатный ~ clamping tube
зажимать 1. clamp, clip, grasp, grip 2. (*деталь в патроне*) chuck
зажим-стяжка retaining
зазор clearance, gap, nip, slack, space, span; tolerance
~ в выдвижном ящике drawer clearance
зазубренный notched, snaggy
слегка ~ subserrate
зазубривать dent, denticulate

заменитель

зазубрина beard, indent
заиливание siltation, silting
заказник:
  долгосрочный ~ дикой природы refuge; wildlife area
  лесной ~ closed wood
  охотничий ~ game park; preserve
закалка tempering
  ~ [стратификация] семян prechilling of seeds
закладка:
  ~ в рулоне для указания места обрыва flag
  ~ культур опыта establishment
  ~ пробных площадей с целью исследования (*леса*) exploratory sampling
заклёпка rivet
  обручная ~ (*бочки*) hoop rivet
  раздвоенная ~ (*бочки*) bifurcated rivet
заклинивание pinching, wedging
заклинивать wedge, to wedge up
заклинка (*в оконном переплёте*) blockings
закомелистость buttress, buttswell
  корневая ~ root buttress
закомелистый (*о дереве*) barrel [bottle, churn, swell]-butted; buttressed
закон law, act
  ~ об охране лесов forest conservation [forest protection] law
  ~ о лесе forestry act
законопаченный plugged
закреп:
  буковый ~ block of beech wood
закрепитель fixative
закрепление fixing
  ~ границ surface marking
  ~ каната (cable) anchorage; (rope) anchoring
  ~ подвижных земель fixation
  ~ приданной при гнутье формы setting of bend
закреплённый:
  ~ неподвижно rigid
  ~ растяжками guyed
закреплять 1. fix, hitch 2. (*стягиванием*) cinch 3. (*растяжками*) guy 4. (*костылями*) spike 5. (*клиньями*) wedge 6. (*на шпонке*) spline
  ~ гистологические срезы mount

закругление:
  ~, имеющее радиус обычного карандаша pencil round
  ~ малого радиуса quick sweep
закрутка (*лучковой столярной пилы*) gag
закрученный [свёрнутый] в трубочку (*о листе*) circinate
закрывание:
  ~ спичечной коробки наполовину half-closing of box
закрытие closure, occlusion
закустаренность (*территории*) bushiness
закустаривание bush encroachment
зал:
  ~ бумагоделательных машин machine house
  машинный ~ engine house
  сортировочный ~ sorting room
залив bay
заливать 1. (*насос перед пуском*) prime 2. (*затоплять*) flood
заливка 1. (*насоса перед пуском*) priming 2. (*затопление*) flooding
  ~ смолы в пресс-форму методом распыления *меб.* spray deposition
заложение:
  ~ [возникновение] новых корней initiation of new roots
  ~ цветка (*в бутоне*) vernation
залом (*из брёвен*) log gorge
залощённость (*дефект бумаги*) glossing of paper
замазка ‖ замазывать (*замазкой*) putty
замачивание soak
  ~ целлюлозы steeping
  ~ щепы sinking of chips
замачивать steep
замедление inhibition, retardation
  ~ скорости выделения энзимов enzyme inhibition
замедлитель retarder, retardant
  ~ гниения decay retardant
  ~ побеления *или* помутнения (*лаковой плёнки*) blush retarder
  ~ [ингибитор] роста growth retardant
замена 1. change, substitution 2. (*изношенных частей*) renewal, replacement
  ~ ножей reblading
заменитель substitute
  ~ бумаги paper substitute

заменитель

~ бумаги для художественной печати art paper substitute
~ джутового картона imitation jute board
~ соломенного картона british board
~ хромового картона imitation chromo board

заменять:
~ гарнитуру (*размалывающих агрегатов*) rebar

замер measurement, test

замок lock
~ в виде птичьего клюва birdbeak lock
~ внутренний drawback lock
~ врезной cut [dead, mortise] lock
~ выдвижного ящика drawer [till] lock
~ [шарнир] для крепления дышла прицепа stinger
~ для крепления откидной крышки (*стола*) flap lock
~ с пружиной clasp lock
~ стоек коника trip(ping) mechanism
~ центрального шарнира трактора (*с шарнирно-сочленённой рамой*) center joint oscillation lock
бесступенчатый ~ smooth lock
внутренний ~ двери, открывающийся только изнутри помещения jumbo bolt
накладной ~ rim lock
поперечный ~ внакладку [врубка под прямым углом вполдерева] straight halving
потайной ~ mortise lock
пружинный кольцевой ~ clip ring
прямой ~ 1. straight-halved joint 2. (*накладной*) table scarf 3. (*угловой с накладкой вполдерева*) square-corner halving
типовой ~ с расклинкой wedged tenon
тросовый ~ clevis
чокерный ~ 1. choker hook 2. (*с клиновым креплением каната*) wedge socket 3. (*с обжатием каната*) swage socket
шпингалетный [групповой] ~ espagnolette lock
замочный scarfwise

замычка:
рычажная ~ lever lock

занавес curtain
занавески tapestry
занос:
снежный ~ snow drift
заносить (*реку песком*) to choke up
заострение bevel
заострённый cuspidate(d), pointed, spicular, spiculate, spinate, spiny
слегка ~ subacute
заострять edge, point
запаздывание:
~ появления личинок насекомых [вылета короедов] holdover
запань *спл.* holding ground
временная ~ logan
поперечная ~ cross boom
сортировочная ~ sorting jack
запас deposit, stock, stockpile, storage
~ древесины: 1. (*на акр, гектар*) stand of timber per acre [per hectar]; timber volume per acre [per hectar] 2. (*на единице площади*) forest density 3. (*на корню*) standing crop
~ древостоя growing stock
~ леса 1. forest yield 2. (*на корню*) volume stand; standing volume
~ лесоматериалов inventory
~ насаждения 1. crop; (stock) volume 2. (*конечный [основной] после рубок ухода или несплошных рубок*) final crop; main crop; principal crop; residual crop 3. (*нормальный*) growing stock 4. (*общий*) bulk yield; gross [total] yield 5. (*оптимальный*) optimum growing stock 6. (*отведённого в рубку*) cutting capacity 7. (*средний*) mean volume
~ы на складе 1. (*лесоматериалов*) yard inventories 2. (*сырья*) yard stock
~ питательных веществ nutrient-supplying capacity
~ почвенной влаги stored soil moisture
~ прочности margin
~ [ассортимент] семян stock of seeds
~ семян в почве seed burial
~ы спелой древесины timber resources
излишний ~ (*на складе*) overstock
запасать stock, store
запасной backup
запасовка (*троса, каната*) reeling
запатентовывать patent; to take out a patent for...

запах:
  едкий [резкий, раздражающий] ~ acrid odo(u)r
запашка ploughing in; ploughing under
  ~ сидерата green manuring
запечатывать seal
запил (*в дереве*) gash, kerf, notch
запиливать (*делать запил*) kerf, notch
запирание closing
запись (*самописца*) tracing
заплат(к)а 1. patch 2. (*из шпона*) veneer patch
  ~ в виде узкой полоски шпона shim
заплётка (*троса*) splicing (*of a rope*)
заповедник natural area; preservation plot; reserve
  ~ диких животных wildlife sanctuary
  ~ для дичи game sanctuary
  биосферный ~ biosphere reserve
  естественный ~ wildlife preservation
  лесной ~ forest reserve
  охотничий ~ game sanctuary
заподлицо flush
заполаскивание:
  ~ кромок бумажного полотна edge flutter
  ~ полотна бумаги sheet flutter
заполнение filling
  блочно-реечное ~ (*щита*) batten [blockboard] core
  бумажное сотовое ~ paper honeycomb
  решётчатое ~ щита grid
  сотовое ~ (*щита*) honeycomb corestock
  фигурное ~ curved filling
заполнитель 1. filler 2. (*в пестицидах*) carries, spreader 3. inert substance
  ~ для трещин crack filler
  ~ из дёгтя pitch filler
  клейкий ~ sticker
заполнять 1. fill; to fill in; to fill up 2. (*черпальный чан массой*) prime 3. (*насадкой*) pack
запор bolt, latch, lock, stop
заправка 1. (*горючим*) filling 2. (*бумаги*) guiding; threading 3. (*инструмента*) dressing
  автоматическая ~ (*бумаги*) automatic lead-over
заправлять (*бумажное полотно*) pick up
запруда barrage; check dam; hatch

запутываться (*о канатах*) tangle
запятнанный clouded
заработок 1. gain 2. (*заработная плата*) wage
заражать:
  ~ гнилью putrefy
  ~ древесину infest
заражение [инвазия] infestation
  искусственное ~ (*растения*) artificial inoculation
  повторное ~ reinfestation
зарастание:
  ~ вырубок (*лесом*) regeneration of cutover stands
  ~ [затягивание] карры или поверхностного повреждения (*на дереве*) healing
  ~ поверхности травами ramping
  ~ ран у растений occlusion
  ~ сорняками weed infestation
зародыш *бот.* blastema, germ, nucleus
  ~ растения plant fragment
  генетически улучшенный ~ семян (*древесных пород*) genetically superior seed embryo
зародышевый [зачаточный, герминативный] germinal, germinative, primordial
зарождаться germ
заросли overgrowth
заросл/ь brush, brush wood; tangled vegetation; thicket
  ~и кустарника spinney
  густая ~ tangle
  кустарниковая ~ dumetum; tangled vegetation
заросток prothallium
заросший:
  ~ кустарником dumo(u)se
  густо ~ лесом thickly wooded
заруб jag
зарубать notch
заруб/ка 1. blaze, blazing, dap, hack, notch 2. (*засечка*) dawk ◇ делать ~ку [засечку] на бревне dawk; нанесение ~ок [отметок] на брёвна scoring
  ~ на дереве, предназначенном к валке felling notch
  ~ на конце бревна (*для удержания цепи*) dee
  ~ на поверхности бревна saddle
зарывание в грунт 1. (*в болотистом*

заряд

месте) bogging-down 2. (концов трелюемых лесоматериалов) digging in 3. (комлей лесоматериалов) butt dozing
заряд charge
зарядка charge; charging
~ коробконабивочной машины спич. box filling machine loading
~ ролла 1. beater charge 2. (жидкая) liquid beater charge
засаженный лесом afforested
засалившийся glazed
засасывать suck
засека abatis, felled-tree barrier
засекать intersect, notch
заселение stocking
повторное ~ reinfestation
заселять (о насекомых) attack
засечка nick; notch groove
засинение (о древесине) blueing, bluestain
заслонка door, gate, miter, mitre
засмаливание pitching
засмолок gum spot; амер. pitch streak
засов bolt; locking bar
коленчатый ~ kneed bolt
засорение 1. (забивка отверстия отходами) choking 2. (наносами) dirt 3. (клапана) gag
засорённость impurity
засорённый (о земле) foul
засорять to bind up; to choke up
застёжка clasp
застеклённый glazed
застеклять glaze, pane
застой (воды) stagnation
застойный (о воде) stagnant
застревание 1. lodgement 2. (балансов в дефибрёре) hang-up of logs
застревать to bind in
заступ spade
засуха drought
зимняя ~ winter killer
засухоустойчивость drought hardiness
засухоустойчивый tolerant to drought
засушливость [аридность] aridity
засушливый [безводный] droughty
засыпка [загрузка] 1. burden, charging, filling 2. (в бункер) bunkerage
засыхать:
начинающий ~ decaying, declining
засыхающий на корню dying
затвердевание consolidation

затвор 1. gate 2. (водяного лесоспуска) bracket gate 3. (шлюза) shuttle
бункерный ~ bin gate
дверной ~, открывающий дверь при нажатии panic bolt
запанный ~ boom gate
затенение shading; suppression
затенять (пологом леса) shelter, suppress
затёсанный (конец бревна) snape, snipe, snout
затёска 1. adzing, blaze, blazing 2. (концов брёвен) butting, nosing 3. (на стволе дерева) blaze cut
затёсывать blaze, corner, snape, snout
затирать:
~ сандараком pounce
затон backwater, cove
затопление flood(ing)
затопленный drowned; water-logged
затопляемый floodable
затоплять immerse, float, flood; to washover
затор 1. gorge, lodgement 2. (на дороге) road congestion 3. (на сплаве) plug, jam, jamming
заточка grinding, sharpening
~ задней грани зуба back grinding
~ пил saw filing
~ фасок зубьев пилы topping
косая ~ bevel(l)ing; beveled sharpening
предварительная ~ (инструмента) rough grinding
заточник [рабочий на заточке] sharpener
затраты charges, cost(s)
~ времени 1. time consumption; timing 2. (на переезды техники) move delay
~ на перевозку freight charges
~ на разгрузку landing charges
капитальные ~ capital cost(s)
косвенные ~ на заготовку леса indirect wood costs
общие средние ~ на заготовку леса average total wood costs
переменные [текущие] ~ variable cost(s)
приведённые ~ overhead [total] cost(s)
прямые ~ на заготовку леса direct wood costs

эксплуатационные ~ operating [operation, running, working] costs
затупление:
~ инструмента tool dulling
естественное ~ (*дефибрёрного камня*) wearing-away; wearing-down
искусственное ~ (*дефибрёрного камня*) knocking-back
затухание damping, decrement
~ пожара starvation
затухающий damping
затылование (*зубьев пилы, резцов*) backing off; backoff
затычка 1. (*бочки*) spigot, spile, spill 2. [пробка] gag 3. *тарн.* shoe peg
затягивать cinch
затяжка strutting board; tie
заусенец burr, fin, flash
заусенцы:
снимать ~ deburr
заусовка miter cutting
захват 1. clamp, grab, grapple, grip, scrag 2. (*с крюком*) catch hook
~ выдвижного ящика *меб.* drawer pull
~ы для брёвен timber clips; timber grabs
~ по всей ширине изделия (*кухонной мебели*) handle trim
~ с крюком grabhook
~ы, соединённые цепью tail grabs
~ с пилой grapple saw
~ стряхивателя (*когтевой*) shaker grab
~ транспортёра dog attachment; lug
вилочный [вильчатый] ~ fork (grab)
грейферный ~ clam
грушевидный ~ slip grab
зубчатый ~ цепи cock's comb
клещевой ~ 1. tongs 2. (*для брёвен*) log(ging) tongs 3. (*трелёвочный*) logging [skidding] scissors; skidding tongs 4. (*с горизонтальным расположением приводного гидроцилиндра*) A-tongs 5. (*с вертикальным расположением приводного гидроцилиндра и треугольным передаточным механизмом*) C-tongs 6. (*с коленчатыми рычагами*) toggle-lever tongs
кольцевой ~ 1. double crotch grabs 2. (*с четырьмя отрезками цепи*) four paw grabs
крюковой ~ hook grab

защита

пачковый ~ 1. (*грейферный*) grapple; pincer grab 2. (*трелёвочный*) (*log*) skidding grapple 3. (*на неповоротной в горизонтальной плоскости арке-стреле*) fixed boom grapple 4. (*на поворотной в горизонтальной плоскости арке-стреле*) swinging boom grapple
реечный ~ корпусной мебели (*вместо ручки*) stripe handle
трелёвочный ~, закрепляемый на тяговом крюке трактора drawbar tongs
углублённый ~ (*кухонной мебели*) recessed finger grip
челюстной ~ open-side grapple
захватывание 1. dogging 2. (*улавливание*) trapping
захватывать 1. grab, grasp, grapple 2. (*зажимом*) grip
зацветание [расцветание] efflorescence; pollen dispersion
зацепка:
предварительная ~ брёвен клещевым захватом pretonging
зацепление catching, hooking
зацеплять (*брёвна при трелёвке*) 1. flip 2. (*чокером*) choke 3. (*цепью*) chain
зацепщик [рабочий на прицепке] grab setter
зачаток germ, primordium
~ листа leaf primordium
~ почки bud primordium
зачаточный primordial, rudimentary
зачернение (*дефект бумаги*) blackening
зачистить (*кромку, борты*) flange
зачищать 1. to take off 2. (*сучья*) bump; to chop off 3. (*хвост сплава*) to pick the rear
зашпатлёванный plugged
защёлка catch (*hook*), latch, snap (*fastener*), stop, strip
~ врезного замка dead bolt
~ рукоятки или рычага level lock
магнитная ~ hold-on magnet
защемление bind, jamming
защеплять catch
защита protection
~ естественного возобновления от стен леса border protection

579

защита

~ [охрана] окружающей среды environmental protection
~ от опрокидывания (*напр. трелёвочных машин*) roll-over protection
противоэрозионная ~ (*с помощью полезащитных полос*) woodland conservation
защищённый:
~ от неосторожного обращения foolproof
звёздочка sprocket
~ лесотранспортёра log haul sprocket
ведомая ~ idler sprocket
ведущая ~ drive sprocket
направляющая ~ guiding sprocket
звено link
~ гусеницы track link, (*track*) shoe
~ гусеничного хода tread
~ гусеничной цепи track
~ пильной цепи chain link
ведущее ~ (*пильной цепи*) drive(r) [guide] link
режущее ~ (*пильной цепи*) cutter [cutting] link
соединительное ~ coupler
строгающее (Г-образное) ~ (*пильной цепи*) chipper chain cutter link
звонкость (*бумаги*) crackle, rattle, snappiness
звукопроницаемый deadening
здоровый (*о лесоматериале*) disease-free; sound
зелёный [покрытый зеленью] green, verdant
землевладение landownership
землекоп excavator
землечерпалка drag; dredge boat; dredger
земл/я earth, ground, land, soil
~, лишённая древесной растительности barren land
бросовая ~ 1. waste land 2. *мн.* miscellaneous lands; wasteland
заболоченные ~и wetland
окрашенные ~и marginal lands
отбельная ~ bleaching earth
растительная ~ black mold; vegetable earth
садовая ~ garden mold
удельные ~и crown lands
целинная ~ virgin [wild] land
земляника лесная (*Tragaria vesca*) sheepnoses, strawberry

зензубель (*рубанок для выборки и зачистки четвертей*) rabbet [rebate] plane; router
зенкование countersinking
зенковка countersink; countersink bit
зеркало glass
зернистость (*дефект бумаги*) graininess
зернистый grained
зерно:
абразивное ~ grain
зигзагообразный staggered
злак grass plant
змеевик coil
паровой ~ steam coil
знак beacon, mark
водяной ~ 1. patch mark; watermark 2. (*искусственный*) impressed watermark 3. (*теневой*) intaglio watermark
маркировочный ~, наносимый краской paint spot
знание:
~ леса (*умение ориентироваться в лесу*) woodcraft
значение:
числовое ~ value
зола ash, cinder
золочение gilding
зольник ashbin, ash pit; cinder collector; cinder pit
зольность:
~ бумаги paper ash content
зона area, range, zone
~ действия coverage
~ жизни zone of life
~ застоя массы *цел.-бум.* stagnant pocket
~ камбия cambia area
~ контакта прессовых валов nip
~ лесов dendrochore
~ отдыха recreation site
~ перехватывания и временного удерживания (*осадков растительным пологом*) zone of interception
~ подогрева preheat section
~ роста growth zone
~ тундры tundra zone
~ экваториальных лесов equatorial zone
бореальная [северная] ~ boreal zone
зелёная ~ (*вокруг городов*) green belt
камбиальная ~ cambial zone
лесная ~ forest zone
лесостепная ~ forest-steppe zone

лесотундровая ~ tundra forest belt
поглощающая ~ (*корня*) absorbing zone
почвенно-климатическая ~ edaphic-climatic zone
раневая ~ (*древесины*) reaction zone; traumatic zone; traumatic ring
таёжная ~ taiga zone
умеренная ~ (*лесов*) temperate zone
чёрная ~ (*граница зоны развития дереворазрушающего грибка*) black zone
зонд tester
зонтик (*тип соцветия*) umbel
ложный ~ *бот.* cyme
зрелость maturity, ripeness
зрелый mature
зуб 1. (*пилы*) tooth; saw tooth 2. (*пильной цепи*) cutter
~ вилочного захвата tine
~ пилы для продольной распиловки ripsaw tooth
~ пилы с косой заточкой bevelled tooth
~ симметричного треугольного профиля peg tooth
~ с прямой заточкой straight tooth
~ с сечением в форме ласточкина хвоста dovetail indent
волчий [серповидный] ~ (*пилы*) briar [brier] tooth
вставной ~ (*пилы*) insert(ed) tooth
долотообразный ~ (*пильной цепи*) chisel-type tooth
подрезающий ~ chipper [stabbing] tooth
режущий ~ cutting tooth
серповидный ~ (*пилы*) parrot tooth
скалывающий [зачищающий] ~ (*пильной цепи*) clearer, side dresser tooth, raker
узкий ланцетовидный ~ (*пилы*) fleam [fleme, lance, peg] tooth
фрезерованный ~ milled tooth
зубец 1. claw, dent, indent, scallop, tine 2. *бот.* tooth
~ отпылителя для тряпья prong
деревянный ~ cog
зубило chisel, gad
строгальное ~ carpenter's smoothing chisel
зубчатообразный serratiform
зубчатость serration

зубчатый serrate, retented, scalloped, toothed
зубчик 1. denticle 2. (*на краю листа*) serration
зубья teeth
~ пилы sawteeth
разведённые ~ side set teeth

И

ива (*Salix*) osier, willow
~ козья (*Salix caprea*) sallow
иван-чай [кипрей] (*Chamaenerium angustifolium*) firetop, fireweed; willow herb
ивняк willow coppice
игл/а (*дерева*) needle, thorn ◇ в форме ~ы (*колючки или шипа*) spinescent
игловидный (*в форме иглы*) acerate, acerous, spicular, spiculate, spuny
иглообразный acicular
иголочка spinule
игольчатый needle
избыток:
~ лака (*при распылении*) overspray
~ меловальной суспензии (*на бумаге*) overcoating
избыточный supernumerary
известкование (*почвы*) lime application; lime treatment, sweetening
известняк limestone
известь lime
гашёная ~ caustic lime; dead lime; lime paste
жжёная ~ calcium oxide
негашёная ~ burnt lime; calcium lime; unslaked lime
регенерированная ~ reburned lime
хлорная ~ bleach; chlorinated lime
извилина curl
извлекать extract
извлечение extraction
~ семян 1. seed extraction 2. (*в барабане с помощью воздуха*) drum extraction
изгиб elbow
~ дороги bend, bending, curvature, sweep

изгиб

обратный ~ contraflexure
изгибание bending, curving
изгибать bend, curve
изголовье:
 ~ кровати 1. headboard 2. (*съёмное*) detachable [interchangeable] head
изгородь fence, raddle
 декоративная ~ ornamental hedge
 живая ~ (*из растений*) hedge, quickset, zare(e)ba, plash wood
 живая снегозащитная ~ snow protection hedge
 защитная ~ defensive hedge
изготавливать make
изготовитель maker, manufacturer, producer
 ~ мебели 1. furnisher 2. (*плетёной*) canemaker
изготовление making, manufacture
 ~ корпусных изделий *фирм.* groove-folding
 ~ мелких изделий jobbing work
 ~ мягкой мебели upholstery
 ~ пружин из проволоки knotting
 ~ рам framing
издели/е article, piece, item, make, manufacture, product, ware, work
 ~ из бумажного литья molding
 ~я из древесины wood products
 ~ (*мебели*), обладающее хорошими пропорциями proportional unit
 ~, плетёное из камыша или тростника cane work
 ~, полученное в вогнутой форме reverse mold
 ~ рамочной или решётчатой конструкции carcase work
 ~ с каркасом carcase work
 бумажные ~я paper specialities; stationary paper goods
 бытовые (*бумажные*) ~я одноразового пользования disposables
 готовые ~я finished work
 деревянные ~я woodwork
 корпусное [решётчатое] ~ carcase [frame] work
 круглое ~ compass work
 номенклатурное ~ stock item
 плетёные ~я wicker, wickerwork
 решётчатое ~ (*мебели*) constructional unit
 складное [откидное] ~ мебели space-saver

столярные ~я millwork
трёхдверное ~ (*мебели*) triple unit
излом:
 ~ детали fracture
 ~ линии jog
излучина (*реки*) bight
измельчать chap, comminute, disintegrate, disperse, reduce
 ~ в порошок powder
 ~ хлопья deflocculate
 тонко ~ pulverize
измельчение 1. breaking(-down), comminution, desintegration, grinding, milling, reduction 2. (*тонкое*) pulverization 3. (*в щепу*) chipping 4. (*брака, макулатуры*) chopping
измельчитель chipper; crushing machine; pulverizer, shredder
 ~ кустарника brush chopper
 ~ лесосечных отходов slash chopper
 молотковый ~ hog [swing hammer] shredder
изменение:
 ~ (*в материале*) после склеивания post-bonding movement
измерение measure, measurement, measuring, mensuration; scaling
 ~ в плотных (*объёмных*) единицах solid [true(volume)] measure
 ~ высоты (*дерева*) height measuring
 ~ годичных слоёв (*дерева*) measurement of growth rings
 ~ диаметра (*дерева*) determination of diameter
 ~ длины на местности (*таксационной мерной лентой или цепью*) chaining
 ~ длины окружности (*ствола дерева*) girth measurement
 ~ лентой по окружности (*дерева, бревна*) string measure
 ~ мерной вилкой (*круглого леса*) caliper measure
 ~ объёма круглых лесоматериалов measurement of roundwood
 ~ площади 1. face measure; 2. (*пласти, доски*) superficial measure
 ~ расстояний шагами (*в лесу*) pacing
измеритель meter
 ~ влагонепроницаемости (*бумаги*) 1. water penetration tester 2. (*кондуктометрический*) galvanic sizing tester

~ воздухопроницаемости (*бумаги*) air resistance tester
~ гладкости (*бумаги*) smoothness tester
~ жёсткости (*бумаги*) при изгибе bending stiffness tester
~ жиронепроницаемости (*бумаги*) grease-resistance tester
~ капиллярной впитываемости (*бумаги*) capillary tester
~ качества формования (*бумаги*) formation tester
~ линейной деформации (*бумаги*) expansion tester
~ натяжения несущего каната skyline tension meter
~ плотности (*бумаги*) basis weight meter
~ пористости (*бумаги*) porosity tester
~ прироста (*растений*) auxanometer
~ пыления (*бумаги*) fluff tester
~ растяжимости stretch tester
~ сопротивления излому folding tester
~ степени помола (*бумажной массы*) freeness tester
фотоэлектрический ~ гладкости (*бумаги*) Chapman smoothness tester
измерительный measuring
измерять gauge, measure, rate, scale
изнашивание deterioration, wear-and-tear
~ от трения attrition
изнашивать wear
изнашиваться deteriorate, fray, wear
изножье:
~ кровати footboard
износ wear; wearing-away; wearing-down
изоборнилацетат isobornyl acetate
изогипса isohypse
изогнутозубчатый (*о листе*) curvidentate
изогнутолистный curvifoliate
изогнутый thrawn, writhed
изоляция [разобщение] isolation, segregation
изоцианит:
~ смоляной кислоты resin acid isocyanate
изреженный (*о древостое*) partly stocked

изреживание:
~ полога насаждения opening-up
~ растительности plant destruction
периодическое ~ насаждения (*при рубках ухода*) periodic stand depletion
равномерное ~ насаждения space thinning
изучение:
~ географического распространения растений epiontology
~ запаса, прироста и отпада насаждений management-volume inventory
~ сообществ sociology
предварительное ~ местности (*трассы*) reconnaisance
изымать:
~ лесную площадь из пользования (*напр. переводить под сельскохозяйственные угодья*) dereserve, deafforest
изыскани/е reconnaissance, survey
~я на путях водного лесотранспорта surveys of floatways
полевые ~я field surveys
ил mud, ooze, sludge
болотный ~ muck
неперебродивший ~ crude sludge
илистый slimy, uliginous
илоочиститель *цел.-бум.* desilter, sludger
илоперегниватель aerobic digester
ильм (*Ulmus*) elm
имагинальный (*относящийся к взрослой стадии*) imaginal
имаго (*стадия взрослого половозрелого насекомого*) adult instar
имбридинг [родственное скрещивание] imbreeding
имеющий:
~ большие корни radicose
~ быстрый сбег диаметра к вершине tapering
~ ветви с шипами acanthocladous
~ иглы, колючки или шипы spinescent
~ каллюс или наплывы callose, callous
~ лепестки petalous
~ многочисленные корешки radiculose
~ несколько мутовок multispiral
~ почки gemmate, gemmiferous
~ толстые побеги pachycladous

имеющий

~ три острия tricuspid(ate)
~ усики (*о насекомом или растении*) cirrous
~ форму иглы *бот.* spinate
~ шипы echinated
не ~ зародыша exembryonous
не ~ эндосперма exendospermous
имитация:
~ бумаги для художественной печати imitation art paper
~ крафт-бумаги imitation kraft
~ под дерево combing
~ растительного пергамента papyrine
~ резьбы simulated carving
~ трещин *меб.* crackling
~ чеканной *или* кованной поверхности hammered effect
иммобилизация:
биологическая ~ [биологическое закрепление] biological immobilization
инактивировать (*воздействовать на бактериальные препараты высокой температурой*) inactivate
инвазия:
повторная ~ reinfestation
инвентаризация ‖ инвентаризировать inventory
ингибитор [антиоксидант] antioxidant, deterrent; stopping agent
~ горения flame [fire] retardant
индекс index
~ обеспеченности (*питательными веществами*) availability index
~ относительной воспламеняемости (*горючих материалов*) relative flammability index
~ полноты [густоты] насаждения stand density index
~ сжигания (*шкалы пожарных условий*) *амер.* burning index
селекционный ~ selection index
индикатор counter, gauge, indicator
~ точки росы dew-point indicator
циферблатный ~ dial gauge
инициали *бот.* initial
веретеновидные ~ камбия fusiform (cambial) initial
лучевые камбиальные ~ ray cambial initial
инициалий антеридиальной клетки (*сосны*) stalk cell
инкапсулироваться encapsulate

инкрустация 1. encrustation, intarsia 2. (*по дереву*) marquetry
~ металлической жилкой damascening, damasking
иннервация (*расположение жилок*) venation
инозит inositol
инокуляция [заражение] inoculation
~ почвы soil vaccination
инсектицид bait, bate, disinfestant
инсектофунгицид insectofungicide
инсоляция [воздействие солнечных лучей] insolation, solarisation
относительная ~ relative insolation
инспектор:
пожарный ~ prevention guard
инспекция:
лесная ~ forest service
институт:
лесной ~ 1. forest school; forest institute 2. (*лесотехнический*) forest technical school; forest technical institute 3. (*научно-исследовательский*) forest research institute
инструкция regulation
инструмент machine, tool
~ для измерения высоты ограничителя подачи (*зуба пилы*) depth gauge tool
~ для маркировки 1. marker 2. (*деревьев, брёвен*) raze knife; screeve
~ для обдирки (*коры*) stripper
~ для обрубки заклёпок rivet trimmer
~ для петлевания (*мягкой мебели*) looping tool
~ для разводки (*зубьев пилы*) saw-setting tool
~ для разметки радиальных линий returned end
~ для раскалывания (*lath*) river, splitting
~ для ручной стяжки обвязочных полос hand tensioning tool
~ для снятия стружки scraping tool
~ для удаления скрепок staple remover
~ Пуласки (*комбинация топора с мотыгой для сооружения противопожарных полос*) Pulaski tool
~ Т-образной формы T-square
бондарный ~ cooperage tool
валочный ~ felling tool

испытание

гвоздезабивочный ~ nailer
гравировальный ~ engraver
деревообрабатывающий ~ woodshop tool
заточный ~ (*типа рашпиля или напильника*) abrading tool
измерительный ~ (*для столярных работ*) layout tool
маркировочный ~ (*для деревьев, брёвен и т.п.*) scribe
окорочный ~ spudder
режущий ~ cutter; cutting [edge] tool
ручной ~ для тушения пожара fire swatter
ручной сверлильный ~ (*для небольших отверстий*) bradawl
скобкозабивной [скобкосшивной] ~ stapler
сплавной ~ floating tool
сучкорезный ~ [сучкорезка] limbing tool
штамповочный ~ с твердосплавными насадками carbide-tipped punching tool
щёточный режущий ~ brad point bit
инструментальщик toolmaker
инсулит (*изоляционный картон*) insulit
интарсия inlay, (in)tarsia
интенсивность:
~ ассимиляции assimilation rate
~ выборки (*густота закладки пробных площадей*) intensity of sampling
~ заселения (*насекомыми*) attack density
~ краски value
~ окраски color intensity
~ отбора selection intensity
~ поглощения (*питательных веществ*) uptake rate
~ подсочки [нагрузка каррами (*отвалом*)] tapping intensity
~ размножения (*растений*) rate of propagation
~ рубки heaviness of felling; intensity of cut
~ рубок ухода intensity of thinning; thinning grade
~ транспирации transpiration rate
относительная ~ рубок ухода (*в процентах от ежегодного прироста насаждения*) relative thinning intensity

интербридинг [самоопыление] interbreeding
интродукция stocking
информация:
~ по технике безопасности safety tips
искажение:
~ рисунка текстуры figure drift
искоренение (*растений*) extermination
искореняющий (*растительность*) exterminative
искривление bend(ing), curving, crooking
искривлённый crooked, distorted, twisted, warped
испарение evaporation
~ воды [съём воды при сушке] evaporation of water
~ в процессе выпадения осадков evaporation while falling
мгновенное [равновесное] ~ flash vaporization
испаритель evaporator
~ мгновенного действия flasher
плёночный ~ 1. film evaporator 2. (*роторный*) rotary film evaporator
испещрённый:
~ прожилками (*о корневой древесине, особ. ясеня*) cambleted
~ точками stippled
использование:
~ дерева целиком (*включая корневую часть*) complete-tree utilization
~ древесины wood utilization
~ и воспроизведение (*природных ресурсов*) management
~ леса forest utilization
~ отходов residue [waste] utilization
комплексное ~ леса integrated forest utilization
нерациональное ~ ресурсов окружающей среды environmental abuse
повторное ~ recycling, reuse
полное ~ (*древесины*) close utilization
рациональное ~ 1. (*лесных угодий*) woodland conservation 2. (*ресурсов окружающей среды*) harmonious exploitation
исправность runability, serviceability
испытание check(ing), test(ing), trial
~ в процессе производства routine control

испытание

~ в тяжёлых условиях эксплуатации rough handling test
~ для оценки качества evaluation test
~ машин в лесу field trial
~ (*бумаги*) на всасывающую способность mounting test
~ на вспенивание foam test
~ (*бумаги*) на выгораемость окраски bleeding test
~ на изгиб после штамповки scoring bend
~ на излом folding test
~ на износ wear(ing) test
~ (*бумаги*) на истираемость scuff test
~ (*покрытия*) на истирание rub test
~ на липкость probe-tack test
~ на поглощение absorption test
~ на продавливание bursting test
~ на продольный изгиб buckling test
~ на прочность strength test
~ (*фанеры*) на прочность склейки углов flip test
~ на раздир tear test
~ на разрушение breakdown test
~ на разрыв abruption test
~ на раскалываемость (*дерева*) splitting test
~ (*фанеры*) на расслаивание mycological test
~ на рубку спичечной соломки splint-cutting test
~ (*бумаги*) на скручиваемость curl test
~ (*бумаги*) на сопротивление продавливанию mullen [pap] test
~ на сопротивление штампованию punching test
~ на срез с помощью сжатия (*для ДСП*) compression shear test
~ на старение ageing test
~ на твёрдость 1. ball test 2. (*вдавливанием*) indent test
~ на теплостойкость chimney test
~ (*бумаги*) на тусклость silver tarnish test
~ на ударопрочность impact test
~ (*тары*) на удар при раскачивании pendulum-impact test
~ на усталость fatigue test
~ погружением в холодную воду cold soaking test

~ по установленному заранее стандарту или правилу [типовое] routine check; routine test
государственное ~ official test
заводское ~ factorial test
полевое ~ field test; field trial
производственное ~ factorial test
ударное ~ drop test
истечение ooze
истирание abrasion, attrition, scuff(ing)
исток source
источник 1. source 2. (*воды*) wellhead
истощать (*напр. лесные ресурсы*) drain
истощение depletion, exhaustion
~ плодородия depletion of fertility
истребление:
~ лесов forest liquidation
~ насекомых predation
исчерпывать (*напр. лесные ресурсы*) drain
исчерченность striation

К

кабель cable
многожильный ~ multiple-core cable
оплетённый ~ braided cable
кабель-кран cable-crane
кабестан capstan (*winch*)
кабина cab, cabin, cage
~ пожарного наблюдателя observatory
закрытая [всепогодная] ~ all-weather cab
кабинки:
~ для занятий, имеющие общую стенку multistudy carrels
кадка 1. coop 2. *разг.* tub
кадушка 1. kit 2. *разг.* tub
казеин 1. casein 2. *фирм.* Lactoid
кайма fringe
календр calender
~ для картона broad calender
~ для лощения бумаги в листах plate glazer
~ для пергамина glassine [glazing] calender
~ для тиснения embossing calender
~ с приспособлением для нанесе-

ния покрытий (*на бумагу*) coating calender
~ со стационарным вторым снизу валом fixed-queen roll calender
двухвальный ~ 1. breaker (stack) 2. (*лощильный*) single-nip (*gloss*) calender
листовой ~ sheet calender
лощильный ~ roll glazer
трёхвальный ~ three-roll breaker stack
фрикционный ~ friction pressing roller
каландрирование calender finish; calendering, sheeting
~ бумаги paper calendering
~ бумажного полотна web calendering
~ со слабым лоском slack-glazed calender finish
каландрированный rolled
каландрировать roll, glaze
каландровщик calenderman; calender operator
калёвка 1. (*операция*) mo(u)lding 2. (*фигурный профиль бруска или доски*) astragal, molding, sticking 3. (*рубанок с фигурным резцом*) molding plane
~, крепящаяся отдельно planted molding
~, не выступающая за основную поверхность щита panel molding
~ с выпуклым валиком ovolo
~ с галтелью quirked bead
~ S-образного профиля ogee
выпуклая ~ farmed molding
горизонтальная ~ lay bead
изогнутая ~ sprung molding
прерывистая ~ stopped molding
простая круглая ~ bowtell
скошенная ~ для оконной или дверной рамы cut-and-mitered beads
углублённая ~ drop molding
калибр gauge, size, template
~ для высверливания отверстий butt gauge
~ для измерения глубины плечика шипа shoulder depth [shoulder comparator] gauge
~ для измерений плечика шипа shoulder comparator gauge

~ для правки инструмента honing gauge
калибрование abrasive cutting; abrasive sanding; thicknessing
повторное ~ resurfacing
калиброванный (*о ДСП*) planed to calliper
калибровать gauge, size
калий:
доступный растениям ~ available alkali
калина (*Viburnum*) arrowwood
~ обыкновенная (*Viburnum opulus*) cranberry tree
каллоза callose
каллус (*в клетке древесины*) tylosis
каллюс callus
морозный ~ frost callus
калориметр calorimeter
калька calking [tracing] paper
калькирование tracing
кальцефильный [обитающий на известковых почвах] calcicole
кальцефит calciphyte
кальцинировать calcine, roast
кальцификация [накопление солей кальция] calcification
камбий cambium
пробковый ~ phellogen; cork cambium
сосудистый ~ vascular cambium
ярусный ~ storeyed [storied] cambium
камедетечение gummosis
камедь gum, resin; vegetable gum
смолистая ~ gum resin
камень:
~ бегунов edge mill [edge runner] stone
~ станка для глазировки бумаги flint
дефибрерный ~ 1. stone, grindstone; grinding stone, pulpstone 2. (*искусственный*) artificial stone 3. (*искусственный кварцево-цементный*) cement bond stone 4. (*керамический*) grinder vitrified bond stone 5. (*крупнозернистый*) coarse grit stone 6. (*мелкозернистый*) fine grit stone
точильный ~ 1. (*для заточки стамесок*) finger slip 2. (*из смеси корунда и алунда*) indian stone 3. (*для точки с маслом*) oilstone
камера cell, chamber, chest, compartment

камера

~ (*рубашка*) гауч-вала couch shell
~ для оборотной воды (*в сортировке*) dome
~ для отделения волокна elutriator
~ для проращивания семян germination chamber; germinating cabinet
~ естественной сушки natural draft kiln
~ мгновенного испарения flash chamber
~ нагревания спичечной массы heated chamber for composition
~ подачи горячего воздуха hot air plenum chamber
~ сверхскоростной сушки (*покрытий*) ultra hi-velocity oven
~ термообработки heat-treatment chamber
~ увлажнения humidifying chamber
~ фильтр-пресса press shell
~ шины колеса inner tube
бетонная ~ concrete chamber
брачная ~ *энт.* nuptial chamber
непрерывная ~ принудительной сушки progressive kiln
предварительная сушильная ~ (*для искусственной сушки древесины*) predrier
пропарная ~ steaming pit; steaming vessel
реакционная ~ reaction chamber; soaking drum
рельсовая секционная сушильная ~ track-type compartment kiln
сушильная ~ 1. (*drying*) tunnel 2. (*для сушки отделочных покрытий*) finish curing oven 3. (*с инфракрасными излучателями*) infrared oven
шлюзовая ~ sluice chamber
кампос [кампус] (*местное название саванны в Бразилии*) Campos
камыш (*Scirpus*) cane, reed, rush
канав/а ditch, gutter, trench
ловчая ~ (*для насекомых, грызунов*) catch water drain, insect [trap] ditch; insect [trap] trench
отводная ~ diversion ditch
открытые дренажные ~ы open road drains
противопожарная ~ (*в горных лесах*) gutter trench
канавка:
вогнутая ~ concave cut

полукруглая ~ concave groove
канавокопатель backhoe, ditcher, ditch-digger; ditching [trenching] machine; trench excavator
~ плужного типа plow ditcher
канавоочиститель ditch cleaner; (*ditch*) dredger
канал canal, channel; ditch
~ для барабана ролла roll side channel
~ поры *бот.* pit canal
водосборный ~ collector
впускной ~ inlet [intake] channel
выпускной ~ dicharge [outlet] channel
деревянный ~ boxing
лесосплавный ~ floating channel
межклеточный ~ (*напр. смоляной канал*) intercellular canal
оборотный ~ *цел.-бум.* 1. pulp channel 2. (*ролла*) stock channel
отводящий ~ deferent, race
проточный ~ race
смоляной ~ gum [resin] duct; resin channel
травматический ~ (*межклеточный*) traumatic duct
шлюзный ~ lock canal
каналообразование:
~ в массе *цел.-бум.* short circuiting
канат cable, line, rope
~ для подъёма такелажа на мачту climbing rope
~ для растяжек guy cable; guy rope
~, закрывающий захват closing line
~ из проволочных прядей stranded wire cable
~ крепления аэростата (*к оснастке канатной трелёвочной установки*) balloon tether line
~ левой свивки left lay rope
~ натяжного полиспаста heel (*tackle*) line
~ поворота стрелы boom swing line
~ правой свивки right lay rope
~, совершающий маятниковое движение (*например, при трелёвке с применением аэростата*) pendulum line
~ со многими волокнистыми сердечниками fiber cores rope
~ тракторной лебёдки drag line
~ управления захватом tong line
~ чокера choker line

капбалка

анкерный [крепёжный] ~ anchor rope
буксирный ~ towing rope; towline, trail
ведущий ~ driving rope
возвратный [холостой] ~ haul back; haul back [outhaul, return] line; pullback
вспомогательный [монтажный] ~ (*для прокладки рабочих канатов*) grass [straw] line
вытяжной ~ (*для подачи тягового каната с чокерами к грузу*) hook [pull-out, slack pulling] line; slack puller
грузовой ~ haulage [hauling, main, pulling, traction] cable
грузоподъёмный ~ hoist(ing) [lift(ing)] line
грузосборный ~ (*спускаемый с каретки для прицепа груза*) snub(bing) line
дополнительный грузосборочный ~ tag line
замкнутый [бесконечный] ~ endless line; endless cable
крепёжный [анкерный] ~ anchor cable
монтажный ~ (*для перемонтажа несущего каната на новое место*) transfer line
направляющий ~ track cable
натяжной ~ tightening line
неподвижный [закреплённый по концам] несущий ~ standing [tight] (sky) line
несущий ~ skyline
обвязочный ~ (load)binder; fastening rope; wrapper
однопрядный ~ single-strand cable
опускающийся несущий ~ live [slack(ing)] skyline
оттяжной ~ (*для бокового перемещения передвижного несущего каната*) sidehaul [side-pull] line
пеньковый ~ hemp [manila] rope
погрузочный ~ loading line
подъёмный ~ hoist(ing) cable; hoist(ing) rope
стальной ~ (*трос*) 1. steel(-wire) cable; steel(-wire) [wire] rope 2. (*нераскручивающийся*) ~ blue strand preformed rope
страховочный ~ safety strap

трелёвочно-погрузочный ~ mainline-loading line
трелёвочный [тяговый] ~ skidding line
тягово-несущий ~ running (sky)line
тяговый [грузовой] ~ haulage [haul-in, hauling, inhaul, main, mainline, yarding] line
канатик rope; stranded wire
~ для заправки бумаги (*в сушильную часть*) back-tender [carrier] rope; leading-through tape
канатоёмкость:
~ барабана лебёдки yarder line [drum line] capacity
канатоукладчик cable [rope] guider
канифоль (*common*) rosin
диспропорционированная ~ disproportionated rosin
живичная ~ 1. gum, oleoresin, rosin 2. (*гидрированная*) hydrogenated pine gum 3. (*модифицированная фумаровой кислотой*) fumaric-acid-modified gum 4. (*сосновая*) pine oleoresin
кальцинированная ~ limed rosin
кедровая ~ cedar rosin
непрозрачная ~ opaque rosin
облагороженная товарная ~ finished industrial rosin
окисленная ~ oxidized rosin
оксонированная ~ oxonated rosin
опылённая ~ saponified rosin
талловая ~ 1. tall oil rosin 2. (*модифицированная формальдегидом*) formaldehyde-treated tall oil rosin
тонкоизмельчённая ~ finely divided rosin
частично этерифицированная ~ partially esterified rosin
экстракционная ~ 1. wet-process [wood] rosin 2. (*марки N по цветности*) N wood rosin 3. (*модифицированная фумаровой кислотой*) fumarated wood rosin
кант cant, edge
кантователь (*брёвен*) log-turner bar; overhead canter, upender
кап (*на дереве*) burl, excrescence, knar(l), knot, nodule, woodknob
заболонный ~ sap burr
прикорневой ~ butt swelling
капбалка [пиловочное бревно] kapp balk; kapbaulk

капельник

капельник kerf
капиллярность capillarity
~ целлюлозы при мерсеризации wicking
каплеуловитель drip tube
капля 1. drop, droplet 2. (клея, смолы) blob
карабин (пилорамы) saw [top] buckle; tiller
карандаш 1. pencil 2. (остающийся после лущения фанерного кряжа) (peeler) core 3. (маркировочный) marking crayon
карбамид urea
карбоксиметилцеллюлоза [кмц] carboxymethylcellulose, carboxymethyl cellulose
карбонатный [известковый] амер. calcitic
каретка carriage
~ брёвнотаски log bracket
~ (трелёвочная) для гравитационного спуска древесины snubbing carriage
~ (трелёвочная), открытая с одной стороны (для прохода через промежуточные опоры) open-side carriage
~ (трелёвочная) подвесной канатной установки skyline carriage
~ поперечнопильного станка chariot
~ (трелёвочная) с вытяжкой каната для прицепки груза slack pulling carriage
~ (трелёвочная) с грузоподъёмным барабаном hoist carriage
~ [суппорт] станка machine slide
автоматическая ~ 1. (с автономным дистанционно управляемым двигателем для вытяжки тягового каната для прицепки груза) electronic(ally)-controlled carriage 2. (самостопорящаяся) automatic self-clamping carriage 3. (трелёвочная с захватом) self-controlled grapple carriage
бесстопорная (трелёвочная) ~ non-locking carriage
гравитационная (трелёвочная) ~ (с гравитационной подачей в лесосеку) shot-gun carriage
обратная ~ (аэростатной установки) inverted carriage
пильная ~ sawcarriage
подвижная ~ (станка) sliding table

самостопорящаяся трелёвочная ~ self-locking [self-clamping] carriage
стопорная [неподвижная] ~ stop carriage
стопорящаяся (трелёвочная) ~ locking carriage
кария [гикори] (Carya) hickory
каркас 1. frame, framing, framework, skeleton 2. (кресла) shell
~ формованного кресла molded chair
внутренний ~ [рама] (мебели) understructure
деревянный ~ изделия мягкой мебели stuff-over frame
формованный ~ shell molding
карликовость (растений) brachysm, nanism
карликовый dwarfish, nanous, undersized
карман 1. pocket 2. спл. logan
~ [пазуха] горки ролла backfall pocket
~ для лесоматериалов accumulating [timber] pocket
~ с корой (в древесине) bark-seam
~ сортировочного устройства sorting tray
«гнилой» ~ (в древесине) pocket rot
разгрузочный ~ dumping pocket
сортировочный ~ sorting box
сплоточный ~ rafting pocket
карман-накопитель bin, pocket
~ сортировочного транспортёра (для лесоматериалов) accumulation tray
кармашек:
~ в древесине (небольшой, наполненный смолой) black check
смоляной ~ (выходящий на пласть пиломатериала) pitch blister
карниз 1. cornice 2. (под окном) eyebrow, ledge
~, выступающий под основной поверхностью cock bead
~ крыши drip cap
наклонный ~ arris fillet
карр (территория закустаренного низинного болота) carr woodland
карра (resin) blaze, face, streak
~ первого года подсочки first-year face
восходящая ~ ascending face

картон

индийская ~ Indian face
нисходящая ~ descending face
ступенчатая ~ jump streak
сухая [старая] ~ dead [dry, old] face
усообразная ~ herrigbone
французская ~ French face
карроподновка bark-chipped streak
карта card, chart, map; overlay
~ лесов с различным бонитетом site map
~ разработки лесосеки [технологическая] chart
~ расположения очагов пожаров (*за определённый период*) fire occurence map
~ распределения типов лесных насаждений и почвы type map
~ распространения пожара fire occurence map
~ съёмки survey sheet
~ технологического процесса (*flow*) chart; flow sheet
~ типов леса stand [stock, timber-type, tree] map
ориентирная ~ для пеленгования пожара fire-finder; fire-plotting map
синоптическая ~ weather map
технологическая ~ (*лесозаготовок*) exploitation map; chart
топографическая ~ contour map
картирование mapping
~ лесорастительных условий forest site mapping
~ почв soil mapping
картон (*paper*) board
~ для бельевых корзин laundry board
~ для бумажных стаканчиков cup paper
~ для втулок mailing-tube board
~ для глубокой печати intaglio (-printing) cardboard
~ для гофрированного слоя test jute board
~ для задников (*обуви*) heel board
~ для иллюстраций halftone board
~ для мишеней target board
~ для наклейки образцов sample cardboard
~ для отходов сортирования screening(s) board
~ для папок dossier cover; folder cardboard; folder stock

~ для перфокарт punching cardboard
~ для подставок под пивные кружки beer-plaques board
~ для придания жёсткости (*стенкам чемоданов и т.п.*) gusset felt
~ для пыжей ammunition [shot-shell top] board; wad stock
~ для складных коробок folding boxboard; folding board
~ для статистических карт Hollerith cardboard
~ для счётных машин bookkeeping machines cardboard; tabulating (*card*) board
~ для трафаретов templet board
~ для упаковки замороженных продуктов frozen foodstuff board
~ для упаковки пищевых продуктов foodboard
~ для шаблонов stencil board
~ для штампованных коробок folding box board
~ для ярлыков label board
~, изготовленный на машине «инверформ» inverform board
~ кремнёвой отделки flint-glazed board
~ листовой сушки sheet-dried board
~ машинного мелования machine-coated board
~ машинной выработки mill board
~ машинной облицовки vat-lined board
~, покрытый синтетической смолой plastic board
~ с внутренними слоями из другого материала filled board
~ с длинносеточной машины four-drinier board
~ с желатиновым покрытием gelatine board
~ с макулатурными внутренними слоями wood filled board
~ смешанной композиции multistock paper board
~ с многоцилиндровой картоноделательной машины coached board
~ с наружным слоем из ткани cloth-lined board
~ с отделкой под слоновую кость ivory board
~ с покровным слоем из белых и чёрных волокон mist board

картон

~ с тиснением grained board
~ с цилиндровой машины cylinder board
автомобильный ~ auto-panel board
акварельный ~ ручного отлива pasteless board
антикоррозийный ~ cutlery [tarnish-proof] board
армированный ~ reinforced board
асбестовый (*строительный*) ~ asbestos wallboard
асфальтированный (*изоляционный*) ~ asphalt-sheathing paper
афишный ~ display board
белёный ~ для пищевых продуктов bleached food board
бельевой ~ shirt board
билетный ~ railroad board
бромосеребряный ~ bromic silver [bromide] board
бурый гладкий ~ grey bulk board
бурый древесный ~ brown mechanical pulp board
вальцованный ~ rolled board
велюровый ~ velvet cardboard
водонепроницаемый ~ для консервных банок can board
волнистый ~ gauffered board
газетно-макулатурный ~ 1. (*однородный*) solid newsboard 2. (*с верхним слоем из высококачественной макулатуры*) patent-coated newsboard 3. (*с верхним слоем из небелёной целлюлозы*) newsboard 4. (*с внутренним слоем из другого материала*) filled newsboard
гипсовый ~ plasterboard
гладкий ~ 1. plater board 2. (*для выстилания картонных ящиков*) container liner
глянцевый баритованный ~ baryta board
гофрированный ~ 1. cellular [corrugated] board; corrugated fiberboard; corrugator 2. (*гофрированный холодным способом*) cold-corrugated board 3. (*двойной*) double-face corrugated fiberboard 4. (*одинарный*) single-face corrugated fiberboard 5. (*пятислойный*) double double-face corrugated fiberboard; double-double corrugated [treble-lined corrugated] board 6. (*семислойный*) triple flute corrugated [tri-wall corrugated] board 7. (*трёхслойный*) double-faced corrugated [flute] board 8. (*упаковочный*) cushion board
грубый ~ crackershell board; light middle
гудронированный ~ tarred felt
двойной ~ two-ply board
джутовый облицовочный ~ jute linerboard
древесномассный ~ 1. mechanical pulp [wood-containing; wood-pulp] board 2. (*ручного съёма*) cylinder wood board
жаккардовый ~ jacquard [loom] board
жёсткий ~ 1. (*для упаковки скобяных изделий*) screw-box board 2. (*строительный*) beaverboard, hardboard
звукоизоляционный ~ acoustical board; deadening felt
изоляционный ~ fiber insulating [insulation] board; insulating lath
канатный ~ manila lined [rope] board
капсюльный ~ (*drawing*) cap board
картонажно-коробочный ~ setup boxboard
картотечный ~ division cards cardboard
кислотостойкий битумированный ~ acid-resisting felt
клеёный ~ 1. pasteboard 2. (*из белёной массы*) bleached lined board
кожевенный ~ leatherboard
коробочный ~ box board; boxboard
красный гибкий ~ (*под кожу*) red flexible board
кровельный ~ 1. cap sheet; felt [roofing] board; flooring [saturated] felt; roofing paper 2. (*изоляционный*) roof-insulating board
лакированный ~ lacquered [varnished] board
листоклеёный ~ sheet-lined board
литографский ~ lithograph cardboard
макулатурный ~ 1. bending chipboard; chip; chip [common; nontest chip] board 2. (*для наклейки афиш*) advertisement board 3. (*мягкий прокладочный*) crate liner 4. (*нестандартный*) nontest chipboard 5. (*ручного съёма*) cylinder chip board 6. (*с двухслойным покрытием*) bogus Bristol

картон

матовый ~ mat board
машиноклеёный ~ mill-lined board
мелованный [крашеный] ~ coated board
многослойный ~ 1. couched paper; multiply board 2. (газетно-макулатурный) filled news board 3. (макулатурный) test liner; (с наружными слоями из сульфатной целлюлозы) test jute liner 4. (с внутренними макулатурными слоями) filled pulp board 5. (с внутренним небелёным и наружными белёными слоями) patent-coated manila board 6. (с наружными слоями из белёной массы) patent-coated board
мраморный ~ marble board
наждачный ~ emery board
немелованный разнослойный ~ (вырабатываемый на многоцилиндровой машине) mill blanks
неплесневеющий ~ mold-resistant board
несгибаемый ~ nonfolding board
обивочный ~ panel board
облицовочный [обивочный] ~ 1. liner board 2. (для гофрированного картона) linerboard
обложечный ~ cover board
обувной ~ 1. counterboard, shoeboard 2. (для коротких стелек или задников) shank board
однородный волокнистый ~ solid-fiber board
однослойный ~ single-ply board
оклеечный ~ backing board
околышно-обувной ~ counter [hat-and-shoe; lifts, stiffener] board
околышный ~ cap-maker's [visor] board
отделочный [декоративный] ~ fancy board
отжатый ~ wet-pressed board
паронепроницаемый ~ water-vapor impermeable board
патронный ~ cartridge board
переплётный ~ binder [book] board; chipboard; pasteboard
подкладочный ~ 1. (для перфорирования кожи) shoe-perforating board 2. (под линолеум) carpet felt
прокладочный ~ 1. fitting [gasket] board; fitting cardboard 2. (для упаковки пирожных) cake board 3. (для упаковки свечей) candle board
прочный макулатурно-тряпичный ~ cloth board
пуговичный ~ button board
пухлый строительный ~ bulking board
разнослойный ~ 1. (высококачественный) blank 2. (газетно-макулатурный) combination newsboard
рулонный ~ roll board
светочувствительный ~ collotype board
серый ~ grayboard
склеенный ~ paste(d) board
соломенно-макулатурный ~ 1. mixed strawboard 2. (для изготовления гильз) reel band
соломенный ~ 1. strawboard 2. (без покровного слоя) plain strawboard
стелечный ~ (для обуви) innerside [innersole] board
строительный ~ 1. building paper 2. (под штукатурку) lath board 3. (изоляционный) sheathing (board)
тарелочный ~ dish board
тарный ~ carrier [container] board
твёрдый ~ hardboard
теплоизоляционный ~ felt woolen board
тиснёный ~ embossed board
толстый ~ 1. (для изготовления фрикционных шкивов) friction board 2. (переплётный) millboard
тонкий ~ 1. carton 2. (бурый) plain shell board
торфяной ~ peat board
трансформаторный ~ transformer board
трафаретный ~ painter's cardboard
упаковочный ~ 1. draper's [packing] board 2. (с делениями или ячейками) barrier board
хромовый ~ chromo board
цветной ~ 1. tinted cardboard 2. (крашеный) tinted board 3. (склеенный) bristol board
целлюлозный ~ chemical board
цельномакулатурный ~ solid chipboard
чемоданный ~ suitcase [trunk] board
шпульный ~ tube board
штампованный ~ die board

картон

штамповочный ~ molded board
ящичный ~ fiberboard
картон-имитация телячей кожи calf board
картон-основа 1. (*для оклейки*) mount 2. (*с содержанием шерсти*) wool felt board
картотека file
передвижная ~ *меб.* filing trolley
карточка card
~ табельного учёта time card
карьер (borrow) pit
каска (*защитная*) (safety) helmet
каскорец (*поливинилацетатный клей*) *фирм.* Cascorez
каскофен (*клей на основе фенольной резорциновой или формальдегидной смол*) *фирм.* Cascophen
кассета:
~ для трелёвки балансов (*на тракторе*) bucket
катабонд (*полиэфирная смола для производства слоистых пластиков низкого давления*) *фирм.* catabond
катакол (*фенолформальдегидный клей*) *фирм.* Catacol
каталин (*фенолформальдегидная смола для литья*) *фирм.* Catalin
катать roll, wheel
категория:
~ типа леса 1. constitution 2. (*по виду напочвенного покрова*) forest cover
катер *спл.* boat
катионит:
целлюлозный ~ cellulose cation exchanger
кат/ок roll(er), wheel
~ гусеничного трактора crawler [road] wheel
~ки, придающие конвейерной ленте форму лотка trough rollers
~ ходовой тележки трактора bogie wheel
гладкий ~ smooth-wheeled roller
заделывающий ~ covering roller
игольчатый ~ *дор.* hedgehog
кольчатый ~ disk roller
кулачковый ~ sheepsfoot roller
поддерживающий ~ carrier [idler] roller
прикатывающий ~ covering roller; packer wheel
рубчатый ~ futed roll

тяжёлый [зубчатый] ~ (*для расчистки территорий от кустарника*) bush crusher
уплотняющий ~ 1. compactor 2. (*пневматический*) rubber-tired compactor
шпоровый ~ crowfoot roller
каточек:
заделывающий ~ (*сеялки*) covering [seed press] wheel
катушка reel, spool; swift
~ высевающего аппарата [высевающая ~] feed [seed] wheel; seed barrel
крестовинная ~ crossarm reel
намоточная ~ on-deck pay-out spool
размоточная ~ off-deck pay-out spool
качание (*из стороны в сторону*) swinging
качать (*насосом*) pump
качаться wobble
качение rolling, whipping
качество degree, quality ◇ хорошего ~a sound merchantable
~ лесорастительных условий site quality
~ посадочного материала kind of stock
~ семян germinative quality
каширование:
~ бумаги combing; pasting of paper
каштан конский (*Aesculus*) buckeye
квадрат:
~ сетки координат grid square
возобновившийся ~ (*при изучении возобновления леса на квадратных пробных площадях*) stocked quadrate
квартал (*леса*) (*planning*) compartment; planning quarter
квасцы alum; aluminum sulfate
квитанция (*учёта*) tally
кедр (*Cedrus*) cedar
~ европейский (*Pinus cembra*) Swiss stone pine
~ ливанский (*Cedrus libani, Cedrus libanotica*) Lebanon cedar
~ сибирский (*Pinus sibirica*) Siberian stone pine
кедровник cembretum
кератин *спич.* keratin
кизельгур (*наполнитель бумаги*) diatomaceous earth
кино (*выделения тропических деревь-*

ев, не относящиеся к смолам или камедям) kino
кипа 1. pack, package 2. (тюк) bale
~ бумаги stack
~ целлюлозы woodpulp case
киповскрыватель bale opener
кипоразбиватель bale breaker
кипоразборщик bale opener
кипрей [иван-чай] (*Chamaenerium angustifolium*) firetop, fireweed; willow herb
кирка hack, jumper, pick, pike, spud
остроконечная ~ pick(er)
кирка-топор council [rich] tool
кислица обыкновенная (*Oxalis acetosella*) shamrock; sour trefoil
кисловка souring, acid treatment
кислот/а acid
варочная ~ 1. acid liquor; digester acid 2. (*с высоким содержанием оснований*) high base liquor 3. (*в котле на различных стадиях варки*) digester liquor 4. (*с аммонийным основанием*) ammonia base liquor
гуминовые ~ы humic acids
дубильная ~ tannic acid; tannin
летучие ~ы volatile acids
масляная ~ butyric acid
мононенасыщенная жирная ~ monounsaturated acid
надуксусная ~ peracetic acid
насыщенная жирная ~ saturated fatty acid
остаточная ~ residual acid
сернистая ~ sulfurous acid
синтетическая уксусная ~ synthetic acetic acid
суммарные смоляные ~ы total resin acids
сырая сульфитная ~ tower sulfite acid
терпеновая ~ terpene acid
техническая лесохимическая ~ (*сырец*) wood acetic acid
уксусная ~ (*сырец*) crude acetic acid
чёрная ~ (*сырец*) crude wood dry distillation acid
щавелевая ~ oxalic acid
кислотность [концентрация водородных ионов] acidity; hydrogen ion concentration
активная [истинная] ~ active [actual] acidity

общая [суммарная] обменная ~ total exchange acidity
титруемая ~ titratable acidity
кислотовыносливый (*о растении*) acid-tolerant
кислотостойкость [кислотоупорность] acid resistance
кислотчик *цел.-бум.* acidmaker
кислый acid
кистевидный [кистеобразный] racemule
кисточка:
~ для отделки и подкраски (*мебели*) swan-quill
кисть 1. brush 2. (*широкая или из волос барсука*) badger 3. (*гроздь*) cluster, raceme
~ для нанесения полосатого рисунка striper
мягкая ~ softner
киянка mall (*hammer*), mallet, maul; veneer hammer
кладка 1. pack 2. (*в сатинировальном станке*) form 3. (*стопка бумаги ручного черпания*) post
клапан flap, valve
~ мешка bag valve
вымывной ~ washout valve
выпускной ~ bleeding [relief] valve
дроссельный ~ butterfly valve; throttle flap
закрывающийся ~ картонной коробки sealing flap
обратный ~ check [non-return] valve
откидной [створчатый] ~ flap valve
спускной ~ bleeding valve
класс class
~ бонитета capacity [growth, locality, productivity, quality, site, yield] class
~ возраста (*насаждений*) age [development] class
~ возраста главной рубки cutting [felling] class
~ы деревьев (*классификация деревьев по господству и угнетённости*) tree classes
~ доминирующих деревьев crown class
~ Крафта (*в лесоводстве*) Kraft class
~ пожарной опасности danger class
~ постоянства (*встречаемости растений*) constancy class

класс

~ производительности (*почвы, территории*) capability [land rating] class
~ содоминирующих деревьев codominant class
~ товарности 1. (*насаждений*) merchantability class; degree of quality 2. (*ствола*) stem class
классификация classification, classifying
~ горючего лесного материала по группам fuel-type classification
~ данных tabulation
~ лесных почв по Каяндеру Cajander's system of classification of forest soils
~ местности 1. (*без учёта методов и средств лесозаготовок*) description terrain classification 2. (*с учётом методов и средств лесозаготовок*) functional / operational terrain classification
~ [определение] растений plant classification
~ типов леса forest type classification
классифицировать class, classify, sort
клевер (*Trifolium*) trefoil
клеевар size and alum man
клееварка 1. (*помещение, цех*) glue [size-preparing] room 2. (*оборудование*) glue boiler; glue heater
клеёный lined
клеить bond, glue
клей adhesive, cement, glue, paste, size
~ для горячего прессования (*фанеры*) hot-plate adhesive
~ для гуммирования gum mixture
~ для пенопластов *меб.* foam-bonding adhesive
~ для поверхностей проклейки tub size
~ для продольного склеивания бумажных трубок bag seam adhesive
~ для склеивания деталей из пенопласта plastic-foam adhesive
~ для склеивания деталей из синтетического латекса rubber latex adhesive
~ для склеивания днища бумажных мешков bag bottom adhesive
~ для склеивания способом ТВЧ (*в поле токов высокой частоты*) high-frequency adhesive

~ на основе канифольного мыла rosin soap size
~ на основе полимеризирующейся смолы cross-linked glue
~, отверждающийся под давлением pressure-sensitive adhesive
~ с содержанием свободной смолы 1. free rosin size 2. (*с высоким*) acid size
альбуминовый ~ albumin glue; blood adhesive
анаэробный ~ anaerobic
английский мездровый ~ Scotch pure skin glue
бумажный ~ paper (*making*) size
бурый ~ *фирм.* Delthirna size
водостойкий ~ marine glue; waterproof adhesive
вспененный ~ foam glue
высококосмоляной ~ *фирм.* Bewoid size
гусеничный ~ caterpillar [insect] glue
животный ~ animal [scotch] glue; gelatin; gelation size;
жидкий ~ steam glue
жироустойчивый ~ oil-repellent size
задублённый ~ tanned glue
казеиновый ~ casein glue
канифольно-парафиновый ~ rosin wax size
канифольный ~ rosin size
карбамидный ~ urea-formaldehyde glue
кёльнский ~ Cologne glue
контактный ~ contact cement [impact] adhesive
костный ~ с добавкой лимонной эссенции и сахара mouth glue
крахмальный ~ 1. starch size 2. (*растительный*) vegetable starch glue
латексный ~ rubber latex adhesive
мездровый ~ 1. hide glue 2. (*в виде тонких отбелённых пластинок*) gilder's size 3. (*с добавками свинца, цинка и наполнителей*) Russian glue 4. (*английский*) Scotch pure skin glue 5. (*чистый типа желатина*) glazing [parchment] size
наполненный ~ gap-filling adhesive
нейтральный канифольный ~ brown size
неопреновый ~ neoprene-based adhesive

пастообразный канифольный ~ paste rosin size
плёночный ~ sheet glue
порошковый ~ powder glue
растительный ~ 1. gum 2. (*крахмальный*) vegetable starch glue
рыбий ~ fining glue
синтетический вспененный ~ plastic-foam adhesive
столярный ~ jointer's glue
термореактивный ~ thermosetting adhesive; thermosetting glue
укреплённый ~ reinforced size
усиленный ~ hide glue
фенольный плёночный ~ phenolic film adhesive
фторированный органический ~ fluorochemical size
эпоксидный ~ epoxy adhesive
клейка bonding, sticking
клейкий 1. adhesive 2. (*липкий*) sticky 3. (*вязкий*) tenacious
клейкость adhesiveness; stick, tack; tenacity
клеймение branding, marking, stamping
~ краской (*деревьев*) paint marking
клеймить 1. brand, mark, stamp 2. (*деревья*) nick
клеймо brand, burn, nick, mark, stamp
~ (*владельца*) на бревне bark mark
машинное ~ (*о бумаге*) machine-imprint
клей-расплав hot-melt adhesive
клейстер dextrin glue; paste
клён maple (*Acer*)
~ белый [ложноплатановый] (*Acer pseudoplatanus*) sycamore maple
~ крупнолистный (*Acer macrophyllum*) European maple
~ остролистный [платановидный] (*Acer platanoides*) Bosnian maple
~ полевой (*Acer campestre*) English field maple
~ «птичий глаз» (*отделочная древесина*) blistered maple
~ ясенелистный (*Acer negundo*) (*американский*) ash-leaved maple
клепать rivet
клёпка 1. (*способ соединения*) rivet 2. (*древесная*) lag, stave
~ для изготовления полубочек half-barrel stave
~ донника (*heading*) piece

~, прошедшая механическую обработку (*низкого сорта*) mill run stave
~ с недопустимым дефектом dead cull stave
~ с отверстиями для пробки bung stave
боковая ~ dog stave
бочарная ~ clapboard; barrel stave
дубовая ~ 1. staff 2. (*радиального распила стандартных размеров*) pipe stave oak
колотая ~ rived [split] stave
пилёная ~ bucked stave
черновая ~ *тарн.* hackleback
клетк/а *бот.* cell
~ губчатой фотосинтезирующей паренхимы spongy mesophyll cell
~ камбия [камбиальные инициали] cambial initial; cambial element
~ склеренхимы mechanical cell
~и эпителия epithelial cells
бесспоровая [вегетативная] ~ (*бактерий*) tube [vegetative] cell
веретеновидная паренхимная ~ (*осевой паренхимы*) intermediate fiber; fusiform parenchyma cell
замыкающая ~ guard cell
зародышевая ~ germ(inal) cell
заростковая [проталиальная] ~ prothallial cell
изолированная ~ solitary cell
каменистая ~ stone cell
клейкая ~ mucilage cell
кристаллоносная ~ (*паренхимы*) crystalliferous cell
лучевая ~ 1. ray cell 2. (*лежачая*) procumbent ray cell 3. (*прямостоячая*) upright ray cell
масляная ~ oil cell
одревесневшая ~ sclerotic cell
паренхимная ~ 1. parenchyma cell 2. (*септированная*) [перегородчатая] septate parenchyma cell
первичная [материнская] ~ elementary [mother, primary] cell
покоящаяся ~ resting cell
половая ~ [гамета] generative cell
растительная ~ plant cell
ситовидная ~ [ситовидная трубка] sieve cell
спорообразная ~ sporogenous cell
трахеидная ~ tracheidal cell

клетка

удлинённая ~ палисадной ткани palisade cell
устьичные ~и stomatal cells
клетка-спутник (*ситовидных трубок древесины*) companion cell
клеть crib, cribwork
клещи claws, grab, pliers, tongs
климакс climax
~, вызванный биотическими факторами biotic climax
~, вызванный почвенными условиями edaphic climax
~, задержанный под воздействием ряда факторов subclimax
~ леса hylion
послепожарный ~ fire climax; pyric climax
климат climate
суровый ~ bleak [harsh, rigorous, severe] climate
умеренно тёплый ~ lukewarm climate
клин cleat, key, cline, headboard, wedge (block)
~ для предупреждения раскатывания брёвен chock block
~ для раскалывания splitting wedge
~ для расклинивания cleaving wedge
~ для раскряжёвки bucking wedge
~ для торможения (*на лесоспуске*) scotch
~, запирающий задвижку окна shiver
~ колуна splitter
~ с кольцом у основания dog wedge
валочный ~ felling [falling] wedge
взрывной ~ (*для раскалывания толстых брёвен взрывным зарядом*) powder wedge
деревянный ~ 1. glut, hog 2. (*короткий*) page 3. (*небольшой*) cheese [holing] block; chock
заострённый ~ для разрубки троса wire axe
парные ~ья для зажима детали folding wedge
регулировочный ~ shim
стальной ~ для раскалывания брёвен froe
клиновидно-обратнояйцевидный (*о листе*) cuneate-obovoid
клиновидный [клинообразный] (*о листе*) cuneate(d)

клинометр (*ручной для измерения уклонов*) abney level
клинометр-высотомер clinometer
клиренс ground [road] clearance
клише (*деревянное*) wood block
клон *бот.* clone
~ы семенных деревьев 1. (*выращенных из сеянцев*) seedling seed orchard 2. (*выращенных прививкой из черенков*) clonal seed orchard
клоп [*мн.* клопы] (*Hemiptera*) bug
клубенёк (*у бобовых*) *бот.* knob, nodule
корневой ~ root nodule; root gall; tubercle
клубок (*семян*) ball
клубочек (*соцветие*) cluster
клювик (*плодов*) anthenna
клюква (*Oxycoccus*) cranberry, fenberry
~ болотная (*Oxycoccus palustris*) moorberry
ключ key
водный ~ wellhead
кноль (*пакет ножевого шпона*) flitch
кнопка:
ударная ~ (*рубанка*) lever cap
коагулятор coagulating agent, coagulator
ковёр:
~ древесной массы mattress
волокнистый ~ fiber mat
древесностружечный ~ carpet
стружечный ~ 1. chip mattress; mat 2. (*отдельный*) individual mattress
ковка hammering
ковш basket, bucket; (*back*) hole; scoop
~ для щепы chip basket
~ канавокопателя ditch-digging [ditching] bucket
когезия cohesion
когти:
монтажные [подъёмные] ~ climbing irons; grab, spurs
кожа:
искусственная ~ 1. artificial leather 2. *меб.* leather fiberboard
кожистый coriaceous
кожица cortex, peel
кожура paring
кожух cover, housing, jacket
~ варочного котла digester shell
~ железка фуганка или рубанка plane iron cap

598

~ [колпак] круглой пилы crown canopy
защитный ~ пильной шины bar cover
козетка *меб.* sociable
козлы bench, horse, framing, jack (horse), rack, staddle
~ для продольной распиловки брёвен saw pit frame
~ для распиловки лесоматериалов horsetree; saw block; (saw) buck
деревянные ~ trestle
козырёк eyebrow, lip
~ на комле ствола (*дерева*) sloven
~, остающийся на пне tomb stone
защитный ~ (*шлема*) visor
койка (*в общежитии*) bunk
кол pale, peg, picket, post, spile, stake, thole
~ для изгороди hedge pole
гибкий ~ (*закладываемый между рамой и грузовой цепью для её натяжения*) twister
посадочный ~ planting dagger
колебания:
допускаемые ~ количества поставляемого леса margin
колебаться oscillate, vibrate; wabble
коленкор calico
колено (*изгиб*) bend
выдувное ~ (*варочного котла*) bottom fitting; outlet bend
колёсный [на резиновом ходу] (*о тракторе*) rubber tired
колесо wheel
~ с двумя ребордами channel wheel
~ управления (*транспортным средством*) [рулевое ~] steering wheel
бороздное ~ furrow wheel
двухскатное ~ twin wheel
заточное ~ grinder wheel
натяжное ~ jockey wheel
пневматическое ~ [шина] tire
прикатывающее ~ [прикатывающий каточек] press-wheel coverer
рабочее ~ impeller
формующее ~ (*для изготовления спичечной коробки*) form wheel
ходовое ~ road wheel
цепное ~ sprocket
черпальное ~ scoop wheel

колея track, wheel gauge; wheel spacing; wheelspan
широкая ~ broad gauge
количество quantity
~ белящего реагента bleach(ing) requirement
~ меш mesh number
~ микроорганизмов microbial population
общее ~ растворимых веществ total soluble matter
колка (*дранки, гонта*) shake riving
коллектор collector; carrier drain
~ выхлопных газов fume collector
~ для отбора проб sampling manifold
коллоид ‖ коллоидный colloid
коловорот (ratchet) bit brace; drills, wimble
колода (*деревянная*) bole, chump, junk
колодка 1. block, shoe 2. (*рубанка*) plane-wood
деревянная ~ blockings
зажимная ~ (*при правке зубьев пилы*) set block
наборная шлифовальная ~ (*для профильных поверхностей*) laminated sanding block
прижимная ~ jigging block
пробковая ~ для шлифования cork rubber
раздвижная ~ для чулок *цел.-бум.* couch-roll jacket stretcher
скрепляющая ~ (*дефибрера*) bridge tree
тормозная ~ braking clamp
шлифовальная ~ glasspaper [hand] block
кол/ок separated forest stand
степные ~ки [островной лес] forest outlier
колокол:
стяжной ~ (*для клёпок*) trussing bell
колония (*растений*) assembly
колонка:
~ пресса (*для склейки фанеры*) strain rod
~ с целлюлозной набивкой cellulose column
обесспиртовывающая ~ непрерывного действия continuos dealcoholizing column
колонна column, pillar, standard

колонна

~ для ректификации под вакуумом vacuum distillation column
~, обшитая деревянными панелями paneled column
~ с насадкой packed tower
барботажная ~ (для укрепления кислоты) bubble-type tower
колориметр colorimeter, tintometer
колорит taint
колос (тип соцветия) spike
колосник fire-grate bar
колосок cone
  вторичный ~ (злаков) spicule
  мужской ~ staminate cone; staminate strobile
колотушка:
  деревянная ~ beetle
колотый (о лесоматериале) cleaving, splitted
колоть chop, hack
колпак [колпачок] 1. cap, enclosure, hood, lid 2. (барабана ролла) curb
~ ролла beater hood
  вентиляционный ~ 1. convertible [ross] hood 2. (навесной) canopy hood
  секционный ~ leveling hood
  сушильный ~ 1. (с прорезями для скоростной сушки бумаги) slotted orifice air drier 2. (мн. на верхних или нижних цилиндрах) differential driers
колун axe; cleaving [splitting, wedge] axe; cleaver, froe, splitter; splitting hammer; wood chopper
  механический ~ cleaving [(wood-)splitting] machine
колышек peg, picket
  нивелировочный ~ boning [levelling] peg
кольцевание (деревьев) deadening, (ring-)girdling, notching, ringbarking, ringing
~ насечками frill [hack] girdling; hacking
~ с внесением ядохимикатов poison girdling
~ V-образными насечками notch girdling
  ленточное ~ band girdling
  механизированное ~ mechanical girdling
кольцевать (деревья) girdle, ringbark

кольцевой annulate
кольцепоровый (о древесных породах) ring-porous
кольцесосудистый (о древесных пород ах) annual-vessel; ring-porous
кольцо 1. ring 2. (при кольцевании деревьев) girdle 3. (прицепного устройства) becket, eye
~ глюкозного остатка glucose anhydride ring
~, крепящееся к оконному переплёту sash eye
  годичное ~ annual [concentric, growth] ring; growth; layer
  крепёжное ~ (вентиляционного отверстия матраца) retaining ring
  ложное годичное ~ false [multiple] ring
  морозное ~ (потемнение камбия в годичном кольце) frost ring
  обжимное ~ (для насадки на бочку при снятии уторного обруча) catch ring
  пожарное ~ (дерева) fire ring
  прицепное ~ dee
  прокладочное бумажное ~ packing ring
  пропущенное годичное ~ missing ring
  стяжное ~ (ножей ролла) band
  тяговое ~ draft ring
  частичное [неполное] (годичное) ~ discontinuous [partial] ring
  чокерное ~ с клиновым креплением каната wedge socket eye
кольчатый annulate
колючий [покрытый колючками] acanthous
колючка pike
  мелкая ~ spinule
ком (почвы) ball, clod
команда:
  пожарная ~, находящаяся в пункте отправки standby crew
ком/ель 1. (дерева) butt; stem base 2. (бревна) bottom [butt, lower] end ◇ ~лем вперёд butt end first; ~лями в одну сторону butts at one end; ~лями в разные стороны [вразнокомелицу] tops and butts; у ~ля at the base
комковатый cloddy; medium blocky

коммерческий (*о лесе*) commercial, saleable
комод chest; chest of drawers; dresser, commode
~ на ножках court cupboard
~ с выдвижным зеркалом dressing chest
~ с двумя тумбами, соединёнными горизонтальными выдвижными ящиками pedestal sideboard
высокий ~ на ножках highboy
небольшой ~ для кабинета lobby chest
небольшой ~ с выдвижными ящиками и откидной крышкой bachelor's chest
старинный ~ arcaded chest
комок (*массы*) *цел.-бум.* bolster, chunk clump, flake, junk
~ волокон clotted fibers
компания:
сплавная ~ boom company
компас compass
лесной ~ tree compass
компенсировать (*неровности*) to take up
комплекс complex, system
~ энтомофагов parasite complex
аминовый ~ amino complex
катионообменный ~ base-exchange complex
поглощающий ~ absorption complex
природный ~ natural complex
комплект assembly, gang, package, range, set
~ детали (*оборудования*) kit
ящичный ~ box shook
композиция (*массы или бумаги*) 1. composition, furnish(ing), formula 2. (*по волокну*) fiber furnish
кремний-органическая антиадгезионная ~ organosilicon antistick composition
компост complete organics; compost, manure
искусственный ~ artificial manure
компостирование digestion
конвейер conveyor, elevator
~ для лесоматериалов wood conveyor
~ для отходов waste conveyor
~ для транспортировки спичечной соломки splint conveyor
~ с двойным тросом (*цепью*) double-strand conveyor
~ с поддоном pallet conveyor
~ формирования пакета lay-up conveyor
вибрационный ~ shaking conveyor
винтовой [шнековый] ~ helical [screw, warm] conveyor
гравитационный ~ 1. (*неприводной*) gravity conveyor 2. (*роликовый*) gravity roller
канатный ~ cable conveyor
ковшовый ~ bucket conveyor
круговой подвесной ~ circular overhead conveyor
ленточно-цепной ~ belt chain conveyor
ленточный ~ 1. apron; band [belt, ribbon] conveyor 2. (*с пластинами*) apron conveyor 3. (*открытый*) open belt
лотковый ~ tray conveyor
наклонный цепной ~ inclined chain conveyor
накопительный ~ для спичечной соломки splint buffer conveyor
передаточный (*передающий*) ~ transfer conveyor
пластинчатый ~ flight-bar [pan, plate] conveyor
подвесной ~ aerial [overhead] conveyor
подъёмный ~ (*для лесоматериалов*) (*timber*) elevator
поперечный ~ cross conveyor
роликовый ~ 1. roller conveyor 2. (*для стопы плит*) load rollout conveyor 3. (*неприводной*) dead rollers 4. (*приводной*) live [powered] roller, conveyor 5. (*подающий*) feed rollers
секционный ~ split conveyor
скребковый ~ flight conveyor
спускной ~ spout conveyor
тележечный (*тяговый*) ~ car [wagon (towing)] conveyor
тросовый [канатный] ~ rope conveyor
цепной ~ chain [drag] conveyor
шнековый [винтовой] ~ screw [worm] conveyor
конвекция convection
конверсия conversion
кондак cant dog; cant hook

кондак

~ для поддержания бревна (*при распиловке*) log jack
конденсат condensate
  ~ паров вскипания flash condensate
  ~ содержащий малое количество терпенов terpene-lean condensate
  липкий ~ sticky condensate
конденсатор:
  поверхностный ~ для выпарного аппарата evaporator precooler
конденсация:
  кислотная ~ лигнина acid condensation of lignin
  непрерывная дифференциальная ~ continuous differential condensation
кондиционер air conditioner
кондиционирование (*древесины, бумаги*) conditioning, seasoning
кондиционировать 1. season 2. (*бумаги*) mellow
кондиционный certified
кондуктор:
  ~ сверлильного станка doweling jig
конёк 1. (*декоративная деталь над дверным или оконным проёмом*) accolade; cresting; ridge pole 2. (*крыши*) ridge
конец end
  ~ бревна [дерева], срезанный ножами sheared end
  глухой ~ [тупик] dead end
  закруглённый ~ (*бревна*) nose
  комлевый ~ бревна butt (end)
  опорный ~ балки bearing edge
  передний ~ 1. (*железка рубанка*) toe 2. (*трелюемого бревна*) leading end
  размочаленный [расщеплённый] ~ бревна broomed end
  тонкий ~ tip
  уширенный ~ топорища fawn foot
конидия fragmentation spore
  ~, образующаяся в пикниде pycnidiospore
коник accumulator, (wood) bunk
  ~ с тросовым креплением cable-type bunk
  зажимный ~ clam [grapple] bunk
  наклоняющийся ~ с захватом inverted grapple
конкреция concretion
конкуренция:
  ~ сорной растительности competition of weeds
  внутривидовая ~ intraspecific competition
  межвидовая ~ interspecific competition
  межкорневая ~ root competition
консервант preservative
консервирование preservation
  ~ древесины wood preservation
консервировать (*древесину*) preserve
консистенция:
  ~ массы stock compound
консоль cantilever
  ~ на конце карниза ear
конструкци/я 1. structure 2. (*инженерное решение*) design
  ~ (*двери*) из пустотной столярной плиты hollow-wood construction
  ~ из разных материалов *меб.* composite construction
  ~ (*щита или плиты*) из реечной рамки, к которой приклеены листы фанеры или ДСП biscuit construction
  ~ на деревянных соединениях (*без клея*) joined construction
  ~ (*ножки стула или кресла*) с болтом для крепления к раме изделия through-bolt construction
  ~ с металлическими уголками metal-edge construction
  деревянная ~ timbering
  наружные деревянные ~и (и детали) exposed woodwork
  несущая ~ bearing structure
  рамочная ~ 1. plain framing 2. (*серединки*) frame core construction
  слоистая ~ sandwich
  столярно-строительные ~и joinery
  филёнчатая ~ panel system
консультации:
  ~ по ведению лесного хозяйства forest management assistance
  лесохозяйственная ~ consulting forestry
контейнер container, jar
контора:
  ~ лесоучастка bean house
контрклин gib
контрнож anvil(-type knife); bed knife; counterknife
контролёр checker, inspector
  ~ упаковочного отдела sorting operator
контролирование:
  ~ паводка *спл.* flood control

корень

контроль ‖ контролировать check, control
~ за состоянием окружающей среды environmental control
~ над управлением (*частными*) лесами forest regulation
выборочный ~ 1. sampling 2. (*при приёмке*) acceptance sampling
текущий ~ routine control
контррельс check rail
контрфорс abutment, buttress, counterfort, pier
контур [*очертание*] contour, outline, profile
наколотый ~ рисунка pricked outline
конус cone
~ выноса (*наносных отложений*) debris [detrital] cone
~ нарастания apical [vegetative] cone; apical [growing] point; conical growth
~ рафинёра rotor
аллювиальный ~ выноса alluvial fan
трелёвочный ~ (*одеваемый на конец бревна при трелёвке*) cap, cone
флювиогляциальный ~ выноса outwash fan
конусность taper
конусообразный *бот.* strobiloid
концевыравниватель [концеравнитель] 1. equalizer, dimensioner 2. (*обрезной*) trimmer; trimming saw
~ для клёпки stave crosscut saw
многопильный ~ (*для пиломатериалов*) lumber trimmer
концентратомер:
~ бумажной массы consistency meter
концентратор *цел.-бум.* disk strainer
сеточный ~ (*для сгущения массы и отбора щёлока из выдуваемой массы*) blow unit
концентрация:
~ бумажной массы pulp [stock] density
~ в отдельной ванне, устанавливаемая с помощью ЭВМ computer-controlled bath concentration
концом вперёд (*о лесоматериалах*) endways
концы:
~ брёвен, волочащихся по земле при трелёвке trailing ends
кончик (*листа*) apex

острый ~ acute leaf apex
тупоугольный ~ obtuse leaf apex
усечённый ~ truncate leaf apex
копатель digger; digging machine; excavator
копать dig, shovel, trench
копач grub, digger; digging machine; lifting plow, (*plant*) lifter
копёр pile driver
копирование (*на кальку*) tracing
копировать 1. (*по образцу*) pattern 2. (*на станке*) profile
копировка platemaking
копия copy, facsimile
копулировка [концевая прививка] с язычком tongue grafting
копытень (*Asarum*) hazelwort
копьевиднолистный spear-leaved
кор/а 1. (*древесная*) bark 2. (*старая*) rind ◇ без ~ы (*измерение без учёта коры*) under [inside] bark; в ~е (*поверх коры*) over bark; под ~ой under bark; с учётом ~ы (*об измерениях*) over-bark
~ выветривания residual soil
~ для компостирования composting bark
врастающая ~ [*карман с корой*] (*в древесине*) ingrown bark
грубая ~ coarse bark
древесная ~ cortex; wood bark
дубильная ~ tanbark
измельчённая ~ ground bark
мягкая ~ inner [soft] bark
наружная ~ rhytidome
поздняя ~ late bark
ранняя ~ early bark
чешуйчатая ~ scaly bark
шелушащаяся ~ shell bark
кор/ень 1. root 2. *бот.* radix 3. *мн.* grab ◇ ~ни подвоя stock roots
боковой ~ 1. branch [lateral] root 2. (*стержневой*) side top root
главный [стержневой] ~ major [tap] root
досковидный [поддерживающий] ~ buttress root
дыхательный [воздушный] ~ breathing root
зародышевый ~ (*в семени*) *бот.* radicle
крупный ~ burl
мочковатый ~ coronal [fibrous] root

603

корень

опорный ~ brace root
первичный ~ redicle root
питающий ~ feeding root
пластинчатый ~ plate root
плоский ~ flatroot
поверхностный ~ shallow root
поглощающий ~ absorbing root
придаточный ~ 1. adventitious root 2. *мн.* root initials
ростовой ~ extension root
стелющийся по поверхности ~ superficial root
столбовидный [опорный] ~ prop [stilt, supporting] root
тонкий [нежный] ~ tender root
якорный ~ deeply descending [sinker] root
корешок rootlet
первичный [маленький] ~ radicle
корзина basket, dimpling
круглая ~ грубой работы skep
корзинка (*тип соцветия*) calathid(ium), head
коридор:
сортировочный ~ *спл.* pocket
трелёвочный ~ (*при канатной трелёвке*) skyroad
корка (*наружный слой коры*) cortex, crust; outer bark; paring, peel
корковый corticate
корм feed, fodder
подножный ~ pasture
кормашек:
смоляной ~ gum [pitch, resin] pocket
корневидный rhizoid
корневище rhizome, rootstock, stem-tuber
корнеплодный rhizocarpous
корнеплоды root crops
короб duct, skip
коробиться cast, cramp, spring, start
коробка box
~ для безопасных спичек safety-match box
~ для мелких вещей (*напр. ниток, иголок и т.п.*) ditty box
~ для сыпучих материалов siftproof carton
~ для упаковки пильных цепей chain loop box
внутренняя ~ box tray
выдвижная ~ slide box

высушенная (*спичечная*) ~ dry (match) box
дверная ~ door frame; exterior casing; frame partition
загрузочная ~ (*дефибрера*) charging [feed, loading] pocket
запахонепроницаемая ~ для моющих средств aroma-tight detergent carton
картонная ~ 1. (*с делениями*) liner; (*для розничной торговли*) dispensing carton; (*для бутылок или другой стеклянной посуды*) compartmented carton 2. (*с клапанной крышкой*) tuck-in flap-type carton
неразъёмная ~ (*оконная или дверная*) box frame
ножевая ~ 1. knife stock carrier 2. (*циклёвочного станка*) carrier
перевёрнутая ~ inverted box
прессовая ~ (*дефибрера*) (grinder) pocket
складная протяжная ~ two-piece tuck flap box
спичечная ~ 1. matchbox 2. (*с «секретом» в виде разных предметов, фигурок людей, животных и т.п.*) joke match [trick] box 3. (*сырая*) wet (*match*) box
сшивная ~ setup [wire stitched rigid] box
штампованная ~ molded box
коробление 1. casting, case-hardening, crooking, deformation 2. (*клеёной заготовки*) rippling, snaking, warp(ing), wave
~ гофрированного картона corrugated board creasing
~ доски в поперечном направлении (*вследствие усушки*) cup
комбинированное ~ листовых древесных материалов dishing
поперечное ~ cupping
продольное ~ 1. bowing, camber, sow 2. (*досок при сушке*) twisting
коробочка:
семенная ~ ball
короед (*Xyleborus*) ambrosia [timber] beetle
короеды (*Ipidae*) bark [engraver] beetles; shot hole borers
коромысло rocker, yoke
корообдирка *цел.-бум.* debarker, rosser

короочистка [струг] bark(ing) [bark-peeling] iron
корорубка bark shredder
короснима́тель barking tool; finger, spud
коротковолокни́стый short-drained; short-fibered
короткоопушённый puberulent
короткостроконе́чный (*о форме листа*) apiculate
короткостволь́ный short-boled
коротьё (*брёвна*) short logs; short (-length) (pulp)wood; short-cut wood
корпус enclosure, housing
 ~ высева́ющего аппара́та feed [seed] cup
 ~ котла́ boiler shell
 ~ мо́йки sink case
 ~ плу́га plow body; plow bottom
 ~ сельскохозя́йственного плу́га agricultural plow body
 ~ сошника́ (colter) boot; opener [seed, sowing] boot; (opener) shank; opener post
 винтово́й ~ плу́га general (*purpose*) body; general (*purpose*) bottom
 двухотва́льный ~ плу́га double-moldboard bottom
 левооборачивающийся ~ плу́га left-hand(ed) body; left-hand(ed) [left-turning] bottom
 полувинтово́й ~ плу́га 1. semidigger body; spiral bottom 2. (*с удлинённым отва́лом для глини́стых почв*) clay sod [hard clay; long turn] bottom
 полувинтово́й ~ плу́га для тяжёлых почв (*с плоским крылом*) blackland bottom
 правооборачивающийся ~ плу́га right-hand(ed) body; right-hand(ed) [right-turning] bottom
 тре́тий ~ выпа́рного аппара́та third effect body of evaporator
 универса́льный ~ плу́га general (*purpose*) body; general (*purpose*) bottom
корпус-грядоде́латель ridger body
корпус-копа́ч raising body
корропла́ст corroplast
корчева́ние (*дере́вьев, пне́й*) uprooting
 ~ и измельче́ние куста́рника scrub crushing
 ~ пней взры́вом blowing-up (*of stumps*)

корчева́тель grubber, rakedozer, rooter; root extractor; (*root*) puller; stump puller; stumper; stump remover; uprooter
 ~ куста́рника bush digger; bush puller
 ~ с непово́ротным отва́лом straight rakedozer
 зу́бчатый ~ root rake
корчева́тель-бульдо́зер tree-dozer
корчева́ть (*пни*) to grub out (*stumps*); to grub up; to root out; to root up; to stump out; uproot
корчёвка 1. grubbing; grubbing-out 2. (*пней*) stub, stubbing, stump (*extraction*), stumping; stump grubbing
 ~ с по́мощью взры́ва stumpblasting; exploding stumping
коры́то pan, trough
 ~ для подсе́точной воды́ save-all pan
 ~ под ва́лом бараба́на ро́лла trough
корьё bark residue
 дуби́льное ~ tan, tanner's, tanning
корьедроби́лка bark [tan(ning)] mill
коря́вый (*о ле́се*) crippled, distorted
коса́ (*песча́ная*) 1. point 2. (*примо́рская*) dune
коси́лка mower; mowing machine
косина́ (*бума́ги*) out-of-the squareness
 ~ листа́ out-of-square sheet
коси́ть cut, mow
косо́й [ско́шенный] oblique, skew
кослой (*о древеси́не*) roe; twisted growth
кослойный (*о древеси́не*) cross-fibered; wavy-fibered
ко́сточка (*плода́*) nucleus
костра́ awn, boon, scutch, shive, sliver, tow
 льняна́я ~ flax shive
косты́ль 1. crutch, drift-bolt; spike 2. (*бруско́вый гвоздь*) clasp [spike] nail
 деревя́нный ~ tree nail
костя́нка (*тип плода́*) drupe, drupaceous [stone] fruit
 сбо́рная ~ aggregate drupe
коса́к jamb, piller
 ~ дверно́й door jamb
 ~ око́нной ра́мы cross timber; window post
котёл boiler, kettle, still
 ~ для ва́рки клея size boiler
 ~ для ва́рки тря́пья rag boiler

котёл

~ для непрерывной варки крахмала continuous starch cooker
~ для непрерывной варки целлюлозы continuous digester
~ с циркуляцией варочной жидкости (*для варки соломы или эсперто*) vomiting boiler
варочный ~ 1. boiler, cooker; cooking vessel 2. (*вращающийся*) revolving [rotary] boiler 3. (*двойной типа Камюр*) dual-vessel Kamyr digester 4. (*опрокидывающийся*) tilting digester 5. (*с движением массы снизу вверх и сверху вниз*) upflow-downflow digester 6. (*с искусственно повышенным давлением*) pressured digester 7. (*с однократной загрузкой*) one-fill digester 8. (*с паровой рубашкой*) jacketed digester 9. (*шаровой*) globe boiler
древопарочный ~ wood-steaming boiler
клееварный ~ rosin cooking tank
малогабаритный ~ package boiler
паровой ~ boiler
тряпковарочный ~ boiling kier
утилизационный паровой ~ refuse boiler
энергетический ~ power boiler
котёл-испаритель kettle reboiler
котловина dish, trough
коуш core eye; thimble
кольцевой ~ eyelet thimble
кочка tussock
кочковатый hillocky
кошель *спл.* (bag [holding]) boom; pocket; round boom raft
коэффициент coefficient, factor, ratio
~ выхода пиломатериалов relative log-scale factor
~ густоты древостоя (*отношение фактической густоты к эталонной*) index of stocking
~ дубности degree of tannage; tanning number
~ завядания threshold moisture content
~ загрузки loading factor
~ заполнения лесосплавного хода coefficient of floating route filling
~ затенения shadowing factor
~ избытка воздуха air excess factor
~ использования 1. (*материала*) material ratio 2. (*питательных веществ*) coefficient of recovery; nutritive efficiency
~ конкуренции крон (*для характеристики полноты насаждения*) crown competition factor
~ наполнения 1. block coefficient 2. (*массы щепы*) bulking factor
~ оборота такелажа *спл.* coefficient of floating implement usage
~ общности (*различных сообществ*) coefficient of community
~ однородности coefficient of uniformity
~ отбраковки (*в растущем дереве*) cull factor
~ плотности укладки (*штабелей*) stacking factor
~ поглощения absorption factor
~ полнодревесности сплоточной единицы coefficient of raft section density
~ пропускания transmittance
~ роста growth coefficient
~ сопротивления 1. (*продавливанию*) burst ratio 2. (*разрыву*) breaking(-down) factor
~ стока runoff coefficient
~ технической готовности percent availability
~ транспирации transpiration ratio
~ уплотнения compaction factor
~ устойчивого завядания permanent wilting coefficient
~ формы пучка *спл.* coefficient of bundle form
~ формы ствола (*дерева*) 1. diameter [form] quotient; form ratio; girth quotient 2. (*абсолютный [истинный]*) absolute form quotient
фотосинтетический [ассимиляционный] ~ photosynthetic coefficient
край 1. edge, site, verge 2. (*граница*) boundary
~ бумажного пакета с приводной стороны машины back side
~ [стена] леса timber edge
затупленный ~ (*инструмента*) wire edge
острый ~ доски beard
утолщённый ~ beaded edge
кран crane
аварийный ~ break down crane

крепление

башенный (*поворотный*) ~ tower (*slewing*) crane
двухконсольный козловый ~ double-cantilever gantry crane
запорный ~ stopcock
козловый ~ gantry crane; overhead gantry
консольный ~ bracket [cantilever] crane
монтажный ~ erecting crane
мостовой ~ bridge [(overhead) travelling] crane
плавучий ~ derrick boat; floating crane
поворотный ~ swing crane
портальный ~ portal crane
кран-балка overhead-track hoist
крановщик crane operator
кран-штабелёр piler crane
краплак (*лак*) lake
краситель color, dye; dyeing agent; stain
~ индиго indigoid dye
~, не вступающий в реакцию с последующими слоями отделки nonbleeding color
~, придающий однородный оттенок всей поверхности unifying stain
антрахиноновый ~ anthraquinone dye
выравнивающий ~ level dyeing agent; pigment wiping stain
искусственный ~ artificial dyestuff
кубовый ~ vat dye
ледяной ~ glacial dye
непросачивающийся ~ nonbleeding stain
растительный ~ wood dye
родаминовый ~ rhodamine dye
слабый ~ 1. tinting color 2. (*для придания определённого оттенка*) shading stain
стильбеновый ~ stilbene dye
красить:
~ под мрамор или под дуб vein
краска color, paint, stain
~ для получения фона background [body] color
густотёртая ~ paste
клеевая ~ size color
невыцветающая ~ nonfading stain
прозрачная ~ transparent color
светостойкая ~ lightproof stain
чёрная ~ black (*paint*)
красковарка (*цех*) color boiling room

краскоёмкость:
~ бумаги paper coloring power
краскотёрка color mill
краснина:
внутренняя ~ [начальная стадия внутренней гнили] dote
краснодеревщик cabinet maker
«кратеры» (*дефект мелованной бумаги*) craters
крафт-бумага extra-strong paper, kraft
крепированная ~ creped kraft
оклеечная ~ kraftliner
парафинированная ~ waxed kraft
прядильная ~ spinning kraft
крафт-обёртка kraft wrapping
крепированная двухслойная ~ crepe kraft union
крафт-целлюлоза kraft (*pulp*)
белёная ~ bleached kraft
полубелёная ~ semibleached kraft pulp
крахмал starch
гидролизный ~ *фирм.* feculose
модифицированный ~ cationic starch
крашение coloring, dyeing
поверхностное ~ (*на каландре*) padding
края:
загнутые ~ welt
кремень flint
крень (*порок древесины*) abnormal [bull, compression, glassy, pressure] wood
крепить:
~, загибая концы гвоздей clinch
~ конец (*обвязки тары*) со скручиванием twist-tie
~ скрепами или крюками clinch
крепление 1. (*средство крепления*) bracing, fastener, hold 2. (*каната*) rope anchoring 3. (*растяжками*) guying
~ деревянных пробок, закрывающих головки шурупов pelleting
~ кровли (*крепь для поддержания кровли*) barring
~ съёмных ножек leg fastener
~ тросов roping
временное ~ маленькими гвоздями sprigging
потайное [утопленное] ~ гвоздями (*половых досок*) secret nailing
разборное ~ knockdown fitting

крепь

крепь crib; crib work; gabion
деревянная ~ wooden gabion
фашинная ~ wire gabion
шахтная ~ barring
шпунтовая забивная ~ tongue-and-groove pile

кресл/о chair, armchair, relaxer
~ без подлокотников (*Англия, XVI-XVII вв.*) small [side, single] chair
~ без подлокотников с низким сиденьем, переходящим в спинку, с глубокой простёжкой (*Англия, XIX в.*) Spanish chair
~ в готическом стиле с закрытыми подлокотниками (*Англия, нач. XIX в.*) monastic chair
~ в партере *фр.* fauteuil
~ в форме открытой коляски curricle
~ для отдыха easy chair
~ для передней (*обитое кожей, с высокой спинкой*) (*Англия, XVI в.*) porter's chair
~ из акрила, изготовленное методом свободного раздува bubble chair
~ коробчатой конструкции (*Фландрия, XVI в.*) sealed chair
~ на колёсах bath [machine] chair
~, под сиденьем которого имеется ёмкость storage chair
~ с выдвижной подставкой для ног (*XIX в.*) hunting chair
~ с высокой спинкой, валиками подлокотников и выдвинутым вперёд закругленным сиденьем (*США, XIX в.*) divan easy chair
~ с высокой спинкой и плетёным сиденьем (*Англия, XIX в.*) Oxford chair
~ с высокой спинкой, подлокотниками, иногда с балдахином (*Англия, XV в.*) state chair
~ с инкрустацией чёрным деревом Wellington chair
~ с крыльями 1. wing chair 2. (*с ушами*) draught [lug] chair
~ с низким сиденьем (*Англия, середина XIX в.*) devotional [praying, prie-dieu] chair
~ со спинкой 1. (*в виде колеса*) wheel-back chair 2. (*в виде лиры*) harp-back chair 3. (*в форме деки скрипки или виолончели США, 1 пол. XVIII в.*) fiddle-back chair 4. (*из брусков, с точёными ножками и широким массивным сиденьем; Англия, кон. XVIII – нач. XIX вв.*) Dan Day chair 5. (*из брусков, с точёными ножками и широким массивным сиденьем; Англия, кон. XVIII – нач. XIX вв.*) Mendlesham chair 6. (*из нескольких поперечных перекладин; США, XIX в.*) slot-back chair 7. (*имеющей контур спины человека*) contour recliner 8. (*откидной, откидывающейся*) reclining chair; wall hugger 9. (*плетёной из лозы, камыша, тростника*) caneback chair 10. (*сильно откинутой назад*) sleepy hollow chair 11. (*сплошной щитовой*) pan(el)-back chair 12. (*цельной дубовой*) wainscot chair
~ с перекрещёнными ножками X-shape chair
~ с плетёным круглым сиденьем, полукруглой спинкой, изогнутыми ножками, богатой резьбой roundabout chair
~ с подлокотниками elbow chair
~ с подставкой 1. (*для головы*) head chair 2. (*для книг*) reading chair
~ с регулируемыми элементами (*напр. спинкой*), обеспечивающими сидящему правильную позу posture chair
~ с точёными деталями turned chair
~ с точёными ножками и подлокотниками и с плетёным сиденьем (*США, XVII в.*) Carver chair
~ с ушами (*боковыми деталями спинки*) ear (chair)
~ с широким правым подлокотником, служащим подставкой для письма (*США, сер. XIX в.*) tablet chair
~ щитовой конструкции (*с высокой спинкой, плоскими подлокотниками и ёмкостью под сиденьем*) box chair
виндзорское ~ comb back chair
вращающееся ~ swivel chair
глубокое ~ 1. (*с высокой спинкой и ушами*) grand [grandfather] chair 2. (*плетёное*) ~ croquet wicker chair
гнутое ~ с плетёным сиденьем (*из тростника, соломы*) cane-seated bentwood chair

деревянное ~ типа виндзорского (*Англия, XVIII в.*) smoker's bow
каминное ~ с низким сиденьем и высокой спинкой, расшитой в стиле рококо (*США, XIX в.*) slipper chair
клубное ~ (*с выдвижной пепельницей под сиденьем, Англия, XIX в.*) smoker's chair
кожаное ~ квадратной формы с медными обойными гвоздями, с точёными ножками (*Англия, сер. XVII в.*) Cromwellian chair
корытообразное ~ с низкой полужёсткой спинкой и круглым сиденьем toilet chair
круглое ~ (*гнутое*) pincushion chair
крупногабаритное ~ со спинкой корытообразной формы tub chair
кутаное ~ upholsterer's chair
лёгкое ~ на колёсах gouty chair
лёгкое берёзовое ~ с гнутыми ножками, украшенное резьбой (*Англия, I пол. XIX в.*) fly chair
маленькое ~ с низкими подлокотниками, высокой спинкой и глубокой простёжкой (*Англия, XIX в.*) fancy sewing [ladies' easy; pompadour] chair
мягкое ~ 1. (*без подлокотников*) upholstered side chair 2. (*из набора мебели*) suite chair 3. (*с откидывающейся спинкой*) recliner 4. (*с прорезными вогнутыми подлокотниками*) Gainsborough chair 5. (*с прорезными подлокотниками и регулируемой спинкой, Англия, II пол. XIX в.*) Morris chair 6. (*с прорезями и обитыми подлокотниками*) *фр.* fauteuil
небольшие плетёные ~а для общественных мероприятий (*Англия, нач. XIX в.*) rout chairs
низкое ~ 1. *фр.* Caqueteuse 2. (*без подлокотников, сиденье которого, непрерывно закругляясь, переходит в спинку, Англия, нач. XIX в.*) ladies' [tea, totting] chair
обитое простёганное ~ imbrauderer chair
парикмахерское ~ shaving chair
плетёное ~ 1. wicker chair 2. (*в форме корзины*) croquet [straw, twiggen, wanded] chair
полукруглое ~ 1. (*на крестообразной царге; Англия, нач. XIX в.*)

кровать

drawing-room chair 2. (*обитое кожей*) coffer maker's chair
смотровое ~ (*медицинская мебель*) examination chair
соломенное ~ beehive chair
старинное ~, украшенное богатой резьбой swindle-back chair
старинное мягкое ~ farthingale
точёные виндзорские ~а Wycombe chairs
угловое ~ с широким сиденьем (*напоминающее короткую кушетку*) french corner chair
широкое ~ 1. (*без подлокотников*) Farthingale chair 2. (*мягкое*) marquise chair 3. (*с подлокотниками, Англия, XVIII в.*) drunkard's chair
кресло-качалка (*crinoline*) rocking chair; rocker
~ с механизмом наклона swivel rocker
складное ~ folding rocker
кресло-кровать chair bed
~ с откидывающейся спинкой press-bank lounge
крестовина spider
~ дисков *цел.-бум.* siders
крестоцветный cruciferous
кривая curve
~ высот (*деревьев*) height curve
~ прироста (*дерева*) 1. increment curve 2. (*в высоту*) height increment curve
~ пути track curve
~ роста (*дерева*) growth curve
~ сбега (*дерева*) taper curve
кумулятивная [совокупная] ~ роста дерева в высоту cumulative height; growth curve
кривизна (*ствола, бревна*) crook, curvature, knee
кривой [искривлённый] crooked, curved, wry
криволесье elfin woodland
альпийское ~ mossy forest
кринотин *фирм.* crinothene
криптомерия японская (*Suniperus communis*) Japanese cedar
кристаллит:
~ целлюлозы 1. micella 2. (*с распушёнными концами*) fringe micella
кроват/ь bed, bedstead

кровать

~ под балдахином fourposter; four-posted [posted] bed
~, убирающаяся в шкаф recess [table] bed
две одинарные сдвоенные ~и matching single bed
двухэтажная ~ (*double*) bunk [stacking] bed
складная откидная ~ foldaway
широкая ~ с одной спинкой hollywood bed

кровля 1. roofing 2. (*штабеля*) ridge

кровь:
драконова [змеиная] ~ dragon's blood

кромка border, edge, list, selvedge, shoulder
~, заделанная внахлёст lap scalling edge
~ зуба tooth edge
~ карры (*у последней подновки*) shoulder
~ ленты спичечного шпона match veneer edge
~, облицовка которой заходит на пласть wrapped edge
~ (*бумажного полотна*) от гидравлической или бумажной отсечки jet deckle
~, подаваемая второй (*при ребросклеивании шпона*) trailing edge
~ пожара fire line; fire margin
~ сверла heel
~ спичечного шпона chips of splint
боковая ~ зуба tooth flank
волнистая ~ (*бумажного листа*) dishing
выступающая ~ stub [shew] edge
двойная отливная ~ double deckle
загнутая ~ (*армированной фанеры*) seamed edge
закруглённая ~ bull-nose [soft] edge
зубчатая ~ scalloped edge
косая ~ scarf
медленно продвигающаяся ~ пожара rear
наружная ~ exposed edge
острая режущая ~ keen edge
отвесная ~ (*стропил*) plumb end
отливная ~ (*бумаги*) deckle [water] edge
отогнутая ~ beaded edge
поперечная ~ (*сверла*) core, web

профугованная ~ (*шпона*) joint edge
прямолинейная ~ straight edge
раскалывающая ~ (*колуна*) splitting edge
режущая ~ 1. cutting edge 2. (*инструмента*) tool edge; tooth line 3. (*сверла*) land; margin
рельефная внутренняя ~ (*дверной обвязки*) 1. sticking 2. (*в виде выпуклого закругления*) quarter round
сморщенная [морщинистая] ~ (*мягкой мебели*) puckered edge
сошлифованная ~ cutaway edge
тонкая ~ бумаги feather edge

крон/а (*дерева*) crown, leafage; limbs of tree ◇ с загущенной ~ой closely leaved; с изреженной ~ой sparsely leaved; thin-crowned
конусовидная ~ cone-shaped crown
плакучая ~ drooping crown
развесистая ~ branchy crown
раскидистая ~ spreading crown
шаровидная ~ globular [spherical] crown
ярусная ~ story crown

кронциркуль:
~ для определения расположения отверстий *меб.* hole position calliper

кронштейн arm, bracket, hanger, horn, perch, yoke
~ веерообразного окна, крепящийся горизонтально quadrant
~ для крепления раздвижной крышки стола extension table aligner
~ для крепления сводчатого карниза coved bracket
~ для крышки приёмника или проигрывателя hi-fi stay
~ для установки откидной крышки стола в горизонтальном положении lid stay; table-leaf aligner
~ крепления откидной крышки стола drop leaf bracket
~ с профильными кромками cut bracket
декоративный ~, расположенный в углу между передней ножкой и царгой стула chair bracket
поворотный [качающийся] ~ swinging arm

крошка crumb
круг disk, round, wheel

абразивный ~ для угловой заточки angular wheel
заточный [наждачный] ~ grinding wheel
наборный полировальный [холщовый полировальный] ~ mop
наждачный ~ emery grinder
полировальный ~ burnishing [glaze] wheel; lap
точильный ~ grinder
шлифовальный ~ abrasive disk; abrasive wheel
круговорот (*веществ*) cycle, cycling
~ азота nitrogen cycle
~ воды hydrologic(al) [water] cycle; moisture rotation
~ углерода carbon cycle
биологический ~ biological cycle
кружало skeleton rib center
крупногабаритный full-length
крупнокомковатый coarse blocky
крупнолистный large-leaved
кручение (*закручивание*) twist
крушина (*Frangula*) buckthorn
крылатка *бот.* key [samara, winged] fruit; wing
крыловатость (*доски*) cast crooking
крыша roof
~ кабины трактора canopy
~ штабеля pitched roof
крышка cap, flap; head, slab, top
~ варочного котла digester cover
~ (*стола*), окантованная декоративным шпоном или пластиком bordered top
~ отсасывающего ящика suction box top
~ прилавка counter top
~ сосуна *цел.-бум.* suction box top
~ (*стола*), украшенная мозаикой marquetry top
выдвижная или раскладная ~ (*стола*) wing top
выпуклая ~ raised lid
герметическая ~ *меб.* dust board
наклонная ~ (*письменного стола*) inclining desk top
откидная ~ *меб.* 1. hinged front; flip-over extension; fall, leaf 2. (*стола или шкафчика из четырёх частей в виде конверта*) envelope top
съёмная ~ replaceable lip
крюк clinch, gab, hanger, hook, staple

кряж

~ для захвата брёвен timber hitch
~ для крепления буксира breast hook
~ для крепления чокеров bull hook
~ для окучивания балансов вручную pulphook; pulpwood hook
~ канатной оснастки для крепления чокеров butt hook
~ на конце цепи или верёвки dog hook
~ на рычаге (*для разгрузки*) dump hook
~ на тракторе для крепления чокеров arch hook
буксирный ~ [рак] towing hook
дверной ~ cabin [hinge] hook; hook-and-eye
зажимный ~ clamp hook
захватные ~и grabs
плоский ~ с узкой прорезью (*для цепи, удерживающей стойки коника*) fidhook
погрузочный (*ручной*) ~ pickaroon
сдвоенные ~и с вертлюгом double-crotch grab
скользящий по чокеру ~ bardon (*choker*) hook; bell
скользящий (*по тяговому тросу*) чокерный ~ slider; sliding (butt) hook
трелёвочные ~и grabs
тяговый (*сцепной*) ~ drawbar hook
чокерный ~ choker hook
крючок (*деревянный*) peg
~ грядиля leg
~ с бородкой barbed hook
крючья:
уторные ~ chime hooks
кряж billet, block, log
~ для изготовления колотой драни lath bolt
~ цилиндрической формы industrial roll
бракованный ~ culled block
клёпочный ~ barrel [stave] log; barrel [cask] wood; stave bolt
колотый ~ (*идущий на выработку колотой драни*) lathwood
короткий ~ bolt
палубный ~ deck wood
подставной ~ для рубки или колки лесоматериалов butcher's block
резонансный ~ resonant [sounding] wood

кряж

спичечный ~ match block; match log; match wood
стружечный ~ excelsior wood
ступичный ~ felloe wood
тарный ~ box timber; box [case] wood; packing-case timber
фанерный ~ peeler (*block log*); veneer block; veneer bolt; veneer grade
шпальный ~ sleeper block; sleeper log; sleeper wood
ксантогенат xanthate
 ~ целлюлозы cellulose xanthate
ксерофильный [засухоустойчивый] siccocolous, xerophilous
ксерофит (*растение сухих местообитаний*) xerophyte
ксилема xylem
вторичная ~ metaxylem; secondary wood
первичная ~ primary wood
ксилемный xylary
ксилоза [древесный сахар] xylose
ксилокарп (*жёсткий деревянистый плод*) xylocarp
ксилол xylene
ксилотомия (*приготовление срезов древесины для изучения строения древесины*) xylotomy
ксилофаг (*организм, питающийся древесиной*) xylophage
кубатура cubage, cubature
кубометр cubic meter
плотный ~ cubic meter of dense timber; cubic meter of trunk wood; solid cubic meter
складочный ~ cubic meter of piled wood; stacked cubic meter
кувалда sledge hammer
кувшинчатый *бот.* ascidiform
кузов basket, body, pallet
дощатый ~ plank body
опрокидывающийся (*для разгрузки*) ~ 1. dump body 2. (*набок*) side-dump body
саморазгружающийся ~ self-discharging body
куколка *энт.* chrysalis
куколки [личинки] brood material
кулак claw, knuckle
кулёк bag
бумажный ~ с перекрещённым дном black-bottom bag
остроконечный бумажный ~ kite bag

складной бумажный ~ gusset bag
кулиса 1. coulisse 2. (*звено кулисного механизма*) link
 ~ деревьев belt of trees
кульверт culvert
культиватор cultivator, hoe
 ~ со стрельчатыми лапами duckfoot cultivator
дисковый ~ disk cultivator; disk hoe; disk tiller
прополочный ~ weeder
ротационный ~ rotary cultivator
культиватор-борона trash cultivator
культиватор-рыхлитель shovel cultivator
культиватор-скарификатор grubbing hoe; grubber
культивация [обработка] почвы cultivation, hoeing
сплошная ~ general cultivation
частичная ~ partial cultivation
культивирование growth
культур/а:
географические лесные ~ы (*для опытной проверки*) provenance trial
лесные ~ы artificial [homogeneous, man-made] stands; forest cultures; forest plantation
опытные лесные ~ы forest trial
оструктуривающая ~ soil-building crop
погибшие лесные ~ы failed plantation
подпологовая ~ subordinate crop
почвозакрепляющая ~ soil-building crop
почвоистощающая ~ soil-depleting crop
почвоулучшающая ~ soil-amendment [soil-improving] crop
стерильная [чистая] ~ axenic culture
широкорядная ~ spaced crop
купол dome
паровой ~ vapor dome
курс [направление движения] heading, track
 ~ полёта (*при аэрофотосъёмке*) flight path; flight track
куртина:
 ~ деревьев grove, hurst
 ~ леса separated forest stand
 ~ семенников seed blocks

курчавость листьев leaf curl
кусачки (*cutting*) pliers
~ для обрезки проволочных креплений stapling pliers
~ для обрезки пружин spring pliers
~ для проволоки pliers; wire cutter(s)
куски 1. (*бумаги*) tear-out 2. (*дерева*) lump wood
кусок:
~ дерева 1. (*закруглённой формы*) kevel 2. (*удаляемый из подпила*) scarf block
~ древесины, отрезанный от высокого пня lily pad; trim end
деловой ~ (*шпона*) fully sized sheet
кусочки:
~ обмуровки (*варочного котла*) brick dust
куст tod
кустарник brush (*wood*), bush, scrub, shrub
густой ~ dense brush; tod
древовидный ~ arbuscle
мелкий ~ shrublet
низкорослый ~ nanophanerophyte; stunted brushwood
кустарниковый fruticose
кустарничек subshrub, undershrub
кустарничковый fruticulose
кустистость stooling
кустистый bosky, dumo(u)se, fruticose
куститься tiller
кустоизмельчитель scrub cutter; scrub slasher
кусторез brush breaker; brush buster, brush [scrub] cutter, scrub-clearing machine
секционный ~ gang bush breaker
кусторез-измельчитель scrub pulverizer
кутикула *бот.* cuticle, scarfskin
кутин *бот.* cutin
куча bing, pile, tod
~ балансов blockpile
кушетка couch, davenport, squab
~ без спинки с пружинной сеткой и подлокотниками day-bed
~ с балдахином (*Англия, сер. XIX в.*) couch bed
двухместная ~ courting [double] chair
маленькая изогнутая ~ kangaroo sofa
кущение (*ветвление травянистых видов*) tillering

кювет [боковая канава] (road-)side ditch

Л

лавина avalanche
лавр (*Laurus*) laurel
~ благородный (*Laurus nobilis*) bay tree
калифорнийский ~ (*Umbellularia californica*) bay tree
лагерь:
базовый ~ (*при тушении пожара*) base [fire] camp
линейный ~ (*при тушении пожара*) line camp
лак dope, finish, lacquer, varnish
~ высокой вязкости fall bodied lacquer
~ горячей сушки stoving varnish
~, имитирующий чеканную металлическую поверхность hammerloid lacquer
~, наносимый с последующей располировкой rubbing varnish
~ на сиккативе siccative varnish
~ натурального происхождения lac
~, отверждающийся в результате испарения летучих веществ nonconvertible lacquer
~ с высоким содержанием сухого остатка high solid lacquer
~ с катализатором catalyzed finish
~ с умеренным блеском [полуматовый] semimatt lacquer
бесцветный ~ transparent lacquer
быстро высыхающий ~ siccative varnish
канифольный ~ gloss oil
конверсивный ~ conversion varnish
масляный ~ 1. lac varnish; oil-gloss lacquer 2. (*жирный*) long oil varnish
матовый [матирующий] ~ 1. flat [matt] lacquer; flat varnish 2. (*с предварительно введённым катализатором*) precat matt lacquer
натуральный японский [китайский] ~ oriental lacquer

лак

нитроцеллюлозный ~ pyroxiline varnish
пигментированный ~ lacker-shading stain
чёрный ~ japan
шеллачный ~ lac varnish
лакирование glazing, varnishing
лакировать lacquer, varnish
лакировщик varnisher
ламинат laminate
  фольговый ~ foil paper laminate
ламинатор laminator
  горячий ~ hot-melt applicator
ламинирование lamination
  горячее ~ hot-press application
  сухое ~ dry lamination
ламипер (*древесный слоистый пластик*) *фирм.* Lamiper
ландшафт landscape
  антропогенный ~ anthropogenic landscape
  лесной ~ forest landscape
  первичный ~ original landscape
  реликтовый ~ fossil [residual] landscape
  тугайный ~ (*пойменных лесов средней и центральной Азии*) tygai landscape
  элементарный ~ (*наименьший природно-территориальный комплекс*) elementary landscape
ланцетовидный lanceolate
ланцетолистный lance-leaved
лапа (*опорная*) foot
  корневая ~ 1. buttress flare 2. (*досковая [плоская]*) plank buttress
  культиваторная ~ hoe, shovel, tine, tooth
  односторонняя плоскорежущая ~ side hoe
  остроконечная рыхлительная ~ spike point
  плоскорежущая ~ flat hoe
  рыхлительная ~ break shovel; chisel [cultivator, digging, ripper] point
  серповидная ~ crescent hoe
  стрельчатая ~ center hoe
лапка (*сверла*) bug, tang
латекс (*растений*) latex
лафет (*полученный путём продольной распиловки бруса пополам*) half timber
лебёдка winch, yarder

  ~ для наземной подтрелёвки брёвен groundhog
  ~ для привода аэростатной установки balloon yarder
  ~ для привода подвесной [аэростатной] канатной установки aerial skidder; aerial yarder
  ~ для привода установки с опускающимся несущим канатом slackline yarder
  ~ для трелёвки волоком ground skidder; ground yarder
  ~ на полозьях donkey; sled-mounted yarder
  ~, перемещаемая намоткой каната dudler
  ~ подъёма стрелы крана boom hoist
  ~, работающая на спуск snubber
  ~ с вертикальной осью capstan
  ~ с мачтой tower yarder
  ~ [канатная установка] со сблокированными (*синхронно вращающимися*) барабанами interlocking skidder; interlocking yarder
  ~ со стальной мачтой steel spar yarder
  ~ со стрелой-мачтой на поворотной платформе swing(-type) yarder
  барабанная ~ drum winch
  двухбарабанная ~ double-drum winch
  конусная ~ bell hoist
  левая ~ (*на судне*) portside winch
  механическая ~ peewee yarder
  многобарабанная ~ multidrum yarder
  паровая ~ donkey; steam winch
  передвижная ~ с искусственной мачтой mobile spar yarder
  переносная ~ portable winch
  подъёмная ~ hoist, hoister; hoisting [lifting] winch
  правая ~ (*на судне*) starboard side winch
  ручная ~ hand(-operated) [monkey] winch
  самоходная ~ self-propelled yarder
  стенная ~ bracket winch
  тракторная ~ tractor [vehicle-supported] winch
  трелёвочная (*многобарабанная*) ~ yarder
  тяговая ~ towing winch
  шпилевая ~ capstan winch; gypsy yarder

якорная ~ anchor winch
лебёдчик 1. winchman 2. (*на трелёвке*) yarder engineer 3. *проф.* donkeyman
левовращающий *бот.* sinistorse
левоглюкозан *лесохим.* levoglucosan
лёгкий (*о машине*) small-scale
лёгкость ease
 ~ [удобство] управления ease of handling
ледерин leather-cloth
ледорез ice-breaker
ледоход ice drift
лежак (*нижний камень бегунов*) base [bed, lower mill] stone
леж/ень groundsill, sole (*timber*); sleeper joist
 ~ плота (*канат, укладываемый вдоль плота*) longitudinal raft cable
 направляющий [бортовой] ~ guard rail
 поперечные ~ни cross skids
 тонкий дренажный ~ pole drain
лезвие blade; (cutting) edge; cutting face
 ~ топора axe blade
 острое ~ 1. keen edge 2. (*ножа*) knife edge
 тонкое ~ feather edge
лекало template
лемех share
 плужный ~ plowshare
лён:
 кукушкин ~ (*Polytrichum commune*) haircap
лента band, belt, strap, strip, swath
 ~ для облицовывания кромок edge-bending tape
 ~ для ребросклеивания (*шпона*) splicing tape
 ~ для склейки splice
 ~ с быстросохнущим клеевым покрытием fast-drying gum tape
 бумажная ~ 1. (*для крепления вставок шпона*) patch tape 2. (*для укрепления торцов шпона*) joint paper
 графитная шлифовальная ~ graphite-impregnated sanding belt
 гуммированная (*бумажная*) ~ 1. sealing tape 2. (*для склейки*) paster 3. (*из пергамина*) adhesive glassine tape 4. (*двусторонняя*) gummed veneer tape

гусеничная ~ crawler belt; tread caterpiller
дендрометрическая ~ (*для измерения текущего прироста*) dendrometer band
клеящая ~ fusible tape; tacking strip
липкая ~ adhesive bond
лотковая ~ (*транспортёра*) troughed belt
мерная ~ 1. chain; (*measuring*) tape 2. (*для измерения диаметра*) diameter tape
металлописная (*бумажная*) ~ coated chart paper tape
перфорированная ~ punched tape
поперечная учётная ~ transect line
прорезиненная ~ rubberised webbing
самоприклеивающаяся ~ pressure sensitive tape
сортировочная ~ sorting belt
таксационная (*мерная*) ~ (*длиной 40,2 м*) surveyor's chain
транспортёрная ~ traveling belt
узкая ~ *меб.* bandelet
уплотняющая ~ packing tape
фетровая ~ felt cover strip
шлифовальная ~ 1. (*с графитовым покрытием*) graphite-coated canvas 2. (*засаленная*) loaded belt
лепестковидный petaloid
лепесток petal
 боковой ~ wing
лепка artistic molding
лепной planted
лес forest, timber, wood, woodland ◊ засаживать ~ом afforest; покрытый ~ом (well) forested
 ~ государственного значения centrally administered [centrally managed, national] forest
 ~, доступный для освоения accessible forest
 ~, закрытый для посещений closed forest
 ~ на корню standing [stumpage] timber; standing wood
 ~, не доступный для освоения [резервный] inaccessible forest
 ~ порослевого и семенного происхождения (*с оставлением маячных деревьев*) coppice with standards
 ~ промышленного значения industrial forest

лес

~, растущий на полосе отвода right-of-way timber
~ сельскохозяйственного пользования farm woodlot
~ с нормальным размером пользования ordinary forest
~ с обилием кустарника bushwood
~ с ограниченным размером пользования restricted forest
~ с пастбищными угодьями grazed forest
~, сплавляемый в плотах raftwood
~ с травянистым покровом grass forest
~ умеренной зоны temperate forest
~, управляемый властями штата state forest
~ частного владения private forest
берегозащитный [водоохранный] ~ bank-protection [gallery, riparian, riverian, share] forest
бореальный [северный] ~ boreal [frost-hardy] forest
бочарный ~ staves
вечнозелёный ~ evergreen forest
влажный тропический [дождевой] ~ rainfall forest
водорегулирующий ~ water-conservation [water-regulation] forest
вторично сформировавшийся коренной (климаксовый) ~ second cycle (native) forest
вторичный ~ (сменивший коренной) secondary [second-growth] forest
выборочный [улучшенный] ~ (по системе Дауервальд) selection forest
высокосортный [строевой] ~ high-class forest
высокоствольный ~ 1. high forest; high standing timber 2. (с наличием одного или более ярусов) storeyed forest
годный к вырубке [спелый] ~ mature wood
горно-таёжный ~ mountain taiga forest
городской ~ amenity [city, municipal] forest
государственный ~ goverment [national, state] forest
густой ~ fully wood
девственный [первобытный] ~ original [primary, undisturbed, virgin] forest
доледниковый ~ glacial forest
естественный ~ unhomogeneous [natural] forest
заболоченный [болотистый] ~ bog [marshy, swamp] forest
заготовленный ~ cut wood
заповедный ~ reserved forest
заподсоченный ~ turpentine orchard
захламлённый ~ debris-strewn forest
защитный [почвоохранный] ~ protection [protective] forest
здоровый ~ sound timber; sound wood
зимнелистопадный [тропический] ~ cold-deciduous woodland
идеальный [нормальный] ~ ideal forest
искусственный ~ homogeneouse [artificial] forest
каньонный ~ ancium
карликовый густой ~ elfin forest
колючий ~ thorn forest
конструкционный ~ framing
коренной ~ radical forest
корявый ~ crippled wood
крепёжный ~ props
кривоствольный ~ crooked timber
круглый ~ 1. round wood 2. (для мачт и столбов) hand masts
крупномерный ~ large timber
летнезелёные ~а aestilignosa, aestisilvae
летнелистопадный [тропический] ~ drought deciduous forest; drought-deciduous woodland
лиственный [листопадный] ~ angiospermous [deciduous] forest; greenwood, hardwood
листопадный тропический ~ caatinga forest
литторальный ~ littoral forest
мангровый ~ mangrove forest
медленнорастущий ~ slow-growing wood
мезофитный ~ mesophytic forest
мелкий ~ [мелколесье] small forest
мелкий круглый ~ (размером менее отпускаемого диаметра деревьев, отводимых в рубку) smallwood
мелколиственный ~ forest of small-leaved deciduous species; parvifoliate [small-leaved] forest

лесистость

молодой порослевый ~ coppice
муссоный ~ (*листопадный лес муссоной области*) monsoon forest
нарушенный [расстроенный] ~ disturbed forest
непрерывно-производительный ~ (*по системе хозяйства Дауервальд*) continuouse [permanent, perpetual] forest
неустроенный [таёжный] ~ bush
низкорослый [низкоствольный] ~ shunted wood
низкоствольный [порослевый] ~ coppice [low, sprout] forest; low-pole wood
общественный ~ common [corporation] forest
общинный ~ collective [communal, community] forest
одновозрастный ~ even-aged forest
окаменелый ~ petrified wood
окружной [районный] ~ county forest
освоенный ~ exploited forest
островной ~ forest outlier
охраняемый [заповедный] ~ protected forest
парковый ~ wood-meadow
перестойный ~ 1. old growth forest; old growth timber 2. (*защитный*) overage protective forest
поваленный ~ 1. fallen timber 2. (*ветром*) windfall [windthrown] timber
повреждённый ~ salvage
пойменный ~ flood-plain [lowland, streamside] forest
полезащитный ~ field-protection forest; field-safeguarding forest
приморский ~ coastal forest
продуктивный ~ production forest
прореженный [разреженный] ~ broken forest
противоэрозионный [приовражный] ~ gorge forest; ravine forest
раскряжёванный ~ bucked wood
растущий ~ green timber; standing forest
редкостойный ~ open woodland
резервный [неосвоенный] ~ reserved [unexploited] forest
рекреационный [оздоровительный] ~ aesthetic [recreation] forest

саловый ~ sal forest
сезонно-сухой тропический лиственный ~ seasonally dry tropical hardwood forest
сезонный тропический ~ seasonal forest
склерофильный [жестколистный] ~ sclerophylous forest
сортовой ~ dimension timber
сосновый ~ pinery
спелый ~ old growth
сплавной ~ 1. driftwood 2. (*в плотах*) raftwood
срубленный ~ 1. cut wood 2. (*поваленный*) felled wood
субальпийский ~ subalpine forest; orophylile forest
субарктический ~ subarctic forest
субтропический ~ subtropical forest
сухой [ксерофитный] ~ dry forest
сухостойный ~ standing snag
твердолиственный ~ hard-leaved forest
темнохвойный ~ dark coniferous timber
тиковый ~ teak forest
тонкомерный ~ forest thinners; small-sized timber; small wood
тугайный ~ riparian woodland
туманный [моховой] ~ [нефелогилея] (*тропический вечнозелёный лес на склонах гор в полосе конденсации туманов*) moist mountain [moss] forest
удельный ~ (*принадлежащий королевской семье*) crown forest
управляемые ~a managed forests
учебный ~ demonstration [training] forest
фермерский ~ [лесная часть фермы] farm forest; farmwood; farm woodlot
хвойный ~ conifer forest; gymnospermous wood; softwood
широколиственный ~ bread-leaved forest; broadleaved woodland
экваториальный дождевой ~ equatorial rain forest
эксплуатационный [коммерческий] ~ merchantable forest
леса 1. (*строительные*) framing 2. (*эстакада*) trestle
лесистость percentage of forest land

лесистый

лесистый (*о территории*) wooded, woody
лесник ranger, *англ.* woodman
   общинный ~ county ranger
лесничество forest [ranger] district; division of forestry; forest division
   учебное ~ training forest district
лесничий forester; ranger manager; wood ward; woodward
   главный ~ chief forest officer; master forester
   главный федеральный ~ chief forester
   государственный ~ [главный лесничий штата] *амер.* state forester
   общинный ~ county ranger
   окружной ~ district forest [divisional forest] officer; forest conservator
   районный ~ area [district] forester; county forest officer
   участковый ~ county forester; forest guard
   федеральный районный ~ district forester, district [forest] ranger
лесной silvan, sylvan, woody
лесоавтопоезд log [timber] truck; log [truck] train
лесоведение silvics
лесовладелец forest owner
лесовладение land ownership; timber tenure
   государственное [национальное] ~ national ownership
   промышленное ~ industry ownership
   смешанное ~ miscellaneous ownership
   фермерское ~ farm ownership
лесовод forester, silviculturist; wood grover
   учёный ~ graduated forester
лесовод-информатор extension forester
лесовод-исследователь [учёный лесовод] research forester
лесовод-консультант (*частный*) consulting forester
лесовод-производственник industrial forester
лесоводственный silvicultural
лесоводство arboriculture, forestry; forest science; silviculture
   практическое ~ (*преследующее коммерческие цели*) commercial forestry
лесовод-техник technical forester

лесовоз (*автомобиль на вывозке леса*) log truck
   портальный ~ straddle carrier; straddle truck
лесовосстановление reforestation
   ~ на высокопродуктивных лесных землях rehabilitation of high-site forest lands
лесозаготовитель logger; forest [logging] operator; lumber-jack, woodsman
   сезонный (*занимающийся лесозаготовками часть времени в году*) ~ part-time logger
лесозаготовки harvest, harvesting, logging
   ~ без промежуточного складирования (*без межоперационных запасов*)
   лесоматериалов hot logging
   ~ на базе канатных установок (*с канатной трелёвкой леса*) cable-(way) logging
   ~ на слабых грунтах swamp logging
   ~ на трассе будущей дороги right-of-way logging
   ~ по контракту contract operation
   ~ с вывозкой [трелёвкой] деревьев full-tree [whole-tree] logging
   ~ с вывозкой леса по железной дороге railroad [railway] logging
   ~ с вывозкой [трелёвкой] сортиментов short-length [shortwood] logging
   ~ с вывозкой [трелёвкой] хлыстов tree-length logging
   ~ с заготовкой балансов [балансовой древесины] pulpwood logging
   ~ с использованием летательных аппаратов aerial logging
   ~ со сплошными рубками clear-cutting [clear-felling] system
   ~ с переработкой целых деревьев (*в щепу*) whole tree operations
   ~ с (подневольно-)выборочными рубками selective logging
   ~ с применением аэростатов balloon logging
   ~ с применением гужевой трелёвки animal logging
   ~ с применением колёсных тракторов skidder logging
   ~ с применением подвесной канатной трелёвки skyline (cable) logging

лесоматериал

~ с применением ручного труда manual logging
~ с промежуточным складированием лесоматериалов cold logging
~ с рациональным использованием [с переработкой] древесины integrated [multiproduct] logging
~ с трелёвкой [вывозкой] деревьев full tree operation
~ с трелёвкой [вывозкой] хлыстов tree length operation
~ с условно-сплошными [котловинными] рубками patch logging
крупно-масштабные ~ large-scale logging
мелко-масштабные ~ small-scale logging
механизированные ~ mechanized logging (operation)
непрерывные [круглогодовые] ~ continual harvestings [year-round] operations; continuous harvesting
обычные [традиционные] ~ (*с применением моторных пил, трелёвочных тракторов*) cut-and-skid operations
повторные ~ (*после первичной рубки*) relogging
сезонные ~ periodic harvesting
лесозащита forest protection
лесокультурный silvicultural
лесоматериал 1. timber, wood 2. *мн.* forest products
~ в штабеле staked wood
~ длиной, равной длине автопоезда log haul length
~ для буровых установок rig timber
~ для выработки бочарной клёпки barrelwood
~ для столярного производства joinery wood
~ для столярных и внутренних отделочных работ finish wood
~ для столярных кузовных работ coach timber
~ы, заготовленные при рубках ухода thinnings
~ заданной длины proper-length material
~ из внутренних слоёв дерева endogens
~ искусственной сушки desiccated wood
~ мягких пород soft timber
~, не отвечающий стандарту reject
~, обсохший во время сплава hung-up
~ определённой длины slash
~, поражённый синевой blue timber
~, пригодный к сплаву (*в свежесрубленном виде*) floater
~ы разной длины mixed [random] lengths
~, удерживаемый на плаву floater
~ы, уложенные в штабель stacked products
~ хвойных пород coniferous [soft] timber
бессучковый ~ 1. branchless wood 2. (*пилёный*) clean [clear] lumber
бракованные ~ы brack
выдержанный ~ seasoned wood
высокосортные ~ы high grade timber
деловые ~ы industrial wood; valuable timber crop
забракованные ~ы culls
заготовленный (*и сложенный*) у пня ~ stump(-piled) wood
затонувшие ~ы sinkage
здоровый ~ sound timber
искривлённый ~ (*из деревьев с искривлёнными стволами*) crooked timber
каркасный ~ framing timber
колотые ~ы cleaving [cleft] timber; split wood
корневой ~ root timber
круглый ~ 1. round timber; roundwood 2. (*мелкий*) round stick
крупномерный [толстомерный] ~ large timber
летние ~ы summer wood
мачтовый ~ mast [straight] timber
необработанные ~ы rough timber; timber in the rough
неокорённый ~ unbarked timber, unbarked wood
неотёсанные строевые ~ы lumber wood
окорённый ~ 1. (de)barked timber 2. barked [peeled] wood
перевозимый морским судном ~ seaboard timber
пилёный ~ saw(n) timber
пнёвый ~ stumpwood
поделочный ~ factory timber

лесоматериал

распиленный ~ converted timber
рудничный [шахтный] ~ mine [mining] timber; pit props; pitwood
свежераспиленный, свежесрубленный ~ green timber, green wood
сплавляемый молем ~ floatwood
сплавной ~ drift(ing) wood; float timber
стандартный ~ dimension timber
столярный [мебельный] ~ cabinet timber, cabinet wood
строительный ~ building [construction, structural] timber; building wood; millwork
сырой [непросушенный] ~ unseasoned wood
тарный ~ [тарный кряж] box [case, packing-case] timber
тёсаные ~ы hewed [hewn] timber
товарный [коммерческий] ~ commercial timber
токарный ~ turning timber
толстомерный ~ dimension timber
тонкомерные ~ы 1. small-dimension [small-sized] timber 2. (*получаемые при расчистке трасс, просек*) clearing timber
фигурный профилированный ~ molding
хвойные ~ы высших сортов B and Better
чистоокоренный ~ rossed wood
шахтный [рудничный] ~ colliery timber; mine [pit] wood
шпальный ~ sleeper wood
ящичный ~ box [case] wood
лесомелиорация forest melioration; forest reclamation
леснакопитель woodbunk
леснарушение (*нарушение лесного законодательства*) forest offence; forest trespass; rape of forest
леснасаждение [насаждение] (*forest*) crop; (*forest*) stand; (*growing*) stock
лесопарк amenity [city, municipal, park] forest; wood-meadow
лесопастбищный agro-silvo-pastoral
лесопильщик sawmill operator
лесопитомник [питомник] (*forest*) nursery, orchard, seminary
лесопогрузчик log [timber] loader
лесопользование forest [timber, wood]

exploitation, forest [woodland] management
~ без восстановления лесов timber mining
беспорядочное ~ timber mining
неистощительное ~ sustainable forestry, sustained yield
непрерывное ~ permanent forestry
нормальное ~ forest conservation
основное ~ major forest produce
лесопромышленник lumberman, timberman
лесопункт (*depot*) camp; logging unit
~ на колёсах car [wheel] camp
лесоразведение forestation, foresting, forest-growing
полезащитное ~ agricultural [field, protective] afforestation; shelterbelt establishment, steppic silviculture
лесоразработка forest exploitation; forest operation
лесорама saw, saw frame
лесоруб 1. (*лесозаготовитель*) logger; lumberjack 2. (*на валке, раскряжёвке и т.п.*) woodcutter 3. (*с топором*) (*wood*) chopper
неопытный ~ *проф.* woodpecker
лесосек/а cutting [felling, harvesting, logging] area; felling [logging] site ◇ ~ами (*участками*) by compartments
~, осваиваемая канатной установкой с одной стоянки strip
~, предназначенная для получения дубового корья oak-bark coppice
~ с выборочной рубкой selection-cut area
~ и сплошной вырубки (*разделённые растущим лесом*) staggered settings
~, чувствительная к воздействию техники sensitive site
вырубленная ~ cutover (area); felled [logged] area
годичная ~ (*установленный фактический объём будущей рубки*) 1. annual [prescribed] yield; year felling area 2. (*допустимая*) permissible yield
отводимая в рубку ~ logging claim
периодическая средняя расчётная ~ по рубкам ухода periodic mean annual intermediate yield
расчётная ~ (*устанавливаемый фактический объём периодически прово-

линейка

димой рубки) annual [prescribed] cut; periodic yield
расчётная годичная ~ **1.** (*главного пользования*) allowable [allowable final] cut **2.** (*промежуточного пользования*) allowable intermediate cut **3.** (*фактическая*) actual cut
лесосплав [сплав леса] floatage; timber [wood] floating; timber rafting
лесоспуск (log) chute, gangplank, gangway, (running, timber) slide; slip
~ [спуск леса] по земляному лотку ditch transportation
~ [спуск леса] по снежному лотку avalanche transportation
водный ~ water chute
земляной ~ earthen chute
проволочный ~ wire gravity cable
сухой ~ dry chute
лесостепной forest-steppe
лесостепь forest [wooded] steppe
лесотаска log chain
лесотранспортёр (*bull*) chain; haul-up; jack slinger; wood conveyor
~ для брёвен **1.** log conveyor; log haul-up; log way [logway] **2.** (*многоцепной*) multistrand log haul-up **3.** (*поперечный*) log hauler transfer; parallel (*chain*) log haul-up **4.** (*продольный*) endless (*chain*) log haul-up **5.** (*продольный одноцепной*) single strand log haul-up
плавающий ~ pullboat
тросовый ~ cable conveyor; cable haul-up
цепной ~ chain conveyor; chain haul-up
лесотундра forest-tundra
лесоустроитель forest manager; working-plan officer
лесоустройство forest husbandry; forest management; forest organization; forest regulation; survey regulation of district
повторное ~ renewal of working plan; working plan revision
лесоучасток camp setup; wood division
лесохимия dendrochemistry, wood chemistry
лесохранилище log storage ground
лесоэксплуатация forest [timber, wood] exploitation
леспромхоз lespromchoz, logging enterprize; logging operation

лёсс loess
лёт взрослых особей (*насекомых*) adult emergence
летероид (*вид тонкой фибры*) leatheroid
летучий (*о веществе*) volatile
лещина (*Corylus*) aglet, hazel
~ обыкновенная (*Corylus avellana*) common hazel
лжеакация (*Robinia pseudoacacia*) locust
лжетсуга (*Pseudotsuga*) fir
~ тиссолистная (*Pseudotsuga taxifolia*) bigcone spruce; Douglas fir
либриформ (*механический элемент древесины*) elongated thickwalled fiber cell; libriform
лигнин lignin
~, осаждённый спиртом alcohol lignin
биосинтетический ~ dehydropolimerizate
медно-аммиачный ~ cuproxam lignin
меркаптановый [сульфатный] ~ mercapto lignin
нейтральный сульфит-целлюлозный ~ neutral semisulfite cellulose lignin
органически растворимый ~ organosoluble lignin
остаточный ~ (*в волокнистом полуфабрикате*) residual lignin
периодатный ~ periodate lignin
пиролизный ~ pyrolized lignin
сернокислый ~ Klassen lignin
сульфатный ~ thiolignin
хлоргидринный ~ chlorohydrin lignin
щелочной ~ alkali lignin
лигнификация lignification
лигноцеллюлоза lignified tissue; lignocellulose
лизиметр (*измеритель просачивания*) percolation gauge
лизин lyzine
лимб limb
линейка rule, stick
~ бумагоделательной машины slic(er)
~ для определения объёма пиломатериалов tally stick
градуированная ~ для измерения лесоматериалов gard stick
декельная ~ deckle board

линейка

измерительная ~ layout rod
мерная ~ 1. board [dividing, measuring] rule; measuring scale 2. (*для измерения объёмов брёвен*) hull callipers; log scale; scale stick; timber sword
направляющая ~ 1. parallel fence 2. (*для прижима детали при фуговании кромки*) shooting board
поверочная ~ ruler
сбрасывающая ~ (*для брёвен*) log-turner bar
складная таксационная ~ folding cruiser stick
столярная ~ layout rod
линейно-ланцетовидный lance-linear
линейно-мочевидный linear-ensate
линейно-продолговатый linear-oblong
линия:
~ в бумаге верже laid line
~ вершины зубьев (*пилы*) face line of teeth
~ двустороннего облицовывания кромок (*щитов*) banding line; double-end edge
~ двусторонней обрезки и обработки кромок (*щитов*) double-end sizing and trimming line
~ зубьев tooth line
~ изготовления спичечных коробок box production line
~ изготовления стружки chip mill
~ измельчения отходов древесины chipping plant
~ касания ступенек лестницы line of nosings
~ кромкофугования clipper street
~ ламинирования плёнки и тиснения (*щитов*) film overlay laminating-and-embossing system
~ лебёдочной трелёвки [прохождения каната] yarding path
~ непрерывного лущения, сушки и разрезки шпона continuous peeling, drying and clipping line
~ нивелировки survey [valuation] line
~ обработки щитов panel machining line
~ огня fire line; fire margin
~ основания зубьев (*пилы*) bottom line of tooth

~ отлива ковра (*ДВП*) [формирования ковра (*ДСП*)] forming line
~ подачи спичечной соломки stick line
~ полирования спичечной соломки splint polishing line
~ починки шпона или фанеры patch line
~ производства спичечной соломки splint production line
~ пропитки спичечной соломки 1. splint treatment line 2. (*набрызгом*) spray impregnation line
~ проходного прессования through-feed press line
~ раздела (*узлов мебели*) boundary line
~ разрыва break line
~ растрескивания сухих плодов suture
~ сгиба crease
~ сдувок vent-relief line
~ сортировки grade line
~ шлифования rub line
автоматическая ~ 1. (*для сборки щитовых дверей*) door panels automatic assembly line 2. (*заполняющая для поддонов с блоками сеянцев «Пейперпот»*) automatic filling line 3. (*машинной обработки с программным управлением подачи*) computerized through-feed machining system
визирная ~ sight(ing) line
волосяная ~ (*шва или соединения*) hair line
компактная ~ для полной переработки древесного сырья в стружку instant woodmill
коробконабивочная ~ box filler line
магистральная ~ trank line
меловая ~ chalk line
направляющая ~ при обработке детали (*по копиру или шаблону*) mold line
окорочная ~ barking line
основная ~ base line
отделочная ~ (*установка*) finishing line
поточная ~ 1. (*машинной обработки*) through-feed machining line 2. (*резки и упаковки листовой целлюлозы*) sheet finishing line 3. (*резки и упаковки рулонов*) roll finishing line

ЛИСТ

размеченная на местности ~ нивелировки grade line
раскряжёвочная ~ bucking [crosscuting] line
сучкорезная ~ 1. delimbing line 2.(*с непрерывной подачей*) continuous feed delimbing line
чёрная ~ (*граница зоны развития дереворазрушающего гриба*) black [pencil, zone] line; penciling
линованный (*о бумаге*) lined
линт (*хлопковый*) lint, linter
липа (*Tilia*) basswood, lime
~ американская (*Tilia americana*) spoonwood, whitewood
~ крупнолистная (*Tilia platyphyllos*) large-leaved lime
~ обыкновенная (*Tilia vulgaris*) common lime
~ разнолистная (*Tilia heterophylla*) tile tree
липкий stickly, tacky
липкость stick, tack
лист 1. leaf 2. (*бумаги*) sheet
~ без наполнителей и проклейки waterleaf
~ бумаги с плохим просветом wild-looking sheet
~ влажной массы lap
~ влажной целлюлозы pulp lap
~ из двух пластинок binary leaf
~ с очень слабовыраженным черешком subsessile leaf
~ с пальчатым типом жилкования palmately veined leaf
~ удлинённой формы flag
~ учёта tally card
верхний и нижний ~ы бумаги (*в кипе*) outsides
вкладной ~ *цел.-бум.* loose leaf
ворсистый ~ setulose leaf
выемчатый ~ dedalous leaf
голый [неопушённый] ~ glabrous leaf
двойной пильчатый ~ double serrate leaf
двоякоперистосложный ~ pinnately decompound leaf
дланевидно-лопастной ~ palmately parted leaf
дополнительные [добавочные] ~ы бумаги (*в стопе*) extras, overs, spoilage

игольчатый ~ acicular leaf
копьевидный ~ hastate leaf
кроющий ~ 1. cataphyllary leaf 2. (*почки*) bract
лопастный ~ lobed leaf
лопатовидный ~ spatulate leaf
мелкий ~ microphyll
молодой ~ leaflet
мутовчатый ~ whorled leaf
надрезанный ~ incised leaf
непарноперистый ~ odd-pinnate leaf
непроклеенный ~ unsized sheet
нестандартный ~ odd sheet
обработанный ~ бумаги trimmed paper sheet
обратноланцетовидный ~ oblanceolate leaf
обратнояйцевидный ~ obovate leaf
однолопастный ~ unifoliate leaf
опавший ~ abscissed leaf
отбойный ~ [зонт] deflector
отбракованные ~ы (*бумаги*) throwouts
очередной ~ alternate [subopposite] leaf
пальчатонервный ~ finger-veined leaf
пальчаторассечённый ~ palmately parted [palmatisected] leaf
пальчатосложный ~ palmately compound leaf
парноперистый ~ abruptly pinnate [paripinnate] leaf
первый ~ prophyll(um)
перистодольчатый ~ pinnatilobate leaf
перистонервный ~ feather-nerved leaf
перистораздельный ~ pinnatipartite leaf
перисторассечённый ~ pinnatifid [pinnatisected] leaf
перистый ~ pinnate leaf
пильчатый ~ toothed leaf
полностью проклеенный ~ (*бумаги*) fully sized sheet
прерывисто-перистый ~ interruptedly pinnate leaf
прикорневой ~ bottom [radical] leaf
пробный ~ sample sheet
продолговатый ~ oblong leaf
разделённый ~ decomposite leaf
раздельный [дольчатый] ~ cleft leaf
ранневесенний ~ early leaf
рассечённый ~ parted leaf

623

ЛИСТ

ребросклеенный ~ шпона spliced veneer sheet
сложный ~ compound leaf
супротивный ~ opposite leaf
сформировавшийся ~ adult leaf
трёхзубчатый ~ triscupidate leaf
тройчатый ~ ternate leaf
увядший ~ flaccid leaf
хронометражный ~ time card; work sample
цельный ~ entire(-kind) leaf
черешковый ~ petioled leaf
шиловидный ~ subulate leaf
листва foliage, green, leafage
лиственница (*Larix*) larch
~ американская (*Larix laricina*) Alaska [American, tamarack] larch
~ европейская (*Larix decidua*) common [European] larch
~ западная (*Larix occidentalis*) western larch
~ сибирская (*Larix sibirica*) Siberian larch
лиственный (*о древесной породе*) broadleaf, broadleaved, deciduous, foliaceous, foliar, foliate
листвяг [лиственничный лес] larch forest
листер lister
листовёртка [листовёртки] (*Tortricidae*) tortricids
листовёртка-почкоед (*Choristoneura, Hedia и др.*) budworm
листовидный foliaceous, foliate
листовка (*тип плода*) follicle
листоеды [листогрызущие насекомые] (*Chrysomelidae*) leaf beetles; leaf-eating insects
листопад defoliation
листопадный deciduous; leaf-losing; thermophyllous
листорасположение:
  мутовчатое ~ verticillate leaf arrangement; whorl leaf aestivation
  очередное ~ alternate leaf arrangement
  супротивное ~ decussate leaf arrangement; opposite leaf aestivation
листорезка sheet cutting machine
листосложение foliation
  ~ в почках vernation
листочек:
  ~ простоперистого листа pinna

~ сложного листа foliole, leaflet
вторичный ~ (*листа*) pinnule
листья: ◊ с распустившимися ~ми in leaf
литник:
  центральный ~ *меб.* sprue
литопон lithopone
лифт:
  кухонный ~ dumbwaiter; rising cupboard
лихтер lighter
лицензия:
  ~ на заготовку и продажу древесины timber licence
лицо:
  ~ [боёк] молотка pane
личинк/а larva
  ~и 1. brood material 2. (*короедов*) brood bark
  ~ перед окукливанием prepupal larva
  ~ стволовых вредителей timber worm
  вылупившаяся ~ (*из яйца*) hatched larva
  червовидная ~ (*жуков*) grub
лишайник lichen
лишённый растительности (*о почве*) bald, bleak
лобзик carvers, fretsaw, jigger; kraft blade; scroll [compass, fret, lock, pad, sweep] saw
  механический ~ (saber) jig saw
ловушка 1. trap 2. *цел.-бум.* catch-all
  ~ для волокна (*dummy*) receiver; pulp trap
  ~ для легковоспламеняемых горючих материалов fire trap
  ~ для насекомых insect trap
  ~ пиролизных смол tar trap
  вихревая ~ vortrap
  ротационная ~ для оборотной воды rotary backwater save-all
  световая ~ (*для насекомых*) light trap
  флотационная ~ floatation save-all
лог small ravine
лодочка *бот.* keel
ложбина ravine
ложе (*для семян*) bed, receptacle
  ~ соцветия torus
локомотив:
  маневровый ~ switch engine
локус (*местоположение гена в хромосоме*) locus

лом:
~ с лапками на конце claw-ended lever
лапчатый ~ claw bar
ломкий (*о древесине*) brashy, brittle
лопастный lobed
лопаст/ь arm, vane
~ [било] бракомолки kneader blade
~ в котле для варки крахмала *цел.-бум.* sweep arm
~ крылатки vein
~и рубильной машины (*на обратной стороне ножевого диска*) card backes; card breakers; fingers
мешальная ~ rabble [rabbling, ragging] arm
щеповыбрасывающая ~ (*стружечного станка*) fan blade
лопата shovel, spade
клиновидная ~ notching spade
круглая ~ circular spade
механическая ~ для выкопки саженцев tree lifter
обратная ~ backhoe
полуцилиндрическая посадочная ~ planting auger
ручная ~ (muck) stick
лопатка [скребок] trowel
~ столярного инструмента shoulder blade
окорочная ~ timber shave
сборочная ~ (*для извлечения живицы из приёмника*) dipper
лоск luster, polish, shine
~ бумаги paper gloss
лот (*при буксировке плотов*) plummet
лоток chute, gutter, pan, tray, trough
~ для массы stock flume; stock trough
~ для сбора спрысковой воды shower pan
~ [спуск] с неприводными роликами gravity conveyor
~ транспортёра conveyor trough
водный [водяной] ~ (*для балансов*) log [water] flume; water chute
загрузочный ~ intake chute
лесосплавной ~ flume; log [wet] chute; sluice; water slide
направляющий ~ baffle
подающий ~ (*напр. тряпкорубки*) feeder trough
подводящий ~ intake apron
разгрузочный ~ discharge apron

лощение polishing, rolling
~ бумажного полотна web glazing
~ в цилиндрах gilling
~ камнем flint glazing
~ между 2-мя листами картона board glazing
~ на обогреваемых паром каландровых валах hot rolling
лощина gully, ravine, strath
луб inner [soft] bark; liber, phloem
мягкий ~ soft bast
твёрдый ~ hard bast
луг grassland, meadow
затопляемый ~ callow, water-meadow
лужайка (*зелёная*) greensward, grass-plot, lawn
лунка:
посадочная ~ planting hole
лункоделатель [лункокопатель] dibbling machine, dibbler, hole-digger
лупа:
~ для осмотра сетки *цел.-бум.* wire magnifying glass
луч *бот.* ray
ксилемный ~ wood ray
сборный [групповой] ~ aggregate ray
сердцевинный ~ (*древесины*) medullary ray; ray cell; woodray
лучина shive
лучинка:
воспламеняемая ~ (*первый образец спичек*) ignitible rod
лучок (*пилы*) saw bow
лущение paring, peeling, reducing
~ шпона rotary peeling
непрерывное ~ continuous peeling
лущильщик (*оператор*) lathe operator
дисковый ~ (*станок*) disker
лущить hull, peel
лыко inner bark, bast, liber
люк 1. hatch 2. (*скати*) [затвор] *спл.* chute door
~ для промывки и очистки cleanout
~ для чистки *цел.-бум.* cleanout door

М

магистраль 1. base line 2. *дор.* highway; main road

макет mock-up, model, pattern
маккия (*заросли вечнозелёных кустарников*) maquis
макроструктура (*древесины*) (wood) macrostructure
макрофибрилла macrofibril
макроэлемент (*питательный элемент, потребляемый в больших количествах*) macronutrient element
макулатура garbage, old papers; stock, tap; waste paper
~ из неразошедшихся изданий over-issues
~ из нераспроданных газет over-issue news
картонная ~ waste paperboard
книжная ~ book stock
конторская ~ ledger stock
облагороженная ~ 1. deink(ed) (*paper*) stock; reclaimed waste paper; 2. (*газетная*) deinked newspaper
малка bevel (square); miter square
маловетвистый subramose
малогабаритный (*о машине*) small-scale; small-size(d)
малолесный sparsely wooded
маломощный light-duty
манёвренность flexibility, manoeuvrability
манипулятор handler, knuckle boom
манометр gauge, manometer
мембранный ~ diaphragm (*pressure*) gauge
мантия:
~ (*микоризы*) fungal mantle
маншон *цел.-бум.* jacket
маранил (*формованное изделие из нейлона*) maranyl
марка 1. mark, sort, tally 2. (*маркировочная метка*) die stump
маркёр (*напр. сеялки*) marker
маркировать mark, spot
повторно ~ брёвна dehorn
маркировка branding, mark(ing), spotting
~ вешками 1. pegging 2. (*лесокультурной площади*) staking-out
~ деревьев в рубку marking of timber
~ краской painting
~ [V-образная отметка] лучшей кромки edge mark
~ от скрепляющих проволок (*на бумаге ручного черпания*) chain [wire] lines
~ равнителя dandy mark
~ сукна 1. blanket mark; 2. (*швом*) felt seam mark
волосяная ~ (*дефект отделки бумаги*) haircuts
фирменная ~ на торцах досок shipping mark
маркировщик marker
марлин marlin
марля cheesecloth
марш 1. (*периодически затопляемые почвы*) marsh 2. (*лестничный*) flight
~, периодически заливаемый приливами tidal marsh
масла:
древесносмоляные ~ (*получаемые при перегонке древесного дёгтя*) wood tar oils
лёгкие пиролизные ~ light oils
нелетучие жирные ~ nonvolatile fatty oils
тяжёлые пиролизные ~ heavy oils
маслёнка 1. fitting, oil can, oil cup 2. (*картонажная бумага*) pasteboard paper
масло oil
~ для сушки древесины (*нагретое выше точки кипения воды*) seasoning oil
~, очищенное воздушной продувкой air blowing oil
берёзовое ~ birch oil
всплывное ~ [жижка] pyroligneous liquor oil
дегтярное ~ tar oil
дистиллятное талловое ~ distilled tall oil
канифольное ~ rosin oil
перилловое ~ perilla oil
пиролизное сосновое ~ destructively distilled pine oil
сосновое [хвойное] ~ pine(-tar) oil
сульфированное ~ (*для покрытий*) sulfated oil; sulfonated oil
талловое ~ 1. tall oil 2. (*полученное при сульфатной варке сосновой древесины*) pine tall oil
терпентинное [скипидарное] ~ turpentine oil
тунговое ~ (*из семян деревьев видов*

масса

Aleurites) chinawood [Chinese wood] oil; tung oil
эфирное ~ 1. essential oil 2. (*летучее*) volatile oil
маслобак oil tank
маслонепроницаемость oil resistance
маслопровод oil conduit; oil (pipe-)line
маслостойкий oil-resisting, oil-tight
маслоуловитель oil trap
масса 1. (*волокнистая*) цел.-бум. stock 2. (*вес*) weight
~ абсолютно сухой древесины dry (wood) weight
~ для газетной бумаги 1. newspulp 2. (*отсортированная в центробежной сортировке*) rotary screened newspulp
~ для картона board stock
~ для наливного слоя картона top stock
~ для формирования спичечной головки match head composition
~ древесины, содержащей воду в стенках клеток still-wet mass
~ жирного помола slow-beaten stock
~, загруженная в ролл beater stuff
~ загрузочной порции shot weight
~ из бракомолки pulper stock
~ из книжной и журнальной макулатуры (*без содержания древесной массы*) magazine stock
~ мёртвого помола dead beaten stock
~ надземной части (*растений*) green weight of top
~, отделённая отсечкой squirt trimmed stock
~, переброшенная через барабан ролла spitted stock
~, подлежащая размолу grain
~, подмолотая в гидрофайнере hydrafined stock
~ покровного слоя coating weight
~ садкого помола free-beaten stock
~ свежесрубленной древесины green weight; weight of green wood
~ с содержанием пучков сбившихся волокон piled stock
~ сырой древесины wet weight
~ упаковки tare
абсолютная ~ absolute weight
абсолютно сухая ~ absolute dry [oven-dry] weight
бегунная ~ kollerganged stock

белёная (*древесная*) ~ bleached groundwood
бумажная ~ paper (grade) pulp; stuff
бурая (*древесная*) ~ black stock; steamed pulp
воздушно-сухая ~ air-dry weight
волокнистая ~ цел.-бум. fiber, pulp, slush
«выдутая» ~ blow stock
высокосортная ~ цел.-бум. fine grade of stock
древесная ~ 1. groundwood (fiber, pulp); (mechanical) woodpulp 2. (*бурая*) steamed groundwood 3. (*высокой пухлости*) high-bulk groundwood 4. (*грубая*) coarse groundwood 5. (*для газетной бумаги*) newsgrade groundwood 6. (*для изготовления кровельного картона*) feltwood 7. (*из массного канала дефибрера*) pit stock 8. (*из щепы*) chip groundwood; disk refiner groundwood; refiner groundwood 9. (*первой ступени размола*) coarse grade of pulp 10. (*продольного дефибрирования*) long grain fiber 11. (*садкого помола*) fast-beaten pulp; fast-groundwood pulp 12. (*с содержанием коры*) bark-chip mass 13. (*тонкая высококачественная*) fine groundwood 14. (*химическая*) chemical groundwood; chemigroundwood
жидкая ~ slurry
жирная ~ long [slow, wet] stock; shiny stuff; slow[-draining] [slush, wet] pulp
зажигательная ~ ignition compound
застоявшаяся ~ dead stuff
клейкая ~ glutinous mass
коротковолокнистая ~ short stock
ловушечная ~ recovered stock
макулатурная ~ old paper [repulped, secondary] stock
мейсонитовая ~ exploded fiber
небелёная ~ brown stock
недомолотая ~ raw stock
объёмная ~ 1. unit weight 2. (*древесины*) volume timber weight
основная ~ 1. main body 2. (*минеральная ~ почвы*) matrix soil
очищенная ~ accepted [screened] stock; strained pulp
первичная ~ (*из свежих полуфабрикатов*) virgin stock

627

масса

перемолотая ~ over-beaten stock
полная ~ **1.** (*автомобиля при расположении на нём всего груза*) gross vehicle weight **2.** (*автопоезда с грузом при расположении груза на автомобиле и прицепе*) gross train weight
разбавленная ~ thin pulp
разбрызгиваемая ~ spattered stock
рафинированная ~ beaten pulp
садкая ~ **1.** coarse grade of pulp; fast [free working] stuff **2.** (*длинноволокнистая*) free long-fibered stuff **3.** (*коротковолокнистая*) free short-fibered stuff
сгущённая ~ slush stock
спичечная [зажигательная] ~ dipping substance
споровая ~ pustule
сульфитноцеллюлозная ~ slush sulfite
сцепная ~ adhesion weight
тощая [садкая] ~ free stock
тряпичная ~ после вывода из ролла whole stuff
уловленная ~ reclaimed stock
фосфорная ~ **1.** friction compound **2.** (*намазываемая на спичечную коробку*) composition of striking surface
целлюлозная ~ pulp
масса-брутто shipping weight
массив (*лесной*) forest range; stock; stocked wood
массивный solid
массоизготовитель stock maker
массоловушка **1.** pulpsaver; save-all; stuff catcher **2.** (*типа вакуум-фильтра*) vacuum drum-type save-all
~ барабанного типа drum-type vacuum save-all
массометр (*кв.м бумаги*) basis weight gauge
инфракрасный ~ infrared basis weight gauge
массопровод piping; stock line
мастер boss, foreman
~ в лесу camp [side] foreman; side-rod
~ по регенерации recovery foreman
сменный ~ shift foreman
мастерская workshop
заточная ~ filing room
модельная ~ pattern shop

мастика paste; black varnish; wax
~ в палочках *меб.* finisher's [scaling] wax; stick [wood-turner's] cement; stick filler
масштаб rate, scale
~ съёмки scale of surveying
переменный ~ variable scale
условный ~ representative scale
мат *меб.* mat
материал material, stuff
~ верхнего слоя [покрытия] top material
~ для возведения насыпей fill material
~ для гофрирования fluting material
~ для клёпки staving
~ для мелования coating material
~ для настила decking
~ для облицовки мебели upholstery material
~ для салфеток и полотенец towelling
~ из плетёного винилового волокна woven vinyl
~, смешиваемый с семенами (*при транспортировке*) carrier
абразивный [шлифовальный] ~ (*в виде зёрен*) **1.** grit **2.** (*крупный*) coarse grit **3.** (*тонкий*) fine grit
вспомогательные ~ы auxiliary [indirect] materials
горючий ~ **1.** fuel **2.** (*пожароопасный в лесу*) forest debris; hazardous debris; forest fuel; (*естественный*) natural fuel; (*мелкий, легковоспламеняющийся*) flash fuel; (*крупный*) full size fuel; heavy fuel; (*неприземлённый, напр. вершины деревьев*) aerial fuel
древесный ~ **1.** wood-base material **2.** *мн.* forest products
дублированный тканью ~ fabric-backed material
жёсткий облицовочный (*листовой*) ~ rigid surfacing sheet
кромочный облицовочный [кромкооблицовочный] ~ **1.** edge lipping; edging railing; **2.** (*шириной не более 25 мм*) banding **3.** (*погонажный в виде полос*) flat strip lipping
листовой ~ **1.** sheeting **2.** (*плёночный без основы*) unsupported sheet
материнский [исходный] (*почвенный*) ~ parent (soil) material

машина

набивочный ~ *меб.* 1. filling, packing 2. (*прошедший повторную очистку*) recleansed filling
настилочный ~ 1. (*для пола*) flooring material; matched floor 2. (*крепящийся к пружинам*) *меб.* covering for springs 3. (*из искусственных волокон*) fiberfill
насыпной ~ fill
нетканый ~ 1. stitch bonded [molded] fabric 2. (*изготовляемый мокрым способом*) wet process nonwovens 3. (*изготовляемый сухим способом*) dry-process nonwovens 4. (*целлюлозный для ковров*) nonwoven carpet [nonwoven p.p.] fabric
облицовочный ~ cladding material
обтирочный ~ tack cloth; wiper
основные производственные ~ы direct materials
отделочный ~ 1. (*для покрытия ткани*) *меб.* fabric finish 2. (*на основе натуральной смолы, применяемый для лакирования и полирования*) amalgamator 3. (*непрозрачный*) opaque material 4. (*прозрачный*) varnish material 5. (*с высоким содержанием сухого остатка*) heavy-bodied material
писчебумажные ~ы stationery
пожароопасный ~ available fuel
покровный ~ coating color
полимерный ~, имитирующий древесину simulated wood
посадочный ~ 1. planting material; (*planting*) stock 2. (*с необнажённой [с закрытой] корневой системой*) ballrooted planting stock
посевной ~ seed
прививочный ~ inoculum
размалываемый ~ beating material
семенной ~ foundation stock; seed material
смешанные органические ~ы miscellaneous organic materials
упаковочный ~ wrapping material
щитовой ~ для обшивки (*имитирующий рейки*) drift(ing) wood
матирование stipple glazing
матка 1. *энт.* queen 2. (*плота*) crab
матово-красный vermillion
матовость 1. (*поверхность бумаги*) dullness 2. (*лаковой плёнки*) blushing

матрац mat(tress)
~ без борта unbordered mattress
~ на ножках stump bed
~ с пружинами в чехлах pocketed mattress
~ с пружинами непрерывного плетения Schlaraffia mattress
~ с пружинным блоком из витой проволоки woven wire mattress
пружинный ~ (*с тонкими металлическими лентами, образующими опору*) platform top
матрица counterdie, die; female former; female [reverse] mold
маховик flywheel
мацерация maceration
мачете (*нож для срезания кустарника*) machete
мачта 1. mast 2. (*трелёвочная*) spar, tower
~ промежуточной опоры (*канатной установки*) gin pole
головная ~ head [main] spar; head (spar) tree
естественная ~ (wood) spar tree; tree(-rigged) spar
инвентарная стальная ~ (*канатной установки*) integral steel tower
передвижная ~ mobile support; mobile [portable] spar; mobil [portable] tower
складывающаяся ~ folding tower
тыловая ~ offset tower; tail hold [tailhold]; tail spar; tail tree
машин/а engine, machine; *мн.* machinery, unit
~ для безостановочной заготовки леса («*напроход*») continuous(-moving) harvester
~ для брикетирования (*напр. древесного угля*) briquetting machine
~ для внесения жидких азотных удобрений nitrogen solution distributor
~ для внесения удобрений и ядохимикатов applicator
~ для воздушной сушки (*бумаги с животной проклейкой*) loft-drying machine
~ для вшивания молний zipper sewing machine
~ы для вывозки [трелёвки] леса extraction machinery
~ для выкапывания сеянцев 1. plant digger; tree balling machine; tree seed-

629

машина

ling harvester 2. (*и очистки корневой системы*) plant digging-and-cleaning machine 3. (*в питомниках*) nursery digger
~ для выписывания счетов или квитанций tally machine
~ для выработки картона paperboard machine
~ для выработки санитарно-бытовых бумаг tissue machine
~ для вязки пучков buncher
~ для горячего штампования текстуры древесины hot stamp graining machine
~ для гофрирования 1. corrugator 2. (*проволоки*) crimping machine
~ для гранулирования сыпучих материалов pelleter; pelleting [pelletizing] machine
~ для декоративной отделки борта тесьмой *меб.* edge band trimming machine
~ для дублирования ткани тонким слоем пенопласта *меб.* foam backing machine
~ для заготовки деревьев full-tree harvester; whole-tree harvester
~ для заготовки [обработки] деревьев по одному single-tree machine
~ для заготовки леса с остановкой у каждого дерева stop-go harvester
~ для заготовки пней stump harvester
~ для заготовки сортиментов shortwood harvester
~ для заготовки хлыстов longwood [tree-length] harvester
~ для заклейки картонных коробок splicing machine
~ для заклейки концов рулонов roll-end paster machine
~ для закручивания катушек или гильз tube winder
~ для закручивания трубок в спираль spiral (tube) winder
~ для заточки зубьев пилы с одновременным формированием впадин (*между зубьями*) gulleting machine
~ для изготовления блоков пенопластов *меб.* slabstock machine
~ для изготовления бумажных гильз center-making machine

~ для изготовления пистонов eyeletting machine
~ для изготовления пружинных подушек cushion boxing machine
~ для измельчения [размалывания] пней stump grinder
~ для кондиционирования бумаги paper curing machine
~ для крепирования creper; creping machine
~ы для лесного хозяйства forestry machinery
~ для надевания и зашивания наволочек 1. cushion sealing machine 2. (*матрацев*) mattress closing machine
~ для нанесения покрытий 1. coater 2. (*многослойных*) strip coater
~ для нанесения трёхцветной печати three-drum printing machine
~ для насечки и формирования зубьев пилы saw-toothing machine
~ для обработки тонкомера (*при рубках ухода*) thinnings processor
~ для обрезки 1. (*бумаги*) paper trimming machine 2. (*корней сеянцев*) root pruner
~ для обтяжки пуговиц button machine
~ для оклейки коробок box-covering [taping] machine
~ для ориентирования [укладки] спичечных коробок box straightening machine
~ для отлива 1. former 2. (*бумажных стаканчиков*) cup former 3. (*многоцветных бумаг*) color former
~ для парафирования waxer
~ы для плетения из ратана rattan machinery
~ для поверхностного рыхления почвы mulcher
~ для подпрессовки подушек и матрацев с целью придания им плоской формы cushion flattening machine
~ для подрезки живой изгороди hedgeclipper, hedgecutter, hedgemaker, hedger; hedgehog maker
~ для подшивки ткани skirt hemming machine
~ для покрытия почвы растительными остатками, бумагой или плёнкой mulcher

630

машина

~ для пригонки ящиков box-ending machine
~ для производства бумажных изделий paper converting machine
~ы для производства изделий из папье-маше paper can machinery
~ для производства слоистых бумажных материалов laminating machine; laminator
~ для производства целлюлозной ваты wadding machine
~ для пропитки saturating machine
~ для просеивания соломки *спич.* splint sieving machine
~ для прошивки настилов felt-making machine
~ для расчистки 1. (*леса*) brush plow 2. (*подготовки территории*) site prep(aration) machine
~ для резки и намазывания обложек (*спичечных книжечек*) creasing and frictioning machine
~ для роспуска бумажного брака dyno chest
~ для склеивания картона board lining machine
~ для склейки (*бумаги*) pasting machine; paster
~ для сортировки соломки *спич.* splint cleaning machine
~ для сшивки [сборки] спичечных книжечек stitching machine
~ для термоформования thermoforming machine
~ для трелёвки [подвозки] лесоматериалов в полностью погруженном положении prehauler, forwarder; forwarding machine
~ для узорной строчки мягких настилов мебели profile quilting machine
~ для упаковки торцов и кромок рулонов roll-heading machine
~ для формирования деталей из пенополиуретана urethane foam molding machine
~ для циклевания полов floor sander
~ с воздушным шабером air blade [air-knife] coater
~ с осевой намоткой center-winding machine
~ с открытой проводкой бумажного полотна open draw machine
~ шаберного типа knife coater
баритажная ~ baryta-coating machine
бахромная ~ fringing machine
биговальная ~ bending machine
бумагоделательная ~ 1. paper [papermaking] machine 2. (*быстроходная для отлива тонких бумаг*) high-speed tissue former 3. (*двухсеточная для отлива многослойной бумаги*) multiply sheet former 4. (*двухсеточная столовая*) twin wire fourdrinier machine 5. (*длинносеточная*) fourdrinier; fourdrinier machine 6. (*длинносеточная с открытой передачей полотна*) open-draw fourdrinier 7. (*для газетной бумаги*) papriformer 8. (*короткосеточная*) short-wire former 9. (*круглосеточная*) cylinder [cylindrical] machine 10. (*листоотливная цилиндровая*) (cylinder) mold (paper) [sheet paper] machine 11. (*многосеточная*) multiple wire machine 12. (*плоскосеточная*) fourdrinier former 13. (*самосъёмная столовая*) lick-up machine 14. (*самосъёмочная*) paper machine with automatic hauling 15. (*с двумя сетками*) twin-fourdrinier installation 16. (*сеточная*) wire paper machine 17. (*с закрытой подачей массы*) closed-circuit paper machine 18. (*с отсасывающими валами*) suction cylinder machine 19. (*типа инверформ*) *фирм.* inverform machine 20. (*типа твинверформ*) twinverform machine 21. (*форматная*) size cutter
валочная ~ 1. (tree) feller; felling machine 2. (*для срезания и направленного сталкивания деревьев*) feller director
валочно-пакетирующая ~ 1. feller-buncher; felling-bunching machine 2. (*широкозахватная*) broad-cut feller buncher 3. (*с ножевым срезающим механизмом*) feller-buncher shear; shear(-type) feller-buncher 4. (*с пильным срезающим механизмом*) sawhead feller-buncher 5. (*с цепным пильным срезающим механизмом*) chain-saw feller-buncher
валочно-сучкорезная ~ feller-delimber

машина

валочно-сучкорезно-пакетирующая ~ feller-delimber-buncher
валочно-сучкорезно-раскряжёвочная ~ feller-delimber-bucker; harvester
валочно-трелёвочная ~ **1.** (*с трелёвкой деревьев в полностью погруженном положении*) feller-forwarder **2.** (*с трелёвкой деревьев в полупогруженном положении*) feller-skidder
ворсопрошивная ~ *меб.* tufting machine
выкопочная ~ plant lifter
двухпокровная ~ double facer
длинносеточная обезвоживающая ~ fourdrinier wet machine
длинносеточная отливная ~ fourdrinier forming machine
дорожная ~ road builder; road-building machine
дренажная ~ drainer; drainage machine
загрузочная ~ **1.** charging machine **2.** (*заполняющая*) filling machine
заливочная ~ **1.** (*для производства пенопластов*) *меб.* foam dispensing machine **2.** (*формовочная*) molding machine; (*с несколькими пресс-формами*) multimold machine
землеройная ~ digger; digging [earth-moving] machine
измельчительная ~ crusher, shredder
испытательная ~ tester; testing machine
калибровальная [калибровочная] ~ (size) grader
кардочесальная ~ *меб.* carding machine
картонажная ~ cartoning machine
картоноделательная ~ **1.** (card)board machine **2.** (*цилиндровая*) vat board machine **3.** (*многоцилиндровая*) multival (board) machine
клеильная ~ sizing machine
клеильная и оклеечная ~ gluing-and-lining machine
корчевальная ~ [корчеватель] **1.** (*root, stump*) puller; stump (pulling) machine; stumper; (*root, stump*) extractor; uprooter **2.** (*для расчистки леса*) brush plow
красильная ~ dyeing machine
круглосеточная обезвоживающая ~ cylinder drying machine

лесозаготовительная ~ harvester; logging [tree harvesting] machine
лесопосадочная ~ (*mechanical*) tree planter; tree-planting machine; tree transplanter
линовальная ~ **1.** machine ruler; ruling machine **2.** (*для листовой бумаги*) sheet ruling machine
листоклеильная ~ sheet pasting machine
литьевая ~ (*для литья под давлением*) injection molding machine
месильная ~ [бракомолка] kneading machine
мешочная ~ bag machine
многоигольчатая ~ *для простёжки меб.* multineedle quilter
многооперационная ~ **1.** (*лесозаготовительная*) multioperational [multifunction, multipurpose] (*logging*) machine **2.** (*обрабатывающая*) multiprocessor
обвязочная ~ **1.** banding [bundling, lacing] machine **2.** (*для упаковки саженцев*) strapping machine **3.** (*с применением полипропиленовой плёнки*) wrapper **4.** (*с применением стальной ленты*) steel band wrapper
обдирочная ~ stripping machine
обезвоживающая ~ wet (lap) machine; wet press
обойнопечатная ~ wallpaper printing machine
обрабатывающе-рубильная ~ processor-chipper
однооперационная (*лесозаготовительная*) ~ singleoperational (*logging*) machine
однопокровная ~ single facer
односторонняя линовальная ~ single-sided ruling machine
оклеечная ~ covering machine
окорочная ~ **1.** bark stripping [(de)barking] machine; debarker **2.** (*цепная*) chain flail debarker **3.** (*барабанная*) drum(-type) debarker
окорочно-рубильная ~ debarker-chipper
оплёточная ~ braider; braiding machine
опытная ~ [опытный образец] pilot-run machine

отбраковочная ~ quality-control machine
отделочная ~ finisher; finishing machine
отливная ~ для ДВП (*fiberboard*) former; forming machine
пакетирующая ~ buncher, bunching machine
папочная ~ intermittent board machine
пергаментировочная ~ [пергаментировальная] parchmentising machine
пересадочная ~ lining-out [transplanting] plow
подъёмная ~ hoist engine
посадочная ~ planter; planting machine; setter
почвообрабатывающая ~ tillage [tilling] machine
пропиточная ~ impregnating machine
пылевыколачивающая ~ willow
размолёвочная ~ *спл.* unbundling machine
раскряжёвочная ~ [установка] 1. bucking machine; slasher 2. (*передвижная, работающая у дороги*) roadside slasher
распускная ~ slush-maker
резательная ~ 1. cutter 2. (*для картонных заготовок*) blank cutter 3. (*для рулонов*) reel slitting machine
рилёвочная ~ creasing machine
ролевая линовальная ~ web-feb ruler
ротационная биговальная ~ rotary bending machine
рубильная ~ 1. (wood) chipper; chipping machine; chopper; hog(ger) 2. (*барабанная*) cylinder [drum(-type)] chipper 3. (*головная*) headrig chipper 4. (*дисковая*) disk(-type) chipper 5. (*для длинных брёвен*) log chipper 6. (*многоножевая*) multiknife chipper 7. (*ножевая* [*дисковая*]) cutter type chipper 8. (*передвижная*) mobile [portable] chipper 9. (*прицепная*) trailer chipper 10. (*с вертикальной подачей сырья*) drop-feed chipper 11. (*с горизонтальной подачей сырья*) horizontal chipper 12. (*с загрузочным бункером*) hopper hog
рулонная линовальная ~ reel-fed ruling machine
самозагружающаяся (*со стрелой с захватом*) ~ selfloading (*grapple*) machine
семяочистительная ~ (seed) dresser; (seed) dressing machine; seed grader
снегоуборочная ~ snow removal machine
сортировальная ~ grader; grading [sorting] machine
сплоточная ~ bundling machine
сучкорезная ~ 1. delimber, limber, lopper; (de)limbing machine 2. (*для групповой очистки деревьев от сучьев*) multistem delimber 3. (*с непрерывной подачей деревьев*) continuousfeed delimber
сучкорезно-пакетирующая ~ delimber-buncher; (de)limber-bunching [lopping-bunching] machine
сучкорезно-раскряжёвочная ~ delimber-bucker; (de)limbing-bucking [processing] machine; processor
сушильная ~ 1. drying machine 2. (*прессшпат*) cellulose drying [presspâte] machine 3. (*со взвешенным потоком*) fluidized-bed paper drying machine
тетрадная ~ wire stitching machine
травильная ~ etcher; etching machine
трелёвочная ~ 1. skidder; skidding machine 2. (*с неповорачивающейся в горизонтальной плоскости стрелой*) fixed boom machine 3. (*с поворотной в горизонтальной плоскости стрелой*) swinging boom machine
трепальная ~ picker, scutcher; spreading machine
трубочная ~ для (бумажных) мешков paper sack tube maker
тюковальная ~ compactor
упаковочная ~ 1. compactor; packer; packing machine 2. (*завёрточная*) baling machine
упаковочно-обвязочная ~ (*для обвязки изделия лентой*) strapping machine
фальцевальная ~ folder; folding machine
флотационная ~ 1. floatation machine 2. (*импеллерного типа*) impeller-type floatation apparatus
формующая ~ 1. former; forming machine 2. (*для ДСП*) particle board mat former

машина

чесальная ~ 1. carding machine 2. *меб.* teasing machine 3. (*для сизального волокна*) sisal carding machine
швейная ~ 1. sewing machine 2. (*для декоративной строчки*) sewing decorative machine 3. (*с длинной рукояткой привода*) long-arm sewing machine
шероховальная ~ buffing machine
штабелёвочная ~ piler; piling machine
штабелеразборочная ~ (*для разгрузки с поддонов*) depalletizing machine
щёточная ~ для отделки (*бумаги*) brush finishing machine
этикетировочная ~ labeling machine
машинист (*machine*) operator
машинист-лебёдчик 1. winch [yarder] operator 2. *проф.* donkeyman
мгла haze
дымовая ~ smoke haze
мебель cabinetry, furniture
  ~ встроенная fitment
  ~ деревенского стиля rustic furniture
  ~ для залов ожидания waiting-area furniture
  ~ для игр fun furniture
  ~ для музыкальной аппаратуры home entertainment furniture
  ~ для небольшой столовой dinette furniture
  ~ для оборудования бассейнов poolside furniture
  ~ для отдыха leisure furniture
  ~ для спортивных залов recreational furniture
  ~, изготовленная с использованием стальной трубки в качестве опорных элементов tubular furniture
  ~, изготовленная с применением натуральной кожи rawhide furniture
  ~ из монолитного пластика solid polymer furniture
  ~, продающаяся в виде разборных щитов flat-packed furniture
  ~ различного назначения occasional furniture
  ~ ручного изготовления craft furniture
  ~ с отделкой натуральными лаками japanned furniture
  ~ с точёными деталями bobbin furniture
  ~, упакованная в разобранном виде sold-in-boxes furniture

~, формованная из структурных пенопластов structural-foam molded furniture
бытовая ~ domestic [residential] furniture
встроенная ~ built-in [fitted] furniture
высокохудожественная ~ high-class furniture
гнутая ~ bentwood furniture
гнутоклеёная ~ bentwood furniture
грубая деревянная ~ plantation-made furniture
дворцовая ~ court-style furniture
кабинетная ~ study furniture
конторская ~ contract [office] furniture
корпусная ~ cabinet(-type) [case] furniture
лёгкая переносная складная ~ camp [nomadic] furniture
лечебно-курортная ~ resort furniture
модульная ~ unit furniture
мягкая ~ 1. cushioned furniture 2. (*для общественных зданий*) contract upholstery 3. (*надувная*) fluid cushioning
неразборная ~ colonial [setup] furniture
плетёная ~ 1. rattan [wicker] furniture 2. (*из соломы*) lip work
прикаминная ~ chimney furniture
решётчатая ~ structural furniture
сборная ~ из готовых деталей system-built furniture
сборно-разборная ~ carry-home [packaged] furniture
секционная ~ 1. group furniture 2. (*корпусная*) unit storage 3. (*пристенная; стенка*) living room range
современная ~ 1. contemporary-styled furniture 2. (*мягкая*) contemporary upholstery
старинная ~ antique
стильная ~ antique; period design [traditional] furniture
трансформируемая ~ space-saving furniture
щитовая ~ panel furniture
меблировать furnish
меблировка furnishing
межвидовой interspecific
междоузлие internode, merithallus
междуречье divide

местность

междурядье inter-row spacing; planting [row] width
межклетники (*в древесине*) air-pit; blindpit; cyst
межклеточный intercellular
межсосудистый intervascular, intervessel
мезофилл (*фотосинтезирующая паренхима*) mesophyll
мел 1. chalk 2. (*для наполнения и мелования*) whiting
мелиоративный reclamative
мелиорация (a)melioration, improvement, (*land*) reclamation
 ~ заболоченных земель reclamation of marshland
 лесная ~ [лесомелиорация] forest reclamation
 осушительная ~ drainage reclamation
мелиорировать reclaim
мелкобрикетированный pellety
мелкозернистый 1. close-grained 2. (*о структуре почвы*) fine-granular
мелкозубчатый (*о листьях*) denticulate
мелкокомковатый fine blocky
мелколепестный micropetalous
мелколесье scrub forest
мелколистный microphyllous
мелкоплодный microcarpous
мелкопористый fine-porous
мелкосемянный microspermous
мелкослойность (*древесины*) fineness (*of wood*)
мелкослойный (*о древесине*) close-grown; fine-grained; fine-grown
мелование chalking, coating
 ~ белым пигментом white pigment coating
 ~ бумаги paper coating
 ~ со скользящим шабером trailing-blade coating
 офсетное ~ offset rotogravure print coating
меловать clay-coat
меловой [известковый] chalky
мелочь fines
мельница mill
 ~ для размола спичечной массы composition grinding mill
 ~ с сортировкой screen mill
 ~ типа «корзиночка» cage mill disintegrator
 дисковая ~ crushing disk mill
 домалывающая ~ brushing refiner

коллоидная ~ colloid mill
коническая ~ [жордан] 1. conical refining engine; conical [Jordan] mill; stockmaster 2. (*рафинирующая*) ticklet-jordan
прутковая ~ pebble (rod) mill; rod grinder
цилиндрическая ~ breaker trap
шаровая ~ ball-mill refiner; globe mill
мембрана membrane
 полупроницаемая ~ (*клетки*) pressure [semipermeable] membrane
мензула surveyor's table
мера measure
мергелевание marling
мергель marl
мерзлотный (*о почве*) cryosolic
меристема *бот.* formative tissue; meristem
 апикальная [верхушечная] ~ apical meristem
 основная ~ ground meristem
 сосудистая ~ vasculary meristem
мероприяти/е measure, procedure
 ~я по предотвращению пожаров fire prevention
 лесохозяйственное ~ forestry [silvicultural] practice; silvicultural operation; silvicultural treatment
 санитарные ~я в лесу forest hygiene; forest sanitation
мерсида (*пропитка тонкого шпона лиственных пород, позволяющая наклеить его на другие материалы*) *фирм.* Mersida
мертвяк (*для крепления каната*) deadman (anchor); ground anchor
меры:
 ~ по борьбе с загазованностью fume control
 ~ по охране окружающей среды environmental control; range management
 лесохозяйственные ~ борьбы (*с вредителями*) cultural control
местност/ь area, ground, region, terrain
 ◇ по открытой ~и across the open
 ~ с тяжёлыми грунтовыми условиями tough terrain
 ~ с умеренным рельефом gentle terrain
 ~ с хорошими грунтовыми условиями easly terrain

МЕСТНОСТЬ

горная ~ mountainous [steep] terrain
заболоченная [болотистая] ~ inundated [marshy, moss] land; moor (land)
лесистая ~ forest country; woodland
малонаселённая ~ sparcely populated area
морозобойная ~ frost locality
населённая ~ (densely) populated area
первобытная [девственная] ~ primitive [primeval, virgin] area; wilderness (area)
пересечённая ~ 1. broken [difficult] ground; rough area; rolling [rugged, steep] terrain 2. (*лесная*) rough wooded country
равнинная ~ flat ground
резкопересечённая [труднопроходимая] ~ harsh [tough] terrain
ровная ~ easy terrain; even [flat] land
слегка холмистая [слабохолмистая] ~ gentle [gently rolling] terrain; gently rolling country
топкая ~ oose
труднопроходимая ~ heavy going country; heavy ground
холмистая ~ hill(y) [rolling] country; rolling ground; undulating terrain

местный native

мест/о place, point, spot, station ◇ на ~е (*работ*) on site
~ возникновения пожара flash point
~ временной установки оборудования setting
~ выполнения подпила на дереве felling point
~ для сидения seat, seating
~ доставки delivery point
~ закрепления балки bearing edge
~ обитания [распространения] habitat
~ окучивания лесоматериалов (*для трелёвки*) stacking point
~ погрузки loading point; ramp
~ приземления аэростата (*используемого на лесозаготовках*) bedding ground
~ расположения site
~ складирования [штабелёвки] (*лесоматериалов*) landing [piling] place; storage area
~ склейки paster

~ стоянки (*обслуживания, ремонта*) техники *проф.* bay
~ установки (*трелёвочной мачты*) staying point
болотистое ~ morass
лесистое ~ boscage
лесокультурное посадочное ~ planting point; planting spot
лесокультурное посевное ~ sowing point; sowing spot
подштабельное ~ aisle, raceway
посевное ~ seed bed

местонахождение location, position, seat

местообитание [местоположение] site
естественное ~ [естественный ареал] native habit

метаболизм metabolism

метаболит (*продукт обмена веществ*) metabolite
фунгистатические корневые ~ы fungistatic root metabolites

метаксилема metaxylem

металлизация:
~ алюминием silvering

металлоискатель metal detector

металлоловушка wire catcher

метаморфоз metamorphosis
неполный ~ gradual metamorphosis

метанол-сырец crude methanol

метантанк sludge digestion tank; sludge-digestion chamber

метёлка (*тип соцветия*) panicle

метилцеллюлоза methyl cellulose

метить beacon

метка mark, nick, tag, tick
~ для определения направления движения сукна felt direction mark
контрольная ~ на заготовке спичечной коробки score mark
приводочная ~ [приводка] register mark
раскряжёвочная ~ bucking mark; bucking point
реперная ~ bench mark

метла broom

метод method, mode, procedure, technique, type, way
~ активного ила activated sluge method
~ антисептирования древесины *фирм.* celcurising

метод

~ борьбы (*напр. с вредителями*) method of controlling
~ варки *цел.-бум.* pulping method
~ ведения безвершинного хозяйства branch copic method
~ ведения лесозаготовок harvesting technique
~ весового анализа gravimetric method
~ выборки sampling
~ выращивания сеянцев в бумажных горшочках paperpot method
~ глазомерного определения 1. estimation method 2. (*состава растительности на учётных площадках*) ocular-estimate-by-plot [plot estimate; square-foot] method
~ закладки ленточных проб (*для изучения возобновления леса*) line-intercept method; linear regeneration sampling
~ изготовления ДСП с помощью многоэтажного пресса multiplaten method
~ измерения кубатуры брёвен 1. (*по длине окружности*) francon measure 2. (*по площади среднего сечения*) Huber's method 3. (*по площади торцов*) Smalian's method
~ изолированного питания (*растений*) method of isolated nutrition
~ контроля качества древесной массы на синем стекле blue glass method
~ лесной таксации method of forest mensuration
~ лесоустройства method of (*forest*) management
~ линейного пересечения line intersect method
~ ловчего дерева trap-tree method
~ матирования поверхности с помощью сухой кисти и шлифовального порошка dry brush method
~ мокрого озоления wet combustion method
~ наименьших квадратов method of least squares
~ обмера (*делянки*) шагами pace method
~ определения температуры размягчения канифоли по падению капли *фирм.* Hercules drop softening-point method
~ освобождения (*при рубках ухода*) release
~ передвижек при тушении пожаров (*путём переходов рабочих в голову группы, из конца цепочки в начало*) move-up; step-up
~ периодического производства (*ДСП*) discontinuous method
~ периодных блоков лесоустройства 1. periodic inventory method of management 2. (*постоянных*) permanent periodic block method
~ по выбору optional method
~ проб и ошибок trial-and-error method
~ пунсирования [нанесения узора из дырочек] pounce method
~ расчёта лесопользования 1. (*по запасу и приросту*) method of yield requlation by volume and increment 2. (*по площади*) method of yield regulation by area 3. (*по числу и размерам деревьев*) method of yield regulation by numbers and sizes of trees
~ свёртывания (*образца бумаги при определении степени проклейки*) curl method
~ ситового анализа sieve method
~ сортирования веером (*листов бумаги*) shuffing
~ сухого индикатора dry indicator method; ink floatation
~ сухого озоления dry combustion method
~ точек (*при микроскопическом исследовании бумаги*) dot method
~ угловых проб (*в таксации леса*) angle-count [prism-count, prism-wedge] method
~ флотации на чернилах (*при определении степени проклейки бумаги*) ink floatation method
биологический ~ bioassay technique
вахтовый ~ лесозаготовок logging camp-type operation
весовой ~ 1. (*учёта [определения объёма] лесоматериалов*) weight scaling (method); weight measurement to estimate volume 2. (*определения объёма балансов*) weight scaling of

метод

pulpwood 3. *(напр. изучения состава растительности)* weight method
глазомерный ~ изучения *(состава растительности)* на учётных площадках ocular plot estimate
дистанционный ~ *(определения расстояния)* distance method
диффузионный ~ пропитки *(древесины)* anaconda treatment
интегрированный ~ борьбы с вредителями integrated control
клиновой ~ *(отбора проб древесной массы)* wedge method
контрольный ~ *(в лесоустройстве на основе детального изучения насаждения)* check method; check system
кружковый ~ *(отбора проб целлюлозы)* auger method
микродиффузионный ~ Конвея *(для определения гидролизуемого азота)* Conway's microdiffusion method
натронный ~ soda method
непрерывный ~ прессования ДВП fourdrinier method
объёмный ~ volumetric method
однобашенный ~ *цел.-бум.* one-tower system
окислительно-восстановительный ~ oxidation-reduction potential method
периодно-площадный ~ *(лесоустройства)* permanent field block method
периодный ~ лесоустройства recurrent (forest) inventory method
полосовый ~ *(отбора проб бумаги)* strip method
предупредительные ~ы борьбы *(с вредителями)* preventive control
реласкопический ~ *(с использованием стеклянных призм)* prism-count [prism-wedge] method
сортиментный ~ *(лесозаготовок)* cut-to-length method
сульфатный ~ kraft [sulfate] method
сульфитный ~ sulfite method
уксуснокальциевый ~ *(производства уксусной кислоты)* acetate-of-lime method
штриховой ~ *(определения степени проклейки бумаги)* stroke method
методика methodology, procedure, technique

метр meter
выдвижной ~ extenion rule
погонный ~ running meter
складной ~ folding [zigzag] rule
механизация mechanization
~ лесного хозяйства [лесохозяйственных работ] forestry mechanization
~ лесозаготовок logging mechanization
комплексная ~ integrated mechanization
механизм 1. apparatus, device, mechanism 2. *мн.* machinery
~ блокировки interlock
~ выравнивания брёвен tapering mechanism
~ для автоматического выключения подачи trip
~ для накопления *(деревьев)* accumulating mechanism; (tree) accumulator
~ для пересадки деревьев tree mover
~ зажима setwork
~ качения shake head
~ маркировки *спич.* counting device; match counter
~ поворота *(плуга)* turnover
~ подачи 1. feed; feeding mechanism 2. *(спичечной соломки)* splint feed mechanism 3. *(суппорта)* offset mechanism
~ подъёма сошников colter lift
~ расцепления release
~ точного высева precision [seed-spacing] mechanism
~ ударного действия *(напр. цепной)* beater
~ устойчивости дерева к заболеванию *(генетический)* tree mechanism of resistance to the disease
базовый ~ 1. carrier 2. *(гусеничный)* tracked carrier 3. *(колёсный)* wheeled carrier
блокировочный ~ *(тягового и холостого трелёвочных барабанов)* interlocking mechanism
бумагообрабатывающие ~ы paper-converting machinery
грузоподъёмный ~ hoisting device
дозирующий ~ batching device
загрузочный ~ charging device
зажимный ~ clamping mechanism

заточной ~ для строгальных ножей joiner blade sharpener
красильный ~ inking gear
лесотранспортный ~ (timber-)hauling apparatus
ножевой (*срезающий*) ~ 1. shear mechanism 2. (*для группового срезания деревьев*) multitree shear
опрокидывающий ~ 1. dumping [tipping] mechanism 2. (*ленточного конвейера*) tripper
поворотный ~ для изменения направления движения досок по потоку lumber transfer
подающий ~ [питатель] feed (apparatus); feeder; feeding [infeed] mechanism
подъёмный ~ hoist, lift
предохранительный ~ relief mechanism
разгрузочный ~ unloader; unloading mechanism; unstacker
раздаточный [распределительный] ~ distributor mechanism
распределительный [раздаточный] ~ 1. distributor mechanism 2. (*лесопильной тележки*) valving mechanism
режущий ~ cutting apparatus
срезающий ~ с пилой и ножом saw shear
сучкорезный ~ delimbing device
трелёвочный ~ skidder; skidding mechanism
шарнирный ~ link mechanism
эксцентриковый ~ качения eccentric shake apparatus
механик (mechanical) engineer, mechanic, operator, tender
меч:
посадочный ~ dibbler; planting bar; planting iron; tree-planting sword
мечевиднолистный sword-leaved
мечелистный xiphophyllous
мешалка agitator; hog shaft; impeller, mixer, runner; stirring machine
~ для массы высокой плотности high-density stock agitator
~ для спичечных масс composition stirrer
~, расположенная в бассейне internal chest agitator
~ с ножевым ротором (*типа ротора гидроразбивателя*) shear-type agitator
аксиальная ~ axial-flow agitator
вихревая ~ whirl mixer
лопастная ~ 1. paddle(-type) agitator; paddle mixer 2. (*с прямыми лопастями по длине трубчатого вала*) tube-type paddle agitator
маятниковая ~ balance agitator
струйная ~ jet agitator
мешать:
~ росту [задерживать развитие] dwarf
мешковина burlap, sacking, scrim
мешок 1. bag, sack, sacker 2. *бот.* sac ◊ складывать (*тряпьё*) в ~ bag
~ для розничной торговли carrier bag
~ с клапаном valve bag; valve sack
бумажный ~ 1. paper bag; paper sack 2. (*для хранения жидкостей*) infusion bag 3. (*для хранения одежды*) garment bag 4. (*однослойный*) single-wall paper sack
клеёный ~ pasted sack
пневматический ~ для получения профильных гнутоклеёных заготовок 1. pressure molding bag 2. (*из шпона*) veneer bag
пыльцевой ~ anther sac
сшивной ~ sewn sack
мешок-вкладыш (*для бочки*) (bag [barrel, paper]) liner
съёмный ~ separate liner
миграция migration
~ [проникновение] под действием веса (*мелкой стружки в нижний слой стружечного ковра плиты*) preponderant migration
микобактерия mycobacterium
микоз mycosis
микориза funguo root; mycorrhiza
ложная ~ pseudomycorrhiza
экто-эндотрофная [переходная] ~ ectendotrophic mycorrhiza
микофлора mycobiota
микоцид mycocide
микроассоциация (*сукцессионной растительности*) colony, family
микробласт microblast
микроклимат microclimate

микроместообитание

микроместообитание microhabital, niche
микрометр micrometer
~ с угломерным циферблатом dial-gauge micrometer
микроорганизм microorganism
анаэробный ~ anaerobe; anaerobic microorganism
аэробный ~ aerobic microorganism
микропиле germ pore
микрорельеф microtopography
микроспорангий microsporangium
микроспоролистик microsporophyll
микротом histotome
микрофибрилла microfibril
микрофит microphyte
микрофитоценоз microphytocoenosis
микрофлора microflora; microflora population
гетеротрофная ~ heterotrophic microflora population
микрофотография micrograph
микроэлемент (*питательный элемент, потребляемый в малых количествах*) micronutrient; micronutrient element
милдью mildew
мимикрия mimicry
мина *энт.* mine
минерализация mineralization
~ поверхности почвы 1. baring soil; scarification, screefing; soil wounding 2. (*перед рубкой*) preharvesting scarification
мицелий cercidium, mycelium
~, растущий на корнях epirhizal mycelium
вторичный [дикариофитный] ~ (*у базидиамицетов*) secondary mycelium
многолетний ~ perennial mycelium
сапрофитный ~ saprobic mycelium
сетчатый ~ reticulate mycelium
членистый ~ septate mycelium
млечник 1. *бот.* latex tube; latex vessel 2. *мн.* (*система трубок, содержащих латекс*) latex ducts 3. *мн.* (*млечные сосуды, содержащие латекс*) latex canals
многовершинный (*о дереве*) misshapen
многоветвистый multiramo(u)se
многожилковый multicostate, multinervate
многоклеточный multicellular

многокорпусный 1. many-bottom 2. (*о плуге*) multiple-furrow
многокостянка aggregate drupe
многолемешный many-bottom
многолесный richly [thickly] wooded; well forested
многолистный many-leaved
многомутовчатый (*о типе ветвления ствола дерева*) multinodal
многопучковый multifasciculate
многораздельный decompound
многосемянный aciniform
многослойный multiply
многотычинковый multistaminate
многоузловой multinodal
многоцветковый multiflowered
многоядный polyphagous
многоярусный (*о насаждении*) multi-layered, multistoried
моделирование simulation
модель make, model, pattern, pink, sample(er), template
биоматематическая ~ хода роста насаждений biomathematical growth model
средняя ~ (*насаждения*) sample tree
модельщик pattern maker
модер-гумус (*среднеразложившиеся растительные остатки*) moder, mud
модификатор modifier
модифицировать:
~ (*канифоль*) фумаровой кислотой fumarate
можжевельник (*Juniperus*) cedar
~ обыкновенный (*Juniperus communis*) ground cedar
мозаика inlay
цветная деревянная ~ tarsia
мойка 1. (*процесс*) washing 2. (*устройство*) washer; washing machine
мол jetty, pier
молодняк young growth
густой ~ dense saplings
загущённый ~ overstocked stand
молот sledge hammer
деревянный ~ wooden hammer
штамповый ~ swage
молотовище helve
молоток hammer
~ для забивки гвоздей [гвоздезабивальный пистолет] tack hammer

640

мука

~ для клеймения (*деревьев*) die-hammer
~ для осадки обруча hoopdriver
~ с гвоздодёром semiripping hammer
~ с заострённым концом skipper
бондарный ~ cooper's hammer
бочарный (*плоский деревянный*) ~ flogger
маркировочный ~ die [marking] hammer; log stamp; marking cog
плотничий ~ 1. (*с круглым бойком*) ball(-peen) hammer 2. (*с гвоздодёром*) curved claw hammer
столярный ~ paring hammer
уторный ~ chime maul
фанеровальный ~ veneer hammer
моль moth
монокультура monoculture
моноцикличный (*о рубках главного пользования*) monocyclic
моноэфир:
 сложный ~ таллового масла tall oil monoester
монтаж 1. (*сборка*) assemblage; assembling 2. (*установка*) installation, mounting 3. (*канатной установки*) rigging, setup
монтажник 1. fitter 2. (*рабочий на оснастке трелёвочной мачты*) (high) climber; rigger; rig-up man
монтежю *лесохим.* flow case
монтировать mount
мор mor
морена moraine
 конечная ~ end moraine
 основная [донная] ~ ground moraine
морение pickling, smoking
моренный morainic
морёный 1. stained 2. (*о дубе*) fumed oak
морилка 1. mordant 2. (*протрава из катеху, мордан*) cotechu mordant
морить (*древесину*) stain
морозобоина frost hole
морозостойкость frost hardiness; frost resistance
морфология (*растений*) structural botany
морщина 1. wrinkle 2. *меб.* ply 3. *мн.* (*на полотне бумаги*) draws
 ~ на сетке (*бумагоделательной машины*) wire ridge
морщинистый rugo(u)se

морщинолистный wrinkle-leaved
морщиться shrivel
мостки gangway
мотовило:
 поворотное ~ (*наката*) turnable reel
мотовоз gasoline locomotive; motor carrier
 маневровый ~ shunting locomotive
мотопила powersaw; power saw
 ~ с возвратно-поступательным движением полотна dragsaw
 цепная ~ chain power saw
моторист:
 ~ мотопилы 1. cutter 2. (*цепной*) chain-saw man; chain-saw operator
мотыга hack, hoe, mattock, pick, picker
 ротационная ~ rotary hoe
мотыжение hacking
мотыжить hoe
мох moss
 торфяной ~ (sphagnum) bog [mushed, peat] moss
моховой mossy
мочало inner back; bast, liber
мочевина [карбамид] carbamide, urea
мочка (*корня*) fibril(la)
мочковатость (*корней*) bearing of root
мочковатый *бот.* fibrillose
мощность capacity, power
 ~ корнеобитаемой зоны (*почвы*) effective soil depth
 ~ потока intensity of flow
 ~ почвы 1. (*горизонтов*) depth of horizons; depth of drilling; depth of soil 2. (*слоя*) thickness of soil layer
 ~ раскряжёвочного (*ножевого*) устройства [максимальный диаметр перерезаемого дерева] bucking (shear) capacity
мощный 1. high-capacity powerful 2. (*о лесе*) thick
мука flour, meal
 буровая ~ (*древоточцев*) boring [worm] dust
 доломитовая ~ dolomitic meal
 древесная ~ wood flour; wood meal; wood powder
 известковая ~ 1. powder lime 2. (*грубого помола*) ground limestone
 костяная ~ bone manure, bone meal
 томасова ~ Thomas meal; Thomas phosphate

мука

фосфоритная ~ ground rock phosphate; rock phosphate meal
мулль [мулевый гумус] mild humus; mull
~, образовавшийся в результате деятельности земляных червей earthworm mull
~, образовавшийся в результате деятельности насекомых insect mull
грубый [крупнозернистый] ~ coarse mull
скрытый ~ (*мягкий гумус подстилки*) cryptomull
средний ~ medium mull
чистый [мелкозернистый] ~ fine mull
мульча mulch
~ из опилок sawdust mulch
~ из растительных остатков trash mulch
растительная ~ *кан.* trash
мульчирование mulching
~ посевных мест mulching of seedbeds
~ почвы растительными остатками trash conservation
мульчировать mulch
мундштук:
~ для литья пластмасс die
экструзионный ~ для изготовления изделий сложной формы shaped die
муравей ant
лесной рыжий ~ (*Formica rufa*) hill ant
муравей-древоточец (*Camponotus*) carpenter ant
муравейник anthill, haufen
мусор garbage
мутация mutation
почковая ~ bud mutation
мутовка 1. dasher, node, whorl 2. *бот.* verticil 3. (*группировка сучьев*) branch cluster; cluster of knots
ложная ~ false whorl
мутовчатый multicilate, verticilate
мутуализм (*симбиоз, взаимовыгодный для обоих симбионтов*) mutualism
муфта nut, sleeve
концевая ~ чокера 1. (*choker*) (k)nob 2. (*обжимная*) (swaged) ferrule
стяжная ~ turnbuckle
мхи bryophytes
зелёные ~ true mosses (*Bryales*)
мшистый mossy

мыло:
неочищенное (*сульфатное*) ~ impure soap
окклюдированное ~ occluded soap
мыс point
мыть wash
мягкий 1. (*податливый*) flexible 2. (*о годичном кольце*) caney 3. (*о климате*) benign
мягколиственный (*о древесной породе*) soft-wooded broadleaf; soft-wooded broadleaved
мягкость:
~ бумаги kindliness of feel
мягчение dubbing
мягчитель softner

Н

набегание (*ленты*) tracking
набивка 1. pad(ding); (internal) cushioning; wadding 2. (*молоток для обручей на бочке*) hoop [shoe] driver
~ борта (*матраца*) border padding
~ из волокна *меб.* fiber pad
~ из кокосовых очёсов coir padding
~ из полиэфирного волокна *фирм.* dacron filling
~ мебели filling
~ тканей printing
изолирующая ~ insulating wadding
пеньковая ~ gasket
набирать (*массу на форматный вал*) to pick up
наблюдатель 1. observer, spotter 2. (*сторож на лесосеке*) fire watch
пожарный ~ look-out (fireman); towerman
наблюдение (*напр. с целью предотвращения лесных пожаров*) observation
набор 1. gang, collection 2. (*каландровых валов*) stack
~ в рост (*шпона*) straight banding
~ выдвижных столов 1. (*выдвигающихся с продольной стороны*) front-in nest 2. (*торцевых*) end-in nest
~ деталей, приготовленных для сборки work-piece assembly

накатка

~ детской мебели nursery group
~ для линовки ruling work
~ инструментов 1. kit 2. (*для упрочнения кромок шпона*) reinforcing kit 3. (*и материалов для ремонта мебели*) patching outfit
~ мебели для столовой dinette set
~ мягкой мебели upholstery range
~ предварительно раскроенных деталей precut kit
~ столов уменьшающихся размеров и задвигающихся один в другой nest of tables
~ шпона match
дачный ~ мебели bench set
полный ~ дверной фурнитуры door suite
хромосомный ~ complement
набухание swelling, turgescence
  интермицеллярное ~ intermicelle swelling
набухать swell
набухший proud
навалом (*о грузе*) in bulk
навёртывание:
  ~ бумажного полотна wrapping
навес canopy, loft, shed
навеска hitch
навешивание (*двери*) hanging
навивать 1. (*канат*) spool 2. (*на катушку*) reel 3. (*на барабан*) wind
навивка (*каната*) spooling, winding, wound
наводить:
  ~ узоры по дереву vein
наводнение flood, fooding, inundation
навоз manure, muck
  искусственный ~ artificial manure
  стойловый ~ stable manure
нагар carbon (*deposit*), oil deposit
нагель coak, nog, peg, thole, tree nail, wooden pin
нагнетание:
  ~ эмали внутрь бочки bunging-up
наголовник (*мачты*) cap
нагрев heating (up)
  ~ полос шпона tendering the veneer strips
нагревать:
  ~ в сосуде с обратным холодильником reflux
нагрузк/а load(ing), load capacity; weight

~ дефибрера grinder load
~ мельницы refiner loading
~ на рейс 1. load, loadsize, turn size 2. (*на автомобиль*) truck load
~ (*на автомобиль*), **разрешаемая** вне магистрали off-highway load
~ (*на автомобиль*), **разрешаемая** на магистралях on-highway load
вертикальная ~ sheer weight
временная ~ provisional weight
динамическая ~ live load
допускаемая ~ carrying capacity
залповые ~и shock loads
неполная ~ underload(ing)
полезная ~ pay load; payload
поперечная ~ lateral load
расчётная ~ design load
ударная ~ impact load
удельная ~ unit load
надёжность reliability
надёжный [постоянный] regular
надземный epiterranean
надзор service, surveillance
надкрылье *энт.* sheath
надпил score, scoring
надпись:
  маркировочная ~ marking
надрез gash, hack, notch groove; notch(ing); scotch, tapping
надрезанный laciniate
надрезать notch
надруб notch
назначение function
  складское ~ terminal function
наименования:
  ~ пиломатериалов, принятые в международной торговле market forms
накалывание incision
накат reel-up; winding-up roll
~ с осевой намоткой center reel
~ с поверхностным приводом surface-driven reel
~ с центральной намоткой center winder
барабанный ~ drum reel
вертикальный ~ upright reel
осевой ~ upright reel
периферический ~ surface-type winder
трёхтамбурный ~ для намотки бумаги three shaft turret winder
накатка rolling

накатка

~ обоев reeling of wallpaper
накипь scale
накладка 1. bar, welt 2. (*сверху свай*) bolster
~ валиков (*бумаги*) mounting of reels
~ дверного замка escutcheon, shield
~ на конике (*для удержания лесоматериалов*) chok block
бронзовая ~ ormolu mount
дверная ~ finger plate; locking board
декоративная ~ overlay
котельная ~ boiler scale
прижимная ~ (*для крепления ножей в головке*) check plate
рельефная ~ cover molding
скользящая ~ (*дверного замка*) sheave
стыковая ~ из фанеры biscuit
накладной (*напр. об орнаменте*) planted
накладчик:
~ массы stock pitcher
наклон canting-over, bevel, decline, heel(ing), inclination, incline, lean, rake, slope, tilt
~ в двух плоскостях (*патрона рубильной машины*) double bevel
~ в одной плоскости (*патрона рубильной машины*) single bevel
~ волокон cross [wavy] grain; inclination of fibers; twistiness; slope of grain
~ растущего дерева вперёд head lean
~ сетки 1. inclination of wire 2. (*бумагоделательной машины*) pitch of wire
естественный ~ (*растущего дерева*) natural lean
передний ~ полотен вертикальной пильной рамы hang
наклоняться 1. lean 2. (*под действием ветра*) windbend, windlean
наконечник cap, tip
накопитель 1. accumulator; (storage) bunker; receiver 2. (*типа коника*) (collector) bunk 3. (*брёвен*) log cradle
~ срезанных деревьев cut tree accumulator
накопление:
~ азота (*в почве*) nitrogen accretion
~ общего азота total nitrogen production

накрывальщик (*рабочий, укладывающий листы шпона, выходящие из клеенаносящего станка*) layer-up
наладка (*машины*) adjustment
~ станков tooling
наладчик adjuster
~ станка setworks operator
налаженный (*о станке*) tooled
наличие:
~ пузырей (*в отделочной плёнке*) bubble retention
~ сучьев на стволе branching
наличник casing
~ двери (*отделочный элемент*) door casing; door trim
~ окна apron
налог tax
~ на лес [лесной ~] forest excise; forestage
наматывание 1. (*каната*) paying-in, spooling 2. (*на барабан лебёдки*) winching 3. (*бумаги*) reeling-in
наматывать (*канат*) 1. pay-in; spool 2. (*на барабан лебёдки*) winch 3. (*на катушку*) reel (up) 4. (*в бухту*) coil
намачивание:
~ семян в удобрении seed-soaking treatment
намотка twisting
неровная ~ (*рулона*) siderun
нанесение:
~ антикоррозийного покрытия tarnishing
~ ворса *цел.-бум.* flocking
~ выпуклого точечного рисунка с помощью распылительного пистолета spray stippling
~ горизонталей contouring
~ данных изысканий на карту mapping the survey
~ защитных веществ (*на стволы деревьев*) banding
~ карр узкими полосками *лесохим.* bark chipping
~ клея 1. application of adhesive 2. (*на обе склеиваемые поверхности*) double glueing
~ лака lacquer application
~ линейного узора (*между двумя направляющими линиями*) [отделка жилкой] lining
~ на карту 1. mapping 2. (*данных аэрофотосъёмки*) restitution

направляющая

~ намазки *спич.* friction printing
~ пасты paste coating
~ подновки на карру freshening
~ покровного слоя 1. cover coating 2. *(на бумагоделательной машине)* cylinder coating 3. *(на щёточной машине)* brush coating 4. *(шабером)* knife coating
~ покрытия 1. *(бесщёточное)* brushless coating 2. *(вне бумагоделательной машины)* off-machine [separate] coating 3. *(внемашинное)* conversion coating 4. *(воздушным шабером)* air coating 5. *(наливом)* curtain coating 6. *(с помощью валиков)* roll coating
~ распылением *меб.* spray application
~ рисунка по трафарету stenciling
~ слоя [ламинирование] application
~ *(отделочного материала)* с помощью матерчатого тампона или тряпки rag applying
двойное ~ *(лака или клея, при котором смола и катализатор наносятся раздельно)* double application
равномерное ~ по всей поверхности *(клея или отделочного материала)* overall spread
нанизм nanism
нанос *(земли)* 1. accretion 2. *мн.* wash
наносимый:
~ методом распыления из пистолета gun-applied
наносить *(один материал на другой)* apply
~ на карту chart
~ пасту paste
~ текстурный рисунок [раскрашивать под древесину] grain
наносы dirt
нанофанерофит nanophanerophyte
напильник file
~ для заточки пил *проф.* saw doctor
на плаву floated
наплыв burl, callus, knob, spunk, sponk, woodknob ◇ с ~ами burly
~ на ветви *(используется для получения декоративной древесины)* twig burr
~ «птичий глаз» bird's eye
~ сжатия *(на стволе дерева)* compression swelling

наполнение *(бумаги)* (paper) loading; weighting
~ в ролле beater loading
~ на сетке wire loading
наполнитель 1. bulking [loading] agent; filler; loading material; stuffer 2. *дер.-об.* inert material 3. *лесохим.* aggregate 4. *мн.* furnish
~ для шёлковой бумаги *(гипс)* tissue filler
~, состоящий из протеинокрахмальных компонентов extender
~ удобрений fertilizer additive; fertilizer carrier
~ ядохимикатов [удобрений] bulkier mat
инертный ~ inert filler
наполнять 1. fill 2. *(бумагу)* load, stuff
направлени/е direction ◇ в продольном ~и endways
~ бумаги 1. *(поперечное)* paper cross section 2. *(продольное)* grain
~ валки felling direction
~ волокон древесины 1. grain of timber; fibre orientation grain 2. *(косое)* angled
~ естественного наклона дерева direction of lean
~ под прямым углом к ходу *(бумаги)* на машине crossmachine direction
~ резания cutting direction
~ трелёвочного волока *(при канатной трелёвке)* (yarding) path
машинное ~ бумаги paper machine direction
поперечное ~ бумаги paper cross direction
продольное ~ *(бумаги)* long(wire) direction
направлять 1. direct, guide 2. *(рост растений)* train
направляющая guide, runner, slide, track
~ в полу *(для скользящих дверей, перегородок)* floor guide
~ выдвижного ящика drawer runner
~ для ремня belt giude
~ для сгиба заготовки спичечной коробки folding rail
~ [полозья] задвижной двери sliding door
~ занавесей curtain runner
~ клещевого захвата tong guide

645

направляющая

~ ленточной пилы band saw guide
~ с перфорацией или прорезями slotted runner
выдвижная ~ ящика full-extention drawer slide
задняя ~ back guide
центральная ~ гусеничного трака center guide of track
напряжённый (*о состоянии древесины в процессе сушки*) case-hardened
напуск lapping
  ~ массы 1. (*на сетку*) discharge; flow onto the wire 2. (*высоконапорный*) high-pressure stock inlet 3. (*под давлением*) pressure inlet
напыление flocking, spraying
  ~ ворсового покрытия flock sparying
  ~ порошкового покрытия powder spraying
наращивать кору bark
нарезание cutting
  ~ листов из бумажного полотна sheeting
нарезка (*на чём-либо*) dent
  ~ борозд (*при обработке почвы*) listering; tie ridge
  ~ зубьев cogging, toothing
  ~ пазов fluting
  ~ резьбы thread
нарост excrescence, gnarl, knag, knar(l), knog, knot, knur(l), node, snag, wart, woodknob
  ~ на дубе punk
  ~ растений swollen
  ~ у корня butt swelling
галлообразные ~ы gall-like swellings
дубильный ~ tan growth
нарушение:
  ~ сортности gradebreak
нарядный [богато украшенный] ornate
насадка 1. nozzle, mouthpiece 2. *лесохим.* packing 3. (*инструмента*) bit, tip
  ~ слоя *цел.-бум.* filter material
карбидная ~ carbide bit
распылительная ~ spray cap
режущая ~, заточенная по специальному образцу milled-to-pattern bit
твердосплавная ~ hard tip
насаждени/е [лесонасаждение] (forest) crop; (forest) stand; (growing) stock; stocking; standing timber; standing wood; woodland

~, в котором проведена выборочная рубка вне лесосек culled forest
~, вырубаемое окончательным приёмом постепенных рубок final [main] crop
~ непрерывного пользования continuous crop of tree
~, не пройденное рубками ухода prethinning timber stand
~, пройденное рубками ухода или главными рубками residual stand; stand after thinning
~ с большим запасом древесины high-volume stand
~, сменившее девственный лес after growth
~ с просветом gappy [incomplete, low-density] stand
~ с равными пропорциями плюсовых и минусовых деревьев normal stand
высокополнотное [сомкнутое] ~ closed forest; closed [complete, dense, fully stocked, high-density] stand
господствующее ~ dominant stand
густое ~ dense stand
девственное ~ virgin stand
естественное ~ natural [unhomogeneous] forest; unhomogeneous [wild] stand
загущённое (*молодое*) ~ thicket
защитное [покровное] ~ cover [nurse] crop; securing stand
искусственное ~ artificial [man-made] forest; homogeneous stand plantation
коренное [первичное] ~ climax forest
лесные ~я forest range
лесосеменное ~ seed plantation; tree seed garden
лиственные ~я hardwood
малоценное ~ subsidiary crop
материнское ~ (*для защиты подроста*) parent stand
минусовое ~ minus stand
многоярусное ~ multistoried [stairs] stand
молодое ~ (*естественного возобновления*) second growth
ненарушенное ~ undisturbed forest
низкобонитетное ~ poor stand; stunted wood
низкокачественное ~ low-quality [unmerchantable] stand

натяжение

низкополнотное ~ incomplete wood; light [open] forest; open [low-density] stand
низкопродуктивное ~ low-quality [unmerchantable] stand
нормальное ~ complete [normal] stand
одновозрастное ~ even-aged forest; even-aged [uniform] stand
одноярусное ~ single-storied stand
перестойное ~ overaged forest; overmature [superannuated] stand
плюсовое ~ plus [seed; seed-production] stand
порослевое ~ 1. coppice crop 2. (*молодое под пологом маячных деревьев*) understory
приспевающее ~ ripening stand
разновозрастное ~ all-aged [irregular, unevened] stand; uneven-aged forest
разреженное ~ incomplete wood
расстроенное ~ irregular stocking
редкое молодое ~ light stocking
резервное ~ reserve
сосновое ~ pinetum
спелое ~ final [maturity] stand
насекать (*дефибрерный камень*) dress, sharpen
насеком/ое insect
~, окольцовывающее ходами ствол (*дерева*) girdler
~ с полным превращением endopterygote
вредные ~ые destructive [injurious] insects
галлообразующее ~ gall, gallfly
древоразрушающие ~ые wood borers
минирующее ~ miner
перепончатое ~ hymenopteran
ползающое ~ creeper
сосущие ~ые sucking insects
насекомоядный insectivorous
насечк/а 1. impression, incision 2. (*дефибрерного камня*) dressing, (*stone*) sharpening 3. (*на дереве*) wound 4. *мн.* (*выполненные двойной окольцовывающей серией*) double-frill girdling 5. (*напильника*) cut
несгруппированные ~и (*на стволе*) frill cuts

повторная ~ (*дефибрерного камня*) reconditioning
слабая ~ (*дефибрерного камня*) dull stone surface
наследственный hereditary
наследуемость hereditability, heredity
наслоение [залегание] наносов stratification
насос pump
всасывающий ~ suction pump
массный ~ *цел.-бум.* paper stock [pulp, stock, stuff] pump
нагнетательный ~ force pump
питательный ~ supply pump
центробежный ~ centrifugal pump; chempump
настил 1. (*counter*) floor interliner, summit 2. (*полов*) laying
~ из брёвен pad
~ из волокна, пришитого к джутовой подкладке needled-on-hessian fiber
~ из досок boarding, planks; pile [timber] planking
~ из мешковины *меб.* burlap pad
~ из плит plating
~ моста bridge deck, deck(ing)
верхний ~ wearing floor
дощатый ~ barrow run; plank covering
мягкий ~ из очёсов *меб.* flock coating
стёганый ~ *меб.* quilt
шпунтовый ~ tongue floor
настилка путей tracking
настройка adjustment, setwork
насыпь embankment, fill ◇ грузить ~ю, нагруженный ~ю in bulk
земляная ~ earth fill
намывная ~ dredger fill
насыщаемость saturability; saturation property
насыщение saturation
натирать (*воском*) polish
натрий sodium
углекислый ~ [карбонат натрия (*безводный*); кальцинированная сода] soda ash
натрийкарбоксиметилцеллюлоза sodium-carboxymethyl cellulose
натуральный natural
натягивать strain, string, tighten
натяжение pulling, strain, strength, tension

647

натяжение

~ бумаги draw of paper
~ каната line pull
~ полотна бумаги на гауч-прессе couch draw
~ сетки draw of wire
первоначальное ~ prebending
натяжка:
~ для прессовых сукон press felt stretcher
~ сукна felt stretch
наука:
~ об окружающей среде environmental science
лесная ~ [лесоводство] forest science
наушники 1. earphones 2. (*противошумные*) hearing protectors
нафта-растворитель naphtha solvent
нахлёстка lap, overlap
нацеливание (*дерева при валке*) gunning
начало [основание] initiation
~ канатной петли throat
~ цветения early bloom; floral initiation
действующее ~ удобрений primary nutrient basis
нашествие [инвазия]:
~ насекомых (*вредителей*) insect invasion
массовое ~ (*вредителей*) heavy infestation
небелёный 1. nonbleached, unbleached 2. (*о массе*) green
неблагоприятный (*о погоде*) foul
невирулентный nonvirulent
невоспламеняемость nonflammability
невоспламеняющийся nonflam(mable)
невысушенный (*напр. о древесине*) unseasoned
негодный для продажи unmerchantable
негорючесть nonflammability
негорючий nonflam(mable)
неделовой (*о лесоматериале*) unmerchantable
недоброкачественный unmerchantable
недовар (*целлюлозы*) undercook(ing)
недовыработка underruns
недогруз underloading
недопил (*на дереве*) bridge; break-off allowance; crest; holding (wood); key, sloven; uncut band; uncut wood
недоразвитый dwarfish, immature, rudimentary

~ (*чешуйчатый*) лист cataphyll
недоруб 1. (*на дереве*) crest 2. (*в лесу*) living residues; undercut
недостаточность:
~ питания (*растениям*) innutrition
зольная ~ (*питания*) oligotrophy
недоступный (*напр. проникновению корней*) impervious
недосушивать underdry
нежизнеспособность inviability
нежизнеспособный nonviable
нежный [слабый] (*о растениях*) tender
незадернелый unsodded
заподсоченный (*о лесоматериале*) round
незрелый [неспелый] immature
неизменяемость (*цвета бумаги*) permanence
неисправность fault, trouble
нейтрализация sweetening
нейтральность:
~ поверхности (*к действию химикатов*) surface inertness
неклеёный unsized
некоробящийся nonwarping
некроз necrosis
нектрия древесных лиственных пород (*возбудитель — гриб Nectria galligena*) necrosis
нелощёный (*о бумаге*) unglazed
немелованный (*о бумаге*) uncoated
ненабухающий nonswelling
необлесённый treeless
необлицованный (*о кромке*) unlipped
необработанный 1. crude, rough 2. (*о почве*) untilled
необрезанн/ый uncut ◊ с ~ой вершиной (*о дереве*) untopped; с ~ыми сучьями (*о дереве*) unlimbed
необрезной (*о пиломатериале, детали*) uncut, unedged
неокорённый unbarked, unpeeled
неомыляемый unsaponifiable
неопушённый [оголённый] *бот.* glabrate
неориентированный nondirectional
неотделанный (*о бумаге*) unfinished
неотстаивающийся nonsetting
непарноперистый (*о листе*) odd-pinnate
непарный azigous
неплодородный [тощий] (*о земле*) barren

неповреждённый (*о лесоматериале*) sound
непокрытый лесом unforested
неполный incomplete
непрерывность (*напр. перекрёстного потока бумажной массы*) continuity
непрививаемость incompatibility, intersterility
непригодный для эксплуатации (*о лесе*) unmerchantable
непровар *цел.-бум.* raw cook
~ целлюлозы undercooked pulp
непроваривающийся *цел.-бум.* nondigestible
непрогибающийся (*о вале*) shell-and-core(-type)
непродуктивный (*о лесе*) unproductive
непрозрачный opaque
непроклеивание (*дефект фанеры*) glue starvation
непроклей gap
непроницаемый impervions, impermeable
непросмолённый untarred
непрострожка skip in dressing
неравнолистность anisophylly
нераскрывающийся [нерастрескивающийся] (*о плоде*) indehiscent
нерастворимость insolubility
неровность:
~ на поверхности фанеры bump
~ пачки шпона getting-out of alignment
~ поверхности ДСП (*облицованной шпоном*) show-through
~ покрытия 1. ribbing 2. (*бумаги*) piping
несгораемый fireproof, noncombustible
несимметричный [косой] skew
нескользящий (*об упаковке или обивке*) nonslip
нескручивающийся (*о бумаге*) noncurling
несмачиваемость nonwettability
несмешиваемость intersterility
несовместимость incompatibility, intersterility
~ прививки graft incompatibility
несовпадение mismatching, noncoincidence
несомкнутый (*о пологе*) free-growing; free-to-grow
неспелость (*насаждения*) immaturity

нестандартный 1. non-standard; non-typical 2. (*с отклонением от нормы*) haywire 3. (*нестандартного размера*) undersized
нестойкий к загниванию (*о древесине*) liable to rot
нетканый nonwoven
неточный 1. inaccurate 2. (*с дефектами*) slipshod
нетронутый (*о лесе*) maiden
нетто-продуктивность (*насаждения*) net production
первичная ~ net primary production
неухоженный (*о лесе*) unmanaged, untended
неформатность off-size
нецветущий ananthous
нечистообрезной wane-edge
нивелир builder's [geodetic] level; leveling instrument
глухой ~ dumpy level
ручной ~ abney level
нивелирование leveling (*survey*); survey of fall; survey of height
нивелировщик leveler
низина lowland
~ [низкорасположенная местность] с частыми и интенсивными заморозками frost hole; frost hollow
низкокачественный 1. low-grade; (of) poor quality 2. (*с отклонением от нормы*) haywire
низкополнотный (*о лесе*) incomplete, understocked
низкорослый dwarfish, nanous, undersized
низкосортный low-grade; off-grade
низкоствольный short-stemmed
низменность lowland
нисходящий [направленный вниз] descending
нитка:
~ для линовальной машины machine ruler thread
нитрат nitrate, saltpeter
~ калия potassium nitrate
водорастворимые ~ы leachable nitrates
нитрификатор nitrifier
нитрификация ammonia oxidation; nitrification
нитроклетчатка guncotton
нитрофильный nitrophilous

нитроцеллюлоза cellulose nitrate; soluble cotton
нить 1. fiber, thread 2. (*сетки*) strand 3. (*волокно*) цел.-бум. filament
~ обвитая шёлком *меб.* gimp
дополнительная ~ основы ткани wadding thread
клеевая ~ для ребросклеивания шпона по зигзагу zigzag glue thread
тычиночная ~ anther stalk; filament
ниша bay, niche
экологическая ~ ecological niche
нож blade, bar, knife
~ барабана rollknife
~ барабана ролла fly bar, (beater) flybar
~ грейдера grader blade
~ для безопилочного резания shear
~ для заправочной полоски у холодильного цилиндра sweat drier tail cutter
~ для лущения древесины cleaver
~ для мелкой резьбы геометрического орнамента chip carving knife
~ для обрезки вершин (*деревьев*) topping knife
~ для обрезки ветвей pruning knife
~ для обрезки пробок plug cutter
~ для разметки marking [striking] knife
~ для расплавления мастики burning-in knife
~ для резки тряпья rag [scythe-like] knife
~ для резки шпона veneer saw knife
~ для резьбы (*по дереву*) chip carver; craft knife; scratch stock
~ дробилки hog knife
~ зензубеля skew rabbet knife
~, крепящийся с помощью зажима clamp-type knife
~ лущильного станка veneer knife
~ обдирочного барабана drum knife
~ перемотно-резательного станка band
~ планки ролла bedplate [shell] bar
~ плуга colter; skimcutter
~ продольной саморезки ripping knife
~ ротора 1. plug knife 2. *мн.* plug steels 3. (*конической мельницы*) core bar

~ статора 1. shell knife 2. *мн.* shell steels
~ строгального станка molding cutter
~ стружечного станка chipper [planer] knife
~ шипорезного станка dovetail knife
~ шканторезного станка dowel knife
балансирный режущий ~ oscillating cutting knife
вертикальный ~ 1. (*сажалки*) screefer 2. (*с примыканием к корпусу плуга*) fin colter
вращающийся ~ fly knife
выкопочный ~ grubbing hoe
дисковый ~ 1. disk (colter) 2. (*окорочный*) fly knife 3. (*плуга*) colter [cutting] disk 4. (*вырезной*) notched rolling colter
жёсткий ~ для расплавления мастики stiff-bladed knife
клювовидный ~ (*для обрезки ветвей*) billhook
кривой ~ (*для вырубки кустарника*) brush [rill] hook
кустарниковый ~ cutlass
надрезной ~ (*стружечного станка*) scoring point
неподвижный ~ dead knife
окорочный ~ (de)barking [draw] knife; (de)barking tool
окулировочный ~ budding knife
пазовый ~ groove-cutting chisel
перекрещивающиеся ~и (*ролла*) crossbars
перфораторный ~ perforating knife
подрезной ~ splitter
профильный [фасонный] ~ milled-to-pattern knife
расклинивающий ~ riving knife; strained splitter
садовый ~ garden cutlery
самоустанавливающийся (дисковый) ~ pivoting colter
серповидный ~ helical cutter
строгальный ~ 1. facing knife; jointer; planing cutter 2. (*серповидный*) spiral planer head 3. (*фуговальный или рейсмусовый*) joiner blade
сучкорезный ~ (de)branching [(de)limbing] knife
тарельчатый ~ dish-type slitting [slitter] knife

НОСОК

фуговальный ~ jointer
черенковый ~ 1. knee [knife, sliding] colter; ristle; skim jointer; tine 2. (*плуга*) hanging [knife] cutter 3. (*плуга с углублением для входа носка лемеха*) duckbill cutter 4. (*вертикальный*) hanging colter
шаберный ~ scraper blade
штанцевальный [высекальный] ~ punching knife; punching tool
ножка 1. *бот.* pedicle, peduncle, stalk, stem, stipe 2. *меб.* leg, post
 ~ (*мебели*) в виде завитка braganza toe
 ~ в виде когтистой лапы, держащей шар ball-and-claw [claw-and-ball; talon-and-ball] foot
 ~ в виде кронштейна bracket foot
 ~ в виде полусферы *меб.* bun [onion] foot
 ~ в виде раструба trumpet leg
 ~ в виде сабли saber leg
 ~ в испанском стиле, изгнутая внутрь и напоминающая кисть художника paintbrush [tassel] foot
 ~ из чугуна wrought iron leg
 ~ мерной вилки caliper arm
 ~, оканчивающаяся декоративным элементом в виде перевернутой чаши inverted cup leg
 ~, опирающаяся на расширяющуюся книзу круглую подставку club foot
 ~ раздвижного стола (*вспомогательная, имеющая суживающееся сечение и невидимая в сложенном виде*) table haunch
 ~ современного изделия мебели contemporary leg
гнутая ~ cabriole leg
изогнутая ~ *меб.* cabriole
полая цилиндрическая ~ sleeve leg
прямоугольная ~ в виде перевёрнутой пирамиды *меб.* soffit
расширяющаяся книзу ~ (*стула*) pad foot
резная ~ в виде спирали whorled foot
складная [разборная] ~ folding leg
точёная суживающая ~ peg leg
ножницы scissors, shears
 ~ для продольной резки dividing shears

 ~ для раскроя шпона по ширине clipper(s)
 ~ с двойной станиной gate shear
гидрофицированные ~ hydraulic scissors
гильотинные ~ guillotine (shears)
концевые ~ end shears
садовые ~ 1. garden pruner 2. (*шарнирные*) toggle action pruner
фанерные ~ guillotine; veneer clipper(s); veneer-clipping machine
ножовка fret [hack, hand, skewback] saw
 ~ для прорезания пазов slotting saw
 ~ с утолщённой задней кромкой tenon saw
автоматическая ~ bayonet saw
приводная ~ hack sawing machine
узкая ~ [лобзик] keyhole saw
ноль-волокно O-fiber
номер number, tally
 ~ плотности (*вес стандартной стопы в 500 листов*) substance number
 ~ сетки wire-mesh number
 ~ тонины (*для определения разрывной длины по формуле Гартига*) thinness number
 ~ шлифовального зерна grit size
норма norm, rate
 ~ внесения (*удобрений*) application [distribution] rate
 ~ выработки output rate; performance standard
 ~ высева 1. application [planting, seeding, sowing] rate; feed quantity; seeding quantity 2. (*высокая*) heavy seeding
 ~ подачи delivery [feed] rate
 ~ посадки (*растений*) planting rate
нормальный regular
носилки 1. (*для груза*) barron 2. (*паланкин*) Glass [sedan] chair
носитель carrier, vehicle
носок:
 ~ лемеха (*плуга*) plow [share, sock] point
 ~ пильной шины 1. bar nose 2. (*с роликом*) roller nose 3. (*со звёздочкой*) (greasing) sprocket nose 4. (*сменный*) replaceable nose
вставной ~ (*плужного корпуса*) slip nose

О

обапол half log; half timber
обвал avalanche, landslide, landslip
обвёртка *бот.* sheath
обвязка 1. binding, strapping 2. *стр.* sole timber; stud, threshold
~ дверной *или* оконной коробки 1. back lining 2. (*боковая*) side jamb
~ паркетного щита parquet border
~ пола margin strip
~ ящиков box hooping
верхняя ~ head casing
нижняя ~ (*дверной коробки*) bottom rail
рамочная ~ (*дверной коробки*) framed lining
обвязывать bind, strap
~ цепью chain
обгорание:
~ листьев heat kill
обдир:
~ коры bark stripping; exfoliation; flanking of bark; mechanical damage to bark
обдирать 1. (*лущить зерно*) hull, shell 2. (*кору*) strip 3. (*обрабатывать деталь на станке начерно*) rough
~ кору дерева (*при ударе*) to rip off
обезвоживание 1. dewatering 2. (*массы*) dreinage
обезвоживать (*массу*) *цел.-бум.* drain, dewater
~ повторно reslush
обезжиривание 1. degreasing 2. (*сукна*) scouring
обеззоливание ash removal; de-ashing
обезлесение deforestation, disafforestation
обезлесить deforest; disafforest; disforest
обезуглероживание decarburization
обёртка 1. wrap 2. (*действие*) wrapping
~ для мыла 1. soap tissue; soap wrapper 2. (*щёлокоустойчивая*) alkali-resistant soap wrapper
лощёная прозрачная ~ glazed transparent
самозаклеивающаяся ~ self-sealing wrapper
соломенная ~ straw wrapper
сульфитная ~ односторонней гладкости M.G. sulfite wrapping
упаковочная ~ разового пользования throw-away protective cover
фабричная ~ mill head; sealing [mill] wrapper
обертух *цел.-бум.* overfelt
обёртывание wrapping
обёртывать wrap
обескислороживание deoxygenation
обескремнивание:
~ чёрного щёлока black liquor deflinting
обескрыливание:
мокрое ~ wet dewinging
обескрыливатель (*семян*) dewinger
обескрыливать (*семена*) dewing
обеспеченность:
~ аэрофотоснимками airphoto coverage
~ топографической основой basemap coverage
обеспыливание dust control; dust removal
обессмоливание:
~ массы depitching; pitch extraction; pitch removal
обессмоливать degum, depitch
обесцвечивание decolorization, stripping
местное ~ (*древесины*) stain
обжатие [обжимка] 1. (*с уменьшением размера*) reduction 2. (*ковка*) squeezing, swage, swaging
обжиг burning, roasting
повторный ~ reburning
обжигать burn, char, roast
повторно ~ reburn
обжим pressing, reduction, swaging
обжимка swage
обзол 1. cant, skip, wane 2. *мн.* backs
обивать:
~ мебель upholster
обивка 1. cover 2. *мн.* linings
~ мягкой мебели (*материал*) upholstery
~ стен материей tapestry
кожаная ~ hide covering
нескользящая ~ no-slip cover
стёганая ~ 1. sewn [tufted] upholstery 2. (*виниловая*) quilted vinyl
съёмная ~ slip on [loose] cover
обитатель (*леса*) forester
обитающий:

обмер

~ в бореальных областях microthermophillous
~ в древесине lignirole
~ в почве geophillous
~ в хвойных лесах conophorophillous
обкатка (*двигателя*) running-in
обкладка cover, coat(ing), encasing, margin, mitered border
~ дверного или оконного косяка elbow lining
облагораживание purification, relishing
~ бумаги paper processing; paper surface treatment; specialty papers manufacture
~ древесины wood modification
~ макулатуры wastepaper recovery
~ целлюлозы 1. alkali treatment; pulp [purification] refining 2. (*горячее*) hot alkaline treatment 3. (*холодное*) cold alkaline treatment
облагораживать relish
област/ь 1. (*территория*) area, region 2. (*деятельности*) circle, field
пограничные ~и (*ареалов*) bordering limits
обледенение ice formation; icing
облесение afforestation, forestation, foresting, treeplanting
~ осушенных болот afforestation of swamps
~ пахотных земель afforestation of arable land
мелиоративное ~ reclamative afforestation
противоэрозионное [почвозащитное] ~ conservation afforestation
облесённый (*покрытый лесом*) (well) forested; stocked
облесить [засадить лесом] afforest
облик:
общий ~ (*организма, вида или группы видов*) facies
облиственный leafed, leafy, verdant
густо ~ foliose
облиствление:
вторичное ~ refoliation
облицованный clad, lined, overlaid, surfaced
~ древесноволокнистой плитой hardboard-(sur)faced
~ шпоном 1. veneered 2. (*с двух сторон*) both-side veneered
облицовка 1. casing, covering, mantle 2. (*внутренняя*) lining 3. (*наружная*) facing
~ из шпона, подобранного в шашечку chequered panel
~ кромки lipping
~ патрона рубительной машины wood chipper spout liner
~ порога apron (lining)
~ стены около умывальника wash boarding
гнутая ~ царги или столешницы круглого стола bent rim
кромочная ~ binding
облицовывание facing(-up), lamination, lining, lipping
~ [цветная отделка] кромки (*крышки стола, сиденья стула, книжной полки и т.п.*) banding
~ шпоном 1. (*в вакууме*) vacuum veneering 2. (*под углом*) feather banding
четырёхстороннее ~ кромки (*ДСП*) all-round lipping
облицовывать 1. (*внутри*) line 2. (*снаружи*) face
обложка cover
складная бумажная ~ folding paper cover
обломки debris, fragments
~ древесины broken chunks
плавающие ~ floatage
обломок block
обмакивание:
~ корней в глиняный раствор (*перед посадкой*) puddling
обмен || обменивать exchange, interchange
~ веществ 1. substance exchange 2. (*химический, в живом организме*) metabolism
~ катионов (*в почве*) cation exchange
биологический ~ biological interchange
контактный ~ (*между почвой и корнями растений*) contact exchange
обмер measure(ment), measuring, scaling
~ брёвен на погрузочной площадке (*у дороги*) road scaling
~ (*бревна*) в верхнем и нижнем отрубах scaling by top and base diameter
~ в средней части (*бревна*) measuring at [scaling at] mid-point
~ лентой по окружности (*напр. дерева*) string [tape] measure

653

~ леса рамой framing
контрольный ~ (*лесоматериалов*) check scaling
погрузочный ~ (*лесоматериалов*) intake measure
обмерзание frosting-up
обмерзать frost up
обмуровка brickwork, setting
~ варочного котла digester lining
обмуровывать brick-line
обнажение:
~ горных пород rock exposure; rock outcrop
~ корней exposition of roots
~ смывом [денудация] denudation
обнажённый [лишённый растительности] (*о почве*) bare, exposed, truncated
обнаружение detection, spotting
~ и обследование пожара fire detection
~ и опознование объектов с помощью авиации aerial remote sensing
обновление renewal, renovation
обогащать (*увеличивать содержание чего-либо*) enrich-in
обогащение (*напр. состава древесных пород путем увеличения доли ценных пород*) enrichment
обогрев heating
~ острым паром direct steaming
огневой ~ firing
паровой ~ steam heating
обод rim, ring, tread
~ с глубоким ручьём [глубокий обод] deep well [well-base] rim
выпуклый ~ шкива crown
обоеполый (*о цветках*) teleianthous
обожжённый (*о бочке*) kiln-dried
обозначение:
~ на чертеже, показывающее продольное расположение волокон stile
обои paperhangings; wall-paper; wallpaper
бумажные ~ paper
обойма yoke
~ блока pulley casing; pulley yoke
~ из направляющих роликов (*для каната*) fairlead
~ крюка hook casing
~ прицепного устройства becket
прицепная ~ (*для крепления чокеров, груза и т.п.*) butt rigging

обойщик 1. upholsterer 2. *уст.* upholder, upholster
оболонь sapwood
оболочка 1. enclosure 2. (*семени, плода*) capsule, membrane, tegmen
~ [мембрана] клетки 1. cell membrane; cell wall; sheathing tissue 2. (*вторичная*) secondary cell wall 3. (*первичная*) primary cell wall
цельная ~ (*пенопласта*) solid skin
оборот 1. (*при вращении*) revolution 2. (*цикл, совокупность операций*) cycle, turn 3. (*предприятия*) turnover
~ варки *цел.-бум.* cooking cycle
~ рубки 1. cutting [felling] cycle; cutting [felling] interval; circulation [production, rotation] period; cutting [felling] rotation 2. (*по возобновительной спелости*) silvicultural rotation 3. (*по естественной [физической] спелости*) biological [physical] rotation 4. (*по количественной спелости*) rotation of the greatest volume production 5. (*по технической спелости*) technical rotation 6. (*по финансовой спелости*) financial rotation 7. (*по хозяйственной спелости*) rotation of the highest income 8. (*по экономической спелости*) economic rotation 9. (*короткий*) short rotation
~ тары trip of container
оборотник:
~ [приёмник] конденсата condensate receiver
оборудование 1. equipment, facilities, fitment 2. (*действия*) fitting; installation, outfit
~ для бесчокерной трелёвки chokerless skidding attachment
~ для высокочастотного нагрева RF heating systems
~ для затаривания (*напр. бочек*) filling machinery
~ для изготовления мягкой мебели mattress-bedding machine
~ для корчёвки пней stump-pulling equipment
~ для облицовки кромок edge bonding equipment
~ для обработки макулатуры waste-treating equipment
~ для погрузки-разгрузки (*переме-

обработка

щения) древесины wood-handling equipment
~ для приготовления спичечной массы composition making machinery
~ для производства спичек match-making machinery
~ для сканирования (оценки и учёта лесоматериалов) scanning equipment
~ для упаковки (мебели) в усадочную плёнку shrink-wrap equipment
~ для формирования настилов мягкой мебели "snow-fall" system
вспомогательное ~ auxiliary equipment; auxiliaries; incidental equipment
гаражное ~ (в лесу) field garage facilities
гнутарное ~ bending
деревообрабатывающее ~ woodworking equipment; woodworking machines; woodworking machinery
деревянное ~ меб. woodware
дозирующее ~ metering equipment
дополнительное ~ (поставляемое по требованию заказчика) optional equipment
заточное ~ (для заточки пил) (saw) sharpening equipment
комплектующее ~ allied equipment
лесозаготовительное ~ harvesting [logging] equipment
лесопильное ~ sawmill equipment
маркировочное ~ branding equipment
нижнескладское ~ terminal [yard] facilities; terminal [yard] equipment
очистное ~ stock cleaning equipment
переделанное ~ improvised machinery
перерабатывающее ~ conversion [processing] equipment
пильное ~ sawing machinery
погрузочно-разгрузочное ~ material handling equipment
подержанное [бывшее в употреблении] second-hand [used] equipment
подъёмно-транспортное ~ mechanical handling equipment
рабочее ~ operating equipment
резервное ~ reserve [standby] equipment
самодельное ~ improvised machinery
серийное ~ standard equipment
складское ~ storage facilities
сменное ~ interchangeable equipment

упаковочное ~ baling line; wrapping equipment
экономичное ~ cost-cutting equipment; cost-cutting system
обочина (дороги) shoulder, wayside
обоюдоострый double-bit; two-edged
обрабатываемость workability
обрабатывать treat, work
~ волокно в завивочном аппарате меб. curlate
~ деревья 1. process 2. (цепным рабочим органом) flail
~ на станке machine
~ начисто clean
~ окончательно relish
~ почву 1. cultivate, treat 2. (дисковыми орудиями) disk
~ по шаблону profile
обработанный [окультуренный] (о почве) cultivated, treated
~ инструментами tooled
обработка 1. working, machining, processing 2. (придание нужных свойств) treatment
~ водоотталкивающим составом (обивочной ткани) water-repellent treatment
~ дверных филёнок panel raising
~ деревьев 1. processing 2. (у пня) processing at the stump 3. (в лесу, у дороги) in-field [roadside] processing 4. (на нижнем складе) central [terminal] processing
~ дорожного полотна grading
~ древесины 1. wood processing 2. (при высокой температуре и влажности) reconditioning 3. (массивной) solid work
~ лакированной поверхности шёлковым газом (под старину) tiffany glazing
~ мелованной бумаги щётками (перед каландрированием) brushing
~ почвы 1. cultivation, treatment 2. (по горизонталям) contouring 3. (плужная) plowing
~ ручным способом [ручным инструментом] tooling
авиационная ~ (с воздуха) aerial treatment
гидротермическая ~ cooking
дефектная ~ imperfect manufacture

655

обработка

машинная ~ в соответствии с технологической картой regular run
механическая ~ (*лесоматериалов*) mechanical [mechanized] conversion
наземная [поверхностная] ~ ground treatment
неравномерная ~ поверхности hit-and-miss surfacing
окончательная ~ relishing
первичная ~ (*древесины*) (*обрезка сучьев, раскряжёвка, окорка*) conversion operation; primary [rough] conversion; primary wood [primary timber] processing
предпосевная ~ (*напр. лесных семян*) pretreatment
противоусадочная ~ (*шпона*) anti-shrink treatment
специальная ~ (*древесины*) влажным воздухом во время сушки high humidity treatment
тепловая ~ heat treatment; vatting
термическая ~ (*плит*) tempering
фасонная ~ profiling
централизованная ~ (*деревьев, хлыстов*) central processing
щелочная ~ 1. alkali(ne) [caustic] extraction 2. (*волокнистого полуфабриката*) alkali treatment

обработчик:
~ бумаги paper converter

образ/ец 1. model, pattern, pink, sample, specimen 2. *мн.* outturn
~цы бумаги furnish patterns
~ для испытания test piece; test specimen
абсолютно сухой ~ oven-dry sample
выборочный ~ grab sample
контрольный ~ 1. check [proof] sample 2. (*полурулонный*) reel sample
опытный ~ prototype
репрезентативный ~ representative sample
средний ~ subsample

образование (*появление, создание*) formation
~ бессемянных шишек parthenocony
~ грибкового повреждения (*на древесине*) fungoid growth
~ комочков пигмента [лака] seeding
~ корки [накипь] encrustation, scaling
~ мелких пузырей или точечных углублений (*дефект отделки*) pitting
~ плёнки сухого клейкого вещества feathering
~ пнёвого осмола lightwood formation
~ поперечных полос от каландровых валов (*на полотне бумаги*) barring
~ почек gemmation, germination
~ пучков *бот.* fasciation
~ сводов из щепы (*в бункере*) convex piling
~ точечных отверстий (*дефект отделки*) pinholing
~ трещин усушки hollow-horning hole
~ хелата (*почвы*) chellation

образовывать form
~ дернину to afford sod
~ хлопья flocculate

образующий:
~ зонтик umbelliferous
~ корни rhizogenic, rhizophorous
~ почки gemmiferous
~ семяпочку ovuliferous

обрамление frame (work)
обрамлять frame
обрастание accretion
обрастать accrete
обратимость reversibility
обратимый convertible
обратноконусовидный (*о листе*) obconic
обратносердцевидный (*о листе*) obcordate, oblanceolate
обратнояйцевидный (*о листе*) obovate

обращённый:
~ внутрь introrse

обрез (*напр. кромки*) cut
неровный ~ clipped cut

обрезанный:
~ на четыре канта square-cut

обрезать cut
~ вершину (*дерева*) top; to top off
~ ветки и сучья limb; lop; to lop off
~ кромку edge
~ плёнку buck
~ побеги browse
~ [обрубать] сучья (de)branch; (de)limb, disbranch, prune, trim
коротко ~ ветви dehorn

обрезиненный rubber-coated

обрезка cutting
~ боковых продольных свесов (*кромочной облицовки щитов*) flush trim
~ вершин (*деревьев*) top clipping; top cutting; topping
~ ветвей 1. brashing, dehorning, pruning, trimming 2. (*и сучьев*) lopping-off 3. (*живых у растущего дерева*) green [live] pruning 4. (*засохших*) dry pruning 5. (*с помощью лестницы*) high pruning 6. (*плодовых деревьев*) orchard pruning
~ грата *меб.* die cutting
~ досок на конус conical edging
~ кроны (*деревьев*) 1. crowning-off; heading-off 2. (*формовочная*) topiary
~ нижних боковых побегов (*у широколиственных деревьев*) side-shoot pruning; shrouding
~ нижних ветвей кроны (*подъём кроны*) lifting the canopy
~ побегов на концах ветвей drop crotching
~ порослевых побегов и веточек (*один раз в несколько лет*) pollard pruning
~ сучьев 1. (de)branching, (de)limbing, disbranching, knotting 2. (*с группы деревьев*) multistem delimbing
обрезки cuttings, cutoff sections; ends, offcut, trimmings
~ от кромок бумаги trim waste
бумажные ~ shaving
продольные ~ шпона veneer round-up
текстильные ~ table (*textile*) cuttings
обрезок shred
обрешётка furring, lath
обрубать (*сучья*) to chop off
обрубка (*сучьев*) chopping, knotting
обрубщик сучьев brancher, chopper, knot-bumper; knotter
обруч hoop, shroud, strap
~ бочки hoop
пуковый ~ bilge hoop
ставной ~ 1. dowelling stock 2. (*для стяжки клёпок при сборке бочки*) truss hoop
стальной ~ с утолщённой кромкой headed steel hoop
уторный [крайний] ~ chimb [chime] hoop
шейный ~ quarter hoop

обручник (*при изготовлении бочек*) hoop-maker
обрыв (*бумаги*) break, broke
обрывать break, clip
обсаживать:
~ кустарником brush
обсеменение (*лесосек*) от стен леса border [marginal] seeding
обсеменяться seed
обследование inspection, investigation, survey
инспекционное ~ (*леса*) reconnaissance
обслуживание handling operation; service
техническое ~ maintenance, servicing
обстановка:
окружающая ~ rounding environment
обстругивать plane (off), pare
обтачивать turn
обтёска dressing
~ закомелистости у дерева (*перед валкой*) removal of buttresses
обтёсывать dress
~ бревно со всех сторон to square off
~ дерево adz(e)
обточка turning
обтяжка:
~ вала cover
обугливание charring; charcoal formation
обугливаться char
обух 1. (*топора*) (axe) back; butt [head] of an axe 2. (*инструмента*) back edge of tool
обучать [тренировать] train
обучение instruction, training
обхват (*дерева*) girth
средний ~ (*дерева*) mean girdle
обход (*лесника*) beat; ranger district; section; submanagers charge
лесной ~ forest range
обшивать:
~ гонтом shingle
~ досками plank
~ изнутри line
~ рейками lag
~ снаружи sheathe
обшивка casing, jacket, lining, sheeting, shuttering, siding, welt(ing)
~ внакрой lap-joined sheeting
~ в шпунт grooved-and-tongued boarding

обшивка

~ досками 1. boarding, planking, sheathing 2. (*взакрой*) lap siding 3. (*взакрой или в четверть*) shiplap sheathing 4. (*внакладку*) clap boarding 5. (*внакрой*) weather [wedge] boarding 6. (*в четверть*) rabbeted siding 7. (*с промежутками*) open lagging
~ из досок planks
~ из материала высокого качества select sheathing
~ панелями от плинтуса до подоконника breast lining
~ под штукатурку lathing
~ потолка в виде арки или свода soffit boarding
~ стен деревянными панелями, выполненными в определённом художественном стиле period paneling
~ тонкими досками (*для утолщения или образования воздушной прослойки*) battening
~ шпунтованными досками или рейками tongued-and-grooved lining
вертикальная ~ (*досками*) drop siding
внутренняя ~ стен деревянными панелями boiseries
панельная ~ paneling
филёнчатая ~ (*двери*) paneled lining
обшитый:
~ досками boarded, slatting
общество:
лесное ~ forest company
объединение [соединение] association, union
объезд circuit, detour; round about way
объект:
~ лесоустройства object of (forest) management
объём 1. (*вместимость*) capacity 2. *геом.* volume
~ в кубометрах cubic capacity; cubic volume
~ воза (*деревьев*) turn size; turn volume
~ воздуха (*в листе бумаги*) void volume
~ вырубки felling outturn
~ груза loadsize
~ деловой древесины, получаемой из одного дерева utilized volume per tree

~ деловой части ствола merchantable volume
~ дерева 1. volume of tree 2. (*без коры*) tree underbark volume 3. (*с корой*) tree overbark volume
~ древесины 1. (*в плотных единицах*) solid volume 2. (*складочный*) stacked content; stacked [superficial] volume
~ единичного объекта (*напр. одного бревна*) volume per piece
~ заготавливаемого с 1 га леса harvested volume per ha
~ заготовки (*древесины*) felling volume
~ запаса (*лесоматериала, сырья*) inventory level
~, захватываемый погрузчиком fork load
~ лесного сырья на корню stumpage
~ лесоматериалов 1. (*в абсолютно-сухом состоянии*) volume when dry 2. (*определённый на воде*) water scale
~ [запас] нормального древостоя volume of normal growing stock
~ пиломатериалов в соответствии со спецификацией lumber-tally volume
~ плота raft volume
~ пустот (*в штабеле*) void volume
~ рубки (*леса*) 1. cut; felling capability; felling volume 2. (*годовой*) annual cut; annual felling
~ свежесрубленных лесоматериалов volume when green
~ стволовой части дерева volume of stem
~ сырой древесины volume green
грубо определённый ~ (*брёвен*) gross scale
кажущийся удельный ~ (*бумаги*) apparent specific volume
рабочий ~ 1. swept volume 2. (*двигателя*) cubic capacity
складочный ~ stacked content; stacked volume
средний ~ 1. mean volume 2. (*годичной вырубки запаса насаждения за весь период рубок ухода*) average annual stand depletion 3. (*дерева или хлыста*) average volume per tree
точно определённый ~ (*бревна*) net scale

устанавливаемый (*фактический*) ~ промежуточной рубки (*в год или периодически*) intermediate yield
объёмный [складочного объёма] piled
обязательство [долг] debt
овально-ланцетовидный lance-oval
овально-округлый ovate-orbicular
овально-остроконечный ovate-accuminate
овально-продолговатый ovate-oblong
оверлей overlay
~, облицовывающийся с помощью жидких клеевых материалов wet mount overlay
~ сухого облицовывания dry mount overlay
овраг dean, gulch, ravine
глубокий ~ 1. gully 2. (*лесистый*) gill 3. (*укреплённый заросший*) stabilized gully
огарок:
колчеданный ~ sulfur waste
оглеение (*почвы*) [глееобразование] gleyification, gleying, gleization
оглобля fill, shaft
огнестойкий fireproof, fire-resistant
огнестойкость fire-resistance
огнетушитель fire-extinguisher; sprinkler
огонь 1. fire 2. (*пламя*) flame
встречный ~ (*для тушения лесного пожара*) backfire, counterfire
фланговый ~ (*при отжиге*) *амер.* flank fire
огораживание (*вырубок*) enclosing
ограда fence
ограждать board, guard, hurdle
ограждение enclosure, fence, guard, protection
~ бакенами buoyage
~ гребного винта propeller [screw] guard
~ зоны контакта валов nip guard
~ сверлильного патрона chuk guard
~ фрезы [режущего органа] cutter-guard
ограничени/е constraint, limitation, restriction
~я в ведении лесозаготовок по погодным условиям seasonal (harvesting) constraints
~ густоты древостоя restriction of stock
~я по длине автопоезда truck length restrictions
~ по массе (*автомобиля*) weight restriction
~ по размеру size restriction
~я по характеру владения tenure constraints
~я, связанные с сохранением окружающей среды environmental constraints
ограничител/ь 1. limiter 2. (*останов, стопор*) arrester, stop
~ глубины зарезания (*зуба пилы*) depth gauge
~ длины хода gauge
~ подачи (*зуба пилы*) depth gauge
неподвижные ~и dead skids
одевание:
~ сетки (*на бумагоделательную машину*) draping
одежд/а clothes, clothing; cover
~ бумагоделательной машины machine clothing
~ы прессовых валов из нетканых синтетических материалов nonwoven synthetic covers
дорожная ~ (road) base
защитная ~ (*лесоруба*) safety clothing
одиночный [отдельно стоящий] (*о дереве*) isolated, solitary
однобокий lop-sited
одновалентный univalent
одновозрастный (*о насаждении*) even-aged
однодомный *бот.* monoecious, synoecious
однолетний annotinous, annual
одномутовчатый (*о типе ветвления стволов деревьев хвойных пород*) uninodal
одноплодный monocarpous
однородность homogenity, uniformity
однородный (*о насаждении*) pure
однорядный one-rank
однослойный (*о листе*) vat-plied
однотипность uniformity
однотычинковый monandrous
однохозяйный (*о паразитах*) autoecious
одноцветный monochrome, plain
одноярусный (*о насаждении*) single-storied

одревесневший

одревесневший (*содержащий лигнин*) sclerotic
одревеснение (*оболочек клеток*) lignification, sclerosis
ожог (*древесины*) (machine) burn, scald, scorch
  солнечный ~ 1. (*стволиков ели*) solarization, sunblister, sunburn, sunscald 2. (*коры*) bark blister 3. (*листьев*) tipburn
оз (*рельеф*) eskar, esker
озеленение (*населённых мест*) amenity planting; beautification; landscape gardening; planting of greenery
  ~ городов municipal [utility] forestry
озеро lake
озоление ashing, combustion, digestion
  мокрое ~ wet combustion
  сухое ~ dry combustion
озонировать ozonize
окаймление:
  ~ коры *бот.* pit border
окаймлённолистный omatophyllous
окалина cinder, scale
окантованный [облицованный] пластиком plastic-edged
окантовка (*матраца*) binding
  плетёная ~ *меб.* plaited band
окисление oxidation
  ~ чёрного щёлока black liquor oxidation
окислитель oxidizer; oxidizing agent
окислы:
  полуторные ~ sesquioxides
  свободные (*полуторные*) ~ free oxides
окись oxide
  ~ кремния silicon oxide
  ~ свинца litharge
оклад:
  ~ дверной 1. (*неполный*) three stick set 2. (*половинный*) half-set
оклеивать:
  ~ бумагой paper
окно window
  ~ из двух створок, передвигающихся по вертикальным направляющим double-hung window
  ~, открывающееся вовнутрь hinged-in window
  ~, открывающееся наружу hinged-out window
  «роза» Marigold [wheel] window

английское подъёмное ~ sash
боковое ~ flanking window; sidelight
вертикальное слуховое ~ внутри крыши storm window
внутреннее ~ borrowed light
впускное ~ admission port
выступающее ~, «фонарь» bay window
двухстворчатое ~ 1. plain rail window 2. (*верхняя фрамуга которого короче нижней*) cottage [transom] window
загрузочное ~ charging hole; hospital window
круглое ~ bottle-end glazing
ложное ~ blank window
откидное ~ balanced shutters; pivoted window
подъёмное или опускное ~ sash (-and-frame) window
слуховое ~ gable window
створчатое [французское] ~ casement [french] window
стрельчатое ~ compass window
трёхстворчатое ~ с фрамугами, скользящими по вертикали triple-hung window
окова (*полоза*) shoe
оковка:
  ~ для штабелей binding strip
околопестичный perigynous
околоцветник perianth
окорённый 1. (de)barked 2. (*не имеющий коры*) barkless
  ~ весной sap-peeled
  ~ цепным рабочим органом flailed
чисто~ (*о лесоматериалах*) 1. clean-peeled 2. (*со снятием луба*) clean barked and basted
окорка 1. (de)barking, disbarking 2. (*доокорка*) rossing 3. (*топором*) (bark) peeling 4. (*обдирка коры*) bark shaving 5. (*полосами*) stripping
  ~ трением debarking by attrition; friction debarking
  ~ щепы chip debarking
  барабанная ~ drum debarking
  гидравлическая ~ hydraulic debarking
  грубая [неполная] ~ rough debarking
  компресионная ~ (*с целью очистки щепы от коры*) compression debarking
  лубяная ~ bast peeling

олиготрофный

машинная ~ machine debarking
механическая ~ mechanical (de)barking
мокрая ~ wet (de)barking
ножевая ~ knife debarking
пятнистая ~ [пролыска] debarking in patches, debarking in strips; debarking partially; strip debarking
роторная ~ ring debarking
ручная ~ hand debarking
соковая топорная ~ peeling in the bush; sap peeling
сухая ~ dry debarking
химическая ~ chemical debarking; chemical peeling
чистая [полная] ~ barking in full; clean [ultimate] debarking; rossing
окорщик (de)barker, peeler
~, работающий вручную hand barker
окорять (de)bark, disbark, peel, ross
~ грубо [не полностью] to rough bark
~ участками [делать пролыску] to patch bark; to spot bark
~ чисто (полностью) to clean bark
окраск/а (порок древесины) stain
~и, возникающие в процессе воздушной сушки yard brown stains
~и, возникающие в сушильных камерах kiln brown stains
~ древесины от прокладок (между пачками пиломатериалов) crosser [sticker] stain
~и от трещин shakes stains
внутренняя заболонная ~ secret stain
грибная ~ 1. (жёлтая, древесины лиственных пород) yellow-stain 2. (заболонная коричневая) brown [chocolate-brown, sap] stain 3. (зелёная) green-stain
лёгкая ~ touching-up
неравномерная ~ (напр. волокон бумаги) mottling
свечеобразная ~ (одиночных побегов) candle
химическая коричневая ~ brown oxidation stain
химические ~и (порок древесины) mineral streaks; weather stains
окрашенный:
~ в ролле beater-colored
окрашивание painting
~ в тёмный тон shading

неравномерное ~ flood coating
окрашивать blot, hue, paint
~ под дерево engrain
округ (административная единица) circle, district, enclosure
лесной ~ forest circle
округлый orbicular
окружной district
окружность circle
~ [обхват] дерева (tree) girth
~ резания cutting circle
~ ствола дерева 1. (на высоте груди) breast height girth 2. (на половине высоты деловой части дерева) mid(-timber) girth 3. (у основания) above buttress girth
минимально допустимая ~ (деревьев, отводимых в рубку) girth limit
средняя арифметическая [средняя квадратическая] ~ mean girth
оксицеллюлоза oxycellulose
окукливание (насекомых) pupation
окулировка бот. budding
~ прорастающим глазком chip budding
~ с древесиной spade budding
~ щитком plate budding
~ щитком с надрезом в виде буквы «Т» T-budding
окунание dipping
окунать immerse
окуривать smudge
окученный (о лесе) bunched
окучивание 1. (деревьев, хлыстов) bunching 2. (земли) earthing-up
~ [подтаскивание] древесины для последующей трелёвки preskid(ding)
предварительное ~ (сортиментов перед трелёвкой) prebunching, prepiling
окучивать 1. (деревья, хлысты) bunch 2. (со штабелёвкой) pile 3. (растения) hill
~ (лесоматериалы) с помощью бульдозерного полотна blade; to blade up
окучник banker, coverer, furrower
оледенение glaciation
оленеводство deer-raising; reindeer breeding
олиготрофный (способный расти на почвах, бедных питательными веществами) oligotrophic

ольха (*Alnus*) alder
ольшанник alder forest
омброметр pluviometer
омела (*заболевание*) mistletoe infestation
омертвение necrosis
омоложение (*деревьев*) rejuvenation
омыление saponification
омыляемый saponifiable
опад:
~ [опадение] семян seedfall
лесной ~ [forest] litter
лиственный ~ leaf debris; leaf litter; litterfall
хвойный ~ (*неразложившийся*) needle litter
опадать cast, fall
опадающий deciduous
опадение cast(ing), fall(ing)
~ листьев или почечных чешуек defoliation, exfoliation
~ побуревшей листвы blacktop
~ хвои (*на всходах*) needle-shedding disease
опал:
~ корневой шейки (*сеянцев*) root-collar scorch
опалубка form(s), formwork, lagging
опасность danger, hazard, risk
пожарная ~ в лесу forest fire hazard
опёнок (*настоящий*) (*Armillariella mellea*) honey fungus
оператор operator, tender
~ валочной машины feller operator
~ погрузчика loaderman; loading engineer
~, работающий по контракту на собственной машине (*напр. тракторе, автомобиле*) owner operator
операци/я operation
~ набивки cushioning
временная рабочая ~ *амер.* haywire
отделочная ~ finishing operation
складские ~и terminal operations
опережение 1. advance, lead 2. (*на бумагоделательной машине*) draw
опиливание:
~ кромки listing
~ напильником filing
опилки 1. (*древесные*) saw dust; sawdust; kerf waste; wood scrap 2. (*при работе напильником*) filings
мелкие ~ saw powder; wood meal

описание description
таксационное ~ насаждения description of crop; description of stand
оплата (*труда*) payment
повремённая ~ time-based payment
прогрессивная ~ труда incentive wage
сдельная ~ pay by the load; volume-based payment
оплотник boom; bag boom stick
оползень avalanche, creep, (earth) slide; landslide, landslip; soil flow
~ из порубочных остатков с землёй и водой debris avalanche
массивный ~ (*со сползанием грунта и скатыванием земляных глыб*) earthflow
опора 1. bearer, foot, saddle, seat, support 2. *бот.* fulcrum 3. (*аутригер*) outrigger
~ балки beam hanger
~ для бревна (*у лесотранспортёра*) log haul chair
~ для раковины или мойки sink support
~ откидной крышки (*стола*) drop leaf support
~ регистровых валиков wire support
~ рычага fulcrum
балансирная ~ link fulcrum
береговая ~ shore anchor
промежуточная ~ (*каната*) 1. intermediate support 2. (*А-образная*) A-frame [lateral A-] support 3. (*с подвеской опорного башмака на конце мачты*) finger support
роликовая ~ glide
русловая ~ pier
ряжевая ~ (*моста*) crib pier
тыловая ~ (*каната*) tailhold
шаровая ~ *меб.* ball caster
опорожнение bleeding, dump(ing)
оправа holder
~ зеркала mirror cell
оправка (center) mandrel
~ шлицевой фрезы [ось круглой пилы] saw arbor
определение:
~ возраста дерева по пню stump analysis
~ всхожести семян seedling evaluation; seedling test
~ выхода древесины (*периодическое*

или ежегодное) volume control; volume regulation
~ годичной лесосеки yield determination
~ запаса (лесо)насаждения determination of standing volume; stand volume inventory
~ изменений температуры по годичным кольцам деревьев tree-ring chronology of temperature
~ изменения количества осадков по годичным кольцам деревьев tree-ring chronology of rainfall
~ направления валки (*дерева*) sighting
~ объёма [кубатуры] 1. scaling; volume determination 2. (*бревна*) log scaling 3. (*без скидки на дефекты*) full scaling 4. (*выборочное*) sample scaling 5. (*геометрическое, круглых лесоматериалов*) geometric measurement of roundwood 6. (*гидростатическое, круглых лесоматериалов*) hydrostatic measurement of roundwood 7. (*ствола по длине и серединному диаметру*) measurement by length and mid-diameter 8. (*фотографическое, круглых лесоматериалов*) photographical measurement of roundwood
~ показателей качества целлюлозы pulp evaluation
~ посевных качеств семян progeny test
~ прироста estimate of growth
~ реакции почвы [определение PH почвы] hydrogen test
~ содержания влаги в почве способом взвешивания gravimetric determination of soil water content
~ степени повреждений evaluation of damage
~ степени проклейки size test
~ суммы площадей сечения деревьев насаждения по методу Биттерлиха Bitterlich method of direct basal area determination
~ энергии прорастания seedling evaluation
определять 1. (*измерением*) determine 2. (*характеризовать*) define
~ наклон дерева plumb
опробкование *бот.* suberification

опрокидывание tipping; turning [tipping] over
опрокидыватель camelback, dumper, tipper, tumbler
опрокидывать kick, tip, trip, topple; to roll [tip, turn] over
опрокидываться набок to side tip
опрокидывающий dumping
опрокидывающийся tipping; turning [tipping] over
опрыскивание spray(ing)
~ контактным ядом contact spray
послевсходовое ~ postemergence spraying
опрыскиватель jet, sprayer
аэрозольный ~ fog gun
навесной ~ toolbar sprayer
ранцевый ~ knapsack sprayer
опрыскивать [орошать] dabble
опускание dropping
~ рабочего органа машины drop
опухоль swelling
опушение [опушённость] *бот.* pubescence
опушённый (*покрытый пушком*) *бот.* tomentous
опушка border, margin
~ леса border of forest
опыление *бот.* pollination
искусственное ~ controlled pollination
опыливатель dry sprayer; dust applicator; dusting machine; duster
крыльчатый ~ wing duster
ранцевый ~ knapsak [shoulder] duster
ручной ~ 1. crank duster 2. (*с механи*) midget duster
опыт (*эксперимент*) experiment, sample, test, trial
~ с проростками seedling test
вегетационный ~ (*в сосудах*) pot experiment; pot trial
деляночный ~ plot experiment
комплексный [многофакторный] ~ complex experiment
контрольный ~ check experiment
критический ~ critical test
полевой ~ field experiment
полупромышленный ~ pilot experiment
опытный trial
оранжерея glasshouse, greenhouse, orchard [hot, plant, warm] house

орган

орган element, member
~ регулирования [управления] control
заделывающий ~ [загортач] covering device; coverer; knife [seed, share] coverer; sealer
несовершенный сосудистый ~ imperfect vessel member
рабочий ~ attachment
роторный срезающий ~ rotary cutter
фрезерный режущий ~ wood-milling cutter
цепной рабочий ~ flail
организация organization
~ лесозаготовок с выработкой различных сортиментов (балансов, пиловочника) integrated operation
~ рубок ухода thinning regime; thinning schedule; thinning treatment
организм:
автотрофный ~ autophyte
многоядный ~ polyphage
питающий ~ feeder
орех (*тип плода*) (*Juglans*) (wal)nut
кедровый ~ pine nut
орехотворка gallfly
орешек nut
буковый ~ beech nut
чернильный (*дубильный*) ~ nut gall; gallnut; oak berry
ориентация orientation
~ древесных частиц (*в ДСП*) wood particles orientation
ориентирование orientation
~ спичечных коробок box straightening
орляк обыкновенный (*Pteridium aquilinum*) brake
орнамент ornament
~ в виде трилистника trefoil
~ в виде чешуи imbrication
~, выполненный фасонно-фрезерным станком border molding
~ из перемежающихся шариков и вытянутых роликов *меб.* bead-and-reel
~ из пересекающихся линий fret
~ из рядов шашек square billet
витой ~ torsel
врезной ~ incised ornament
декоративный ~ в виде переплетённых полос *меб.* strapwork

деревянный ~ над дверью или дверным окладом overdoor
круглый ~ [патера] patera
мозаичный ~ inlay border
простейший ~, выполненный стамеской nicking
резной ~ 1. (*для украшения дверных и оконных коробок*) ancones 2. (*в виде витых канатов*) cable molding 3. (*в виде лабиринта*) labyrinth fret 4. (*в виде листьев и гроздей винограда*) pampre 5. (*в виде рыбьей чешуи*) imbricated ornament 6. (*в виде цепи*) chain molding
точечный ~ pounced ornament
орофит (*растение горных поясов*) orophyte
орошать 1. *тех.* spray, sprinkle 2. (*растения*) irrigate
орошение irrigation, reflux
ортштейн (*твёрдый подпочвенный слой*) hardpan layer; ortstein
орудие (*труда*) implement, tool
навесное ~ mounted implement
полунавесное ~ semi-mounted implement
почвообрабатывающее ~ tillage [tilling] implement; tiller
прицепное ~ drawn [trailed] implement
осадитель 1. (*аппарат*) precipitant, precipitator 2. (*вещество*) precipitating agent
осадка:
~ грунта settling
~ обручей на бочку 1. hoop driving 2. (*и стяжка*) hooping-up
~ судна draught
осадки:
~, достигающие подстилки в лесу (*за исключением задержанных пологом*) net precipitation
атмосферные ~ precipitation, rainfall
годовые ~ annual precipitation
сквозные промывочные ~ throughfall
среднегодовые ~ average annual precipitation
суммарные ~ precipitation
осадкомер ombrometer, pluviometer; precipitation [rain] gauge; udometer
суммарный ~ totalizator, totalizer
осадок deposit, solid, precipitate
отжатый ~ (*на фильтре*) cake

664

осаждаемость precipitability; sedimentation [separating] capacity
осаждаться deposit, precipitate, settle
осаждение precipitation, sedimentation, setting
~ массы stock settling
осветление 1. clarification 2. (*рубки ухода*) admitting light; clarification; first cleaning; first weeding
~ деревьев (*прореживание ветвей*) lighting of trees
~ древостоя cleaning
~ зелёного щёлока green liquor clarification
~ канифоли rosin bleaching
~ оборотной воды white water clarification
осветлённый 1. (*о канифоли*) improved color 2. (*о лесе, кроне дерева*) clear-boled
осветлитель clarifier, whitener
вертикальный ~ vertical gravity separator
осветлитель-флокулятор Доррко Dorrco clariflocculator
осветлять 1. clarify 2. (*насаждение*) loose
освещённость 1. illumination 2. (*в лесу*) shade density
общая ~ total solar illumination
относительная ~ relative illumination
освидетельствование мест рубок acceptance, reception; revision of felling record
освобождать:
~ зацепившиеся при подаче в лесосеку чокеры to clear the chokers
освобождение [выделение] liberation, release
освоение:
~ недорубов relogging
~ низкокачественных лесонасаждений (*горельников и т.п.*) и недорубов salvage cutting; salvage felling; salvage logging
оседание:
~ волокон collapse
~ грунта settling
оседать 1. (*о грунте*) settle down 2. (*погружаться*) sink
оселок (*для точки*) dressing stick; slipstone, whetstone
осина (*Populus tremula*) aspen

осинник aspen forest
осколки chippings, fragments shivers
ослабление:
хлоротическое ~ коры (*под воздействием озона*) chlorotic decline
ослаблять 1. (*глушить*) deaden 2. (*канат*) ease 3. (*отпускать гайку, болт*) loose, slacken
осмол fatwood; light [resinous] wood
жирный ~ resin-rich heartwood
пнёвый ~ 1. stump (wood); (resinous) stumpwood 2. (*сосновый*) pine stump wood
спелый ~ fat [highly resinous] wood; seasoned stump
стволовый ~ *амер.* lightwood; wood
осмолоподсочка resin tapping
осмотический osmotic
осмотр examination, inspection
~ леса (*при приёмке лесосечного фонда*) inspection of wood
периодический ~ periodical [routine] inspection
предупредительный [профилактический] ~ preventive inspection
приёмо-сдаточный ~ acceptance inspection
текущий ~ routine inspection
оснастка 1. (*такелаж*) accessories, equipment, rigging 2. (*монтаж*) rigging
оснащать equip, fit, rig
~ блоками blocking
~ (*станок*) инструментами tool
~ растяжками guy
основа 1. backing, basis 2. (*опора, каркас*) base 3. (*ткани*) warp
~ абразивной бумаги abrasive base paper
~ для антикоррозийной упаковочной бумаги anticorrosive base wrapping paper
~ для гофрирования fluting (medium)
~ для кальки tracing base
~ для карбонирования carbon body
~ для копировальных бумаг carbon(izing) tissue
~ для мелования raw coating stock
~ для светочувствительных бумаг dyeline raw base; heat-reacting base
~ наждачной [шлифовальной] бумаги flint backing paper

основа

~ под оклейку mounting board
~ пуговичного картона button card
~ электропроводящей бумаги electro-conducting base paper
картографическая ~ base material
твёрдая ~ (*покрытия дороги*) hard core
тканевая ~ cloth backing
основание base, bed, foot, foundation, seat, sole
~ берега toe
~ в виде крестовины cruciform base
~ [пенёк] ветки snag
~ дороги formation
~ звена [задняя опорная площадка] (*режущего Г-образного звена пильной цепи*) base of link
~ зуба пилы root
~ кресла-качалки 1. rocker(-chair) base 2. (*вращающееся*) swivel rocker base
~ пресса press board
~ [подошва] рубанка plane rest
~ штабеля pile bottom
деревянное ~ ящика или обрешётки (*под изделия сложного профиля*) sill-type bar
пружинное ~ (*мягкой мебели*) ручного изготовления hand-tie coil construction
трубчатое вращающееся ~ кресла-качалки tubular swivel base
особь:
молодая ~ *энт.* juvenile young
осока sedge
осокорь (*Populus nigra*) black [homegrown] poplar
останов stop
~ ступенчатого раскроя leaver stop gauge
дверной ~ planted stop
останов-амортизатор floor spring
остановка (*прекращение работы*) interruption, shut-down, stop(ping)
остатки 1. (*древесные*) residue, woodwaste 2. (*бумаги, массы*) debris 3. (*обрезки*) ends, leftovers
~ бумаги на патроне (*после разматывания рулона*) core waste
лесорастительные ~ plant residue
пожнивные ~ trash
порубочные [лесосечные] ~ 1. felling [forest logging] residue; felling debris;

brush [ground] wood 2. (*вместе с валежником и ветровалом*) groundwood; (*logging*) slash 3. (*крупные, напр. обломки деревьев*) heavy slash 4. (*мелкие*) light slash 5. (*рыхлые*) loose slash
растительные ~ 1. plant debris; plant refuse; plant remains; trash 2. (*слаборазложившиеся*) mor
остаток remainder, surplus
~ ветки на стволе дерева nog
~ массы, не пригодный для переработки в бумагу badger
~, не поддающийся дальнейшей разгонке nondistillable residue
~ от выщелачивания подзола black-ash residue; black-ash waste
~ от прокаливания volatile solids
глюкозный ~ *цел.-бум.* glucose unit
канифольный ~ residual rosin
кубовой ~ distillation [pot, still] residue
прокалённый ~ fixed [ignition] residue; fixed solids
сухой ~ 1. nonvolatile matter 2. (*чёрного щёлока*) black-liquor solids
остистый bearded
остов framework, skeleton
остриё gad(-picker), edge, point, tip
~ зуба point, tine
~ клещевых захватов tong point
остроконечный acicular, mucronate, pointed
остроугольно-глыбистый (*о почве*) subangular blocky
оструктуривание (*почвы*) aggregation
ость *бот.* beard
осушать dewater, drain, reclaim
~ сетью канав ditch
осушение dewatering, drainage, unwatering
~ болот reclamation of marshland
~ земельных участков land drainage
~ ила sludge drainage
~ лесов forest draining
осушитель 1. dehumidifier, desiccator 2. (*химикат, применяемый для ускорения отжига противопожарных полос*) desiccant
осыпающийся deciduous
осыпь talus
~ щебня debris avalanche
ось 1. (*линия*) axis 2. (*преим. непод-*

вижная деталь) axle 3. (*преим. подвижная деталь*) shaft
~ качающегося рычага rocker shaft
~ листа phyllopode

отбелка (*результат процесса отбелки древесины*) bleachground; bleaching
~ восстановителями reductive bleaching
~ двуокисью хлора chlorine dioxide bleaching
~ древесной массы groundwood (pulp) bleaching
~ методом вытеснения displacement bleaching
~ окислителями oxidative bleaching
~ перекисью peroxide bleaching
~ полуцеллюлозы semichemical bleaching
~ при высокой концентрации (массы) density bleaching
~ хлоратом sodium chlorate bleaching
~ хлоритом sodium chlorite bleaching
гидросульфитная ~ hydrosulfite bleaching
гипохлоритная ~ 1. hypochlorite bleaching; hypotreatment 2. (*при высокой концентрации массы*) high-density hypochlorite stage 3. (*при низкой концентрации массы*) low density hypochlorite stage
кислая ~ acid bleaching
кислородно-щелочная ~ oxygen-alkali(ne) bleaching
периодическая ~ batch bleaching
полунепрерывная ~ semicontinuous bleaching
предварительная ~ (*в первой ступени*) underbleaching
щелочная ~ alkaline bleaching

отбирать [отбраковывать] cull; to take off
~ посторонние предметы из макулатуры pick

отбор cull, picking, selection
~ воды tapping
~ проб sampling
~ четверти rebate cutting
~ щёлока waste-liquor bleeding
вторичный ~ (*проб*) resampling
искусственный ~ (*нежелательных деревьев в семенных древостоях*) rogueing
механический ~ деревьев при рубках ухода mechanical thinning
периодический ~ проб random sampling
повторяющийся ~ recurrent selection
последовательный ~ sequential sampling

отборщик (*посторонних предметов из макулатуры*) picker
отбракованный culled, rejected
отбраковка cull(ing), rejection
отбраковывать cull, reject
отбрасывание:
~ назад (*напр. досок в процессе распиловки*) kickback

отбросы garbage, refuse, waste
~ бумаги outthrows
~ древесины cull lumber; offal timber
трепальные ~ scutching refuse

отвал 1. (*рабочий орган*) blade 2. (*куча*) dump
~ бульдозера buldozer [dozer] blade
~ плуга earthboard, (plow) mo(u)ldboard
~ шлака и золы cinder dump
винтовой [спиральный] ~ helical [screw-shaped, snake, spiral, winding] moldboard
землеройный ~ dozer shovel
культурный цилиндроидальный ~ digger moldboard
полувинтовой ~ (*для тяжёлых липких почв*) blackland [semidigger] moldboard
шахтный [угольный] ~ (*для облесения*) mine tip

отвердитель curing agent; hardener
отверждаемый:
~ под действием ультрафиолетового излучения (*об отделочных материалах*) UV-curable
отверждать(ся) cure, harden
отверждение cure, curing, hardening, setting
частичное ~ partial setting

отверсти/е bore, gab, hole, mesh, opening, port
~ в бумаге (*дефект*) pinhole
~ для вторичного воздуха overfire outlet
~ для выгрузки dumping hole
~ для выпуска газов breathing hole

отверстие

отверстие

~ для первичного воздуха underfire outlet
~ для тяги draft hole
~ на конце бревна (*для зацепки*) drag hole
~ от выпавшего сучка knot hole, knothole
~ под нарезанную часть шурупа pilot hole
~ под шкант dowel hole
~ под шуруп body hole
~ поры pit aperture
~, проделанное гифами (*грибов*) hyphal hole
~ с внутренней резьбой tapped hole
~ сита grid
~ шлюза sluice outlet
вентиляционное ~ vent
впускное ~ 1. inlet 2. (*для массы*) stock inlet
входное ~ (*сделанное насекомыми*) entrance hole
выпускное ~ 1. outlet; vent hole 2. (*для массы*) stock outlet
высевное ~ feed opening; seed hole
вытяжное ~ для опилок sawdust spout
выхлопное ~ exhaust port
выходное ~ outlet; spout opening
загрузочное ~ charging door; charging [receiving] opening
крошечные ~я в листьях (*из-за болезни*) pinholes
лётное [выходное] ~ *энт.* 1. emergence [exit, flight] hole 2. (*круглое*) circular exit hole
небольшое ~ 1. eyelet 2. (*мн. проделываемые личинками древесинников*) pinhole bores
приёмное ~ (*дробилки*) mouth piece
сливное ~ overflow
смазочное ~ lubricating hole; oil port
смотровое ~ inspection [peep] hole
точечное ~ 1. pinhole 2. (*дефект древесины*) latex passage
щелевое ~ gap nozzle
отвёртка screwdriver, turn-screw
~ с вставным лезвием spiral screwdriver
~ с трещёткой ratchet screwdriver
~ с цилиндрическим лезвием spindle screwdriver
американская ~ ratchet screwdriver
отвес plumb (line); plumb rule

отвесный plumb
ответвление branch(ing) (off); ramification, ramus, tap(ping)
ответвлять(ся) bifurcate; branch off; derive, tap
отвод 1. (*отбор*) bleed, offtake, takeoff 2. (*ответвление*) tapping
~ грубой массы rejected stock outlet
~ для конденсата (*в сушильном цилиндре*) doll head
~ отсортированного волокна accepted stock outlet
отводить 1. (*удалять*) abstract, reject, remove 2. (*выделять*) allocate, assign
~ воду 1. deflect 2. (*плотиной*) to dam out
~ землю или лес под парк impark
отводок (*растения*) cutting, ratoon, regrowth
воздушный ~ (*от стебля*) aerial layer
отгиб 1. fold 2. (*по кромке*) flange 3. (*по оси*) bend
торцевой ~ (*заготовки спичечной коробки*) end flap
отгонять (*при перегонке*) distill (off); to take off
отдавать:
~ канат ease; to ease off
отдача 1. (*выход*) output, yield 2. (*КПД*) efficiency 3. (*реакция*) kick, recoil
~ цепной пилы kick back [kickback]; throw-back
отдел department
~ приготовления меловальных растворов kitchen room
варочный ~ *цел.-бум.* digester room
каустизационный ~ liquor room
кислотный ~ cooking acid department
печной ~ *цел.-бум.* furnace room
рольный ~ beater house; beater floor; beater room
рубильный ~ chipping plant
сортировочный ~ screening plant
отделанный dressed, trimmed
отделение 1. (*разделение*) segregation, separation 2. (*часть помещения*) compartment, room, section 3. (*часть учреждения*) department
~ смолы tar separation
~ сучков и крупной щепы струей воздуха air-blast system

краскотёрочное ~ color mixing room
массоподготовительное ~ (*цеха бумажного литья*) molded pulp plant
посевное ~ (*питомника*) seedling section; seed bed
школьное ~ (*питомника*) transplant section; transplant bed
отделка 1. (*процесс*) finishing, dressing, relishing 2. (*результат*) finish
~ брызгами с завихрениями (*в виде паутины*) veiling
~ внутренних стен зданий филёнками cabinet finish
~ древесины wood fashioning
~ жилкой vein
~ заново refinishing
~ матовой белой эмалью bone-white finish
~ морением pickled finish
~ орехового дерева walnut finish
~ переводным методом decalcomania
~ поверхности 1. surface finishing 2. (*структурированная*) braken finish
~ под замшу suede finish
~ под кость old bone finishing
~ под красное дерево red mahogany finish
~ под лайку kid finish
~ под морёный дуб (*в стиле короля Якова I*) *меб.* Jacobean finish
~ под орех walnut finish
~ порошковым покрытием fluit-bed [fluidized-bed powder] coating
~, придающая мебели старый (*потёртый*) вид distressed antique [highlighted] finish
~ распылением spraying
~ рыжевато-коричневого тона fruitwood finish
~ сероватого тона harewood finish
~ тиснением в виде мелких пор pinspot finish
ворсистая ~ flocking
глянцевая ~ cardboard [plate, satin] finish
дезодорантная ~ odor-free finish
декоративная ~ рюшем *меб.* ruching
дефектная ~ pock-marked finish
зернёная ~ ripple finish
матовая ~ dull-rubbed [matt, nonreflective, rough] finish
мягкая ~ mellow finish
полотняная ~ lawn finish

предварительная ~ prefinishing
отделочник spray operator
отделывать dress, relish
отдельно стоящий (*о дереве*) scattered
отделять 1. (*отсоединять*) detach 2. (*разделять*) separate, sever
отёсанный dressed
отжиг fire, clean burn; suppression burning
вспомогательный [промежуточный] ~ counterfire, draft [front] fire
встречный ~ counter firing
отжим pressing
~ на папочной машине lapping
отжимать couch; press out
отзывчивость (*древесных пород*) на осветление response to release
отказ (*в работе машины*) failure
откалывание chipping-off; flaking-off; spalling
откидной *меб.* back-folding
отклонение deflection, lean
допускаемое ~ tolerance
отклонять(ся) deflect
откомлёвка [обрезка комля] butting
откомлёвки (*обрезки брёвен или досок при поперечном распиле*) trim ends
откомлёвывать jump-butt; to butt off
откос slope
~ двери или окна 1. doorjamb 2. (*направленный под тупым углом*) splayed jamb
~ кювета backslope
~ насыпи batter; slope of an embankment
откосник (*дорожного струга*) back sloper; backsloper
откреплять detach, loose
открывать 1. open 2. (*обнаруживать*) detect, discover, find, uncover
открывающийся растрескиванием (*о сухом плоде*) dehiscent
открытый [незащищённый; без обшивки] naked
откусывать bite off
~ вершину дерева clip
отладка (*машины*) adjustment; tuning-up
отлаживать adjust, tune-up
отлив 1. (*воды*) ebb 2. (*бумаги, пластмасс*) forming; molding
~ древесно-волокнистого ковра felting, formation

ОТЛИВ

~ и прилив ebb and float
~ (бумажного) листа sheet making
машинный ~ бумаги machine paper formation
отлуп arc [cup] shake; cup [ring] gall
отмер:
 ~ длин (length) measuring
отметина:
 пожарная ~ (*ландшафта*) firebrand; fire scar
отметк/а 1. mark 2. (*знак*) beacon, scare, sight
 ~ уровня полной воды (*паводка*) flood [highwater] mark
 струйчатые ~и (*на продольно-тангентальном разрезе древесины*) ripple marks
отмечать 1. (*помечать*) mark 2. (*учитывать*) note 3. (*в виде записи*) record
отмирание:
 ~ ветвей dieback of branches
 ~ (*растений*) под влиянием неблагоприятных условий dieback; dying off
отмирать (*о деревьях*) die
отмирающий (*о деревьях*) suppressed
отмучивание decantation, desludging, elutriation
относящийся к зонтичным *бот.* umbelliferous
отношение 1. (*дробь*) ratio 2. (*зависимость*) relation (ship) 3. (*пропорция*) proportion
 ~ активной щёлочи к древесине alkali-to-wood ratio
 ~ диаметра к высоте diameter-to-depth [-to-height] ratio
 ~ длины кроны к высоте дерева crown length ratio
 ~ доступной формы к валовому содержанию (*питательных веществ*) available-total ratio
 ~ листовой поверхности к общему весу (*растения*) leaf area ratio
 ~ мощности к массе (*напр. пилы*) power-to-weight ratio
 ~ объёма нетоварной части (*дерева или бревна*) к общему объёму cull percentage
 ~ площади, занятой деревьями, к общей площади насаждения tree-area ratio

~ площади поверхности бумаги к весу sheetage
~ ширины к длине (*волокна*) slenderness
процентное ~ percentage
отогнутый назад recurved
оторцовка (*лесоматериалов*) butt cutting; trimming
оторцовывать equalize, trim
отпад (*напр. всходов*) 1. attrition, drain, mortality 2. (*частичный*) annual attrition
 ~ сеянцев attrition of seedlings
 ~ сучьев natural pruning
отпаривать:
 ~ лёгкие фракции strip
отпечаток impression, (im)print
 ~ по трафарету stencil impression
отполированный finished
 ~ до блеска bright-finished
отпотевание 1. (*на поверхности*) sweating 2. (*на стеклах*) fogging, misting
отпрыск *бот.* bastard, browse, regrowth, scion, sprig
 корневой ~ rootshoot, rootstock, sprout, root stalk, (root) sucker
отпрысковый *бот.* proliferous
отпуск:
 ~ леса (*на корню*) outturn, removal of timber; sale
 сметный ~ леса yield capability
отпыливать (*тряпьё*) thrash
отпылитель *цел.-бум.* dusting machine; duster
отработанный spent
отражател/ь 1. deflector, reflector 2. (*перегородка, экран*) baffle
 ~и для регулирования движения сетки fenders
 ~ порубочных остатков (*напр. у бульдозерного полотна трактора*) debris deflector
 ~ у регистрового валика baffle board
отрезать chop, clip, cut off, snip
отрезка chopping, cutting off, parting
отрезок cut, length, section
 ~ каната для крепления блоков block strop; strap
 ~ ствола дерева chump
 ~ трубы для увеличения усилия, прикладываемого к рычагу cheater

отрост/ок branch, browse, chit, outgrowth, ramification, tiller ⟺ давать ~ки flush
отрубать chop off, cut off, clip
отсек 1. *меб.* cabinet 2. compartment
~ баржи (*заполняемый водой для наклона при саморазгрузке*) tank
отсечка cut-off; squirt
~ для заправочной полоски tail cutter
воздушная ~ air deckle; air jet
гидравлическая ~ squirt-up
форматная ~ jet edger; size (water) jet
отслаивание [отслоение] chipping off, flaking, padding, peeling, spalling
~ частиц от поверхности плиты chip raising
отслойка scaling
отсос suction
~ пыли dust suction
отставание:
~ волокон grain lifting
~ в росте stagnation
~ [расслоение] латекса cream formation
~ покровного слоя (*мелованных или крашенных бумаг во время печатания*) licking
местное ~ верхнего слоя фанеры blister
отставший в росте dwarfed, intermediate, stunted
отстой residue; sediment
отстойник pool; settling basin; settling chamber; settling [separating] tank; settler; sump; well
~ в конденсаторе жидких продуктов пиролиза basin
отсутствие сучьев branchlessness
оттаивание thawing
оттен/ок complementary color; dye, hue, taint, tincture, tint, tone ⟺ углублять ~ sadden
~ки серого цвета (*почвы*) value
глубокий матовый ~ *меб.* dead flat effect
оттиск impression, print
пробный [контрольный] ~ proof impression
оттягивать щёлок (*из варочного котла*) to drain off; to draw the acid
оттяжка:
~ щёлока liquor withdrawal; side relief

канатная ~ back line; bull rope; haul back
отходы waste
~ дробления древесины chipping slash
~ лесозаготовок [лесосечные ~] residue, wastewood
~ лесопиления edging; lumber waste; scrap
~ льняного производства flax residue
~ окорки bark residue; barking waste
~ отбраковки degrade losses
~ оторцовки trim discards
~ при раскрое в размер abatement
~ производства, идущие в переработку return
~ сортирования [сортировки] 1. rejected material; screen rejects; screening 2. (*древесной массы*) mechanical screenings 3. (*древесных частиц*) fragment screenings
~ стволовой древесины (*в виде оторцовок от кряжей*) lily pads
~ шпона [фанерного производства] reject veneer pieces; strip stock
~ щепы waste chips
брусковые ~ stud blocks
бумажные ~ paper waste; junk; off-quality paper
волокнистые ~ debris trash
древесноугольные ~ wood carbonization residue
древесные ~ wood residue; wood scrap; wood waste
канатно-верёвочные ~ strings
лесосечные ~ felling [logging] waste; logging debris; logging residue; slash
отсортированные ~ rejection
растительные ~ refuse
отцветающий deflored
отцепка 1. unhooking 2. (*чокеров*) unchoking
отцеплять unhitch, unhook
отцепщик 1. unhooker 2. (*при канатной трелёвке*) (landing) chaser
отчёт account, report
лесоустроительный ~ assessment [reconnaissance, survey] report
отщеп (*на стволе дерева или пне*) beard, slab; sliver, sloven
~ от поваленного дерева, остав-

отщепление

шийся на пне barber's chair; barber-chairing; tombstone
отщепление (*при раскряжёвке провисшего дерева*) slabbing
охапка (*вязанка, пучок*) truss
охват coverage
охватывать (*дерево*) overlap
охлёстывать (*вершины деревьев*) lasp, whip
охрана guard, protection
~ и рациональное использование почв soil conservation
~ лесов 1. forest conservancy; forest conservation 2. (*от пожаров*) (forest) fire control; fire conservancy
~ окружающей среды environmental conservation; environmental control
~ природы (wilderness) conservation, (wildlife) preservation
лесная ~ forest service
оценивать estimate, evaluate; value
оценка evaluation, estimation, value, valuation
~ древостоя, произведённая из условия вырубки всей коммерческой древесины exploitable [liquidation] value
~ фитомассы насаждения estimate of standing crop
глазомерная ~ [таксация] eye [ocular] estimation
материально-денежная ~ лесосек stumpage appraisal
оцинкованный (*о канате*) galvanized
очаг:
~ болезни locus
~ повреждений center of damage
активный ~ пожара *амер.* hot spot
вторичный ~ (*пожара*) jumping fire
очёс combings, tow, waste
очёски (*кроме хлопковых*) card waste
~ кардочесальной машины card stripping waste
гребённые хлопковые ~ comber cotton waste
очёсы *меб.* coir
хлопковые ~ cotton blowings; millrun linter
очиститель cleaner, purifier
~ канавы (*механизм*) ditch cleaner
~ массы *цел.-бум.* cleanser
~ с перепадом давления drop-in-pressure machine

вихревой [водоворотный] ~ 1. vorject (cleaner), vortex screen 2. (*вакуумный*) vorvac; vorvac separator
напорный ~ pump through cleaner
очистка cleaning, clearing, reclamation
~ деревьев от сучьев 1. (de)branching; (de)limbing; disbranching 2. (*групповая*) bundle (de)limbing
~ защитной полосы и прилегающих мест (*от горючих материалов*) mopping-up
~ лесосек [мест рубок] 1. clearing of felling areas; clearing of felling site; slash disposal; slash [waste] removal 2. (*огневая, путём сжигания порубочных остатков*) slash-disposal fire 3. (*разбрасыванием порубочных остатков*) clearing by scattering slash 4. (*со сбором сучьев*) branch gathering
~ массы *цел.-бум.* stock purification; screening
~ места (*валки*) от кустарника или подроста brushing; bush clearing; shrub clearing
~ основания дерева для подпила facing; baying-in; rounding-up
~ (*вырубок*) от порубочных остатков reduction of debris
~ поверхности почвы ground clearance
~ сточных вод effluent [waste-water] treatment
биологическая ~ сточных вод biological sewage treatment
естественная ~ от сучьев natural pruning
искусственная ~ от сучьев artificial pruning
механическая ~ 1. mechanical refining 2. (*сточной воды*) wastewater screening
очистник stockrunner
очищать 1. clean, clear 2. (*воздух, воду*) purify
~ деревья от сучьев debranch, delimb, disbranch
~ лесосеку после вырубки to clear the felling area
~ территорию chunk
~ шабером doctor
повторно ~ (*щепу*) rescreen
очищенный от сучьев 1. clear(ed), de-

limbered 2. (*цепным рабочим органом*) flailed
очки:
защитные ~ goggles
ошлакование slagging
ощелачивание alkalization, alkalizing

П

паводок [бурный поток] high-flood; high water; torrent
падение:
~ прироста regression of increment
падуб [остролист] (*Ilex*) holly
паз chase, gain, (notch) groove, mortise, slot ◇ с продольным ~ом plowed
~ гребёнки *спич.* comb groove
~ для блока (*опускного переплёта окна*) pulley stile
~ для вставки стекла glazing [panel] groove
~ и шпонка slot-and-key
~, оставленный для плит back joint
~ шипа 1. (*глухого [потайного]*) blind [chase] mortise 2. (*ласточкин хвост*) eye 3. (*открытого сквозного*) open mortise
неглубокий ~ corpsing
несквозной ~ stopped mortise
V-образный ~ arris gutter
прямоугольный ~ в тетиве (*для установки ступенек*) stepping
сквозной ~ through mortise
усовочный ~ V-groove
пазник 1. (*рубанок*) grooving [match(ing), tonguing] plane 2. (*грунтубель*) boxing router 3. (*столярный*) plough, plow
пазуха 1. throat 2. *бот.* sinus
~ [основание] листа leaf base
пакгауз 1. store [ware] house 2. *фр.* entrepôt
пакет 1. package 2. (*деревьев, хлыстов*) bunch, bundle
единый ~ unit-load bundle
подготовленный для прессования ~ work-piece assembly
пакетирование (*деревьев, хлыстов*) bunching, piling

~ круглых лесоматериалов formation of roundwood bundle
предварительное ~ prebunching; prepiling
пакетировать bunch, pile
пакля gasket, hurds, tow
пал burning, fire
~ под пологом леса underburning
встречный ~ (*при лесном пожаре*) back fire
неуправляемый ~ free-burning fire
повторный ~ reburn
сплошной ~ 1. clean [clear] burn; broadcast burning 2. (*слабой интенсивности*) fuel-reduction [light] burning
управляемый ~ 1. deliberate fire 2. (*под пологом леса*) prescribed underburning
палец 1. claw, pin, toe 2. (*цепи*) chain pin 3. (*гусеничной ленты*) king bolt
палисад posts and rails
палочка:
индикаторная ~ для определения влажности горючего материала hazard stick
пальма индийская ротанговая (*Calamus rotang*) rattan
пальчатовидный *бот.* palmatiform
пальчатожилковатый *бот.* palmatinerved
пальчатолопастный *бот.* palmatilobate
пальчатонервный *бот.* digitinervate, palmatinerved
пальчатоперистый *бот.* digitipinnate
пальчатораздельный *бот.* palmatipartite
пальчаторассечённый (*о листе*) palmatisected, palmately parted
панель dado, panel,
~ для облицовывания стен walling board
плоская ~ или обшивка straight work
подъёмная ~ в колпаке (*бумагоделательной машины*) hood curtain
профильная [закруглённая] ~ curved work
стенная ~ с рисунком в виде борозд по краям fielded panel
фризовая ~ frieze panel
панмиксия panmixia
папка:
древесномассная ~ pulpboard

папоротник

папоротник fern
папочник *цел.-бум.* wet machine tender
папье-маше molded paper; papier-mâché
пар steam, vapor
   вторичный ~ secondary steam
   глухой ~ indirect steam
   насыщенный ~ saturated steam
   острый ~ direct [live] steam
   перегретый ~ superheated steam
   сдувочный ~ *цел.-бум.* blow steam
пара:
   ~ аэрофотографий с перекрытием overlapping pair
   ~ пор 1. pit pair 2. (*поля перекрёста в строении древесины*) crossfield pit pair 3. (*окаймлённая*) bordered pit pair
паразит *энт.* parasite
   вторичный ~ hyperparasite
   раневой ~ wound parasite
паразитизм *энт.* parasitization
   вторичный ~ hyperparasitization
парафин wax
парафинирование waxing
   ~ бумаги paraffin wax sizing
   ~ спичечной соломки splint paraffin wax coating
паренхима parenchyma; soft [storage] tissue
   губчатая ~ lacunose parenchyma
   дизъюнктивная [разорванная] ~ disjunctive parenchyma
   крыловидная ~ aliform parenchyma
   лестничная ~ scalariform parenchyma
   лучевая ~ radial parenchyma
   односторонняя паратрахеальная ~ unilaterally paratracheal parenchyma
   осевая ~ 1. banded [vertical] parenchyma 2. (*ксилемная*) wood parenchyma
   раневая [травматическая] ~ wound parenchyma
   рассеянно-агрегатная ~ diffuse-in-aggregates [diffuse-zonate] parenchyma
   сердцевинная ~ medullar parenchyma
   сетчатая ~ reticulate parenchyma
   скудная паратрахеальная ~ scanty paratracheal parenchyma
   столбчатая ~ columnar parenchyma
   ярусная ~ storied parenchyma
парк 1. (*растительный*) park 2. (*транспортный*) fleet, stock

национальный ~ 1. (*лесной*) national forest [state] park 2. (*представляющий историческую ценность*) national historic park
паркет 1. parquet 2. (*паркетный пол*) parquetry
   ~ в ёлку herringbone parquet floor
   ~ в косую корзинку boarded parquet floor
   ~ крепящийся на шкантах doweled block
   ~ с пазом и гребнем tongue-and-groove block
   клеёный ~ glued slab floor
парник forcing bed; forcing frame; seedbed
парноперистый even pinnate
пароувлажнитель desuperheater
парта (roll-top) desk
партеногенез parthenogenesis
   циклический ~ (*чередование партеногенетического и полового размножения*) heterogamy
партия 1. (*изделий*) batch, lot, run 2. (*группа лиц*) party
   ~ груза на вагон load
   ~ (*щитов или плит*) для загрузки одного пресса press load
   ~ тары (*в вагоне*) 1. (*разных видов*) mixed load 2. (*уложенная в шахматном порядке*) offset load 3. (*ящичная, уложенная поперёк*) crosswise load 4. (*ящичная, уложенная продольно*) lengthwise load 5. (*уложенная сплошными рядами*) solid load 6. (*уложенная торец к торцу со сплошной загрузкой вагона*) end-to-end load 7. (*установленная вертикально*) upright load
   лесоустроительная ~ estimating [survey, valuation] crew, cruising party
   опытная ~ test batch; trial run
парча brocade
   ~ с набивным рисунком *фр. меб.* brocatelle
парша (*возбудитель — грибы или бактерии*) scab
пасека (*лесосеки*) swath
пасока *бот.* xylem exudate
паспортизация certification
паста mix, paste
   ~ для получения выпуклого рисунка

на поверхности stipple [stippling] paste
жидкая шлифовальная ~ abrasive slurry
паста-порозаполнитель (*на основе силикона*) silex paste filler
пастбище grazing, grassland, pasture, range
патера *меб.* patera
патогенность [болезнетворность] pathogenicity
патогенный (*о микроорганизме*) pathogen
патрон 1. (*станка*) chuck 2. (*рубильной машины*) spout; chipper [feed] spout
клеевой ~ adhesive stick
конический ~ conical tube
кулачковый зажимный ~ vice grip
разгрузочный ~ (*стружечного станка*) sliver feed spout
патронщик [рабочий, обслуживающий рубильную машину] chipperman
патрубок:
~ для отвода отработанного пара vapor outlet
~ рубильной машины (*для выброса щепы*) discharge spout
патрулировать (*с целью обнаружения пожара*) patrol
патруль:
пожарный ~ suppression squad
патрульный (*пожарный*) patrolman
пахать plow, plough
пачка bundle, pack, stack
~ бумаги bundle of paper
~ деревьев [хлыстов] bunch, bundle
~ древесины baler
~ древесной массы *пл.* lap
~ лесоматериалов bundle of wood
~ спичек-книжечек (*содержащая 50 штук*) caddy
~ спичечных коробок с наклеенной этикеткой labeled packet
~ трелюемой древесины [нагрузка на рейс] turn
~ шпона 1. bundle of veneers; stacked veneer 2. (*строганного из одного чурака*) sliced veneer flitch
пек pitch
пектин pectic material; pectin
пектиновый pectic
пемза refiner stone
пена foam, froth

снятая ~ *цел.-бум.* skimming
пенёк (*ветви, сучка*) stub
пеногаситель antifroth oil; defoamer; foam killer; froth killing nozzle
хлопьевидный ~ flake defoamer
пенообразование foaming
пеноотделитель skim tank
вертикальный ~ vertical skim tank
пенопласт polyfoam
измельчённый ~ shredded polyfoam
пенорезина air foam rubber
пеносборник foam tank
пень 1. stump 2. *мн.* grub ◇ у пня at the stump
~ (*и корневая система*) выкорчеванного дерева root wad
~ для привязки растяжек guyline stump
~, на котором оставлен отщеп barber's chair
~ с корневой системой stump-root system
анкерный ~ anchor stump
большой [неподатливый] ~ "stubborn" stump
живой ~ stool
небольшой ~ stub
пепел ash
пергамент parchment
животный ~ skin parchment
опаловый ~ (*под целлюлозу*) opaline parchment
осмотический ~ osmotic parchment
растительный ~ высшей гладкости parchmoid
пергаментировать parchmentize
пергамин artificial parchment; glassine paper; glassoid; thin glassine
лощёный ~ Havana paper
перебазировка:
~ несущего каната (yarding) road change
переборка partition
дощатая ~ batten wall
перебрасывание 1. (*пожара*) breakover 2. (*массы через верх барабана ролла*) spitting of stock
переброс (*щёлока при сдувке*) pullover
переваливаться roll
перевар (*щепы*) overcook
переводить:
~ лесную площадь под сельскохозяйственное угодье disafforest

перевозить

перевозить transport
перевозк/а transit, transport(ation) ◇ при ~е [при транспортировке] in transit
~ (*лесоматериалов*) в баржах barge, barging
~ прицепа на шасси автомобиля (*при порожнем рейсе*) piggyback(ing)
гужевая ~ carting
перевозчик remover
переворачиватель брёвен (*на лесопильной раме*) log turner
перегиб (*каната*) kink
перегной manure, (black) mold, muck, vegetable earth
~ из листьев leaf mold
перегонка distillation
~ живицы oleoresin distillation
сухая ~ древесины carbonization
перегонять *лесохим.* run
перегородка 1. dam board, partition 2. (*внутренняя стенка*) division
~ в песочнице *цел.-бум.* baffle, shallow
~ из квадратных элементов quartered partition
~ между стойками bail
внутренняя ~ midboard, midfeather
двойная ~ со скользящими дверями hollow partition
звукопоглощающая ~ acoustic screen
картонная ~ (*в коробках*) divider
подпорная ~ (*в напорном ящике*) *цел.-бум.* baffle
полая ~ hollow partition
решётчатая ~ framed [trussed] partition
тонкая ~, разделяющая противовесы раздвижных окон parting slip
перегрев *цел.-бум.* overcook
~ бумаги на сушильных цилиндрах fire
перегружать (*лесоматериалы*) reload; transfer
перегруженный overladen
перегрузка (*лесоматериалов*) reloading, transfering
передавать (*предмет*) hand, pass
передача transmission
ремённая ~ belt transmission
цепная ~ chain drive; chain transmission

передвижение [перемещение, такт, ход] movement
~ веществ (*в растениях*) translocation
~ [транспорт] по флоэме *энт.* phloem transport
~ сока (*в растении*) sap flow
передки (*для трелёвки*) logging wheels; whim, whin
перезаплётка (*троса*) resplicing
перезаточка resharpening
перезимовывать overwinter
перезрелость (*дерева или древостоя*) overmaturity
перекат:
порожистый ~ (*на реке*) cripple
перекладина beam, crossbar, joist, rail, tie
~ перекрытия topbeam
~ [ступенька] стремянки ladder rung
вертикальная ~ спинки стула back foot
верхняя ~ 1. (*деревянного забора*) capping rail 2. (*спинки стула с двумя грушевидными закруглениями*) pear top
перекошенный twisted
перекручивать twist
~ канат kink
перекрывать 1. overlap 2. [класть в нахлёстку] imbricate
перелесок grove; field woodland; hedgerow (timber); small wood
перелив (*через верх*) overflow
перелог (*лесной*) forest fallow
перелопачивать shovel
перематывать rewind
переменный variable
перемешивание agitation, stirring
~ с расположением мешалки вне бассейна *цел.-бум.* external agitation
~ с расположением мешалки внутри бассейна *цел.-бум.* internal agitation
перемешивать agitate, stir
перемещение movement, travel, traverse
~ материала пневматикой propelling
перемонтаж (*напр. канатной установки*) resetting
перемотчик rewinder
перемычка 1. bridge, bulkhead; cofferdam; lock 2. *стр.* lintel
перенос [передача] transfer

период

переносчик (*болезней*) 1. carrier 2. (*инфекции*) vector
переоборудовать re-equit, revamp
переохладитель aftercooler, subcooler
переохлаждение overcooling, subcooling
переплёт 1. *кн.* binding 2. *стр.* sash
   оконный ~ 1. sash 2. (*без рамы*) fast sheet 3. (*внутренний*) inner lining 4. (*глухой*) check rail window 5. (*зимний*) storm window 6. (*из брусков продольного распила*) plain rail window 7. (*наружный*) outside lining
   тонкий бумажный ~ paperback book binding
переплетать:
   ~ прутья [делать фашины] wattle
переплетение:
   ~ веток и листвы tracery
   ~ волокон network
перепончатокрылые (*Hymenoptera*) wasp
перепуск 1. (*пара*) cross-over 2. (*обход*) by-pass
   ~ варочной кислоты relief
   ~ щёлока liquor transfer
перерабатывать [подвергать материал обработке] convert, process
   ~ тряпьё в полумассу *цел.-бум.* break
переработка (*напр. бумаги, древесины*) conversion; processing
   ~ лесоматериалов в щепу chipping
   ~ макулатуры wastepaper recycling
   ~ отходов residue [waste] utilization; waste regaining
   вторичная ~ recycling
   комплексная ~ леса integrated wood utilization
   энергохимическая ~ щепы gasification of chips
перераспределение:
   ~ питательных веществ nutrient translocation
переруб (*годичной [расчётной] лесосеки*) excessive cutting; excessive felling; overcut, overfell
пересадка (*растения*) replanting, transplantation
   ~ в горшочках repotting
   ~ мелких сеянцев в сосуды [в контейнеры] pricking-out
пересаживать (*растения*) replant, transplant

пересев (*микроорганизмов*) replanting
перескакивание (*пожара*) breakover
перестановка rearrangement
   ~ трелёвочной мачты (*с места на место*) *проф.* jumping
перестойный (*о лесе*) declining, overmature
пересушка (*бумаги*) burning
переточка:
   ~ зубьев (*пилы*) refile
   ~ режущего инструмента regrinding, resharpening
переувлажнённый water-logged
переугливание древесной щепы distillation of wood chips
перехват [удерживание] атмосферных осадков (*растительностью*) precipitation interception
перехватывание [поглощение] радиации interception of radiation
переход:
   ~ от леса к степи forest-steppe transition
   ~ от одной системы рубок к другой conversion
перечёт деревьев enumeration; forest inventory; tally; telling of trees; tree count; (valuation) survey
   выборочный ~ list sampling; partial enumeration
   ленточный ~ strip enumeration
   сплошной ~ complete enumeration; enumeration survey
перешеек neck
перила handrail; protection fence ◇ с ~ми balustered
периметр 1. perimeter 2. (*окружности дерева*) whorl
период cycle, period, stage
   ~ выполнения плана развития лесного хозяйства (*намеченного лесоустройством*) working plan period
   ~ естественного возобновления леса regeneration interval; reproduction period
   ~ заселения (*насекомыми*) attack period
   ~ лесоустройства management period
   ~ лёта (*насекомых*) emergence period
   ~ листопада abscission period
   ~ перехода от одной системы (*лес-*

период

ного хозяйства) к другой conversion period
~ повторяемости рубок ухода thinning interval; thinning period
~ покоя (*растений*) resting
~ приживаемости (*лесных культур*) establishment [formation] period
~ прироста деревьев (*до диаметра рубки*) period of transit; recruitment period
~ пропитки (*древесины*) penetration period
~ развития листьев frondescence
~ рубки (*леса*) cutting period
~ сжигания (*порубочных остатков*) burning period
~ спячки latent period
безморозный ~ frost-free season
вегетационный ~ growing season
возобновительный ~ reproduction period
переходный [подготовительный] ~ при постепенных рубках preparatory period
производственный ~ production run
скрытый [латентный] ~ latent period
ювенильный ~ (*до цветения*) juvenile period
периодичность:
~ рубок ухода thinning periodicity
~ технического обслуживания maintenance [servicing] interval(s)
~ цветения periodicity of flowering
перисперм perisperm
перистолопастный *бот.* pinnately lobed; pinnatilobate
перистонадрезный (*о листе*) pinnatifid
перистонервный *бот.* penninerved
перистораздельный *бот.* pinnatipartite
перистый (*о листе*) 1. pinnate 2. (*с гребенчатыми долями*) pinnatopectinate 3. (*с зубчатыми долями*) pinnatodentate
пёрка auger; brace-and-[drill] bit
~ с одной профильной канавкой bobbin bit
ложечная ~ 1. duck's-bill [pod] bit 2. (*длинная*) sash bit
перо 1. plume, quill 2. (*писчее*) pen, stylus
~ отвала (*плуга*) tailpiece, tailpress, wing
перфоратор punching machine

перфорация [перфорирование] perforation
сложная ~ (*перегородок в сосудах*) multiple perforation
сосудистая ~ (*древесины*) vessel perforation
перчатки:
защитные ~ protective [safety] gloves
песочница (*в ролле*) bed washer; button catcher; button [sand] trap; sand table; sand well
суконная ~ felt riffler
пестик *бот.* pistil
пестицид (*для защиты деревьев и древесных материалов*) protectant
пестициды pesticides
~ против грызунов rodenticide
петелька eyelet
петлевание *меб.* looping
петля 1. loop 2. (*двери, крышки и т.п.*) hinge, hitch 3. (*дорожная*) circuit
~ для откидной крышки или дверки flap hinge
~ крючкового запора (*дверная фурнитура*) hook ring
~ отрезка каната strap eye
~ с распоркой quadrant hinge
дверная ~ со съёмной шпилькой pin hinge
двустворчатая торцевая ~ (rising) butt hinge
канатная ~ 1. (*образованная сращиванием*) eye splice 2. (*с зажимом*) eye socket 3. (*с коушем*) thimble-eye-splice
карточная ~ card-table hinge
крестовая ~ garnet hinge
накладная ~ surface hinge
реверсивная ~ reversible hinge
рояльная ~ 1. continuous hinge 2. (*с картами разной ширины*) rule joint hinge
скрытая ~ concealed [invisible] hinge
шарнирная ~ 1. counter-flap hinge; pivot hinge; swivel hinge 2. (*разъёмная*) ball-tip butt hinge 3. (*разъёмная с вынимающимся стержнем*) loose joint hinge 4. (*съёмная дверная*) loose flange butt
печатание print(ing)
печать printing
текстурная ~ woodgrain(ing)

пила

печь burner, furnace, kiln, oven, stove
~ для обжига [обжиговая ~] 1. roaster 2. (*в кипящем слое*) fluosolids [turbulent layer] roaster 3. (*пылевидного колчедана*) pyrites flash roaster 4. (*извести*) lime killer
~ для сжигания в «кипящем слое» fluosolids furnace; fluosolids kiln
~ для сжигания отходов 1. (*refuse*) burner 2. (*лесопильного производства*) incinerator; *амер.* hell
вращающаяся серная ~ rotary sulfur burner
кирпичная ~ ульевого типа brick beehive kiln
колчеданная ~ 1. pyrite(s) burner; pyrite(s) furnace 2. (*для обжига во взвешенном состоянии*) flash roasting furnace
муфельная ~ muffle furnace
плавильная ~ melting furnace; smelting chamber
плоская серная ~ flat burner
полочная ~ Herreshoff [multiple-hearth] roaster
револьверная ~ revolving furnace
углевыжигательная ~ charcoal [pit] kiln; beehive oven
пик 1. (*значение*) peak 2. (*вершина холма*) tor
пикет picket
пикировка (*растений*) singling
пикнида (*ржавчинных грибов*) clinosporangium, pycn(id)ium
пикнометр pycnosonde
пила saw
~ в раме span saw
~ для валки (*леса*) felling saw
~ для выпиловки фальцев rabbeting saw
~ для вырезания дефектов из дранки knot saw
~ для лесопильной рамы gate saw
~ для нарезания пазов grooving saw
~ для окантовки брёвен slab saw
~ для получения карандашной дощечки slat saw
~ для прифуговки шпона beam saw
~ для продольной распиловки pit [rip] saw
~ для раскроя шпона core saw
~ для распиловки толстых досок на более тонкие rip resaw
~ для резки материалов большой толщины coping saw
~ для тонкого пропила (*с мелкими зубьями*) fine-toothed saw
~, имеющая пары пильных зубьев, разделённых скалывающими зубьями peg-raker-saw
~ на захвате (*для деревьев, брёвен и т.п.*) grapple saw
~ с возвратно-поступательным движением полотна reciprocating saw
~ с вставными зубьями inserted-tooth saw
~ с дугообразной шиной bow saw
~ с косыми зубьями spiral saw
~ с ланцетовидными зубьями needle-point saw
~ с мелкими зубьями trimmer saw
~ с насадками 1. tipped saw 2. (*из твёрдых сплавов*) carbide-tipped saw
~ с неровным ходом wobbing saw
~ с обратной резкой drag saw
~ с пильной цепью 1. (*имеющей Г-образные строгающие зубья*) chipper chain saw 2. (*имеющей подрезающие и скалывающие зубья*) scratcher chain saw
~ с плющеными зубьями swage saw
~ с редкими зубьями gap-toothed saw
~ с трёхгранными зубьями peg tooth saw
~ типа «лисий хвост» dragsaw
~, устанавливаемая перед главным лесопильным станком rock saw
безредукторная моторная ~ direct-drive saw
бензиномоторная (*цепная*) ~ gasoline (chain) saw
бытовая (*цепная*) ~ nonpro(fessional) saw
вогнутая [чашечная] ~ concave saw
двуручная ~ 1. double-handed [trump] saw 2. (*для ручной валки леса*) push-pull (felling) saw 3. (*с искривлённой тыльной частью*) hollow-backed saw 4. (*поперечная*) double-handed crosscut saw
двусторонняя ~ double saw
делительная ~ resaw; deal saw
дисковая [круглая] ~ 1. circular [disk] saw 2. (*сегментная*) rim saw

пила

дисковая маятниковая ~, закрепляемая сверху overhead sawing saw
дисковая маятниковая ~, закрепляемая снизу inverted sawing saw
дисковая раскряжёвочная ~, закрепляемая на каретке и надвигаемая с её помощью (*надвигаемая перемещением каретки*) carriage saw
дисковая раскряжёвочная ~, надвигаемая сверху chap saw
дисковая раскряжёвочная ~, надвигаемая снизу jump saw
качающаяся ~ drunken saw
кольцевая ~ annular saw
кромкообрезная ~ edging saw
круглая [циркульная] ~ 1. circular [buzz, disk] saw 2. (*на тележке*) bicycle-type [whealbarrow] circular saw 3. (*с вставными зубьями из твёрдых сплавов*) widia [winet] saw 4. (*с регулируемой глубиной пропила*) rise-and-fall saw 5. (*с твердосплавными зубьями*) carbide-tipped circular saw 6. (*столярная с подвижным столом*) joiner's crosscut saw bench
ленточная ~ 1. band [drum, ribbon] saw; bandsaw 2. (*делительная*) band resaw 3. (*с двумя режущими кромками*) dual band saw
лобзиковая [узкая, лучковая] ~ fretsaw
лучковая ~ 1. bow [buck, whip] saw 2. (*небольшая*) sash saw
маятниковая ~ 1. pendulum [rock, swing] saw; overhead trimmer; radial arm resaw 2. (*поперечная*) goosesaw 3. (*обратная*) vertical oscillating circular saw 4. (*торцовая*) swing cutoff saw
многополотновая ~ gang saw
моторная ~ power saw 2. (*редукторная*) gear(ed) drive saw
непрофессиональная цепная ~ (*для бытовых, любительских целей*) non pro(fessional) saw
ножовочная ~ [ножовка] hacksaw
обрезная ~ 1. edging [skinner, trimming] saw 2. (*для маломерных заготовок*) squaring-off machine
пазорезная ~ dado head
подрезная ~ scoring saw
полосовая ~ для распиловки древесины woodworking drag sawing machine
поперечная ~ cross-cut(ting) saw
проволочная ~ wire saw
продольная ~ cleaving saw
профессиональная (*цепная*) ~ pro(fessional) (chain) saw
разведённая ~ spring set saw
рамная ~ frame [gang, mill, web] saw
раскряжёвочная ~ 1. bucking [crosscut] saw 2. (*с подвижным столом*) rack saw
ручная ~ hand saw; handsaw
садовая ~ (*для обрезки ветвей и т.п.*) pruning saw
сдвоенная [двухдисковая] ~, надвигаемая вертикально twin-arbop saw
столярная ~ 1. great-span saw 2. (*лучковая*) turning saw
строгальная ~ с мелкими зубьями novelty [plane] saw
торцовочная ~ crosscut [cutoff, deck, trimming] saw
узкая лучковая ~ 1. buhl saw 2. (*прорезная*) bow saw
усовочная ~ miter saw
фрикционная (*круглая*) ~ friction saw
фуговальная (*круглая*) ~ для клёпки saw stave jointer; stave jointing saw
цепная ~ 1. chain [link, tooth] saw 2. (*с дугообразной шиной*) bow-type chain saw 3. (*с прямой шиной*) flat-blade [strait blade] chain saw
цилиндрическая ~ barrel [crown, cylinder, hole] saw
шипорезная ~ dovetail [light back] saw
электромоторная ~ electric (power) saw

пилёная, гнутая и строганая (*о клёпке*) backed, bellied and jointed
пиление sawing
~ в торец [торцом пильной шины] bore [boring] cutting; sawing strait
пилёный sawn
пилильщики мн. энт. (*Tenthredinidae*) sawflies
пилить saw
пиловидный serratiform
пиловочник plank log; plank timber; saw(ing) log, sawlog
пиломатериал lumber; sawn timber; sawn wood

~ второго сорта seconds
~ы, выпиленные из сухостойного дерева torrak
~ы высшего качества clean [clear] timber
~ы в ярдах yard stock
~ для производства мебели furniture dimension lumber
~ы для укрепления тонких стен или перегородок chain timbers
~ы из заболонной части дерева exogens
~ из свежесрубленного дерева green lumber
~ы короче стандарта (*напр. менее 183 см*) shorts
~ы низших сортов common
~ общего назначения shop lumber
~ы, поражённые синевой blue goods
~, поступающий на рынок [товарный ~] merchantable lumber
~ радиального распила quarter-sawed lumber; quartered [quarter-sawn] timber, comb [vertical] grain timber
~ы, раскроенные развально-сегментным методом plain-sawn [quarter-sawn] timber
~ с ограниченным количеством дефектов shop
~ы среднего сорта middlings
~ стандартных размеров dimension lumber
~ тангентального распила flat grain [plain-sawn] timber; plain-sawed lumber
~ толщиной меньше 127 мм, предназначенный для общих строительных целей yard lumber
~ толщиной 50-75 мм и шириной 250-300 мм heavy joist
~ транспортной влажности shipping dry lumber
бессучковый ~ clean [clear] timber
биржевой ~ yard lumber
высококачественные ~ы firsts
конструкционный ~ structural lumber
лиственный ~ hardwood lumber
необрезной ~ waney-edged timber
непокоробленный (*без окрасок*) ~ bright dry and flat lumber
нестроганый ~ rough lumber
обрезной ~ sawn wood

отборные ~ы clear cuttings
первосортные ~ы clears
поделочный ~ factory lumber
свежераспиленный ~ green timber
стандартный ~ regular-sized timber
строганый ~ dressed [shaved, surfaced] lumber; dressed [hewed, planed, surfaced] timber
сухой ~ 1. dry lumber 2. (*высушенный*) dried lumber
тарный ~ boxboard
хвойный ~ 1. softwood lumber 2. (*высшего сорта без дефектов*) select 3. (*поражённый синевой*) blue lumber
чистовой ~ finish lumber
чистообрезной ~ square-edged [square-sawn] timber
шпунтованный ~ matched lumber
пилоправ saw filer; saw fitter; toolman
пилорама stock gang
пильчато-реснитчатый serrate-ciliate
пильщик 1. sawhand; (trim) sawyer; stock cutter 2. *энт.* (*Tenthredinidae*) sawfly
пиния (*Pinus pinea*) stone pine
пионер (*растение, первым поселяющееся на свободной территории*) pioneer
пирамидально-метельчатовидный thyrsoid
пиргелиометр (*прибор для измерения солнечной радиации*) pyrheliometer
пироксилин *спич.* guncotton; nitrocotton
пиролиз (*древесины*) (wood) pyrolysis; destructive distillation of wood
~ коры bark pyrolysis
быстрый ~ rapid pyrolysis
пирофит (*растение, устойчивое к пожарам*) pyrophyte
пистолет gun
~ для крепления круглых скобок hog ring machine
~ для крепления упаковки packaging closer
~ для склеивания в поле токов высокой частоты pye gun
маркировочный ~ marking gun
распылительный ~ siphon feed
скобкозабивной ~ 1. tacker 2. (*пневматический*) pneumatic tack hammer 3. (*автоматический с длинной насадкой*) long-nose stapler

шурупозавёртывающий ~ без муфты сцепления clutchless screwdriver
питание *бот.* nutrition
  ~ растений plant nutrition
  автотрофное ~ autotrophic nutrition
  микотрофное ~ mycotrophic nutrition
  недостаточное ~ hyponutrition
  некорневое ~ foliar nutrition
  углеродное ~ carbon nutrition
питатель [подающий механизм] feeder; feeding [infeed] mechanism
  секторный ~ star-type feeder
  тарельчатый ~ *цел.-бум.* turn-table feeder
  шнековый ~ feed screw; screw [worm] feeder
питающийся:
  ~ древесиной lignivorous, xylophagous
  нормально ~ (*о растении*) eutrophic
питомник [лесопитомник] nursery, orchard, seminary
  ~ для выращивания саженцев 1. lining-out [transplant] nursery 2. (*с закрытой корневой системой*) container nursery
  ~ для выращивания сеянцев seedling nursery
  декоративный ~ ornamental nursery
  лесной ~ (*экзотических лесных растений*) forest garden; forest tree nursery
  лесосеменной ~ tree seed orchard
  полевой [временный] ~ field [temporary] nursery
  постоянный ~ permanent nursery
  селекционный ~ breeding nursery
пихта (*Abies*) fir
  ~ бальзамическая (*Abies balsamea*) eastern fir; single spruce
  ~ белая [европейская, гребенчатая] (*Abies alba*) common silver [silver [Euoropean)] fir
  ~ великая (*Abies grandis*) grand fir
  ~ кавказская [Нордманна] (*Abies nordmanniana*) Caucasian fir
пихтовый firry
плавающий [на плаву] floating
плавление burning-in, melting
плавучесть floatability, floatation
плавучий buoyed, floatable
плакучий pendent

план 1. plan, scheme 2. (*расположение*) hang
  ~ внесения удобрений fertilization schedule
  ~ лесной политики reconnaissance report
  ~ лесонасаждений stand [stock] map; management plan [working plan] area
  ~ лесоустроительного проекта arrangement of working plan
  ~ мероприятий по охране лесов от пожаров fire control plan
  ~ развития лесного хозяйства (*намечаемый лесоустройством на период в несколько лет*) management [working] plan
  ~ рубок (*леса*) 1. allocation of felling; cutting [felling] plan; plan of cuttings 2. (*ухода*) thinning schedule
  ~ тушения пожара plan of attack
  лесоустроительный ~ forest estimation record
  укрупнённый ~ производства working scheme
планиметр planimeter
планировать plan
планировка (*дороги*) subgrading
планировщик planner
планка 1. chess, plate 2. *мн.* planking
  ~ выдвижного ящика, делящая его пополам drawer muntin
  ~ для стыковки двух брусьев scab
  ~ [рейка] крышки (*ящика*) cover cleat
  ~ ролла (beater) plate; bed knife
  верхняя ~ (*спинки стула*) yoke
  деревянная ~ для остекления окон glazing [saddle] bead
  захватная ~ (*оконной рамы*) pulley strip
  коленчатая [гнутая] ~ elbow bed
  наборная ~ *спич.* match plate; splint bar
  направляющая ~ guide plate
  нащельная ~ cover strip
  притворная ~ (*двери*) rebate molding; slamming strip
  продольная внутренняя длинная ~ (*в соединении на планку*) long center cleat
  тонкая изогнутая деревянная ~ coiled wood

трубчатая ~ tube bed
плантация plantation
   ~ элитных и плюсовых деревьев tree gene bank
   лесосеменная ~ (элитных и плюсовых деревьев) mother-tree archive; seed plantation
   маточная ~ stool bed
планшет compartment [flight] map
   лесоустроительный ~ management map
   съёмочный ~ surveying panel; surveyor's table
пласт bed, seam, stratum
пластик plastic (material)
   бумажнослоистый ~ 1. paper(-based) laminate 2. (на основе или подложке) backed paper-based laminate 3. (облицованный меламиновой плёнкой) фирм. Decorplast
   древеснослоистый ~ 1. densified wood (laminate), high-density plywood 2. (плиточный) pressboard 3. (с звездообразным расположением волокон) gear densified wood 4. (с параллельным расположением волокон) tensile densified wood 5. (с тангентальным расположением волокон) tangential grain densified wood
   древесный ~ 1. dense [improved] wood; jicwood 2. (композиционный) composite board
   конструкционный бумажно-слоистый ~ с полой серединкой cored structural paper-based laminate
   ламинированный ~, состоящий из полиэфира, усиленного стекловолокном polyester fiberglass laminate
   слоистый ~ 1. laminate 2. (декоративный облицовочный) decorative surfacing laminate 3. (используемый для облицовывания вертикальных поверхностей) vertical laminate 4. (на основе тяжёлой коричневой крафт-бумаги) base laminate 5. (на тканевой основе) fabric-based laminate 6. (не подвергающийся большим нагрузкам в процессе эксплуатации) light-duty laminate 7. (подвергающийся последующему формированию или процессу «постформинга») postformed laminate 8. (с тиснёной поверхностью и текстурным рисунком) textile laminate
пластин/а plate, sheet
   ~ы для настила полов batten ends
   аккумуляторная ~ battery plate; grit
пластинка plate
   ~, закрывающая замочную скважину drop
   вставная режущая ~ из твёрдого сплава (не перетачиваемая) throw away carbide insert
   лестничная перфорационная ~ (в древесине) scalariform perforation plate
   листовая ~ бот. lamina
   простая перфорационная ~ (в древесине) simple sieve plate
   сетчатая перфорационная ~ (в древесине) reticulate perforation plate
   ситовидная ~ (в древесине) sieve plate
   смоляная ~ (в древесине) gum [resin] plate
   тонкая ~ бот. lamina
пластификатор plasticizer, softener
   ~ для бумаги paper plasticizer
пластификация (бумаги) plasticization (of paper)
пластичность 1. plasticity 2. (древесины) creep
пласть face, side, surface
   ~ пиломатериала 1. (sawn timber) face 2. (внутренняя) (timber) inner face 3. (из древесины высшего сорта) first-quality face 4. (наружная) (timber) side face 5. (тангентального распила) flower face
   ~ сердцевинной доски heart side
плата pay
   ~ за гужевую трелёвку cartage
   ~ за лес на корню [попенная плата] stumpage
   ~ за хранение (на складе) yardage
   заработная ~ 1. wage 2. (повременная) time wage 3. (подённая) day wage 4. (почасовая) hour rate wage 5. (сдельная) piece rate [piecework] wage
   попенная ~ stump [stumpage] sale; stumpage (price); forest tax
платан (*Platanus*) 1. plane 2. *амер.* sycamore
   ~ восточный (*Platanus orientalis*) European plane

платан

~ западный (*Platanus occidentalis*) American [western] plane
~ клёнолистный (*Platanus acerifolia*) London plane
платёж payment
платформа deck(ing); flat bed; platform
~ грузовика truck bed
~ с двумя кониками cradle
~ с низкими бортами gondola
весовая ~ platform scales
вибрационная ~ shake table
железнодорожная ~ (*подвижной состав*) flat-car
загрузочная ~ infeed platform
направляющая ~ skid platform
передвижная ~ car
разгрузочная ~ skid platform
плаха (*из бруса*) half beam
плач (*растений*) bleeding, exudation
плёнка film
~ на естественном агрегате почвы coating
~, облегчающая выемку деталей из пресс-формы release film
виниловая ~ без подложки unsupported vinyl film
гидратцеллюлозная ~ *фирм.* rayophane
жёсткая ~ tough film
жёсткая виниловая ~ rigid vinyl film
замыкающая ~ поры margo; pit membrane
растягивающаяся ~ stretch wrapping
светочувствительная ~ sensitive film
терефталатная ~ terephthalate film
усадочная ~ 1. shrink wrapping 2. (*упаковочная*) shrinkable film
целлофановая ~ transparent cellulose
плёнкообразователь vehicle
плёнкообразующий film-forming
плёнчатый membranous
плесень fungi, mildew, mold, mould, must
~ бумаги paper mildew
снежная ~ (*возбудитель — гриб Fusarium nivale*) snow mold
чёрная ~ (*возбудитель — гриб Aspergillus niger*) black mold
плесневый musty
плести plash
плетение canework; plashing, platting; webbing
~ корзин basketry

плетёнка:
~ из шпона (*для упаковки фанеры*) waven latticework
плетённый из раттана rattan
плетень hurdle, screen work
плечико шипа haunch
плечо 1. shoulder 2. (*рычага*) (lever) arm
плинтус adjacent plank; baseboard; base molding; foot stall; plinth, skirt; skirting board; toe strip
плита board, panel, plate
~ «бартрев» (*древесностружечная плита, изготовляемая методом непрерывного прессования*) *фирм.* Bartrev board
~ для облицовывания карниза eaves soffit board
~ для опалубки shuttering board
~ из льняной костры flax-shives board
~ конвейера pallet
~ пресса platen
~ со средним стружечным слоем chipcore panel
~ (*или фанера*) специального назначения speciality
~ с работающей обшивкой stressed skin panel
вафельная ~ waferboard
влажная ~ fiber mat
волокнистая ~ 1. fiberboard 2. (*из неорганического сырья*) inorganic fiberboard
древесная ~ wood-based panel; wood board
древесноволокнистая ~ [ДВП] 1. fiberboard 2. (*глазурованная под кафель*) enameled hardboard 3. (*из отходов древесины*) *фирм.* Novoply 4. (*ламинированная [слоистая]*) laminated wallboard 5. (*низкой плотности*) low-density fiberboard; softboard 6. (*однородная*) homogeneous fiber wallboard 7. (*перфорированная*) peg board; pegboard 8. (*полутвёрдая*) noncompressed fiberboard; semihardboard 9. (*с бороздами*) striated hardboard 10. (*сверхтвёрдая*) special density hardboard 11. (*специального назначения*) custom fiber hardboard 12. (*с поверхностной текстурой типа сита*) screen back board 13.

(*средней объёмной массы*) medium hardboard 14. (*средней плотности*) intermediate-density [medium-density] fiberboard 15. (*стандартная, свыше 900 кг/куб. м*) standard hardboard 16. (*строительная*) fiber building board 17. (*тиснёная*) embossed [molded, patterned] hardboard

древесностружечная ~ [ДСП] 1. [wood-]particle [flake] board; chipboard 2. (*из градуированной стружки*) even-textured particle board 3. (*из однородной стружки*) homogeneous particle board 4. (*из станочной стружки*) *амер.* flakeboard 5. (*ламинированная*) composite particle board 6. (*ламинированная с имитационной текстурной отделкой*) *фирм.* castwood 7. (*многослойная с изменяемой плотностью*) graded density particle board 8. (*облицованная бумажнослоистым пластиком*) paper-overlaid particle board 9. (*облицованная натуральным шпоном*) veneered chipboard 10. (*плоского прессования*) platen-pressed particle board 11. (*полутяжёлая*) medium-density wood chipboard 12. (*пустотелая с трубчатыми отверстиями*) tubular particle board 13. (*различной плотности*) graded-density chipboard 14. (*твёрдая*) hardboard 15. (*трёхслойная или с изменяющейся плотностью*) *фирм.* Behr-type board; Wegroc board 16. (*тяжёлая*) high-density wood chipboard 17. (*экструзионная*) *фирм.* Kreibaum board 18. (*экструзионная высокой плотности*) ribwood

зашпатлёванная ~ prefilled board
комбинированная ~ composite panel
ламинированная ~ (*ДСП или ДВП, облицованные декоративной бумагой, пропитанной меламиновой смолой*) skin board
модельная ~ molding block
направляющая ~ (*перемотного станка*) drag board
огнестойкая ~ fire retardant
огнеупорная или водозащитная стеновая ~ *фирм.* registered bordex
перфорированная ~ *цел.-бум.* grid
пневматическая пульсирующая ~ (*в бункерах для щепы*) pneu-bin pulsating panel
пустотелая ~ cellular wood panel
рапсовая ~ rape board
сверхтвёрдая ~ superhardboard
столярная ~ 1. blockboard 2. (*окрашенная или облицованная пластиком*) hidden blockboard 3. (*с рейками среднего слоя, соединёнными на шипах*) *фирм.* Ibus laminated board 4. (*с серединкой из реек шириной не более 76,2 мм*) lumber-core board
строительная ~ из льняной костры flaxboard
твёрдая, закалённая в масле ~ oil-tempered hardboard
фанерная ~ 1. plywood board 2. (*столярная с тремя внутренними слоями*) center-ply board
фанерованная ДСП ~, облицованная натуральным шпоном plywood particle board panel
фильтровальная ~ perforated strainer
фирменная ламинированная ~ registered laminboard

плитка 1. (*строительная*) tile 2. (*клея*) slab
кафельная ~ glazed tile
облицовочная ~ facing tile
шиферная ~ slate tile
шпунтовая ~ bent [gutter] tile

плица (*гребного колеса*) float, floatboard, paddle

плод : плодить 1. fruit 2. *мн.* fruitage
◇ не приносящий ~ов barren
дробный ~ separating fruit
ложный ~ spurious fruit
мясистый ~ berry
односемянный ~ single-seed fruit
сборный ~ aggregate fruit
сложный ~ (*сборная костянка*) etaerio
сочный ~ soft fruit
сухой ~, раскрывающийся на несколько частей capsule
членистый ~ *бот.* loment

плодовитый fruitful
плодоносный fruitful, fertile
плодоносящий fructiferous
плодоношение fruitage, fructification
плодородие fertility
плодородный (*о почве*) fecund, fertile, fruitful

ПЛОСКОЛИСТНЫЙ

плосколистный flat-leaved
плоскость:
~ пропила saw kerf plane
~ сдвига [среза, скалывания] shear plane
плот drive, float, raft
~, буксируемый судном tow
~ (*небольшой*), оборудованный лебёдкой gun [sinker] boat; monitor
~ с лебёдкой и захватами для подъёма топляка catamaran
морской ~ sea-going raft
речной ~ stream raft
сигарообразный океанский ~ Benson raft
плотбище log storage-and-bundling area; rafting ground
плотина dam, dike
водосливная ~ spillway [wein] dam
глухая ~ fixed dam
противоэрозийная ~ chook dam
ряжевая ~ crib dam
свайная ~ pile dam
фашинная ~ faggot [fasine] dam
хворостяная ~ brush [mattress] dam
щитовая ~ gate [sluice] dam; sluice weir
плотник carpenter, joiner
плотничество [столярничество] timbering
плотномер densimeter; density meter
плотность 1. (*удельное количество вещества*) density; (specific) gravity 2. (*непрощиаемость*) closeness, compactness, tightness
~ бумаги base [basis] weight
~ выборки sampling density
~ древесины 1. compactness [density] of wood 2. (*абсолютно сухой*) absolute dry wood [basic, nominal] density; basic (specific) gravity 3. (*воздушно-сухой*) air-dry density; air-dry (specific) gravity 4. (*свежесрубленной*) green (specific) gravity
~ древесного вещества wood substance density
~ популяции population density
~ посадки или посева plant population
~ почвы (*кажущаяся*) apparent (soil) density
кажущаяся ~ (*напр. бумаги*) apparent (specific) gravity

насыпная ~ bulk (specific) gravity
средняя ~ популяции короедов average beetle population
плотный 1. dense, solid 2. (*непроницаемый*) siftproof
плотогон [рабочий на сплаве плотов] rafter, raftsman
плотоход rafting canal; timber slide; timber chute
площади:
трудновосстанавливаемые лесокультурные ~ refractory
площадка deck, platform; site
~ для курения (*в лесу*) fag station
~ для обмера брёвен scaling bay
~ для определения сорта брёвен sorting bay
~ для разгрузки и транспортирования (*сырья к лесопильному цеху или складу*) loading way
~ для раскряжёвки (*с помощью слешерной установки*) slasher setup
~ для укладывания брёвен aisle, bay, raceway
~ испытания видов (*древесных пород*) species trial plot
~ приземления (*аэростата*) bedding area; bedding ground
~ у железной дороги railside
~ у лесовозной дороги roadside
обрабатывающая ~ 1. (*для обрезки сучьев, раскряжёвки*) processing site 2. (*центральная*) central processing point
опорная ~ (*для создания противопожарного барьера*) anchor point
отстойная шламовая ~ drying ground; sludge bed
перегрузочная ~ transfer (reload) site
питающая ~ infeed deck
погрузочная ~ 1. loading point; landing [loading] site 2. (*верхний склад*) upper landing
погрузочно-сортировочная ~ log-dump-and-segregation area
постоянная пробная ~ permanent quadrate
промежуточная ~ 1. (*без накопления лесоматериалов*) hot deck 2. (*с накоплением лесоматериалов*) cold deck 3. (*для перецепки прицепов*) intermediate holding site
разгрузочная ~ rollway; unloading site

плуг

сортировочная ~ 1. segregation area 2. (*для брёвен*) log grading plant
учётная [пробная] ~ (*заданных размеров*) discount area, quadrate
площад/ь 1. area, land 2. (*в акрах*) acreage
~ боковой поверхности 1. lateral area 2. (*ствола дерева*) bole area
~ водного зеркала water-surface area
~ вырубки 1. cutover [cutting, felling, harvesting] area 2. (*годичной*) annual felling
~ горизонтальной проекции крон (*деревьев*) crown projection
~ захвата (*в открытом положении*) gripping area
~ лесного массива sale area
~ лесов 1. forest area 2. (*государственных*) state forest area 3. (*коммерческих [промышленных]*) commercial forest land, commercial timberland
~ лесосеки 1. cutting area 2. (*со сплошной рубкой*) clearcut [cleared] area
~, осваиваемая канатной установкой с одной стоянки setting
~ питания 1. (*дерева*) growing space of tree 2. (*корней*) root bed 3. (*растений*) region of plant alimentation
~ поверхности superficial measure
~ поверхности почвы, занимаемая стволом (*дерева*) basal area
~ под лесом wooden area
~ пола после укладки досок laid measure
~ поперечного сечения ствола дерева на высоте груди basal [bole] area; basal area at breast height
~, пройденная повторным палом reburn
~, пройденная сплошным палом burn
~ пропила backcut area
~ хозяйства по древесной породе area under management
водосборная ~ catch(ment) [collecting, drainage, water-collecting, water-producing] area
возобновившаяся (*лесная*) ~ regenerating [restocking] (forest) land
вырубленная ~ cutover area; cutover patch

допустимая ~ ежегодных палов allowable burned area
клинообразная ~ wedge
лесная ~ 1. forest area; timberland, woodland 2. (*высокопродуктивная*) highly productive timberland 3. (*покрытая лесом*) forested [grown, timbered, wooden] area, net area; area under (crown) cover 4. (*неэксплуатационная*) noncommercial forest land 5. (*низкопродуктивная*) low-yield area 6. (*общинная*) public forest land 7. (*продуктивная*) productive forest land 8. (*эксплуатационная*) commercial forest land
лесные ~и, освоение которых при существующих условиях экономически не оправдано (*резервные леса*) zero districts
лесокультурная ~ planting [regeneration] area
морозобойная ~ concave area; frost locality
нелесная [не покрытая лесом] ~ nonforest(ed) area; nonstocked [unstocked] forest land
неочищенная ~ slash [uncleaned] area
непросматриваемая ~ slightly visible area
общая ~ лесного фонда gross area
приведённая ~ (*по продуктивности*) equalized [reduced] area
пробная ~ 1. growth [indicator] plot; sampling area; sampling unit 2. (*временная*) temporary sample plot 3. (*для составления таблиц хода роста*) yield (table sample) plot 4. (*лесная*) forest trial 5. (*линейная [ленточная]*) linear sample plot; sample strip 6. (*постоянная*) permanent inventory plot; permanent sample; permanent study area
просматриваемая ~ (*пожарным наблюдателем*) seen area
рабочая ~ крана area sewed by crane
учётная [инвентарная] ~ 1. accounting area 2. (*круговая*) circular plot
плуг plow, plough
~ для выпахивания корней rooter
~ для дерновых почв sod plow
~ для образования борозд перед посадкой саженцев planting plow

плуг

~ для тяжёлых липких почв blackland plow
~, переезжающий через пни stump-jump plow; stump jumper
~ с винтовыми корпусами *англ.* general-purpose plow
болотный ~ moor plow
выкопочный ~ grubber [lifting] plow; grubber; undercutter
двухкорпусный ~ two-furrow plow
двухотвальный ~ 1. double moldboard; buster 2. (*торфяной*) double moldboard turfing plow
дисковый ~ disk plow; tiller disk
дорожный ~ rooter
дренажный ~ drainage plow
кустарниково-болотный ~ brush-and-bog [turfing] plow
кустарниковый ~ brush [brush-breaker, scrub] plow; brush breaker
лемешный ~ bottom [share] plow
лесной ~ woodland plow
многокорпусный ~ gangplow; multiple plow; multiplow
нормальный [обычный] ~ ordinary plow
одноотвальный ~ single moldboard
отвальный ~ moldboard [turn] plow
плантажный ~ deep (digger) [deep draining, reclamation, trench(er), trenching] plow; plow ditcher
прицепной ~ drawn plow
противопожарный ~ fire plow
торфяной ~ turfing plow
плуг-бороздоделатель 1. gutter plow 2. (*с двухотвальными корпусами*) buster [butting, middlebuster] plow; ditcher, ditch digger
плуг-канавокопатель 1. gutter [trench(er)] plow; adz hoe 2. (*двухотвальный*) bull [double-wing] ditcher
плуг-корчеватель *австрал.* stump-jumper; stump-rower
плуг-рыхлитель (*с черенковым ножом*) tine single-moldboard plow
плывун (*порода*) running ground
плювиометр ombrometer
плюска (*желудя*) *бот.* acorn cup; acorncup
плюш velour
~ или бархат «мокет» (*с шерстяным ворсом на бумажной основе, используется для обивки мебели*) moquette
~ на хлопчатобумажной основе с неразрезным петлеобразным ворсом uncut moquette
~ с разрезным ворсом cut moquette
плющение flatting
~ зубьев пилы swaging
плющилка crushing machine, crusher
вальцовая ~ roll(er) crusher; roll(er) mill
пневматофор [дыхательный корень] breathing root
побег 1. (*росток*) outgrowth; shoot; 2. (*отпрыск*) runner; sprout 3. (*для посадки*) set 4. (*для прививки*) graft 5. (*черенок*) slip; (*длинный тонкий черенок*) set
~, периодически дающий отростки recurrently flushing shoot
~, развившийся из спящей почки epicormic shoot
~ и текущего года last annual shoots
боковой ~ sucker, surculus
вегетативный ~ innovation shoot
верхушечный ~ terminal leader; terminal shoot
вершинный ~ leading shoot
водяной ~ 1. epicormic shoot; water sprout 2. (*развившийся из спящей почки*) epicormic branch
главный ~ 1. leading shoot; leader, terminal 2. (*сложный [разветвлённый]*) multiple leader
годичный ~ annual shoot
двойной ~ forked growth
иванов [вторичный] ~ lammas shoot
корневой ~ sucker; sucker root
летний ~ lammas shoot
молодой ~ browse
основной [ростовой] ~ basal [continuance, leading] shoot
пазушный ~ auxiliary branch
ползучий ~ creeper
порослевые ~и (*от спящих и придаточных почек деревьев*) 1. coppice shoot 2. (*лиственных пород*) hardwood sprouts
придаточный ~ adventitious shoot
сформировавшийся ~ preformed shoot
укороченный ~ brachyblast, spur

повреждение

побеговьюн (*Evetria*) pine-shoot [pine-tip; shoot] moth
побегопроизводительность shoot-forming capacity
побурение (*листвы*) redtop
поверхность 1. surface 2. (*плоскость*) face, plane
~ бумаги со стороны сукна top
~ дефибрирования grinding face; grinding surface
~ доски после первоначального распила rough-sawed surface
~ (*ДСП*) из прессованной пыли fine chip surface
~ листоотливной формы sheet
~ ножевого среза sheared surface
~ обезвоживания *цел.-бум.* drainage area
~ прижима clamping surface
~ пропила sawn-surface
~ размола *цел.-бум.* beating area
~ распила sawn face
~ резания cutting face
~ сетки *цел.-бум.* wire area
~ соприкосновения ножей гарнитуры ролла crossed beating surface
~ торца crosscut end
~ формованной или отлитой детали cast resin surface
бледная ~ (*древесины*), получаемая в результате удаления слоя лака и грунтовки pickled finish
бугристая ~ hummocky surface
верхняя ~ пластинки листа epiphyll
волнистая ~ 1. (*на дороге*) corrugation 2. (*пропила*) snake
волнообразная неровная ~ undulation
выпуклая закруглённая ~ в виде бус convex cut
комбинированная ~, состоящая из перемежающихся выпуклых и вогнутых участков combination cut
лицевая ~ exposed surface
мшистая ~ fuzzy grain
наклонная ~ slanted surface
намазанная ~ (*спичечной коробки*) striking surface
неотделанная деревянная ~ bare wood surface
неровная ~ 1. (*имитирующая ковку или чеканку при отделке древесины*) stippled base 2. (*ребристая ~ щита из-за неравномерной усушки реек серединки*) washboarding 3. (*строганой доски*) raised grain
обнажённая ~ (*почвы*) raw surface
ограничивающая ~ bounding surface
опорная ~ face; base surface
отделанная ~ 1. fulled surface 2. (*мебели*) scratch surface
плоская ~ зубцов (*дефибрерного камня*) land area
полосатая ~ (*дефект отделки*) streaked finish
продольная ~ (*бруса*) side
пузырчатая ~ blistered surface
резная ~ (*на которую наносится краситель или позолота*) carved base
сердцевинная [широкая] ~ доски breast
серебристая ~ (*мельчайшие трещины на пластике*) frosted surface
скошенная ~ bevel face
сомкнутая ~ (*бумаги*) bonded area; closed-up surface
строганая ~ бруса pane
торцевая ~ (end) face
уплотнённая после реза ~ (*шпона древесины*) tight-cut surface
формованная ~ moulded surface
черновая ~ (*шпона*) loose [rough] face
чистовая ~ (*шпона*) smooth [tight] face
шелковистая ~ smooth grain
шероховатая ~ 1. eggshell [rough] surface 2. (*бумаги*) tooth 3. *меб.* stippled area
поводок сошника furrow-open draw-bar
повозка trap, vehicle, wagon
поворачивать 1. (*переворачивать*) turn 2. (*в горизонтальной плоскости*) swing
поворот 1. turn(ing) 2. (*в горизонтальной плоскости*) swing(ing) 3. (*изгиб*) bend 4. (*вращение*) rotation
~ под прямым углом (*при соединении правильных погонажных деталей*) return
~ (*качание*) стрелы из стороны в сторону slewing
повреждать damage, injure
~ кору flaw
~ судно подводным деревом snag
повреждени/е 1. break, damage, fail-

повреждение

ure, injury 2. (*поражение напр. древесины*) deterioration, lesion
~ ветром (*ветвей*) wind blast; wind damage
~, вызываемое личинками древоточца woodworm damage
~, вызываемое морскими древоточцами marine borer damage
~ газом или дымом fume [smoke] damage
~ градом injury from hails
~ дерева 1. (*молнией*) lightning damage 2. (*при валке*) felling break(age); felling shake
~ деревьев при рубках ухода 1. (*манипулятором или рабочей головкой машины*) stroke damage 2. (*при машинной валке*) felling damage 3. (*при трелёвке форвардерами*) driving damage
~ древесины насекомыми 1. infestation; insect injury 2. (*язвообразное*) canker-like lesion
~ комля (*при валке дерева*) 1. butt damage 2. (*при срезании ножами*) shear butt damage
~ кроны crown break
~ морозом frost injury
~ от солнечного ожога light injury
~ подстилки (*в лесу*) forest floor disturbance
~ почвы soil disturbance
~ почвы и древостоя на лесосеке site disturbance
~ смогом smog injury
~ хвои сосны озоном x-disease
кольцевые ~я (*стволов насекомыми, грызунами*) (ring-)girdling; ringing
механическое ~ mechanical injury
повреждённый affected
~ вредителями wormy
повторность (наблюдений) replication
повторяемость (*напр. рубок*) frequency
~ рубок ухода thinning cycle, thinning frequency
повышать:
~ сортность upgrade
повышение increase, rise
~ вязкости bodying
~ плодородия почвы (soil) enrichment; increasing of (soil) fertility
погибать (*о растениях*) perish
поглощать absorb

~ удар buff
поглощение absorption, uptake
~ листьями [некорневое питание] foliar absorption
погоны:
лёгкие [головные] ~ 1. light ends 2. (*содержащие одорирующий компонент*) odor-containing light ends
погребец *меб.* cellaret
погружение [окунание] dipping, sinking
~ в антисептик, предохраняющий (*пиломатериалы*) от посинения anti-blue stain dip
погружённый sunk
погрузка handling, loading
~ в штабели stockpiling
~ (*брёвен*) накатыванием cross-haul(ing)
~ насыпью [навалом] bulk loading
~ (*трелюемого груза*) натяжением канатов tight-line loading
~ подтрелёванных лесоматериалов 1. (*без промежуточного складирования*) hot loading 2. (*складированных*) cold loading
~ (*брёвен*) с помощью мачты с горизонтальной стрелой big-stick loading
~ с помощью стрелы 1. (*погрузчика*) boom loading 2. (*закреплённой на мачте*) spar-treeboom loading
~ стреловым манипулятором knuckle boom loading
немедленная ~ prompt loading
пакетная ~ package loading
погрузчик loader
~, приспособленный для подтрелёвки груза converted loader
~ со стрелой-манипулятором knuckle-arm [knuckle-boom] loader
~ экскаваторного типа shovel loader
вилочный ~ forklift, fork loader
грейферный ~ clam-type loader
стреловой ~ 1. boom [swing] loader 2. (*с упором для торца лесоматериала*) heel-boom [heel-bottom] loader
фронтальный (челюстной) ~ 1. front-end loader 2. (*транспортировщик*) front-end pickup
челюстной ~ timber loading fork; timber fork loader

погрузчик-штабелёр stacker

под (*колчеданной печи*) hearth
подавление (*о растениях*) suppression
искусственное ~ конкурирующей растительности artificial suppression
подавленный [угнетённый] (*о растениях*) depressed
подач/а feed(ing), infeed, traverse ◇ с ручной ~ей hand-fed
~ варочного раствора liquor charging
~ с помощью (*прижимных*) роликов roller nip system
вальцовая ~ roll feed
поперечная ~ cross-feed; cross transfer
цепная ~ feed by chains
подбивать:
~ мягкую мебель wad
подбивочник dragon [hammer] beam
подбор:
~ шпона 1. matching 2. (*в виде корзиночного переплетения*) basket weave match 3. (*в ёлку*) herringbone match; v-match 4. (*в конверт*) diamond match 5. (*в крейцферу [в обратный конверт]*) reversed diamond matching 6. (*в шахматном порядке*) staggering 7. (*из листов одной пачки*) slip match 8. (*по рисунку текстуры*) sliding
подборка:
~ лагенов *цел.-бум.* callating
подборщик picker
~ порубочных остатков brush rake
подвеска suspension
~ двухосной тележки tandem suspension
~ для пил (*в лесопильной раме*) saw buckle
дверная ~ door hanger
жёсткая ~ rigid suspension
независимая ~ 1. (*при разрезной оси*) knee-action suspension 2. (*рычажная*) wishbone suspension
подвесной suspended-type
подвешивать hang (up), suspend
подвид (*растительности*) subspecies
подвода dray
подвозка delivery
подвозчик wheeler
~ балансов block handler
подвой (*корнеотпрысковое растение или отрезок корня*) rootstock, seedling [tree] stock

подгар (*целлюлозы при варке*) burning
подгнивший (*о дереве*) tainted
подгон nurse, regrowth
подгонка adjustment, scribing
подгонять:
~ в плоту брёвна по размеру match
подгоризонт subhorizon
подготавливать:
~ вырубки к лесопосадкам путём измельчения лесосечных отходов chop
подготовка preparation
~ вырубленных лесосек (*к лесовозобновлению*) past logging treatment
~ гнезда для сверления путём забивки и вытаскивания костыля или клина draw boring
~ карры cupping
~ места подпила (*у основания дерева*) setting-up
~ механизма к работе initial service
~ посевных мест seed bed preparation
~ [обработка] почвы soil preparation; soil cultivation
~ фанеры к прессованию prepressing stage
~ щепы к окорке chip/bark preconditioning
подделка *меб.* faking
поддельный (*о древесине*) bastard
поддерживание:
~ растений с помощью кола (*от повала ветром*) staking
поддерживать back, stay, support
поддон 1. bottom plate, pallet, tray 2. (*в производстве плит*) caul
~ для выращивания саженцев plant box
~ для подсточной воды savcall tray
~ для прессования древесностружечной плиты flat tray
~ под изделия мягкой мебели upholstery pallet
~, фанерованный берёзовым шпоном birch-plywood-decked pallet
жёсткий ~ rigid pallet
неглубокий ~ для выращивания сеянцев seedling tray
подёнщик journeyman worker
поджигание lighting-up
поджог (*леса*) arson, lighting-up

подземный [подпочвенный] subterranean
подзор *меб.* valance
подкисление (*почв*) acidification
подкладка backing liner; pad, pillow; saddle
~ из пенопласта foam backing
~ под форму underlay
~ под шпалами shim
~ при раскряжёвке bucking ladder
стёганая ~ *меб.* quilt backing
подкова horseshoe, shoe
подкормка dressing; supplemental application; supplementary fertilizer
~ опрыскиванием spray dressing
~ растений dieting of plants; extranutrition
корневая ~ soil dressing
листовая ~ foliar dressing
подкос 1. (knee) brace; bracing strut 2. *мн.* shoring
подкраска taint, tinting
подкрашивать taint
подлесок underbrush, undergrowth, underscrub, underwood
подложка core, substrate
подлокотник elbow, arm(rest), armpad
~ в форме спирали scroll-over arm
~ кресла knuckle
круглый стёганый ~ [валик] bolster arm
подметать (*щёткой*) brush
подмостки gallows, trestle
подмыв:
~ русла реки erosion of river bed
поднимать(ся) 1. hoist, lift, rise 2. (*краном*) crane
~ груз лебёдкой whip
подниматься (*о воде*) to dam up
подновка:
~ в подсочке леса streak
подножие 1. (*горы*) foot 2. (*склона*) foot of slope
поднос tray
~ с ограничителями tid-bit tray
~ с подогревом (*для пищи*) heat tray
поднятие:
~ ворса (grain) raising
подоблицовочный (слой) underface
подобранный:
~ из полос разного размера (*о шпоне*) random matched

подоконник sill rail
внутренний ~ stool, window board
наружный ~ threshold, window sill
подошва (*горы*) bottom
плужная ~ plowing shoe
подпар mottled butt rot
подпергамент parchmyn
подпил box, mouth, notch, round-up, undercut
неправильно выполненный [не очищенный] ~ dutchman
подпиливать (*дерево*) notch
подпирать back, stake, sustain
подпор (*у плотины*) backwater
подпора stand, sustainer
свайная ~ pile strutting
подпорка banking-up, bracket, gable, gag, pillar, prop
решётчатая ~ (*деревьев или кустарников в виде веера*) fan trellis
подпочва subsoil, undersoil
подпрыгивание:
~ балансов в патроне рубильной машины chatter
подравнивать (*напр. деревья, кусты*) poll
~ поверхность бревна ross
подрамник subframe
~ черпальной формы frame
подрезание (*деревьев*) paring, polling
~ заболони вокруг дерева (*для уменьшения сколов при валке*) side notching
~ торцов face
подрезать pare, snub
~ ветви poll, prune
~ дерево с обеих сторон от пропила sidenotch
подрезка 1. (*напр. ветвей*) pruning, trim(ming) 2. (*вершин*) top clipping
~ кроны pollarding
подрешётка lathing
подрод subgenus
подрост understory trees; underbrush, undergrowth; young growth
куртинный ~ qroup regeneration
угнетённый ~ stunted tree
подруб box, mouth, scarf, sink; stem notch, undercut
подрубать 1. hack 2. (*дерево*) box, notch
подрумянивание (*при подсочке*) bark shaving; scotching

подрывник (*на корчёвке пней*) powder man
подрядчик contractor
подсанки (*для трелёвки брёвен*) bob; bogan; drag [skidding] sled; dray
подсев overdrilling, undersowing
подсемейство subfamily
подсечка stop-cut; tapping
подслой underlay
подсочк/а (*леса*) (resin) boxing; cupping, hacking, resin-tap(ping); turpentining ◇ делать ~y box
~ деревьев bleeding
~ с кислотным стимулятором chipping with acid treatment
~ с химическим воздействием chemical resin boxing; chemical turpentining
подставка 1. rest, stand, support 2. *мн.* gallows
~ для учебников study carrel
валяльная ~ *цел.-бум.* couching tray
подстилка mat
~ и слаборазложившийся гумусовый горизонт duff
~ с преобладанием в составе опада мхов O-horizon
грубогумусовая ~ coarse humus litter
лесная ~ 1. (forest) litter; debris layer 2. (*с преобладанием в составе опада листьев, хвои, веточек*) L-F-H horizon
лиственная ~ leaf litter; litterfall
хвойная ~ needle litter
хворостяная ~ branch litter
подступень:
~ лестницы riser
подсушка predrying, redrying
подтаскивание dragging, pulling
~ леса к линии несущего каната lateral yarding
подтаскивать drag; to drag in; to draw in
подтоварник pole
подтрелёвка [подтаскивание] леса hauling-in
~ со стороны (*к волоку, несущему канату*) lateral hauling; lateral yarding
подтягивание:
~ груза канатом лебёдки трактора indirect traction
~ груза ходом трактора direct traction

подушечка pustule
подушка 1. (*опора*) cushion, pad 2. *меб.* pillow; (*перовая*) feather 3. (*сиденья*) bolster
~ для опоры поясницы *меб.* lumbar cushion
~ для сиденья *меб.* banker
~ с набивкой 1. (*из волокна сизаль*) sisal pad 2. (*из завитого волоса*) *меб.* curled hair pad
~ со склеенной или сваренной наволочкой из синтетического материала plastic bonded pad
опорная ~ рамы или бруса bearer supporting bracket
отдельная ~ (*дивана*) loose [scatter] cushion
съёмная ~ 1. squab 2. (*сиденья*) loose seat
подцветка azuring
~ бумаги azuring paper
подцвеченный (*о бумаге*) azured
подчашие [эпикаликс] *бот.* calycle
подшлемник inner helmet
подъём 1. (*груза*) hoisting, lift, rise 2. (*набор высоты*) climb 3. (*дороги*) grade, gradient
~ (*погрузка*) брёвен накатыванием (*с помощью каната*) parbuckle
~ [подтаскивание] лебёдкой winching
~ топляка sinkers salvage
~ трелюемого груза над препятствиями натяжением возвратного каната tight-lining
подъёмник elevator, hoist; hoister, raiser
~ для древесного сырья elevator for wood
~ для сучьев knot elevator
~ для формирования штабеля досок lumber jack
~ с подвижной тележкой trolley hoist
башенный ~ tower hoist
скиповый ~ skip hoist
поедающий древесину xylophagous
поезд train
автомобильный ~ (*автопоезд*) truck train
тракторный ~ tractor-trailer train
пожар fire ◇ тушить ~ (*с помощью заградительных полос*) to attack a fire

пожар

~ в беспламенной форме горения [тлеющий ~] smoldering fire
~, возникший из-за нарушения правил пожарной безопасности actionable fire
~ вследствие поджога set fire
~, вызванный туристами camper
~ из-за пуска пала incendiary fire
~ на девственных территориях free-burning fire; wildfire
~ от молнии lightning
~, потушенный силами лесной службы statistical fire
верховой ~ 1. crown [head] fire 2. (*беглый*) running crown(ing) fire 3. (*устойчивый*) independent crown(ing) fire
возобновившийся ~ hangover [holdover, sleeper, sleeping] fire
крупный [большой] ~ conflagration type of fire
лесной ~ (*случайный*) wild fire; wildfire
наземный [напочвенный] ~ surface fire
неуправляемый ~ extra-period [free-burning] fire
низовой ~ creeping [ground] fire
подземный [торфяной] ~ peat(bog) fire
продолжающийся ~ going fire
спокойный [слабый] ~ hangover [holdover] fire; sleeper fire
управляемый экспериментальный ~ test fire

пожарник-наблюдатель (*в лесу*) fire chaser; smokechaser
пожарник-парашютист smoke jumper
пожароопасность [опасность воспламенения] inflammability
пожелтение (*целлюлозы*) brightness reversion
поза:
  рабочая ~ working position
пойма bottomland, flood bed, floodplain
показател/ь data; indicator, index; value
  ~ варки *цел.-бум.* pulping data
  ~ влажности index of wetness; moisture index
  ~ водородных ионов H-factor
  ~ возможности возникновения пожара occurent index (oi)
  ~ горимости [~ пожарной опасности в лесу] burning index (bi)
  ~ интенсивности рубки exploitation percent
  ~ места произрастания soil-site index
  ~ местообитания (*характеризуется средней высотой доминирующих деревьев*) site index
  ~ площади проекции кроны crown area index
  ~ пожарной нагрузки (*территории леса за определённый период*) fire load index (fli)
  ~ пожарной опасности (*в лесу*) danger [fire hazard] index
  ~ полноты насаждения tree-area ratio
  ~ порозности (*почвы*) void ratio
  ~ преломления целлюлозы refractive index of cellulose
  ~ приживаемости (*растений*) survival index
  ~ роста (*растений*) growth index
  ~и роста growth data
  ~ сопротивления продавливанию burst factor
  ~ сопротивления раздиранию tear factor
  ~ статистической ошибки residual
  ~и степени полимеризации (*целлюлозы*) polymerization exponent
  ~ суровости пожароопасного сезона seasonal severity index (ssi)
  ~ теплотворной способности calorific value
  ~ увлажнения humidity index
  комплексный ~ пожарной опасности по шкале Нестерова Nesterov's fire danger index
покаты:
  ~ для затаскивания груза skid ramps
покатый pitching
покой (*деревьев, семян*) quiescence, resting
вторичный ~ secondary dormancy
глубокий ~ deep [true] dormancy
неглубокий [поверхностный] ~ shallow dormancy
покоробившийся twisted, warped
покоробленность (*порок пилопродукции*) crook
покоробленный kinked, thrawn
покос:

лесной ~ grass cutting in forest
покосившийся lop-sided
покров 1. (*лесной*) (tree)cover 2. (*снежный*) (snow)covering 3. *бот.* mantle, tegmen
 дерновый ~ grassy turf
 древесный [лесной] ~ canopy [crown, forest] cover
 живой напочвенный ~ field layer, plant community
 мёртвый наземный ~ [опад] dead soil cover
 напочвенный ~ ground vegetation
 почвенный ~ soil mantle
 растительный ~ cover crop
 травяной ~ herbage, turf
покровосдиратель scarifier, stripper
покрывать cover, coat, imbricate
 ~ тонким слоем wash
покрываться:
 ~ корой (*о дереве*) bark
 ~ листьями foliate, frondesce; to come into leaf
 ~ плесенью must
покрытие 1. (*нанесение слоя*) coating, coverage 2. (*слой*) coating, covering 3. (*дорожное*) surface [wearing] course
 ~ головок спичек керосином match head lubrication
 ~ для придания мебели вида «под старину» antiqueing slush
 ~ дороги одеждой dressing
 ~ из пасты paste coating
 ~ на водяной основе waterborne coating
 ~ обратной стороны (*шпона, фанеры, плиты*) back-coating
 ~, отверждаемое под действием ультрафиолетового излучения UV-curable coating
 ~ с акриловым связующим acrylic-bound coating
 ~ с припуском skipped coating
 ~ фонтанным методом fountain blade coating
 ~ [нанесение] щёткой brushing
 битумное ~ black top
 блестящее лаковое ~ rubbing varnish
 верхнее ~ (*лака*) topcoat
 грунтовочное ~ 1. fixative sealer, undercoat(ing) 2. (*матовое*) flat undercoat(ing)
 защитное ~ 1. (*из ветвей для сеянцев*) covering with brush 2. (*отделочного слоя*) finish protective strip coating
 неслипающееся ~ nonblocking coating
 одностороннее ~ большого веса, наносимое шабером single-pass high coat weight blade coating
 плёночное порошковое ~ film powder coating
 разделительное ~ (*пресса или пресс-формы при изготовлении мебели из пластмасс*) release agent
 самозапечатывающее ~ heat seal(ing) coating
 светонепроницаемое ~ light-impermeable coating
 связующее [промежуточное] ~ tie-coat
 снимающееся (*сплошной плёнкой*) защитное ~ strip coating
 термопластическое смоляное ~ (*бумаги*) thermoplastic resinous coating
 тонкое ~ из подкрашенного лака pigment wiping glaze
 щёлочеустойчивое ~ alkali-resistant coating
 эмалированное ~ внутренней поверхности бочки lining
покрытоплодный angiocarpous
покрытосемянный angiospermous
покрытый topped
 ~ волосками bearded
 ~ колючками muricate(d)
 ~ колючками, иглами или шипами spicular, spiculate, spiny
 ~ корой corticate
 ~ кустарником brushy, bushy
 ~ лесом stocked, wooded
 ~ листьями verdant
 ~ травой grassed
 ~ узкими полосками или бороздами striated
 ~ шеллаком shellaced
покрышка [чехол] cover, covering
 бумажная ~ paper packing
пол floor ◊ настилать ~ lay a floor
 ~ балкона deck floor
 ~ из торцевых шашек wood-block floor
 ~ из фанерных плит, приклеенных к несущим опорам plywood glued floor

ПОЛ

~ из шпунтованных досок grooved-and-tongued floor
~, служащий одновременно крышей deck floor
деревянный ~ на половых балках wood floor on joists
дощатый ~ strip(-and-board) [deal, double] floor
мозаичный ~ inlaid floor
паркетный ~ 1. parquet floor; parquetry, wood-block floor 2. (*щитовой*) strip-overlay floor
полушпунтованный ~ rebate floor
фризовый ~ framed floor
по́ле field ◇ в ~ afield
~ сканирования scanning field
опытное ~ testing field
первичное поровое ~ (*первичной оболочки клетки*) primordial pit
ситовидное ~ (*клеток древесины*) sieve field
полеводство field cropping
полевой field
полезной длины actual merchantable
поленница (*дров*) stack, woodpile
полено (chopped) billet; (wood) block; chock, chuck, stub
колотое ~ chopped log; split billet
кругляковое ~ round billet
поленья cord wood
ползун slider, slipper
ползущий (*о растении*) decumbent, gadding
полив irrigation, watering
поливать pour, shower
поливинилхлорид:
неопластифицированный листовой ~ для вакуумформования *меб. фирм.* craytherm
полигон proving [testing] ground
полирование glazing, polish; polishing, superfinishing
~ спиртовой политурой frenching
полировать polish, smooth
полировка buffing, polish
полировщик polisher
полиспаст [block-and-]tackle; tackle [pulley] block
полистирол polystyrene
политура [полировальный состав] polish
полифаг polyphage
полицикличный (*о хозяйстве с несколькими рубками главного пользования за один оборот*) polycyclic
полиэфир (*сложный*) polyester
полка shelf
~ балки flange of a beam
~ гнутого профиля lag, flange
~ для белья linen tray
выдвижная ~ *меб.* sliding tray
нижняя ~ шкафа или буфета pot board
проволочная ~ wire bracket
полкодержатель cleat
полнодревесный (*о стволе дерева*) full-boled; nontapering
полнота:
~ насаждения degree of closeness [of density, of stocking]; closing of crop
относительная ~ (*в % от запаса нормального насаждения*) relative density
точечная ~ (*насаждения*) point density
полнотомер angle gauge
~ Биттерлиха с угловым шаблоном tree volume stick with angle gauge at upper end
~ Пэнэма Panama angle gauge
таксационный ~ prism angle gauge
полноцветный *бот.* double flowered
половина:
~ бревна, распиленного вдоль half-timber
половинник (*лесоматериал*) half beam
половица floor board
половодье flood, high water
полог (*насаждения*) (crown, forest, leaf) canopy; cover, shelter ◇ с неровным ~ом (*о древостое*) irregular
лесной ~ canopy layer
разреженный ~ broken canopy
сомкнутый [густой] ~ close [complete forest; dense leaf; full] canopy
пологий 1. gently sloping 2. (*имеющий уклон*) pitching
пологость declivity, slope
положение:
~ сваленного дерева lay
полоз skid
санный ~ skid [sled] runner
полозки *меб.* slides
~ выдвижной крышки loper
поломка breakage, break-down
полос/а band, strap, strip

~ безопасности (*вырубка для предупреждения распространения лесного пожара*) safety strip
~ деревьев lane, swath
~ на бумаге 1. margin 2. (*результат неравномерного прессования или сушки*) damp streak 3. (*от кусочков массы на линейках*) drag spot
~ отвода (*под дорогу*) right-of-way
~ от пены (*дефект бумаги*) snalling
~ от ровнителя (*дефект бумаги*) dandy worm
~ от шабера (*дефект*) doctor mark
~ сплошь вырубленного леса cut strip
ветрозащитная [полезащитная] ~ wind break belt
водяная ~ на бумажном полотне (*дефект*) water drill
грибные ядровые ~ы (*дефект древесины*) red stripes
заброшенная защитная ~ last line
заградительная противопожарная ~ fire trace
лесная ~ 1. forest strip 2. (*защитная*) protective forest strip; protective [shelter] belt; shelterbelt; windbelt; windbreak
минерализированная ~ fire line
невырубленная ~ (*между лесосеками*) leave strip
оставленная семенная ~ (*леса*) leave strip
продольная ~ картона (*для спичечных коробок*) slit strip
противопожарная [заградительная] ~ fire line
снегозащитная ~ snowbreak(age)
тёмная ~ на бумаге (*дефект*) 1. streak(ing) 2. (*на каландровой бумаге*) calender streak
тонкая ~ шпона для плетения корзин continuous stave
полосатость (*порок*) streak, stripe
полосатый striated
полоск/а stria, strip(e) ◇ в ~y striped
~, срезанная с древесины [стружка] shred
тёмная ~ (*на дубовом пиломатериале*) water streak
уплотняющие ~и sealing strips
полосообразователь:
дисковый ~ border disk

полость *бот.* cave, cavity, sinus, space
~ поры pit cavity
зародышевая ~ (*семян*) embryo cavity
полотно canvas, cloth
~ пилы 1. saw blade; web 2. (*дисковой*) circular saw blade 3. (*для резки толстого материала*) coping saw blade 4. (*затуплённое*) dull saw blade 5. (*фрикционной*) friction blade 6. (*с мелкими зубьями*) fine tooth blade
~ струга [скобеля] adz blade
бульдозерное ~ 1. dozer blade 2. (*зубчатое*) rake blade
бумажное ~ sheet
дверное ~ 1. door leaf 2. (*простое*) plain flush door
дорожное ~ crown, (road)bed
земляное ~ *дор.* foundation, subgrade
режущее ~ blade
полубелёный *цел.-бум.* half-bleached; semibleached
полубочонок (*около 60 л*) kilderkin
полуделянка subplot
полузонтик *бот.* cyme
полуквартал (*леса*) subcompartment
полукустарник 1. subshrub, undershrub 2. *мн.* subdumi
полумасса half-stock; first (half-)stuff
~ из макулатуры waste-paper stock
тряпичная ~ rag pulp; rag stock
полуматовый semigloss, semimat
полуотбелка half-bleaching; semibleaching
полупередвижной [полустационарный] semiportable
полупогруженный 1. semiloaded 2. (*о растении*) emergent
полуподвешенный semisuspended
полуприцеп semitrailer
~ для перевозки техники lowboy semitrailer
полупрозрачный semiopaque
полупроклеенный (*о бумажной массе*) half sized
полупрофессиональный semipro(fessional)
полуфабрикат half-finished product; half-stuff; half-way product; semifinished part
волокнистый ~ pulp
полухлыст log length; long log; longwood

полуцеллюлоза

полуцеллюлоза semichemical [chemico-mechanical] pulp
получение:
~ воздушных отводков (*от стебля*) air layering
~ выпуклого рельефа raised stippling
~ матовой отделки misting
~ потомства принудительным самоопылением (*растений*) native inbreeding
~ производных веществ derivatization
~ складок на бумажном полотне paper web folding
~ точечного рисунка stippling
полуящик *меб.* tray-type drawer
пользование:
временное сельскохозяйственное ~ catch crop
главное ~ (*лесом*) final cutting
ежегодное ~ (*лесом*) annual yield
интегральное [полное] ~ (*лесом*) integral yield
общее ~ древесиной (*от рубок промежуточного и главного пользования*) bulk [gross, total] yield
одноразовое ~ (*о таре, упаковке*) throwaway
периодическое промежуточное ~ (*лесом*) periodic stand depletion
побочное ~ (*лесом*) harvesting of minor forest products
постоянное ~ (*лесом*) sustained yield
поляна park, grassy clearing; grassy glade; opening
померанец [геспериднй] (*тип плода*) hesperidium
поместье:
лесное ~ forest estate
пометка:
~ зарубками (*деревьев в рубку или для оставления на корню*) spotting
помещение:
~ для испытания при постоянной влажности constant humidity testing room
~ для подбора оттенков shade matching room
~ для ручного отлива (*бумаги*) vat house
складское ~ depot, storage, warehouse

помол grinding ◇ мёртвого ~a (*о массе*) dead
жирный ~ *цел.-бум.* slow beating
садкий ~ *цел.-бум.* free beating
помост deck, gangplank, gangway, platform
~ на сваях pile planking
помощник 1. aid; assistant 2. (*вспомогательный рабочий*) helper
~ грузчика second loader
~ землемера chainman
~ лесничего assistant forester; auxiliary guard
~ мастера subforeman
помутнение fogging
~ лаковой плёнки (*дефект отделки древесины*) blooming, blushing
понижение bringing-down; decrease, lowering, reduction
~ качества [старение] aging
поперёк:
~ волокон across-the-grain
~ годичных колец across the grain
поперечина crossbar, crossmember; cross-piece; jib, rail, threshold, tie(-bar), traverse
~ рамы (*пильного станка*) cross bolt
нижняя ~ изгороди gravel board
стыковая ~ joint tie
поперечный (*о разрезе*) across-the-grain
популяция population
пора pinhole, pit, pore, ostiole
~ латекса latex passage
зачаточная ~ primordial pit
зубчатая ~ vestured pit
окаймлённая ~ bordered pit
проростковая ~ germ pore
простая ~ simple pit
сложная [составная] ~ multiple pore
тонкая ~ fine pore
поражать attack
поражение (*о болезни*) attack; damage, lesion
~ грибами (*деревьев, древесины*) fungal attack
поражённый:
~ болезнью affected
~ гнилью rot damaged
~ грибками (*о древесине*) conk
поранение [повреждение] почвы soil cultivation; soil preparation

пористость pore space; porosity, porousness
  ~ древесного угля по воде porosity by water absorption
  ~ почвы в процентах pore-size distribution
  капиллярная ~ capillary porosity
  некапиллярная ~ air [macro, noncapillary] porosity
пористый 1. porous 2. (*о строительном картоне*) opened 3. (*ячеистый*) cellular
поровость (*клеточных оболочек древесины*) pitting
  очередная ~ alternate pitting
  супротивная ~ opposite pitting
порог 1. (*напр. двери*) threshold 2. (*шлюза*) sill 3. (*дефибрера*) dam
  защитный ~ protective threshold
пород/а 1. *горн.* rock 2. (*племя*) breed 3. (*сорт*) race
  ~ы деревьев 1. species 2. (*дающие корневую поросль*) barred timber
  водонепроницаемая глинистая ~ [аргиллит] argillite
  второстепенная ~ accessory [secondary, subsidiary] species
  главная ~ chief [principal] species
  древесная ~ 1. kind of wood 2. (*главная, за которой ведётся уход*) nurse species 3. *мн.* (*запасающие в тканях жиры*) fat trees 4. (*пионер, образующая защитный полог*) pioneer 5. (*с высокой плотностью древесины*) high-density species 6. (*со смолистой древесиной*) fat trees
  заболонная (*древесная*) ~ sapwood
  заглушающие ~ы smothering crops
  климаксовая (*древесная*) ~ climax tree species
  лиственные ~ы (*древесины*) 1. hardwood, 2. (*отсортированные по прочности*) stress-graded hardwoods 3. (*тропические с древесиной небольшой плотности*) light hardwoods
  материнская ~ parent (soil) material
  местная [аборигенная] ~ native species
  светолюбивая (*древесная*) ~ intolerant tree
  сопутствующая (*древесная*) ~ (*примесь к главной породе*) 1. admixed tree 2. *мн.* associated species
  твердолиственная ~ hard-wooded broad-leaved species
  теневыносливая (*древесная*) ~ shade bearer; shade-tolerant species
  хвойные ~ы (*древесины*) conifer; coniferous species
  ценная (*древесная*) ~ 1. fine wood 2. (*поделочная*) valuable timber tree
  широколиственная ~ broad-leaved species
  ядровая (*древесная*) ~ heartwood tree
порозаполнение filling
порозаполнитель (pore) filler; stopping
  ~ длительной сушки overnight filler
  ~ фабричного производства factory-prepared filler
  быстросохнущий ~ fast-[quick-]dry filler
  красящий ~ stain-filler
  нейтральный ~ inert filler
порозиметр (*прибор для определения пористости и гладкости бумаги*) porosimeter
порозность 1. porosity, porousness 2. (*почвы*) void content
  общая ~ total pore
порок (*древесины*) damage, defect, drawback, fault
  скрытый ~ latent defect
поросль growth, sprout(ing)
  ~ ивы willow coppice
  ~ из спящей почки epicormic sprout
  ~ карликового дуба chaparral
  ~ от пня sap [stool] shoot
порох:
  дымный [чёрный] ~ *спич.* black powder
порошкообразный pulverulent
порошок powder
  белильный ~ bleaching powder
  меламиноформальдегидный формовочный ~ *фирм* Melmex
портал (*крана*) gantry
портиться (*о древесине*) rot, taint
поруч/ень breast rail; handrail
  ~ перил cross beam; list
  страховочные ~ни grab handle
порча taint
поры pores, pitting(s)
  ~ в бумаге recess
  групповые ~ cluster pores
  диффузные [рассеянные] ~ diffuse pores

поры

незаполненные [открытые] ~ unfilled pores
ситовидные ~ sieve pitting(s)
сосудисто-лучевые ~ (*между клетками лучей и сосудами*) ray-vessel pitting(s)
порядок:
~ рубки 1. (*последовательность*) succession of cuttings; succession of felling 2. (*серия*) felling series
спиральный ~ расположения листьев spiral phylotaxy
посадк/а (*леса*) planting, planting-out, establishment, treeplanting
~ в борозду trench planting
~ (*сеянцев*) в горшочках pot planting
~ в гребень пласта bed [mound, ridge, side, step] planting
~ в дно борозды furrow [plow, skip-row] planting
~ (*растений*) в лунки dibbling in [hole, peg, pit] planting; holing; pitting
~ в опрокинутую дернину turf planting
~ в площадки биогруппами pitch [spot] planting
~ (*сеянцев*) в пулеобразных трубках bullet planting
~ (*сеянцев*) в тубах [в трубках] sleeve [tube] planting
~ в центр лунки conter-hole planting
~ в шахматном порядке quincuncial [quincunx] planting
~ в щель (*образованную сошняком*) slit [trench] planting
~ единичных растений planting of single plants
~ защитных насаждений protection planting
~ к одной из стенок лунки side-hole planting
~ крупных саженцев sapling planting
~ (*лесных культур*) между рядами порубочных остатков stroll [windrow] planting
~ на пень (*для получения поросли*) pollarding, stool, stump, truncate
~ по горизонталям [контурная ~] contour planting
~ под бур auger planting
~ под кол dibble planting

~ под лопату в площадку notch planting
~ под мотыгу grub-hoe [hammer, mattock] planting
~ (*лесных культур*) под пологом леса planting under shelterwood; underplanting
~ (*полезащитных*) полос belt planting
~ пород, соответствующих местным условиям environmental planting
~ саженцами forest transplanting
~ с защемлением (*корневой системы*) angle [saddle, wedge] planting
~ (*сеянцев*) с корнями, заделанными в ком почвы balled [mound] planting
~ (*сеянцев*) с необнажённой корневой системой container planting
~ (*сеянцев*) с обнажённой корневой системой bare-rooted planting
~ (*лесных культур*) с примесью сопутствующих пород mixed planting
~ черенками planting of cutting
бороздовая ~ furrow [plow, skip-row] planting
гнездовая ~ bunch [clump] planting
групповая ~ (*сеянцев*) block planting
густая ~ thickset
квадратная ~ (*по углам квадрата*) square planting
коридорная ~ corridor [line] planting; planting in lines
линейная [рядовая] ~ line planting; planting in lines
осенняя ~ fall planting
повторная [компенсирующая] ~ compensatory planting
улучшающие ~и (*для увеличения доли участия ценных пород*) enrichment [improvement] planting(s)
уплотнённая [загущённая] ~ inter [thick] planting; interplanting
посаженный (*о растении*) planted
густо ~ thickset
редко ~ thinly stocked
посев planting, drilling, dropping, seeding, sowing; establishment
~ в лунку dibbling in, hole [pot] sowing
~ вразброс (*сплошной*) broadcast seeding

700

~ дражированными семенами pellet seeding
~ на грядках sowing in hills
~ площадками (*о лесе*) spot sowing
~ по дернине sod seeding; intersowing, interseeding
~ под пологом леса underplanting, undersow
~ по пластам sowing in hills
бороздковый [листерный] ~ furrow [plow, skip-row] planting; furrow [lister, up-and-down] sowing; sowing in trenches
выборочный ~ семян (*взамен погибших растений*) sowing in patches
гнездовой ~ hill dropping
гребневой ~ ridge sowing
двухстрочный ~ double-row sowing
загущенный ~ 1. heavy [close] sowing 2. (*рядовой*) solid drilling
ленточный ~ band seeding; belt planting
осенние ~ы fall-sown bed
поздний [осенний] ~ late sowing
пунктирный [поштучный] ~ single-grain sowing
разбросной ~ broadcast sowing; sowing in situ
ранний [весенний] ~ early sowing
ручной ~ sowing by hand
рядовой ~ drill [row] sowing; regular drilling; drill planting
строчный ~ gutter sowing
узкорядный ~ close drilling
узкострочный ~ sowing in narrow strips
улучшающий ~ (*с целью увеличения доли участия ценных пород*) enrichment seeding
уплотнённый ~ [посев по дернине] interseeding
широкорядный ~ row seeding
широкострочный ~ broad drill [wide-space] sowing
поселения:
~ насекомых blight
посёлок (*лесной*) (logging [lumber]) camp
~ при лесовозной дороге 1. (*железной*) camp for railroad 2. (*санной*) camp for snow logging
~ со сборными щитовыми домиками panel camp; prefabricated camp

потенциал

~ с передвижными домиками 1. portable unit camp 2. (*на колёсных прицепах*) wheeled trailer camp 3. (*на полозьях*) skid-mounted camp
временный рабочий ~ construction camp
плавучий ~ floating camp
центральный ~ base (central, headquarter) camp
последовательность sequence, succession
~ рубок cutting [felling] sequence
последовательный 1. successive 2. (*о соединении*) series
последстви/е consequence
~я, вызванные деятельностью человека man-made activities
~ удобрений afterinfluence, afteraction, aftereffect; residual [subsequent] effect
последующий subsequent
посредник (*между производителем и потребителем*) dealer
пост post, station
контрольный ~ motoring site
постав (*пил*) sawing schedule
поставить (*бревно*) на торец to tip up
поставлять 1. (*доставлять*) deliver 2. (*снабжать*) furnish, supply
поставщик supplier
постель 1. bed 2. *дор.* (*балласта*) foundation
постройка building
бревенчатая ~ 1. fascine building 2. (*грубая*) jackpot
потайной countersunk
потёк 1. (*дефект отделки*) run, sag 2. (*порок*) streak
дубильные ~и iron-tannate stain
смоляные ~и streak of resinosis
потемнение:
~ лака greening
~ массы (*в результате загрязнения частицами от стальной гарнитуры*) steeling
~ сердцевины (*деревьев*) от воздействия мороза frostheart
~ шпона 1. blue stain 2. (*связанное с непрерывной тепловой обработкой фанерного сырья*) machine stain
потенциал potential
~ размножения (*насекомых*) reproductive potential

потенциал

биотический ~ (*почвы*) biotic potential
гигроскопический ~ hygroscopic potential
гравитационный ~ (*почвенной влаги*) gravitational potential
каркасный [капиллярно-сорбционный] ~ (*почвенной влаги*) matric potential
обменный ~ exchange potential
окислительно-восстановительный ~ (*почвы*) oxidation-reduction [redox] potential
осмотический ~ (*почвенной влаги*) osmotic potential
рекреационный ~ (*лесных ландшафтов*) recreation potential
суммарный ~ почвенной влаги total potential of soil water
уточнённый известковый [кальциевый] ~ (*почвы*) corrected lime potential
электрокинетический ~ (*почвы*) electrokinetic potential

потер/я 1. loss 2. *мн.* losses, wastage
~ азота [денитрификация] nitrogen decline
~ влаги (*приспособление растений к окружающей среде*) desiccation
~и в сточных водах sewer losses
~ листьев defoliation
~и (*древесины*) на пропил cutting losses
~ окраски [линяние] bleeding
~и от расщепления концов брёвен brooming losses
~и от утопа *спл.* sinkage losses
~ [вынос] питательных веществ depletion of nutrients
~и при пилении kerf losses
~ при рубке (*леса*) felling losses
неизбежные ~и (*элементов питания*) inevitable losses
промежуточные ~и поверхности растительности interception loss, evaporation from vegetation

поток flood, flow, stream, tide
~ (*движение*) массы flow of stock
~ пиролизата pyrolyzate flow
~ с содержанием грунта и порубочных остатков 1. debris flow 2. (*лавинообразный*) debris torch
бурный ~ torrent

земляной ~ earthflow
обратный ~ reflux
производственный ~ workflow
потокообразователь *спл.* flow developer
потолок ceiling
~ печи crown of a furnace
потомство [поколение] breed
потопленный (*о лесе*) sinking
потребитель consumer, user
потребление consumption
~ лесоматериалов wood consumption
~ энергии power consumption
потреблять consume, use
потребность demand, need, requirement
~ в питательных элементах fertilizer requirement
биологическая ~ в кислороде [БПК] biochemical oxygen [chemical oxygen] demand
потускневший misted
потушенный (*о пожаре*) smothered
почв/а earth, ground; soil
~ лесной зоны forest soil
~ с плотным [аккумулятивным] горизонтом pan soil
~ тундрово-арктической зоны tundra soil
азональная ~ immature soil
бесструктурная ~ residual soil
болотистые ~ы bog
болотно-лесная ~ swampy forest soil
бурая (*лесная*) ~ 1. brown earth 2. (*глееватая*) brown earth with gleying 3. (*кислая*) acid brown forest soil 4. (*карбонатная*) calcimorphic brown earth
выпаханная ~ residual soil
гидроморфная ~ (*с оглеёнными минеральными горизонтами*) gleysol
глеевая ~ 1. gley 2. (*серая лесная*) gley forest grey soil
дерново-карбонатная ~ calcareous soil, rendzina
дерново-лесная ~ soddy forest soil
дерново-подзолистая ~ humic [sod] podzol; soddy podzolic soil
заболоченная ~ boggy [swampy] ground; water-logged soil
крупнозернистая ~ coarse-grained soil
латеритная ~ latesol
лесная ~ 1. forest [silvogenic] soil 2. (*темноцветная*) black forest earth

правило

мелкозернистая ~ fine-grained soil
минерализованная ~ exposed mineral soil
минеральная ~ inorganic soil
мраморовидная псевдоглеевая ~ marbled pseudogley
наносная ~ 1. erratic soil 2. (*глинистая*) adobe soil
несвязная ~ noncoherent soil
неустойчивая ~ fragile soil
осушенная ~ reclaimed soil
переувлажнённая ~ water-logged soil
периодически затопляемые ~ы marsh
плодородная ~ fat [fertile] soil
подзолистая ~ 1. podsol, podzol 2. (*грунтово-глеевая*) podzol gley
подзолисто-болотная ~ bog podsol, bog podzol
рыхлая ~ free soil
сильноподзолистая ~ modal podsol, modal podzol
скрытоподзолистая ~ 1. latent podsol, latent podzol 2. (*бурая лесная*) cryptopodzolic brown earth
слаборазвитая [незрелая] ~ immature soil
солонцеватая ~ alkali [alkaline] soil
среднеподзолистая ~ mesopodsol
структурная ~ pattern soil
торфяно-глеевая ~ peaty gley
уплотнённая ~ close-settled [packed, stiffish, tight] soil
устойчивая ~ cohesive soil
хорошо развитая [сформировавшаяся, зрелая] ~ mature soil
почвенный soil
почвоведение edaphology, pedology
лесное ~ forest soil science
почвообразование pedogenesis
почвофреза rotary moldboard plow; tillage machine
почечка gemmule
~ зародыша (*семян*) plumule
починка patchwork
почка 1. bud, gemma, germ 2. *мн.* sprout
боковая ~ lateral bud
верхушечная ~ terminal bud
вышележащая ~ superposed bud
запасная пазушная ~ secondary bud
зародышевая ~ gemma
зимующая ~ winter bud
корневая ~ radical bud
листовая ~ gemma
ложная верхушечная ~ false terminal [pseudoterminal] bud
маленькая ~ gemmule
пазушная ~ auxiliary bud
полная ~ entire bud
придаточная ~ accessory [adventitious] bud
семенная ~ reproductive bud
спящая ~ dormant [latent, suppressed] bud
чешуйчатая ~ scale bud
почкование bud reproduction; budding
почкосложение (*листьев или лепестков в цветочной почке*) aestivation
листовое ~ foliation
пошлина duty
ввозная ~ import duty
вывозная ~ export duty
таможенная ~ custom(s) duty
появление [возникновение] emergence
~ всходов emergence of seedlings
появляться (*о всходах*) come up
пояс belt, zone
~ обшивки strake
~а сетчатые варочного котла 1. cooking screens; digester strainer 2. (*циркуляционные*) circulation screens
горно-лесной ~ mountain forest zone
зелёный [лесной] ~ greenbelt
правил/о 1. law, rule 2. *мн.* regulation(s)
~а автомобильных перевозок [ограничения на дорогах] trucking rules
~а загрузки транспортного средства (*лимитирующие объём груза, его развеску и т.п.*) load limitations
~а обмера scaling rules
~ определения плотности древесины по ширине годичных колец density rule
~а отпуска [рубки] леса cut [yield] regulations
~а рубок главного пользования cutting (-practice) [forest] regulations; cutting (-practice) rules; regulation of felling
~а техники безопасности 1. safety regulations 2. (*в цехах машинной обработки древесины*) woodworking machinery regulations
~ ухода item of care

703

править (*пилу*) set, whet
правка (*выпрямление*) straightening
~ зубьев круглой пилы ranging-down
~ пилы fitting; hammering, reground; stretching, tension
~ сетки regulating of wire
~ сукна regulating of felt
~ шлифовального круга dressing
право:
~ арендатора поместья пользоваться лесом для хозяйственных нужд estovers
~ на владение лесом (*без права на землю*) timber right
~ на получение дохода от части или всего лесовладения другого лица easement
~ пользования дорогой на чужой земле easement
~ пользования лесом forest right; forest easement
~ рубить лес forestage
превращать convert
~ в массу *цел.-бум.* pulp
превращение conversion, metamorphosis
преграждать [отводить, отклонять, изменять направление] baffle
предел limit, range; threshold; tolerance
~ жёсткости при варке *цел.-бум.* cooking range
~ пластичности (*почвы*) plastic limit
~ прочности ultimate strength
~ рассеивания семян (*при посеве*) flight limit
~ сухости (*бумаги*) dry point
~ текучести (*почвы*) liquid limit
~ товарности (*минимальный диаметр в верхнем отрубе*) limit of merchantability
верхний или нижний ~ **1.** (*ступени окружности ствола*) girth [girth-class] limit **2.** (*ступени толщины ствола*) diameter [diameter-class] limit
предзародыш *бот.* proembryo
предклимакс (*стадия развития фитоценоза, предшествующая климаксу*) subclimax
предмет:
~ мебели на определённое количество мест seater
~ обстановки fitment

вспомогательный ~ мебели carrel
дополнительный ~ оборудования интерьера fringe item
предохранение preservation
предохранять preserve
предплужник colter, jointer; (plow) skim colter
дисковый ~ disk jointer
лемешный [отвальный] ~ moldboard jointer
предприятие enterprise; operation; undertaking
~, выпускающее бумажные изделия из готовой бумаги converter
~ круглогодового действия year-round operation
~ осуществляющее **1.** (*вывозку леса по контракту*) contract hauling operation **2.** (*заготовку сортиментов*) short log operation **3.** (*заготовку хлыстов [деревьев]*) tree-length [full tree] operation **4.** (*заготовку и вывозку щепы*) chipping (-and-hauling) operation **5.** (*переработку деревьев в щепу*) whole tree operation
~ по пропитке и консервированию древесины timber preservation plant
~ (*напр. лесоучасток*), работающее на базе канатной установки cable operation
бондарное ~ cooperage
деревообрабатывающее ~ woodworking enterprise
лесозаготовительное ~ [леспромхоз] **1.** harvesting [logging] operation; logging enterprise **2.** (*с обеспечением выхода различных сортиментов*) integrated operation **3.** (*крупное*) large-scale logging operation
лесопромышленное ~ wood enterprise
лесохозяйственное ~ forestry enterprise
предсозревание:
~ алкалицеллюлозы aging
предупредительный (*о пестицидах*) protectant
предупреждение:
~ несчастных случаев accident prevention
~ шума noise control
преобладающий:
численно ~ predominant

прибор

преодолевать:
~ подъём climb
преодоление:
~ подъёма (*автомобилем*) grade climbing
препятствие obstacle, obstruction
~ затрудняющее валку (*напр. подрост*) felling obstacle
препятствовать prevent, obstruct
прерванно-перистый abruptly pinnate
прерывание break, interruption
прерывисто-перистый interruptedly pinnate
преселекция preselection
пресс press
~ для гнутья или формования с помощью вакуумных мешков vacuum bag machine
~ для изготовления ламинатов laminate press
~ для изготовления почвенных горшочков soil-block maker
~ для коры bark press
~ для ламинирования 1. laminator 2. (*щитов*) laminate press
~ для облицовывания 1. laminating machine 2. (*плит бумажной плёнкой*) paper overlay machine 3. (*щитов*) panels' assembly bench
~ для подпрессовки древесной массы pulp press
~ для предварительного прессования prepress
~ для простёжки compression tufter
~ для склейки реечного щита tacker
~ для упаковки в кипы [упаковочный ~, упаковочная машина] baler
~ для формования слоистых пластиков laminate press
вальцовый ~ для фанерования veneering rolls
вытяжной [тянущий] ~ draw press
гибочный ~ bender
гладкий ~ plain peeler roll
горячий ~ [ламинатор] *фирм.* multitier
гофрировочный ~ embossing press
дыхательный ~ для сушки шпона и фанеры breather drier; redrier
киповальный ~ bundling press
клеильный ~ coating press; gluing machine; size [sizing] press
короотжимный ~ bark press
крепировальный ~ shrink press
кромкофанеровальный ~ edge banding press
лощильный ~ glazing press
многовальный ~ multinip press
многоэтажный [многопролётный] ~ multidaylight [multiple opening] press
нижний ~ bottom press
обратный ~ inverse [reverse(d)] press
отжимный ~ squeeze press
отсасывающий ~ suction press
плиточный ~ slab press
сборочный ~ 1. assembly jig; clamping [frame-clamping, cramping] machine 2. (*проходного типа с автоматической подачей*) feed-through assembly clamp
торцеклеильный ~ heading machine
универсальный ~ unipress
упаковочный ~ с прокатным валом *фирм.* Roll-pak baler
фанерный [для производства фанеры] ~ plywood press
штамповочный ~ die cutting press
прессование 1. (*уплотнение*) compaction, compacting, pressing 2. (*металла*) extraction 3. (*в кипы, тюки*) baling 4. (*пластмасс*) moulding
~ с избыточным давлением overpressing
~ с недостаточным давлением underpressing
прессовать press
прессовщик pressman; press operator; couchman
пресспат pulpmachine
пресс-форма converter; mould tool
~ для деталей из пенопласта foam press
~ для получения гнутоклеёных деталей bending press
разъёмная ~ parted pattern
пресспшан pressboard
преципитат calcium hydrogen phosphate; precipitated phosphate
прибавка:
~ урожая yield increase
прибор device, instrument
~ для измерения [измерительный ~] 1. gauge meter 2. (*натяжения несущего каната*) skyline tension meter 3. (*плоскостности щитов и плит*) panel bow indicator 4. (*пожарной опас-*

прибор

ности) danger meter 5. (*степени помола*) *цел.-бум.* beating toster
~ для испытания 1. tester 2. (*бумаги на выщипываемость*) pick tester 3. (*бумаги на излом*) folder, interfolder 4. (*бумаги на продавливание*) *фирм.* Mullen (burst) tester 5. (*бумаги на раздирание*) tearing tester 6. (*дегидратационной способности бумагоделательной машины*) sheet-former dewatering force tester 7. (*картона на надлом*) initial folding tester 8. (*картона на прокол*) board puncture tester 9. (*крепости путём размола волокнистого материала*) beater tester 10. (*на изгиб*) fold testing machine 11. (*на прокол*) puncture strength tester 12. (*на сопротивление продавливанию*) plunger tester 13. (*на усталость*) fatigue tester 14. (*осаждаемости*) sedimentation tester 15. (*проницаемости бумаги*) permeability tester 16. (*сплошного картона на продавливание шариком*) ball puncturing testing device
~ для обнаружения detector
~ для определения 1. (*индекса сжигания*) burning index meter 2. (*липкости*) probe-tack tester 3. (*скорости пожара*) rate-of-spread meter 4. (*содержания влаги в бумаге*) humidometer 5. (*степени проклейки*) size (sizing) tester 6. (*степени размола по Шопперу-Ригеру*) Schopper-Rieger instrument 7. (*цвета образцов*) color difference meter
~ для отгибания кромок beader
~ для подбора цветов color matcher
автоматический ~ для измерения температуры сушильных цилиндров transducer
оконный или дверной ~ furniture
оптический ~, определяющий качество массы после отбелки *фирм.* Opticlor
самопишущий ~, регистрирующий качество формования (*бумаги*) formation recorder
прибор-пеленгатор (*пожара*) firefinder
приведение:
~ в систему organization
прививать [окулировать] graft
~ глазком bud

~ сближением ablactate
прививка *бот.* inoculation, (en) grafting
~ в боковой отщеп [аблактировка] side grafting
~ в корень root grafting
~ в расщеп cleft grafting
~ в расщеплённую конечную почку [в крону] top grafting
~ глазком [окулировка] (bud) grafting, inoculation
~ за кору rind grafting
~ клином wedge grafting
~ мостиком bridge grafting
~ под кору bark grafting
~ сближением [аблактировка] approach grafting; inarching
~ седлом saddle grafting
~ сердцевиной на камбий pith-to-cambium grafting
естественная ~ natural graft
концевая ~ [копулировка] splice grafting
привитый grafted
приводка:
неправильная ~ (*при линовке или печатании обоев*) misregister
привой [привитая часть] graft, section
привязка ‖ привязывать (*на местности*) closure, fit(ation) tie
пригодность 1. (*к эксплуатации*) serviceability 2. (*полезность*) usefulness 3. (*соответствие требованиям*) fitness 4. (*к данному применению*) suitability
~ бумаги для письма written quality
~ для последующего использования workability
~ древесины 1. (*к механической обработке*) machinability of wood 2. (*к сплаву*) driveability
~ к различным типам местности multiterrain capability
пригодный 1. (*полезный*) useful 2. (*соответствующий требованию*) fit 3. (*к данному применению*) suitable
~ для сплава (*о древесине*) driveable
~ к использованию (*о лесоматериалах*) exploitable
пригонка fitting
плотная ~ балок (*у основания крыши*) close couple
приготовление preparation
~ посадочных лунок prepitting

~ суспензии пигмента pigment slurry makedown
придавать:
~ зернистость grain
придание:
~ матовости stipple glazing
~ шаблону шероховатости (*перед склеиванием*) striating
~ шероховатости (*в отделке мебели*) stipple
приём: ◇ в несколько ~ов by series
~ повышения плодородия fertility-improving treatment
~ проведения (*опыта, анализа*) procedure
второй ~ промежуточных рубок second thinning
обсеменительный ~ постепенной рубки regeneration [reproduction] cutting; regeneration [seeding] felling
окончательный ~ постепенной рубки final cutting; final stage of felling
первый ~ рубок промежуточного пользования first thinning
технический ~ technique
приёмник:
~ для массы draining [dumping] pit
~ живицы bag, (gum) cup; pot, receptacle; resin collector
~ измельчённых отходов chip (exhaust) hood
приёмщик inspector
приживаемость (*сеянцев, лесных культур*) capacity for survival; establishment; survival ability; survival rate
средняя ~ сеянцев average survival
приживаться (*о растениях*) to take roots
прижившийся (*о сеянцах*) established
прижим clamp(ing), clip, holdfast
~ валов (roll) loading
~ для досок (при укладке пола) floor dog
коленчатый ~ toggle clamp
ленточный ~ band clamp
пневматический ~ air clamp
пружинный ~ (*валов*) spring loading
регулируемый ~ adjustable clamp
торцевой ~ рамы case end clamp
приземление порубочных остатков lopping
приземление и разбрасывание порубочных остатков lopping-and-scattering
приземлять порубочные остатки lop
призма:
клиновидная таксационная ~ wedge prism
стеклянная клиновидная ~ glass wedge prism
таксационная ~ cruising prism; prism angle gauge
признак character, indication, sign, symptom
наследственный ~ inherited character
отличительный ~ kind
приобретённый ~ acquired character
прикапывать:
~ сеянцы или саженцы trench in
прикатывание compacting, rolling
приклеивание bonding, glueing, lipping
~ массивной кромочной облицовки 1. (*встык*) butt lipping 2. (*на усовочный паз*) miter lipping
одностороннее ~ кромки (*к щиту*) single-edge lipping
приклеивать(ся) stick
приклейка sticking
прикопка (*посадочного материала*) heel-in, heeling, trenching in
прикреплять attach, fasten, fix, hitch
~ гвоздём nail, tack
прилаживать adapt, adjust, fit
~ в закрой rabbet
прилегать abut
прилив и отлив tide
прилипать stick
прилистник scale, leaf, stipule
прилистничек stipel
приманка bait
применение application, use
~ удобрений [ядохимикатов] 1. application, treatment 2. (*авиационное*) aerial treatment
коммерческое [промышленное] ~ commercial application
примерзание freezing-on
примесь 1. additive, admixture, foreign matter; impurity 2. (*цвета*) tincture
~, придающая запах odor body
нежелательные ~и contraries
нерастворимая ~ insoluble impurity
смолистые ~и resinous impurities
примордиальный primordial
примыкание contiguity

примыкание

~ лесосек 1. (*непосредственное*) progressive coupes on contiguous strips 2. (*чересполосное*) coupes on alternate strips
примыкать abut, adjoin
принадлежности:
различные ~ для производства мягкой мебели upholsterer's sundries
принимать:
~ лесосечный фонд check the felling register
приносить:
~ урожай [давать плоды] afford
приостановленный (*о росте*) locked, stagnant
припазовка:
~ в четверть rabbet [rebate] joint
припуск allowance
~ на кору allowance for bark
~ на торцовку allowance for trim; trim(ming) allowance
~ на усушку shrinkage allowance
~ по высоте extra height
~ по длине 1. extra length 2. (*для оторцовки*) allowance for trim; overlength
прирезанный [раскроенный в размер] stock-sized
~ по кромке trimmed
природа 1. nature 2. (*вид*) kind
природный natural
природощадящий (*о машинах, технологиях*) environmentally sound
прирост growth, increase, increment, shout
~ в высоту (*напр. сеянцев*) accretion in height; apical [height] growth
~ видовых высот form-height increment
~ количества деревьев 1. (*в насаждении за счёт естественного возобновления леса*) recruitment 2. (*достигших диаметра рубки за определённый период*) *амер.* ingrowth, recruitment, recruits
~ (лесо)насаждения 1. *амер.* accretion, (stand)growth, increment 2. (*за счёт естественного возобновления леса*) recruitment
~ нормального леса normal increment
~ объёма [запаса] (*насаждения*) volume growth

~ по диаметру (*ствола*) diameter growth; diameter [radial] increment
~ по объёму volume increment
~ по окружности (*ствола*) girth increment
~ по площади сечения (*ствола*) basal area
~ по ценности value increment
видовой ~ form growth; form increment
годичный ~ 1. annual growth; annual height increment; forest crop 2. (*средний*) mean annual increment 3. (*окончательный средний*) final mean annual increment
качественный ~ quality increment
общий ~ 1. gross growth 2. (*включая прирост деревьев, вырубленных при рубках ухода*) total increment
периодический [текущий] ~ periodic (mean) annual increment
световой ~ light increment
таксационный ~ насаждения (*учитывающий только деревья предыдущей инвентаризации*) survior growth
текущий ~ 1. basic wood increment 2. (*годичный*) current annual increment
чистый ~ (*насаждения*) net growth
приросший [прикреплённый к субстрату] adherent, adnate
присадка addition, additive, rate
~ барабана ролла roll setting
присоединять:
~ с помощью серьги clevis
присоска:
вакуумная ~ suction pad
приспособлени/е 1. (*действие*) adaptation 2. (*устройство*) apparatus, attachment, device, mechanism
~ для автоматического включения и выключения automatic trip-and-timing device
~ для взвешивания weighing container, weighing device
~ для выборки слабины каната (*на лебёдке*) slack puller
~ для вытаскивания puller
~ для зарезки шпал tie scorer
~ для измерения сдвига высот параллакса parallax wedge
~ для нанесения парафина на лист картона sheet waxer
~ для насечки truing device

~ для очистки 1. cleaner 2. (*сукон*) whipper
~ для предварительной загрузки автомобиля stanchion
~ для промывки сетки copper wash roll
~ для растягивания и одевания чулка *цел.-бум.* jacket stretcher
~ для точной установки барабана ролла roll-adjusting mechanism
~ для удаления коры (*из короотбирочного барабана*) sweeper
~ к внешней среде background adaptation
~ против схода с рельсов derailing guard
зажимное ~ 1. fixture 2. (*для заточки зубьев*) tool tip jig 3. (*для пилёной дранки*) lath binder
захватывающее ~ grip, pickup
клиновые подъёмные ~я inclines
контрольное световое ~ inspection light
натяжное ~ stretcher, tensioner
подъёмное ~ lifter; lifting attachment
полировальное ~ polisher
приёмное ~ taker
прицепные ~я для канатной трелёвки yarder rigging
разметочное ~ с режущим лезвием cutting gauge
разрезное ~ (*на папмашине*) pulling apart device
светотеневое ~ shadow light
приспособленность fitness
приспособляемость flexibility
пристанище shelter
пристань landing stage, pier, warf
  плавучая ~ dummy
  разгрузочная ~ landing place
пристройка lean-to
притвор (*двери или окна*) rabbet (ledge)
притолока reveal
прифайнер (*препарат для роспуска макулатуры*) prefiner
прицветник bract
прицветниковый bracteal
прицветничек prophyll(um)
  плёнчатый ~ squamella
прицековка:
  ~ рольного барабана grinding-in of roll
прицел:

таксационный ~ cruising [glass wedge, wedge] prism, sighting bar
прицеливание (*в таксации*) exposure
прицеп trailer, trail car
~ для перевозки лесоматериалов в кассетах pallet trailer
~ для перевозки техники lowboy trailer
~ на небольших колёсах с дышлом bogie
~ с наклонными скатами для погрузки и разгрузки trailer with loading skids
арочный трелёвочный ~ logging arch
низкорамный ~ drop-frame trailer
предварительно загружаемый ~ (*в отсутствие тягача*) pre-loading trailer
седельный ~ saddle trailer
сменный ~ setout trailer
щеповозный ~ chip van
прицепка attachment, hooking
~ чокеров choker attachment
прицеплять hitch, hook
прицепной drawn; pull-type
прицеп-роспуск pole trailer, runner
прицеп-самосвал dump-trailer
~ с боковым опрокидыванием trailer tipped sideways
прицеп-трайлер:
  низкий ~ flatbed lowboy
прицеп-фургон van
прицепщик tonger; trailer hand
причал berth, fast, wharf
причина:
  ~ лесного пожара cause of wildfire
пришвартоваться moor
проба test, trial
~ на кислотность и щёлочность acidity-alkalinity [pH-] test
~ на лущение peeling trial
аналитическая ~ subsample
контрольная ~ proof sample
средняя ~ 1. (*древесной массы*) average groundwood pulp sample 2. (*целлюлозы*) average chemical pulp sample
пробег 1. (*ездка*) run 2. (*в километрах*) total kilometres logged
  совершать ~ run
пробивание pinning
пробивать 1. drift 2. (*отверстия*) punch
пробивка punching

пробка

пробк/а cork, gag, plug, suber
~и для крепления обшивки дверных коробок backing
пробкооткрыватель (бочки) bung chisel; bung pink; bung-puller, bung-starter
пробойник drift; nail set, punch(er), swager
~ с зубчатой коронкой jumper
пробоотборник sampler, sampling instrument
провариваемость цел.-бум. pulpability
проварка:
~ чураков log cooking
проверенный (по качеству) certified
проверка check, checking
~ [определение] всхожести (семян) germination test
~ качества (при приёмке лесосечного фонда) quality inspection
~ однородности или гомогенности test of homogeneity
обычная ~ routine check
провес (каната) belly
боковой ~ (каната) bight
провешивание (установка вешек) beaconing
~ визира или линии marking-out a line
~ линий pegging-out
провешивать 1. beacon 2. (линии) stane
~ визир to place in line; to lay out
провисание loop, overhang, sag(ging)
~ бумажного полотна slack of web
провисать deflect
проводимость:
гидравлическая ~ ксилемы hydraulic conductivity of xylem
проводить:
~ борозды enridge
~ подсочку tap
~ санитарные рубки sanitize
проволока wire
~ большого диаметра, входящая в наружный слой пряди каната furrow wire
~ для изготовления пружин 1. bedding spring wire 2. (для мягкой мебели) upholstery wire
~ для сеток netting wire
~ меньшего диаметра, входящая в наружный слой ветви каната ridge wire

~ плоского сечения flattened wire
~, торчащая на поверхности изношенного или повреждённого троса jagger
бортовая ~ border wire
вязальная ~ binding wire
заполняющая ~ (в канатной пряди) filler wire
стальная полированная ~ bright wire
проволочник (личинка щелкуна Elateridae) wireworm
прогалина blank; failed area; glade; grassy clearing; grassy glade
прогиб buckling, hog, sag(ging); whipping
~ каната в середине пролёта deflection
~ нижней стенки выпускной губы напорного ящика apron lip deflection
~ свыше предела текучести меб. creep deflection
прогибать deflect
прогибаться flex, sag
прогноз forecast, prediction
~ пожарной опасности (в лесу) fire hazard forecast
~ прироста growth prediction
прогон 1. sleeper joist; summer beam 2. (моста) stringer
программа program
~ охраны лесов от пожаров fire-control program
~ раскряжёвки bucking program
~ ЭВМ для определения максимального выхода пиломатериалов solve
продажа:
~ брёвен по единой цене за единицу объёма (независимо от сорта) camp run
~ леса 1. (на корню) sale at [on] the stump; standing [stump, stumpage] sale 2. (на месте валки) direct [felled] sale
продевание:
~ пряди каната (при сращивании, заплётке) tucking
продолжительность duration, period, time interval, time span
~ варки cooking cutting
~ жизни (растений) 1. longevity 2. (естественная) natural longevity; natural span of life

производительность

продольный [вдоль волокон] (*о разрезе*) along-the-grain
продубина red stain
продувка blowing, purging
  ~ паром steam sparging
  автоматическая ~ (*сдувочной линии*) automatic blowback
продукт product
  ~ деструкции (*целлюлозы*) degradation product
  ~ перегонки живицы gum naval store
  ~ переработки 1. conversion product 2. *мн.* convertibles
  ~ы пиролиза (*газообразные*) distilling gases
  канифольно-скипидарные ~ы naval stores
  побочный ~ by-product
  промежуточный ~ [полупродукт] intermediate (product)
продуктивность [производительность] (*леса*) capability of forest; fertility; (forest) productivity; yield(ing) power
  актуальная ~ местоположения actual site quality
  биологическая ~ biological productivity; biological efficiency
  вторичная ~ (*насаждений*) secondary production
  общая ~ gross productivity
  первичная ~ primary production
  семенная ~ seed production
  фактическая ~ actual forest productivity; actual yield
  чистая ~ net productivity
продукция produce, product
  ~ распада decomposition product
  ~, рассчитанная на длительный срок службы durables
  акцидентная ~ jobbing work
  бочарная ~ coopering; (white) cooperage
  вторичная ~ secondary production
  главная ~ леса (*древесина*) major forest produce
  лесная ~ forest products; forest produce
  первичная ~ primary production
  побочная ~ леса (*напр. грибы, ягоды*) accessory [minor forest, side] products; minor forest produce
  товарная ~ завода mill run

  чистая [полезная] первичная ~ net primary production
продуцент (*автотрофоный организм*) producer
проект ‖ проектировать 1. (*план*) plan 2. *тех.* design
  ~ посадки лесных культур planting plan
  ~ работ (*намечаемых лесоустройством*) plan of operations; *кан.* operating plan
  ~ транспортного освоения лесных ресурсов (*с учётом многоцелевого использования леса*) resource-and-transportation plan
  комплексный ~ освоения лесных ресурсов (*с учётом многоцелевого использования леса*) multiresource plan
проекция projection
  ~ кроны (*деревьев*) 1. crown canopy 2. (*горизонтальная*) crown plan
проём 1. light 2. (*щель*) aperture
  ~ для сброса брака (*около каландра и наката*) broke hole
  дверной ~ daylight [door] opening
  оконный ~ daylight opening
прожилка 1. vein line 2. *мн.* medullary spot; pith(ray) fleck
  ~и древесины, пропитанные живицей или камедью gum veins
  позолоченная ~ (*отделка древесины*) gold-bronzed vein line
прожилок vein
прозрачность transmittance, transparency
  ~ [светопроницаемость] бумаги paper transparency
прозрачный (*напр. о бумаге*) transparent
производитель 1. (*предприятие*) producer, maker, manufacturer 2. (*древесины*) grower
  ~ древесины timber grower
производительность 1. capacity 2. (*выработка*) production; (rate of) productivity
  ~ варочного котла digester production
  ~ [бонитет] лесного насаждения forest (site) capacity, yield of stand
  ~ насоса pump capacity

производительность

~ на человеко-день productivity [production] per man-day
~ на человеко-час productivity [production] per man-hour
~ по комплексу лесозаготовительных работ stump-to-mill productivity
~ по комплексу лесосечных работ stump-to-roadside productivity
~ раскряжёвочного станка crosscut capacity
~ растений [почвы] yielding capacity; yield(ing) power
~ резания cutting capacity
~ труда labour capacity
максимальная ~ capability
низкая ~ low productivity
номинальная ~ rated capacity
потенциальная ~ леса forest potential
часовая ~ hourly capacity

производить 1. (*изготавливать*) make, manufacture 2. (*осуществлять*) carry-out, conduct, make
~ изыскание survey
~ плантажную вспашку ditch
~ подсочку turpentine
~ сдувку варочного котла relieve digester
~ съёмку survey

производное (*вещество*) derivative

производство production, manufacture
~ бумаги ручного отлива handicraft industry
~ в опытных масштабах [опытное ~] pilot(-scale) production
~ в промышленных масштабах [промышленное ~] commercial [industrial] manufacture; commercial production
~ деревянных изделий wood products manufacture
~ древесноволокнистых плит fiberboard industry
~ древесного угля charcoal manufacture
~ древесностружечных плит hardboard [particle board] industry
~ земляных работ grading
~ кровельного картона saturating felt industry
~ слоистых бумажных материалов laminating
~ фанеры из лиственных пород древесины hardwood plywood industry
~ шпона veneer-sawing industry
бондарное ~ cooperage, coopering
бумажное ~ papermaking
вспомогательное ~ auxiliary process(es)
единичное [штучное] ~ individual [piece-work, single-unit] production
канифольно-экстракционное ~ resin-extraction industry
комплексное ~ wholesale manufacture
крупносерийное ~ large-lot [large-scale] production; long (production) run
лесохимическое ~ wood chemical industry
массовое ~ mass production; production run
мелкосерийное ~ small-lot [small-scale] production; small-scale run
серийное ~ full-scale production

произрастать grow

происхождени/е origin, provenance, source ◇ грибного ~я mycogenous
~ посадочного материала provenance of planting stock
~ почвы genesis of soil
~ растений phytogenesis
~ семян seed origin; seed provenance
вегетативное [порослевое] ~ (*насаждения*) vegetative origin
естественное ~ (*насаждения*) natural origin
искусственное ~ (*насаждения*) artificial origin
семенное ~ (*насаждения*) origin from seed

прокаливать calcinate, incinerate

прокалывание pinning

прокалывать pink

прокамбий procambium

прокладка 1. (*в упаковке*) packing (piece) 2. (*операция укладки*) laying 3. (*проставочная деталь*) inlay, shim, spacer 4. (*уплотнение*) gasket 5. *мн.* dividers 6. (*рейка*) skid 7. *меб.* interliner
~ в штабеле лесоматериалов piling stick; sticker
~ выдвижного ящика drawer liner
~ дверных косяков door linings

проникание

~ из креповой бумаги (*для бочек*) crepe liner
~ из пенопласта foam insulator
~ из предварительно размоченной бумаги macerated paper padding
~ из твёрдолиственной древесины для передачи напряжений от подкоса distributor
~ канав ditching
~ между ножами размалывающей машины filling
~ холодного пресса (*обычно из толстой фанеры*) retaining board
бумажная ~ paper liner
ватная ~ борта (*мягкой мебели*) border felt
вертикальная ~ для груза (*в вагоне*) spacing strip
горизонтальная ~ для груза (*в вагоне*) car strip
деревянная ~ 1. filler block; packing board 2. (*для установки оконных или дверных коробок, закладываемая в кирпичную кладку*) fixing fillet 3. (*подштабельная*) stringer; *мн.* skids
мягкая ~ pad
нижняя ~ *меб.* bottom crosspiece
противошумная ~ (*мягкой мебели*) squeak-proof lining
пружинная ~ *меб.* wire insulator
резиновая ~ rubber sheet
торцовая ~ *меб.* end crosspiece
упаковочная ~ 1. intermediate packaging; packaging pad 2. (*гофрированная*) corrugated packaging pad
уплотняющая ~ space filler
усиливающая ~ *меб.* interference fit
уторная ~ (*изогнутая полоска древесины, закладываемая в уторный паз*) end cleat; head-liner
шпальная ~ tie pad
прокладывать:
~ дорогу to lay out a road
проклеенный [клеёный] sized
~ в массе (*о бумаге*) furnish-sized
проклейка binding, sizing
~ бумаги животным клеем animal tub sizing
~ бумажной массы beater sizing
~ в массе sizing in the stuff; stock sizing
~ на каландре calender sizing

поверхностная ~ vat sizing
прокол puncture
~ шины a "flat"; blow-off
пролёт 1. (*между опорами*) span 2. (*пресса*) daylight
пролив channel
пролыска (*снятие коры полосками*) (de)barking in strips
промежут/ок interval, space
~ки в штабеле досок *проф.* pigeonholes
промежуточный 1. interstage 2. (*о деревьях*) intermediate
промерзание freezing, frost penetration
проминать(ся) dent
промой:
~ волокна (*через сетку бумагоделательной машины*) loss of stock
промыватель:
~ хлорированной массы chlorinated-stock washer
промывать 1. wash 2. (*струёй воды*) flush; to flush out
промывка wash(ing), washout
~ волокнистого полуфабриката 1. (*вытеснением*) displacement washing 2. (*смешением*) mixing washing
горячая диффузионная ~ hi-heat washing
промышленник industrialist
промышленность industry
~ по производству бумажной и картонной тары packaging industry
бумажная ~ paper industry
деревообрабатывающая ~ woodworking industry
добывающая ~ extractive industry
лесная ~ 1. forest (products) [wood] industry 2. *редко* forestry
лесозаготовительная ~ logging industry
лесопильная ~ sawmill(ing) industry
лесохимическая ~ resin industry
мебельная ~ furniture industry
плитная ~ plate [panel] industry
спичечная ~ match industry
сульфитцеллюлозная ~ sulfite pulp industry
целлюлозная ~ pulp industry
целлюлозно-бумажная ~ pulp and paper industry
проникание permeation

проникновение

проникновение 1. penetration 2. (*красителя и т.п.*) bleeding
пронимфа *энт.* pronymph
проницаемость penetrability, permeability
~ бумаги penetrating [penetrative] power; permeability of paper
проножка (*стула*) 1. rung, stretcher 2. (*выполненная в виде крестовины из изогнутых элементов*) saltire stretcher
пропалывать [уничтожать] сорняки weed, to weed out
пропаренный steam-seasoned
пропарка steaming
~ щепы chips-steaming
предварительная ~ presteaming
пропил 1. (*задний рез со стороны дерева, противоположный направлению валки*) cut, backcut, felling cut, main cut 2. (*выполнение реза*) kerf(ing)
~, образованный заходящими один на другой резами overlapping kerf
первый ~, обеспечивающий оптимальный выход пиломатериалов best opening face
пропитанный (*о древесине*) preserved
~ смолой resin-treated
предварительно ~ (*о бумаге*) prepreg
пропитка 1. doping, soak 2. (*древесины*) impregnation (of wood); preservation, saturation, treatment 3. (*при варке*) penetration
~ погружением steeping
~ щепы 1. (*длительная*) pickling 2. (*принудительная*) wood chips pressure impregnation
предварительная ~ 1. preimpregnation 2. цел.-бум. presoaking
пропитываемость 1. (*бумаги*) penetrating [penetrative] power 2. (*картона*) saturation property
пропитывание steep
~ древесины (*креозотом*) creosoting
пропитывать impregnate, saturate, season, taint
~ древесину 1. treat 2. (*по способу Бушери*) boucherize
прополка weeding
~ сорняков 1. extirpation 2. (*в питомнике*) weeding
междурядная ~ hoeing

пропсы [рудничный лесоматериал] pitwood, (pit) props
пропуск:
~ воды через шлюз sluicing
местный ~ клея blister
прорастание emergence of seedlings; germination, sprouting
~ конидиоспор conidial germination
прорастать (*о семенах*) germinate, shoot, sprout, tiller; come up
прорастающий sprouting
проращивание germination, incipient raising; sprouting
предварительное ~ (*семян*) advance germination
прореживание (*деревьев при рубках ухода*) isolation, (tree) thinning
~ без сбыта продукции precommercial thinning
~ со сбытом заготовленной древесины commercial thinning
верховое ~ high thinning
выборочное ~ selection thinning; selection cutting
интенсивное ~ 1. heavy thinning 2. (*низовое*) heavy low thinning
механическое ~ 1. mechanical thinning 2. (*по шаблону*) stick thinning
низовое ~ low [ordinary] thinning
сплошное ~ leavetree thinning
среднее ~ middle thinning
умеренное ~ moderate thinning
прореживатель thinner
прореживать loose, thin
прорезать slot
прорезывание:
~ зубьев гребней (*деревянных*) comb-teeth cutting
прорезь cutout; groove; hole; slot
~ в диске рубильной машины disk pocket
косая ~ oblique cut
проросток germ; germinating seedling; rootlet
проросль:
закрытая пожарная ~ hidden fire scar
тёмная ~ (*в древесине*) inbark
прорубать (*просеку*) clear
прорыв break(-through), burst
~ плотины failure of dam
~ противопожарной полосы или естественного барьера *австрал.* hopover

714

~ реки (*через плотину*) debacle
прорывать break-out; break-through
  ~ противопожарную полосу или естественный барьер *амер.* breakaway
просачивание percolation, seepage; striking-through
  ~ воды в почву infilling of water
  ~ клея (*дефект склейки фанеры*) glue stain
  ~ красителя bleeding, ooze
просачиваться ooze
просвет clearance, gap, light, opening
  ~ бумаги formation, look-through paper
  ~ в лесу fall place
  неровный ~ (*бумаги*) ricing
  облачный ~ (*бумаги*) wild formation
  узкие ~ы оконного или дверного переплёта marginal lights
просвечивание show-through; translucence
просеивание screening
  ~ через сито sieving
просека clearance, breakthrough, cut-through; ride swath; trench
  ~ под несущий канат cableway, rack; ropeway track; yarding corridor
  квартальная ~ ride between compartments; minor ride; compartment line
  основная [главная] ~ main ride
  поперечная ~ cross ride
проскальзывание freeness, slip (page)
  ~ колёс wheel spin
  ~ ленты конвейера slip of a conveyer belt
проскальзывать slip
просмолок gum spot
просмотр (*тряпья*) *цел.-бум.* overlooking
простёжка 1. quilting, tufting 2. (*метод обивки мягкой мебели*) buttoning
  ~ в виде ромбов diamond tufting
  глубокая ~ deep-buttoned
  фигурная ~ (*мягкого настила*) в виде однородных бисквитоподобных фигур biscuit tufting
простенок partition, pier
простираться rear, sprawl, stretch
простой (*перерыв в работе*) downtime, idle time
  ~ техники delay
  организационный [технологический] ~ (*не связанный с неисправностью техники*) nonmechanical [operational] delay
пространство 1. space 2. *тех.* clearance, reach
проступание:
  ~ неровностей (*от реечного заполнения*) на поверхности щита ribbed effect
проступать (*о неровностях*) bleed [show] through
  ~ сквозь поры exude
просушенный:
  ~ в сушильной камере stove-finished
просушивание [просушка] drying
проталлиум prothallium
протандрия (*созревание тычинок раньше формирования пестиков*) protandry
протеин protein
протектор (*шины*) protector, (tire) tread
протерогиния *см.* протогиния
противовес balance weight counter-weight; weight equalizer
противодавление back pressure, back-pressure
протирка padding, wiping
протогиния (*формирование пестиков раньше созревания тычинок*) protogyny
протокол (*напр. испытания*) record
протоксилема (*древесины*) protoxylem(a)
протолигнин [природный лигнин] protolignin
протоплазма [цитоплазма] cytoplasm
прототип prototype
протравка dip, etching, pickling
протравливание 1. (*семян*) chemical seed dressing; seed dressing; (seed) disinfection; (seed) treatment 2. (*материи*) padding
  мокрое ~ семян liquid fixation; seed-soaking treatment
  сухое ~ семян dust treatment
протравливатель (*семян*) (seed) dresser, dressing machine; seed mixer; seed protectant; treater
  влажный ~ liquid seed [wet seed] dresser
  жидкий ~ slurry-type seed mixer
  мокрый ~ семян seed pickler
  сухой ~ dry seed [powder seed] dres-

протравливать

ser; dusting [powder dressing] machine; seed dusting machine; duster
протравливать 1. stain 2. (*семена*) treat
протыкать pink
протяжённость extent
 ~ **корней** root extension
 ~ [**длина**] **кроны** crown length
 ~ (*длина*) **несущего каната** skyline range
проушина eye, eye [gutter] ring; relish
 ~ **топора** ах(е) eye
профилактика preventive maintenance
профилирование 1. (*дороги*) blading, grading 2. (*по копиру*) profiling
профилировать profile
профиль profile
 ~ **для оформления внутреннего угла** inside corner
 ~ **для оформления наружного угла** outside corner
 ~ **зуба** face of tooth
 ~ [**трансекта**] **насаждения** stand profile
 ~ **ножки зуба** flank
 ~ **пути** 1. (*поперечный*) cross-section of a road 2. (*продольный*) vertical alighment of a road
 ~ **растительности** vegetation profile
вогнутый ~ concave profile
выпуклый ~ 1. convex profil 2. (*калёвки в четверть круга*) quadrant
проход canal, passage, port, throat, way
 ~ **между рядами штабелей** gangway
 узкий ~ lane
проходимость (*местности*) passability
 ~ **по слабым грунтам** floatation
проходной transit
прохождение passage
процент percent
 ~ **активной щёлочи** alkali ratio
 ~ **всхожести** (*семян*) germination percent
 ~ **вырубки** (*отношение объёма вырубаемого леса к общему запасу*) exploitation percent
 ~ **выхода древесины** utilization percent
 ~ **лесистости** percent of forested area
 ~ **приживаемости лесных культур** (*созданных посевом*) plant [seedling, tree] percent
 ~ **прироста** 1. rate of growth; increment rate 2. (*по Прессперу*) Pressler's percent 3. (*текущего*) increment percent
 ~ **утопа** (*о древесины*) спл. sinkage factor
относительный ~ **встречаемости** (*видов*) relative frequency
средний годичный ~ **прироста насаждения** (*при финансовой спелости по указательному проценту*) mean annual forest percent
процесс operation, process
 ~ **валки** (*леса*) felling procedures
 ~ **дефибрирования** grinding process
 ~ **оподзоливания** (*почвы*) podzolization
 ~ **отбелки** bleaching process
 ~ **получения волокнистого полуфабриката** pulp-making process
 ~ **производства крафт-целлюлозы** kraft pulp-making process
 ~ **пропитки древесины керосином или каменноугольной смолой** (*для повышения кислотостойкости*) niggerizing
 ~ **размола** beating procedure
 ~ **резания** cutting action
 ~ **сжигания щёлока** liquor cutting
варочный ~ cooking process
замкнутый ~ in-line process
натронный ~ (*варки целлюлозы*) soda process
непрерывный ~ continuous process
обратимый ~ reversible process
одноступенчатый ~ single-stage process
полунепрерывный ~ semibatch process
полусухой ~ *фан.*, *пл.* semidry process
производственный ~ manufacturing process
технологический ~ procedure; technological process
процессор (*машина для обработки поваленных деревьев*) processor
 ~, **работающий на площадке у лесовозной дороги** site-type processor
прочёсывание:
 ~ **древесноволокнистой массы** carding
прочистка 1. cleaning 2. *мн.* (*рубки ухода*) early thinning; liberation
 ~ **в молодняках** isolation

~ леса isolating of forest
прочность durability, fastness, strength
~ гофрированного картона во влажном состоянии corrugated wet strength
~ на изгиб bending strength
~ на истирание abrasion resistance; wet-rub fastness
~ на раздавливание crushing strength
~ на сжатие compressive strength; ring crush resistance
~ на срез по толщине (*пиломатериала*) shear-through-thickness strength
~ на удар impact strength
~ плота raft resistance
~ после перегиба creasing strength
~ склеивания (*слоёв фанеры*) bond quality
исходная ~ волокнистого неразмольного полуфабриката nonbeating test
поверхностная ~ surface strength
усталостная ~ fatigue resistance
прочный solid, sound, tenacious
прошлифовка (*дефект шлифования*) oversanding; rubbing through place
~ кромки ДСП dubbing
пруд pond
окисляющий ~ oxidation pond; stabilization pond
пружин/а spring
~ «змейка» snake webbing
витковая ~ hog ring
зачехлённые ~ы *меб.* wire patterns in burlap
прут bar, rod, stick, wattle
прядь (*каната*) strand
проволочная ~ каната stranded wire
пряжа yarn
~ из двух или нескольких нитей, которые создают необычный рисунок fancy yarn
рельефная [объёмная] ~ raised yarn
пряжка:
ажурная ~ skeleton clasp
прямослойность straight grain
прямослойный straight-grained
прямоствольный straight-boled; straight-stemmed
прямоугольник rectangle
прямоугольность squareness

псевдоглей pseudogley; staunasse gley
псевдомикориза pseudomycorrhiza
псевдомицелий pseudomycelium
псевдоожижение fluidization
психрометр:
~ с двойным сухим термометром dual dry bulb system
психрофильный psychrophile
птеростигма *энт.* stigma
пуансон punch; male former
пуговица:
~ для простёжки *меб.* fastuft
~, крепящаяся без помощи ниток (*имеющая проходящий сквозь обивку стержень, на конец которого навинчивается другая пуговица или головка*) self-covering upholstery button
обтянутая ~ *меб.* tufted button
пузырёк 1. (*сосуд*) vial 2. (*воздушный*) bubble 3. (*дефект бумаги*) bell 4. (*в коре, листьях, бумаге, отделочном покрытии древесины*) blister
пузыреплодный bladded-fruited
пузырчатый blistered
пузырь 1. bubble 2. (*раковина*) shell 3. (*на поверхности фанеры*) bump
пузырьки:
воздушные ~ (*дефект бумаги*) bubble marks
пульт desk
~ управления control desk
пункт 1. point; place 2. (*документа*) item
~ выгрузки delivery point
геодезический ~ station
конечный ~ terminal
малый контрольный ~ (*при аэрофотосъёмке*) minor control point
наблюдательный (*противопожарный*) lookout point; lookout
погрузочный ~ landing; loading point
триангуляционный [геодезический] ~ triangulation point
центральный ~ обработки (*деревьев*) central processing point
пунктир:
точечный ~ stipple
пунсировать (*рисунок*) pounce
пуск start
~ встречного огня clean burn; suppression burning

~ огня перпендикулярно направлению ветра flank fire
~ пала 1. burning-off; burning-out; lighting of fire; firing 2. (*из центра участка*) center firing 3. (*осенний*) late burning 4. (*от границ участка*) edge firing 5. (*полосами*) strip burning; strip firing 6. (*ранневесенний*) early burning
пускать:
~ корни take roots
~ ростки chit
пустота free space; vacuum, void
пустошь barren (land), waste (land); wasteland
вересковая ~ heath, heathland, heather moor
пустырь barren
путанка waste matches
путь passage; path, track; trackage
~ истирания grinding zone
~ отхода вальщика (*от срезаемого дерева*) escape route; path of retreat
боковой ~ branch track
запасный [обгонный] ~ lay-by, siding
объездной ~ loop line
подъездной ~ spur track
складской ~ storage track
сплавной ~ driving [float] road; float route; float way
пуфик *меб.* ottoman
пух lint
прессованный хлопчатобумажный ~ linters felt
пухлость (*бумаги*) bulk
пухлый (*о бумаге*) spongy
пухоотделитель linter
пучок 1. *бот.* fascicle 2. (*гроздь*) cluster 3. *спл.* bundle
~ волокон 1. fiber bundle; flake, shive, strand 2. *мн.* ribbons
~ деревьев bunch
сосудисто-волокнистый ~ (*древесины*) vascular bundle
сплоточный ~ raft bundle
пушистый *бот.* pubescent, tomentous, villous
пуш/ок: ⋄ покрытый ~ком villous
растительный ~ (*зелёных шишек*) vegetable wool
пыж jam, wad(ding)
пыление 1. dusting 2. *бот.* dispersion
~ бумаги fuzzing, linting

пылеочиститель duster
пылеудалитель:
~ для бумаги paper delinter
пыль dust, silt
бумажная ~ fluff, fuzz
древесная ~ wood dust
древесноугольная ~ charcoal dust
шлифовальная ~ sander dust
пыльниконосный antheriferous
пыльца *бот.* anther dust; pollen
смешанная ~ composite pollen
пыльценосный polliniferous
пэн (*щит, поддерживающий концы брёвен при трелёвке*) pan
пяденица *энт.* 1. geometer, looper 2. *мн.* (*Geometridae*) geometers
пята toe
опорная ~ плуга heel
пятипестичный *бот.* pentagynous
пятка heel, runner
~ полевой доски (*плуга*) landside [plow, slip] heel; runner
пятнистость (*порок древесины*) mottle figure; fleck, (block) mottle
смолистая ~ tar spot
пятн/о 1. blemish, fleck, spot, stain 2. (*дефект бумаги*) speck 3. (*дефект отделки*) smear
~ на бумаге с поверхностной проклейкой size stain
~ от нерастворённой частицы красителя dye spot
водяное ~ (*дефект бумаги*) splash spot; watermark
грибные ядровые ~а и полосы 1. dark hearts 2. (*красноватые*) red hearts
камедное ~ gum streak
масляное ~ grease stain
матовое ~ (*на каландрированной бумаге*) dead spot
прозрачные ~а (*на мелованной бумаге*) grease
смоляное ~ gum spot; pitch streak

Р

рабатка (*в озеленении*) ridge
работ/а activity; operation, run; work

рабочий

~ в непрерывном режиме continuous operation
~ в условиях бездорожья off-the-road operation
~, выполняемая с помощью бульдозера bulldozing
~ы, выполняемые на площадке или складе (*отцепка, прицепка, погрузка, разгрузка*) terminal operations
~ на месте on-site work
~ на складе yard service, yard work
~ обслуживающего персонала indirect work
~ по лаку oriental lacker work
~ы, производимые до посадки какой-либо лесной культуры preplanting
берегоукрепительные ~ы bank protection
бригадная ~ teamwork, team work
взрывные ~ы blasting
восстановительные ~ы preliminary [reclamation] work
земляные ~ы digging; earth-moving; excavation
лесозаготовительные ~ы forest harvesting; harvesting [logging] operations
лесосечные ~ы cutting area work
лесоустроительные ~ы fieldwork
маневровая ~ shunting [switching] service
нижнескладские ~ы low-landing [terminal] operations
отделочная ~ finishing work
перевалочные ~ы reloading operations
погрузочно-разгрузочные ~ы (*на складе*) handling [terminal] operations
подготовительная ~ opening
подённая (*с повремённой оплатой*) ~ day(wage) work
полевые ~ы field work
ручная ~ handicraft, hand work
сверхурочная ~ overtime work
сдельная ~ job [piecetask] work
сменная ~ shift work
сплавные ~ы rafting operations
сплоточные ~ы bundling work
столярные ~ы mill work
строительные ~ы civil engineering work
токарные ~ы lathe work; turnery
филёнчатая ~ inlaid work

работать 1. work 2. (*о машине*) run
работающий на площадке (*о механизме*) site-type
работник:
~ лесной охраны ranger; *кан.* warden
рабочий operator, worker, workman
~ в лесу forest worker; timberman
~, выбирающий слабину каната slack puller
~, выполняющий подпил (*при валке дерева*) undercutter
~, занимающийся операцией окунания *цел.-бум.* dipper
~, занятый на расчистке территории от кустарника *и т.п.* brusher
~, занятый сооружением волока busher, skidder, stumper
~, затёсывающий концы брёвен (*перед трелёвкой*) slipper
~ лущильного или токарного станка lathe operator
~ на валке (*обрезке сучьев, раскряжёвке*) cutter
~ на взрывных работах powderman
~ на доочистке деревьев от сучьев bumper
~ на заготовке леса wood cutter
~ на лесном складе wood handler
~ на обдирке коры *проф.* flayer
~ на обрезке вершин (*деревьев*) topper
~ на оснастке трелёвочной мачты [монтажник] rig-up man; rigger
~ на основных работах production man
~ на отводе и упаковке обработанных (*напр. на прессе*) изделий off-bearer
~ на площадке (*в лесу*) 1. deck man 2. chaser; landing chaser
~ на погрузке (*закрепляющий захват*) tong puller
~ на подаче материала (*в станок*) (machine) feeder
~ на подготовке лесоматериалов к чокеровке skinner
~ на подготовке лесосек chunk bucker
~ на подмене [сменщик] replacement man
~ на подрезке 1. trimmer 2. (*веток*

719

рабочий

и вершин у растущих деревьев, с целью улучшения их роста) surgeon
~ на расчистке территории swamper
~ на ручной окорке hand peeler
~ на ручной погрузке wood chunker
~ на складе yardman
~ на сортировке пиломатериалов marker
~ на торцовочной пиле cutoff saw operator
~ на участке склеивания gluer
~ на штабелёвке stacker
~, обслуживающий рубильную машину chipperman
~, обслуживающий тележку лесопильного станка dogger
~, очищающий брёвна scraper
~, подбирающий шпон по текстуре matcher
~, подрубающий дерево и размечающий его для раскряжёвки fitter
~ пресса press operator
~ при серных печах sulfurman
~, работающий на гонторезном станке shingle weaver
~, работающий по контракту contractor
~ со сдельной оплатой (*сдельщик*) piece worker
~, сращивающий канат splicer
~ у лесорамы gang toiler
~ форматного станка panel saw operator
дорожный ~ roadman
основной ~ при машине tender
подсобный ~ 1. helper; shophand 2. (*неквалифицированный*) unskilled worker
постоянный ~ в лесу permanent forest worker
сезонный ~ в лесу part-time [seasonal] forest worker
рабочий-измеритель диаметров деревьев estimator, timber cruiser
рабочий-мерщик (*с мерной лентой*) chainman
рабочий-резчик по дереву woodcutter
рабочий-сажальщик (*растений*) planter
рабочий-станочник operative
равнина even [flat] land; plain
болотистая ~, поросшая высокой травой everglade

песчаная ~, покрытая кустарником barren
равновесие equilibrium
биологическое ~ biological equilibrium
неустойчивое ~ unstable equilibrium
равнокрылые (*Homoptera*) scale
равноперистый *бот.* paripinnated
радиалтриангуляция (*радиальный триангуляционный метод изготовления карт по аэрофотоснимкам*) radial line plotting
разбавитель 1. diluent 2. (*красок, лаков*) thinner
разбавление dilution, reduction, thinning
~ смеси mixture weakening
разбавленный водой water-diluted
разбиватель:
~ комков lump breaker
~ макулатурной массы breaker trap
разбивать beat, break
~ макулатуру в гидроразбивателе hydropulp
~ на делянки divide into lots; parcel out
разбивка (*дороги, пути*) 1. laying 2. *ж.-д.* pegging of a track
разбирать:
~ на листы (*стопу сырой бумаги при ручном черпании*) lift
разбор:
второй ~ (*бумаги*) retree
разборщик:
~ кладок (*прессованной бумаги ручного черпания*) packparter
разбрасывание (*семян или удобрений*) dispersal, dispersion; distribution, dissemination; scattering, spreading
разбрасыватель broadcaster, dispenser, distributor, (broadcast) spreader
~ гранулированных удобрений granular fertilizer distributor
вихревой ~ whirl spreader
разбросанный scattered, sparse
разброс семян dispersal of seed
разбрызгивание spraying, sprinkling
~ массы kickup
разбрызгиватель spit, sprayer, sprinkler
разбрызгивать pulverize, spray, squirt
разбухание bulking, intumescence, swelling
разведение [выращивание] 1. (*микро-*

организмов) incubation 2. (*растений*) propagation
~ декоративных древесных пород arboriculture
~ леса forest culture
родственное ~ [инбридинг] homogamy, inbreeding
развес weighing
развесистый *бот.* effuse
разветвление branching, crotch, crutch, fork, ramification
разветвлённый branchiate, forked, furcate, ramified
разветвляться branch, ramify
развиваться (*о проволоке, пряди*) unstrand
развивающийся:
~ из спящей почки epicormic
развивка (*каната*) ravelling, unravelling
развилка (*ствола*) crutch
развитие development, enlargement, growth
~ свилеватости veined [wavy fibered] growth
вегетативное ~ vegetative growth
однобокое ~ кроны lop development
половое ~ (*растения*) reproductive growth
развод (*зубьев пилы*) blade [saw teeth] set(ting)
разводить [выращивать] 1. (*растения*) propagate, raise 2. (*пилу*) set (the saw teeth)
разводка (*для зубьев пилы*) saw setting pliers; setter; setting stack
разгонка *хим.* distillation
~ чёрной кислоты distillation of black acid
обычная ~ simple distillation
разгружать 1. discharge, off-load, unload 2. (*сваливанием*) dump
разгрузка discharge, handling; off-loading, unloading
~ опрокидыванием назад rear-dump unloading
~ пресс-формы mould unloading
~ через откидное дно bottom dump
разгрузчик unloader
автоматический ~ (*конвейера*) tripper
раздатчик [раздаточный механизм] distributor mechanism
раздваиваться bifurcate

раздвижной (*о мебели*) flexible, pull-out, telescope
раздвоенный forked, bifid, bifurcate, shackle
разделение 1. (*на части*) division 2. (*отделение друг от друга*) partition, partitioning, segregation
~ коры и щепы chip-bark segregation; chip-bark separation
~ на волокна defibration
~ насаждения на выделы или ярусы stratification
противоточное ~ countercurrent partitioning
разделённый divided
разделка 1. shortening 2. (*длинномерных лесоматериалов на брёвна*) crosscutting 3. (*распиловка брёвен*) log conversion
~ [раскряжёвка] лесоматериалов на деловые сортименты merchandising
секторная ~ фанерного кряжа без последующего отпиливания сердцевинной части across-the-heart cutting
раздельный *бот.* partite
разделять divide, part
~ на волокна defiberize
раздирать (*на мелкие части, волокна*) shred
раздробление breaking, crushing
разжигать build [start] up a fire
разжижать dilute, liquefy; break up
разжижение dilution, liquefaction; thinning
разжижитель thinner
разлагаться decompose, rot
разлагающийся decaying
разлив 1. (*половодье*) flood 2. (*распространение жидкости*) spread
разложение [минерализация] древесины deterioration; wood mineralization
~ органических веществ в почве decomposition, mineralization, putrefaction
разложившийся rotten
размалывание grinding, milling
размалыватель:
~ в конической мельнице jordan
размалывать beat; grind, mill; refine
разматывание (*каната из бухты*) paying-out; uncoiling
разматывать 1. (*с бобины, катушки*)

размах

reel out; unreel 2. (*сматывать, травить*) to pay out
размах:
  вариационный ~ range
размачивание maceration
размельчение comminution, reduction
  окончательное ~ final reduction
размер dimension, size
  ~ брёвен [брусьев] 1. (*без допуска на обзол или горбыль*) actual measure 2. (*с допусками на обзол или горбыль*) customary measure
  ~ годичного отпуска леса yield capability
  ~ [объём] груза в упаковке shipping measurement
  ~ пиломатериала после обработки finished size
  ~ после машинной обработки actual measure
  ~ после строгания dressed size
  ~ после сушки (*пиломатериала*) rough-dry-size
  ~ рубки главного пользования лесом final yield
  ~ укладочной единицы паркета laid measure
  ~ фанеры, выходящей из пресса press size
  габаритный ~ overall size
  нестандартный ~ falling size
  поперечный ~ crosscut measurement
  принятые ~ы (*пиломатериалов*) stock sizes
  продольный ~ rip measurement
  точный ~ down size
  увеличенный ~ fall size
  уменьшенный ~ pricked size
  устанавливаемый ~ лесоматериала, пригодный к использованию exploitable size
  фактический ~ actual measure; off(saw) size
  черновой ~ 1. nominal measure; rough nominal size 2. (*с припуском на обработку*) ripping size
размётанный *бот.* effuse
разметить (*пиломатериал*) line
разметка marking-off, marking-out, tracing
  ~ в шахматном порядке chequer
  ~ дорожных уклонов (*на топографической карте*) grade contour
  ~ древостоя (*под подсочку*) marking
  ~ изделия для обработки layout work
  ~ (*пазов*) под фурнитуру jump scoring
  ~ при раскряжёвке laying off marking
разметчик (*при раскряжёвке*) (log) marker
размещение 1. allocation, placement, spacing 2. (*в определённом порядке*) arrangement, disposition
  ~ груза (*в трюме парохода*) stowage
  ~ растений allocation; distance of plants; espacement
  случайное ~ проб random sampling
размножаться (*о растениях*) propagate
размножающийся почкованием gemmate
размножение (*растений*) propagation, reproduction
  ~ ивы черенками wand
  ~ отводками (*растений*) (propagation by) layering
  ~ растений семенами propagation by seed, seedage
  ~ черенками propagation by cuttings; set
  вегетативное ~ asexual propagation
  девственное ~ parthenogenesis
  искусственное ~ (*растений*) отводками artificial layering
  половое ~ (*растений*) syngenesis
размол beating; grinding, milling; refining
  ~ бумажной массы pulp beating stage
  ~ волокнистых полуфабрикатов stock beating
  ~ древесины milling
  ~ на жирную массу wet beating
  ~ полумассы half-stuff beating
  ~ по термомеханическому способу thermo-mechanical defibration
  ~ с минимальным рабочим зазором между ножами bar-to-bar beating
  грубый ~ coarse [rough] grinding
  мокрый ~ wet grinding
  периодический ~ batch beating; batch refining
  предварительный ~ prebeating

район

сильный [продолжительный] ~ hard beating
сухой ~ dry grinding
ударный ~ impact grinding
чрезмерный ~ overbeating
размолёвка *спл.* breaking-down
размочаливание flinging
~ торцов бревна brooming
размочаливать(ся) fray
размыв [размывание] erosion, scoop, wash-out
размывать erode, wash-out
размягчение maceration, softening
разновидность variety
~ почв (*по механическому составу*) soil type
разновозрастный (*о лесе*) all-aged, many-aged; multiple-aged; uneven-aged
разнодомность (*растений*) heteroecy
разнолистный diversifolious
разнопоровый heteroaperturate
разнородность heterogeneousness, heterogeneity
разность:
~ высот rise
разнотипность diversity [variety] of type
разнотычинковый heterandrous
разнохозяйный (*о насекомых-паразитах*) heteroecy, metoecious, metoxenous
разноцветный many-colour(ed), shot
разобщать (*брёвна*) disconnect, separate
разобщитель:
~ брёвен disconnector; log separator
~ деревьев tree separator
~ досок board separator
разравниватель screed board
разрастание enlargement, growth
~ корней root expansion
разрастаться enlarge, grow
разрез cut, gash, incision, snip
~ для инъекции ядохимикатов cup
~ корневой системы (*в почве*) biosect
~ на дереве wound
косой ~ с зубцами hooked [notched] scarf
поперечный ~ (*древесины*) cross-section; crosswise cut; transection; transverse section
почвенный ~ soil pit

радиальный ~ (*древесины*) radial section; radial surface
радиальный ~ сердцевинного луча [поле перекреста] (*оболочек клеток лучей и осевых трахеид*) crossfield, ray crossing
разрезанный в размер out-to-size
разрезка cutting, slitting
~ (*листовых материалов*) на листы специальных размеров custom slitting
~ рулонного картона *спич.* cardboard reel slitting
разрезной gapped
разросшийся (*о растительности*) rank
разрубка:
~ трассы clearing
разрушать break down; crush, destroy
~ почвенные агрегаты disperse
разрушение break-down; destruction
~ дорожного полотна raveling
~ насекомыми insect attack
~ почвенных агрегатов dispersion
~ при продольном изгибе compression failure
разрыв break(age), tear
~ волокон grain lifting
~ гофры бумаги paper flute tear
~ по краю листа (*при продольной резке*) slitter crack
противопожарный ~ 1. fire belt 2. (*постоянный*) fire line
разрыватель [разбиватель]:
~ бумажного брака pulper
~ влажных рулонов reel [roll] shredding machine
~ целлюлозы 1. fluffing [shredding] machine; pulper; pulping engine; shredder 2. (*кипами*) fibrator
разрыватель-эксгаустер fan shredder
разрыхление shredding
~ и разравнивание граблями raking
разрыхлитель fluffer, opener
~ грунта ripper
разрыхлять loose(n), mellow
разряд (*растения*) (size) class, rank
~ высот height class
~ лесоустройства management type
разъединение disconnection, interruption, release
~ звеньев гусеницы breaking
разъезд lay-by; side track, turnout
район area, circle, district, region

район

лесной ~ forest range; forest region
лесохозяйственный ~ working circle
районирование zoning
районный district
рак (*деревьев*) canker; cancerous growth
  ~ древесины gangrene
  многолетний ~ (*деревьев*) perennial canker
  нектриевый ~ (*лиственных пород*) nectria [wood] canker
  чёрный ~ [раковый нарост на дереве] ring gall; tree wart
ракля putty [spreading] knife
раковина blowhole, cavity, hole, pit
раковистый blistered
раковый cancerous
рама frame, horse, rack, upright
  ~ для навешивания сменных рабочих органов toolbar frame
  ~ изделия мягкой мебели upholstery frame
  ~ (*картины*) из четырёх брусков с выступающими наружу концами oxford frame
  ~ [царга] кровати bed post
  ~ сиденья стула или кресла для крепления упругого основания из резиновых лент webbing stretcher
  ~ фильтр-пресса leaf
  ~ ходовой части гусеничного трактора swing frame
  брусующая пильная ~ side log frame
  вертикальная лесопильная ~ vertical log [vertical timber] frame
  вспомогательная ~ subframe
  выдвижная ~ (*стола*) telescope frame
  дверная ~ 1. buck [core] frame 2. (*обвязка*) lining of door frame 3. (*собранная в шпунт или четверть*) rebated door
  декельная ~ 1. former strap 2. (*черпальной формы*) deckle 3. (*форматная*) deckle frame; former strap
  изогнутая [пониженная] ~ drop frame
  коробчатая ~ раздвижного окна с грузом для подъёма переплёта cash frame
  лесопильная ~ 1. deal (saw) frame; (sash [woodworking]) gang; frame (gang) saw; gang mill; sash 2. (горизонтальная) horizontal frame saw 3. (*распиливающая одновременно два бревна*) equilibrium frame 4. (*с боковым поставом*) bow frame saw
  оконная ~ 1. chess, window frame 2. (*двойная*) double glazing unit 3. (*из массивных брусков с переплётами, скользящими в горизонтальном направлении*) yorkshire light 4. (*коробчатая*) cased frame 5. (*неподвижная*) fixed light
  парниковая ~ garden frame
  развальная ~ (*лесопильная*) cleaving saw
  разделительная ~ или решётка (*при погрузке тары в вагон*) spacing frame
  треугольная ~ плотничной работы (*под лестничным маршем*) spandrel frame
рамень (*тип леса на богатых почвах*) ramen
рамка frame
  визирная ~ finder frame
  ножевая ~ knife box
  пильная ~ лесопильной рамы swing frame
  реечная ~ flitch frame
рамщик *проф.* degger
рана:
  заросшая ~ (*на дереве*) scab
ранг (*растения*) rank
ранцевый backpack
раса *ген.* race, strain
раскалываемость (*древесины*) cleavability; cleaving property
раскалывание cleavage, cleaving, riving, splitting
раскалывать chap, cleave, crack, slit, split
раскалывающийся:
  легко ~ cleavable
раскат unwind; unwinding reel
раскатывание:
  ~ свободных концов трелюемых брёвен в стороны fantailing
раскидистый (*о растении*) sprawling
раскидываться (*о растении*) sprawl
раскладка allotment; framed molding; guard [guide, inner] beads
  ~ филёнки 1. planted molding 2. (*выпуклая*) raised molding
  профильная ~ для украшения корпусной мебели cabinet molding
раскладушка *меб.* camp bed

расклеивание:
    ~ картона (*дефект*) unsizing of board
расклинивание wedging
расклинивать wedge apart; wedge out
раскол (*древесины*) cleft, crack, flaw, jag, rip
расколотый cleft
раскорчёвка stubbing, stum(ping), uprooting
раскорчёвывать clear, stump out, uproot
раскос brace, (cross) strut, sprocket
    ~ из доски angle board
    обратный (поперечный) ~ counter brace
раскроенный cut-size
    ~ по определённой схеме cut-to-size
    предварительно ~ precut
раскрой cut
    ~ в размер dimension cut
    ~ картона cutting of board
    ~ пиломатериалов 1. (*по толщине*) deep cutting; thinning 2. (*по ширине*) flat cutting 3. (*поперечный*) trimming
    ступенчатый ~ step repeat cutting
    форматный ~ щитов dividing of large panels
раскрывание (*сухого плода*) dehiscence
раскрываться (*о бутоне*) break
раскрытие opening
    ~ захватов clamp [tong] opening
раскряжёвка bucking, cross-cut(ting), severing, shortening, slashing
    ~ в лесу (*у пня*) in-woods bucking
    ~ с максимальным выходом древесины 1. (*по объёму*) bucking for volume 2. (*по стоимости*) bucking for value
    групповая ~ bundle bucking
    рациональная ~ с обеспечением выхода ценных сортиментов multiproduct utilization
раскряжёвщик [рабочий на раскряжёвке] bucker, crosscutter
    ~, работающий на площадке landing bucker
раскряжёвывать buck, crosscut
распад decomposition
    ~ клеток disintegration of cells
    ~ ткани (*при полумассном размоле*) out-of-the rag
распадаться decompose
распаковка unpack(ing)

~ кип unbaling
распалубить (*снять опалубку*) dismantle [remove, strip] forms
распахивать plough up
распашка ploughing
распил (saw) cut; sawing ◊ тангентального ~а (*о пиломатериале*) plain-sawed
    ~ на заготовки определённого размера resawing
    ~ параллельный направлению волокон side grain
    ~ [пиление] с верхним расположением пилы overcutting
    грубый ~ bastard [rough] cut
    поперечный ~ end grain crosscut; crosswise cut
    продольный ~ length(wise) cut; long grain
    тангентальный ~ (*волокон древесины*) crown cut; bastard [flat, spiral] grain
распиленный:
    ~ на ленточнопильном станке band-sawn
    ~ по касательной к годовым кольцам plain-sawed
    ~ по сбегу taper sawn
    радиально ~ quarter-sawed; rift-sawn
    тангентально ~ bastard [slash] sawn
распиливать buck, convert, saw, slice
    ~ в поперечном направлении crosscut
    ~ на заготовки определённого размера resaw
    ~ (*бревно*) с выделением сердцевинной доски или бруска box the heart
распиловка cutting, sawing
    ~ брёвен на доски breakdown; resawing operation
    поперечная ~ bucking, cross cutting; crosscutting
    продольная ~ (*бревна*) 1. length cutting; ripping; through-and-through sawing 2. (*двуручной пилой*) pit [whip] sawing; whipsawing
    радиальная ~ across-the-heart cutting; radial conversion
    тангентальная ~ flat-cut; flat-grain; flatting; tangential cutting
    черновая ~ slash

расплывчатость

расплывчатость (*водяного знака*) fuzziness
располагать:
~ веером (*листы бумаги при сортировке*) fan
расположение arrangement, disposition, exposure, location, order
~ внутренних слоёв фанеры внахлёстку (*дефект*) overlap, override
~ волокон 1. (*радиальное [веерообразное]*) cone-shaped network 2. (*серпантинное*) serpantine-shaped network
~ [размещение] делянок plot allocation
~ жилок nervation, nervature
~ корней radication, rhizotaxis; root disposition
~ листьев phylotaxy
групповое ~ (*ножей барабана ролла*) cluster setting
механическое ~ пробных площадей (*леса*) mechanical sampling
продольное ~ волокон long grain
разбросанное [дробноблочное] ~ делянок split-block arrangement
расположенный:
~ на листьях epiphyllous
распорка binder, brace, couple, stay, strut
~ для установки неполных рядов тары в ступенчатом порядке (*чтобы нижний ряд упирался в верхний, закрепляя его*) step-up brace
~ оконной рамы peg stay
распределение allocation, distribution, division, spread(ing)
~ деревьев по диаметру diameter distribution
~ массы 1. (*нагрузки*) weight distribution 2. (*древесной по всей поверхности отливной формы*) vatman's shake
~ насаждений по классам возраста age-class distribution; structural classes
~ покровного слоя валом, обогреваемым паром cast coating
~ порубочных остатков distribution of slash
групповое ~ (*видов по ареалу*) hyperdispersion
неравномерное ~ покровного слоя (*на бумаге*) crawling

нормальное ~ 1. (*распределение Гаусса*) normal distribution 2. (*насаждений по классам возраста*) normal series of age; normal age-class distribution
равномерное ~ (*видов по ареалу*) hypodispersion
распределитель [распределительный механизм] distributor (*mechanism*)
~ пиломатериалов tripper
распределять:
~ по рангу rank
распространение (*растений и животных*) dispersal, enlargement, expansion, propagation
~ пожара мелкими очагами jumping [spot(ting)] fire
естественное ~ лесов natural distribution of forests
распространяться propagate
распрыскивать spray, sprinkle
распрямление straightening
~ листов шпона veneer flattening
распускание:
~ листьев foliage expansion; unfolding of leaves
~ почек breaking (of buds); bud bursting
~ цветка 1. expansion, explication 2. (*первого*) proanthesis
распускать:
~ бумажный брак repulp
~ в воде сухие волокнистые полуфабрикаты slush
~ конец каната feaze a rope (end)
распускаться 1. (*о листьях*) come out 2. (*о цветках*) expand, explode
распутывать (*канат, проволоку*) untangle
распыление feathering, pulverization, spraying, sprinkling
~ в электростатическом поле electrostatic spray
~ и отверждение (*на изделии порошкового покрытия*) spray-drying
~ почвы dispersion, dispersal
безвоздушное ~ airless spray
распылитель gun, pulverizer, spray(er), sprinkler
распылять pulverize, spray
~ почву disperse
рассадник seminary

рассеивание (*семян*) dispersal, dispersion, dissemination
рассеивать disperse
расселение (*напр. растений*) dissemination
рассечённый 1. laciniate 2. (*о листе*) divided
~ не до основания *бот.* parted
рассеянный scattered
расслаивание [расслоение] delamination, lamination, scaling
~ волокон fibers separation
~ фанеры ply separation
внутреннее ~ internal delamination
расстояние distance; range; space, spacing
~ вывозки 1. haul distance 2. (*в грузовом направлении*) loaded distance 3. (*в порожнем направлении*) return-trip [unloaded] distance
~ между волокнами slip road distance
~ между наружной поверхностью стоечного бруса двери и поверхностью филёнки двери reveal
~ между погрузочными площадками [верхними складами] landing [stacking] space
~ между семенами в рядке drilling distance; seed spacing
~ между стойками (*лесопильной тележки*) headlock spacing
~ между тяговыми балками катка span
~ подтаскивания лесоматериалов со стороны (*к волоку*) lateral (skidding) distance
~ трелёвки 1. extraction [skidding] distance 2. (*канатной*) yarding distance 3. (*максимальное*) external [skidding, yarding] distance; outreach
расстройство dislocation
рассучивать (*канат*) unlay [untwist] a rope
рассыпать scatter
рассыпаться crumb
растаскиватель:
~ лесоматериалов drag conveyor
раствор liquid, liquor, solution
~ белильной извести lime bleach liquor
~ бумажного клея size solution
~ глинозёма alum liquor

~ для заделки дефектов в деревянных изделиях badigeon
~ для опрыскивания spray
~ перманганата permanganate solution
~ хлорноватистокислого натра (*для отбелки*) soda bleach liquor
антистатический ~ dip
варочный ~ 1. acid [cooking] liquor 2. (*бисульфитный*) bisulfite cooking liquor 3. (*нейтральный сульфитный*) neutral sulfite cooking liquor 4. (*отработанный*) spent pulping liquor
водный ~ уксусной кислоты acetic acid aqueous solution; pyroligneous distillate of wood
маточный ~ mother liquor
основной ~ stock solution
отбеливающий [отбельный] ~ bleach(ing) liquor
питательный ~ nutrient liquid
рабочий ~ working mixture
разбавленный ~ cut-black [dilute] solution
реактивный ~ testing solution
сенсибилизирующий ~ sensitizing solution
слабый клеевой ~ weak glue-size
солевой ~ brine
спиртовой ~ шеллачной смолы french varnish
титрируемый ~ titrate
щелочной ~ alkali liquor; lye solution
щелочной белильный ~ alkaline bleach liquor
растворение:
~ плава smelt lixiviation
растворимост/ь solubility ◇ понижение ~и (*элементов питания*) reversion
растворимый soluble
растворитель solvent, vehicle, thinner
~ для чистки ткани fabric solvent
~ краски coating [paint] vehicle; stain solvent
растворять(ся) (re)solve
растени/е plant
~ редколесья hylodad
~ с изменёнными тканями chim(a)era
~ с мелкими листьями microphyll
~, цепляющееся усиками tendril-climber plant

растение

~, чувствительное к заморозкам frost-sensitive plant
акклиматизированное ~ naturalized plant
бессемядольное ~ acotyledon
бордюрное ~ border plant
водное ~ aquatic plant
голосеменные ~я (*Gymnospermae*) gymnosperms
двудольное ~ dicotyledon
двухлетнее ~ biennial plant
декоративное ~ adornment [ornamental] plant
деревянистое ~ xylophyte
древесное ~ ligneous [woody] plant
засохшее ~ shrunken plant
засухоустойчивое ~ drought-resistant plant
истощённое ~ shrunken plant
карликовое ~ dwarf (plant), runt
компасное ~ compass plant
кормовое ~ fodder
крестоцветное ~ cruciferous plant
криптогамное [споровое] ~ cryptogam
кустарникообразное ~ shrubby plant
лекарственное ~ drug plant; medicinal herb
лесное ~ hylad, hylophyte
луковичное ~ bulbous plant
местное ~ endemic [native] plant
микроскопическое ~ microphyte
многолетнее ~ perennial plant
невыносливое [нестойкое] ~ nonhardy [nonresistant] plant
неразвившееся ~ shrunken plant
одичавшее экзотическое ~ escape
одно (семя)дольное ~ monocotyledon
опытное [подопытное] ~ test plant
пастбищное ~ range plant
пересаженное ~ transplant
покровное [затеняющее] ~ nurse
покрытосемянное ~ metasperm
ползучее ~ creeper
порослевое [вегетативное] ~ stump plant
придавленное [повреждённое] ~ (*подрост*) lodged plant
родительское ~ parent plant
светолюбивое ~ light demander; sun plant
семенное ~ (*голосеменное и покрытосеменное*) seed plant; spermaphyte
сорное ~ weed plant
стелющееся ~ trailer
теневыносливое ~ shade-loving plant
тепличное ~ stove plant
тетраплоидное ~ tetraploid plant
травянистое ~ herbaceous plant, herb
цветущее ~ bloomer, flower, flowering plant
явнобрачное ~ phanerophyte
ядовитое ~ poisonous plant
растение-индикатор (*плодородия почвы*) 1. indicator plant, phytometer, soil indicator 2. *мн.* indicator vegetation
растение-пионер pioneer plant
растение-хозяин host plant
расти 1. grow 2. (*увеличиваться*) increase 3. (*прорастать*) shoot
быстро ~ mushroom
растительность green, growth, vegetation
~ вырубки felled area flora
~ за пределом видимости (*при аэрофотосъёмке*) blind area
дикая ~ natural growth
древесная ~ forest cover; lignosa; tree [woody] vegetation
лесная ~ silva
меловая ~ calciphyte
низкорослая ~ с незначительным участием деревьев woodland
почвозащитная [почвоукрепляющая] ~ soil stabilizing vegetation
пышная [буйная] ~ rank vegetation
сорная ~ weed vegetation
сплетённая ~ tangled vegetation
ярусная ~ layered vegetation
растительный floral, vegetative
растрескивание cracking, crackling
~ древесины checking
~ сухого плода dehiscence
растрескиваться crack
раструб spout
~ рубанка mouth piece
растущий growing
~ на болоте uliginous
~ на древесине epixylous, xylogenous, xylophilous
~ на коре corticole
~ на поверхности 1. (*листа, стебля*) epigenous 2. (*земли*) epigeal 3. (*коры деревьев*) epiphloedal
~ на стебле cauline
~ отдельно solitary
~ пучком bunchy

~ пышно [буйно] exuberant
свободно ~ (*о деревьях*) free-growing
растяжение stretch(ing), tension
  линейное ~ linear stretching
  поперечное ~ сукна felt spreading
растяжка bracing wire; guy(line); guyline
  ~, намотанная на барабан (*или закреплённая за трактором*) live guyline
  ~ стрелы (*экскаватора*) boom (support) guy
  передняя страховочная ~ (*трелёвочной мачты*) snap guy
расформирование плота raft unbinding
расход:
  ~ воды discharge
  ~ щёлочи 1. alkali charge 2. (*на возмещение потерь*) make up alkali consumption
расходомер (*для жидкости*) flowmeter
расходы charges, cost(s)
  накладные ~ overhead cost(s)
  общие эксплуатационные ~ overall operational cost(s)
  ремонтно-эксплуатационные ~ maintenance-and-running cost(s)
  ремонтные ~ repair cost(s)
расхождение segregation
расцветание early bloom
расцветать come out
расценка rate
  сдельная ~ при заготовке леса bushel rate
расчёсывание brushing
  ~ волокон (*в ролле*) brooming
расчёт:
  ~ годичной лесосеки annual final yield calculation
  ~ размера лесопользования regulation of felling; yield calculation; yield determination
расчистка:
  ~ площади от кустарника с помощью утяжелённой цепи (*закреплённой между двумя тракторами*) chaining
  ~ (*территории*) под пашню clearance
  ~ снега cleanup
  ~ территории (*от кустарника*) swamping, weeding
  ~ трассы лесовозной дороги grubbing
  ~ участка под дорогу clearing
расчищать clear
  ~ дорогу бульдозером bulldoze
  ~ территорию от кустарника brush out
расширение expansion
  ~ древесного угля при погружении в жидкость expansion of charcoal on immersion in a liquid
  ~ пропила с помощью клина wedge
расширитель extender
расширяться expand
расщепление 1. cleavage, slit, splitting, riving 2. *ген.* segregation
  ~ торцов брёвен brooming
расщеплённый cleft
расщепляемость degradability
  ~ древесины cleavability
расщеплять shatter, sliver, splint
  ~ комель дерева shatter; butt shatter
расщепляться cleave, rive
расщепляющийся fissile
раттан rattan
рафинат raffinate
рафинатор attrition mill
рафинёр (*groundwood*) refiner
  ~ для отходов сортирования screenings refiner
  вертикальный ~ *фирм.* eureka
  двухдисковый ~ double-disk [double-D] refiner
рафинирование refining
  ~ древесины wood refining
  ~ древесной массы groundwood pulp refining
  ~ отходов сортирования refining of rejected stock
  ~ со свободным выпуском free-discharge refining
  ~ с подачей массы под давлением pulp-through refining
  доводочное ~ post refining
рафинировать refine
  ~ массу *цел.-бум.* clear
реагент:
  отбеливающий ~ [белитель, отбеливатель] bleaching agent
  смачивающий ~ penetrant
  стабилизирующий ~ stabilizer
  ускоряющий ~ fastener
реактивность reactivity
реактор reactor
  ~ для щелочения caustic reactor

реакция 1. reaction **2.** (*отклик на воздействие*) response
  ~ искривления [отклонения] ветвей epinastic response
  ~ на стимуляторы stimulatory response
  ~ обмена exchange reaction
  ~ [кислотность] почвы reaction of soil
  ~ ускорения роста stimulatory response
  ~ устойчивости (*растений*) tolerance reaction
  капельная ~ filter paper test
реборда 1. (*барабана, колеса*) flange **2.** (*блока, шкива*) rim
ребр/о 1. edge, fin, rib **2.** *мн.* ribbing, ribs
  ~а для усиления конструкции structural ribbing
  ~ образца древесины arris of sample
  ~ плиты arris of a slab
  ~а черпальной формы ribs
  гладкое ~ (*напильника*) plain edge
  закруглённое ~ [закруглённая кромка] eased arris
  морозное ~ (*на стволе*) frost rib
ребросклеенный:
  ~ из двух лицевых полос шпона slide matched
ребросклеивание (*шпона*) surfacing-and-jointing
реверсирование reverse, reversal
  ~ подачи feed reversal
реверсия reversion
регенерация reclamation, regeneration
  ~ извести lime reburning
  ~ масел oil reclamation
  ~ тепла 1. heat regeneration **2.** (*отбросного*) waste-heat recovery **3.** (*сдувочных газов*) blow heart recovery
  ~ химикатов отработанного щёлока spent liquor recovery
  горячая ~ hot-acid recovery
  холодная ~ cold-acid recovery
  холодно-горячая ~ сернистого ангидрида sulfurous acid anhydride combined recovery
регенерировать reclaim, recover, regenerate
регистрировать (*с записью*) record
регулирование control; regulating, regulation
  ~ движения 1. (*транспорта*) traffic control **2.** (*сетки*) цел.-бум. regulating of wire **3.** (*сукна*) цел.-бум. regulating of felt
  ~ и контроль объёма рубки area regulation
  ~ концентрации массы regulating of stock consistency
  ~ нормы высева seed rate control
  ~ пастьбы grazing management
  ~ плодородия fertility control
  ~ полноты древостоя (*при проходных рубках*) forest stand density
  ~ промежуточного пользования по площади поперечного сечения деревьев и по приросту basal-area control; basal-area regulation
  ~ работы дефибрера grinder regulation
  ~ ресурсов диких животных wildlife management
  ~ стока runoff control
  автоматическое ~ automatic control; inherent regulation
  количественное ~ массы regulating of stock quantity
  электронное боковое ~ (*бумаги на бумагоделательной машине*) electron side register control
регулировка:
  ~ навесного (*или прицепного*) **устройства** hitching
  ~ напускной щели slice setting
регулярный regular
регулятор 1. regulator **2.** (*скорости*) governor
  ~ давления воздуха sure regulator
  ~ движения сукна felt run governor; felt run regulator
  ~ заглубления depth control
  ~ концентрации (*бумажной*) **массы 1.** stock consistency regulator **2.** (*для установки на напорной линии*) in-line-type consistency regulator
  ~ натяжения сетки wire tension governor; wire tension regulator
  ~ нормы высева feed gate; seed rate control; seeding [sowing] lath; variable drop
  ~ положения сетки wire guide governor; wire running regulator
  автоматический ~ (automatic) controller, monitor

резец

редина open [sparse(ly), understocked] stand; open crop; light [open] forest
редкий 1. (*разбросанный*) sparse 2. (*о древостое*) open 3. (*о посадке культур*) incomplete thin
редколесье open woodland
   колючее ~ thorn forest; thorn(y) woodland
   кустарниковое ~ scrub forest
   саванное ~ savanna forest; savanna woodland
редукция *ген.* reduction
редуцент (*организм, разлагающий органическое вещество*) decomposer
режим condition, regime, runtime, schedule
   ~ варки *цел.-бум.* cooking conditions
   ~ нагрузки under-load operation
   ~ потока flow condition; flow regime
   ~ размола beating schedule
   ~ теплообработки древесины vatting schedule
   ~ холостого хода idling [no-load] conditions
   аварийный ~ emergency operation
   пусковой ~ starting regime; starting procedures
   рабочий [эксплуатационный] ~ operating [working] condition(s)
рез cut, kerf, run
   вертикальный ~ plumb cut
   верхний ~ подпила (*при валке дерева*) top notch [upper] cut
   задний ~ (*при валке дерева*) back [felling] cut
   комлевой ~ butt cut
   косой ~ (*на детали оконной рамы или порога двери*) sill slanting
   наклонный ~ sloping cut
   нижний ~ подпила (*при валке дерева*) bottom notch [lower] cut
   первый ~ (*при продольной распиловке бревен*) face [slab] cut
   поперечный ~ crosscut
резак cutter, hatchet, jigger
резание cutting
   ~ лесоматериалов в пакете [в пачке] bulk cutting
   ~ ножевой фанеры pivot [slicing] action
   ~ (*ножевого шпона*) с движением бруса по половине окружности half-round [stay log] cutting

   ~ торцом пильной шины [в торец] boring
   безходное [бесстружечное] ~ chip-free [chipless] cutting
   ножевое ~ shearing
   продольное ~ slitting
   ударное ~ impact cutting
резать 1. cut 2. (*продольно*) slit
   ~ бумажное полотно на листы sheet
   ~ ножами shear
   ~ по шаблону cut to templates
резены (*не омыляемые спиртовощелочным раствором компоненты канифоли, содержащие в своей молекуле углерод, водород и кислород*) resenes
резерв reserve
   ~ массы (*в напорном ящике*) pond
резерват refuge
резервировать:
   ~ лесную площадь для лесопользования reserve
резервный backup
резервуар reservoir, storage, tank; well
   ~ для клея-расплава hot-melt tank
   ~ для предварительной пропарки (*щепы*) presteaming vessel
   ~ для псевдосжиженного покрытия fluidizing tank
   ~ для разложения сульфатного мыла (*серной кислотой*) acidifier
   ~ для растворителей dissolver
   ~ с мешалкой stirred vessel
   выдувной ~ 1. blow [receiving] tank 2. (*в форме песочных часов*) "hourglass" blow tank
   красочный ~ ink pan
   напорный ~ head [pressure] reservoir
   отстойный ~ settler; settling tank
   питательный ~ feed tank
   приёмный ~ receiver
   расходный ~ surge tank
   уравнительный ~ surge chamber; surge tank
резец cutter, cutting tool; gad(-picker); incisor
   ~ для выборки желобков или галтелей quirk cutter
   ~ для высверливания сучков plug cutter
   ~ для зарезки шипа tennon knife
   ~ для разметки глубины проточки (*деталей*) sizing tool

резец

~ для шипов tenon cutter
~ на шпинделе collet
вставной ~ insert; tool bit
закруглённый [гальтельный] ~ roundnose tool
строгальный ~ planer [planing] tool
токарный ~ 1. lathe [turning] tool; turning chisel 2. (*для обработки хвойной древесины*) broad
фасонный ~ 1. shaped cutter 2. (*фасонного рубанка*) beader knife

резина rubber
губчатая ~ sponge rubber
морозостойкая ~ cold-resistant rubber
ячеистая ~ cellular rubber

резинат resinate
~ кальция calcium resinate
~ цинка 1. zinc resinate 2. (*модифицированный формальдегидом*) zinc resinate of formaldehyde modified rosin

резка cutting
поперечная ~ cross cutting
продольная ~ slitting

резкий (*о ветре*) bleak
резонансный sonorous
резцедержатель tool block, tool-holder
резчик (*по дереву*) (wood)carver, whittler
резьба 1. (*винтовая*) thread 2. (*художественная*) carving
~ в виде орнамента из листьев acanthus carving
~ по дереву woodcutting
ажурная ~ 1. fret work; fretwork 2. (*по копиру*) tracery work
выемчатая [углублённая] ~ incised carving
выпуклая ~, характерная для готического стиля blind tracery
простая ~ с помощью долота или стамески tooling
тонкая декоративная ~ по лаковому покрытию bantam work

рейд:
~ приплава log receiving port
лесосплавный ~ booming ground
переформировочный ~ rebundling ground
сортировочно-сплоточно-формировочный ~ booming and sorting ground
сортировочный ~ sorting basin
формировочный ~ bundling ground

рейк/а 1. edging; fillet rod; spreader; straightedge, strip 2. *мн.* lath, railing
~ в шпунтовом соединении tongue
~и для обрешётки под черепицу shingling [slating, tiling] battens
~ для проверки плоскостности (*доски*) winding sticks
~ для формирования серединки столярного щита core batten
~ плинтуса plinth rail
~и, прибитые с промежутками slatting
визирная ~ sight(ing) rod
деревянная мерная ~ (*используемая при изысканиях в сочетании с нивелиром*) rod
зубчатая ~ rack
мерная ~ measuring bar; measuring pole; scale stick; surveying rod
накладная ~ 1. cover fillet 2. (*донника бочки*) head batten
нащельная ~ cover mold; lipping, splat; weather strip
нивелирная ~ target rod; staff
обрешёточная кровельная ~ counter batten
продольные ~и, к которым прибивается обрешётина шиферной кровли counter battens
сосновые ~и для изготовления рам пружинных матрацев mattress scantlings
средняя ~ (*оконного переплёта*) waist rail
стыковая ~ 1. joint strip 2. (*панельная*) panel strip
тонкая ~ 1. (*для намотки рулона ткани*) lapping board 2. (*для жалюзи*) blind lath
торцевая ~ return
узкая упорная ~, крепящаяся к подоконной доске раздвижного окна draught stop
чистообрезные ~и из древесины хвойных пород определённого размера (*25,4x88,9 мм*) slatings
шпунтованная ~ joggled piece

рейс 1. crack, haul 2. (*напр. трелёвочного трактора, автопоезда*) run, trip, turn 3. (*авиационный*) flight
полный ~ (*туда и обратно*) round trip

рисунок

рейсмус carpenter's [marking, surface] gauge
~ для пазов и гнёзд mortise gauge
простой ~ marking gauge
река:
несудоходная ~ unnavigable river
сплавная ~ floatable [floating] river
судоходная ~ navigable river
реконструкция:
~ насаждений conversion
ректификация rectification
гетероазеотропная ~ heteroazeotropic fractional distillation
периодическая ~ batch rectification
рекуперация 1. *топл.* recuperation 2. *хим.* recovery 3. *эл.* regeneration
~ чёрного щёлока black liquor recovery
реласкоп (*зеркальный*) relascope
рельеф land form; relief, terrain
~ земной поверхности landform
~ местности 1. lay of the ground; lay of land; terrain, topography 2. (*изрезанный*) rough terrain 3. (*умеренно холмистый*) undulating terrain
~ основания base molding
~ средней выпуклости half relief
выпуклый ~ apron molding
расчленённый ~ broken relief
рельефны/й 1. relief 2. (*об орнаменте*) diaglyphic, proud ◇ делать ~м relieve
рельс rail
направляющий ~ check [guide] rail
ремень belt
декельный ~ deckle strap
клиновидный ~ V-belt
конечный ~ (*тряпкорубки*) delivery apron
межкарровый ~ (*при подсочке*) bark [life] bar, interface, interspace
плечевой ~ с подушкой (*для мотоинструмента*) padded shoulder strap
подающий ~ (*тряпкорубки*) feed apron
приводной ~ driving belt
промежуточный ~ (*тряпкорубки*) intermediate apron
ремесленник operative
ремесло handicraft
~, связанное с обработкой древесины woodcraft

~ столяра-краснодеревца *уст.* ebenisterie
столярное ~ joinery
ремонт repair
капитальный ~ overhaul
мелкий ~ minor repair
плановый ~ scheduled repair
предупредительный ~ preventive maintenance
текущий ~ running [routine] repair
ремонтировать reclaim, repair
рендзина *почв.* rendzina
рентабельность profitableness
рентабельный (*по размерам и сортам*) marketable
реостат rheostat
пусковой ~ controller
репеллент insectifuge, repellent
репер bench; bench [datum] mark
реснитчатый (*о крае листа*) ciliate
ресурсы:
лесные ~ forest resources
реторта retort
~ периодического действия batch retort
непрерывно действующая вертикальная ~ continuous vertical retort
рецептура:
~ горячей сушки baking formula
решетина [подрешетина] counter lath
решётка grate, grating, grid; grill(e); trellis
~ барабана gate
~ для нанесения излишков лака grid
~ для отвода отходов (*лущёного шпона*) trash gate
~ для очистки деревьев от сучьев delimbing gate
~ сквозной фермы web
декоративная ~ *меб.* grill(e)
защитная ~ сзади кабины трактора ram guard
оконная ~ (*в кабине транспортного средства*) grill(e)
ржавчина rust
ригель crossbar; collar [straining] beam
~ треугольного сечения arris rail
ризоид rhizoid
ризоидный rhizoid
рилевание [рилёвка] scoring
рисунок (*текстуры древесины*) figure, pattern

рисунок

~ в виде завитушек *меб.* scroll pattern
~ выжженный по дереву poker work
~ крышки щита, закрашенный под цвет пласти stainable pattern
~ насечки (*дефибрерного камня*) burr pattern
~, образованный блестящими сердцевинными лучами silver (grain) figure
~ по дереву poker-work
~ под плитку [под кафель] tile pattern
~ покрышки tread design; tread pattern
~ «птичий глаз» bird's eye figure
~ текстуры 1. (*в виде верёвки*) rope 2. (*в виде узких полосок*) bees-wing mottle 3. (*красного дерева в виде удлинённых капель дождя*) rain mottle 4. (*грушевидной формы*) plum mottle 5. (*образующийся в месте развилки*) plume 6. (*полосатый*) pencil stripe; stripe 7. (*с завитками в виде бараньих рогов*) ram's horn 8. (*с разводами [волнистый ~]*) fiddle mottle 9. (*типа «птичий глаз»*) peacock mottle
веерообразный ~ (*древесины дуба*) fan figure
выпуклый ~ raised figure
декоративный полосатый текстурный ~ древесины радиального распила pencil roe
имеющий ~ текстуры древесины wood-grained
кованый ~ hammered pattern
ноздреватый ~ blister figure
пёстрый ~ feathering
пламеобразный ~ (*древесины берёзы*) flame figure
текстурный ~ 1. figure 2. (*в виде волнистых прерывистых полос*) broken stripe 3. (*в виде завитков*) finger roll 4. (*в виде ломаной линии древесины африканской породы макоре*) broken roe 5. (*крупный*) coarse texture 6. (*мелкий*) fine texture; hard-grained
рифлёный box-grooved; scored
рифлёр riffler
рихтовка 1. leveling; straightening; trueing 2. *стр.* alignment
рицовка *цел.-бум.* scratching

робиния (*Robinia pseudoacacia*) locust
роботехника robotics
ров ditch, trench
ровнитель *цел.-бум.* dandy roll
~ для веленевой бумаги velin dandy roll
~ с водяными знаками 1. watermark dandy roll 2. (*в виде параллельных линий*) laid-dandy roll
веленевый [гладкий] ~ dandy roll for wave paper
ровный plain
ровнять 1. align 2. (*пригонять*) dub
por horn
рогачи (*Lucanidae*) stag beetles
рогожа bast mat
рогоз [чакан] (*для уплотнения соединения клёпок с дном бочки*) flag
род genus, species, kind
родник wellhead
родословная line
розетка:
распростёртая ~ листьев decumbent crown
розжиг firing, lighting(-up)
наружный ~ external firing
ролик 1. roll(er) 2. *меб.* caster (glide); glider caster
~ канатиковой заправки carrier rope wheel
~ конвейера (*направляющий*) conveyer guide
~ с конической поверхностью contour caster
~, скрытый деталью в виде когтистой лапы claw caster
~ с патроном (*в который вставляется ножка изделия мебели*) socket caster
~ холостой ветви ленточного транспортёра return carrier
антивибрационный ~ antichattering roller
ведомый ~ driven roller
ведущий [приводной] ~ drive [live] roller
выравнивающий ~ leveler caster
игольчатый ~ needle roller
линовальный ~ ruling disk
направляющий ~ 1. guide roller 2. (*каната*) fairlead (roller); leading sheave 3. (*отводящий*) angle sheave, angle pulley

натяжной ~ 1. stretching pulley; tension(ing) roller 2. (*для ремня*) belt stretcher
неповорачивающийся ~ nonswivel caster
обрезиненный ~ для нанесения дублированного покрытия rubber-coated backing roller
открытый ~ unhooded caster
плавающий ~ 1. imbedded roller 2. *спич.* dancing roller
подающий ~ feed roller
приёмные ~и outfeed roll(er)s
прижимной ~ 1. pressure [pinch] roller 2. *цел.-бум.* dipping [dancing] roll
пружинный ~ spring-loaded roller
рифлёный ~ 1. hedgehog; ribbed roll 2. (*подающий*) fluted feed roller 3. (*приводной*) ribbed live roll
скошенные ~и toed-in rollers
упорный ~ tappet roller
фальцующий ~ *спич.* creasing roller
ходовой ~ runner
холостой ~ idler roller
ролик-эксцентрик orbit caster
ролл *цел.-бум.* beater, hollander
 ~ для размола сухого брака broke beater
 ~ с несколькими планками multiple-bedplate beater
башенный ~ tower beater
вальцовый ~ roller beater
дисковый ~ vortex beater
массный ~ paper-pulp beater
мешальный [отбельный, промывной] ~ poacher
многобарабанный ~ multiroll beater
отбельный ~ 1. bleacher 2. (*с лопастным барабаном*) paddle drum bleacher
открытый ~ open-tub beater
полумассный ~ (rag) breaker; half-stuff beater; pulp roll
промывной ~ для тряпья rag washer
разбивной ~ breaker beater
растворительный ~ slushing beater
рольганг roller conveyer; roller table; runway
 желобчатый ~ grooved roller table
 загрузочный ~ charging roller table
 направляющий ~ на выходе outfeed press roll
 неприводной ~ dead roller table

отводящий ~ run-out [outlet] table
пакетирующий ~ gathering [piling] table
передаточный ~ transfer table
подводящий ~ approach table
приводной ~ liveroller table
сборочный ~ assembly table
сбрасывающий ~ kick-off table
рольщик:
 ~ промывных роллов washerman
ронять (*листья*) shed
роса:
 ложная мучнистая ~ (*грибное заболевание листьев*) mildew
 настоящая мучнистая ~ (*возбудители грибы Erysiphales*) powdery mildew
роспись painting
 ~ стен wall-painting(s)
роспуск (*прицеп*) pole trailer
 ~ бумажного брака repulping
 ~ волокнистых полуфабрикатов defibering, defibration
 ~ пиломатериалов deep cutting
 ~ плота breaking-down
 ~ пучка *спич.* unbundling
рост (*увеличение растений*) enlargement, growth, increase
 ~ корня в длину root elongation
 ~, не ограничиваемый развитием верхушечной почки indeterminate growth
 ~ плесени [образование грибкового повреждения] (*на древесине*) mold growth
 ~ побега в длину shoot elongation
вегетативный ~ vegetative growth
замедляющий ~ growth-inhibiting, growth-retarding
интенсивный ~ healthy growth
линейный ~ linear growth
обильный [пышный] ~ heavy growth
ограничиваемый ~ determinate growth
патологический [ненормальный] ~ abnormal growth
равномерный ~ isogonic growth
регулирующий ~ growth-regulating
скачкообразный [прерывистый] ~ intermittent growth
слабый ~ flat-headed [poor] growth
угнетённый ~ stunted growth
ускоряющий ~ growth-promoting
чрезмерный [быстрый] ~ overgrowth

росток

росток *бот.* blastemor, chit, plantlet, shoot, spire, sprout, tiller
ротанг [раттан] rattan
ротапальпер (*аппарат для роспуска массы*) rotapulper
ротоплёнка multicopying [stencil] paper; rotofilm
ротор rotor
~ конической мельницы core, plug
роща bosket, grove, holt
дубовая ~ oak grove
сосновая ~ pinery
рощица shaw, spinney
рубанок (bench) plane
~ для широких пазов badger
~ с железком в носовой части bull-nose
~ с круглым наконечником croze(r)
~ с устройством для установки восьми разных железок (*для выборки пазов*) plow, plough
выкружной ~ cornice
двойной ~ (*с двойным железком*) double-iron plane
двусторонний ~ double-end block plane
желобковый ~ capping plane
калёвочный ~ [фальцгебель] fillister
одинарный ~ irone plane
ручной ~ block plane
столярный ~ door plane
угловой ~ angle plane
фасонный ~ bead [molding] plane
шипорезный ~ для выборки пазов «ласточкин хвост» dovetail plane
рубашка jacket
~ отсасывающего гауч-вала suction couch shell
рубероид asphalt board; (prepared) roofing paper
рубец scar
листовой ~ leaf scar
побеговый ~ twig scar
пожарный ~ на поверхности бревна turpentine face
рубить 1. (*лес, деревья*) cut, fell 2. (*дрова*) chop 3. (*на щепу*) chip
рубк/а 1. (*леса*) cutting, felling 2. (*дров*) chopping 3. (*на щепу*) chipping
~ в низкоствольном хозяйстве с коротким оборотом ротации short-rotation coppice

~ во время сокодвижения felling in the growing season
~ в порослевом хозяйстве 1. coppice 2. (*с оставлением части защитных деревьев и с ориентацией на поросль от пня*) shelterwood coppice
~и главного пользования final felling (operations); final [major] harvest; main [principal] felling
~ деревьев 1. (*оставленных после главной рубки*) relogging 2. (*повреждённых*) salvage cutting 3. (*против направления ветра*) mangling 4. (*сухостойных и повреждённых*) salvage felling; salvage thinning
~ для подготовки лесосек (*уборка сухостойных зависших деревьев и т.п.*) prelogging
~ до определённого диаметра felling to a diameter limit
~ за пределами отведённой лесосеки extracutting
~ осветления [осветление] cleaning; liberation [release, removal] cutting; liberation [secondary] felling
~ от допустимого диаметра деревьев diameter-limit cutting
~ от допустимой длины окружности ствола girth-limit cutting
~и промежуточного пользования 1. intermediate cutting; (tree) thinning 2. (*интенсивные*) strong thinning
~и простора (*разновидность проходных рубок*) *уст.* free thinning
~ семенных полос или деревьев final cutting
~и с ограничением в защитных лесах cutting restriction in protective forests
~и с оставлением поваленных деревьев на лесосеке felling with delayed shedding; sour felling
~и с оставлением подроста или семенников progressive [reserve] cutting
~ с порослевым возобновлением coppice cutting
~и ухода 1. cleaning [improvement, intermediate, tending] cutting; intermediate felling; environmental harvesting; (tree) thinning ◊ осуществлять ~ 1. thin 2. (*в молодняках*) young growth tending 3. (*в тропических лесах*) re-

fining 4. (*интенсивные*) heavy thinning 5. (*ландшафтные*) landscape tending 6. (*ленточные [полосные]*) strip thinning 7. (*механизированные*) mechanical thinning 8. (*немеханизированные*) manual thinning 9. (*непромышленные [некоммерческие]*) noncommercial thinning 10. (*низкоинтенсивные*) light thinning 11. (*окончательные*) final cutting 12. (*предпромышленные*) precommercial thinning 13. (*промышленные [коммерческие]*) commercial thinning; *новозел.* extraction thinning 14. (*ранние*) early thinning 15. (*со сплошной рубкой на волоках и выборочной между ними*) strip-with-selection thinning 16. (*узколесосечные*) strip thinning

беспорядочная ~ (*леса*) *для* (*нужд*) *сельского хозяйства* indiscriminate agricultural clearance

выборочные ~и 1. select [selection, selective] cutting; selection [selective] felling; selection system; thinning (operations) 2. (*деревьев наиболее ценных пород*) creaming 3. (*интенсивные [проходные], проводимые перед окончательным приёмом постепенных рубок с целью стимулирования роста оставшихся деревьев*) increment felling 4. (*низкоинтенсивные*) light partial cut 5. (*рентабельные*) economic selection cutting

главные ~и final [main, principal] felling (operations)

группово-выборочные ~и select group [group (selection)] cutting; group selection [group shelterwood] felling; felling by groups

добровольно-выборочная ~ selection felling

каёмчатая [ступенчатая] ~ border cutting, staggering

котловинные ~и gap cutting; gap felling

кулисные ~и (alternate-)strip felling

лесовосстановительные ~и 1. regeneration [reproduction] cutting; regeneration [renewal, seeding] felling 2. (*одноприёмные*) malayan uniform system

незаконная [безбилетная] ~ illegal felling

несплошные ~и partial cutting; partial cut

окончательные ~и final clearing (cut)

очистительные ~и secondary felling

подготовительные ~и preparatory felling

подневольно-выборочные ~и obligatory selection felling; selective cutting; selective logging

постепенные ~и 1. gradual felling 2. (*двухприёмные*) two-stage cutting; two-stage felling 3. (*равномерные*) shelterwood

приисковая ~ (*выборочная рубка деревьев наиболее ценных пород*) 1. high grading 2. (*от диаметра, по породам*) selective cutting

промежуточные ~и 1. thinning (operations); intermediate felling 2. (*средней интенсивности*) middle thinning 3. (*умеренной интенсивности*) moderate thinning

промышленно-выборочные ~и selective cutting

промышленные ~и industrial harvesting

проходные ~и accretion [severance] cutting; thinning; advance [increment, late, tree] thinning

санитарные ~и environmental harvesting; prelogging; sanitation (salvage) cutting; sanitary felling

семенолесосечные ~и 1. seed (tree) [shelterwood] cutting 2. (*выборочные*) shelterwood thinning

сплошные [сплошно-лесосечные] ~и 1. clear [final] cutting; clear [final] felling; final harvest(ing); final thinning 2. (*полосные*) strip cutting; strip felling; stripping

узколесосечные ~и stripped-coupe felling

условно-сплошные [котловинные] ~и patch logging

шахматная ~ felling in chequer arrangement

рубцеватый scarred

рубщик [рабочий, обслуживающий рубильную установку] chipperman

рудстойка [рудничная стойка] pit wood

рудяк (*слой новообразований в почве*) ortstein

рукав (*реки*) arm, channel

рукав

слепой ~ dead channel
руководитель работ в лесу side boss
рукоятка haft, handgrip, handle, handlebar, helve, hilt, gripe, staff, tiller
~ инструмента tool handle
~ лопаты 1. spade handle 2. (*раздвоенная*) split spade handle
~ поворотного механизма turning handle
~ управления control handle
антивибрационная ~ antivibration handle
дугообразная ~ (*пилы*) arched handle
рукоять arm
~ стрелы (*манипулятора, экскаватора*) dipper stick; dipperstick
рулетка (*мерная*) rule; measuring reel; tape measure
рулон roll
~ бумаги [бумажный ~] 1. (paper) drum, reel, (paper) roll; paper web 2. (*готовый для каландрирования или резки*) batch roll 3. (*забракованный*) counter roll 4. (*машинной намотки*) Jumbo roll 5. (*неполный*) stub roll 6. (*нестандартной ширины*) siterun 7. (*после бумагоделательной машины*) mill roll 8. (*смятый*) flat roll 9. (*с телескопическим смещением слоёв*) telescoped roll 10. (*упаковочной*) wrapper roll
~ машинной намотки, направляемый на перемотку и резку parent roll
~ обивочного или настилочного материала bolt
деформированный ~ crushed roll
наматываемый ~ delivery reel
небольшой ~ (*обёрточной бумаги*) counter reel
разматываемый ~ entering reel; unwinding roll
слабо намотанный ~ loosely wound roll
рулонодержатель *спич.* reel feed unit; roll lifting device
русло (*реки*) (river) bed; course; stream channel
старое ~ (*реки*) wash
ручей (*пригодный для лесосплава*) creek
ручка arm; (hand) grip; handle
~ в виде кольца bail handle

~ двери door handle; lever; (*круглая*) door knob
висячая ~ [ручка-скоба] *меб.* 1. drop [loop] handle 2. (*грушевидная*) pear-drop handle
складывающаяся ~ trick handle
точёная ~ turned handle; turned knob
ручной manual
рушить 1. (*ломать*) wreck 2. (*здание*) pull [tear] down
рывок dash, jerk; jump; kick, yank
рыльце (*пестика*) *бот.* stigma
рым eye, ring
буксирный ~ towing eye
рыть trench
рыхление (*почвы*) loosening, mellowing; pulverization, ripping
подпочвенное ~ subsoiling
рыхлитель (*почвы*) backhoe, loosener, ripper, ripping
многозубый ~ multishank ripper
рыхлить (*почву*) crumb; loosen, pulverize; rip
рыхлость (*дефект древесины*) quagginess
рыхлый crumby
рычаг arm, bar, lever
~ для выемки костылей (*при замене шпал*) puller
~ для поворота ворота handspike
~ для подъёма брёвен timber jack
~ опрокидывателя брёвен punch bar
~ поворота (*оборотного плуга*) trip-over lever
~ регулятора высева seed rate lever
бондарный ~ head-puller; head raiser
валочный ~ felling lever
вильчатый ~ wishbone
вылегчивающий ~ (*ролла*) lighter bar
зажимный ~ коника jaw, tine
изогнутый ~ knee
коленчатый ~ toggle
сбрасывающий ~ kickout
рюш *меб.* ruche
~ одного цвета с обивкой berry ruche
рябина обыкновенная (*Sorbus aucuparia*) rowan tree
ряд line; range; row; set, tier
~ видовых высот form-height line
~ деревьев lane, series, swath
~ лесных культур planting line

~ оборудования line
~ окон, которые одновременно закрываются или открываются с помощью специального приспособления continuous light
~ тары 1. (*нижний ~ в вагоне*) layer 2. (*параллельный полу вагона*) stratum 3. (*установленной в шахматном порядке*) staggered row
~ фитоценозов sere
первый ~ брёвен (*укладываемый на коники тягача и прицепа*) bunk load; bunk tier
экологический ~ (*расположения растений или их сообществ*) ecological series
ряж 1. crib 2. (*ряжевый переплёт*) crib-work

С

саблевиднолистный acinacifolious
саванна savanna
  мангрово-папоротниковая ~ fern tall tree savanna
сад:
  ~ с подстриженными деревьями topiary
садкий (*о массе*) fast
садкость (*массы*) drainage rate
  ~ бумажной массы stock freeness
сажа soot
  ламповая ~ lampblack
  печная ~ furnace black
сажалка plant setter; planter; planting machine
сажальщик (*лесных культур*) digger
сажать (*растения*) plant, set
  ~ трактор на пень clip
сажен/ец 1. nurseling, plantlet, seedling, transplant 2. *мн.* foundation stock
  здоровый ~ sturdy transplant
  лесные ~цы с обнажённой корневой системой bare-rooted transplant stock
  подпологовые ~цы underplants
салазки sled
  ~ пильного станка drag
  ~ суппорта carriage saddle

парные ~ под задние концы брёвен bobsled, bobsleigh
салфетка:
  прессовая ~ filter cloth
самовозгорание [самовоспламенение] self-ignition; spontaneous combustion
самовосстановление self-recovery
самозагружающийся self-loading
самозарождение [автогенез] autogenesis
самозатачивание self-sharpening
самоизреживание леса autothinning; natural thinning
самокладчик *цел.-бум.* automatic feeder
самооплодотворение [автогамия] autogamy
самоопыление inbreeding, self-fertilization, self-pollination
самоопыляющийся [автогамный] autogamous, autophillous
самоосушение self-drainage
самоочистка self-cleaning
самоочищение от сучьев self-pruning; natural pruning; autolopping
самопогрузка [самозагрузка] self-loading
самоприклеивающийся self-adhesive; self-bonding
саморазгружающийся self-contained; self-unloading
саморазложение 1. spontaneous decomposition 2. [автолиз] autolysis
саморазмножение (*растений отводками*) natural layering
саморазогрев self-heating
  первоначальный ~ (*щепы в кучах*) initial heat release
самораспространение self-propagation
  ~ семян natural [spontaneous] seeding; self-seeding
саморегулирующий(ся) self-aligning; self-regulating
саморезка *цел.-бум.* cutter; sheet (square) cutter; sheeter
  ~ с листоукладчиком cutter-slitter-folder-stacker
  косоугольная ~ angle cutting machine
  листовая ~ web-sheeting cutting
  продольная ~ *цел.-бум.* ripper; ripping machine
самосвал dumper; dump-truck; hopper; tipping car

самосев

самосев natural regeneration, natural [spontaneous] seeding; self-seeding; self-sown crop; subsequent reproduction
самотаска drag conveyer
самоточка (*устройство*) self-grinding machine
самоукладчик layboy; sheet collector
самоходный self-propelled
самшит (*Buxus*) box
~ вечнозелёный (*Buxus sempervirens*) box tree
сандарак pounce
сани (*лесовозные*) sled, sledge, sleigh, slipper
~ для перевозки трелёвочного такелажа chute boat
двухполозные ~ для трелёвки брёвен в погруженном положении scoot
одиночные ~ drag sled
сапонин saponin
сапропель gyttia, muck
известковый ~ calc-sapropel
сарай barn, loft
саран (*дихлорэтилен*) *фирм.* Saran
сатинёр plate; glazing calender; plater; plating machine
сатинирование bowl [plate] glazing; plating, satining, supercalendering
~ на щёточной машине brush [plate] glazing
сатинированный (*о бумаге*) hot pressed; one-side glazed; plate glazed; plate finished
сатинировать polish, satin
сатинит (*белый пигмент*) satin white
сбег (*дерева*) rise, taper(ing)
~ ствола stem taper
сбегание (*приводного ремня*) lapping
сбегающий (*о форме кроны*) excurrent
сбежистость (*ствола*) decrease; degree of tapering; diminution, fall-off; taperingness
сбежистый tapered, tapering
сближенный (*о листьях*) connivent
сбор:
~ в кучи и сжигание (*порубочных остатков*) piling-and-burning
~ живицы (*из приёмника*) dip, dipping; gum harvesting
~ лесной подстилки forest litter removal
~ порубочных остатков 1. (*в валы*) windrowing 2. (*в кучи бульдозером*) buldozer piling 3. (*предварительно в кучи*) prepiling
~ [заготовка] семян seed harvesting
~ сульфатного мыла (soap) skimming
~ сучьев branch gathering
лесовосстановительный ~ (*налогов*) reforestation levy
сборка assemblage, assembly, joining
~ с помощью зажимного приспособления [сборка в вайме] jigged assembly
сборник collector, receiver, sump
~ для подсеточной воды wire pit
~ оборотной воды whitewater chest
~ солевого раствора brine storage tank
~ таллового масла tall oil storage tank
~ циклонного типа cyclone receiver
обратный коллекторный ~ return headbox
сборщик assembler, collector, fitter
~ живицы dipper
сбрасывание [опадание] cast, dropping
~ (*деревьями*) ветвей natural pruning
~ коры (*по активному камбиальному слою*) bark slip
~ листьев leaf cast
~ хвои needle cast
летнее ~ листьев summer leaf drop
сбрасыватель kicker, kickoff, tripper
сбрасывать 1. (*опадать*) cast 2. (*разгружать*) discharge, dump 3. (*с поверхности*) kick; throw-off
сброска леса в воду dumping
сваливать (*в кучу*) bulk, dump
свая pale, pile
~ с набитыми планками (*для увеличения поверхности трения*) logged pile
~ с уширенным основанием blunt pile
анкерная ~ deadman
набивная ~ cast-in-place [filling] pile
нашитая ~ lagged pile
несущая ~ load-bearing pile
отбойная ~ fender pile
откосная ~ batter [spur] pile
пластинчатая ~ sheet pile
подкосная ~ raking pile
шпунтовая ~ grooved [sheet] pile; pile plank

сведение [истребление] лесов forest clearing; forest devastation; forest liquidation
свежесрубленный (*о лесе*) freshly-cut; freshly-felled
свежий (*о древесине стоящих или свежесрубленных деревьев*) green, maiden
сверление boring, drilling
~ со сменными насадками bit stock drill
цилиндрическое ~ с выталкивателем pilot drill
сверлить drill
сверло bit, broach, drill
~ для древесины и мягких металлов rose bit
~ для отверстий незамкнутого профиля slot drill
~ для твёрдых пород древесины French bit
~ для торцевого сверления nose bit
~ Ирвина (*отличается гладким резом, хорошей и лёгкой заточкой*) Irwin bit
~ с выталкивателем для получения чистовых отверстий clean-cut boring bit
~ с зубчатым подрезателем multispur machine bit
винтовое [червячное] ~ 1. auger bit 2. (*двухходовое*) double-twist auger bit
перовое ~ flat drill
пробочное ~ Forstner bit
раздвижное ~ 1. expansive bit 2. (*для ручной дрели*) *амер.* Clark's bit
спиральное ~ 1. *фирм.* Gedge [(Jennings-pattern) twist] bit 2. (*для хвойных пород древесины*) snail countersink 3. (*с направляющим центром и подрезателем*) Morse-pattern twist bit
центровое ~ machine center bit
свёрнутый convolute
свёртываться clot
сверхпаразитизм *энт.* multiparasitization
сверхчисленный supernumerary
свес overhang
свет light
~, направленный под углом к поверхности oblique light
плоскополяризованный ~ plane-polarized light
преломлённый ~ refracted light
прерывистый ~ intermittent light
проходящий ~ transmitted light
рассеянный ~ scattered [stray] light
светокопирование light-sensitive duplication
светокопия blueprint
светолюбивый (*о древесной породе*) intolerant; light-demander; light-loving; photophilous; shade-intolerant
светопроницаемость translucency, transmittance, transparency
светостойкий [невыцветающий] fadeless
свивать 1. twist 2. (*канат*) lay
свивка (*каната*) lay
~ в пряди stranding
крестовая ~ cross [ordinary] lay
односторонняя ~ lang's lay
свилеватость (*древесины*) cross [curly, irregular, swirl, wild, wavy] grain; knog, knot
путаная ~ curly figure; curly grain
свилеватый (*о древесине*) cross-grained; knotty, twisted; wavy-fibered; wavy-grown
свиль gnarl
свисающий pendent
свиток scroll
свободноподвешенный overhung
свободносвязанный loosely-bound
свод 1. vault 2. (*в печи*) arch, roof
сводить (*деревья, лес*) cut trees; cut clear
сводк/а [сплошная рубка] clear cutting
годный под ~у (*о лесе*) harvestable
свойлачивание felting, matting
свойлачивать felt, mat
свойлачиваться interweave
свойств/о character, characteristic, property, quality
водоотталкивающее ~ water-repellent property
дубильное ~ tanning property
печатные ~а бумаги pressroom properties
связанный [блокированный] constrained, hindered
связка 1. bunch, bundle, truss 2. (*крепление брёвен в плоту*) lashing
связующее 1. (*средство*) binder, vehicle 2. (*клеящее вещество*) adhesive

связующее

~, цементирующее материал binding material
волокнистое полимерное ~ [фибрид] fibrid
связующий cohesive
связывать 1. (*в пучок*) bundle 2. (*хворост в вязанки*) faggot 3. (*брёвна в плотах*) lash 4. (*стропила*) couple
связь 1. (*элемент конструкции*) tie 2. (*соединение*) link
~ волокон ligament
~ для стяжки стропил tie bar
~ коры со щепой (*в неокоренной щепе*) chip/bark bond
химическая ~ link
сгиб bend, fold, ply
~ (*щита*) по усовочному пазу miter fold
сгибание 1. bending 2. (*прогиб*) flexion
сгибать bend, deflect
сгибаться (*под действием ветра*) windbend
сглаживать 1. smooth over 2. (*выравнивать*) even
сгораемость combustibility, inflammability
сгорание combustion
сгорать burn (up)
сгребание [сбор] подстилки raking of litter
сгребать rake (up)
сгуститель drainer; slush machine; thickener
сгусток blob, clot
сгущать(ся) thicken
сгущение (*массы*) concretion, slushing, thickening
~ отходов сортирования древесной массы thickening of groundwood screenings
сдавленный [сплющенный] depressed
сдвиг creeping, displacement, shift
~ волокон в продольном направлении detrusion
сдирание:
~ травяного покрова screefing
сдирать:
~ кору bark, peel, rind
сдувать blow away; blow off
сдувк/а цел.-бум. blowdown; relief ◊ делать ~у relieve
~и варочных котлов wet gaseous effluent

боковая ~ digester side relief
верхняя ~ digester top relief
конечная ~ final relief
непрерывная ~ continuous relief
терпентинная ~ turpentine relief
себестоимость [чистая сумма издержек] (bare) cost
сев planting, sowing
поверхностный [разбросной] ~ surface planting
разбросной ~ broadcasting
севооборот (crop) rotation
седло:
~ тягача (*для сцепки тягача с прицепом*) weight-bearing swivel connection
седловина saddle
сезон season
~ весенней окорки sap-peeling [spring-peeling] season
~ дождей flush period
~ посадки леса planting season
~ пуска пала campaign fire
~ расцветания efflorescence
средний пожароопасный ~ normal fire season
секатор averruncator; (garden) pruner; lopping [pruning] shear; secateur
~ с механическим приводом hedge-cutter
секач [кривой нож для обрезки сучьев] bill (hook), cutter
секвойя (*Sequoia*) sequoia
~ гигантская (*Sequoia gigantea*) California big tree
секвойядендрон гигантский (*Sequoiadendron giganteum*) big tree
секретер secretaire, secretary
~ с двойной верхней секцией, разделённой перегородкой double-hood secretary
сектор:
направляющий ~ (*сортировочного устройства*) skate wheel
секция section
~ барабана сгустителя pocket
вакуумная сушильная ~ Mynton drier
верхняя [наклоняющаяся] ~ стрелы heeling segment of boom
выдвижная ~ стрелы snorkel
накопительная ~ с направляющими секторами (*сортировочного устройства*) skate wheel accumulation section

серьга

селекция 1. selection 2. (*древесных пород*) breeding
селитра saltpeter
  известково-аммиачная ~ ammical; ammonium nitrate limestone
  калиевая ~ potassium nitrate
селкон (*полиформальдегидная смола*) *фирм.* Celcon
сельва caaguazu
семейство [семья] family
семена seeds
  ~ лесных деревьев, имеющие кормовую ценность [плодокорм] mast
  ~ с длительным семенным покоем refractory
  ~ с плюсовых деревьев selected seeds
  дражированные ~ pelleted seeds
  жизнеспособные ~ viable seeds
  кондиционные ~ certified seeds
  невсхожие ~ unfruitful seeds
  полновесные ~ filled [full] seeds
  проросшие ~ germinated seeds
  протравленные [обработанные] ~ (disease) treated seeds
семенник seed plant
семеноводство seed production
семенохранилище seed storagehouse
семечко (*плода*) pip
семя germ, seed
семядоля cotyledon; seed lobe; seminal leaf
семязачаток ovule
семянка *бот.* achene, cypsela
семяпочка ovule
семяпровод seed drill [seed drop] tube
семясушилка seed dryer
семяуловитель seed catcher
сепаратор divider, separator
  магнитный ~ iron [magnetic] separator
сепарация separation
  ~ стружки particle separation
сепарирование separation
  ~ массы pulp separation
сера sulphur
сервант chiffonier, sideboard; table cupboard
  ~ закруглённой формы tambour sideboard
  ~ или сервировочный столик с отдельными приставленными тумбами loose pedestal sideboard

~ с изогнутой фронтальной поверхностью bow center sideboard
сердечник center mandrel; core
  ~ дефибрерного камня *цел.-бум.* reinforced concrete center; reinforced concrete core
  ~ каната 1. core 2. (*из однослойной пряди*) armored core 3. (*органический*) fiber core 4. (*проволочный*) wire rope core 5. (*стальной однопрядный*) strand core
сердцевидный *бот.* cordate
сердцевин/а (*дерева*) (heart)pith; pith stock ◇ с гнилой ~ой deprecated
  ~ кабеля core
  блуждающая ~ wander(ing) heart
  выемчатая [полостная] ~ excavated [hollow] pith
  губчатая [пористая] ~ spongy pith
  двойная ~ double pith
  звёздообразная ~ stellate pith
  пентагональная [пятиугольная] ~ pentagonal pith
  пористая [камерная] ~ chambered pith
  почти цилиндрическая ~ terete pith
  сплошная [монолитная] ~ continuous [solid] pith
  хрупкая ~ (*дефект древесины некоторых тропических пород*) brittleheart
середина centre, medium, middle
  ~ зоны контакта *цел.-бум.* mid-nip
  ~ ствола medulla
серединк/а:
  вспененная ~ foam core
  подготовленные к фанерованию ~и completed core stocks
  рыхлая ~ (*ДСП*) semirigid core
  сотовая ~ (*плиты*) honeycomb core stick
серёжка (*тип соцветия*) aglet, catkin
серёжкоцветный amentiferous
серийный 1. serial 2. *бот.* seral
серицин *спич.* sericin
серия 1. series 2. *бот.* sere
  ~ рубок ухода (*на смежных участках*) thinning series
серповидный crescent
сертификация [аттестация качества продукции] (product) sertification
серьга clip, shackle, socket, yoke
  ~ с болтом clevis

серьга

чокерная ~ choker socket
сетка 1. grid, mesh, net, wire 2. (*решётчатое устройство*) network
~ бумагоделательной машины machine wire
~ верже cover
~ из мононити monofilament screen
~ с ячейками 1. slotted screen 2. (*квадратными*) filet
~ черпальной формы cloth
веленевая ~ cover
верхняя ~ outside wire
длинная ~ fourdrinier wire
защитная [оградительная] ~ 1. (*от камнепада и т.п.*) catch net 2. (*циркуляционной установки*) collector ring
круглая ~ с прямоточной подачей массы parallel flow-type mold
наружная [верхняя] ~ facing wire
нижняя ~ bottom wire
оконная ~ screen
ординарная ~ plain weave wire
поддерживающая ~ (*на цилиндрах круглосеточных бумагоделательных машин*) undercover
подкладочная ~ backing(-up) [winding] wire
предохранительная ~ wire guard
проволочная ~ linked fabric; wirework wire
прочная прокладочная ~ power fabric
синтетическая ~ fabric
тонкая ~ [тонкая сортировка] fine (mesh) screen
сеткоочиститель wire cleaner
сеткоправка wire guide
сеточник (*machine*) tender; paper-machine operator
сетчатонервный (*о листе*) anastomosing
сеть net
~ лесовозных дорог forest roadnet
гидрографическая [дренажная] ~ drainage
грузосборочная ~ волоков collecting network
(*лесная*) квартальная ~ net of rides
сечение section
живое ~ *цел.-бум.* 1. (*сетки*) open wire area 2. (*сита*) open-area (of screen)

поперечное ~ 1. cross [end-grain, lateral; transxerse] section; transection; 2. (*ствола дерева*) crosscut end
радиальное ~ radial section
точное квадратное ~ dead square
сечка 1. chaff, chop 2. (*инструмент*) chopper
сеялка drill; planting [seeding, (seed) sowing] machine, planter, seeder, sower
~ с катушечными высевающими аппаратами fluted force-feed [fluted wheel] drill
~ точного высева (seed) spacing [precision (seed)] drill
бороздовая ~ deep furrow drill; furrow seeder
гнездовая ~ hill [hill-drop] planter; hill seeder
двухстрочная ~ twin-row drill
дисковая ~ disk drill
катковая [прессовая] ~ roller drill
квадратно-гнездовая ~ hill-check planter
лесная ~ tree-seed drill
листерная ~ lister
пневматическая ~ air seeder; vacuum drill
прессовая ~ packer drill
прицепная ~ trailed drill
разбросная ~ broadcast spreader; broadcaster; surface planter; seed dresser
рядовая ~ field [seed, sowing] drill; drill [row] planter; drill seeder
точная [точечная] ~ precision seeder
туковая ~ fertilizer applicator
сеян/ец nurseling, plantlet; young plant
~ высотой до 0,9 м seedling
~ с закрытой корневой системой (*в трубках, цилиндрах*) tubed nursery stock
~ с комом субстрата plug seedling
~ с необнажённой [с закрытой] корневой системой ball-rooted [containerized tree] seedling
больной ~ weak seedling
брикетированный ~ ball-rooted [containerized tree] seedling
загущённые ~цы overstocking seedlings
лесной ~ 1. nonlined-out [seedling] plant 2. (*однолетний*) yearling
низкорослый ~ dwarf seedling

порослевый ~ maiden
сеять 1. sow 2. (*в борозду*) drill
сжатие 1. compression 2. (*зажим*) bind
 плоскостное ~ flat crush
 торцовое ~ вдоль гофры short column crush
сжигание burning, digestion
 ~ натронного чёрного щёлока black soda liquor burning
 ~ порубочных остатков 1. slash burning 2. (*в кучах*) progressive [swamper] burning 3. (*в местах скопления*) spot burning 4. (*на полосах по границам вырубок, вдоль дорог*) strip burning 5. (*одновременно с заготовкой леса*) live burning 6. (*при очистке лесосек*) forced burning
 ~ пропущенных участков (*на месте пала*) burning-off
 контролируемое ~ для создания буферной противопожарной зоны patch burning; burning out
 частичное ~ порубочных остатков patch burning
сжигать burn (up), cinder
сжим clip
сжимать 1. clasp, compress 2. (*рукой*) gripe
сжиматься shrink
сигнал:
 ~ обрыва бумажного полотна paper break detector
сигнальщик spotter
сиденье bunk, chair, seat, sitting
 ~ водителя автомобиля cradle [driver's] seat
 ~ в форме 1. (*раковины*) shell settee 2. (*чаши*) bowl seat
 ~ из камыша или тростника cane seat
 ~ из массивной древесины с двумя углублениями в виде седла saddle(d) seat
 ~ из плетёного камыша rush-seated
 ~ со столиком gossip bench
 вогнутое ~ dipped [hollow] seat
 грубое ~ (*скамья, сколоченная из необработанных брёвен и толстых ветвей*) forest chair
 длинное жёсткое ~ без спинки с двумя ручками corridor stool
 круглое ~ гнутого стула compass [pincushion] seat

мягкое ~ padded seat
откидное ~ 1. collapsible [flap, folding, throw-back] seat 2. (*крепящееся к концу ряда стульев или кресел в театре, церкви*) pew chair
сидерация (*применение зелёного удобрения*) green manuring
сиккативы drier; drying agent
сила force, power
 ~ пожара fire intensity
 ~ резания cutting power
 ~ сцепления bonding strength; traction
 ~ тяги 1. thrust force 2. (*на крюке*) drawbar [hauling] capacity
 подъёмная ~ hoisting [lifting] capacity
 сосущая ~ (*клеток*) suction force
сильноветвистый (*о дереве*) much-branched
сильномочковатый *бот.* multifasciculate
симбиоз symbiose
симметричный (*о подборе шпона*) balanced matched
сингенез (*первая фаза сложения и развития биогеоценоза*) syngenesis
сингенетика (*раздел фитоценологии, рассматривающий развитие сообществ*) syngenetics
синева [синь] (*древесины*) blue stain, blueing, blue rot; log blue
синузия (*экологически близкая группа растений*) synusia, synusium
синус *бот.* sinus
синхорология (*учение об ареалах растительных сообществ*) synchorology
синхронизировать synchronize; bring into step
синхронно in step; in synchronism
синэкология ecological sociology; synecology
система system
 ~ возвратной сушки return line drying system
 ~ выборочных рубок 1. selection system 2. (*в порослевых древостоях*) coppice selection system 3. (*в порослевых древостоях с оставлением маячных деревьев*) stored coppice 4. (*в порослевых древостоях с оставлением части тонкомерных деревьев и молодняка*) coppice with reserves 5. (*порослевого насаждения за 2 оборо-

система

та) coppice-of-two rotations [two-rotation coppice] system
~ гашения вибрации antivibration system
~ горячего размола в щёлочной среде hot alkali refining system
~ горячей регенерации hot acid system
~ группово-выборочных рубок clear-cut staggered setting [compartment-and-selection; group(-selection)] system
~ для повышения крепости кислоты acid fortifying system
~ для смешения массы stock mixing
~ заготовки деревьев [технология с заготовкой деревьев] whole-tree system
~ [технология] заготовки и переработки деревьев в щепу (*на лесосеке*) whole-tree-chipping system
~ заготовки сортиментов [технология с заготовкой сортиментов] bucked wood [shortwood] system
~ заготовки хлыстов [технология с заготовкой хлыстов] tree-length system
~ замкнутых сблокированных канатов [барабанов] closed interlock system
~ записи чисел в перечётной ведомости точками и тире (*при перечёте*) dot-dash tally [dot-bar] system
~ заправочных канатиков *цел.-бум.* Sheaham rope system
~ каёмчатых выборочно-лесосечных рубок Вагнера (*на узких лентах в направлении с востока на запад*) Wagner's method strip-and-group [strip selection] system
~ клиновидно-лесосечных рубок wedge system
~ лесозаготовительных машин harvesting [logging] system
~ лесосечных машин harvester chain; harvesting system
~ маркировки древесных пород и изделий wood labeling schedule
~ машин 1. chain system 2. (*для заготовки деревьев*) full-tree system 3. (*для заготовки хлыстов*) tree-length system 4. (*для заготовки сортиментов в лесу*) cut-to-length system 5.

(*для заготовки и переработки деревьев в щепу на лесосеке*) full-tree chipping system 6. (*обрабатывающих*) processor chain
~ мер measurement
~ механического отвода массы mechanical feedback system
~ многократного использования поддонов pallet recovery system
~ неравномерных семеннолесосечных рубок irregular shelterwood system
~ организации прямоугольной квартальной сети (*при лесоустройстве*) rectangular system of surveys
~ передачи обрезков с машины в бассейн для брака trim conveying system
~ периодической загрузки *цел.-бум.* batch system
~ подсочки system of bark chipping
~ предохранения бумажного полотна от обрыва web break safety system
~ равномерных рубок (*напр. постепенных*) 1. uniform system 2. (*по кварталам*) shelterwood compartment system
~ размола *цел.-бум.* beating unit
~ регенерации скипидара turpentine recovery system
~ рубок 1. cutting system 2. (*семеннолесосечных*) seed-tree [shelterwood] system 3. (*сплошнолесосечных полосных*) strip-cutting system 4. (*сплошных*) clear-cutting [clear-felling] system 5. (*сплошных чересполосных*) alternate clear-strip system 6. (*ширококаёмчатых*) uniform strip system
~ скоростной сушки flash-drying system
~ сортировки 1. (*брёвен с использованием специальных площадок*) bay-bin system 2. (*щепы*) screening system
~ с электронным сортировочным устройством и автоматической обрезкой досок с одновременным измельчением отходов edger optimizer
~ трубопроводов piping
~ упаковки древесных отходов sawdust baling system
~ хозяйства Дауервальд continuous forest management system

скипидар

~ циркуляции в варочном котле digester circulating system
~ «человек-машина» man-machine complex
аэростатная (*трелёвочная*) ~ balloon (logging) system
башенная ~ **1.** (*приготовления кислоты*) tower acid system **2.** (*регенерационная*) tower reclaiming system
верхняя циркуляционная ~ upper cooking circulation
вибрационная ~ с амортизаторами cushioned power antivibration system
воздушно-наземная ~ обнаружения пожара air-ground detection
вытяжная ~ exhaust system
гидравлическая прижимная ~ двойной ширины (*шпонострогального станка*) hydraulic double dogging system
двухоборотная ~ рубки порослевого древостоя coppice of rotation system
закрытая ~ кислородно-щелочной варки (*целлюлозы*) high oxygen pulping enclosed system
канатная (*трелёвочная*) ~ **1.** cable yarding system; cableway, ropeway **2.** (*воздушная*) aerial cableway
карусельная ~ merry-go-round system
контрольная ~ (*в лесоустройстве, на основе детального изучения насаждения*) check system
корневая ~ **1.** (*омелы*) sinner **2.** (*порослевых деревьев*) rootstock, rootage, root assemblage; root habit; network of roots **3.** (*поверхностная*) lateral root system
неавтономная ~ on-line system
непрерывная ~ отбелки continuous bleaching system
нижняя циркуляционная ~ зоны варки lower cooking circulation
прямоточная ~ direct-flow system
сдувочная ~ высокого давления high pressure relief system
сканирующая ~ scanning system
экологическая ~ biotic complex
эксгаустерная ~ для очёсов и пыли carding dust control
систематика растительных сообществ synsystematics
сито **1.** sieve **2.** (*сортировки*) basket, deck, screen

~ для грубого сортирования coarse (mesh) screen
~ для сортировки щепы (chip) screen
заборное ~ (*варочного котла*) perforated plate
крупноячеистое ~ coarse screen
мелкоячеистое ~ close-meshed (thin) screen
пластмассовое ~, изготовленное методом литья под давлением *спич.* injection molded plastic sieve
плоское ~ (*в варочном котле*) strainer plate
ситуация:
опасная ~ для пуска пала fire trap
сифон siphon, trap
скалка (*фестонных сушилок*) stick
скалывание clearing
скамеечка:
прикаминная ~ fender stool
скамейка stool
скамья **1.** bank, bench **2.** (*деревянная*) bunk
скамья-ларь settle
сканирование scanning
сканировать scan
скарификатор knifer, scarifier
скарификация (*оболочек семян*) scarification
скат descent, incline; rake; rollway, skid; slope
~ горки (*ролла*) backfall descent; backfall slope
скатка (*брёвен*) roll
~ при зачистке сплава dry roll
скатываться roll down
скашивание (*обработка кроны*) **1.** bevel(l)ing **2.** (*снятие фаски на задней грани резца*) backing off
скашивать bevel, splay
скважность (*почвы*) porosity, porousness; void content
скипидар turpentine
венецианский ~ venice turpentine
выделенный ~ liberated turpentine
живичный ~ gum turpentine; gum spirits
лиственничный ~ larch turpentine
неочищенный сульфатный ~ original crude
очищенный ~ spirit of turpentine
парообразный ~ vapor turpentine

скипидар

экстракционный [отогнанный паром] ~ steam-distilled wood turpentine
склад 1. deck; depot, entrepot; storage, storehouse 2. (*закрытый*) warehouse 3. (*лесной*) yard
~ мебели pantechnicon
~ пиломатериалов лесопильного завода sawmill lumberyard
~ разлива (*канифоли*) barreling warehouse
~ с первичной обработкой деревьев (*хлыстов*) central processing yard
~ сырья raw material yard
береговой ~ banking ground
верхний ~ [погрузочная площадка в лесу] landing site; upper landing; piling place; roadside (terminal)
грузосборный лесной ~ concentration yard
заводской ~ [лесобиржа] mill yard
конечный (*основной*) ~ final landing
лесной ~ timber [wood] yard; wood-yard
лесоперевалочный ~ reloading-and-processing [-and-sorting] yard
нижний ~ low(er) [final] landing; logging terminal
прижелезнодорожный ~ railhead; railroad terminal
промежуточный ~ intermediate yard
складирование storage, yardage
~ древесины на промежуточном складе cold decking
складировать deck, store
складк/а crease, crinkle; fold; ply
~и на поверхности бумаги winder welts
складной (*о мебели*) fold-flat
складочный piled
складывать (*в штабель*) pile, stack
склеенный:
~ с помощью синтетической смолы resin-bonded
~ сухим способом (*о фанере*) dry-cemented
склеиваемость sealability
склеивание gluing, seal, splicing
~ реечной серединки щита gluing of block cores
~ фанеры 1. assembly 2. (*мокрое*) wet gluing
неполное [несплошное] ~ patchy adhesion

точечное ~ spot gluing
склеиватель:
автоматический ~ швов картона с приставкой для установки рулонов roll stand auto splicer
склеивать glue, splice
склейка 1. (*крепление клеем*) glueing, pasting, splice 2. (*место скрепления клеем*) adhesive joint
склёпывать rivet (*together*)
склеренхима bast-cell, liber cells
склон backfall; decline, descent; hang; hillside, side, slope
~ естественной осыпи talus
склонность:
~ к пылению low fluffing resistance
скоба beam hanger; buckle, clamp, clip, gib
~ с крюком (*одеваемым на тяговую цепь и закрепляемая на бревне*) dragging pin
крепёжная ~ bracket
мерная ~ diameter ruler
плотничная ~ dog anchor
прямоугольная ~, острия которой направлены во взаимно противоположные стороны bitch
соединительная ~ shackle
шарнирная ~ bail handle; hinged clip
U-образная ~ с болтом clevis
скобель draw shave; iron plane; paring knife; shave (*plane*)
~ с прямым лезвием planishing knife
скобка bracket
маленькая ~ для закрепления склеенных соединений pinch dog
обойная ~ upholstery rag
скоблить plane, scrape
скол 1. (*в комлевой части дерева*) butt damage; (butt) shatter; splitting 2. (*отщеп на дереве*) barberchairing
скольжение sliding; slip, slippage, slipping
скользить 1. slide 2. (*проскальзывать*) slip
скоп (*ловушечная масса*) saving
скопление:
~ массы lodgement
~ смолы в виде жил или полосок gum veins
скорлупа hull, shell
скорость speed, velocity
~ грузового хода inhaul speed

748

след

~ завихрения spouting velocity
~ заправки *цел.-бум.* threading speed
~ массы при выходе (*из щели напорного ящика*) jet speed
~ намотки каната на барабан 1. line speed 2. (*на нижних витках*) bare drum speed 3. (*на верхних витках*) full drum speed
~ обезвоживания древесноволокнистого ковра freeness
~ оползания (*почвы*) creep rate
~ осаждения settling rate; settling [sinking] velocity
~ подачи 1. feed speed 2. (*при обрезке сучьев*) delimbing speed
~ подъёма ascending speed
~ псевдоожижения fluidizing velocity
~ распада или разложения порубочных остатков rate of disintegration of the slash
~ распространения (*пожара*) rate of spread
~ резания cutting speed
~ роста (*дерева*) rate of growth
~ течения flow rate
~ фильтрации (*воды в почве*) infiltration rate
окружная ~ 1. (*дефибрерного камня*) stone surface speed 2. (*пилы*) rim speed
скоросшиватель (*папка*) folder, interfolder
скос 1. bevel, scarf 2. (*лезвия*) bezel 3. (*дефект, из-за которого не выдерживается нужная толщина детали*) wood want
~ ножевой головки lip
~ под углом 45 градусов miter
~ слоя laminate bevel(l)ing
скошенный scarted
скраб scrub
скребок scraper; spade; stripper; wiper
~ транспортёра conveyer tlight
деревянный ~ с резиновой лентой squeegee
регулируемый ~ box scraper
спиральный валиковый ~ Mayer rod; wire wound equalizer
скрепа clamp, clinch, clip
скрепер (*канатный*) hoe, scraper
скрепка clip
~ [гвоздик] для крепления коврового настила rag

волнистая ~ wriggle nail
скрепы:
латунные ~ [втулки для соединения деревянных элементов] peg-and-cup
скрещивание : скрещивать cross
свободное ~ panmixia
скруббер gas washer, scrubber
~ для охлаждения газов gas cooler
~ с разбрызгивающим устройством spray tower
скруглённый [со срезанными краями] blunt
скруглять round off
скрученный contorted, writhed
~ в одну нить single-twist
скручиваемость (*дефект бумаги*) paper curl
скручивание twisting
скручивать twist
скрытолистный endophyllous
скрытый [латентный] latent
слабин/а slack, slackness ◊ давать ~y pay out
слабоветвистый subramose
слабопроклеенный slack-sized, soft-sized
слаборазвитый (*о почве*) immature
слеги skids
свежеокоренные ~ glissade skids
след trace, track
~ы износа (*отделки мебели под старину*) bear tracks
~ на бумаге ручного черпания (*после сушки*) backmark
~ы ожогов (*на древесине*) при очень высоких скоростях обработки revolution mark
~ы от длительного износа (*вид отделки мебели*) distress marking
~ы от прокладок (*на пиломатериалах, уложенных в штабели*) thwart marks
~ы плоской машинной обработки (*древесины*) chip mark
~ почки bud trace
~ы сетки screenback
~ы строжки chip-marks
~ы шлифования 1. (*в виде рисунка змеиной кожи; дефект*) snake marks 2. (*в виде параллельных линий; дефект*) bar marks
водяной ~ (*на сырой бумаге*) water streak

749

след

листовой ~ leaf gap; leaf trace
следить trace
слежение tracking
слесарь-инструментальщик toolman
слешер [раскряжёвочная установка] slasher; slashing machine
слив discharge, drain, outflow, sink, unloading
~ массы (*на сетку*) stockinlet
слива (*Prunus*) plum
~ растопыренная (Prunus divaricata) cherry plum
сливать (*опорожнять*) drain, empty
слизистый slow
слизь 1. (*отложения*) glut 2. *цел.-бум.* slime
слипание (*бумаги или картона со специальными покрытиями*) blocking
слияние 1. (*соединение*) mergence 2. (*рек*) confluence 3. (*организаций*) consolidation
сложенный:
~ гармошкой accordion-fold
слоистость lamination, stratification
косая ~ (*древесины*) oblique lamination
слоистый laminated, slaty
сло/й lamina, layer, ply ◊ с широкими ~ями coarse-textured
~ вечной мерзлоты cryic layer
~ износа дороги road carpet
~ каллозы (*в ситовидных трубках*) callus
~ краски skin of paint
~ лесного опада debris layer
~ льда glaze
~ материнской горной породы lithic layer
~ машинного покрытия почвы растительными остатками, бумагой или плёнкой mulch layer, plastic layer
~ [плёнка] мицелия mycelial fan
~ порубочных остатков branch litter
~ почвы 1. substrate 2. (*верхний*) overburden 3. (*иллювиально-железистый*) ironpan 4. (*корнеобитаемый*) root area; root range; rooting zone; root layer; rooting [working] depth 5. (*над вечной мерзлотой*) active layer 6. (*плотный*) pan 7. (*уплотнённый*) indurated layer
верхний ~ 1. (*неразложившегося опада мхов*) Of-fibric layer 2. (*почти неразложившегося опада*) L-layer
внутренний ~ 1. middle 2. (*бумажного многослойного мешка*) liner 3. (*картона*) board filler; center stock; core filler board; (*гофрированного, из полуцеллюлозы*) semichemical medium; (*ящичного*) container middle 4. (*фанеры*) core layer 5. (*шпона с поперечным расположением волокон*) counter veneer
высокопрочный наружный ~ (*фанеры*) stressed skin
годичный ~ 1. (*древесины*) annual [concentric, growth] ring; annual zone 2. (*прироста древесины*) (annual) growth layer
двойной покровный ~ (*гофрированного картона*) double backer
древесный (*ископаемый*) ~ forest bed
защитный ~ barrier coating
наливной ~ *цел.-бум.* pulp coating; secondary layer
напряжённый (*верхний*) ~ stressed skin
наружный ~ 1. seal, skin 2. (*картона*) facing; outer [outside] layer; liner 3. (*плиты из ориентированной стружки*) oriented flakeboard face 4. (*сульфатный, гофрированного картона*) kraft liner 5. (*сухой штукатурки*) plaster board liner 6. (*ящичного картона*) container liner
нижний ~ 1. sublayer 2. (*картона*) bottom liner; underliner 3. (*сильно разложившегося опада*) H-layer; (*мхов*) Oh-humic layer
облицовочный ~ паркета thin parquetry
основной ~ *цел.-бум.* primary layer
отделительный ~ *бот.* abscission layer
поверхностный ~ 1. *цел.-бум.* surface layer 2. (*дорожного покрытия*) (road) carpet
подоблицовочный ~ underface
покровный ~ 1. coating; coating slip 2. (*крафтлайнера*) top-liner 3. (*с трещинами*) split coating
поперечный ~ 1. (*шпона*) crossband 2. (*внутренний*) cross core
пористый средний ~ open core
почвенный ~ soil

пробковый ~ (*растения*) external protective tissue
продольный (*внутренний*) ~ long core
промежуточный ~ 1. interlay, interlock 2. (*резиновый*) squeegee
рыхлый защитный ~ mulch
средний ~ 1. core stock 2. (*гофрированного картона*) corrugating medium 3. (*из неориентированной стружки*) randomly formed core 4. (*из ориентированной стружки*) aligned flakeboard core 5. (*ламинированного щита*) precoated panel board 6. (*полуразложившегося опада*) (*листьев*) F-layer; (*мхов*) Om-mesic layer 7. (*трёхслойной фанеры*) triplex
тонкий ~ 1. wash 2. (*заболони, срезаемый при подсочке*) chip
торфянистый ~ Oh-humic layer
третичный ~ (*оболочки клетки*) tertiary cell
уравновешивающий ~ (*фанеры*) balance [build-up] laminate
цельный лицевой ~ (*фанеры*) single piece face
служба:
~ охраны природы conservancy
лесная ~ forest service
случай:
несчастный ~ accident, hazard
слюда mica
~ расслоённая exfoliated mica
смазка 1. (*вещество*) lubricant 2. (*операция*) lubrication
густая ~ dope, grease
смазывать lubricate
сматывание 1. (*наматывание*) reeling on; winding on; (*каната в бухту*) coilling 2. (*разматывание*) paying out, reeling out
сматывать 1. (*наматывать*) reel on; wind up 2. (*разматывать*) pay out; reel out; unreel
~ канат в бухту coil
смачиваемость wettability
смачивание (*увлажнение*) damping, moistening
смежный (*примыкающий*) abutting, interfacing
смена:
~ гарнитуры (*размалывающих агрегатов*) rebarring

~ древесных пород (species) conversion; succession of tree species
~ лесной растительности на гарях postfire forest succession
~ насаждений stand succession
~ пород alternation of tree species; stand succession
~ растительности succession of plant; succession
~ раструба (*рубанка*) remouthing
~ трелёвочного волока (yarding) road change
катастрофическая ~ растительности cline
сменщик [рабочий на подмене] replacement man
смертность mortality
~ личинок larwal mortality
смеситель blend(ing) [service] chest; mixer, stirrer
встроенный ~ in-line mixer
смесь compound, mix(ture)
~ древесины с остатками коры bark-wood mix
~ монотерпенов monoterpene mixture
~ натурального волоса с волокном hair-fiber mixture
~ пера и пуха разных видов водоплавающей птицы feather mixture
~ смоляных кислот rosin acid mixture
клеевая ~ с двухромовокислым аммонием chrome glue
паровоздушная ~ (*выходящая через вентиляционное отверстие*) vent gas
парогазовая ~ steam-flue gas mixture
равновесная ~ equilibrium mixture
смета cost estimate
~ на рубку cutting budget
смешанный (*напр. о древостое или лесных культурах*) mixed
смешение mixing, mixture
~ пород 1. (*в лесных культурах*) mixture 2. (*древесных*) species composition 3. (*групповое*) group mixture; mixture by groups 4. (*подеревное*) individual-tree [single-tree; tree-by-tree] mixture; mixture by single kinds of trees 5. (*порядное*) mixture by alternate rows
смешивание mixing, mixture
смешивать mix

смещение

смещение displacement
~ центров верхнего и нижнего гауч-валов couch
смещённый (*о верхушке дерева*) mononodal
смол/а gum, pitch, resin, rosin, tar
~ для клеёв горячего прессования [для клеёв горячего склеивания] hot press resin
~ каско (*клей на основе мочевиноформальдегидных смол*) *фирм.* Casco-Resin
~ каури (*новозеландского хвойного дерева*) kauri gum
~ на канифольной основе rosin-based resin
~ на основе таллового масла tall oil resin
~, растворимая в щёлочи alkali-soluble resin
ароматная ~ gum-elemi
бальзамическая ~ balsam resin
катионообменная ~ cation-exchange resin
копаловая ~ copal
литьевая ~ cast resin
мочевиноформальдегидная ~ *фирм.* beetle cement; urea-formaldehyde resin
очищенная шеллачная ~ 1. button lac 2. (*в виде мелких гранул*) seed lac
пиролизная ~ 1. pyrolysis resin 2. (*обезвоженная*) dehydrated tar 3. (*отстойная*) settled tar
полиэфирные ~ы для производства пластиков низкого давления *фирм.* crystic
спирторастворимая ~ spirit-soluble gum
сырая шеллачная ~ stick lac
термопластичная ~ thermoplastic resin
термореактивная ~ 1. thermosetting resin 2. *мн.* thermosets
усиленная ~ reinforced resin
эпоксидная ~ epoxy resin
янтарная ~ amber gum
смоление caulking, tarring
смолистый bituminous, resinous, resinaceous
смолить resin, tar
смоловыделение [смолоистечение] gum [resin] exudation; oleoresin flow
смолокурение tar distillation

смолообразование resinification
смолоотделитель ray cell filter; tar extractor; tar separator
смолотечение bleeding, resinosis
смольё resinous wood
смородина (*Ribes*) currant
сморщенный shrunk
сморщивание (*дефект отделки*) raising
~ плёнки lifting
смотка (*сматывание каната и т.п.*) reeling
смыв wash-off; wash-out
~ почвы осадками waterborne soil movement
смывать wash away; wash off; wash out
смыкание:
~ крон деревьев thickening
смягчать 1. (*умягчать*) soften 2. (*делать менее резким, ослаблять*) cushion 3. (*оттенок*) tone down
~ уклон дороги ease the grade
смягчение softening
~ уклона grade elimination; grade reduction
снабжать furnish, provide (with), supply (with)
снабжённый:
~ колючками hearded
снаряжение equipment, fittings, outfit, tackle
защитное ~ protective [safety] equipment
снасть cordage, rigging, rope
снегозадержание snow retention
снегозащита snow fence
снеголом [сеговал] (*о молодых насаждениях*) snowbreak(age)
снегоочиститель snowplow, snow remover
плужный ~ snow crab; (blade) snow plow
роторный ~ snow blower; snow thrower
снегоочистка [снегоуборка] snow clearing; snow removal
снижение:
~ качества древесины из-за дефектов degrade deduction
~ ограничительного выступа (*Г-образного режущего звена пильной цепи*) depth-gauge clearance; raker clearance

соединение

снимать:
 ~ кору disbark
 ~ план survey
 ~ стружку chip
сносить (*ломать*) demolish; pull down; tear down
снятие:
 ~ грата (*при изготовлении пластмассовой мебели*) burr removal
 ~ дернины scalping, screefing, skimming
 ~ [сдирание] коры disbarking
 ~ насечки (*с напильника*) stripping
 ~ обивки (*с изделия мягкой мебели*) upholstery stripping
 ~ слоя древесины (*при шлифовании*) stock removal
 ~ чистовой стружки finish cut
собачка dog, latch, pawl, stop
собирание:
 ~ пены skimming recovery
собирать 1. (*узлы, детали*) assemble, mount 2. (*накапливать*) collect 3. (*подбирать*) pick up
 ~ живицу (*из приёмника*) dip
 ~ и окучивать лесосечные отходы chunk up
 ~ семена seed
совмещать align; bring into coincidence; match, register
совок scoop
совокупность:
 ~ высот (*сеянцев*) aggregate height
 ~ инструментов tooling
 ~ однородных участков леса stratum, strata
выборочная ~ sample
генеральная ~ (*растений*) population
ограниченная [имеющая предел] ~ finite population
соглашение agreement
 ~ между продавцом и покупателем (*в торговле лесом*) contract form
согнутый 1. crooked 2. (*вниз*) recurved 3. (*под действием ветра*) twisted, windbend, windlean
согосподствующий [кодоминантный] (*о деревьях*) codominant, intermediate; *англ.* subdominant
сода soda
кальцинированная ~ soda ash
содержание 1. (*наличие веществ в смеси*) content; (*в процентах*) per-centage 2. (*уход*) care, maintenance, upkeep
 ~ коры (*в щепе, дроблёнке*) bark content; bark level
 ~ костры slivers content
 ~ котла cook
 ~ лигнина lignin content
 ~ мелкой фракции или мелочи fines content
 ~ наполнителя filler content
 ~ поздней древесины (*в годичном слое*) summerwood content
 ~ растворимого натрия (*в процентах*) soluble-sodium percentage
 ~ свинца в бумаге paper lead content
 ~ сухого вещества percent of solids; solid content
 ~ элементов питания (*в растениях*) nutrient concentration
общее ~ гумуса total humic matter
содержащий:
 ~ вирус viruliferous
 ~ железо (*о почвах*) ferruginous
 ~ семена (*о плодах*) acinaceous
не ~ заболони sap-clear
содержимое:
 ~ варочного котла digester (wood) charge
содовщик *цел.-бум.* incineratorman
соединение 1. (*деталей*) bonding, connection, joint, jointing, splicing 2. *хим.* compound
 ~ в виде буквы Т 1. tee halving joint 2. (*с помощью шипа*) tee bridle
 ~ [сплачивание] в наконечник cleat
 ~ внахлёстку lapping, scarf
 ~ вполупотай 1. half-lap joint 2. (*на шип ласточкин хвост*) miter dovetail joint, secret dovetail joint 3. (*сковороднем*) dovetailed half-lap joint
 ~ впотай 1. shouldered [stub] joint 2. (*на шпунт*) tongued shoulder joint
 ~ впритык 1. butt [heading, straight] joint 2. (*со вставным замком*) butt joint with splayed table 3. (*с натяжным замком*) indented splayed scarf
 ~ вразбежку staggered joint
 ~ встык 1. butt 2. (*с вертикальным приливом*) bead butt
 ~ в четверть с небольшим скосом lap [lip] miter
 ~ в шпунт 1. fillistered joint; groov-

соединение

ing-and-tonguing 2. (*треугольный*) birdsmouthing
~ двускатным [стоящим] гребнем saddle joint
~ досок в четверть shiplapping
~ дощечек на болт slat screwed joint
~ из двух шипов (*внахлёстку*) lapped tenon
~ «косая накладка» scarf joint
~ на вставных шипах tenon dowel joint
~ на гладкую фугу straight joint
~ накладками fish(-plate) joint
~ на (*вставную*) рейку notched-and-cogged joint
~ на сужающийся шип «ласточкин хвост» shouldered dovetail housing
~ на ус 1. miter; miter [vee] joint 2. (*внакладку*) bishop's miter 3. (*вполупотай*) half-lapped miter joint 4. (*угловое ступенчатое*) halfmiter joint
~ на шипах tenoning
~ на шип «ласточкин хвост» 1. dovetailed (housing) joint; box (tailed) wedging 2. (*впотай*) lap dovetail 3. (*со скошенными щёчками*) Linderman joint
~ на шкантах dowel(ed) joint
~ на шпонках gib-and-cotter [spline] joint; spline
~ образующее острый угол oblique joint
~ одиночным сквозным шипом slotted mortise-and-tenon joint
~ откидной крышки (*напр. секретера*) fall joint
~ петлёй (*скобой*) clasp joint
~ подвижным язычком slip feather joint
~ под прямым углом с помощью шарнира rule joint
~, полученное с помощью реакции Дильса-Алдера Diels-Alder compound
~ поручней со стойкой перил newel joint
~ рамочной конструкции в фальц rebated framing
~ рантовой детали (*частичная прорезь и гнутьё*) cut-and bend joint
~ середины (*щита*) core jointing
~ с помощью планок pocket cleats
~ торцов в шпунт end-matching
~ шлангов hose connection

вилкообразное ~ forked joint
винтовое ~ 1. screwing 2. (*потайное*) secret screwing
гладкое ~ 1. (*встык под прямым углом*) plain butt joint 2. (*клеевое*) rubbed joint
глухое ~ housing joint
дефектное столярное ~ mismatching
закруглённое ~ на ус coopered joint; curved miter
зубчатое ~ scarf joint
искажённое прямоугольное ~ tumbled joint
клиновое ~ 1. (*на костылях*) cottered joint 2. (*на шпонку*) indented joint
коленчатое ~ elbow joint
косое ~ inclined joint
крестовое ступенчатое ~ cross half-lap joint
лобовое ~ bridge joint
непрочное ~ chilled joint
ослабленное ~ starved joint
пазовое ~ dado joint
поперечное (*в раме*) ~ transom joint
прямоугольное ~ на шипах barefaced tenon
рельефное ~ (*для дверных и оконных переплётов*) coped joint
скошенное и зачищенное ~ skived joint
столярное ~ 1. halving joint 2. (*имеющее декоративное назначение*) frank jointing 3. (*под прямым углом*) right-angle grain joint
ступенчатое ~ 1. bridle [halved-and-housed] joint; lap scarf 2. (*на шип «ласточкин хвост»*) dovetailed halving joint
тавровое ~ 1. stopped housing 2. (*на укороченный шип*) stub-tenon housing
торцевое ~ 1. (*листов шпона на профильный шип*) фирм. ibus joint 2. (*полос шпона на прямой шип*) фирм. picus joint 3. (*шпунтовое*) end [four-way] match
угловое ~ на скобах stapled cornex joint
усовое ~ 1. (*в шпунт и гребень на шип*) lock miter 2. (*на шкантах*) doweled miter
усовочное ~ на тупой угол oblique miter

шарнирное [шарнирно-сочленённое] ~ articulated [eye, hinge] joint; articulation 2. (*откидной крышки*) pivoted fall joint

шиповое ~ 1. (*на угол*) bridle joint 2. (*сложного профиля*) franking 3. (*ящичное ~ стенок*) lock corners

шпунтовое ~ groove-and-tongue; milled joint

соединитель 1. connector, coupler 2. (*для ремней*) claw

соединять connect, join, splice
~ вполдерева halve
~ в торец abut
~ на шип [шпонку, гребень] feather
~ на шипах tenon
~ под углом corner
~ торцы в шпунт end match
~ шипами house

сожительство (*микроорганизмов*) commensalism

создание:
~ лесных культур planting

созревание mature growth; maturation, mellowing

созревать mature, mellow

созревший mature, (dead) ripe

сок (*растений*) sap
берёзовый ~ birch syrup
кленовый ~ maple syrup
млечный ~ latex

сокинг [реакционная камера] soaking drum

сокодвижение sap ascent

сокол (*инструмент штукатура*) hawk

солидол cup grease

солома straw, thatch

соломка:
спичечная ~ 1. match-wood; (match) splints 2. (*выбитая из планок коробконабивочного станка*) ejected splints 3. (*квадратного сечения*) square stick

солонец alkali [alkaline] soil

солончак (*на заливных участках*) tidal marsh

соль:
~ или эфир ксантогеновой кислоты [ксантогенат] xanthogenate
~ лигносульфоновой кислоты лигносульфонат
~ натрия sodium salt

сомкнутость:
~ крон (*деревьев*) crown closure; crown contact; grown density; vicinity of crown
~ насаждения closeness, stocking
~ поверхности бумаги compactness
~ полога (*по площади проекции кроны или по сумме площадей проекций крон деревьев*) canopy density; canopy closure; closing of leaf canopy
вертикальная ~ (*крон*) vertical closure
горизонтальная ~ 1. (*крон*) horizontal closure 2. (*полога*) horizontal canopy

сомкнутый (*о древостое*) closed

сообщать:
~ непрозрачность opacify

сообщество [ценоз] (*природное*) cenosis, coenosis
~ бореальных лесов microthermophytia
~ жестколистных пород aestidurilignosa
~ заболоченного леса helohylium
~ листопадных древесных и кустарниковых пород decidulignosa
~ мангровых деревьев avicennietum
~ растений community, society
~ редкого леса orgadium
климаксовое растительное ~ 1. climax 2. (*послепожарное*) fire [pyric] climax
кустарниковое листопадное ~ aestifruticeta
лесное ~ forest community, xylium
многоярусное ~ more-layered community
небольшое ~ (*в окружении большого сообщества*) enclave
несомкнутое ~ open community
неустойчивое ~ seral community
одноярусное ~ one-layered community
переходное ~ transitional community
пограничное (*лесолуговое*) ~ forest-grassland ecotone
раздельное (*лесное*) ~ discrete forest community
растительное ~ [фитоценоз] plant association; plant community
сомкнутое ~ closed community
устойчивое ~ stable community

сооружение 1. (*процесс*) building, construction 2. (*строение*) structure

сооружение

водоочистное ~ water pollution control plant
противопаводковое ~ torrent-control construction
соосность alignment
соотношение ratio; relation(ship)
 ~ диаметров кроны и ствола (*на высоте груди*) crown diameter ratio
 ~ массы корней и побегов root-shoot ratio
 ~ массы надземной и подземной частей (*сеянца*) top-root weight ratio
 ~ объёмов прироста и рубки growth-cut ratio
сопло bleed, jet, nozzle, orifire
 заливочное ~ (*в сцежах*) deluge nozzle
соплодие collective [multiple] fruit
сополимеризовать:
 ~ со стиролом styrenate
соприкасающийся abutting
сопротивление resistance
 ~ бумаги раздиранию 1. elmendorf 2. (*разрыву*) tear
 ~ волокнистого полуфабриката 1. (*излому*) pulp folding strength 2. (*продавливанию*) pulp bursting strength 3. (*раздиранию*) pulp tear resistance; pulp tear strength
 ~ выпотеванию (*битуминизированной бумаги*) bleeding [blood] resistance
 ~ (*шины*) вырывам и разрезам chip and tear resistance
 ~ вытаскиванию гвоздей (*в направлении, параллельном стержню гвоздя*) direct-withdrawal resistance
 ~ выцветанию fading resistance
 ~ выщипыванию (*покровного слоя*) pick resistance
 ~ гидравлическому удару hydraulic resistance
 ~ движению, вызванному уклоном дороги grade resistance
 ~ заносу (*автомобиля*) skid resistance
 ~ излому 1. folding resistance 2. (*при перегибе*) folding strength
 ~ истиранию 1. (*бумаги*) scuff resistance 2. (*во влажном состоянии*) wet-rub quality; wet-rub resistance
 ~ кромки надрыву (*при испытании бумаги по Финчу*) edge-tearing resistance
 ~ отслаиванию 1. peel strength 2. (*волокна от поверхности бумаги*) resistance to lifting; resistance to plucking
 ~ перфорации perforation resistance
 ~ продавливанию bursting [pop] strength
 ~ продольному изгибу buckling resistance
 ~ проколу puncture resistance
 ~ пылению (*бумаги*) scuff resistance
 ~ раздавливанию (*перпендикулярное волне гофры картона*) flat crush
 ~ раздиранию tearing strength
 ~ раскалыванию splitting resistance
 ~ расплыванию чернил ink(-rub) resistance
 ~ расслаиванию delamination resistance; resistance to ply separation
 ~ растрескиванию crack resistance
 ~ расщеплению splitting resistance
 ~ резанию cutting resistance
 ~ сдвигу параллельно плоскости плиты shear strength in plane of board
 ~ сжатию stacking strength
 ~ скольжению grip resistance
 ~ скручиванию curling resistance; twisting strength
 ~ слипанию (*бумаги с покровным слоем*) block(ing) resistance
 ~ смятию crumpling resistance
 кольцевое ~ раздавливанию ring crush
 начальное ~ раздиранию initial tearing strength
 относительное ~ продавливанию в процентах percent bursting strength ratio
сопротивляемость:
 ~ перепадам температур freeze-thaw resistance
сопряжение:
 ~ клёпки (*бочки*) stave joint
сопряжённость *бот.* association
сопутствующий (*о древесной породе*) codominant
сорбитол (*добавка при кислородной варке*) sorbitol; *фирм.* glucitol
сорбция sorption
соринки scales

сорность (*бумаги*) speckiness; specks and spots; paper dirt
сорный (*о бумаге*) foul
сорняк weed (*plant*)
сорт 1. (*древесины, лесоматериалов*) degree, grade; sort; style, variety 2. (*растений*) breed, genus, kind ◇ высшего ~а selected merchantable
~а бумаги, склонные к проскальзыванию slippery grades of paper
второй ~ тряпья twos
высшие ~а древесины uppers
культурный ~ растения cultivar
лучшие ~а строительных брёвен crown wood
местный ~ native breed
низкий ~ хлопчатобумажного тряпья outshots
низший ~ клеёной фанеры star
первые и вторые ~а лиственных пиломатериалов ones and twos
специальные ~а бумаги 1. specialities 2. (*из жёсткой сульфатной целлюлозы*) kraft specialities
сортимент assortment, length; (short) log, section, shortwood
~ы, заготовленные вручную (*мотопилой*) manually-produced shortwood
деловой ~ merchantable assortment
длинномерный ~ long-cut wood; multiple length log
колотый ~ split-up assortment
короткий толстый ~ block
короткомерные ~ы bolt length; shortwood
круглый ~ roundwood (assortment)
тонкомерный ~ small wood
сортиментация (*перечень сортиментов*) product specification
сортиментовоз (*автомобиль*) short log truck
сортирование 1. sorting 2. цел.-бум. screening
~ бумажной массы stock-screening
~ древесной массы groundwood pulp screening
~ древесных частиц fragment screening
грубое ~ bull [coarse] screening
мокрое ~ (*тряпичной массы*) wet picking
окончательное ~ (*тряпья*) overhauling
полистовое ~ бумаги sizing of paper per two sheets
тонкое ~ fine screening
сортированный:
~ по прочности stress-graded
сортировать assort, grade, segregate, sort
~ по размерам size
вторично ~ rescreen
сортировка 1. (*сортирование*) assorting, classification, handle; grading, sorting, scaling 2. (*установка*) grader, sorter, screen (strainer); strainer
~ брёвен log segregation; log survey
~ для бегунной массы brokes strainer
~ для сульфатной целлюлозы brown stock screen
~ для щепы 1. chip cleaner; (chip) screen; chipscreen 2. (*барабанная вращающаяся*) rotary-type chipscreen 3. (*дисковая*) disk screen 4. (*многогранная*) chip rotoscreen
~ лесоматериалов classification of wood; wood sorting
~ [классификатор] макулатурной массы classifiner
~ по размерам sizing
~ рафинёрной массы refined rejects screen
вертикальная ~ цел.-бум. selectifier (screen)
вибрационная ~ swing screen
вращающаяся ~ 1. цел.-бум. sifter 2. (*коническая*) gyratory screen
грубая ~ bullscreen; scalping screen
диафрагмовая ~ diaphragm screen
массная ~ stock cleaner
плоская ~ bar screen
проточная ~ flowing-through screen
центробежная [барабанная] ~ 1. drum screen 2. фирм. centrifiner 3. (*погружённого типа*) suction screen
сортировщик sorter, scaler; screen [sorting] operator
~ бумаги (*ручного черпания*) layer
~ макулатуры или бумаги ручного черпания picker
~ тряпья overhauler
сортность grade, rating
сосать suck
соскабливание (*лака*) stripping
соскабливать scrape off, shave

соскальзывание

соскальзывание:
  поверхностное ~ (*ткани*) surface drag
соскальзывать slide down; slip
сосна (*Pinus*) pine (tree)
  ~ австралийская (*Pinus australia*) pitch pine
  ~ Банкса (*Pinus banksiana*) jack [prince's] pine
  ~ болотная (*Pinus palustris*) longleaf [pitch, southern yellow] pine
  ~ Веймутова (*Pinus strobus*) cork [eastern white; northern white; Weymouth; white] pine
  ~ виргинская (*Pinus virginiana*) scrub pine
  ~ гибкая [кедровая калифорнийская] (*Pinus flexilis*) limber pine
  ~ горная Веймутова (*Pinus monticola*) western white pine
  ~ жёлтая (*Pinus ponderosa*) ponderosa [western yellow] pine
  ~ жёсткая (*Pinus rigida*) pitch pine
  ~ Жеффрея (*Pinus jeffreyi*) Jeffrey pine
  ~ итальянская (*Pinus pinea*) stone pine
  ~ кедровая 1. (*европейская*) (*Pinus cembra*) Swiss stone pine 2. (*маньчжурская*) (*Pinus koraiensis*) Manchurian [Siberian] pine 3. (*сибирская*) (*Pinus cembra sibirica*) kedar; Siberian stone pine
  ~ ладанная (*Pinus taeda*) loblolly [taeda] pine; sap, torch
  ~ Лямберта (*Pinus lambertiana*) sugar pine
  ~ обыкновенная (*Pinus silvestris*) common [Scots] pine; redwood
  ~ скрученная широкохвойная (*Pinus contorta*) lodgepole pine
  ~ смолистая (*Pinus resinosa*) Canadian [red] pine
  ~ Эллиота (*Pinus elliottii*) slash pine
сосновый piny
сосняк [сосновый бор] pine forest; pinery; piny wood
сосняк-брусничник cowberry pine forest
состав 1. composition; constitution 2. (*поездной*) train
  ~ для проклейки бумаги paper-sizing composition
  ~ для промывки сукон felt washing lotion
  ~ для удаления клея stripper
  ~ живого напочвенного покрова plant community structure
  ~ лесонасаждения composition
  ~ листьев (*при диагностике питания*) foliar composition
  ~ на канифольной основе rosin-based compound
  ~ [структура] насаждения stand structure; stand composition
  ~, покрывающий головки спичек match tip coating
антисептический ~ cuprinol
валовый ~ total composition
видовой ~ (*растительной ассоциации*) floristic composition
водо- и грязеотталкивающий ~ для пропитки тканей fabric water and stain repellent
водоотталкивающий ~ repellent
водорастворимый отделочный ~ aqueous coating
возрастной ~ [структура] древостоя age-class composition
гранулометрический ~ (*почвы*) particle-size composition; texture
грубый механический ~ (*почвы*) coarse texture; open texture
дезинфицирующий ~ fumigating compound
жидкий ~ для смазки инструментов flexible tooling compound
кроющий ~ coating compound
личный ~ пожарной охраны forest [fire] guard
маслосодержащий отделочный ~, не закрывающий поры древесины penetrating oil finish
механический [гранулометрический] ~ (*почвы*) dry-weight percentage
минеральный ~ (*растений*) mineral status
моющий ~ lotion
объёмный ~ (*бумаги*) volumetric composition
подвижной ~ carrying equipment; stock
породный ~ насаждения species composition of stand

противогнилостный ~ preservative substance
тонирующий ~ (*при отделке древесины*) toner
тяжёлый механический ~ (*почвы*) heavy texture
флористический ~ (*сообщества*) floristic composition
фракционный ~ 1. (*волокнистого полуфабриката по длине волокон*) pulp fiber length distribution 2. (*полуцеллюлозы по длине волокон*) groundwood pulp fiber length distribution 3. (*целлюлозы*) molecular weight distribution 4. (*целлюлозы по длине волокон*) chemical pulp fiber length distribution
составление:
~ абриса участка boundary survey
~ из кусков patchwork
~ карты 1. plotting 2. (*схемы раскроя пиломатериалов*) cuttings neting
~ перечня или спецификаций listing
~ таблицы [сведение в таблицу] tabulation
составлять:
~ план plan
составляющая:
~ распространения огня (*о поведении пожаров*) spread component
состояние condition, state, status
~ (*сезонное*) грунта condition of ground
~ леса forest conditions
~ покоя (*семян растений*) 1. dormancy, quiescence 2. (*в период засухи*) aestivation
~ сверхнабухания superswallen state
~ эксплуатационной готовности (*техники*) operating [operative] condition
взвешенное ~ suspension
исправное ~ operating [operative] condition
напряжённое ~ 1. case-hardening 2. (*в конечный период сушки: наружные слои находятся в сжатом состоянии, а внутренние в растянутом*) reverse case-hardening
нерастворимое ~ infusible state

рабочее ~ operating [operative] condition
расплавленное ~ molten state
сухое ~ dryness
сырое ~ (*пиломатериалов*) green state
состоящий:
~ из клеток cellular, cellulate
~ из растительных остатков cumulose
состригание planing off
~ слоя с поверхности пиломатериала (*инструментом с неподвижным ножом*) skimming
состригать plane off
сосуд vessel
~ древесины trachea, vessel
вегетационный ~ culture pan
кольчатый ~ *бот.* annular vessel
млечный ~ latex tube
одревесневший [лигнифицированный] ~ lignified vessel
пористый ~ *бот.* pitted vessel
промывный ~ washing vessel
сетчатый ~ *бот.* reticulate vessel
спиральный ~ *бот.* spiral vessel
сосудисто-лучевой (*о паре пор*) rayvessel
сосудистый *бот.* tracheal
сосун:
~ мокрого сукна felt suction roll; felt-water separator
плоский ~ flat (suction) [suction flat] box
трубчатый ~ tubing suction device
сосуществовать symbiose
соты honeycomb
сохранение preservation
сохранность:
~ лесных культур conservation of forest plantation
~ сеянцев establishment; capacity for survival
соцветие blossom cluster; capitulum, glome, inflorescence
социология:
лесная ~ forest sociology
сочетание:
~ вогнутого и выпуклого профиля *меб.* gadrooning
сочетать(ся) combine, match
сочиться ooze
сошка forked wood

сошлифовка

сошлифовка:
~ по краям или углам margin oversanding
сошник colter [opener] boot; colter, coulter; opener, opening plow; shoe, trencher
~ для внесения удобрений (fertilizer) applicator
~ для рядового посева drill boot; drill colter
~ лесопосадочной машины furrow opener; planting plow; trencher
~ плуга opener
~ сажалки planting body; planting shoe; supply colter
~ сеялки supply colter
анкерный ~ hoe [horn] opener; hoe (type) colter
дисковый ~ disk (furrow) [rolling] opener; disk colter
комбинированный ~ dual-level opener
полозовидный ~ boat-shaped [knife-type] opener; runner; ski-shapped colter
соштабелёванный [сложенный в штабель] piled
спайнолепестный sympetalous
спакетированный (о лесе) bunched
спаренный in tandem
спекание caking, fritting
~ лака на шлифовальном утюжке (дефект при шлифовании лакированной поверхности мебели) pad caking
спектр:
биологический ~ (видов флоры) life-form spectrum
спелость maturity, ripeness
~ леса exploitability
~ насаждения (crop) maturity; ripeness
естественная ~ natural maturity; physical exploitability
качественная ~ qualitative maturity
количественная ~ quantative maturity
техническая ~ technical exploitability; technical maturity
физиологическая ~ physiological maturity
физическая ~ physical maturity
финансовая ~ financial exploitability; financial maturity; financial yield

хозяйственная ~ economic maturity
спелый (о лесе) exploitable, mature
спецификация listing, parts list, schedule, specification
~ пиломатериалов 1. (без некоторых ходовых размеров) broken specification 2. (принятая в данной стране) country cut
~ раскроя cutting list
~ столярных конструкций, выпускаемых предприятием full mill bid
спецодежда outfit, overalls
зимняя ~ winter outfit
спиливание (дерева) 1. cutting, sawing 2. (со стороны противоположной направлению валки) backcutting 3. (без подпила, когда пропил точно соединяется с подпилом) cut off
спинк/а back ◇ со ~ой backed
~ в виде веера fan back
~ в виде кольца balloon back
~ в виде коромысла yoke back
~ в виде фестонов cusp back
~, верхняя часть которой изогнута в виде завитка scroll back
~ виндзорского кресла stick back
~ в форме пшеничного снопа (Англия, сер. XVIII в.) wheats heap back
~ из двух перекрещивающихся закруглённых элементов (нач. XIX в.) lunette back
~ из древесноволокнистой плиты fiber back
~ из точёных колонок colonnette back
~ из трёхстрельчатых арок (Англия, сер. XVIII в.) lancet back
~ лемеха share plate
~, переходящая в сиденье [цельноформированные спинка и сиденье] continuous back-and-seat
~ пильного полотна back edge of saw
~ резца back edge of tool
~ с овальной прорезью в верхней части (для облегчения переноски стула) handle back
~ стула из сплошного щитка tablet-top
задняя ~ корпусной мебели carcass back
закруглённая ~ hoop back

круглая ~ 1. sack back 2. (*в виде обруча*) loop back
низкая закруглённая ~ (*виндзорского кресла*) saddle back
овальная ~ (*XVIII-XIX в.в.*) 1. pillow back 2. (*с орнаментом «антемий»*; *XVIII в.*) anthemion [honeysuckle] back
резная ~ в виде переплетения лент (*Англия, XVIII в.*) interlaced chair [ribbon] back
решётчатая ~ (*Англия, XVIII в.*) lattice back
спиралевидный strombuliform
спираль 1. spiral 2. (*извилина*) curl
спирт alcohol
список 1. (*перечень*) list 2. (*документ*) record, roll
спичк/а 1. (*зажигательная*) match 2. (*вид отходов сортированной щепы*) мн. pin chips
~и в виде диска disk matches
~и, забившие воронку коробконабивочного станка jammed matches
~ из опилок pellet match
~и многократного зажигания everlasting matches; multimatches
~, обработанная хлоратом калия, сахаром и гуммиарабиком oxymuriated match
восковые ~и wax matches
охотничьи ~и waterproof matches
рассыпанные ~и loose matches
рассыпные ~и loose sticks
серная ~ congreve, spunk
сесквисульфидные ~и strike-anywhere matches
специальные ароматические ~и perfumed matches
сплав (*леса*) [лесосплав] driving; (*timber, wood*) floating; rafting (of wood)
~ долготья long-log floating
~ плотами rafting
~ по каналу creak drive
молевой ~ drift (*floating*); drifting, drive, driving; loose floating
морской [океанский] ~ ocean rafting
сплавляемый в чистой воде (*лес на плотах над водой во избежание посинения древесины*) bright-floated; dry-floated
сплавлять (*лес*) drive, float
~ (*брёвна*) в кошеле loose raft

~ молем drift, drive
~ плотами raft
сплавной [пригодный для сплава] (*о лесе*) driveable, floatable
сплавоспособность (*леса*) floatability
сплавоспособный (*о лесе*) floatable
сплавщик (river) driver, rafter, raftsman; wood floater
опытный ~ catty man; white water man
сплачивание:
~ досок cleat joint
~ зубом table(d) joint
сплачивать join, joint
~ в фальц rabbet
сплетать 1. braid, plait, splice 2. (*ветви*) plash
сплетение interlacement, twine
~ веток и листвы tracery
~ корней matting of roots
сплотка 1. (*леса*) bundling, rafting 2. (*стык*) straight joint
~ в запани booming rafting
~ (*досок*) в шпунт tongue
~ на воде water timber bundling
береговая ~ bank (timber) bundling
сплющивание 1. flattening 2. (*древесины вследствие сильного и неравномерного усыхания*) collapse
сползание 1. (*по поверхности*) slide, sliding 2. *меб.* crawling
~ массива почвы mudflow
спор/а spore
вторичная ~ secondary spore
маленькая ~ sporidiole
мелкие ~ы minute spores
обособленная ~ secondary spore
спорангиеносец sporangiophore
споридия (*базидиоспора ржавчинных грибов*) sporidium
спорогенный [спороносный] spore-forming, sporiferous
спорообразование sporulation, sporification
спорофор (*плодовое тело дереворазрушающего гриба*) sporophore
споруляция sporulation
способ manner; medium, method, mode; practice, process; style, type, way
~ варки целлюлозы pulping process
~ ведения порослевого низкоствольного хозяйства sprout method
~ выращивания леса с временным

способ

сельскохозяйственным пользованием taungya method
~ движения (*агрегата*) по спирали из центра inside-out method
~ заготовки леса 1. (*без межоперационных запасов*) hot logging (method) 2. (*с созданием межоперационных запасов*) cold logging (method)
~ заготовки сортиментов 1. (*с применением моторных пил*) motor-manual shortwood method 2. (*у пня*) cut-to-length system
~ы измерений conventions of measurement
~ каёмчатых выборочных рубок strip selection cutting method
~ круговой разработки лесосек (*канатной установкой с расположением головной мачты в центре круга*) circular yarding method
~ (ведения) лесозаготовок 1. logging method 2. (*с применением ручного труда*) labor intensive method 3. (*с трелёвкой [вывозкой] деревьев*) whole tree method 4. (*с трелёвкой [вывозкой] длинномерных лесоматериалов*) long-length method 5. (*с трелёвкой [вывозкой] сортиментов*) (as)sortment method 6. (*с трелёвкой [вывозкой] хлыстов*) tree-length method
~ наслоения lay-up technique
~ нейтральной сульфитной варки neutral sulfite semichemical process
~ непосредственного тушения пожара direct method
~ одноприёмной постепенной рубки one-cut shelterwood method
~ определения объёма брёвен без учёта сбега spaulding rule
~ отжига (*от естественных преград при тушении пожара*) indirect method
~ перевозки прицепа на шасси автомобиля (*при порожнем рейсе*) piggy back method
~ подсочки turpenting method
~ посадки (*лесных культур*) method of planting
~ постепенных рубок shelterwood (cutting) method
~ производства practice, (*production*) process, technology

~ прямого напыления direct spreading technique
~ равномерных постепенных рубок uniform (shelterwood) method
~ рубки и возобновления леса reproduction method
~ы рубок cutting methods
~ соединения досок, препятствующий короблению *уст.* batten-and-button
~ сплошных полосных [сплошных каёмчатых] рубок strip cutting method
~ сплошных рубок с оставлением семенников (*при ведении среднего хозяйства*) seed-tree cutting method
~ транспортировки [трелёвки, вывозки] леса extraction method
~ тушения пожара созданием нескольких параллельных защитных полос parallel method
~ упаковки (*мебели*) в усадочную плёнку shrinking technique
~ частичной обработки почвы strip-ridging system
верховой ~ рубок ухода crop-tree [crown, high] thinning
известково-молочный ~ поглощения *цел.-бум.* milk-of-lime system
косвенный ~ борьбы с вредителями (*санитарная рубка, прореживание*) indirect control
линейный ~ рубок ухода line thinning
низовой ~ рубок ухода low [ordinary] thinning
полусухой ~ склеивания (*фанеры*) semidry gluing
сульфатный ~ варки kraft [sulfate] process
сухой ~ 1. (*склеивания фанеры*) dry-cementing process 2. (*получения бумаги*) dry paper process 3. (*отлива*) dry felting process
традиционные ~ы рубок ухода conventional thinning methods
химический ~ удаления сучьев chemical pruning
хлорно-щелочной ~ получения целлюлозы caustic-chlorine pulping
челночный ~ (*движения агрегата*) to-and-fro method

спрыск

способность ability; capability, capacity; power
~ к выживанию competitive ability
~ к перегибу scoreability
~ обеспечивать питательными веществами nutrient-supplying capacity
~ осаждаться precipitability
~ подвергаться окраске paintability
~ почвы выделять калий из обменных форм potassium-supplying power of soils
~ преодолевать уклоны hill climbing capacity
~ свойлачиваться felting quality
~ склеиваться glueability
азотфиксирующая ~ nitrogen-fixing capacity
водопоглощающая ~ (*почвы*) water-absorption capacity
водоудерживающая ~ (*бумажной массы*) paper stock water-retention capacity
вяжущая ~ binding power
гвоздеудерживающая ~ (*материала*) nailability; nailing propety
грязеотталкивающая ~ stain-repellency
демпфирующая ~ damping capacity
дубящая ~ tanning property
заполняющая ~ gap-filling capability
испарительная ~ (*бумаги*) evaporation capacity
клеящая ~ binding power
красящая ~ coloring value
кроющая ~ *дер.-об.* coverage
несущая ~ 1. bearing strength 2. (*грунта*) (ground) bearing capacity; bearing power; load-carrying capacity
окислительная ~ oxidation power
отражательная ~ 1. reflectivity 2. (*леса*) [альбедо] forest albedo 3. (*почвы*) [альбедо] soil albedo
поглотительная [абсорбционная] ~ 1. absorbing [absorptive] capacity; receptivity 2. (*почвы*) storing capacity of soil
порослевая ~ rejuvenation capacity
проникающая ~ 1. penetration quality 2. (*корней*) capability of root penetration
пропускная ~ 1. (*дороги*) capacity 2. (*почвы*) throughput capacity

размалывающая ~ beating [refining] power
рафинирующая ~ refining power
реакционная ~ целлюлозы к вискозообразованию pulp reactivity
связующая ~ binding power
транспирационная ~ transpiration capacity
транспортная ~ transportation capacity
тяговая ~ tractive capability
удерживающая ~ holding capacity
усваивающая ~ (*растений*) uptaking capacity
целлюлозоразлагающая ~ cellulose-decomposing capacity
шурупоудерживающая ~ (*материала*) screwing property
экстрагирующая ~ extractive power; extractivity
способный жить в разных условиях (*о растениях*) facultative
справочник:
лесотаксационный ~ forest mensuration handbook
лесохозяйственный ~ [справочник лесничего] forestry handbook
спредер spreader
спринклерщик *цел.-бум.* sprinklerman
спружинить (*о падающем дереве*) cushion
спрыск jet, shower, spray
~ декельного ремня deckle strap jet; deckle strap spray
~ для отсечки 1. (*бумажного полотна*) coucher, cut squirt 2. (*кромки*) light edge jet
~ для сбивания пены foam spray
~ для увлажнения (*кромки*) сукна wetting edge jet
ведущий ~ conducting spray
веерообразный ~ spray nozzle shower
выходной ~ discharge shower
игольчатый вибрирующий ~ для промывки сетки needle oscillating wire cleaning (*washing*) shower
отсечный ~ 1. cutoff [knock-off] shower 2. (*для кромки*) trim cutoff shower
подвижный ~ для очистки крышки cover cleaning oscillating shower
промывной ~ sluice shower
раздвоенный ~ fishtail jet

спрыск

снимающий ~ knockoff; knock-off jet
спуск 1. (*движение вниз*) descent 2. (*уклон*) backfall, downgrade 3. (*лоток*) chute 4. (*выпуск, сброс*) bleeding, discharge
~ груза с помощью каната snubbing
~ массы *цел.-бум.* dumping
~ на канате с вертолёта rapelling
спускать (*древесину по жёлобу*) chute
~ по лесоспуску flume
~ со склона ballhoot
спячка:
зимняя ~ (*растений*) overwintering, winter dormancy
спящий *бот.* latent
срастание intergrowth
~ корней accretion, coalescence, concretion; growing together; natural root-grafting; rhizocollesy
срастаться accrete, coalesce; grow together; intergrow
сращивание 1. jointing 2. (*канатов*) splicing
~ брёвен зарубкой cogging
~ брусьев lengthening of timber
~ вполдерева half-scarf
~ канатов посредством муфты socketing
~ по длине end-jointing
зубчатое ~ hook-and-butt scarf
ступенчатое ~ box [flat] scarf
сращивать 1. join 2. (*канаты*) splice
~ по длине end joint
среда 1. medium 2. (*окружающая*) environment, habitat
агаровая ~ agar medium
внешняя ~ external environment
защитная ~ shielding medium
лесная ~ forest environment
неблагоприятная ~ [неблагоприятные условия среды] difficult environment
нетронутая [первозданная] ~ pristine environment
питательная ~ nutrient medium; substrate
рабочая ~ (*рабочего места*) working environment
срединка (*фанеры*) core
среднеполнотный (*о насаждении*) medium stocked
среднесомкнутый (*о древостое*) thin
средник *стр.* monial, mullion

внутренний ~ (*окна*), в котором установлены скользящие противовесы boxed million; (*дверной обвязки*) cross [lock] rail
средств/о 1. (*вещество*) agent 2. (*способ*) medium 3. (*устройство*) facility, means
~ для борьбы с образованием слизи *цел.-бум.* slimicide
~ для выравнивания или снятия трещин (*лакового покрытия*) amalgamator
~ для снятия лака varnish remover
~ для удаления или заглаживания трещин (*лакового покрытия*) check eradicator
~ для удаления отделочного покрытия finish remover
вспомогательное ~ aid
высушивающее ~ desiccant
гидрофобное ~ (*при производстве ДСП и ДВП*) moisture retardant
дезинфицирующее ~ (*для сукон*) detergent
консервирующее ~ curing agent, preservativa
моющее ~ 1. detergent 2. (*синтетическое*) syndet
обезжиривающее ~ degreasing agent; degreaser
обессмоливающее ~ deresination agent
окислительное ~ oxidizer
омыляющее ~ saponifying agent, saponifier
осаждающее ~ precipitant
отбеливающее ~ bleach; bleaching agent
подручные ~а 1. (*для сбивания огня; напр. пожарный ремень*) кан. fireflap(per) 2. (*для тушения пожара*) fire swatter; fire beater
пропиточное ~ impregnating agent
сушильное ~ siccative
технические ~а facilities
транспортные ~а 1. carrier, vehicle 2. (*для перевозки людей на лесозаготовках*) crummy
срез 1. (severing) cut, (shear) cut, section 2. (*разрушение при сдвиге*) shear(ing)
гистологический ~ microscopic section; mount

косой ~ feathering; miter cut
скошенный ~ splayed cut
торцевой ~ crosscut [face] end
срезание 1. cutting, severing 2. (*подрезание*) paring
~ [обрезка] вершины дерева topping
срезать cut, shear
~ вершину (*дерева*) tip, top, truncate
~ ветви (*дерева*) prune; prune away
~ деревья cut down; shear off
~ ножами shear, shear off
~ сучья snag, snip (off)
срок (*период*) period
~ владения tenure
~ выдержки conditioning period
~ гарантии guaranty [warranty] period
~ годности working life
~ окупаемости pay-back period
~ службы (*машины, инструмента*) age
~ хранения семян seed longevity
сростнопыльниковый syngenesious
сросток (*соединение*) joint, splice
сросшийся 1. adherent, adnate, connate, concrescent 2. (*о корнях*) grafted roots
сруб blockhouse; block [log] house; crib, cribwork
ящичный ~ boxing
срубать abate; cut down; poll
срыв 1. (*нарушение режима*) breakdown, upset 2. (*отрыв*) separation
~ бумаги drop, refuse, tailing
стабилизация:
~ белизны целлюлозы pulp brightness stabilization
стабильность [устойчивость] экосистем ecosystem stability
ставка:
дневная ~ day rate
сдельная ~ piece (work) rate
ставни shutters
подъёмные ~ lifting shutters
регулируемые ~ для защиты от шума dimmers
стадия phase, stage
~ взрослого насекомого gerontic stage
~ гниения (*древесины*) 1. (*конечная [третья]*) complete decay 2. (*начальная [первая]*) early [incipient, invasive, primary] decay 3. (*промежуточная [вторая]*) advanced [destruction, intermediate, typical] decay
~ гнили stage of rot
~ дерева (*рост в высоту замедляется*) tree stage
~ личинки larval instar
~ молодняка 1. (*первого класса*) seedling stage 2. (*второго класса*) sapling stage
~ молодого древостоя seedling stage
~ насаждения 1. (*перестойного*) overmature timber stage 2. (*приспевающего*) young timber stage 3. (*спелого*) mature timber stage 4. (*средневозрастного*) pole stage
~ неполовозрелости immature stage
~ нимфы ephebic stage; nymphal instar
~ развития роста (*насаждений*) development stages
~ рубки 1. felling stage 2. (*окончательная*) final stage of felling
взрослая ~ (*насекомого*) adult phase
возрастная ~ энт. instar
восприимчивая ~ receptive stage
несовершенная ~ imperfect stage
световая ~ photophase
стабильная ~ в сукцессии сообществ climax
сталкивание:
~ бумаги jogging of paper
сталкиватель pusher
~ бумаги jogger
сталкивать 1. push [kick] (off) 2. (*бумагу*) jog
стамеска chisel; firmer [joiner's mortising; wood] chisel
изогнутая ~ (*долото*) long bent gouge
ложечная ~ long pod
стандарт 1. standard 2. (*эталон*) gauge
станин/а bed, bench, bendplate, column, frame, stand, table
~ неправильной формы irregular column
~ токарного станка lathe bed
направляющие ~ы base ways
плавающая ~ (*шлифовального станка*) floating bed
станок 1. (*машина*) machine, mill, tool 2. (*опора*) bed, frame
~ для агрегатной переработки брёвен chipping headrig

станок

~ для безленточного ребросклеивания шпона tapeless veneer splicer
~ для волнообразной резки блока пенопласта *меб.* doming machine
~ для вскрывания кип сизального волокна sisal opening machine
~ для вставки вентиляционных глазков (*в матрацы*) eyelet attaching machine
~ для вставки в матрац пружинных блоков (*в чехлах*) pocket spring filling machine
~ для вставки шкантов 1. insert [dowel] driver 2. (*с двух сторон щита*) double-sided dowel inserter
~ для вшивания молний *меб.* chain stitch zipper machine
~ для выборки пазов 1. dapper 2. (*усовочных*) V-grooving machine
~ для выделки дверных филёнок panel raising machine
~ для выемки желобов или пазов fluting machine
~ для выпиливания коротких оконных переплётов short web cutter
~ для вырезания выпуклых узоров pinking machine
~ для вырезания пробок и затычек цилиндрической или конической формы sweep cutter
~ для высверливания отверстий (*под спицы*) в ступице колеса nave boaring machine
~ для высверливания сучков knot boring machine
~ для глубокой простёжки (*матраца*) deep quilting machine
~ для гнутья 1. (*клёпки*) stave bending machine 2. (*ободов*) rim-bending machine 3. (*рукояток лопат*) spade handle bending machine 4. (*с помощью рычагов, крепящихся к приводу цепями*) chain-type lever arm bending machine
~ для горячего штампования плёнки hot foil marking machine
~ для гофрирования (*обивочной ткани*) ruffling machine
~ для гуммирования gumming machine
~ для двустороннего шлифования (*щитов*) double-deck sander

~ для двусторонней обработки double-end machine
~ для доокорки (*балансов*) fine barker; rebarker, rosser
~ для забивки волнистых скрепок corrugated fastening machine
~ для завёртывания шурупов fastener driving machine
~ для заострения концов (*напр. свай*) pointing machine
~ для запечатывания тепловым способом heat sealing machine
~ для зарезки 1. (*косых шипов*) angle tenoning machine 2. (*шипа ласточкин хвост*) dovetail(ing) machine
~ для затёски шпал [зарубочный ~] adzing machine
~ для заточки 1. (*ножей*) knife sharpener 2. (*пил*) saw sharpener; (*или реставрации*) *амер.* gummer 3. (*пильных цепей*) chain cutter grinder; chain sharpener; chain sharpening device 4. (*под углом*) angle-drive grinder 5. (*твёрдосплавных инструментов*) carbide tool grinder 6. (*фрез*) router grinder
~ для зашивания наволочек на подушках overseaming machine
~ для изгиба и склеивания 1. (*днищ бумажных мешков*) block-bottom paper-sack making machine 2. (*днищ мешков с клапаном*) valver
~ для изготовления 1. (*ватников для мягкой мебели*) garnett machine 2. (*внутренних спичечных коробок*) inner box machine 3. (*земляных горшочков*) plant balling machine 4. (*конусных пружин*) helical spinning machine 5. (*наружных спичечных коробок*) outer box machine; bar machine 6. (*проволочных сеток*) *меб.* link fabric [square link] machine 7. (*пружин*) wire working machine 8. (*пружин «змейка»*) sinuous wire forming [zig-zag] machine 9. (*реечных щитов*) slat bed machine 10. (*сетчатых дисков, вставляемых в вентиляционные отверстия матрацев*) ventilator machine
~ для измельчения 1. (*отходов пенопласта*) *меб.* shredder 2. (*и разрыхления набивочного материала*) *меб.* shredder-blower

станок

~ для контроля и сортировки ткани и настилов *меб.* cloth laying machine
~ для крепления 1. (*мягких настилов к пружинному блоку с помощью проволочных колец*) hog ring machine 2. (*ручек к матрацам*) handle attaching [handle border] machine 3. (*скобками волокнистых настилов к пружинным блокам*) pad stapler
~ для лущения соломочного шпона *спич.* splint peeling machine
~ для набивки подушек *меб.* case filler
~ для навивки пружин *меб.* 1. spring coiling machine 2. (*у матрацев*) mattress weaving
~ для надевания наволочек на подушки *меб.* case filler
~ для намазывания 1. (*горючей массы на боковые стенки наружной спичечной коробки*) abrasive siding machine 2. (*фосфорной массы*) *спич.* friction painting machine
~ для намотки и гуммирования бумажных шпуль cardboard tube winding-and-gumming machine
~ для намотки рулонного материала winding machine
~ для нанесения клея 1. spreader 2. (*на бумагу*) gummer 3. (*клея-расплава*) hot melt applicating machine 4. (*способом распыления*) adhesive spray machine 5. (*с валом, обогреваемым паром*) cast coater
~ для нанесения покрытия 1. coater, *фирм.* retofosmer 2. (*в виде раствора*) solvent coater 3. (*лакокрасочного, наливом*) flood machine 4. (*методом погружения*) dip coater 5. (*с гибким шабером*) flexibalde coater 6. (*с дозирующей планкой*) metering bar coater 7. (*с равнительным валиком*) dandy coater 8. (*со скользящим шабером*) trailing blade coater 9. (*с увлажнением*) kiss coater
~ для наружной простёжки (*матраца*) *меб.* outline quilting machine
~ для наружной прошивки чехлов (*подушек*) *меб.* overseaming machine
~ для насаживания обручей hoop driving machine
~ для неглубокой простёжки *меб.* shallow quilter

~ для непрерывного нанесения покрытия из горячих расплавов «Генпак» *фирм.* Genpac coater
~ для обвязки (*пачек шпона*) tying machine
~ для облицовки пуговиц button coverage
~ для облицовывания кромок 1. edge bander 2. (*рулонным кромочным материалом*) reel-to-reel coating machine
~ для обработки и набивки (*в подушки*) перьев *меб.* feather machine
~ для обработки массивных кромок щита ender
~ для обрезки 1. (*грата*) die cutting machine 2. (*пружин*) *меб.* spring clipping machine 3. (*свесов ламината*) laminate [lap] trimmer 4. (*углов*) corner cutter
~ для обрубки пружин spring cutter
~ для обточки бандажей wheel lathe
~ для обшивки борта *меб.* edge banding machine
~ для одновременной прошивки борта и прострочки ленты *меб.* preformed border machine
~ для оклейки торцов шпоновых полос бумажной лентой veneer taping machine
~ для окорки чураков billet debarker machine
~ для отделки камнем [лощилка] flint glazing machine
~ для пальцевого сращивания (*досок или заготовок*) finger jointer
~ для перекрёстного шлифования transverse sander
~ для плющения (*зубьев пилы*) pund
~ для повторной рубки (*отходов шпона*) rechipper
~ для полирования щитов board polishing machine
~ для получения профильных погонажных деталей plastic profiling machine
~ для поперечной стяжки шпона cross-feed machine
~ для правки инструмента оселком oil-stone grinder
~ для приклеивания бумажной лен-

767

станок

ты в участках починки шпона patch tape-applicator machine

~ для прирезки фанеры equalizing saw

~ для продольной разрезки листовых материалов slitter

~ для продольной распиловки (*древесины*) board saw

~ для продольной резки (*бумаги*) способом раздавливания crush-cut-slitter

~ для производства 1. (*драни*) furring machine 2. (*пробок для бочек*) shive machine 3. (*пружинных блоков*) wire forming machine

~ для прорезки отверстий (*при пропитке древесины креозотом*) incising machine

~ для простёжки 1. quilting [tufting] machine 2. (*борта*) *меб.* (cushion) border machine 3. (*настилов*) *меб.* layering machine

~ для простёжки пуговиц *меб.* tufting button machine

~ для профилирования бруса из бревна с одновременным получением щепы [рубильно-профилирующий ~] chipper canter

~ для профильной резки пенопласта *меб.* foam contour cutting machine

~ для прошивки 1. (*внутреннего настила борта*) *меб.* inner roll machine 2. (*тесьмы*) *меб.* tape-edge machine

~ для разделки брёвен на брусья scrag

~ для размотки рулонов unroll

~ для разрезки 1. (*гребешков на книжечки*) *спич.* booking machine 2. (*пенопласта для изготовления матрацев*) *меб.* mattress panel cutter 3. (*рулонов картона*) slitter rewinder

~ для раскладки или натяжки листовых материалов *меб.* laying-up machine

~ для раскроя 1. (*пакетов щитовых или листовых материалов*) block-cutting machine 2. (*цокольных заготовок*) die cutting machine 3. (*шпона*) veneer cutting machine

~ для раскручивания (*каната*) untwisting machine

~ для ребросклеивания шпона 1. (*с помощью бумажной ленты*) tape dispenser; veneer taping splicer 2. (*с помощью клеильной нити*) glue-thread splicer

~ для резки рулонного картона cardboard reel cutter

~ для резьбы (*по дереву*) carving machine

~ для сборки бочек staving machine

~ для сверления отверстий 1. (*в сиденьях стульев*) chair seat borer 2. (*и завёртывания шурупов*) dowel boring and driving machine 3. (*под болты*) adzing machine

~ для сгибания 1. (*бумаги под углом*) zigzag folder 2. (*заготовок картонных коробок*) blank folder 3. (*и скрепления картонных коробок*) folder-stapler 4. (*под углом и укладки бумаги*) zigzag folder-stacker

~ для склейки рулонной бумаги roll pasting machine

~ для скрепления 1. (*заготовок для картонных коробок*) blank stitcher 2. (*картонных коробок*) stapler 3. (*пружин в чехлах*) pocket spring clipping machine

~ для смешивания красок color blender machine

~ для сплачивания досок matcher

~ для строгания днищ head dressing machine

~ для строчки борта в вертикальном направлении *меб.* vertical stitch border machine

~ для тиснения 1. embossing machine 2. (*текстурного рисунка*) wood-embossing machine

~ для торцевого сращивания пиломатериалов end jointing machine

~ для удаления коры с веток или сучьев osier peeler

~ для укладки пачек в картонные коробки carton packer

~ для упаковки 1. (*в полиэтиленовую растягивающуюся плёнку*) stretch foil machine 2. (*рулонной бумаги*) roll-wrapping machine

~ для установки петель hinge inserting machine

~ для формирования пружинных блоков spring unit transfer

станок

~ для чистовой обрезки щитов дверок door sizing machine
~ для шлифования 1. (*рельефных и профильных изделий*) bobbin papering machine 2. (*профильных поверхностей*) contour sander 3. (*фрезерованных поверхностей*) molding sander 4. (*шкантов*) dowel sander 5. (*царг кроватей*) bed post sander
~ для шлифовки валов roll grinding machine
~ поточной линии flowline machine
~ с коротким рабочим ходом short-stroke machine
~ с пневматическими прижимными мешками (*для выклейки из фанеры криволинейных деталей*) bag machine
~ с программным управлением 1. tape-controlled machine 2. (*для раскроя плит или щитов*) digitally-controlled panel saw
~ с цилиндрической шлифовальной головкой bobbin sander
автоматический ~ 1. (*двухсторонний шипорезный*) automatic double end tenoning machine 2. (*двухножевой, для прифуговки шпона [сдвоенная гильотина]*) automatic two-knife veneer jointing machine 3. (*для заделки торцов*) automatic roll headbox 4. (*для шлифования круглых заготовок*) automatic turning sander 5. (*калибровальный*) automatic thickness sander 6. (*продольно-пильный*) auto-straight line rip saw
бобинорезательный ~ coil slitting machine; pony roll cutter
бочкопосверлильный ~ bung hole boring machine
бочарнотокарный ~ cask turning machine
бочарный ~ cask making machine
брусующий ~ cantsaw, slabber, squaring machine
вальцовый ~ 1. (*для нанесения текстурного рисунка*) graining roller 2. (*для тиснения*) rotary embosser machine 3. (*полировальный*) rotary sander
вертикально-сверлильный ~ radial drilling machine
вертикальный ~ 1. (*фанерострогальный*) vertical slicing machine. 2. (*фрезерный шпиндельный*) French head
гвоздезабивной ~ clamp nailing machine
гибочный ~ bending machine
гильзоклеильный ~ core (winding) [paper-tube; tube-winding] machine
гильзонамоточный ~ core winder
гильзорезательный ~ core cutter
гладильный ~ 1. wood scraper 2. (*для древесины*) wood-scraping machine
гнутарный ~ 1. bending rig 2. (*для изготовления круглых царг стульев*) bottom ring bending machine 3. (*для изготовления колёсных косяков или ободов*) felloe bending machine 4. (*для изготовления спинки стульев*) chair back bending machine 5. (*с механизмом гнутья в виде ворота*) rope-and-windlass bending machine
головной ~ 1. (*брусующий*) headrig 2. (*пильный*) head saw 3. (*распиловочный*) headrig [primary breakdown] saw 4. (*резательный*) head cutter
гонторезный ~ shingle machine; shingling saw
гофрировальный ~ corrugating [pleating] machine
гуммировальный ~ gummer
двусторонний ~ 1. (*для облицовывания кромок*) double-side-edge bander 2. (*для обработки массивных кромок щита*) double ender 3. (*обрезной с автоматической подачей*) automatic feed double sizer
двухрежимный перемотно-резательный ~ bi-wind winder
делительный ~ recut
деревообрабатывающий ~ woodworker; woodworking machine
долбёжный ~ 1. mortiser; mortising [paring, slotting] machine; slotter 2. (*с возвратно-поступательным движением резца*) reciprocating chisel mortising machine 3. (*с полым долотом*) hollow chisel mortiser
донновырезной ~ cask head rounding [head rounding] machine
дровокольный ~ [механический колун] kick stamp; splitter
дыропробивной ~ punch, puncher

станок

заточный ~ 1. grinding [sharpening] machine, sharpener 2. (*для круглых пил*) circular sharpener 3. (*для Г-образных зубьев пильной цепи*) chisel sharpener 4. (*для правки оселком*) oil-stone grinder
затыловочный ~ relieving machine
калёвочный ~ 1. moulder; moulding machine 2. (*небольшой*) skid
калибровальный ~ panel plane, thicknesser
кленамазывающий ~ glue spreader service bench
клеенаносящий ~ gluer
клеильно-сгибальный ~ folder-gluer
клеильный ~ 1. gluing machine 2. (*для картонных коробок*) flying splicer
клёпкообрезной ~ bucker
клёпкострогальный ~ cask planing machine
концеравнительный ~ equalizer
копировально-токарный ~ spindle carver machine
копировально-фрезерный ~ 1. copier; pin router 2. (*с оптической головкой*) optical head copying router 3. (*с программным управлением*) controlled router
копировальный ~ 1. profiling [stencil cutting] machine 2. (*долбёжный*) punching slotter
коробконабивочный ~ *спич.* box-filling machine
коробконамазывательный ~ *спич.* box painting machine
коробкоукладочный ~ *спич.* box spreading unit
корообдирочный ~ rosser
кромкозагибочный ~ crimping [flanging] machine
кромкооблицовочный ~ edgebander
кромкообрезной ~ trimmer; trimming machine
кромкострогальный ~ edge planing machine
круглопалочный ~ rod machine
круглопильный ~ 1. bolter; disk [rotary] saw 2. (*делительный*) reducer circular saw 3. (*для радиального распила брёвен*) radial saw machine 4. (*с наклонной оправкой пилы*) tilting arbor saw bench 5. (*с передвижным столом и реечной передачей*) rack-bench
лазерный ~ для сверления и резания laser borer-cutter
лаконаливной ~ curtain coater; curtain coating machine
ленточнопильный ~ 1. band mill 2. (*горизонтальный*) horizontal band mill; horizontal band resaw 3. (*для распиловки брёвен*) log band mill
линовальный дисковый ~ disk ruling machine
лощильный ~ glazing mill
лущильный ~ 1. (*rotary*) lathe, peeling-reeling unit; peeler rotary-cutting [veneer(-cutting)] lathe; wood-peeling machine 2. (*с телескопическими шпинделями*) telescopic peeling lathe
меловальный ~ 1. coating machine 2. (*с воздушным шабером*) air knife coating machine
многопильный ~ 1. gang [gang rip; multiple] saw; multiedger 2. (*для поперечного раскроя пиломатериалов*) trimmer 3. (*для продольной распиловки*) ripsaw; gang ripper 4. (*для раскроя торцевых шашек*) paving block saw 5. (*для распиловки брёвен на доски*) multirip bench 6. (*обрезной*) multiple sizer 7. (*шипорезный*) multiple cutter grooving machine
многошпиндельный ~ 1. (*полировальный*) multiple brush sander 2. (*сверлильный*) multiflow borer; (*присадочный*) gang mortiser 3. (*щёточный, для очистки щитов от пыли*) multiple brush sander
накатно-резательный ~ reeling [winding] machine
намоточный ~ reeler; reeling-up [wind] stand; reeling [rewinding] machine
ножезаточной ~ knife grinder
обвязочный ~ strapper
обрезной ~ 1. edging [trimming] machine; quartering saw; trimmer 2. (*четырёхсторонний пильный*) four-side trim saw
оконно-фрезерный ~ sash sticker
окорочный ~ 1. (de)barker; (de)barking [(bark) peeling, stripping] machine 2. (*дисковый*) disk barker 3. (*кулачковый*) hammer debarker 4. (*роторный*)

станок

ring(-type) debarker; rotary peeler **5.** (*с вращением бревна*) rosser(-type) debarker **6.** (*струйно-гидравлический*) hydraulic-jet [water-jet] (de)barker **7.** (*цепной ударного типа*) chain flail debarker
отделочный ~ coating machine
оцилиндровочный ~ butt-end reducer
пазовальный ~ groove-cutting [grooving] machine
пазорезный ~ с пилами dado head (saw) machine
передвижной распиловочный ~ portable saw rig
перемотно-разрезной ~ rereeler, rewinder
перемотно-резательный ~ slitter; slitter winder; slitting machine
перемоточный ~ **1.** winder **2.** (*с двумя тамбурами*) twin-winder
перемоточный ~ rereeling machine
пилозаточный ~ gullet [gumming] grinder
пильный [лесопильный] ~ **1.** sawing machine **2.** (*для раскроя щитов по поперечно-продольной схеме*) T-cut panel saw **3.** (*с ручной подачей*) hand-operated saw **4.** (*форматный*) linear panel sizing saw **5.** (*широколенточный с двумя режущими кромками полотна*) double cutting band mill
полировальный ~ buffing machine
поперечно-пильный ~ **1.** crosscut saw **2.** (*с пневматической подачей*) air-operated cross-cut off saw **3.** (*типа «лисий хвост»*) reciprocating saw
поперечно-резательный ~ transverse cutting machine
поперечно-строгальный ~ shaper
проволоконамоточный ~ wire-weaving giraffe
продольно-обрезной ~ **1.** ripping machine **2.** (*с верхним расположением пил*) top arbor edger
продольно-пильный ~ rip saw machine
продольно-поперечный резательный ~ in-line cutter-slitter; slitting-and-cutting machine
продольно-резательный ~ **1.** duplex cutter; slitter; slitting [slitting-and-rereeling] machine **2.** (*с ножевым валом*) shear-cut slitter **3.** (*с одним ножом*) score cutter
продольно-сверлильный ~ slot drill
продольно-строгальный ~ parallel planing machine
пропиточный ~ oiling machine
прошивочный ~ *меб.* **1.** needling [needle punching] machine **2.** (*для прошивки настилов или набивочного материала и мешковины*) interlacing machine
разматочный ~ (*для валиков бумаги*) back [mill-roll, reel-off, unreeling, unwinding] stand; unwinding device
раскряжёвочный ~ block [cross-cut] saw; cross-cutting saw
распиловочный ~ sawmill
расточный ~ borer
ребросклеивающий ~ **1.** edge jointer; joint gluer; splicer; veneer composer **2.** (*безленточный*) tapeless composer **3.** (*для стяжки шпона бумажной лентой*) taping [veneer taping] machine
режущий ~ cutter
резательно-биговальный ~ slitter scorer
резательно-намоточный ~ cutter-winder
резательный ~ **1.** rider slitter **2.** (*для бумаги с печатью*) printed web cutter
рейсмусовый ~ **1.** cabinet [panel, roughing, thicknessing] planer; surfacer; sizer; thicknessing machine **2.** (*двусторонний*) double-surface planer **3.** (*односторонний*) single-surface planer
рилёвочный ~ [маркёр] scorer
рихтовальный ~ smooth planing [straightening] machine
рольно-паковочный ~ wrapper roll
роторный штамповальный ~ rotary die mechanism
рубительный ~ (*для древесной соломки*) chopping machine
сборно-клеильный ~ erector-gluer
сборочный ~ assembly machine
сверлильно-долбёжный ~ boring-and-mortising machine
сверлильно-копировальный ~ bordering table
сверлильно-пазовальный ~ drilling-grooving machine
сверлильно-присадочный ~ panel boring machine

станок

сверлильный ~ boring [drilling] machine
скрепкозабивной ~ stapling machine
соломкорубительный ~ *спич.* splint chopping machine
сплоточный ~ *спл.* bundling machine
спрысковой увлажнительный ~ shower pipe moistening machine
строгально-калёвочный ~ molder; molding [throughfeed molding] machine
строгально-шпунтовальный ~ planer matcher
строгальный ~ 1. (thickness(ing) planer; planing machine, thicknesser 2. (*двусторонний*) double planer 3. (*для брусков*) fillet molding machine 4. (*для выборки скошенных пазов*) dovetail plane 5. (*для предварительной обработки поверхности пиломатериалов*) presurfacer 6. (*для производства древесной стружки*) excelsior cutting machine 7. (*односторонний*) single planer 8. (*с автоматической подачей*) autofeed level planing attachment 9. (*четырёхсторонний*) four-cutter; four sider; (*высокой мощности*) matcher
стружечный ~ chipper, shredder
токарно-затыловочный ~ backing-off lathe
токарно-копировальный ~ 1. copying lathe 2. (*для изготовления колёсных спиц*) spoke lathe 3. (*фасонный*) patternmaker's lathe
токарный ~ 1. (*machine*) lathe; turning machine 2. (*для обточки шаровых поверхностей*) ball-turning lathe 3. (*с задним резцом*) back-knife lathe 4. (*лобовой*) wheel lathe 5. (*лучковый*) oriental lathe 6. (*ручной*) hand lathe
торцовочный ~ butt trim [crosscut, cutoff, jump] saw; trimmer
трясочный ~ *цел.-бум.* shake head
увлажнительный ~ *цел.-бум.* dampening [spraying] machine
узловязальный ~ (*для изготовления пружинных блоков*) 1. knotting machine 2. (*со ступенчатой подачей*) *меб.* step knotting machine
узлозавязывающий ~ coiler knotter
универсальный ~ 1. versatile machine 2. (*деревообрабатывающий*) general joiner; variety woodworker
упаковочно-обвязочный ~ проходного типа transit strapping machine
усовочный [усорезный] ~ mitering machine
упорный ~ barrel crozing [stave-crozing] machine; croze
фальцовочный ~ closing [rabbeting, rebating] machine; interfolder
фанерный ~ veneer machine
фанеролущильный ~ wood-peeling machine; wood slicer
фанеропильный ~ veneer saw frame
фанерострогальный ~ 1. slicing machine; veneer plane; veneer saw; veneer slicer 2. (*горизонтальный*) horizontal slicing machine
фасонно-фрезерный ~ 1. molder; milling machine; router; sticker 2. (*с верхним расположением шпинделя*) overhead router 3. (*с неподвижным шпинделем*) spindle router
фасонно-шлифовальный ~ (*для заточки инструмента*) profile grinding machine
фонтанный меловальный ~ fountain coater
форматно-обрезной ~ sizing machine; sizing circular saw; dimensioner
форматный ~ equalizing saw
формовочный ~ moulding machine
фрезерно-брусующий ~ 1. chipper-canter; end milling chipping headrig 2. (*для профилирования брусьев*) shaping-lathe headrig
фрезерно-копировальный ~ profiler
фрезерно-обрезной ~ chipper-edger
фрезерно-пильный ~ 1. chipper edger 2. (*четырёхсторонний для профилирования бруса с одновременным получением щепы*) four-side chipping canter
фрезерный ~ 1. miller; milling machine; shaper 2. (*для обработки плоскостей*) surface milling machine 3. (*для отбора четвертей или фальца*) rebating cutter 4. (*для V-образных пазов*) V-groover 5. (*одношпиндельный, с верхним расположением фрезы*) overhead spindle shaper 6. (*по дереву*) spindle molding machine 7. (*с верхним расположением шпинделя*

recessing machine; *фирм.* Elephant 8. (*с двумя столами*) dual table router 9. (*с программным управлением*) tape-controlled router 10. (*строгальный для вырезания канавок в деталях мебели для интарсии*) banding plane 11. (*стружечный*) milling chipper 12. (*шипорезный*) spindle molder for dovetailing 13. (*угловой*) angle cutter

фрикционный перемотно-разрезной ~ friction winder

фуговальный ~ 1. facer; jointing [straightening] machine; thicknesser 2. (*для обработки кромок досок*) glue jointer 3. (*для клёпки*) stave jointing machine

фуговочный ~ для днищ head jointing machine

циклевальный ~ machine scraper

четырёхленточный ребровый ~ *фирм.* "Quad" band saw

шаберный ~ с увлажнением kiss-and-scrape coater

шипорезный ~ 1. (dovetail [finger]) jointer; mortiser-and-tenoner; tenoner; tenoning machine 2. (*для длинных заготовок*) long bed end matcher 3. (*для решетника и планок*) rabbeting [rebating] machine 4. (*ящичный*) haunching-and-notching machine

шкантонарезной ~ dowel(ing) machine

шлифовально-калибровальный ~ surfacer

шлифовально-полировальный ~ sander polisher

шлифовальный ~ 1. (roll) grinder; grinding [rubbing] machine; sander, thicknesser 2. (*барабанный*) drum sander machine 3. (*с возвратнопоступательным движением головки*) stroke sander 4. (*для деталей корпусной мебели*) case fitting sander 5. (*для обработки профильных поверхностей и кромок*) mold and edge sander 6. (*для снятия ворса*) scuff sander 7. (*с колебательным движением ленты*) oscillating belt sander 8. (*с подающей резиновой лентой*) rubber-bed sander 9. (*с ручным утюжком*) hand block sander 10. (*твёрдобарабанный*) hard drum sander

шпалорезный ~ sleeper saw bench
шпатлёвочный ~ filling machine
шпонопочиночный ~ patch [plugging] machine
шпонострогальный ~ slicing machine
шпунтовальный ~ 1. grooving [rabbeting, rebating, tonguing-and-grooving] machine 2. (*для обработки досок пола*) flooring matcher
штамповочный ~ 1. die-cut 2. (*для картона*) paperboard die
щёточный ~ для очистки от пыли brush dusting machine
ящичный шипорезный ~ corner locking [lock corner] machine

станция station
~ обезвоживания отходов refuse compaction transfer station
водоочистная ~ water treatment plant
наблюдательная (*пожарная*) ~ lookout station
насосная ~ pumping plant
натяжная (*винтовая*) ~ (*конвейера*) screw take-up

старение [созревание] ageing, aging
~ в атмосферных условиях weathering
моральное ~ (*техники*) obsolescence

старица crease; dead channel; out-off
статус status
статут status
~ [класс развития] кроны crown status

ствол (*дерева*) bole, (tree) stem, stick, shank, (tree) trunk
~ без сучьев clear bole; clear-boled stem
~ с корнями entire tree trunk
дуплистый ~ hollow trunk
искривлённый ~ crooked trunk
раздвоенный ~ forked stem; fork tree; stem fork
свилеватый ~ knobby bole
сплетённые ~ы tangled stems
срубленный ~ cut (down) trunk
толстый ~ bole

створ (*плотины*) dam location; dam sit
створка (*окна или двери*) leaf
стебелёк *энт.* pedicle, peduncle, petiole, stalk
стебель shank, stalk
стебельчатобрюхий *энт.* petiolate

стеблевой

стеблевой [растущий на стебле] cauline
стеблеизмельчитель shredder, stalk cutter
стёганый (о мебели) quilted
стекать drain (off); flow off; run off
стекло glass
   оконное ~ 1. (window) glass; (window) pane 2. (листовое) crystal sheet
   предметное ~ 1. mount 2. (в микроскопе) (microscopic) slide
стеклоблок glass block
стекловолокно glass fibre
   расщеплённое ~ chopped glass fiber
стеклорез glazier's diamond
стеллаж pallet; rack; stall system; stillage
   ~ для выращивания растений bench
   ~ для книг browser
   ~ для хранения 1. (готовых рулонов бумаги) mill roll rack 2. (рулонов обивочного материала с разматывающим устройством) revolving ticking rack
стелющийся бот. decumbent, prostrate, spreading
стена wall
   ~ леса side
   ~ шлюзовой камеры lock [sluice-lift] wall
   шпунтовая ~ pile planking
стенд stand
   выставочный ~ 1. display booth 2. (модульный складной) modular display system
   ремонтный ~ display stand
стенк/а:
   ~ борозды furrow face
   ~ выдвижного ящика drawer side
   ~ картонного контейнера panel
   ~ клеток сердцевинных лучей ray cell wall
   ~ плужной борозды landside
   ~ сундука или комода (торцевая) chest-gable
   боковая ~ (ограждения круглой пилы) apron
   боковые и задняя ~ выдвижного ящика rim
   вибрирующие ~и раздвижной воронки (коробконабивочного станка) спич. vibrating shoulders of funnel
   выпуклая передняя ~ меб. swelled front
   задняя ~ 1. (из древесноволокнистой плиты) fiber back 2. (мебели из шпунтованных досок или реек) matched back
   передняя ~ 1. (имеющая волнистый профиль) меб. serpentine front 2. (корпусного изделия, разделённая по вертикали на 3 секции) tub front 3. (корпусного изделия с центральным углублением по вертикали) recessed front 4. (решётчатая) меб. grilled front
   шпунтовая ~ piling wall
степень degree
   ~ влажности 1. humidity degree 2. (воздуха) drought index
   ~ воздухопроницаемости (почвы) rate of aeration
   ~ всхожести (семян) germination value
   ~ делигнификации волокнистого полуфабриката pulp cooking [pulping] degree
   ~ делигнификации полуцеллюлозы semichemical pulp cooking degree
   ~ дефибрирования (древесной массы) [степень помола] fineness
   ~ набухания целлюлозы pulp swelling capacity
   ~ наполнения варочного котла digester wood charge degree
   ~ насыщения degree of saturation
   ~ насыщенности (почвы) base saturation percentage
   ~ ненасыщенности degree of unsaturation
   ~ отбелки цел.-бум. degree of bleaching
   ~ очистки 1. degree of purification 2. (сточных вод) purification index
   ~ повреждения почвы degree of soil disturbance
   ~ погрешности lapse rate
   ~ [градус] помола freeness
   ~ привязанности вида к определённым сообществам fidelity
   ~ провара целлюлозы 1. pulp hardness 2. (по бромному числу) chemical pulp bromine number 3. (по перманганатному числу) chemical pulp permanganate [chemical pulp Kappa, chemical pulp Bjorkman] number 4. (по медному числу) chemical pulp

copper number 5. (*по хлорному числу*) chemical pulp chlorine number
~ проклейки 1. size resistance; size fastness; sizing degree 2. (*бумаги*) paper sizing degree
~ размола 1. beating rate 2. (*волокна*) fineness of fiber
~ распада [разложения] degree of breakdown; degree of decomposition
~ сомкнутости (*полога древостоя*) degree of closeness, degree of density, degree of stocking; canopy class
~ сортирования screening stage
~ сухости dryness
~ точности (*в серии таксационных измерений*) precision
~ уничтожения (*насекомых*) predation rate
средняя ~ полимеризации целлюлозы chemical pulp average polymerization degree
степь steppe
стержень bar, rachis, rod, scape, stud
~ бобины carrier
~, несущий клещевой захват tong beam
железный ~ для продевания троса или цепи под пачку брёвен canary
накатный ~ core, shaft
стерилизатор sterilizer
~ для матрацев mattress sterilizer
ультрафиолетовый ~ ultraviolet sterilizer
стесывать abate
стиль:
~ английской готики *меб.* curvilinear style
~, характерный для определённого периода *меб.* period
античный ~ *меб.* antique
дворцовый ~ *меб.* court style
деревенский ~ *меб.* cottage style
старинный ~ *меб.* traditional style
стильный (*о мебели*) period
стимулирование:
~ начала цветения flower induction
стимулировать:
~ рост to initiate the growth
стимулятор:
~ роста (*растений*) growth promoter; growth(-promoting) substance
стиракс (*бальзам из древесины видов Liquidambar*) styrax

стирать (*напр. чернила*) rub
стланик (*стелющееся древесное растение*) elfin wood
кедровый ~ (*Pinus pumila*) dwarf siberian [mountain] pine
стлаться (*о растениях*) creep
стоимость [затраты] cost; value
~ включая фрахт cost and freight
~ леса на корню stumpage price
~ лесосечных работ (*валка-трелёвка-погрузка*) stump-to-truck cost
~ одного машино-часа cost per machine [per operator] hour
~ погрузки товаров stowage
конечная ~ (*включающая все виды дополнительных затрат*) final cost(s)
предполагаемая [расчётная] ~ 1. (*земли*) land expectation value 2. (*леса*) (forest) expectation value
рыночная ~ market value
таксовая ~ древесины, подлежащей вырубке felling [logging] value
стойка beam; gantry, holder, mark; pillar, post; stake, stand, stanchion
~, выполненная заодно с балкой коника integral stake
~ дверной коробки door standard
~ для крепления подушки или нижнего бруса оконной рамы cill stud
~ для предупреждения раскатывая брёвен chock block
~ коника bunk spike; stake
~ копача lifter beam
~ кровати bedpost
~ культиватора tine
~ лесного плуга leg
~ перил rail upright
~ с пазом у шлюзовых ворот sluice timber
вертикальная ~ спинки (*стула*) back upright
внутренняя дверная ~ buck
зубчатая ~ полкодержателя saw tooth rack
откидная или выдвижная ~ для крепления откидной крышки (*стола*) fly rail
подъёмная ~ (*ролла*) lighter stand
рудничная ~ 1. mine [mining] timber; mine wood; lodge pole 2. (*импортируемая*) debenture timber

стойка

упорная ~ 1. stiff leg 2. (*черпального чана*) horn
стойкий:
~ к загниванию (*о древесине*) resistant to rot
стойкость persistence, tenacity, resistance
~ к загниванию (*древесины*) decay resistance
~ (бумаги) к перегибу creasability
~ к повреждению насекомыми resistance to insect attack
~ к повреждению термитами termite resistance
~ к поражению или разрушению грибами resistance to fungal attack; fungus resistance
~ при сгибании crease resistance
сток discharge, discharging; flow, throat
~ осадков runoff, yield
~ с водосбора watershed yield
внутрипочвенный (грунтовой) ~ interflow
ливневый ~ shower runoff
общий ~ бассейна water yield
поверхностный ~ direct [immediate, surface] runoff, waterborne soil movement
подпочвенный [грунтовой] ~ subsurface runoff
полный ~ с водосборного бассейна water crop
стол table
~ для приёма и формирования стопы шпона (*соломкорубильного станка*) rack board
~ для прокладочных сукон кладки (*при ручном черпании*) feltboard
~ (станка) для раскладывания материалов или изделий laying-up table
~ для съёма delivery table
~ на воздушной подушке flying carpet
~ обрезного станка edge table
~ с наклоняющейся крышкой tilt top table
~ с опорной рамой в виде козел trestle table
~ с опорой в виде нескольких колонок colonnade table
~ с откидной крышкой 1. butterfly

[clap] table 2. (*опирающейся на кронштейны*) flap-and-elbow table
~ с полкой для посуды server
~ с раздвижной доской draw (leaf) table
~ с раздвижной крышкой на ножках gate-leg table
~ с расходящимися книзу ножками flaring legs table
~ с тремя ножками tripod table
~ строгального станка bed of plane
выдвижной ~ 1. lengthening table 2. (*сеточный*) removable wire frame
двухтумбовый письменный ~ knee-hole [pedestal] desk
конторский ~ executive desk
круглый ~ compass table
кухонный рабочий ~ kitchen base
накопительный ~ 1. (*наклонный*) tilt hoist 2. (*с толкателем*) *лесопил*. lug loader
овальный ~ d-end table
переносный сервировочный ~ dumbwaiter
письменный ~ 1. desk, escritoire 2. (*бюро с выдвижной дверкой*) tambour desk
поворотный ~ 1. (*станка*) circular transfer table; turntable 2. (*для формирования пружин из толстой проволоки*) heavy coil turntable
подъёмный ~ rise [lift] table 2. (*с крестообразными опорами*) X-lift
приёмный ~ 1. stacker 2. (*станка*) outfeed 3. (*папочной машины*) pulp table
пристенный ~ console table
разбраковочный ~ inspection table
раздвижной (*обеденный*) ~ (*с направляющими в форме ласточкин хвост*) tray frame table
реечный ~ slatted table
сеточный ~ *цел.-бум.* 1. frame; forming [wire] table 2. (*выдвижной*) removable fourdrinier part, roll-out fourdrinier 3. (*для сортировки тряпья*) hurdle
трёхпозиционный (*подающий*) ~ (*кромко-фуговального станка*) three position delivery table
туалетный ~ poudresse
укладочный ~ laystool

столб 1. pier, pole, post; stake 2. (*толщиной более 200 мм*) mast
столбик 1. *геодез.* picket, post 2. *бот.* style
столбчатый (*о структуре почвы*) columnar
столик table
   ~ на колёсах trolley
   ~ с выступающей крышкой bracket table
   консольный ~ с мраморной крышкой commode table
   круглый ~ на трёх ножках gipsy table
   небольшой ~ 1. (*на трёх опорах в виде когтистых лап*) claw table 2. (*с секционной раскладной крышкой*) hunt table 3. (*универсального назначения для гостиной*) occasional table
   низкий сервировочный ~ с секционной крышкой butler's tray
   прикроватный ~ bedside cabinet
   приставной ~ end table
   сервировочный ~ 1. rising cupboard 2. (*на колёсиках со складными подносами*) folding trolley 3. (*с ограждением*) galleried tray
   складной ~ artists table
   сортировочный ~ hostess [tray] cart; inspection table
   цельноформованный ~ из пластика tote table
стол-сервант sideboard table
столяр cabinet maker; (bench) carpenter; joiner; woodman
столяр-краснодеревец ebonist
стопа 1. pile, stack 2. (*бумаги*) ream, pile
   ~ лент спичечного шпона match veneer packet
   фабричная ~ бумаги ручного отлива mill ream
стоповидный *бот.* pedatiform
стопор stop (*device*); lock
   ~ на несущем канате end stop
   ~ трелёвочной каретки carriage stop
стопорезка [гильотина] guillotine, (paper) trimmer; trimming machine
стопорить lock
стопоукладчик piler
сторож:
   пожарный ~ patrolman
сторожить:
   ~ защитную полосу patrol
сторон/а side ◇ в ~е (*от несущего каната*) lateral
   ~ бревна, соприкасающаяся с землёй (*при трелёвке*) ride
   ~ выхода материала (*из станка*) discharge side
   ~ дерева 1. (*в направлении валки*) front side 2. (*обращённая в направлении естественного наклона*) leaning face
   боковая намазанная ~ (*спичечной коробки*) abrasive siding
   внутренняя ~ ленты шпона slack side
   выходная ~ пилы back end of saw
   задняя ~ rear
   лицевая [рабочая] ~ (*бумагоделательной машины*) fore side; tending aisle
   напорная ~ 1. *цел.-бум.* disharge side 2. (*плотины*) ebb side
   наружная ~ ленты шпона tight (cut) side
   неотделанная ~ (*листа бумаги*) wrong side
   приводная ~ (*бумагоделательной машины*) back [propulsion] side
   рабочая [лицевая] ~ (*бумагоделательной машины*) service [tender] side
   разгрузочная ~ delivery end
   сеточная ~ 1. *цел.-бум.* underside 2. (*ДВП*) screen side
   суконная ~ (*бумаги*) felt [right] side
сторонка *цел.-бум.* cut
стояк leg
стоянка:
   ~ канатной установки setup; staying point
стоячий (*о воде*) stagnant
стоящий:
   отдельно ~ (*о дереве*) detached
   свободно ~ self-supported
стратификация (*семян*) stratification
   холодная ~ cold stratification
стрела (*машины*) boom
   ~ крана [укосина] gibbet
   ~ погрузчика loader arm; loader boom
   ~ прогиба deflection
   консольная ~ cantilever jib
   погрузочная ~ 1. loading boom 2. (*с упором для бревна*) heel(ing) boom

стрела-манипулятор knuckle boom
стрела-укосина gib
стрелка 1. *бот.* spire 2. (*прибора*) pointer 3. (*железнодорожная*) railway point; switch
~ растения [безлистный стебель] scape
стремянка (rung [step]) ladder
строгальщик planer, shaperman, stickerman
строгание dressing, planing; slicing, surfacing
~ кромки под прямым углом (*к пласти*) edging, jointing
~ плит boards reducing
~ по толщине thicknessing
~ стамеской calking
окончательное [чистовое] ~ (*древесины*) cleaning-up
повторное ~ resurfacing
предварительное ~ до нужных размеров ‖ строгать до нужных размеров blank
простое ~ plain molding
строганный ~ в радиальном направлении (*о шпоне*) quarter-sliced
строганый 1. (*о пиломатериалах*) planed 2. (*о шпоне*) flat-cut, sliced, surfaced, wrought, wrot
строгать plane, reduce, scrape, surface
◇ ~ начерно plane rough
~ шпон flitch, slice
строение 1. (*здание*) building 2. (*структура*) structure
~ [расположение] волокон (*в древесном пластике, фанере*) build-up
~ дерева parts of tree
~ клетки (*древесины*) cell structure; cellular texture
~ листа parts of leaf
аморфное ~ amorphous structure
решётчатое ~ cancelled structure
сетчатое ~ reticulation
строжка dubbing, gouging
строительство 1. (*деятельность*) construction, undertaking 2. (*отрасль*) civil engineering
~ трелёвочных волоков track formation
зелёное ~ amenity planting
строить build, construct
строп hitch, line, sling, strop
пеньковый ~ hemp strop

погрузочный ~ 1. sling 2. (*с крюками*) crotchline
цепной ~ sling chain
стропило 1. joist, rafter, spar 2. *мн.* quortering
строповщик grab [sling] setter
струбцина (bar [carriage]) clamp; jig; cramp (frame)
~ для изготовления шаблонов patternmaker's cramp
~ для торцового сращивания (*досок*) countert cramp
струг 1. (*ручной инструмент*) adz(e); draw [paring, plane] knife; draw shave 2. (*землеройная машина*) plough, plow
~ для подрумянивания bark shove
~ для сдирания коры barking bar
бочарный ~ 1. cooper's shave; hollowing knife; swift 2. (*для обработки клёпки закруглённого профиля*) round shave
двуручный ~ block plane
дорожный ~ blade machine; grader
ножевой ~ blade grader
стружк/а [стружки] chip, cutting; flake; particles; shave, shaving
~ без остатков коры clean chips
~ верхнего слоя (*ДСП*) surface particles
~ для производства древесностружечных плит engineered particles
~ для среднего слоя (*древесностружечных плит*) core particles
~ (*небольшая*) на поверхности ДСП (*дефект производства*) floater
~ наружных слоёв surface particles
~ от сверления bore chips
деревянные завитые ~и wood shaving curl
древесные ~и excelsior, wood chips
закрученная ~ curled chips
измельчённая ~ chopping shred
плоская ~ flat chips
специально изготовленная ~ special chips
стружка-отходы waste chips
стружковыбрасыватель chip blower
стружколоматель chip breaker tooth
стружкоприёмник cuttings pit
стружкоудаление chip disposal
структур/а formation, structure ◇ с плитчатой [пластинчатой] ~ой platy;

со струйчатой ~ой с прожилками (*о древесине*) wavy-fibered
брусчатая ~ mullion structure
дамасковая [вплетённая, арабесковая] ~ damascened texture
декоративная ~ древесины (*при тангентальном распиле*) beat
крупнопористая ~ gross structure
сетчатая ~ network
тонкая ~ (*тяжёлый механический состав почвы*) coarse-fine; fine [heavy] texture
ярусная ~ (*древесины*) storied structure
структурообразователь conditioner, stabilizer
стручковидный siliquiform
стручок silicle, siliqua, pod
струя spray, squirt
~ воды flow, flush
водосливная ~ nappe
стрэйтдозер (*бульдозер с прямоустановленным отвалом*) straightdozer
стряхиватель:
~ плодов knocker, shaker, tree reciprocator
штанговый ~ с гидроприводом hydraulic boom shaker
стряхивать shake down, shake off
~ плоды knock
студень gel, jelly
стул chair, seat
~, в центре спинки которого расположена плоская дощечка или рейка splat-back chair
~ для рукоделия (*с низким плетёным сиденьем и плетёной спинкой*) sewing chair
~ для церкви с пюпитром, крепящимся к спинке (*Англия, XVIII в.*) pulpit chair
~ из обеденного гарнитура мебели dinette seating
~ как отдельное изделие occasional chair
~ простой конструкции с плоским плетёным сиденьем и точёными передними ножками (*для залов и аудиторий, Англия, XIX в.*) Caxton chair
~ с изогнутой спинкой buckle-back [gooseneck] chair

~ с изогнутыми ножками cabriole chair
~, смонтированный по принципу свободной консоли cantilever chair
~ со спинкой в виде веера fan-back chair
~ со спинкой из плоских реек (*разновидность виндзорского стула, нач. XIX в.*) lath-back chair
~ с пюпитром для книги, крепящимся к спинке (*Англия, нач. XIX в.*) cock-fighting chair
~ с решётчатой спинкой stick-back chair
~ с сиденьем, сплетённым из камыша rush-bottomed chair
~ с точёными деталями bobbin [throw] chair
~ с точёными ножками и плетёным сиденьем (*Англия, XIX в.*) spindle-back chair
~ с частью спинки в виде сплошного щитка tablet-top
бытовой ~ общего назначения utility chair
виндзорский ~ в неотделанном виде White Wycombe
вращающийся ~ spring revolving chair
высокий складной детский ~ tripp-trapp chair
жёсткий ~ для приёмных (*XVIII в.*) hall chair
лёгкий складной ~ camp chair
мягкий ~ upholstered back-stool
полужёсткий ~ partially upholstered chair
садовый ~ (*кресло или скамья из ветвей или тонких стволов деревьев*) rural chair
складной ~ 1. fold flat chair 2. (*с парусиновым сиденьем*) hammock chair
ступенчатый sluggered
ступень 1. (*разряд*) (size) class 2. (*элемент процесса*) stage, step
~ для блока оконной рамы pulley stile
~ отбелки bleaching stage
~ толщины (*деревьев*) diameter class
ступенька step
~ для блока оконной рамы pulley stile
ступица (*колеса*) hub

стык joint, jointing
~ внахлёстку rabbet [rebate] joint
~ обвода rim joint
клиновой ~ wedge joint
косой ~ skew joint; splayed jamb; splayed jointing
стягивать cinch, splice, tight
стяжка binder, brace; insert; rod; splicing, tie(-bar)
~ обручей (*на бочке*) hooping-up
~ разборной мебели knockdown fastener
мебельная ~ furniture [joint] fastener
угловая ~ corner brace
субделянка subplot
суборь (*лес на переходных сравнительно бедных почвах*) subor
суглинок argil sand ground; loam
иловатый ~ clay loam
крупнопесчанистый ~ gravel loam
опесчаненный ~ sandy loam
пылеватый ~ silt loam
тяжёлый ~ heavy clay loam; loamy clay
судно boat, ship, vessel
~ на лесосплаве, перемещаемое лебёдкой alligator
буксирное ~ tow [tug] boat; tug (boat), towboat
лесовозное ~ log carrier
судоходство navigation, shipping
судубрава (*лес с дубом или сосной*) sudubrava
сужение (*на конус*) taper
~ с приданием клиновидной формы reduction, tapering
сук knag, knar(l), knur(l), limb
~, заросший в дереве snub
~, расположенный с нижней стороны (*лежащего на земле бревна*) underside limb
сукно felt
~ высокой проницаемости open mesh felt
~ обратного пресса reverse-press felt
~ отсасывающего пресса suction-press felt
~ папмашины pulp felt
~ саморезки traveling apron
~ с живым сечением open felt
бесконечное красконаносящее ~ slenderness; sieve cloth
верхнее форпрессовое ~ top felt

иглопробивное ~ needled felt
мокрое ~ 1. (*газетно-бумажной машины*) news felt 2. (*круглосеточной картоноделательной машины*) board felt
наносящее ~ applying felt
нижнее ~ многоцилиндровой машины mold felt
прессовое ~ *цел.-бум.* glazing felt; (lick-up) overfelt
приёмное ~ 1. pick-up felt 2. (*круглосеточной картоноделательной машины*) grey cylinder felt 3. (*пересасывающего устройства*) suction pick-up felt
саржевое ~ twill felt
синтетическое сушильное ~ с открытой структурой open mesh [open weave] fabric
съёмное ~ 1. take-up felt 2. (*прессовое*) lick-up wet felt
хлопчато-бумажное сушильное ~ из однониточной пряжи single-weave cotton drier felt
шерстяное сушильное ~ со скрученной вдвое основой double warp woolen dry felt
сукномойка *цел.-бум.* (felt) conditioner; [felt washer] press
вакуумная ~ felt suction washer
отсасывающая ~ suction felt conditioner
щелевая отсасывающая ~ suction box conditioner; suction felt roll
сукноправка felt guide
сукносушитель felt drier
~ непрерывного действия return felt drier
сукцессия после рубки леса ecballium
сульфат sulfate
~ аммония ammonium sulfate
~ кальция calcium sulfate
~ натрия 1. salt cake; sodium sulfate 2. (*легкоотмываемый*) easy-washable salt cake
сульфид sulfide
сульфидность sulfidity
сульфирование sulfonation
сульфит sulfite
сульфитировать sulfite
сумка bag, sacker
сумкоспора ascospore
сумма sum

~ площадей поперечных сечений насаждения на гектаре basal area per hectare
общая ~ 1. (*осадков*) total rainfall 2. (*площадей поперечного сечения деревьев на высоте груди на единице площади*) crop [stand, total] basal area
сумчатый *бот.* ascigerous
сундук box, chest, hutch
~ с двумя выдвижными нижними ящиками blanket [mule] chest
деревянный ~ с инкрустацией nonsuch chest
переносной ~ на ножках с передними дверками и полками внутри clothes chest
прочный металлический ~ с многочисленными запорами Armada chest
суперкаландр supercalender (stack)
суперфосфат superphosphate
двойной ~ double acid phosphate
концентрированный ~ multiphos
супесь sand loam
гравелистая ~ gravelly sand loam
суппорт 1. (*станка*) carriage, saddle, stand, support
~ для сверления колёсных косяков felloe boring carriage
~ ножевой головки knife holder support
~ строгального станка planing tool carriage
ножевой ~ 1. (*верхний*) upper knife holder 2. (*нижний*) lower knife holder
сурамень (*тип леса — ельник сложный*) suramen
сургуч sealing wax
суспензия suspension, suspensoids
~ наполнителя filler slurry
водная ~ water suspension
красящая ~ для мелования coating slip
неоседающая ~ nonsettleable [nonsettling] solids; nonsettling matter
оседающая ~ settling solids; settleable matter
сухобокость bundle scar
пожарная ~ (*дерева*) *амер.* fire wound
суховершинность (*дерева*) dieback; flat-headed growth
суховершинный (*о дереве лиственной породы*) dry-toped; spike-top; stag-headed; top-kill
сухой dry
абсолютно ~ (*о древесине*) absolute [bone, oven] dry; oven-dried; oven-dry
сухостой dead(-standing) tree
сухостойный (*о лесе*) 1. dead 2. (*стоящий на корню и поваленный*) dead-and-down
сучковатость branchiness
сучковатый branched; branchy, knag, knarled; knotted, knotty; limby; scarred, snagged, snaggy
сучколовитель knot screen; knotter, picker
барабанный ~ preknotter
плоский качающийся ~ shaker knot screen
червячный ~ worm knotter
сучкоотделитель knotter
сучкорезка 1. (*ручная*) knot saw 2. (*машина*) (de)limber
сучкоруб delimber
сучок knot, limb
~, выходящий на кромку заготовки edge knot
~, выходящий на ребро заготовки knot on arris
~, окружённый корой *или* смолой encased knot
~ от водяного побега epicormic knot
~, плотно сросшийся со стволом adherent branch
~, разрезанный в продольном направлении spike knot
гнилой ~ 1. decayed [rotten] knot; *амер.* punk 2. (*с выпавшей сердцевиной*) pith knot
дуплистый ~ hollow knot
заросший ~ blind [enclosed, occluded] knot
игольчатый ~ (*диаметром менее 1,2 см*) pin knot
искривлённый ~ gnarl
кромочный ~ margin(al) knot
крупный ~ (*диаметром более 3,7 см*) large knot
маленький здоровый ~ pearl knot
мелкий [карандашный] ~ (*диаметром менее 2,8 см*) small knot
нездоровый ~ unsound knot
несросшийся ~ black [dead] knot

сучок

плотно сидящий ~ tight knot
плотный здоровый ~ sound knot
продолговатый сшивной ~ spike knot
разветвлённый ~ branched knot
роговой ~ horn [slash] knot
средний ~ (*диаметром менее 3,7 см*) medium knot
сросшийся ~ *амер.* encased [intergrown, live] knot
стандартный здоровый ~ (*диаметром менее 3,7 см для хвойных и 3,1 см для лиственных пород*) standard knot
сшивной ~ horn [mule-ear, slash, splay] knot
твёрдый ~ 1. (*выпадающий*) loose knot 2. (*загнивший*) firm knot
частично сросшийся ~ partially intergrown knot
чёрный ~ black knot
сучья branchwood, hag(g)
~ и вершина, срубаемые с поваленного дерева lop-and-top
обрублённые ~ и вершина дерева lopping(s)
опавшие сухие ~ dead fallen branches
сушилка drier, dryer, tenter
~ для бумаги ручного отлива drying line
~ для коробок с фосфорной намазкой *спич.* drying unit for painted boxes
~ для лесоматериалов dry kiln
~ для пера *меб.* feather drier
аэрофонтанная ~ flash drier
барабанная ~ drying drum
воздушная ~ 1. (*клеильно-сушильная машина*) air-drier 2. (*с рециркуляцией воздуха*) air-lay drying machine
высокочастотная ~ radio-frequency oven
камерная ~ с воздушной подушкой airborne drier
масляная ~ paint drier
механическая ~ 1. *цел.-бум.* apron drier 2. (*для шпона*) dry chain 3. (*непрерывного действия*) continuous multiple reversal drier
наклонная вращающаяся стальная ~ (*древесного сырья*) sloping rotary steel drier
плоская ~ flat drier
фестонная ~ festoon [loop] drier

этажерная ~ семян screen drier for seed
сушильщик (*член бригады бумагоделательной машины*) back tender; third hand
~ бумаги ручного черпания hanger, loftsman
сушить dry
сушк/а drying
~ бумаги со свободной усадкой free shrinkage
~ (*древесины*) в масле oil seasoning
~ во взвешенном состоянии lay-on-air drying
~ в печи oven drying
~ в псевдоожиженном [кипящем] слое fluidized-bed drying
~ вымораживанием freeze drying
~ древесины desiccation [drying] of wood
~ древесной массы groundwood pulp drying
~ пиломатериалов converted timber [lumber] drying
~ по принципу противотока counter-current flow drying system
~ продувкой горячим воздухом through-drying
~ растворителем solvent drying
~ с просасыванием through drying
~ токами высокой частоты dielectric drying
~ целлюлозы pulp drying
~ черновых заготовок древесины drying of milled products
атмосферная ~ air seasoning
аэрофонтанная ~ целлюлозы flash drying of pulp
воздушная ~ 1. (*бумаги*) Barber drying 2. (*под колпаком*) air-foil drying
воздушной ~и (*о бумаге*) loft-dried
горячая ~ 1. (*лака*) baking of varnish 2. (*для отверждения*) baking for cure
искусственная ~ artificial seasoning
камерная ~ целлюлозы на воздушной подушке air float pulp drying
поверхностная ~ (*шишек*) case-hardening
предварительная ~ predrying
принудительная ~ stoving
транспирационная ~ (*на лесосеке*) transpiration drying
фестонная ~ loop drying

сфагнум (*Sphagnum*) bog [peat, mushed] moss
схватывание 1. (*напр. цемента*) setting **2.** (*захват*) grab(bing); grip(ping)
схема chart, diagram; pattern; plan, scheme; sheet, skeleton
~ движения оборотной воды white water routing outline
~ местоположения (*участков*) location map
~ освоения лесосек с хаотичным расположением веток и усов random road pattern
~ производства (*укрупнённая*) working scheme
~ развития лесного хозяйства **1.** (*для частных владельцев*) англ. plan of operations **2.** (*составляемая лесоустройством*) management [working] scheme
~ разработки лесосек cutting [felling] pattern
~ раскроя (*лесоматериалов*) cutting list; cutting plan
~ раскряжёвки cutting pattern
~ расположения трелёвочных волоков **1.** skidding pattern **2.** (*радиального [веерообразного]*) fan-shaped pattern of roads **3.** (*серпантинного*) serpentine-shaped network
~ сырьевых ресурсов resource overlay
~ транспортного освоения лесосек roadpattern
двухъярусная ~ (*подсочки*) vertical pattern
обратно-радиальная ~ разработки делянки канатной установкой reverse radial pattern
радиальная ~ разработки делянок **1.** cone-shaped network **2.** (*канатной установкой*) radial pattern
технологическая ~ (*разработки лесосеки*) flow sheet
сходни gangway
сцежа *цел.-бум.* blow pit, blowpit; blow tank, blowtank; drainage [straining] chest; drainer; straining vat
~ для соломенной массы seasoning pit
сцежник (*рабочий*) blowpit man
сцементированный [**скреплённый**] (*о слое почвы*) hardpan

сцепка 1. hitching, hookup **2.** (*устройство*) coupler
цепная ~ draw chain
сцепление 1. (*процесс, состояние*) engagement **2.** (*связь*) adhesion, bond **3.** (*муфта сцепления*) clutch
~ колёс с грунтом adhesion
~ с почвой grip
сцеплять clutch, couple
сцепщик coupler
счётчик (*устройство*) counter, meter, scaler
~ брёвен log counter
~ бумаги (*в паккамере*) teller
~ массы weightometer
~ токопроводящих включений (*в бумаге*) conductive particle counter
~ (*количества*) щепы chip meter
электроконтактный ~ сорности (*бумаги*) electrocontact dirt counter
считать 1. count **2.** (*делать перечёт*) tally
счищать (*состругивать*) pare off
съезд *дор.* takeoff
съём 1. (*чего-либо*) pickup, takeoff **2.** (*демонтаж*) dismantling, removal **3.** (*выход продукции*) output
~ листа sheet takeoff
~ пены *цел.-бум.* skimming
автоматический ~ (*бумажного полотна с сетки*) lick up
съёмка *топ.* survey, traverse
~ участка plotting
буссольная ~ compass method; compass survey
глазомерная ~ exploratory survey
детальная ~ close mapping
крупномасштабная ~ (*территории*) large scale survey
полевая ~ field survey
теодолитная ~ traverse
съёмник puller, remover
~ обручей chime maul
съёмный pick-off
съёмщик:
~ массы *цел.-бум.* **1.** lapman; skinner **2.** (*с форматного вала*) roll skinner
сыпучесть looseness
сыпучий granular
сыреть grow damp; grow moist
сырой 1. damp **2.** (*о грунте*) muddy **3.** (*о древесине стоящих или свежесрубленных деревьев*) fresh **4.** (*не

сырость

подвергнутый варке) цел.-бум. dank, green
сырость damp
сырьё crude, raw (material)
~ для целлюлозы pulp-making material; pulp wood
волокнистое ~ fibrous raw material
вспомогательное ~ auxillary material
древесное ~ 1. raw-wood; wood raw material 2. (*для сухой перегонки*) wood for dry distillation 3. (*для углежжения*) wood for charcoal
исходное ~ original crude
лесное ~ на корню stumpage

Т

таблица 1. table 2. (*система данных*) form, rule
~ Дойля (*определения объёмов брёвен*) Doyle rule
~ замеров (*число брёвен, диаметр, длина и пр.*) scale form
~ классов возраста age class schedule
~ лесной таксы (*попенной платы*) tariff table
~ норм 1. (*высева*) sowing table 2. (*разреживания насаждений*) thinning table
~ объёмов 1. (*изменяемых по нескольким показателям*) multiple-entry-volume table 2. (*измеряемых по одному показателю*) single-entry volume table 3. (*лесоматериалов [деревьев] по диаметру пня*) stump scale 4. (*стандартная*) standard volume table 5. (*стволов насаждений*) stand volume table
~ определения объёмов брёвен 1. log rule; log volume table 2. (*десятичная ~ Скрибнера*) Scribner decimal rule 3. (*диаграммная в досковых футах*) diagram log rule 4. (*комбинированная*) combination log rule 5. (*пиловочника*) sawlog table
~ распределения насаждений по ступеням толщины stand table
~ роста насаждений 1. yield table 2. (*нормальных*) normal yield table 3. (*различной полноты*) variable density yield 4. (*с учётом двух и более приёмов рубок ухода*) multiple yield table
~ сбега taper table
~ **Скрибнера** (*официальная таблица Лесной службы США, для определения объёмов брёвен*) Scribner table
~ сортиментов assortment table
~ учёта данных chart
массовая [объёмная] ~ [таблица объёмов] 1. outturn [volume (volumetric)] table 2. (*учитывающая видовые числа*) form class volume table 3. (*местная*) local volume [regional volume] table
табличка (*на изделии*) plate
картонная ~ fascia board
табурет stool
складной ~ faldstool, *фр.* fauteuil
табуретка commode, stool
дощатая ~ с двумя опорами из досок с врезным сиденьем board-ended stool
низкая ~ 1. cricket 2. (*скамеечка*) plinth stool
пильная ~ в виде треножника pillow frame
таволга (*Spiraea*) spiraea
тайга [бореальный хвойный лес] boreal coniferous forest; taiga
такелаж rigging ◇ устанавливать ~ fit [install, set up] rigging
канатный ~ cordage
погрузочный ~ crotch chain; parbuckle
сплавной ~ floating implements
становой ~ stop rigging
тормозной ~ *спл.* brake rigging
формовочный ~ *спл.* bundle rigging
такелажник rigger
такелажница *спл.* rigging-bearing boat
такса rate (of charge)
лесная ~ forest tax, standing sale
таксатор appraiser; (forest) cruiser; enumeration officer; estimator, taxator, valuer
таксация estimate; estimate survey; (e)valuation
~ [учёт] леса 1. cruise, cruising; forest estimation; forest [timber] inventory; forest evaluation 2. (*выборочная*) plotless [variable] sampling; plotless

784

текстура

survey; point cruising; reconnaissance 3. (*на постоянных пробных площадях*) continuous forest inventory 4. (*перечислительная*) enumeration survey 5. (*периодическая [повторная]*) dynamic sampling; recurrent (forest) inventory 6. (*по методу угловых проб*) (horizontal) point sampling
~ лесоматериалов 1. measurement of stacked timber 2. (*круглых*) log measuring
~ методом 1. (*ленточных пробных площадей*) line-plot survey 2. (*линейной выборки*) line plot [strip] cruising; linear [strip] survey 3. (*угловых проб*) angle count [plotless, prism, variable plot] cruising
~ насаждения estimate of standing [survey of standing] crop; inventory of stand
глазомерная ~ estimate by eye; ocular estimate
лесная ~ forest assessment; forest [tree] mensuration; forest measurement; forest survey
таксировать estimate, evaluate
таксономия (*систематика растений, животных, микроорганизмов*) taxonomy
таль hoist, pulley (block), tackle
цепная ~ chain pulley block
тальвег valley line
тамбур:
~ наката *цел.-бум.* (reeling [reel-up]) drum; reel cylinder, reel spool
тампон 1. cloth, pad, sponge 2. (*затычка, пробка*) plug
~ для полирования frenching rubber
~ для располировки покрытия finishing pad
бумажные ~ы 1. pack 2. (*хирургические*) surgical pack
мокрый ~ tacky rubber
танин tannin
облагороженный ~ purified tannin
танкер tanker
тара carrier, container; crate; tare
~ для хранения storage container
~ разового пользования disposable container
водонепроницаемая картонная ~ water-repellent container
групповая ~ multipack

жиронепроницаемая ~ greaseproof container
индивидуальная ~ unit pack
картонная ~ 1. dispatch case 2. (*для перевозок*) carrying cartons
многооборотная ~ multiway [reusable] container; returnable package
потребительская (*картонная*) ~ consumer container
пыленепроницаемая ~ dustproof container
светонепроницаемая ~ opaque container
складная ~ collapsible container
таран ram
тарелка:
~ клапана valve head, valve plate
~ туковысевающего аппарата distributor plate
холодильная ~ cooling pan
тариф rate, tariff
~ за выгрузку на берег landing rate
тахта sofa
~ с нижним ящиком для постельных принадлежностей box ottoman
тачка (wheel) barrow, dray
тащить 1. (*волочить*) drag, draw, trail 2. (*тянуть*) pull 3. (*на буксире*) tow
твёрдость hardness
ударная ~ древесины wood shock hardness
твёрдый 1. hard 2. (*крепкий*) fast
твид (*для обивки мягкой мебели*) tweed
тегофильм (*плёнка*) *фирм.* Tego film
текстур/а (*древесины*) figure, grain, texture ◊ с грубой ~ой coarse-textured
~ в виде 1. (*волокнистых полос*) ribbon stripe 2. (*изогнутых [скрученных] полос*) contorted grains
~ волокон [текстурный рисунок] (*древесины*) texture of grain
~ древесины в виде капли дождя raindrop
~, имитирующая древесину wood-like texture
~ на торце end grain
~, получаемая 1. (*при продольной распиловке*) slash figure 2. (*при лущении шпона*) rotary figure
~, равномерная по окраске и рисунку even texture

785

текстура

~ радиального распила пиломатериалов comb [vertical] grain
~ (древесины) с крупными элементами (*сосудами, годичными кольцами*) coarse texture
~ (древесины) с мелкими элементами (*сосудами, годичными кольцами*) fine texture
волокнистая ~ дерева fiddleback
крупнопористая [широкослойная] ~ open grain
ленточная [полосчатая, слоистая] ~ ribbon grain
мелкослойная ~ close [fine] grain
неоднородная [неодинаково окрашенная] ~ (*весенних и летних слоёв древесины*) uneven grain
неровная ~ в результате зарубок на растущем дереве plum figure
однородная [одноцветная] ~ (*весенних и летних слоёв древесины*) even grain
перистая ~ feather grain
полосатая ~ 1. ribbon figure 2. (*из перемежающихся тёмных и светлых полос*) plain stripe
причудливая ~ blister [landscape] grain
равнослойная ~ (*с малой разницей между летней и осенней древесиной*) even texture
серебристая ~ (*древесины*) silver grain
широкослойная ~ coarse grain
текучесть 1. (*напр. клея*) penetration 2. (*кадров*) turnover
телега cart
тележк/а bogie, car, cart, trolley
~ для перевозки рулонов reel transfer track
~ крана 1. crab 2. (*мостового*) trolley
~ лесопильной рамы 1. log [saw] carriage 2. (*с дистанционным управлением*) riderless carriage
~ плуга plow carriage
~ с поддоном pallet truck
захватывающая ~ (*лесопильной рамы*) bearer carriage
лёгкая двухколёсная ~ buggy
околорамная ~ transfer truck
парные ~и (*для распиловки двух

брёвен одной лесорамой с двумя поставами*) double-sawing carriage
передвижная ~ transfer truck
погрузочная ~ transfer car
подающая ~ transfer car
сбрасывающая ~ tripper
траверсная ~ transfer car
трелёвочная ~ с низкими колёсами drag cart
ходовая ~ bogie
тележка-штабелёр stacker truck
тело:
веретенообразное ~ (*анатомия древесины*) fusiform body
плодовое ~ 1. *бот.* carposome 2. (*грибов*) fruit(ing) body; sponk 3. (*дереворазрушающего гриба*) conk, punk 4. (*плодовое, несущее пикниды*) пусnidiophore
твёрдое ~ solid
темп pace, rate, tempo
температура:
~ воспламенения fire point
тенденция tendency, trend
теневыносливый (*о древесной породе*) shade-required; shade-tolerant
теория:
~ ведения лесного хозяйства theory of forest management
~ лесной таксации theory of forest mensuration
~ лесоустройства theory of forest management
~ смены пород theory of alternation of species
теплица greenhouse, hothouse; orchard [plant, pot culture, warm] house
~ с плёночным покрытием plastic house
теплоанализатор (*аппарат для обнаружения источников тепла при пожарах*) *амер.* heat probe
теплоёмкость calorific [heat] capacity
теплозащита heat shield
теплоноситель heating medium; heat-transfer agent
теплообменник heat exchanger
теплопроводность:
~ почвы thermal conductivity
термиты (*Isoptera*) white ants
термообработка heat [thermal] treatment
термореактивный 1. thermosetting 2. (*о

слоистобумажных пластиках, *смоле*) thermal-fused
термостат thermostat
~ для проращивания семян bell-jar [germinating] apparatus; germinator
термофит [*теплолюбивое растение*] thermophyte
терновник [тёрн] (*Prunus spinosa*) blackthorn
терофит [однолетник] (*однолетнее растение*) therophyte
терпен terpene
терпенгликоль glycol terpenic; terpenic glycol
терпинолен terpinolene
территория 1. field, land, region, territory 2. (*предприятия*) premises
~, покрытая 1. (*лесом*) forested land 2. (*саванной*) desert woodland
~, поросшая 1. (*ксерофитным кустарниковым лесом*) thorn(y) woodland 2. (*кустарником*) brush field 3. (*стлаником*) elfin woodland
заболоченная ~ inundated [marshy, moss] land
затопляемая ~ [пойма] flood land
лесная ~ 1. (*доступная для освоения*) commercial forest land 2. (*недоступная для освоения*) inaccessible forest land 3. (*непромышленная: парки, заказники*) noncommercial forest land
расчленённая ~ fissured land
урбанизированная ~ urban land
тёс deal
тёсаный hewn, lopper
тесать adz(e), chop, dub, hew
тесина thin plank
теста [*семянная кожура*] *бот.* testa
тесьма webbing
~ для обшивки мебели 1.tacking strip 2. (*крепящаяся скобками для мягкой мебели*) blind tacking strip
~ для простёжки tufting tape
~ для связывания пружин мягкой мебели chair web
декоративная ~ *меб.* orris
тетива:
~ лестницы stringer board
техника 1. (*совокупность средств*) equipment, machinery 2. (*область деятельности*) engineering, technology

3. (*методика, рабочий приём*) method, procedure, technique
~ безопасности accident prevention
~ и технология реконструкции насаждений conversion technique
дорожная ~ road (-building) machinery
лесозаготовительная ~ harvesting [logging] equipment
технолог industrial [product] engineer
технология (*метод, способ*) method, technique, technology
~ деревообработки woodworking technology
~ лесозаготовок [лесозаготовительных работ] harvesting technique; logging method; logging system, logging technology
~ лесосечных работ harvesting technique
~ машиностроения manufacturing engineering
~ поточного производства flow-line technique
~ производства 1.production practice; production technology 2. (*древесных плит*) woodbased panel technology 3. (*фанеры*) plywood production technology 4. (*целлюлозы и бумаги*) pulp and paper production technology
~ проклейки sizing technology
~ с заготовкой деревьев full-tree method; full-tree system
~ с заготовкой и окучиванием сортиментов у пня cut-and-pile shortwood system
~ с заготовкой сортиментов assortment method; bucked wood system
~ с переработкой деревьев в щепу (*на лесосеке*) full tree chipping system
~ сушки drying schedule
лесная ~ forest technology
течени/е (*реки*) flow, tide о вверх по ~ю upstream; вниз по ~ю downstream
течь 1. leak(age) 2. (*бочки*) spin, start
тик 1. (*ткань для обивки*) drill, tick 2. (*древесина*) teak wood
мешочный ~ sack drill
тил (*в клетке древесины*) tylosis
тина mud, ooze
тип type
~ биогеоценоза total site type
~ горючего материала fuel type

ТИП

~ы карр types of face
~ климаксовой растительности (*характеризующей местоположение*) habitat type
~ ландшафта (*высшая таксономическая единица*) type of landscape
~ леса [лесная ассоциация] 1. forest association; forest [stand, timber] type 2. (*брусничный*) vaccinium type 3. (*вересковый*) calluna type 4. (*лишайниковый*) cladina type 5. (*черничный*) myrtillus type
~ лесного хозяйства silvicultural type
~ лесорастительных условий 1. forest site [site (productivity)] type 2. (*физиографический*) physiographic site type
~ местности type of locality
~ насаждения stand type; type of growth
~ повреждения pattern of damage
~ почв (*по механическому составу*) soil type
~ почвообразования order of soil
межгорный ~ (*леса*) intermountain type

типпель *фан.* tipple machine
тиски cramp, jaw, vice
~ для заправки пил saw vice
~ для заточки пил chops; saw chops
верстачные ~ bench holdfast; bench vice
зажимные ~ 1. grip vice 2. (*для ручной точки и правки пил*) filing-and-setting vice
столярные ~ holdfast
тиснение stamping
~ фольгой foil stamping
конгревное ~ relief stamping
рельефное ~ relief stamping
тиснёный textured
тисс ягодный [**тисс европейский**] (*Taxus baccata*) yew
титр titer [titre]
титрование titration
титровать titrate
ткань fabric, cloth; texture; ticking; web, webbing
~ для дублирования (*кожи, плёнки*) backing fabric
~ для обивки сидения seating
~, дублированная поролоном foam-backed fabric

~ растения tissue
~ с металлической нитью [с люрексом] lurex yarn
~ с начёсом *меб.* pile fabric
~ с печатным рисунком, нанесённым вручную handprinted fabric
водоносная ~ *бот.* water-storage tissue
волосяная (мебельная) ~ bolting cloth
грубая ~ 1. coarse texture 2. (*из пеньки*) hessian 3. (*полушерстяная, для обивки*) lint
джутовая ~ в чёрную и белую полоску English web
запасающая ~ *бот.* soft [storage] tissue
изоляционная ~ с бумажным покрытием paper-faced insulation bat
клеточная ~ (*древесины*) cellular tissue
кордная ~ cord fabric
лигнифицированная [одревесневшая] ~ lignified tissue
махровая ~ terry cloth
механическая ~ (*растений*) strengthening tissue
многослойная ~ crosslapped web
обивочная ~ 1. upholstery fabric 2. (*на трикотажной основе*) knitted support fabric 3. (*покрытая синтетической плёнкой*) coated cloth 4. (*с поливинилхлоридным покрытием*) PVC-coated fabric 5. (*шерстяная*) slub
основовязальная ~ raschel knit fabric
питательная ~ *бот.* perisperm
подкладочная ~ lining cloth
покровная ~ *бот.* external protective tissue
пробковая ~ *бот.* cork, phellem
проводящая [сосудистая] ~ *бот.* fibro-vascular [transfusion] tissue
соединительная ~ (*флоэмной паренхимы*) conjunctive tissue
сосудистая ~ vascular tissue; trachenchyma
сукнооснованная ~ batt-on-base felt
сукносеточная ~ batt-on-mesh felt
тонкая ~ 1. fine texture 2. (*кордная*) bedford cord
шёлковая ~ ottoman
тление 1. smouldering 2. (*распад, гниение*) decay, decomposition

тля [тли] (*Aphididae*) aphid; plant lices
товарность 1. marketability 2. (*насаждения*) quality, value
~ древостоя merchantability of stand
товарный (*о древесине*) commercial, marketable, saleable
ток current
  переменный ~ alternating current [a.c.]
  постоянный ~ (*по знаку*) direct current [d.c.]
  транспирационный ~ *бот.* sapstream
токарь turner
токсичность toxicity
толерантность [устойчивость] *бот.* tolerance
толкатель kickoff; push(er) (stick); ram
толочь crush; grind, pound; powder
толстостенный *бот.* pachypleurous
толстый thick
толщина thickness, width
  ~ лущёного шпона reeling thickness
  ~ пиломатериала sawn timber depth
  ~ полотна пилы gauge of (saw) plate
  ~ продольных обрезанных кусков шпона round-up thickness
толщиномер feeler; feeler gauge
томасшлак [томасфосфат] Thomas meal; Thomas phosphate
тон (*цветовой*) hue, tone
  преобладающий ~ tint
  приглушённый ~ *меб.* dull tone
тональность:
  ~ аэроплёнки tone
тонирование toning
  ~ в более тёмный тон feathering
тонкий (*маломощный*) tender, thin
тонкомер (*о лесе*) forest thinners
тонкотекстурный fine-textured
тонна ton
  ~ воздушно-сухой массы air dry ton
  длинная ~ (*1016 кг*) gross [long] ton
  короткая ~ (*907,2 кг*) short ton
  регистровая ~ (*2,83 куб.м*) register ton
  фрахтовая ~ (*1,12 куб.м*) freight ton
тоннаж 1. tonnage 2. (*судна*) burden, shiproom
тонуть (*о лесе*) sink
топка burner, furnace
  ~ для коры bark burner; bark hopper
  ~ для сжигания древесных отходов sawdust [refuse] burner

  ~ на древесном угле charcoal kiln
  ~ на жидком топливе oil-fired furnace
  ~ с дутьём под решётку [с нижним дутьём] closed ash pit
  камерная ~ chamber furnace
  шахтная ~ shaft (type) furnace
топливо fuel
  ~ из щепы chip fuel
  древесное ~ wood fuel
  жидкое ~ liquid fuel
  твёрдое ~ solid fuel
топляк (*затонувшее бревно*) deadhead, sinker; sinken [sunken] log; snag, sticker
тополь (*Populus*) poplar
  ~ бальзамический (*Populus balsamfera*) balsam poplar
  ~ белый [серебристый] (*Populus alba*) white poplar
  ~ дельтовидный [канадский] (*Populus deltoides*) cottonwood
  ~ пирамидальный [итальянский] (*Populus pyramidalis*) Lombardy poplar
  ~ чёрный (*Populus nigra*) black [home-grown] poplar
топор ax(e), hack, hatchet
  ~ для обрубки сучьев lopping axe
  ~ лесоруба felling axe
  ~ с гвоздодёром claw hatchet
  ~ с широким лезвием block bill; broad axe
  бондарный ~ hollow adz(e)
  лесорубочный ~ 1. (wood) chopper; (wood) cleaver 2. (*американский*) whittle
  маркировочный ~ marking axe
  плотничий ~ bench [broad] ax(e)
  пожарный ~ fire axe, council [rich] tool
топорище ax handle; ax shaft; hatchet, helve
топь fen; quagmire; morass; slime peat; slough
торговец:
  ~ дровами woodman
торговля:
  ~ лесом timber trade
тор/ец abut; butt-end area; (end) face; face cut; (crosscut) end
  ~ клёпки *тарн.* stave head
  ~ колотой древесины cleavage face

торец

вершинный ~ small [top] end; top face
комлевой ~ butt face; bottom [butt, lower] end
прифугованные и размеченные (*при подготовке шиповых соединений*) ~цы ends shot and gauged
расщеплённый ~ дерева (*сломанного ветром*) ram pike
торможение 1. (*применение тормозов*) braking 2. (*замедление*) deceleration, inhibition, retardation
тормоз brake, headblock
  ~ на лесоспуске goosenec
  ~ пильной цепи chain brake
торус (*поры в древесине*) (pit) torus
торф peat, turf
  ~ вересковой пустоши heathy peat
  ~ верхового болота high-moor [top] peat
  ~ низинного болота basin [fen, low-moor] peat
  ~, образовавшийся из гуминового материала [разложившийся] humocal
  автохтонный [коренной] ~ autochthonous peat
  аллохтонный [некоренной] ~ allochthonous
  вересковый ~ heathy peat
  мезотрофный [среднезольный] ~ mesotrophic peat
  моховой ~ moss peat
  слаборазложившийся ~ peat humus
  хорошо разложившийся ~ lard peat
  эвтрофный [высокозольный] ~ eutrophic peat
торфокрошка dry peat
торфообразование paludification
торф-сырец dry peat
торфяник peat, peatland
  низинный ~ fen
торфянистый peaty
торфяной peaty
торцевание 1. (*обработка торцов*) facing 2. (*выравнивание торцов*) alighnement, aligning
торцевать 1. (*лесоматериалы*) face 2. (*доски*) trim
торцовка cross-cut(ing); trimming
точение (*детали*) turning
  ~ в виде витых стержней с промежутками double open twist turning

  ~ в виде ряда маленьких катушек, бобин или веретена bobbin turning
  ~ в виде скрученного стержня barley-sugar twist turning
  ~ в виде спирали (*мебель стиля короля Якова, Англия, XVII в.*) twist turning
  ~ в виде тупой стрелы (*для ножек виндзорских стульев*) blunt arrow turning
  ~ на токарном лобовом станке faceplate turning
  ~ на токарном станке с зажимными бабками spindle turning
  ~ сложного профиля hard-to-make turning
точило emery stand; emery [grinding] wheel; grinding stone
точильщик 1. grinder 2. энт. (*сверлильщик*) borer
  ~ пил (saw) filer
точить 1. (*затачивать*) edge; file; grind; sharpen 2. (*обтачивать на токарном станке*) turn
точка point, spot ◊ с ~ми (*о поверхности древесины*) peckled
  ~ аэрофотосъёмки air station
  ~ [температура] возгораемости (*вспышки*) flash point
  ~ деления (*напр. температурной шкалы*) point
  ~ завядания wilting point
  ~ замерзания freezing point
  ~ испарения evaporating [evaporation] point
  ~ кипения boiling point
  ~ надира (*при аэрофотосъёмке*) nadir point
  ~ насыщения волокна (fiber) saturation point
  ~ опоры point of support
  ~ роста apical [growing] point
  ~ росы dew point
  крайняя ~ товарной части ствола (*до диаметра 7 см*) timber point
опорная ~ point of control
точность 1. accuracy, precision 2. (*правильность*) fidelity
точный 1. accurate, exact, precise 2. (*о размерах*) bare, dead
тощий [бедный] (*о смеси*) lean
трабекула [перекладина] (*клетки древесины*) trabecula

трава 1. [дернина] grass, herb 2. *мн.* herbage
сорная ~ weed
траверса cross-piece, saddle
~ [седло] **транспортёра** 1. chair, shoe 2. (*цепного*) bunk
травить [разматывать] (*канат*) ease off; pay out (*rope*)
травма (*от несчастного случая*) injury
травматизм personal injuries
травокосилка mower
травянистый grassy, herbaceous
травяной grassy
траектория trajectory, path, track
трак track (link); track shoe
трактор tractor
~ большой мощности [тяжёлый] heavy tractor
~ небольшой мощности [лёгкий] light tractor
~ с передней качающейся [поворотной] осью oscillation axle tractor
~ с рамным управлением (*с шарнирно-сочленённой рамой*) articulated-steering [frame-steered] tractor
базовый ~ tractor carrier
бесчокерный (*трелёвочный*) ~ chokerless skidder; chokerless skidding tractor
болотный [болотоходный] ~ swamp tractor
гусеничный ~ 1. caterpillar; caterpiller [crawler] tractor 2. (*трелёвочный*) tracked skidder
колёсно-гусеничный ~ wheeled caterpillar
колёсный ~ 1. wheel(ed) tractor 2. (*трелёвочный*) wheel(ed) skidder
лесозаготовительный ~ logging tractor
промышленный ~ industrial tractor
пропашной ~ row-crop tractor
сельскохозяйственный ~ farm tractor
трелёвочный ~ 1. (*чаще для трелёвки груза волоком или в полупогруженном положении*) skidder 2. (*для перевозки коротья*) pole skidder 3. (*для перевозки пачек сортиментов*) pack-sack skidder 4. (*на колёсном [резиновом] ходу*) rubber-tired skidder 5. (*с коником*) bunk (grapple, jaw) [clam bunk] skidder 6. (*с пачковым захватом*) grapple (-equipped) skidder 7. (*с тросовочокерным оборудованием*) cable [choker] skidder 8. (*с шарнирно-сочленённой рамой [с рамным управлением]*) articulated [frame-steer(ed)] skidder 9. (*для перевозки лесоматериалов в полностью погруженном положении*) forwarder, prehauler
тракторист tractor driver; tractor operator
~ гусеничного трактора *проф.* cat skinner
тракторостроение tractor industry
трактор-тягач haulage [towing, traction] tractor
трамбование compacting, ramming, stamping, tamping
трамбовать ram, stamp, tamp
трамбовка compactor, ram, stamp, tamper, tamping plate
трансекта *бот.* transect
транслокация *бот.* translocation
трансмиссия power drive; train, transmission
транспирация transpiration
~ [испарение] растительностью transpiration from vegetation
кутикулярная ~ cuticular transpiration
устьичная ~ stoma [stomatal] transpiration
трансплантат (*о ткани растений*) graft
транспорт (*перевозка*) transport
~ леса wood transport
внутрилесосечный ~ internal forest [inwood] transport
канатный ~ 1. cable transport 2. (*леса*) cable [rope] hauling
транспортёр conveyor, transporter
~ для подачи коры (*к корорубке*) bark conveyor
~ для сучьев knot conveyor
~ для сушки (*спичечной соломки*) drying track
~ для удаления коры (*от окорочных станков*) bark conveyor
~ на дне прицепа [подвижный пол прицепа] traveling bed
ковшовый ~ (belt) bucket elevator
наклонный ~ (*обрезного станка*), не повреждающий поверхность досок unscrambler
планочный ~ bar [plat] mat

транспортёр

подающий ~ 1. feeding [infeed] conveyor 2. (*цепной*) infeed chain
подъёмный ~ для брёвен log hoist
поперечный ~ 1. (*пильного станка*) cross transfer 2. (*для брёвен*) log elevator
поточный обезвоживающий ~ для сучьев knot flow conveyor
приёмный ~ outfeed (conveyor)
скребковый ~ bar-type [flight, push, rake, scraper] conveyor; flight drag
формовочный [формующий] ~ forming conveyor
цепной ~ chain conveyor
транспортёр-лесотаска drag device
транспортирование conveying, haulage, transportation
транспортировать convey, transport
~ с помощью шнека auger
транспортировка conveying, handling, haul(age), transportation
~ груза 1. (*автомобилями*) trucking 2. (*по несущему канату*) skylining 3. (*подвесной канатной установкой*) skyline hauling
~ [вывозка] леса 1. hauling 2. (*вертолётом*) helicopter logging operation
трансформирование (*аэрофотоснимков*) rectification; restitution
траншеекопатель trencher; trenching machine
траншея ditch, pit, trench
трап gangway, ladder
трасса route
сплавная ~ channel
трассирование (*разбивка трассы*) arrangement of line track; laying-out; tracing
трассировать lay-out; trace
трассировка tracing
трафарет stencil
~ для контурной отделки outline stencil
трахеида tracheid
сосудистая ~ imperfect vessel member
требовани/е demand, requirement
~ сохранения лесной среды для отдыха recreational demand
лесоводственные ~я forester's demands
лесокультурные ~я silvicultural requirements
трезубец trident

~ для обработки деревянных изделий на станке triple
трейлер trailer
трелевать log, skid
~ волоком skid, snake, snig
~ вторично (*от промежуточной площадки к дороге*) swing
~ и штабелевать древесину rank
~ лебёдкой yard
~ [подвозить] лесоматериал в полностью погруженном положении forward, prehaul
~ на передках или полозьях bob
~ установкой с несущим канатом skyline
трелёвка (*леса*) 1. (*волоком или в полупогруженном положении*) skidding 2. (*лебёдкой*) yarding 3. hauling, haulage, removal 4. *уст.* extraction
~ волоком [наземная] 1. ground skidding; snaking, snigging 2. (*сзади трактора*) bobtailing 3. (*канатная*) ground-lead (yarding)
~ в полупогруженном положении semisuspended skidding
~ деревьев (с кроной) full-tree skidding
~ [подвозка] лесоматериалов в полностью погруженном положении forwarding, prehauling
аэростатная ~ balloon logging; balloon yarding
бесчокерная ~ 1. chokerless skidding 2. (*канатная*) grapple yarding
воздушная [подвесная] ~ aerial logging; aerial skidding
вторичная ~ 1. swinging 2. (*от промежуточной площади к дороге*) reskidding; roading
гужевая ~ animal logging; animal skidding; cart removal
канатная ~ 1. cable logging; yarding 2. (*полуподвесная*) high-lead yarding; highleading; (*с использованием естественной мачты*) tree-rigged highleading 3. (*подвесная*) cable(way) [skyline] yarding; skyline removal 4. (*с помощью гравитационной каретки*) gravity carriage yarding
механизированная ~ machine [power] skidding
тренога 1. (*подставка*) tripod 2. (*подъёмное устройство*) derick crane

труба

трепание [процесс удаления костры] scutching process
трепел rotten stone; tripoli (earth)
третка (*средняя клёпка донных щитов*) head section
трёхзубчатый tricuspid(ate)
трёхчленистый *бот.* triarticulate
трёхчленный (*о цветке*) three-merous
трещин/а 1. breack, cleft, chink, crack(le), splitting 2. *мн.* [разорванные волокна древесины] ruptured grains ◇ образование ~ы в стволе при валке дерева popping
~ в дереве (*образовавшаяся при валке*) felling shake
~ в коре дерева (*от мороза*) chap
~, заполненная смолой (*в древесине*) pit seam
~ на пласти (*лесоматериала*) surface check
~, не выходящая на пласть пиломатериала boxed shake
~ скалывания shear crack
~ усушки (*лесоматериала*) (*seasoning*) check; contraction [desiccation, drought, seasoning, shrinkage] crack
волосяная ~ craze
кольцевая смоляная ~ gum check
кольцевые ~ы между осенними и весенними слоями древесины [ослабленные разъединённые волокна] loosened grain
косая ~ slanting shake
метиковая ~ 1. heart check; heart shake 2. (*простая*) simple check 3. (*сложная*) star shake
морозная ~ frost shake
морозобойная ~ (*в стволе дерева*) frost cleft; frost crack; frost split
отлупная ~ burst [ring] check; cup [ring] gall; round [wind] shake
пластевая ~ shell shake
поверхностные ~ы (*на стволах*) case-hardening
поперечная ~ [поперечный разрыв] cross break
продольная ~ longitudinal crack, slash figure check; shake
радиальная ~ 1. radial check; radial [ray] shake 2. (*в стволе растущего дерева*) growth shake
сердцевинная радиальная ~ boxed heart check

сквозная ~ through check
смоляная ~ *новозел.* resin shake
тонкая [волосяная] ~ fine check
тонкие ~ы checking
торцевая ~ cross-cut end crack; end check
усадочная ~ collapse; contraction crack
трещинообразование cracking
триждыперистонадрезный *бот.* tripinnatifid
триждыперисторассечённый *бот.* tripinnatisect
триждыперистый *бот.* ternatopinnate, tripinnate
триметилцеллюлоза trimethylcellulose
триммер trimmer; trimming machine
триммингдозер (*бульдозер с отвалоковшом*) trimmingdozer
тринитроцеллюлоза trinitrate
тринитроэфир:
~ целлюлозы trinitrate
тропа trail
тропофиты (*растения, приспособленные к сезонным изменениям климата, напр. листопадное дерево*) tropophytes
трос cable; steel(-wire) cable; steel [wire] rope; wire
анкерный ~ anchoring wire
буксирный ~ towing cable; towing rope
несущий ~ carrier cable
подъёмный ~ hoisting rope
провисающий ~ slack
тормозной ~ brake cable
тяговый ~ pull rope
тросик:
пусковой ~ (*пилы*) starter cord
тросоёмкость:
~ барабана drum [line] capacity
~ катушки reel capacity
тросоукладчик cable [rope] guider
тростник (*Phragmites*) cane; reed gross; rush; thatch; willow reed
труба pipe, tube
~ из деревянных клёпок stave
впускная ~ inlet [intake] pipe
дренажная ~ culvert, drain-pipe, trap
дымовая ~ chimney, funnel; waste stack
питающая [подводящая] ~ delivery pipe

труба

продувочная ~ blow (off) pipe
пропарочная ~ (*для смешивания щепы со щёлоком*) bathing tube
расширительная ~ extension tube
сливная [отводная] ~ discharge [drain, outlet] pipe
спускная ~ overflow, tap; waste line
трубк/а tile; tube
 ~ для выращивания сеянцев planting cylinder
 выводная ~ (*при подсочке*) spile
 посадочные ~и (*для выращивания сеянцев*) planting sleeves; planting tubes
 пыльцевая ~ pollen tube
 ситовидная ~ *бот.* sieve tube
 смоляная ~ (*потёки смолы у входных отверстий короедов*) pitch [resin] tube
трубопровод manifold line; pipe, pipeline
 ~ для выдувки хлора chlorine-blow-off line
 ~ для оборотной воды whitewater line
 входной [впускной] ~ inlet [intake] manifold
 выпускной ~ discharge [outlet] manifold
трудный:
 ~ в обработке refractory
трудоёмкий labour-consuming
трудоёмкость labour content; labour input; working hours
трудозатраты (*на единицу продукции*) perfomance rate
трутовик:
 ложный ~ (*Phellinus igniarius*) false tinder fungus
 настоящий ~ (*Fomes fomentarius*) tinder conk; tinder fungus
 окаймлённый ~ (*Fomitopsis pinicola*) red belt fungus
труха (*в червоточине насекомых*) bore-dust
трухлявый rotten
трюм hold
 грузовой ~ cargo hold
трюмо cheval [pier] glass
тряпкорубка rag cutter; rag cutting machine; rag slitter
тряпьё rag (stock)

~ для изготовления толевого картона roofing rag
 белое ~ white
 ватное стёганое ~ quilt
трясина (quaking [trembling]) bog; slime peat; slough
тряска *цел.-бум.* shake motion gear
 ~ с эксцентриковым механизмом eccentric shake apparatus
тсуга (*Tsyga*) hemlock
 ~ западная (*Tsyga heterophylla*) Pacific hemlock
 ~ канадская (*Tsyga canadensis*) Canada hemlock; hemlock spruce; spruce hemlock
тугай [прибрежный лес] riparian forest
тукоразбрасыватель [разбросная туковая сеялка] fertilizer broadcaster
туман atomized mist; fog, haze
тумба:
 ~ для обуви shoe unit
 ~ для постельных принадлежностей bed sideboard
 ~ письменного стола cabinet leg
 ~ с выдвижными ящиками drawer unit
 многоугольная ~ cupboard table
 прикроватная ~ (*или полка, поставляемая вместе с кроватью*) continental headboard
тумбочка:
 ~ под телевизор или радиоприёмник console cabinet
 ~ с выдвижными ящиками pedestal case
 прикроватная ~ с полкой для книг bedside bookshelf
тундра tundra
 кочковатая ~ hummocky tundra
туннель tunnel
 ~ для выдержки отделанных щитов и деталей flash tunnel
тупик (*дорожный*) dead end
тупой blunt
тупоконечный (*о листе*) obtuse
туполистный obtusifolious
турбонагнетатель turbocharger, turbosupercharger
тургор *бот.* turgescence
турма *цел.-бум.* tower
турмовщик *цел.-бум.* limestone handler; towerman
тусклость (*мелованной бумаги*) haze

тушение (*пожара*) (fire) suppression
~ методом забрасывания кромки пожара грунтом smothering
~ с использованием веществ, тормозящих горение inhibition
~ с помощью параллельных заградительных полос parallel fire suppression
непосредственное ~ direct fire suppression
тушильщик:
~ угля 1. charcoal receiver 2. (*кускового*) piece cooling container
стальной ~ (*для древесного угля*) steel cooler
туя (*Thuja*) arborvitae
тылок (*режущего инструмента*) back
тюфяк French overlay
фашинный ~ fascin mattress
тяга 1. (*соединительный элемент*) link, tie(-rod) 2. (*в топках*) draft 3. (*сила*) pull(ing), traction
гусеничная ~ caterpillar traction
канатная ~ (*на трелёвке леса*) cable [rope] haulage
конная ~ horse traction
соединительная ~ 1. drawbar 2. (*тяговая штанга*) coupling bar
сцепная ~ drag [draw, hitch] bar
тягач mover; prime mover; truck-tractor
лесовозный ~ hauler; hauling tractor
тяговый pulling, tractive
тягомер draft [draught] gauge
тягучий tenacious
тяж (tension) bar
~ паренхимы *бот.* parenchyma strand
паренхимные ~и (*флоэмной паренхимы*) *бот.* conjunctive tissue
сцепной ~ drag bar
тянуть draw, pull

У

уайт-спирит mineral [white] spirit
убежище shelter
убирать (*урожай*) harvest
уборка (*урожая*) harvesting
~ плодов стряхиванием oscillating harvesting
~ [вырубка] сухостойных и буреломных деревьев snagging
~ топляка snagging
уборщик:
~ брака broke hustler
убыток loss
увеличение [прирост] augmentation, increase, increment
~ консистенции bodying-in
увлажнение damping, humidification, moistening, wetting
повторное ~ 1. (*бумаги на выходной стороне зоны контакта валов пресса*) press-nip rewetting 2. (*бумажного полотна*) rewetting
увлажнитель damping unit; moistener
~ бумаги paper moistener
~ картона board moistener
спрысковый ~ spray moistener
щёточный ~ brush moistening machine
увлажнять damp, humidify; moisten; wet
увядание withering
~ и полегание всходов damping-off disease
увядающий witherious
быстро ~ fugacious
увядший sapless, withered
углеводы carbonhydrates
углежжение charcoal-burning; charring
углежог charcoal [wood] burner
углерод carbon
угломер goniometer; optical square
углубление 1. hollow, valley 2. (*галтель*) fillet
~ [приямок] для рабочего, стоящего у деревообрабатывающего станка pit
~ (*в коре*) для яиц (*насекомых*) egg niche
мелкое дренажное ~ на дороге let
приёмное ~ при подсочке box
углы:
скрученные ~ бумажного листа dog-ears
угнетённый (*о растении*) depressed, oppressed, overtapped
угодь/е:
лесные ~я forests
полевые ~я arable land
сенокосное ~ hay land

угол

угол angle ◇ изменять ~ наклона стрелы крана luff
 ~ атаки 1. (*дисковой бороны*) angle of harrow 2. (*рабочего органа*) approach angle
 ~ визирования angle of sight; angle of view
 ~ естественного откоса angle of repose; angle of rest
 ~ зазора clearance angle
 ~ заострения (*при вершине зуба между передней и задней гранями зуба пилы*) angle of tooth point
 ~ заточки резца angle of cutting edge
 ~ (*ящика*) из горизонтальной и вертикальной рейки, соединённых гвоздём rail-and-post corner
 ~ крутизны ската [уклона] angle of slope
 ~ местности angle of sight
 ~ наклона 1. angle of taper 2. (*ветвей*) angle of inclination 3. (*микрофибрилл к продольной оси клетки древесины*) fibril(lar) angle 4. (*плоскости*) angle of slide
 ~ (*ящика*), образованный соединением на сквозной шип mortise-and-tenon corner
 ~ опережения advance angle
 ~ ответвления angle of inclination
 ~ откоса angle of slope
 ~ поворота (*транспортного средства*) turning angle
 ~ подачи angle of advance; angle of feeding
 ~ подъёма angle of gradient
 ~ резания angle of cutting edge; cutting angle
 ~ рыхления ripping angle
 ~ свивки каната lay angle of a rope
 ~ склонения angle of depression
 ~ скольжения angle of slide
 ~ скоса angle of skew
 ~ уклона angle of gradient
 ~ фрезерования milling angle
задний ~ 1. (*резца*) end-clearance angle 2. (*рыхлителя*) heel clearance
закруглённый ~ radiused corner
острый ~ соединения двух плоских поверхностей [ребро, острая кромка, гребень] arris
отрицательный ~ местности angle of depression
передний ~ 1. rake 2. (*зуба*) hook
прямой ~ (*щита*), образованный соединением на ус mitered angle
уголки:
 загнутые и смятые ~ листов бумаги dog-ears
уголок:
 ~ для усиления соединений деталей мебели angle [corner] block
 ~ из формованной волокнистой массы molded fiber corner pad
уголь coal
 древесный ~ 1. (wood) charcoal, xylanthrax 2. (*газогенераторный*) wood gasification charcoal 3. (*графитизированный*) graphitization charcoal 4. (*муфельный*) roasted charcoal 5. (*порошкообразный*) pulverized charcoal
угольник 1. (*деталь*) angle piece; 2. (*инструмент*) mitre template
 ~ для скрепления оконных переплётов sash angle
 ~ и уровень square-and-level
удаление:
 ~ вершины [декапитация] decapitation
 ~ выпавших спичек removal of loose matches
 ~ [вынимание] из пресс-формы demolding
 ~ кроны decapitation of crown
 ~ почек bud-pruning; debudding
 ~ пыли dedusting
 ~ сушняка dry pruning
 фактическое ~ (*видов*) virtual elimination
удалять (*растения*) prune away; prune down
 ~ листья defoliate
ударопрочность impact resistance
удержание retention
 ~ наполнителя retention of filler
удерживание [крепление] holding
 ~ болтов и шурупов (*свойство древесины*) screw retention
 ~ канифоли на бумаге retention of rosin on paper
 ~ клея size retention
 ~ скоб staple retention
 ~ скрепок staple retention
удлинение elongation, extension
 ~ (*бумаги*) при растяжении tensile stretch

~ режущей насадки (*инструмента*) bit extension
удлинённо-веретеновидный *бот.* linear-fusiform
удлинённо-ланцетовидный *бот.* lance-oblong
удлинённо-лопастный *бот.* long-lobed
удлинённый [сбежистый] attenuate
удобрение 1. (*минеральное*) fertilizer 2. (*органическое*) manure 3. (*внесение удобрения*) fertilization, manuring
~ зелёной листвой green-leaf manuring
~ мергелем marling
бактериальное ~ [нитрагин] inoculant fertilizer
гранулированное ~ pelletized fertilizer
гуминовое ~ duff fertilizer
жидкое азотное ~ nitrosol
комбинированное [комплексное] ~ combined [compound] fertilizer
медленнорастворимое ~ control-release fertilizer
местное ~ 1. domestic manure 2. (*органическое*) organics
полное жидкое ~ complete liquid
полное органическое ~ complete manure; complete organics
рядковое [припосадочное] ~ starter fertilizer
сложное [комплексное] ~ compound manure
удобрять fertilize, manure
узда bridle
узел 1. hitch, knot 2. (*машины*) assembly, part, unit 3. (*рисунок в виде узелков или завитков*) burl 4. (*прирост на дереве*) gnarl, knar(l), node
~ боковой выгрузки *спич.* side discharge unit
~ в собранном виде, поставляемый с другого предприятия production package
~ замка lock set
~ наклона и вращения (*кресла или стула*) swivel tilt unit
~ прижима этикетки *спич.* label pressing unit
~, собранный в вайме jigged assembly
~, соединённый на планку или рейку cleated unit

избирательный ~ 1. (*работающий с помощью иглы для пришивки пуговиц к мягкой мебели*) button needle selection 2. (*работающий с помощью эксцентрика*) cam-roller selection
конструктивный ~ constructional unit
универсальный ~ (*мебели*) кубической формы multi-purpose cube structure
шарнирный ~ hinged joint
узелок 1. knot 2. (*массы*) nodule
узкокронный (*о дереве*) narrow-crowned
узколистный angustifoliate
узкослойный (*о древесине*) narrow-ringed; slowgrown; fine-grained
узловатый gnarled, knarled, knotty
узоловитель (fiber) picker; screen
~ с движением массы 1. (*вовнутрь*) inward-flow screen; inward-flow strainer 2. (*наружу*) outward-flow strainer
вращающийся цилиндрический ~ drum strainer
плоский ~ flat [jog, table] strainer
узор pattern, tracery
греческий ~ резьбы (*по дереву*) Grecian fret
сетчатый ~ reticulation
указатель hand; indicator
~ ленточного типа ribbon-type indicator
укладка 1. (*прокладка*) placement 2. (*процесс*) packing, piling, stowage
~ в ёлку 1. herringbone pattern 2. (*паркета*) herringbone laying
~ в кассеты framing
~ внахлёстку imbrication
~ в стопу stacking
~ в штабель piling
~ пачек в картонные коробки carton packing
~ прядей вокруг сердечника clossing
~ спичек 1. match filling 2. (*в кассеты*) framing
плотная ~ flat piling
укладчик:
~ грузов на поддон palletizer
~ пути tracklayer
укладывать lay, place; stow
~ в стопы или штабеля palletize
~ материал(ы) в штабель stack the timber

укладывать

~ на поддон palletize
~ срезаемые деревья 1. topple 2. (*в пачки*) bunch

уклон grade, gradient; fall, pitch; ramp, slope ◊ имеющий ~ pitching
благоприятный ~ [в грузовом направлении] favorable grade
затяжной ~ continuous grade
крутой ~ heavy grade; heavy gradient
обратный ~ [подъём в грузовом направлении] adversary [unfavorable] grade
пологий ~ easy [gentle, low] grade; good gradient
поперечный ~ camber

уклономер declinator, inclinometer
укомплектовывать:
~ личным составом man, staff
укоренение rootage
~ черенка rooting of cutting
укоренившийся rooted
укореняться root
укосина 1. cantilever [gib] arm 2. (*подъёмного крана*) outrigger
украшать *меб.* stud
украшение *меб.* ornament
~ поверхности в виде параллельных желобков *меб.* reeding
круглое рельефное ~ orb
лепное ~ в виде шляпок гвоздей *меб.* nail-head molding
укреплять reinforce, stay, strengthen
~ варочную кислоту fortify
~ дорогу поперечными балками skid
укрытие cover, shelter
уксус:
древесный ~ wood vinegar
укупориватель capper; capping machine
укупорка (*тары*) closure
улавливание catching, trapping
~ волокна saving
улавливать catch, trap
~ волокна recover; strain out (fibers)
уловитель catcher, trap
уложенный:
~ рядами coursed
улучшение improvement
~ почвы (*коренное*) reclamation
~ физических свойств (*почвы*) conditioning
ульминовый ulmic
умбра (*краска*) umber

жжёная ~ burnt umber
уменьшение [падение] decrease, depletion, reduction
~ лоска (*бумаги*) stripping
~ пожарной опасности (*в лесу*) hazard abatement; fire hazard reduction
умирать (*о растениях*) perish
универсальный 1. universal 2. (*напр. о прессе*) versatile
унитарный unitary
уничтожающий (*растительность*) exterminative
уничтожение (*растений*) extermination
~ леса forest's destruction
химическое ~ травяного покрова chemical screefing
упакованный:
~ в щитах packed-flat
упаковка 1. (*процесс*) packaging, packing, wrapping 2. (*ёмкость*) pack(age)
~ (*бумаги*) в закрытые контейнеры sealing
~ (*мебели*) в неразобранном виде top-to-bottom packing
~ в усадочную плёнку shrink wrapping
~ в щитах (*листовой бумаги*) skeleton frame packing
~ из гофрированного картона corrugated pack
~ концов рулона или бобины roll(head) cover
~ со всеми необходимыми для сборки (*мебели*) деталями composite kit
~ спичечных коробок в пачки pocket wrapping
внутренняя ~ primary package
жёсткая картонная ~ rigid package
закрытая картонная ~ sealed package
подарочная ~ gift container
порционная ~ portion pack; unit package
прозрачная ~ transparent packaging
сборная ~ multiple unit package
упаковщик packer, wrapper
упаривание:
~ отработанного щёлока spent liquor [waste liquor] evaporation
упирание:
~ в препятствие (*о грузе при трелёвке*) lodging
упираться:

~ в препятствие (*о грузе при трелёвке*) lodge
уплотнение packing, sealing
  ~ водой water-protecting globe
  ~ измельчённого растительного сырья digester chip packing
  ~ кромок edge densification
  ~ паром (*щепы*) steam packing
  ~ сечки цел.-бум. chaff packing
  ~ щепы chip-packing
уплотнённость (*почвы*) compactness, firmness
уплотнители:
  ударные ~ flappers
уплотнитель 1. (*станок, машина*) compactor, packer 2. (*прокладка*) seal
  ~ щепы chip filling [chip packing] device; chip-packer
упор abut; check; rest; stop
  ~ выдвижного ящика drawer stop
  ~ для гнутья древесины block
  ~ на мотопиле bark guard, (felling) dog, tailstock
  ~ на стреле (*для бревна*) (log) heeler
  ~ оконного переплёта baton rod; casement stay; staff bead
  ~, полученный путём фальцевания или отбора четверти solid stop
  натяжной ~ end grip
  небольшой косой ~, вырезанный в массивном брусе оконного переплёта mason's miter
  торцевой ~ (*при гнутье древесины*) end stop
упор-ограничитель gauge
управление 1. (*административное, экономическое*) management 2. (*отдел*) division 3. (*техн. средством*) steering
  ~ лесным хозяйством forest [woodland] management
  ~ лесозаготовками logging management
  ~ на входе feed-forward control
  ~ на выходе feedback control
  ~ пастбищным хозяйством grazing management
  ~ поворотом 1. steering 2. (*трактора посредством шарнирно-сочленённой рамы*) center-pin [frame] steering 3. (*прицепа посредством шарнирно-го замкового устройства*) stinger steering
  дистанционное ~ лебёдкой remote (winch) control
  кнопочное ~ finger-tip control
  лесное ~ department [division] of forestry; forestry division; forest service
управляемый:
  ~ шарнирно-сочленённой рамой (*о тракторе*) frame-steered
управляющий manager, superintendent
упругий elastic, flexibile
упругость elasticity; springback, springiness
уравнивать equalize
уравновешенный self-supported
урез:
  ~ воды shore line; water edge
урема [*прибрежный лес*] riparian forest
уровень level
  ~ воды stage
  ~ массы в напорном ящике headbox level
  ~ минерального питания mineral status
  геодезический ~ geodetic level
уровнемер level gauge; level indicator; leveling agent
  поплавковый ~ level float gauge
урожай [сбор : собирать урожай] crop, harvest
  ~ семян seed production
  ~ хвойных семян cone crop
  низкий ~ short crop
  обильный ~ 1. copious [heavy] crop 2. (*семян*) bumper seed crop
  потенциально возможный ~ yield potential
урожайность yielding ability
урочище (*одна из низших единиц физико-географического районирования*) stow
ус:
  лесовозный ~ secondary [spar, spur] road; spur
усадка contraction, shrink(age)
  линейная ~ linear shrinkage
  объёмная ~ volume shrinkage
усач:
  ~ чёрный (*Monochamus*) 1. sawyer 2. (*домовый*) (*Hylotrupes bajulus*) European house longhorn

усачи

усачи [дровосеки] (*Cerambycidae*) capricorn [longhorned] beetles
усвоение:
  ~ питательных веществ digestion, nutrition
  симбиотическое ~ (*атмосферного азота*) symbiotic fixation
усвояемость (*питательных веществ*) accesibility, assimilability
усекать truncate
усечённый topped, truncated
усиление:
  ~ борьбы с пожарами follow-up
  ~ скорости пожара build-up
  внезапное ~ интенсивности пожара blowup
усилие 1. effort 2. (*сила*) force
  ~ перерезания дерева ножевым устройством shear capacity
  тяговое ~ 1. hauling capacity; traction 2. (*на канате*) line pull 3. (*на крюке*) drawbar pull
усилитель amplifier
  вихревой струйный ~ vortex fluidic amplifier
ускоритель (*реакции*) fastener
услови/я conditions ◇ находящийся под влиянием ~й окружающей среды affected by environmental conditions
  ~ насыщения кислородом (*варочной среды*) oxygenrich conditions
  ~ окружающей среды ambient [environmental] conditions
  ~ почвообразования soil-formation factors
  ~ произрастания насаждения stand conditions
  ~ сохранения окружающей среды environmental constraints
  ~ хранения storage conditions
  ~ экологической среды ecological conditions
  ~ эксплуатации operating [service] conditions; *меб.* treatment
  анаэробные ~ (*в почве*) aerobic [anaerobic] conditions
  атмосферные ~ weathering conditions
  влажные ~ (*при которых относительная влажность воздуха равна 90%*) wet conditions
  лесные ~ forest conditions
  лесорастительные ~ site (conditions)
  неблагоприятные ~ произрастания adverse growing conditions
  нездоровые ~ в лесу, вызванные гниением древесины punky
  нормальные ~ (*при которых относительная влажность воздуха равна 65%*) normal conditions
  полевые ~ (*опыта*) field conditions
  почвенно-грунтовые ~ soil conditions
  рабочие ~ [эксплуатационные, производственные] working conditions
  рельефные ~ terrain conditions
  сухие ~ среды (*при которых относительная влажность воздуха равна 40%*) dry conditions
  технические ~ specification
  тяжёлые ~ 1. (*эксплуатации мебели*) tough treatment 2. (*грунтовые*) difficult ground conditions
усталость (*древесины в результате знакопеременной нагрузки*) fatigue
устанавливать install; mount; set up; seat
установка 1. (*оборудование*) installation, plant, system 2. (*монтаж*) fитting, mounting 3. (*на место*) placing
  ~ блоков blocking
  ~ для взятия проб sampling unit
  ~ для выгрузки, распиловки и подготовки балансов cut-up mill
  ~ для отделки методом струйного облива flow coater; flow-coating machinery
  ~ для очистки сточных вод affluent [waste water] treatment plant; sewage (treatment) plant
  ~ для пачковой раскряжёвки хлыстов multistem slasher
  ~ для переработки деревьев в щепу (*на лесосеке*) (total) Chiparvester
  ~ для переработки отходов в щепу, стружку или древесную массу chunk plant
  ~ для переугливания древесины carbonizing unit
  ~ для получения [производства] древесного угля charcoal installation; charcoal producer
  ~ для последующего формования post-forming machine
  ~ для производства шпона veneer mill

установка

~ для промывки щепы chip-washing plant
~ для раскроя в размер sizing plant
~ для распыления подогретого лака hot spray outfit
~ для регенерации 1. reclaimer 2. (*тепла выдувных паров*) blow-down heat recovery system
~ для роспуска макулатуры disintegrating plant
~ для сушки древесной массы во взвешенном состоянии Niro atomize drier
~ для укладки спичечной соломки splint levelling unit
~ для форматного раскроя плит panel cut-up system
~ описания входящих на контроль пиломатериалов (*в системе автоматической обрезки и сортировки пиломатериалов*) transcription unit
~ пожарного шланга hose-lay
~ растяжек guying
~ соломки в наборных планках *спич.* setting of splints in plate mat
~ с продольной [с поштучной] подачей (*лесоматериалов*) lineal fed type unit

аэростатная трелёвочная ~ 1. (*с креплением аэростата к обойме, соединяющей рабочие канаты*) highlead rigged balloon system 2. (*с передвижным аэростатом и канатом, совершающим маятниковое движение*) pendulum swing yarding (balloon) system 3. (*с обратным несущим канатом, поддерживаемым снизу блоком каретки, прикреплённой к аэростату*) inverted skyline rigged balloon system 4. (*с тягово-несущим канатом*) balloon-running skyline system
бункерная ~ для групповой окорки (*трением*) bag barker
бурильная (скальная) ~ на колёсном или гусеничном ходу drill rig
горизонтальная ременная промывная ~ horizontal belttype washer
дождевая ~ irrigator; sprinkler installation
дозирующая ~ proportioning machine
канатная ~ 1. cable installation; cable system 2. *новозел.* (cable) hauler 3. (*бесчокерная; с захватом вместо чокеров*) grapple yarding system 4. (*гравитационная; с гравитационной кареткой*) shotgun system 5. (*для наземной трелёвки волоком*) ground lead (yarding) system 6. (*для подвесной трелёвки*) [подвесная] high-wire [skyline] system 7. (*для полуподвесной трелёвки*) [полуподвесная] highlead (system) 8. (*многопролётная подвесная*) multispan skyline 9. (*однопролётная*) single-span system 10. (*с грузоподъёмным барабаном на каретке*) hoist yarding system 11. (*с замкнутым канатом*) monocable system 12. (*с несущим канатом*) skyline (system) 13. (*с неподвижным [закреплённым по концам] несущим канатом*) standing [tight] skyline; standing skyline [tightline] system 14. (*с опускающимся несущим канатом*) live [slack(ing)] skyline; slackline system 15. (*с тягово-несущим канатом*) running skyline; running (skyline) system 16. (*трелёвочно-погрузочная*) yarder-loader
массоуловительная ~ waste stuff recovery plant
меловальная ~ с гибким или скользящим шабером pond-type trailing blade
окорочная ~ 1. (de)barker 2. (*с использованием трения*) friction(al) (de)barker
очистная ~ cleaner stand
перегрузочная ~ transfer
погрузочная ~ 1. loading installation 2. (*в виде 3-х опорной пирамиды*) gin
подъёмная ~ hoisting plant
промывная ~ flushing manifold
промывочная ~ sprinkler
промышленная ~ commercial plant
пропиточная ~ impregnator
распылительная ~ spraying machine
регенерационная ~ скрубберного типа spray-type recovery system
силовая ~ (*напр. автомобиля*) power plant
сортировочная ~ screen; sorting installation
сучкорезная ~ delimber; delimbing installation
сушильная ~ drier installation

установка

форматная ~ [для раскроя плит, деления щитов] dividing plant
циркуляционная ~ circulation device
электростатическая распылительная ~ с возвратно-поступательным движением пистолета electrostatic spray reciprocator

установление:
~ оборота рубки 1. (*в зависимости от прироста по объёму*) organization by volume 2. (*в зависимости от распределения лесного фонда по площади*) organization by area

установленный:
~ на черновую обработку (*о железке рубанка*) rank-set

установщик:
~ приёмников живицы bag hanger

устаревание obsolescence
устаревший obsolete

устой:
~ запруды wing wall
~ моста abutment, pier
береговой ~ bank pier

устойчивость 1. (*неизменность*) stability 2. (*невосприимчивость*) immunity, resistance
~ дерева к неблагоприятным внешним воздействиям tree hardiness
~ к заболеванию disease resistance
~ лесных культур tolerance of forest trees
~ насаждений к внешнему воздействию environmental resistance
экологическая ~ ecological stability

устойчивый:
~ к болезням disease-resistant
~ к загниванию (*о древесине*) decay-resistant
~ к кипячению boil-proof
~ к короблению warp-proof
~ против атмосферных влияний [защищённый от непогоды] weather-proof, weather-resistant

устранение elimination; removal
~ видов elimination of species
~ вмятины indentation filling

устройств/о apparatus, device
~ для валки и пакетирования деревьев feller-buncher attachment
~ для вскрывания упакованных пружинных блоков inner spring bale opener

~ для вставки мешка-вкладыша (*в бочку*) inserting device
~ для вытяжки тягового каната line shortener
~ для дистанционного управления (*лебёдкой*) remote (winch) control
~ для загрузки (*тележки лесорамы*) flipper
~ для загрузки древесного сырья wood receiving section
~ для накладки этикеток *спич.* affixing device
~ для напуска массы на сетку discharger
~ для натяжения 1. (*декельного ремня*) deckle strap stretcher 2. (*несущего каната*) tensioner
~ для натяжения пильной цепи chain tensioning device
~ для обвязки (*рулонов шпона бумажной лентой*) wrap-around unit
~ для обрезки корней *амер.* "cookie" cutter
~ для определения направления падения дерева 1. shotgun; timber compass 2. (*вставляемое в подпил*) gun(ning) stick
~ для отделения загрязняющих (*щепу*) примесей dirt separator
~ для отрезания полотна обёрточной бумаги tail cutting device
~ для очистки 1. cleaner 2. (*барабанов клеенаносящего станка*) knot grinder 3. (*наполнителей и красок*) *фирм.* rotospray
~ для переноски штабеля staple remover
~ для подачи звукового сигнала (*на лесозаготовках*) talkie-tooter
~ для подборки листов sheet collator
~ для подсчёта числа деревьев или брёвен tally counter
~ для промывки пера *меб.* feather washer
~ для равномерной выгрузки сваренной щепы (*из бассейна после варочного котла*) leach caster
~ для разводки (*зубьев*) пил saw-setting device
~ для разделения бумажных рулонов splitter
~ для раскалывания пней stump splitter

устройство

~ для сглаживания швов на сукне felt seam squaring device
~ для склеивания 1. (*швов картона*) splicer 2. (*бумажного полотна*) web splicer
~ для скоса и подкраски (*облицовываемых кромок щитов*) beveler stainer
~ для снятия напряжения в фанере и шпоне veneer tenderizer
~ для снятия перевёрнутых коробок rejection device
~ для сращивания слоёв пластика laminate splicing tool
~ для срезания и накопления деревьев apparatus for severing and grouping trees
~ для съёма и укладки в стопу (*листов строганого шпона*) off-bearing station
~ для установления направления валки дерева gun
~ для формирования и укладки колец из пружины «змейка» с последующей термообработкой nester
~ для центрирования чурака feed roll centering system
~ насыпи fill construction
~, препятствующее прошлифовке отделанной поверхности antidubbing device
~ против «отдачи» пилы antikickback device
~, срабатывающее по времени timing device
автоматическое ~ 1. (*для упаковки в плёнку*) automatic wrapping system 2. (*контроля степени белизны целлюлозы*) brightness molding
блокирующее [стопорное] ~ locking device
вылегчивающее ~ (*ролла*) lighter
дозирующее ~ portioning device
заградительное ~ fender
загрузочное ~ charging device; receiving section
заделывающее ~ (*лесопосадочной машины*) closing unit
зажимное ~ 1. frame clamping machine 2. (*для заточки направляющих лесопильных рам*) saw guide refacing jig 3. (*при лущении шпона*) stay-log

запечатывающее ~ (*напр. для картонных коробок*) sealer; sealing machine
заточное ~ 1. sharpening apparatus 2. (*настольное*) bench grinder
захватно-погрузочное ~ (*лесозаготовительной машины*) loading head
захватно-срезающее ~ (*лесозаготовительной машины*) 1. felling [harvesting] head 2. (*ножевое*) shear [-and-grapple] (felling) head 3. (*с дисковым пильным механизмом*) disk (saw) head 4. (*с цепной пилой*) chain saw head
защитное ~ guard
извлекающее ~ extractor
измерительное ~ metering device
картонное ~ для вставки мешка-вкладыша (*в бочки*) fiber inserting device
красконаносное ~ [ламинатор] applicator
маркировочное ~ marking device
меловальное ~ шаберного типа inverted coating knife
навесное ~ hitch
намоточное ~ 1. winding machine 2. (*для лущёного шпона*) lathe reel
направляющее ~ для брёвен log-guiding device
напускное ~ с воздушной подушкой (*на бумагоделательных машинах*) air-cushioned inlet
натяжное ~ (*напр. пилы*) strainer, straining [tensioning, tightening] device; tightener
ножевое ~ 1. guillotine; shear (mechanism) 2. (*для срезания деревьев*) tree shear apparatus 3. (*раскряжёвочное*) bucking shear 4. (*монтируемое впереди трактора*) front-end shear
одноножевое срезающее ~ anvil-type shear
опрокидывающее ~ [опрокидыватель] camelback; emptying [swing-tipping; tipping] device; tipple
оптико-механическое развёртывающее ~ optical mechanical scanner
откаточное ~ incline
отливное ~ former
пакетоформирующее ~ package former
переворачивающееся ~ turnover unit

устройство

пересасывающее ~ (*для передачи бумажного полотна на прессовую часть*) suction pickup; suction transfer; transfer suction box
поворотное ~ транспортёра barturner
подающее ~ delivering [feeding] device; feeder
подвесное ~ *цел.-бум.* 1. paper-hanging device 2. (*подвижное для сушки крашеной бумаги [поплавок]*) crossover stick [stick turnaround] machine
подштабельное ~ pile stand
подъёмное ~ hoister; hoisting apparatus
предохранительное [защитное] ~ safety device
приводное намоточное ~ power-driven reeling device
прижимное ~ с выносным дистанционным управлением remote-controlled extension dogs
присадочное ~ (*ролла*) adjusting device
прицепное ~ hitch
проволочное ~ для резания wire cutter
разворотное ~ 1. turner 2. (*для досок*) board turner
разгрузочное ~ discharging [unloading] device
разделительное ~ (*у дефибрера*) plow; plough
раскалывающее (*для раскалывания древесины*) ~ (wood-) splitting apparatus
сбрасывающее ~ [сбрасыватель] kicker, reclaimer
сканирующее ~ 1. scanner 2. (*для испытания бумаги*) safety paper scanner
сортировочное ~ 1. sorter, sorting mechanism 2. (*веерного типа*) fishtail sorting 3. (*потока пиломатериалов с цепными транспортёрами*) flow chain tray sorter 4. (*с установкой досок на ребро*) drop sorter
специальное ~, закладываемое внутрь упаковочного ящика inner-packing device
срезающее ~ 1. cutting device; cutting apparatus 2. (*ножевое*) shear; shear (-type) apparatus 3. (*пильное*) saw (-type) apparatus 4. (*с двумя ноже-

выми полотнами по типу ножниц*) scissors-type shear
стружкоотсасывающее ~ exhaust system
сцепное ~ 1.hitch, hookup 2. (*тяговое*) draft attachment; drawbar 3. (*между прицепом и автомобилем*) trailer hitch
съёмочное ~ lick-up roll
тормозное ~ (*при трелёвке*) snubbing device
упаковочное ~ wrapper
фонтанное шаберное меловальное ~ fountain blade coater
штабелирующее ~ stacker, stapler
этикетировочное ~ labeling device
уступ batter; ledge; shelf
уступчатый jogged
устье mouth
~ [канал] шлюза sluiceway
устьице *бот.* air pore, stoma; stomatal mechanism
~ на верхней поверхности листа abaxial stoma
~ на нижней поверхности листа adaxial stoma
усушка 1. (*потери*) drying loss 2. (*лесоматериалов*) shrinkage, wastage
утечка escape, leak(age)
~ воздуха air escape
~ огня escape of fires
утилизация (*отходов*) reclamation, salvage, salvaging; waste recovery
утилизировать 1. (*лом и т.п.*) salvage 2. (*отбросное тепло*) recovery 3. (*отходы*) reclaim
утиль garbage
утильсырьё rag, scrap
уток fill, weft
утолщение 1. (*вздутие*) lug, swell 2. (*увеличение толщины*) thickening
~ спичечной головки base bulb
утоп 1. (*бревно, утонувшее во время сплава*) dead head 2. (*леса*) sinkage
утор croze, chime
~ бочки chimb
уторник 1. crozer; grooving tool 2. *тарн.* notcher
утюг *дор.* (road) drag; planer
утюжка (*дороги*) dragging
утюжок:
прижимной ~ pressure pad

учение

шлифовальный ~ (finishing [rubbing, sander]) pad; shoe
уформит (*мочевино- и меламиноформальдегидные смолы*) фирм. Uformite
ухаживать (*за древостоем*) tend
уход (*за древостоем с момента посадки до рубки*) tending
~ за зубьями пилы care of saw teeth
~ за лесными культурами 1. care of plantations 2. (*агротехнический*) tending of plantations; weeding
~ за лесом care of stands
~ за отдельными деревьями tending of individual trees
~ и обрезка (*для омоложения ценных деревьев*) tree work
ухудшение:
~ качества [деградация] окружающей среды [экологическая деградация] environmental degradation
участ/ок 1. district, limit, range, section 2. (*делянка*) allotment, block, site, tract
~ валки леса felling point
~ вставки шпона (*в наборные планки*) спич. veneer insertion station
~ выдувания (*в почве*) blowout
~ для проведения испытаний testing field
~ земли [леса] с заложенной пробной площадью parcel
~ки искривлённых волокон (*небольшие*) epines
~ ксилемы между 2-мя сердцевинными лучами wood ray
~ леса 1. (*научного значения*) (research) natural [scientific purpose] area 2. (*расчищенный под пашню*) assart 3. (*принадлежащий фермеру*) forest [tree] farm
~ лесника forester's district
~ лесосеки у пня stump site
~ навивки в рулон (*шпона*) reeling station
~, наносимый на карту survey plot
~, отводимый под лесоразработки sale
~, отделанный интарсией intarsia inset
~ отлупа (*ножевого шпона*) shell
~ поворота или изгиба поручня лестницы easement, easing

~ подсочки timber site
~ разгрузки спич. ejection station
~ распределения стоп плит (*для подачи к станкам*) package transfer station
~ рубок ухода tending block
~ сборщика живицы crop
~ с крутым склоном steep land
~ торцовки aligning section
~ формирования пружин forming section
арендованный ~ земли 1. holding 2. (*лесной*) timber land [woodland] holding
бригадный ~ side
ветровальный ~ леса blow down; windfall
временно заповедный ~ regeneration area
вырубленный ~ леса cutover patch
заболоченные ~ки boggy areas
заражённый ~ (*растений*) infection court
исследуемый ~ survey plot
лесной ~ 1. forest block, forest range; timber compartment; woodlot 2. (*низкой продуктивности*) poor site
лесозаготовительный ~ cutting [logging] area; chance, show
лесосеменной ~ seed plantation
необлесённый ~ (*на лесных плантациях*) blank, fail place; failed area
неплодородный ~ infertile site
огороженный забором ~ (*леса*) woodlot
опытный ~ 1. sample; split plot; trial area 2. (*лесной*) experimental forest, pilot forest 3. (*полевой*) field test plot
отдельный ~ обитания station
плодородный ~ fertile site
плохо дренируемый [сырой] ~ wet land
плюсовый лесосеменной ~ seed-production area
показательный ~ [контрольная площадка] representative area
рабочий ~ леса working block
сборный ~ (*пожаров*) division
сплавной ~ floating district
фаутный ~ шпона patch
учение:
~ о лесе theory of forest management

учение

~ о продуктивности [о производительности] лесов forest yield science
учёт account
~ простоев delay description
~ рубок cut record
учётчик 1. accountant 2. (*лесоматериалов*) scaler, tallyman
~ щепы (produced) chips counter
учитывать 1. (*вести документацию*) keep records 2. (*лесоматериалы*) tally
учреждение organization; service
уширение broadening
~ зубьев пилы путём плющения swage set
ушко eye, eyelet, lug
~ крюка shackle
~ петли hinge eye
ущерб damage, harm, injury ◇ наносить ~ damage
~ из-за загрязнения окружающей среды diseconomy of pollution
~, наносимый окружающей среде environmental damage
уязвимость vulnerability (to)

Ф

фабрика factory, plant, mill
~ бумаги 1. (*без содержания древесной массы*) wood-free mill 2. (*высокосортной*) fine [white] mill 3. (*газетной*) news mill 4. (*ручного отлива*) hand-made mill 5. (*ручного и машинного отлива*) mixed mill
~ картона 1. (*гофрированного*) corrugation mill 2. (*изоляционного*) insulating board mill 3. (*кровельного*) roofing mill 4. (*ящичного*) boxboard mill
~ тряпичных бумаг rag mill
бумажная ~ 1. paper mill 2. (*работающая на привозной целлюлозе*) non-integrated mill
картонная ~ board mill
фанерная ~ veneer mill
фаг phage
фаза phase, stage

~ первого цветения (*деревьев*) adult phase
~ перед полным распусканием листьев juvenile phase
~ перед цветением (*деревьев*) juvenile phase
~ покоя (*растений*) resting phase
~ прорастания germination stage
~ роста growth phase
~ цветения bloom stage
газообразная ~ почвы [почвенный воздух] air soil
живая ~ почвы population of soil
жидкая ~ почвы fluid body
твёрдая ~ почвы matrix soil; solid body
фактор factor
~ы окружающей среды (*биотические и абиотические*) environmental [locality] factors
~ы отбора (*развития*) evolution factors
~ы постоянной пожарной опасности constant danger
~ы условий произрастания леса (forest) site factors
задерживающий [тормозящий] ~ inhibitory factor
переменные ~ы 1. (*окружающей среды, напр. климат*) transient [variable site] factors 2. (*пожарной опасности*) variable (fire) danger
постоянные ~ы условий произрастания леса permanent site factors
устойчивые ~ы окружающей среды conditional factors
эдафический (*почвенный*) ~ edaphic factor
фактура pattern, texture
факультативный (*необязательный*) (*о грибах, насекомых-паразитах*) facultative
фал fall(-line)
фалец (*дверной*) frame ledge of door
фальц rabbet
фальцгебель (*рубанок для выборки четвертей*) fillister plane
фальцевание (*толстой бумаги, картона*) scoring
фальцевать crease, rabbet
фальцовка 1. fillister, rabbet-plane 2. (*операция*) creasing, folding, rabetting

фанера 1. plywood **2.** (*однослойная [шпон]*) veneer
~ декоративная *фирм.* kraftwood
~ для наружной облицовки (*зданий*) exterior(-type) plywood
~, облицованная листовым металлом [армированная] armorply
~, раскроенная в размер cut-to-size plywood
~ с имитацией фоторисунка glowood
авиационная ~ aircraft plywood; stressed skin veneer
армированная ~ reinforsed veneer
водостойкая ~ moisture-resistant [M.R.] plywood; water-proof [M.R.] veneer
гнутоклеёная ~ curved [shaped] plywood
декоративная ~ **1.** figured veneer **2.** (*облицованная бумажным пластиком или плёнкой*) beautyboard **3.** (*облицованная шпоном ценных пород*) veneered plywood
клеёная ~ scale board, scaleboard
лущёная ~ cut-veneer
многослойная ~ cross laminated [glued] wood; multiply plywood
ножевая ~ [строганый шпон] sliced veneer; veneering wood
облицованная ~ built-up plywood
огнестойкая ~ fire-proof veneer
пилёная ~ sawn [sawed] veneer
строганая ~ sliced veneer
термостойкая ~ boil-resistant plywood
толстая ~ glued board
фанерование veneering; burr [veneer] laying
~ поверхности двойной кривизны wrapping
~ строганым шпоном, полученным из толстых сучьев oystering, oysterwood
фанерованный veneered
~ заподлицо flush veneered
фанеровка facing
фанеровщик veneerer
фартук apron
~ бумагоделательной машины apron, rubber
фасад facade, face, front
фаска bevel, (bevel)edge, chamfer, facet
~ сверху зуба land

фасонный molded, shaped
фаутный [поражённый гнилью] (*о древесине*) doted, doty; wormy
фациация (*группировка доминирующих видов внутри ассоциации*) faciation
фация (*почв*) facies
фашина bundled brush check; faggot
фашинник faggot wood, fascine
феллема phellem
феллоген cork cambium; phellogen
феллодерма phelloderm
фенотипический phenotypic
ферма 1. *стр.* girder, truss **2.** (*моста*) bracing frame, framework **3.** *с.-х.* farm
лесная ~ forest [tree] farm
фермент (en)zyme, ferment
ферментация fermentation
фибра (hard) fiber; hard fiberboard
вулканизированная ~ indurated [parchmentized] fiber
листовая ~ fiberboard
слоистая ~ laminated fiberboard
электротехническая ~ electrical insulation fiber
фибратор fibrator
фибрилла [целлюлозная] fibril(la)
нитевидная ~ filamentary fibril(la)
фибриллирование (*при размоле*) brushing, fibrillation
внешнее ~ brushing-out
фигурка:
выпуклая ~ из массивной деревянной заготовки solid figure
физиология:
~ растений plant physiology
фиксация [усвоение] (*питательных элементов*) fixation, fixing
~ ионов аммония (*в почве*) ammonium fixation
~ серы (*микроорганизмами*) sulfofixation
филёнка panel(ing), slat
~ без калёвки square panel; framed square
~, отделанная калёвкой beaded panel
~ с полукруглой двусторонней калёвкой (*о двери*) bead-and-flush
~ с полукруглой четырёхсторонней калёвкой (*о двери*) bead-and-butt
~, установленная в одной плоскости с обвязкой и отделанная калёвкой bead butt [bead flush] panel

филёнка

выпуклая ~ (*двери*) raised panel
углублённая ~ 1. sunk panel 2. (*с прямоугольной обвязкой*) square framed panel
филлодий (*пластинчатый черешок*) phyllody
филлосфера (*микросреда листьев*) phyllosphere
фильтр 1. filter, strainer 2. *цел.-бум.* arrester 3. (*воздушный*) air cleaner
~ для древесной пыли wood-dust filter
~ для известкового шлама lime-sludge filter
~ для оборотной воды со спиральными пружинами coil spring-type filter
~ для очистки воды bark slime filter
автоматический масляный ~ automatic oil-bath filter
высоконагруженный ~ 1. (*капельный*) high-rate trickling filter 2. (*спрысковой*) high-rate sprinkling filter
гравийный ~ graveler
гравитационный ~ gravity filter
дюралоновый ~ duralon filter
капельный ~ 1. trickling filter 2. (*слабонагруженный*) low-rate trickling filter
контрольный ~ test filter
мешочный [тканевый] ~ bag filter; baghouse
нейлоновый ~ microweb filter
отсасывающий [всасывающий] ~ suction filter
патронный ~ cartridge filter
промывной ~ Оливера Oliver bleach washer
ячейковый ~ cell-type washer; cell-type [cellular] filter
фильтрат filtrate
фильтрация filtration, percolation
фильтр-влагоотделитель filter-drier
фильтр-сгуститель belt thickener
фирма firm, company
автомобильная ~, вывозящая лес по контракту hauling contractor
лесная ~ forest company
лесозаготовительная ~ logging company
фирма-поставщик (*напр. шпона*) veneer-supplying firm

фитограмма (*диаграмма, характеризующая отдельные черты сообщества*) phytograph
фитомасса biomass
фитопатология лесных пород forest pathology
фитосоциология phytosociology
фитотрон (*установка искусственного климата*) climatizer, phytotron
фитофтора (*гниль корней древесных пород*) phytophthora
фитоценоз phytocenosis
~ хвойного леса conophorium
фитоценология [фитосоциология] phytosociology
фитоцид phytocide
фитоэдафон (*почвенная микрофлора*) phytoedaphon
фланец flange, lip, ring
флигель outbuilding; wing
флокуляция flocculation
флора [растительный мир] flora
флотация floatage, floatation
флоэма phloem
включённая ~ interxylary phloem
внутренняя ~ internal [intraxylary, perimedullary] phloem
флювиогляциальный (*о почве*) glaciofluvial
фолликула hose
фольга foil; foil [metal] paper
фонд:
семенной ~ seed stock
форвардер (*самозагружающийся трактор для подвозки лесоматериалов в полностью погруженном положении*) forwarder
форм/а 1. form, shape 2. (*изготовительная*) make, mold, pattern ◊ в ~е лиры (*о сиденье или спинке стула*) lyre-shaped
~ дерева tree form
~ для ручного отлива с сеткой типа верже laid mold
~ зуба (*пилы*) tooth pattern
~ края листа 1. leaf margin 2. (*волнистая*) repand leaf margin 3. (*выемчатая*) sinuate leaf margin 4. (*городчатая*) crenate leaf margin 5. (*зубчатая*) dentate leaf margin 6. (*первичная*) [катафилл] cataphyll 7. (*пильчатая*) serrate leaf margin
~ кроны 1. crown form 2. (*колонно-*

видная) columnar growth habit 3. (*раскидистая низбегающая*) decurrent branching habit 4. (*сбежистая*) excurrent growth habit
~ лесного хозяйства silvicultural type
~ насаждения form of stand
~ [характер] роста 1. growth form; growth habit 2. (*кустарниковая*) bushy habit of growth 3. (*низбегающая*) decurrent [deliquescent] growth habit 4. (*плакучая*) weeping growth habit
~ ствола 1. bole [stem] form 2. (*колонновидная*) columnar form 3. (*нисбегающая*) decurrent form 4. (*сбежистая*) excurrent form; excurrent growth habit
веленевая отливная ~ wove(n) mold
выборочно-лесосечная ~ хозяйства group(-selection) system
геометрическая ~ обзола geometry of wane
контрольная ~ (*записей, сопоставляющих запланированные лесоустройством мероприятия с их конкретным исполнением*) control form
отливная ~ для листов картона board mold
паровая металлическая ~ [паровой гнутарный станок] steam-heated metal form
черпальная ~ hand-mold; paper mold
формальдегид formaldehyde, formol
формат form, size
~ в 1/12 стандартного листа бумаги twelvemo
~ в 1/20 стандартного листа бумаги twentymo
~ в 1/24 стандартного листа бумаги twentyfourmo
потребительский ~ листа trimmed size of sheet; use standard size
промышленный ~ листа untrimmed size
формация:
вересковая ~ heath formation
лесная ~ forest formation
эдафическая ~ edaphic formation
формвар (*полифинилформальдегид*) *фирм.* Formvar
формика (*пластик*) *фирм.* Formica
формилцеллюлоза cellulose formiate
формирование formation, forming

~ головок спичек match tip coating
~ деревьев training
~ древесноволокнистого ковра matting
~ древостоя formation of crop
~ закруглённой или круглой столярной конструкции (*путём склеивания отдельных брусков*) ribbing-up
~ кома земли (*вокруг корней*) balling
~ кроны pruning
~ пакета (*шпона*) laying-up
~ пружинного блока с рамкой *меб.* welt boxing
~ пучка брёвен forming a bundle; bundling
~ спичечной головки splint dipping into ignition compound
~ спор sporification
~ стружечного ковра particle spreading
~ цилиндрической поверхности из клёпки coopering
формировать (*деревья*) train
формование cooking, molding, shaping
~ бумаги forming
~ куполообразной формы (*пенопласта*) *меб.* doming
~ объёмных изделий three-dimensional shaping
~ раздувом blow molding
вакуумное ~ drape forming
двухступенчатое ~ two-shot molding
одноразовое ~ one-shot molding
периодическое ~ batch formation
предварительное ~ древесноволокнистой массы pulp preform molding
холодное ~ cold setting
формованный molded
~ с цельной оболочкой (*о пенопласте*) integrally molded
формовать form, mould, shape
~ многослойный картон laminate
формовка 1. (*операция*) moulding, shaping 2. (*устройство*) side dresser
форсунка:
~ для увлажнения воздуха (*при сушке древесины*) humidity spray
фосфат phosphate
двойной кислый ~ double acid phosphate
осаждённый ~ calcium hydrogen [precipitated] phosphate

фосфор

фосфор phosphorus
  доступный ~ (*почвы*) available phosphorus
  недоступный [закреплённый] ~ (*почвы*) fixed phosphorus
фотобумага developing paper
фотографирование:
  ~ в инфракрасных лучах infrared photography
  многозональное ~ multiband photography
фотокартон photo(card) board
фотометр fotometer
  ~ белизны бумаги brightness meter
  ~ лоска бумаги gloss meter
  ~ светонепроницаемости бумаги opacimeter
  ~ светопроницаемости бумаги transparency meter
фотопериод photoperiod
фотоплан photo index map
фотосинтез carbon nutrition
  истинный [суммарный] ~ real photosynthesis
  наблюдаемый ~ apparent [net] photosynthesis
фототропизм phototropism
  положительный ~ prophototropism
фотофаза photophase
фракционатор:
  ~ для обработки оборотной воды с целью повторного использования float-wash
фракционирование grading
фракци/я fraction
  ~ крупнозёма coarse earth fraction
  ~ мелкозёма fine earth fraction
  ~ смоляных кислот rosin (acid) fraction
  ~, содержащая пахучие вещества odor cut
  ~ физической глины clay-silt fraction
  альфа-пиненовая ~ alpha-pinene fraction
  головная ~ head (fraction)
  грубая ~ coarse fraction
  илистая ~ clay fraction
  крайняя ~ end (fraction)
  крупная [грубая] ~ coarse fraction
  лёгкие ~и таллового масла tall oil light end
  мелкая ~ щепы chip dust

  пылеобразная ~ fines
  смоляная ~ tar fraction
фрамуга 1. fanlight 2. (*над дверью*) transom
  нижнеподвесная ~ hopper light
фреатофит (*растение с глубоко расположенными корнями, получающее влагу из грунтовых вод*) phreatophyte
фреза auger, mill; milling [routing] cutter; molder [shaper] knife
  ~ для пазов или канавок old woman's tooth
  ~ для ручной обработки фасонной поверхности router
  ~ со вставными зубьями insert teeth cutter
  ~ с подвижными резцами winged cutter
  дисковая ~ rotary cutter; side mill
  дорожная ~ road harrow
  концевая ~ с роликовым копиром double-flush cutter
  обдирочная ~ stock cutter
  пазовая ~ grooving cutter; slot mill
  почвенная ~ 1. (rotary) tiller; rototiller 2. (*дисковая*) rotary disk hoe
  торфяная ~ peat cutter
  фасонная ~ form milling cutter; molding cutter
  шипорезная ~ dovetail cutter
фрезерование milling, molding
  ~ плоскости параллельно оси фрезы slabbing-off
  ~ по подаче climb milling
  ~ против подачи conventional milling
  торцовое ~ face milling
  фасонное ~ artistic molding
фрезерованный milled
фронт:
  ~ пожара firefront
фтор fluorine
фтористый fluoride
фуганок plane, jack [jointing, low-angle, shooting, smoothing, try(ing)] plane
фугование jointing, shooting, straightening
фуговать joint, shoot
фуговка (*выравнивание зубьев пилы перед заточкой*) breasting
фульвокислоты fulvic acids
фунгицид (*для защиты древесины*) ап-

tifungal, antimycotic, fungicide, fungistat
фундамент base, bed, foundation; seating, substructure
фуникулёр cable railroad; funicular
функция:
  складская ~ terminal function
фурафил (*наполнитель клея для фанеры*) *фирм.* Furafil
фургон van
  крытый ~ caravan car
фурнитура accessories, (cot) fittings, fixture, furniture, hardware
  ~, вставленная механическим способом с помощью шурупов или гвоздей knock-in fittings
  ~ для крепления ножек KD leg fittings
  ~ для низкой софы ottoman fittings
  ~ для сборной мебели KD-fittings
  ~ для сборно-разборной мебели knockdown fittings
  ~ корпусной мебели cabinet hardware
  дверная ~ door furniture
  металлическая ~ 1. metal fitments 2. (*для мебели*) mount
  пластмассовая ~ plastics insert
  установочная ~ mounting hardware
фут (*мера длины*) foot
  досковый ~ board-foot [feet-board] (measure)
футляр cap; case; housing; jacket
  ~ для набора ручных инструментов bit case

X

хак (*инструмент для нанесения подновок на каррах*) (bark) hack
хамефит chamaephyte
характер character, nature
  ~ лесовладения land ownership
  ~ развития (*растений*) habit
  ~ роста growth status
характеристика characteristic, specification
  ~ деталей аэроснимка texture
  ~ насаждения stand conditions
  ~ осваиваемой лесосеки cutting side report
  колёсная ~ system of wheels; wheel arrangement
  нагрузочная ~ load characteristic
  скоростная ~ velocity characteristic
  эксплуатационная ~ operating characteristic
хвойный 1. acerate, acero(u)s 2. (*о деревьях*) coniferous, evergreen, needle-leaved
хворост brushwood, chatwood, faggot-wood, raddle, scrog, slips
  покровный [защитный] ~ covering brushwood
хвост:
  ~ сплава tail end
хвостовик:
  ~ звена цепи trailing portion
  ~ инструмента shank, stem, tail, tang
хвощ:
  ~ болотный (*Equisetum palustre*) snake-pipes
хвоя acerouse leaf; needles
  чешуевидная ~ scale-like needles
  шиловидная ~ awl-shaped needles
хижина cabin
химифайнер *фирм.* chemifiner
хинин *спич.* chitin
хинон quinone
хитин *энт.* chitin
хладоагент coolant
хладостойкость cold endurance
хлопья flakes, flocks
хлор chlorine
хлорат chlorate
хлорид chloride
хлорирование chloridation
хлорировать chlorinate
хлористый [хлорный] chloride
хлорит chlorite
хлорлигнин chlorinated lignin
хлорофилл chlorophyll
хлыст (*древесный*) tree length
  ~ы для выработки балансов [балансовые] tree-length pulpwood
  ~ы, заготовленные первым приёмом рубок ухода first thinning stems
  ~ы разной длины random length stems
  ~ с обдирами коры peeled stick
ход 1. (*движение*) motion, move(ment)

ХОД

2. *геодез.* survey [valuation] line; traverse 3. *энт.* mine passage ◇ **на гусеничном** ~у valuation on tracks, tracked, track-laying; **на колёсном** ~у on wheels, wheeled
~ **древоточца** shothole
~ **каретки** travel of carriage
~ **личинки** 1. larval gallery 2. (*личинок*) larval tunnel
~ **насекомого** [*червоточина*] 1. insect [seed, shoot, worm] hole; gallery 2. (*вилообразный*) forked gallery 3. (*звездообразный [лучистый]*) stellate gallery 4. (*маточный*) egg [mother] gallery
~ **пилы** 1. travel of saw 2. (*величина хода*) stroke
~ **роста насаждения** stand development
~ **сетки** run of wire
~ **сучкорезного (выдвижного) механизма** de(limbing) [limber] stroke
~ **трактора** [*ширина хода*] tread
грузовой ~ (*автомобиля, трактора*) inhaul
гусеничный ~ caterpillar, crawler (tread)
задний ~ reverse (movement); return
колёсно-гусеничный ~ (*с передними ведущими колёсами*) end-type caterpillar
обратный ~ back stroke; reverse; upstroke
пробный ~ (*станка*) trial run
рабочий ~ 1. working stroke 2. (*резца*) cutting stroke
теодолитный ~ traverse
холостой ~ idle running; idle stroke; outhaul
ходимость (*шины*) tyre life
хозяин (*у паразита*) host
дополнительный [*второй промежуточный*] ~ supplementary host
окончательный [*дефинитивный*] ~ definitive host
промежуточный ~ alternate host
факультативный [*случайный*] ~ optional host
хозяйство 1. (*оборудование*) equipment, facilities, coupe 2. (*в лесоустройстве*) working group 3. (*учреждение*) establishment
~, **направленное на уход** 1. (*за лучшими деревьями*) chosen tree system 2. (*за отдельными деревьями*) forest management by individual trees 3. (*на световой прирост*) open stand system
баденское [**швейцарское**] **семеннолесосечное** ~ irregular shelterwood system
безвершинное ~ 1. (*кобловое*) pollard system 2. (*подсечное; система рубок в порослевых насаждениях с коротким оборотом рубки*) shortrotation coppice system
выборочное ~ selection system
высокоствольное ~ high forest system
городское (**лесное**) ~ urban forestry
интенсивное (**лесное**) ~ intensive forestry
ландшафтное (**лесное**) ~ aesthetic forestry
лесное ~ 1. (*отрасль*) forestry 2. (*многоотраслевое*) multiple-use forestry 3. (*многоцелевое*) multiplepurpose forestry 4. (*устойчивое, неистощительное*) sustainable forestry
лесопарковое ~ aesthetic [urban] forestry
лесосечное низкоствольное ~ sprout system
непрерывное [**постоянное**] ~ sustained-yield management
низкоствольное ~ 1. bushwood; (simple) coppice system 2. (*с коротким оборотом рубки*) short rotation bushwood
промышленное (**лесное**) ~ industrial forestry
семеннолесосечное ~ shelterwood system
сплошнолесосечное ~ clear-cutting [clear-felling] system
среднее ~ 1. (*с воспитанием семенных [резервных] деревьев*) high-forest-with-reserves system 2. (*с оставлением семенных деревьев-маяков*) high-forest-with-standards system
экстенсивное (**лесное**) ~ extensive forestry
холл entrance hall
холм hill
лесистый ~ holt
холодильник cooler, refrigerator
~ **в сушильной секции** *цел.-бум.* sweat drier; sweat cylinder

холодный [суровый] (*о климате*) bleak, inclement, rigorous
холодовыносливый (*о растении*) psychrophile
холоцеллюлоза holocellulose
хомут 1. (*деталь оборудования*) ring, yoke 2. (*зажим*) clamp (attachment), clip, spider
хомутик clamp, clip
хоппер (*грузовой ж.-д. вагон*) hopper car
хорология (*размещение организмов в пространстве*) chorology
хосталeн (*полиэтилен и полипропилен*) *фирм.* Hostalen
хохолок *бот.* plume
хранение storage, storing
~ пиломатериалов или фанеры в вертикальном положении edge storing
хранилище storage, storehouse
храповик ratchet wheel
хребет (*горный*) backbone, ridge
хроматичность (*характеристика цвета бумаги*) chromaticity
хромосома chromosome
добавочная ~ supernumerary
хронометраж motion-time; timing
хрупкий (*о древесине*) brash(y)
хрущ [хрущи] (*Melolonthinae*) chafer, May beetles
майский ~ (*Melolontha и др. роды*) May beetle
хрящеватый saty

Ц

царапина scratch (mark), score
~ от напильника notch
царга (*стула, стола*) apron, frame, rail, rung, side-bar; side-beam; subframe, underbracing, underframe
~, изготовленная из древесных отходов методом формования molded chairframe
~ кровати с балдахином canopy bed frame
круглая ~ 1. (*сиденья*) seat ring 2. (*стола или стула*) rim

передняя ~ seat rail
царица *энт.* queen
цвет 1. colour [color], tint 2. *бот.* bloom, blossom, hue
~, переходящий в другой оттенок string color
вспомогательный ~ tertiary colour
смешанный ~ secondary color
тёплый ~ luminous color
холодный ~ somber color
чистый ~ pure color
цветение flower, florescence, inflorescence
интенсивное ~ full blossom
раннее ~ proanthesis
цветковый floral
цветок bloom, flower
женский ~ pistillate flower
обоеполый ~ (*типа шишки*) conelet, strobile
пестичный ~ carpellary flower
полный ~ full blossom
тычиночный ~ типа шишки staminate strobile
цветоложе receptacle, torus
разросшееся ~ [карпофор] carpophore
цветоножка pedicel, peduncle, receptacle
цветоносный floriferous
цветопрочность (*бумаги*) (colour) fastness
цветорасположение (*на оси*) inflorescence
цветостойкость colour permanence
цветоустойчивость (*при щелочной варке*) alkali staining resistance
целина idle field; virgin [wild] land; virgin soil
целлобонд (*фенолформальдегидная, полиэфирная и др. смолы*) *фирм.* cellobond
целлофан 1. (*упаковочный*) cellulosic packing material 2. *фирм.* cellophane
целлулоид (*пластик из нитроцеллюлозы*) *фирм.* celluloid
целлюлоза 1. cellulose; (paper) pulp 2. (*фермент*) cellulasa
~ в кипах baled pulp
~ для химической переработки chemical grade [dissolving] pulp; dissolving cellulose

813

целлюлоза

~ из лиственной древесины hardwood pulp
~ из хвойной древесины softwood pulp
~ лубяных волокон cuto cellulose
~, определяемая по методу Кросса и Бивена Cross-and-Bevan cellulose
~ с высоким содержанием альфа-целлюлозы alphapulp
азотнокислая ~ nitric acid-soda pulp
ацетатная ~ acetate [acetylation] pulp
белёная ~ 1. bleached pulp 2. (*сульфатная*) bleached sulfate
белимая ~ bleachable [bleaching] pulp
видоизменённая [модифицированная] ~ modified cellulose
вискозная ~ rayon [viscose] pulp
воздушно-сухая ~ air-dry pulp
древесная ~ 1. wood cellulose 2. (*для производства бумаги*) woodpulp
кормовая ~ fodder cellulose
коротковолокнистая ~ short-fibred cellulose
листовая ~ sheet pulp; pulpboard
моносульфитная ~ neutral sulfite pulp
натронная ~ soda (pulp)
небелёная ~ 1. brown [unbleached] pulp 2. (*сульфатная*) unbleached sulfate 3. (*сульфитная*) unbleached sulfite
неочищенная ~ unstrained pulp
облагороженная ~ 1. processed [refined] pulp 2. (*древесная*) purified wood cellulose
рыхлая ~ noodle pulp
сульфатная ~ 1. sulfate (pulp) 2. (*из хвойной древесины*) softwood sulfate
сульфитная ~ 1. (acid) sulfite pulp; sulfite cellulose 2. (*из лиственной древесины*) hardwood sulfite 3. (*при варке на кислоте с натриевым основанием*) sodium base sulfite 4. (*с высоким содержанием альфа-целлюлозы*) high-alpha sulfite
термомеханическая ~ termomechanical pulp
техническая ~ chemical pulp
товарная ~ commercial [market] cellulose
хлопковая ~ cotton [linters] pulp, cotton linters
целлюлозаны cellulosans
целлюлозник (*рабочий*) pulpmaker

целон [ацетилцеллюлоза] celon
целостность:
 пространственная ~ лесного сообщества spatial continuity of forest community
целый [сплошной] (*о лесоматериале*) round
цель:
 ~ очистки лесосек clearing purpose
 ~ рубок ухода aim of tending
цельнокрайний (*о листе*) smooth-margin
цена 1. price 2. (*стоимость*) value
 оптовая ~ volume [wholesale] price
 покупная ~ buying price
 расчётная ~ accounting price
 розничная ~ retail price
ценность value, worth
 ~ леса forest value
центр central point; centre
 вращающийся ~ (*токарного станка*) spur center
 геометрический ~ (*кроны*) form point
 неподвижный ~ (*токарного станка*) cup center
центриклинер centricleaner, hydrocyclone
центриклон centriclone
центрирование 1. (*выверка с осью*) alignment 2. (*совмещение с центром*) centring
 автоматическое ~ бревна (*при окорке, лущении и т.п.*) automatic logcentring
центрифуга centrifugal machine; centrifuge
цеп flail
цепной chain
цепочка:
 производственная [технологическая] ~ (processor) chain
цеп/ь chain
 ~ для прицепки брёвен log chain
 ~ для сталкивания брёвен refuse chain
 ~ для торможения бревна при трелёвке вниз по склону bull chain
 ~ для трелёвки брёвен drag(ing) [skidding, snig] chain
 ~ для удаления отходов refuse chain
 ~ лесотранспортёра deck(ing) [jack mill] chain

ЦИКЛ

~ непрерывной подачи continuous-feed chain
~ привода распределения camshaft chain
~ противоскольжения anti-skid [skid, tire] chain
~и разной длины с крюками на концах (*присоединяемые к серьге каната лебёдки при арочной трелёвке*) tag chains
~ с захватами spiked chain
~ скрепления концов брёвен в боне *спл.* boon chain
~и, соединяющие сани с подсанками cross chains
~ сцепки draw chain
~ цепной передачи sprocket chain
бесконечная ~ для откатки вагонеток creeper chain
боковая ~ side chain
буксирная ~ tow chain
гусеничная ~ track-type chain
дополнительные ~и для обвязки верхнего ряда брёвен top (bind) chains
замкнутая ~ лесотранспортёра bull chain
землемерная ~ (*длиной 20м*) gunter's [land] chain
калиброванная ~ pitch chain
короткая ~ с кольцом и крюком (*для регулирования длины обвязочной цепи*) toggle chain
круглозвенная ~ round-link chain
ленточная ~ band chain
направляющая ~ guide chain
непрерывная подающая ~ (*лесотранспортёра*) continuous-feed chain
обвязочная ~ 1. (load) binder; sling [wrapper] chain 2. (*предохранительная*) safety chain
пильная ~ 1. cutting [saw] chain 2. (*с режущескалывающими зубьями*) "classical" type chain 3. (*с надрезающими и скалывающими зубьями*) scratcher-type chain 4. (*со скалывающими зубьями*) hooded chisel chain 5. (*со строгающими [Г-образными] зубьями [универсальная]*) chipper [chisel bit; chipper-teeth saw] chain 6. (*хромированная*) chromed chain
плоскозвенная шарнирная ~ flat link chain

погрузочная (*при накатке*) ~ crotch [loading] chain
подающая ~ 1. feed chain 2. (*лесотранспортёра*) log haul conveyor
подъёмная ~ hoisting chain
роликовая ~ rolled chain
снеговая со шпорами ~ lug-type chain
сортировочная ~ на лесозаводе "green" chain
специальная ~ из перемежающихся одинарных или двойных звеньев *меб.* mattress chain
тормозная ~ chock [brake, runner] chain
тяговая ~ draw [pulling] chain
тяжёлая тормозная ~ tail chain
удерживающая (*груз*) ~ safety chain
чашечная ~ *спич.* cup band; cup chain
чокерная ~ choker (log) chain
шарнирная ~ link chain
якорная ~ chain cable
цепь-волокуша brake chain
цепь-вставка (*тросовой оснастки*) bitch chain
цереклор (*хлорированный парафин, используемый в качестве пластификатора для поливинилфлорида*) *фирм.* Cereclor
церфазерщик [сепараторщик] shredderman
цех operation; plant; shop
~ мягкой мебели upholstery room
~ по производству настилов мягкой мебели felt plant
~ черновой обработки rough mill
деревообрабатывающий ~ wood shop
красильный ~ coating mill
малярный ~ varnishing department
меловальный ~ coating mill
отделочный ~ finishing room
очистной ~ screen [wet] room
столярный ~ cabinet [carpenter's, joiner's] shop
строгальный ~ planning mill
токарный ~ turnery
шлифовальный ~ sanding room
цикл cycle, cycling
~ восстановления (*лесных культур*) replanting cycle
~ посадки (*сеянца, саженца*) planting cycle

ЦИКЛ

~ роста growth cycle
жизненный ~ [генерация] life history
циклевание scraping, scratching
циклон (*для стружек и опилок*) shaving separator
  пылесборочный ~ cyclone dust collector
  расширительный ~ flash tank
цикля scraper; scraping tool
  ~ для обработки рельефных поверхностей spokeshave
  ручная ~ hand scraper
циколак *фирм.* Cycolac
цилиндр cylinder
  ~ для сушки 1. additional drier 2. (*предварительной*) predrier section
  ~ сгустителя decker [thickening] cylinder
  ~ с паровой рубашкой steam-jacketed cylinder
  заправочный ~ feed drier
  крепирующий ~ creping cylinder
  круглосеточный [отливной] ~ cylinder mold
  лощильный ~ machine glázed [Yankee drying] cylinder
  отсасывающий ~ в сборе suction mold assembly
  передний ~ сушильной части lead drier roll
  пластиночный ~ stereo cylinder
  рубительный ~ crushing roll
  сеточный ~ узоловителя strainer cylinder
  сушильный ~ 1. drier; drying roll 2. (*для сушки под колпаком*) air-foil drier 3. (*с двойным кожухом*) double-shell drier roll 4. (*с рубашкой*) jacketed drier 5. (*большой, самосъёмной машины*) Yankel drier 6. («*голый*», *без сукна*) naked drier 7. (*крепирующий*) crepe set [wet creping] drier 8. (*предварительный*) receiving drier; pony roll 9. (*приёмный*) lead-on drier
  формующий ~ всасывающего типа suction mold
цилиндр-стаканчик:
  бумажный ~ (*для выращивания сеянцев*) paperpot
циновка mat, bedmatt; matting
цирам (*фунгицид*) ziram
циркуль compasses
  разметочный ~ divider(s)

циркуляция circulation
  принудительная ~ в варочном котле cooking liquor forced circulation
циррус (*искусственная кожа из вспененного поливинилхлорида*) *меб. фирм.* cirrus
циста cyst
  камедная ~ gum cyst
  покоящаяся ~ hypnocyst
  смоляная ~ resin cyst
цистерна tank(er)
  регенерационная ~ accumulator; pressure reservoir
цистолит (*вырост клеточной оболочки, пропитанный образованиями, включающими карбонат кальция*) cystolith
цитоплазма cytoplasm
цифра:
  рельефная ~ raised figure
цоколь socle
цулага:
  выпукло-вогнутая ~ (*при фанеровании волокнообразной поверхности*) saddle

Ч

чан vat, pit; tank; trough, tub
~ для выпуска массы dump tank
~ для выщелачивания (*золы*) chemical ash [leaching] tank
~ для гашения извести (lime) slaking tank
~ для замачивания steep
~ для отходов tailings trough
~ для перемешивания отстоя dregs mixing tank
~ для хранения брака broke storage tank
~, облицованный керамической плиткой tile tank
~ с затвором seal tank
~ с изолирующим слоем seal tank
~ с маятниковой мешалкой oscillating vat
массный ~ stock [storage] tank; storage vat
сборный массный ~ бумажной фабрики paper mill storage tank

часть

сгустительный ~ thickening chest
черпальный ~ dip vat
чапаррель (*вечнозелёный кустарник*) chaparral
час hour ◇ в ~ per hour
частиц/а particle
 ~ы коры, попадающей в приёмную воронку при подсочке chips
 ~ы пыли или грязи, забивающие шлифовальную ленту loaded particles
 обугленные ~ы щепы burned chips
 осмолённые древесные ~ы glued wood particles
 склеенные древесные ~ы glued wood chips
 спекшиеся ~ы cake(d)-on particles
 электропроводящие ~ы (*в бумаге*) conducting particles
частный privately-owned
частокол pale fence; paling
частота frequency
 ~ возникновения пожаров fire occurrence
 ~ разброса frequency distribution
 ~ распределения (*пиловочных*) брёвен 1. (*по диаметру*) sawlog diameter-frequency distribution 2. (*по длине*) sawlog length-frequency distribution
частый [загущённый] crowded, thick
част/ь part; portion; section ◇ ~ями portion-wise
 ~ бумагоделательной машины end
 ~ застеклённой створки двери winglight
 ~ кромки пожара, продвигающаяся навстречу ветру *австрал.* rear
 ~ лесничества range
 ~ оконного переплёта (*верхняя закруглённая*) semicircular head
 ~ оконного проёма, занимаемого стеклом (*или размер стекла с припуском*) glass opening
 ~ растения (*почка, побег, росток, отпрыск*) для вегетативного размножения propagule
 ~ спички в виде зазубренного воротничка collar
 ~ ствола 1. (*без сучьев*) clear length 2. (*повреждённая насекомыми*) kill strip

 ~ царги стула, на которую опирается спинка shoepiece
 безотрывная прессовая ~ no-drew press section
 верхняя ~ 1. (*гнутой спинки стула*) top bend 2. (*ножки стула*) knee part
 внутренняя ~ спичечной коробки box tray; inner matchbox
 выдающаяся [выступающая] ~ 1. projection, reach 2. (*прямоугольная, нижнего бруска обвязки наружного переплёта окна или двери для защиты от попадания воды на подоконник или порог*) weather board
 головная ~ пожара (*распространяется по ветру*) head fire
 дефектная [фаутная] ~ дерева dead cull; wood culls
 дополнительная сушильная ~ бумагоделательной машины afterdrying section
 живая ~ почвы living fraction
 задняя [хвостовая] ~ tail
 запасные ~и spare [dublicate, repair] parts; spares
 комлевая ~ ствола дерева basis of tree; buttlog portion
 косая ~ спичечной коробки 1. (*внутренняя*) sidelong inner matchbox 2. (*наружная*) sidelong outer matchbox
 лобовая ~ плотины upstream face of dam
 мокрая ~ (*бумагоделательной машины*) wet part
 морщинистая ~ спичечной коробки 1. (*внутренняя*) unglace inner matchbox 2. (*наружная*) unglace outer matchbox
 надземная ~ (*растения*) aerial [epigeal] portion
 накатная ~ (*бумагоделательной машины*) reeling end
 наружная выпуклая ~ изделия мебели belly
 недосушенная наружная ~ спичечной коробки underdried outer matchbox
 нижняя ~ притворной планки двери toe
 нижняя ~ стойки культиватора footpiece
 обезвоживающая ~ dewatering space

817

часть

остеклённая ~ двери sidelight
передняя ~ основания устоя или подпорной стенки toe
проезжая ~ 1. (*дороги*) carriageway, driveway, roadway 2. (*моста*) floor
промывная ~ (*пергаментировальной машины*) washing part
проточная ~ (*парового котла*) flow passage
регистровая ~ (*бумагоделательной машины*) register part; table roll section
режущая ~ (*инструмента*) cutting end; (cutting) point
сеточная ~ (*бумагоделательной машины*) fourdrinier [vat] section; wire part
средняя ~ недопила (*при боковых резах на валке дерева*) belly
сушильная ~ (*бумагоделательной машины*) с ярусным расположением цилиндров stacked drying part
торцовая ~ 1. (*изделия, соединённая в наконечник или на планку*) cleated end 2. (*погонажной профильной детали*) returned end
тыловая ~ пожара rear
узкая соединительная или промежуточная ~ (*напр. мебельной ножки*) neck
утолщённая ~ thickening
упорная ~ клёпки howel
формующая ~ (*бумагоделательной машины*) forming section
ходовая ~ (*машины*) undercarriage
хозяйственная ~ (*выделяется при лесоустройстве*) (forest) management unit
центральная ~ спинки стула в виде лиры lyre splat
эмблематическая ~ водяного знака main watermark

чахлый stunted
чахнуть [поникать] flag
чашевидный cupulate
чашелистик calyx lobe
чашечка (*цветка*) calyx
чаща (*леса*) bosom, midwood, thicket
чека catch pin
  поддерживающая ~ (*для стропил, балок, перекладин*) bracket block
человеко-день man-day
человеко-час man-hour

червецы [щитовки, кокциды] (Coccidae) *энт.* scale (insects)
червоточина 1.beetle damage; shothole; worm-hole 2. (*диаметром более 3,2 мм*) grubhole 3. (*диаметром не более 1,6 мм*) pinhole
~, вызываемая жуком-рогохвостом woodwasp damage
~, вызываемая жуком-точильщиком death-watch beetle damage
~ овальной формы (*заполненная трухой*) longhorn beetle damage
круглая ~ 1. (*диаметром 3,2 мм*) lymexylid 2. (*содержащая труху*) beehole borer damage
неокрашенная ~ овальной формы wood-boring weevil damage
червь worm
чердак attic, garret, loft
чередование alternation, interchange
черенковать graft
черен/ок 1. (*инструмента*) shank 2. (*ножа*) grip, haft 3. *бот.* cutting
~ из ветви branch cutting
~ки твёрдолиственных пород dormant cuttings
вегетативный ~ root-and-shoot cutting; stump transplant
длинный ~ 1. (*толстый*) truncheon 2. (*тонкий*) wand, set
побеговый ~ shoot cutting
прививочный ~ scion
стеблевой ~ stem cutting
укоренившийся ~ rooted cutting
черёмуха (Padus) cherry
черепица tile
черепицеобразный *бот.* imbricate
черешок листа (*главный*) leaf stake; rachis, petiole, stick
черника 1. (*Vaccinium myrtillus*) bilberry, (evergreen) blueberry; whortleberry 2. (*голубика*) (*Vaccinium*) blueberry
~ кустарниковая (*Vaccinium arboreum*) sparkleberry
черпак (*ЦБП*) bucket, grab(s), scoop
черпальщик maker
черпание scooping
черпать bail, scoop
черта 1. bar; dash; line; streak, stroke 2. (*характеристика*) characteristic
чертёж drawing, plan
чертилка marking tool; scriber

четверть 1. quarter 2. (*круга*) quadrant 3. (*окна*) reveal
~ длины окружности (*дерева или бревна*) quarter girth
четырёхлистный quadrifoliate
чехлик:
  корневой ~ root-cap; pileorhiza
чехол 1. bag, cap, cloth, cover(ing), jacket 2. (*матраца*) tick
чечевичка (*поры в коре ветвей*) lenticel
чешуевидный squamous
чешуйка flake, scale
  ~ листовой почки perula
  мелкая ~ squamella
  семенная ~ seed scale
чешуйчатый pellety, squamous
чешуя:
  почечная ~ scale leaf
чизель-культиватор chisel
чизель-нож:
  ~ для обрезки ветвей pruning chisel
число number
  ~ омыления 1. saponification number; saponification value 2. (*в жёстких условиях*) drastic saponification number
  ~ передач number of gears
  ~ ПК (*изменение цвета после отбелки*) post color number
  ~ пластичности (*почвы*) plasticity number
  ~ подновок, наносимых одним вздымщиком crop
  ~ Роэ Roe number
  ~ рядов тары 1. (*по вертикали*) layer number 2. (*по горизонтали от одной торцевой стены вагона до противоположной*) stack number
  ~ скрещиваний ножей (*при размоле*) beater bars crossing number
  ~ стволов или карр на единице площади за период подсочки crop
абсолютное видовое ~ absolute form factor
бромное ~ *цел.-бум.* Tingle bromine number
видовое ~ 1. form factor 2. (*дерева*) tree form factor 3. (*искусственное*) artificial form factor 4. (*нормальное*) normal [true] form factor 5. (*старое*) (*на высоте груди*) breast height form factor
йодное ~ iodine value

кислотное ~ acid number
медное ~ *цел.-бум.* copper number
микроперманганатное ~ micro-Kappa number
передаточное ~ (*напр.два к одному*) two-to-one gear; two-to-one ratio
перманганатное ~ *цел.-бум.* permanganate [Kappa, neutral sulfite semichemical] number
среднее ~ 1. (*брёвен в пачке, транспортируемой за один рейс*) average logs to a turn 2. (*деревьев в пачке*) average number of trees per load 3. (*деревьев на акре*) average number of trees per acre
хлорное ~ *цел.-бум.* chlorine number
чистик:
  ~ диска (*дисковой бороны*) disk scraper
чиститель:
  центробежный ~ массы erkensator
чистить clean, prune
чистка cleaning, clearing
  ~ оборудования cleanup
чистообрезной die-square; square edged
чистота cleanliness, cleanness, purity
  ~ и интенсивность окраски (*почвы*) chroma
  ~ семян seed purity
чистый clean, pure
членик:
  ~ сосуда vessel member
членистоногие (*Arthropoda*) arthropods
чокер choker
  ~, заранее надетый на дерево preset choker
  самоотцепляющийся ~ self-releasing choker
  скользящий ~ sliding choker
  тяжёлый ~ из толстого каната bull choker
  цепной ~ skid(ding) [*австрал.* snig] chain
чокеровать choke
чокеровка choker setting; choking, hooking; choker attaching
  предварительная ~ prechoke
чокеровщик 1. choker setter 2. (*при зацепке захватами*) grab setter; tong hooker
  ~, сопровождающий трелюемую пачку block tender; chaser
чувствительный sensitive, sensible

чувствительный

~ к давлению pressure-sensitive
~ к изменению температуры temperature-sensitive
чулок sleeve
~ [маншон] гаучвала couch roll jacket
ткановаляный ~ weaving-felted jacket
чурак block, chuck, chump, piece of log
чураки shock bolts
чурка chock, poppet

Ш

шабер 1. blade, knife, scraper 2. *цел.-бум.* doctor; swinging board
~ для нанесения покрытия coating knife
~ с возвратно-поступательным движением oscillating doctor
автоматический ~ [самосливная линейка] autoslice
воздушный ~ air blade; air knife
крепировальный ~ creping doctor
маятниковый ~ reciprocating doctor
резиновый ~ rubber squeegee
скользящий ~ trailing blade
снимающий ~ taking-off doctor
съёмный ~ sweeping scraper
щёточный ~ brush doctor
шаблон gauge; form(er), mold; sampl(er), template
~ для вырезания паза в поручне перил falling mold
~ для гнутья в виде обруча bending hoop
~ для зарубки шпал adzing gauge
~ для контроля развода зубьев set gauge; spider
~ для обрезки досок face mould
~ для определения угла сверления bore angle gauge
~ для пил 1. saw gauge 2. (*в поставе*) saw-blade gauge
~ для профильного вырезания заготовок из доски face mold
~ для работы по профилю с двойным закруглением grasshopper gauge
~ для строгания planer gauge
~ для тиснения [молет(а)] knurl; knurling wheel
~ для токарной работы turning template
~ для шпунтования досок mullet
коньковый ~ (*для кровли*) ridge cap
радиусный ~ radius gauge
установочный ~ adjuster gauge
шаг 1. (*интервал*) spacing 2. (*ступень, стадия*) step 3. (*резьбы, цепи*) pitch
~ винта lead of a screw
~ зацепления pitch of a gear; pitch of teeth; tooth pitch
~ зубьев (*пилы*) pitch of teeth; tooth pitch; tooth spacing
~ или деление шипового соединения pitch dovetail
шагрень (*дефект лакированной поверхности*) chagreen, pebble
шайба washer
~ из стальной шерсти steel wool pad
вибрирующая ~ (*шлифовального или полировального станка*) oscillating pad
полировальная ~ 1. block [flapwheel, spindle, turning] sander; edge [spindle] mop 2. (*для рельефных поверхностей*) scroll sander
электрошлифовальная ~ orbital sander
шарик:
маленький ~ массы curler
шарнир hinge; knuckle; swivel
~ для двери, открывающейся в обе стороны helical hinge
~, обеспечивающий наклон (*спинки кресла*) tilt swivel
~ с возвратным ходом return swivel
шарнирный [шарнирно-сочленённый] articulated, articulating
шаровой [шарнирный] ball-and-socket
шарошка 1. *маш.* burr (mill) 2. (*цилиндр*) bush [friction] roll
~ для ручной насечки hand-operated burr
шасси (under)carriage, chassis
~ с низкой платформой (*для облегчения погрузки*) low-loading chassis
~ с рамным управлением articulated chassis
базовое ~ carrier (vehicle)
вездеходное ~ cross-country chassis

гусеничное ~ caterpillar [track] carrier
колёсное ~ wheel carrier
шарнирно-сочленённое ~ articulated chassis
шахта:
~ дефибрера magazine (grinder)
шезлонг body chair; chaise-longue
шейка (*сужение*) neck, throat
~ корня (*дерева*) root collar; root crown
шейпвуд (*ДСП с калёвкой*) shapewood
шеллак (shel)lac
~ тёмно-красный garnet shellac
шеллак-оранж orange lac
шелуха 1. *с.-х.* hull, husk 2. *дер.-об.* paring, peel
шелушение 1. *с.-х.* hulling, husking, shelling, scouring 2. (*отделение слоёв*) exfoliation
шерохование:
~ поверхности 1. (*с помощью щётки*) stippling 2. (*с помощью марли*) chesse-cloth stippling
шероховатость (*поверхности*) (surface) roughness
шероховатый (*о необработанной поверхности доски*) scuffled
шерстемойка 1. (*процесс*) wool washing 2. (*установка*) wool washer
шерстистолистный eriophyllous
шерстистосемянный eriospermous
шерсть pile; wool
бумажная ~ paper wool; excelsior tissue
древесная ~ wood wool
сосновая ~ pine needle wool
шерхебель (*рубанок для чернового строгания*) jack [scrub, scurfing] plane
шест barling, pole, rod, stick
валочный ~ pushing pole
мерный ~ measuring stick
шибер clamper, gate(valve), slide(valve)
выгрузочный ~ bottom barrel valve
выдвижной ~ sliding gate
донный ~ 1. (*в варочном котле*) (chip) outlet device 2. (*в обогащении*) discharge gate
запорный ~ cover slide
питающий ~ top barrel valve
шило awl, prick(er); sprig bit

~ для заплётки [сращивания] каната marlin, spike
шилолистный awl-leaved
шин/а 1. (*пневматическая*) *англ.* tyre; *амер.* tire 2. (*пластина*) bar
~ высокой проходимости high-floatation tire
~ для лесных машин forest(ry) [logging] tire
~, используемая при гнутье древесины bending strip; supporting [tie] strap
~ низкого давления low-pressure tire
~ы трелёвочного трактора *проф.* skins
бескамерная ~ tubeless tyre
пильная ~ (*цепной пилы*) 1. bar, chain [cutter, guide, saw] bar; chain blade; chain [guide] rail; quide plate 2. (*дугообразная*) bow 3. (*овальная*) beaver-tail cutter bar 4. (*с концевой звёздочкой*) roller-nose [sprocket nose, sprocket tip] bar 5. (*со сменной концевой звёздочкой*) replaceable sprocket tip bar 6. (*составная*) laminated (saw) bar 7. (*цельная*) solid (saw) bar
прижимная ~ band clamp
регисторные ~ы *цел.-бум.* shake rails
спущенная ~ flat tire
шип horn; pike, pin, spike; tenon; tongue
~ дверного косяка spud
~ для прямоугольного соединения barefaced tongue
~ и гнездо tenon-and-mortise
~ ласточкин хвост 1. culvertail; dovetail (tenon); swallow tail 2. (*глухой [потайной]*) concealed [miter] dovetail 3. (*с заплечиками*) shouldered dovetail 4. (*сквозной*) box [open] dovetail
~ обвязки stud tenon
~ стойки post horn
~ строительной врубки saddle tenon
~ с уступом tusk tenon
вкладной [вставной] ~ false [inserted, loose] tenon
зубчатый ~ serrated dowel; shouldered tenon
клиновой ~ teaze tenon
клинообразный ~ dovetail tenon
короткие ~ы на подошвах обуви (*для предотвращения соскальзывания с бревна*) calks

ШИП

косой ~ oblique dovetail
круглый ~ pinned tenon
открытый прямой ~ tongue-and-lip
потайной ~ **1.** stub tenon **2.** (*ласточкин хвост в комбинации с усовочным соединением*) rebated miter dovetail **3.** (*прямоугольный*) plug [spur] tenon
прямой ~ угловой стойки box(ed) tenon
сквозной ~ **1.** through tenon **2.** (*двойной*) notched tenon **3.** (*для соединения на ус*) mitred tenon **4.** (*открытый*) forked tenon
скошенный ~ haunched tenon; splayed tongue
тавровый ~ hammerhead tenon
угловой ~ angle tenon
ящичный ~ **1.** (*имеющий тупоугольную форму в сечении*) obtuse-angled box tenon **2.** (*с выбранной четвертью*) right-angled box tenon
шипик spinule
ширина breadth, width
~ борозды furrow width
~ бумажного полотна (*необрезная*) deckle (width)
~ впадины между зубьями tooth space width
~ в свету inner width
~ годичного слоя (*деревьев*) ring width
~ захвата **1.** coverage, span, width **2.** (*плуга*) plow width **3.** (*плужного корпуса*) furrow width **4.** (*рабочая, напр. бумагоделательной машины*) effective [working] width **5.** (*сеялки*) sowing width
~ карры face width
~ колеи gauge; track [wheel] gauge; wheel spacing
~ междурядья planting [row] width; row spacing
~ основания дорожного полотна bench
~ пасеки (*в лесосеке*) swath width; track distance
~ пропила width of cut; width of kerf
~ раскрытия (*захвата*) opening width
~ сетки цел.-бум. wire width
~ установленной доски (*пола, обшивки*) face width
габаритная ~ overall width

максимальная полезная ~ (*бумагоделательной машины*) fill
чистообрезная ~ (*доски*) trim; trimmed width
широколиственный (*о древесной породе*) broadleaf, broadleaved; coarse-grained; fast-grown; wide-ringed
широкослойный (*о древесине*) broad-ringed; open-grown
шишечка *бот.* microstrobile
женская ~ carpellate cone; ovulate strobile
шишк/а (*хвойных пород*) cone(let), strobile, strobilus ◊ образующий ~и strobiliferous
поздняя ~ serotinous cone
шишковатый knotted
шишковидный stroboloid
шишконосный strobiliferous
шишкосушилка cone drier
шкала scale
~ мерной вилки calliper scale
~ пожарной опасности fire-danger board; firedanger scale; fire-danger table
~ цветности color scale
~ цветового охвата color scale
гранулометрическая ~ grain-size scale
круговая ~ **1.** circular scale **2.** (*лимб*) limb
порядковая ~ ordinal scale
шкаф cabinet, casework; robe; storage container
~ для белья linen cupboard
~ для платья и белья chifferobe
~ [шкафчик] для почтовых принадлежностей stationary cabinet
~ [шкафчик] для специй spice cupboard
~ для хранения щёток broom cupboard
высокий ~ **1.** (*для платья и белья*) kas **2.** (*позволяющий вешать одежду в полную длину*) hanging cupboard
вытяжной ~ hood
декоративный ~ [комод; французский сундук] bahut
книжный ~ **1.** bookcase, bookstand **2.** (*большой, с центральной секцией увеличенной глубины*) wing bookcase **3.** (*с нижним сервантом*) bookcase-sideboard

комбинированный ~ fitrobe
парадный ~ parlor cupboard
платяной ~ wardrobe
пристенный ~ free-standing wall unit
сушильный ~ desiccator; drying cabinet
шкаф-бар (*для закусок и посуды*) bar server
шкаф-стенка integrated storage container
шкворень bolt, pin; pintle; pivot
шкив 1. (*в ременной или канатной передаче*) pulley 2. (*в полиспасте*) sheave
~ ленточной пилы band saw wheel
~ с зубчатой ребордой spiked sheave
ведомый ~ driven pulley
ведущий ~ 1. drive [head] pulley; leading sheave 2. (*канатный*) capstan-winding driving pulley
декельный ~ deckle (strap) pulley
канатный ~ wire-rope pulley
направляющий ~ guide [jockey] pulley
натяжной ~ jockey [straining, tension] pulley; jockey roller
неподвижный ~ dead pulley
опорный ~ (*трелёвочной каретки*) track sheave
рабочий и холостой ~ы fast-and-loose pulley
ремённый ~ belt pulley
тормозной ~ brake wheel
холостой ~ idle [loose] pulley
шкив-маховик fly-wheel pulley
шкурка (*абразив*) 1. (*на бумажной основе*) abrasive paper 2. (*на тканевой основе*) abrasive cloth
шлифовальная ~ 1. (*на бумажной основе*) emery paper; sandpaper 2. (*на тканевой основе*) abrasive [garnet] cloth 3. (*мелкозернистая*) fine grit paper 4. (*очень тонкая*) flourpaper 5. (*с покрытием из окиси алюминия*) aluminum oxide paper 6. (*тонкая*) flint sandpaper
шлак cinder, slag
шлам mud, slime, sludge, slurry
каустизационный ~ lime sludge
отработанный известковый ~ bleach sludge
шланг hose
заборный ~ suction hose

напорный ~ pressure hose
пожарный ~ fire hose
садовый ~ garden hose
шлем helmet
защитный ~ (safety) helmet
шлифование 1. (*абразивным кругом*) grinding 2. (*абразивной шкуркой*) polishing, sanding
~ в одной плоскости flush sanding
~ проволочной щёткой wire brush finishing
~ профильных поверхностей contour sanding
вторичное ~ refacing
повторное ~ resurfacing
черновое ~ фанеры coarse grit plywood operation
чёрное ~ rough sanding
чистое ~ finish grinding
шлифовать grind, polish, surface
шлифовка abrasion, grinding, polish(ing)
тонкая ~ whetting
шлифовщик polisher, sanderman
шлифуемость rubbing quality
шлихтовать size
шлиц slot, spline
шлюз 1. (*регулятор*) gate opening; flood gate, sluice 2. (*судоходный*) lock
шлюзование lockage, locking
шляпка cap, head
шнек auger, screw, worm
~ для мокрого брака broke conveyor worm
выгрузной ~ discharge [emptying, unloading] screw
дозирующий ~ metering screw (conveyer)
загрузочный ~ feed(ing) [loading] screw (conveyer)
обезвоживающий ~ dewatering worm
подъёмный ~ screw elevator
смесительный ~ mixing screw
шнур cord
~ для прошивки борта *меб.* welt cord
мерный ~ measuring cord
отделочный ~ *меб.* pining cord
посадочный ~ planting cord
уплотняющий ~ packing cord
шов 1. seam 2. (*заклёпочный*) joint 3. (*сварной*) weld

ШОВ

~ приклейки кромочной облицовки lipping line
~ усовочного соединения line of mitre
глухой ~ *меб.* blind seam
клеевой ~ glue line
шола (*вечнозелёный горный лес в Индии*) shola
шпагат (binder) twine
~ для обвязки пружин spring tying twine
~ ленточной пилы band saw wheel (binder) twine
шпаклёвка (*материал*) filler, underpaint
~ в твёрдой форме beaumontage
шпала cross-tie, sleeper, tie
~ из небольшого бревна laffaten
~ из подсоченного лесоматериала tapped tie
~ особого вида substitute tie
~ с обзолом wane sleeper
~ с сердцевиной на одной из узких сторон heart-and-back tie
бракованная ~ (*не отвечающая техническим условиям*) cull tie
брусково-пластинная ~ halved tie
железобетонная ~ concrete sleeper
заражённая ~ (*грибом*) doty tie
обтёсанная ~ hewed tie
пластинная ~ half-moon [half-round, pole, two-face(d)] tie
стыковая ~ joint tie
тёсаная ~ hack tie
цельнобрусковая ~ rectangular sleeper
цельноядровая ~ boxed heart tie
шпалера trellis
шпатель 1. spatula, trowel 2. (*художника*) palette knife 3. *стр.* putty knife
шпатлевание puttying, spackling
шпатлевать putty
шпатлёвка 1. (*процесс*) filling, spackling, undercut(ting) 2. (*материал*) filler, stopping filler; calking sealer
шпенёк:
~ на стволе от срезанного сучка (*branch*) stub; swell
шпиль 1. (*для намотки каната*) drum barrel 2. (*судовая лебёдка*) capstan 3. (*здания*) steeple
резной ~ в виде ананаса pineapple finial

шпилька pin, pike, stud
~ с винтовой нарезкой screw thread
установочная ~ adjusting pin
шпингалет (window) fastener; tower bolt
задвижной ~ cocked hinge
шпиндель spindle
~ пилы saw spindle
шплинт cotter key; cotter [split] pin
шпон veneer
~ для внутреннего слоя фанеры core veneer
~ для изготовления высокопрочной конструкционной фанеры structural veneer
~ для спичечных коробок box veneer
~, изготовленный из одного чурака, подобранный по текстуре и цвету log
~ из комлевой части бревна butt veneer
~ из развилочной части бревна crotch veneer
~ низкого сорта scrap [waste] veneer
~, подобранный 1. (*в шестиугольник, восьмиугольник или ромб*) diamond matched veneer 2. (*из четырёх отдельных кусков в определённый рисунок*) four-way matched veneer 3. (*по рисунку*) matched veneer 4. (*по рисунку в виде разветвлений*) crotch matched veneer
~, полученный из пня stump veneer
~ породы сапель sapele veneer
~ с гладкой поверхностью smooth-skinned veneer
~ с красивым и сложным текстурным рисунком highly figured veneer
~ со сложным текстурным рисунком flowering figured veneer
~ с причудливым рисунком (*текстуры*) fancy veneer
~ с экзотическим сложным текстурным рисунком wild figured veneer
виниловый ~ vinyl veneer
водостойкий гибкий ~, наклеенный на ткань flexwood
волнистый ~ (*дефект*) buckled veneer
декоративный ~ 1. (*полученный склеиванием пакетов разных цветов и пород в блок с последующим строганием под углом*) *фирм.* aro-

line veneer 2. (*облицовочный*) decorative veneer
загрязнённый ~ stained veneer
лущёный ~ 1. rotary-cut veneer 2. (*для изготовления средних слоёв фанеры*) rotary corestock 3. (*сухой*) dry peeled veneer
натуральный ~ (*из древесины*) wood veneer
несклеенный ~ unspliced veneer
облицовочный ~ 1. face veneer 2. (*декоративной фанеры*) fancy plywood face veneer
пилёный ~ sawn (sheet of) veneer
плохо подобранный ~ mismatched material
реброслеенный ~ spliced (cut) veneer
реконструированный ~ (*полученный склеиванием пакетов разных цветов и пород в блок с последующим строганием под углом*) reconstituted (wood) veneer
синтетический ~ plastic veneer
строганый ~ 1. knife-cut [sliced] veneer 2. (*из сучьев*) oyster piece 3. (*радиального распила*) quartered veneer
шпонка key; feather [joint] tongue; spline
~ ласточкин хвост slip dovetail
зубчатая ~ (*металлическая, с зубьями, обращёнными вверх и вниз для соединения деревянных элементов*) bulldog
клиновая ~ taper(ed) key
круглая ~ glut; round pin
металлическая ~ из гофрированного металла (*для скрепления пиломатериалов*) joint fastener
разрезная кольцевая ~ для соединения деревянных элементов *фирм.* Teco split ring
решётчатая ~ (*для соединения досок*) spike
срезная ~ sunk key
шпон-рванина veneer shorts
шпора 1. lug 2. (*колеса трактора*) grouser; wheel lug
шпуля:
конусная ~ цел.-бум. conical tube
шпунт cleat, jaggle, match rabbet, tongue
~ и гребень tongue-and-groove

шпунтование notching, matching, rabbeting; tonguing and grooving
шпунтованный rabbeted
шпунтовать 1. rabbet, tongue 2. (*доски*) tongue the planks
шпунтубель (*рубанок*) plane; grooving [match(ing), tonguing] plane; rabbet [sash] knife
штабелевать pile(up); stack(up); deck up
~ брёвна на берегу (*реки, озера*) bank, bank up
~ доски на прокладках to stick boards
штабелёвка [штабелирование] decking, laying-up; piling (up); stacking-(up)
~ брёвен на берегу banking
~ с выравниванием торцов и расположением прокладок заподлицо с торцами box piling
неплотная ~ open stacking
плотная ~ (*без прокладок*) bulk [solid] piling; bulk [close] stacking
штабелёр piler, stacker
штабелеукладчик piler, stapler; pallet loader
~ для досок lumber stacking machine
штабель pile, stack, staple
~ древесины, уложенной вдоль дороги windrow
~ дров (*или других лесоматериалов*) woodpile
~ короткомерного баланса (*уложенный в высоту на 1,2 м, в длину на 2,4 м*) rick
~ неплотно уложенных дров или балансов разной высоты и ширины pen
~ пиломатериалов 1. lumber pile 2. (*не стандартных по размерам*) 7-pile
штакетник fencing wood
штамб trunk
штамм (*микроорганизмов*) strain, variety
штамп die; male tool; punch, stamp
штампование punching operation
штамповать punch; (die-)stamp
~ новые зубья (*на круглой пиле*) reshape
штамповка forming, stamping
штанга bar, rod
штанцевание punching; stamping-out

штапель (*волокна*) staple
штапик bead, loose moulding; strip
  выступающий ~ окна с фальцем для вставки стекла bolection glazing bead
штатив stand
штифт brad, dowel, pin, stud, thole
шток rod
штора blind, shutter
штукатурка 1. (*для внутренних работ*) plaster 2. (*для наружных работ*) stucco
  сухая ~ plaster board
штуцер:
  ~ варочного котла well
штырь pin, pintle
  ~ с ушком (*вбиваемый в бревно, напр. на сплаве*) (rafting) dog
шум noise ◇ борьба с ~ом noise abatement
шуруп (wood) screw; spirally grooved nail
  ~ для крепления (*деталей из ДСП*) grippet
  ~ с квадратной или шестигранной головкой coach screw
  ~ с нарезкой на двух концах dowel screw
  ~ с плоской головкой drive screw
  большой ~ с квадратной головкой (*для крепления железных плит к деревянным балкам*) lag bolt
шуруповёрт screw driver; screw driving machine
шютте (*болезнь сеянцев сосны*) pine-leaf cast

Щ

щебень crushed [broken] stone
  мелкий ~ chippings
щека 1. cheek(-piece), chop, face 2. *мн.* (*лезвия топора*) cheeks
  ~ блока side
  ~ дробилки jaw (plate); crusher jaw
  приварная ~ лемеха gunnel
щеколда (locking) bar; catch, latch, lock, pawl

щелкуны (*Elateridae*) snapping beetles; snapping bugs
щёлок (alkali) liquor, lye
  ~, вызывающий образование накипи scaling liquor
  ~ на растворимом основании soluble-base liquor
  ~, подаваемый в выпарные аппараты feed liquor; feed lye
  ~, состоящий из извести и кальцинированной соды lime-soda ash liquor
  бисульфитный ~ bisulfite liquor
  варочный ~ boiling agent
  концентрированный ~ heavy liquor
  натронный ~ 1. (caustic) soda lye 2. (*варочный*) soda cooking liquor 3. (*зелёный*) green soda liquor 4. (*чёрный*) black soda liquor
  отработанный ~ spent lye
  сульфатный ~ 1. (*белый*) kraft white liquor 2. (*варочный*) kraft (cooking) liquor
  сульфитный ~ red liquor
  чёрный ~ 1. black liquor; black lye; waste soda lye 2. (*рециркулирующий*) recycled black liquor
щёлокоотделитель liquor remover
щелочение alkaline washing
  ~ котла boil-out
  холодное ~ cold alkali extraction
щёлочеустойчивость alkali fastness
щелочной alkaline
щёлочность hydroxyl ion concentration
щёлочь alkali
щель 1. cleft, slot 2. (*разрез для инъекции ядохимикатов*) cup
  выпускная ~ *цел.-бум.* damboard, roof, slice
  посадочная ~ planting trench
щемло:
  бондарное ~ hoop cramp
щепа chip, chippings, particles
  ~ из свежесрубленной древесины (freshly cut) green (wood) chips
  ~ из целых деревьев full [whole] tree chips
  ~ после экстрагирования (*дубильных веществ, лигнина*) extraction chips
  ~ стандартного размера standard-sized chips
  варочная ~ chips

эвкалипт

высококачественная ~ high-grade chips
годная ~ accepted chips
древесная ~ wood chips
дроблёная ~ fractured particles
заводская ~ woodroom chips
измельчённая ~ shredded chips
мелкая нестандартная ~ undersized chips
неокорённая ~ unbarked chips
непроваренная ~ undercooked chips
нестандартная крупная ~ oversized chips
отсортированная ~ accepted chips
подгоревшая ~ overburned chips
полученная в заводском цехе ~ woodroom chips
предварительно обработанная сернистым газом ~ pregassed chips
смолистая ~ resin-containing chips
технологическая ~ chip, pulpchips
топливная ~ fuel chip, hog fuel
щепка sliver
щепколовка bull [sliver] screen
вращающаяся ~ rotary-sliver screen
щеповоз chip truck
щеполовка slab grating
щетина bristle
щетинистый setaceous
щетинковидный setaceous
щётка brush
~ для придания поверхности матовой отделки rubbing brush
~ для шерохования поверхности (*при отделке древесины*) stippling brush
щипцы pliers
щит 1. (*защитный*) board, guard, head, lock, panel, screen, shield 2. (*управления*) board, panel
~ для задержания снега snow barrier
~ из отдельных реек fascia panel
~ настила landing board
~ перегородки interior partition panel
~ пылезащитный dust panel
~ с заделанными сучками plugged board
~ с массивными кромками edge-glued panel
~ с необработанной поверхностью roughsurfaced board
~ с печатным контуром printed circuit board

~ с предварительно вбитыми скобками pretacked panel
~ трелёвочного трактора skidder butt plate
~ управления лесопильной рамой sawyer control console
~, установленный [закреплённый] заподлицо flush [solid] panel
блочно-реечный ~ battenboard
верхний ~ (*двери*) frieze panel
выступающий ~ counter ledge
дверной ~ с облицовкой натуральным шпоном в виде ёлочки quartering
защитный ~ (*снизу трактора*) belly pan
накладной ~ lying panel
орнаментальный ~ escutcheon
паркетный ~ block
передний ~ (*письменного стола*) apron
рамочный ~, установленный ниже уровня рамки coffered panel
резной ~ с имитацией складок ткани drapery [linenfold, parchment] panel
столярный ~ 1. coreboard; glued-up panel; laminboard 2. (*реечный, из отдельных внутренних реек*) strip board 3. (*с продольным расположением волокон*) landscape [lay] panel
трелёвочный ~ skidder butt [skid] plate
филёнчатый ~ fielded panel
шлюзовой ~ miter
щитовидный peltate
щиток 1. (*защитный*) blind, shield 2. (*тип соцветия*) corymb, cyme 3. *бот.* pelta
~ для защиты поверхности от брызг splash
щуп 1. tester 2. (*для измерения уровня жидкости*) dip stick 3. (*измерительного прибора*) (test) prod
ручной ~ handspike

Э

эбонит ebonite; hard rubber
эвкалипт (*Eucalyptus*) gum (tree)

эвкалипт

~ железнодревесный red ironbark
~ с волокнистой корой [австралийский] stringybark
~ с твёрдой корой ironbark
эвритермный (*выдерживающий все колебания температуры*) eurithermic
эгутёр (*ровнительный валик*) цел.-бум. dandy roll
эдафический [почвенный] edaphic
эдафон (*почвенная фауна и флора*) edaphon
эжектор ejector
  водоструйный ~ water-jet ejector
  мусорный ~ garbage ejector
  отсасывающий ~ exhaust ejector
  паровой [пароструйный] ~ steam-jet ejector
эквивалент:
  подкисляющий ~ (*удобрений*) equivalent acidity
экземпляр:
  пробный ~ specimen
экзогенный (*возникающий снаружи*) exogenous
экзодерма exoderm
экзокарпий [внеплодник] exocarp
экзофермент exoenzyme
экологический ecological
экология ecology
  ~ леса forest ecology; forest sociology
  ~ сообществ synecology
  генетическая ~ genecology
экосистема ecosystem
  ~ леса 1. forest ecosystem 2. (*не пройденная рубками ухода*) unthinned forest ecosystem
  не нарушенная (*деятельностью человека*) ~ undisturbed ecosystem
экотип ecotype
экотон (*пограничное сообщество*) ecotone
экотоп (*местообитание*) ecotope
экран screen, shield
  ~ для распределения циркулирующего воздуха (*при сушке древесины*) walkway air baffle
экранирование screening, shielding
эксгаустер exhauster
  ~ для стружек и опилок shavings exhauster
экскаватор backhoe, excavating machine; excavator; (power) shovel

гусеничный ~ crawler-mounted [crawler-type] power shovel
колёсный ~ wheel-mounted [wheel-type] power-shovel
экспедиция:
  лесоустроительная ~ board of forest management
эксперимент experiment, test, trial, verification
эксплуатационный (*о лесе, о площади*) exploitable
эксплуатация operation, service, usage, use
  ~ в тяжёлых условиях rugged service
эксплуатировать run
экспозиция (*выдержки*) exposure
экстрагирование extraction
экстрагировать extract
экстракт extract
  дубильный ~ tanning extract
экстрактор extractor
экстракция extraction
экструдер extruder; extruding [extrusion; plastic profiling] machine
  ~ для производства искусственного волокна spinnerette
экструзия extrusion
  ~ с последующей раздувкой (*пластмассы в мебели*) extrusion blowing
эксцентрик cam, eccentric
эксцентрический eccentric, off-centre
эксцентричность:
  ~ годичных колец [слоёв] eccentric growth
эктопаразит (*наружный паразит*) ectoparasite
эластик 1. (*нить*) stretch thread 2. (*пряжа*) stretch yarn 3. (*ткань*) stretch fabric
элеватор elevator
  ~ для брёвен 1. log hoist; log jack 2. (*вертикальный*) log lift
  винтовой ~ screw elevator
  ленточный ~ endless band elevator
электролебёдка electric winch
электролиз electrolysis
электроловушка:
  ~ для насекомых insect electrocutor; electrocutor trap
электроножницы:
  ~ для разрезки мебельной ткани upholstery shear
электропила electric saw

электроплуг electric plough
электропогрузчик electric loader
электропрессшпан fuller board
электропривод electric (motor) drive
электротельфер (канатный) electric wire rope hoist
электроштабелёр electric stacker
элемент element, member, portion
~ы деревянной каркасной конструкции carcassing timber
~ы леса (форма, состав) forest [forest cover; forest crop; (forest) stand] type
~ сосуда vessel element
заглушающий ~ [звуконепроницаемая прокладка] deafening agent
клеёные ламинированные деревянные ~ы glued lamination wood
накладной деревянный ~ [отдельный деревянный; декоративный] applied wood work
неподвижный ~ (в вайме) back block
питательные ~ы nutrients
погонажные деревянные ~ы для внутреннего оборудования (плинтус, бордюр, рейки) interior trim
прижимный ~ пресса для сборки угловых соединений interlocking corner pressure unit
приставной ~ (мебели) extension unit
сжатый ~ [стойка, поднос] strut
ситовидные ~ы (древесины) sieve-tube elements; sieve members
столярные ~ы для отделки здания finishing
трахеальные ~ы (трахеиды и сосуды) tracheal [tracheary] elements
элювий eluvium; residual soil
эмаль enamel; opaque lacquer
эмбриогенез (развитие зародыша) embryogeny
эмиссия emission
эмульгатор emulgator; emulsifier; emulsifying agent
эмульсия emulsion, sludge
~ вода-масло water-in-oil emulsion
канифольная ~ rosin emulsion
парафиновая ~ paraffin wag emulsion
поливинилацетатная ~ фирм. emultex
энаций (вырост на талломе) enation
энвироника environmental science
эндемик || эндемичный endemic

эндобиотический endobiotic
эндогенез endogenesis
эндогенный autogenic, autogenous, endogenic, endogenous
эндодерма (внутренний слой корки) endodermis
эндокарпный (внутриплодный) endocarpous
эндоксилофит (растение-паразит древесины) endoxylophyte
эндофермент (внутриклеточный фермент) endoenzyme
эндофит (растение, живущее в другом растении) endophyte
эндсы ends
энергия energy
~ от древесного топлива wood-fired energy
~ прорастания (семян) germination [germinative] energy; germination readiness; germinative power; seed vigor
~ роста growth power
лучистая ~ radiant energy
энерговооружённость 1. (механизма) power to weight ratio 2. (труда) power availability per man
энзим [фермент] enzyme
~, разлагающий клетчатку cellulotic enzyme
адаптивный ~ adaptive enzyme
конститутивный ~ constitutive enzyme
окислительный ~ [оксидаза] oxidizing enzyme
протеолитический ~ proteolytic enzyme
энклав (часть территории, окружённая чуждым для неё ландшафтом) enclave
энтомология insectology
энтомофаг parasite
энтомофильный (опыляемый насекомыми) entomophillous
эпидермис epidermis, scartskin
эпизоотия || эпизоотический epizootic
эпикарпий (внеплодник) epicarp
эпикотиль (надсемядольное колено, первое междоузлие) epicotyl
эпипаразит [эктопаразит, сверхпаразит] epiparasite
эпителий epithelium
плоский ~ squamous epithelium
эпифилл epiphyll

эпифит

эпифит (*растительный эктопаразит*) epiphyte
эпифлоэма (*наружный слой флоэмы*) epiphloem
эродировать erode
эрози/я erosion ◇ **поражённый ~ей** affected with erosion
 ~ почвы land retirement; soil erosion
 бороздчатая ~ rill erosion
 водная ~ erosion by water
 геологическая ~ natural erosion
 глубинная ~ vertical erosion
 капельная ~ (*разбрызгивающее действие дождевых капель*) splash erosion
 овражная ~ gully [linear] erosion; gullying
 оползневая ~ slip erosion
 отступающая ~ headward [retrogressive] erosion
 плоскостная [поверхностная] ~ sheet erosion
 струйчатая ~ flow erosion
эстакада deck, ramp
 ~ для брёвен jack ladder
 ~ для подачи заготовок (*на линию строгания*) inbound deck
 ~ лесотранспортёра inclined hauling runway
 накопительная ~ storage deck
 питающая ~ infeed deck
 подвижная ~ live deck
этаж floor, storey
 ~ выдувки blowing floor
 ~ пресса daylight
этажерка corner post; open bookcase; shelving unit
 загрузочная ~ 1. *цел.-бум.* charging hoist; loader **2.** (*пресса*) *фан.* preloader
 передвижная ~ (*для подачи досок в сушилку*) truck
 разгрузочная ~ *цел.-бум.* discharge [unloading] rack; unloader
этап stage, step
 второй окончательный ~ закрывания спичечной коробки second final closing
 первый ~ закрывания спичечной коробки наполовину first small closing
этикетка label, tag
этикетка-сертификат kite-mark

этилцеллюлоза ethylcellulose
этиолирование [**этиоляция**] etiolation
этиология etiology
эутерофит (*однолетник*) eutherophyte
эфир ether
 ~ канифоли ester gum; rosin glyceride
 оксиэтиловый ~ канифоли hydroxyethyl ester of rosin
 омыляемый ~ saponifiable ester
 пентаэритритовый ~ малеинизированной канифоли pentaerythritol ester of anhydride-modified rosin
 простой ~ целлюлозы cellulose ether
 сложный ~ 1. ester **2.** (*глицериновый ~ таллового масла*) glycerol of tall oil
эффект effect
 ~ мозаики, получаемый пескоструйным методом sand blasted marquetry effect
 ~ ореола (*дефект бумаги*) halo effect
 ~ текстуры grain effect
 муаровый ~ (*дефект бумаги*) moire effect
эцезис (*захват организмами нового местообитания*) ecesis

Ю

юбка (*напр. в днище варочного котла*) skirt
ювенильный [**недоразвитый**] juvenile, young
юз skid ◇ **двигаться ~ом** skid
юнга (*область горных лесов в Андах*) yunga

Я

яблоко (*тип плода*) pome
яблоня (*Malus*) apple
явор [**клён белый**] (*Acer pseudoplatanus*) sycamore (maple)
ягода berry; small [soft] fruit
ягодный baccate

avl. average length средняя длина
av. w. average width средняя ширина
a.w. all widths все размеры по ширине
AWC available water capacity полезная влагоёмкость; запас доступной влаги
AZ azotobacter азотобактер
В. условное обозначение полушероховатой отделки рисовальной чертёжной бумаги
b.a. basal area площадь поперечного сечения ствола на высоте груди
BA Biological Abstracts рефераты по биологии
bal baluster перила лестницы
b. and b. bead-and-butt с полукруглой четырёхсторонней калёвкой филёнок (*о двери*)
B & Btr B and better сорта Б и выше; смешанных сортов (*о пиломатериале*)
B. & C.B. beaded and center beaded с калёвкой по краю и в центре
b. and f. beaded-and-flush с полукруглой двусторонней калёвкой филёнок (*о двери*)
band m. band molding окантовочная раскладка; профилированная окантовка, профильный валик
Band. 1 S banded one side облицованный или окантованный с одной стороны
Band. 2 S banded two sides облицованный или окантованный с двух сторон
bat. batten 1) доска 2) рейка, планка
BB 1) условное обозначение сильной шероховатости рисовальной чертёжной бумаги 2) условное обозначение писчей бумаги среднего качества
B.B. back band задняя облицовка, окантовка с обратной стороны
BBS box bark strips горбыльные рейки для ящиков
BCF bulked continuous filament непрерывная объёмная нить
Bch birch берёза
BCS both-coated sides бумага с двусторонним мелованием или крашением
b.d. bone dry абсолютно сухой
Bd board доска, тонкая доска
BD bulk density насыпная плотность
bd. ft. board foot досковый фут
bdl bundle связка, пачка
BEC base exchange capacity ёмкость катионного обмена
Bet. Jbs. between jabs между косяками
Bet. S. between shoulders между плечиками
Bev. bevelled заострённый, срезанный на клин, скошенный, конический
Bev. P.G., Bev.Plt.G. bevelled plate glass листовое оконное стекло с фаской
Bev. Stkg bevel sticking скошенная калёвка, калёвка со скосом
B.F. board foot досковый фут
B. for G. bead for glass полукруглая калёвка для вставки стекла
b.h. breast height высота груди, высота 1,3 м
b.h.d. breast height diameter диаметр (*ствола*) на высоте груди
b.h.g. breast height girth окружность (*ствола*) на высоте груди
B.H.P., b.h.p. brake horsepower тормозная мощность
BIPC Bulletin of the Institute of Paper Chemistry Бюллетень, издаваемый Институтом химии бумаги

СОКРАЩЕНИЯ И УСЛОВНЫЕ ОБОЗНАЧЕНИЯ

List of Abbreviations

a. 1. acre акр 2. abundant широко распространённый; часто встречающийся 3. adult взрослая особь ‖ взрослый 4. air атмосфера, воздух 5. area 1) участок; зона 2) ареал 6. association ассоциация

abor. aboriginal 1) аборигенный, коренной 2) первобытный 3) местный

abs 1. absolute чистый, беспримесный 2. absorption абсорбция, поглощение, впитывание; всасывание

ac acid кислота ‖ кислый; кислотный

ac. acre акр

A.C. aged alkali cellulose созревшая алкалицеллюлоза

ACA annual cutting area площадь ежегодной вырубки

a.d. air-dried, air-dry воздушно-сухой

ADMC adjusted duff moisture code установленный код влажности подстилки (*в лесу*)

a.d.t. air dry tons тонны воздушно-сухого вещества

adtpd absolute dry tons per day абсолютно сухих тонн в сутки

a.e. acid equivalent кислотный эквивалент

AE absolute error абсолютная ошибка

AEC anion exchange capacity ёмкость анионного обмена

AF aeration factor коэффициент аэрации

a.f.b. allowance for bark припуск на кору

AFC available field capacity полезная полевая влагоёмкость

a.l. all lengths всех длин

alc alcohol спирт

alk alkali щёлочь

alt 1. alteration изменение, перемена 2. altitude высота; отметка уровня

amt amount количество

A N-W ammonium nitrate in water водный раствор аммиачной селитры; жидкое азотное удобрение

apr apron 1) фартук; направляющий жёлоб 2) основная поворотная доска (*станка*)

aq 1. aqua вода 2. aqueous водный, гидрогенный

ar area 1) область, район, зона 2) ареал 3) площадь, пространство, зона; участок

a/r at the rate of при норме; со скоростью

AS air-seasoned воздушно-сухой

AT air temperature температура воздуха

A.T.S. animal tub-sized с поверхностной проклейкой животным клеем

att.sh. attic sash окно мансарды; переплёт аттика

ЯЩИК

воздушной подушкой) air cap-type [air loaded pressure] headbox
напускной ~ (*в производстве ДВП*) deckle frame; deckle box
неразборный плотный ~ sheathed crate
отстойный ~ straining chamber
переливной ~ overflow [weir] box
переносной ~ lug box
рассадный ~ seedling box
решётчатый ~ 1. (*для груза весом до 100 кг*) light-duty open crate 2. (*для груза весом до 5000 кг*) military-type open crate
сколоченный ~ nailed container
сливной (*напорный*) ~ pond
смесительный ~ makeup box
сосунный ~ 1. suction box 2. (*мокрого сукна*) felt suction box
упаковочный ~ packing-case
условный ~ спичек standard matchbox case

ящикоукладчик case loader

яд poison
ядовитость virulence
ядовитый poisonous, toxic
ядро 1. core 2. *физ.* nucleus 3. (*сердцевина древесины*) heart, heartwood; *австрал.* truewood
~ древесины wood core
клеточное ~ cell nucleus
ложное ~ false [black] heart; pathological heartwood
настоящее ~ true heart
окрашенное ~ (*ствола*) colored heartwood
травматическое [раневое] ~ (*древесины*) traumatic [wound] heartwood
ядровая (*о древесных породах*) all-heart
ядрышко karyonucleus
язычок lug, tab, tongue
яйц/о *энт.* ovum
откладывать ~a oviposit
якорница *спл.* anchor-bearing boat
якорь anchor
яма (*на поверхности дороги*) pot-hole
~, вырываемая в снегу вокруг дерева well
~ пильного станка saw pit
древесноугольная ~ charcoal pit
морозобойная ~ frost pocket
подсеточная ~ *цел.-бум.* tray
ямка:
посадочная ~ hole; planting pit
ямокопатель hole digger; earth borer; hole-borer
моторный ~ power-earth borer
ярлык label, tag
ярус layer, tier
~ в лесном фитоценозе synfolium
~ в сушилке deck
~ древостоя tree layer
~ насаждения 1. layer; storey, story 2. (*верхний*) overstory, overwood 3. (*второй*) second growth; underwood 4. (*второстепенный*) secondary stand 5. (*нижний*) understory, underwood 6. (*основной* [*господствующий*]) main [residual] stand
напочвенный ~ (*представлен мхами и низшими формами растительности*) ground layer; ground story
травяной ~ field [grass] layer
ярусность layering

надземная ~ (*распределение по ярусам растений*) aerial layering
подземная ~ (*распределение по ярусам корневых систем различных видов растительности*) subterranean layering
ярусный (*об элементах древесины*) storied, storeyed
ясень (*Fraxinus*) ash (tree)
ячеистый cellular
ячейка 1. cell 2. (*сита*) mesh 3. (*между двумя ножами ролла*) (roll) pocket
высевающая ~ seed cell
ящик box, case, chest; hutch; receptacle
~ в форме сегмента круга quadrant drawer
~ для бланков *меб.* forms container
~ для груза весом до 500 кг light-duty crate
~ для груза весом до 1000 кг limited military crate
~ для груза весом до 1500 кг military-type crate
~ для мелких изделий pan
~ для отходов debris container
~ для продовольствия catering case
~ для хранения и переноски мелких деталей (*в цехе*) tote box
~и, устанавливаемые один на другой nesting cases
барометрический ~ seal tank
вращающийся сосунный ~ rotary suction box
выдвижной ~ 1. drawer, pigeon hole 2. (*для столовых приборов*) cutlery insert 3. (*с изогнутой средней стенкой*) bow-fronted drawer
деревянный ~ на клиновых шипах finger-joint wooden box
длинный треугольный ~ miter block
картонный ~ 1. container 2. (*упаковочный*) paperboard shipping container 3. (*с нанесёнными через определённые промежутки линиями сгиба*) regular-slotted carton container
кружальный ~ lagged center
массораспределительный ~ stuff box
мерный ~ meter box
напорный ~ 1. flow [head] box; head-box; high-head slice 2. (*закрытого типа*) closed pressure head [high-head] box; closed high-head slice 3. (*с

bk bark кора
bkp bleached kraft pulp белёная крафт-целлюлоза
bl. barrel бочка
Bl. 1. bleached белёный 2. bottom layer нижний покровный слой
B.L. breaking length разрывная длина
B/L bill of lading коносамент, транспортная накладная, счёт за погрузку
B.L.C. batch liquid phase cooking периодическая варка в жидкой фазе
B.Ld blue laid голубая бумага верже
Bld blind 1) штора, маркиза, жалюзи, ставень 2) глухой, потайной
Bld. st. blind stop останов для жалюзи
BLO black liquor oxidation окисление чёрного щёлока
b.m. 1. bird's mouth тупой угол 2. bending moment изгибающий момент
B.M. 1. bench mark реперный знак; отметка уровня 2. board(-foot) measure измерение кубатуры в досковых футах
B.M.R. beaded meeting rabbet утолщённый оконный притвор
BOD biological oxygen demand биологическая потребность в кислороде
bookst book stock книжная макулатура
bot bottom 1) дно, днище 2) основание 3) корпус плуга
Bot. Rl. bottom rail нижняя обвязка (*дверной коробки*)
Bot. Sh bottom sash нижний оконный переплёт
B.P. base plug донная втулка
B/P blueprint синька; светокопия
B.Pl.G. *см.* Bev. P.G., Bev.Plt.G.
BR 1. boil-resistant стойкий к действию кипятка 2. breast roll грудной вал
b.s. bandsawn выпиленный на ленточнопильном станке
Bs. base основание
B.S. both sides с обеих сторон
B 1 S beaded one side с полукруглой калёвкой на одной пласти
B 2 S beaded two sides с полукруглой калёвкой на обеих пластях
B.S.D. British standard dimension размер по британскому стандарту
B. Sh barn sash амбарное окно
Bs Mldg base molding карниз цоколя, плинтус
B. W. black walnut орех чёрный
bx box 1) ящик; коробка 2) кузов
C 1. calyx чашечка 2. capacity 1) объём, вместимость 2) мощность 3) производительность 3. carrier транспортное средство 4. channel сплавная трасса; канал; пролив 5. coefficient коэффициент 6. core сердцевина; ядро 7. cycle цикл
CA cellulose acetate ацетат целлюлозы, ацетилцеллюлоза
Cab cabinet корпус; шкаф; корпусное изделие (*мебели*)
CAB cellulose acetate butyrate ацетатбутиратцеллюлоза
c.a.i. current annual increment текущий годичный прирост
cal caliper measure измерение кубатуры (*круглого или грубоотёсанного леса*) мерной вилкой
calcd calculated расчётный
C. & S. common and selects рядовой и отборный сорта (*пиломатериалов*)

cap capacity 1) объём, вместимость 2) мощность 3) производительность
carvg. carving резьба
cas. casing облицовка, обшивка
Casmt. casement створное окно, переплёт
Caswk casework корпус; шкаф; корпусное изделие (*мебели*)
cbm. cubic metre кубический метр
CBR California bearing ratio показатель несущей способности грунта, калифорнийское число
c.c. china closet буфет, горка
c.c.dr. china closet door дверца буфета
CCS cold caustic soda pulp натронная целлюлоза, изготовленная холодно-щелочным способом
cd cord корд (*единица измерения объёма круглых лесоматериалов*)
CD cold deck промежуточная площадка с накоплением лесоматериалов
C.D. cross-machine direction направление под прямым углом к ходу (*бумаги*) на машине
ce compass error погрешность компаса
CEC cation exchange capacity ёмкость катионного обмена
cf cubic foot кубический фут
CF chip feed загрузка щепы
C 1 F clear one face 1) прозрачный на одной пласти (*о покрытии*) 2) односторонне чистый (*о поверхности*)
C.F.I. continuous forest inventory таксация леса на постоянных пробных площадях
CFL commercial forest land эксплуатационная лесная площадь
cfm cubic feet per minute кубических футов в минуту
c.f.t., c.ft cubic foot кубический фут
ch 1. chain 1) цепь 2) мерная лента 3) чейн (*2,1 м*) **2. channel** сплавная трасса; канал; пролив
Cham. chamfer скос, фаска ǁ снимать фаску
chan channel канал; пролив
Ch. cl. china closet буфет, горка
Chl chlorophyll хлорофилл
Chnl channel 1) канал; пролив 2) борозда
Ch. rl. chair rail царга стула
c.i.f.e cost, insurance, freight and exchange стоимость, страхование, фрахт и курсовая разница; сиф, включая курсовую разницу
Cir. E. circle end закруглённый торец
Cir. Hd. circle head циркульная головка
Cir. top circle top круглая крышка
ck cask бочонок, бочка
Ck. R(l) check rail 1) контррельс; направляющий рельс 2) поперечный брусок, средник
Ck.R. Wd check rail window глухой оконный переплёт; двустворчатая оконная рама с фрамугами, скользящими по вертикали
CL center line осевая [центровая] линия

Cl. carload гружённый вагонами; груз на один вагон
class classification классификация
clr color цвет; окраска
Clr clear отделанный
Clr. & br. clear and better отборные сорта (*пиломатериалов*)
cls class класс; группа
CM center-matched со шпунтом, проходящим по центру; с центральным шпунтом
C.M. crown mold гребень, выпуклость
C.M.C. crown mold cap верхушка, украшающая лепную или резную деталь
CN cellulose nitrate нитрат целлюлозы, нитроцеллюлоза
C.O. cased opening оконная рама
COD chemical oxygen demand химическая потребность в кислороде, ХПК
com common рядовой или обыкновенный (*сорт*)
Comb. Dr. combination door комбинированная дверь
comp. 1. composition состав; смесь **2. compound** смесь, состав, соединение
Compo. composition состав; смесь
con(c)., concn concentration концентрация
const constant константа, постоянная (*величина*)
Cor. Bd. corner bead угловая калёвка, угловое утолщение
COS coated one side с односторонним мелованием или крашением
C.P., c.p. chemically pure химически чистый
Cp. M cap moulding карниз
CSF Canadian Standard Freeness степень помола по канадскому стандартному прибору
Csg casing обмуровка, облицовка, обшивка
Ctg crating обрешётка
C. to C, C-C, C/C center to center между центрами, от центра к центру
cu cubic кубический
Cuam cuprammonium solution медно-аммиачный раствор
cu. ft cubic foot кубический фут
cult 1. cultivation обработка; культивация **2. cultivator** культиватор
Cu. M. cubic meter кубометр
Cup. cupboard буфет, сервант
c.v. 1. center v-pointed с усовым соединением по центру **2. coefficient of variation** коэффициент вариации или изменчивости
C.W. comparative workability сравнительная обрабатываемость
C.W.P. chemical wood pulp целлюлоза
cy 1. capacity 1) вместимость, объём 2) мощность 3) производительность **2. cycle** 1) цикл 2) круговорот
CZD Cooking Zone Delay время нахождения (*щепы*) в зоне варки
CZT Cooking Zone Temperature температура зоны варки
d условное обозначение размера гвоздей
D, d 1. date срок; период **2. deciduous** 1) опадающий; осыпающийся 2) лиственный, листопадный **3. degree** 1) степень 2) градус 3) качество **4. density** 1) полнота 2) плотность **5. dominant** доминант **6. dose** доза

D.A. double-acting двойного действия, двусторонний
d.a.b diameter above buttress диаметр в комле
D & CM dressed and center matched строганый с центральным шпунтом
d & h dressed and headed строганый по одной или двум пластям шпунтами и гребнями на кромках и торцах
D. & H. diameter at stump height диаметр (*дерева*) у пня
D & M *см.* **D & CM**
D & SM *см.* **D & CM**
db drawbar 1) сцепное устройство 2) соединительная тяга, тяговая штанга, сцепной брус
d.b.b. deals, battens, boards дильсы, баттенсы и бордсы
d.b.h., D.B.H. diameter at breast height диаметр (*ствола*) на высоте груди
DBHOB diameter at breast height over bark диаметр (*ствола*) на высоте груди в коре
Dbl. bd. double-beaded с двойным [с двусторонним] утолщением, с двойным приливом
DC drought code код засухи
D.C. 1. double-coated с двусторонним покрытием 2. **drip cap** капельник, карниз крыши, слезник, водосток
d.c.f. deal-cased frame реечная рамка
Dch. Dr. Dutch door голландская дверь с полотнищем, горизонтально разделённым на две половины
den(s) density 1) полнота 2) плотность
Det. detail деталь
dg degree 1) степень 2) градус 3) качество
d.h. double-hung с двумя фрамугами, с двумя переплётами, с двумя рамами
d O,5 h mid diameter срединный диаметр
dia, Diam diameter диаметр
d.i.b. diameter inside bark диаметр без коры
dil 1. dilute разбавлять 2. **diluted** разбавленный
Dim dimension 1) размер, величина; объём 2) заготовка
Div. divided разделённый, перегороженный
DM dry matter сухое вещество
D.M. & B dressed, matched and beaded строганый с центральным шпунтом по краю и с обшивкой досками или планками
DMC 1. dough molding compound формовочная смесь из полиэфирной смолы и стеклянного или асбестового волокна 2. **duff moisture code** код влажности подстилки
d.o.b. 1. diameter outside bark диаметр в коре 2. **diameter over bark** диаметр в коре
DP degree of polymerization степень полимеризации
dr degree 1) степень 2) градус 3) качество
Dr. Fr. door frame дверная рама
Dr. Jb. door jamb дверной косяк
Dr. Tr. door trim наличник двери
Drw(s) drawers выдвижные ящики
D.S. 1. double-strength повышенной прочности 2. **drop siding** наружная обшивка (*досками*), прибиваемыми внахлёстку

D.T. double-thick двойной толщины
d.u.b. diameter under bark диаметр без коры
e. 1. efficiency 1) эффективность 2) коэффициент полезного действия 2. error ошибка, погрешность
E edge ребро, кромка, край, грань, кант
E & CB 1 S edge and center bead one side с полукруглой калёвкой по кромке и по средней линии одной пласти
E & CB 2 S edge and center bead two sides с полукруглой калёвкой по кромке и по средней линии обеих пластей
E & CV 1 S edge and center V (grooved) one side с V-образной калёвкой по кромке и по средней линии одной пласти
E & CV 2 S edge and center V two sides с V-образной калёвкой по кромке и по средней линии обеих пластей
ECM ends center matched торцы, шпунтованные по центру
ecol 1. ecologic(al) экологический 2. ecology экология
ECP expanded cast plastic формованный пенопласт
ED effective dose эффективная доза
eff efficiency 1) эффективность 2) коэффициент полезного действия
EG edge grain распил по кромке
Eh oxidation reduction potential окислительно-восстановительный потенциал
EHP, ehp effective horsepower эффективная мощность в л.с.
El. elevation вертикальная проекция, вид спереди
Elev. elevator подъёмник
Ellip. Hd. elliptical head верхний брус (оконной или дверной коробки) в виде половины эллипса
EM 1. electron microscope электронный микроскоп 2. end matched (either center or standard) со шнуром на торцах (центральным или стандартным)
Emb. embossed с тиснением, тиснёный
e.m.c. equilibrium moisture content равновесная влажность (древесины)
EMC end moisture content окончательная влажность (плиты)
EPS expanded polystyrene пенополистирол
er evaporation rate 1) скорость испарения 2) коэффициент испарения
e.s. 1. engine-sized с проклейкой в массе 2. engine sizing проклейка в массе
E.S. 1. engine-sized с проклейкой в массе 2. evensided с одинаковой отделкой обеих сторон
ESM ends standard matched со стандартным шпунтом на торцах
EVA ethylene vinyl acetate винилацетатный этилен
evapn evaporation испарение
evol evolution эволюция, развитие
exam examination обследование; изучение
exp 1. experiment опыт, эксперимент 2. experimental эксперметнальный, опытный 3. experimentation экспериментирование
explr exploration исследование
exptl experimental экспериментальный, опытный
ext 1. extract экстракт, вытяжка 2. extraction экстрагирование, извлечение

f. 1. family семейство 2. female самка, матка 3. flower цветок, цветущее растение 4. force сила 5. function функция
F Inbreeding coefficient 1) коэффициент инбридинга 2) условное обозначение для бурого гумуса, бурого органического вещества 3) видовое число
fam family семейство
FAR photosynthetic active radiation фотосинтетически активная радиация
FAS Firsts and Seconds *амер.* высшие сорта (*лиственных лесоматериалов*)
F.Bd full bound полностью ограниченный, полностью связанный
f. bk flat back плоская задняя грань
FBM feet board measure 1) досковый фут 2) измерение кубатуры в досковых футах
FC field capacity полевая влагоёмкость
f'cap foolscap формат бумаги (*название*)
Fch Dr French door застеклённая створчатая дверь
Fch. Wd French window створчатое французское окно
feet b.m. feet board measure измерение кубатуры в досковых футах
feet s. m. feet surface measure измерение площади поверхности в квадратных футах
FFMC fine fuel moisture code код влажности мелких горючих материалов
F.G. flat grain тангентальная распиловка
Fig figured с узорным текстурным рисунком
Fin finish отделка
Fin. S finish size чистовой размер
F.I.P. Forest Incentives Program программа стимулирования лесного хозяйства
fl 1. flower цветок 2. fluid жидкость
Fl floor пол
FLI Fiber Length Index указатель длины волокна
Fl. Pan. flat panel щит, панель
flr flower цветок
fm form форма; вид; тип; модель
Fm face measure измерение площади (*пласти*)
F.M. flush mold плоская калёвка; калёвка, не выступающая за общую поверхность
FMC field moisture capacity полевая влагоёмкость
FME field moisture equivalent эквивалент полевой влагоёмкости
fmn formation строение; структура
F.M. 1 S flush molded one side с плоской калёвкой на одной пласти
F.M. 2 S flush molded two sides с плоской калёвкой на обеих пластях
fo. folio формат бумаги 1/2 листа
f.o.b. free-on-board франко-борт, фоб
f.o.c. 1. free of charge бесплатно 2. free-on-car франко-вагон
f.o.k. free of knots без сучков
f.o.l. free-on-lorry франко-грузовик
f.o.q. free-on-quay франко-набережная, франко-пристань
for forestry 1) лесное хозяйство 2) лесоводство 3) лесничество
f.o.r. free-on-rail франко-вагон
form formation строение; структура
f.o.t. 1. free-on-truck франко-грузовик 2. free of tax свободный от уплаты подоход-

ного налога
f.o.w. free-on-wharf франко-набережная, франко-пристань
FOW first open water с началом судоходства, с открытием навигации
fp freezing point точка замерзания
F-p fireproof огнестойкий, несгораемый
FP flow point точка текучести
f.p.m. feet per minute футов в минуту
Fra. frame рама, царга
F.R.G. figured red gum древесина эвкалипта с узорной текстурой
Frm frame рама, царга
frmn formation строение; структура
frmnt fermentation ферментация, брожение
FRP fiber (glass) reinforced plastic пластик, усиленный стекловолокном, стеклопластик
Frt. freight фрахт, плата за перевозку грузов
Frt. Dr. front door передняя дверка
Frt. fwd freight forward фрахт, уплачиваемый в порту разгрузки
Frt. ppd. freight prepaid фрахт, уплачиваемый в порту погрузки
f.s. feet per second футов в секунду
f.s.m. foot square measure измерение в квадратных футах
f.s.p. fiber saturation point точка насыщения волокна
ft foot фут
ft b. m. foot board measure измерение кубатуры в досковых футах
Ft. Sh. front sash передний переплёт, косяк, обвязка
Ft. Wd. front window окно с переплётами; створчатое окно
furn. furniture stock 1) мебельная деталь 2) мебельная продукция
FWC full water capacity полная влагоёмкость
FWI fire weather index показатель пожароопасной погоды
g basal area условное обозначение для площади поперечного сечения (*ствола на высоте груди*)
G. 1. gauge 1) ширина (*колеи*) 2) толщина (*полотна пилы*) 3) калибр 4) шаблон
2. gley 1) глей 2) глеевый горизонт 3) глеевая почва
g.a. *см.* G 1.
GA gibberellic acid гиббереллиновая кислота, гиббереллин
g.a.b. girth above buttress диаметр (*окружность*) дерева у основания
Galv galvanized гальванизированный
g.b.h. girth (*at*) breast height окружность (*ствола*) на высоте груди
gcw gross combination weight полная масса автопоезда с грузом
g.d. ground diameter диаметр на уровне земли
gdwd groundwood древесная масса
gen 1. generation поколение 2. genetic генетика 3. gene ген
G.I.P. glazed imitation parchment лощёный пергамин
G.L. ground line линия поверхности земли
Glc glucose глюкоза
G.L.C. gas-liquid chromatography газожидкостная хроматография

GLn glutamine глютамин
glulam glued lamination wood клеёные ламинированные деревянные элементы
GM green manure зелёное удобрение, сидерат
Goth. Hd. Gothic head верхний брус (*двери*) в готическом стиле
gr 1. grade качество, сорт 2. grain 1) волокно, текстура 2) абразивное зерно
G.R. grooved roofing пропазованный кровельный пиломатериал
grds grades сорта
GRP glass reinforced polyester полиэфирный пластик, усиленный стекловолокном
G.R.T. gross register tonnage брутто-регистровый тоннаж (*судна*)
gr. wt. gross weight масса-брутто
G 1 S good one side хороший с одной стороны
g.t. gross ton длинная тонна
GTW gross train weight полная масса автопоезда с грузом
GVW gross vehicle weight полная масса автомобиля с грузом
GW groundwater грунтовая вода
GWL groundwater level зеркало [уровень] грунтовых вод
h 1. heat теплота 2. humidity 1) влажность 2) степень влажности
H 1. hardness 1) твёрдость; жёсткость 2) выносливость 2. height высота 3. horizon горизонт, слой
H. hardwood древесина твердолиственных или лиственных пород
ha hectare гектар
hab(it) habitat 1) естественная среда 2) место обитания, место распространения
H.bk. hollow back полая спинка
h.b.s. herringbone strutting установка досок под углом
Hd hard твёрдый; жёсткий
H.D. high density высокая концентрация
Hdl. handle рукоятка, ручка
HDPE high density polyethylene полиэтилен высокой плотности
Hdwd. hardwood древесина твердолиственных или лиственных пород
Hd.Wht.Env.Cuts hard white envelope cuts обрезки сильно клеёных конвертов (*сорт макулатуры*)
Hd. Wht. Shvs. hard white shavings обрезки сильно клеёной белой бумаги
H. ft Hoppus foot Хоппус-фут (*единица измерения объёма круглых лесоматериалов по окружности обхвата или площади сечения дерева на высоте груди*)
h.g. 1. heart girth диаметр ядра 2. home-grown отечественный (*о породе древесины*)
H — H high rate of spread — high resistance to control высокая скорость распространения пожара — высокая сопротивляемость борьбе с пожаром
HI high impact (polystyrene) ударопрочный полистирол
HIC hydrogen ion concentration концентрация водородных ионов, кислотность
HIPS high impact polystyrene ударопрочный полистирол
H — M high rate of spread — medium resistance to control высокая скорость распространения пожара — средняя сопротивляемость борьбе с пожаром
Hmd, hmd humid влажный, сырой
HOPES high oxygen pulping enclosed system закрытая система кислородно-щелочной варки

Hop(p) ft *см.* H. ft
HP, hp hot-pressed сатинированный
Hp. ft *см.* H. ft
h.r. hot-rolled горячего лощения
HR high-resilient высокоупругий
hrt. heart ядро, сердцевина
hrtwd heartwood ядровая древесина
h.s. hard-sized с сильной проклейкой
HSST high speed steel track высокоскоростная стальная гусеница
ht height высота
HWM high wet modulus высокий модуль влажности
hyb hybrid гибрид
hyd hydrolized гидролизованный
hydx hydroxide гидроокись
hygr hygroscopic(al) гигроскопический
i 1. increment прирост (*насаждения*) 2. inhibitory ингибирующий, тормозящий, задерживающий; подавляющий 3. initial первоначальный
i.b. inside bark без коры, под корой
IBP International Biological Program Международная биологическая программа
IDPE intermediate-density polyethylene полиэтилен средней плотности
ILD indent load deflection неравномерная деформация под действием нагрузки
IN insoluble nitrogen нерастворимый азот
inorg. inorganic неорганический
ins. inside внутренний
insol. insoluble нерастворимый
insul. insulation изоляция
Int. interior интерьер
IN/TN insoluble nitrogen to total nitrogen отношение нерастворимого азота к его общему содержанию
ISI initial spread index индекс первоначального распространения пожара
ISRUF integral skinned rigid urethane foam жёсткий пенополиуретан с цельной оболочкой, жёсткий интегральный пенополиуретан
jb. jamb косяк, откос
K.C. kitchen cabinet кухонный шкаф
KD knock-down разборный (*о мебели*)
Kd. kiln-dried высушенный в сушилке
Kr. Ld Kraft Lined с верхним слоем из крафт-целлюлозы
l 1. length длина 2. level уровень 3. linear линейный
L 1. land земля, местность 2. litter лесная подстилка, лесной опад
lam laminated слоистый, пластинчатый
Lat. lattice решётка
LBKP leaf bleached kraft pulp крафт-целлюлоза, отбелённая в виде лепестков
lbr. lumber пиломатериал
l.d. leader drain основной [главный] сток
ld(s) load(s) 1) нагрузка, груз 2) лоуд (*единица измерения*)

LDPE low density polyethylene полиэтилен низкой плотности
l.f. 1. linear foot линейный фут **2.** long-fold продольно-сфальцованный
LF liquor feed загрузка варочной жидкости
lft leaflet листочек; молодой лист
lgt length длина
lg. tn. long ton длинная тонна
Lim, lim limit предел
Lin. lineal 1) линейный 2) погонный
lin. ft. linear foot погонный фут
liq. liquid жидкость ‖ жидкий
Lng. lining футеровка, облицовка, обмуровка
loc 1. local местный, локальный **2.** locality местообитание **3.** location местоположение
l.p. lose pin съёмная дверная или оконная петля
L.P. low point нижняя точка
lq. liquid жидкость ‖ жидкий
L.R. 1. lock rail средник (*дверной обвязки*) **2.** log run выход пиломатериалов из бревна
l.r. mco. log run mill culls out пиломатериалы, выходящие из бревна, исключая брак
lsd least significant difference наименьшая значимая [достоверная] разность
Lt. light просвет, проём
Lth. lath обшивка, обрешётка; дранка; рейка
LWC light weight coated легковесный с покрытием (*о бумаге*)
Lys lysine лизин
m, M 1. male мужской **2.** mass масса **3.** measurement измерение; обмер **4.** medium 1) средство, способ 2) среда **5.** membrane мембрана, оболочка **6.** metre, meter метр **7.** minute минута
m.a.i. mean annual increment среднегодовой прирост
M. & B. matched and beaded шпунтованный с накладными планками
M. & V matched and V'd шпунтованный и имеющий V-образный паз
mat 1. matter вещество; материал **2.** maturity зрелость, спелость **3.** material материал
max. maximum максимум ‖ максимальный
Mb. f Mille board feet тысяча досковых футов
m.c. moisture content влагосодержание
M.C., m.c. metre cube кубометр
Mch. Sand machine-sanded шлифованный
MCO. mill culls out за вычетом брака (*при распиловке*)
md map distance расстояние по карте
M.D & V matched, dressed & V'd шпунтованный, строганый и с V-образным пазом
MDF medium density fiberboard древесноволокнистая плита средней плотности
me milligram-equivalent миллиграмм-эквивалент, мг-экв
m.e. moisture equivalent эквивалент влажности
meast. measurement измерение, определение объёма
meq/l milliequivalents per liter милли-эквивалентов на литр
MF melamine formaldehyde меламиноформальдегид
M.F. machine-finished машинной гладкости

MFC melamine-faced chipboard древесностружечная плита, облицованная меламиновой плёнкой
mfd. manufactured изготовлен
Mfs manufacturers изготовители, фирмы
M.G. machine-glazed односторонней гладкости
MH maximum hygroscopicity максимальная гигроскопичность
M — H medium rate of spread — high resistance to control средняя скорость распространения пожара — высокая сопротивляемость борьбе с пожаром
Mhgy mahogany красное дерево
misc. miscellaneous прочий, разный; вспомогательный, дополнительный
mk mark 1) метка, знак, отметка 2) маркировка
m.l. mixed lengths 1) лесоматериалы разной длины 2) разных длин
mldg. molding 1) фрезерование, профильное строгание 2) фигурный профилированный лесоматериал
MLSS mixed liquid suspended solids концентрация суспензированных частиц в смешанном потоке, концентрация гелевой смеси
MLVSS mixed liquor volatile suspended solids смешанный щёлок с суспензированными твёрдыми включениями
mlwk millwork столярное изделие
MNA mechanical nonavailability простой по техническим причинам
Mo mode образ, способ, метод
12 mo twelvemo, duodecimo формат бумаги в 1/12 часть листа
18 mo eighteenmo, decimooctavo формат бумаги в 1/18 часть листа
mort. mortise паз
m.p. melting point точка плавления
MPC maximum permissible concentration максимально допустимая концентрация
MPD maximum permissible dose максимально допустимая доза
m.p.m. meters per minute метров в минуту
mr mill-run выходящий из распиловки; обработанный (*о пиломатериале*)
MR moisture resistance влагостойкость
M.R. 1. meeting rail притворный брус (*переплёта*) 2. *см.* **mr**
MSP moisture saturation percentage насыщенность влагой в процентах
MST medium survival time среднее время выживания
Mull. mullion средник, средний вертикальный брусок окошной рамы или двери
Munt. muntin промежуточный вертикальный брусок (*обвязки двери*) ; окошный горбылёк
m.w. mixed widths разной ширины
MWC minimum water capacity наименьшая влагоёмкость
M.W.L. mixed widths (and) lengths разной ширины и длины
MWP moisture weight percentage влажность в весовых процентах
M.W.P. mechanical wood pulp древесная масса
mxd mixed смешанный
myc(ol) mycology микология
n 1. nerve жилка 2. number 1) число, количество 2) номер
N 1. nitrogen азот 2. nitrogenous азотистый 3. normal нормальный

NA nucleic acid нуклеиновая кислота
N/A nitrogen per acre доза азота на акр
n.a.a. not always afloat не всегда на плаву
NA CMC sodium-carboxymethyl cellulose натрий-карбоксиметилцеллюлоза
nat 1. native 1) местный, аборигенный 2) естественный **2.** natural 1) природный, естественный 2) натуральный
NBKP needle bleached kraft pulp белёная крафт-целлюлоза из хвойных пород
No 1. number номер, количество **2.** groundwood shavings отходы листовой древесной массы
not detd not detected не обнаружено
NPK nitrogen, phosphorus, potassium азот, фосфор, калий (*полное удобрение*)
NPN nonprotein nitrogen небелковый азот
n.r., n.r.t net register tonnage нетто-регистровый тоннаж
NSCP neutral sulfite chemimechanical pulp нейтральносульфитная полуцеллюлоза
NSSC neutral sulfite semichemical pulp моносульфитная полуцеллюлоза
NT non-toxic нетоксичный
O.A. overall включая всё; полный, общий, предельный
OASES oxygen activated sludge effluent system система очистки стоков с применением кислорода и активного ила
o.b. over bark в коре
o.c. on center в центре, между центрами или осями
O. Csg outside casing наружный корпус
Oct octavo формат в 1/8 листа
o.d. 1. outer diameter наружный [внешний] диаметр **2.** oven-dry, oven-dried абсолютно сухой
O.D. Ordnance Datum *геодез.* средний уровень
O.F.S. outside full screen наружная обрешётка
O.G. ogee 1) S-образная кривая 2) калёвка S-образного профиля
OM organic matter органическое вещество; гумус; перегной
OMC optimum moisture content оптимальное содержание влаги
OP osmotic pressure осмотическое давление
Opg. opening проём; просвет; отверстие
opt optimum оптимум
Orn. ornament орнамент, украшение
ORP oxidation-reduction potential окислительно-восстановительный потенциал
O/S outside снаружи, наружный
O.S. outsides верхний и нижний листы бумаги (*в стопе*)
OSP ordinary superphosphate обыкновенный суперфосфат
OV ovary завязь
Ovo. ovolo четвёртной валик, выкружка с профилем в четверть круга, калёвка с выпуклым валиком
p. perfect бумага первого отбора
P. 1. pattern 1) образец 2) схема **2.** plantation лесные культуры **3.** point пункт, точка **4.** power мощность **5.** pressure давление **6.** primary cell wall первичная оболочка клетки **7.** increment percent процент текущего прироста

P, p perianth околоцветник
P. planed строганый
p.a. per annum в год
p.a.i. periodic annual increment периодический [текущий] прирост
Pan. panel щит
P. & B. plowed and bored строганый и просверленный
P & J условная твёрдость покрытия валов по Пуссе-Джонсу
P. & P. pockets and pulleys пазы и ролики
p.a.r. planed all round строганый со всех сторон
Pat. pattern 1) образец 2) схема
pbd paperboard картон
P.B.S.D. panel bottom screen door дверь из сетки с нижней щитовой обвязкой
p.c. percent процент
PC polycarbonate поликарбонат
pce piece штука, единица продукции, изделие
Pchl protochlorophyll протохлорофилл
p.c.m. percentage of moisture процент влажности, относительная влажность в процентах
PCP pentachlorophenol пентахлорофенол
Pct. Mo. picture mold багет, рельефная калёвка
p.d. per day в сутки
p.e. 1. plain-edged с гладкими кромками 2. plain-ended с гладким торцом
PE 1. permissible error допустимая ошибка 2. probable error вероятная ошибка
P/E precipitation/evaporation соотношение осадков и испарения
Ped. pedestal опора, основание, тумба
PEG polyethylene glycol полиэтиленгликоль
pF условный показатель сосущей силы почвы
PF phenol-formaldehyde фенолформальдегидный
p.g. plate-glazed сатинированный
pH показатель концентрации водородных ионов
p.h. per hour в час
p.h.n.d. pinholes no defect небольшие червоточины допускаются (*не считаются дефектом*)
pkg. package 1) кипа, тюк, упаковка; пакет; пакетированный материал 2) комплект
Pky. pecky с точками, испещрённый (*дефект древесины*)
pl. plaster гипс, штукатурка
PL plastic limit предел пластичности
Pl. Gum plain gum эвкалиптовая древесина с простым текстурным рисунком
Pln. plain(-sawed) тангентальной распиловки
Pl. R(l) plain rail брусок продольного распила
Pl. R. Wds. plain rails windows оконные переплёты из брусков продольного распила
PLS pure live seeds чистые жизнеспособные семена
P.M.H. productive machine hour час производительной работы машины
PN plasticity number число пластичности
Pn. partition перегородка

pop population популяция
pow power сила; мощность; производительность
PP 1. paper pulp 1) бумажная масса 2) целлюлоза 2. polypropylene полипропилен
p.p.e. planed plain edged со строгаными прямыми кромками
PPN primary plant nutrient действующее вещество удобрений
ppt precipitate осадок
pptd precipitated осаждённый
pptn precipitation осаждение
PPU Potential Production Unit единица потенциальной продуктивности (*почв*)
Pr. 1. pair пара 2. protein белок
Pr Blds. pair (of) blinds пара ставень, парные жалюзи
Pr. Csmt. pair (of) casement парные створки, парный переплёт
prim 1. primary 1) первоначальный, первичный 2) основной, главный 2. primitive первобытный
prntd printed покрытый печатью (*о макулатуре*)
pro professional профессиональный
prop propagation 1) размножение 2) распространение 3) разведение
props. properties свойства
p.s. per second в секунду
PS polystyrene полистирол
P.S. Petrograd Standard ленинградская единица измерения кубатуры пиломатериалов
P 4 S planed four sides строганый со всех сторон
PSN photosynthesis фотосинтез
psr pressure давление
P. stp. parting stop упор перегородки, упорная планка перегородки
pt 1. part часть 2. point точка
p.t.g. planned, tongued and grooved строганый, шпунтованный и с пазами
Ptg. Bd. parting bead разделительная рейка между створами задвижного окна
p.t.g.v. 2 S planed, tongued, grooved and veneered two sides строганый, шпунтованный, с пазами и с двусторонней фанеровкой
P.T.O. power take-off отбор мощности
PVA polyvinylacetate поливинилацетат
PVC polyvinylchloride поливинилхлорид (*для плёнки*)
PWP permanent wilting point влажность устойчивого завядания
q (form) quotient коэффициент формы (*ствола*)
q.g. quarter girth окружность обхвата дерева, разделённая на четыре
Q.P. quartered partition перегородка из квадратных элементов
qr 1. quarter четверть 2. quire десть (*бумаги*)
Q.R.O., 1/4 R.O. quarter (sawn) red oak древесина красного дуба радиального распила
Qr. Rd. quarter-round полукруглый, четвертной
Qr. S. quarter-sawn радиального распила
qt quantity 1) количество 2) доля, часть
Qtd. quartered, quarter-sawn радиального распила, радиально распиленный

Q.W.O, 1/4 W.O. quarter(-sawn) white oak древесина белого дуба радиального распила
r radial section радиальный разрез
R, r correlation coefficient коэффициент корреляции
R. 1. radius радиус 2. rail рейка, брусок 3. riser подступень лестницы
Rab(t) rabbeted шпунтованный
rad. radiator радиатор
R & D research-and-development научно-исследовательский
RBE relative biological efficiency относительная биологическая продуктивность
r.c. round corner закруглённый угол
R.C. rotary-cut лущёный
r.c.fm. Russian fathom *уст.* русская складочная сажень
rdm. random случайный, произвольный
reg 1. region область, район, территория 2. regular нормальный 3. regulation регулирование
REM raster electron microscopy растровая [сканирующая] микроскопия, РЭМ
Rep'd repulped превращённый в волокнистую массу
res. 1. resawn распиленный по толщине 2. research исследование, анализ 3. residue 1) остаток, осадок, отстой 2) отходы
res. cell resistant cellulose устойчивая целлюлоза
rev. revised пересмотренный; исправленный; уточнённый
revs revolutions обороты, число оборотов
R.F. refrigerator холодильник
rfg. roofing кровля; кровельный материал
R.H., r.h. relative humidity относительная влажность
rip. ripped продольно-распиленный
riv. river река
Riv. riveted соединённый заклёпками
r.l., R/L random lengths лесоматериалы разной длины
RL rail рейка; брусок
RME reliable minimum estimate достоверная минимальная оценка
R.M. 1 S raised mold one side выступающая с одной стороны калёвка
R.M. 2 S raised mold two sides выступающая с двух сторон калёвка
rnd. round круглый
Ro. rough неотделанный, необработанный
ROP reduction oxidation potential окислительно-восстановительный потенциал
r.o.w. right-of-way полоса отвода
r.p.m. revolutions per minute число оборотов в минуту
R. Sdg. rustic siding обшивка с рустиком
r.w. random widths лесоматериалы разной ширины
R/W redwood 1) сосна обыкновенная 2) красное дерево
s 1. shell обшивка, оболочка 2. society сообщество 3. solid 1) твёрдое тело 2) сплошной, неразъёмный 4. soluble растворимый 5. species вид, порода 6. stem ствол, стебель; цветоножка; плодоножка
S softwood хвойная древесина

S. 1. sink оседать; погружаться; тонуть 2. stile вертикальный брусок (*обвязки*)

S_1, S_2, S_3 1. secondary cell wall вторичная оболочка клетки 2. self-pollinated progenies самоопыляемое потомство

1/S one side с одной стороны; одна сторона

S & CM surfaced and center-matched строганый с центральным шпунтом

S & M surfaced and matched строганый и шпунтованный

S & R. tile and rail вертикальный и горизонтальный бруски

S & SM surfaced and standard-matched строганый со стандартным шпунтом

sap. sapwood заболонь древесины

SB. standard bead стандартная полукруглая калёвка

SBK semibleached kraft полубелёная крафт-целлюлоза

S.C. 1. **sized and calendered** проклеенный и каландрированный (*о бумаге*) 2. **standard conditions** нормальные температура и давление 3. **supercalandered** лощённый на суперкаландре (*о бумаге*)

SCP solid cast plastic монолитный формованный пластик, монолитная литьевая пластмасса

Scr. screen грохот, сито

sd 1. **seasoned** выдержанный, сухой 2. **standard deviation** стандартное отклонение

S.D. sash door застеклённая створчатая дверь

sdg. siding обшивка

SDI sludge density index гелевый индекс плотности

Sd. Lt. sidelight 1) остеклённая часть двери 2) боковое окно

S/E square-edged с прямоугольными кромками, чистообрезной

S.E., s.e. standard error стандартная ошибка

S 1 E surfaced one edge строганый по одной кромке

S 2 E surfaced two edge строганый по двум кромкам

sec 1. **second** секунда 2. **secondary** вторичный

Sect. section раздел; часть

Seg. Hd. segment head верхний брус (*дверной коробки*) в виде сегмента круга

sel selection селекция; отбор; выбор

sel. struc. select structural отборный конструкционный материал

Sels selects хвойные пиломатериалы высшего сорта без дефектов

SEM 1. **scanning electronic microscope** электронный сканирующий микроскоп 2. **scanning electron microscopy** растровая [сканирующая] электронная микроскопия, РЭМ

sep 1. **sepal** чашелистик 2. **separate** отделять; разделять; разобщать

s.e.sdg. square-edge siding чистообрезная обшивка

Set Blds set of blinds комплект ставней или жалюзи

S.F. superficial foot 1) квадратный фут 2) *австрал*. двенадцатая часть кубического фута

sfce surface поверхность

S.ft. *см.* **S.F.**

Sftwd. softwood хвойная древесина

sgl. single одинарный

sh. shorts пиломатериалы короче стандарта

Sh. sash оконный переплёт
Sh. Dr. sash door застеклённая створчатая дверь
shlp. shiplap соединение в четверть
shr share лемех
sh. tn short ton короткая [судовая] тонна
Shvs shavings бумажные обрезки
SI site index показатель местообитания
SiCL silty clay loam пылевато-иловатый суглинок
SL sea level уровень моря
S.m. 1. square measure квадратное измерение 2. surface measure измерение площади
S.M. 1. solid mold массивная рельефная деталь 2. standard-matched со стандартным шпунтом
SMC sheet moulding compound листовой материал для формования
SMH scheduled machine hours запланированные машино-часы
smkd smoked искусственно высушенный в огневой сушилке, закопчённый
smk. stnd smoked stained закопчённый во время сушки
snd. sound здоровый, неповреждённый, без дефектов
Snd 2 Sds sound two sides без дефектов с обеих сторон
SND, s.n.d. sap no defect, sapwood no defect заболонь допускается
SNR suplementing natural regeneration дополнительное естественное возобновление
Soc society сообщество
soln. solution раствор
sp. species вид, род, порода
S.P. sugar pine сосна Лямберта
Spl. 1. special особый, специальный, отборный 2. spline шпонка, планка, рейка
Spp. см. sp
Spr. spruce ель
sq. square квадратный, прямоугольный
Sq. square 1) см. Sqr 2) pl брусья или бруски квадратного сечения
Sq. E. & S. square-edged and sound чистообрезной и без дефектов
sq ft square foot квадратный фут
Sq. Hd. square head квадратная головка
Sqr square 1) единица измерения пилёного, тёсаного и колотого лесоматериала, равная 100 кв. футам = 9,29 м^2 (Великобритания) 2) единица измерения количества гонта, необходимого для покрытия поверхности 100 кв. футов = 9,29 м^2
SR degree Schopper-Riegler градус размола по прибору Шоппера-Риглера
SRF short rotation forestry лесоводство с непродолжительным оборотом рубок
SRO surface runoff поверхностный сток
S.Rt. steam return обратный ход пара
ss shorts пиломатериалы короче стандарта
s.s. soft sized слабо проклеенный (о бумаге)
S 1 S surfaced one side 1) строганый по одной пласти; облицованный с одной стороны 2) условное обозначение для древесноволокнистой плиты [ДВП] односторонней гладкости
S 2 S surfaced two sides 1) строганый по двум пластям; облицованный с двух сто-

рон 2) условное обозначение для древесноволокнистой плиты [ДВП] двусторонней гладкости

S 4 S C S surfaced four sides with a calking seam on each edge строганый по четырём сторонам с уплотнённым швом на каждой стороне

S 1 S 1 E surfaced on side, one edge строганый по одной пласти и кромке

S.S. Blds. stationary slat blinds неподвижные реечные ставни

SSP soluble-sodium percentage содержание растворимого натрия в процентах

st. 1. stile вертикальный брусок (*обвязки*) 2. stone стоун (*мера массы*)

sta stamen тычинка

Sta. sl. stable slat неподвижная рейка, филёнка

st. c.m stacked cubic meter кубометр складочной древесины, складочный кубометр

std. standard 1) стандарт, норма 2) единица измерения кубатуры пиломатериалов

St. Dr. storm door утеплённая двойная дверь

St.Gr. straight-grained прямослойное, с прямыми волокнами (*о дереве*)

Stkg. sticking 1) клейка, приклейка 2) калёвка

stnd. stained 1) окрашенный 2) загрязнённый

Stp. stop останов, упор, ограничитель

S.T.P. standard temperature and pressure стандартные температура и давление

St. Sh. storm sash утеплённый оконный переплёт

Stud. studding соединение на шпильках

subsp. subspecies подвид

SUP solid urethane plastic монолитный полиуретановый пластик

sup. ft superficial foot 1) квадратный фут 2) *австрал.* двенадцатая часть кубического фута

sur surface поверхность

sv specific volume удельный объём

SVI sludge volume index гелевый объёмный индекс

SW sound wormy со здоровой червоточиной

S.W.L. sulfite waste liquor отработанный сульфитный щёлок

t ton тонна

T, t 1. tank бак, чан; цистерна 2. temperature температура 3. temporary временный, сезонный 4. tension натяжение, растяжение 5. terminal конец; предел 6. territory территория, участок обитания 7. test проба; тест; опыт 8. time время, период 9. tooth зуб 10. top вершина, верхушка 11. trace след 12. trench ров; канава; борозда; траншея

T. thread резьба, нарезка

T & G 1. tongue-and-groove шпунт и гребень 2. tongued and grooved со шпунтом и гребнем, шпунтованный

t & t through and through продольная распиловка

TB & S top, bottom and sides крышка, дно и боковая стенка, комплект деталей ящика

Tbrs timbers лесоматериалы

TC total carbon общий углерод

tck track 1) след 2) колея; путь; трасса

td top diameter диаметр в верхнем отрубе

TD theoretically dry абсолютно сухой
T/D tons per day тонн в день
TEC total exchange capacity общая ёмкость обмена
TEM transmission electron microscope просвечивающий электронный микроскоп
temp 1. **temperature** температура 2. **temporary** временный, сезонный
Ten. tenon тип
t.g.b. tongued, grooved and beaded шпунтованный с калёвкой; со шпунтом, гребнем и калёвкой
t.g.v. tongued, grooved and V-jointed шпунтованный и соединённый на ус; со шпунтом, гребнем и соединённый на ус
T.I.P. total inhibition point точка ингибиции
TLC thin-layer chromatography тонкослойная хроматография
tn long ton длинная английская тонна
TN total nitrogen суммарный азот
4to quarto формат бумаги в 1/4 часть листа
t.o.b. tape over bark измерение кубатуры лесоматериала с корой
TP total porosity общая порозность
Tr. 1. **transom** балка, перекладина, переплёт (*в окне*) 2. **trim** отделочный профильный элемент
T.R. 1. **ton registered** регистровая тонна 2. **top rail** верхний поперечный брус
Tr. Br. transom bar перекладина, поперечина
Trel. trellis решётка
Trip. triple тройной
trk track 1) след 2) колея; путь; трасса
TRP transpiration транспирация
TRS total reduced sulfur общая восстановленная сера
Tr. Sh. transom sash оконный переплёт
t.s. 1. **transverse section** поперечный разрез 2. **tub-sized** поверхностно проклеенный (*о бумаге*)
T.S. two-sided двусторонний
t.s.a.d. tub-sized and air-dried поверхностно проклеенный и воздушной сушки (*о бумаге*)
TSI timber stand improvement улучшение древостоя
TST test проба; тест; опыт
turps. turpentine терпентин, скипидар
°Tw degree Twaddel градус (*плотности*) по шкале Твэддела
Twin. two openings in unit два проёма в изделии
U underground подземный, подпочвенный
U universal универсальный
U/a unassorted несортированный; бессортный
UAL urea-ammonia liquor аммиакат мочевины
u.b. underbark без учёта коры
U/E unedged необрезной
unbl unbleached небелёный (*о бумаге*)
unprntd unprinted не покрытый печатью

Uns(l) unselected бессортный
UP unsaturated polyester resin ненасыщенная полиэфирная смола
uran urea ammonium nitrate аммиакат мочевины и аммиачной селитры
U/S unsorted бессортный
USF urethane structural foam полиуретановый структурный пенопласт
US gal/adt US gallons per absolute dry tons американских галлонов на абсолютно сухие тонны
UV ultraviolet ультрафиолетовый
v 1. value 1) ценность; оценка 2) величина; числовое значение 2. variation вариация, изменчивость 3. vein жилка 4. version вариант 5. virgin девственный, первобытный; целинный 6. volume объём 7. coefficient of variation условный коэффициент вариации
v. V-grooved с усовочным пазом
val value 1) ценность 2) величина; числовое значение
valn valuation оценка, таксация
var 1. variant вариант 2. variation вариация, изменчивость 3. variety 1) сорт 2) штамм
vcg V-grooved and center-grooved с V-образным пазом и пазом по центру
VCI volatile corrosion inhibitor летучий замедлитель коррозии
ven 1. vein жилка 2. veneer шпон 3. veneered фанерованный
v.g. vertical grain текстура радиально распиленного пиломатериала
vis viscosity вязкость
visc. viscous вязкий
vit. vitrified остекленевший, глазурованный; остеклованный
v.j.m. V-jointed matching подбор шпона на ус
VPI vapour-phase corrosion inhibitor летучий замедлитель коррозии
8vo octavo формат бумаги в 1/8 часть листа
vol volume объём
V 1 S V-grooved one side с V-образным пазом на одной пласти
V 2 S V-grooved two sides с V-образным пазом на двух пластях
v/v per cent volume in volume в объёмном отношении
W 1. waste 1) отходы; обрезки 2) пустошь 2. range условный ареал, область распространения
w.a.l. wider, all lengths шире, все длины
WBP weather and boil-proof атмосферостойкий и стойкий к действию кипятка
wd. window окно
wd. fr. window frame оконная рама
wdr. wider шире
wdth width ширина
w/E waney-edged обзольный
W.E. waney edge обзольная кромка
WEP water-extended polyester водорастворимая полиэфирная смола
W.F. water finish водяное лощение
WFC water field capacity влажность полевой влагоёмкости
WG well-glued клеёный, склеенный

WHAD worm holes are defects червоточина не допускается
WHC water-holding capacity водоудерживающая способность
WHND worm holes no defect червоточина допускается
wht white белый (*о бумаге*)
Wht. Shvs. white shavings обрезки белой бумаги
WIN water-insoluble nitrogen водонерастворимый азот
WM 1. weather map синоптическая карта **2.** wilting point 1) точка завядания 2) влажность завядания
wp. waterproof водостойкий
W.P. white pine Веймутова сосна
WRV water retention value количество удерживаемой воды
ws water-soluble водорастворимый
WSL waste sulfite liquor отработанный сульфитный щёлок
WSN water-soluble nitrogen водорастворимый азот
WSS water-soluble salts водорастворимые соли
wt 1. watertight водонепроницаемый **2.** weight вес, масса, нагрузка
wt & c weights and cord противовесы и шнур
W/W per cent of weight in weight в весовом отношении
W.W. white water оборотная вода
X 1. experimental опытный, экспериментальный **2.** условное обозначение для погрузочной площадки на схеме освоения лесосек канатными установками **3.** условное обозначение для растущего дерева, оставляемого в качестве трелёвочной мачты
X Pan cross panels поперечные щиты, фанерные щиты с поперечным расположением волокон верхней рубашки
X tgd cross-tongued с шипами поперечной вязки
y(d) yard ярд
ZEG zero economic growth нулевой прирост экономических показателей

ЕДИНИЦЫ ИЗМЕРЕНИЙ. UNITS OF MEASUREMENT

1 дюйм - 1 inch (*in*) = 25.4 мм (*mm*)
1 фут - 1 foot (*ft*) = 0.3048 м(*m*)
1 миллиметр (*мм*) - 1 millimeter (*mm*) = 0.03937 дюйма (*in*)
1 метр (*м*) - 1 meter (*m*) = 3.28 фут (*ft*)
1 километр (*км*) - 1 kilometer (*km*) = 0.621 мл (*mi*)
1 миля (*мл*) - 1 mile (*mi*) = 1.6043 км (*km*)
1 кубический метр - 1 cubic meter = 35.3147 куб. фут (*cubic feet*)
1 кубический фут (*куб. фут*) - 1 cubic foot = 0.0283 куб. м (*си. m*)

МАССА. WEIGHT

1 килограмм (*кг*) - 1 kilogramme (*kg*) = 2.2046 фунт (*lb*)
1 фунт - 1 pound (*lb*) = 0.45359 кг (*kg*)
1 метрическая тонна (*m*) - 1 metric ton = 0.907184 корот.т (*short ton*)
1 короткая тонна (*корот. m*) - 1 short ton = 1.1023 т (*metric ton*)
1 метрическая тонна (*m*) - 1 metric ton = 1.016 длин. т (*long ton*)
1 длинная тонна (*длин. m*) - 1 long ton = 0.9842 т (*metric ton*)

ПЛОЩАДЬ. AREA

1 квадратный метр (*кв. м*)- 1 square meter = 10.7639 кв. фут. (*sq. ft.*)
1 квадратный фут (*кв.фут*) - 1 square foot (*sq. ft.*) = 0.0929 кв. (*sq. m*)
1 акр - 1 acre (*a*) = 0.4047 га (*ha*)
1 гектар (*га*) - 1 hectar (*ha*) = 2.4711 акр (*a*)
1 квадратная миля (*кв. мл.*) - 1 square mile (*sq. mi*) = 2.59 кв. км. (*sq. km*)
1 квадратный километр (*кв. км*) - 1 square kilometer (*sq. km*) = 0.386102 кв. мл (*sq. mi*)

ПИЛОМАТЕРИАЛЫ. LUMBER

1 000 борд футов (*тыс. б. ф*) - 1 000 board feet (*mbf*) = 2.36 куб. м (*си. m*)
1 кубический метр - 1 cubic meter = 0.424 тыс.б.ф.(*mbf*)
1 кубический фут - 1 cubic foot = 0.02832 куб. м (*си. m*)
1 квадратный фут - 1 square foot = 0.09290 кв. м (*sq. m*)

ПЛИТЫ. PLATES

1 000 квадратных футов (*тыс. кв. ф*) - 1 000 square feet (*msf*) = 0.885 куб. м (*си. m*)
1 кубический метр - 1 cubic meter = 1.13 тыс.кв. фут. (*msf*)

КРУГЛЫЕ ЛЕСОМАТЕРИАЛЫ. ROUND WOOD

1 000 борд футов (*по шкале Скрибнера*) - 1 000 board feet Scribner = 4.52 куб. м (*си. m*)
1 кубический метр - 1 cubic meter = 0.22 тыс.б.ф. по шкале Скрибнера (*mbs Scribner*)
1 корд (*128 куб. фут.*) -1 cord (*128 cu. ft*) = 3.642 куб. м складочных (*cu. m piled*) = 2.4 куб. м плотных (*cu. m solid*)
1 юнит (*160 куб. фут.*) - 1 unit (*160 cu. ft*) = 4.528 куб. м (*cu. m*)
1 кьюнит (*100 куб. фут. плотн.*) - 1 cunit (*100 cu. ft solid*) = 2.832 куб. м (*cu. m*)
1 кубический метр - 1 cubic meter = 0.353147 кьюнит (*cunit*)
1 иелд/акр - 1 yield/acre = 0.06998 куб. м/га (*cu. m/ha*)

ЩЕПА. CHIPS

1 корд (*8.34 куб. ярд.*) - 1 cord (*8.34 cubic yards*) = 6.28 куб. м (*cu. m*)
1 корд - 1 cord = 2.5 т (*t*)
1 куб. ярд - 1 cubic jard = 272.4 кг (*kg*)
1 тонна (*0.4 корда*) - 1 ton (*0.4 cord*) = 2.51 куб. м (*cu. m*)
1 трак лоад - 1 truck load = 57.3 куб. м (*cu. m*) = 23 т (*t*)
1 юнит (*200 куб. фут.*) - 1 unit (*200 cu. ft*) = 5.666 куб. м (*cu. m*)

Издательство «РУССО»,
выпускающее научно-технические словари,
предлагает:

Толковый биржевой словарь
Большой англо-русский политехнический словарь в 2-х томах
Англо-русский словарь по авиационно-космической медицине, психологии и эргономике
Англо-русский биологический словарь
Англо-русский словарь по машиностроению и автоматизации производства
Англо-русский словарь по парфюмерии и косметике
Англо-русский словарь по психологии
Англо-русский словарь по рекламе и маркетингу
Англо-русский сельскохозяйственный словарь
Англо-русский словарь по электротехнике и электроэнергетике
Англо-русский юридический словарь
Англо-немецко-французско-русский физический словарь
Англо-немецко-французско-итальянско-русский медицинский словарь
Англо-русский и русско-английский медицинский словарь
Англо-русский и русско-английский словарь по солнечной энергетике
Русско-англо-немецко-французский металлургический словарь
Русско-английский политехнический словарь
Русско-английский словарь по нефти и газу
Русско-французский и французско-русский физический словарь

Адрес: 117071, Москва, Ленинский проспект, д. 15, к. 323.
Телефоны: 237-25-02, 955-05-67; **Факс:** 237-25-02

Издательство «Р У С С О»,
выпускающее научно-технические словари,

предлагает:

Французско-русский математический словарь
Французско-русский технический словарь
Французско-русский юридический словарь
Немецко-русский словарь по автомобильной технике и автосервису
Немецко-русский словарь по атомной энергетике
Немецко-русский ветеринарный словарь
Немецко-русский медицинский словарь
Немецко-русский политехнический словарь
Немецко-русский словарь по психологии
Немецко-русский сельскохозяйственный словарь
Немецко-русский словарь по судостроению и судоходству
Немецко-русский экономический словарь
Немецко-русский электротехнический словарь
Немецко-русский юридический словарь
Новый немецко-русский экономический словарь
Новый русско-немецкий экономический словарь
Русско-немецкий и немецко-русский медицинский словарь
Русско-немецкий и немецко-русский словарь по нефти и газу
Испанско-русский и русско-испанский словарь
Словарь сокращений испанского языка
Русско-итальянский политехнический словарь
Итальянско-русский политехнический словарь
Шведско-русский горный словарь
Стрелковое оружие. Толковый словарь.

Адрес: 117071, Москва, Ленинский проспект, д. 15, к. 323.
Телефоны: 237-25-02, 955-05-67; **Факс:** 237-25-02

Б. С. Воскобойников, В. Л. Митрович

АНГЛО-РУССКИЙ СЛОВАРЬ ПО МАШИНОСТРОЕНИЮ И АВТОМАТИЗАЦИИ ПРОИЗВОДСТВА

Издан впервые, 1997 г.

Словарь содержит более 100 000 терминов по различным видам металлообработки, машиностроительным материалам, металловедению, деталям машин. В словарь включена также терминология по станкам с ЧПУ и по ГАП, по металлорежущим станкам, по технологии обработки на станках, резанию металлов и режущим инструментам, автоматизированному оборудованию, робототехнике и др.

Словарь предназначен для научно-технических работников, аспирантов и преподавателей машиностроительных вузов, а также для переводчиков технической литературы.

Издательство «РУССО»
Адрес: 117071, Москва, Ленинский проспект, д. 15, офис 323
Телефоны: 237-25-02; 955-05-67; Факс: 237-25-02

А. Ю. Болотина, Г. П. Котельникова,
Н. В. Морозов, И. М. Черняк

МЕДИЦИНСКИЙ СЛОВАРЬ

Английский
Немецкий
Французский
Итальянский
Русский

Издан впервые, 1998 г.

Словарь содержит около 12 000 терминов по всем разделам медицины и смежных естественных наук, а также по медицинской генетике, биохимии, иммунологии, космической медицине, организации здравоохранения, медицинской технике.

Английские термины в словаре снабжены эквивалентами на немецком, французском, итальянском и русском языках. Словарь содержит указатели немецких, французских, итальянских и русских терминов, с помощью которых легко можно отыскать нужный эквивалент на любом из языков.

Словарь предназначен для преподавателей и студентов медицинских вузов, специалистов-медиков, переводчиков, а также для широкого круга читателей, интересующихся зарубежной медицинской литературой.

Издательство «РУССО»
Адрес: 117071, Москва, Ленинский проспект, д. 15, офис 323
Телефоны: 237-25-02; 955-05-67; Факс: 237-25-02

А. Ю. Болотина, Е. О. Якушева

АНГЛО-РУССКИЙ И РУССКО-АНГЛИЙСКИЙ МЕДИЦИНСКИЙ СЛОВАРЬ

Издан впервые, 1998 г.

Словарь содержит около 20 000 терминов.

Современная медицина в последние годы значительно обогатилась множеством новых методов диагностических исследований и лечения за счет широкого использования достижений науки и технических возможностей. Успешно развиваются новые направления медицины, в частности, иммуногенетика, генная инженерия, радиоизотопная диагностика, применение лазеров. Это обусловливает появление в медицинской лексике совершенно новых терминов, адекватный перевод которых необходим.

Предлагаемый словарь предназначен в первую очередь для студентов медицинских институтов, аспирантов и научных работников. В словарь включены как наиболее употребительные медицинские термины, так и внедряющиеся в медицинскую лексику новые термины, в том числе из смежных дисциплин.

При подготовке словаря была использована, помимо энциклопедических и справочных изданий (русских и английских), обширная текущая медицинская литература.

Издательство «РУССО»

Адрес: 117071, Москва, Ленинский проспект, д. 15, офис 323.
Телефоны: 237-25-02; 955-05-67; **Факс:** 237-25-02

М. Н. Алексеев, Т. Н. Голоднюк,
В. А. Друщиц

РУССКО-АНГЛИЙСКИЙ ГЕОЛОГИЧЕСКИЙ СЛОВАРЬ

Издается впервые, 1998 г.

Словарь содержит около 60 000 терминов по следующим разделам геологии: общая и историческая геология, стратиграфия, геоморфология, литология, петрография и петрология, тектоника и геодинамика, геология океанического дна и шельфовых областей, палеогеография, палеонтология, палеоклиматология, геофизика, геохимия, гидрология, геология нефти и газа и рудных месторождений, геологическая съемка и разведка полезных ископаемых.

Словарь рассчитан на специалистов-геологов, преподавателей, студентов вузов, научных работников.

Издательство «РУССО»
Адрес: 117071, Москва, Ленинский проспект, д. 15, офис 323
Телефоны: 237-25-02; 955-05-67. Факс: 237-25-02

СПРАВОЧНОЕ ИЗДАНИЕ

МОЖАЕВ
Дмитрий Васильевич
НОВИКОВ
Борис Николаевич
РЫБАКОВ
Донат Михайлович

АНГЛО-РУССКИЙ
И РУССКО-
АНГЛИЙСКИЙ
ЛЕСОТЕХНИЧЕСКИЙ
СЛОВАРЬ

Ответственный за выпуск
Г. В. ЗАХАРОВА

Редакторы:
Л. К. ГЕНИНА
Т. М. КРАСАВИНА

Лицензия ЛР № 090103
от 28. 10. 1994 г.

Подписано в печать 09.02.1998. Формат 60x90/16.
Бумага офсетная № 1. Печать офсетная. Печ. л. 54. Тираж 2060 экз. Зак. 3198

«РУССО», 117071 Москва, Ленинский пр-т, д. 15, к. 325. Телефон/факс 237-25-02.

Отпечатано в Московской типографии № 2 РАН.
121099 Москва, Шубинский пер., 6.